房地产法

丛书总主编／马保顺
丛书副总主编／田润语　郝泽中
本册主编／张燕妮
本册副主编／高永宏　楼　晓
　　　　　　张　纯　沈　静
　　　　　　李　晶

山西教育出版社

总　　序

2004年3月22日，国务院印发了《全面推进依法行政实施纲要》（以下简称纲要）。《纲要》确立了建设法治政府的目标，明确了今后十年全面推进依法行政的指导思想和具体目标、基本原则和要求以及主要任务和措施，是建设法治政府的纲领性文件。这充分表明国家建设法治政府的坚定决心。而要真正做到执政为民、全面推进依法行政、建设法治政府和法治国家，其首要前提就是增强全民法律意识，使得国家机关及其工作人员、广大人民群众知法、懂法、守法；执法机关严格执法，司法机关秉公司法，营造全社会遵纪守法、依法维权的良好环境。

近年来，为了适应依法行政、建设法治政府以及经济建设的需要，我们国家的立法越来越健全，法律法规的数量也日渐庞大。由于我国立法体系的特点，国家既有全国人民代表大会及其常务委员会公布的法律、国务院公布的行政法规，又有最高人民法院及最高人民检察院公布的司法解释、国务院部门公布的部门规章；而地方既有地方各级人民代表大会及其常务委员会公布的地方性法规，又有地方各级人民政府公布的地方政府规章。数量庞杂的法律规范，对行政机关的执法、司法机关的司法在准确查找所依据或适用的法律规范方面提出了较高的要求，而面对浩如烟海的法律规范，普通百姓要想找出自己需要的法律内容更是束手无策。因此，根据我国的法律特点和实际办案的需求，向行政机关的执法人员、司法机关的办案人员以及普通百姓提供一套方便、实用而又准确的法律适用全书，就是我们编写本丛书的初衷。

《中国法务人员办案高级助理书系》根据法学理论体系，并结合法律适用实践的需求，分为《刑法法律适用依据和实战资料》（上、下）、《行政法法律适用依据和实战资料》、《合同担保法法律适用依据和实战资料》、《知识产权法法律适用依据和实战资料》、《婚姻家庭继承法法律适用依据和实战资料》、《消费者权益保护法法律适用依据和实战资料》、《房地产法法律适用依据和实战资料》、《公司法法律适用依据和实战资料》、《金融保险法法律适用依据和实战资料》（上、下）、《劳动法法律适用依据和实战资料》、《环境与自然资源保护法法律适用依据和实战资料》、《诉讼仲裁法法律适用依据和实战资料》（上、下）、《律师公证法法律适用依据和实战资料》等十六分册，内容几乎涵盖了所有常见的法律主题。为了达到全面、方便、实用的编写目的，本丛书在结构和体例上采用了与传统的法律法规汇编和案例类图书完全不同的编写方式，即完全围绕实践中常见的法律主题展开。每个法律主题均首先由专家作出经典、概要的点评，提示解决该问题的法律关键所在；其次，尽可能全面、准确地提供该主题所涉及的法律规范，同时提供一到两件与该主题相关的判决案例以供参考；最后，提供与该主题有关的法律适用帮助即“实战资料库”。因此，若办案人员想知道某一主题的法律规范内容，只要打开本丛书就会一目了然，而不需要再去查找数量庞大的法学书籍和法律文件，真正做到了高效、便捷。

由于时间仓促，书中错误在所难免，敬请读者指正，来年再版予以修改。

另外，本丛书在撰写过程中得到北京律典通科技有限公司提供的《“律典通”中国法律应用系统》的大力支持，特此致谢。

编者

2005年11月

目 录 CONTANTS

第一章　土地管理法律制度

第一节　土地征用

本节为您提供以下主题词的法律适用依据与实战资料

■土地使用权的划拨　■土地征用安置补偿标准

【土地使用权的划拨】

一、专家指导意见

（一）土地使用权划拨的概念

国有土地使用权划拨是指经县级以上人民政府依法批准，在土地使用者缴纳补偿、安置等费用后将该幅土地交付其使用，或者将土地使用权无偿交付给土地使用者使用的行为。下列建设用地的土地使用权，确属必需的，可以依法批准划拨：1. 国家机关用地和军事用地；2. 城市基础设施用地和公益事业用地；3. 国家重点扶持的能源、交通、水利等项目用地；4. 法律、行政法规规定的其他用地。

（二）国企改革处置划拨土地使用权应当按下列程序办理：

1. 提出申请。企业向有权土地行政主管部门提交书面申请，提供必需的材料。

2. 委托评估。由企业委托有土地评估资质的评估机构对拟处置的土地的使用权进行价格评估。不需要进行地价评估的，直接进入下一个程序。

3. 拟定土地使用权处置方案。企业或企业隶属单位根据土地评估结果，拟订土地使用权处置方案，主要内容应包括企业改革的形式和内容、企业现使用土地的状况和拟处置土地的状况、拟处置方式和处置价格及理由等。

4. 地价评估结果确认和土地使用权处置方案审批。地价评估结果和土地使用权处置方案应当报有批准权的人民政府土地行政主管部门确认和审批。

5. 签订合同与变更土地登记。土地使用权处置方案经批准后，采取国有土地使用权出让或租赁方式处置的，企业应持土地使用权处置批准文件和其他有关文件到土地行政主管部门签订土地使用权出让合同或租赁合同，并按规定办理土地登记手续；采取国家以土地使用权作价出资（入股）方式处置的，企业应持土地使用权处置批准文件以及作价出资（入股）决定书，按规定办理土地登记手续；采取保留划拨用地方式或土地使用权授权经营方式处置的，企业应持土地使用权处置批准文件和其他有关文件办理土地登记手续。

二、法律适用依据

（一）相关法律

❶中华人民共和国城市房地产管理法（节录）

（1994年7月5日第八届全国人民代表大会常务委员会第八次会议通过　1994年7月5日中华人民共和国主席令〔第29号〕公布　自1995年1月1日起施行）

第三条　国家依法实行国有土地有偿、有限期使用制度。但是，国家在本法规定的范围内划拨国有土地使用权的除外。

第二节　土地使用权划拨

第二十二条　土地使用权划拨，是指县级以上人民政府依法批准，在土地使用者缴纳补偿、安置等费用后将该幅土地交付其使用，或者将土地使用权无偿交付给土地使用者使用的行为。

依照本法规定以划拨方式取得土地使用权的，除法律、行政法规另有规定外，没有使用期限的限制。

第二十三条　下列建设用地的土地使用权，确属必需的，可以由县级以上人民政府依法批准划拨：

（一）国家机关用地和军事用地；

（二）城市基础设施用地和公益事业用地；

（三）国家重点扶持的能源、交通、水利等项目用地；

（四）法律、行政法规规定的其他用地。

❷中华人民共和国城市规划法（节录）

（1989年12月26日第七届全国人民代表大会常务委员会第十一次会议通过　1989年12月26日中华人民共和国主席令〔第23号〕公布　自1990年4月1日起施行）

第三十一条　在城市规划区内进行建设需要申请用地的，必须持国家批准建设项目的有关文件，向城市规划行政主管部门申请定点，由城市规划行政主管部门核定其用地位置和界限，提供规划设计条件，核发建设用地规划许可证。建设单位或者个人在取得建设用地规划许可证后，方可向县级以上地方人民政府土地管理部门申请用地，经县级以上人民政府审查批准后，由土地管理部门划拨土地。

❸中华人民共和国土地管理法（节录）

（1986年6月25日第六届全国人民代表大会常务委员会第六次会议通过　根据1988年12月29日第七届全国人民代表大会常务委员会

第五次会议《关于修改〈中华人民共和国土地管理法〉的决定》第一次修正　1998年8月29日第九届全国人民代表大会常务委员会第四次会议修订　根据2004年8月28日第十届全国人民代表大会常务委员会第十一次会议《关于修改〈中华人民共和国土地管理法〉的决定》第二次修正）

第五十四条　建设单位使用国有土地，应当以出让等有偿使用方式取得；但是，下列建设用地，经县级以上人民政府依法批准，可以以划拨方式取得：

（一）国家机关用地和军事用地；

（二）城市基础设施用地和公益事业用地；

（三）国家重点扶持的能源、交通、水利等基础设施用地；

（四）法律、行政法规规定的其他用地。

第五十六条　建设单位使用国有土地的，应当按照土地使用权出让等有偿使用合同的约定或者土地使用权划拨批准文件的规定使用土地；确需改变该幅土地建设用途的，应当经有关人民政府土地行政主管部门同意，报原批准用地的人民政府批准。其中，在城市规划区内改变土地用途的，在报批前，应当先经有关城市规划行政主管部门同意。

（二）相关行政法规及规范性文件

❶城市房地产开发经营管理条例（节录）

（1998年7月20日国务院令〔第248号〕公布施行）

第十二条　房地产开发用地应当以出让方式取得；但是，法律和国务院规定可以采用划拨方式的除外。

土地使用权出让或者划拨前，县级以上地方人民政府城市规划行政主管部门和房地产开发主管部门应当对下列事项提出书面意见，作为土地使用权出让或者划拨的依据之一：

（一）房地产开发项目的性质、规模和开发期限；

（二）城市规划设计条件；

（三）基础设施和公共设施的建设要求；

（四）基础设施建成后的产权界定；

（五）项目拆迁补偿、安置要求。

❷关于发展房地产业若干问题的通知（节录）

（1992年11月4日国务院　国〔1992〕61号公布）

六、加强对划拨土地使用权的管理。凡通过划拨方式取得的土地使用权，政府不收取地价补偿费，不得自行转让、出租和抵押；需要对土地使用权进行转让、出租、抵押和连同建筑物资产一起进行交易者，应到县级以上人民政府有关部门办理出让和过户手续，补交或者以转让、出租、抵押所获收益抵交土地使用权出让金。

❸中华人民共和国城镇国有土地使用权出让和转让暂行条例（节录）

（1990年5月19日国务院令〔第55号〕公布施行）

第七章　划拨土地使用权

第四十三条　划拨土地使用权是指土地使用者通过各种方式依法无偿取得的土地使用权。

前款土地使用者应当依照《中华人民共和国城镇土地使用税暂行条例》的规定缴纳土地使用税。

第四十四条　划拨土地使用权，除本条例第四十五条规定的情况外，不得转让、出租、抵押。

第四十五条　符合下列条件的，经市、县人民政府土地管理部门和房产管理部门批准，其划拨土地使用权和地上建筑物、其他附着物所有权可以转让、出租、抵押：

（一）土地使用者为公司、企业、其他经济组织和个人；

（二）领有国有土地使用证；

（三）具有地上建筑物、其他附着物合法的产权证明；

（四）依照本条例第二章的规定签订土地使用权出让合同，向当地市、县人民政府补交土地使用权出让金或者以转让、出租、抵押所获收益抵交土地使用权出让金。

转让、出租、抵押前款划拨土地使用权的，分别依照本条例第三章、第四章和第五章的规定办理。

❹关于进一步加强土地管理切实保护耕地的通知（节录）

（1997年4月15日中共中央、国务院　中〔1997〕11号公布）

五、加强对国有土地资产的管理

严格控制征用耕地出让土地使用权。禁止征用耕地、林地和宜农荒地出让土地使用权用于高尔夫球场、仿古城、游乐宫、高级别墅区等高档房地产开发建设以及兴建各种祠堂、寺庙、教堂。

国有土地使用权有偿出让，主要采取公开招标拍卖的方式，鼓励公平竞争。建立土地基准地价和标定地价评估的公布制度。国有土地使用权拍卖底价须在科学估价的基础上，依照国家产业政策确定。成交价格应向社会公布。

涉及国防安全、军事禁区、国家重点保护区域等的国有土地使用权出让和外商投资进行成片土地开发的项目，一律报国务院审批。禁止对外出让整个岛屿的土地使用权。

国家对原以划拨方式取得国有土地使用权用于非农业经营的，除法律规定可以继续实行划拨外，逐步实行有偿有限期使用办法。国有企业改制为有限责任公司或股份有限公司涉及的原划拨土地使用权，必须经过地价评估，依法实行有偿使用。国有企业改组涉及的原划拨土地使用权，按国家有关规定办理。旧城区改造涉及的原划拨土地使用权，可由政府依法收回，除按法律规定的范围实行划拨外，其余一律依法实行有偿有限期使用。

规范土地使用权转让市场，严禁炒买炒卖“地皮”等非法交易。以出让方式取得的国有土地使用权，未按法律规定的期限和条件开发、利用的，其土地使用权不得转让。非法转让的，应依法处罚，没收其非法所得，直至终止其土地使用权。国有土地使用权转让，必须依法进行土地权属变更登记，未经登记的，属于非法转让，要依法查处。

今后，原有建设用地的土地收益全部留给地方，专款用于城市基础设施建设和土地开发、中低产田改造；农地转为非农建设用地的土地收益，全部上缴中央，原则用于耕地开发，具体办法国务院另行规定。国有土地使用权出让等有关土地收益全部纳入财政预算管理，各级人民政府及其财政、审计部门要加强对土地收益的监督管理，防止资产流失。

（三）相关部门规章及规范性文件

❶国有企业改革中划拨土地使用权管理暂行规定（节录）

（1998年2月17日国家土地管理局令〔第8号〕公布）

第八条　企业改革涉及的土地使用权，有下列情形之一的，经批准可以采取保留划拨方式处置：

（一）继续作为城市基础设施用地、公益事业用地和国家重点扶持的能源、交通、水利等项目用地，原土地用途不发生改变的，但改造或改组为公司制企业的除外；

（二）国有企业兼并国有企业或非国有企业以及国有企业合并，兼并或合并后的企业是国有工业生产企业的；

（三）在国有企业兼并、合并中，被兼并的国有企业或国有企业合并中的一方属于濒临破产的企业；

（四）国有企业改造或改组为国有独资公司的。

前款第（二）、（三）、（四）项保留划拨用地方式的期限不超过五年。

第十一条　处置土地使用权涉及的土地使用权出让金、租金、作价出资（股本）额的确定，均应以经有批准权的人民政府土地管理部门确认的土地估价结果为依据。

第十二条　土地管理部门应当建立地价评估结果确认和土地使用权处置以及授权经营审批的会审制度，经本部门有关机构会审后，方可签署批准意见。

第十五条　本规定未涉及的其他形式国有企业改革中划拨土地使用权处置的，凡不属于本规定中关于保留划拨用地方式处置的情形，均应以出让、租赁、作价出资（入股）方式处置土地使用权。

第十六条　非国有企业改革中涉及的划拨土地使用权处置，按照土地审批权限经有批准权的人民政府土地管理部门批准后，参照本规定执行。

第十八条　本规定由国家土地管理局负责解释。

第十九条　本规定自1998年3月1日起施行。

❷黄金矿山砂金生产土地复垦规定（节录）

（1993年3月31日国家土地管理局公布）

十、国家黄金生产建设使用国有荒山、荒地、荒滩以及其他单位使用的国有土地，按照国家建设征用土地的程序和批准权限经批准后划拨。使用国有荒山、荒地、荒滩的，无偿划拨；使用其他单位使用的国有土地时，其中属于未投入和开发的国有荒山、荒地、荒滩，也应无偿划拨；若原使用单位已经投入和开发并使其受到损失的，建设单位应当给予适当补偿。

❸划拨土地使用权管理暂行办法

（1992年3月8日国家土地管理局令〔92〕第1号公布）

第一条　为贯彻实施《中华人民共和国城镇国有土地使用权出让和转让暂行条例》（以下简称《条例》），加强对划拨土地使用权的管理，特制定本办法。

第二条　划拨土地使用权，是指土地使用者通过除出让土地使用权以外的其他各种方式依法取得的国有土地使用权。

第三条　划拨土地使用权（以下简称“土地使用权”）的转让、出租、抵押活动，适用本办法。

第四条　县级以上人民政府土地管理部门依法对土地使用权转让、出租、抵押活动进行管理和监督检查。

第五条　未经市、县人民政府土地管理部门批准并办理土地使用权出让手续，交付土地使用权出让金的土地使用者，不得转让、出租、抵押土地使用权。

第六条　符合下列条件的，经市、县人民政府土地管理部门批准，其土地使用权可转让、出租、抵押：

（一）土地使用者为公司、企业、其他经济组织和个人；

（二）领有国有土地使用证；

（三）具有合法的地上建筑物、其他附着物产权证明；

（四）依照《条例》和本办法规定签订土地使用权出让合同，向当地市、县人民政府交付土地使用权出让金或者以转让、出租、抵押所获收益抵交土地使用权出让金。

第七条　土地使用权转让，是指土地使用者将土地使用权单独或者随同地上建筑物、其他附着物转移给他人的行为。

原拥有土地使用权的一方称为转让人，接受土地使用权的一方称为受让人。

第八条　土地使用权转让的方式包括出售、交换和赠与等。

出售是指转让人以土地使用权作为交易条件，取得一定收益的行为。

交换是指土地使用者之间互相转移土地使用权的行为。

赠与是指转让人将土地使用权无偿转移给受让人的行为。

第九条　土地使用权出租，是指土地使用者将土地使用权单独或者随同地上建筑物、其他附着物租赁给他人使用，由他人向其支付租金的行为。

原拥有土地使用权的一方称为出租人，承租土地使用权的一方称为承租人。

第十条　土地使用权抵押，是指土地使用者提供可供抵押的土地使用权作为按期清偿债务的担保的行为。

原拥有土地使用权的一方称为抵押人，抵押债权人称为抵押权人。

第十一条　转让、抵押土地使用权，其地上建筑物、其他附着物所有权随之转让、抵押；转让、抵押地上建筑物、其他附着物所有权，其使用范围内的土地使用权随之转让、抵押。但地上建筑物、其他附着物作为动产转让的除外。

出租土地使用权，其地上建筑物、其他附着物使用权随之出租；出租地上建筑物、其他附着物使用权，其使用范围内的土地使用权随之出租。

第十二条　土地使用者需要转让、出租、抵押土地使用权的，必须持国有土地使用证以及地上建筑物、其他附着物产权证明等合法证件，向所在地市、县人民政府土地管理部门提出书面申请。

第十三条　市、县人民政府土地管理部门应当在接到转让、出租、抵押土地使用权书面申请书之日起十五日内给予回复。

第十四条　市、县人民政府土地管理部门与申请人经过协商后，签订土地使用权出让合同。

第十五条　土地使用权转让、出租、抵押行为的双方当事人应当依照有关法律、法规和土地使用权出让合同的规定，签订土地使用权转让、租赁、抵押合同。

第十六条　土地使用者应当在土地使用权出让合同签订后六十日内，向所在地市、县人民政府交付土地使用权出让金，到市、县人民政府土地管理部门办理土地使用权出让登记手续。

第十七条　双方当事人应当在办理土地使用权出让登记手续后十五日内，到所在地市、县人民政府土地管理部门办理土地使用权转让、出租、抵押登记手续。

办理登记手续，应当提交下列证明文件、材料：

（一）国有土地使用证；

（二）土地使用权出让合同；

（三）土地使用权转让、租赁、抵押合同；

（四）市、县人民政府土地管理部门认为有必要提交的其他证明文件、材料。

第十八条 土地使用权转让，土地使用权出让合同和登记文件中所载明的权利、义务随之转移。

第十九条 土地使用权出租、抵押，出租人、抵押人必须继续履行土地使用权出让合同。

第二十条 土地使用权转让后，受让人需要改变土地使用权出让合同规定内容的，应当征得所在地市、县人民政府土地管理部门同意，并按规定的审批权限经土地管理部门和城市规划部门批准，依照《条例》和本办法规定重新签订土地使用权出让合同，调整土地使用权出让金，并办理土地登记手续。

第二十一条 土地使用权出租后，承租人不得新建永久性建筑物、构筑物。需要建造临时性建筑物、构筑物的，必须征得出租人同意，并按照有关法律、法规的规定办理审批手续。

土地使用权出租后，承租人需要改变土地使用权出让合同规定内容的，必须征得出租人同意，并按规定的审批权限经土地管理部门和城市规划部门批准，依照《条例》和本办法规定重新签订土地使用权出让合同，调整土地使用权出让金，并办理土地登记手续。

第二十二条 土地使用权租赁合同终止后，出租人应当自租赁合同终止之日起十五日内，到原登记机关办理注销土地使用权出租登记手续。

第二十三条 土地使用权抵押合同终止后，抵押人应当自抵押合同终止之日起十五日内，到原登记机关办理注销土地使用权抵押登记手续。

第二十四条 抵押人到期未能履行债务或者在抵押合同期间宣告解散、破产的，抵押权人有权依照国家法律、法规和抵押合同的规定处分抵押财产。

因处分抵押财产而取得土地使用权的，土地使用者应当自权利取得之日起十五日内，到所在地市、县人民政府土地管理部门办理变更土地登记手续。

第二十五条 土地使用者转让、出租、抵押土地使用权，在办理土地使用权出让手续时，其土地使用权出让期由所在地市、县人民政府土地管理部门与土地使用者经过协商后，在土地使用权出让合同中订明，但不得超过《条例》规定的最高年限。

第二十六条 土地使用权出让金，区别土地使用权转让、出租、抵押等不同方式，按标定地价的一定比例收取，最低不得低于标定地价的40%。标定地价由所在地市、县人民政府土地管理部门根据基准地价，按土地使用权转让、出租、抵押期限和地块条件核定。

第二十七条 土地使用权出让金，由市、县人民政府土地管理部门代表政府收取，按国家有关规定管理。

第二十八条 土地使用权出让期届满，土地使用者必须在出让期满之日起十五日内持国有土地使用证和土地使用权出让合同，到原登记机关办理注销出让登记手续。

第二十九条 土地使用权出让期满后，土地使用者再转让、出租、抵押土地使用权时，须按本办法规定重新签订土地使用权出让合同，支付土地使用权出让金，并办理变更土地登记手续，

第三十条 土地使用权出让期间，国家在特殊情况下，根据社会公共利益的需要，可以依照法律程序收回土地使用权，并根据土地使用者已使用的年限和开发、利用土地的实际情况给予相应的补偿。

第三十一条 土地使用者未按土地使用权出让合同规定的期限支付全部出让金的，出让方有权解除合同，并可请求违约赔偿。

第三十二条 土地使用权转让、出租、抵押，当事人不办理土地登记手续的，其行为无效，不受法律保护。

第三十三条 对未经批准擅自转让、出租、抵押土地使用权的单位和个人，由所在地市、县人民政府土地管理部门依照《条例》第四十六条规定处理。

第三十四条 当事人对土地管理部门作出的行政处罚决定不服的，可以依照《中华人民共和国行政诉讼法》向人民法院提起诉讼。

第三十五条 县级以上人民政府土地管理部门应当加强对土地使用权转让、出租、抵押活动的监督检查工作，对违法行为，应当及时查处。

第三十六条 土地管理部门在对土地使用权转让、出租、抵押活动进行监督检查时，被检查的单位或者个人应当予以配合，如实反映情况，提供有关文件、资料，不得阻挠。

第三十七条 土地管理部门在监督检查中，可以采取下列措施：

（一）查阅、复制与土地监督检查事项有关的文件、资料；

（二）要求被监督检查的单位和个人提供或者报送与监督检查事项有关的文件、资料及其他必要情况；

（三）责令被监督检查的单位和个人停止正在进行的土地违法行为。

第三十八条 土地管理部门办理土地使用权出让等业务活动的经费，按照国家有关规定办理。

第三十九条 经济组织以外的其他组织从事土地使用权转让、出租、抵押活动的，可参照本办法办理。

第四十条 以土地使用权作为条件，与他人进行联建房屋、举办联营企业的，视为土地使用权转让行为，按照本办法办理。

第四十一条 对《条例》实施后，本办法实施前发生的未经批准擅自转让、出租、抵押土地使用权行为，市、县人民政府土地管理部门应当组织进行清理，并按《条例》规定处罚后，补办出让手续。

第四十二条 本办法由国家土地管理局负责解释。

第四十三条 本办法自发布之日起施行。

❹城市房地产抵押管理办法（节录）

（1997年5月9日建设部令〔第56号〕公布　2001年8月15日根据《建设部关于修改城市房地产抵押管理办法的决定》修正）

第四十五条　以划拨方式取得的土地使用权连同地上建筑物设定的房地产抵押进行处分时，应当从处分所得的价款中缴纳相当于应当缴纳的土地使用权出让金的款额后，抵押权人方可优先受偿。

法律、法规另有规定的依照其规定。

❺关于明确对外合作开采石油资源用地政策的复函（节录）

（1997年7月29日国土资源部　国土资函307号公布）

二、根据《中华人民共和国土地管理法》、《中华人民共和国城市房地产管理法》和《关于印发〈石油天然气行业划拨用地项目目录（试行）〉的通知》（〔1995〕国土〔建〕字第52号）的有关规定，凡列入《石油天然气行业划拨用地项目目录（试行）》的生产及配套设施、辅助生产设施及生活设施用地，应以划拨方式供地。中外合作勘探开采陆上石油所涉及的上述各类土地，经土地行政主管部门批准，可仍以划拨方式提供；其他用地由土地行政主管部门根据法律规定和具体情况，采用适当的方式提供土地使用权。

（四）相关地方性法规及规范性文件

❶济南市划拨土地使用权管理办法（节录）

（1995年9月21日济南市第十一届人民代表大会常务委员会第十六次会议通过　1995年10月12日山东省第八届人民代表大会常务委员会第十八次会议批准　根据1997年3月27日济南市第十一届人民代表大会常务委员会第二十六次会议《关于修改〈济南市城市公有房屋管理办法〉等十三件地方性法规的决定》修正　2001年5月18日经济南市第十二届人民代表大会常务委员会第二十次会议修改　2001年6月15日经山东省九届人大常委会第二十一次会议批准修改）

第五条　用于非营利性的下列建设用地，确属必需的，可以由县级以上人民政府依法批准划拨：

（一）国家机关用地和军事用地；

（二）城市基础设施用地和公益事业用地；

（三）国家重点扶持的能源、交通、水利等项目用地；

（四）法律、行政法规规定的其他用地。

❷珠海市土地管理条例（节录）

（1998年3月12日珠海市第四届人民代表大会常务委员会第二十九次会议通过　1998年3月12日珠海市人民代表大会常务委员会公布　自1998年7月1日起施行）

第五章　土地的统一出让

第二十七条　本条例所称土地统一出让，是指市规划国土管理委员会统一批准出让、划拨本市国有土地使用权。

土地使用权出让，是指市政府将国有土地使用权在一定年限内出让给土地使用者，由土地使用者向市政府支付出让地价款，以回收土地开发与基础设施、公共配套设施建设成本金的行为。

土地使用权划拨，是指市政府将国有土地使用权划拨给土地使用者，由土地使用者向市政府支付划拨地价款（含土地中的基础设施配套及公共设施配套的部分成本）的行为。

（五）相关地方政府规章及规范性文件

❶黑龙江省实施《中华人民共和国城镇国有土地使用权出让和转让暂行条例》办法（节录）

（1992年12月25日黑龙江省人民政府公布）

第七章　划拨土地使用权

第四十七条　划拨土地使用权是指未按本办法履行出让手续缴纳出让金，土地使用者通过其他方式依法取得的土地使用权。

划拨土地使用权转让、出租、抵押应按本章规定办理。

第四十八条　划拨土地使用权转让、出租、抵押必须事先到土地所在市、县人民政府土地管理部门补办土地使用权出让手续，其审批程序如下：

（一）土地使用者应当持有国有土地使用证和地上建筑物、其他附着物产权证明等合法证件，向土地所在市、县人民政府土地管理部门提出书面申请；

（二）市、县人民政府土地管理部门与申请人经协商一致后，签订土地使用权出让合同；

（三）土地使用者应当在土地使用权出让合同签订之日起三十日内向土地所在市、县人民政府土地管理部门交付土地使用权出让金，办理土地使用权出让登记手续；

（四）土地使用权转让、出租、抵押双方当事人，签订土地使用权转让、租赁、抵押合同；

（五）土地使用者应当在转让、出租、抵押合同签订之日起十五日内分别到市、县人民政府土地管理部门和房产管理部门办理土地使用权和地上建筑物、其他附着物登记手续。

第四十九条　划拨土地使用权转让、出租、抵押补交土地使用权出让金，应按地块标定价的一定比例收取，但不得低于地块标定价的30%，划拨土地使用权出租，也可按月或按年向政府土地管理部门缴纳土地使用权出让金，具体缴纳办法由市、县人民政府确定，报省土地管理局备案。

第五十条　划拨土地使用权及地上建筑物、其他附着物所有权转让、出租、抵押，土地使用权出让期满时，土地使用权由土地所在市、县人民政府无偿收回，其地上建筑物和其他附着物由市、县人民政府收回时，应根据实际情况给予适当补偿。

第五十一条　取得划拨土地使用权的土地使用者，因迁移、解散、撤销、破产或其他原因而停止使用土地的，市、县人民政府应当无偿收回其划拨土地使用权，并可依照本办法的规定予以出让，其他任何组织和个人均无权处分。

对划拨土地使用权，市、县人民政府可以根据城市发展需要和城市规划的要求无偿收回，并可依照本办法的规定予以出让。

无偿收回划拨土地使用权时，对其地上建筑物和其他附着物，市、县人民政府应当根据实际情况给予适当补偿。

❷青海省《中华人民共和国城镇国有土地使用权出让和转让暂行条例》实施办法（节录）

（1994年10月13日青海省人民政府第十一次常务会议审议通过　1994年10月24日青海省人民政府令〔第13号〕公布）

第七章　划拨土地使用权

第二十九条　党政军机关、行政事业单位的自用办公用房、住宅及市政公共设施、社会公益事业和国家投资建设的国有工业企业等建设用地，按划拨方式提供。但必须与商品房建设分离，单独建设。

对暂不具备出让条件的工业用地和行政事业单位的经营性用地，可以采用有偿划拨土地使用权的办法。有偿划拨的标准按出让基准地价的20%～80%计收。

❸长沙市城镇国有土地使用权出让转让暂行办法（节录）

（1992年4月27日长沙市人民政府公布　根据1998年2月17日《长沙市人民政府关于修改〈长沙市城镇国有土地使用权出让转让暂行办法〉的决定》第一次修正　根据2002年4月29日《长沙市人民政府关于修改〈长沙市城镇国有土地使用权出让转让暂行办法〉的决定》第二次修正）

第七章　划拨土地使用权

第五十三条　划拨土地使用权是指土地使用者通过出让等有偿使用以外的方式无偿取得的土地使用权。

❹长沙市人民政府关于修改《长沙市城镇国有土地使用权出让转让暂行办法》的决定（节录）

（2002年4月29日长沙市人民政府公布）

三、第五十三条"划拨土地使用权，是指土地使用者通过出让土地使用权以外的方式无偿取得的土地使用权"修改为："划拨土地使用权是指土地使用者通过出让等有偿使用以外的方式无偿取得的土地使用权。"

❺贵阳市城镇国有土地使用权出让和转让实施办法（节录）

（1993年6月24日贵阳市人民政府常务会议通过　1993年7月17日贵阳市人民政府令〔第2号〕公布）

第四章　划拨土地使用权

第三十六条　划拨土地使用权，是指土地使用者通过各种方式依法无偿取得的土地使用权。

❻呼和浩特市国有土地使用权出让暂行规定（节录）

（1997年10月17日呼和浩特市人民政府令〔第27号〕公布）

第三章　土地使用权划拨

第十六条　划拨土地使用权是指土地使用者通过除出让土地使用权以外的其他各种方式依法取得的土地使用权。

❼乌鲁木齐市国有划拨土地使用权转让管理办法（节录）

（2002年6月21日乌鲁木齐市人民政府公布）

第三条　本办法所称国有划拨土地使用权是指土地使用者经依法批准，缴纳土地补偿费、安置补助费及其他费用后，无偿取得的土地使用权。

（六）相关地方政府部门规范性文件

❶北京市国土资源和房屋管理局关于办理土地登记有关问题的通知（节录）

（2000年3月16日北京市国土资源和房屋管理局　京国土房屋权字〔2000〕第97号公布）

一、关于办理房屋所有权证与土地使用证的衔接问题

各区县局和有关单位要加大工作力度，加快办理已购公有住房和经济适用房的土地登记发证。要在房改售房发证窗口增设收取土地登记件的业务。已经领取房屋所有权证的单位和个人，产权人可凭房屋所有权证向区县人民政府土地行政主管部门申请土地登记。土地使用权以划拨方式取得的，房改后土地使用权类型仍为划拨。

❷北京市划拨城镇建设用地工作程序（试行）（节录）

（1996年4月26日北京市房屋土地管理局　京房地地字〔1996〕第256号公布）

一、申请划拨用地

凡符合《中华人民共和国城市房地产管理法》第二十三条规定的城镇建设用地，用地单位可依法向市或区、县房屋土地管理局提出划拨用地申请。申请划拨城镇建设用地10亩以上（含10亩）2000亩以下的，向市房屋土地管理局提出申请；不足10亩的，向区、县房屋土地管理局提出申请。

申请须说明用地单位和建设用地的基本情况及意见、联系地址与联系电话。

❸北京市房屋土地管理局关于进一步加强北京市划拨城镇建设用地管理的通知（节录）

（1996年5月2日北京市房屋土地管理局　京房地地字〔1996〕第278号公布）

二、划拨城镇建设用地，必须严格依照《北京市划拨城镇建设用地工作程序》（简称《划拨程序》）办理，凡违反《划拨程序》擅自审批的，市局将依法查处。

❹新疆维吾尔自治区划拨土地使用权管理规定

（1995年3月2日新疆维吾尔自治区土地管理局制定　1995年3月17日新疆维吾尔自治区人民政府　新政函〔1995〕12号转发）

第一条　为规范划拨土地使用权的管理，保障和促进土地使用权合理流动，推进土地使用制度改革，根据《中华人民共和国城镇国有土地使用权出让和转让暂行条例》和有关法律、法规，参照国家土地管理局《划拨土地使用权管理暂行办法》，结合自治区实际，制定本规定。

第二条　划拨土地使用权，是指经县级以上人民政府依法批准，在土地使用者缴纳补偿、安置等费用后将该幅土地交付其使用，或者将土地使用权交付给土地使用者使用的行为。依法取得划拨土地使用权的法人、其他组织和个人，是划拨土地使用权人，享有按确定用途使用划拨土地的权利和保护、合理利用划拨土地的义务。

第三条　下列建设用地的土地使用权，确属必需的，可以由县（市）以上人民政府依审批权限批准划拨：

（一）国家机关用地和军事用地；

（二）城市基础设施用地和公益事业用地；

（三）国家重点扶持的能源、交通、水利等项目用地；

（四）法律、法规和规章规定的可以划拨土地使用权的其他用地。

第四条　转让、出租、抵押划拨土地使用权的，由转让、出租、抵押方按照下列程序补办土地使用权出让手续、补交出让金：

（一）合法持有土地使用证以及地上建筑物、其他附着物产权证明等有效证件，向土地所在地的县（市）土地管理部门提出书面申请，填写划拨土地使用权出让手续及土地登记申请审批表；

（二）县（市）土地管理部门对申请进行审查签署审查意见后，按照国家及自治区规定的征拨用地审批权限报请有批准权的人民政府批准；

（三）有批准权的人民政府审核批准后，由县（市）土地管理部门与划拨土地使用权人签订土地使用权出让合同；

（四）在出让合同签订后60日内或在出让合同约定的付款期限内，受让方应到土地所在地的县（市）土地管理部门补交或以转让、出租、抵押所获收益抵交土地使用权出让金，办理土地使用权出让注册登记手续。

第五条　转让划拨土地使用权补交出让金，按转让该宗地标定地价的20%交纳；出租划拨土地使用权补交出让金，按标定地价的20%交纳；抵押划拨土地使用权补交出让金，按抵押该宗地评估地价10%以下的比例交纳。

补交或抵交土地使用权出让金确有困难的，可分期或缓期1－3年缴纳，具体办法由县（市）人民政府制定。

第六条　转让、出租、抵押划拨土地使用权的双方当事人必须根据出让合同和有关法律、法规的规定，签订土地使用权转让、租赁、抵押合同，并在补办出让登记手续后15日内，到土地所在地的县（市）土地管理部门办理土地使用权转让、出租、抵押登记手续。

第七条　划拨十地使用权人变更划拨土地用途进行商业、金融、旅游等经营性建设项目的，必须补办土地使用权出让手续，并按该地标定地价10%补交土地使用权出让金。

第八条　有下列情形之一的，由原批准划拨土地使用权的人民政府收回划拨土地使用权，划拨用地自收回之日起由土地所在地的县（市）土地管理部门管理：

（一）划拨土地使用权人已经撤销、迁移、解散、破产或者其他原因停止使用土地的；

（二）未经原批准机关批准，连续两年未使用划拨土地的；

（三）经警告仍不按批准用途使用划拨土地的；

（四）因社会公共利益、实施城市规划等特殊情况需要收回的；

（五）在划拨土地上建设的公路、铁路、机场、矿场等经核准报废的；

（六）对划拨土地使用不充分，建筑占地系数在30%以下，造成土地闲置的。

第九条　收回划拨土地使用权的，按照下列程序办理手续：

（一）由土地所在地的县（市）土地管理部门报请原批准划拨土地的人民政府批准，于批准收回土地使用权之日起60日内在土地所涉及的范围内公告；

（二）县（市）土地管理部门书面通知划拨土地使用权人限期呈交原批准文书及建设用地许可证，办理划拨土地使用权注销登记手续，逾期不交者，宣告原批准文书无效。

第十条　被依法收回划拨土地使用权的当事人，有权向收回划拨土地使用权的机关请求补偿。被请求机关应根据国家规定办理有关补偿事宜。

第十一条　在城市规划区内，划拨土地使用权人主动退出原使用范围内闲置的划拨土地的，县（市）人民政府可从处置该土地的收益中提取30－60%予以奖励。

划拨土地使用权人主动从商业中心迁出的，县（市）人民政府应提供安置用地，对建筑物、其他附着物给予相应补偿；并可从处置该土地的收益中提取40－80%予以奖励。

第十二条　划拨土地使用权人在取得划拨土地使用权后两年内因正当理由不能投资开发使用的，可在期满前3个月内向县（市）土地管理部门提供延期开发申请，经县（市）土地管理部门审查后，报请原批准机关批准方可延期开发使用。

第十三条　经批准延期开发使用划拨的耕地，划拨土地使用权人应当到所在地的县（市）土地管理部门缴纳土地闲置费，延期一年的，比照该地年租金的两倍缴纳；延期两年的，比照该地年租金的4倍缴纳。

第十四条　以划拨土地使用权作为资产条件，与他人合资、合作、联建房屋、举办联营企业的，视为划拨土地使用权转让行为，行为人应当按本规定第四条、第五条补办土地使用权出让手续、补缴出让金。

第十五条　违反本规定，擅自转让、出租、抵押划拨土地使用权的，没收非法所得，并根据情节处以非法所得50%以下罚款。未按本规定办理划拨土地使用权出让、转让、出租、抵押登记的，责令限期补办登记手续，逾期不补办的，按非法转让土地处罚。擅自改变划拨土地用途的，按非法占用土地处罚。

前款规定的处罚，由土地所在地的县（市）土地管理部门决定：土地跨行政区域的，由上级土地管理部门决定。

第十六条　土地管理部门依本规定收缴的罚款、土地出让金补交、抵交款和土地闲置费，应全额上交财政，实行专项管理。具体管理、使用办法，由自治区土地管理部门会同城建、规划、计划、财政、物价等有关部门制定，报自治区人民政府批准后实施。

第十七条　本规定实施中的具体问题由自治区土地管理部门负责解释。

第十八条　本规定自批准发布之日起施行。

三、以案明法

案例（一）

福建元洪房地产有限公司不服福州市土地管理局以房地产交易中非法转让划拨土地使用权对其处罚决定案

原告：福建元洪房地产有限公司（原福建冠顺房地产有限公司）

被告：福州市土地管理局

第三人：福建文艺大厦

第三人：福建省闽发证券公司

福州市土地管理局于1995年6月19日作出榕土（1995）37号《土地违法案件行政处罚决定书》，认定：福建文艺大厦南楼位于福州市五一中路195号，属福建文艺大厦（以下简称文艺大厦）使用。1993年5月23日，原告福建元洪房地产有限公司（原冠顺房地产有限公司，以下简称冠顺房地产公司）与文艺大厦签订《合作改造文艺大厦合同书》，以每平方米2000元价格购买文艺大厦南楼，成交金额为762.72万元。合同签订后，冠顺房地产公司按约向文艺大厦付清了全部购房款。成交后，冠顺房地产公司未向市土地管理局办理行政划拨土地使用权出让、转让手续，并于1993年6月18日与福建省闽发证券公司（以下简称闽发证券公司）签订《房屋买卖合同》，以每平方米2800元价格将文艺大厦南楼转卖给闽发证券公司，成交金额1067.83万元，闽发证券公司按约付清了全部款项。1993年8月初，冠顺房地产公司发展部经理赵建平以办理房产过户手续需要和减少中间环节为由，向文艺大厦提出把文艺大厦南楼产权直接过户给闽发证券公司。1993年8月30日，在文艺大厦和闽发证券公司双方未见面协商的情况下，由赵建平拟写闽发证券公司与文艺大厦《房屋买卖合同》，并送文艺大厦和闽发证券公司签字、盖章，合同规定买卖文艺大厦南楼总金额为700万元。同时，闽发证券公司与文艺大厦也签订了《土地使用权转让合同》。冠顺房地产公司为了防止闽发证券公司变卦，将冠顺房地产公司与文艺大厦、闽发证券公司买卖文艺大厦南楼成交价的差价部分367.83万元作价，又与闽发证券公司签订《委托办理购房手续和修缮合同书》，合同中大多数项目属虚列。1993年9月13日，省文化厅批复将文艺大厦南楼出售给闽发证券公司。冠顺房地产公司持文艺大厦与闽发证券公司签订的虚假房屋买卖合同、土地使用权转让合同等材料，到福州市房管局、市土地管理局直接办理文艺大厦与闽发证券公司有关过户手续。冠顺房地产公司在此项交易中牟取暴利286.61万元。市土地管理局认为，冠顺房地产公司在买卖文艺大厦南楼过程中，隐瞒与文艺大厦、闽发证券公司房地产交易过程，以欺骗手段直接办理了文艺大厦与闽发证券公司房地产交易过户手续；文艺大厦与闽发证券公司签订虚假合同，为冠顺房地产公司规避税费、牟取暴利提供了条件。上述当事人的行为属非法转让行政划拨土地使用权行为。根据《土地管理法》第四十七条、《土地管理法实施条例》第三十一条、《国有土地使用权出让和转让暂行条例》第四十六条、《福建省土地登记管理办法》第二十六条和福建省高级人民法院、福建省土地管理局《福建土地行政执法和土地诉讼若干问题的意见》第十四条规定，决定：（1）注销福建文艺大厦与福建闽发证券公司土地使用权交易变更登记手续，按有关规定重新办理。（2）没收福建元洪房地产有限公司286.61万元非法所得，并处以50万元罚款。（3）处以福建文艺大厦10万元罚款。（4）处以福建闽发证券公司5万元罚款。（5）建议有关部门根据管理权限，对这起违法转让房地产的主要操作人，前福建冠顺房地产有限公司发展部经理赵建平，以及为这起违法交易出具批准文件的福建省文化厅和签订虚假合同的福建文艺大厦、福建闽发证券公司的有关负责人追究相应责任。市土地管理局榕土（1995）37号《土地违法案件行政处罚决定书》送达后，福建元洪房地产有限公司不服，于1995年7月4日向福州市中级人民法院提起行政诉讼。

原告诉称：在文艺大厦南楼房产买卖过程中，文艺大厦已依法向被告福州市土地管理局申请办理了划拨土地使用权出让手续，并交付了土地使用权出让金，因此，被告对上述房产买卖所作的“非法转让行政划拨土地使用权行为”之认定毫无根据，适用法律、法规错误。原告的所得来自于搬迁、修缮代理等服务项目，被告的处罚超越职权，侵犯了原告的合法权益。请求依法撤销市土地管理局榕土（1995）37号《土地违法案件行政处罚决定书》第2项处罚决定。

第三人福建文艺大厦称：在文艺大厦南楼房产买卖过程中，其与闽发证券公司所签订的房产买卖合同及土地使用权转让合同是真实的，被告称上述合同是“虚假合同”不妥。榕土地产出（1994）2号《国有土地使用权出让合同》是双方平等互利、协商一致的合同，被告无权单方面注销。

第三人闽发证券公司未提交书面意见。

被告福州市土地管理局辩称：原告隐瞒与文艺大厦、闽发证券公司交易事实，非法转让行政划拨土地使用权，违反有关法律规定。请求法院维持榕土（1995）37号《土地违法案件行政处罚决定书》。

福州市中级人民法院经审理认定，福州市土地管理局于1995年6月19日作出榕土（1995）37号处罚决定书。经被告举证证实，1993年5月23日，冠顺房地产公司发展部与文艺大厦双方签订《合作改造文艺大厦合同书》，约定以每平方米2000元的价格将文艺大厦南楼房产转让给原告。原告从1993年5月25日至6月7日止，分五次将400万元汇入文艺大厦。6月18日，原告与闽发证券公司签订《房屋买卖合同》，约定以每平方米2800元的价格将文艺大厦南楼出售给闽发证券公司。之后，上述两份合同在各方配合及原告赵某的操作下，同时分别履行。合同履行中，在原告的代理下，于8月30日由出让方文艺大厦直接与受让方闽发证券公司假签一份《房屋买卖合同》，同日，原告与闽发证券公司另行假签一份《委托办理购房手续和修缮合同书》，合同均未实际履行。与此同时，原告与文艺大厦、闽发证券公司原来所签的两份合同则由各方继续履行，至1993年6月27日，原告按约共付给文艺大厦762.72万元购房款；至1994年6月15日，闽发证券公司按约共付给原告1067.8万元购房款。合同付款履行完毕。上述两份合同履行期间，1993年9月13日，福建省文化厅批复同意文艺大厦出售南楼一至七层。同年10月25日，文艺大厦向福州市房产交易所提出申请报告及留房改证报告。同日，闽发证券公司向福州市房产交易所申请买房。10月27日，文艺大厦与闽发证券公司签署《房地产买卖契约》，11月2日，经福州市房地产交易所监证，11月29日，闽发证券公司获得《房屋所有权证》。12月18日，文艺大厦与闽发证券公司签订《国有土地使用权转让合同》，该合同附件为双方的《房屋买卖合同》。1994年4月6日，被告福州市土地管理局与文艺大厦签订《福州市国有土地使用权出让合同》。4月7日，被告发出榕土（1994）10号《福州市国有土地使用权转让批准书》。1995年6月19日，被告作出上述《土地违法案件行政处罚决定书》。另查明，文艺大厦所附着的土地属行政划拨土地；被告行政处罚决定书第1项包括注销榕土（1994）2号《国有土地使用权出让合同》和榕土（1994）10号《福州市国有土地使用权转让批准书》；被告行政处罚决定对原告牟利的数额有笔误，应为286.69万元；原告并非房地产中介机构。据此，该院依照《土地管理法》第二条、《城镇国有土地使用权出让和转让暂行条例》第四十六条、《行政诉讼法》第五十四条第（二）项第3目，参照《福建省划拨土地使用权管理办法》第十八条的规定，于1995年11月9日作出判决：

一、维持被告福州市土地管理局榕土（1995）37号《土地违法案件行政处罚决定书》第1、2、3、4项；

二、撤销被告福州市土地管理局榕土（1995）37号《土地违法案件行政处罚决定书》第5项。案件受理费26840.50元，由原告负担25840.50元，由被告负担1000元。

福建元洪房地产有限公司不服原审判决，向福建省高级人民法院提起上诉称：被上诉人福州市土地局认定上诉人的两次房屋买卖成立是错误的，认定文艺大厦与闽发证券公司的房屋买卖合同是虚假合同，于法不符。上诉人与闽发证券公司的《委托办理购房手续和修缮合同》是双方民事主体间的另一民事法律关系，被上诉人市土地局无权作出认定和处罚，原审判决予以确认是错误的，作出维持榕土（1995）37号《土地违法案件行政处罚决定书》第1、2、3、4项处罚也是错误的。请求二审判决撤销原审法院的第一项判决，一、二审诉讼费由福州市土地局负担。

被上诉人市土地局答辩称：（1）上诉人向文艺大厦购买文艺大厦南楼并转卖给闽发证券公司，已属实施终了的非法房地产交易行为；（2）房地产买卖“成交”与“成立”或“依法成立”是两个不同的概念；（3）上诉人认为其向文艺大厦购买文艺大厦南楼并转手倒卖给闽发证券公司的两项交易行为并未成立，所以不需要办理土地使用权出让、转让手续，是极其荒谬的；（4）上诉人的行为不是中介行为，而是转手倒卖行为，是非法房地产交易行为，也是非法转让行政划拨土地使用权的行为。

第三人文艺大厦答辩称：成交合同与未成交合同是两个不同性质的问题，不应混淆认定；《房屋买卖合同》与《委托办理购房手续和修缮合同》是两种不同的经济行为，不应混为一谈，售（购）楼款与委托代理款是两项不同的经济往来款，不应混淆在一起；土地使用权“出让”与“转让”是两个不同概念，市土地局无权一并视为非法、予以注销；市土地局将未成交的合同作为处罚根据是错误的，原审判决将行政处罚决定中错误作出的注销“出让合同”及“批准书”的处罚予以确认不当。

第三人闽发证券公司未提出答辩意见。

福建省高级人民法院审理认为，行政机关作出具体行政行为，应有充分、正确的事实根据和法律依据，其认定管理相对人的行为违反了有关法律、法规，应查明管理相对人具有符合法律、法规规定的应受处罚的违法行为的事实根据，并依法进行处罚。本案被上诉人市土地局认定上诉人在买卖文艺大厦南楼过程中非法转让划拨土地使用权，其事实不清，主要证据不足；认定文艺大厦和闽发证券公司签订虚假合同，为上诉人逃避税费、牟取暴利提供条件，属非法转让划拨土地使用权的行为，于法无据；认定上诉人以欺骗手段直接办理文艺大厦与闽发证券公司土地使用权交易变更登记手续，而作出“注销福建文艺大厦与福建闽发证券公司土地使用权交易变更登记手续，按有关规定重新办理”的处罚，也于法无据。综上，被上诉人市土局作出榕土（1995）37号《行政处罚决定书》，主要证据不足，应予撤销。原审判决维持福州市土地局作出的榕土（1995）37号《行政处罚决定书》第1、2、3、4项的判决，事实不清，证据不足，应予撤销；原审判决认为市土地局对两第三人的负责人及有关人员的过错提出的有关建议列入行政处罚内容不妥，做出撤销该项行政处罚的判决正确，应予维持。上诉人福建元洪房地产有限公司认为，市土地局作出的榕土（1995）37号《行政处罚决定书》是错误的，一审判决维持该《行政处罚决定书》第1、2、3、4项也是错误的，以上上诉意见予以采纳。据此，根据《行政诉讼法》第六十一条第（三）项和第五十四条第（二）项第1目的规定，该院于1998年11月25日作出判决：

一、维持福州市中级人民法院（1995）榕法行初字第09号行政判决第二项，即撤销被告福州市土地管理局榕土（1995）37号《土地违法案件行政处罚决定书》第5项；

二、撤销福州市中级人民法院（1995）榕法行初字第09号行政判决第一项，即维持被告福州市土地管理局榕土（1995）37号《土地违法案件行政处罚决定书》第1、2、3、4项；

三、撤销福州市土地管理局榕土（1995）37号《土地违法案件行政处罚决定书》第1、2、3、4项。

一审诉讼费27590元由福州市土地管理局负担；二审诉讼费27590元，由福州市土地管理局负担27000元，由福建元洪房地产有限公司负担590元。

案例（二）

内蒙古天富房地产股份有限公司与内蒙古自治区医院等侵权、联营合同纠纷上诉案

上诉人（原审原告）：内蒙古天富房地产股份有限公司

法定代表人：赵玉英，该公司董事长

上诉人（原审被告）：内蒙古自治区医院

上诉人（原审被告）：内蒙古达康医疗保健用品总公司

原审第三人：内蒙古自治区医院保健分院

上诉人内蒙古天富房地产股份有限公司（以下简称天富公司）为与上诉人内蒙古自治区医院（以下简称内蒙医院）、上诉人内蒙古达康医疗保健用品总公司（以下简称达康总公司）、原审第三人内蒙古自治区医院保健分院（以下简称保健分院）侵权、联营合同纠纷一案，由内蒙古自治区高级人民法院于2000年4月27日作出（2000）内民初字第4号民事判决。宣判后，天富公司和内蒙医院均不服，向中华人民共和国最高人民法院提起上诉。中华人民共和国最高人民法院经审理，于2000年12月25日作出（2000）民终字第73号民事裁定，将本案发回重审。内蒙古自治区高级人民法院重审后，于2002年1月4日作出（2002）内民初字第1号民事判决。天富公司、内蒙医院、达康总公司均不服该判决，向中华人民共和国最高人民法院提起上诉。中华人民共和国最高人民法院依法组成合议庭对本案进行了审理，现已审理终结。

经审理查明：1993年6月16日，内蒙古医疗保健社会服务公司（甲方、以下简称医疗服务公司）与天富公司（乙方）签订一份《联合兴建病房楼协议书》（以下简称联建协议），约定：（一）甲、乙双方联合兴建的病房楼产权属双方共有，按照各自的投资比例分享产权和经营所得。日后任何一方在任何情况下均不得以任何理由对此提出争议，否则，即构成对另一方权益的侵犯。（二）病房楼占地面积为780平方米，地址在内蒙医院院内保健所北侧、住院楼南侧。该楼建成后用于医疗病房。（三）甲方负责将自有院内空地780平方米作

为“病房楼”建筑占地，合价23.4万元，并长期无偿提供大门出入、车辆存放等一切交通方便条件，并负责办理有关该楼建设的城建规划、土地、消防、人防等一切手续及承担其费用，负责该病房楼经营应办理的一切手续以及安排技术力量和医疗设备的提供。上述各项工作完成后，据实结算，并经双方认可作为甲方入股资金。（四）乙方承担土建施工费、土建勘察设计费、空调设备及安装费，以及除甲方应承担的楼外部分管线外的路面硬化、检查井、化粪池、接头等工程费用，完成上述各项，决算后提出最终数字，作为投资金额，并经甲、乙双方承认盖章作为本协议的附件。（五）病房楼正式营业后，由甲、乙双方联合经营，盈亏可按上述投资比例分担或提取，具体经营细则可另订补充协议。协议由乌日金代表甲方签字盖章，郗树森代表乙方签字盖章，并于1993年11月1日在呼和浩特市新城区公证处办理了公证。1993年9月，天富公司按照协议约定，组织施工力量，进行了病房楼的土建施工，并将协议约定的三层病房楼改建为五层，于1994年12月25日竣工，总建筑面积2988.47平方米，工程总造价为3242595元。

内蒙古达康医疗保健服务总公司是内蒙医院1993年3月投资成立的全民所有制企业，法定代表人由时任内蒙医院院长的赵玉英兼任，1996年4月变更为达康总公司，法定代表人为乌日金。医疗服务公司是内蒙医院于1992年7月投资成立的全民所有制企业，在达康总公司成立时，并入达康总公司，成为达康总公司的下属分公司。天富公司成立于1992年8月，法定代表人亦是赵玉英，内蒙医院是天富公司的股东之一。1997年6月，云鹤接替赵玉英担任内蒙医院的院长。

1994年6月5日，内蒙医院以内医院字（1994）第21号文件向内蒙古自治区卫生厅请示成立内蒙古医院保健分院，请示称：为进一步深化医疗卫生改革，增加医疗服务项目，拓宽医疗服务领域，适应市场经济的趋势，满足人们不断增长的高水平的医疗保健需要，我院第三产业达康总公司自筹资金在院内新建一所医院，定名为“内蒙古医院保健分院”，作为内蒙古医院“一院两制”改革的试点，探索医院改革的新路子。该请示的附件一将保健分院定位为达康总公司与天富公司共同投资兴建的集医疗、保健、门诊、病房、社会家庭医疗服务为一体，并集中了全市部分著名专家，引进服务行业优质服务和管理的综合性医院，为全民所有制企业，实行自主经营、自负盈亏、自求生存、自我发展，是一所为社会提供一流的质量、一流的服务、一流的环境的医疗服务实体。1994年9月8日，内蒙古自治区卫生厅批复，同意建医疗保健分院，在行政上隶属内蒙医院领导，内部资金管理实行独立核算、自负盈亏、自主经营，要按照医疗机构管理条例及有关规定，履行正式申报手续。1994年8月4日，内蒙医院以该院第三产业达康总公司自筹资金在院内新建一所保健分院为名，根据其建筑规模、服务范围、床位设置，拟定其建制为正处级，按照医院组织人员编制办法就该分院的人员编制、内设机构、领导职数等提出请示报告，经内蒙古自治区卫生厅转报内蒙古自治区编制委员会。同年12月3日，内蒙古自治区编制委员会批复内蒙古自治区卫生厅：同意成立保健分院，隶属内蒙医院领导，为相当于处级规模的独立核算、自收自支、自负盈亏、实行企业化管理的事业单位，财政不拨任何经费。核定人员编制104人，处级干部职数1正2副，内设科级机构9个，名称自定，等等。

1994年6月8日，达康总公司与天富公司共同成立保健分院董事会，董事长为赵玉英，副董事长为郗树森（代表天富公司）和乌日金，乌日金为法定代表人。1995年2月18日，保健分院正式挂牌营业，但未办理医疗机构执业许可证。

1996年3月4日，达康总公司（甲方）与天富公司（乙方）签订《关于共同投资建立内蒙古医院保健分院的补充协议》（以下简称补充协议），约定：一、双方投资额的确认。甲方投资：医院直接投入1984388.75元，达康总公司投入2344450.6元，医疗服务公司投入480094.17元。乙方投资：4620348.08元（其中房屋建筑工程款3242595元）。二、双方所占投资份额的确定。双方共同投资额为9429281.6元，甲方投资占51%，乙方投资占49%。三、分院的盈利与亏损以年终决算为准，并严格按上述比例分成或负担，分院收入每三个月按投入比例分成或负担。四、对于分院的具体管理办法及双方权益保护，将在保健分院章程中约定，并需双方严格遵守。五、补充协议及保健分院章程与原协议为三个不可分割的组成部分，具有相同的法律效力。

1997年12月10日，天富公司与达康总公司共同制定了保健分院章程，约定：保健分院是由内蒙医院、达康总公司和天富公司联合投资建立的以公有制为主的股份制企业；保健分院的主管部门是内蒙医院；双方共同投资额为9429281.60元，其中内蒙医院为4808933.52元，天富公司为4620348.08元；保健分院设立董事会，董事长为公司的法定代表人；董事会的职权有：决定分院重大事项，决定分院的管理、经营计划和投资方案，制定分院的年度财务预算方案和决算方案，拟定分院合并、分立、变更、解散的方案，聘任或者解聘分院院长及各部门负责人，等等。赵玉英代表天富公司、乌日金代表达康总公司分别在章程上签字，但未加盖单位公章。

保健分院开始营业后，购置了医疗设备，建筑了450平方米的办公室和食堂。1997年6月，天富公司和达康总公司分别从保健分院领取红利30万元。

1997年12月3日，内蒙古自治区卫生厅作出内卫党组字（1997）第36号“关于吕龙同志任职的通知”文件，任命吕龙为保健分院副院长。1998年1月19日，内蒙医院作出内医院字（1998）第4号文件，决定解散保健分院原董事会，派吕龙、丁赤平、乌日娜三人负责保健分院的管理，保健分院隶属于内蒙医院领导，相当于正处级事业单位。由此，天富公司认为被排斥行使参与经营保健分院的权利，多次向有关部门反映，在未能得到解决的情况下，于1998年4月24日向内蒙古自治区高级人民法院提起诉讼，请求判令内蒙医院停止侵权，恢复保健分院董事会和领导班子，赔偿因侵权行为给其造成的损失5306348.08元。一审期间，1999年11月8日，天富公司增加诉讼请求：确认天富公司与内蒙医院、达康总公司之间的联建协议、补充协议及保健分院章程合法有效，继续履行；确认天富公司对保健分院的投资额为5701328元；对保健分院至1998年的盈利5380000元按比例分配。本案重审期间，天富公司又增加诉讼请求为：确认内蒙医院为保健分院的一方投资者，由内蒙医院协助保健分院分配其应得利润2523513.8元。

本案一审期间，一审法院委托内蒙古中证联合会计师事务所对保健分院1999年8月31日前的资产、负债、所有者权益和建院以来至1999年8月31日的收益、利润分配进行了审计和鉴定。鉴定结果为：实收资本4808933.52元，其中达康总公司2344450.6元；医疗服务公司480094.17元；内蒙医院1984388.75元。对于达康总公司合资前利息费用239080.26元，调减递延资产和投入资本，同时调增利润104967.41元。天富公司实际投入为5701328元。累计收益4746968.49元，已分配利润1064765.28元（含盈余公积金），结存3682203.21元。

另查明，保健分院对内蒙医院、达康总公司、医疗服务公司的投入资本按补充协议确定的数额计入保健分院实收资本账，对天富公司的投入资本未入账。双方当事人对此无异议。

再查明，内蒙医院所使用的土地是通过行政划拨方式取得的，1993年2月28日办理了国有土地使用证。保健分院病房楼占用的土地属于内蒙医院的上地使用范围之内，未办理土地使用权的变更手续。

中华人民共和国最高人民法院二审期间还查明，天富公司于1997年3月5日以自己的名义取得了保健分院病房楼的《房屋所有权证》，并用做该公司向银行申请贷款的担保人的反担保，将该证抵押于呼和浩特市制酒厂。后因该笔借款和担保纠纷，1999年6月，该病房楼产权被最高人民法院以（1999）经终字第2号民事裁定予以查封，限制转让。1998年12月27日，保健分院书面通知天富公司研究保健分院年终分红，天富公司收到该通知后未予理睬。

内蒙古自治区高级人民法院经重审认为：天富公司与达康总公司签订的联建协议和补充协议虽是双方当事人的真实意思表示，但协议约定用于建设病房楼的土地的性质为行政划拨，根据《中华人民共和国城镇国有土地出让和转让暂行条例》第四十四条、第四十五条的规定，联建协议及补充协议违反国务院行政法规的禁止性规定，应认定为无效。内蒙医院虽未在联建协议及补充协议上签字盖章，但作为联建病房楼的实际投资方，将以划拨形式取得的土地以达康总公司的名义出资，并参与联合经营保健分院，应对因土地性质导致合同无效承担全部过错责任。补充协议虽因内蒙医院的过错而无效，但协议中关于各方出资额的确认是各方当事人的真实意思表示，故天富公司的投资应以补充协议确认的数额予以认定，内蒙医院应返还天富公司的投资及利息。双方联营合同虽为无效，但双方共同投资兴建的保健分院经营至1999年8月31日累计收益4746968.49元，应用于适当补偿无过错方天富公司因合同无效所遭受的经济损失。天富公司主张内蒙医院解散保健分院董事会的行为构成侵权，请求对保健分院行使监督权、知情权、经营权，不属民事案件受理范围，应予驳回。据此，依据《中华人民共和国合同法》第五十二条第五款、第五十八条，《中华人民共和国城镇国有土地使用权出让和转让暂行条例》第四十四、第四十五条，《最高人民法院关于审理联营合同纠纷案件若干问题的解答》第八条第一款的规定，作出如下判决：一、天富公司与达康总公司、内蒙医院签订的《联合兴建病房楼协议书》和《关于共同建立内蒙古医院保健分院的补充协议》无效；二、内蒙医院返还天富公司投资款4620348.08元及利息损失（利息按建设银行同期同类贷款利率计算，从1996年3月4日起算至实际付清之日止）；三、内蒙医院补偿天富公司经济损失1451799.49元；四、驳回天富公司其他诉讼请求。以上给付款项在该判决生效后一个月内执行。一、二审案件受理费97685.48元，鉴定费50000元，由内蒙医院负担。

天富公司、内蒙医院和达康总公司均对一审判决不服，向中华人民共和国最高人民法院提起上诉。

天富公司上诉称：一、一审判决漏判保健分院章程是否有效，漏判内蒙医院是否为保健分院的一方投资者。二、一审判决既认定联建协议及补充协议无效，却又依据补充协议确认天富公司的投资数额为4620348.08元，判决相互矛盾。依据内蒙古中证联合会计师事务所（1999）第75号审计报告，天富公司的投资额应为5701328元。原审判决认定保健分院楼始建于1993年，1994年12月竣工，而判决从1996年3月4日开始计算利息，也属相互矛盾。三、保健分院病房楼始建于1993年，1994年12月竣工，联建行为发生在《中华人民共和国城市房地产管理法》施行前，依据最高人民法院《关于审理房地产管理法施行前房地产开发经营案件若干问题的解答》第三条第12项的规定，本案保健分院的楼房已建成九年，双方业务已合作多年，内蒙医院的土地使用权投资到保健分院后，未改变土地的用途，且已经计入保健分院的实收资本账，且保健分院的成立是经内蒙医院申请，各级审批部门作为医疗卫生改革中的新生事物批准的，因此本案所涉合同的效力是可以补正的。原审判决在适用法律方面有不当之处。四、内蒙医院解散保健分院董事会的行为，符合侵权的构成要件，属于人民法院的受案范围，原判对此认定适用法律不当。五、天富公司的损失远大于1451799.49元。请求改判确认联建协议、补充协议及保健分院章程合法有效、继续履行；确认内蒙医院为保健分院的一方投资者；确认天富公司对保健分院的投资额为5701328元；确认内蒙医院的行为对天富公司构成侵权，并判令其停止侵权，不得妨碍天富公司对保健分院行使监督权、知情权、经营权、收益权等股东权利；判令内蒙医院给付因侵权给天富公司造成的经济损失，即应得利润2523513.80元。

内蒙医院上诉称：一、内蒙医院既不是无效协议的订立方，也不是投资方，不应作为无效协议的关系人。而且，判决中既认定协议无效，又认定出资额的确认是双方当事人的真实意思表示，前后矛盾。即使该出资额的确认是真实意思表示，联营投资未经过验资也属于违法无效。按自治区卫生厅的批复，保健分院在行政上隶属于内蒙医院领导，故对其进行管理是依法行事，原审判决认定内蒙医院参与了联合经营保健分院，既与原告的主张不符，也与事实不符，判决前后矛盾。二、一审判决引用最高人民法院《关于审理联营合同纠纷案件若干问题的解答》第八条的规定，联营合同被确认无效后，联营体在联营合同履行期间的收益，应先用于清偿联营期间的债务及补偿无过错方因合同无效所遭受的经济损失，但在判决时又未依本条处理，让内蒙医院返还投资没有根据。三、一审判决混淆了企业法人行为和法定代表人行为的界限，联合兴建病房楼协议中执行约定土地入资条款是达康总公司的应尽义务，它不是内蒙医院法人的真实意思表示，只是法定代表人的意思表示，对内蒙医院没有约束力，认定内蒙医院负全部责任没有依据。四、中证联合会计师事务所、中天恒会计师事务所、内蒙古自治区价格事务所均是中介机构，对天富公司的出资数额结论不一，人民法院不应以中证联合会计师事务所的结论为依据。请求二审依法改判。

达康总公司上诉称：一、对一审判决认定联建协议和补充协议无效不持异议，但该协议和补充协议的当事人只是天富公司和达康总公司，故内蒙医院不是联建和投资的主体。二、一审判决内蒙医院返还天富公司投资款 4620348.08 元有误，补充协议第 7 项利息 592187.86 元、第 8 项管理费 298575.45 元，不能作为投资，第 3 项钢窗 113281.53 元、第 6 项窗帘盒 6714.65 元已计入楼房造价中，不应重复计算。根据内蒙古自治区价格事务所（2000）7 号价格认定书，天富公司的投资实际应为 2678204 元。三、天富公司作为房地产公司，对合建合同无效同样负有过错，一审判决没有确认天富公司的过错不当。请求确认内蒙医院不是投资方，确认天富公司的投资额为 2678204 元，确认天富公司对合同无效负有过错责任，并依法改判。

保健分院未提交书面答辩状，当庭辩称一审判决与其没有直接利害关系，其属于内蒙医院的下属事业单位，内蒙医院解散保健分院董事会不构成侵权，同意内蒙医院的上诉意见。

中华人民共和国最高人民法院二审过程中，内蒙医院和达康总公司还书面申请对保健分院病房楼的造价和天富公司的投资进行重新鉴定，理由是一审判决所依据的补充协议中的投资金额，四方当事人均不认可，没有客观性。

中华人民共和国最高人民法院经审理认为，天富公司与达康总公司签订的联建协议，约定将内蒙医院划拨取得的土地用于建设病房楼，虽然没有办理土地使用权出让、转让的法律手续，但双方兴建的病房楼实际用于公益事业单位保健分院的医疗服务。该病房楼是由内蒙医院和达康总公司申请建设批准手续兴建的，故达康总公司经内蒙医院同意在其院内划拨土地上建设保健分院病房楼的行为不属于商品房的开发建设，而是联营保健分院的手段，划拨土地并未进入市场。天富公司对病房楼的投资实际上已经转化为对联营保健分院的出资，因此，双方当事人签订的联建协议、补充协议没有违反法律和行政法规的强制性规定，应为有效合同。上述合同中关于内蒙医院出资的约定，实际上是内蒙医院对达康总公司的出资，并非对保健分院的直接投资。保健分院章程是天富公司和达康总公司的法定代表人签订的，不能证明内蒙医院是保健分院的直接投资主体。该章程虽然没有加盖双方当事人单位的印章，但其中关于出资额的约定是双方当事人的真实意思表示，亦为有效。依据有效合同，对双方当事人关于联营出资的约定依法应予保护，对病房楼的造价没有必要鉴定，内蒙医院和达康总公司在二审中申请对病房楼的造价进行重新鉴定，理由不成立，予以驳回。因保健分院并非是天富公司和达康总公司依照国务院《医疗机构管理条例》的规定独立申请开办的医疗机构，故双方当事人签订的保健分院章程中关于保健分院管理体制和董事会职权的约定，未经行政主管部门批准，不能产生对抗内蒙自治区卫生厅和内蒙古自治区编制委员会行政批复的效力。根据内蒙古自治区卫生厅和内蒙古自治区编制委员会的批复以及双方当事人在保健分院章程中的约定，内蒙医院是保健分院的行政主管部门，有权决定保健分院的负责人和经营管理机构，双方之间因此产生的争议不是平等民事主体之间的争议，不属于人民法院民事侵权案件的受理范围。根据《最高人民法院关于审理联营合同纠纷案件若干问题的解答》第一条第（二）项的规定，因联营体内部机构设置、人员组成等管理方面的问题发生纠纷向人民法院起诉的，人民法院不予受理，故一审法院对天富公司请求判令内蒙医院停止侵权、恢复保健分院董事会和领导班子、赔偿损失的主张予以驳回是正确的，依法应予维持。天富公司以内蒙医院解散保健分院董事会构成侵权为由请求对保健分院经营至 1999 年 8 月 31 日的账面收益进行分配，不符合本案实际，亦不符合联营的性质和要求。内蒙医院虽然解散了保健分院董事会，但并未妨碍天富公司作为股东行使分享保健分院经营利润的权利，联营关系仍继续存在。1998 年 12 月 27 日，保健分院还书面通知天富公司开会研究保健分院年终分红问题，天富公司自己放弃权利。对不存在妨碍其行使股东权利的联营体请求司法判决强制分配利润，并要求判令联营合同继续履行，既缺乏事实上之必要性，也缺乏法律依据，中华人民共和国最高人民法院不予支持。天富公司上诉主张其对保健分院的投资额为 5701328 元，依据是内蒙古中证联合会计师事务所（1999）第 75 号审计报告，因该报告依据的又是天富公司 1996 年单方委托内蒙古自治区审计事务所采用建筑物重置成本法对保健分院病房楼的评估价格，该评估的目的是用于天富公司工商注册增资，并非是其对保健分院的原始出资核验，未经对方当事人确认，亦未实际计入保健分院的实收资本账内，故其关于投资额的上诉主张，与其同时主张为有效合同的补充协议和保健分院章程中约定的内容不符，证据不充分，中华人民共和国最高人民法院不予采纳。达康总公司二审主张天富公司以自己的名义领取保健分院病房楼的房产证并予以抵押的行为构成侵权，属于另一性质的争议，双方可另行解决，本案二审不予审理。综上，中华人民共和国最高人民法院根据《中华人民共和国民事诉讼法》第一百五十三条第一款第（一）、（二）、（三）项之规定，作出如下判决：

一、维持内蒙古自治区高级人民法院（2001）内民初字第 1 号民事判决第四项。

二、撤销内蒙古自治区高级人民法院（2001）内民初字第 1 号民事判决第一、二、三项。

三、天富公司与达康总公司签订的《联合兴建病房楼协议书》、《关于共同建立内蒙古医院保健分院的补充协议》以及保健分院章程中关于联营各方出资额的约定均为有效。

四、确认天富公司对保健分院的实际投资额为 4620348.08 元。

一审案件受理费 48842.74 元，由天富公司负担 24421.37 元，达康总公司负担 12221.37 元，内蒙医院负担 12200 元。鉴定费 50000 元，由天富公司负担。二审案件受理费 48842.74 元，由天富公司负担 24421.37 元，达康总公司负担 12221.37 元，内蒙医院负担 12200 元。

四、办案实战资料库

（一）外商投资企业土地使用合同（划拨土地使用权合同）

外商投资企业土地使用合同

第一条　本合同双方当事人：

中华人民共和国________省（自治区、直辖市）________市（县）土地管理局（以下简称甲方），法人住所地________________；邮政编码____________。

（外商投资企业）____________________（以下简称乙方），法人住所地____________________；邮政编码____________。

根据中华人民共和国关于外商投资企业用地管理法律、法规和国家有关规定，双方通过友好协商订立本合同。

第二条　甲方提供给乙方使用的国有土地位于____________，面积为________平方米。其位置与四至范围如本合同附图所示。附图已经甲、乙双方确认。

第三条　本合同项下的土地使用年限为______年，自本合同签字之日起算。

第四条　乙方同意向甲方支付场地使用费，包括土地开发费和土地使用费。

[或：第四条　依据合资或合作企业合同，由乙方中的______（注：中方合资者或合作者）向甲方支付场地使用费，包括土地开发费和土地使用费。]

第五条　土地开发费为每平方米______元人民币，总额为______元人民币。乙方［或中方合资者或合作者］须于本合同签字之日起______日内全部付清。

乙方（或中方合资者或合作者）支付了全部土地开发费后______日内，乙方必须申请办理土地使用（或变更登记）手续，领取（更换）《中华人民共和国国有土地使用证》。

第六条　土地使用费为每平方米________元人民币，自______年______月______日起，乙方（或中方合资者或合作者）应于每年______月______日前向甲方缴纳当年的土地使用费。

土地使用费收取标准根据中华人民共和国［或________省（自治区、直辖市）________市（县）］有关规定。五年后由甲方作相应调整，调整后乙方应自调整年度起按新标准缴纳土地使用费。

［或：土地使用费在合资（或合作）企业经营期限内作调整。］

（注：乙方依照有关规定可以享受减免优惠政策的，可依照减免规定拟定此条。）

第七条　除本合同另有规定外，乙方应在本合同规定的付款期限内将合同要求支付的费用汇入甲方银行账号内。银行名称：____________银行____________分行，账户号____________________。

甲方银行账户如有变更，应在变更后______天内以书面形式通知对方。由于甲方未及时通知此项变更而造成误期付款所引起的任何延迟收费，乙方概不承担违约责任。

第八条　该土地用于建设______项目，乙方必须按规划要求和规定用途使用土地。

在本合同期限内，乙方确需改变土地用途的，经甲方同意后办理变更土地用途的手续。

第九条　甲方同意承担该土地的征地、拆迁、界址定点具体事务，并于________年______月______日前交付土地。

乙方应妥善保护界桩，不得私自改动，界桩遭受破坏或移动时，应及时书面报告当地土地管理部门，请求重新埋设，所需费用由乙方承担。

［或：第九条　乙方利用合资（或合作）企业中方原有场地，原有场地的界桩应由甲方重新核实。］

第十条　土地使用年限期满或乙方提前终止经营时，本合同同时终止履行。乙方应办理注销登记手续交还土地使用证。乙方对该土地内投资建设的建筑物、附着物有权处置，但时间不得超过______，逾期由甲方无偿取得。

如乙方需继续使用该土地，须在期满六个月之前向甲方提交续期用地申请，经甲方同意后，须重新签订土地使用合同方可使用。

第十一条　乙方依据本合同通过划拨方式取得的土地使用权不得转让、出租、抵押。如需转让、出租、抵押，必须按《中华人民共和国城镇国有土地使用权出让和转让条例》规定办理出让手续，补交出让金。

第十二条　如果乙方（或中方合资者或合作者）不能按时支付土地使用费，从滞纳之日起，按日加收应缴费额______%的滞纳金。滞纳期超过六个月的，甲方有权无偿收回土地使用权。

第十三条　如果由于甲方的过失，致使乙方延期享有土地使用权，则本合同项下的土地使用期限应推延，乙方有权请求赔偿。

第十四条　如果乙方在该土地上连续两年不投资建设，甲方有权收回土地使用权，乙方已付土地费用不予返还。

第十五条　本合同订立、效力、解释、履行及争议的解决均受中华人民共和国法律的保护和管辖。

第十六条　因执行本合同发生争议，由争议双方协商解决，协商不成，双方同意向________仲裁委员会申请仲裁（当事人不在合同中约定仲裁机构，事后又没有达成书面仲裁协议的，可以向人民法院起诉）。

第十七条　本合同经双方法定代表人（授权委托代理人）签字后生效。

第十八条　本合同一式______份签署，甲乙双方各执______份。

第十九条　本合同于________年______月______日在中华人民共和国________省（自治区、直辖市）________市（县）签订。

第二十条　本合同未尽事宜，可由双方约定后作为合同附件。

本合同附件是合同的组成部分，与本合同具有相等的法律效力。

甲方：中华人民共和国________省________（自治区、直辖市）________市（县）土地管理局（章）

法定代表人（委托代理人）____________（签字）

乙方：________（章）

法定代表人（委托代理人）____________（签字）

【土地征用安置补偿标准】

一、专家指导意见

（一）土地征用的概念

土地征用，是指国家为了社会公共利益的需要，按照法律规定的批准权限和程序批准，并给农民集体和个人补偿后，将农民集体所有土地转变为国家所有。土地征用是保证国家公共设施和公益事业建设所需土地的一项重要措施。无论是资本主义国家还是社会主义国家，为了发展社会公共事业，都设置了土地征用法律制度，我国《宪法》第10条规定，国家为了公共利益的需要，可以依照法律规定对土地实行征用，这是我国实行土地征用制度的宪法依据。

（二）土地征用的特征

1. 国家建设征用土地的主体必须是国家。

只有国家才能在国家建设征用土地法律关系中充当征用主体，尽管直接需要土地的并非国家，而是具体的国家机关、企事业单位、社会团体以及个人，但是他们作为土地需要的单位，只能根据自己用地的实际需要，依照法律规定的程序向土地机关提出用地申请，并在申请批准后获得土地的使用权。

2. 国家建设征用土地是国家行政行为，具有强制性。

国家建设征用土地并非民事行为，而是国家授权的并依照法律规定的权限和程序所实施的行政行为。土地征用法律关系的产生并非基于双方的自愿和一致，而是基于国家的单方面的意思表示，无需被征用土地的所有人同意。国家征用土地的指令，是行政命令。对此，土地被征用的集体经济组织必须服从。

3. 国家建设征用土地是国家建设需要或公共利益的需要。

这里所讲的国家建设需要或公共利益需要，大体可以从两个层次上加以理解：其一，是直接的国家建设需要或公共利益的需要。如发展和兴办国防建设、公用事业、市政建设、交通运输、水利事业、国家机关建设需要用地等等。其二，是广义的国家建设需要或者广义的公共利益需要。即凡是有利于社会主义现代化建设，有利于人民生活水平的提高，有利于综合国力的加强，诸如设立国家主管机关批准的集体企业、三资企业，兴办国家主管机关批准的民办大学以及其他社会公益事业等等，均是广义上的国家建设和公共利益的需要。

4. 国家建设征用土地必须以土地补偿为必备条件。

国家建设征用土地是有偿地强制进行，土地被征用的集体经济组织应当依法取得经济上的适当补偿。所谓适当补偿，就是严格依据土地管理法的规定给予补偿。征地补偿以使被征用土地单位的农民生活水平不降低为原则。

5. 国家建设征用土地的标的只能是集体所有的土地。

（三）征用集体土地应遵循的原则

1. 十分珍惜、合理利用土地和切实保护耕地的原则。

各级人民政府应当采取措施，全面规划，严格管理，保护开发土地资源，制止非法占用土地的行为。在国家建设征用土地时要做到符合这一要求，必须坚持：（1）加强规划，严格管理，严格控制各项建设用地；（2）优先利用荒地、非农业用地，尽量不用耕地；（3）优先利用劣地，尽量不用良田；（4）加大土地监察和对土地违法行为的打击力度，切实制止乱占耕地和滥用土地的行为。

2. 保证国家建设用地的原则。

国家建设征用土地，被征地单位必须无条件服从，这不但是因为征用土地是国家政治权力的行使，而且因为国家权力的行使是为了维护社会的公共利益。国家建设即是社会公共利益的体现，因此应在贯彻节约土地、保护土地的前提下保证国家建设用地。

3. 妥善安置被征地单位和农民的原则。

一是对被征用土地的生产单位要妥善安排生产，二是对征地范围内的拆迁户要妥善安置，三是对征用的耕地要适当补偿，四是对征地给农民造成的损失要适当补助。

4. 谁使用土地谁补偿的原则。

土地征用的补偿并不是由国家支付，而是由用地单位支付。用地单位的补偿是一项法定义务，承担此项义务是使用被征土地的必要条件。用地单位必须按法定的标准，向被征用土地的集体组织给予补偿。

（四）集体土地的补偿安置问题

集体土地征用的补偿，是征地工作的主要内容，其涉及到国家、集体、个人利益，既要考虑到建设项目的投资和国家建设的发展，又要考虑被征地单位以及农民的生产生活水平，力求做到国家利益优先、兼顾用地单位和被征地单位和农民的各方利益。

1. 征用集体土地的补偿原则。

（1）保持被征地农民原有生活水平的原则；

（2）按照被征用土地的原用途给予补偿的原则。

2. 征用集体土地的补偿范围和标准。

征用土地的补偿费用包括以下三项内容：

（1）土地补偿费。土地补偿费主要是因国家征用土地而对土地所有人和使用人的土地投入和收益损失给予的补偿。征用耕地的土地补偿费为该耕地被征用前三年平均产值的六至十倍。征用其他土地的补偿费标准，由省、自治区、直辖市参照征用耕地的补偿费标准规定。

（2）安置补助费。安置补助费是为了安置以土地为主要生产资料并取得生活来源的农业人口的生活所给予的补助费用。征用耕地的安置补助费，按照需要安置的农业人口数计算，每一个需要安置的农业人口的安置补助费标准，为该耕地被征用前三年平均年产值的四至六倍，但是每公顷被征用耕地的安置补助费，最高不得超过被征用前三年平均年产值的十五倍。征用其他土地的安置补助费标准由省、自治区、直辖市参照征用耕地的安置补助标准规定。

（3）地上附着物和青苗补偿费，如房屋、水井、林木及正处于生长而未能收获的农作物等，补偿标准由省、自治区、直辖市规定。

3. 安置剩余劳动力。

因国家建设征用土地造成的多余劳动力，由县级以上地方人民政府土地管理部门组织被征用单位、用地单位和有关单位，通过发展副业生产和举办乡镇企业等途径加以安置，安置不完的，可以安排符合条件的人员到用地单位或者其他集体所有制单位和全民所有制单位就业，并将相应的安置补助费转拨给吸收劳动力的单位。

4. 土地补偿费用的处理。

国家建设征用土地的土地补偿费归农村集体经济组织所有，地上附着物及青苗补偿费归地上附着物及青苗的所有者所有。征用土地的安置补助费必须专款专用，不得挪作他用。市、县和乡镇人民政府应当加强对安置补助费使用情况的监督，侵占、挪用被征用土地单位的征地补偿费用和其他有关费用构成犯罪的，依法追究刑事责任，尚不构成犯罪的，依法给予行政处分。

二、法律适用依据

（一）相关法律

❶中华人民共和国草原法（节录）

（1985年6月18日第六届全国人民代表大会常务委员会第十一次会议通过　2002年12月28日第九届全国人民代表大会常务委员会第三十一次会议修订）

第三十九条　因建设征用集体所有的草原的，应当依照《中华人民共和国土地管理法》的规定给予补偿；因建设使用国家所有的草原的，应当依照国务院有关规定对草原承包经营者给予补偿。

因建设征用或者使用草原的，应当交纳草原植被恢复费。草原植被恢复费专款专用，由草原行政主管部门按照规定用于恢复草原植被，任何单位和个人不得截留、挪用。草原植被恢复费的征收、使用和管理办法，由国务院价格主管部门和国务院财政部门会同国务院草原行政主管部门制定。

❷中华人民共和国农业法（节录）

（1993年7月2日第八届全国人民代表大会常务委员会第二次会议通过　2002年12月28日第九届全国人民代表大会常务委员会第三十一次会议修订）

第七十一条　国家依法征用农民集体所有的土地，应当保护农民和农村集体经济组织的合法权益，依法给予农民和农村集体经济组织征地补偿，任何单位和个人不得截留、挪用征地补偿费用。

❸中华人民共和国土地管理法（节录）

（1986年6月25日第六届全国人民代表大会常务委员会第六次会议通过　根据1988年12月29日第七届全国人民代表大会常务委员会第五次会议《关于修改〈中华人民共和国土地管理法〉的决定》第一次修正　1998年8月29日第九届全国人民代表大会常务委员会第四次会议修订　根据2004年8月28日第十届全国人民代表大会常务委员会第十一次会议《关于修改〈中华人民共和国土地管理法〉的决定》第二次修正）

第四十七条　征收土地的，按照被征收土地的原用途给予补偿。

征收耕地的补偿费用包括土地补偿费、安置补助费以及地上附着物和青苗的补偿费。征收耕地的土地补偿费，为该耕地被征收前三年平均年产值的六至十倍。征收耕地的安置补助费，按照需要安置的农业人口数计算。需要安置的农业人口数，按照被征收的耕地数量除以征地前被征收单位平均每人占有耕地的数量计算。每一个需要安置的农业人口的安置补助费标准，为该耕地被征收前三年平均年产值的四至六倍。但是，每公顷被征收耕地的安置补助费，最高不得超过被征收前三年平均年产值的十五倍。

征收其他土地的土地补偿费和安置补助费标准，由省、自治区、直辖市参照征收耕地的土地补偿费和安置补助费的标准规定。

被征收土地上的附着物和青苗的补偿标准，由省、自治区、直辖市规定。

征收城市郊区的菜地，用地单位应当按照国家有关规定缴纳新菜地开发建设基金。

依照本条第二款的规定支付土地补偿费和安置补助费，尚不能使需要安置的农民保持原有生活水平的，经省、自治区、直辖市人民政府批准，可以增加安置补助费。但是，土地补偿费和安置补助费的总和不得超过土地被征收前三年平均年产值的三十倍。

国务院根据社会、经济发展水平，在特殊情况下，可以提高征收耕地的土地补偿费和安置补助费的标准。

第四十九条　被征地的农村集体经济组织应当将征收土地的补偿费用的收支状况向本集体经济组织的成员公布，接受监督。

禁止侵占、挪用被征收土地单位的征地补偿费用和其他有关费用。

第五十一条 大中型水利、水电工程建设征收土地的补偿费标准和移民安置办法，由国务院另行规定。

❹中华人民共和国妇女权益保障法（节录）

（1992年4月3日第七届全国人民代表大会第五次会议通过　根据2005年8月28日第十届全国人民代表大会常务委员会第十七次会议《关于修改〈中华人民共和国妇女权益保障法〉的决定》修正）

第三十二条 妇女在农村土地承包经营、集体经济组织收益分配、土地征收或者征用补偿费使用以及宅基地使用等方面，享有与男子平等的权利。

（二）相关行政法规及规范性文件

❶土地复垦规定（节录）

（1988年10月21日国务院第二十二次常务会议通过　1988年11月8日国务院公布　自1989年1月1日起施行）

第十四条 企业和个人对其破坏的其他单位使用的国有土地或者国家不征用的集体所有土地，除负责土地复垦外，还应当向遭受损失的单位支付土地损失补偿费。

土地损失补偿费，分为耕地的损失补偿费、林地的损失补偿费和其他土地的损失补偿费。耕地的损失补偿费，以实际造成减产以前三年平均年产量为计算标准，由企业和个人按照各年造成的实际损失逐年支付相应的损失补偿费；集体经济组织承包复垦其原有的土地，补偿年限应当按照合同规定的合理工期确定。其他土地的损失补偿费，参照上述原则确定。

地面附着物的损失补偿标准，由省、自治区、直辖市规定。

第十五条 土地损失补偿费的具体金额，由破坏土地的企业和个人与遭受损失的单位根据第十四条确定的原则商定；达不成协议的，由当地土地管理部门会同有关行业管理部门作出处理决定。

当事人对土地损失补偿费金额的处理决定不服的，可以在接到处理决定之日起十五日内，向人民法院起诉。

第十六条 基本建设过程中破坏的土地，土地复垦费用和土地损失补偿费从基本建设投资中列支。

生产过程中破坏的土地，土地复垦费用从企业更新改造资金和生产发展基金中列支；经复垦后直接用于基本建设的，土地复垦费用从该项基本建设投资中列支；由国家征用并能够以复垦后的收益形成偿付能力的，土地复垦费用还可以用集资或者向银行贷款的方式筹集。

生产过程中破坏的国家不征用的土地，土地损失补偿费可以列入或者分期列入生产成本。

（三）相关部门规章及规范性文件

❶关于贯彻执行《中华人民共和国土地管理法》和《中华人民共和国土地管理法实施条例》若干问题的意见（节录）

（1999年9月17日国土资源部　国土资厅〔1999〕97号公布）

五、关于征用土地的安置补助费标准的确定

《土地管理法》第四十七条第二款规定，“征用耕地的土地补偿费，为该耕地被征用前三年平均年产值的六至十倍”。这里的“该耕地”，是指实际征用的耕地数量。而“每一个需要安置的农业人口的安置补助费标准，为该耕地被征用前三年平均年产值的四到六倍”中的“该耕地”，则是指在被征用土地所在地，被征地单位平均每人占有的耕地数量。这样规定，是将每一个需要安置的农业人口的安置补助费与人均耕地面积挂钩，以被征用土地所在地的人均耕地的平均年产值的倍数计算安置补助费，从而使安置补助费标准的确定更加公平、合理，有利于保护农民利益，维护社会稳定。

❷建设用地审查报批管理办法（节录）

（1999年3月2日国土资源部令〔第3号〕公布施行）

第十九条 征用土地方案经依法批准后，市、县人民政府应当自收到批准文件之日起10日内，在被征用土地所在地的乡、镇范围内，公告《土地管理法实施条例》第二十五条第一款规定的内容。

公告期满，市、县人民政府土地行政主管部门根据征用土地方案和征地补偿登记情况，拟订征地补偿、安置方案并在被征用土地所在地的乡、镇范围内公告。征地补偿、安置方案的内容，应当符合《土地管理法实施条例》第二十五条第三款的规定。

征地补偿、安置方案确定后，市、县人民政府土地行政主管部门应当依照征地补偿、安置方案向被征用土地的农村集体经济组织和农民支付土地补偿费、地上附着物和青苗补偿费，并落实需要安置农业人口的安置途径。

❸关于加强城市房屋拆迁管理工作的通知（节录）

（1995年7月5日建设部　建房〔1995〕387号公布）

四、要合理确定房屋拆迁的补偿价格。对于被拆迁房屋进行作价补偿的，一定要按照《条例》第二十一条执行。对所拆房屋按“建筑面积的重置价格结合成新结算”。进行产权调换的，是非住宅的要按《条例》第二十条规定；是住宅的，按各省、自治区、直辖市人民政府规定执行，拆迁建设单位不得自行压低标准。

❹公路基本建设工程概算、预算编制办法（节录）

（1987年4月18日交通部　〔87〕交公路字250号公布）

第十章 其他费用项目

第一节 土地、青苗等补偿费和安置补助费

指按照国家规定所应支付的土地补偿费、青苗补偿费、被征用土地上的房屋、水井、树木等附着物补偿费、迁坟费和安置补助费以及土地征收管理费和耕地占用税。

计算方法：根据有权单位批准的建设用地、临时用地面积和各省、自治区、直辖市人民政府制订颁发的各项补偿费、安置补助费标准和耕地占用税税率计算。

建设的公路、桥梁与原有的电力、电讯设施、水利工程、铁路及铁路设施互相干扰时，应与有关部门联系，商定合理的解决方案和赔偿金额，也可由这些部门按规定编制费用以确定赔偿费金额。

由公路施工企业代业主拆迁改移的各种建筑物、构筑物，其费用应属于建筑安装工程，在第一部分第五项内计算，不属本项费用。

❺关于化工建设项目可行性研究投资估算编制办法（节录）

（1990年8月11日化学工业部　化规字〔90〕第493号公布）

第十八条　工程建设其他费用的组成和编制方法。

一、土地、青苗等补偿费和安置补助费：指按照有关规定所应支付的土地补偿费、青苗补助费、被征用土地上的房屋、水井、树木等附着物补偿费、迁坟费、安置补助费和土地征购管理费。

编制方法：根据建厂所在省、自治区、直辖市人民政府制定颁发的各项补偿费、安置补助费及土地管理费标准计算。

二、耕地占用税：国家为了合理利用土地资源，加强土地管理，保护农用耕地，从1987年4月1日起，征收耕地占用税。

编制方法：按照《中华人民共和国耕地占用税暂行条例》及建厂所在省、自治区、直辖市人民政府规定计算。耕地占用税税额以县为单位，按人均耕地面积不同，每平方米为1元至10元。

三、建设单位管理费：指建设单位为进行建设项目筹建、建设、联合试运转、验收总结等工作所发生的管理费用，不包括应计入设备、材料价格的建设单位采购及保管设备、材料所需的费用。

费用包括：工作人员的工资、工资附加费、劳保支出、差旅费、办公费、工具用具使用费、固定资产使用费、劳动保护费、零星固定资产购置费、招募生产工人费、技术图书资料费、合同公证费、工程质量监督检测费、完工清理费、建设单位的临时设施费、工程建设总承包费、前期工作费、后期评价工作费和其他费用性质的开支。

编制方法：以单项工程费用总和为基数，按工程项目的不同规模分别制定的建设单位管理费率计算；或以管理费用金额总数表示。对于改、扩建项目应适当降低费率。

建设单位管理费收费标准可暂按下列收费标准估算，也可参照工程所在省、自治区、直辖市有关规定计算。

四、研究试验费：指为本建设项目提供或验证设计数据、资料进行必要的研究试验，按照方案要求在施工过程中必须进行试验所需的费用，以及支付科技成果、先进技术的一次性技术转让费。不包括：应由科技三项费用（即新产品试制费、中间试验费和重要科学研究补助费）。

建设单位管理费取费标准

序号	单项工程费用总和	费率%
1	5000万元以下	4.2~4.5
2	10000万元以下	3.8~4.1
3	30000万元以下	3.4~3.7
4	50000万元以下	3.0~3.3
5	50000万元以上	2.9~3.2

开支的项目：应由间接费用开支的施工企业对建筑材料、构件和建筑物进行一般鉴定、检查所发生的费用及技术革新的研究试验费；应由勘察设计费或基本建设投资中开支的项目。

编制方法：按照可行性研究方案提出的研究试验内容和要求进行编制。

五、生产职工培训费：是指新建企业或新增生产能力的扩建企业在交工验收前自行培训或委托其他厂矿培训技术人员、工人和管理人员所支出的费用；生产单位为参加施工、设备安装、调试等以熟悉工艺流程、机器性能等需要提前进厂人员所支付的费用。

费用包括：培训人员和提前进厂人员的工资、工资附加费、差派费、实习费和劳动保护费等。

编制方法：根据规划的培训人数，提前进厂人数，培训方法、时间和职工培训费定额计算。可暂按估算定员每人2000~3500元计算。

六、办公和生活家具购置费：指为保证新建、改建、扩建项目初期正常生产、使用和管理所必需购置办公和生活家具、用具的费用。改、扩建项目所需的办公和生活用具购置费，应低于新建项目的费用。

范围包括：办公室、会议室、资料档案室、阅览室、文娱室、食堂、浴室、理发室、单身宿舍和设计规定必须建设的托儿所、卫生所、招待所、中小学校等的家具用具。

编制方法：按规划定员和办公生活用具综合费用定额，暂按每人280~380元的标准计算，也可按工程所在地省、自治区、直辖市规定的费用定额计算。

七、联合试运转费：指新建企业或新增加生产工艺过程的扩建企业，在竣工验收前，按设计规定的工程质量标准，进行整个车间的负荷或无负荷联合试运转所发生的费用，支出大于试运转收入的亏损（即全部试车费减去试车产品销售收入和其他收入后的差额）。必要的工业炉烘炉费，不包括应由设备安装费用开支的试车费用。不发生试运转费的工程或者试运转收入的支出可相抵消的工程，不列此费用项目。

编制方法：以单项工程费用总和或第一部分工程费用为基数，按工程项目的不同规模分别规定的试运转费率计算或以试运转费的总金额包干使用。一般可暂按单项工程费用总和0.3~1.2%计算。

八、勘察设计费、指委托勘察设计单位进行勘察设计时，按规定应支付的工程勘察设计费；为本建设项目进行可行性研究而支付的费用；在规定范围内由建设单位自行勘察设计所需的费用。

编制方法：按国家计委、建设部颁发的《工程设计收费标准》和《工程勘察取费标准》的通知及化工部化工设计收费有关规定进行估算。

九、供电贴费：指按照国家规定，建设项目应交付的供电工程贴费、施工临时用电贴费。

编制方法：按国家计委计资（84）536号批转水利电力部关于《供电工程收取贴费的暂行规定》执行。

十、施工机构迁移费：指施工机构根据建设任务的需要，经有关部门决定成建制地（指公司或公司所属工程处、工区）由原驻地迁移到另一地区所发生的一次性搬迁费用，不包括：应由施工企业自行负担的，在规定距离范围内调动施工力量以及内部平衡施工力量所发生的迁移费用；由于违反基建程序，盲目调迁队伍所发生的迁移费；因中标而引起施工机构迁移所发生的迁移费。

费用内容包括：职工及随同家属的差旅费、调迁期间的工资、施工机械、设备、工具、用具和周转性材料的搬运费。

编制方法：以建筑安装工程费用为基数，费率暂按1%至1.5%计算。特殊的工程项目和边远地区，根据实际情况可以适当提高。

十一、矿山巷道维修费：指锚喷支护巷道、木支架巷道、钢筋混凝土支架巷道建成后至移交生产前，由施工企业代管期间所发生的维修费。

编制方法：以工程的直接费与间接费之和为基数，暂按照规定的巷道维修费率1%计算。

十二、城市基础设施配套费、资源开发费、电力建设发展资金等费用，符合国家规定或经国务院、国家计委审核批准的收费科目。

编制方法：按建设项目所在省、自治区、直辖市人民政府规定的有关其他费用取费标准估算。

❻沿海国家特殊保护林带管理规定（节录）

（1996年12月9日林业部令〔第11号〕公布）

第十三条 经批准占用、征用沿海国家特殊保护林带内的林地的，用地单位应当按照国家有关规定缴纳林木补偿费、林地补偿费、安置补助费和森林植被恢复费等费用。

❼关于国有林场深化改革加快发展若干问题的决定（节录）

（1996年第十一次部长办公会议通过 1996年9月13日林业部林场字〔1996〕49号公布）

（二十六）国有林场对国家授权其经营管理的资产拥有法人财产权，享有占有、使用、受益和依法处置的权利。各级林业主管部门要维护国有资产的完整性，坚决维护国有林场的合法权益。对侵占、蚕食、破坏国有森林资源资产的行为，要坚决予以制止，对造成严重后果的违法分子要绳之以法，并追究有关领导者的责任。对1992年以来非法占用的国有林场林地，要进行一次全面清理，限期退回。对确实无法退回的，要按规定补办征占用手续，并补交林地补偿费、林木及其地上附着物补偿费、安置补助费、森林植被恢复费。要坚决抵制乱摊派、乱集资和乱收费行为，除中央和省规定以外，国有林场有权拒绝任何不合理的负担，并应及时向上级反映。

❽林地管理暂行办法（节录）

（1993年8月30日林业部令〔第1号〕公布）

第二十四条 经批准占用、征用林地的单位，应按规定向被占用、征用林地单位交纳林地补偿费、林木及其他地上附着物补偿费和安置补助费，向县以上林业主管部门交纳森林植被恢复费。

临时使用林地的，应当签订临时用地协议书。在按规定支付林地损失补偿费后，由县以上林业主管部门办理临时使用林地手续。临时使用林地时间由省级林业主管部门决定。

❾关于重申供销合作社资产归属问题的通知（节录）

（1993年9月28日国内贸易部 内贸函财（价）字〔1993〕第822号公布）

二、国家重点项目和地方城建规划占用供销合作社土地，经营网点、设施等，要有偿使用，重新给予供销合作社同等效益位置的土地和按占用设施的重估价值予以补偿。并应为因此而影响正常工作的职工的工作、生活提供必要的条件和方便。

❿石油地震勘探损害补偿规定（节录）

（1989年9月26日国务院批准 1989年10月17日能源部令〔第1号〕公布）

第十一条 地震作业对无封冻期的已耕待种地造成损害的，应按照作业车辆实际碾压面积，参照当地劳务费用和机耕费用的标准补偿复耕费。

⓫关于工程建设其他费用项目划分暂行规定（节录）

（1985年3月5日国家发展计划委员会、中国人民建设银行 计标〔85〕352号公布）

四、工程建设其他费用项目的组成内容和编制方法：

1. 土地、青苗等补偿费和安置补助费：指按照国务院关于《国家建设征用土地条例》规定所应支付的土地补偿费、青苗补偿费、被征用土地上的房屋、水井、树木等附着物补偿费、迁坟费和安置补助费以及土地征收管理费。

编制方法：

（1）根据有权单位批准的建设用地、临时用地面积和各省、自治区、直辖市人民政府制订颁发的各项补偿费、安置补助费标准计算；大中型水利水电工程建设移民安置办法，按水电部等有关部门规定执行。

（2）此项费用除预备费外，不作其他费用计取的基础。

⓬建设项目经济评价方法说明（节录）

（1993年4月7日国家发展计划委员会、建设部公布）

（十）土地税、费及开发建设基金

1. 土地征用费、耕地占用税、新菜地开发建设基金及建设期间的土地使用税列入建设项目投资估算的其他费用内。

2. 土地征用费包括土地补偿费、青苗补偿费、居民安置费、地面附属物拆迁补偿费、征地管理费等。

⓭关于西部大开发若干政策措施的实施意见（节录）

（2001年8月28日国务院西部开发办公室公布）

（二十八）提高建设用地审批效率，减少审批环节，及时提供并保障经济建设用地。需报国务院批准的建设用地，在用地报批阶段，政府主管部门主要审查是否符合土地利用规划与计划、耕地占补平衡和征地补偿安置能否落实。报批资料可以根据审查的内容相应简化。征地补偿安置要符合《土地管理法》等法律规定，防止各种搭车收费，同时切实保护农民利益。使用国有未利用地，可以免缴土地补偿费。建设项目用地除法律另有规定外，应依法有偿使用国有土地，鼓励以招标、拍卖等方式供地。外商投资项目用地，确属必需的，经批准，可以用国有土地使用权作价入股、作价出资的方式提供国有土地使用权。

⓮关于贯彻《城市房屋拆迁管理条例》的通知（节录）

（2001年7月25日建设部 建住房〔2001〕161号公布）

四、加强对拆迁补偿安置资金的监管

《条例》规定，拆迁补偿安置资金应当全部用于房屋拆迁的补偿安置，不得挪作他用，并要求房屋拆迁管理部门加强对拆迁补偿安置资金使用的监督。各地要根据《条例》的精神，会同有关部门加快建立拆迁补偿安置资金的审核和监管制度。房屋拆迁管理部门在核发拆迁许可证时，要认真审核拆迁补偿安置资金是否到位；发放许可证后，要建立有效的监督制度，既要保证拆迁补偿安置资金不被挪作他用，又要方便被拆迁人使用。同时，要防止房屋拆迁管理部门挪用拆迁补偿安置资金或利用监管拆迁补偿安置资金的权力进行非法牟利。

⑮对征用农民集体所有土地补偿费管理使用情况开展专项检查的意见（节录）

（2004年3月12日监察部、国土资源部、农业部、审计署制定　2004年4月7日国务院办公厅　国办〔2004〕31号转发）

一、开展专项检查的指导思想

以邓小平理论和“三个代表”重要思想为指导，认真贯彻落实党的十六届三中全会和国务院第二次廉政工作会议的有关精神，切实解决征用农民集体所有土地补偿费支付、管理和使用中的突出问题。通过专项检查，全面了解和掌握征用农民集体所有土地以及补偿费的管理和使用情况，督促地方各级政府严格按照依法批准的征用土地方案给予被征地农民合理补偿，严禁拖欠、截留和挪用征地补偿费，依法保护农民的合法权益，落实国家土地管理政策和耕地保护制度。

⑯关于水利水电工程建设用地有关问题的通知（节录）

（2001年11月2日国家经济贸易委员会、水利部、国土资源部　国土资〔2001〕355号公布）

三、关于征地补偿安置

（一）水利水电工程建设项目法人在新《土地管理法》实施（1999年1月1日）以后开始进行坝区、库区建设以及移民迁建、专项设施迁建，申请建设用地涉及征用农村集体耕地的，应按新《土地管理法》规定的标准核定土地补偿费、安置补助费；涉及征用其他土地的土地补偿费、安置补助费标准，地上附着物和青苗的补偿标准，按各省、自治区、直辖市规定标准执行。移民迁建用地涉及地上附着物的补偿应遵守按原规模、原标准，恢复原功能的原则。

建设项目法人支付的土地补偿费和安置补助费尚不能使需要安置的移民保持原有生产和生活水平的，可酌情提高安置补助费标准。土地补偿费和安置补助费的总和不得超过法律规定的最高标准。征地补偿费用标准未达到法定标准的，建设项目法人应调整工程概算总投资。

（二）水利水电工程在新《土地管理法》（1999年1月1日）实施以前，坝区已经开工建设，或库区已经蓄水淹没，开始实施移民迁建、专项设施迁建用地的，坝区、库区以及已经使用的移民迁建、专项设施迁建用地，按原《土地管理法》有关规定核定征地补偿费用标准，以县为单位由所在省级人民政府批准完善用地手续；新《土地管理法》实施以后发生的库区淹没用地以及移民迁建、专项设施迁建用地，原则上按新《土地管理法》的规定核定征地补偿费用标准，依法办理建设用地审批手续。

（三）水利水电工程用地在新《土地管理法》实施（1999年1月1日）以前已依法经有批准权的人民政府批准，以后实际使用的土地，当地人民政府、建设项目法人要共同做好被征地单位群众的工作，保证工程及时用地。征地补偿费用确实难以妥善安置移民生产和生活的，建设项目法人可向当地人民政府，酌情予以补助，以保证被征地单位群众生活水平不降低。

（四）水利水电工程移民安置，应结合实施乡（镇）土地利用总体规划和小城镇建设，将原来分散的居住点通过拆旧建新向中心村和集镇集中，乡镇企业通过结构调整向工业园区集中，提高土地利用率。

（四）相关地方性法规及规范性文件

❶北京市实施《中华人民共和国土地管理法》办法（节录）

（1991年3月15日北京市第九届人民代表大会常务委员会第二十六次会议通过）

第二十六条　征用集体所有的土地，用地单位应当按照下列规定向被征地单位支付土地补偿费：

（一）征用耕地、菜地、鱼塘、藕塘、果园、苗圃地，按该土地被征用前三年平均年产值6倍的标准补偿；

（二）征用苇塘、林地、砂石地等有收益的土地，按该土地被征用前三年平均年产值5倍的标准补偿；

（三）征用宅基地、积肥场、场院地，按相连有收益土地前三年平均年产值5倍的标准补偿。

被征用土地上的附着物和青苗的补偿标准，按照市人民政府的规定执行。

征用菜地和市人民政府划定的基本粮田的，应当按照本市有关规定缴纳新菜地或者基本粮田开发建设基金。

第二十七条　征用集体所有的土地，用地单位应当按照需要安置的农业人口数，向被征地单位支付安置补助费。每一个需要安置的农业人口的安置补助费标准，为被征用土地征用前三年平均每亩年产值的3倍。但每亩被征用土地的安置补助费，最高不得超过被征用前三年平均年产值的10倍。

第二十八条　依照本办法第二十六条、第二十七条规定支付的土地补偿费和安置补助费，尚不能使需要安置的农民保持原有生活水平的，经市人民政府批准，可以增加安置补助费。但土地补偿费和安置补助费的总和不得超过土地被征用前三年平均年产值的20倍。

第二十九条　因国家建设征用土地造成的多余劳动力，在市、区、县人民政府领导下，由同级土地管理局组织被征地单位、用地单位和有关单位，通过发展农副业生产和举办乡（镇）村企业等途径，加以安置；安置不完的，可以安排符合条件的人员到用地单位或者其他集体所有制单位、全民所有制单位就业，并将相应的安置补助费转拨给吸收劳动力的单位。

被征地单位的土地被全部征用的，经市人民政府审查批准，原有的农业户口可以转为非农业户口。原有的集体所有的财产和所得的补偿费、安置补助费由区、县人民政府与有关乡（镇）村商定处理，用于组织生产和不能就业人员的生活补助，不得私分。

公安、劳动、粮食、民政等有关部门，应当按照各自的职责，做好转户和劳动力的就业安置工作。

第三十条　用地单位按照本办法规定向被征用土地单位支付的各项补偿费、补助费，经区、县土地管理局评定，报市土地管理局核准后，由银行监督拨款。

被征地单位不得在本办法规定的补偿费、补助费以外向用地单位提出其他附加条件。

第三十六条 乡（镇）企业建设使用村农民集体所有土地的，应当按照被占用土地前3年平均年产值的3倍至5倍给予补偿。

乡（镇）公共设施、公益事业建设占用村农民集体所有土地的，可以按照被占用土地前3年平均年产值的2倍给予补偿。

占用菜地和基本粮田的，应当缴纳新菜地或者基本粮田开发建设基金。

❷山东省实施《中华人民共和国土地管理法》办法（节录）

（1999年8月22日山东省第九届人民代表大会常务委员会第十次会议通过 1999年8月22日山东省人民代表大会常务委员会公布）

第二十五条 征用土地按下列标准进行补偿：

（一）征用城市规划区范围内的耕地（含园地、鱼塘、藕塘，下同），土地补偿费标准为该耕地被征用前三年平均年产值的八至十倍；

（二）征用城市规划区范围外的耕地，土地补偿费标准为该耕地被征用前三年平均年产值的六至八倍；

（三）征用林地、牧草地、苇塘、水面等农用地，土地补偿费标准为邻近一般耕地前三年平均年产值的五至六倍；

（四）征用乡（镇）、村公共设施或者公益事业、乡镇企业和农村村民住宅占用的集体所有土地，土地补偿费标准为邻近一般耕地前三年平均年产值的五至七倍；

（五）征用未利用地，土地补偿费标准为邻近一般耕地前三年平均年产值的三倍。

（五）相关地方政府规章及规范性文件

❶福建省人民政府关于城市房屋拆迁搬迁补助费和临时安置补助费标准有关问题的通知（节录）

（2002年6月24日福建省人民政府 闽政〔2002〕26号公布）

一、根据国务院《城市房屋拆迁管理条例》第三十一条规定，结合本省实际情况，制定我省城市房屋拆迁搬迁补助费和临时安置补助费标准范围，即《福建省城市房屋拆迁搬迁补助费和临时安置补助费指导标准表》略。

二、设区市人民政府所在地城市规划区内的房屋拆迁搬迁补助费和临时安置补助费标准，由设区市人民政府在《福建省城市房屋拆迁搬迁补助费和临时安置补助费指导标准表》规定的标准范围内制定颁发执行，并报省人民政府备案。

三、县（市）人民政府所在地城市规划区内的房屋拆迁搬迁补助费和临时安置补助费标准，由县（市）人民政府在《福建省城市房屋拆迁搬迁补助费和临时安置补助费指导标准表》规定的标准范围内提出意见，上报设区市人民政府审批颁发，并报省人民政府备案。

四、各地应当按照《福建省城市房屋拆迁搬迁补助费和临时安置补助费指导标准表》制定具体标准，并根据当地经济发展水平和房地产市场发育程度，适时作出调整，至少每两年应调整一次。

五、鉴于省人大常委会正在审议的《福建省房屋拆迁管理条例（草案）》对拆迁非住宅房屋造成停产停业的补偿方式已提出相关办法，《福建省城市房屋拆迁搬迁补助费和临时安置补助费指导标准表》暂不涉及这项内容，各市、县人民政府应根据实际，科学测算，制定具体的补偿标准。《福建省房屋拆迁管理条例》出台后，按《条例》规定执行。

附表：福建省城市房屋拆迁搬迁补助费和临时安置补助费指导标准表（略）

❷哈尔滨市人民政府关于太阳岛地区综合整治改造工程征地及拆迁补偿标准的通知（节录）

（2003年2月27日哈尔滨市人民政府 哈政综〔2003〕6号公布）

三、补偿标准

（一）征地补偿标准

1. 耕地的土地补偿费和安置补助费，按被征用前3年平均年产值的各6倍补偿。

2. 种植3年以下的新开垦耕地，土地补偿费按上年产值的2倍补偿，同时，按每平方米1．5元的标准补偿开发投资，不支付安置补助费。

3. 未利用土地和连续4年以上、10年以下的弃耕地，土地补偿费按旱地年产值的2倍补偿，不支付安置补助费。

4. 鱼池的土地补偿费和安置补助费，按被征用前3年平均年产值的各3倍补偿。

5. 园地的土地补偿费按当地该地类年产值的6倍补偿，安置补助费按年产值的3倍补偿。

6. 牧草地、苇地的土地补偿费按年产值的6倍补偿，不支付安置补助费。

7. 宅基地、乡村企业建设用地的土地补偿费按旱地年产值的4倍补偿，不支付安置补助费。

8. 其他单位具有合法土地手续的国有农用地，参照上述标准支付土地补偿和安置补助等费用。

9. 其他单位或个人具有合法土地手续的国家建设用地，经有资质的地价部门估价、市政府地价委员会确认后，由新的使用单位对原土地使用权者予以补偿。

10. 林地的土地补偿费和安置补助费，按照林业部门有关规定执行。

11. 市国土资源局《征地预告》发出后，被征地单位或个人在拟征用土地上抢种的农作物、树木或抢建的各类设施，一律不予补偿。

（二）建筑物、构筑物和附着物拆迁补偿标准

1. 对厂房和办公用房（指集体企业或国有建设用地单位），砖混结构的每平方米（建筑面积，下同）500元，砖木结构铁瓦盖每平方米450元、石棉瓦盖每平方米430元、油纸和草盖每平方米410元。

2. 对住房，砖混结构的每平方米500元，砖木结构铁瓦盖每平方米450元、石棉瓦盖每平方米430元、油纸和草盖每平方米410元，一面青结构每平方米310元，土房每平方米185元。此外，对具有独立户口并长期居住的被征迁农户每户一次性补偿搬迁费、租房费总计5000元；对只有一处宅基地并长期居住的被征迁房屋的产权人，由所在村委会负责提供新建宅基地，每户不得超过250平方米，新选址宅基地的征地补偿标准同上，征地费由征地单位支付。

3. 对仓房，砖水泥砌筑结构的每平方米200元，砖木结

构每平方米100元，简易结构每平方米70元。

4. 对房基础（未完成房建的地基），砖混结构的每延长米150元。

5. 对围墙，砖水泥砌筑结构，高度在1.8米以上的每延长米120元，高度在1.2至1.8米的每延长米70元，高度在1.2米以下的每延长米50元；土围墙每延长米10元。

6. 对猪（狗）舍，砖混结构的每平方米110元，砖木结构每平方米80元。

7. 对牛舍、鸡舍，砖水泥砌筑结构的每平方米200元，砖木结构每平方米100元，简易结构每平方米70元。

8. 对菜窖，砖菜窖每个800元，简易菜窖每个150元。

9. 对水井，2寸井（手压井和机电井）每口500元，3寸井每口800元，4寸井每口1000元，6寸井每口1500元，8寸以上井每口2000元。

10. 对厕所，砖木结构的每座200元，简易结构每座30元。

11. 对温室、大棚，节能温室菜地每平方米30元，普通温室每平方米18元；钢架结构塑料大棚菜地每平方米14元，竹木结构塑料大棚菜地每平方米7.5元。

三、以案明法

案例(一)

红都集团诉成铭公司曲解合作开发为拆迁补偿拒不按约定给回还建面积房产案

原告：北京红都集团公司（下称红都集团）

被告：北京成铭大厦有限公司（下称成铭公司）

原告红都集团向北京市高级人民法院提起诉讼称：1995年11月，我方与被告成铭公司签订协议书，约定将我方在西直门北大安胡同8号产权交与成铭公司，成铭公司在建成后的成铭大厦商业楼中以建筑面积9000平方米安置我方，作为拆除我方产权面积的补偿。1997年12月，双方又签署协议书补充条款，确定由成铭公司给我方建筑面积9013.86平方米，并对建筑面积的具体位置和数量作出明确约定。但成铭公司在该项目即将落成之日，单方毁约，擅自将协议中约定由我方应分得的部分建筑面积对外销售，成铭公司在建设中，还违规超建。成铭公司的上述行为严重侵犯了我公司的合法权益。要求确认双方于1995年11月签署的“协议书”及1997年12月签署的“协议书补充条款”合法有效；判令成铭公司按照双方约定的建筑面积和标准给付我方应得的建筑面积9013.86平方米；判令成铭公司将违约、违规所超建的部分按10%的比例给付我方相应的建筑面积；判令成铭公司承担本案诉讼费。

成铭公司答辩称：双方签订的协议书从本质上属于拆迁协议，协议书及补充条款违反国家有关拆迁法律、法规的规定，应确认协议无效。我公司建设成铭大厦已取得合法手续，建设加层1522平方米已取得建设工程规划许可，不属于违规超建。红都集团不是项目投资人，无权享有任何投资权益。请求驳回红都集团的诉讼请求，并判决由红都集团承担全部诉讼费用。

北京市高级人民法院以房地产开发合作纠纷为案由受理了本案。查明：红都集团所属的西直门纺织品批发部在西直门立交桥东南侧的北大安胡同8号有办公及营业用房建筑面积1900平方米，总占地面积3600平方米，系国家划拨的商业用地，红都集团拥有其房屋所有权及土地使用权。红都集团与北京市房地产开发经营总公司（下称开发总公司）协商，由双方在上述土地上联合建设“红都大厦”，并结合城市规划成片改造的要求，带动附近危旧房改造工程。经红都集团与开发总公司就项目层层报批，经首都规划建设委员会、北京市计划委员会、北京市城乡建设委员会、北京市城市规划管理局等有关部门批准，开发总公司取得了该项目的开发权和《中华人民共和国建设用地规划许可证》。此后，开发总公司根据法律规定与项目范围内的拆迁户和单位协商拆迁安置，并代征、代拆市政道路和其他公共设施用地，对项目前期进行了投资。在办理各项手续过程中，1994年7月13日，红都集团与开发总公司签订了《合作开发意向书》，双方确定了合作开发建设“红都大厦”。1995年3月，经红都集团和开发总公司申报，项目名称由“红都大厦”变更为“国英二期住宅和商业楼”，总建筑面积为8万平方米。因该项目筹措资金困难，经过协商，红都集团同意开发总公司提出的引进外资的合作方案。1995年5月17日，红都集团和开发总公司联合向主管单位递交了将该项目转为合资建设的请示报告，北京市计划委员会于同年6月批复同意。此后，开发总公司指定所属企业北京华德房地产有限公司与港方香港捷铭有限公司合资设立中外合作企业——北京成铭大厦有限公司（成铭公司），继续开发建设“国英小区二期工程”。此后，该建设项目名称更改为“成铭大厦”。成铭公司经北京市外经贸委正式批准成立，于1995年8月22日领取营业执照。在设立成铭公司的合同和章程中，都明确规定了“合作公司除还建红都集团1万平方米物业外，其余全部物业由中方、港方按注册资本比例进行分配”。

1995年11月，红都集团与成铭公司签订《协议书》及附件，约定红都集团将西直门北大安胡同8号产权交成铭公司，并将全部房屋及地上物于1995年11月30日前搬迁并腾清现场；成铭公司同意在成铭大厦楼内，以建筑面积9000平方米作为拆除红都集团面积的补偿，并由成铭大厦补助红都集团拆迁费用160万元人民币；还建面积于工程竣工后交付，全部产权归红都集团所有并管理使用，属于红都集团的物业，成铭公司协助红都集团向政府产权管理部门登记、办理有关产权证明。1997年12月，双方签订《协议书补充条款》，确定还建面积为9013.86平方米及具体位置、数量，并在施工图纸中以深色部位标明还建面积的位置。

1996年10月14日，该工程取得开工证。1997年9月10日经北京市规划局批准，准许成铭大厦项目加层，建筑面积增加1532平方米，成铭大厦总建筑面积为85331.7平方米。1999年12月，成铭公司取得成铭大厦商品房外销预售许可证。现该项目的公寓部分已竣工，其余工程尚未竣工。

北京市高级人民法院认为：成铭大厦是经红都集团与开发总公司共同申报，并确定给开发总公司由其与红都集团联建的建设项目。后因资金困难引资成立项目公司即成铭公司，成铭公司沿用原审批项目进行开发建设。在此基础上，成铭公司与红都集团签订了给红都集团补偿还建面积的协议。双方所签协议是双方真实意思表示，且不违反有关法律规定，合法有效，双方均应严格履行。红都集团按协议迁出建设范围，保证了开工建设，已履行合同义务，成铭公司也应依协议履行。对红都集团要求成铭公司将协议约定的还建面积到期给付之主张，应予支持。成铭公司主张按拆迁法对红都集团给予拆迁补偿，不符合双方签约时的实际情况和当事人的真实意思。成铭大厦是商业性开发，双方协议不具有拆迁性质，亦未履行拆迁程序，且建设项目系红都集团参与合作，故成铭公司的主张与事实不符，其抗辩理由不能成立。成铭大厦建设工程超建部分，成铭公司已取得合法手续，对超建部分，双方并未以协议的方式予以约定，故红都集团对超建面积主张权利，缺乏依据，不予支持。综上所述，依据《中华人民共和国民法通则》第八十四条第二款、第八十五条之规定，本院于2000年6月23日判决如下：

一、双方继续履行所签订的协议书、附件及协议书补充条款。

二、成铭公司于成铭大厦竣工验收后15日内将约定的9013.86平方米房产交付红都集团，并协助其办理产权手续。

三、驳回双方其他诉讼请求。

成铭公司不服一审判决，向最高人民法院上诉称：本案是拆迁补偿安置纠纷，不是合作开发纠纷。红都集团只是与开发总公司签订开发意向书，未签订合作协议书。红都集团未能筹足合作开发资金，属放弃合作开发意向。红都集团仅参与申报建设项目，未实际参与合作开发。且从双方签订协议书的内容来看，其性质为拆迁安置补偿协议，并履行了拆迁程序。由于红都集团提供的拆迁占地面积不实，协议中关于安置面积的约定无效，我公司依法只能安置红都集团1992.2平方米建筑面积。请求二审法院依法改判。

红都集团答辩称：我方是讼争土地的使用权人，成铭大厦是以我方为主申请立项的开发项目。我方将土地及地上设施投入该项目，不仅没有放弃合作开发意向，且实际参与了合作开发。我方参与项目的申报，亦是合作开发行为。双方协议的性质为合作开发，并非拆迁安置补偿性质，且协议合法有效。成铭公司应履行协议约定内容。请求驳回上诉，维持原判。

最高人民法院认为：红都集团与开发总公司经协商约定，双方合作开发“红都大厦”，由红都集团出地、开发总公司出资，并就此项目共同申报。经有关部门批准，项目开发权办到开发总公司名下，后因资金困难引资成立项目公司，即成铭公司，并沿用原审批项目进行开发建设。在成立成铭公司的章程及合同中均明确约定，成铭公司还建红都集团1万平方米的房屋产权。红都集团与成铭公司签订的补偿还建面积协议、附件及补充协议，双方意思表示真实，内容合法，应认定为有效。成铭大厦为商业性开发，成铭公司主张双方系拆迁安置补偿纠纷，依据不足，不予支持。一审判决认定事实清楚，适用法律正确，处理适当。依据《中华人民共和国民事诉讼法》第一百五十三条第一款第（一）项之规定，本院于2000年10月13日判决如下：

驳回上诉，维持原判。

案例（二）

山东省宏业房地产开发公司与山东大学土地补偿合同纠纷上诉案

上诉人（原审被告、反诉原告）：山东省宏业房地产开发公司

被上诉人（原审原告、反诉被告）：山东大学

上诉人山东省宏业房地产开发公司（以下简称宏业公司）为与被上诉人山东大学土地补偿合同纠纷一案，不服山东省高级人民法院（2001）鲁民初字第1号民事判决，向中华人民共和国最高人民法院提起上诉。中华人民共和国最高人民法院依法组成合议庭审理了本案，现已审理终结。

经审理查明：1998年12月2日，山东工业大学（以下简称工业大学）向山东省教委提出《关于出让学校南院部分土地的请示》称：“学校拟出让南院东南角20亩土地，土地出让金4000万元，利用出让土地所得资金支付新校区部分征地费用（新校区征地费用5200万元）。”同月10日，山东省教委以鲁教计字（1998）41号《关于同意山东工业大学出让部分土地的批复》复函工业大学，同意工业大学采用置换的方式出让南院东南角20亩土地换取新区土地1250亩，所得土地出让金全部用于支付新校区征地费用。

1998年12月2日，工业大学与宏业公司签订《补偿合同》，就工业大学南院部分土地转让给宏业公司、宏业公司补偿工业大学等事宜，达成协议。第一条，转让内容：位于工业大学南院东南角，东至校东院墙东侧，西邻教学九号楼道路东侧，南至校南院墙南侧，北至校水利实验楼以南15米的20亩土地的使用权；地上全部附着物，含地上建筑物、道路、各种管线、围墙及花草树木等；地下全部管道及线路等；满足该土地开发后使用的水、电、暖容量；从南校院大门通向该地的道路的部分使用权，南校院配套的部分体育运动设施的使用权。第二条，补偿金额：全部转让内容的补偿费及其迁建费合计2000万元人民币。第三条，付款方式：合同签订生效之日，宏业公司向工业大学支付定金600万元。合同签订生效后，该土地出让给宏业公司的全部土地手续办理完毕后，宏业公司向工业大学支付400万元，最迟于1999年元月底付清。宏业公司于1999年底前向工业大学支付剩余的1000万元。第四条，工业大学责任：合同生效后七日内，工业大学应向宏业公司提供校方和省教委同意该土地转让的批文及该土地的土地证、地上附着物产权证和地下各种管线图复印件各一份。同时工业大学应保证该土地的四通，即通水、通电、通讯、通路。合同生效后五日内，工业大学需按土地部门的规定及宏业公司的要求，向土地部门提交该土地由政府收回再出让给宏业公司的文件资料。工业大学应将该土地移交给宏业公司，以便宏业公司进行土地勘察等施工前期工作。第五条，宏业公司应保证按合同约定期限，向工业大学支付全部补偿金。第六条，违约责任：若因工业大学原因造成该土地不能出让给宏业公司，工业大学应双倍返还宏业公司已付定金，退还宏业公司已经支付的费用及其双倍资金利息。若工业大学不能按合同约定期限履行上述责任、义务，每逾期一天应按总金额的千分之五向宏业公司支付违约金，并赔

偿因此给宏业公司造成的一切经济损失，其中属政府部门原因的不作违约处理；若因宏业公司原因造成宏业公司不再征用该土地，则宏业公司不得收回定金。若宏业公司未按合同约定期限付款，应按总金额每日交纳千分之五的违约金，并赔偿因此给工业大学造成的一切经济损失。

同日，双方又签订《补充合同》，约定：原合同关于从南校院大门通向该地的道路的部分使用权应为工业大学为宏业公司在特殊情况下的使用提供方便；原合同第一条第六款为工业大学在不影响正常教学情况下为宏业公司使用工业大学体育运动设施提供方便。

同日，工业大学与宏业公司又签订《联合建校协议》，约定：宏业公司同意于1999年元月底之前，向工业大学支付2000万元人民币，用于建设教职工宿舍、购置先进教学设备和设立校长基金等；工业大学同意在校内为宏业公司设立“宏业房地产干部员工培训基地”，对宏业公司的干部、员工进行定期培训；工业大学同意将其有关建筑工程和设备安装工程，在同等条件下优先考虑由宏业公司下属的山东省乾坤置业有限公司承建。本协议与双方同日签订的《补偿合同》具有同等法律效力，违约责任按《补偿合同》第六条处理。

上述合同签订的当天，宏业公司支付给工业大学土地补偿费定金600万元。1999年2月8日，宏业公司支付工业大学1000万元。2000年6月28日，宏业公司支付工业大学100万元。以上共支付1700万元。

1998年12月10日，工业大学将尚未拆迁完毕的土地移交给宏业公司。1999年3月11日，工业大学取得了该地块的《国有土地使用证》，土地性质为划拨用地。

1999年5月25日，工业大学与宏业公司签订《补充协议》，约定：（一）双方约定该土地北边界西部距水利实验楼南墙外侧15米为界，北边界东部距道路结构实验楼南侧15米、道路结构实验楼西侧8米为界，其他边界按原合同执行。土地面积据实确定，超过20亩按工业大学净得200万元/亩计算。（二）为保证日照间距，宏业公司北侧建筑红线（不含北阳台）应至少退出双方边界4米。宏业公司所有建筑限高六层，层高2.8米，北侧靠近工业大学建筑以六层退五层为限，规划须经工业大学认可。（三）工业大学应按有关部门和宏业公司要求提供办理土地的相关资料，全力协助宏业公司办理完该土地有关手续。（四）在该土地的土地证办理完毕的同时，宏业公司除一次性再付款1400万元外，超过20亩以上的土地价款应付足75%，上述款项最迟自本协议签订之日起三个月内支付，余款2000年3月底前全部付清。（五）若因工业大学原因影响宏业公司土地手续的办理，则上述补偿金的支付期限顺延。

1999年7月19日，山东省济南市土地管理局与工业大学签订《收回国有土地使用权协议书》，约定：宏业公司（单位），经济计基（1999）280文件批准和市规划局济规管地字（1999）49号文定点意见，同意在工业大学使用的国有土地上（修）建皇冠花园工程项目。根据《土地管理法》、《山东省实施土地管理办法》等有关土地管理法规文件的规定需由济南市土地管理局收回工业大学使用的国有土地使用权，双方协商达成如下协议：（一）收回国有土地的位置位于山工大南院东南角（详见附图），土地面积为14497平方米。（二）该宗国有土地使用权以无偿方式由济南市土地管理局收回。（三）该宗土地的各项补偿、补助费计4349万元，由建设单位直接付给工业大学，并由工业大学出具收款证明，详见双方协议。工业大学在收到补偿、补助费1600万元后15天之内将该宗土地使用权交还济南市土地管理局。济南市土地管理局负责按有关规定的程序将该宗国有土地使用权提供给建设单位使用。（四）本协议一式三份，济南市土地管理局两份，工业大学一份。上述合同签订前，宏业公司总经理李闯在空白的合同文本上建设用地单位一栏签字并加盖宏业公司印章。合同签订后，济南市土地管理局由代表沙作兴签字，并加盖济南市土地管理局印章；工业大学由代表张体勤签字，并加盖工业大学印章。

2000年7月14日，根据教育部教发（2000）150号《关于山东大学、山东医科大学、山东工业大学合并组建新的山东大学的决定》，工业大学并入山东大学。

另查明：1999年8月31日，济南市土地管理局与宏业公司签订《国有土地使用权出让合同》，约定：济南市土地管理局将位于济南市历下区经十一路东端北侧的地块出让给宏业公司，土地面积为14496.67平方米（折合21.745亩）。其中：宏业公司代济南市土地管理局收回规划道路占地面积479.97平方米，独自使用土地面积14016.70平方米。1999年11月25日，山东省济南市人民政府作出《济南市人民政府关于同意收回国有土地并向山东省宏业房地产开发公司出让土地使用权的批复》，同意济南市土地管理局收回工业大学使用的历下区经十一路东端北侧14496.67平方米的国有土地使用权，并将该地中14016.70平方米的使用权协议出让给宏业公司，剩余479.97平方米土地用于城市规划道路建设。2000年1月31日，宏业公司取得《国有土地使用证》，载明使用权面积14016.70平方米。2001年5月25日，一审法院经现场勘验，测量出宏业公司所建楼房距山东大学的土建与水利楼最大距离为20.21米，距道路结构实验楼最大距离为20.39米。宏业公司所有建筑物均为六层。

2001年3月8日，山东大学诉至山东省高级人民法院称，原工业大学为筹集资金建设新校区，于1999年7月19日与济南市土地管理局签订《收回国有土地使用权协议书》，约定：工业大学14497平方米（折21.75亩）的土地使用权由济南市土地管理局以无偿方式收回，土地补偿费总计4349万元由建设单位直接支付给工业大学。建设用地单位宏业公司在该协议上签字盖章认可。宏业公司共支付补偿费1700万元，尚欠2649万元。另外宏业公司违反双方协议约定，建筑物超高，故请求判令：1. 宏业公司偿还所欠土地补偿费2649万元；2. 宏业公司支付违约金393万元；3. 宏业公司按照约定的六层退五层拆除靠近工业大学南院东南角水利实验楼和道路结构实验楼南侧的三栋楼五层以上北侧部分的建筑。2001年4月1日，宏业公司反诉称，1998年12月2日，宏业公司与工业大学签订了《补偿合同》及《联合建校协议》两份合同。因工业大学没履行《补偿合同》约定的义务，给宏业公司造成多方面的重大损失，故请求法院依法判令：1. 山东大学承担违约金并赔偿因违约给宏业公司造成的经济损失5000万元；2.

山东大学继续履行合同义务；3. 确认《联合建校协议》不成立；4. 山东大学拆除违法、违约侵权建筑内燃机实验室和汽车实验楼。

一审法院经审理认为，工业大学与宏业公司签订的《补偿合同》、《联合建校协议》、《补充协议》以及1999年9月19日济南市土地管理局与工业大学签订的《收回国有土地使用权协议书》，都是有效合同。根据《房地产管理法》第三十九条的规定，双方争议的土地的性质虽是行政划拨土地，但是经政府部门批准，当事人之间签订有关土地补偿问题的合同应是有效的。《联合建校协议》不违反现有法律规定，也应有效。根据双方签订的《补充协议》的约定，《联合建校协议》应是《补偿合同》的一个组成部分。《补充协议》第四条规定，已将《联合建校协议》中约定的宏业公司2000万元投资款作为土地补偿费。即在"该土地的土地证办理完毕的同时，宏业公司除一次性再付款1400万元外，超过20亩以上的土地价款应付足75%，上述款项最迟自本协议签订之日起三个月内支付，余款2000年3月底前全部付清"。此时宏业公司已支付1600万元，按上述约定，宏业公司再付1400万元，则宏业公司的付款就是3000万元。这与《补偿合同》中约定的补偿费2000万元相矛盾，所以，山东大学主张《联合建校协议》是变相的"补偿协议"，双方约定的补偿费是4000万元，应予以支持。《收回国有土地使用权协议书》中注明的土地补偿费为4349万元也证明了山东大学的这一主张。宏业公司应按双方合同中约定的4349万元支付山东大学土地补偿费。山东大学在移交的土地上存在瑕疵，以及存在不适当履行合同的问题，属违约行为，应承担违约责任。宏业公司在2000年7月10日支付100万元后，拒付土地补偿费，属违约行为，应承担违约责任。从查明事实看，日照间距不符合双方的合同约定，宏业公司存在违约行为，应承担违约责任。鉴于双方在合同履行过程中均存在违约行为，根据过错相抵原则，双方各自承担各自的违约责任。宏业公司反诉称山东大学的违约给其造成经济损失，因无确切证据证明，不予支持。宏业公司反诉的山东大学违反合同约定在靠近其建筑物一边构建非法建筑问题，属另一法律关系，可另行起诉予以解决。根据《中华人民共和国民法通则》第八十五条、第一百零六条第一款、第一百一十三条的规定，判决：（一）宏业公司在判决生效后30日内支付山东大学土地补偿费2649万元；（二）驳回山东大学的其他诉讼请求；（三）驳回宏业公司的其他诉讼请求。本诉案件受理费162110元，由宏业公司负担；反诉案件受理费260010元，由宏业公司负担239573元，山东大学负担20437元；保全费152100元，由宏业公司负担。

宏业公司不服一审判决，向中华人民共和国最高人民法院提起上诉，请求撤销一审判决；确认《补偿合同》和《联合建校协议》是两个独立的合同，判令双方继续履行《补偿合同》；判令山东大学支付违约金5000万元（包括赔偿直接经济损失3182万元和间接经济损失2381万元）；解除双方签订的《联合建校协议》；一、二审诉讼费及保全费由山东大学负担。主要理由是：1. 一审判决认定事实错误。宏业公司取得使用权的土地面积为21亩，根据双方签订的《补偿合同》及《补充协议》的约定，宏业公司应支付补偿费2200万元。《收回国有土地使用权协议书》是济南市土地管理局与工业大学之间的协议，其中关于土地补偿费的约定对宏业公司没有约束力。一审判决认定补偿费为4349万元是错误的，《补偿合同》和《联合建校协议》是两个独立的合同，《补充协议》并没有约定将《联合建校协议》并入《补偿合同》。一审判决认定双方通过签订《补充协议》，将《联合建校协议》并入《补偿合同》，缺乏事实及法律依据。宏业公司在合同履行中，没有违约行为，拒付尚欠的土地补偿费，是依据《中华人民共和国合同法》的规定享有的不安抗辩权，不属违约。按照《补充协议》的约定，宏业公司与山东大学建筑物间距为19米，实际上双方间距已超过19米。一审法院认定日照间距不符双方合同约定，违背事实。2. 山东大学全面违约。山东大学办理土地证迟延91天；移交地上附着物的产权证和地下物的管线图迟延1158天；办理《建设用地规划许可证》迟延178天；办理《收回国有土地使用权协议书》迟延372天；地籍调查表四邻签字迟延372天；土地移交迟延203天；四通迟延1158天；满足小区开发后的水电暖容量迟延558天；道路、地下管网、体育设施交付使用迟延542天。其主要违约行为长达1158天，给宏业公司造成5563万元的损失。3. 双方签订的《联合建校协议》因工业大学并入山东大学及山东大学的毁约行为而丧失继续履行的基础，应予解除。4. 一审法院判决宏业公司履行4000万元的付款义务，却没有判令山东大学继续履行两个合同中的义务，属于漏判，二审法院应予纠正。5. 一审判决适用法律错误。宏业公司不存在违约行为，一审法院不应适用《中华人民共和国民法通则》第一百一十三条来确定双方违约责任的负担。

山东大学答辩称，宏业公司在《收回国有土地使用权协议书》上签字盖章，该协议书就对其具有法律效力，其应按照该协议书约定的4349万元土地补偿费的数额支付补偿费。宏业公司已付土地补偿费1700万元，尚欠2649万元。合同订立后，山东大学立即将土地包括土地上现有的全部地上附着物以及地下供水管道等移交宏业公司，保证了该土地的四通。同时积极办理有关土地证手续，并在不到两个月内，将以山东大学为主办理的有关土地手续全部办理完毕，山东大学在合同履行中并无违约。由于宏业公司行动上的迟延及政府有关部门的原因导致宏业公司取得《国有土地使用证》时间的滞后与山东大学无关。一审判决认定事实清楚，适用法律正确，请求依法驳回上诉，维持原判。

中华人民共和国最高人民法院经审理认为，宏业公司与工业大学签订的《补偿合同》及《补充协议》系双方当事人的真实意思表示，双方协议补偿的土地虽然是行政划拨用地，但得到了山东省教委及山东省济南市政府的批准。济南市土地管理局依济南市政府有关部门的批准，无偿收回工业大学21.745亩土地使用权并出让给宏业公司，宏业公司依法取得了该地块的《国有土地使用证》。《补偿合同》及《补充协议》的内容符合《中华人民共和国城市房地产管理法》的规定，一审判决认定上述合同有效是正确的。《补偿合同》与《联合建校协议》的内容及所确立的法律关系均不相同，应是两份独立的合同。工业大学与宏业公司签订的《补充协议》

中并没有关于将《联合建校协议》并入《补偿合同》，土地补偿费由2000万元变更为4000万元的约定。虽然《补充协议》第四条约定该土地的土地证办理完毕的同时，宏业公司一次性再付款1400万元，与《补偿合同》约定的宏业公司应再付款数额不一致，但是，尚不能据此得出双方就土地补偿费变更为4000万元以及将《联合建校协议》并入《补偿合同》的问题形成了共同的意思表示。宏业公司在签订的《收回国有土地使用权协议》上签字盖章，仅是为了履行行政审批程序上的要求。宏业公司不是该协议的主体，协议的内容对宏业公司不具有法律约束力。并且，宏业公司是在空白协议文本上签字盖章的，宏业公司也不持有该协议文本，山东大学也没有将该协议内容告知宏业公司，故一审判决认定双方通过签订《补充协议》，将《联合建校协议》并入《补偿合同》，土地补偿费变更为4000万元，缺乏事实及法律依据。宏业公司主张《补偿合同》与《联合建校协议》是两份独立的合同，理由成立，中华人民共和国最高人民法院予以支持。双方间的联合建校协议纠纷与本案系不同的法律关系，可另循法律途径解决，故宏业公司关于解除《联合建校协议》的请求，中华人民共和国最高人民法院不予审理。山东省济南市土地管理局从工业大学收回并出让给宏业公司的土地面积为14496.67平方米，折合21.745亩。按照《补偿合同》及《补充协议》的约定，宏业公司应按21.745亩土地支付土地补偿费2349万元。宏业公司已付土地补偿费1700万元，尚欠649万元。对于尚欠的土地补偿费649万元，宏业公司在一审审理中予以认可，属于诉讼中的自认。现宏业公司主张其应按照《国有土地使用权证》上注明的21亩土地支付补偿费2200万元的请求，没有法律依据，中华人民共和国最高人民法院不予支持。山东大学在土地移交、《国有土地使用证》及《建设用地规划许可证》的办理上没有严格按照合同履行，存在违约行为；宏业公司取得《国有土地使用证》后，没有按合同约定付清补偿费，也属违约。宏业公司称其没有支付尚欠的补偿费是依《中华人民共和国合同法》的规定享有的不安抗辩权，不属于违约，因本案所涉合同签订及义务履行均在《中华人民共和国合同法》实施之前，当时的法律对此类行为的处理有相应的规定，不属于最高人民法院《关于适用〈中华人民共和国合同法〉若干问题的解释（一）》第一条规定的情形，中华人民共和国最高人民法院不予支持。根据《补充协议》的约定，为保证日照间距，宏业公司所建楼房距山东大学的土建与水利楼最大距离为19米，距道路结构实验楼为19米。宏业公司所建楼北侧靠近山东大学建筑限高五层。经一审法院实地测量，宏业公司与山东大学建筑物间的距离符合协议约定，但宏业公司北侧靠近山东大学建筑物高为六层，致使日照间距不符合协议的要求，一审判决认定日照间距不符合协议约定，宏业公司违约是正确的。一审法院鉴于双方均有违约行为，根据过错相抵原则，判决双方各自承担违约责任，符合本案的实际情况及当时的法律规定。并且宏业公司没有提供证明其损失存在的相关证据，故对其有关赔偿损失的请求，中华人民共和国最高人民法院不予支持。除宏业公司尚欠山东大学土地补偿费外，《补偿合同》及《补充协议》约定的义务双方已基本履行完结，且宏业公司也没有就继续履行何种合同义务进行主张，其关于继续履行合同的请求，中华人民共和国最高人民法院亦不予支持。综上，依据《中华人民共和国民事诉讼法》第一百五十三条第一款第（二）项、第（三）项之规定，作出如下判决：

一、维持山东省高级人民法院（2001）鲁民初字第1号民事判决第二、三项。

二、变更山东省高级人民法院（2001）鲁民初字第1号民事判决第一项为：宏业公司在本判决生效后30日内，支付山东大学土地补偿费649万元。

一审本诉案件受理费162110元，由山东大学负担97266元，宏业公司负担64844元；反诉案件受理费260010元，由宏业公司负担；保全费152100元，由宏业公司负担；二审案件受理费422120元，由宏业公司负担253272元，山东大学负担168848元。

四、办案实战资料库

（一）建筑安装工程征用土地合同

建筑安装工程征用土地合同

签订合同双方：

征用土地单位：＿＿＿＿＿＿＿＿＿＿＿＿，以下简称甲方；

被征土地单位：＿＿＿＿＿＿＿＿＿＿＿＿，以下简称乙方；

根据＿＿＿＿＿＿＿＿＿（审批权利机关）批准的＿＿＿＿＿＿＿＿＿建设项目的计划任务书和工程选点报告等文件，按照《国家建设征用土地条例》和＿＿＿＿省（或自治区、直辖市）政府的有关规定，经甲方向征地所在地的土地管理机关申请和＿＿＿＿县（或市，省）人民政府审查批准，经甲乙双方实地查看，反复协商，特签订本合同，以供双方共同遵守。

一、征用土地数量及方位

甲方征用乙方土地共＿＿＿亩，其中，稻田＿＿＿亩，水塘＿＿＿亩，菜地＿＿＿亩，坡地＿＿＿亩，宅基地＿＿＿亩，林木＿＿＿亩共有树木＿＿＿株。所征土地东起＿＿＿，南起＿＿＿，西起＿＿＿，北起＿＿＿。

二、征用土地的各类补偿费和安置补助费

1. 根据＿＿＿省（或自治区、直辖市）政府关于征用土地的补偿规定，各类耕地（包括菜地）按该地年产值的＿＿＿

倍（一般为该耕地年产值的三至六倍）补偿。征用无收益的土地，不予补偿。[征用园地、鱼塘、藕塘、苇塘、宅基地、林地、牧场草原等的补偿标准，按省（或自治区、直辖市）政府制定的办法执行；征用城市郊区的菜地，还应按当地政府的有关规定，向国家缴纳新菜地开发基金。]

2. 根据______省（或自治区、直辖市）政府的规定，所征土地上的青苗按该地年产值的______%补偿，所征土地上的水井、林木、水塘等附着物按______办法补偿。房屋的补偿办法另订拆迁合同。乙方人员在开始协商征地方案以后抢种的作物、树木和抢建的设施甲方一律不予补偿。

3. 各类耕地的年产值按耕地被征用前三年的平均年产量和国家规定的价格核定，稻田按平均亩产大米为______斤，每斤计价______元，年产值每亩核定为______元；旱地按平均亩产玉米（或小麦）______斤，每斤计价______元，年产值每亩核定为______元；菜地按平均亩产大白菜______斤计算，每斤计价______元，年产值每亩核定为______元。

4. 根据《国家建设征用土地条例》的规定，乙方需要安置的农业人口数，按征地前农业人口和耕地面积的比例及征地数量计算，共计______人；甲方对乙方农业人口的安置补助费标准，按所征耕地每亩产值的二至三倍计算（年产值按被征用前三年的平均年产量和国家规定的价格计算，但每亩耕地的安置补助费，最高不得超过其年产值的十倍）；征用宅基地不付安置补助费[征用园地、鱼塘、藕塘、林地、牧场、草原等土地的安置补助费，按省（或自治区、直辖市）政府制定的标准计算。]

甲乙双方在本合同上签字，并实地勘验征用地界，定立永久性界桩后______日内，甲方向乙方一次（或商定于某段时期内几次）支付全部各类补偿费和安置补助费共______元（其中，土地补偿费和安置补助费的总和不得超过被征土地年产值的二十倍），付款均通过建设银行转账支付。

三、减免公、余粮交售任务

甲乙双方按照______人民政府的规定，根据被征土地的亩数，向______人民政府呈递减免公、余粮交售任务的申请报告。实际减免量，以______人民政府的批文为准。

四、安置办法

乙方因被征用土地造成农业剩余劳动力，甲方应向有关单位联系，采取以下第（ ）项办法解决：

1. 发展农业生产。甲方协助乙方改良土壤，兴修水利，改善耕作条件；在可能和合理的条件下，经县、市土地管理机关批准，适当开荒，扩大耕种面积；也可由甲方结合工程施工帮助造地，但要从安置补助费中扣除甲方的资助费用。

2. 发展社队工副业生产。在符合国家有关规定的条件下，甲方帮助乙方因地制宜，兴办对国计民生有利的工副业和服务性事业，但要从安置补助费中扣除甲方的资助费用。

3. 迁队或并队。土地已被征完或基本征完的生产队，在有条件的地方，可以组织迁队；也可按照自愿互利的原则，与附近生产队合并。甲方要积极为乙方迁队或并队创造条件。

[按照上述途经确实安置不完的剩余劳动力，经______省（或自治区、直辖市）人民政府批准，在劳动计划范围内，符合条件的可以安排到集体所有制单位就业，并将相应的安置补助费转拨给吸收劳动力的单位；甲方如有招工指标，经______省（或自治区、直辖市）人民政府同意，也可以选招其中符合条件的当工人，并相应核减被征地单位的安置补助费。乙方的土地被征完，又不具备迁队、并队条件的，乙方原有的农业户口，经省（或自治区、直辖市）人民政府审查批准，可转为非农业户口或城镇户口，乙方原有集体所有的财产和所得的补偿费、安置补助费，由县、市以上人民政府与有关社队商定处理，用于组织生产和不能就业人员的生活补助。]

乙方用补偿费和安置补助费兴建生产生活设施所需建设物资，社队能够解决的，由社队自行解决；社队不能解决的，由当地政府协助解决；地方无法解决的少数统配部管物资，经县（或市）土地管理机关审查核实后，由甲方随同建设项目向国家有关部门申请分配，物资价款由乙方支付。

五、甲方的责任

1. 甲方征用土地上有青苗的，在不影响工程正常进行的情况下，应当等待乙方收获，不得铲毁；凡在当地一个耕种收获期内尚不需要使用的土地，甲方应当与乙方签订协议，允许乙方耕种。

2. 甲方已征用二年还不使用的土地（铁路沿线以及因安全防护等特殊需要，符合国家规定的留用土地，不得视为征而未用的土地），除经原批准征地的机关同意延期使用的土地外，当地县（或市）人民政府有权收回处理，甲乙方均不得擅自侵占或处理。

3. 甲方如逾期不向乙方支付征地的各种补偿费和安置补助费，乙方可凭本合同正本申请建设银行从甲方银行账户内拨付，并可请求甲方按银行关于延期付款的规定偿付违约金。

六、乙方的责任

1. 自本合同订立之日起，乙方有责任告知所属社员不得在征用土地内种植作物，不得砍伐林木和损坏其他附着物，有违反者，乙方必须赔偿甲方的损失。经甲方同意在征地上种植作物的，乙方应统一安排，不得逾期。

2. 乙方在本合同订立后需在征用土地上架设电线，兴修沟渠等，应经甲方同意，乙方应在不影响建设工程的前提下动工，否则按侵犯公有财产报请有关部门处理。

七、工程临时用地

甲方在工程施工过程中，需要建设材料堆场、运输通路和其他临时设施的，应当尽量在征地范围内安排。确实需要另行增加临时用地的，由甲方向原批准工程项目用地的主管机关提出临时用地数量和期限的申请，经批准后，同乙方签订临时用地协议，并按乙方前三年土地平均年产值逐年给予补偿。甲方在临时用地上不得修建永久性建筑物。甲方使用期满，应当恢复乙方土地的耕种条件，及时归还乙方，或按恢复土地耕种条件的工作量向乙方支付费用。

八、其他

____

______________________________。

本合同自甲乙双方签字之日起生效，合同生效后，甲乙双方均不得擅自修改或解除合同。合同中如有未尽事宜，须经双方共同协商，作出补充规定。补充规定与本合同具有同等效力。合同执行中如发生纠纷，双方协商不能解决的，可报请建设工程管理部门和______县（或市）政府调解，调解不成的，按下列第______种方式解决：

（一）提交____________仲裁委员会仲裁；

（二）依法向人民法院起诉。

本合同正本一式二份，甲乙双方各执一份；合同副本一式______份，甲乙双方留存一份。

征用土地单位（甲方）：____________________（盖章）

地址：______________________________

代表人：______________________________（盖章）

联系人：______________________________

电话：______________________________

银行账户：______________________________

被征用土地单位（乙方）：______________________________（盖 章）

地址：______________________________

代表人：______________________________（盖章）

联系人：______________________________

电话：______________________________

银行账户：______________________________

______年______月______日订

（二）范例

农村集体土地征用补偿费用案件法院受理之争

随着现代化建设的加快，农村土地被征用的现象非常普遍。这类案件由于涉及农民切身利益，涉案人数多，如果得不到及时的处理将会造成不安定的因素，甚至会发生集体上访事件。因此，如何解决这一问题值得探讨，司法救济作为农民最后的屏障，应当切实为农民设想，要站在落实“三个代表”的高度，从维护稳定的大局出发，作出合情合法的处理。目前法院存在着是否受理和是作为行政案件还是作为民事案件受理的争议，那么，究竟农村集体土地征用补偿费用案件该不该受理呢？是作为民事案件还是行政案件呢？

争议：是行政案件还是民事案件？

第一种观点：作为行政案件受理。理由如下：第一，双方的法律地位不平等。在土地征用补偿费用分配法律关系中，农村集体经济组织与其成员之间是一种管理与被管理的关系。第二，集体经济组织对土地征用补偿费用作出的分配方案或决定应视为是其依据法律、法规的授权而作出的具体行政行为。2000年4月29日全国人大常委会关于刑法第九十三条第二款规定，村民委员会等村基层组织人员协助人民政府从事土地征用补偿费用的管理等七项工作，属于刑法第九十三条规定的“其他依照法律从事公务的人员”。根据这一规定，村基层组织对土地征用补偿费用的管理在性质上属于执行公务，不同于村基层组织对村集体其他收益的管理分配等属于民间性质的事务或者说是单位内部的事务。

第二种观点：作为民事案件受理。理由如下：依照《土地管理法》第十条的规定，集体经济组织是代表其成员集体——集体土地的所有者行使经营、管理权的机构，与其成员之间地位平等，其经营、管理权的行使必须依法征得绝大多数成员或成员代表的同意。集体经济组织分配土地征用补偿费用的行为，是依法行使集体土地的经营、管理权的具体体现，是一种民事行为。土地征用补偿费用分配权是我国农村公民的一项法定的财产性民事权利，对该民事权利的侵害是一种侵权行为，应当依法由侵害人承担相应的民事责任。因此，此类纠纷属民事诉讼受案范围。

争议：该受理还是不受理？

受理依据：

①最高人民法院研究室《关于村民因土地补偿费、安置补助费问题与村民委员会发生纠纷人民法院应否受理问题的答复》（法研〔2001〕116号）

陕西省高级人民法院：你院陕高法〔2001〕234号《关于村民因土地补偿费、安置补助费问题与村民委员会发生纠纷人民法院应否受理的请示》收悉。经研究，我们认为，此类问题可以参照我室给广东省高级人民法院法研〔2001〕51号《关于人民法院对农村集体经济所得收益分配纠纷是否受理问题的答复》（略）办理。

二〇〇一年十二月三十一日

②最高人民法院研究室《关于人民法院对农村集体经济所得收益分配纠纷是否受理问题的答复》（法研〔2001〕51号）

广东省高级人民法院：你院粤高法〔2000〕25号《关于对农村集体经济所得收益分配的争议纠纷，人民法院是否受理的请示》收悉。经研究，答复如下：农村集体经济组织与其成员之间因收益分配产生的纠纷，属平等民事主体之间的纠纷。当事人就该纠纷起诉到人民法院，只要符合《中华人民共和国民事诉讼法》第一百零八条的规定，人民法院应当受理。

二〇〇一年七月九日

不受理依据：

①最高人民法院1994年12月20日对江西省高级人民法院所作的《关于王翠兰等六人与庐山区十里乡黄土岭村六组土地征用费分配纠纷一案的复函》（〔94〕民他字第28号）

该复函认为："土地管理法明确规定，征用土地的补偿、安置补助费，除被征用土地上属于个人的附着物和青苗的补偿费付给个人外，其余由被征地单位用于发展生产和安排就业等事业。现双方当事人为土地征用费的处理发生争议，不属于法院受理案件的范围，应向有关机关申请解决。"

②最高人民法院《关于徐志君等十一人诉龙泉市龙渊镇第八村村委会土地征用补偿费分配纠纷一案的批复》（2002年8月19日〔2002〕民立他字第4号）

浙江省高级人民法院：你院《关于徐志君等十一人诉龙泉市龙渊镇第八村村委会土地征用补偿费分配纠纷一案的请示》收悉。经研究，答复如下：根据《中华人民共和国土地管理法》第四十七条第二款，《中华人民共和国土地管理法实施条例》第二十五条、第二十六条及我院有关司法解释的规定，国家征用农民耕地的补偿费包括土地补偿费、安置补助费以及地上附着物和青苗的补偿费。土地补偿费归农村集体经济组织所有，只能用于发展生产和安排就业，不能挪用和私分。农村集体经济组织成员与农村集体经济组织因土地补偿费发生的争议，不属于平等主体之间的民事法律关系，不属于人民法院受理民事诉讼的范围。对此类争议，人民法院依法不予受理，应由有关行政部门协调解决。

法研〔2001〕51号和116号答复都是以最高人民法院研究室的名义作出的，因而不是最高人民法院的正式司法解释。因为按照《最高人民法院关于司法解释工作的若干规定》，最高人民法院的司法解释只能是以最高人民法院名义发布的编有法释文号的批复、解释或规定。但是，按照最高人民法院2000年12月4日印发的《最高人民法院机关内设机构及新设事业单位职能》（法发〔2000〕30号）之规定，最高人民法院研究室职能之一是"对下级人民法院和有关部门提出的法律适用问题进行答复"。因此，以上两答复的司法解释效力应当予以认可。

第二节　土地使用权出让

▶ 本节为您提供以下主题词的法律适用依据与实战资料

■土地使用权出让的方式及程序　■土地使用权出让合同

【土地使用权出让的方式及程序】

一、专家指导意见

由于土地使用权出让的方式不同，所以出让的程序也各不相同。按照《中华人民共和国城市房地产管理法》、《中华人民共和国城镇国有土地使用权出让和转让暂行条例》和有关法规的规定，国有土地使用权出让一般有以下三种方式：

（一）协议出让

协议出让，是指政府土地管理部门作为土地所有者的代表，与选定的受让方磋商用地条件及价款，达成协议并签订土地使用权出让合同，确定出让土地使用权的方式。

协议出让土地使用权的程序是：

1．用地者向政府申请取得出让土地使用权。

2．用地申请经政府同意后，用地者与政府协商出让土地的用地面积、使用年限、出让地价等用地条件，双方就有关内容达成一致后，草签土地使用权出让合同。

3．土地使用权出让合同草签完毕后，用地者持有关材料，按审批管理的规定报有批准权限的政府批准出让土地使用权。

4．土地使用权受让人按合同约定支付出让金价款，政府按合同约定提供土地使用权。

5．办理土地登记的有关手续。

（二）招标出让

招标出让，是指政府土地管理部门作为土地所有者的代表向多方土地使用者发出投标邀请，在规定的期限内，由符合条件的单位以书面形式投标，竞投该宗土地的使用权，招标小组通过对标书的评判，择优确定土地使用者的土地出让方式。

招标出让土地使用权的程序是：

1．准备招标文件，如招标书、投标书、土地使用和规划条件等。

2．发布招标公告。

3．有意受让人办理竞标手续。

4．政府确定中标人并签订出让合同。

5．中标人按合同约定支付出让金并办理土地登记手续。

（三）拍卖出让

拍卖出让，是指政府土地管理部门作为国有土地所有者的代表或其委托的拍卖人，在指定的时间和地点组织符合条件的国有土地使用权有意受让人到场，就拟出让地块公开叫价竞投，按“价高者得”的原则，确定土地使用者的出让方式。

拍卖土地使用权的程序是：

1．准备拍卖文件。

2．发布拍卖公告。

3．有意受让人索取有关文件，办理竞投手续。

4．在指定地点、时间竞投。

5．签订出让合同。

6．支付土地出让金，办理土地登记手续。

二、法律适用依据

（一）相关法律

❶中华人民共和国城市房地产管理法（节录）

（1994年7月5日第八届全国人民代表大会常务委员会第八次会议通过　1994年7月5日中华人民共和国主席令〔第29号〕公布自1995年1月1日起施行）

第八条　城市规划区内的集体所有的土地，经依法征用转为国有土地后，该幅国有土地的使用权方可有偿出让。

第十条　县级以上地方人民政府出让土地使用权用于房地产开发的，须根据省级以上人民政府下达的控制指标拟订年度出让土地使用权总面积方案，按照国务院规定，报国务院或者省级人民政府批准。

第十一条　土地使用权出让，由市、县人民政府有计划、有步骤地进行。出让的每幅地块、用途、年限和其他条件，由市、县人民政府土地管理部门会同城市规划、建设、房产管理部门共同拟定方案，按照国务院规定，报经有批准权的人民政府批准后，由市、县人民政府土地管理部门实施。

第十二条　土地使用权出让，可以采取拍卖、招标或者双方协议的方式。

商业、旅游、娱乐和豪华住宅用地，有条件的，必须采取拍卖、招标方式；没有条件，不能采取拍卖、招标方式的，可以采取双方协议的方式。

采取双方协议方式出让土地使用权的出让金不得低于按国家规定所确定的最低价。

❷中华人民共和国土地管理法（节录）

（1986年6月25日第六届全国人民代表大会常务委员会第六次会议通过　根据1988年12月29日第七届全国人民代表大会常务委员会

第五次会议《关于修改〈中华人民共和国土地管理法〉的决定》第一次修正 1998年8月29日第九届全国人民代表大会常务委员会第四次会议修订 根据2004年8月28日第十届全国人民代表大会常务委员会第十一次会议《关于修改〈中华人民共和国土地管理法〉的决定》第二次修正）

第五十五条 以出让等有偿使用方式取得国有土地使用权的建设单位，按照国务院规定的标准和办法，缴纳土地使用权出让金等土地有偿使用费和其他费用后，方可使用土地。

自本法施行之日起，新增建设用地的土地有偿使用费，百分之三十上缴中央财政，百分之七十留给有关地方人民政府，都专项用于耕地开发。

（二）相关行政法规及规范性文件

❶关于加强国有土地资产管理的通知（节录）

（2001年5月30日国务院 国〔2001〕15号公布）

三、大力推行国有土地使用权招标、拍卖

为体现市场经济原则，确保土地使用权交易的公开、公平和公正，各地要大力推行土地使用权招标、拍卖。

国有建设用地供应，除涉及国家安全和保密要求外，都必须向社会公开。商业性房地产开发用地和其他土地供应计划公布后同一地块有两个以上意向用地者的，都必须由市、县人民政府土地行政主管部门依法以招标、拍卖方式提供，国有土地使用权招标、拍卖必须公开进行。要严格限制协议用地范围。确实不能采用招标、拍卖方式的，方可采用协议方式。采用协议方式供地的，必须做到在地价评估基础上，集体审核确定协议价格，协议结果向社会公开。

❷关于发展房地产业若干问题的通知（节录）

（1992年11月4日国务院 国〔1992〕61号公布）

一、进一步深化土地使用制度改革。要逐步扩大城镇国有土地有偿有限期使用范围。目前，除对国家投资的党政军机关、行政事业单位办公用房、住宅建设用地，公共设施、公用事业和国营工业等建设用地，继续采用划拨方式供应外，其他新增建设用地，首先是商业、金融、旅游、服务业、商品房屋和涉外工程建设用地，要逐步采用土地使用权有偿有限期出让的办法。对外开放城市及地区土地使用制度改革的步子可适当加快。

城镇国有土地使用权的出让，必须严格执行《中华人民共和国城镇国有土地使用权出让和转让暂行条例》。出让土地使用权一定要与建设项目相结合，不要盲目地成片出让土地使用权。出让土地使用权的审批权限不得层层下放。

集体所有土地，必须先行征用转为国有土地后才能出让。农村集体经济组织以集体所有的土地资产作价入股，兴办外商投资企业和内联乡镇企业，须经县级人民政府批准，但集体土地股份不得转让。

十、建立和培育完善的房地产市场体系。在房地产交易中应充分运用竞争机制。房地产一级市场即土地使用权的出让，要在城市总体规划指导下，尽量通过招标、拍卖等方式进行，减少协议出让。房地产二级市场即土地使用权出让后的房地产开发经营和三级市场即投入使用后的房地产交易，以及抵押、租赁等多种经营方式，要在国家宏观管理下，放开搞活，实行市场调节。土地使用权的转让和房产所有权的转移（包括涉外房地产），必须依照规定到当地房地产市场管理部门办理过户手续。要建立与房地产市场配套的服务体系，建立房地产交易的中介服务代理机构、房地产价格评估机构和对市场纠纷的仲裁机构等，逐步形成规范、公开、有序的房地产市场。

❸中华人民共和国城镇国有土地使用权出让和转让暂行条例（节录）

（1990年5月19日国务院令〔第55号〕公布施行）

第九条 土地使用权的出让，由市、县人民政府负责，有计划、有步骤地进行。

第十条 土地使用权出让的地块、用途、年限和其他条件，由市、县人民政府土地管理部门会同城市规划和建设管理部门、房产管理部门共同拟定方案，按照国务院规定的批准权限报经批准后，由土地管理部门实施。

第十三条 土地使用权出让可以采取下列方式：

（一）协议；

（二）招标；

（三）拍卖。

依照前款规定方式出让土地使用权的具体程序和步骤，由省、自治区、直辖市人民政府规定。

第十六条 土地使用者在支付全部土地使用权出让金后，应当依照规定办理登记，领取土地使用证，取得土地使用权。

❹关于鼓励投资开发海南岛的规定（节录）

（1988年5月4日国务院公布）

第六条 海南岛国家所有的土地实行有偿使用。

海南省人民政府可依法将国家所有土地的使用权有偿出让给投资者，土地使用权出让一次签约的期限根据不同行业和项目的具体情况确定，最长期限为70年；期满后需要继续使用的，经批准期限可以延长。

投资者可以依照国家有关规定将取得的土地使用权有偿转让。

❺关于严格控制高档房地产开发项目的通知（节录）

（1995年5月26日国务院 国〔1995〕13号公布）

四、严格执行《中华人民共和国土地管理法》、《中华人民共和国城市房地产管理法》的规定，加强房地产项目建设用地管理。市、县人民政府征用划拨或出让国有土地使用权必须按照《中华人民共和国土地管理法》和国务院规定的申报程序和批准权限报批，不得化整为零，越权审批；城市建设要严格控制规模，节约用地；不准利用菜田、基本农田保护区的土地成片开发高档房地产项目；对出让的土地，受让人应按合同规定的期限开发建设，在法律规定期限内未开发的要依法无偿收回；要加强出让地价管理，高档房地产开发项目用地一律采取招标或拍卖的方式提供。

❻关于出让国有土地使用权批准权限的通知（节录）

（1989年7月22日国务院 国〔1989〕49号公布）

一、政府对有偿出让国有土地使用权的批准权限，应与行政划拨国有土地使用权的批准权限相同，按照《中华人民共和国土地管理法》中关于国家建设用地批准权限的规定，出让国有土地使用权的批准权限为：耕地1000亩以上、其他土地2000亩以上的，由国务院批准；耕地3亩以下、其他土地10亩以下的，由县级人民政府批准；省辖市、自治州人民政府的批准权限，由省、自治区人民代表大会常务委员会决定。

各地必须严格执行上述规定，对一次出让国有土地使用权的土地不得“化整为零”，变相扩大批准权限。

二、出让使用权的国有土地的用地指标，要纳入国家下达的地方年度建设用地计划，未经批准，不得突破。

三、本通知发布前已经出让使用权的国有土地，由各省、自治区、直辖市人民政府按照本通知的规定负责进行清理，凡与本通知规定不符的，必须重新办理批准手续，并报上一级土地管理部门备案。

四、各级人民政府对国有土地使用权出让工作要加强管理。对违反国家规定的，应依法处理。

（三）相关部门规章及规范性文件

❶城市国有土地使用权价格管理暂行办法（节录）

（1995年10月20日国家发展计划委员会　计价格〔1995〕1628号文公布　自1995年12月1日起施行）

第八条　土地使用权出让，可以采取拍卖、招标或者双方协议的方式。以拍卖、招标方式出让土地使用权时，出让人应当事前依据政府公布的基准地价或标定地价制定土地出让底价，经政府价格主管部门会同有关部门审核后报同级人民政府批准。

以协议方式出让的土地使用权价格不得低于政府确定的最低价格。土地使用权出让的最低价格由省级人民政府价格主管部门会同有关部门依据基准地价制定，报同级人民政府批准。

❷规范国有土地租赁若干意见（节录）

（1999年8月1日国土资源部　国土资（1999）222号公布）

一、严格依照《中华人民共和国城市房地产管理法》、《中华人民共和国土地管理法》的有关规定，确定国有土地租赁的适用范围。

国有土地租赁是指国家将国有土地出租给使用者使用，由使用者与县级以上人民政府土地行政主管部门签订一定年期的土地租赁合同，并支付租金的行为。国有土地租赁是国有土地有偿使用的一种形式，是出让方式的补充。当前应以完善国有土地出让为主，稳妥地推行国有土地租赁。

对原有建设用地，法律规定可以划拨使用的仍维持划拨，不实行有偿使用，也不实行租赁。对因发生土地转让、场地出租、企业改制和改变土地用途后依法应当有偿使用的，可以实行租赁。对于新增建设用地，重点仍应是推行和完善国有土地出让，租赁只作为出让方式的补充。对于经营性房地产开发用地，无论是利用原有建设用地，还是利用新增建设用地，都必须实行出让，不实行租赁。

❸划拨土地使用权管理暂行办法（节录）

（1992年3月8日国家土地管理局令〔92〕第1号公布）

第十六条　土地使用者应当在土地使用权出让合同签订后六十日内，向所在地市、县人民政府交付土地使用权出让金，到市、县人民政府土地管理部门办理土地使用权出让登记手续。

❹城市房地产开发管理暂行办法（节录）

（1995年1月13日建设部第一次部常务会议通过　1995年1月23日建设部公布　自1995年3月1日起施行）

第六条　房地产开发项目用地的土地使用权出让或划拨前，主管部门应当组织有关部门对项目的规划设计、开发期限、基础设施和配套建筑的建设、拆迁补偿安置等提出要求，并出具《房地产开发项目建设条件意见书》。

《房地产开发项目建设条件意见书》应当包括以下内容：

（一）项目性质、规模和开发期限；

（二）规划控制指标及规划设计要求；

（三）基础设施和公共服务配套建筑的建设要求；

（四）基础设施和公益设施建成后的产权界定；

（五）项目拆迁补偿安置要求；

（六）项目经营方式等。

将《房地产开发项目建设条件意见书》提交负责土地出让或划拨的管理部门，其内容应当作为土地使用权出让合同的必备条款或划拨土地使用权批准文件的内容之一。

❺建设用地审查报批管理办法（节录）

（1999年3月2日国土资源部令〔第3号〕公布施行）

第二十一条　以有偿使用方式提供国有土地使用权的，由市、县人民政府土地行政主管部门与土地使用者签订土地有偿使用合同，并向建设单位颁发《建设用地批准书》。土地使用者缴纳土地有偿使用费后，依照规定办理土地登记。

以划拨方式提供国有土地使用权的，由市、县人民政府土地行政主管部门向建设单位颁发《国有土地划拨决定书》和《建设用地批准书》，依照规定办理土地登记。《国有土地划拨决定书》应当包括划拨土地面积、土地用途、土地使用条件等内容。

建设项目施工期间，建设单位应当将《建设用地批准书》公示于施工现场。

市、县人民政府土地行政主管部门应当将提供国有土地的情况定期予以公布。

❻关于加强对“果园、庄园”等农林开发活动管理的通知（节录）

（1999年1月29日国土资源部、司法部、中国人民银行、国家工商行政管理局　国土资〔1999〕40号公布）

五、加强“果园、庄园”等农林开发项目用地的产权管理。开发用地批准后，开发商应按规定到县级以上土地管理部门办理土地登记，领取土地证书，土地证书中应注明土地规划条件和土地转让、转租的限定条件。属于出让、划拨、租赁方式取得国有土地使用权的，领取《国有土地使用证》；属于拍卖、租赁、承包经营方式取得集体“四荒”地使用权的，领取《集体土地使用证》。开发商依法转让开发用地的，必须在与投资者签订合同后，按规定到县级以上土地行政主管部门办理变更登记。

❼关于贯彻《国务院关于发展房地产业若干问题的通知》有关问题的通知（节录）

（1993年4月16日建设部　建房字第298号文公布）

四、建立和培育房地产市场体系。土地使用权出让要尽量通过招标方式，并注意结合考察投标者的资质及土地的利用方式等因素。协议出让的土地，必须由政府组织的评估机构合理确定基准地价，任何单位和个人不得以任何理由压低地价。协议方式出让土地的价格应接近基准地价或市场价格。要建立土地使用权转让、商品房屋预售、商品房向境外销售的审批制度。未达到土地使用权出让合同的要求的土地不得转让，未达到一定投资比例和施工进度的商品房屋不得预售。各地房地产管理部门要尽快制定房地产转让管理办法，建立健全房地产交易管理机构。土地使用权和房屋所有权的转移（包括涉外房地产），必须依照规定到当地房地产市场交易管理部门办理交易手续。要健全房地产产权登记、变更制度。建立公开的、完整的市场信息库，并大力发展与房地产市场配套的物业估价、法规政策咨询、信息咨询、代理等中介服务。

❽关于严格实行经营性土地使用权招标拍卖挂牌出让的通知（节录）

（2002年8月26日国土资源部、监察部公布）

一、通过招标拍卖挂牌方式出让国有土地使用权是从源头防治土地供应环节产生腐败的有效措施

由于土地资产数额巨大，并且具有价值增值性和供给稀缺性等特点，土地供应环节成为腐败分子非法牟取暴利的重点领域。分析土地批租领域发生的腐败现象，实质就是在土地资源配置上。特别是在经营性土地的配置上，个别腐败分子违背市场规律，利用行政职权，搞权钱交易和“暗箱操作”，攫取巨额的地价差额。国有土地使用权招标拍卖挂牌出让制度充分体现了公开、公平、公正的市场经济原则，抑制权力进入市场，减少了人为因素对土地配置的干预和影响，从制度和源头上保证了土地批租领域的廉政建设。

党中央、国务院对此高度重视。今年，中央纪委部署从源头防治腐败任务时明确提出，要实行经营性土地使用权出让招标拍卖制度；国务院第四次廉政工作会议明确要求：今年，各地区、各部门都要实行经营性土地出让招标拍卖制度。为此，各级人民政府土地行政主管部门一定要统一思想，充分认识招标拍卖挂牌出让国有土地使用权的重要意义。对经营性土地使用权全部实行招标、拍卖或者挂牌出让，并将其作为国土资源管理的重要制度和行政纪律，切实抓好落实。

❾招标拍卖挂牌出让国有土地使用权规定（节录）

（2002年4月3日国土资源部第四次部务会议通过　2002年5月9日国土资源部令〔第11号〕公布　自2002年7月1日起施行）

第一条　为规范国有土地使用权出让行为，优化土地资源配置，建立公开、公平、公正的土地使用制度，根据《中华人民共和国城市房地产管理法》、《中华人民共和国土地管理法》和《中华人民共和国土地管理法实施条例》等法律、法规，制定本规定。

第二条　在中华人民共和国境内以招标、拍卖或者挂牌方式出让国有土地使用权的，适用本规定。

本规定所称招标出让国有土地使用权，是指市、县人民政府土地行政主管部门（以下简称出让人）发布招标公告，邀请特定或者不特定的公民、法人和其他组织参加国有土地使用权投标，根据投标结果确定土地使用者的行为。

本规定所称拍卖出让国有土地使用权，是指出让人发布拍卖公告，由竞买人在指定时间、地点进行公开竞价，根据出价结果确定土地使用者的行为。

本规定所称挂牌出让国有土地使用权，是指出让人发布挂牌公告，按公告规定的期限将拟出让宗地的交易条件在指定的土地交易场所挂牌公布，接受竞买人的报价申请并更新挂牌价格，根据挂牌期限截止时的出价结果确定土地使用者的行为。

第三条　招标、拍卖或者挂牌出让国有土地使用权应当遵循公开、公平、公正和诚实信用的原则。

第四条　商业、旅游、娱乐和商品住宅等各类经营性用地，必须以招标、拍卖或者挂牌方式出让。

前款规定以外用途的土地的供地计划公布后，同一宗地有两个以上意向用地者的，也应当采用招标、拍卖或者挂牌方式出让。

第五条　国有土地使用权招标、拍卖或者挂牌出让活动，应当有计划地进行。

市、县人民政府土地行政主管部门根据社会经济发展计划、产业政策、土地利用总体规划、土地利用年度计划、城市规划和土地市场状况，编制国有土地使用权出让计划，报经同级人民政府批准后，及时向社会公开发布。

第六条　市、县人民政府土地行政主管部门应当按照出让计划，会同城市规划等有关部门共同拟订拟招标拍卖挂牌出让地块的用途、年限、出让方式、时间和其他条件等方案，报经市、县人民政府批准后，由市、县人民政府土地行政主管部门组织实施。

第七条　出让人应当根据招标拍卖挂牌出让地块的情况，编制招标拍卖挂牌出让文件。招标拍卖挂牌出让文件应当包括招标拍卖挂牌出让公告、投标或者竞买须知、宗地图、土地使用条件、标书或者竞买申请书、报价单、成交确认书、国有土地使用权出让合同文本。

第八条　出让人应当至少在投标、拍卖或者挂牌开始日前20日发布招标、拍卖或者挂牌公告，公布招标拍卖挂牌出让宗地的基本情况和招标拍卖挂牌的时间、地点。

第九条　招标拍卖挂牌公告应当包括下列内容：

（一）出让人的名称和地址；

（二）出让宗地的位置、现状、面积、使用年期、用途、规划设计要求；

（三）投标人、竞买人的资格要求及申请取得投标、竞买资格的办法；

（四）索取招标拍卖挂牌出让文件的时间、地点及方式；

（五）招标拍卖挂牌时间、地点、投标挂牌期限、投标和竞价方式等；

（六）确定中标人、竞得人的标准和方法；

（七）投标、竞买保证金；

（八）其他需要公告的事项。

第十条　市、县人民政府土地行政主管部门应当根据土地估价结果和政府产业政策综合确定标底或者底价。

确定招标标底，拍卖和挂牌的起叫价、起始价、底价，投标、竞买保证金，应当实行集体决策。

招标标底和拍卖挂牌的底价，在招标拍卖挂牌出让活动

结束之前应当保密。

第十一条　出让人应当对投标申请人、竞买申请人进行资格审查。对符合招标拍卖挂牌公告规定条件的，应当通知其参加招标拍卖挂牌活动。

第十二条　市、县人民政府土地行政主管部门应当为投标人、竞买人查询拟出让土地的有关情况提供便利。

第十三条　投标、开标依照下列程序进行：

（一）投标人在投标截止时间前将标书投入标箱。招标公告允许邮寄标书的，投标人可以邮寄，但出让人在投标截止时间前收到的方为有效；

标书投入标箱后，不可撤回。投标人应对标书和有关书面承诺承担责任。

（二）出让人按照招标公告规定的时间、地点开标，邀请所有投标人参加。由投标人或者其推选的代表检查标箱的密封情况，当众开启标箱，宣布投标人名称、投标价格和投标文件的主要内容。投标人少于三人的，出让人应当依照本规定重新招标。

（三）评标小组进行评标。评标小组由出让人代表、有关专家组成，成员人数为五人以上的单数。

评标小组可以要求投标人对投标文件作出必要的澄清或者说明，但是澄清或者说明不得超出投标文件的范围或者改变投标文件的实质性内容。

评标小组应当按照招标文件确定的评标标准和方法，对投标文件进行评审。

（四）招标人根据评标结果，确定中标人。

第十四条　对能够最大限度地满足招标文件中规定的各项综合评价标准，或者能够满足招标文件的实质性要求且价格最高的投标人，应当确定为中标人。

第十五条　拍卖会依照下列程序进行：

（一）主持人点算竞买人；

（二）主持人介绍拍卖宗地的位置、面积、用途、使用年期、规划要求和其他有关事项；

（三）主持人宣布起叫价和增价规则及增价幅度。没有底价的，应当明确提示；

（四）主持人报出起叫价；

（五）竞买人举牌应价或者报价；

（六）主持人确认该应价后继续竞价；

（七）主持人连续三次宣布同一应价而没有再应价的，主持人落槌表示拍卖成交；

（八）主持人宣布最高应价者为竞得人。

第十六条　竞买人不足三人，或者竞买人的最高应价未达到底价时，主持人应当终止拍卖。

拍卖主持人在拍卖中可根据竞买人竞价情况调整拍卖增价幅度。

第十七条　挂牌依照以下程序进行：

（一）在挂牌公告规定的挂牌起始日，出让人将挂牌宗地的位置、面积、用途、使用年期、规划要求、起始价、增价规则及增价幅度等，在挂牌公告规定的土地交易场所挂牌公布；

（二）符合条件的竞买人填写报价单报价；

（三）出让人确认该报价后，更新显示挂牌价格；

（四）出让人继续接受新的报价；

（五）出让人在挂牌公告规定的挂牌截止时间确定竞得人。

第十八条　挂牌时间不得少于10个工作日。挂牌期间可根据竞买人竞价情况调整增价幅度。

第十九条　挂牌期限届满，按照下列规定确定是否成交：

（一）在挂牌期限内只有一个竞买人报价，且报价高于底价，并符合其他条件的，挂牌成交；

（二）在挂牌期限内有两个或者两个以上的竞买人报价的，出价最高者为竞得人；报价相同的，先提交报价单者为竞得人，但报价低于底价者除外；

（三）在挂牌期限内无应价者或者竞买人的报价均低于底价或均不符合其他条件的，挂牌不成交。

在挂牌期限截止时仍有两个或者两个以上的竞买人要求报价的，出让人应当对挂牌宗地进行现场竞价，出价最高者为竞得人。

第二十条　以招标、拍卖或者挂牌方式确定中标人、竞得人后，出让人应当与中标人、竞得人签订成交确认书。

成交确认书应当包括出让人和中标人、竞得人的名称、地址，出让标的，成交时间、地点、价款，以及签订《国有土地使用权出让合同》的时间、地点等内容。

成交确认书对出让人和中标人、竞得人具有合同效力。签订成交确认书后，出让人改变竞得结果，或者中标人、竞得人放弃中标宗地、竞得宗地的，应当依法承担责任。

第二十一条　中标人、竞得人应当按照成交确认书约定的时间，与出让人签订《国有土地使用权出让合同》。

中标人、竞得人支付的投标、竞买保证金，抵作国有土地使用权出让金，其他投标人、竞买人支付的投标、竞买保证金，出让人必须在招标拍卖挂牌活动结束后5个工作日内予以退还，不计利息。

第二十二条　招标拍卖挂牌活动结束后，出让人应在10个工作日内将招标拍卖挂牌出让结果在土地有形市场或者指定的场所、媒介公布。

出让人公布出让结果，不得向受让人收取费用。

第二十三条　受让人依照《国有土地使用权出让合同》的约定付清全部国有土地使用权出让金后，应当依法申请办理土地登记，领取国有土地使用权证书。

第二十四条　应当以招标拍卖挂牌方式出让国有土地使用权而擅自采用协议方式出让的，对直接负责的主管人员和其他直接责任人员依法给予行政处分。

第二十五条　中标人、竞得人有下列行为之一的，中标、竞得结果无效；造成损失的，中标人、竞得人应当依法承担赔偿责任：

（一）投标人、竞买人提供虚假文件隐瞒事实的；

（二）中标人、竞得人采取行贿、恶意串通等非法手段中标或者竞得的。

第二十六条　土地行政主管部门工作人员在招标拍卖挂牌出让活动中玩忽职守、滥用职权、徇私舞弊的，依法给予行政处分；构成犯罪的，依法追究刑事责任。

第二十七条　以招标拍卖挂牌方式租赁国有土地使用权的，参照本规定执行。

第二十八条　本规定自2002年7月1日起施行。

⑩国有企业改革中划拨土地使用权管理暂行规定（节录）

（1998年2月17日国家土地管理局令〔第8号〕公布）

第九条　处置的土地使用权，应当具备下列条件：

土地使用权必须权属合法、无争议，并已办理土地登记，企业持有土地使用权证书。尚未登记的，企业应向土地所在地的土地管理部门申请土地权属审核，取得土地管理部门出具的土地权属证明。

土地使用权除保留划拨用地方式外，采取其他方式处置的，必须进行地价评估。企业应委托经国家土地管理局和省级人民政府土地管理部门认证的、具有相应土地估价资格的机构进行地价评估。

第十条　处置土地使用权应当按下列程序办理：

（一）拟订土地使用权处置方案。由企业或企业隶属单位拟订土地使用权处置方案，主要内容应包括企业改革的形式和内容、企业现使用土地的状况和拟处置土地的状况、拟处置方式和处置价格及理由等。

（二）地价评估结果确认和土地使用权处置方案审批。地价评估结果和土地使用权处置方案应当报有批准权的人民政府土地管理部门确认和审批，报批时还应同时提交企业改革的批准文件、资产重组方案、土地使用权证书或土地权属证明以及其他有关材料。

企业进行公司制改造、改组或组建企业集团，属于国务院或国务院授权部门批准设立的公司和企业集团以及境外上市公司的，土地估价结果和土地使用权处置方案由企业隶属单位报国家土地管理局确认、审批；属于省级人民政府或其授权部门批准设立的公司和企业集团，土地估价结果和土地使用权处置方案由企业隶属单位报省级人民政府土地管理部门确认、审批。

企业实行股份合作制改组、租赁经营和出售、兼并、合并、破产的，土地估价结果和土地使用权处置方案由企业隶属单位报上一级人民政府土地管理部门确认、审批；属于中央企业的，报国家土地管理局确认、审批。

（三）签订合同与变更土地登记。土地使用权处置方案经批准后，采取国有土地使用权出让方式处置的，企业应持土地使用权处置批准文件和其他有关文件与土地所在地的市、县人民政府土地管理部门签订国有土地使用权出让合同，并按规定办理土地登记手续；采取国有土地租赁方式处置的，企业应持土地使用权处置批准文件和其他有关文件与土地所在地的县级以上人民政府土地管理部门签订国有土地租赁合同，并按规定办理土地登记手续；采取国家以土地使用权作价出资（入股）方式处置的，企业应持国家土地管理局或省级人民政府土地管理部门签署的土地使用权处置批准文件以及作价出资（入股）决定书，按规定办理土地登记手续；采取保留划拨用地方式处置的，企业应持土地使用权处置批准文件及其他有关文件按规定办理土地登记手续。

土地使用权作价出资（入股）决定书的样式、内容由国家土地管理局另行统一规定。

⑪关于认真做好城镇土地登记工作的通知（节录）

（1991年9月13日国家土地管理局公布）

（二）根据《城镇国有土地使用权出让和转让暂行条例》规定，以出让方式提供建设用地的，先办理出让审批手续。在签定土地使用权出让合同后，由受让土地单位或个人提出土地登记申请，依据出让批准文件和出让合同，实地调查、测绘地籍图，报经人民政府批准登记注册，确定土地使用权，颁发土地使用证。

（四）相关地方性法规及规范性文件

❶内蒙古自治区城市房地产开发经营管理条例（节录）

（2001年2月12日内蒙古自治区第九届人民代表大会常务委员会第二十一次会议通过　2001年2月12日内蒙古自治区人民代表大会常务委员会公布）

第十六条　房地产开发用地应当以出让方式取得。但是，法律和国务院规定可以采用划拨方式的除外。

土地使用权出让或者划拨前，旗县级以上人民政府城市规划行政管理部门和房地产开发行政管理部门应当对下列事项提出书面意见，作为土地使用权出让或者划拨的依据之一：

（一）房地产开发项目的性质、规模和开发期限；

（二）城市规划设计条件；

（三）基础设施和公共设施的建设要求；

（四）基础设施建成后的产权界定；

（五）项目拆迁补偿、安置要求。

❷济南市城镇国有土地使用权出让办法（节录）

（1995年3月16日济南市第十一届人民代表大会常务委员会第十三次会议通过　1995年4月8日山东省第八届人民代表大会常务委员会第十四次会议批准　根据1997年3月27日济南市第十一届人民代表大会常务委员会第二十六次会议《关于修改〈济南市城市公有房屋管理办法〉等十三件地方性法规的决定》修正　2001年5月18日经济南市第十二届人民代表大会常务委员会第二十次会议修改　2001年6月15日经山东省九届人大常委会第二十一次会议批准修改）

第四章　土地使用权出让方式及程序

第十九条　出让土地使用权，可以采取协议、招标或拍卖的方式进行。

商业、旅游、娱乐和豪华住宅用地，凡有两个以上竞投者的，应当采取招标或拍卖方式出让土地使用权。

以协议方式出让土地使用权的，出让地块协议达成的出让价格不得低于市、县（市）人民政府确定的同等级土地的最低价。

第二十条　土地使用权协议出让的程序：

（一）申请使用土地者持建设项目立项书、《建设用地规划许可证》等有关文件、资料，向土地管理部门提交用地申请书。

（二）土地管理部门自接到申请书之日起十日内与申请使用土地者协商用地事宜，达成协议后，签订土地使用权出让合同。

（三）申请使用土地者按本办法规定交付出让费，办理土地使用权登记手续，领取《国有土地使用证》。

❸大同市城镇国有土地使用权出让和转让暂行办法（节录）

（1994年10月27日山西省大同市第十届人民代表大会常务委员会第八次会议通过　1994年11月26日山西省第八届人民代表大会常务委员会第十二次会议批准　自1995年1月1日起施行）

第十二条　土地使用权招标出让程序：

（一）招标方根据出让地块的具体要求，确定参与投标的资格范围，向社会公开发布招标公告或向符合招标资格的投标对象发出招标通知书。

（二）投标者在规定的投标日期到指定地点投标并支付保证金。

（三）市、县土地行政主管部门会同有关部门及专家组成评标委员会，在公证机关的监督下进行开标、评标和决标，中标者由招标方发给中标通知书。

（四）中标者应在收到中标通知书之日起十五日内持中标通知书与招标方签订出让合同，并按出让总金额的20%支付定金。

（五）中标者应在出让合同签订后六十日内，按出让合同规定的币种和付款方式向招标方付清全部出让金；中标者的保证金可抵缴出让金，未中标者的保证金在决标后五日内原数退还。

（五）相关地方政府规章及规范性文件

❶广东省人民政府办公厅关于建立和完善有形土地市场的通知（节录）

（1999年8月27日广东省人民政府办公厅　粤府办〔1999〕80号公布）

四、规范有形土地市场的运作

土地使用权进入土地交易市场必须符合规定的条件，并向土地交易中心提出申请。

涉及划拨土地使用权或涉及改变原批准的土地用途、使用条件的土地进入土地交易市场的，经国土部门审核后按有关规定报县级以上人民政府或其授权的国土部门审批。经批准同意入市交易的，应委托具备资格的评估机构评估地价，地价评估结果按权限报有确认权的国土部门确认，由国土部门核定应补交的土地出让金标准、数额，明确缴纳办法。以出让方式取得使用的土地进入交易市场的，经土地交易机构初审后报同级国土部门核准。其中涉及以减免地价出让方式取得土地使用权的，由国土部门核定应补交地价的数额，明确缴纳办法。

涉及改变原批准的土地用途、使用条件的土地进入土地交易中心的，须经原出让方和规划行政主管部门批准。

按要求须在土地交易机构公开交易的土地使用权，属于政府出让经营性房地产项目和其他具有竞争性项目用地的，应采用公开招标、拍卖方式进行。其他类型用地的，可采用公开招标、拍卖或在土地交易机构挂牌公告的方式出让或转让，挂牌公告的期限为一个月。在规定期限内有2个以上单位申请竞买的，应采用公开招标、拍卖方式出让或转让。只有一个单位申请竞买的，可以按协议方式出让或转让。

以招标、拍卖方式出让或转让土地使用权的，在招标、拍卖前应制定招标、拍卖文件和投标、竞买规则，并发布招标、拍卖公告。进行招标、拍卖时，参与竞投或竞买的人员应达到规定的人数，属于政府出让土地的还应设立最低保护价。未达到规定人数和最低保护价的，由国土部门或交易中心重新作出安排。

招标出让或转让土地使用权应设立评标小组，评标小组由7人以上单数组成，评标工作由委托招标人或交易机构主持，除主持人外，其余成员在开标前一天从土地交易中心招标评标专家库中随机抽出确定。

土地交易机构可以收取土地使用权交易手续费。具体收费标准由省物价局会同省国土厅制定方案，报省政府批准执行。

各地应结合本地实际，制定有形土地市场的具体管理办法。

❷黑龙江省实施《中华人民共和国城镇国有土地使用权出让和转让暂行条例》办法（节录）

（1992年12月25日黑龙江省人民政府公布）

第九条　土地使用权出让的地块位置、面积、用途、年限和其他条件，由市、县人民政府土地管理部门会同计划部门、城市规划和建设管理部门、房产管理部门共同拟定方案。土地使用权出让方案应按照《黑龙江省土地管理实施条例》规定的国家建设征用、拨用土地批准权限报经批准后，由土地所在市、县人民政府土地管理部门实施。

第十三条　土地使用权出让，可以采取招标、拍卖和协议的方式进行。

第十四条　土地使用权出让，市、县人民政府土地管理部门应会同有关部门，依据经批准的出让方案，向有意受让人提供下列资料：

（一）地块位置、范围、面积、地面现状和城市基础设施现状；

（二）规定的土地用途、建筑容积率、密度、净空限制等规划要求；

（三）环境保护、园林绿化、卫生防疫、交通、抗震和防火要求；

（四）土地使用权出让方式和规则、出让年限、出让金支付方式和建设项目完成年限的要求；

（五）其他有关文件。

第十五条　招标出让土地使用权程序：

（一）市、县人民政府土地管理部门发出招标书或公告；

（二）投标者按招标文件规定向市、县人民政府土地管理部门投标和提交保证金；

（三）市、县人民政府土地管理部门组织有关部门对标书进行评审，并向中标者发出中标通知书；

（四）中标者持中标通知书在三十日内与市、县人民政府土地管理部门签订土地使用权出让合同，并支付土地使用权出让金20%的定金；

（五）中标者按土地使用权出让合同支付土地使用权出让金后，向市、县人民政府土地管理部门办理土地登记、领取土地使用证，取得土地使用权。

第十六条　拍卖出让土地使用权程序：

（一）市、县人民政府土地管理部门发布拍卖公告；

（二）竞买者到市、县人民政府土地管理部门办理参加竞买手续；

（三）市、县人民政府土地管理部门在规定的时间、地点，组织公开拍卖。由主持人宣读土地使用权拍卖规则，简介该幅土地情况和公布底价后，竞买者应价竞争，最后确定出价高者为受让方；

（四）受让方与市、县人民政府土地管理部门当场签订土地使用权出让合同，并支付土地使用权出让金20%的定金；

（五）受让人按土地使用权出让合同规定支付土地使用权出让金后，向市、县人民政府土地管理部门办理土地登记、领取土地使用证，取得土地使用权。

第十七条 协议出让土地使用权程序：

（一）市、县人民政府土地管理部门向有意受让人提供出让土地使用权地块的必要资料和有关规定；

（二）有意受让人在规定时间内向市、县人民政府土地管理部门提交土地开发建设方案及所出价款、支付方式等；

（三）市、县人民政府土地管理部门对有意受让人提交的文件审核论证，于十五日内给予答复；

（四）市、县人民政府土地管理部门与有意受让人协商一致后，双方签订土地使用权出让合同，并由受让人支付土地使用权出让金20%的定金；

（五）有意受让人按合同规定支付土地使用权出让金后，向市、县人民政府土地管理部门办理土地登记、领取土地使用证，取得土地使用权。

❸山东省鼓励外商投资建设经营高等级公路和特大桥梁的暂行规定（节录）

（1994年11月30日山东省人民政府　鲁政〔1994〕128号公布）

第七条 外资公路企业的建设用地，由政府统一征用后出让给企业，出让价格视项目情况给予优惠。

❹南京市国有土地使用权招标和拍卖管理办法（节录）

（2000年3月1日南京市人民政府　宁政〔2000〕56号公布）

第四条 商业、旅游、娱乐、金融、房地产开发等经营性用地必须以招标、拍卖方式出让国有土地使用权。

下列国有土地依法出让于商业、旅游、娱乐、金融、房地产开发等经营性用途的，由政府先行收回土地使用权，统一以招标、拍卖方式供地：

1. 经清理纳入拍卖范围的原“以地补路”项目用地；

2. “退二进三”、“污染搬迁”及特困企业迁址后原企业用地；

3. 破产企业原生产经营性用地；

4. 旧城改造地块；

5. 单位自有划拨土地；

6. 其他依法应当以招标、拍卖方式出让的土地。

属于下列情况之一的，通过拍卖方式出让：

1. 以获取最高出让金为主要目的，以出价最高为条件确定受让人的；

2. 对土地使用者资格没有特别限制，一般单位或个人均可能有受让意向的；

3. 土地用途无特别限制及要求的。

属于下列情况之一的，通过公开招标方式出让：

1. 除获取较高出让金外，还具有其他综合目标或特定的社会、公益建设条件的；

2. 土地用途受严格限制，仅少数单位或个人可能有受让意向的。

对土地使用者有资格限制或特别要求的，可对符合条件的用地申请进行邀请招标。

因抵押权实现及司法机关依法裁定应以拍卖方式处置的国有土地使用权参照本办法进行拍卖。

原出让土地以招标、拍卖方式转让的应委托南京市土地市场管理办公室统一实施。

三、以案明法

泰丰大酒店有限公司诉大同市土地管理局土地使用权出让纠纷案

原告：山西泰丰大酒店有限公司

被告：山西省大同市土地管理局

原告山西泰丰大酒店有限公司（以下简称泰丰公司）因与被告山西省大同市土地管理局（以下简称土地局）发生土地使用权出让纠纷，向山西省大同市中级人民法院提起诉讼。

原告诉称：被告单方面撕毁自愿与原告签订的《国有土地使用权出让合同》后，不仅不退还原告给付的定金，还将原告给付的土地使用权出让金也一并没收，虽经原告多次交涉，被告拒不退还。故诉请依法判令被告退还原告给付的土地使用权出让金2793131.05元，并赔偿占用此款期间的银行利息，或者依法判令被告继续履行土地使用权出让合同。

被告辩称：原告在支付了定金及部分土地使用权出让金后，其余款项虽经被告多次催促，一直未按约定履行，至今欠下违约金790余万元，给被告造成损失。为此被告根据合同的约定，决定解除合同，并决定根据《中华人民共和国城镇国有土地使用权出让和转让暂行条例》（以下简称《出让转让暂行条例》）第十四条和《山西省城镇国有土地使用权出让和转让实施办法》（以下简称《山西省实施办法》）第十一条的规定，对原告已经支付的定金及土地使用权出让金不予退还，以弥补原告给被告造成的损失。原告现在提起诉讼，已经超过诉讼时效，人民法院应当依法驳回其诉讼请求。

大同市中级人民法院经审理查明：1993年11月23日，原告泰丰公司（合同乙方）与被告土地局（合同甲方）依照《出让转让暂行条例》的规定，经协商一致自愿签订了《国有土地使用权出让合同》。合同约定：甲方将位于大同市城区鼓楼西北角面积为8939.77平方米的国有土地使用权，有偿出让给乙方用于商业建设使用40年，土地出让金为8045793元。合同签订后30日内，乙方先向甲方交付土地使用权出让金总额的15%（计1206868.95元）作为合同定金，60日内付清全部土地使用权出让金。乙方如逾期30日仍未付清全部土地使用权出让金，甲方有权解除合同，并可请求赔偿。乙方付清全部土地使用权出让金后的5日内，依照规定办理土地使用权登记手续，领取《中华人民共和国国有土地使用证》，取得土地使用权。

合同签订后，原告泰丰公司于1993年12月27日给付被告土地局400万元。其中，含合同定金1206868.95元，土地使用权出让金2793131.05元。泰丰公司还向土地局提出书面申请称，因资金周转困难和冬季无法施工，请求将未付的土地使用权出让金延缓至1994年4月1日前付清。土地局同意了泰丰公司的申请，并于1993年12月28日给泰丰公司核发了加盖“大同市人民政府”和“大同市土地管理局”印章的8939.77平方米国有土地使用证。但是，泰丰公司并未于1994年4月1日前付清尚欠的土地使用权出让金。后经土地局多次催促，泰丰公司仍未履行。1994年9月22日，土地局给泰丰公司发出书面通知，限其必须于9月30日以前履行全部付款义务，否则将按有关规定处理。泰丰公司接到书面通知后，曾经当面向土地局承诺9月底前履行全部义务，但是到期仍未履行。土地局遂依照《出让转让暂行条例》第十四条关于“土地使用者应当在签订土地使用权出让合同后六十日内，支付全部土地使用权出让金。逾期未全部支付的，出让方有权解除合同，并可请求违约赔偿”和《山西省实施办法》第十一条关于“受让方不履行合同的，出让方可以依法解除合同，所支付的定金及出让金不予退还”的规定，于1994年9月30日决定：解除1993年11月23日与泰丰公司签订的《国有土地使用权出让合同》，收回该合同约定范围内的土地使用权，所发土地使用证注销登记，泰丰公司已经支付的定金1206868.95元和土地使用权出让金2793131.05元不予退还。10月24日，泰丰公司收到解除合同的决定通知书后，曾与土地局多次协商，并于1996年3、4月间向大同市人民政府报告，请求给予解决，但均无结果，遂于1997年8月20日提起诉讼。

上述事实，有原、被告签订的国有土地使用权出让合同、付款凭证、国有土地使用证、解除合同通知书、泰丰公司给大同市人民政府的报告和当事人陈述笔录等证据在案。这些证据经过质证，可以作为认定事实的根据。

大同市中级人民法院认为：《出让转让暂行条例》第十一条规定：“土地使用权出让合同应当按照平等、自愿、有偿的原则，由市、县人民政府土地管理部门（以下简称出让方）与土地使用者签订。”由此可见，土地使用权出让合同的出让方与受让方之间，是平等的民事关系。被告土地局与原告泰丰公司签订的土地使用权出让合同，符合平等、自愿、等价有偿的原则，是有效的。《中华人民共和国民法通则》第八十九条规定，依照法律的规定或者按照当事人的约定，当事人可以采用保证、抵押、给付定金等方式来担保合同的履行。土地局与泰丰公司在土地使用权出让合同中约定，以土地使用权出让金总额的15%作为合同定金，该条款成立，应当对双方当事人发生法律效力。民法通则第八十九条第（三）项规定：“当事人一方在法律规定的范围内可以向对方给付定金。债务人履行债务后，定金应当抵作价款或者收回；给付定金的一方不履行债务的，无权要求返回定金；接受定金的一方不履行债务的，应当双倍返还定金。”泰丰公司在合同约定的期限内没有交清土地使用权出让金，是不履行合同债务的行为，无权要求返回定金。至于泰丰公司已交纳的部分土地使用权出让金，《出让转让暂行条例》并没有“不予退还”的规定，土地局没收这部分资金，于法无据。泰丰公司诉土地局赔偿占用这部分资金期间的银行利息一节，因泰丰公司违约在先，故不予支持。土地局因泰丰公司的违约行为而依法不予退还的合同定金，既有惩罚泰丰公司违约行为的作用，也有弥补土地局损失的作用。土地局未能举证证明该局的损失已经超过收取的合同定金，其辩称不退还土地使用权出让金，是要以此款赔偿泰丰公司造成的损失，理由不能成立。土地局辩称泰丰公司的起诉已经超过诉讼时效一节，经查泰丰公司提供的证据表明，该公司在1996年3、4月间向大同市政府报送的报告中，已经主张过权利，应当认定时效中断。据此，大同市中级人民法院于1997年11月27日判决：

被告土地局在本判决生效后10日内，退还原告泰丰公司土地使用权出让金2793131.05元。

一审案件受理费35963元，由被告土地局负担。

一审宣判后，被告土地局不服，向山西省高级人民法院提起上诉，请求改判。理由是：1. 上诉人土地局与被上诉人泰丰公司签订的合同，完全按照《出让转让暂行条例》和《山西省实施办法》执行。泰丰公司交纳的土地使用权出让金2793131.05元，本局并没有没收，而是依照《山西省实施办法》第十一条的规定作不予退还处理。《出让转让暂行条例》第十四条虽然没有规定不予退还，但也没有规定应该退还。2. 1994年10月24日泰丰公司接到上诉人的解除合同通知后，在近三年的时间里，始终只要求重新受让土地，并未主张过退还土地使用权出让金。这一主张是1997年8月起诉时才提出来的，已经远远超出《民法通则》规定的诉讼时效时间。况且土地局在签订土地使用权出让合同一事上，与泰丰公司是平等的民事主体，泰丰公司应当向土地局或者人民法院主张自己的权利，其向别人去主张自己的权利，不能发生时效中断的效力。一审判决以“原告主张过权利”这一模糊的说法，来掩盖泰丰公司超过诉讼时效时间起诉的问题，是错误的。

山西省高级人民法院经审理认为，一审判决认定的事实清楚，证据确定、充分。《出让转让暂行条例》第十四条没有出让金不予退还的规定。该条例第五十三条规定：“本条例由国家土地管理局负责解释。”因此，《山西省实施办法》第十一条规定的“不予退还”，既未经行政法规授权，又与行政法规抵触，是无效的。国有土地使用权出让和受让方之间，是平等的民事主体，应当本着公平信用、等价有偿的原则相处。作为出让方的上诉人土地局没有退还收取的定金，已经是对受让方、被上诉人泰丰公司的违约行为进行了制裁。除此以外，泰丰公司没有对土地局造成其他损害，也没有从土地局获取到任何利益，土地局没有任何理由再继续占有泰丰公司交付的土地使用权出让金。土地局决定不退还泰丰公司交付的土地使用权出让金，理由不能成立。大同市人民政府是土地局的上级主管部门，土地局发给泰丰公司的“国有土地使用证”上，加盖着“大同市人民政府”印章。泰丰公司与土地局发生纠纷后，请求大同市人民政府给予解决，与直接向土地局主张权利具有同等效力。请求重新受让土地与请求退还已付出的土地出让金，二者是非此即彼的关系。泰丰公司主张自己的权利时只能二者必居其一，不可能同时提出这两项请求。因此，泰丰公司只主张重新受让土地，不等于自愿放弃请求退还土地使用权出让金的权利，一旦重新受让土地的请求不能满足时，则退还土地使用权出让金就成为其必然请求。土地局认为泰丰公司起诉时才提出退还土地使用权出让金的请求，已经超过诉讼时效，理由不能成立。一审判决适用法律准确，程序合法。据此，山西省高级人民法院依照《中华人民共和国民事诉讼法》第一百五十三条第一款第（三）项的规定，于1999年7月28日判决：

驳回上诉，维持原判。

上诉费35963元，由上诉人土地局负担。

四、办案实战资料库

（一）土地使用权出让以拍卖方式进行的程序

土地使用权出让以拍卖的方式进行，应依照下列程序：

出让人可以委托拍卖人(应签订委托合同)在拍卖前三十日内发布拍卖公告，明确拍卖的时间、出让地块的有关情况及竞买人的资格条件等相关事项。

↓

出让人按拍卖公告确定的勘察地块的时间，接受有意受让土地使用权者勘察公告确定拟拍卖的地块，并负责接待咨询，解答疑难。

↓

竞买人在拍卖前提出竞买申请，在公告确定的时间、地点办理登记入场手续，交纳保证金。

↓

出让人或委托拍卖人举行拍卖会。会前给符合资格的竞买人发带编号的标志牌，并宣布拍卖规则和注意事项。

↓

确定的最高应价人为竞买成功人，竞买成功人应与土地使用权出让人或者委托拍卖人签订成交确认书，与出让人签订土地使用权出让合同，并支付定金。

↓

受让人凭出让合同，向计划、建设、规划等管理部门申请领取有关文件。

↓

房地产交易中心公告拍卖结果信息。

注：土地使用权出让拍卖的最高价未达到拍卖底价，拍卖人应终止拍卖。

（二）土地使用权出让公证相关事项

1. 土地使用权出让公证的管辖。按照有关规定及公证一般原理，城镇国有土地使用权出让合同公证事项，属土地所在地公证处管辖。

2. 当事人应提交的材料。当事人提出申请土地使用权公证时，应提交以下材料：（1）合同当事人双方的法人资格证明和法定代理人身份证明。（2）委托他人办理公证的，代理人应提交委托人的居民身份证和有委托内容的信件。（3）土地管理部门同意出让土地使用权的审批文件。（4）以招标、拍卖方式出让的，应提交招标、拍卖文件。（5）地上建筑物、其他附着物的所有权证明。（6）土地使用权出让合同正本。（7）公证处认为应提交的其他文件。

3. 对申办土地使用权出让公证的审查。公证处受理土地使用权出让公证后，应审查以下内容：

（1）当事人提交的材料是否属实、有效。

（2）当事人的办证目的。

（3）合同内容是否完备。

合同内容应包括：①合同双方的名称或姓名、住址、代表人；②土地使用权的取得依据方式；③土地坐落位置、面积、地上建筑物、地下资源、埋藏物及市政公用设施；④开发、利用、经营土地的期限、条件和用途；⑤合同终止后，地上物及其他附着物的产权归属；⑥使用年限；⑦出让金数额及支付的币种、方式、时间（土地使用者应在签订合同后60日内支付出让金）；⑧使用者在土地使用权有效期限内，将土地使用权转让、出租、抵押的条件和程序；⑨出让土地权属争议的解决方法；⑩合同的变更、解除、终止；⑪违约责任；⑫应当约定的其他内容。

(4) 合同规定的土地使用地块、期限、条件、用途是否与批准文件相符。

(5) 土地使用权出让的最高年限。依我国法律，土地使用权最高出让年限为：①居住用地70年；②工业用地50年；③教育、科学、文化、卫生、体育用地50年；④商业、旅游、娱乐用地40年；⑤综合用地或其他用地50年。当事人可以在合同中约定不超过法定期限的使用年限。使用期满，土地应当返还。土地使用权期限届满之前，使用权人可以申请续展期。申请续展期应获得国家土地管理部门的同意，重新签订土地使用权出让合同，支付出让金，办理登记手续。

(6) 土地使用权出让的批准权限。《中华人民共和国土地管理法》规定，耕地1000亩以上、其他土地2000亩以上的，由国务院批准；耕地1000亩以下、其他土地2000亩以下的，由省、直辖市、自治区人民政府批准；耕地3亩以下、其他土地10亩以下的，由县级人民政府批准。

(7) 出让人。按照有关规定，签订土地使用权出让合同，应由县级以上政府土地管理部门作为出让方，具体事务由县级以上政府土地管理部门负责。

(8) 招标与拍卖文件。适用于对以招标、拍卖方式取得土地使用权的出让合同的审查。一般来说，依该种方式所订合同，须与招标或拍卖文件相符。

此外，还要审查地下资源、埋藏物和市政公用设施的所有权问题。按国家有关规定，土地使用权出让后，其地下资源、埋藏物、市政公用设施等，仍属于国家财产，归国家所有，如需开发利用，应依有关法律法规办理公证。

【土地使用权出让合同】

一、专家指导意见

(一) 土地使用权出让合同的概念及特点

土地使用权出让合同是指土地使用权出让人与土地使用权受让人之间就土地使用权出让的有关事项所达成的，明确相互间权利义务关系的协议。

土地使用权出让合同有如下几个方面的法律特征：

1. 土地使用权出让合同是一种民事合同。

土地使用权出让合同是依照平等、自愿、有偿的原则，由出让方和土地使用者在充分协商的基础上共同签订的。当事人任何一方违背土地使用权出让合同规定的权利和义务，都要承担相应的民事法律责任。

2. 土地使用权出让合同的标的具有特殊性。

土地使用权出让合同的标的是指土地在一定期限内的使用权，而不是所有权，这与传统的买卖合同不同，也与一般的财产转移合同有区别。

3. 土地使用权出让合同是一种要式合同。

土地使用者在支付全部土地使用权出让金后，应当依照规定办理登记，领取土地使用证，取得土地使用权。因此，土地使用权转移只有在经土地权属登记，领取土地使用证以后，才能发生法律效力。

(二) 土地使用权出让合同订立的程序

土地使用权出让合同虽然是土地所有者即国家与土地使用者签订的合同，但国家不可能亲自参加合同的订立，国家在合同订立过程中的活动由市、县人民政府土地管理部门代为进行。

土地使用权出让之前，市、县人民政府土地管理部门应该做好土地使用权出让的准备工作。主要有：1. 若土地尚属农民集体所有的，应先依法把土地征为国家所有；2. 土地管理部门会同城市规划部门、建设部门、房地产部门等共同拟定有关土地使用权出让地块的用途、年限和其他条件的方案，并按照国务院规定的批准权限报请批准；3. 将土地规划要求、市政公共设施要求、环境保护与园林绿化要求等编制成具体方案，以便使土地使用权人了解。准备工作就绪以后，出让人再根据国家有关法律、法规的规定，确认出让方式，以协议、招标或者拍卖的方式出让。

(三) 土地使用权出让合同的主要内容

土地使用权出让合同主要包括以下几个方面的内容：

1. 双方当事人的名称、住所。
2. 所出让土地的位置、四邻界至、面积等自然状况。
3. 土地使用期限，即出让期限。
4. 出让金的数额及给付方式。
5. 土地使用规则。
6. 合同的担保方式。
7. 违约责任。
8. 双方认为应约定的其他条款。
9. 纠纷的解决方式。
10. 合同订立的地点、日期等。

(四) 土地使用权出让合同双方当事人的权利和义务

土地使用权出让合同的出让方主要有如下方面的权利：1. 解除合同权；2. 要求违约赔偿的权利；3. 请求行政处分权；4. 收取土地使用权出让金的权利；5. 收回土地使用权的权利。同时，负有如下方面的义务：1. 依照出让合同规定，提供土地使用权；2. 出让人应向土地使用者提供有关资料和文件；3. 保证土地使用权人取得权利的义务。

土地使用权出让合同的土地使用者主要有如下方面的权利：1. 解除出让合同的权利；2. 要求违约赔偿的权利；3. 对所转让的土地享有占有、使用的权利；4. 有依法转让和出租的权利；5. 有权在取得的土地使用权上设置抵押权。同时，负有如下方面的义务：1. 缴纳土地使用权出让金的义务；2. 依照使用权出让合同的规定和城市规划的要求使用土地的义务；3. 在变更土地用途时，征得出让方同意并经有关部门批准的义务；4. 在土地使用期届满时返还土地使用权的义务。

(五) 土地使用权出让合同的变更和解除

土地使用权出让合同变更和解除的条件主要有以下几种情况：1. 社会公共利益的需要；2. 双方协商并经有关部门

批准；3. 由于一方违约，致使合同没有必要履行的；4. 土地灭失的。

二、法律适用依据

（一）相关法律

❶中华人民共和国城市房地产管理法（节录）

（1994 年 7 月 5 日第八届全国人民代表大会常务委员会第八次会议通过 1994 年 7 月 5 日中华人民共和国主席令〔第 29 号〕公布 自 1995 年 1 月 1 日起施行）

第十三条 土地使用权出让最高年限由国务院规定。

第十四条 土地使用权出让，应当签订书面出让合同。

土地使用权出让合同由市、县人民政府土地管理部门与土地使用者签订。

第十五条 土地使用者必须按照出让合同约定，支付土地使用权出让金；未按照出让合同约定支付土地使用权出让金的，土地管理部门有权解除合同，并可以请求违约赔偿。

第十六条 土地使用者按照出让合同约定支付土地使用权出让金的，市、县人民政府土地管理部门必须按照出让合同约定，提供出让的土地；未按照出让合同约定提供出让的土地的，土地使用者有权解除合同，由土地管理部门返还土地使用权出让金，土地使用者并可以请求违约赔偿。

第十七条 土地使用者需要改变土地使用权出让合同约定的土地用途的，必须取得出让方和市、县人民政府城市规划行政主管部门的同意，签订土地使用权出让合同变更协议或者重新签订土地使用权出让合同，相应调整土地使用权出让金。

第二十一条 土地使用权出让合同约定的使用年限届满，土地使用者需要继续使用土地的，应当至迟于届满前一年申请续期，除根据社会公共利益需要收回该幅土地的，应当予以批准。经批准准予续期的，应当重新签订土地使用权出让合同，依照规定支付土地使用权出让金。

土地使用权出让合同约定的使用年限届满，土地使用者未申请续期或者虽申请续期但依照前款规定未获批准的，土地使用权由国家无偿收回。

第二十五条 以出让方式取得土地使用权进行房地产开发的，必须按照土地使用权出让合同约定的土地用途、动工开发期限开发土地。超过出让合同约定的动工开发日期满一年未动工开发的，可以征收相当于土地使用权出让金百分之二十以下的土地闲置费；满二年未动工开发的，可以无偿收回土地使用权；但是，因不可抗力或者政府、政府有关部门的行为或者动工开发必需的前期工作造成动工开发迟延的除外。

第四十一条 房地产转让时，土地使用权出让合同载明的权利、义务随之转移。

第四十二条 以出让方式取得土地使用权的，转让房地产后，其土地使用权的使用年限为原土地使用权出让合同约定的使用年限减去原土地使用者已经使用年限后的剩余年限。

第四十三条 以出让方式取得土地使用权的，转让房地产后，受让人改变原土地使用权出让合同约定的土地用途的，必须取得原出让方和市、县人民政府城市规划行政主管部门的同意，签订土地使用权出让合同变更协议或者重新签订土地使用权出让合同，相应调整土地使用权出让金。

❷中华人民共和国土地管理法（节录）

（1986 年 6 月 25 日第六届全国人民代表大会常务委员会第六次会议通过 根据 1988 年 12 月 29 日第七届全国人民代表大会常务委员会第五次会议《关于修改〈中华人民共和国土地管理法〉的决定》第一次修正 1998 年 8 月 29 日第九届全国人民代表大会常务委员会第四次会议修订 根据 2004 年 8 月 28 日第十届全国人民代表大会常务委员会第十一次会议《关于修改〈中华人民共和国土地管理法〉的决定》第二次修正）

第五十六条 建设单位使用国有土地的，应当按照土地使用权出让等有偿使用合同的约定或者土地使用权划拨批准文件的规定使用土地；确需改变该幅土地建设用途的，应当经有关人民政府土地行政主管部门同意，报原批准用地的人民政府批准。其中，在城市规划区内改变土地用途的，在报批前，应当先经有关城市规划行政主管部门同意。

（二）相关行政法规及规范性文件

❶中华人民共和国土地管理法实施条例（节录）

（1998 年 12 月 24 日国务院第十二次常务会议通过 1998 年 12 月 27 日国务院令〔第 256 号〕公布 自 1999 年 1 月 1 日起施行）

第十七条 禁止单位和个人在土地利用总体规划确定的禁止开垦区内从事土地开发活动。

在土地利用总体规划确定的土地开垦区内，开发未确定土地使用权的国有荒山、荒地、荒滩从事种植业、林业、畜牧业、渔业生产的，应当向土地所在地的县级以上人民政府土地行政主管部门提出申请，报有批准权的人民政府批准。

一次性开发未确定土地使用权的国有荒山、荒地、荒滩 600 公顷以下的，按照省、自治区、直辖市规定的权限，由县级以上地方人民政府批准；开发 600 公顷以上的，报国务院批准。

开发未确定土地使用权的国有荒山、荒地、荒滩从事种植业、林业、畜牧业或者渔业生产的，经县级以上人民政府依法批准，可以确定给开发单位或者个人长期使用，使用期限最长不得超过 50 年。

❷中华人民共和国城镇国有土地使用权出让和转让暂行条例（节录）

（1990 年 5 月 19 日国务院令〔第 55 号〕公布施行）

第二章 土地使用权出让

第八条 土地使用权出让是指国家以土地所有者的身份将土地使用权在一定年限内让与土地使用者，并由土地使用者向国家支付土地使用权出让金的行为。

土地使用权出让应当签订出让合同。

第十一条 土地使用权出让合同应当按照平等、自愿、有偿的原则，由市、县人民政府土地管理部门（以下简称出让方）与土地使用者签订。

第十二条 土地使用权出让最高年限按下列用途确定：

（一）居住用地七十年；

（二）工业用地五十年；

（三）教育、科技、文化、卫生、体育用地五十年；

（四）商业、旅游、娱乐用地四十年；

（五）综合或者其他用地五十年。

第二十二条　土地使用者通过转让方式取得的土地使用权，其使用年限为土地使用权出让合同规定的使用年限减去原土地使用者已使用年限后的剩余年限。

❸关于发展房地产业若干问题的通知（节录）

（1992年11月4日国务院　国〔1992〕61号公布）

五、加强土地使用权出让合同的管理。出让方和受让方要按规定的程序签订土地使用权出让合同。土地使用权出让的合同里，必须明确规定土地使用权出让年限、土地用途、投资开发期限、在规定期限内的开发程度、土地出让金额和支付方式等。如不能按期开发、不按规定用途使用，或土地闲置时间超过两年者，县级以上人民政府有权依法收回土地使用权。

❹关于鼓励投资开发海南岛的规定（节录）

（1988年5月4日国务院公布）

第六条　海南岛国家所有的土地实行有偿使用。

海南省人民政府可依法将国家所有土地的使用权有偿出让给投资者，土地使用权出让一次签约的期限根据不同行业和项目的具体情况确定，最长期限为70年；期满后需要继续使用的，经批准期限可以延长。

投资者可以依照国家有关规定将取得的土地使用权有偿转让。

❺关于海南省吸收外商投资开发洋浦地区的批复（节录）

（1992年3月9日国务院公布）

二、原则同意你省向投资开发的外商一次性出让洋浦地区约三十平方公里土地的使用权，依照《中华人民共和国城镇国有土地使用权出让和转让暂行条例》（国务院令55号），与外商洽谈并签订出让土地使用权合同。合同应明确规定土地开发利用、土地使用权转让、出租、抵押以及土地使用费等具体要求和条件。该合同报经国务院批准后生效。

国有土地使用权出让后，其地下资源和埋藏物仍属国家所有，如需开发利用，应依照国家有关法律和行政法规办理。洋浦地区地下水资源的开采，要合理规划控制。

（三）相关部门规章及规范性文件

❶建设用地审查报批管理办法（节录）

（1999年3月2日国土资源部令〔第3号〕公布施行）

第二十一条　以有偿使用方式提供国有土地使用权的，由市、县人民政府土地行政主管部门与土地使用者签订土地有偿使用合同，并向建设单位颁发《建设用地批准书》。土地使用者缴纳土地有偿使用费后，依照规定办理土地登记。

以划拨方式提供国有土地使用权的，由市、县人民政府土地行政主管部门向建设单位颁发《国有土地划拨决定书》和《建设用地批准书》，依照规定办理土地登记。《国有土地划拨决定书》应当包括划拨土地面积、土地用途、土地使用条件等内容。

建设项目施工期间，建设单位应当将《建设用地批准书》公示于施工现场。

市、县人民政府土地行政主管部门应当将提供国有土地的情况定期予以公布。

❷城市国有土地使用权出让转让规划管理办法（节录）

（1992年12月4日建设部　建设部令〔第22号〕公布）

第九条　已取得土地出让合同的，受让方应当持出让合同依法向城市规划行政主管部门申请建设用地规划许可证。在取得建设用地规划许可证后，方可办理土地使用权属证明。

❸土地登记规则（节录）

（1995年12月18日国家土地管理局公布）

第五十条　国有土地的用途发生变更的，土地使用者应当在批准变更之日起三十日内，持有关部门批准文件和原《国有土地使用证》申请土地用途变更登记。以出让方式取得国有土地使用权的用途发生变更的，土地使用者还应当提交签订的土地使用权出让合同变更协议或者重新签订的土地使用权出让合同。

❹关于出售国有小型企业中若干问题意见的通知（节录）

（1999年2月11日国家经济贸易委员会、财政部、中国人民银行　国经贸中小企〔1999〕89号公布）

七、对出售企业的产权界定和资产评估及出售价格的确认。出售企业前，出售方应根据国家有关规定界定企业产权。被出售企业的资产和土地使用权，由出售方委托具备资格的评估机构进行评估。对于不同性质和用途的资产，应选择正确的评估方法进行资产评估。评估基准日应定在资产清查、审计和产权界定后，评估结果报经上级人民政府有关部门确认，并以确认值作为确定出售企业底价的依据，出售价格不得低于底价。地方各级人民政府及其部门不得超出国家有关规定，在出售价格上给予购买者优惠。

出售企业的用地原为国有划拨土地，购买者应与县级以上人民政府土地管理部门签订国有土地使用权出让合同。

出售企业的非经营性资产一般应从企业中剥离，可以留在企业由购买者有偿使用，并交纳不低于该部分资产评估金额同期银行贷款利息的使用费。有关部门要加强对这部分资产使用的监督。

出售企业前，原企业拖欠职工的所有医疗费和生活费、欠缴的各项社会保险费用、离退休人员的安置费（包括养老保险费和医疗保险费）、自谋职业职工的安置费用、未退还的职工集资款，经上一级财政部门审批后方可从出售价款中相应抵扣。

❺关于已购公有住房和经济适用住房上市出售中有关土地问题的通知（节录）

（1999年9月22日国土资源部　国土资用〔1999〕31号公布）

二、关于土地使用权出让年期的确定

已购公有住房和经济适用住房所在宗地为划拨土地的，从同一建筑的第一套房屋上市交易之日起计算土地出让年期，确定出让土地使用权截止日。此后其他各套房屋上市时，其土地出让年期相应缩短，以使同一宗地的出让土地使用权保持相同的截止日。土地出让年期可根据各地具体情况确定，但最高不超过70年。

已购公有住房所在宗地为出让土地的，其土地出让年期仍以原《国有土地使用权出让合同》和《国有土地使用证》规定的出让年期为准，明确相应的剩余使用年期。

❻关于加强对"果园、庄园"等农林开发活动管理的通知（节录）

（1999年1月29日国土资源部、司法部、中国人民银行、国家工

商行政管理局　国土资〔1999〕40号公布）

四、加强对“果园、庄园”等农林开发项目用地的转让、转租管理，未经批准，不得擅自进行分割转让、转租。通过出让方式取得的国有土地使用权或以拍卖方式取得的集体所有“四荒”地使用权，在交清全部土地价款，完成前期开发后，方可依法转让、出租、抵押，但首次转让、出租、抵押时，土地出让合同的履行情况必须经土地行政主管部门审核确认，不符合条件的，不得转让、出租、抵押；以租赁、承包或其他方式取得的土地使用权，未经土地行政主管部门批准，不得转让、出租、抵押，未经原集体经济组织三分之二以上成员同意，本集体经济组织以外的单位和个人承包的集体土地不得转包、分包。

❼关于执行《城市房地产管理法》和国务院55号令有关问题的批复（节录）

（1996年9月4日国家土地管理局　国地批〔1996〕89号公布）

三、《城市房地产管理法》第三十九条第一款所称“受让方”，应是指原划拨土地使用权人即转让方的对应方。《城市房地产管理法》施行后，市、县人民政府土地管理部门应按该法第三十九条第一款的规定，与受让方签订出让合同，不宜再按国务院55号令的有关规定，与划拨土地使用权转让方签订出让合同。

市、县人民政府土地管理部门在办理有关出让手续时，应依照《城市房地产管理法》、国务院55号令等行政法规及地方性法规、国家土地管理局和各省级人民政府的有关规章进行审查，其中也包括对受让方主体资格的审查。出让合同应根据《城市房地产管理法》和国务院55号令的规定，参照国家土地管理局和国家工商行政管理局正式颁布的“国有土地使用权出让合同示范文本”签订。

七、关于土地管理部门与受让方签订出让合同是作为行政行为还是民事行为，土地管理部门依出让合同承担的违约赔偿责任是行政责任还是民事责任问题，是对法律的进一步界定，根据全国人大常委会《关于加强法律解释工作的决议》规定，此类问题应由全国人大常委会解释。

❽关于对土地估价及地价管理有关问题请示的答复（节录）

（1994年5月23日国家土地管理局公布）

二、土地管理部门是土地资产评估的主管部门，土地估价机构资格认证和涉及政府行为的土地资产评估立项、成果确认须由土地管理部门负责。

国务院批准的国家土地管理局“三定”方案，要求土地管理部门“从侧重土地资源管理转为资源和资产管理并重”，“会同有关部门进行土地估价工作，制订土地定级估价标准。”《中华人民共和国城镇国有土地使用权出让和转让暂行条例》（国务院55号令）规定：“县级以上人民政府土地管理部门依法对土地使用权的出让、转让、出租、抵押、终止进行监督检查；”“土地使用权出让合同，……由市县人民政府土地管理部门与土地使用者签订。”

“土地使用权转让价格明显低于市场价格的，市县人民政府有优先购买权。土地使用权价格不合理上涨时，市县人民政府可采取必要的措施。”在国家国有资产管理局与我局联合下发的《关于国有资产产权登记中有关土地产权登记工作的通知》中也明确规定：“土地管理部门应加快地籍调查，土地估价、登记工作。”这已十分明确土地管理部门代表政府管理土地资产，负责土地资产评估的管理工作。因此，土地估价机构的资格须由土地管理部门认证，涉及政府行为的土地资产评估的立项、结果确认须由土地管理部门负责。而对除政府行为外（如通过出让方式后获得土地使用权后发生的转让、出租、抵押等行为）的土地资产评估，可由土地交易主体委托有评估资格的中介机构进行评估，土地管理部门根据有关土地资产管理的法规，对从事土地资产评估的中介机构进行管理，评估结果报土地管理部门备案。

几年来，各级土地管理部门根据国家有关法规和国务院赋予自己的职责，积极开展土地估价的评估和管理工作，建立以基准地价、宗地标定价、出让底价为核心的地价体系。在土地定级和估价试点基础上，颁布了《城镇土地定级规程》和《城镇土地估价规程》，已完成了500多个城镇的土地定级估价任务。经考试，有3500多人被授予土地估价师资格，成立了几百家由政府编委批准和土地管理部门认证的土地估价机构。根据我局与国家体改委制订的《股份制试点企业土地资产管理暂行规定》和《关于境外上市股份制试点企业土地资产管理若干问题的通知》的要求，在九家国家规范化股份制试点工作中，我局负责土地资产的评估立项、中介机构推荐和评估结果确认等工作，与国家国有资产管理局密切合作，顺利完成了九家试点企业的股份制改组工作。

总之，有关土地资产管理，包括土地资产评估机构的资质认证和涉及政府行为的土地资产评估机构的资质认证和涉及政府行为的土地资产评估立项及评估结果确认工作，是国家有关法规和国务院赋予土地部门的职责，希望你们根据有关土地资产管理的法规规定，主动向政府汇报，并做好与有关部门的协调与配合做好土地资产评估管理工作。

❾划拨土地使用权管理暂行办法（节录）

（1992年3月8日国家土地管理局令〔92〕第1号公布）

第十四条　市、县人民政府土地管理部门与申请人经过协商后，签订土地使用权出让合同。

第十九条　土地使用权出租、抵押，出租人、抵押人必须继续履行土地使用权出让合同。

第二十条　土地使用权转让后，受让人需要改变土地使用权出让合同规定内容的，应当征得所在地市、县人民政府土地管理部门同意，并按规定的审批权限经土地管理部门和城市规划部门批准，依照《条例》和本办法规定重新签订土地使用权出让合同，调整土地使用权出让金，并办理土地登记手续。

第二十五条　土地使用者转让、出租、抵押土地使用权，在办理土地使用权出让手续时，其土地使用权出让期由所在地市、县人民政府土地管理部门与土地使用者经过协商后，在土地使用权出让合同中订明，但不得超过《条例》规定的最高年限。

第二十九条　土地使用权出让期满后，土地使用者再转让、出租、抵押土地使用权时，须按本办法规定重新签订土地使用权出让合同，支付土地使用权出让金，并办理变更土地登记手续，

⑩城市房地产转让管理规定（节录）

（1995年8月7日建设部令〔第45号〕公布　根据2001年8月15日《建设部关于修改〈城市房地产转让管理规定〉的决定》修正）

第九条　以出让方式取得土地使用权的，房地产转让时，土地使用权出让合同载明的权利、义务随之转移。

⑪关于整顿和规范房地产市场秩序的通知（节录）

（2002年5月23日建设部、国家发展计划委员会、国家经济贸易委员会、财政部、国土资源部、国家工商行政管理总局、监察部　建住房〔2002〕123号公布）

（一）加强房地产开发项目管理，依法查处违法、违规开发建设行为

各地要严格执行房地产开发项目审批程序，并加强项目的跟踪管理。房地产开发企业取得出让土地使用权后，必须按照出让合同约定支付出让金，并按照出让合同约定的条件和期限开发、利用土地。未按约定支付出让金的，土地管理部门有权解除合同，并可以请求违约赔偿；未按约定的条件和期限开发、利用土地的，市、县人民政府土地管理部门应当予以纠正，并可处以警告、罚款直至无偿收回土地使用权。确需改变出让合同约定条件的，必须取得土地出让方和市、县人民政府城市规划行政主管部门同意，并签订土地使用权出让合同变更协议或者重新签订土地使用权出让合同。

房地产开发企业应当严格按照有关规定办理用地、立项、规划、建设和销售等手续。对经营性房地产开发项目，要适应政府按年度计划采取招标、拍卖和挂牌方式统一供应土地的要求，通过竞争取得土地使用权。房地产开发项目规划方案一经批准，任何单位和个人不得擅自变更。确需变更的，必须按原审批程序报批；城市规划行政主管部门在批准其变更前，应当进行听证。对于擅自变更规划的房地产开发企业，城市规划主管部门应当依据《中华人民共和国城市规划法》，责令停止建设、限期改正，并处以罚款；严重影响城市规划的，责令拆除违法建筑物。

未取得施工许可证或者开工报告未经批准擅自施工的，建设行政主管部门应当依据《建筑工程质量管理条例》第五十七条规定，责令停止施工，限期改正，并处工程合同价款1%以上2%以下的罚款。

未取得预售许可证明擅自预售商品房的，房地产管理部门应当依据《城市房地产开发经营管理条例》第三十九条规定，责令停止违法行为，没收违法所得，可以并处收取的预付款1%以下的罚款；对于擅自挪用预售款项的，房地产管理部门应当依据《城市商品房预售管理办法》第十四条规定，责令限期纠正，并处以违法所得3倍以下但不超过3万元的罚款；构成犯罪的，依法追究刑事责任。

各地房地产管理部门、工商行政管理部门要严格按照有关规定，把好市场准入关，依法严厉打击抽逃注册资本（金）、项目资本金、无证或者超范围从事房地产开发经营等行为。对于自有资金不足、行为不规范的房地产开发企业，房地产管理部门应当报当地人民政府及时通知各有关部门不得审批或同意其新开建设项目。

⑫关于发布《国有土地使用权出让合同》示范文本的通知（节录）

（2000年10月31日国家工商行政管理局、国土资源部　国土资〔2000〕303号公布）

各省、自治区、直辖市国土资源厅（国土环境资源厅、国土资源和房屋管理局、房屋土地资源管理局、规划和国土资源局）、工商行政管理局，计划单列市土地管理局（城乡规划土地局、规划国土局）、工商行政管理局：

为贯彻落实《中华人民共和国土地管理法》、《中华人民共和国城市房地产管理法》和《中华人民共和国合同法》，规范国有土地使用权出让合同管理，国土资源部、国家工商行政管理局组织对原国家土地管理局、国家工商行政管理局1994年发布的《国有土地使用权出让合同》示范文本进行了修订完善。现将修订后的《国有土地使用权出让合同》示范文本（GF－2000－2601）印发执行。原示范文本（GF－94－1001、GF－94－1002、GF－94－1003、GF－94－1004）同时废止。

GF－2000－2601国有土地使用权出让合同（略）

使用说明

一、《国有土地使用权出让合同》包括合同正文和附件《出让宗地界址图》。

二、本合同的出让人为有权出让国有土地使用权的人民政府土地行政主管部门。

三、合同第四条土地用途按《城镇地籍调查规程》规定的土地二级分类填写，属于综合用地的，应注明各类具体用途及其所占的面积比例。

四、合同第五条中的土地条件按照双方实际约定选择和填写。属于原划拨土地使用权补办出让手续的，选择第三款；属于待开发建设的用地，应根据出让人承诺交地时的土地开发程度选择第一款或第二款，出让人承诺交付土地时完成拆迁和场地平整的，选择第一款，未完成拆迁和场地平整的，选择第二款，并注明地上待拆迁的建筑物和其他地上物面积等状况。基础设施条件按双方约定填写“七通”、“三通”等，并具体说明基础设施内容，如“通路、通电、通水”等。、

五、合同第九条土地使用权出让金支付方式的规定中，双方约定土地使用权出让金一次性付清的，选择第一款，分期支付的，选择第二款。

六、合同第二十条中，属于房屋开发的，选择第一款；属于土地成片开发的，选择第二款。

七、合同第四十条关于合同生效的规定中，宗地出让方案业经有权人民政府批准的，按照第一款规定生效；宗地出让方案未经有权人民政府批准的，按照第二款规定生效。

（四）相关司法解释

❶关于审理房地产管理法施行前房地产开发经营案件若干问题的解答（节录）

（最高人民法院审判委员会第777次会议讨论通过　1995年12月27日最高人民法院　法〔1996〕2号公布）

二、关于国有土地使用权的出让问题

3. 国有土地使用权出让合同的出让方，依法是市、县人民政府土地管理部门。出让合同应由市、县人民政府土地管理部门与土地使用者签订，其他部门、组织和个人为出让方与他人签订的出让合同，应当认定无效。

4. 出让合同出让的只能是经依法批准的国有土地使用权，对于出让集体土地使用权或未经依法批准的国有土地使用权的，应当认定合同无效。

5. 出让合同出让的土地使用权未依法办理审批、登记手续的，一般应当认定合同无效，但在一审诉讼期间，对于出让集体土地使用权依法补办了征用手续转为国有土地，并依法补办了出让手续的，或者出让未经依法批准的国有土地使用权依法补办了审批、登记手续的，可认定合同有效。

8. 以出让方式取得土地使用权的土地使用者虽已取得土地使用证，但未按土地使用权出让合同约定的期限和条件对土地进行投资开发利用，与他人签订土地使用权转让合同的，一般应当认定合同无效；如土地使用者已投入一定资金，但尚未达到出让合同约定的期限和条件，与他人签订土地使用权转让合同，没有其他违法行为的，经有关主管部门认可，同意其转让的，可认定合同有效，责令当事人向有关主管部门补办土地使用权转让登记手续。

10. 以转让方式取得的土地使用权的使用年限，应当是土地使用权出让合同约定的使用年限减去原土地使用者已使用的年限后的剩余年限。转让合同约定的土地使用年限超过剩余年限的，其超过部分无效。土地使用年限，一般应从当事人办理土地使用权登记或变更登记手续，取得土地使用证的次日起算，或者在合同中约定土地使用年限的起算时间。

（五）相关地方性法规及规范性文件

❶天津市土地管理条例（节录）

（1992年9月9日天津市第十一届人民代表大会常务委员会第三十七次会议通过　根据1997年7月30日天津市第十二届人民代表大会常务委员会第三十四次会议《关于修改〈天津市土地管理条例〉的决定》修正　2000年9月14日天津市第十三届人民代表大会常务委员会第十九次会议修订）

第三十六条　以出让方式取得土地使用权进行房地产开发的，超过土地使用权出让合同约定的动工开发日期满一年未动工开发的，市或者区、县土地行政主管部门征收相当于土地使用权出让金百分之十以上百分之二十以下的土地闲置费；满二年未动工开发的，可以无偿收回土地使用权。但是，因不可抗力或者政府、政府有关部门的行为，造成未动工开发的除外。

❷济南市城镇国有土地使用权出让办法（节录）

（1995年3月16日济南市第十一届人民代表大会常务委员会第十三次会议通过　1995年4月8日山东省第八届人民代表大会常务委员会第十四次会议批准　根据1997年3月27日济南市第十一届人民代表大会常务委员会第二十六次会议《关于修改〈济南市城市公有房屋管理办法〉等十三件地方性法规的决定》修正　2001年5月18日经济南市第十二届人民代表大会常务委员会第二十次会议修改　2001年6月15日经山东省九届人大常委会第二十一次会议批准修改）

第十一条　土地使用权出让合同应当具备以下主要条款：

（一）双方当事人的名称（姓名）、地址；

（二）土地的位置、面积、等级和地籍图；

（三）规划、市政设计要点；

（四）土地用途、使用年限及起止时间；

（五）出让金的币种、数额、交付方式及时间；

（六）交付土地的时间；

（七）动工开发日期；

（八）违约责任。

❸大同市城镇国有土地使用权出让和转让暂行办法（节录）

（1994年10月27日山西省大同市第十届人民代表大会常务委员会第八次会议通过　1994年11月26日山西省第八届人民代表大会常务委员会第十二次会议批准　自1995年1月1日起施行）

第八条　土地使用权出让的最高年限按《中华人民共和国城镇国有土地使用权出让和转让暂行条例》的规定执行。

（六）相关地方政府规章及规范性文件

❶北京市国土资源和房屋管理局关于办理土地登记有关问题的通知（节录）

（2000年3月16日北京市国土资源和房屋管理局　京国土房屋权字〔2000〕第97号公布）

二、关于土地使用权的年限问题

土地使用权以出让方式取得的，分户土地证书中用地年限为出让合同约定的年限减去转让时已使用年限的剩余年限；土地使用权以划拨方式取得的，土地证书的备注栏内注明房屋的使用期限。上市后的出让年限为登记期日的房屋使用年限减去已使用的年限。具体房屋使用年限，可依据《关于实施北京市已购公有住房和经济适用住房上市出售管理办法具体问题的通知》（京房地市字〔1999〕第1077号）确定。对1970年1月1日以前的旧平房，暂不填写使用期限。

❷北京市鼓励台湾同胞投资的补充规定（节录）

（1997年9月2日北京市人民政府公布）

第五条　鼓励台湾同胞投资进行荒地、荒山、滩涂的开垦、开发和中低产田改造。台湾同胞投资者开发边远山区的国有荒山、荒滩用于林果业、种植业、养殖业的，土地使用权出让年限最长可达50年，地价比照基准地价低限水平确定。租赁开发集体所有荒山、荒滩，按照《北京市农村集体所有荒山荒滩租赁条例》执行。

❸深圳经济特区高新区规划与建设管理办法（节录）

（2002年1月29日深圳市人民政府　深府〔2002〕24号公布）

第十条　土地使用者自出让合同签订之日起1年内未完成建筑物投资的25%的，高新区行政管理机构应出具书面意见（包括投资完成情况，依法处理地上建筑物、附着物的处理办法），报请市规划与国土资源主管部门解除出让合同。

第十一条　土地使用者未能按出让合同规定的竣工日期竣工并逾期1年以上的，高新区行政管理机构应出具书面意见（包括投资完成情况，依法处理地上建筑物、附着物的处理办法），报请市规划与国土资源主管部门解除出让合同。

❹辽宁省城市房地产开发经营管理规定（节录）

（2001年11月19日辽宁省人民政府令〔第128号〕公布　自2002年1月1日起施行）

第二十一条　转让房地产开发项目，转让人和受让人必须具备相应的房地产开发经营资格。转让人与受让人双方签订转让合同后，到土地行政管理部门办理土地使用权变更登记手续。自办理完毕之日起30日内，持房地产开发项目转让合同和变更登记手续到房地产开发主管部门备案，更换批准文件。

以出让方式取得土地使用权的，转让房地产开发项目后，受让人改变原土地使用权出让合同约定的土地用途的，必须取得原出让方和市、县人民政府规划行政主管部门的同意，由同级土地行政管理部门办理土地使用权出让合同变更登记或者重新签订土地出让合同，相应调整土地使用权出让金。

❺黑龙江省实施《中华人民共和国城镇国有土地使用权出让和转让暂行条例》办法（节录）

（1992年12月25日黑龙江省人民政府公布）

第十条　土地使用权出让，必须由市、县人民政府土地管理部门与土地使用者签订出让合同。

土地使用权出让合同应具备地块位置、面积、用途、年限、建设期限、出让金数额和支付方式及期限、违约责任等主要条款。

第十一条　土地使用权出让的最高年限，按下列用途确定：

（一）居住用地七十年；

（二）工业用地五十年；

（三）教育、科技、文化、卫生、体育用地五十年；

（四）商业、旅游、娱乐用地四十年；

（五）综合或其他用地五十年。

❻青海省《中华人民共和国城镇国有土地使用权出让和转让暂行条例》实施办法（节录）

（1994年10月13日青海省人民政府第十一次常务会议审议通过　1994年10月24日青海省人民政府令〔第13号〕公布）

第二章　土地使用权出让

第七条　土地使用权出让遵循平等、自愿、有偿的原则，市、县人民政府土地管理部门和土地使用者应签订《出让国有土地使用权合同》。

❼海口市土地管理规定（节录）

（1997年1月20日海口市人民政府第三十九次常务会议审议通过　1997年2月4日海口市人民政府令〔第15号〕公布施行）

第三十五条　土地使用权出让合同由市土地管理部门与土地使用者签订。

土地使用者应当从出让合同生效之日起10日内，支付土地使用权出让金总额的10%作为定金，余额应在90日内付清。土地使用者未按照出让合同约定期限付清土地使用权出让金的，从逾期之日起每日加收未付部分1‰的违约金；逾期达90日仍未付清的，市土地管理部门有权解除合同，定金不予退回，并可请求违约赔偿，地上建筑物以及其他附着物限期拆除。

市土地管理部门应当按照出让合同约定的期限和条件向土地使用者提供土地使用权。未按照土地使用权出让合同约定期限和条件向土地使用者提供土地使用权的，从逾期之日起每日按照已收土地使用权出让金总额的1‰付给土地使用者违约金；逾期达90日仍未提供土地使用权的，土地使用者有权解除出让合同，要求返还土地使用权出让金和双倍的定金，并可请求违约赔偿。

三、以案明法

上海虹城房地产有限公司与上海市房屋土地资源管理局土地使用权出让合同纠纷上诉案

上诉人（原审原告）：上海虹城房地产有限公司

被上诉人（原审被告）：上海市房屋土地资源管理局

上诉人上海虹城房地产有限公司（以下简称虹城公司）为与被上诉人上海市房屋土地资源管理局（以下简称上海房地局）土地使用权出让合同纠纷一案，不服上海市高级人民法院（2000）沪高民初字第5号民事判决，向中华人民共和国最高人民法院提起上诉。中华人民共和国最高人民法院依法组成合议庭开庭审理了本案，现已审理终结。

经审理查明：1992年6月8日，中美联合信托公司（以下简称信托公司）、上海新城房产企业公司（以下简称新城公司）、上海市虹口区房屋综合开发经营公司（以下简称开发公司）与上海房地局签订沪土（1992）出让合同第13号《上海市土地使用权出让合同》（以下简称A地块出让合同），约定：信托公司、新城公司、开发公司以4205800美元的土地使用权出让金获得上海市吴淞路31号街坊A地块的土地使用权，土地使用权期限自1992年8月15日至2042年8月14日止。1993年2月24日，信托公司、新城公司与开发公司经当地工商行政管理部门批准投资组成合资企业虹城公司，上述A地块土地使用权人即转为虹城公司。1994年9月10日，虹城公司与上海房地局又签订沪土（1994）出让合同第75号《上海市国有土地使用权出让合同》（以下简称B地块出让合同），约定：虹城公司取得上海市吴淞路31号街坊B地块的土地使用权；虹城公司如不按与上海市虹口区人民政府（以下简称虹口区政府）签订的《委托拆迁和市政配套合同》支付费用，上海房地局有权解除本出让合同，已付的土地出让金不予退还。同日，虹城公司与上海房地局签订《A地块出让合同备忘录》，载明：双方同意将A地块的土地使用权期限延长至2043年10月8日止，与B地块土地使用权期限相同。同年9月9日、9月10日，虹城公司分别与案外人虹口区政府签订《虹口区大市政配套费合同》、《补充协议》、《委托拆迁和市政配套合同》，约定了虹口区政府的拆迁范围、拆迁期限、拆迁费用数额及违约责任等事宜。在虹城公司与虹口区政府履行上述合同、协议过程中，虹城公司发现受让的地块存在民防工程。

1996年10月，虹城公司以虹口区政府违反《委托拆迁和市政配套合同》、《虹口区大市政配套费合同》及《补充协议》约定的拆迁期限、且在拆迁过程中发现该受让的土地存在民防工程为由，向上海市高级人民法院提起诉讼，请求判令依法解除拆迁合同，由虹口区政府返还其支付的动迁费，并支付违约金、设计费、勘察费及A地块土地使用年限减少等损失。上海市高级人民法院于1998年9月18日以（1996）沪高民初字第15号民事判决书判决：一、虹城公司与虹口区政府之间有关上海市吴淞路31号街坊B地块的《委托拆迁和市政配套合同》及《虹口区大市政配套费合同》有效，继续履行；二、虹口区政府于判决生效后10日内偿付虹城公司赔偿金2645912.13美元；三、虹口区政府于判决生效后10日内赔偿虹城公司受让的A地块土地使用年限减少损失130146.91美元；四、虹城公司的其他诉讼请求不予支持；五、虹城公司于判决生效后10日内支付虹口区政府委托动迁费7170505美元，并自1997年6月17日至本判决生效之日止以7170505美元为总值按每日万分之三给付滞纳金。虹城公司对该判决不服，向中华人民共和国最高人民法院提起上诉，并申请追加上海房地局为该案第三人。中华人民共和国最高人民法院于1999年10月11日作出（1998）民终字第161号民事判决认定，虹城公司在二审期间申请追加上海房地局作为第三人参加诉讼，实际是对双方签订的土地出让合同有争议，属于另一个性质的法律关系，不属本案第三人问题。由于虹口区政府并非在合同约定的14个月内完成拆迁，虹城公司根据不安抗辩权和同时履行抗辩权的原则，有权迟延付款。在虹城公司诉讼后，虹口区政府在一审法院开庭时才主张已经完成拆迁，且双方对拆迁范围存在争议，因此，在法院没有作出判决上的认定前，不能以开庭日作为已经履行的日期，应当以法院判决生效的日期作为虹城公司付款的日期。一审法院判决虹城公司自1997年6月17日至判决生效之日止以7170505美元为总值每日按万分之三给付滞纳金，缺乏依据，依法应当纠正。据此判决：一、维持上海市高级人民法院（1996）沪高民初字第15号民事判决第（一）、（二）、（三）、（四）项。二、变更上海市高级人民法院（1996）沪高民初字第15号民事判决第五项为：虹城公司于本判决生效后10日内支付虹口区政府委托动迁费7170505美元。

2000年9月11日，虹城公司依据中华人民共和国最高人民法院（1998）民终字第161号民事判决认定的事实，以上海房地局没有告知其出让的土地上存在民防工程，违反了诚实信用原则为由提起诉讼，请求依法判令解除其与上海房地局签订的B地块出让合同；由上海房地局返还其土地出让金，并赔偿其拆迁的经济损失。上海房地局则提供了由虹城公司1995年1月12日、同年9月6日签收的虹口区民防办发出的《停止施工通知书》及《上海市民防工程管理办法》的复印件，以此证据证明虹城公司的起诉已经超过诉讼时效。

另查明：根据《中华人民共和国人民防空法》第七条、1993年6月15日起施行的《上海市民防工程管理办法》第十七条、1997年1月1日起施行的《上海市土地使用权出让办法》第十五条的规定，民防工程的产籍档案由市或区民防部门管理，房地产权籍档案由市或区房地局管理。上海房地局在与受让人签订《土地使用权出让合同》时，应当对出让的土地自然状况包括地表下的设施情况告知受让人，以保证其出让的土地不存在瑕疵。另据虹口区民防工程管理所档案卡记载：虹城公司受让的A地块有一处建筑面积69平方米的民防工程；B地块分别有建筑面积76平方米及建筑面积42平方米的民防工程，其三处民防工程合计为建筑面积118平方米。上海房地局在与虹城公司签订《A地块出让合同》、《B地块出让合同》时，未履行告知出让土地现状的义务。虹城公司亦没有向有关行政部门办理拆除民防工程的审批手续，其受让的A、B地块未实际开发建设。

一审诉讼期间，一审法院委托上海公信中南会计师事务所有限公司（以下简称中南会计师事务所）对A、B地块118平方米民防工程的拆除费用进行了评估，结论为：拆除A、B地块118平方米民防工程的费用为49511.98元。

一审法院审理认为，上海房地局代表国家以合同形式将讼争国有土地使用权出让给虹城公司，双方因土地使用权出让合同权利义务履行而发生的纠纷，属于平等主体间的民事纠纷，上海房地局要求以行政合同定性，不予支持。上海房地局就虹城公司诉讼已超过诉讼时效所提供的证据为复印件，依法不能作为认定事实的根据。即便上海房地局提供的虹口区民防办谈话通知书能证明虹城公司已于1995年1月12日知悉讼争地块下有民防工程，但是，早在1996年11月1日，虹城公司已提出质疑，因此，上海房地局认为虹城公司起诉已过诉讼时效的理由不能成立。可认定上海房地局出让给虹城公司的地块是有瑕疵的，对此，依法应由上海房地局承担相应的民事责任。已生效的最高人民法院（1998）民终字第161号民事判决，可以确认虹城公司与虹口区政府之间的《拆迁合同》等有效，应继续履行。而《拆迁合同》又是本案B地块出让合同解除与否的前提，且虹城公司关于解除本案讼争合同的主张，不符合法律规定的解除条件，因此，对虹城公司请求解除B地块土地使用权出让合同及返还土地出让金的请求，不予支持。对虹城公司提出的赔偿经济损失的主张，因民防工程拆除费用为49511.98元，应由上海房地局承担。已生效的民事判决书确认虹城公司在委托拆迁及大市政配套方面也存在违约，因此，虹城公司的违约行为亦是造成其土地开发工作闲置的原因之一，虹城公司亦应承担相应的民事责任。上海房地局提供的土地存在瑕疵，但土地使用权又是有价值的，故可延长土地使用权年限来折价赔偿。据此判决：一、延长虹城公司受让取得的A、B地块的土地使用权使用年限，即从2002年1月1日起算持续50年；二、上海房地局赔偿虹城公司民防工程拆除费用49511.98元；三、虹城公司的其他诉讼请求不予支持。案件受理费571410.30元，由虹城公司负担71410.32元，由上海房地局负担500000元；评估费3000元，由上海房地局负担。

虹城公司不服一审法院判决，向中华人民共和国最高人民法院提起上诉称：上海房地局出让的A、B地块存在民防工程，致使其不能达到签订土地出让合同预期的经济利益，上海房地局应当赔偿土地出让金、拆迁费、工程设计费及利息等经济损失；中南会计师事务所对其受让的A、B地块拆除民防工程费用评估为49511.98元，并非实际发生的费用，该费用的数额应当以实际拆除所发生的费用损失为依据。为此，请求二审法院撤销一审法院判决，依法予以改判。上海房地局答辩同意一审法院判决，请求二审法院予以维持，驳回虹城公司的上诉请求。

中华人民共和国最高人民法院审理认为，虹城公司依据与上海房地局签订的《A地块出让合同》及《B地块出让合同》的约定，缴纳的土地出让金已经列入国家财政预算，用于城市建设和土地开发。上海房地局依约交付了出让的A、B地块，且虹城公司对一审法院判决驳回其解除土地出让合同的主张及以延长虹城公司受让的A、B地块土地使用权年限作为虹城公司使用土地年限减少的损失之判项没有提起上诉。因此，虹城公司上诉主张上海房地局赔偿其土地出让金及利息，依据不足，中华人民共和国最高人民法院不予支持。上海房地局与虹城公司之间不存在拆迁补偿的法律关系，在虹城公司与虹口区政府之间履行《委托拆迁和市政配套合同》及《虹口区大市政配套费的合同》中，由于虹口区政府对B地块逾期拆迁，导致虹城公司已经受让的A地块延期开发建设，为此，中华人民共和国最高人民法院（1998）民终字第161号民事判决已经判令虹口区政府偿付虹城公司赔偿金2645912.13美元，赔偿虹城公司A地块土地使用年限减少的损失130146.91美元。虹城公司与虹口区政府之间的拆迁合同合法有效，已经履行，因此，虹城公司主张上海房地局支付其拆迁费及利息损失，缺乏依据，中华人民共和国最高人民法院不予支持。根据《中华人民共和国人民防空法》及《上海市民防工程管理办法》的有关规定，民防工程系防空设施，不得擅自拆除，拆除民防工程必须由用地单位提出申请，经批准后方可拆除。虹城公司至今尚未向有关民防部门提出拆除民防工程的申请，该工程项目用地至今亦尚未开发建设，且中华人民共和国最高人民法院（1998）民终字第161号民事判决已经认定："虹城公司在委托拆迁及大市政配套方面也存在违约"，因此，虹城公司的违约行为亦是造成其土地开发工作闲置的原因之一。虹城公司主张上海房地局赔偿工程设计费、工程款等费用，事实根据和法律依据不足，中华人民共和国最高人民法院不予采纳。因虹城公司没有办理拆除民防工程的报批手续，民防工程尚未实际拆除，一审法院委托中南会计师事务所对该民防工程的评估结论，应当作为上海房地局支付虹城公司拆除民防工程费用的依据。虹城公司以中南会计师事务所评估非实际发生的费用为由主张上海房地局再行支付民防工程的拆除费用，没有事实根据。一审法院根据上海房地局在履行双方签订的《A地块出让合同》及《B地块出让合同》中，没有将虹城公司受让的土地存在民防工程的现状告知虹城公司的违约事实，判决由上海房地局延长虹城公司受让取得的A、B地块使用权年限，即从2002年1月1日起算持续50年。上海房地局已经承担了相应的违约责任，虹城公司没有举证证明其他实际经济损失发生的事实，中华人民共和国最高人民法院不予认定。综上，一审法院判决认定事实清楚，适用法律正确，应当予以维持。依照《中华人民共和国民事诉讼法》第一百五十三条第一款第（一）项之规定，作出如下判决：

驳回上诉，维持原判。

二审案件受理费571410.30元，由虹城公司负担。

四、办案实战资料库

（一）国有土地使用权出让合同

国有土地使用权出让合同（GF－2000－2601）

（宗地出让合同）

第一章　总则

第一条　本合同当事人双方：

出让人：中华人民共和国________省（自治区、直辖市）________市（县）____________________；

受让人：____。

根据《中华人民共和国土地管理法》、《中华人民共和国城市房地产管理法》、《中华人民共和国合同法》和其他法律、行政法规、地方性法规，双方本着平等、自愿、有偿、诚实信用的原则，订立本合同。

第二条　出让人根据法律的授权出让土地使用权，出让土地的所有权属中华人民共和国。国家对其拥有宪法和法律授予的司法管辖权、行政管理权以及其他按中华人民共和国法律规定由国家行使的权力和因社会公众利益所必需的权益。地下资源、埋藏物和市政公用设施均不属于土地使用权出让范围。

第二章　出让土地使用权的交付与出让金的缴纳

第三条　出让人出让给受让人的宗地位于______________________________，宗地编号________________，宗地总面积大写________________平方米（小写______________平方米），其中出让土地面积为大写______________平方米（小写______________平方米）。宗地四至及界址点坐标见附件《出让宗地界址图》。

第四条　本合同项下出让宗地的用途为____。

第五条　出让人同意在________年______月______日前将出让宗地交付给受让人，出让方同意在交付土地时该宗地应达到本条第______款规定的土地条件：

（一）达到场地平整和周围基础设施______通，即通____。

（二）周围基础设施达到________通，即通____，但场地尚未拆迁和平整，建筑物和其他地上物状况如下：____。

（三）现状土地条件。

第六条 本合同项下的土地使用权出让年期为____________，自出让方向受让方实际交付土地之日起算，原划拨土地使用权补办出让手续的，出让年期自合同签订之日起算。

第七条 该宗地的土地使用权出让金为每平方米人民币大写________元（小写______元）；总额为人民币大写________元（小写______元）。

第八条 本合同经双方签字后______日内，受让人需向出让人缴付人民币大写________元（小写______元）作为履行合同的定金。定金抵作土地使用权出让金。

第九条 受让人同意按照本条第______款的规定向出让人支付上述土地使用权出让金。

（一）本合同签订之日起______日内，一次性付清上述土地使用权出让金。

（二）按以下时间和金额分______期向出让人支付上述土地使用权出让金。

第一期 人民币大写________元（小写______元），付款时间：______年______月______日之前。

第二期 人民币大写________元（小写______元），付款时间：______年______月______日之前。

第______期 人民币大写________元（小写______元），付款时间：______年______月______日之前。

第______期 人民币大写________元（小写______元），付款时间：______年______月______日之前。

分期支付土地出让金的，受让人在支付第二期及以后各期土地出让金时，应按照银行同期贷款利率向出让人支付相应的利息。

第三章 土地开发建设与利用

第十条 本合同签订后______日内，当事人双方应依附件《出让宗地界址图》所标示坐标实地验明各界址界桩。受让人应妥善保护土地界桩，不得擅自改动，界桩遭受破坏或移运时，受让人应立即向出让人提出书面报告，申请复界测量，恢复界桩。

第十一条 受让人在该出让宗地范围内新建建筑物的，应符合下列要求：

主体建筑物性质____________________；

附属建筑物性质____________________；

建筑容积率____________________；

建筑密度____________________；

建筑限高____________________；

绿地比例____________________；

其他土地利用要求____________________________________。

第十二条 受让人同意在该出让宗地范围内一并修建下列工程，并在建成后无偿移交给政府：

（1）____________________________________；

（2）____________________________________；

（3）____________________________________；

第十三条 受让人同意在______年______月______日之前动工建设。

不能按期开工建设的，应提前30日向出让人提出延建申请，但延建时间最长不得超过一年。

第十四条 受让人在受让宗地内进行建设时，有关用水、用气、污水及其他设施同宗地外主管线、用电变电站接口和引入工程应按有关规定办理。

受让人同意政府为公用事业需要而铺设的各种管道与管线进出、通过、穿越受让宗地。

第十五条 受让人在按本合同约定支付全部土地使用权出让金之日起30日内，应持本合同和土地使用权出让金支付凭证，按规定向出让人申请办理土地登记，领取《国有土地使用证》，取得出让土地使用权。

出让人应在受理土地登记申请之日起30日内，依法为受让人办理出让土地使用权登记，颁发《国有土地使用证》。

第十六条 受让人必须依法合理利用土地，其在受让宗地上的一切活动，不得损害或者破坏周围环境或设施，使国家或他人遭受损失的，受让人应负责赔偿。

第十七条 在出让期限内，受让人必须按照本合同规定的土地用途和土地使用条件利用土地，需要改变本合同规定的土地用途和土地使用条件的，必须依法办理有关批准手续，并向出让人申请，取得出让人同意，签订土地使用权出让合同变更协议或者重新签订土地使用权出让合同，相应调整土地使用权出让金，办理土地变更登记。

第十八条 政府保留对该宗地的城市规划调整权，原土地利用规划如有修改，该宗地已有的建筑物不受影响，但在使用期限内该宗地建筑物、附着物改建、翻建、重建或期限届满申请续期时，必须按届时有效的规划执行。

第十九条　出让人对受让人依法取得的土地使用权，在本合同约定的使用年限届满前不收回；在特殊情况下，根据社会公共利益需要提前收回土地使用权的，出让人应当依照法定程序报批，并根据收回时地上建筑物、其他附着物的价值和剩余年期土地使用权价格给予受让人相应的补偿。

第四章　土地使用权转让、出租、抵押

第二十条　受让人按照本合同约定已经支付全部土地使用权出让金，领取《国有土地使用证》，取得出让土地使用权后，有权将本合同项下的全部或部分土地使用权转让、出租、抵押，但首次转让（包括出售、交换和赠与）剩余年期土地使用权时，应当经出让人认定符合下列第______款规定之条件：（一）按照本合同约定进行投资开发，完成开发投资总额的25%以上；（二）按照本合同约定进行投资开发，形成工业用地或其他建设用地条件。

第二十一条　土地使用权转让、抵押，转让、抵押双方应当签订书面转让、抵押合同；土地使用权出租期限超过六个月的，出租人和承租人也应当签订书面出租合同。

土地使用权的转让、抵押及出租合同，不得违背国家法律、法规和本合同的规定。

第二十二条　土地使用权转让，本合同和登记文件中载明的权利、义务随之转移，转让后，其土地使用权的使用年限为本合同约定的使用年限减去已经使用年限后的剩余年限。

本合同项下的全部或部分土地使用权出租后，本合同和登记文件中载明的权利、义务仍由受让人承担。

第二十三条　土地使用权转让、出租、抵押，地上建筑物、其他附着物随之转让、出租、抵押；地上建筑物、其他附着物转让、出租、抵押，土地使用权随之转让、出租、抵押。

第二十四条　土地使用权转让、出租、抵押的，转让、出租、抵押双方应在相应的合同签订之日起30日内，持本合同和相应的转让、出租、抵押合同及《国有土地使用证》，到土地行政主管部门申请办理土地登记。

第五章　期限届满

第二十五条　本合同约定的使用年限届满，土地使用者需要继续使用该地块的，应当至迟于届满前一年向出让人提交续期申请书，除根据社会公共利益需要收回该幅土地的，出让人应当予以批准。

出让人同意续期的，受让人应当依法办理有偿用地手续，与出让人重新签订土地有偿使用合同，支付土地使用费。

第二十六条　土地出让期限届满，受让人没有提出续期申请或者虽申请续期但依照前款规定未获批准的，受让人应当交回《国有土地使用证》，出让人代表国家收回土地使用权，并依照规定办理土地使用权注销登记。

第二十七条　土地出让期限届满，受让人未申请续期的，该土地使用权和地上建筑物及其他附着物由出让人代表国家无偿收回，受让人应当保持地上建筑物、其他附着物的正常使用功能，不得人为破坏，地上建筑物、其他附着物失去正常使用功能的，出让人可要求受让人移动或拆除地上建筑物、其他附着物，恢复场地平整。

第二十八条　土地出让期限届满，受让人提出续期申请而出让人根据本合同第二十五条之规定没有批准续期的，土地使用权由出让人代表国家无偿收回，但对于地上建筑物及其他附着物，出让人应当根据收回时地上建筑物、其他附着物的残余价值给予受让人相应补偿。

第六章　不可抗力

第二十九条　任何一方对由于不可抗力造成的部分或全部不能履行本合同不负责任，但应在条件允许下采取一切必要的补救措施以减少因不可抗力造成的损失。当事人迟延履行后发生不可抗力的，不能免除责任。

第三十条　遇有不可抗力的一方，应在______小时内将事件的情况以信件、电报、电传、传真等书面形式通知另一方，并且在事件发生后______日内，向另一方提交合同不能履行或部分不能履行或需要延期履行理由的报告。

第七章　违约责任

第三十一条　受让人必须按照本合同约定，按时支付土地使用权出让金。如果受让人不能按时支付土地使用权出让金的，自滞纳之日起，每日按迟延支付款项的______‰向出让人缴纳滞纳金，延期付款超过6个月的，出让人有权解除合同，收回土地，受让人无权要求返还定金，出让人并可请求受让人赔偿因违约造成的其他损失。

第三十二条　受让人按合同约定支付土地使用权出让金的，出让人必须按照合同约定，按时提供出让土地。由于出让人未按时提供出让土地而致使受让人对该地块使用权占有延期的，每延期一日，出让人应当按受让人已经支付的土地使用权出让金的________‰向受让人给付违约金。出让人延期交付土地超过6个月的，受让人有权解除合同，出让人应当双倍返还定金，并退还已经支付土地使用权出让金的其他部分，受让人并可请求出让人赔偿因违约造成的其他损失。

第三十三条　受让人应当按照合同约定进行开发建设，超过合同约定的动工开发日期满1年未动工开发的，出让人可以向受让人征收相当于土地使用权出让金20%以下的土地闲置费；满2年未动工开发的，出让人可以无偿收回土地使用权；但因不可抗力或者政府、政府有关部门的行为或者动工开发必需的前期工作造成动工开发迟延的除外。

第三十四条　出让人交付的土地未能达到合同约定的土地条件的，应视为违约。受让人有权要求出让人按照规定的条件履行义务，并且赔偿延误履行而给受让人造成的直接损失。

第八章　通知和说明

第三十五条 本合同要求或允许的通知和通讯，不论以何种方式传递，均自实际收到时起生效。

第三十六条 当事人变更通知、通讯地址或开户银行、账号的，应在变更后15日内，将新的地址或开户银行、账户通知另一方。因当事人一方迟延通知而造成的损失，由过错方承担责任。

第三十七条 在缔结本合同时，出让人有义务解答受让人对于本合同所提出的问题。

第九章 适用法律及争议解决

第三十八条 本合同订立、效力、解释、履行及争议的解决均适用中华人民共和国法律。

第三十九条 因履行本合同发生争议，由争议双方协商解决，协商不成的，按本条第______款规定的方式解决：

（一）提交__________________仲裁委员会仲裁；

（二）依法向人民法院起诉。

第十章 附则

第四十条 本合同依照本条第______款之规定生效。

（一）该宗地出让方案业经__________________人民政府批准，本合同自双方签订之日起生效。

（二）该宗地出让方案尚需经__________________人民政府批准，本合同自__________________人民政府批准之日起生效。

第四十一条 本合同一式______份，具有同等法律效力，出让人、受让人各执______份。

第四十二条 本合同和附件共______页，以中文书写为准。

第四十三条 本合同的金额、面积等项应当同时以大、小写表示，大小写数额应当一致，不一致的，以大写为准。

第四十四条 本合同于______年______月______日在中华人民共和国________省（自治区、直辖市）______市（县）签订。

第四十五条 本合同未尽事宜，可由双方约定后作为合同附件，与本合同具有同等法律效力。

出让人（章）：	受让人（章）：
住所：	住所：
法定代表人（委托代理人）（签字）：	法定代表人（委托代理人）（签字）：
电话：	电话：
传真：	传真：
电报：	电报：
开户银行：	开户银行：
账号：	账号：
邮政编码：	邮政编码：

年　　月　　日

第三节　土地使用权转让

本节为您提供以下主题词的法律适用依据与实战资料

■土地使用权转让　■土地使用权出租

【土地使用权转让】

一、专家指导意见

（一）土地使用权转让的概念

土地使用权转让是指土地使用者将土地使用权再转让的行为，包括出售、交换和赠与。广义的土地使用权转让，既包括土地使用权的直接转让，又包括以在建工程转让、股权转让、项目转让及房地产转让等为表现形式的间接转让。

（二）土地使用权转让的种类

土地使用权转让根据土地性质，包括国有土地使用权的转让及集体土地使用权的转让；而国有土地使用权转让，根据土地来源又包括出让土地使用权的转让和划拨土地使用权的转让；其中出让土地使用权的转让又分为出让用于成片开发的土地使用权转让和出让用于项目开发的土地使用权转让。

（三）土地使用权转让的条件

根据我国《土地管理法》、《房地产管理法》及有关行政法规、部门规章以及有关地方性法规的规定，出让用于项目开发的土地使用权转让应符合下列条件：1. 已按照出让合同约定支付全部土地使用权出让金并取得土地使用权证（在上海为未载明房屋权属状况的绿色房地产权证）；2. 已按照出让合同约定进行投资开发且应完成房屋建设工程开发投资总额的25%以上。出让用于成片开发的土地使用权转让应符合以下条件：1. 已按照出让合同的约定支付全部土地使用权出让金并已经依法登记取得房地产权证；2. 已经形成工业用地或其他建设用地条件，一般指“七通一平”；3. 已经规划管理部门确定转让地块的规划使用性质和规划技术参数，如容积率、建筑密度等；4. 出让合同约定的其他条件。

无论是出让用于项目开发还是用于成片开发的土地使用权转让，土地使用权出让合同所载明的土地使用者的权利、义务均随之转移。

自1995年1月1日，即《城市房地产管理法》施行之日起，房地产开发经营用地，包括商品房、商业、旅游、娱乐、金融、服务业用地等，均应通过土地使用权出让方式取得。至于集体土地使用权，不得直接用于房地产开发，如需使用集体土地，须先行办理土地征用手续即征为国有，再办理土地使用权出让手续，然后才能开发经营。

二、法律适用依据

（一）相关法律

❶中华人民共和国城市房地产管理法（节录）

（1994年7月5日第八届全国人民代表大会常务委员会第八次会议通过　1994年7月5日中华人民共和国主席令〔第29号〕公布　自1995年1月1日起施行）

第四章　房地产交易

第一节　一般规定

第三十一条　房地产转让、抵押时，房屋的所有权和该房屋占用范围内的土地使用权同时转让、抵押。

❷中华人民共和国宪法（节录）

（1982年12月4日第五届全国人民代表大会第五次会议通过　1982年12月4日全国人民代表大会公告公布施行　根据1988年4月12日第七届全国人民代表大会第一次会议通过的《中华人民共和国宪法修正案》、1993年3月29日第八届全国人民代表大会第一次会议通过的《中华人民共和国宪法修正案》、1999年3月15日第九届全国人民代表大会第二次会议通过的《中华人民共和国宪法修正案》和2004年3月14日第十届全国人民代表大会第二次会议通过的《中华人民共和国宪法修正案》修正）

第十条　城市的土地属于国家所有。

农村和城市郊区的土地，除由法律规定属于国家所有的以外，属于集体所有；宅基地和自留地、自留山，也属于集体所有。

国家为了公共利益的需要，可以依照法律规定对土地实行征收或者征用并给予补偿。

任何组织或者个人不得侵占、买卖或者以其他形式非法转让土地。土地的使用权可以依照法律的规定转让。

一切使用土地的组织和个人必须合理地利用土地。

❸中华人民共和国土地管理法（节录）

（1986年6月25日第六届全国人民代表大会常务委员会第六次会议通过　根据1988年12月29日第七届全国人民代表大会常务委员会第五次会议《关于修改〈中华人民共和国土地管理法〉的决定》第一次修正　1998年8月29日第九届全国人民代表大会常务委员会第四次会议修订　根据2004年8月28日第十届全国人民代表大会常务委员会第十一次会议《关于修改〈中华人民共和国土地管理法〉的决定》第二次修正）

第二条　中华人民共和国实行土地的社会主义公有制，即全民所有制和劳动群众集体所有制。

全民所有，即国家所有土地的所有权由国务院代表国家行使。

任何单位和个人不得侵占、买卖或者以其他形式非法转让土地。土地使用权可以依法转让。

国家为了公共利益的需要，可以依法对土地实行征收或者征用并给予补偿。

国家依法实行国有土地有偿使用制度。但是，国家在法律规定的范围内划拨国有土地使用权的除外。

第六十三条 农民集体所有的土地的使用权不得出让、转让或者出租用于非农业建设；但是，符合土地利用总体规划并依法取得建设用地的企业，因破产、兼并等情形致使土地使用权依法发生转移的除外。

第八十一条 擅自将农民集体所有的土地的使用权出让、转让或者出租用于非农业建设的，由县级以上人民政府土地行政主管部门责令限期改正，没收违法所得，并处罚款。

（二）相关行政法规及规范性文件

❶中华人民共和国契税暂行条例（节录）

（1997年4月23日国务院第五十五次常务会议通过　1997年7月7日国务院令〔第224号〕公布　自1997年10月1日起施行）

第二条 本条例所称转移土地、房屋权属是指下列行为：

（一）国有土地使用权出让；

（二）土地使用权转让，包括出售、赠与和交换；

（三）房屋买卖；

（四）房屋赠与；

（五）房屋交换。

前款第二项土地使用权转让，不包括农村集体土地承包经营权的转移。

❷中华人民共和国城镇国有土地使用权出让和转让暂行条例（节录）

（1990年5月19日国务院令〔第55号〕公布施行）

第四条 依照本条例的规定取得土地使用权的土地使用者，其使用权在使用年限内可以转让、出租、抵押或者用于其他经济活动，合法权益受国家法律保护。

第三章　土地使用权转让

第十九条 土地使用权转让是指土地使用者将土地使用权再转移的行为，包括出售、交换和赠与。

未按土地使用权出让合同规定的期限和条件投资开发、利用土地的，土地使用权不得转让。

第二十条 土地使用权转让应当签订转让合同。

第二十一条 土地使用权转让时，土地使用权出让合同和登记文件中所载明的权利、义务随之转移。

第二十三条 土地使用权转让时，其地上建筑物、其他附着物所有权随之转让。

第二十六条 上述使用权转让价格明显低于市场价格的，市、县人民政府有优先购买权。

土地使用权转让的市场价格不合理上涨时，市、县人民政府可以采取必要的措施。

第二十七条 土地使用权转让后，需要改变土地使用权出让合同规定的土地用途的，依照本条例第十八条的规定办理。

第四十五条 符合下列条件的，经市、县人民政府土地管理部门和房产管理部门批准，其划拨土地使用权和地上建筑物、其他附着物所有权可以转让、出租、抵押：

（一）土地使用者为公司、企业、其他经济组织和个人；

（二）领有国有土地使用证；

（三）具有地上建筑物、其他附着物合法的产权证明；

（四）依照本条例第二章的规定签订土地使用权出让合同，向当地市、县人民政府补交土地使用权出让金或者以转让、出租、抵押所获收益抵交土地使用权出让金。

转让、出租、抵押前款划拨土地使用权的，分别依照本条例第三章、第四章和第五章的规定办理。

❸外商投资开发经营成片土地暂行管理办法（节录）

（1990年5月19日国务院令〔第56号〕公布施行）

第九条 开发企业必须在实施成片开发规划，并达到出让国有土地使用权合同规定的条件后，方可转让国有土地使用权。开发企业未按照出让国有土地使用权合同规定的条件和成片开发规划的要求投资开发土地的，不得转让国有土地使用权。

开发企业和其他企业转让国有土地使用权，或者抵押国有土地使用权，以及国有土地使用权终止，应依照国家土地管理的法律和行政法规办理。

❹建设部职能配置、内设机构和人员编制规定（节录）

（1998年6月23日国务院办公厅　国办〔1998〕86号公布）

（十）住宅与房地产业司（住房制度改革办公室）

指导规范房地产市场；指导城镇土地使用权有偿转让和开发利用工作；提出住宅建设与房地产业的中长期规划和科技发展战略、产业政策和规章，拟定住宅建设、房屋拆迁、房地产开发、房地产市场、房地产评估、物业管理的规章制度并监督执行；指导全国住宅建设和住宅供应政策的实施；拟定房地产开发企业、物业管理企业、社会中介服务机构的资质标准；提出房地产估价专业技术人员执业资格标准；贯彻落实国家关于推进城镇住房制度改革的方针、政策和措施；指导城镇住房制度改革工作；负责住房公积金和其他房改资金的政策指导并监督使用。

❺关于鼓励投资开发海南岛的规定（节录）

（1988年5月4日国务院公布）

第六条 海南岛国家所有的土地实行有偿使用。

海南省人民政府可依法将国家所有土地的使用权有偿出让给投资者，土地使用权出让一次签约的期限根据不同行业和项目的具体情况确定，最长期限为70年；期满后需要继续使用的，经批准期限可以延长。

投资者可以依照国家有关规定将取得的土地使用权有偿转让。

（三）相关部门规章及规范性文件

❶城市国有土地使用权价格管理暂行办法（节录）

（1995年10月20日国家发展计划委员会　计价格〔1995〕1628号文公布　自1995年12月1日起施行）

第九条 以出让方式取得的土地使用权，经开发后符合转让条件的转让价格，属于居民住宅用地的，房地产开发企业应当将土地使用权的转让价格报政府价格主管部门审核批准；属于其他建设用地的，房地产开发企业可以在政府价格主管部门指导下自行确定价格。

建成房屋出售、出租的价格，按国家有关规定执行。

第十条　以划拨方式取得土地使用权转让的，转让房地产时，要按规定办理出让手续并缴纳土地使用权出让金；对按规定可以不办理土地使用权出让手续的，应将转让所获得收益中的土地收益上缴国家；房屋所有权人以营利为目的，将以划拨方式取得使用权的国有土地上建成的房屋出租的，应将租金中所含土地收益上缴国家。

房屋出售、出租的价格，按国家有关规定执行。

第十一条　土地使用权转让时，土地使用权交易双方可事前委托有关评估机构评估价格。除另有规定者外，土地使用权人可依据评估的价格通过双方协商或市场拍卖、招标等形式形成交易价格。

第十三条　土地使用权人转让土地使用权，应按照地方人民政府规定申报成交价格，不得瞒报或者作不实申报。

各级人民政府价格主管部门对土地使用权市场价格情况，应当及时进行统计、分析，认真做好价格变化的监测工作。

第十四条　土地使用权转让价格低于基准地价或标定地价一定比例的，城市人民政府有优先购买权。

土地使用权转让的市场价格出现不合理上涨时，城市人民政府应当采取措施进行调控，必要时可实行限价措施。

❷中华人民共和国契税暂行条例细则（节录）

（1997年10月28日财政部　财法字〔1997〕52号公布）

第六条　条例所称土地使用权转让，是指土地使用者以出售、赠与、交换或者其他方式将土地使用权转移给其他单位和个人的行为。

条例所称土地使用权出售，是指土地使用者以土地使用权作为交易条件，取得货币、实物、无形资产或者其他经济利益的行为。

条例所称土地使用权赠与，是指土地使用者将其土地使用权无偿转让给受赠者的行为。

条例所称土地使用权交换，是指土地使用者之间相互交换土地使用权的行为。

❸关于军队有偿转让空余军用土地有关问题的通知（节录）

（1993年7月7日财政部、国家土地管理局、中国人民解放军总后勤部公布）

一、开发利用军用空余土地，要以不影响军队建设需要和保守国家军事机密为前提，有领导、有组织、有计划地进行。转让空余军用土地，不论数量多少，均应报经总后勤部批准。凡转让土地的团（含）以下单位，今后除调防、扩编等特殊情况外，一般不再申请划拨土地。如确实需要，由军队、地方土地管理部门协调解决。

❹关于加强土地资产管理促进国有企业改革和发展的若干意见（节录）

（1999年11月25日国土资源部公布）

五、明确供地政策，完善土地市场，为国有企业改革和发展创造良好的外部条件

明确建设用地供应政策和外商投资企业用地政策，提供土地交易场所，加强中介机构管理，为国有企业改革和发展营造有利的外部条件。

（一）加强土地利用规划和计划管理，控制建设用地增量，严格执行供地目录，制止不合理的重复建设。对列入《禁止供地项目目录》项目，一律不得提供建设用地；对列入《限制供地项目目录》的用地，要从严控制，不符合用地条件的，也不得提供建设用地。

（二）进一步明确外商投资企业用地政策，鼓励国有企业合理利用外资"嫁接改造"。国有企业与外资进行合资、合作，凡以出让、租赁、国家作价出资（入股）方式取得土地使用权的，不再另行缴纳场地使用费；凡符合《划拨供地项目目录》的，经土地行政主管部门批准，可按划拨方式用地。

（三）国有企业转让划拨土地使用权的，应到市、县土地行政主管部门设立的土地交易场所挂牌交易，以增加交易机会，减少交易成本；对有多个需求者的土地，可由土地行政主管部门组织招标拍卖，提高国有企业转让土地的收益。

（四）土地评估中介机构要与政府部门彻底脱钩，要加强行业自律，整顿行业秩序，规范中介行为，为国有企业改革和发展提供公平、公正的中介服务。

❺开发区规划管理办法（节录）

（1995年5月25日经建设部第八次常务会议通过　1995年6月1日建设部令〔第43号〕公布　自1995年7月1日起施行）

第十条　开发区内土地使用权的出让、转让，必须以建设项目为前提，以经批准的控制性详细规划为依据。

开发区内土地使用权出让、转让合同必须附具开发区所在城市的城市规划行政主管部门提出的规划设计条件及附图。在出让、转让过程中确需对规划设计条件及附图变更的，须经开发区所在城市的城市规划行政主管部门批准。

❻城市房地产开发管理暂行办法（节录）

（1995年1月13日建设部第一次部常务会议通过　1995年1月23日建设部公布　自1995年3月1日起施行）

第三章　房地产开发的经营

第十八条　房地产开发企业转让土地使用权时，应当符合《中华人民共和国城市房地产管理法》第三十八条、第三十九条的规定。

转让中的受让人应当在办理土地使用权变更登记手续后的十五日内持土地使用权转让合同到主管部门备案，并办理项目开发人变更等有关手续。

受让人继续进行房地产开发的，应当具备从事房地产开发的资格。

第二十条　土地使用权转让和商品房屋销售，当事人双方应当签订书面合同。

❼关于贯彻《城市房地产管理法》若干意见的通知（节录）

（1994年8月13日建设部　建房字第493号文公布）

四、加强房地产市场管理，抓好房地产转让工作。各级房地产管理部门要按照法律赋予的职责，加强房地产市场管理机构建设，并对本地区的房地产市场管理工作进行检查，针对存在的突出问题，依法采取措施，严厉打击扰乱房地产市场秩序的违法活动，开拓房地产市场管理的新局面。

要进一步加强房地产转让管理。凡房地产法第三十七条

所列七类房地产，以及不符合第三十八条所列条件的，房地产交易管理部门不得为其办理交易手续，产权管理部门不得为其办理权属变更登记。要严格按照本法第二十五条的规定，加强对已出让土地的开发管理，抑制土地投机。对于囤积土地、不按规定期限进行实际开发的，以及靠炒卖房地产哄抬地价、房价而获取暴利的，要依法坚决制止，严肃查处。

划拨土地使用权的转让，必须按国务院国发〔1992〕61号文件的规定，经当地房地产市场管理部门审查批准。房地产法对划拨土地使用权的转让管理规定了两种不同的处理方式，一种是需办理出让手续，变划拨土地使用权为出让的土地使用权，由受让方缴纳土地出让金；另一种是不改变原有划拨土地的性质，对转让方征收土地收益。各地房地产市场管理部门，对于准许转让并认为应办理出让的，按房地产法第二章第一节的规定办理出让手续；经有批准权的人民政府决定不办理土地使用权出让手续的，应按房地产法第三十九条第二款的规定，并按照财政部（92）财综字第172号文件规定，由房地产市场管理部门在办理房地产交易手续时收取土地收益金上缴国家，或按规定作其他处理。

凡房地产转让或变更的，必须按房地产法第六十条第三款规定的程序先到当地房地产管理部门办理交易手续和申请变更登记，然后凭变更后的房屋所有权证书向同级人民政府土地管理部门申请土地使用权变更登记，不按上述规定程序办理的，其房地产转让或变更一律无效。

❽关于对建设口五项收费情况说明的函（节录）

（1993年12月6日建设部　建办〔1993〕856号公布）

（一）关于新建商品房交易手续费

新建商品房的交易（即销售），是房地产交易的一个重要部分。其卖方一般是房地产开发经营企业，其主要方式是预售，其中转手交易的比重也不少。为了保证交易双方的合法权益和国家的税费收入不至流失，加强新建商品房交易的管理就显得十分重要，十分必要。

因此，1988年8月8日，建设部、物价局、工商局联合发文指出：城镇房地产交易，包括各种所有制房屋的买卖……均属房地产交易活动管理的范围，其交易活动应通过交易所进行。

国务院发〔1992〕61号文件也明确指出："土地使用权的转让和房屋所有权的转移（包括涉外房地产），必须依照规定到当地房地产市场管理部门办理过户手续。"

中共中央中发〔1993〕6号文件再次强调要认真执行国发〔1992〕61号文件（《国务院关于发展房地产业若干问题的通知》）规定。之后，建设部、土地局、工商局、税务总局以建房〔1993〕598号文进一步明确："每一次土地使用权的转让和房屋所有权的转移（包括房地产开发期间的转移、预售等），必须按规定到当地房地产市场管理部门办理房地产交易手续，缴纳有关税费。"

各地根据中央精神，普遍对新建商品房实施了管理并收取交易手续费，对新建商品房的交易、保证交易双方的合法权益和国家的税收起到了重要的作用。因此，我们认为不应列入乱收费的范围予以取消。

❾关于加强城镇国有土地经营管理的通知（节录）

（1991年8月23日建设部公布）

（四）在房地产经营活动中，土地使用权转让或土地使用权随房屋所有权一道转移时，房地不可分割。

❿铁路用地权属等问题的批复（节录）

（1994年9月14日铁道部　铁工务函〔1994〕411号公布）

二、根据铁道部铁财〔1994〕4号文件第二项规定，铁路土地使用权转让必须经铁道部批准，任何铁路单位都无权自行决定转让。

三、根据《中华人民共和国城镇国有土地使用权出让和转让暂行条例》第十九条规定，转让土地使用权包括出售、交换和赠与三种情况，而出租、借用土地不涉及到土地使用权转让问题。

⓫关于在当前开发区建设和土地使用权出让过程中加强文物保护的通知（节录）

（1993年7月29日国家文物局、建设部、国家土地管理局公布）

二、开发区选址应当避开文物保护单位及地下文物古迹。对开发区建设进行可行性研究时要征求文物主管部门的意见。土地出让或转让过程中涉及文物保护单位的，其方案的拟定要有文物主管部门参加。因特殊原因，出让、转让土地使用权确需改变文物保护单位的土地用途或保护规划的，要征得上级文物、规划、土地等主管部门同意，并报原公布的人民政府批准。

⓬关于加快国有小企业改革的若干意见（节录）

（1996年6月20日国家经济体制改革委员会公布）

十二、对于长期亏损、资不抵债且扭亏无望的企业，依据《破产法》实施破产处理。破产时要妥善安置好原企业的职工和离退休人员。对原企业依法取得的土地使用权，应当以拍卖或者招标方式依法转让，转让所得应首先用于破产企业职工的安置和离退休人员的社会保障。

⓭关于出售国有小型企业产权的暂行办法（节录）

（1989年2月19日国家经济体制改革委员会、财政部、国家国有资产管理局公布）

十一、被出售企业原租用的国有房产，征得房管部门同意后，可一并出卖。土地使用权经土地管理机关批准，也可以有偿转让，土地使用期限，按国家有关规定和企业不同情况确定。一并出卖国有房产与土地使用权有偿转让的，要相应增加出售底价。

⓮关于执行《城市房地产管理法》和国务院55号令有关问题的批复（节录）

（1996年9月4日国家土地管理局　国地批〔1996〕89号公布）

二、划拨土地使用权转让审批问题，应当按照《城市房地产管理法》第三十九条第一款的规定执行，即"以划拨方式取得土地使用权的，转让房地产时，应当按照国务院规定，报有批准权的人民政府审批。"目前，国务院尚未对人民政府审批划拨土地使用权转让的权限作出新的规定，应按国务院原有规定《关于出让国有土地使用权批准权限的通知》（国发〔1989〕49号）关于"政府对有偿出让国有土地使用权的权限，应与行政划拨国有土地使用权的批准权限相同"的规定执行，不宜再按国务院55号令关于由市、县人民政府有关部门审批的规定执行。

四、《城市房地产管理法》第三十九条第二款规定，经过批准，划拨土地使用权人转让房地产也可以不办理出让手续。这是只有在具备法定条件下才能适用的条款，即有批准权的人民政府必须按照国务院的规定，才能决定有关当事人可以不办理出让手续；划拨土地使用权转让方虽经批准可以不办理出让手续，但要按照国务院的规定缴纳有关土地收益。目前，有些地方片面理解第三十九条第二款的规定，在国务院有关规定尚未出台的情况下，擅自批准划拨土地使用权人不经办理出让手续转让房地产，甚至一些划拨土地使用权人不经依法批准未办理出让手续也不依法缴纳有关土地收益就擅自转让房地产，不仅违反了第三十九条第二款的规定，也使第三十九条第一款不能正常贯彻执行，造成土地市场混乱。为制止各种非法转让行为发生，维护土地市场的正常秩序，防止国有土地收益流失，在国务院有关规定出台之前，转让划拨土地使用权应暂按国务院55号令第四十四、四十五条规定执行，有关审批和出让手续，应按《城市房地产管理法》第三十九条第一款的规定执行，国务院新的规定出台后，按新的规定执行。

⑮关于贯彻《城市房地产管理法》若干问题的批复（节录）

（1995年3月11日国家土地管理局公布）

六、根据《城市房地产管理法》第三十九条关于“以划拨方式取得土地使用权的，转让房地产时，应当按照国务院的规定，报有批准权的人民政府审批”的规定，当事人应当向市、县人民政府土地管理部门提出申请，由该部门审查并报经有批准权的人民政府批准。这是因为，此类房地产转让审批，实质是划拨土地使用权转让审批，房屋能否转让取决于该房屋所占用的划拨土地使用权转让能否得到批准。只有划拨土地使用权转让先行获得批准后，权利人才能按照其他有关规定转让房地产。

⑯划拨土地使用权管理暂行办法（节录）

（1992年3月8日国家土地管理局令〔92〕第1号公布）

第七条　土地使用权转让，是指土地使用者将土地使用权单独或者随同地上建筑物、其他附着物转移给他人的行为。

原拥有土地使用权的一方称为转让人，接受土地使用权的一方称为受让人。

第八条　土地使用权转让的方式包括出售、交换和赠与等。

出售是指转让人以土地使用权作为交易条件，取得一定收益的行为。

交换是指土地使用者之间互相转移土地使用权的行为。

赠与是指转让人将土地使用权无偿转移给受让人的行为。

第十一条　转让、抵押土地使用权，其地上建筑物、其他附着物所有权随之转让、抵押；转让、抵押地上建筑物、其他附着物所有权，其使用范围内的土地使用权随之转让、抵押。但地上建筑物、其他附着物作为动产转让的除外。

出租土地使用权，其地上建筑物、其他附着物使用权随之出租；出租地上建筑物、其他附着物使用权，其使用范围内的土地使用权随之出租。

第十二条　土地使用者需要转让、出租、抵押土地使用权的，必须持国有土地使用证以及地上建筑物、其他附着物产权证明等合法证件，向所在地市、县人民政府土地管理部门提出书面申请。

第十五条　土地使用权转让、出租、抵押行为的双方当事人应当依照有关法律、法规和土地使用权出让合同的规定，签订土地使用权转让、租赁、抵押合同。

第十八条　土地使用权转让，土地使用权出让合同和登记文件中所载明的权利、义务随之转移。

第二十条　土地使用权转让后，受让人需要改变土地使用权出让合同规定内容的，应当征得所在地市、县人民政府土地管理部门同意，并按规定的审批权限经土地管理部门和城市规划部门批准，依照《条例》和本办法规定重新签订土地使用权出让合同，调整土地使用权出让金，并办理土地登记手续。

第二十五条　土地使用者转让、出租、抵押土地使用权，在办理土地使用权出让手续时，其土地使用权出让期由所在地市、县人民政府土地管理部门与土地使用者经过协商后，在土地使用权出让合同中订明，但不得超过《条例》规定的最高年限。

第二十九条　土地使用权出让期满后，土地使用者再转让、出租、抵押土地使用权时，须按本办法规定重新签订土地使用权出让合同，支付土地使用权出让金，并办理变更土地登记手续。

第三十二条　土地使用权转让、出租、抵押，当事人不办理土地登记手续的，其行为无效，不受法律保护。

第四十条　以土地使用权作为条件，与他人进行联建房屋、举办联营企业的，视为土地使用权转让行为，按照本办法办理。

⑰关于更改土地证书扉页引用宪法条文的通知

（1988年4月15日国家土地管理局公布）

各省自治区、直辖市土地（国土）管理局（厅）：

鉴于第七届全国人大一次会议对《中华人民共和国宪法》第十条第四款作了修改，土地证书扉页引用的《宪法》条文需作相应的更改，即将原来的“任何组织或者个人不得侵占、买卖、出租或者以其他形式非法转让土地。”改为“任何组织或者个人不得侵占、买卖或者以其他形式非法转让土地。土地的使用权可以依照法律的规定转让。”

1988年4月12日七届全国人大第一次会议通过《宪法修正案》之前，已经发放的土地证书，不再收回更改，可在今后适当时机一并更换。已经印就但尚未发放的，按照附件一的式样，将修改后的条文单印一纸条，粘贴在需要修改的位置上。新印制的一律按附件二的要求印制。印制土地证书必须继续执行由我局监制的规定。

⑱关于清理整顿土地市场深化国有土地使用制度改革的报告（节录）

（1992年5月20日内蒙古自治区土地管理局制定　1992年6月17日内蒙古自治区人民政府批转　1992年7月23日国家土地管理局转发）

一、关于城镇国有土地使用权转让、出租、抵押问题国家按照所有权与使用权分离的原则，实行城镇国有土地使用权出让、转让制度。城镇国有土地是指市、县城、建制镇、工矿区范围内属于全民所有的土地。

《土地管理法》第二条规定："任何单位和个人不得侵占、买卖或者以其他形式非法转让土地"，但"土地的使用权可以依法转让"。《暂行条例》第四条规定："取得土地使用权的土地使用者，其使用权在使用年限内可以转让、出租、抵押或者用于其他经济活动"。土地使用权转让是指土地使用者将土地使用权再转移的行为，包括出售、交换和赠与；土地使用权出租是指土地使用者作出租人，将土地使用权随同地上物，其他附着物租赁给其他承租人使用，由承租人交付租金的行为；土地使用权抵押是指土地使用者提供可供抵押的土地使用权作为按期清偿债务的担保的行为。

根据《暂行条例》第二十、二十九、三十四条规定，土地使用者只有依法办理了出让手续、进行登记、签订合同、交付土地使用权出让金后，才能进行转让、出租、抵押等经营活动。未经当地土地管理部门批准并办理以上手续的，都属非法交易，都在清理整顿之列。

各级土地管理部门是国有土地的产权代表，是各级人民政府对土地市场进行依法管理的职能机关，对国有土地使用权的出让、转让、出租、抵押等活动行使监督、检查和管理职能。负责审查、批准、办理国有土地使用权出让、转让、出租、抵押的有关手续，并收取出让金。负责对非法土地交易活动的查处。

关于土地使用权出让金和其他费用的收费标准及管理办法，自治区有关部门将另行文下发。任何从事土地经营活动的单位和个人，都必须接受土地管理部门的监督、检查和管理，否则不准经营。

⑲城市房地产转让管理规定（节录）

（1995年8月7日建设部令〔第45号〕公布　根据2001年8月15日《建设部关于修改〈城市房地产转让管理规定〉的决定》修正）

第五条　房地产转让时，房屋所有权和该房屋占用范围内的土地使用权同时转让。

第九条　以出让方式取得土地使用权的，房地产转让时，土地使用权出让合同载明的权利、义务随之转移。

（四）相关司法解释

❶关于审理房地产管理法施行前房地产开发经营案件若干问题的解答（节录）

（最高人民法院审判委员会第777次会议讨论通过　1995年12月27日最高人民法院　法〔1996〕2号公布）

三、关于国有土地使用权的转让问题

6. 国有土地使用权的转让合同，转让的土地使用权未依法办理出让审批手续的，一般应当认定合同无效，但在一审诉讼期间，对于转让集体土地使用权，经有关主管部门批准补办了征用手续转为国有土地，并依法办理了出让手续的，或者转让未经依法批准的国有土地使用权依法补办了审批、登记手续的，可认定合同有效。

7. 转让合同的转让方，应当是依法办理了土地使用权登记或变更登记手续，取得土地使用证的土地使用者。未取得土地使用证的土地使用者为转让方与他人签订的合同，一般应当认定无效，但转让方已按出让合同约定的期限和条件投资开发利用了土地，在一审诉讼期间，经有关主管部门批准，补办了土地使用权登记或变更登记手续的，可认定合同有效。

9. 享有土地使用权的土地使用者未按照项目建设的要求对土地进行开发建设，也未办理审批手续和土地使用权转让手续，转让建设项目的，一般应当认定项目转让和土地使用权转让的合同无效；如符合土地使用权转让条件的，可认定项目转让合同有效，责令当事人补办土地使用权转让登记手续。

11. 土地使用权转让合同擅自改变土地使用权出让合同约定的土地用途的，一般应当认定合同无效，但在一审诉讼期间已补办批准手续的，可认定合同有效。

12. 转让合同签订后，双方当事人应按合同约定和法律规定，到有关主管部门办理土地使用权变更登记手续，一方拖延不办，并以未办理土地使用权变更登记手续为由主张合同无效的，人民法院不予支持，应责令当事人依法办理土地使用权变更登记手续。

13. 土地使用者与他人签订土地使用权转让合同后，未办理土地使用权变更登记手续之前，又另与他人就同一土地使用权签订转让合同，并依法办理了土地使用权变更登记手续的，土地使用权应由办理土地使用权变更登记手续的受让方取得。转让方给前一合同的受让方造成损失的，应当承担相应的民事责任。

14. 土地使用者就同一土地使用权分别与几方签订土地使用权转让合同，均未办理土地使用权变更登记手续的，一般应当认定各合同无效；如其中某一合同的受让方已实际占有和使用土地，并对土地投资开发利用的，经有关主管部门同意，补办了土地使用权变更登记手续的，可认定该合同有效。转让方给其他合同的受让方造成损失的，应当承担相应的民事责任。

（五）相关地方性法规及规范性文件

❶北京市实施《中华人民共和国土地管理法》办法（节录）

（1991年3月15日北京市第九届人民代表大会常务委员会第二十六次会议通过）

第六条　国有土地和集体所有的土地的使用权可以依法转让，具体办法由市人民政府根据国务院有关规定制定。

国有土地依法实行有偿使用，具体办法由市人民政府根据国务院的有关规定制定。

❷福建省土地登记条例（节录）

（1996年5月31日福建省第八届人民代表大会常务委员会第二十三次会议通过　1996年6月3日福建省人民代表大会常务委员会公布施行）

第三条　土地权利的取得、设定、变更、终止等，必须依照本条例的规定进行登记。未经登记的土地使用权不得转让、出租、抵押。

确认林地的所有权或者使用权，依照《中华人民共和国森林法》的有关规定办理。

依法登记的土地权利受法律保护，任何单位和个人不得侵犯。

❸福建省实施《中华人民共和国土地管理法》办法（节录）

（1999年10月22日福建省第九届人民代表大会常务委员会第十四次会议通过　1999年10月22日福建省人民代表大会常务委员会公布施行）

第四十四条　国有企业因破产、兼并、资产重组或者股份改制等，需要处置划拨土地使用权的，应当向县级以上人民政府土地行政主管部门申请办理处置方案和土地评估结果确认手续；涉及中央和省属企业的，应当报国务院或者省人民政府土地行政主管部门确认。

农民集体所有的土地使用权不得出让、转让或者出租用于非农业建设。但符合土地利用总体规划并依法取得建设用地的企业，因破产、兼并等情形致使土地使用权发生转移的，应当向市、县人民政府土地行政主管部门申请办理土地使用权变更登记手续。

❹郑州市城市房地产市场管理条例（节录）

（1994年12月23日河南省郑州市第十届人民代表大会常务委员会第七次会议通过　1995年4月17日河南省第八届人民代表大会常务委员会第十三次会议批准　1995年4月17日郑州市人民代表大会常务委员会公布　自1995年7月1日起施行）

第八条　土地使用权转让的，其地上建筑物、其他附着物随之转移。

地上建筑物、其他附着物所有权转让的，其使用范围内的土地使用权随之转让。但地上建筑物、其他附着物作为动产转让的除外。

❺深圳经济特区土地使用权出让条例（节录）

（1994年6月18日深圳市第一届人民代表大会常务委员会第二十三次会议通过　根据1995年9月15日深圳市第二届人民代表大会常务委员会第2次会议《关于修改〈深圳经济特区土地使用权出让条例〉第十一条的决定》第一次修正　根据1998年2月13日深圳市第二届人民代表大会常务委员会第二十次会议《关于修改〈深圳经济特区土地使用权出让条例〉的决定》第二次修正）

第四十四条　依本条例第三十九条第一款第（一）项规定减收土地使用权出让金取得土地使用权的，土地使用者将使用地出租、转让，以及以土地使用权与他人合资、合作建设的，应报经土地管理部门批准，重新签订出让合同。改变用途的，必须报经土地管理部门批准，并按公告市场价格补足土地使用权出让金和土地开发与市政配套设施金，依《登记条例》的规定办理变更登记手续后，方可进行。

需补足土地使用权出让金和土地开发与市政配套设施金的，土地使用者办理变更登记时，须持土地管理部门出具的补足土地使用权出让金和土地开发与市政配套设施金的凭证及重新签订的出让合同。

（六）相关地方政府规章及规范性文件

❶天津市城镇私房交易补交土地使用权出让金暂行规定（节录）

（1992年6月11日天津市人民政府　津政〔1992〕43号公布）

第六条　按下列程序办理转让土地使用权：

（一）转让方持合法的房屋所有权证、国有土地使用证和其他证件，到主管的房管局办理私房所有权转让申请，经核准领取《天津市房产交易批准通知》（以下简称《批准通知》）。持《批准通知》、国有土地使用证和其他证件，到主管的土地管理部门办理土地使用权转让申请，经核准签订出让合同、补交出让金，领取《天津市转让行政划拨国有土地使用权变更登记通知》（以下简称《变更登记通知》）。持《变更登记通知》到受理申请的房管局办理房产移转登记手续。

（二）受让方自办理房产移转登记之日起十五日内，到受理申请的土地管理部门办理变更土地登记手续，领取国有土地使用证，取得土地使用权。

❷黑龙江省全省土地使用权公开交易制度的通知（节录）

（黑龙江省国土资源厅制定　2001年11月19日黑龙江省人民政府办公厅　黑政办〔2001〕75号转发）

十一、违反有关规定擅自转让土地使用权、擅自处置划拨土地使用权、不申报土地使用权转让价格或者申报虚假转让价格的，其转让、处置行为无效，土地行政主管部门不予办理有关手续，并按法律、法规、规章的规定予以处罚。

❸黑龙江省实施《中华人民共和国契税暂行条例》办法（节录）

（1998年10月21日黑龙江省人民政府公布）

第二条　本办法所称转移土地、房屋权属是指下列行为：

（一）国有土地使用权出让，即土地使用者向国家交付土地使用权出让费用，国家将国有土地使用权在一定年限内让予土地使用者的行为。

（二）土地使用权转让，即土地使用者以出售、赠与、交换或者其他方式将土地使用权转移给其他单位和个人的行为。

（三）房屋买卖，即房屋所有者将其房屋出售，由承受者交付货币、实物、无形资产或者其他经济利益的行为。

（四）房屋赠与，即房屋所有者将其房屋无偿转让给受赠者的行为。

（五）房屋交换，即房屋所有者之间相互交换房屋所有权的行为。

（六）财政部根据《条例》授权确定的土地、房屋权属转移的其他行为。

前款第（二）项土地使用权转让，不包括农村集体土地承包经营权的转移。

第五条　土地使用权或者房屋所有权以下列方式转移的，视同土地使用权转让、房屋买卖或者房屋赠与并征收契税：

（一）以土地、房屋权属作价投资、入股的。

（二）以土地、房屋权属抵债的。

（三）以获奖方式承受土地、房屋权属的。

（四）以预购方式或者预付集资建房款方式承受土地、房屋权属的。

❹黑龙江省实施《中华人民共和国城镇国有土地使用权出让和转让暂行条例》办法（节录）

（1992年12月25日黑龙江省人民政府公布）

第三章　土地使用权转让

第二十一条　土地使用权转让是指土地使用者将土地使用权再转移的行为，包括出售、交换和赠予。

未按土地使用权出让合同规定的期限和其他条件投资开发、利用土地的，土地使用权不得转让。

第二十二条　土地使用权转让应当签订转让合同。

土地使用权转让时，土地使用权出让合同和登记文件所载明的权利、义务随之转移。

第二十三条 土地使用者通过转让方式取得土地使用权的使用年限，为土地使用权出让合同规定的使用年限减去原土地使用权已使用年限后的剩余年限。

第二十四条 土地使用权转让时，其地上建筑物、其他附着物所有权随之转让。

第二十五条 地上建筑物、其他附着物的所有人或者共有人，享有该建筑物、附着物使用范围内的土地使用权。

土地使用者转让地上建筑物、其他附着物所有权时，其使用范围内的土地使用权随之转让。但地上建筑物、其他附着物作为动产转让的除外。

第二十六条 土地使用权和地上建筑物、其他附着物所有权可以分割转让。同一建筑物产权分割转让的。建筑物使用范围内土地使用权同时分割转让，土地使用权不能分割的，按共有土地使用权处理。

土地使用权和地上建筑物、其他附着物所有权分割转让的，应当经市、县人民政府土地管理部门和房产管理部门批准。

第二十七条 土地使用权转让，双方应持转让合同和有关证件，到市、县人民政府土地管理部门办理土地使用权过户登记，换领土地使用证。

土地使用者因转让地上建筑物、其他附着物所有权而导致土地使用权转让的，应分别到市、县人民政府土地管理部门、房产管理部门办理土地使用权和建筑物、其他附着物的过户登记、领换土地使用证和房产证。

第二十八条 土地使用权转让时，转让人应向市、县人民政府土地管理部门缴纳土地增值费。土地增值费按增值额的一定比例收取，具体标准由市、县人民政府确定。

第二十九条 土地使用权转让后，需要改变土地使用权出让合同规定的土地用途的，依照本办法第二十条的规定办理。

第四十八条 划拨土地使用权转让、出租、抵押必须事先到土地所在市、县人民政府土地管理部门补办土地使用权出让手续，其审批程序如下：

（一）土地使用者应当持有国有土地使用证和地上建筑物、其他附着物产权证明等合法证件，向土地所在市、县人民政府土地管理部门提出书面申请；

（二）市、县人民政府土地管理部门与申请人经协商一致后，签订土地使用权出让合同；

（三）土地使用者应当在土地使用权出让合同签订之日起三十日内向土地所在市、县人民政府土地管理部门交付土地使用权出让金，办理土地使用权出让登记手续；

（四）土地使用权转让、出租、抵押双方当事人，签订土地使用权转让、租赁、抵押合同；

（五）土地使用者应当在转让、出租、抵押合同签订之日起十五日内分别到市、县人民政府土地管理部门和房产管理部门办理土地使用权和地上建筑物、其他附着物登记手续。

❺甘肃省城镇国有土地使用权出让和转让实施办法（节录）

（1994年6月6日甘肃省人民政府令〔第7号〕公布　1997年10月22日甘肃省人民政府令〔第27号〕修正）

第三章　土地使用权转让

第十九条 土地使用权转让，必须同时具备下列条件：

（一）持有土地使用证或依法批准使用土地的文件；

（二）地上有建筑物、其他附着物的，应持有合法的产权证明；

（三）已交清土地使用权出让金和有关税、费；

（四）除土地使用权出让金和有关税、费外，在该幅土地投入的开发建设资金，应达土地使用权出让合同规定的建设投资总额的20%以上；

（五）已实现土地使用权出让合同规定的其他条件。

❻河南省契税实施办法（节录）

（1999年10月21日河南省人民政府令〔第50号〕公布）

第三条 本办法所称土地、房屋权属是指土地使用权、房屋所有权。本办法所称土地、房屋权属转移是指下列行为：

（一）国有土地使用权出让。即土地使用者向国家交付土地使用权出让费用，国家将国有土地使用权在一定年限内让予土地使用者的行为。

（二）土地使用权转让。即土地使用者以出售、赠与、交换或者其他方式将土地使用权转移给其他单位和个人的行为，不包括农村集体土地承包经营权的转移。

（三）房屋（包括在建房屋）买卖、赠与、交换。房屋买卖是指房屋所有者将其房屋出售，由承受者交付货币、实物、无形资产或者其他经济利益的行为。房屋赠与是指房屋所有者将其房屋无偿转让给受赠者的行为。房屋交换是指房屋所有者之间相互交换房屋的行为。

❼湖北省契税征收管理实施办法（修订）（节录）

（2000年2月2日湖北省人民政府常务会议审议通过　2000年2月21日湖北省人民政府令〔第190号〕公布施行）

第五条 国有土地使用权出让，是指土地使用者向国家交付土地使用权出让费用，国家将国有土地使用权在一定年限内让予土地使用者的行为。

土地使用权转让，是指土地使用者以出售、赠与、交换或者其他方式将土地使用权转移给其他单位和个人的行为。

❽湖北省城镇国有土地使用权出让和转让实施办法（节录）

（1993年6月17日湖北省人民政府公布）

第二十条 土地使用权转让应同时具备下列条件：

（一）已缴清土地使用权出让金并按照《条例》和本办法的规定办理了有关手续，取得了土地使用权；

（二）不改变土地使用权出让合同规定的土地用途并符合城市建设规划要求；

（三）已按出让合同规定的期限和要求完成建设工程及公共设施建设，且开发建设实际投资已达土地使用权出让合同规定的建设投资总额的25%以上。但继承、赠与不受此限；

（四）符合土地使用权出让合同规定的其他有关土地使用权转让的前提条件。

❾吉林省契税实施办法（节录）

（1998年2月13日吉林省政府第二次常务会议通过 1998年2月27日吉林省人民政府令〔第89号〕公布施行）

第三条 承受转移土地、房屋权属的单位和个人为契税的纳税人，应当按照本办法的规定缴纳契税。

第四条 本办法所称转移土地、房屋权属是指下列行为：

（一）国有土地使用权出让。即土地使用者向国家交付土地使用权出让费用，国家将国有土地使用权在一定年限内让予土地使用者的行为。

（二）土地使用权转让。即土地使用者以出售、赠与和交换或者其他方式将土地使用权转移给其他单位或个人的行为（不包括农村集体土地承包经营权的转移）。

（三）房屋买卖。即房屋所有者将其房屋出售，由承受者交付货币、实物、无形资产或者其他经济利益的行为。

（四）房屋赠与。即房屋所有者将其房屋无偿转让给受赠者的行为。

（五）房屋交换。即所有者之间相互交换房屋的行为。

❿内蒙古自治区契税实施办法（暂行）（节录）

（1998年6月11日内蒙古自治区人民政府 内政〔1998〕61号公布）

第三条 本办法所称转移土地、房屋权属，是指转移土地使用权和房屋所有权。包括：

（一）国有土地使用权出让

国有土地使用权出让，是指土地使用者向国家交付土地使用权出让费用，国家将国有土地使用权在一定年限内让予土地使用者的行为。

（二）土地使用权转让

土地使用权转让，包括出售、赠与和交换或者以其他合法方式将土地使用权转移给其他单位和个人。

土地使用权出售，是指土地使用者以土地使用权作为交易条件，取得货币、实物、无形资产或者其他经济利益的行为；

土地使用权赠与，是指土地使用者将其土地使用权无偿转让给受赠者的行为；

土地使用权交换，是指土地使用者之间相互交换土地使用权的行为。

（三）房屋买卖

房屋买卖，是指房屋所有者将其房屋出售，由承受者交付货币、实物、无形资产或其他经济利益的行为。

（四）房屋赠与

房屋赠与，是指房屋所有者将其房屋无偿转让给受赠者的行为。

（五）房屋交换

房屋交换，是指房屋所有者之间相互交换房屋的行为。

前款两项土地使用权转让，不包括农村、牧区集体土地、草原承包经营权的转移。

⓫青海省《中华人民共和国城镇国有土地使用权出让和转让暂行条例》实施办法（节录）

（1994年10月13日青海省人民政府第十一次常务会议审议通过 1994年10月24日青海省人民政府令〔第13号〕公布）

第三章 土地使用权转让

第十八条 转让土地使用权，转让方必须同时具备下列条件：

（一）持有土地使用证或依法批准使用土地的文件；

（二）地上有建筑物、其他附着物的，应有合法的产权证明；

（三）在该幅土地投入的开发建设资金，应达到土地使用权出让合同规定的建设投资总额25%以上；

（四）按土地使用权出让合同规定的期限和条件投资开发、利用土地；

（五）已交清土地使用权出让金和有关税费。

⓬新疆维吾尔自治区城镇国有土地使用权出让和转让暂行办法（节录）

（1995年2月19日新疆维吾尔自治区人民政府令〔第49号〕公布）

第三章 土地使用权转让和出租、抵押

第十四条 以出让方式取得的土地使用权，符合下列（一）、（二）、（三）、（四）项条件的，可以转让；符合下列（一）、（二）、（三）项条件的，可以出租、抵押：

（一）已支付全部土地使用权出让金；

（二）合法持有土地使用证及地上建筑物、附着物所有权证；

（三）已按出让合同规定的条件、期限投资开发利用土地；

（四）除出让金外已投入的建设资金占总投资25%以上。

⓭长沙市城镇国有土地使用权出让转让暂行办法（节录）

（1992年4月27日长沙市人民政府公布 根据1998年2月17日《长沙市人民政府关于修改〈长沙市城镇国有土地使用权出让转让暂行办法〉的决定》第一次修正 根据2002年4月29日《长沙市人民政府关于修改〈长沙市城镇国有土地使用权出让转让暂行办法〉的决定》第二次修正）

第三章 土地使用权转让

第二十三条 土地使用权转让是指土地使用者将土地使用权单独或者随同地上建筑物、其他附着物转移给他人的行为，包括出售、交换和赠予。

第二十四条 下列土地使用权不得转让：

（一）以出让方式取得，但不符合下列条件的：

1. 按照出让合同约定已经支付全部土地使用权出让金，并取得土地使用权证书；

2. 按照出让合同约定进行投资开发，属于房屋建筑工程的，完成开发投资总额的25%以上，属于成片开发土地的，形成工业用地或者其他建设用地条件。

转让房地产时房屋已经建成的，还应当持有房屋所有权证书。

（二）司法机关和行政机关依法裁定、决定查封或者以其他形式限制房地产权利；

（三）依法收回土地使用权的；

（四）共有房地产未经其他共有人书面同意的；

（五）权属有争议的；

（六）未依法登记领取权属证书的；

（七）法律、行政法规规定禁止转让的其他情况。

⑭贵阳市城镇国有土地使用权出让和转让实施办法（节录）

（1993年6月24日贵阳市人民政府常务会议通过 1993年7月17日贵阳市人民政府令〔第2号〕公布）

第三章 土地使用权转让、出租、抵押

第二十四条 土地使用权转让，是指受让人将土地使用权再转移的行为，包括出售、交换、赠予。

土地使用权出租，是指受让人作为出租人将土地使用权随同地上建筑物、其他附着物租赁给承租人使用，由承租人向出租人支付租金的行为。

土地使用权抵押，是指受让人作为抵押人将土地使用权向抵押权人作为债务担保的行为。

⑮福州市国有土地使用权出让转让收费暂行办法（节录）

（1991年5月25日福州市人民政府 榕政综〔1991〕112号公布）

第二条 土地使用权出让是指国家以土地所有者身份将土地使用权在一定年限内让与土地使用者，并由土地使用者向国家支付土地出让金的行为。土地使用权出让可以采用下列方式：协议、招标、拍卖。

土地使用权转让是指土地使用者将土地使用权再转移的行为，包括出售、交换、赠与。

⑯海口市土地管理规定（节录）

（1997年1月20日海口市人民政府第三十九次常务会议审议通过 1997年2月4日海口市人民政府令〔第15号〕公布施行）

第五十一条 转让国有土地使用权，必须具备下列条件：

（一）已签订土地使用权出让合同，并付清全部土地使用权出让金；

（二）持有《国有土地使用证》；

（三）已按出让合同规定的条件和期限完成项目投资总额的25%以上；属成片开发的土地应形成工业或其他建设用地条件。

⑰乌鲁木齐市国有划拨土地使用权转让管理办法

（2002年6月21日乌鲁木齐市人民政府公布）

第一条 为加强国有划拨土地使用权的管理，规范划拨土地使用权转让行为，合理配置土地资源，防止国有土地资产流失，根据《中华人民共和国土地管理法》、《中华人民共和国房地产管理法》及有关法律、法规，结合本市实际，制定本办法。

第二条 本市行政区域内国有划拨土地使用权的转让适用本办法。

第三条 本办法所称国有划拨土地使用权是指土地使用者经依法批准，缴纳土地补偿费、安置补助费及其他费用后，无偿取得的土地使用权。

第四条 国有划拨土地使用权不得擅自转让，确需转让的，须经市人民政府批准。

土地使用权转让时，其地上建筑物、其他附着物所有权随之转让。

第五条 本市建设用地供应实行总量控制，对拟转让的国有划拨土地使用权，统一纳入政府供地计划。

第六条 市国土资源局负责本市国有划拨土地使用权转让的管理工作。市计划、规划、房产等部门应在各自职责范围内，协同做好国有划拨土地使用权转让管理工作。

第七条 土地使用者需转让国有划拨土地使用权的，应向市国土资源局提出申请，并提供下列资料：

（一）法人资格证明书（营业执照）；

（二）法人代表资格证明书或授权委托书；

（三）土地使用证及附图；

（四）房屋产权证及产籍平面图；

（五）拟转让土地的面积及地上建筑物、附着物状况；

（六）其他需提交的资料。

第八条 市国土资源局受理申请后，应按下列程序办理：

（一）根据申请人提供的土地和地上建筑物及附着物的权属证明进行实地调查和核实；

（二）依照国家及市人民政府有关规定，拟订土地使用权处置方案，经市人民政府批准后与申请人签订补偿合同；

（三）按合同约定对原土地使用者给予补偿后，收回土地使用权，并办理原划拨土地使用权注销登记。

第九条 收回的土地使用权，除涉及国家安全和保密要求外，应当按照公开、公正、公平的原则，采取拍卖、招标、挂牌等形式进行处置。

第十条 因债权、债务纠纷及企业破产等，需强制转移变卖地面资产，涉及划拨土地使用权转让的，由市国土资源局按有关规定办理。

第十一条 划拨土地使用权未经批准转让的，计划、规划、房产、国土资源等部门不予办理相关手续。

第十二条 违反本办法规定，擅自转让国有划拨土地使用权的，依照《中华人民共和国土地管理法》的有关规定予以处罚；对直接责任人按照中华人民共和国监察部、国土资源部《关于违反土地管理规定行为行政处分暂行办法》有关规定追究行政责任；构成犯罪的，依法追究刑事责任。

第十三条 本办法自2002年8月1日起施行。

⑱厦门土地使用权转让办法

（1988年6月14日厦门市人民政府公布）

第一章 总则

第一条 为合理利用国有土地，改革土地使用制度，促进厦门经济特区的繁荣，适应有计划商品经济的发展，根据《厦门经济特区土地使用管理规定》第九条之规定，制定本办法。

第二条 厦门市国有土地实行有偿出让和转让制度。

第三条 本办法所称的下列用语的含义是：

（一）土地使用权有偿出让（以下简称出让）是指厦门市人民政府（以下简称市政府）将指定用途、年限及附有其他条件的土地提供给法人或自然人使用或经营，土地使用人向市政府交付土地出让金（即地价款）。

（二）土地使用权转让（以下简称转让）是指法人或自然人将其合法取得的土地使用权再转移的行为。

（三）土地使用权的抵押（以下简称抵押）是指法人或自然人将其合法取得的土地使用权作为清偿债务的担保的法律行为。

（四）土地使用权受让人（以下简称受让人）是指因国有土地使用权的出让、转让（含继承、赠与、买卖交换）而享有土地使用权的法人和自然人。

第四条　土地使用权在有偿转让期间，所有权仍然属中华人民共和国，地下各类自然资源，以及埋藏物等，不在土地使用权有偿转让范围。

第五条　土地使用权的受让人的合法权益受法律保护，受让人有保护、管理和合理利用土地的义务。

第六条　土地使用权的出让金由市土地局负责收取，并提取百分之八作为土地有偿出让劳务和土地管理费用，百分之九十二上缴市财政作为土地开发基金和城市基础设施建设基金，专款专用。

第七条　凡通过本办法出让、转让方式取得的土地使用权，不再按照《厦门经济特区土地使用费征收办法》的标准缴纳场地使用费。

第八条　厦门市土地管理局（以下简称市土地局）代表市政府主管本市国有土地使用权有偿出让、转让和登记并办理土地使用权抵押登记等事务。

第九条　因国家建设需要，可依法对已出让、转让的土地实行征用，对原土地使用者按征用时的时价，给予合理的补偿（以外汇支付取得的土地使用权，原则上按外汇给予补偿）。

第二章　土地使用权的有偿出让

第十条　厦门市国有土地使用权有偿出让统一由市政府采取下列方式进行：

（一）协议，（二）招标，（三）公开竞投。

第十一条　以协议、招标、公开竞投取得土地使用权的受让人必须与市土地局签订土地使用合同，并经厦门市公证机关公证。

第十二条　市土地局、规划局应向预期受让人提供有关下列资料和规定。

（一）土地的坐落、四至范围、面积、地块的地面现状及地形图。

（二）土地的规划用途、建筑容积率、密度和净空限制。建设项目完成的年限。

（三）环境保护、园林绿化、卫生防疫、交通、抗震和消防等要求。

（四）市政公用设施现状和建设计划或建设要求。

（五）出让的年限和形式。

（六）受让人应具备的资格、投标时需缴纳的保证金额。

（七）建筑物出售及管理的有关规定。

（八）其他。

第十三条　土地使用权协议出让，是指符合指定条件的预期受让人，以书面形式向市土地局提出申请，市土地局按有关规定和标准通过协商的方式出让土地使用权。

第十四条　协议出让的程序：

（一）土地预期受让，应向市土地局提出用地书面申请，申请书的内容包括申请单位的性质、申请理由及土地坐落、面积、用途、使用年限、建筑规模、资金来源等有关事项。

（二）市土地局接到用地申请报告后，于十五日内进行初步审查，对符合规定的申请人，提供土地规划用途的有关资料，对不符合规定的申请人说明情况退回申请。

（三）预期受让人在得到市土地局有关资料后，应在规定的时间内向市土地局提交土地开发建设方案和出让金的付款方式等有关文件。

（四）市土地局在接到本条第（三）项规定的文件后，应在十五日内给予答复。

（五）经过协商达成协议后，市土地局与受让人签订出让土地合同，并由受让人支付定金。

（六）受让人按合同规定支付出让金，向市土地局办理土地使用权登记，领取土地使用证。

第十五条　招标出让土地使用权，是指在指定的期限内，由符合指定条件的法人或自然人根据招标人提出的条件和说明以密封书面的形式，参加竞投指定地块的使用权，由招标小组经过开标、评标、择优、确定中标者，招标内容及办法另行规定。

第十六条　土地使用权公开竞投，是指市政府将国有土地在指定的时间，公开的场合，采用竟争的方式，将土地使用权出让的行为。

竞投办法另行规定。

第十七条　出让的土地使用权最高年限为：

（一）工业用地四十年。

（二）商业、交通、公用事业用地五十年。

（三）科技、教育、文化、卫生用地六十年。

（四）住宅用地七十年。

（五）其他用地三十年。

（六）临时用地二年，仅收取土地使用费。

第十八条　受让人系外国、港、澳、台地区的法人和自然人，应用外汇支付出让金。

受让人可享受一定的优惠。

用外汇支付取得土地使用权的，转让时可以用外汇结算。

第十九条　受让人自取得土地使用权之日起算，每年应向市土地局缴纳土地使用金，每平方米缴纳人民币 0.30 元。该使用金每三年允许向上调整一次。

第二十条　土地使用年限届满，由市政府无偿收回土地和地上物。如受让人需继续使用土地的，可以向市土地局申请办理续用合同，但必须在土地使用年限届满前一百八十天提出申请。土地出让金重新评估。

第二十一条　在合同期限内受让人需要改变土地使用功能和规划要求时，必须报经市土地局、规划局批准，并与市土地局重新签订土地使用合同并补交地价差额，办理变更登记。

第三章　土地使用权的转让

第二十二条　依本办法第十条之规定所取得的土地使用权可以转让、抵押。

第二十三条　抵押事宜按厦门经济特区抵押规定办理。

第二十四条　土地使用权的转让，得在扣除地价后投入开发建设的资金已达投资总额的百分之二十才能转让，并经厦门市公证机关公证，当事人必须到市土地局办理过户手续。按成交额收取转让人百分之六的过户费。

第二十五条 受让人将建成的建筑物出售时，建筑物使用范围（包括庭院、围墙等）所占土地使用权同时转移，同一建筑物的各房产所有人占有相应比例的土地使用权，但同一建筑物所占用的土地使用权整体不可分割。

第二十六条 土地使用权转让、抵押的年限不得超过原土地使用权出让合同确定的年限。

第四章 附则

第二十七条 土地受让人连续两年不按合同规定投资建设，擅自改变合同规定的用地功能，由市土地局责令其改正，并可处以罚款直至拆除建筑物或收回该土地使用权，已交纳的出让金不予退回。

第二十八条 采用欺骗、串通压价等不正当手段取得土地使用权的，对使用者按土地使用面积的地价百分之五至百分之五十以罚款。

第二十九条 因开发土地而造成土地沙化、盐渍化水土流失的，由市土地局责令限期治理，可以并处每平方米五至二十元的罚款。

第三十条 受让人对市土地局作出的行政处罚不服的，在接到处罚通知的次日起十五日内可向市土地局申请复议；市土地局接到复议申请后应于十日内作出答复，当事人对复议结果仍不服的，可按照我国有关法律向受让土地所在地的人民法院起诉。

第三十一条 本办法由市土地局负责解释。

第三十二条 本办法自公布之日实施。

（七）相关其他规范性文件

❶军用土地使用权转让管理暂行规定

（1995年5月16日中国人民解放军总参谋部、中国人民解放军总政治部、中国人民解放军总后勤部公布）

第一章 总则

第一条 为加强军用土地使用权转让管理，适应国家土地使用制度改革，根据《中华人民共和国城镇国有土地使用权出让和转让暂行条例》和《中国人民解放军房地产管理条例》，制定本规定。

第二条 本规定所称军用土地使用权转让，是指依法将军用土地使用权转移的行为。

第三条 军用土地使用权转让，必须遵循统一政策、统一规划、统一管理的原则，严格执行国家和军队的有关法律法规，科学论证，精心组织，注重效益，不得损害军队和社会的公共利益。

第四条 军用土地使用权转让，应在保证部队战备、使用和长远建设需要及确保军事秘密安全的前提下进行。军事禁区、保密要求高的单位和军事禁区附近、自己有能力开发的土地和权属有争议的土地严禁转让。非开放地区（含已对外开放县、市辖区内尚未批准开放的沿海岛屿）的军用土地不准对外商和港澳台商转让。

第五条 军用土地使用权转让由总后勤部基建营房部归口管理。其主要职责：拟制与国家土地政策相适应的法规、规章，组织编审军用土地开发规划与计划，负责军用土地使用权转让和工程开发项目的审批、指导、监督，收缴应上交总部的土地转让费。

各军区、各军兵种、各总部、国防科工委（以下简称各大单位）所属单位的土地使用权转让，由各大单位后勤基建营房部门归口管理。

第二章 转让的范围及年限

第六条 军用土地使用权转让范围包括：

（一）整宗空闲的土地；

（二）可以划出单独管理的营区边角土地；

（三）独立院落危旧房占用的土地；

（四）被列为城市规划改造范围内的土地；

（五）被列为开发区、经济特区的农场、马场和企业化工厂等用地；

（六）其他可用于开发的土地。

第七条 军用土地使用权转让的方式：

（一）招标；

（二）协议。

军用土地使用权转让应保证地价的公开、公正、公平，采取协议方式的转让费不得低于当地政府规定的最低价。

第八条 军用土地使用权转让类型：

（一）土地转让；

（二）利用土地与地方合作建房；

（三）转让地上建筑物及其他附着物所有权；

（四）其他类型。

第九条 转让军用土地使用权，其地上建筑物、其他附着物所有权随之转让；转让地上建筑物、其他附着物所有权，其使用范围内的土地使用权随之转让。

第十条 军用土地使用权转让，按下列用途确定最高年限：

（一）居住用地不得高于70年；

（二）工业、教育、科技、文化、卫生、体育用地不得高于50年；

（三）商业、旅游、娱乐用地不得高于40年；

（四）综合或者其他用地不得高于50年。

第十一条 受让方取得的军用土地使用权年限届满，土地使用权及地上建筑物、其他附着物所有权的处置按国家和军队的有关规定办理。

第三章 项目审批

第十二条 转让军用土地使用权，不论数量多少，一律报总后勤部审批。其中涉及军事设施安全保密，影响军事设施使用效能或妨碍军事活动正常进行的，报总参谋部、总后勤部审批；向外商、港澳台商转让军用土地，报中央军委审批。地上附着物为军事设施的，按军事设施保护法和总部有关规定办理。

第十三条 转让军用土地使用权按下列程序办理：

（一）转让单位进行土地开发可行性论证、合作对象资信调查和签订合同（协议）后，向大单位提出申请；

（二）各大单位审核确定土地面积、用途、用地范围和评估地价后，按程序上报审批；

（三）军委、总部批复后，按规定向总后勤部和大单位后勤部缴纳土地转让费和土地管理费，领取《军用土地补办出让手续许可证》（以下简称《许可证》），凭《许可证》到当地人民政府土地管理部门办理土地出让、权属过户手续；

（四）按基建程序申报建设计划；

（五）修改地籍、营产档案资料。

第十四条 军用土地使用权转让按后勤供应渠道上报审批，各大单位上报的请示件，必须附有下列资料：

（一）申报单位的请示件；

（二）转让双方签订的合同（协议）正本；

（三）标明转让土地位置的地籍图；

（四）可行性论证报告；

（五）土地估价报告；

（六）受让单位资信材料。

成片土地开发，除附本条（一）、（二）、（三）、（四）项规定的资料外，还应附有开发总体规划。

第十五条 军用土地使用权转让，应做到契约文书合法，手续完备，并经公证机关公证。转让单位与合作对象签订的合同（协议）包括以下基本内容（式样附后）：

（一）转让土地（含地上建筑物、其他附着物）的位置、数量和年限；

（二）土地转让费的交付方式、时间；

（三）合作建房的面积、工程总投资、类型、结构、用途、装修标准、开竣工时间及房屋建成后的分成比例；

（四）转让双方的权益、责任和违约赔偿；

（五）明确上缴地方和军队税费的责任方；

（六）明确合同（协议）经军队主管机关审批后生效。

第十六条 经批准取得土地使用权进行房地产开发的单位，必须按照土地使用权转让合同约定的用途、时间开发。不按合同约定用途开发或两年内未开发的，总部将无偿收回土地使用权。

第十七条 军用土地使用权转让经批准后，其建设规模、转让土地数量发生改变的，必须重新报批；转让对象发生改变，其他转让条件不变的，由大单位后勤基建营房部门审批，报总后勤部基建营房部备案。各大单位后勤基建营房部门，在每年12月底前，将项目落实情况上报总后勤部基建营房部。

第十八条 军用土地使用权转让价格，应由取得资格认可的评估机构进行地价评估，禁止廉价转让军用土地。各大单位后勤基建营房部门有条件的可编设房地产评估机构。

第四章 收费标准

第十九条 军用土地使用权转让，转让单位必须按转让土地评估地价的20%向总后勤部缴纳土地转让费；按转让土地评估地价的8%向大单位后勤部缴纳土地管理费。

第二十条 转让地上建筑物、其他附着物所有权涉及军用土地使用权转让的（含合建分得房屋的出售），转让单位必须按转让经费的20%向总后勤部缴纳土地转让费；按转让经费的8%向大单位后勤部缴纳土地管理费。

第二十一条 上缴的土地转让费应一次付清。数额超过500万元的可分期上缴，分期上缴的时间和数额在批复中明确，首期上缴的经费不得少于500万元。

第二十二条 军用土地使用权转让实行许可证制度。解放军土地管理局根据军委、总部的批复文件，收取土地转让费后，核发《许可证》。不按要求缴纳土地转让费的，不发给《许可证》，没有《许可证》的转让项目禁止转让。

第二十三条 军用土地使用权转让所得剩余经费的使用，由各大单位后勤部通盘考虑，调整使用，并按基建程序上报审批。

第二十四条 总后勤部和各大单位后勤部收取的土地转让费和土地管理费，由总后勤部基建营房部和各大单位后勤基建营房部门分别实行专项管理，一律用于军队房地产事业。

第五章 奖励和处罚

第二十五条 对按规定转让军用土地使用权并在工作中取得突出成绩的单位和个人，应按有关规定，给予精神或者物质奖励。

第二十六条 对擅自转让或变相转让军用土地使用权的，必须全部没收其转让收入或合建所得房产，并对主管负责人和直接责任者按有关规定给予处分。没收的经费按财务系统逐级上缴到总后勤部，房产由总后勤部统一调整处理。

第二十七条 对利用军用土地使用权做交易、谋取私利，造成军队房地产严重流失的，除限期收回房地产外，应当根据情节轻重给予决策人和直接责任者行政处分、经济处罚；构成犯罪的，依法追究其刑事责任。

第二十八条 对不按规定上缴经费的单位，必须限期补缴；对拒不补缴者，可在下达该单位的基建计划中扣抵。

第六章 附则

第二十九条 军用土地使用权入股、抵押和以土地使用权为条件与地方、外商、港澳台商兴办合资合作企业；军内大单位间的合作建房、调整给军内企业单位土地，其报批程序、收费标准按本规定办理。

第三十条 军用土地使用权出租和土地开发后的经营管理（不含房屋出售），按《军队房地产经营管理规定》办理。

第三十一条 本规定由总后勤部基建营房部负责解释。

第三十二条 本规定自发布之日起施行。以往印发的有关文件与本规定不一致的，均以本规定为准。

❷关于利用军队房地产开发经营有关问题的通知（节录）

（1992年11月2日中国人民解放军总参谋部、中国人民解放军总政治部、中国人民解放军总后勤部公布）

四、严格军队房地产开发经营的审批手续。凡利用军队房地产进行开发经营的，均应按《中国人民解放军房地产管理条例》、《军队与地方换建、合建房屋管理规定》和《军队房地产经营管理规定》等有关文件，严格办理审批手续，严禁任何单位和部门越权审批或不经批准擅自搞开发经营。凡开发利用军队房地产，不论数量多少，一律报总后勤部审批；如涉及到军事设施安全保密、影响军事设施使用效能或妨碍军事活动正常进行的，报总参谋部、总后勤部审批；房产产权和土地使用权转让给外商的，报中央军委审批。

三、以案明法

案例(一)

海南省三亚市亚龙工贸(集团)公司与海南辽海经贸实业有限公司土地使用权转让纠纷上诉案

上诉人(原审被告、反诉原告):三亚市亚龙工贸(集团)公司

被上诉人(原审原告、反诉被告):海南辽海经贸实业有限公司

上诉人海南省三亚市亚龙工贸(集团)公司(以下简称亚龙公司)为与被上诉人海南辽海经贸实业有限公司(以下简称辽海经贸公司)土地使用权转让纠纷一案,不服海南省高级人民法院(1996)琼民初字第4号民事判决,向中华人民共和国最高人民法院提起上诉。中华人民共和国最高人民法院依法组成合议庭公开开庭审理了本案,现已审理终结。

经审理查明:1992年12月29日,辽海经贸公司与亚龙公司签订《联合开发协议书》,约定:亚龙公司受三亚市人民政府委托修建三亚市滨海大道工程。为补偿修建滨海大道的工程费用,三亚市人民政府将该市旧城5号小区的改造工程交给亚龙公司实施。为保证工程顺利进行,采用招商融资的方式与辽海经贸公司合作,合作的主要内容是:

1. 辽海经贸公司对亚龙公司承建的项目以先期垫资的形式投入,垫资金额须能满足建设需要。

2. 亚龙公司愿在三亚市5号小区拆迁、平整后,拿出48.82亩土地交由辽海经贸公司按规划进行开发建设,上述土地上建成的建筑物由辽海经贸公司负责经营,利润由辽海经贸公司取得。

3. 亚龙公司拿出的48.82亩土地,以每亩180万元计,共计人民币8787.6万元,亚龙公司以该款筑路、拆迁和交纳土地费。

4. 辽海经贸公司在经营其48.82亩土地范围内的建筑物时,亚龙公司应协助其完成房产证的申领工作。该协议还对辽海经贸公司的付款时间、数额及48.82亩土地的四至做了规定。签约后,辽海经贸公司于1993年1月5日至1994年8月16日,先后向亚龙公司支付人民币4682万元,其中1993年1月5日付款200万元、1993年3月8日付款800万元、1993年4月1日付款500万元、1993年4月14日付款800万元、1993年5月4日付款700万元、1993年6月8日付款700万元、1993年6月22日付款700万元、1993年7月27日付款150万元、1993年9月4日付款100万元、1994年4月29日付款8万元、1994年8月12日付款5万元、1994年8月16日付款19万元。亚龙公司于1993年初开始修建滨海大道,1994年3月21日该道路经验收交付使用。1993年年初,亚龙公司开始在三亚市5号小区进行开发前的准备工作。同年3月9日,三亚市人民政府以市府(1993)48号文通知5号小区的用地单位和个人,政府拟将5号小区的74.85亩土地出让给亚龙公司改造建设。同年11月6日,亚龙公司和三亚市城市规划局、三亚市拆迁安置办公室,以市规拆亚联字(1993)101号文件向三亚市人民政府请示称,5号小区改造工程的工程进展一年来,亚龙公司受政府委托,会同市拆迁安置办公室已将前期的工作基本完成,但要求停建和拆除违章建筑阻力较大,建议政府将违章楼宇限期拆除。1994年3月2日,三亚市城市规划局向亚龙公司发放了旧城成片改造5号地的建设用地规划许可证。1995年7月25日,三亚市人民政府办公室以市府办(1995)75号文件通知各有关单位,市政府原定统一改造的5号小区,1993年市政府将此地交由亚龙公司改造建设,现粮食局提出收回自主改造。鉴于承担5号小区改造建设的亚龙公司现无力进行开发,市政府原则上同意将5号小区用地交由三亚市粮食局进行开发,并收回亚龙公司对5号小区的开发权,其原投资市政工程的资金可划地予以补偿。由于5号小区的开发权被三亚市人民政府收回,1996年3月22日,市政府召集三亚市城建局、拆迁办、国土局、规划局、人防办、亚龙公司及辽海经贸公司进行协调,讨论重新划地给亚龙公司并直接将地易名给辽海经贸公司等有关事宜。1996年4月4日,辽海经贸公司向海南省高级人民法院起诉,请求认定双方所签协议无效,判令亚龙公司返还购地款4682万元人民币并支付同期利息。1997年7月3日,辽海经贸公司曾向一审法院表示同意亚龙公司以土地补偿已用于建设滨海路和5号小区拆迁的费用,不足部分可以退款或以其他方式予以补偿。但该公司在同月15日又表示,鉴于滨海大道工程决算及相关的动迁安置费用新增数额巨大,尚未得到三亚市人民政府的最终确认,补偿地块也未能落实,该公司不再考虑以土地进行补偿的调解方式。

另查明:亚龙公司于本案一审期间已在三亚市取得总面积为22801.55平方米的国有土地使用权证和土地房屋产权证(其中:月川45号地块10240.61平方米;榕根9号地块10009.7平方米;10-2号地块2251.87平方米),总价款为人民币17378243.97元。中华人民共和国最高人民法院审理期间,亚龙公司又在三亚市取得总面积为21506.488平方米的土地(其中:月川43-3号地块10666.623平方米;4-1号地块4571.745平方米;榕根10-2号地块6268.12平方米),总价款为人民币16020004.04元。六块土地使用权价款共计33406170.82元。一审法院审理认为:辽海经贸公司与亚龙公司签订的《联合开发协议书》,从内容上反映出双方确立的是土地使用权转让关系(辽海经贸公司通过代亚龙公司垫资修建滨海路,以取得5号小区的48.82亩土地使用权)。双方在签订合同时,亚龙公司尚未取得5号小区的合法用地手续,该协议违反了国家土地管理的有关规定,为亚龙公司以后不能交付48.82亩土地埋下了隐患,损害了辽海经贸公司的利益。在1993年后,三亚市人民政府虽下文同意将5号小区土地统一出让给亚龙公司开发,但因在拆迁红线范围内尚有其他单位主张对5号小区土地享有使用权,上述争议又未能得到及时解决,使得拆迁工作无法顺利进行,造成5号小区土地被三亚市人民政府收回,亚龙公司对辽海经贸公司承诺交付5号小区48.82亩土地的义务无法履行。因此,应认定该合同无效,造成合同无效的主要过错在亚龙公司,亚龙公司收取辽海经贸公司的人民币4682万元应予返还。鉴于辽海经贸公司过去曾多次表示愿意接受部分土地,以抵偿亚龙公司应返还的土地款,亚龙公司已按其意思办妥了三块土地的合法

手续，故应直接判令亚龙公司直接将三块土地交付辽海经贸公司，余款予以返还。辽海经贸公司在明知亚龙公司尚未取得5号小区土地使用权的情况下，仍与其签订合同，对造成联合开发协议无效亦负有一定过错责任。辽海经贸公司诉请理由成立，应予支持。亚龙公司虽反诉称双方签订的《联合开发协议书》有效，要求追究辽海经贸公司的违约责任，但因双方当事人均认可履行的是1992年12月29日签订的《联合开发协议书》，故其反诉理由不充分，一审法院不予支持。据此判决：

1. 辽海经贸公司与亚龙公司签订的联合开发协议书无效。

2. 亚龙公司自本判决生效后30日内返还辽海经贸公司人民币4682万元及利息的80%（自收款之日起至还款之日止，按中国人民银行同期同类流动资金贷款利率计息），辽海经贸公司自行承担20%的利息损失。

3. 亚龙公司于本判决生效后30日内将三亚市河东区榕根开发小区2区9号地块（土地面积为10009.07平方米）、三亚市榕根小区10－2号地块（土地面积为2251.87平方米）、三亚市月川小区45号地块（土地面积为10240.61平方米）土地使用权过户至辽海经贸公司名下，总计作价为人民币1730万元，以抵偿亚龙公司应返还辽海经贸公司购地款的一部分，办证所需费用按国家规定负担。

4. 驳回亚龙公司的反诉请求。一审案件受理费人民币449390元由亚龙公司负担359512元，辽海经贸公司负担89878元；反诉案件受理费人民币449390元由亚龙公司负担。

亚龙公司不服一审判决，向中华人民共和国最高人民法院上诉。请求撤销海南省高级人民法院（1996）琼民初字第4号民事判决，认定双方当事人1992年12月29日签订的《联合开发协议书》有效；判令辽海经贸公司承担违约责任。庭审后又提出，对于因情势变迁而导致的损失应由双方共同承担。其主要理由是：第一，《联合开发协议书》明确了两个法律关系。一是亚龙公司受政府指令承建滨海大道，三亚市人民政府为此将该市旧城5号小区的改造工程交由亚龙公司进行。二是亚龙公司以招商融资的形式与辽海经贸公司合作并达成协议，亚龙公司利用辽海经贸公司先期垫资，完成滨海大道的建设、小区搬迁和向国土局交纳土地费，在5号小区拆迁平整后，拿出48.82亩土地交由辽海经贸公司按规划开发，形成的建筑物由辽海经贸公司负责经营并获得利润。该协议不违反法律，应认定有效。第二，辽海经贸公司签订合同时，对亚龙公司土地使用权的状况是十分清楚的，因而《联合开发协议书》是其真实意思表示。第三，海南省鼓励各开发公司在开发项目中采取先招商、联营、转让合作等方式，待项目完成后再到土地局办理有关用地手续的做法。第四，本案的性质是联合开发合同纠纷，而不是土地使用权转让纠纷。亚龙公司不是三亚市5号小区的土地使用权人，也没有转让5号小区的土地使用权。《联合开发协议书》中有关土地使用权和开发建设权的规定都是协议履行的结果和目的，而不是前提。亚龙公司愿以一、二审期间所取得的土地使用权折价返还辽海经贸公司以充抵部分款项。

辽海经贸公司答辩请求维持原判。

中华人民共和国最高人民法院经审理认为：双方当事人所签订的《联合开发协议书》名为联合开发，但约定亚龙公司以每亩180万元人民币，共计8787.8万元的总价拿出三亚市5号小区的48.82亩土地交由辽海经贸公司开发，该地上的建筑物由辽海经贸公司经营，利润由辽海经贸公司独自获得。虽然辽海经贸公司为亚龙公司垫付修建滨海大道及开发5号小区的前期费用是其取得48.82亩土地使用权的条件，但协议中上述关于转让土地使用权的亩数、单价、总价和四至的约定表明，协议的性质不是联合开发，而是土地使用权转让。鉴于该协议签订于《中华人民共和国城市房地产管理法》实施之前，故应以国家当时的有关土地管理的法律、法规和最高人民法院《关于审理房地产法施行前房地产开发经营案件若干问题的解答》为依据衡量其合法性。本案双方当事人签订《联合开发协议书》时，亚龙公司既未与三亚市人民政府签订土地使用权出让合同、交纳土地出让金而实际取得三亚市5号小区的土地使用权，也没有得到三亚市土地管理部门的批准，就以每亩180万元的价款向辽海经贸公司转让土地使用权，违反了《中华人民共和国城镇国有土地使用权出让转让条例》第四条的规定，而且在本案一审期间也没有补办土地出让手续，故应认定该协议无效。亚龙公司将自己没有取得使用权的国有土地有偿转让给辽海经贸公司，是导致《联合开发协议书》无效的主要原因，对此，亚龙公司应负主要责任。亚龙公司应返还从辽海经贸公司取得的4682万元人民币。辽海经贸公司明知亚龙公司尚未取得土地使用权却与其签订协议，对协议无效也应承担一定责任。一审判决认定事实清楚、适用法律正确。亚龙公司上诉请求认定双方当事人签订的《联合开发协议书》有效并追究辽海经贸公司的违约责任，缺少事实和法律依据，中华人民共和国最高人民法院不予支持。根据《中华人民共和国城镇国有土地使用权出让转让条例》第四条、最高人民法院《关于审理房地产管理法施行前房地产开发经营案件若干问题的解答》第七条和《中华人民共和国民事诉讼法》第一百五十三条第一款第（一）项之规定，作出如下判决：

驳回上诉，维持原判。

二审案件受理费人民币449390元，由亚龙公司负担。

案例（二）

湖南岳阳广利置业有限公司诉城陵矶开发区金海实业总公司土地使用权转让合同纠纷案

原告：湖南岳阳广利置业有限公司

被告：湖南城陵矶开发区金海实业总公司

湖南岳阳广利置业有限公司（以下简称广利公司）与湖南城陵矶开发区金海实业总公司（以下简称金海公司）讼争的土地位于湖南省岳阳市城陵矶经济技术开发区琵琶王新立交桥东南侧。原湖南城陵矶经济技术开发区环宇总公司（以下简称环宇公司）于1993年3月16日与岳阳市国土局签订土地使用权出让合同，办理有关手续后，取得了位于岳阳市琵琶王新立交桥东南侧土地使用权，面积为98792平方米。环宇公司于1993年4月28日与广利公司签订了土地使用权转让合同书，约定：环宇公司转让位于岳阳市琵琶王新立交桥东南侧13500平方米土地（折合20. 25亩），每亩地价为21万元；环宇公司于1993年7月30日前完成居民拆迁、土地的平整、地下水管道及电源线接通等工作，延误交付土地，按月利率15‰承担预付款的利息，超过一个月则按月利率20‰计息；广利公司于合同签订后，六日内预付地价款的80%，余款于7月31日前付清，延误付款一天罚款5000元。同时，对转让土地的四至、交付手续等均作了具体规定。由于合同中约定转让的土地有一部分是由岳阳市邮电局享有使用权，环宇公司遂于1993年5月6日又与广利公司签订了补充协议，约定转让土地面积为15600平方米（折合23.4亩），预付款人民币388万元；如果7月30日前交付土地时，环宇公司与其他有关部门未办妥地块调整手续，为履行合同，双方同意将土地整块西移，保持临街面积15600平方米和23.4亩总面积不变。同日，广利公司依照补充协议的约定付给环宇公司人民币388万元。1993年7月30日，环宇公司因市场情况变化等因素未能履约交付土地。1993年9月，环宇公司分立，环宇公司在土地使用权转让合同和补充协议中应承担的权利和义务，由金海公司承担。1993年10月，岳阳市国土局因环宇公司未依法交足土地出让金，依法将该地使用权证收回。广利公司对此情不知，后又曾多次找金海公司协调，无果，便于同年11月8日向其发出《催地通知书》催要土地，金海公司对此未作答复。另外，补充协议对西移土地的四至亦未作具体约定，没有红线图，双方亦未到有关部门办理土地使用权变更登记手续，双方当事人对西移土地的四至指认不一，在履行中发生争议，经协议未能达成一致意见。广利公司于1993年12月18日向湖南省高级人民法院提起诉讼，请求判令金海公司返还已付本金，赔偿利息损失62万余元，并终止协议的履行。

金海公司辩称，其未能按约交付土地，系因市场情势的变化，现广利公司不愿继续履行协议，是违约行为，广利公司的损失不能由我公司负担。

湖南省高级人民法院经审理认为：金海公司与广利公司签订的转让岳阳市琵琶王新立交桥东南侧土地的合同和补充协议是合法有效的。广利公司守约支付了预付地价款，金海公司没有依约按期交付土地，应承担相应的违约责任。双方当事人签订的补充协议所约定的土地西移条款中，对西移土地的具体位置表述不明确，引起履行争议。对此，广利公司与金海公司都有一定责任。现双方当事人就原签订的转让土地合同和补充协议的履行问题，不能达成一致意见，广利公司提出终止双方签订的合同和补充协议，请求金海公司退还预付地价款并支付此款利息，是合理的，应予支持。金海公司应返还已取得的广利公司所预付的地价款及依合同约定偿付此款的一定利息，广利公司也应自负部分利息损失。依照《中华人民共和国民法通则》第一百零六条第一款和《中华人民共和国经济合同法》第二十六条第一款第（三）项的规定，湖南省高级人民法院于1994年6月8日作出判决：

一、金海公司与广利公司于1993年4月28日、5月6日签订的转让土地合同和补充协议终止履行。

二、金海公司返还人民币388万元给广利公司，并偿付此款自1993年7月30日始至本判决生效之日止月利率10‰的利息，限本判决生效之日起15日内付清。逾期则支付双倍（月利率20‰）的迟延履行期间的利息。

本案受理费35000元，由金海公司负担25000元，广利公司负担10000元。

一审判决后，金海公司不服，向最高人民法院提起上诉，称：一审法院认定事实有误，适用法律不当，对双方责任划分不正确，判决有失公平；双方签订的合同和补充协议有效，应继续履行。

被上诉人广利公司答辩称：一审法院判决认定事实清楚，但对违约责任的认定不当，请求依法公正处理。

最高人民法院认为：在1993年4月28日签订的土地使用权转让合同中，金海公司对约定转让的一部分土地不享有使用权，非法转让了他人使用的土地，因此该合同无效。1993年5月6日双方签订的补充协议，对西移后土地的四至约定不明，没有红线图，并且没有依法办理土地使用权转让手续，故补充协议亦应无效。金海公司未依法交纳土地出让金，主管部门收回其土地使用权证，其已不再具备转让该幅土地的资格。金海公司对土地使用权转让合同和补充协议无效，应承担主要责任；广利公司对合同内容审查不严，约定不明确，亦应承担一定责任。一审法院判决金海公司返还广利公司所预付的地价款人民币338万元及偿付该款利息，是正确的。二审审理期间，本院依法进行调解，双方当事人未能达成协议。据此，依据《中华人民共和国民事诉讼法》第一百五十三条第一款第（二）项，《中华人民共和国民法通则》第五十八条第一款第（五）项、第六十一条第一款之规定，最高人民法院于1995年3月19日判决如下：

一、撤销一审判决书第一项。双方当事人签订的土地使用权转让合同和补充协议无效。

二、维持一审判决书第二项。

一审案件受理费人民币35000元由金海公司负担25000元，广利公司负担10000元；二审案件受理费人民币35000元，由金海公司负担。

四、办案实战资料库

（一）土地使用权出让（转让）合同公证书

土地使用权出让（转让）合同公证书

（　　）××字第××号

兹证明出让方（或转让方）××××的法定代表人（或法定代表人的代理人）×××与受让方××××的法定代表人（或法定代表人的代理人）×××于××××年×月×日，在××（签约地点或本公证处），在我的面前，签订了前面的《××××合同》。

经查，上述双方当事人的签约行为符合《中华人民共和国民法通则》第五十五条的规定；合同上双方当事人的签字、印章属实；合同内容符合《中华人民共和国土地管理法》、《中华人民共和国城镇国有土地使用权出让转让暂行条例》及《××××》（相应的法规、规章）的规定。

中华人民共和国××省××市（县）公证处

公证员　　　　（签名）

××××年×月×日

注：当事人为自然人的，应写明其姓名、性别、出生年月、身份证号码、住址；如合同并非在公证员面前签订，证词中“在我的面前”一句不写。

（二）土地使用权转让合同

土地使用权转让合同

甲方：（转让土地的军队单位名称或部队代号）

乙方：（受让土地的单位名称）

根据国家和军队有关政策和法规，就军用土地转让问题，双方本着平等、自愿、互利的原则，经协商，订立本合同。

第一条　甲方转让给乙方的地块位于________，宗地编号________，该地块总面积________平方米，建筑面积________平方米。

第二条　乙方按本合同规定向甲方支付土地转让费________万元，地上建筑物拆迁补偿费及其他费用________万元（注：视具体情况定）。

第三条　本合同项下的土地使用权转让年限________年，自________起算。

第四条　甲方负责办理军队内部土地转让的报批手续，领取《军用土地补办出让手续许可证》，按规定应上缴的土地转让费、土地管理费由________方承担。

第五条　本合同经双方签订后________日内，乙方须以现金支票或现金向甲方缴付________万元作为履行合同的定金，定金抵作________费（注：视具体情况定）。

第六条　除合同另有规定外，乙方应在本合同生效后________日内（之前），将合同要求支付的一切费用汇入甲方开户银行账号内，开户单位________，开户银行________________，账号________________。

第七条　甲方银行账号如有变更，应在变更后______日内以书面形式通知乙方，由于甲方未及时通知此类变更而造成误期付款所引起的任何延迟收费，乙方均不承担违约责任。

第八条　甲方在收到乙方全部款项后______日内，提供本合同项下转让地块，并协助乙方办理土地产权变更登记手续。

第九条　甲方对乙方受让土地开发、使用、管理的限制条件（注：视具体情况确定是否限定）。在转让期内乙方如需改变上述限定，应当取得甲方同意。

第十条　乙方依本合同取得的土地使用权，可按国家有关规定进行转让、出租、抵押。但本合同另有规定者除外。

第十一条　本合同规定的转让期满，乙方受让的土地使用权及地上建筑物、其他附着物所有权的处置按国家和军队有关规定办理。

乙方如需继续使用该地块，应在期满前______日向甲方提出续期申请书，经军队主管部门审批后，确定新的转让年限和转让条件，签订续期转让合同。

第十二条　甲方根据军事需要可以提前收回土地使用权，并给予乙方适当的经济补偿。

第十三条　如果一方未能履行合同项下的义务，视为违反本合同。违反方从另一方收到具体说明违反情况的通知后，应在______日内纠正该违约。如______日内没有纠正，违约方应向另一方赔偿违约引起的一切直接和可预见的损失。

第十四条　如果甲方逾期______月不能提供本合同转让地块，视为自动终止合同，甲方退回乙方双倍定金和其他费用，并赔偿乙方______%的违约金。

第十五条 如果乙方不能按时支付任何应付款项，从滞纳之日起，每日按应缴纳费用的________%缴纳滞纳金。如果乙方逾期________月不付清全部款项，视为自动终止合同，乙方所付款项________%作为赔偿金归甲方所有。

第十六条 任何一方因不可抗力造成延误，部分或全部不能履行合同均不承担责任。遭受不可抗力事件的一方应在条件允许的情况下采取一切合理措施以减少因这一事件造成的损失。

第十七条 本合同经军队主管机关审批后生效。

第十八条 本合同未尽事宜，可由双方约定后作为合同附件。合同附件与本合同具有同等法律效力。

第十九条 因执行合同发生争议，由争议双方协商解决，协商不成，双方同意向____________仲裁委员会申请仲裁（当事人双方不在合同中约定仲裁机构，事后又没有达成书面仲裁协议的，可向人民法院起诉）。

第二十条 本合同正本一式________份，甲乙双方各执________份。上报军队主管部门________份。

甲方：　　　（盖章）　　　　　　　　　　乙方：　　　（盖章）

法定代表人：　　　（签字）　　　　　　　法定代表人：　　　（签字）

签约地点：

签约时间：

备注：本合同（或称本协议）仅供参考，具体条款可根据项目情况取舍、增加和修改。

（三）合作建房合同

合作建房合同

甲方：（提供土地的军队单位名称或部队代号）

乙方：（合作单位名称）

根据国家和军队有关政策和法规，就合作建房问题，双方本着平等、自愿、互利的原则，经协商，订立本合同。

第一条 甲乙双方合作建设________项目，建筑面积________平方米。

第二条 甲方负责提供的土地位于____________________，宗地编号________，面积为________平方米，拆除建筑面积________平方米。

第三条 乙方负责提供建设经费________万元。

第四条 由________方负责合作建房涉及的地上建筑物及其他附着物的拆迁安置，乙方负责支付甲方补偿费________万元。此项经费本合同生效后______日内由乙方______付给甲方。

第五条 甲方负责办理军队内部合作建房的报批手续，领取《军用土地补办出让手续许可证》，按规定应上缴的土地转让费、土地管理费由________方承担。

第六条 由________方负责向有关部门申请办理合建项目的规划、立项、建房指标及其他有关事宜，发生的费用由______方负责。

第七条 由________方负责合建项目的工程设计、施工，发生的费用由________负责。

第八条 建筑装修及设备标准（视情酌定）。

第九条 工程管理办法（视情酌定）。

第十条 建设工期________月，自________起算。

第十一条 本合同经双方签订后________日内，乙方须以现金支票或现金向甲方缴付________万元作为履行合同的定金，定金抵作________费（注：视具体情况定）。

第十二条 除合同另有规定外，乙方应在本合同生效后________内（或之前），将合同要求支付的一切费用汇入甲方开户银行账号内，开户单位____________，开户银行____________，账号________。

第十三条 甲方银行账号如有变更，应在变更后________日内以书面形式通知乙方，由于甲方未及时通知此类变更而造成误期付款所引起的任何延迟收费，乙方均不承担违约责任。

第十四条 房屋建成后，双方按________比例分房，即甲方分得房屋面积________平方米，乙方分得房屋面积________平方米及相应的土地面积________平方米。

第十五条 房屋按________分配（注：视具体情况定）。

第十六条 本合同项下的土地使用权转让年限为________年，自________起算。

第十七条 乙方在本合同转让年限内享有分得房屋的所有权及相应的土地使用权。甲方应协助乙方办理房屋和土地产权登记手续。

第十八条　乙方分得房屋的出售、出租、使用管理的限制条件（注：视具体情况确定是否限定）。在转让期限内乙方如需改变上述限定，应当取得甲方同意。

第十九条　乙方依本合同取得的土地使用权，可按国家有关规定进行转让、出租、抵押。但本合同另有规定者除外。

第二十条　乙方分得房屋的水、电、气、暖（注：视具体情况定）由________方负责供应，发生的费用由________方承担。

第二十一条　本合同规定的转让期满，乙方受让的土地使用权及地上建筑物、其他附着物所有权的处置按国家和军队有关规定办理。

乙方如需继续使用分得的房地产，应在期满前________日向甲方提出续期申请书，经军队主管部门审批后，确定新的转让年限及转让条件，签订续期转让合同。

第二十二条　在特殊情况下，甲方根据军事需要可以提前收回土地使用权，并给予乙方适当的经济补偿。

第二十三条　如果一方未能履行合同项下的义务，视为违反本合同。违反方从另一方收到具体说明违反情况的通知后，应在________日内纠正该违约。如________日内没有纠正，违约方应向另一方赔偿违约引起的一切直接和可预见的损失。

第二十四条　如果甲方逾期________月不能提供项目用地，视为自动终止合同，甲方退回乙方双倍定金及其他费用，并赔偿乙方________%的违约金。

第二十五条　如果乙方不能按时支付任何应付款项，从滞纳之日起，每日按应缴纳费用的________%缴纳滞纳金。如果乙方逾期________月不付清全部款项，视为自动终止合同，乙方所付款项________%作为赔偿金归甲方所有。

第二十六条　如果乙方在________月内不投资兴建该项目，甲方有权无偿收回土地使用权，定金归甲方所有。

第二十七条　任何一方因不可抗力造成延误，部分或全部不能履行合同均不承担责任。遭受不可抗力事件的一方应在条件允许的情况下采取一切合理措施以减少因这一事件造成的损失。

第二十八条　本合同经军队主管机关审批后生效。

第二十九条　本合同未尽事宜，可由双方约定后作为合同附件。合同附件与本合同具有同等法律效力。

第三十条　因执行合同发生争议，由争议双方协商解决，协商不成，双方同意向________仲裁委员会申请仲裁（当事人双方不在合同中约定仲裁机构，事后又没有达成书面仲裁协议的，可向人民法院起诉）。

第三十一条　本合同正本一式________份，甲乙双方各执________份。上报军队主管部门________份。

甲方：　　　　（盖章）　　　　　　乙方：　　　　（盖章）

法定代表人：　　　（签字）　　　　法定代表人：　　　（签字）

签约地点：

签约时间：

备注：本合同（或称本协议）仅供参考，具体条款可根据项目情况取舍、增加和修改。

【土地使用权出租】

一、专家指导意见

（一）土地使用权出租的概念

土地使用权出租，是指土地使用者将土地使用权单独或者随同地上建筑物、其他附着物租赁给他人使用，由他人向其支付租金的行为。原拥有土地使用权的一方称为出租人，租赁土地使用权的一方称为承租人。

（二）土地使用权的出租条件

依照《中华人民共和国城镇国有土地使用权出让和转让暂行条例》第四章的规定，土地使用权人可以将以出让方式获得的土地使用权出租，出租的条件是出租人对土地的开发必须达到法律规定的或土地使用权出让合同规定的标准。未按合同规定的期限和条件投资开发、利用土地的，土地使用权不得出租。

1. 土地使用者通过出让方式取得的土地使用权可以出租。

2. 土地使用者通过转让方式取得的土地使用权可以出租。

3. 土地使用者通过各种方式依法取得的划拨土地使用权，符合下列条件，并经过土地管理部门批准，也可以出租：

（1）土地使用者为公司、企业、其他经济组织和个人；

（2）领有国有土地使用证；

（3）具有地上建筑物、其他附着物的合法产权证明；

（4）依法律规定同土地管理部门补签了土地使用权出让合同，补交了土地出让金。

（三）土地使用权出租的限制条件

1. 土地使用权出租必须签订租赁合同。租赁合同不得违背国家法律、法规和土地使用权出让合同的规定。

2. 未按照土地使用权出让合同规定的期限和条件投资开发、利用土地的，土地使用权不得出租。

3. 土地使用权出租，出租人必须办理租赁登记。

（四）土地使用权出租的程序

1. 申请。土地使用权出租人持有关证件，向土地管理部门提出出租申请。

2. 审批。经政府土地管理部门审核后，符合出租条件的可以批准出租，发放土地使用权出租许可证。

3. 签订合同。土地使用权出租人和承租人签订出租合同，明确双方的权利和义务。

4. 办理登记。土地使用权出租双方当事人凭租赁合同、土地管理部门发放的出租许可证等文件办理租赁登记，按规定交纳有关税费。

（五）土地使用权租赁合同

土地使用权租赁合同是土地使用权出租人将土地连同地上建筑物、其他附着物交与承租人使用，承租人支付租金，租赁双方明确各自承担的义务和享有的权利的协议。

土地使用权租赁合同的具体内容包括以下几项：

1. 租金标准。土地使用权出租的租金，要按照政府的有关规定，结合市场情况，由租赁双方协商确定。

2. 租赁期限。土地使用权出租的期限不得超过土地使用权出让合同规定的年限减去原土地使用者已使用的年限后剩余的时间。

3. 土地用途。出租土地的用途必须符合土地使用权出让合同规定的用途。

4. 租赁双方的权利和义务。

出租人的权利：（1）有按期收取土地使用权租金的权利。（2）有监督承租方按照租赁合同的规定合理使用土地的权利。（3）有依法收回出租的土地的权利。对于不按照租赁合同规定的用途使用土地或利用出租土地进行非法活动的，出租人有权终止租赁合同，收回出租的土地。因国家建设或特殊需要征用出租土地时，有权终止租约，对承租人按有关规定进行安置。

出租人的义务：（1）交付土地及地上建筑物、其他附着物及保障义务。出租人应按照合同规定的时间和标准，将出租的财产交付承租人使用。（2）修缮义务。在租赁关系存续期间，为使承租人正常使用租赁标的物，出租人要对租赁标的物进行必要的维护。（3）妨害除去义务。当承租人的正常使用受到妨害的危险时，不论是由于出租人还是由于第三方的原因所致，出租人均负有除去或防止义务。（4）土地使用权出租后，出租人必须继续履行土地使用权出让合同。

承租人的权利：（1）有按照租赁合同的规定，合法使用出租的土地及其地上建筑物、其他附着物的权利。（2）有要求保障正常、有效使用租赁标的物的权利。

承租人的义务：（1）保管义务。承租人要爱护和合理使用租赁标的物，承租人违反租赁合同，导致租赁标的物受到损失的，应负损害赔偿责任。（2）支付租金义务。承租人必须按照租赁合同约定的数额，按期交纳租金。（3）租赁标的物返还义务。租赁双方的租赁关系终止后，承租人应及时返还土地及其地上建筑物、其他附着物。

二、法律适用依据

（一）相关法律

❶中华人民共和国土地管理法（节录）

（1986 年 6 月 25 日第六届全国人民代表大会常务委员会第六次会议通过　根据 1988 年 12 月 29 日第七届全国人民代表大会常务委员会第五次会议《关于修改〈中华人民共和国土地管理法〉的决定》第一次修正　1998 年 8 月 29 日第九届全国人民代表大会常务委员会第四次会议修订　根据 2004 年 8 月 28 日第十届全国人民代表大会常务委员会第十一次会议《关于修改〈中华人民共和国土地管理法〉的决定》第二次修正）

第六十三条　农民集体所有的土地的使用权不得出让、转让或者出租用于非农业建设；但是，符合土地利用总体规划并依法取得建设用地的企业，因破产、兼并等情形致使土地使用权依法发生转移的除外。

第八十一条　擅自将农民集体所有的土地的使用权出让、转让或者出租用于非农业建设的，由县级以上人民政府土地行政主管部门责令限期改正，没收违法所得，并处罚款。

（二）相关行政法规及规范性文件

❶中华人民共和国城镇国有土地使用权出让和转让暂行条例（节录）

（1990年5月19日国务院令〔第55号〕公布施行）

第四条　依照本条例的规定取得土地使用权的土地使用者，其使用权在使用年限内可以转让、出租、抵押或者用于其他经济活动，合法权益受国家法律保护。

第四章　土地使用权出租

第二十八条　土地使用权出租是指土地使用者作为出租人将土地使用权随同地上建筑物、其他附着物租赁给承租人使用，由承租人向出租人支付租金的行为。

未按土地使用权出让合同规定的期限和条件投资开发、利用土地的，土地使用权不得出租。

第二十九条　土地使用权出租，出租人与承租人应当签订租赁合同。

租赁合同不得违背国家法律、法规和土地使用权出让合同的规定。

第三十条　土地使用权出租后，出租人必须继续履行土地使用权出让合同。

第三十一条　土地使用权和地上建筑物、其他附着物出租，出租人应当依照规定办理登记。

第四十五条　符合下列条件的，经市、县人民政府土地管理部门和房产管理部门批准，其划拨土地使用权和地上建筑物、其他附着物所有权可以转让、出租、抵押：

（一）土地使用者为公司、企业、其他经济组织和个人；

（二）领有国有土地使用证；

（三）具有地上建筑物、其他附着物合法的产权证明；

（四）依照本条例第二章的规定签订土地使用权出让合同，向当地市、县人民政府补交土地使用权出让金或者以转让、出租、抵押所获收益抵交土地使用权出让金。

转让、出租、抵押前款划拨土地使用权的，分别依照本条例第三章、第四章和第五章的规定办理。

❷关于发展房地产业若干问题的通知（节录）

（1992年11月4日国务院　国〔1992〕61号公布）

六、加强对划拨土地使用权的管理。凡通过划拨方式取得的土地使用权，政府不收取地价补偿费，不得自行转让、出租和抵押；需要对土地使用权进行转让、出租、抵押和连同建筑物资产一起进行交易者，应到县级以上人民政府有关部门办理出让和过户手续，补交或者以转让、出租、抵押所获收益抵交土地使用权出让金。

（三）相关部门规章及规范性文件

❶国有企业改革中划拨土地使用权管理暂行规定（节录）

（1998年2月17日国家土地管理局令〔第8号〕公布）

第三条　国有企业使用的划拨土地使用权，应当依法逐步实行有偿使用制度。

对国有企业改革中涉及的划拨土地使用权，根据企业改革的不同形式和具体情况，可分别采取国有土地使用权出让、国有土地租赁、国家以土地使用权作价出资（入股）和保留划拨用地方式予以处置。

本规定所称国有土地租赁，是指土地使用者与县级以上人民政府土地管理部门签订一定年期的土地租赁合同，并支付租金的行为。土地租赁合同经出租方同意后可以转让，改变原合同规定的使用条件，应当重新签订土地租赁合同。签订土地租赁合同和转让土地租赁合同应当办理土地登记和变更登记手续。租赁土地上的房屋等建筑物、构筑物可以依法抵押，抵押权实现时，土地租赁合同同时转让。

本规定所称国家以土地使用权作价出资（入股），是指国家以一定年期的国有土地使用权作价，作为出资投入改组后的新设企业，该土地使用权由新设企业持有，可以依照土地管理法律、法规关于出让土地使用权的规定转让、出租、抵押。土地使用权作价出资（入股）形成的国家股股权，按照国有资产投资主体由有批准权的人民政府土地管理部门委托有资格的国有股权持股单位统一持有。

❷土地登记规则（节录）

（1995年12月18日国家土地管理局公布）

第三十条　有出租权的土地使用者依法出租土地使用权的，出租人与承租人应当在租赁合同签订后十五日内，持租赁合同及有关文件申请土地使用权出租登记。土地管理部门应当在出租土地的土地登记卡上进行登记，并向承租人颁发土地他项权利证明书。

❸关于贯彻《城市房地产管理法》做好土地登记工作的通知（节录）

（1995年1月1日国家土地管理局公布）

三、关于国有土地使用权出租登记

根据《城镇国有土地使用权出让和转让暂行条例》第三十一条的规定，土地使用权出租，包括出租房屋等地上建筑物涉及土地使用权出租的，必须办理土地使用权出租登记。以划拨方式取得的土地使用权出租的，应按《城市房地产管理法》第五十五条办理，并在土地登记时注明租金中所含土地收益，土地使用权出租登记后发给承租人土地使用权承租证明书。

❹关于变更土地登记的若干规定（节录）

（1993年2月23日国家土地管理局公布）

三、变更土地登记申请

1. 因土地征用、划拨引起土地所有权、使用权变更的，土地所有者、使用者在土地征用、划拨批准后三十日内，持土地征用、划拨批准文件共同到土地管理部门申请土地权属变更登记。

新建设项目用地的土地使用者，在土地征用，划拨批准后先办理预登记手续，待建设项目竣工验收后三十日内，再正式申请土地权属变更登记。

2. 以出让方式取得国有土地使用权的，土地使用权受让人在缴付全部土地使用权出让金后十五日内，持土地使用权出让合同、出让金缴付凭证向土地管理部门申请变更土地登记。

3. 因国有土地使用权转让或因地上建筑物、附着物所有权转让引起国有土地使用权转让的，土地使用权转让人和受让人在土地使用权转让合同签订后十五日内，持土地使用权转让合同共同向土地管理部门申请土地权属变更登记。

土地使用权分割转让或因地上建筑物、附着物所有权分割转让涉及土地使用权分割转让的，须经土地管理部门批准后，再申请土地权属变更登记。

4. 因单位合并、分立、企业兼并等原因引起宗地合并或者分割的，有关各方在主管部门批准后三十日内，持批准文件及有关合同、协议共同向土地管理部门申请变更土地登记。

5. 依法继承土地使用权的，继承人在合法继承权确定后三十日内，持有关证明文件向土地管理部门申请土地权属变更登记。

6. 因处分抵押财产而取得国有土地使用权的，抵押人、抵押权人和新的土地使用权受让人，在土地权利变更之日起十五日内，持土地使用权出让或转让合同、抵押合同、处分抵押财产的证明资料共同到土地管理部门申请土地使用权抵押注销登记和土地权属变更登记。

7. 交换、调整土地的，交换、调整土地的双方在交换、调整协议批准后三十日内，持协议和批准文件共同到土地管理部门申请土地权属变更登记。

8. 出租国有土地使用权的，土地使用权出租人和承租人应在土地使用权租赁合同签订后十五日内，持土地使用权出让或转让合同、土地使用权租赁合同共同向土地管理部门申请他项权利登记。

9. 抵押国有土地使用权的，土地使用权抵押人和抵押权人，应在抵押合同签订后十五日内，持土地使用权出让或转让合同、土地使用权抵押合同共同到土地管理部门申请他项权利登记。

一宗地多次抵押的，处分抵押财产时的偿还顺序以申请他项权利登记的时间顺序为序。

10. 因土地权属变更引起他项权利转移的，由土地所有者或土地使用者同他项权利者，在申请土地权属变更的同时申请他项权利登记。

11. 土地所有者、使用者、他项权利者更改名称或通讯地址的，土地所有者、使用者、他项权利者在变更发生后三十日内，持有关证明资料向土地管理部门申请更名或变址登记。

12. 登记的土地用途发生变更的，土地所有者、使用者在变更批准后三十日内，持有关批准文件向土地管理部门申请土地用途变更登记。

13. 有下列情况之一，致使土地所有权、使用权或者他项权利终止的，土地所有者、使用者或他项权利者在土地权利终止后十五日内，持合同或者有关证明资料向土地管理部门申请注销登记：

（1）依法收回土地使用权；

（2）土地使用权出让期届满；

（3）因自然灾害造成的土地灭失；

（4）土地使用权抵押合同终止；

（5）土地使用权租赁合同终止。

逾期不申请注销登记的，土地管理部门依法直接办理注销登记手续，并将注销登记结果通知当事人及有关部门。

变更土地登记申请人在办理变更土地登记申请时，除以上规定提交的资料外，还须提交下列资料：

1. 变更土地登记申请书；

2. 变更土地登记申请人的法人和法人代表证明、个人身份证明或者户籍证明；

3. 土地证书或者他项权利证明书；

4. 地上建筑物、附着物权属证明；

5. 土地管理部门要求提交的其他资料。

❺划拨土地使用权管理暂行办法（节录）

（1992年3月8日国家土地管理局令〔92〕第1号公布）

第九条 土地使用权出租，是指土地使用者将土地使用权单独或者随同地上建筑物、其他附着物租赁给他人使用，由他人向其支付租金的行为。

原拥有土地使用权的一方称为出租人，承租土地使用权的一方称为承租人。

第十一条 转让、抵押土地使用权，其地上建筑物、其他附着物所有权随之转让、抵押；转让、抵押地上建筑物、其他附着物所有权，其使用范围内的土地使用权随之转让、抵押。但地上建筑物、其他附着物作为动产转让的除外。

出租土地使用权，其地上建筑物、其他附着物使用权随之出租；出租地上建筑物、其他附着物使用权，其使用范围内的土地使用权随之出租。

第十二条 土地使用者需要转让、出租、抵押土地使用权的，必须持国有土地使用证以及地上建筑物、其他附着物产权证明等合法证件，向所在地市、县人民政府土地管理部门提出书面申请。

第十五条 土地使用权转让、出租、抵押行为的双方当事人应当依照有关法律、法规和土地使用权出让合同的规定，签订土地使用权转让、租赁、抵押合同。

第十九条 土地使用权出租、抵押，出租人、抵押人必须继续履行土地使用权出让合同。

第二十一条 土地使用权出租后，承租人不得新建永久性建筑物、构筑物。需要建造临时性建筑物、构筑物的，必须征得出租人同意，并按照有关法律、法规的规定办理审批手续。

土地使用权出租后，承租人需要改变土地使用权出让合同规定内容的，必须征得出租人同意，并按规定的审批权限经土地管理部门和城市规划部门批准，依照《条例》和本办法规定重新签订土地使用权出让合同，调整土地使用权出让金，并办理土地登记手续。

第二十五条 土地使用者转让、出租、抵押土地使用权，在办理土地使用权出让手续时，其土地使用权出让期由所在地市、县人民政府土地管理部门与土地使用者经过协商后，在土地使用权出让合同中订明，但不得超过《条例》规定的最高年限。

第二十九条 土地使用权出让期满后，土地使用者再转让、出租、抵押土地使用权时，须按本办法规定重新签订土地使用权出让合同，支付土地使用权出让金，并办理变更土地登记手续，

第三十二条 土地使用权转让、出租、抵押，当事人不办理土地登记手续的，其行为无效，不受法律保护。

❻关于清理整顿土地市场深化国有土地使用制度改革的报告（节录）

（1992年5月20日内蒙古自治区土地管理局制定 1992年6月17日内蒙古自治区人民政府批转 1992年7月23日国家土地管理局转发）

一、关于城镇国有土地使用权转让、出租、抵押问题

国家按照所有权与使用权分离的原则，实行城镇国有土地使用权出让、转让制度。城镇国有土地是指市、县城、建制镇、工矿区范围内属于全民所有的土地。

《土地管理法》第二条规定“任何单位和个人不得侵占、买卖或者以其他形式非法转让土地”，但“土地的使用权可以依法转让”。《暂行条例》第四条规定“取得土地使用权的土地使用者，其使用权在使用年限内可以转让、出租、抵押或者用于其他经济活动”。土地使用权转让是指土地使用者将土地使用权再转移的行为，包括出售、交换和赠与；土地使用权出租是指土地使用者作出租人，将土地使用权随同地上物，其他附着物租赁给其他承租人使用，由承租人交付租金的行为；土地使用权抵押是指土地使用者提供可供抵押的土地使用权作为按期清偿债务的担保的行为。

根据《暂行条例》第二十、二十九、三十四条规定，土地使用者只有依法办理了出让手续、进行登记、签订合同、交付土地使用权出让金后，才能进行转让、出租、抵押等经营活动。未经当地土地管理部门批准并办理以上手续的，都属非法交易，都在清理整顿之列。

各级土地管理部门是国有土地的产权代表，是各级人民政府对土地市场进行依法管理的职能机关，对国有土地使用权的出让、转让、出租、抵押等活动行使监督、检查和管理职能。负责审查、批准、办理国有土地使用权出让、转让、出租、抵押的有关手续，并收取出让金。负责对非法土地交易活动的查处。

关于土地使用权出让金和其他费用的收费标准及管理办法，自治区有关部门将另行文下发。任何从事土地经营活动的单位和个人，都必须接受土地管理部门的监督、检查和管理，否则不准经营。

❼关于地籍管理几个问题处理意见的通知（节录）

（1992年5月13日国家土地管理局公布）

五、注销土地使用权出租抵押登记，合同终止后，承租人和抵押权人分别将土地使用权承租证明书和抵押证明书交出租人和抵押人，出租人和抵押人持土地证书、租赁合同及承租证明书、抵押合同及抵押证明书到土地管理部门办理。土地管理部门审核后，符合规定的，在土地登记卡、归户卡及土地证书有关出租、抵押登记栏目上加盖注销戳记，并注明注销日期和原因，注销土地使用权承租、抵押证明书。因处分抵押财产而取得土地使用权的，由抵押人和抵押土地使用权取得人按土地使用权转让的登记程序办理。

❽关于对《中华人民共和国城镇国有土地使用权出让和转让暂行条例》第二十八条含义的请示的答复（节录）

（1991年9月23日国家土地管理局公布）

在土地上有建筑物、其他附着物时，由于土地与地上建筑物、其他附着物在物理上不可分离，因此，出租地上建筑物、其他附着物的，即同时发生土地出租。

❾关于军队有偿转让空余军用土地有关问题的通知（节录）

（1993年7月7日财政部、国家土地管理局、中国人民解放军总后勤部公布）

二、军队依法转让、出租土地使用权，包括以土地使用权为条件与地方合建、换建房屋，兴办合资合作企业，出售、出租地上建筑物、其他附着物等，用地单位需持解放军土地管理局制发的《军用土地补办出让手续许可证》，按照国家有关规定，到当地县级以上土地管理部门补办土地使用权出让手续，办理土地变更登记。在补办土地出让手续时免交土地出让金。

❿规范国有土地租赁若干意见

（1999年8月1日国土资源部 国土资（1999）222号公布）

一、严格依照《中华人民共和国城市房地产管理法》、《中华人民共和国土地管理法》的有关规定，确定国有土地租赁的适用范围。

国有土地租赁是指国家将国有土地出租给使用者使用，由使用者与县级以上人民政府土地行政主管部门签订一定年期的土地租赁合同，并支付租金的行为。国有土地租赁是国有土地有偿使用的一种形式，是出让方式的补充。当前应以完善国有土地出让为主，稳妥地推行国有土地租赁。

对原有建设用地，法律规定可以划拨使用的仍维持划拨，不实行有偿使用，也不实行租赁。对因发生土地转让、场地出租、企业改制和改变土地用途后依法应当有偿使用的，可以实行租赁。对于新增建设用地，重点仍应是推行和完善国有土地出让，租赁只作为出让方式的补充。对于经营性房地产开发用地，无论是利用原有建设用地，还是利用新增建设用地，都必须实行出让，不实行租赁。

二、国有土地租赁，可以采用招标、拍卖或者双方协议的方式，有条件的，必须采取招标、拍卖方式。采用双方协议方式出租国有土地的租金，不得低于出租底价和按国家规定的最低地价折算的最低租金标准，协议出租结果要报上级土地行政主管部门备案，并向社会公开披露，接受上级土地行政主管部门和社会监督。

三、国有土地租赁的租金标准应与地价标准相均衡。承租人取得土地使用权时未支付其他土地费用的，租金标准应按全额地价折算；承租人取得土地使用权时支付了征地、拆迁等土地费用的，租金标准应按扣除有关费用后的地价余额折算。

采用短期租赁的，一般按年度或季度支付租金；采用长期租赁的，应在国有土地租赁合同中明确约定土地租金支付时间、租金调整的时间间隔和调整方式。

四、国有土地租赁可以根据具体情况实行短期租赁和长期租赁。对短期使用或用于修建临时建筑物的土地，应实行短期租赁，短期租赁年限一般不超过5年；对需要进行地上建筑物、构筑物建设后长期使用的土地，应实行长期租赁，具体租赁期限由租赁合同约定，但最长租赁期限不得超过法律规定的同类用途土地出让最高年期。

五、租赁期限六个月以上的国有土地租赁，应当由市、

县土地行政主管部门与土地使用者签订租赁合同。租赁合同内容应当包括出租方、承租方、出租宗地的位置、范围、面积、用途、租赁期限、土地使用条件、土地租金标准、支付时间和支付方式、土地租金标准调整的时间和调整幅度、出租方和承租方的权利义务等。

六、国有土地租赁，承租人取得承租土地使用权。承租人在按规定支付土地租金并完成开发建设后，经土地行政主管部门同意或根据租赁合同约定，可将承租土地使用权转租、转让或抵押。承租土地使用权转租、转让或抵押，必须依法登记。

承租人将承租土地转租或分租给第三人的，承租土地使用权仍由原承租人持有，承租人与第三人建立了附加租赁关系，第三人取得土地的他项权利。

承租人转让土地租赁合同的，租赁合同约定的权利义务随之转给第三人，承租土地使用权由第三人取得，租赁合同经更名后继续有效。

地上房屋等建筑物、构筑物依法抵押的，承租土地使用权可随之抵押，但承租土地使用权只能按合同租金与市场租金的差值及租期估价，抵押权实现时土地租赁合同同时转让。

在使用年期内，承租人有优先受让权，租赁土地在办理出让手续后，终止租赁关系。

七、国家对土地使用者依法取得的承租土地使用权，在租赁合同约定的使用年限届满前不收回；因社会公共利益的需要，依照法律程序提前收回的，应对承租人给予合理补偿。

承租土地使用权期满，承租人可申请续期，除根据社会公共利益需要收回该幅土地的，应予以批准。未申请续期或者虽申请续期但未获批准的，承租土地使用权由国家依法无偿收回，并可要求承租人拆除地上建筑物、构筑物，恢复土地原状。

承租人未按合同约定开发建设、未经土地行政主管部门同意转让、转租或不按合同约定按时交纳土地租金的，土地行政主管部门可以解除合同，依法收回承租土地使用权。

八、各级土地行政主管部门要切实加强国有土地租金的征收工作，协助财政部门作好土地租金的使用管理。收取的土地租金应当参照国有土地出让金的管理办法进行管理，按规定纳入当地国有土地有偿使用收入，专项用于城市基础设施建设和土地开发。

九、各省、市在本《意见》下发前对国有土地租赁适用范围已有规定或各地已签订《国有土地租赁合同》的，暂按已有规定及《国有土地租赁合同》的约定执行，并在今后工作中逐步规范；本《意见》下发后实施国有土地租赁的，一律按本《意见》要求规范办理。

（四）相关地方性法规及规范性文件

❶吉林市城镇国有土地有偿使用条例（节录）

（2000年9月27日吉林市第十二届人民代表大会常务委员会第二十一次会议通过　2000年11月24日吉林省第九届人民代表大会常务委员会第二十次会议批准　2000年11月24日吉林市人民代表大会常务委员会公布施行）

第三十九条　土地使用权出租须具备下列条件：

（一）有土地使用权出让或者租赁合同书；

（二）有国有土地使用证和地上建筑物、其他附着物产权证明；

（三）按土地使用权出让或者租赁合同约定的期限和条件投资、开发、利用土地；

（四）按土地使用权出让或者租赁合同约定足额交纳土地使用权出让金或者租金。

❷福建省土地登记条例（节录）

（1996年5月31日福建省第八届人民代表大会常务委员会第二十三次会议通过　1996年6月3日福建省人民代表大会常务委员会公布施行）

第三条　土地权利的取得、设定、变更、终止等，必须依照本条例的规定进行登记。未经登记的土地使用权不得转让、出租、抵押。

确认林地的所有权或者使用权，依照《中华人民共和国森林法》的有关规定办理。

依法登记的土地权利受法律保护，任何单位和个人不得侵犯。

❸福建省实施《中华人民共和国土地管理法》办法（节录）

（1999年10月22日福建省第九届人民代表大会常务委员会第十四次会议通过　1999年10月22日福建省人民代表大会常务委员公布施行）

第四十四条　国有企业因破产、兼并、资产重组或者股份改制等，需要处置划拨土地使用权的，应当向县级以上人民政府土地行政主管部门申请办理处置方案和土地评估结果确认手续；涉及中央和省属企业的，应当报国务院或者省人民政府土地行政主管部门确认。

农民集体所有的土地使用权不得出让、转让或者出租用于非农业建设。但符合土地利用总体规划并依法取得建设用地的企业，因破产、兼并等情形致使土地使用权发生转移的，应当向市、县人民政府土地行政主管部门申请办理土地使用权变更登记手续。

❹深圳经济特区土地使用权出让条例（节录）

（1994年6月18日深圳市第一届人民代表大会常务委员会第二十三次会议通过　根据1995年9月15日深圳市第二届人民代表大会常务委员会第二次会议《关于修改〈深圳经济特区土地使用权出让条例〉第十一条的决定》第一次修正　根据1998年2月13日深圳市第二届人民代表大会常务委员会第二十次会议《关于修改〈深圳经济特区土地使用权出让条例〉的决定》第二次修正）

第四十四条　依本条例第三十九条第一款第（一）项规定减收土地使用权出让金取得土地使用权的，土地使用者将用地出租、转让，以及以土地使用权与他人合资、合作建设的，应报经土地管理部门批准，重新签订出让合同。改变用途的，必须报经土地管理部门批准，并按公告市场价格补足土地使用权出让金和土地开发与市政配套设施金，依《登记条例》的规定办理变更登记手续后，方可进行。

需补足土地使用权出让金和土地开发与市政配套设施金的，土地使用者办理变更登记时，须持土地管理部门出具的补足土地使用权出让金和土地开发与市政配套设施金的凭证及重新签订的出让合同。

❺厦门市土地管理若干规定（节录）

（2000年9月21日厦门市第十一届人民代表大会常务委员会第二十八次会议通过　2000年10月1日厦门市人民代表大会常务委员会公布施行）

第二十七条　转让划拨土地使用权的，必须经市人民政府审批；获准转让的，受让方应当办理土地使用权出让手续，并缴纳土地使用权出让金。

出租划拨土地使用权的，必须经市人民政府批准，并补办土地使用权出让手续，缴纳土地使用权出让金。

以划拨土地使用权设定抵押权的，因债务清偿或者其他原因终止抵押关系时，办理注销登记后可以保留划拨土地使用权性质；因抵押权实现需要依法处分已抵押的划拨土地使用权的，应从所得价款中缴纳土地使用权出让金后，抵押权人方可优先受偿；取得土地使用权的单位或者个人应与土地行政主管部门签订土地使用权出让合同。

（五）相关地方政府规章及规范性文件

❶天津市国有土地使用权出让范围暂行规定（节录）

（天津市土地局制定　1995年7月13日天津市人民政府　津政〔1995〕44号转发）

第七条　外商投资企业工业项目新增建设用地，应采取土地使用权出让方式办理。经市人民政府批准，也可采取出租方式提供土地，出租年限不得高于国家规定的土地使用权出让最高年限。土地租金参照土地使用权出让金标准确定，分年度收取。以出租方式取得的土地使用权不得转让、转租和抵押。

❷昆明市城镇国有土地使用权出让和转让实施办法（节录）

（1995年5月12日昆明市人民政府令〔第13号〕公布）

第三十五条　土地使用权出租后，出租人必须继续履行土地使用权出让合同。承租人确需改变土地使用权出让合同内容的，必须征得出租人同意，并按规定的审批权限经土地管理部门和城市规划部门批准，重新签订土地使用权出让合同，调整土地使用权出让金，办理土地登记手续。

❸黑龙江省实施《中华人民共和国城镇国有土地使用权出让和转让暂行条例》办法（节录）

（1992年12月25日黑龙江省人民政府公布）

第四章　土地使用权出租

第三十条　土地使用权出租是指土地使用者作为出租人将土地使用权单独或者随同地上建筑物，其他附着物租赁给承租人使用、由承租人向出租人支付租金的行为。

未按土地使用权出让合同规定的期限和条件投资开发、利用土地的，不得出租。

第三十一条　土地使用权出租，出租人与承租人应当签订租赁合同。

租赁合同不得违背法律、法规、规章和土地使用权出租合同的规定。

第三十二条　土地使用权出租的期限，应当在土地使用权出让合同规定的使用年限内，由出租人与承租人双方协商确定。

土地使用权出租期间，出租人必须继续履行土地使用权出让合同，承租人应当依照租赁合同的规定享有权利和承担义务。

第三十三条　出租人在土地使用权出让期间需要转让土地使用权时，应提前二个月通知承租人，在同等条件下承租人有优先受让的权利。

出租人在土地使用权出租期间将其土地使用权转让给第三人时，原租赁合同对第三人和承租人继续有效。

第三十四条　土地使用权和地上建筑物、其他附着物的出租，出租人应当在租赁合同签订后十五日内，分别到土地所在市、县人民政府土地管理部门和房产管理部门办理登记手续。未办理登记手续的，租赁合同无效。

出租人或承租人发生变更的，应当依照前款的规定执行。

第四十八条　划拨土地使用权转让、出租、抵押必须事先到土地所在市、县人民政府土地管理部门补办土地使用权出让手续，其审批程序如下：

（一）土地使用者应当持有国有土地使用证和地上建筑物、其他附着物产权证明等合法证件，向土地所在市、县人民政府土地管理部门提出书面申请；

（二）市、县人民政府土地管理部门与申请人经协商一致后，签订土地使用权出让合同；

（三）土地使用者应当在土地使用权出让合同签订之日起三十日内向土地所在市、县人民政府土地管理部门交付土地使用权出让金，办理土地使用权出让登记手续；

（四）土地使用权转让、出租、抵押双方当事人，签订土地使用权转让、租赁、抵押合同；

（五）土地使用者应当在转让、出租、抵押合同签订之日起十五日内分别到市、县人民政府土地管理部门和房产管理部门办理土地使用权和地上建筑物、其他附着物登记手续。

❹山东省国有土地租赁办法（节录）

（2001年9月13日山东省人民政府令〔第125号〕公布）

第一条　为完善土地有偿使用制度，促进土地资源优化配置和合理利用，根据《中华人民共和国土地管理法》、《中华人民共和国土地管理法实施条例》等法律、法规，结合本省实际，制定本办法。

第二条　本办法所称国有土地租赁，是指县（市）以上人民政府将国有土地在一定期限内出租给土地使用者，由土地使用者支付租金的行为。

第三条　在本省行政区域内从事国有土地租赁活动的，必须遵守本办法。

第四条　除法律、法规另有规定的外，境内外的自然人、法人和其他组织可以通过租赁方式取得国有土地使用权，进行土地开发、利用和经营。

第五条　除房地产开发项目外的经营性项目建设用地，可以通过租赁方式取得国有土地使用权。

通过租赁方式取得的国有土地使用权，不包括地下资源、埋藏物和市政公用设施。

第六条　县（市）以上土地行政主管部门负责本行政区域内的国有土地租赁管理工作。

第七条　国有土地租赁必须按照土地利用总体规划、土地利用年度计划和城市规划的要求进行。

第八条 国有土地租赁可以采取协议、招标或者拍卖的方式。

通过招标、拍卖方式租赁国有土地的，参照国有土地使用权出让招标、拍卖的有关程序进行。

第九条 租赁国有土地应当按照平等、自愿和有偿的原则签订书面租赁合同。

除法律、法规另有规定的外，土地租赁合同由县（市）以上土地行政主管部门（以下称出租人）与土地使用者（以下称承租人）签订。

第十条 租赁国有土地的，应当按照建设用地审批程序报有批准权的人民政府批准。

非经营性单位将国有划拨土地随地上建筑物出租的，应当依法办理土地变更登记，并将租金收益中所含的土地纯收益上缴县（市）以上人民政府。

第十一条 国有土地租赁期限由租赁双方约定，但不得超过法律、法规规定的出让同类土地使用权的最高期限。

企业法人租赁国有土地的期限不得超过其营业执照载明的营业期限。

第十二条 国有土地的租金标准，由市、县（市）土地行政主管部门根据当地基准地价，结合用地性质、租赁期限、地块区位等因素制定，报同级人民政府批准后公布执行。

国有企业改制中以租赁方式处置原国有划拨土地的租金，按照省人民政府的有关规定确定。

在国有土地租赁期限内，租金标准可以根据市、县（市）人民政府公布的基准地价进行定期调整。

县（市）以上财政、价格行政主管部门依照其法定职责，对租金标准的制定和执行进行监督。

第十三条 出租人应当按照租赁合同约定的期限和条件，向承租人交付租赁的土地。

承租人应当按照租赁合同约定的金额、期限和方式，向出租人支付租金。

第十四条 租赁合同约定出租的土地报人民政府批准后，承租人应当自批准之日起30日内申请办理国有土地使用权登记手续，领取国有土地使用证。

第十五条 承租人应当按照租赁合同约定的土地用途进行土地开发、利用和经营。

在国有土地租赁期限内承租人需改变租赁合同约定的土地用途的，应当经出租人和核发建设用地规划许可证的城市规划行政主管部门同意，变更原租赁合同，并报有批准权的人民政府批准。

第十六条 在国有土地租赁期限内，承租人转让、转租或者抵押租赁土地的，必须经出租人同意并符合以下条件：

（一）持有国有土地使用证；

（二）按合同约定支付租金；

（三）实现租赁合同约定的土地开发利用条件；

（四）法律、法规规定的其他条件。

第十七条 转让、转租或者抵押租赁土地的，地上的建筑物、构筑物和其他附着物随之转让、出租或者抵押。

租赁土地上的建筑物、构筑物和其他附着物转让、出租或者抵押的，其使用范围内的土地随之转让、转租或者抵押。

第十八条 承租人转让、转租或者抵押租赁土地的，应当与第三人签订书面合同，并办理变更土地登记手续。

租赁土地转让、转租或者抵押的期限，不得超过原租赁合同约定的租赁期限。

第十九条 租赁土地转让的，原租赁合同约定的权利义务随之转移。

租赁土地转租的，原租赁合同约定的权利义务仍由原租赁双方承担。

租赁土地抵押的，抵押权实现时土地使用权可以依法转让。

第二十条 租赁期限届满前，租赁土地不得擅自收回；因社会公共利益需要并经原批准租赁土地的人民政府批准，出租人可以提前收回租赁土地。

提前收回租赁土地的，出租人应当在收回土地6个月前，将收回地块的坐落、四至范围、收回理由、收回日期书面通知承租人，并予以公告。

提前收回租赁土地的，出租人应当给予承租人适当补偿。补偿标准由出租人与承租人根据地上建筑物、构筑物和其他附着物的价值及租赁期限的余期等因素协商确定；经协商不能确定的，由原批准租赁土地的人民政府裁决。

第二十一条 租赁期限届满前，承租人要求中止合同的，应当在中止前6个月向出租人提出，并承担违约责任；租赁合同另有约定的，依照约定。

第二十二条 承租人可以续租国有土地。需要续租的，应当在租赁期限届满前6个月向县（市）以上土地行政主管部门提出申请。除因社会公共利益需要收回的外，有批准权的人民政府应当准予续租。

承租人未申请续租或者申请续租未获批准的，县（市）以上人民政府可以在租赁期限届满后无偿收回租赁土地，地上建筑物、构筑物和其他附着物按租赁合同的约定处置。

第二十三条 出租人违反本办法第十三条第一款规定的，承租人可以解除租赁合同，并有权请求违约赔偿。

第二十四条 承租人未按合同约定支付租金或者未付足租金的，出租人可以解除租赁合同，无偿收回租赁土地，并有权请求违约赔偿。

第二十五条 违反本办法第十五条第一款或者第十六条规定的，由县（市）以上土地行政主管部门责令限期改正；逾期不改正的，出租人可以解除租赁合同，无偿收回租赁土地使用权，并有权请求违约赔偿。

第二十六条 土地行政主管部门工作人员在土地租赁管理工作中玩忽职守、滥用职权、徇私舞弊的，由其所在单位或者有关部门依法给予行政处分；构成犯罪的，依法追究刑事责任。

第二十七条 土地租金由土地行政主管部门收取后按规定缴同级财政专户，用于土地开发整理和城市基础设施建设。

第二十八条 租赁国有土地从事农业开发的，可以参照本办法有关规定执行。

第二十九条 本办法自2001年10月1日起施行。

❺徐州市农村集体荒地使用权拍卖与租赁办法

（1996年5月11日徐州市人民政府第一百零五次常务会议通过

1996年6月17日徐州市人民政府令〔第23号〕公布施行）

第一章　总则

第一条　为切实保护和合理开发利用土地资源，挖掘荒地生产潜力，促进农村经济快速发展，根据国家有关法律、法规和政策规定，结合本市实际，制定本办法。

第二条　本办法所称荒地是指依法明确属农村集体所有的荒山、荒地、荒水、荒滩。

第三条　凡本市农村集体经济组织的荒地使用权的拍卖与租赁均应遵守本办法。

第四条　乡（镇）农村合作经济经营管理站（以下简称经管站）依法对集体所有荒地使用权的拍卖、租赁、转让、入股、抵押、终止以及开发、经营情况进行监督检查。

市、县（市）土地管理部门具体负责荒地使用权的登记和发证工作。

第五条　农村集体经济组织的荒地按照所有权与使用权分离的原则，可以依法拍卖或出租使用权，地面附着物可以折价处理或一并拍卖与出租。

荒地地下资源、埋藏物及公共设施属国家所有，不得拍卖或出租。

第六条　荒地拍卖与出租应遵循“统一规划、定向开发、分期（块）实施、平等竞争”的原则，由村集体经济组织在乡（镇）人民政府的指导下，制定开发治理规划后，具体实施。

荒水面的使用权拍卖与租赁，应先经县级以上水利部门签署意见后，方可组织实施。

第七条　任何单位、组织和个人均可依照本办法取得集体荒地使用权，从事农业开发和经营。

允许境外投资者依法购买或租赁荒地使用权，从事农业的开发和经营，并按规定享受有关优惠政策。

荒地所有者范围内的农民在同等条件下，享有优先购买权和租赁权。

第八条　荒地使用权拍卖或租赁的年限最低不得少于十年，开发治理期限为三年，开发难度大的可适当延长治理期限，最长不得超过五年。

第九条　依照本办法规定取得荒地使用权的使用权人，在合法使用年限内允许继承。在开发治理期满后可以转让、出租、入股、抵押。

第十条　拍卖、租赁后的集体荒地，主要用于发展种植业、林果业、养殖业生产，不得从事其他非农业建设。

在荒地上进行非农业建设的，应依法报经土地管理部门审批。

第二章　荒地使用权拍卖

第十一条　荒地使用权拍卖是指农村集体经济组织（以下简称拍卖方）以公开竞争的形式，将集体所有的荒地使用权依照一定的程序给出价高的使用者（以下简称购买方）从事农业开发、经营的行为。

第十二条　荒地使用权的拍卖方案和拍卖底价由乡（镇）经管站会同集体经济组织提出初步方案，或由地价评估机构评定地价，经乡（镇）人民政府批准后组织实施，并报县（市）、区人民政府备案。拍卖方案和拍卖底价拍卖前不得泄露。

第十三条　荒地使用权拍卖应按下列程序进行：

（一）成立由集体经济组织、乡（镇）经管站和土地管理部门组成的拍卖小组，其组成人员不得少于五人；

（二）拍卖小组丈量土地，明确地界；

（三）由集体经济组织发布荒地使用权拍卖公告。拍卖公告应明确所拍卖荒地的位置、面积、地质情况、拍卖时间、地点、期限、开发治理要求和其他有关事项；

（四）竞买者在公开拍卖日期前持有关证件到指定地点登记并缴纳保证金，领取竞买牌号；

（五）召开拍卖大会。经过公开报价，平等竞争，应价高者竞得；

（六）拍卖小组与竞得者实地丈量复核，签订购买合同，由购买者向拍卖方缴纳购买金总额百分之五至百分之十五的定金。

前款第四项所称有关证件是指竞买者的身份证明。竞买者是单位的，应提供单位的委托证明，受组织或个人委托的须提供委托证明；竞买者是外商的，按国家有关规定提供身份和资格证明。

第十四条　竞买者参加竞买所缴保证金的数额由拍卖小组确定。

第十五条　拍卖合同的样本由市农村经济委员会统一制定。

拍卖合同应载明所拍卖荒地的位置、数量、金额、用途、开发治理期限、拍卖期限以及拍卖方与购买方其他的权利和义务。

第十六条　竞买者竞买未成的，所缴保证金在拍卖会后七日之内原数退还竞买者。竞得者在拍卖合同签订之前反悔的，其所缴保证金不予退还。

第十七条　竞得者应按拍卖合同规定的期限向拍卖方缴纳购买金，保证金和定金可抵缴购买金。竞得者一次缴纳有困难的，经拍卖方同意可以先缴纳全部购买金的百分之六十，余额可适当延缓，延缓期限由拍卖方决定，延长期限最长不得超过三年。

第十八条　拍卖双方应在拍卖合同签订后的十日内到乡（镇）经管站办理鉴证手续，并在鉴证后的十日内到所在县（市）、区土地管理部门办理土地使用权登记，领取《集体土地使用权证》。

第十九条　荒地使用者在合同期限内要求改变荒地用途的，应先经拍卖方同意后，重新办理登记手续。

第二十条　荒地使用者在拍卖合同规定的开发治理期限内不得将荒地使用权再行转让、出租、入股和抵押。

第三章　荒地使用权租赁

第二十一条　荒地使用权租赁是指农村集体经济组织将其集体所有的荒地使用权在一定期限内有偿地转给他人使用，由他人向其支付租金的行为。拥有土地所有权的一方称出租人，承担土地使用权的一方称承租人。

第二十二条　荒地使用权租赁必须坚持公开、公正、公平、自愿的原则，采取竞价招租的方式进行。

第二十三条　荒地使用权租赁，由乡（镇）经管站会同集体经济组织提出初步方案，经村民大会或村民代表会议讨论通过，报乡（镇）人民政府批准后组织实施。租金标底由集体经济组织议定，或由地价评估机构评定，并经村民大会或村民代表会议讨论通过。

第二十四条 荒地租赁的租金可以一次计租，也可以分段计租；租金可以一次交付，也可以分期交付。

第二十五条 荒地使用权租赁必须由出租人和承租人签订书面合同，明确租赁荒地的位置、数量、用途、租赁和开发期限、租金及其交付方式以及双方约定的其他的权利和义务等。

第二十六条 租赁双方应在租赁合同签订后的十日内到乡（镇）经管站办理鉴证手续，并在鉴证后的十日内到县（市）、区土地管理部门办理土地租赁登记，领取《土地使用权承租证明书》。

第二十七条 在租赁合同约定的开发治理期限内，荒地承租者不得将荒地使用权再行转让、入股和抵押。

第四章 资金管理

第二十八条 荒地购买者和承租者再行转让荒地使用权，以其转让价或者评估价扣除取得土地使用权所支付的资金、开发建设投资成本及有关费用后余额的百分之四十上缴荒地所有者。

第二十九条 荒地购买者和承租者将其所使用荒地进行抵押，到期未能履行债务或在抵押期间宣告破产、解散、抵押权人因处分抵押物而转移土地使用权的，视为土地使用权转让，所获收益，应向荒地所有者缴纳的资金，按前条规定办理。

第三十条 荒地拍卖和租赁收入以及荒地使用者再行流转荒地使用权所缴资金归集体经济组织范围内全体农民所有。资金按照“村有乡管，乡管村用”的原则，由乡（镇）经管站专户储存、专款专用、统一管理、入账核算、保值增值，主要用于集体经济组织范围内的农田水利基本建设、农业资源开发和兴办二、三产业等。

前款资金，任何单位和个人不得平调、侵占、挪用，也不得平分给个人。

第三十一条 农村集体经济组织使用荒地拍卖或租赁收入的，须经集体经济组织成员代表大会讨论通过，并报经乡（镇）人民政府批准。

第五章 罚则

第三十二条 购买方未履行拍卖合同规定的，拍卖方有权解除合同，没收定金，并由购买方承担购买金总额百分之五至百分之十的违约金。

拍卖方未履行合同规定的，购买方有权解除拍卖合同，由拍卖方承担购买金总额的百分之五至百分之十的违约金，购买方已交付定金的，拍卖方还应双倍返还定金。

第三十三条 拍卖、转让、出租（转租）、抵押、继承荒地使用权，当事人未按照规定的期限办理土地登记手续的，由县（市）、区土地管理部门责令其限期补办，逾期不办的，可按每平方米伍角至一元处以罚款。

第三十四条 土地使用者在规定的开发治理期限内，未进行开发治理的，集体经济组织有权收回土地使用权。在拍卖、租赁期限内进行掠夺式经营，造成水土流失、资源破坏和生态环境恶化的，由有关部门根据国家有关法律、法规规定处罚。

第三十五条 当事人对行政处罚决定不服的，可依照《行政诉讼法》和《行政复议条例》的规定提起诉讼或复议，逾期不起诉，不申请复议，又不履行处罚决定的，由作出处罚决定的机关申请人民法院强制执行。

第三十六条 单位、组织或个人在荒地使用权流转活动中徇私舞弊，贪污受贿，挪用、私分荒地使用权流转收入的，由其所在单位或上级机关按有关规定追究行政责任；构成犯罪的，由司法机关依法追究其刑事责任。

第六章 附则

第三十七条 依照本办法取得荒地使用权的单位和个人，按照合同规定开发、利用、经营的，自有收入之日起三年内免缴农业税和农业特产税。

第三十八条 国有荒地使用权拍卖和租赁用于农业综合开发的，由各县（市）、区人民政府参照本办法执行，拍卖、租赁所得收入上缴同级财政。

第三十九条 本办法下列用语的含义是：

荒山是指地面坡度大于六度，无人工投入的荒芜土地，包括基岩裸露面积。

荒地是指地面坡度小于六度，无人工投入或近年来又撂荒的土地以及工矿交通等各类废弃地。

荒水是指在不影响灌溉、排涝、行洪和通航的条件下，可养殖利用但目前尚未利用的水面。

荒滩是指在保证泄洪、排涝的前提下，可利用但未利用的河滩、湖滩、库滩等。

第四十条 本办法由市农村经济委员会负责解释。

第四十一条 本办法自公布之日起施行。

❻安徽省国有企业改革中划拨土地使用权处置若干规定（节录）

（1998年7月23日安徽省人民政府办公厅 皖政办〔1998〕32号公布）

第三条 国有企业改革中涉及的划拨土地使用权，根据企业改革的不同形式和具体情况，可采取土地使用权出让、土地使用权出租、国家以土地使用权作价出资（入股）和保留划拨土地使用权等方式处置。

土地使用权出让，是指国家将土地使用权在一定年限内让与土地使用者，土地使用者向国家支付土地使用权出让金的行为。土地使用权出让，由市、县人民政府土地管理部门会同城市规划、建设、房产管理部门拟定方案，市、县人民政府土地管理部门与土地使用者签订出让合同。以出让方式取得的土地使用权在其出让年限内属企业法人财产，可以依法转让、出租、抵押。

土地使用权出租，是指国家将土地使用权直接租赁给土地使用者，由土地使用者向国家定期支付租金的行为。以出租方式取得的土地使用权，可依法转租，但不得转让、抵押。

国家以土地使用权作价出资（入股），是指国家以一定年限的土地使用权作价，作为出资（入股）投入改革后新设立的企业的行为。出资（入股）后的土地使用权归新设立的企业，可依法转让、出租、抵押。

保留划拨土地使用权，是指保留土地使用者依法无偿取得土地使用权的行为。该土地使用权不得出租、转让、抵押。

❼福建省划拨土地使用权管理办法（节录）

（1992年8月28日福建省人民政府公布）

第六条　出租划拨土地使用权，原土地使用者可按本办法第五条规定补交土地使用权出让金，也可按月（或按年）向政府缴纳土地使用权租金。

土地使用权租金标准及缴纳办法由市、县人民政府自行制定，报告土地局备案。

❽新疆维吾尔自治区城镇国有土地使用权出让和转让暂行办法（节录）

（1995年2月19日新疆维吾尔自治区人民政府令〔第49号〕公布）

第三章　土地使用权转让和出租、抵押

第十四条　以出让方式取得的土地使用权，符合下列（一）、（二）、（三）、（四）项条件的，可以转让；符合下列（一）、（二）、（三）项条件的，可以出租、抵押：

（一）已支付全部土地使用权出让金；

（二）合法持有土地使用证及地上建筑物、附着物所有权证；

（三）已按出让合同规定的条件、期限投资开发利用土地；

（四）除出让金外已投入的建设资金占总投资25%以上。

❾长沙市城镇国有土地使用权出让转让暂行办法（节录）

（1992年4月27日长沙市人民政府公布　根据1998年2月17日《长沙市人民政府关于修改〈长沙市城镇国有土地使用权出让转让暂行办法〉的决定》第一次修正　根据2002年4月29日《长沙市人民政府关于修改〈长沙市城镇国有土地使用权出让转让暂行办法〉的决定》第二次修正）

第四章　土地使用权出租

第三十五条　土地使用权出租是指土地使用者作为出租人将出让土地使用权单独或随同地上建筑物、其他附着物租赁给承租人使用，由承租人向出租人支付租金的行为。

未按土地使用权出让合同规定的期限和条件投资开发、利用土地的，土地使用权不得出租。

❿贵阳市城镇国有土地使用权出让和转让实施办法（节录）

（1993年6月24日贵阳市人民政府常务会议通过　1993年7月17日贵阳市人民政府令〔第2号〕公布）

第三章　土地使用权转让、出租、抵押

第二十四条　土地使用权转让，是指受让人将土地使用权再转移的行为，包括出售、交换、赠予。

土地使用权出租，是指受让人作为出租人将土地使用权随同地上建筑物、其他附着物租赁给承租人使用，由承租人向出租人支付租金的行为。

土地使用权抵押，是指受让人作为抵押人将土地使用权向抵押权人作为债务担保的行为。

⓫青岛市国有土地租赁暂行办法

（2001年2月2日青岛市人民政府公布）

第一条　为进一步完善国有土地有偿使用制度，加强土地资产管理，根据有关法律、法规的规定，结合本市实际，制定本办法。

第二条　本办法所称国有土地租赁，是指国家将国有土地出租给使用者使用，由使用者与县级以上人民政府土地行政主管部门签订一定年期的土地租赁合同，并支付租金的行为。

第三条　青岛市土地行政主管部门是全市国有土地租赁的行政管理部门，并具体负责市南、市北、四方、李沧四区范围内国有土地使用权租赁的管理工作。

各县级市和崂山区、黄岛区、城阳区土地行政主管部门负责辖区内国有土地租赁的管理工作。

第四条　租赁土地的使用必须符合土地利用总体规划和城市规划。

第五条　除法律规定不实行有偿使用和租赁的国有土地外，其他因发生场地出租、企业改制和改变土地用途后依法应当有偿使用的，可以实行租赁。经营性房地产项目用地应当通过出让的方式取得国有土地使用权。

国有土地租赁，可以采取协议的方式。但具备条件的，应当采取招标、拍卖方式。

第六条　国有土地租赁手续，按下列程序办理：

（一）承租人按规定向土地行政主管部门提出土地租赁申请；

（二）土地行政主管部门收到申请后进行审查，对租赁期限在6个月以上且符合土地租赁条件的，由土地行政主管部门拟定土地租赁方案报同级人民政府审批；

（三）土地租赁方案经同级人民政府批准后，由土地行政主管部门（以下称出租人）与承租人签订国有土地租赁合同；

（四）承租人持国有土地租赁合同和有关批准文件，到当地土地行政主管部门办理土地变更登记，换领国有土地使用证。

第七条　国有土地租赁合同应当载明以下主要内容：

（一）租赁当事人；

（二）出租宗地的位置、范围、面积、用途；

（三）租赁期限；

（四）土地使用条件；

（五）土地租金标准、支付时间和支付方式；

（六）土地租金的调整时间、幅度和方式；

（七）租赁地块上的建筑物、构筑物和附着物的处置方式及其费用；

（八）租赁地块市政配套设施建设的责任和费用；

（九）租赁地块的交付期限；

（十）租赁当事人双方的权利、义务；

（十一）当事人约定的其他事项。

第八条　国有土地租赁的年限依据国有土地租赁合同约定的年限确定，但不得超过下列最高年限：

（一）工业用地50年；

（二）教育、科技、文化、卫生、体育用地50年；

（三）商业、旅游、娱乐用地40年；

（四）临时用地2年；

（五）其他用地50年。

第九条 国有土地的租金以租赁地块标定地价的贴现作为最低租金标准，由市土地行政主管部门会同物价等有关部门确定和公布。对承租人在取得划拨土地使用权时已支付的征用、拆迁等费用，应当从地价中作相应扣除。

租赁国有土地的租金，可以通过协议 招标、拍卖方式确定。但不得低于规定的最低土地租金标准。

第十条 承租人必须按照国有土地租赁合同的约定交纳土地租金，每年一次性付清；国有土地租赁合同另有约定的，从其约定。土地租金由土地行政主管部门收取。

承租人应当按照国有土地租赁合同约定的规划用地性质、规划要求和其他条件进行土地开发、利用和经营。

第十一条 在国有土地租赁年限内，承租人需改变国有土地租赁合同约定的规划用地性质或者规划要求的，应当向出租人和城市规划管理部门提出申请。经批准的，租赁当事人双方应当重新签订国有土地租赁合同或者签订补充合同，并相应调整租金；不予批准的，出租人或者城市规划管理部门应当书面告知承租人。

第十二条 承租人依法取得的租赁土地，在国有土地租赁合同约定的使用年限内，因特殊情况根据社会公共利益的需要，可以依照法律规定的程序提前收回，并依法对承租人给予合理补偿。

第十三条 国有土地租赁合同约定的使用年限届满，承租人需要继续租赁使用土地的，应在届满的3个月前申请续租。经批准予以续租的，重新签订国有土地租赁合同。

第十四条 国有土地租赁合同约定的使用年限届满，承租人未申请续租或申请续租未获批准的，土地使用权依法收回。

第十五条 依法收回租赁土地使用权的，承租人应当交还国有土地使用证，并依照规定办理注销登记；对地上建筑物及其他设施按国有土地租赁合同约定办理。

第十六条 承租人按规定支付土地租金并完成开发建设后，经土地行政主管部门同意或根据国有土地租赁合同约定，可将承租土地使用权转租、转让或抵押。承租土地使用权转租、转让或抵押的，必须依法登记。

第十七条 承租人未按期支付或者未付足租金的，出租人应当催告承租人支付，并由承租人按日加付租金3‰的滞纳金；承租人逾期2年未支付租金的，出租人有权解除国有土地租赁合同，并依法要求承租人支付违约金。

第十八条 承租人未按照国有土地租赁合同约定的开发期限或者条件开发、利用、经营土地的，或者擅自转让、转租、抵押租赁土地使用权的，由土地行政主管部门责令限期改正；逾期不改正的，出租人有权解除国有土地租赁合同，无偿收回租赁土地使用权，并依法要求承租人给予违约赔偿。

第十九条 土地租金由土地行政主管部门按国有土地租赁合同收取后，解缴同级财政，纳入财政预算管理，专款用于城市基础设施建设和土地开发整理。

第二十条 本办法具体执行中的问题，由青岛市土地行政主管部门负责解释。

第二十一条 本办法自发布之日起施行。

三、以案明法

案例(一)

袁某启不服湖北省老河口市土地管理局对其出租土地行政处罚决定案

原告：袁某启

被告：湖北省老河口市土地管理局

1990年10月20日，袁某启将其坐落在老河口市东启街55号的私有房屋（面积为36.4平方米）出租给李双管进行个体经营使用，月租金110元。1991年老河口市土地管理局在清理整顿城镇土地市场中发现袁某启擅自出租土地，于1991年12月13日给袁某启下发通知，限其于同年12月17日到市土地管理局办理土地使用权出租手续。袁某启按期到该局办理手续时，该局要求袁某启先签订土地使用权出让合同，补交土地使用权出让金，方能办理土地使用权出租手续。袁某启以补交土地使用权出让金无法律依据为理由，不予交纳，故土地使用权出租手续也未办理。1992年6月6日老河口市土地管理局依照《中华人民共和国城镇国有土地使用权出让和转让暂行条例》（以下简称《暂行条例》）第二十八条、第三十一条、第四十五条、第四十六条和《湖北省土地管理实施办法》第二十条第一款之规定，对袁某启作出行政处罚决定：1. 处以罚款，按所得总额的20%的标准执行。2. 补交土地使用权出让金，并依法办理登记。袁某启不服，于1992年6月20日向老河口市人民法院提起诉讼。

原告诉称：老河口市土地管理局作出的处罚决定，在程序上和实体上都与我国法律、法规相悖，湖北省关于《城镇国有土地使用权出让和转让的实施办法》尚未公布，故被告让补交土地使用权出让金无依据，属滥收费、滥罚款，请求法院撤销被告的处罚决定。

被告辩称：根据《暂行条例》的规定，国家土地管理局关于《划拨土地使用权管理暂行办法》和湖北省土地管理局及老河口市关于城镇国有土地出让和转让的有关规定，我局对袁某启违法出租土地使用权的处罚是正确的，应予维持。

老河口市人民法院受理该案后，依法进行了公开审理。经审理认为，袁某启出租房屋的同时，即出租了该房屋所依附的土地。因此，袁某启应当依照《暂行条例》的有关规定，向国家交付土地使用权出让金后，方能出租土地使用权。老河口市土地管理局以袁某启未交付土地使用权出让金而出租土地的违法事实，责令袁某启交付土地使用权出让金，并处罚款是合法的。根据《中华人民共和国行政诉讼法》第五十四条第一项之规定，作出如下判决：

维持老河口市土地管理局的行政处罚决定。

袁某启不服，上诉于湖北省襄樊市中级人民法院称：1. 根据国务院的有关规定，土地管理部门不得参与土地经营活动，土地使用权转让是土地使用者之间的交易行为，一般可由房地产管理部门管理。老河口市土地管理局干预出租房屋，显属越权。2.《暂行条例》第五十一条规定："各省、自治区、直辖市人民政府应当根据本条例的规定和当地的实际情况选择部分条件较成熟的城镇先行试点。"老河口市并非湖北省人民政府确定的试点城镇，因此，老河口市不具备实施《暂行条例》的条件，而老河口市土地管理局依照《暂行条例》收取出让金是违法的。3. 本人出租房屋并未出租土地，老河口市土地管理局把出租房屋认定为出租土地与事实不符。要求撤销原审判决，撤销被上诉人的行政处罚决定。

老河口市土地管理局答辩：对原判无异议。

襄樊市中级人民法院经审理认为，老河口市虽未被湖北省人民政府列为试点地区，但不影响《暂行条例》在该市的施行，老河口市人民政府对此所作的规定与《暂行条例》并不抵触。由于土地与地上建筑在物理上不可分离，因此，上诉人出租房屋，即发生土地出租；上诉人未向被上诉人交付土地使用权出让金和签订土地使用权出让合同，尚未取得有偿出让土地使用权，其出租土地的行为是违法的。被上诉人对城镇国有土地的使用权出让实行监督管理并收取出让金，符合《暂行条例》以及国务院《对建设部、国家测绘局与国家土地管理局有关职能分工的意见》的有关规定。原判认定事实清楚，证据确实，适用法律正确。依照《中华人民共和国行政诉讼法》第六十一条第（一）项之规定，该院于 1992 年 12 月 14 日作出“驳回上诉，维持原判”的判决。

案例(二)

上诉人黄某城因土地租赁合同纠纷案

上诉人（原审被告）：黄某城

被上诉人（原审原告）：惠阳市淡水房地产开发总公司（下称淡水房地产公司）

原审原告：财福行（中国）物业管理有限公司（下称财福行）

原审原告：惠阳淡水新阳城建设有限公司（下称新阳城公司）

上诉人黄某城因土地租赁合同纠纷一案，不服惠阳市人民法院（2001）惠阳秋民初字第 08 号民事判决，向广东省惠州市中级人民法院提起上诉。广东省惠州市中级人民法院依法组成合议庭审理了本案。本案现已审理终结。

广东省惠州市中级人民法院查明：1996 年 10 月 1 日，原审原告新阳城公司与原惠阳淡水物业管理有限公司（下称物业公司）签订《协议书》，约定，新阳城公司将其位于惠阳市淡水人民路边新阳城地段约 8000 平方米土地租给物业公司经营使用，租期从 1997 年 1 月 1 日起至 2000 年 5 月 31 日止，每月租金 15800 元。1996 年 12 月 25 日新阳城公司出具授权书，委托物业公司将该土地出租给他人作为经营客运站使用。1996 年 12 月 26 日，物业公司与原审被告黄某城签订《惠阳市淡水中心客运站租赁合同》，约定，物业公司将位于惠阳市淡水人民路边新阳城地段约 8000 平方米土地租给原审被告黄某城经营客运站使用，租期从 1997 年 1 月 15 日至 2000 年 1 月 15 日止，每月租金 15800 元，原审被告黄某城须于每月 5 日前交清当月租金，逾期每日滞纳金按每月租金 10% 罚款，并在签订合同时交纳相当于 2 个月租金的押金给原物业公司，合同期满后退还给原审被告黄某城。租赁土地只能作客运站及车辆停放使用。合同签订当日，原审被告黄某城交付 31600 元租地押金给淡水房地产公司。原审被告黄某城租赁上述土地后即对该土地进行了平整，并在该地建起围墙和搭建临时建筑物铁皮屋经营客运车站至今。1996 年 12 月 28 日 物业公司又出具委托书，全权委托原审原告淡水房地产公司代其公司向原审被告黄某城收取上述土地租金。

在履行合同期间，原审被告黄某城分别于 1997 年 3 月 28 日交了一个月的租金 15800 元、1997 年 8 月 1 日交了三个月的租金 47400 元、1999 年 4 月 13 日交了一个月的租金 15800 元给淡水房地产公司。此后，原审被告黄某城以惠阳市淡水镇人民政府和惠阳市交通局未处理妥“中心客运站”的经营权问题，也未把“中心客运站”迁移至惠阳市淡水镇人民路边新阳城地段新建起的车站为由而拒绝交付租金至今。

另查，物业公司是淡水房地产公司与财福行（中国）物业顾问有限公司共同投资，于 1993 年 3 月注册成立的中外合资企业。1997 年 2 月 10 日物业公司出具委托书，全权委托财福行［财福行（中国）物业管理有限公司］处理“提前终止合营惠阳淡水物业管理有限公司”等事宜，并负责处理原该公司所遗留的合同、协议、债权、债务等事宜。1998 年 3 月物业公司被工商行政管理部门注销。

物业公司因黄某城拖欠租金曾于 1999 年 12 月 29 日向原审法院起诉，后又撤回起诉。

2000 年 5 月 9 日，淡水房地产公司及财福行以黄某城拖欠租金为由向原审法院提起诉讼。

2000 年 5 月 15 日，原审法院根据原审原告淡水房地产公司及财福行的申请以（2000）惠阳法淡民初字第 54－1 号民事裁定书，查封了原审被告黄某城位于惠阳市淡水镇铁西墩 62 号房屋。

2001 年 4 月 2 日，广东省惠州市中级人民法院以（2001）惠中法民二终字第 14 号民事裁定书，将本案发回惠阳市人民法院重审。原审法院在重审期间，依法追加新阳城（惠阳淡水新阳城建设有限公司）为本案原告。

原审认为：物业公司与被告黄某城 1996 年 12 月 26 日签订的《惠阳市淡水中心客运站租赁合同》，虽名为客运站租赁合同，但合同中约定的是土地出租，而且实际履行的也是一片没有任何设施的空地，所以该合同实际上是一份土地租赁合同。物业公司出租该土地时已经取得了该土地使用权人的授权，出租方虽然未到有关部门办理出租登记，但登记程序并不是合同无效或有效的要件，而且该合同内容合法，因此该合同是有效的。承租方被告黄某城应按合同约定支付租金，并在合同期满后退出该土地。合同期满后，因被告黄某城还占用该土地，还应支付一定的土地占用费，因土地占用费现无国家规定的标准，可参照原合同约定的每月 15800 元计付。因此，原告要求被告支付合同期内的租金和合同期满后的土地占用费及银行利息应予支持。因物业公司与被告黄某城签订协议时和履行合同中没有任何过错，协议中也无投资损失约定，与被告黄某城的投资建站损失没有任何法律上的因果关系，故被告黄某城要求原告支付其投资建站损失没有法律依据，不予采纳。至于被告黄某城要求惠阳市淡水镇人民政府和惠阳市交通局赔偿其经济损失，是另一法律关系，不属本案的调整范围，本案不作处理。由于物业公司已被注销，其遗留的权利义务应由其投资方淡水房地产公司和财福行

（中国）物业顾问有限公司承受，而财福行（中国）物业顾问有限公司也已倒闭，根据其委托，其权利义务应由财福行［财福行（中国）物业管理有限公司］负责处理，因此，被告黄某城认为淡水房地产公司和财福行没有原告资格，不予采纳。而新阳城公司是土地的使用权人，可作原告参加诉讼。关于土地租金，原告曾以“惠阳淡水物业管理有限公司”名义向广东省惠州市中级人民法院起诉，表示其主张过权利，诉讼时效因而中断，被告黄某城认为原告起诉已超过诉讼时效期间，不能成立，广东省惠州市中级人民法院不予采纳。据此，作出判决：一、被告黄某城应在本判决发生法律效力之日起三十日内按每月15800元付清从1997年1月15日至2000年1月15日止合同期内的土地租金和从2000年1月16日至归还土地之日止的土地占用费及利息（利息按中国人民银行规定的同期同类流动资金贷款利率计算，从应付租金之日计至付清之日止）给淡水房地产公司和财福行。被告黄某城已付的5个月租金79000元及已付的押金31600元抵付2个月租金从中扣除。二、被告黄某城应在本判决发生法律效力之日起三十日内拆除所租土地上的建筑物及设施，退出土地，将土地归还给淡水新阳城公司。案件受理费10000元、保全费2300元，由被告黄某城负担。

原审被告黄某城不服原审判决，向广东省惠州市中级人民法院上诉称：一、原审将新阳城公司列为原告参加本案的诉讼不当，更严重的是将没有原告资格的淡水房地产公司、财福行作为原告参加诉讼，纯属主体不适格。二、原审判决事实不清，处理不公。上诉人自与被上诉人签订协议以来，从未开业经营，但原判却认定“上诉人经营车站至今”；其次原审对新阳城的授权委托书的效力未查清。三、原判适用法律不当。原审原告的起诉已超过诉讼时效，不受法律保护。综上，恳请二审依法撤销原判，驳回被上诉人的起诉，判令被上诉人负担本案的一、二审全部费用，维护上诉人的合法权益。

被上诉人惠阳市淡水房地产开发总公司、财福行（中国）物业管理有限公司、惠阳淡水新阳城建设有限公司答辩表示服从原审判决。

广东省惠州市中级人民法院经审理认为，本案所涉及的位于惠阳市淡水人民路边新阳城地段约8000平方米土地使用权属新阳城公司。新阳城公司于1996年10月1日将该土地租给物业公司经营使用。物业公司租赁该土地后，经新阳城公司的授权将该土地以相同的租金转租给原审被告黄某城使用，双方并于1996年12月26日签订了《惠阳市淡水中心客运站租赁合同》。该合同虽名为客运站租赁合同，但合同实质内容是土地租赁，事实上该土地上也没有任何设施和建筑物，因此该合同实际上是一份土地租赁合同。因上述合同是双方的真实意思表示，内容未违反法律强制性规定，故应确认为有效合同。物业公司已被工商部门注销，故该租赁合同的权利义务应由该公司的投资方淡水房地产公司和财福行承担。原审被告黄某城上诉认为淡水房地产公司和财福行不具备原告主体资格的理由不成立，广东省惠州市中级人民法院不予采纳。在履行合同期间，原审被告黄某城未按合同约定支付租金，属违约行为，应承担相应的违约责任。原审被告黄某城应限期清偿拖欠的租金，并按中国人民银行规定的同期同类流动资金贷款利率计付该租金的利息给淡水房地产公司和财福行。由于原审被告黄某城在合同期满后还继续使用该土地至今，故应按原合同约定的租金标准计付土地使用费给淡水房地产公司和财福行。原审判决原审被告黄某城支付合同期内的租金和合同期满后的土地使用费及相应的银行利息给淡水房地产公司和财福行并无不当，应予维持。关于原审被告黄某城要求补偿损失问题，由于双方的租赁合同已履行完毕，合同也未约定合同期满后出租方淡水房地产公司和财福行应补偿填土费及临时建筑物的损失给原审被告黄某城，黄某城对此也未提起反诉，故原审被告黄某城要求淡水房地产公司和财福行支付其投资建站损失没有事实依据和法律依据，广东省惠州市中级人民法院不予采纳。原审被告黄某城要求惠阳市淡水镇人民政府和惠阳市交通局赔偿其经济损失的问题，属另一法律关系，本案不作处理。关于诉讼时效问题。物业公司曾于1999年12月29日向原审法院起诉，请求原审被告支付拖欠的租金，后物业公司虽已撤诉，但其已向原审被告黄某城主张了权利，因此应认定为诉讼时效中断。原审被告黄某城认为原审原告起诉已超过诉讼时效，缺乏法律依据，广东省惠州市中级人民法院不予采纳。

综上所述，原判决认定事实清楚，适用法律正确，应予维持。原审被告黄某城上诉理由不成立，广东省惠州市中级人民法院不予支持。依照《中华人民共和国民事诉讼法》第一百五十三条第一款第（一）项的规定，作出如下判决：

驳回上诉，维持原判。

案例(三)

黎某胜不服广东省番禺县土地管理局对其租地建房行政处罚决定案

［案情］

1990年1月1日，原告黎某胜与广东省番禺县鱼窝头镇太石村经济合作社签订了一份土地出租合同书，约定：太石村出租一块土地给原告黎某胜长期使用，原告黎某胜一次性给付太石村人民币115935元，可在该土地上搞种植业、建厂房和住宅；建厂房、住宅等，须经土地管理部门批准。其后黎某胜未经土地管理部门批准，动工兴建住宅。在建筑过程中，有关机关工作人员多次劝阻，黎某胜仍继续施工，于1990年10月竣工，共计建有住宅楼两幢及厨房、凉亭、车房、门卫房、游泳池、篮球场、人造假山、草坪、通道等建筑物。经测量，黎某胜所建住宅非法占地4969平方米。1991年3月11日，番禺县土地管理局依据《中华人民共和国土地管理法》第四十五条的规定，认定黎某胜未经批准非法占地建住宅，对其作出如下行政处罚决定：一、责令黎某胜退还非法占用的土地。二、没收黎某胜在非法占地上建筑的整座住宅（包括围墙内的两幢楼房、厨房、凉亭、门卫房、车房、游泳池、人造假山、篮球场、护楼水渠等），住宅建筑物、构筑物上的装饰、衬砌物亦在没收之列，上缴国库。三、在此被没收住宅内居住的所有人员，必须在接到本处罚决定书之日起十五天内无条件全部迁出，迁出时，只能搬走属于住户所用的家具、日用品等，不得拆走本属于建筑物、构筑物的附着部分。黎某胜必须负责如期把该座住宅完整无损地交给番禺县财政局。任何人对该座住宅有任何损坏、损伤行为，一并追究其破坏国家财产的法律责任。1991 年 3 月 23 日，黎某胜不服番禺县土地管理局的处罚决定，向番禺县人民法院起诉。

［审判］

番禺县人民法院经开庭公开审理，认定原告黎某胜的行为违反了《土地管理法》和《广东省土地管理实施办法》的有关规定，依据《土地管理法》第四十五条的规定，于 1991 年 9 月 18 日作出一审判决，维持被告番禺县土地管理局的行政处罚决定。

宣判后，黎某胜不服，以其是有偿使用土地，是合法的，以及被告番禺县土地管理局的处罚畸重，显失公正为理由，向广州市中级人民法院提出上诉，请求撤销一审判决和被告的处罚决定。番禺县土地管理局以其处罚决定并无显失公正为理由作出答辩，请求维持一审判决。广州市中级法院经审理认为：上诉人黎某胜未经批准非法大量占用土地建住宅，虽经有关人员阻止，仍继续施工，严重违反了《中华人民共和国土地管理法》的有关规定。被上诉人对上诉人的违法事实认定清楚，证据确凿，适用法律正确，处罚决定亦符合《中华人民共和国土地管理法实施条例》第三十六条的规定，处罚并无不当，应予维持。上诉人的上诉理由不能成立，不予采纳。根据行政诉讼法第六十一条第（一）项的规定，该院于 1991 年 11 月 17 日作出二审判决：驳回上诉，维持原判。

［评析］

本案中有下列三个问题值得注意：

一、关于本案的法律适用。《中华人民共和国土地管理法》第四十五条规定："农村居民未经批准或者采取欺骗手段骗取批准，非法占用土地建住宅的，责令退还非法占用的土地，限期拆除或者没收在非法占用的土地上新建的房屋。"根据此条的规定，黎某胜非法占地所建的篮球场、游泳池等建筑物和设施似乎不在没收或拆除之列。但本案被告依照此案对原告作出了行政处罚决定，一审法院也根据此条作出了维持行政处罚决定的判决。我们认为，《土地管理法》第四十五条的立法宗旨是制止非法占地，如果只准没收或拆除房屋，对其他建筑物或设施不能没收或拆除，就无法实现制止非法占地的立法宗旨。为此，国务院于 1991 年 1 月 4 日发布的《中华人民共和国土地管理法实施条例》第三十六条进一步作了"限期拆除或者没收在非法占用土地上新建的建筑物和其他设施"的规定。因此，本案的法律适用是正确的。

二、本案的上诉理由中有一点是认为被上诉人的处罚显失公正，希望不要没收。行政处罚显失公正，是人民法院可以判决变更的依据。在行政诉讼中，如何理解显失公正？我们认为，显失公正，是指在法律、法规规定的范围内行政处罚畸轻、畸重，明显不公正的行为。根据《土地管理法》第四十五条的规定，对非法占地的处理有三项内容：（一）退回非法土地；（二）拆除非法占地上的建筑物；（三）没收非法占地上的建筑物。以上内容，第一项是必须的，第二、三项是可选择的。行政机关除责令退回非法占地外，作出没收非法建筑物的行政处罚决定，是在行政执法自由裁量权之内，并无显失公正，人民法院应予认可。

三、本案被告番禺县土地管理局只处罚原告黎某胜，没收非法占地上的建筑物，而对于太石村以 11 万多元长期出租土地的行为，是否属于非法买卖土地，没有认定和处理。人民法院在审理中对这一问题应否一并审查和处理？我们认为，人民法院行政审判只对已产生了行政法律关系的行政争议进行裁判，而对那些相对一方当事人虽有违法行为，但尚未产生行政法律关系的事实，人民法院可以不予裁判。

本案中，番禺县土地管理局对太石村的行为没有处理显然欠妥。但人民法院不能代为作出行政处理决定，也不能由此而撤销番禺县土地管理局对黎某胜非法占地建住宅的正确的处罚决定。人民法院正确的做法，是向番禺县土地管理局提出司法建议，由他们对太石村的违法行为另行作出处理。

第四节 土地使用权抵押

本节为您提供以下主题词的法律适用依据与实战资料

■土地使用权抵押

【土地使用权抵押】

一、专家指导意见

（一）土地使用权抵押的概念

土地使用权抵押，是指土地使用者提供可供抵押的土地使用权作为履行债务的担保的行为。

土地使用权抵押的生效要件：首先，设定土地使用权抵押的抵押人必须是土地所有权人或土地使用权人，以出让、转让方式取得的土地使用权可以抵押；行政划拨的土地使用权，除法律规定的条件外，不得用于抵押。其次，设定抵押必须由抵押人与抵押权人签订抵押合同。第三，抵押必须办理登记，抵押登记应当凭土地使用权证书办理，抵押权人可以领取该项权利证书。

土地使用权抵押的法律后果：土地使用权抵押时，其地上建筑物、其他附着物随之抵押；房地产抵押合同签订后，土地上新增加的房屋不属于抵押财产，需要拍卖该房地产时，可以依法将土地上新增的房屋与抵押财产一同拍卖，但对拍卖新增房屋所得，抵押权人无权优先受偿。

（二）土地使用权抵押的实现

土地权属在抵押权实现时发生以下变化：

1. 以划拨方式取得国有土地使用权抵押的。

《城市房地产管理法》第50条规定："设定房地产抵押权的土地使用权是以划拨方式取得的，依法拍卖该房地产后，应当从拍卖所得的价款中缴纳相当于应缴纳的土地使用权出让金的款额后，抵押权人方可优先受偿。"第39条规定："以划拨方式取得土地使用权的，转让房地产时，应当按照国务院规定，报有批准权的人民政府审批。有批准权的人民政府准予转让的，应当由受让方办理土地使用权出让手续，并依照国家有关规定缴纳土地使用权出让金。"因此，该抵押权实现，土地使用权发生转移，并且原划拨土地使用权转变为出让土地使用权。

2. 以出让方式取得国有土地使用权抵押的。

我国实行国有土地有偿有限期使用制度，除国家核准的划拨土地外，凡新增土地和原使用的土地改变用途或使用条件、进行市场交易等，均实行有偿有限期的使用制度。因而，国有土地使用权的抵押实质上就是抵押人以土地剩余使用年限的使用权作出抵押，该抵押权实现，土地使用权发生转移。

3. 以集体荒地土地使用权作抵押的。

集体荒地使用权实质上是一种承包经营权，承包者通过有偿方式取得一定年期的荒地使用权，承包的荒地必须用于农业生产。《中华人民共和国农业法》第13条规定，土地承包经营权具有可让与性。《中华人民共和国土地管理法》第14条规定，农民集体所有的土地由本集体经济组织的成员承包经营，从事种植业、林业、畜牧业、渔业生产。土地承包经营期限为30年。由此可知，集体荒地使用权的抵押，实质上就是承包者以剩余有效年期的承包经营权作出抵押，该抵押权的实现，只意味着承包经营权的转移，其集体荒地所有权的性质一般不发生变化。

4. 以乡村企业集体土地使用权抵押的。

《国家土地管理局关于土地使用抵押登记有关问题的通知》中指出：乡（镇）村企业厂房等建筑物抵押涉及集体土地使用权抵押的，明确实现抵押权的方式，需要转为国有的，同时核定土地使用权出让金的数额。可见，乡村企业使用的集体土地抵押权的实现有两种形式：一是仍保持其集体所有的性质，土地使用权发生转移；二是转为国有土地，即应先由土地管理部门依法办理土地征用手续，将抵押土地转为国有土地，然后再按抵押国有划拨土地使用权的办法进行处置。

二、法律适用依据

（一）相关法律

❶中华人民共和国担保法（节录）

（1995年6月30日第八届全国人民代表大会常务委员会第十四次会议通过 1995年6月30日中华人民共和国主席令〔第50号〕公布 自1995年10月1日起施行）

第三十六条 以依法取得的国有土地上的房屋抵押的，该房屋占用范围内的国有土地使用权同时抵押。

以出让方式取得的国有土地使用权抵押的，应当将抵押时该国有土地上的房屋同时抵押。

乡（镇）、村企业的土地使用权不得单独抵押。以乡（镇）、村企业的厂房等建筑物抵押的，其占用范围内的土地使用权同时抵押。

第五十五条 城市房地产抵押合同签订后，土地上新增的房屋不属于抵押物。需要拍卖该抵押的房地产时，可以依法将该土地上新增的房屋与抵押物一同拍卖，但对拍卖新增房屋所得，抵押权人无权优先受偿。

依照本法规定以承包的荒地的土地使用权抵押的，或者以乡（镇）、村企业的厂房等建筑物占用范围内的土地使用权抵押的，在实现抵押权后，未经法定程序不得改变土地集体所有和土地用途。

❷中华人民共和国城市房地产管理法（节录）

（1994年7月5日第八届全国人民代表大会常务委员会第八次会议通过　1994年7月5日中华人民共和国主席令〔第29号〕公布　自1995年1月1日起施行）

第四章　房地产交易

第一节　一般规定

第三十一条　房地产转让、抵押时，房屋的所有权和该房屋占用范围内的土地使用权同时转让、抵押。

第四十七条　依法取得的房屋所有权连同该房屋占用范围内的土地使用权，可以设定抵押权。

以出让方式取得的土地使用权，可以设定抵押权。

（二）相关行政法规及规范性文件

❶中华人民共和国城镇国有土地使用权出让和转让暂行条例（节录）

（1990年5月19日国务院令〔第55号〕公布施行）

第四条　依照本条例的规定取得土地使用权的土地使用者，其使用权在使用年限内可以转让、出租、抵押或者用于其他经济活动，合法权益受国家法律保护。

第五章　土地使用权抵押

第三十二条　土地使用权可以抵押。

第三十三条　土地使用权抵押时，其地上建筑物、其他附着物随之抵押。

地上建筑物、其他附着物抵押时，其使用范围内的土地使用权随之抵押。

第三十四条　土地使用权抵押，抵押人与抵押权人应当签订抵押合同。

抵押合同不得违背国家法律、法规和土地使用权出让合同的规定。

第四十五条　符合下列条件的，经市、县人民政府土地管理部门和房产管理部门批准，其划拨土地使用权和地上建筑物、其他附着物所有权可以转让、出租、抵押：

（一）土地使用者为公司、企业、其他经济组织和个人；

（二）领有国有土地使用证；

（三）具有地上建筑物、其他附着物合法的产权证明；

（四）依照本条例第二章的规定签订土地使用权出让合同，向当地市、县人民政府补交土地使用权出让金或者以转让、出租、抵押所获收益抵交土地使用权出让金。

转让、出租、抵押前款划拨土地使用权的，分别依照本条例第三章、第四章和第五章的规定办理。

❷外商投资开发经营成片土地暂行管理办法（节录）

（1990年5月19日国务院令〔第56号〕公布施行）

第九条　开发企业必须在实施成片开发规划，并达到出让国有土地使用权合同规定的条件后，方可转让国有土地使用权。开发企业未按照出让国有土地使用权合同规定的条件和成片开发规划的要求投资开发土地的，不得转让国有土地使用权。

开发企业和其他企业转让国有土地使用权，或者抵押国有土地使用权，以及国有土地使用权终止，应依照国家土地管理的法律和行政法规办理。

❸关于发展房地产业若干问题的通知（节录）

（1992年11月4日国务院　国〔1992〕61号公布）

六、加强对划拨土地使用权的管理。凡通过划拨方式取得的土地使用权，政府不收取地价补偿费，不得自行转让、出租和抵押；需要对土地使用权进行转让、出租、抵押和连同建筑物资产一起进行交易者，应到县级以上人民政府有关部门办理出让和过户手续，补交或者以转让、出租、抵押所获收益抵交土地使用权出让金。

（三）相关部门规章及规范性文件

❶划拨土地使用权管理暂行办法（节录）

（1992年3月8日国家土地管理局令〔92〕第1号公布）

第十条　土地使用权抵押，是指土地使用者提供可供抵押的土地使用权作为按期清偿债务的担保的行为。

原拥有土地使用权的一方称为抵押人，抵押债权人称为抵押权人。

第十一条　转让、抵押土地使用权，其地上建筑物、其他附着物所有权随之转让、抵押；转让、抵押地上建筑物、其他附着物所有权，其使用范围内的土地使用权随之转让、抵押。但地上建筑物、其他附着物作为动产转让的除外。

出租土地使用权，其地上建筑物、其他附着物使用权随之出租；出租地上建筑物、其他附着物使用权，其使用范围内的土地使用权随之出租。

第十二条　土地使用者需要转让、出租、抵押土地使用权的，必须持国有土地使用证以及地上建筑物、其他附着物产权证明等合法证件，向所在地市、县人民政府土地管理部门提出书面申请。

第十五条　土地使用权转让、出租、抵押行为的双方当事人应当依照有关法律、法规和土地使用权出让合同的规定，签订土地使用权转让、租赁、抵押合同。

第十九条　土地使用权出租、抵押，出租人、抵押人必须继续履行土地使用权出让合同。

第二十五条　土地使用者转让、出租、抵押土地使用权，在办理土地使用权出让手续时，其土地使用权出让期由所在地市、县人民政府土地管理部门与土地使用者经过协商后，在土地使用权出让合同中订明，但不得超过《条例》规定的最高年限。

第二十九条　土地使用权出让期满后，土地使用者再转让、出租、抵押土地使用权时，须按本办法规定重新签订土地使用权出让合同，支付土地使用权出让金，并办理变更土地登记手续，

第三十二条　土地使用权转让、出租、抵押，当事人不办理土地登记手续的，其行为无效，不受法律保护。

❷关于土地使用权抵押登记有关问题的通知

（1997年1月3日国家土地管理局　国土（籍）字〔1997〕第2号公布）

一、关于土地使用权抵押登记的法律效力

土地使用权抵押权的设立、变更和消灭应依法办理土地登记手续。土地使用权抵押合同经登记后生效，未经登记的

土地使用权抵押权不受法律保护。

土地使用权抵押登记必须以土地使用权登记为基础，并遵循登记机关一致的原则，异地抵押的，必须到土地所在地的原土地使用权登记机关办理抵押登记。县级以上地方人民政府土地管理部门负责土地使用权抵押登记工作。

土地使用权抵押权的合法凭证是《土地他项权利证明书》，《国有土地使用证》、《集体土地所有证》和《集体土地使用证》不作为抵押权的法律凭证，抵押权人不得扣押抵押土地的土地证书。抵押权人扣押的土地证书无效，土地使用权人可以申请原土地证书作废，并办理补发新证手续。

二、关于土地使用权抵押的地价评估和合同签订

土地使用权抵押应当进行地价评估，并由抵押人和抵押权人签定抵押合同。地价评估收费标准按国家有关规定执行。

1. 以出让方式取得的国有土地使用权，由抵押权人进行地价评估或由具有土地估价资格的中介机构评估并经抵押权人认可后，由抵押人和抵押权人签定抵押合同。

2. 以划拨方式取得的国有土地使用权，由抵押人委托具有土地估价资格的中介机构进行地价评估，经土地管理部门确认，并批准抵押，核定出让金数额后，由抵押人和抵押权人签定抵押合同。

3. 乡（镇）村企业厂房等建筑物抵押涉及集体土地使用权抵押的，由抵押人委托具有土地估价资格的中介机构进行地价评估，经土地管理部门确认，并明确实现抵押权的方式，需要转为国有的，同时核定土地使用权出让金数额。然后，由抵押人和抵押权人签定抵押合同。

4. 以承包方式取得的荒山、荒沟、荒丘、荒滩等荒地的集体土地使用权，由抵押人委托具有土地估价资格的中介机构进行地价评估，并经土地管理部门确认后，由抵押人和抵押权人签定抵押合同。

抵押出让土地使用权的，抵押权终止期限不得超过土地使用权出让终止期限。

三、关于土地使用权抵押登记申请

土地使用权设立抵押权的，抵押人和抵押权人应在抵押合同签订后十五日内，持被抵押土地的土地使用证、抵押合同、地价评估及确认报告、抵押人和抵押权人的身份证件共同到土地管理部门申请抵押登记。一方到场申请抵押登记的，必须持有对方授权委托文件。

申请抵押登记除提交前款所列材料外还应分别情况，提交下列材料：

1. 以划拨土地使用权抵押的，提交土地管理部门确认的抵押宗地的土地使用权出让金额的证明；

2. 以房屋及其占有范围内的土地使用权抵押的，提交房屋所有权证；

3. 抵押乡（镇）村企业厂房等建筑物涉及集体土地使用权抵押的，提交集体土地所有者同意抵押的证明；

4. 以承包方式取得的荒山、荒地、荒丘、荒滩等荒地的集体土地使用权抵押的，提交该集体土地所有者同意抵押的证明；

5. 抵押人和抵押权人委托他人办理抵押登记的，提交委托书和代理人身份证件；

6. 抵押权人为非金融机构，其抵押借款行为依法应当办理有关批准手续的，应当提交有关批准文件。

同一宗地多次抵押时，以收到抵押登记申请先后为序办理登记。

未按规定提交有关证明文件的土地使用权抵押登记申请，土地管理部门不予受理。

❸关于贯彻《城市房地产管理法》若干意见的通知（节录）

（1994年8月13日建设部　建房字第493号文公布）

八、积极开展房地产抵押管理工作。各级房地产管理部门应与金融部门密切配合，尽快建立房地产抵押制度，推动房地产抵押业务的开展。加强房地产抵押评估和他项权利登记管理，并做好房地产抵押物的拍卖管理工作。除以出让方式取得的土地使用权的单纯抵押外，凡房地产的抵押必须是房屋连同该房屋占用的土地使用权一起抵押，否则房地产管理部门不得为其办理有关手续。

❹关于变更土地登记的若干规定（节录）

（1993年2月23日国家土地管理局公布）

三、变更土地登记申请

1. 因土地征用、划拨引起土地所有权、使用权变更的，土地所有者、使用者在土地征用、划拨批准后三十日内，持土地征用、划拨批准文件共同到土地管理部门申请土地权属变更登记。

新建设项目用地的土地使用者，在土地征用，划拨批准后先办理预登记手续，待建设项目竣工验收后三十日内，再正式申请土地权属变更登记。

2. 以出让方式取得国有土地使用权的，土地使用权受让人在缴付全部土地使用权出让金后十五日内，持土地使用权出让合同、出让金缴付凭证向土地管理部门申请变更土地登记。

3. 因国有土地使用权转让或因地上建筑物、附着物所有权转让引起国有土地使用权转让的，土地使用权转让人和受让人在土地使用权转让合同签订后十五日内，持土地使用权转让合同共同向土地管理部门申请土地权属变更登记。

土地使用权分割转让或因地上建筑物、附着物所有权分割转让涉及土地使用权分割转让的，须经土地管理部门批准后，再申请土地权属变更登记。

4. 因单位合并、分立、企业兼并等原因引起宗地合并或者分割的，有关各方在主管部门批准后三十日内，持批准文件及有关合同、协议共同向土地管理部门申请变更土地登记。

5. 依法继承土地使用权的，继承人在合法继承权确定后三十日内，持有关证明文件向土地管理部门申请土地权属变更登记。

6. 因处分抵押财产而取得国有土地使用权的，抵押人、抵押权人和新的土地使用权受让人，在土地权利变更之日起十五日内，持土地使用权出让或转让合同、抵押合同、处分抵押财产的证明资料共同到土地管理部门申请土地使用权抵押注销登记和土地权属变更登记。

7. 交换、调整土地的，交换、调整土地的双方在交换、调整协议批准后三十日内，持协议和批准文件共同到土地管

理部门申请土地权属变更登记。

8. 出租国有土地使用权的，土地使用权出租人和承租人应在土地使用权租赁合同签订后十五日内，持土地使用权出让或转让合同、土地使用权租赁合同共同向土地管理部门申请他项权利登记。

9. 抵押国有土地使用权的，土地使用权抵押人和抵押权人，应在抵押合同签订后十五日内，持土地使用权出让或转让合同、土地使用权抵押合同共同到土地管理部门申请他项权利登记。

一宗地多次抵押的，处分抵押财产时的偿还顺序以申请他项权利登记的时间顺序为序。

10. 因土地权属变更引起他项权利转移的，由土地所有者或土地使用者同他项权利者，在申请土地权属变更的同时申请他项权利登记。

11. 土地所有者、使用者、他项权利者更改名称或通讯地址的，土地所有者、使用者、他项权利者在变更发生后三十日内，持有关证明资料向土地管理部门申请更名或变址登记。

12. 登记的土地用途发生变更的，土地所有者、使用者在变更批准后三十日内，持有关批准文件向土地管理部门申请土地用途变更登记。

13. 有下列情况之一，致使土地所有权、使用权或者他项权利终止的，土地所有者、使用者或他项权利者在土地权利终止后十五日内，持合同或者有关证明资料向土地管理部门申请注销登记：

（1）依法收回土地使用权；

（2）土地使用权出让期届满；

（3）因自然灾害造成的土地灭失；

（4）土地使用权抵押合同终止；

（5）土地使用权租赁合同终止。

逾期不申请注销登记的，土地管理部门依法直接办理注销登记手续，并将注销登记结果通知当事人及有关部门。

变更土地登记申请人在办理变更土地登记申请时，除以上规定提交的资料外，还须提交下列资料：

1. 变更土地登记申请书；

2. 变更土地登记申请人的法人和法人代表证明、个人身份证明或者户籍证明；

3. 土地证书或者他项权利证明书；

4. 地上建筑物、附着物权属证明；

5. 土地管理部门要求提交的其他资料。

❺城市房地产抵押管理办法（节录）

（1997年5月9日建设部令〔第56号〕公布　2001年8月15日根据《建设部关于修改城市房地产抵押管理办法的决定》修正）

第四条　以依法取得的房屋所有权抵押的，该房屋占用范围内的土地使用权必须同时抵押。

第十一条　以在建工程已完工部分抵押的，其土地使用权随之抵押。

第四十五条　以划拨方式取得的土地使用权连同地上建筑物设定的房地产抵押进行处分时，应当从处分所得的价款中缴纳相当于应当缴纳的土地使用权出让金的款额后，抵押权人方可优先受偿。

法律、法规另有规定的依照其规定。

❻关于地籍管理几个问题处理意见的通知（节录）

（1992年5月13日国家土地管理局公布）

五、注销土地使用权出租抵押登记，合同终止后，承租人和抵押权人分别将土地使用权承租证明书和抵押证明书交出租人和抵押人，出租人和抵押人持土地证书、租赁合同及承租证明书、抵押合同及抵押证明书到土地管理部门办理。土地管理部门审核后，符合规定的，在土地登记卡、归户卡及土地证书有关出租、抵押登记栏目上加盖注销戳记，并注明注销日期和原因，注销土地使用权承租、抵押证明书。因处分抵押财产而取得土地使用权的，由抵押人和抵押土地使用权取得人按土地使用权转让的登记程序办理。

❼关于进一步规范土地登记工作的通知（节录）

（2003年11月14日国土资源部公布）

五、不符合规定不得登记。要严把登记关口，对于出让土地没有支付全部土地使用权出让金的，不得登记；对于经营性土地没有按招、拍、挂方式出让的，不得登记；对协议出让地价明显低于出让底价的，不得登记；对违反规划改变土地用途的，不得登记；未办理土地使用权登记而设定抵押的，不得登记。

❽闲置土地处理办法（节录）

（1999年4月26日国土资源部第六次部长办公会议通过　1999年4月28日国土资源部令〔第5号〕公布）

第三条　市、县人民政府土地行政主管部门对其认定的闲置土地，应当通知土地使用者，拟订该宗闲置土地处置方案，闲置土地上依法设立抵押权的，还应通知抵押权人参与处置方案的拟订工作。处置方案经原批准用地的人民政府批准后，由市、县人民政府土地行政主管部门组织实施。

处置方案可以选择下列方式：

（一）延长开发建设时间，但最长不得超过1年；

（二）改变土地用途，办理有关手续后继续开发建设；

（三）安排临时使用，待原项目开发建设条件具备后，重新批准开发，土地增值的，由政府收取增值地价；

（四）政府为土地使用者置换其他等价闲置土地或者现有建设用地进行开发建设；

（五）政府采取招标、拍卖等方式确定新的土地使用者，对原建设项目继续开发建设，并对原土地使用者给予补偿；

（六）土地使用者与政府签订土地使用权交还协议等文书，将土地使用权交还给政府。原土地使用者需要使用土地时，政府应当依照土地使用权交还协议等文书的约定供应与其交还土地等价的土地。

对因政府、政府有关部门行为造成的闲置土地，土地使用者支付部分土地有偿使用费或者征地费的，除选择前款规定的方式以外，可以按照实际交款额占应交款额的比例折算，确定相应土地给原土地使用者使用，其余部分由政府收回。

（四）相关司法解释

❶关于审理房地产管理法施行前房地产开发经营案件若干问题的解答（节录）

（最高人民法院审判委员会第777次会议讨论通过　1995年12月27日最高人民法院　法〔1996〕2号公布）

17. 以划拨方式取得的国有土地使用权为标的物签订的抵押合同，一般应当认定无效，但在一审诉讼期间，经有关主管部门批准，依法补办了出让手续的，可认定合同有效。

（五）相关地方性法规及规范性文件

❶福建省土地登记条例（节录）

（1996年5月31日福建省第八届人民代表大会常务委员会第二十三次会议通过　1996年6月3日福建省人民代表大会常务委员会公布施行）

第三条　土地权利的取得、设定、变更、终止等，必须依照本条例的规定进行登记。未经登记的土地使用权不得转让、出租、抵押。

确认林地的所有权或者使用权，依照《中华人民共和国森林法》的有关规定办理。

依法登记的土地权利受法律保护，任何单位和个人不得侵犯。

❷深圳经济特区土地使用权出让条例（节录）

（1994年6月18日深圳市第一届人民代表大会常务委员会第二十三次会议通过　根据1995年9月15日深圳市第二届人民代表大会常务委员会第二次会议《关于修改〈深圳经济特区土地使用权出让条例〉第十一条的决定》第一次修正　根据1998年2月13日深圳市第二届人民代表大会常务委员会第二十次会议《关于修改〈深圳经济特区土地使用权出让条例〉的决定》第二次修正）

第四十五条　依本条例第三十九条第一款第（一）项规定减收土地使用权出让金和土地开发与市政配套设施金取得土地使用权的，经土地管理部门批准，土地使用者可以将该土地上的建筑物、附着物用于抵押。但抵押权人处分抵押物时，必须按公告市场价格补足土地使用权出让金和土地开发与市政配套设施金后，方可进行。抵押物的处分所得应按规定先行缴交有关税费。

❸厦门市土地管理若干规定（节录）

（2000年9月21日厦门市第十一届人民代表大会常务委员会第二十八次会议通过　2000年10月1日厦门市人民代表大会常务委员会公布施行）

第二十七条　转让划拨土地使用权的，必须经市人民政府审批；获准转让的，受让方应当办理土地使用权出让手续，并缴纳土地使用权出让金。

出租划拨土地使用权的，必须经市人民政府批准，并补办土地使用权出让手续，缴纳土地使用权出让金。

以划拨土地使用权设定抵押权的，因债务清偿或者其他原因终止抵押关系时，办理注销登记后可以保留划拨土地使用权性质；因抵押权实现需要依法处分已抵押的划拨土地使用权的，应从所得价款中缴纳土地使用权出让金后，抵押权人方可优先受偿；取得土地使用权的单位或者个人应与土地行政主管部门签订土地使用权出让合同。

（六）相关地方政府规章及规范性文件

❶黑龙江省实施《中华人民共和国城镇国有土地使用权出让和转让暂行条例》办法（节录）

（1992年12月25日黑龙江省人民政府公布）

第五章　土地使用权抵押

第三十五条　土地使用权抵押是指土地使用者作为债务人或第三人（以下简称抵押人），将其土地使用权及地上建筑物、其他附着物作为抵押物抵押给债权人（以下简称抵押权人）作为清偿债务担保的行为。

第三十六条　土地使用权抵押，抵押人与抵押权人必须签订抵押合同，确定双方的权利义务，抵押合同不得违背法律、法规、规章和土地使用权出让合同的规定。

第三十七条　抵押的期限应当在土地使用权出让合同规定的使用年限内，由抵押人与抵押权人双方协商确定。

在抵押期间、土地使用权和地上建筑物及其他附着物的所有权不发生转移，抵押人必须继续履行土地使用权出让合同。

第三十八条　抵押人可以在抵押物价值范围之内，同时设立几个抵押权。

第三十九条　土地使用权和地上建筑物、其他附着物抵押，抵押人和抵押权人双方应当在抵押合同签订后十五日内，分别到土地所在市、县人民政府土地管理部门和房产管理部门办理抵押登记手续，未办理登记手续的，抵押合同无效。

第四十条　抵押人到期未能履行债务或者在抵押合同期间宣告解散、破产的，抵押权人有依照法律、法规、规章和抵押合同的规定处分抵押财产，以抵押物折价或转让抵押物的价款优先受偿的权利。

抵押权人处分抵押物时，土地使用权和地上建筑物、其他附着物分割转让的，必须经市、县人民政府土地管理部门和房产管理部门批准。

按前两款规定取得土地使用权和地上建筑物、其他附着物所有权的，应当依照规定办理过户登记。

第四十一条　抵押人以抵押物清偿债务时，一项抵押物有数个抵押权人的，应当按照抵押权登记的先后顺序受偿。

第四十二条　抵押权因债务清偿或是具体原因消灭的，抵押人和抵押权人双方应在十五日内到原登记机关依照规定办理注销抵押登记。

第四十八条　划拨土地使用权转让、出租、抵押必须事先到土地所在市、县人民政府土地管理部门补办土地使用权出让手续，其审批程序如下：

（一）土地使用者应当持有国有土地使用证和地上建筑物、其他附着物产权证明等合法证件，向土地所在市、县人民政府土地管理部门提出书面申请；

（二）市、县人民政府土地管理部门与申请人经协商一致后，签订土地使用权出让合同；

（三）土地使用者应当在土地使用权出让合同签订之日起三十日内向土地所在市、县人民政府土地管理部门交付土地使用权出让金，办理土地使用权出让登记手续；

（四）土地使用权转让、出租、抵押双方当事人，签订土地使用权转让、租赁、抵押合同；

（五）土地使用者应当在转让、出租、抵押合同签订之日起十五日内分别到市、县人民政府土地管理部门和房产管理部门办理土地使用权和地上建筑物、其他附着物登记手续。

❷贵州省人民政府关于加强国有土地资产管理的通知（节录）

（2002年4月10日贵州省人民政府　黔府〔2002〕7号公布）

三、建立和完善土地有形市场，规范土地使用权交易行为

建立和完善土地有形市场，是深化土地使用制度改革、规范土地使用权交易的重要工作和关键环节，是积极推进依法行政、建立政务公开的有力措施，也是加强廉政建设、接受社会监督的重要举措。各级政府必须高度重视，积极创造条件，加快土地有形市场的建设步伐。

建立土地有形市场，要通过设立固定场所，健全交易规则，提供相关服务，形成土地使用权公平、公开、公正交易的市场环境。各级土地行政主管部门应按照职能转变、政事分开、政企分开的原则，抓好各级土地有形市场建设，积极创造条件设立"土地交易中心（所）"，并挂牌运作。

土地交易市场要完善功能，健全交易管理制度，扩大公开交易范围，规范市场运作行为。要实行土地交易许可制度和交易预报制度。

土地使用权要依法公开交易，不得搞隐形交易。划拨土地使用权未经批准不得自行转让。出让和承租国有土地使用权首次转让必须符合法律规定和出让、租赁合同约定的条件。土地使用权交易要在有形土地市场公开进行，并依法办理土地登记。土地行政主管部门要加强对出让、租赁合同的管理，受让人和承租方未付清全部出让金、租金的，不得为其发放土地使用证，未达到法律规定和合同约定投资开发条件的，土地使用权不得转让。

土地使用权抵押应当依法办理抵押登记。设定房地产抵押权的土地使用权是以划拨方式取得的，依法拍卖该房地产后，受让人应当依法与土地所在地的土地行政主管部门签订土地使用权出让合同，从拍卖价款中缴纳土地使用权出让金后，抵押权人方可优先受偿。

❸青海省《中华人民共和国城镇国有土地使用权出让和转让暂行条例》实施办法（节录）

（1994年10月13日青海省人民政府第十一次常务会议审议通过　1994年10月24日青海省人民政府令〔第13号〕公布）

第五章　土地使用权抵押

第二十三条　依法取得土地使用权的土地使用者（以下简称抵押人）可以用土地使用权向金融机构或其他债权人（以下简称抵押权人）抵押。抵押人与抵押权人应签订抵押合同。双方应持合同和有关证件到市、县人民政府土地管理部门申请抵押登记。土地管理部门按照本办法第十八条的规定进行审查，对符合条件者予以登记。

❹新疆维吾尔自治区城镇国有土地使用权出让和转让暂行办法（节录）

（1995年2月19日新疆维尔自治区人民政府令〔第49号〕公布）

第三章　土地使用权转让和出租、抵押

第十四条　以出让方式取得的土地使用权，符合下列（一）、（二）、（三）、（四）项条件的，可以转让；符合下列（一）、（二）、（三）项条件的，可以出租、抵押：

（一）已支付全部土地使用权出让金；

（二）合法持有土地使用证及地上建筑物、附着物所有权证；

（三）已按出让合同规定的条件、期限投资开发利用土地；

（四）除出让金外已投入的建设资金占总投资的25%以上。

❺长沙市城镇国有土地使用权出让转让暂行办法（节录）

（1992年4月27日长沙市人民政府公布　根据1998年2月17日《长沙市人民政府关于修改〈长沙市城镇国有土地使用权出让转让暂行办法〉的决定》第一次修正　根据2002年4月29日《长沙市人民政府关于修改〈长沙市城镇国有土地使用权出让转让暂行办法〉的决定》第二次修正）

第五章　土地使用权抵押

第四十一条　土地使用权可以抵押。

土地使用权抵押，是指土地使用者提供可供抵押的土地使用权作为按期清偿债务的担保行为。

第四十五条　土地使用权抵押应当凭土地使用权证书办理。抵押人到期未能履行债务或者在抵押合同期间宣告解散、破产的，抵押权人有权依法以抵押的土地使用权拍卖所得的价款优先受偿。设定房地产抵押权的土地使用权是以划拨方式取得的，依法拍卖该房地产，应当从拍卖所得的价款中缴纳相当于应缴纳的土地使用权出让金的款额后，抵押权人方可优先受偿。

房地产抵押合同签订后，该土地上新增的房屋不属于抵押财产。需要拍卖该抵押的房地产时，可以依法将土地上新增的房屋与抵押财产一同拍卖，但对拍卖新增房屋的所得，抵押权人无权优先受偿。

因处分抵押财产而取得土地使用权和地上建筑物、其他附着物所有权的，应当依照规定分别向土地管理部门和房产管理部门办理变更登记。

❻贵阳市城镇国有土地使用权出让和转让实施办法（节录）

（1993年6月24日贵阳市人民政府常务会议通过　1993年7月17日贵阳市人民政府令〔第2号〕公布）

第三章　土地使用权转让、出租、抵押

第二十四条　土地使用权转让，是指受让人将土地使用权再转移的行为，包括出售、交换、赠予。

土地使用权出租，是指受让人作为出租人将土地使用权随同地上建筑物、其他附着物租赁给承租人使用，由承租人向出租人支付租金的行为。

土地使用权抵押，是指受让人作为抵押人将土地使用权向抵押权人作为债务担保的行为。

❼厦门土地使用权转让办法（节录）

（1988年6月14日厦门市人民政府公布）

第三条　本办法所称的下列用语的含义是：

（一）土地使用权有偿出让（以下简称出让）是指厦门市人民政府（以下简称市政府）将指定用途、年限及附有其他条件的土地提供给法人或自然人使用或经营，土地使用人向市政府交付土地出让金（即地价款）。

（二）土地使用权转让（以下简称转让）是指法人或自然人将其合法取得的土地使用权再转移的行为。

（三）土地使用权的抵押（以下简称抵押）是指法人或自然人将其合法取得的土地使用权作为清偿债务的担保的法律

行为。

（四）土地使用权受让人（以下简称受让人）是指因国有土地使用权的出让、转让（含继承、赠与、买卖交换）而享有土地使用权的法人和自然人。

❽贵州省国土资源厅关于在土地市场秩序清理整顿工作中处理土地违法行为问题的意见（节录）

（2003 年 4 月 10 日贵州省国土资源厅制定　2003 年 5 月 21 日贵州省人民政府办公厅　黔府办〔2003〕0038 号转发）

十三、土地使用权抵押，未经县级以上国土资源行政主管部门依法登记的，一律无效。

（七）相关其他规范性文件

❶中国农业银行贷款担保办法（节录）

（1993 年 9 月 21 日中国农业银行公布）

第八条　土地使用权抵押时，其地上建筑物，其他附着物随之抵押；地上建筑物，其他附着物抵押时，其使用范围内的土地使用权随之抵押。

第十五条　抵押人以土地使用权或建筑物设定抵押权时，应向农业银行提交土地使用证，土地出让合同或建筑物转让证。

❷中国人民建设银行贷款担保办法（节录）

（1995 年 12 月 29 日中国人民建设银行第十次行务会议通过　1996 年 1 月 4 日中国建设银行　建总字〔1996〕第 3 号公布）

第二十五条　以依法取得的国有土地上的房屋抵押的，该房屋占用范围内的国有土地使用权同时抵押。

以出让方式取得的国有土地使用权抵押的，应当将抵押时该国有土地上的房屋同时抵押。

乡（镇）、村企业的土地使用权不得单独抵押。以乡（镇）、村企业的厂房等建筑物抵押的，其占用范围内的土地使用权同时抵押。

❸交通银行担保贷款办法（试行）（节录）

（1995 年 10 月 4 日交通银行　交银〔1995〕380 号公布）

第十八条　以依法取得的国有土地上的房屋作抵押的，该房屋占有范围内的国有土地使用权必须同时抵押。

以出让方式取得的国有土地使用权作抵押的，必须同时将抵押时该国有土地上的房屋作抵押。

以依法有权处分的国有土地使用权作抵押的，应根据《中华人民共和国土地管理法》、《中华人民共和国城镇国有土地使用权出让和转让暂行条例》等法规的有关规定办理。

❹国家开发银行贷款抵押、质押担保暂行规定（节录）

（1996 年 8 月 2 日国家开发银行　开行政法〔1996〕240 号公布）

第十六条　抵押人以依法取得的国有土地使用权设定抵押权时，须凭土地使用证；以建筑物设定抵押权时，须凭建筑物产权证。

抵押人以特许进口的物资设定抵押权时，须持有合法的证明文件，并经批准机关和海关认可。

❺关于清理整顿土地市场深化国有土地使用制度改革的报告（节录）

（1992 年 5 月 20 日内蒙古自治区土地管理局制定　1992 年 6 月 17 日内蒙古自治区人民政府批转　1992 年 7 月 23 日国家土地管理局转发）

一、关于城镇国有土地使用权转让、出租、抵押问题

国家按照所有权与使用权分离的原则，实行城镇国有土地使用权出让、转让制度。城镇国有土地是指市、县城、建制镇、工矿区范围内属于全民所有的土地。

《土地管理法》第二条规定："任何单位和个人不得侵占、买卖或者以其他形式非法转让土地"，但"土地的使用权可以依法转让"。《暂行条例》第四条规定："取得土地使用权的土地使用者，其使用权在使用年限内可以转让、出租、抵押或者用于其他经济活动"。土地使用权转让是指土地使用者将土地使用权再转移的行为，包括出售、交换和赠与；土地使用权出租是指土地使用者作出租人，将土地使用权随同地上物，其他附着物租赁给其他承租人使用，由承租人交付租金的行为；土地使用权抵押是指土地使用者提供可供抵押的土地使用权作为按期清偿债务的担保的行为。

根据《暂行条例》第二十、二十九、三十四条规定，土地使用者只有依法办理了出让手续、进行登记、签订合同、交付土地使用权出让金后，才能进行转让、出租、抵押等经营活动。未经当地土地管理部门批准并办理以上手续的，都属非法交易，都在清理整顿之列。

各级土地管理部门是国有土地的产权代表，是各级人民政府对土地市场进行依法管理的职能机关，对国有土地使用权的出让、转让、出租、抵押等活动行使监督、检查和管理职能。负责审查、批准、办理国有土地使用权出让、转让、出租、抵押的有关手续，并收取出让金。负责对非法土地交易活动的查处。

关于土地使用权出让金和其他费用的收费标准及管理办法，自治区有关部门将另行文下发。任何从事土地经营活动的单位和个人，都必须接受土地管理部门的监督、检查和管理，否则不准经营。

三、以案明法

三亚都市贵宾俱乐部有限公司
诉三亚市国土资源局土地纠纷案

原告：三亚都市贵宾俱乐部有限公司

被告：三亚市国土资源局

原告三亚都市贵宾俱乐部有限公司（原名为三亚天涯贵宾俱乐部有限公司）不服被告三亚市国土资源局（原名为三亚市土地房产管理局）作出的 98078 号房地产抵押登记的具体行政行为，向本院提起行政诉讼。本院受理后，依法组成合议庭，公开开庭审理了本案。原告的委托代理人廖丹、刘义林，被告的委托代理人何世刚到庭参加诉讼。本案现已审理终结。

三亚市国土资源局于 1998 年 6 月 22 日作出 98078 号房地产抵押登记，主要内容为：三亚天涯贵宾俱乐部有限公司将其位于三亚市天涯镇红塘、布甫村委会 887920 平方米的土地使用权［土地使用权证号天涯国用（1997）字第 0003 号，后该证号变更为三土房（1999）字第 0371 号］抵押给抵押权人石川善幸（日本国人），担保债权日元 2 亿 5 千万元。

原告三亚都市贵宾俱乐部有限公司诉称：被告在作出 98078 号房地产抵押登记时，违反了《中华人民共和国外资企

业法实施细则》第二十四条及国家土地管理局于1997年1月3日发布的《关于土地使用权抵押登记有关问题的通知》有关规定，即被告对外资企业的抵押申请进行审查时，在没有审批机关的批准文件又没有地价评估报告的情况下，同意了抵押人和抵押权人的抵押申请，是违法的。请求人民法院依法撤销被告作出的98078号房地产抵押登记的具体行政行为。

原告提供的证据材料有：1.《中华人民共和国外资企业法实施细则》第二十四条规定，以证明外资企业的财产对外抵押时，必须经审批机关批准；2. 国家土地管理局于1997年1月3日颁布的《关于土地使用权抵押登记有关问题的通知》，以证明土地使用权抵押应当进行地价评估；3. 三亚市国土资源局于2001年10月15日作出三土资函（2001）25号《关于三亚都市贵宾俱乐部有限公司注销土地抵押登记的答复》，以证明被告在2001年10月15日表示对原告的申请报告已收到，并对原告提出的问题予以答复，从而致使本案的诉讼时效中断，本案诉讼时效应从2001年10月16日起重新计算。

被告三亚市国土资源局辩称：被告在办理第98078号房地产抵押登记时，是依法进行的，且原告的起诉已超过诉讼时效，请求法院驳回原告的起诉。

被告提供的证据材料有：1.《三亚市房地产抵押登记申请书》、《土地使用权抵押协议书》、三土房（1999）字第0371号《土地房屋权证》，以证明原告作为抵押人与抵押权人石川善幸于1998年6月10日向被告提出申请，原告将其位于三亚市天涯镇887920平方米的土地使用权抵押给抵押权人石川善幸，抵押权人出借日元2亿5千万元给原告，抵押贷款期限为1998年6月4日至1998年8月3日止，被告于1998年6月22日同意原告与抵押权人的申请；2.《保证书》，以证明原告保证该房地产无抵押、典当，无被人民法院查封或政府部门决定限制产权抵押，且不提供假的证件、证明材料；3.《认证》及石川善幸出具的《委任状》、《委托书》和吴卫兵的身份证，以证明石川善幸全权委托吴卫兵与原告办理抵押登记手续；4.《法定代表人身份证明书》及《授权委托书》，以证明原告的法定代表人奥山道夫全权委托森本丰与石川善幸办理土地使用权抵押登记；5. 石川善幸、奥山道夫、森本丰的护照，以证明这三人均为日本国人；6. 企独琼亚总副字第000587号《营业执照》副本，以证明三亚天涯贵宾俱乐部有限公司为外商独资企业；7. 98078号《三亚市房地产抵押登记卡》的备注中注明，抵押人原告已更名为三亚都市贵宾俱乐部有限公司，并于1999年3月22日办理了新的土地使用权证，证号：三土房（1999）字第0371号。

以上证据，经庭审举证、质证，确认属实，可以认定如下事实：

原告是外商独资企业，其经营期限自1995年4月28日至2045年4月27日止。1997年8月4日，原告与石川善幸（日本国人）签订了《土地使用权抵押协议书》，其中约定：石川善幸出借日元2亿5千万元给原告作为高尔夫球场及别墅土地项目的建设投资资金，该款项已于1997年8月4日付给原告；原告同意以其合法使用的国有土地一宗作为上述借款的抵押担保，该地坐落在三亚市天涯镇红塘、布甫村委会，面积887920平方米。1998年6月10日，石川善幸的全权委托代理人吴卫兵与原告的全权委托代理人森本丰（日本国人，原告的总经理）到被告处申请办理房地产抵押登记手续，并向被告提供了《土地使用权抵押协议书》、三土房（1999）字第0371号《土地房屋权证》、《保证书》、《认证》、《委任状》、《委托书》、《法定代表人身份证明书》、《授权委托书》、企独琼亚总副字第000587号《营业执照》副本及石川善幸、奥山道夫、森本丰三人护照和吴卫兵身份证。被告经审查后，于1998年6月22日办理了该抵押登记。之后，原告认为被告未依法办理该抵押登记，数次要求被告撤销违法的抵押登记。被告于2001年10月15日作出三土资函（2001）25号《关于三亚都市贵宾俱乐部有限公司注销土地抵押登记的答复》，要求原告提供抵押权人石川善幸出具的有关证明或者通过司法程序予以解决。故原告向本院起诉。

本院认为，原告三亚都市贵宾俱乐部有限公司作为抵押人与抵押权人石川善幸于1998年6月10日共同到被告三亚市国土资源局申请办理98078号房地产抵押登记手续，被告在审查原告与石川善幸提供的材料后，于同年6月22日办理了该抵押登记。由于被告在作出该具体行政行为时，未告知当事人诉权或起诉期限，根据《最高人民法院关于贯彻执行〈中华人民共和国行政诉讼法〉若干问题的意见（试行）》第三十五条之规定，原告逾期起诉的期间最长不得超过一年，但原告于2001年10月18日才向法院起诉，已超过诉讼时效。原告辩称：根据最高人民法院的司法解释的规定，"人民法院审理行政案件，除依照行政诉讼法的规定外，对本规定没有规定的，可以参照民事诉讼的有关规定"。由于被告在2001年10月15日的答复中表示对原告的申请报告已收到，从而导致本案的诉讼时效中断，本案的诉讼时效应从2001年10月16日起重新计算，所以本案的起诉未超过法定的诉讼时效。本院认为，《中华人民共和国行政诉讼法》第三十九条、第四十条和《最高人民法院关于贯彻执行〈中华人民共和国行政诉讼法〉若干问题的意见（试行）》第三十五条已根据行政诉讼的性质对诉讼时效的问题作了专门规定，故对诉讼时效问题不应"参照民事诉讼的有关规定"。虽然原告认为该抵押登记违法而要求被告撤销该抵押登记，但不管被告对原告要求是否答复，均不影响原告在法定诉讼时效内向法院起诉。因此，原告的起诉超过诉讼时效且无正当理由，依照《最高人民法院关于执行〈中华人民共和国行政诉讼法〉若干问题的解释》第四十四条第一款第（六）项之规定，裁定如下：

驳回原告三亚都市贵宾俱乐部的起诉。

诉讼费人民币100元，由原告负担。

如不服本裁定，可在裁定书送达之日起十日内，向本院递交上诉状，并按对方当事人的人数提出副本，上诉于海南省高级人民法院。

四、办案实战资料库

（一）土地使用权抵押合同

土地使用权抵押合同

大土押［　　］字第00　　号

本合同双方当事人：

抵押人（以下简称甲方）：________________________________

抵押权人（以下简称乙方）：______________________________

根据《中华人民共和国合同法》、《中华人民共和国城市房地产管理法》、《中华人民共和国土地管理法》、《江苏省土地管理条例》及其他有关法律、法规之规定，甲、乙双方在平等、自愿、协商一致的基础上，就抵押土地使用权及地上建筑物和其他附着物达成如下协议：

第一条：甲方以出让（划拨）方式取得位于____________，地号为______的地块的土地使用权，土地使用权证号为______［　　］字第______号，土地面积________平方米，抵押面积________平方米，土地规划用途为________用地，土地使用权年限自________年______月______日至________年______月______日止。

经土地价格评估，甲方土地使用权价格：________元/平方米，评估用途：土地使用权抵押，评估使用年期：________年。

甲方使用土地上的房屋建筑总面积为________平方米，产权证号为______字第______号，为________结构，经评估房屋价格为________元。

甲方土地位置与四至范围如本合同附宗地图所示，附图已经甲、乙双方确认。

第二条：甲方同意以上述土地使用权作抵押物，抵押价值以土地使用权总地价的______%，作价________万元，为最高额抵押，抵押物的最终价值以抵押权实现时实际处理抵押物的净收入为准。抵押期限________年，从________年______月______日至________年______月______日止。

第三条：抵押担保的范围包括债务本金、利息、处分抵押物所需费用、违约金以及甲、乙双方应缴纳的有关税费。

第四条：抵押物的占管

1. 本合同项下抵押物由甲方占管。甲方对抵押物负有妥善管理的责任。乙方有权检查抵押物的管理情况。

2. 在本合同有效期内，未经乙方书面同意，甲方不得对抵押物做出馈赠、转让、出售、出租、再抵押或其他任何方式的处分。经乙方书面同意转让、出租、出售抵押物所得价款，应优先用于偿还主合同项下债务。

3. 本合同有效期内，抵押物发生毁损、灭失的，甲方应及时采取有效措施防止损失扩大，同时立即通知乙方，甲方由此所获得的赔偿金、补偿金等应优先用于偿还主合同项下的债务。

第五条：抵押物的处分

本宗地土地使用权若原以划拨方式取得，土地使用权抵押期满，甲方不能履行债务，乙方占有或处分土地使用权时，处分土地使用权所得价款，双方一致同意首先向政府交纳该幅土地使用权出让金（土地收益）或租金以及处分抵押物的费用。

双方同意处分抵押物方式为：____________________________________。

第六条：违约责任及处理方式

1. 甲方未按规定用途使用贷款，乙方可以提前收回抵押贷款，并按有关规定处以罚息。

2. 甲方擅自将抵押物转让、出租或以其他方式处分时，其行为无效。乙方有权提前收回贷款，并可要求抵押人支付一定的违约金。

3. 抵押人到期不能履行债务或者在抵押合同期间宣告解散、破产的，乙方有权依照法律规定和抵押合同的规定处分抵押财产。处分抵押财产所得，乙方有优先受偿权。因处分抵押财产而取得土地使用权和地上建筑物、其他附着物所有权的，应当依照有关规定办理房地产过户登记。

4. 甲方因隐瞒抵押物的共有、争议、查封、扣押或已经设定过抵押权等情况所产生的后果，由抵押人承担责任。

5. 由甲方占管的抵押物发生毁损，导致土地价值减少甚至破坏，乙方可要求甲方恢复土地的原价值或赔偿损失，或减少担保金额。

6. 抵押物的受赠人、继承人拒绝偿还贷款本息的，乙方可以依照法律的规定向人民法院起诉。

7. 抵押双方当事人在履行合同过程中发生争议，不能协商解决时，按《合同法》有关规定处理。

第七条：甲方必须在本合同签订后15日内到大丰市国土资源局申办抵押登记手续，并将抵押物的他项权利证书、抵押登记文件，交抵押权人，否则，其抵押行为无效。

第八条：本合同项下的登记、评估、鉴定、公证等有关费用由甲方承担。

第九条：本合同在履行中若发生争议，由甲、乙双方协商解决，协商不成的，可向所辖人民法院起诉。
第十条：本合同一式三份，甲、乙双方各执一份，大丰市土地交易服务中心留档一份。
第十一条：本合同于________年______月______日在中华人民共和国江苏省大丰市签订。
第十二条：本合同未尽事宜，可由双方约定后作为本合同附件，与本合同具有同等法律效力。
第十三条：本合同经双方法定代表人（授权委托代理人）签字或盖章后生效。

甲方（签章）
甲方代表人/代理人
___________（签章）
________年______月______日
乙方（签章）
乙方代表人/代理人
___________（签章）
________年______月______日

鉴证单位：大丰市土地交易服务中心
________年______月______日

第二章 房地产开发法律制度

第一节 房地产开发企业

本节为您提供以下主题词的法律适用依据与实战资料

■房地产开发企业的设立 ■房地产开发企业的资质管理

【房地产开发企业的设立】

一、专家指导意见

（一）房地产开发企业的概念

房地产开发企业，是指以营利为目的，从事房地产开发和经营的企业。目前，我国房地产开发企业主要有三种：房地产开发专营企业、兼营企业和项目公司。

房地产开发专营企业（通称专营公司），是以房地产开发经营为主的企业。根据建设部于1993年11月16日颁布的《房地产开发企业资质管理规定》，房地产开发专营企业按资质条件划分为五个等级。

房地产开发兼营企业，是指经批准从事房地产开发经营业务的其他企业，对兼营企业不定资质等级。

房地产开发项目公司是以开发项目为对象从事单项房地产开发经营的企业。其经营对象只限于经批准的项目，项目开发经营完毕后，应向工商行政管理机关办理注销经营范围的登记。

（二）房地产开发企业设立的条件

根据《城市房地产管理法》和《城市房地产开发经营管理条例》的规定，我国房地产开发企业的设立必须符合以下条件：

1. 有自己的名称和组织机构。

2. 有固定的经营场所。

3. 有符合国务院规定的注册资本。《城市房地产开发经营管理条例》规定，房地产开发企业须有100万元以上的注册资本。

4. 有足够的专业技术人员。根据《城市房地产开发经营管理条例》的规定，房地产开发企业须有4名以上持有资格证书的房地产专业、建筑工程专业的专职技术人员，2名以上持有资格证书的专职会计人员。

5. 法律、行政法规规定的其他条件。目前，这一规定主要是指设立房地产开发有限责任公司或股份有限公司以及设立外商投资的房地产开发企业的，必须具备公司法和外商投资企业法有关的规定条件。

6. 设立房地产开发企业，应当向工商行政管理部门申请设立登记。工商行政管理部门对符合规定条件的，应当予以登记，发给营业执照；对于不符合规定条件的，不予登记。房地产开发企业在领取营业执照后的一个月内，应当到登记机关所在地的县级以上地方人民政府规定的部门备案。

（三）房地产开发企业设立的程序

1. 申请登记。设立房地产开发企业，应当向工商行政管理部门申请设立登记。根据1988年《企业法人登记管理条例》的规定，申请企业法人登记，经企业法人主管机关审核，准予登记注册的，领取《企业法人营业执照》，取得法人资格。依法需要办理企业法人登记的，未经企业法人登记主管机关核准登记注册，不得从事经营活动。

2. 发给营业执照。工商行政管理部门对符合法律规定条件的登记申请，应当自收到申请之日起30日内予以登记，发给营业执照；对不符合条件的不予登记，并应当说明理由。

3. 备案。房地产开发企业在领取营业执照后的30日内，应当到登记机关所在地的县级以上地方人民政府确定的部门备案。

二、法律适用依据

（一）相关法律

❶中华人民共和国城市房地产管理法（节录）

（1994年7月5日第八届全国人民代表大会常务委员会第八次会议通过 1994年7月5日中华人民共和国主席令〔第29号〕公布 自1995年1月1日起施行）

第二十九条 房地产开发企业是以营利为目的，从事房地产开发和经营的企业。设立房地产开发企业，应当具备下列条件：

（一）有自己的名称和组织机构；

（二）有固定的经营场所；

（三）有符合国务院规定的注册资本；

（四）有足够的专业技术人员；

（五）法律、行政法规规定的其他条件。

设立房地产开发企业，应当向工商行政管理部门申请设立登记。工商行政管理部门对符合本法规定条件的，应当予以登记，发给营业执照；对不符合本法规定条件的，不予登记。

设立有限责任公司、股份有限公司，从事房地产开发经营的，还应当执行公司法的有关规定。

房地产开发企业在领取营业执照后的一个月内，应当到登记机关所在地的县级以上地方人民政府规定的部门备案。

第三十条　房地产开发企业的注册资本与投资总额的比例应当符合国家有关规定。

房地产开发企业分期开发房地产的，分期投资额应当与项目规模相适应，并按照土地使用权出让合同的约定，按期投入资金，用于项目建设。

❷中华人民共和国公司法（节录）

（1993年12月29日第八届全国人民代表大会常务委员会第五次会议通过　根据1999年12月25日第九届全国人民代表大会常务委员会第十三次会议《关于修改〈中华人民共和国公司法〉的决定》第一次修正　根据2004年8月28日第十届全国人民代表大会常务委员会第十一次会议《关于修改〈中华人民共和国公司法〉的决定》第二次修正　2005年10月27日第十届全国人民代表大会常务委员会第十八次会议修订）

第二章　有限责任公司的设立和组织机构

第一节　设立

第二十三条　设立有限责任公司，应当具备下列条件：

（一）股东符合法定人数；

（二）股东出资达到法定资本最低限额；

（三）股东共同制定公司章程；

（四）有公司名称，建立符合有限责任公司要求的组织机构；

（五）有公司住所。

第二十四条　有限责任公司由五十个以下股东出资设立。

第二十六条　有限责任公司的注册资本为在公司登记机关登记的全体股东认缴的出资额。公司全体股东的首次出资额不得低于注册资本的百分之二十，也不得低于法定的注册资本最低限额，其余部分由股东自公司成立之日起两年内缴足；其中，投资公司可以在五年内缴足。有限责任公司注册资本的最低限额为人民币三万元。法律、行政法规对有限责任公司注册资本的最低限额有较高规定的，从其规定。

第二十七条　股东可以用货币出资，也可以用实物、知识产权、土地使用权等可以用货币估价并可以依法转让的非货币财产作价出资；但是，法律、行政法规规定不得作为出资的财产除外。

对作为出资的非货币财产应当评估作价，核实财产，不得高估或者低估作价。法律、行政法规对评估作价有规定的，从其规定。

全体股东的货币出资金额不得低于有限责任公司注册资本的百分之三十。

第二十八条　股东应当按期足额缴纳公司章程中规定的各自所认缴的出资额。股东以货币出资的，应当将货币出资足额存入有限责任公司在银行开设的账户；以非货币财产出资的，应当依法办理其财产权的转移手续。股东不按照前款规定缴纳出资的，除应当向公司足额缴纳外，还应当向已按期足额缴纳出资的股东承担违约责任。

第二十九条　股东缴纳出资后，必须经依法设立的验资机构验资并出具证明。

第三十条　股东的首次出资经依法设立的验资机构验资后，由全体股东指定的代表或者共同委托的代理人向公司登记机关报送公司登记申请书、公司章程、验资证明等文件，申请设立登记。

（二）相关行政法规及规范性文件

❶城市房地产开发经营管理条例（节录）

（1998年7月20日国务院令〔第248号〕公布施行）

第二章　房地产开发企业

第五条　设立房地产开发企业，除应当符合有关法律、行政法规规定的企业设立条件外，还应当具备下列条件：

（一）有100万元以上的注册资本；

（二）有4名以上持有资格证书的房地产专业、建筑工程专业的专职技术人员，2名以上持有资格证书的专职会计人员。

省、自治区、直辖市人民政府可以根据本地方的实际情况，对设立房地产开发企业的注册资本和专业技术人员的条件作出高于前款的规定。

第六条　外商投资设立房地产开发企业的，除应当符合本条例第五条的规定外，还应当依照外商投资企业法律、行政法规的规定，办理有关审批手续。

第七条　设立房地产开发企业，应当向县级以上人民政府工商行政管理部门申请登记。工商行政管理部门对符合本条例第五条规定条件的，应当自收到申请之日起30日内予以登记；对不符合条件不予登记的，应当说明理由。

工商行政管理部门在对设立房地产开发企业申请登记进行审查时，应当听取同级房地产开发主管部门的意见。

❷中华人民共和国企业法人登记管理条例（节录）

（1988年5月13日国务院第四次常务会议通过　1988年6月3日国务院公布　自1988年7月1日起施行）

第三条　申请企业法人登记，经企业法人登记主管机关审核，准予登记注册的，领取《企业法人营业执照》，取得法人资格，其合法权益受国家法律保护。

依法需要办理企业法人登记的，未经企业法人登记主管机关核准登记注册，不得从事经营活动。

第三章　登记条件和申请登记单位

第七条　申请企业法人登记的单位应当具备下列条件：

（一）名称、组织机构和章程；

（二）固定的经营场所和必要的设施；

（三）符合国家规定并与其生产经营和服务规模相适应的资金数额和从业人员；

（四）能够独立承担民事责任；

（五）符合国家法律、法规和政策规定的经营范围。

第五章　开业登记

第十四条　企业法人办理开业登记，应当在主管部门或者审批机关批准后三十日内，向登记主管机关提出申请；没有主管部门、审批机关的企业申请开业登记，由登记主管机关进行审查。登记主管机关应当在受理申请后三十日内，作出核准登记或者不予核准登记的决定。

第十五条 申请企业法人开业登记，应当提交下列文件、证件：

（一）组建负责人签署的登记申请书；

（二）主管部门或者审批机关的批准文件；

（三）组织章程；

（四）资金信用证明、验资证明或者资金担保；

（五）企业主要负责人的身份证明；

（六）住所和经营场所使用证明；

（七）其他有关文件、证件。

（三）相关地方性法规及规范性文件

❶包头市城市房地产开发经营管理条例（节录）

（1997年11月16日包头市第十届人民代表大会常务委员会第三十四次会议通过 1998年7月31日内蒙古自治区第九届人民代表大会常务委员会第四次会议批准）

第二章 房地产开发企业

第五条 设立房地产开发企业，应当符合下列条件：

（一）有自己的名称和组织机构；

（二）有固定的经营场所；

（三）注册资本200万元以上（其中流动资本不少于100万元）；

（四）有4名以上房地产、建筑工程专业技术人员（其中中级以上职称的不少于3名），有2名以上专业专职会计人员（其中中级以上职称的不少于1名）；

（五）法律、法规规定的其他条件。

❷吉林市城市房地产开发经营管理条例（节录）

（1999年11月25日吉林市第十二届人民代表大会常务委员会第十四次会议通过 2000年3月31日吉林省第九届人民代表大会常务委员会第十六次会议批准）

第二章 房地产开发企业

第七条 凡从事房地产开发经营活动的，必须设立房地产开发企业（以下简称开发企业）。设立开发企业除应当符合有关法律、行政法规规定的企业设立条件外，还应当具备下列条件：

（一）有200万元以上的注册资本，其中自有流动资金不得低于100万元；

（二）有4名以上持有资格证书的房地产、建筑工程专业的专职技术人员，2名以上持有资格证书的专职会计人员。

❸黑龙江省城市房地产开发管理条例（节录）

（1997年8月20日黑龙江省第八届人民代表大会常务委员会第二十九次会议通过 1997年8月20日黑龙江省人民代表大会常务委员会公布 自1997年10月1日起施行）

第十条 设立开发企业，除应当符合有关法律、法规的规定以外，还应当具备下列条件：

（一）专营开发企业、兼营开发企业的注册资本不低于国家和省资质等级标准规定的数额，单项开发企业的注册资本不低于房地产开发项目（以下简称开发项目）投资总额的25%，并有法定的验资机构出具的验资证明；

（二）有与资质等级相适应的专职技术、经济等管理人员；

（三）取得省建设行政主管部门颁发的资质等级证书。

设立开发企业，应当在取得资质等级证书后向工商行政管理部门申请设立登记。工商行政管理部门对符合前款规定条件的，应当予以登记，发给营业执照；对不符合前款规定条件的，不予登记。

❹重庆市城市房地产开发经营管理条例（节录）

（2000年5月25日重庆市第一届人民代表大会常务委员会第二十五次会议通过 2000年5月25日重庆市人民代表大会常务委员会公布）

第六条 设立一级房地产开发企业应当具备下列条件：

（一）注册资本五千万元以上；

（二）具备专业技术资格的建筑、土木工程、财务管理、建筑或房地产经济类的专业管理人员不少于四十人。其中，具有中级以上专业技术资格的管理人员不得少于二十人，总工程师、总会计师和总经济师应具备高级专业技术资格。

（三）具有五年以上从事房地产开发的经历，近三年累计竣工建筑面积三十万平方米以上的房屋，或累计完成与此相当的房地产开发投资。连续五年建筑工程质量合格率达百分之百。

第七条 设立二级房地产开发企业应当具备下列条件：

（一）注册资本二千万元以上；

（二）具备专业技术资格的建筑、土木工程、财务管理、建筑或房地产经济类的专业管理人员不少于三十人。其中，具有中级以上专业技术资格的管理人员不得少于十五人，总工程师、总会计师应具备高级专业技术资格。

（三）具有三年以上从事房地产开发的经历，近三年累计竣工建筑面积十五万平方米以上的房屋，或累计完成与此相当的房地产开发投资。连续三年建筑工程质量合格率达百分之百。

第八条 设立三级房地产开发企业应当具备下列条件：

（一）注册资本八百万元以上；

（二）具备专业技术资格的建筑、土木工程、财务管理、建筑或房地产经济类的专业管理人员不少于十人。其中，具有中级以上专业技术资格的管理人员不得少于五人，总工程师应具备高级专业技术资格。

（三）具有二年以上从事房地产开发的经历，累计竣工建筑面积五万平方米以上的房屋，或累计完成与此相当的房地产开发投资。建筑工程质量合格率达百分之百。

第九条 设立四级房地产开发企业应当具备下列条件：

（一）注册资本二百万元以上；

（二）具备专业技术资格的建筑、土木工程、财务管理、建筑或房地产经济类的专业管理人员不少于五人。其中，工程技术负责人具有相应专业中级以上专业技术资格，财务负责人具有相应专业初级以上专业技术资格，配有专业统计人员。

❺青海省城市房地产管理条例（节录）

（2000年4月4日青海省第九届人民代表大会常务委员会第十六次会议通过 2000年4月4日青海省人民代表大会常务委员会公布）

第六条 设立房地产开发企业，除应当符合有关法律、行政法规规定的企业设立条件外，还应当具备下列条件：

（一）有100万元以上的注册资本；

（二）有4名以上持有资格证书的房地产专业、建筑工程专业的专职技术人员，2名以上持有资格证书的专职会计人员。

❻河南省城市房地产开发经营管理条例（节录）

（2002年5月31日河南省第九届人民代表大会常务委员会第二十八次会议通过　2002年5月31日河南省人民代表大会常务委员会公布）

第二章　房地产开发企业

第五条　设立房地产开发企业，除应当符合法律、行政法规规定的企业设立条件外，还应当具备下列条件：

（一）有二百万元以上的注册资本；

（二）有五名以上持有房地产、建筑工程专业类资格证书的专职技术人员，其中具有中级以上职称的人员不少于三人；

（三）有二名以上持有会计从业资格证书的专职会计人员。

本条例施行之前成立的房地产开发企业不符合前款规定标准的，应当自本条例施行之日起一年内达到前款规定标准。达不到的，予以注销。

❼深圳经济特区房地产行业管理条例（节录）

（1995年12月26日深圳市第二届人民代表大会常务委员会第五次会议通过　根据1997年12月17日深圳市第二届人民代表大会常务委员会第十九次会议《关于修改〈深圳经济特区房地产行业管理条例〉第六十五条、第七十三条、第七十七条的决定》第一次修正　根据2002年4月26日深圳市第三届人民代表大会常务委员会第十五次会议《关于修改〈深圳经济特区房地产行业管理条例〉的决定》第二次修正）

第八条　设立房地产开发企业，须具备下列条件：

（一）注册资本不得少于人民币一千万元；

（二）有四名以上持有专业证书的房地产、建筑工程专业的专职技术人员，两名以上持有专业证书的专职会计人员；

（三）有按市场价格取得的土地使用权；

（四）有自己的名称、组织机构和固定的经营场所；

（五）法律、法规规定的其他条件。

增加房地产开发和经营业务范围的，须具备前款（一）、（二）、（三）、（五）项规定的条件。

工商行政管理部门对符合本条例规定条件的，应当予以办理工商登记手续；对不符合本条例规定条件的，不予登记。

❽江西省城市房地产开发管理条例（修正）（节录）

（1995年4月29日江西省第八届人民代表大会常务委员会第十五次会议通过　1997年4月18日江西省第八届人民代表大会常务委员会第二十七次会议第一次修正　根据2002年6月1日江西省第九届人民代表大会常务委员会第三十次会议《关于修改〈江西省城市房地产开发管理条例〉的决定》第二次修正　2002年6月1日江西省人大常委会公告〔第117号〕公布）

第三章　房地产开发企业设立与管理

第十条　设立房地产开发企业，应当符合下列条件：

（一）有自己的名称和组织机构；

（二）有固定的经营场所；

（三）有100万元以上的注册资本，并应当提供具有验资资格的中介机构出具的验资证明；

（四）有5名以上持有资格证书的房地产专业、建筑工程专业的专职技术人员，两名以上持有资格证书的专职会计人员；

（五）法律、法规规定的其他条件。

三、办案实战资料库

从事房地产开发业务的公司招股说明书内容与格式特别规定

（2001年2月6日中国证券监督管理委员会发布的《公开发行证券公司信息披露编报规则》第10号）

第一条　为规范从事房地产开发业务的公司（包括专营房地产业务公司及兼营房地产业务公司，以下简称发行人）公开发行股票的信息披露行为，保护投资者的合法权益，依据《中华人民共和国公司法》、《中华人民共和国证券法》等法律法规，制定本规定。

第二条　发行人为首次公开发行股票而编制招股说明书时、除应遵循中国证券监督管理委员会（以下简称中国证监会）有关招股说明书内容与格式准则的一般规定外，还应遵循本规定的要求。

第三条　发行人应针对自身实际情况披露风险因素。对这些风险因素能够作出定量分析的，应进行定量分析；不能作出定量分析的，应进行定性描述。

（一）结合自身具体情况，披露以下风险因素，包括但不限于：

项目开发风险。应披露在房地产开发过程中，因为设计、施工条件，环境条件变化等因素导致开发成本提高的风险。

筹资风险。应披露公司筹措资金时，受经济周期、产业政策、银行贷款政策、预售情况等因素影响的风险。

销售风险。应披露开发项目销售受项目定位、销售价格变动、竞争楼盘供应情况等因素影响的风险。

土地风险。应披露土地开发时面临的各种风险，包括市政规划调整的风险、土地闲置风险、地价变化的风险。

合作和合资项目的控制风险。应披露对合作、合资开发项目，如果没有实际控制权将增加不确定性的风险。

工程质量风险。应披露已完工项目或在建项目如果存在质量缺陷，将会对公司产生不利影响的风险。

其他风险。应披露税收制度、房改制度和购房贷款政策、对房地产投资开发方面的其他政策变化对公司的不利影响的风险。

（二）项目开发中如存在"停工"、"烂尾"、"空置"的情况，应做特别风险提示。

（三）披露的风险对策应是已采取的或拟采取的切实可行的具体措施。

第四条　发行人应专节披露公司资质等级取得情况和相关证书，持有房地产专业或建筑工程专业资格证书的专职技术人员数目，公司开发建设中采用的新工艺和新技术等情况。

第五条　发行人应披露公司的主要经营策略及市场推广模式，包括但不限于：

（一）房地产经营的市场定位及主要消费者群体。

（二）主要从事房地产项目的类型：如主要以出售为主，还是以出租为主；经营模式是自主经营开发，还是合作、合资开发；主要从事住宅开发还是办公楼开发等。

（三）房地产项目的定价模式和销售理念。

（四）采用的主要融资方式。

（五）采用的主要销售模式。

（六）采用的物业管理模式。

（七）公司经营管理、品牌建设、员工素质、企业文化等方面的竞争力。

第七条 发行人应专节披露公司经营管理体制及内控制度。包括但不限于：

（一）房地产开发项目决策程序。

（二）开发项目管理架构的设置。

（三）公司质量控制体系，包括对施工单位的质量考核办法；采用新材料、新工艺的质量控制办法；对特殊环境的项目的质量控制。

第八条 发行人应专节披露房地产行业概况及业务特点，包括但不限于：

（一）房地产行业概况。

（二）房地产业务的性质和特点。

（三）主要开发项目所处地区的市场分析。

（四）房地产开发流程图。

第九条 发行人应专节详细披露在开发过程中涉及的各项具体业务的运行情况，包括但不限于：

（一）如何选择房地产项目的设计单位、设计方案。

（二）如何选择施工单位，如何管理、监督施工单位。

（三）如何选择监理单位。

（四）对出租物业的经营方式。

第十条 发行人应专节披露公司所开发的主要房地产业务项目的情况。可按照已开发完工项目、开发建设中项目、拟开发项目的顺序披露各项目基本情况，包括但不限于下列情况：

（一）项目应具备的资格文件（含土地使用证、建设用地规划许可证、建设工程规划许可证、建设工程开工证、商品房销售许可证、房产证等）取得情况。

（二）项目经营模式，如属合作、合资开发，应简要说明合作方情况、合作方式、协议履行情况等。

（三）披露项目位置及土地的取得手续是否完备。

（四）对完工或开工项目应披露主体工程施工是自建还是出包方式，承包方是否分包，并披露施工单位的资质等级及基本情况。

（五）对在建项目应披露预计总投资和已投资额，工程进度（包括开工时间、预计竣工时间，实际进度与计划进度出现的较大差异及原因，项目是否存在停工可能）。

（六）工程质量情况，如监理单位的意见及质量监管部门的验收报告，对已交付使用的商品房是否有质量纠纷。

（七）项目的销售情况，对采用预售方式的，应披露预售比例。

（八）代为收取的住宅共用部分、共用设施设备维修基金的执行情况。

第十一条 发行人应参照第十条的要求披露募股资金拟投资项目，及募股资金占项目总投资的比例，缺口资金的解决方式。

第十二条 发行人应专节披露公司的土地资源。包括但不限于项目名称、所处地理位置、占地面积、规划建筑面积、土地用途、相关法律手续是否完备等。

第十三条 发行人发行上市前应聘请具有证券从业资格的资产评估机构对公司存货，包括开发成本及开发产品（但不包括代建工程）、出租开发产品、周转房等进行资产评估。在招股说明书中披露资产评估结果和主要项目的资产评估方法，并注明本次资产评估仅为投资者提供参考，有关评估结果不进行账务调整。

第十四条 发行人应根据本规定编制招股说明书概要。

第十五条 本规定由中国证监会负责解释。

第十六条 本规定自发布之日起施行。

【房地产开发企业的资质管理】

一、专家指导意见

（一）施工企业资质概述

施工企业是房地产开发工程建设项目实施的主体，是工程项目施工任务的承担者。房地产开发企业对施工单位的选择，应符合国家关于施工企业资质管理的有关规定。施工企业应当按照审定的资质等级和业务范围承接工程，并对所承接的工程质量负责。

企业资质等级的认定，由建设行政主管部门根据确定的资质标准和企业达到标准的实际情况，给建筑企业核定资质等级。经资质审核合格的，由审批部门向企业颁发《建筑业企业资质证书》。非等级施工企业的资质条件和业务范围，由省、自治区、直辖市建筑行政主管部门或其授权部门审定。

（二）资质等级标准

根据《房地产开发企业资质管理规定》的第5条，房地产开发企业按照企业条件分为一、二、三、四四个资质等级。各资质等级企业的条件如下：

1. 一级资质。

（1）注册资本不低于5000万元；（2）从事房地产开发经营5年以上；（3）近三年房屋建筑面积累计竣工30万平方米以上，或者累计完成与此相当的房地产开发投资额；（4）连续5年建筑工程质量合格率达100%；（5）上一年房屋建筑施工面积15万平方米以上，或者完成与此相当的房地产开发投资额；（6）有职称的建筑、结构、财务、房地产及有关经济类的专业管理人员不少于40人，其中具有中级以上职称的管理人员不少于20人，持有资格证书的专职会计人员不少于4人；（7）工程技术、财务、统计等业务负责人具有相应专业中级以上职称；（8）具有完善的质量保证体系，商品住宅销售中实行了《住宅质量保证书》和《住宅使用说明书》制度；（9）未发生过重大工程质量事故。

2. 二级资质。

（1）注册资本不低于2000万元；（2）从事房地产开发经营3年以上；（3）近3年房屋建筑面积累计竣工15万平方米以上，或者累计完成与此相当的房地产开发投资额；（4）连续3年建筑工程质量合格率达100%；（5）上一年房屋建筑施工面积10万平方米以上，或者完成与此相当的房地产开发投资额；(6) 有职称的建筑、结构、财务、房地产及有关经济类的专业管理人员不少于20人，其中具有中级以上职称的管理人员不少于10人，持有资格证书的专职会计人员不少于3人；(7) 工程技术、财务、统计等业务负责人具有相应专业中级以上职称；(8) 具有完善的质量保证体系，商品住宅销售中实行了《住宅质量保证书》和《住宅使用说明书》制度；(9) 未发生过重大工程质量事故。

3. 三级资质。

(1) 注册资本不低于800万元；(2) 从事房地产开发经营2年以上；(3) 房屋建筑面积累计竣工5万平方米以上，或者累计完成与此相当的房地产开发投资额；(4) 连续2年建筑工程质量合格率达100%；(5) 有职称的建筑、结构、财务、房地产及有关经济类的专业管理人员不少于10人，其中具有中级以上职称的管理人员不少于5人，持有资格证书的专职会计人员不少于2人；(6) 工程技术、财务等业务负责人具有相应专业中级以上职称，统计等其他业务负责人具有相应专业初级以上职称；(7) 具有完善的质量保证体系，商品住宅销售中实行了《住宅质量保证书》和《住宅使用说明书》制度；(8) 未发生过重大工程质量事故。

4. 四级资质。

(1) 注册资本不低于100万元；(2) 从事房地产开发经营1年以上；(3) 已竣工的建筑工程质量合格率达100%；(4) 有职称的建筑、结构、财务、房地产及有关经济类的专业管理人员不少于5人，持有资格证书的专职会计人员不少于2人；(5) 工程技术负责人具有相应专业中级以上职称，财务负责人具有相应专业初级以上职称，配有专业统计人员；(6) 商品住宅销售中实行了《住宅质量保证书》和《住宅使用说明书》制度；(7) 未发生过重大工程质量事故。

(三) 不同资质等级企业的营业范围

《房地产开发企业资质管理规定》第18条规定：

一级资质的房地产开发企业承担房地产项目的建设规模不受限制，可以在全国范围承揽房地产开发项目。

二级资质及二级资质以下的房地产开发企业可以承担建筑面积25万平方米以下的开发建设项目，承担业务的具体范围由省、自治区、直辖市人民政府建设行政主管部门确定。

各资质等级企业应当在规定的业务范围内从事房地产开发经营业务，不得越级承担任务。

二、法律适用依据

(一) 相关行政法规

❶城市房地产开发经营管理条例（节录）

(1998年7月20日国务院令〔第248号〕公布施行)

第九条 房地产开发主管部门应当根据房地产开发企业的资产、专业技术人员和开发经营业绩等，对备案的房地产开发企业核定资质等级。房地产开发企业应当按照核定的资质等级，承担相应的房地产开发项目。具体办法由国务院建设行政主管部门制定。

❷关于发展房地产业若干问题的通知（节录）

(1992年11月4日国务院 国〔1992〕61号公布)

十一、提高房地产开发企业的素质、严格资质审批。所有从事房地产开发经营的中、外资企业，都必须经过严格的资质审批。全民所有制房地产开发企业要通过贯彻国务院《全民所有制工业企业转换经营机制条例》，积极进行经营机制的转换。所有行政单位兼有房地产经营业务的，必须实行政企分开。各级政府部门都要转变管理职能，不直接干预企业的经营活动，不搞地方保护主义，简化各种办事手续，积极为企业服务。

❸建设部职能配置、内设机构和人员编制规定（节录）

(1998年6月23日国务院办公厅 国办〔1998〕86号公布)

(十) 住宅与房地产业司（住房制度改革办公室）

指导规范房地产市场；指导城镇土地使用权有偿转让和开发利用工作；提出住宅建设与房地产业的中长期规划和科技发展战略、产业政策和规章，拟定住宅建设、房屋拆迁、房地产开发、房地产市场、房地产评估、物业管理的规章制度并监督执行；指导全国住宅建设和住宅供应政策的实施；拟定房地产开发企业、物业管理企业、社会中介服务机构的资质标准；提出房地产估价专业技术人员执业资格标准；贯彻落实国家关于推进城镇住房制度改革的方针、政策和措施；指导城镇住房制度改革工作；负责住房公积金和其他房改资金的政策指导并监督使用。

(二) 相关部门规章及规范性文件

❶全国房地产开发企业升级实施办法（试行）

(1989年12月31日建设部公布 自公布之日起实行)

第一章 总则

第一条 根据国务院《关于加强工业企业管理若干问题的决定》的精神，结合我国房地产开发企业的实际，为全面提高企业素质和开发经营管理水平，指导企业发展方向，做好企业升级工作，特制定本办法。

第二条 本办法所称房地产开发企业，是指主营城镇房地产综合开发、具有法人资格、实行独立核算、自负盈亏的全民所有制企业。

第三条 房地产开发企业，不分隶属关系，企业升级工作，统一按本办法执行。

第四条 根据建设部对建设企业升级工作实行统一领导、分工负责的规定，房地产开发企业升级工作，由建设部房地产业司归口管理，并成立房地产开发企业升级评审委员会，负责企业升级的组织实施。

第五条 各省、自治区、直辖市建委（建设厅），应建立企业管理领导小组，并建立相应的机构，负责指导、管理房地产开发企业升级工作。

第六条 中国房地产业协会和各地房地产业协会协助各级政府主管部门，做好房地产开发企业升级工作。

第二章 企业升级考核标准

第七条 房地产开发企业升级标准，按国务院《关于加强工业企业管理若干问题的决定》分为国家特级，国家一级，国家二级及省、自治区、直辖市级先进企业等四个等级。

国家级企业升级标准，由建设部制定。

省、自治区、直辖市级先进企业标准，由省、自治区、直辖市建委（建设厅）参照国家级标准制定。

第八条 国务院《关于加强工业企业管理若干问题的决定》对企业管理基础工作的各项要求，是企业升级的基本要求，各企业必须严格贯彻执行，保证企业升级工作有坚实的基础。

房地产开发企业管理基础工作的基本要求是：

1. 坚持四项基本原则，强化企业政治思想工作和两个文明的建设。

2. 适应经济体制改革的要求，重点抓好经济责任制为核心的管理制度的制订和完善。

3. 执行国家有关房地产开发的法律、法规和政策。建立经济预测分析、项目成本控制、工程质量保证体系。在工程发包中实行招标制度。

4. 执行国家房地产有关标准、规范、规程。建立由管理标准、工程技术标准和工作标准组成的标准化管理体系。

5. 凡能用定额考核的项目，均实行定额管理。

6. 信息管理达到原始记录、凭证、台账和统计报表完整、准确、及时，国家级企业实现信息的收集、处理、储存、检索运用电子计算机管理。

7. 按照不同管理层次和岗位要求，对企业职工普遍进行职业道德、技术业务基础的培训。

第九条 房地产开发的产量、质量、综合开发成本、经济效益以及社会效益和环境效益五组考核标准，是考核企业管理水平、评定企业等级的主要依据，必须全部达到。

第十条 申报国家二级的房地产开发企业，应具备下列条件：

1. 已获得省、自治区、直辖市级先进企业称号，在省、自治区、直辖市尚未开展评审工作前，可由省、自治区、直辖市政府直接推荐；中央直属房地产开发企业由主管部门推荐；获得中国房地产业协会行业先进称号的企业可由各地区、各部门优先推荐。

2. 具有已经建成的建筑面积在10万平方米以上的住宅小区或组团作为代表工程。

3. 已交付使用的住宅小区或组团严格按照规划建设。

4. 在考核期内没有严重的偷税行为。

5. 在考核期内无重大质量、安全事故。

第三章 企业升级的规划及程序

第十一条 企业应结合本企业发展规划，制订本企业“抓管理、上等级”的目标，方法步骤及相应措施。

第十二条 企业升级采取统一规划、分级管理、分类指导的原则，逐级晋升。

第十三条 制定企业升级规划应采取自下而上的方法进行。各地房地产开发企业的主管部门，要对归口管理的企业进行全面调查摸底，分类排队，在企业发展规划的基础上，制定本地区企业升级规划。省、自治区、直辖市制定的企业升级规划报建设部（三份）。全国房地产开发重点企业升级规划由建设部制定。

第十四条 审定国家级企业，统一按建设部制定的《全国房地产开发企业升级实施办法》考核。审定工作由建设部企业管理办公室负责，有关部门确认。

审定省、自治区、直辖市级先进企业，按省、自治区、直辖市级房地产开发先进企业标准考核。

第十五条 企业申请升级，由企业进行自检达标后提出申请，并附企业升级规划、措施、实施情况和自我评议结果等书面材料，经主管部门审查上报。

第十六条 企业升级采取分级审批的办法。

国家二级企业，由各省、自治区、直辖市建委（建设厅）审查签署意见，报省、自治区、直辖市企业管理领导小组审核同意后，报建设部企业管理办公室，由建设部审批，报国务院企业管理指导委员会和国家体改委备案。

省、自治区、直辖市级先进企业，由企业主管部门审查上报，经省、自治区、直辖市建委（建设厅）核准，报省、自治区、直辖市企业管理领导小组审批。

审批单位负责颁发证书。

第十七条 房地产开发企业的升级审批工作，原则上每年一次，考核指标按评审年度的前三年平均值为准。

第十八条 对已定级的先进企业，如发现不能保持所处等级标准时，审批机关应发出通报，限期扭转。年度考核时仍达不到标准，应降级处理，或撤销称号，收回证书。凡弄虚作假者，除撤销先进称号外，还应追究有关人员责任。

第四章 鼓励政策

第十九条 凡达到国家级的先进企业，除颁发证书外，国家在信贷、工资、开发计划、征地、奖金及海外投资开发等方面给予优惠、鼓励。具体办法按国家有关规定执行。

第五章 附则

第二十条 本办法由建设部负责解释。

第二十一条 本办法自颁发之日起施行。

❷房地产开发企业资质管理规定（节录）

（2000年3月23日通过 2000年3月29日建设部令〔第77号〕公布 自公布之日起施行）

第一条 为了加强房地产开发企业资质管理，规范房地产开发企业经营行为，根据《中华人民共和国城市房地产管理法》、《城市房地产开发经营管理条例》，制定本规定。

第三条 房地产开发企业应当按照本规定申请核定企业资质等级。

未取得房地产开发资质等级证书（以下简称资质证书）的企业，不得从事房地产开发经营业务。

第四条 国务院建设行政主管部门负责全国房地产开发企业的资质管理工作；县级以上地方人民政府房地产开发主管部门负责本行政区域内房地产开发企业的资质管理工作。

第五条 房地产开发企业按照企业条件分为一、二、三、四四个资质等级。

各资质等级企业的条件如下：

（一）一级资质：

1. 注册资本不低于5000万元；

2. 从事房地产开发经营5年以上；

3. 近3年房屋建筑面积累计竣工30万平方米以上，或者累计完成与此相当的房地产开发投资额；

4. 连续5年建筑工程质量合格率达100%；

5. 上一年房屋建筑施工面积15万平方米以上，或者完成与此相当的房地产开发投资额；

6. 有职称的建筑、结构、财务、房地产及有关经济类的专业管理人员不少于40人，其中具有中级以上职称的管理人员不少于20人，持有资格证书的专职会计人员不少于4人；

7. 工程技术、财务、统计等业务负责人具有相应专业中级以上职称；

8. 具有完善的质量保证体系，商品住宅销售中实行了《住宅质量保证书》和《住宅使用说明书》制度；

9. 未发生过重大工程质量事故。

（二）二级资质：

1. 注册资本不低于2000万元；

2. 从事房地产开发经营3年以上；

3. 近3年房屋建筑面积累计竣工15万平方米以上，或者累计完成与此相当的房地产开发投资额；

4. 连续3年建筑工程质量合格率达100%；

5. 上一年房屋建筑施工面积10万平方米以上，或者完成与此相当的房地产开发投资额；

6. 有职称的建筑、结构、财务、房地产及有关经济类的专业管理人员不少于20人，其中具有中级以上职称的管理人员不少于10人，持有资格证书的专职会计人员不少于3人；

7. 工程技术、财务、统计等业务负责人具有相应专业中级以上职称；

8. 具有完善的质量保证体系，商品住宅销售中实行了《住宅质量保证书》和《住宅使用说明书》制度；

9. 未发生过重大工程质量事故。

（三）三级资质：

1. 注册资本不低于800万元；

2. 从事房地产开发经营2年以上；

3. 房屋建筑面积累计竣工5万平方米以上，或者累计完成与此相当的房地产开发投资额；

4. 连续2年建筑工程质量合格率达100%；

5. 有职称的建筑、结构、财务、房地产及有关经济类的专业管理人员不少于10人，其中具有中级以上职称的管理人员不少于5人，持有资格证书的专职会计人员不少于2人；

6. 工程技术、财务等业务负责人具有相应专业中级以上职称，统计等其他业务负责人具有相应专业初级以上职称；

7. 具有完善的质量保证体系，商品住宅销售中实行了《住宅质量保证书》和《住宅使用说明书》制度；

8. 未发生过重大工程质量事故。

（四）四级资质：

1. 注册资本不低于100万元；

2. 从事房地产开发经营1年以上；

3. 已竣工的建筑工程质量合格率达100%；

4. 有职称的建筑、结构、财务、房地产及有关经济类的专业管理人员不少于5人，持有资格证书的专职会计人员不少于2人；

5. 工程技术负责人具有相应专业中级以上职称，财务负责人具有相应专业初级以上职称，配有专业统计人员；

6. 商品住宅销售中实行了《住宅质量保证书》和《住宅使用说明书》制度；

7. 未发生过重大工程质量事故。

第七条　房地产开发企业应当在《暂定资质证书》有效期满前1个月内向房地产开发主管部门申请核定资质等级。房地产开发主管部门应当根据其开发经营业绩核定相应的资质等级。

第八条　申请《暂定资质证书》的条件不得低于四级资质企业的条件。

第九条　临时聘用或者兼职的管理、技术人员不得计入企业管理、技术人员总数。

第十一条　房地产开发企业资质等级实行分级审批。

一级资质由省、自治区、直辖市人民政府建设行政主管部门初审，报国务院建设行政主管部门审批。

二级资质及二级资质以下企业的审批办法由省、自治区、直辖市人民政府建设行政主管部门制定。

经资质审查合格的企业，由资质审批部门发给相应等级的资质证书。

第十二条　资质证书由国务院建设行政主管部门统一制作。资质证书分为正本和副本，资质审批部门可以根据需要核发资质证书副本若干份。

第十三条　任何单位和个人不得涂改、出租、出借、转让、出卖资质证书。

企业遗失资质证书，必须在新闻媒体上声明作废后，方可补领。

第十四条　企业发生分立、合并的，应当在向工商行政管理部门办理变更手续后的30日内，到原资质审批部门申请办理资质证书注销手续，并重新申请资质等级。

第十六条　企业破产、歇业或者因其他原因终止业务时，应当在向工商行政管理部门办理注销营业执照后的15日内，到原资质审批部门注销资质证书。

第十七条　房地产开发企业的资质实行年检制度。对于不符合原定资质条件或者有不良经营行为的企业，由原资质审批部门予以降级或者注销资质证书。

一级资质房地产开发企业的资质年检由国务院建设行政主管部门或者其委托的机构负责。

二级资质及二级资质以下房地产开发企业的资质年检由省、自治区、直辖市人民政府建设行政主管部门制定办法。

房地产开发企业无正当理由不参加资质年检的，视为年检不合格，由原资质审批部门注销资质证书。

房地产开发主管部门应当将房地产开发企业资质年检结果向社会公布。

第十八条　一级资质的房地产开发企业承担房地产项目的建设规模不受限制，可以在全国范围承揽房地产开发项目。

二级资质及二级资质以下的房地产开发企业可以承担建筑面积25万平方米以下的开发建设项目，承担业务的具体范围由省、自治区、直辖市人民政府建设行政主管部门确定。

各资质等级企业应当在规定的业务范围内从事房地产开发经营业务，不得越级承担任务。

❸关于加强商品房屋建设计划管理的暂行规定（节录）

（1987年1月2日国家发展计划委员会、城乡建设环境保护部、国家统计局　计资〔1987〕16号公布）

二、关于加强对商品房屋开发公司的管理

各地区的商品房屋开发公司应是具有独立法人资格的企业单位，实行自主经营、独立核算、自负盈亏。商品房屋建设前期准备工作，如征地、搬迁、安置劳动力等项工作由各该地区政府部门负责。

各省、自治区、直辖市和计划单列省辖市要对已成立的各类商品房屋开发公司进行一次认真的资格审查。开发公司必须具有一定数量的合格的工程技术人员、经济管理人员、财务人员和与开发规模相适应的自有资金。今后，未经省、自治区、直辖市人民政府指定有审批权的机关批准，未在工商行政管理部门注册登记的开发公司，不准从事商品房屋的开发建设。

❹关于一级资质房地产开发企业清理换证工作有关问题的通知（节录）

（2001年1月16日建设部　建住房开函〔2001〕001号公布）

1. 第一批经清理合格的144家房地产开发企业，已由中华人民共和国建设部公告第22号公布，现可由省级单位领取新的资质证书。

2. 对于22家注册资金未达到一级资质标准的企业，从第一批清理合格企业公告之日起给予3个月的延长期，延长期内注册资金到位的，再根据业绩情况，经评审后核发相应的资质证书；到期后注册资金仍未到位或未能如期提供注册资金到位的有效证明资料的，取消一级资质。

3. 对于26家申报资料不清楚、不齐全的企业，从第一批清理合格企业公告之日起2个月内，限期补报资料，到期后，按照实报资料确认开发量，并核定相应资质等级；到期后不能补齐材料或未能如期补报材料的，取消一级资质。

4. 对于目前还未上报清理资料的其他省、自治区、直辖市，自本通知发布之日起1个月内，限期上报资料（注册资金到期未达到一级资质标准的企业不得申报一级资质）；到期未上报材料的企业，取消其一级资质。

❺关于贯彻《房地产开发企业资质管理规定》全面清理房地产开发企业、规范企业经营行为的通知（节录）

（2000年4月13日建设部　建住房〔2000〕87号公布）

各省、自治区、直辖市建委（建设厅、开发办）、上海市房屋土地管理局：

2000年3月29日重新修订发布的《房地产开发企业资质管理规定》（建设部令〔第77号〕，以下简称《资质管理规定》）对房地产开发企业的资质等级划分以及处罚等内容作出了新的规定，我部为此印制了新的《房地产开发企业资质证书》（以下简称《资质证书》）和申报表、年检表，开发了管理应用软件。为了贯彻《资质管理规定》，加强房地产开发企业管理，规范企业经营行为，做好企业清理和《资质证书》的换证工作，现将有关问题通知如下：

一、各地要按照《资质管理规定》的要求，对所有从事房地产开发经营业务的企业，重新核定资质等级，换发由建设部统一监制的新的《资质证书》，企业原持有的资质证书收回。

二、各地要结合清理换证工作，对房地产开发企业的经营管理状况进行一次全面清理检查。清理检查的重点内容是：

（一）企业近三年的经营状况。是否连续亏损、资不抵债，是否承担开发项目；

（二）企业近三年承担的开发建设项目的质量情况及对质量事故、质量问题的处理；

（三）企业经营行为是否规范合法，是否存在虚假广告、销售面积“短斤缺两”等欺诈行为；

（四）是否发生消费者对该企业的集体投诉，企业处理投诉事件的情况；

（五）商品房销售中，是否按照《商品住宅实行住宅质量保证书和住宅使用说明书制定的规定》要求向购房人提供《住宅质量保证书》和《住宅使用说明书》，是否依照《住宅质量保证书》承诺的内容进行保修；

（六）是否按规定向房地产开发主管部门报送《房地产开发项目手册》的；

（七）是否按规定进行房地产开发企业资质年检；

（八）已预售的建设项目停建或缓建后，是否采取妥善措施保护购房者的合法权益。

三、根据清理检查结果，对有下列行为之一的企业，房地产开发主管部门不予换发新的资质等级证书：

（一）发生重大质量事故，情节严重的；

（二）企业亏损严重、资不抵债、濒临破产的；

（三）持有开发企业资质证书未从事任何房地产开发经营活动两年以上的。

对于因上述原因未换发新《资质证书》的企业，房地产开发主管部门应会同有关部门，监督企业采取措施妥善保护购房者的合法权益。

四、有下列行为之一的企业，房地产开发主管部门应根据有关法律、法规和《资质管理规定》，给予相应处罚：

（一）开发企业未经批准预售商品房，或经营中存在虚假广告、销售面积“短斤缺两”等欺诈行为，造成消费者损失，开发企业未予妥善解决的；

（二）商品房销售中，未按规定向购房人提供《住宅质量保证书》和《住宅使用说明书》，未依照《住宅质量保证书》承诺的内容进行保修的；

（三）未按规定向房地产开发主管部门报送《房地产开发项目手册》的；

（四）未按规定进行房地产开发企业资质年检的；

（五）已预售的建设项目停建半年以上，不能按合同约定时间交房，购房者合法权益受到侵害的。

房地产开发主管部门应当将存在上述问题的企业列为重点监督、检查对象，督促其尽快解决问题。对上述有关问题未妥善解决的企业，在这次换证时，换发《暂定资质证书》。《暂定资质证书》有效期不得超过一年。有效期内，房地产开发主管部门暂不批准该企业承担新的房地产开发项目。《暂定资质证书》有效期满，符合条件的，可根据其实际业绩换发相应等级的《资质证书》。

五、各地要做好房地产开发企业新旧资质等级的衔接过渡工作。此次清理换证原则上按照新的资质标准重新核定。因注册资金达不到新标准的企业，给予三个月的过渡期限，三个月后注册资金仍达不到标准的，重新核定资质等级。

六、原在国家工商行政管理局注册的企业，由建设部负责清理换证。在地方工商行政管理部门注册的资质一级房地产开发企业，由省、自治区、直辖市建设行政主管部门初审后报建设部审批，换发新证；二级以下企业的清理换证工作由各省、自治区、直辖市建设行政主管部门统一组织。

七、各省、自治区、直辖市建设行政主管部门应在2000年8月底前完成清理换证工作。清理换证工作结束后，各地房地产开发主管部门应当及时将清理结果向社会公布。各省、自治区、直辖市建设行政主管部门应于2000年9月底前将清理换证结果报建设部。

八、换证结束后，未取得新资质证书的企业，不得再承担新的房地产开发项目。

九、自2000年开始，我部对资质一级房地产开发企业的资质审批实行定期审批制度。每年审批两次，5月31日前上报的企业，参加上半年的评审，11月30前上报的企业，参加下半年的评审。

一级企业的申报材料由省、自治区、直辖市建设行政主管部门统一组织上报，申报需提供的材料见附件一。二级以下企业的审批程序和申报需提供的材料由各省、自治区、直辖市建设行政主管部门规定。

十、资质一级房地产开发企业的资质年检工作由建设部负责。省、自治区、直辖市建设行政主管部门按附件二的要求统一组织材料，提出初审意见后，分别在每年3月31日前，报建设部审批；二级以下企业的年检工作的程序和办法由各省、自治区、直辖市建设行政主管部门规定。

十一、各地建设行政主管部门要将清理换证工作作为当前的一项重点工作来抓，充分利用清理换证的有利时机，加强对房地产企业经营行为的规范和管理。要通过这次清理换证，扶持一批实力强、规模大、信誉好，经营管理规范的房地产开发企业，坚决依法严肃处理直至淘汰一批管理混乱、经营行为不规范、有名无实的企业，为房地产业的发展营造一个良好的市场环境。

附件一：申报资质一级房地产开发企业需提供的材料

1. 省、自治区、直辖市建设行政主管部门关于申报资质一级企业的文件；

2. 房地产开发企业资质申报表（一式三份，封面加盖单位公章）；

3. 房地产开发企业原资质证书正、副本原件；

4. 企业营业执照副本（原件或复印件加盖工商部门公章）；

5. 企业（公司）章程（复印件加盖公章）；

6. 企业的验资报告和上年度财务报表（原件或复印件加盖单位公章）；

7. 企业法人代表、总经理的任职文件（复印件加盖公章），企业经济、技术、财务等负责人的任职文件及职称证件（复印件加盖公章），企业专业技术人员的职称证件（复印件加盖公章）；

8. 近三年房地产开发项目投资计划批准文件（复印件加盖公章）；

9. 近三年房地产开发项目工程竣工验收和备案的有效证明材料；

10. 近三年房地产开发统计年报基层表（加盖统计报表主管部门公章）；

11. 近三年房地产开发企业资质年检的有效证明材料；

12. 《住宅质量保证书》、《住宅使用说明书》及《房地产开发项目手册》样本（加盖房地产开发主管部门公章）。

附件二：资质一级房地产开发企业资质年检需提供的材料

1. 省、自治区、直辖市建设行政主管部门关于申报资质年检的文件；

2. 房地产开发企业资质年检申报表（一式两份，封面加盖单位公章）；

3. 《资质证书》正本（复印件）、副本（原件）；

4. 房地产开发企业营业执照副本（复印件加盖工商部门公章）；

5. 企业上年度财务报表（原件或复印件加盖单位公章）；

6. 上年度房地产开发项目实施情况证明材料（复印件加盖公章）；

7. 上年度房地产开发项目工程竣工验收和备案的有效证明文件；

8. 上年度房地产开发统计年报基层表（加盖统计报表主管部门的公章）；

9. 《住宅质量保证书》、《住宅使用说明书》及《房地产开发项目手册》样本（加盖房地产开发主管部门公章）。

❻关于贯彻《城市房地产管理法》若干意见的通知（节录）

（1994年8月13日建设部 建房字第493号文公布）

十、加强房地产开发企业管理，建立健全开发企业备案制度。为了适应市场经济的发展和现代企业制度的建立，房地产法规定对房地产开发企业的设立实行直接登记制，登记的具体条件，建设部将会同有关部门制定，并报请国务院发布。

房地产开发企业应按照房地产法的规定，在工商登记、领取营业执照一个月内到县以上地方建设行政管理部门备案。凡在一个月内未办理备案手续的企业，城市规划、建设和房地产等行政管理部门不得办理规划、项目开工建设、商品房预售等各项手续。建设部门应及时与工商部门沟通已登记企业的备案情况，对未及时备案的企业予以必要的处分。

对办理备案的房地产开发企业，建设部门应加强行业管理，根据企业的资金、资质等级、人员等条件对房地产开发企业进行等级管理，并颁发相应证书。应加强对房地产开发企业经营活动的指导和监督。要结合本地实际情况，制定不同等级企业承担相应开发任务的标准，逐步推行房地产开发项目的招投标制度。

要切实保护开发企业的经营权，严禁对房地产开发企业乱摊派。要清理没有法律、法规依据的收费项目，对违反房地产法第六十九条规定的，要依法严肃处理。

❼关于房地产开发经营机构全面检查中有关问题处理意见的通知（节录）

（1993年11月15日建设部、国家工商行政管理局、国家税务总局、国家土地管理局 建房〔1993〕818号公布）

一、所有从事房地产开发经营的机构必须是企业法人，凡未经核准登记注册的房地产开发经营机构，必须停止房地产开发经营活动，接受有关机关对其非法经营活动的检查处理。

四、根据《房地产开发企业资质管理规定》，房地产开发经营企业必须经建设行政主管部门资质审查后办理企业登记注册手续（海南省可以先登记注册后资质审查）。未进行资质审查已登记注册的企业，必须在一九九三年十二月底前补办资质审查手续；未补办资质审查手续或资质审查不合格的企业，应办理注销登记或取消其房地产开发经营资格。对原已颁发资质等级证书的企业，自有流动资金和技术人员达不到新标准规定的，应按新标准重新确定其资质等级；达不到最低标准的，应按资质审查不合格予以处理。

❽关于加强房地产市场宏观管理促进房地产业健康持续发展的意见（节录）

（1993年8月10日建设部、国家土地管理局、国家工商行政管理局、国家税务总局公布）

三、对房地产开发经营机构进行一次全面检查，加强对房地产开发企业的管理

各地要由省建委（建设厅）牵头，组织土地、工商、税务等部门，结合用地清查、工商年检、资质年检和财税检查，对房地产开发企业进行一次全面检查，对取得房地产开发经营权的企业在一年内无开发任务或未进行实际开发投资建设的，应及时取消其房地产开发经营权。对注册资金虚假、没有开发能力及偷税漏税的经营单位，要予以查处，并公开处理结果。对遵纪守章依法经营，为社会作出突出贡献的房地产开发企业，要予以鼓励和宣传。要认真执行《国务院关于发展房地产业若干问题的通知》（国发〔1992〕61号），按照建设部、国家工商行政管理局的规定，对从事房地产开发的各类企业（包括“三资”房地产开发企业和开发区、保税区等设立的房地产开发企业）进行资质审批，凡未按规定经过建设行政主管部门进行资质审批而成立的各类房地产开发经营企业和单位，必须补办资质审批手续，逾期不办理的，由工商行政管理部门取消其房地产开发经营资格。

各类银行（人民银行、专业银行、商业银行）和土地管理部门一律不得开办开发经营房地产的公司，已经开办的，要限期在人事、财务和资金方面完全脱钩，对具备开发经营资格的，可予以保留，对不具备开发经营资格的应予撤销，并由原主管部门妥善处理债权债务等善后工作；由各类银行以合资方式参与房地产开发经营的，应收回注入资金实行脱钩。对非银行金融机构兼营开发经营房地产的，首先要和银行彻底脱钩，并不得参与资金拆借，不得搞计划外贷款和投资；非银行金融机构开办的开发经营房地产的公司，应实行独立核算。

❾关于贯彻《国务院关于发展房地产业若干问题的通知》有关问题的通知（节录）

（1993年4月16日建设部　建房字第298号文公布）

七、提高房地产开发企业素质，端正经营方向。要按照建设部、国家工商行政管理局的规定，严格对各类房地产开发企业的资质审批，并建立年检制度，实行动态管理。对取得房地产开发经营权的企业，在一年内无开发任务或未进行任何项目建设的，应及时取消其房地产开发经营权。对项目型公司，凡项目结束或因故终止，应及时取消其该项目的开发经营权。要严格限制那些不从事房地产开发而热衷于投机牟利的行为。要加强对开发公司经理及管理人员的培训，切实提高企业管理水平。

❿关于房地产开发企业管理的通知（节录）

（1992年7月28日建设部、国家工商行政管理局　建房字第500号文公布）

一、房地产开发专营企业（通称专营公司），要按资质标准进行资质审查，确定资质等级。全国性房地产开发专营公司，由建设部进行资质审查，核发资质等级证书；地方性房地产开发专营公司，由省级建设主管部门或省级建设主管部门授权的地、市级建设主管部门进行资质审查，核发资质等级证书。资质等级一级的由建设部核发资质等级证书。

新设立房地产开发专营公司，持资质等级证书及有关批准文件向工商行政管理机关申请办理登记注册。

各地建设主管部门可根据需要，确定若干个国营专营房地产开发公司承担土地开发任务，并在其资质等级证书中注明，工商行政管理机关依法核准其经营范围。

二、在国家工商行政管理局登记注册的自有资金两亿元以上的非生产型综合公司、信托投资公司和自有资金一亿元以上的工程建设公司，经建设部审批并核发房地产开发资质等级证书，可以在经营范围内增加从事房地产开发经营的内容，由国家工商行政管理局核准其经营范围；自有资金两亿元以上的地方性信托投资公司和自有资金五千万元以上的资质一级的建筑公司，经省级建设主管部门审查批准并核发房地产开发资质等级证书，可以从事房地产开发经营，由公司原登记发照的工商行政管理机关核准其经营范围。

三、经项目所在地建设主管部门对投标资格审查合格，通过招标等形式取得开发项目的企业，可以申请从事单项房地产开发经营。

申请单项房地产开发经营的企业，其资质应与项目规模相适应，持建设主管部门的资质证书向原登记发照的工商行政管理机关办理变更登记。工商行政管理机关根据建设主管部门的审查批准文件，核准企业从事房地产开发经营的范围，经营范围应注明开发经营项目和经营期限。

对这类企业（通称项目公司），经营对象只限于批准的项目，项目开发、经营完毕后，应向工商行政管理机关办理核减经营范围的变更登记。确需延长经营期的，需经原批准房地产开发经营资格的建设主管部门重新审批，并向工商行政管理机关办理相应的变更登记。

⓫关于加强房地产开发管理提高商品房质量的通知（节录）

（1996年1月23日建设部　建房〔1996〕48号公布）

九、各级建设主管部门在确定房地产开发企业资质等级时，应严格按照房地产开发企业资质等级审查标准进行审查，实行质量否决制。对质量一项没有达到所申请等级标准要求的企业，不得评定该等级。对于连续发生两次重大质量责任事故的开发企业，除降低其资质等级外，原则上不予安排新

的开发项目，并责令其限期整改。对于有严重质量问题的房地产开发项目，应责令其停工，在妥善解决质量问题、提出质量保障措施后，才能准其复工。同时，对于质量监督管理制度健全和产品质量好的企业，也应予以宣传表彰，达到奖优罚劣的目的。

⑫关于改进企业登记管理工作促进改革开放和经济发展的若干意见（节录）

（1992年11月2日国家工商行政管理局公布）

10. 经审批机关批准，在国家工商行政工管理局登记注册的自有资金两亿元以上的非生产型综合性公司、信托投资公司和自有资金一亿元以上的工程建设公司，可以从事房地产的开发经营；自有资金两亿元以上的地方性信托投资公司和自有资金五万元以上的资质一级建筑公司，可以从事房地产开发经营；通过招标等形式取得开发项目的企业，可以申请从事单项房地产开发经营。

⑬关于建立房地产企业及执（从）业人员信用档案系统的通知（节录）

（2002年8月20日建设部公布）

二、按照“统一规划、分级建设、分步实施、信息共享”的原则，认真组织好房地产信用档案系统的分级建设和管理工作。为保证全国房地产信用档案建设系统的全面推进和顺利实施，各级建设（房地产）行政主管部门负责组织建立本行政区内所有房地产企业及执（从）业人员的信用档案，在此基础上，建设部组织建立资质一级房地产企业及执业人员的信用档案。省级建设（房地产）主管部门要切实加强领导、落实责任，按照《房地产企业及执（从）业人员信用档案系统建设实施方案》要求，结合实际情况，制定本地区房地产信用档案系统建设具体实施计划，于2002年11月底前报建设部备案，并尽快组织实施。

三、房地产信用档案系统建设要充分利用现有网络资源和信息资源。房地产信用档案系统是中国住宅与房地产信息网的重要组成部分，各级房地产信用档案系统应通过中国住宅与房地产信息网实现互联互通。房地产信用档案建设要与企业资质审批、年检及专业人员执（从）业资格注册等工作有机结合，加强与相关行政执法监督机构、房地产电子政务系统、行业协（学）会自律管理系统和房地产企业经营管理系统的信息共享，以保证信用档案信息的有效、及时、客观、权威。

⑭关于规范房地产开发企业开发建设行为的通知（节录）

（2002年2月25日建设部　建住房〔2002〕44号公布）

十二、房地产开发企业有下列不良行为的，房地产开发主管部门应当依据《房地产开发企业资质管理规定》，在资质年检中予以降级或者注销资质证书：

（一）超越资质等级从事房地产开发经营业务的；

（二）擅自转让房地产开发项目的；

（三）未取得施工许可证擅自施工的；

（四）未按规定向房地产开发主管部门报送《房地产开发项目手册》，并拒不整改的；

（五）按国家规定应当实行监理的项目未委托监理的；

（六）未经验收、备案或将验收不合格的工程擅自交付使用的；

（七）有明示或暗示勘察、设计、施工、监理单位违反强制性标准，或明示或暗示施工单位使用不合格的建筑材料、构配件、设备的；

（八）房屋销售中存在虚假广告、销售面积“缺斤短两”等欺诈行为，造成消费者损失未予改正的；

（九）商品房销售中，未按规定向购房者提供《住宅质量保证书》和《住宅使用说明书》，未依照《住宅质量保证书》承诺的内容进行保修的；

（十）未取得预售许可证擅自预售商品房的；

（十一）违反合同约定拖欠工程款的；

（十二）工程质量低劣或者发生重大质量事故的。

⑮建筑装饰工程施工企业资质等级标准（节录）

（1989年5月30日建设部公布）

建筑装饰工程施工企业资质等级标准分为一、二、三、四级：

一级企业

1. 企业近5年承担过2项单位工程造价1000万元以上的三星级宾馆或公用建筑的装饰工程施工，工程质量合格。

2. 企业经理具有5年以上从事施工管理工作的经历；具有本专业高级职称的总工程师；具有中级专业职称以上的总会计师；具有中级职称以上的总经济师。

3. 企业有职称的工程、经济、会计、统计等人员不少于50人，其中具有工程系列职称的人员不少于30人；工程系列职称的人员中，具有中、高级职称的人员不少于15人，且装饰设计（建筑或工艺美术）、建筑结构、暖通、给排水、电气等专业齐全。

4. 企业具有一级资质的项目经理不少于5人。

5. 企业资本金1000万元以上，生产经营用固定资产原值600万元以上。

6. 企业年完成建筑业总产值5000万元以上，建筑业增加值1200万元以上。

二级企业

1. 企业近5年承担过2项单位工程造价500万元以上宾馆等公用建筑的装饰工程施工，工程质量合格。

2. 企业经理具有3年以上从事施工管理工作的经历；具有本专业中级职称以上的总工程师；具有中级专业职称以上的总会计师；具有中级职称以上的总经济师。

3. 企业有职称的工程、经济、会计、统计等人员不少于30人，其中具有工程系列积称的人员不少于20人；工程系列职称的人员中，具有中、高级职称的人员不少于8人，且装饰设计（建筑或工艺美术）、建筑结构、暖通、给排水、电气等专业齐全。

4. 企业具有二级资质以上的项目经理不少于5人。

5. 企业资本金500万元以上，生产经营用固定资产原值300万元以上。

6. 企业年完成建筑业总产值2000万元以上，建筑业增加值500万元以上。

三级企业

1. 企业近5年承担过2项单位工程造价100万元以上或4项单位工程造价50万元以上的建筑装饰工程施工，工程质量合格。

2. 企业经理具有2年以上从事施工管理工作的经历；具有本专业中级职称以上的技术负责人；具有助理会计师职称以上的财务负责人。

3. 企业有职称的工程、经济、会计、统计等人员不少于15人，其中具有工程系列职称的人员不少于10人；工程系列职称的人员中，具有中级职称以上的人员不少于4人，且专业配置基本齐全。

4. 企业具有三级资质以上的项目经理不少于5人。

5. 企业资本金100万元以上，生产经营用固定资产原值60万元以上。

6. 企业年完成建筑总产值500万元以上，建筑业增加值120万元以上。

四级企业

1. 企业近5年承担过2项单位工程造价10万元以上的建筑装饰工程施工，工程质量合格。

2. 企业经理具有1年以上从事施工管理工作的经历，具有本专业助理工程师职称以上的技术负责人；具有会计员职称以上的财务负责人。

3. 企业有职称的工程、经济、会计、统计等人员不少于6人，其中具有工程系列职称的人员不少于4人。

4. 企业具有四级资质以上的项目经理不少于2人。

5. 企业资本金20万元以上，生产经营用固定资产原值10万元以上。

6. 企业年完成建筑业总产值50万元以上，建筑业增加值12万元以上。

承包工程范围

一级企业：可承担各类建筑（包括车、船、飞机）的室内、室外装饰工程的设计和施工。

二级企业：可承担单位工程造价1500万元以上建筑（包括车、船、飞机）的室内、室外装饰工程的设计和施工。

三级企业：可承担单位工程造价600万元以下建筑（包括车、船、飞机）室内、室外装饰工程的设计和施工。

四级企业：可承担单位工程造价50万元以下建筑的室内、室外装饰工程的施工。

（三）相关司法解释

❶关于审理房地产管理法施行前房地产开发经营案件若干问题的解答（节录）

（最高人民法院审判委员会第777次会议讨论通过　1995年12月27日最高人民法院　法〔1996〕2号公布）

一、关于房地产开发经营者的资格问题

1. 从事房地产的开发经营者，应当是具备企业法人条件、经工商行政管理部门登记并发给营业执照的房地产开发企业（含中外合资经营企业、中外合作经营企业和外资企业）。

（四）相关地方性法规及规范性文件

❶内蒙古自治区城市房地产开发经营管理条例（节录）

（2001年2月12日内蒙古自治区第九届人民代表大会常务委员会第二十一次会议通过　2001年2月12日内蒙古自治区人民代表大会常务委员会公布）

第二条　在自治区城市规划区内国有土地上从事房地产开发经营，对房地产开发经营活动实施监督管理，应当遵守本条例。

第七条　房地产开发企业应当在《暂定资质证书》有效期满前30日内向房地产开发行政管理部门提出核定资质等级申请，经盟行政公署、设区的市人民政府房地产开发行政管理部门初审后，由自治区人民政府建设行政管理部门核定相应的资质等级。

第八条　房地产开发企业按照企业条件分为四个资质等级。

各资质等级企业的条件应当符合国家房地产开发企业资质管理的有关规定。

第十一条　房地产开发企业资质实行年检制度。具体年检办法按照国家和自治区有关规定办理。

房地产开发企业资质年检不合格的，不得承担新的开发项目，并限期整改；整改仍不合格的，由原资质审批部门注销其资质证书。

房地产开发企业无正当理由不参加资质年检或者提供虚假年检材料的，由原资质审批部门注销其资质证书。

❷包头市城市房地产开发经营管理条例（节录）

（1997年11月16日包头市第十届人民代表大会常务委员会第三十四次会议通过　1998年7月31日内蒙古自治区第九届人民代表大会常务委员会第四次会议批准）

第六条　房地产开发企业必须领取《房地产开发企业资质证书》和营业执照。设立房地产开发企业，先由工商行政管理部门核定名称，房地产行政主管部门对其进行资质认证，然后到工商行政管理部门办理注册登记。

房地产开发企业应当按照资质等级从事相应的开发建设业务。

房地产开发企业的资质等级，按照国家标准核定，其资质等级审批权限，按照国家有关规定执行。

对房地产开发企业资质实行年审和等级升降级制度。

❸黑龙江省城市房地产开发管理条例（节录）

（1997年8月20日黑龙江省第八届人民代表大会常务委员会第二十九次会议通过　1997年8月20日黑龙江省人民代表大会常务委员会公布　自1997年10月1日起施行）

第十一条　开发企业依法取得资质等级证书和营业执照后，即可从事房地产开发活动，各地不得再设置其他开发市场准入条件。

开发企业应当根据取得的资质等级承担相应的开发项目。

第十三条　开发企业的资质实行年检制度。开发企业应当在规定的时间内，向原资质审批部门办理资质年检手续。对不符合原定资质标准的，予以降级或者吊销资质等级证书。

（五）相关地方政府规章及规范性文件

❶淮南市商品房预售管理办法（节录）

（1995年3月22日第十一届淮南市人民政府第四十二次常务会议审议通过　1995年3月25日淮南市人民政府令〔第48号〕公布施行）

第八条　开发企业申请办理商品房预售许可证，应当提交下列影印证件或资料：

（一）开发企业的企业法人营业执照；

（二）建设项目的投资立项、规划、用地和施工等批准文件或证件；

（三）工程施工进度计划；

（四）投入开发建设的资金达到工程建设总投资25%以上，经资金验证后，所取得的合法证明；

（五）标明商品房位置、装修标准、交付日期、预售面积、物业管理等内容的商品房预售方案。

第九条　市房屋产权产籍管理部门接到开发企业商品房预售申请书后，应当在十日内作出审核结论，核准预售的，由市房地产行政主管部门发给商品房预售许可证，核定不得预售的，由市房地产行政主管部门书面通知；未取得商品房预售许可证的开发企业，不得采用任何形式进行商品房预售宣传或进行商品房预售。

经批准允许向中国境外预售的商品房，商品房预售许可证上加注外销印章，并注明预售面积或比例。

第十条　成片开发的商品房小区，预售许可证分期发放；单体项目的商品房，预售许可证一次性发放。

三、办案实战资料库

（一）房地产开发企业升级标准（国家二级）

申请国家二级的房地产开发企业，必须符合下列各项考核指标及水平：

内容项目	考核内容	单位	考核指标	备注
开发产量	1. 职工平均完成土地开发面积	平方米/人	1000	
	2. 职工平均完成房屋开发面积	平方米/人	1300	
	3. 交用率	%	85	
开发质量	3. 产品合格率	%	100	
	4. 产品优良品率	%	25	
	5. 保修期内优良服务率	%	95	
开发成本	6. 降低综合开发成本率	%	2.5	
经济效益	7. 职工平均完成利税额	万元/人	2.5	
	8. 自有资金利税率	%	20	
	9. 自有资金增长率	%	7.5	
社会环境效益	10. 综合开发率	%	85	
	11. 合同履约率	%	95	

房地产开发企业升级标准说明

（国家二级）

一、开发产量：考核企业每职工平均完成土地开发面积或房屋开发面积和交付使用率。

1. 每职工平均完成土地开发面积

指标计算单位：平方米/人，计算公式是：

$$每职工平均完成土地开发面积=\frac{考核期年均土地开发面积（平方米）}{考核期年均职工人数（人）}$$

土地开发面积是企业完成征地、拆迁、三通、一平、勘察、规划之后，达到符合施工条件的土地面积。

职工人数是指从事房地产开发工作的人数。包括行政科室、企业领导和外聘人员。但应扣除具有法人资格、独立核算、自负盈亏的各种经济实体以及设计部门、施工单位、从事第三产业等非房地产开发工作人员。

年均职工人数计算公式（下同）：

$$月平均职工人数=\frac{月初人数+月末人数}{2}$$

$$年平均职工人数=\frac{年内各月平均人数之和}{12}$$

2. 每职工平均完成房屋开发面积

指标计算单位：平方米/人，计算公式是：

$$每职工平均完成房屋开发面积=\frac{考核期年均房屋开发面积（平方米）}{考核期年均职工人数（人）}$$

房屋开发面积是指当年房屋施工面积（包括当年新开工面积和上年结转面积）。

3. 交用率

指标计算单位：%，计算公式是：

$$交用率=\frac{考核期年均交付使用的房屋建筑面积}{考核期年均房屋竣工面积}$$

交付使用的房屋建筑面积是指具备可居住和使用条件的建设面积。

二、开发质量：考核企业的产品合格率、产品优良品率和保修期内优良服务率。

1. 产品合格率

指标计算单位:%，计算公式是：

$$产品合格率=\frac{考核期评为合格的产品数量}{考核期验收的竣工产品数量}$$

房屋、市政等工程分项考核。

2. 产品优良品率

指标计算单位:%，计算公式是：

$$产品优良品率=\frac{考核期评为优良品的房屋建筑面积总和}{考核期验收鉴定的房屋建筑面积总和}$$

3. 保修期内优良服务率

指标计算单位:%，计算公式是：

$$保修期内优良服务率=\frac{保修期内及时修理次数}{保修期内用户报求修理总次数}$$

及时修理次数是指用户报修后，水电抢修不超过12小时，土建修复不超过3天，上述计算有健全的记录。

三、开发成本：考核企业降低综合开发成本率。

指标计算单位:%，计算公式是：

$$降低综合开发成本率=\frac{竣工项目的计划成本总和-竣工项目的实际成本总和}{竣工项目的计划成本总和}$$

计划成本需经政府有关部门认定。

四、经济效益：考核企业每职工平均完成利税额、自有流动资金利税率和自有资金增长率。

1. 每职工平均完成利税额

指标计算单位：万元/人，计算公式是：

$$每职工平均完成利税额=\frac{考核期年均利税总额（万元）}{考核期年均职工人数（人）}$$

2. 自有流动资金利税率

指标计算单位:%，计算公式是：

$$自有流动资金利税率=\frac{考核期年均利税总额}{考核期年均自有流动资金}$$

$$年自有流动资金=\frac{\frac{年初数}{2}+一月末数+二月末数+\cdots+\frac{十二月末数}{2}}{12}$$

3. 自有资金增长率

指标计算单位:%，计算公式是：

$$G=\left(\left(an/ao-\frac{1}{n}\right)¥\right.$$

式中 G——自有资金平均增长率；

ao——考核期前一年年末的自有资金总额；

an——考核期最后一年年末的自有资金总额；

n——考核期，即3年。

五、社会环境效益：考核企业综合开发率和合同履约率。

1. 综合开发率

指标计算单位:%，计算公式是：

$$综合开发率=\frac{考核期完成的综合开发房屋竣工面积之和}{考核期房屋竣工面积总和}$$

考核期完成的综合开发房屋竣工面积是指项目总建筑面积在4万平方米以上的小区或组团内的竣工房屋面积。

2. 合同履约率

指标计算单位:%，计算公式是：

$$合同履约率=\frac{考核期已履约合同份数}{考核期应履约合同份数}$$

已履约是指按合同规定时间履约，以年度计。

（二）建筑业企业资质证书变更情况备案表

建筑业企业资质证书变更情况备案表

<table>
<tr><td rowspan="7">拟变更事项变更前的情况</td><td>企业名称</td><td colspan="5"></td></tr>
<tr><td>详细地址</td><td colspan="5"></td></tr>
<tr><td>建立时间</td><td colspan="2"></td><td colspan="2">注册资本金（万元）</td><td></td></tr>
<tr><td>营业执照注册号</td><td colspan="2"></td><td colspan="2">注册经济类型</td><td></td></tr>
<tr><td>法定代表人</td><td></td><td>职务</td><td></td><td>职称</td><td></td></tr>
<tr><td>企业负责人</td><td></td><td>职务</td><td></td><td>职称</td><td></td></tr>
<tr><td>技术负责人</td><td></td><td>职务</td><td></td><td>职称</td><td></td></tr>
<tr><td rowspan="7">有关变更事项变更后的情况</td><td>企业名称</td><td colspan="5"></td></tr>
<tr><td>详细地址</td><td colspan="5"></td></tr>
<tr><td>建立时间</td><td colspan="2"></td><td colspan="2">注册资本金（万元）</td><td></td></tr>
<tr><td>营业执照注册号</td><td colspan="2"></td><td colspan="2">注册经济类型</td><td></td></tr>
<tr><td>法定代表人</td><td></td><td>职务</td><td></td><td>职称</td><td></td></tr>
<tr><td>企业负责人</td><td></td><td>职务</td><td></td><td>职称</td><td></td></tr>
<tr><td>技术负责人</td><td></td><td>职务</td><td></td><td>职称</td><td></td></tr>
<tr><td>企业有关变更申请意见</td><td colspan="2">（公章）
年　月　日</td><td>县级建设行政主管部门意见</td><td colspan="3">（公章）
年　月　日</td></tr>
<tr><td>设区市建设行政主管部门意见</td><td colspan="2">（公章）
年　月　日</td><td>省级建设行政主管部门意见</td><td colspan="3">（公章）
年　月　日</td></tr>
<tr><td>备注</td><td colspan="6">本表中变更前后的情况均只需填写变更的相关事项，未发生变更的事项均不需要填写。</td></tr>
</table>

第二节　房地产开发项目管理

本节为您提供以下主题词的法律适用依据与实战资料

■房地产开发项目管理

【房地产开发项目管理】

一、专家指导意见

（一）开发建设项目开工管理

国家对房地产开发建设项目开工实行施工许可证制度，它要求建设单位在施工之前，要向工程所在地县级以上人民政府建设行政主管部门办理施工许可证手续，取得施工许可证。建设单位获得施工许可证，必须具备以下条件：

1. 设计图纸供应已经落实；
2. 征地拆迁手续已经完成；
3. 施工单位已经确定；
4. 资金、物资和为施工服务的市政公用设施等已落实；
5. 办手续所要求的其他应具备的条件已经具备。

具备上述条件的，经主管部门批准，发给施工许可证，便可在两个月内组织施工，未取得施工许可证的建设单位，不得擅自组织开工。建设单位取得施工许可证后，因故未能按期开工的，建设单位应在期满前及时向发证机关说明理由，申请延期开工。未按时开工又不申请延期开工的，施工许可证将失效。

（二）施工现场管理和竣工验收制度

根据1995年建设部公布的《工程建设项目实施阶段程序管理暂行规定》，建筑企业应当严格按照有关法律、法规和工程建设技术标准的规定，编制施工组织计划，制定质量、安全、技术、文明施工等各项保证措施，确保工程质量、施工安全和现场文明施工。该规定第15条强调："建筑企业应按照建设部第15号令《建设工程施工现场管理规定》的规定，加强现场施工管理。

建设工程竣工，是建设工程经过施工和设备安装后，达到该项目设计文件规定的要求，具备了使用条件，承建单位向建设单位办理交付手续，建设单位查验以后，认为合格，办理接收手续的活动。综合验收的内容包括以下几项：

1. 城市规划设计条件的落实；
2. 城市规划要求配套的基础设施和公共设施的建设情况；
3. 单项工程质量验收情况；
4. 拆迁安置方案的落实情况；
5. 物业管理的落实情况。

房地产开发项目经验收不合格的，承建单位应当采取相应的补救措施，如返工重建或补修，然后再进行验收，经再验收合格的，方可交付使用。

（三）工程监理制度

工程监理是指监理单位受项目法人的委托，依据国家批准的工程项目建设文件、有关工程建设的法律法规和工程建设监理合同，以及其他工程建设合同，对工程建设实施的监督管理。其主要内容是控制工程建设的投资，建设工期和工程质量；进行工程建设合同管理，协调有关单位间的工作关系。工程监理的主要任务是运用科学方法从组织管理的高度采取措施，确保建设项目总目标（工期目标、质量目标、费用目标）按合同实现。

房地产开发项目建设工程监理的具体内容主要有以下几个方面：

1. 工程进度监理。工程进度监理主要是对建设项目总周期进行详细的论证和分析，通盘考虑，全面规划，对人力、物力、时间，以及技术和组织作出合理的安排，制定科学的实施方案和施工组织计划，并通过编制项目总进度计划和阶段性详细进度计划来控制和监督工程进度，保证工程建设如期完成。

2. 工程造价监理。工程造价监理是监理单位通过对工程造价影响因素的分析，制定出合理的工程造价标准和造价控制计划，在不影响工程质量和施工安全的条件下，采取有效措施对工程造价实行控制，确保工程费用不超过合同规定的标准。

3. 工程质量监理。工程质量监理是指监理单位根据合同规定的质量目标，通过对设计过程的质量监控和材料、机具的质量监控以及隐蔽工程、关键部位的重点检查，督促施工单位严格按照设计要求施工，确保工程质量目标的实现。

二、法律适用依据

（一）相关法律

❶中华人民共和国城市房地产管理法（节录）

（1994年7月5日第八届全国人民代表大会常务委员会第八次会议通过　1994年7月5日中华人民共和国主席令〔第29号〕公布　自1995年1月1日起施行）

第二十六条　房地产开发项目的设计、施工，必须符合国家的有关标准和规范。

房地产开发项目竣工，经验收合格后，方可交付使用。

（二）相关行政法规及规范性文件

❶城市房地产开发经营管理条例（节录）

（1998年7月20日国务院令〔第248号〕公布施行）

第四条　国务院建设行政主管部门负责全国房地产开发经营活动的监督管理工作。

县级以上地方人民政府房地产开发主管部门负责本行政区域内房地产开发经营活动的监督管理工作。

县级以上人民政府负责土地管理工作的部门依照有关法律、行政法规的规定，负责与房地产开发经营有关的土地管理工作。

第三章　房地产开发建设

第十条　确定房地产开发项目，应当符合土地利用总体规划、年度建设用地计划和城市规划、房地产开发年度计划的要求；按照国家有关规定需要经计划主管部门批准的，还应当报计划主管部门批准，并纳入年度固定资产投资计划。

第十一条　确定房地产开发项目，应当坚持旧区改建和新区建设相结合的原则，注重开发基础设施薄弱、交通拥挤、环境污染严重以及危旧房屋集中的区域，保护和改善城市生态环境，保护历史文化遗产。

第十三条　房地产开发项目应当建立资本金制度，资本金占项目总投资的比例不得低于20%。

第十四条　房地产开发项目的开发建设应当统筹安排配套基础设施，并根据先地下、后地上的原则实施。

第十五条　房地产开发企业应当按照土地使用权出让合同约定的土地用途、动工开发期限进行项目开发建设。出让合同约定的动工开发期限满1年未动工开发的，可以征收相当于土地使用权出让金20%以下的土地闲置费；满2年未动工开发的，可以无偿收回土地使用权。但是，因不可抗力或者政府、政府有关部门的行为或者动工开发必需的前期工作造成动工迟延的除外。

第十六条　房地产开发企业开发建设的房地产项目，应当符合有关法律、法规的规定和建筑工程质量、安全标准、建筑工程勘察、设计、施工的技术规范以及合同的约定。

房地产开发企业应当对其开发建设的房地产开发项目的质量承担责任。

勘察、设计、施工、监理等单位应当依照有关法律、法规的规定或者合同的约定，承担相应的责任。

第十七条　房地产开发项目竣工，经验收合格后，方可交付使用；未经验收或者验收不合格的，不得交付使用。

房地产开发项目竣工后，房地产开发企业应当向项目所在地的县级以上地方人民政府房地产开发主管部门提出竣工验收申请。房地产开发主管部门应当自收到竣工验收申请之日起30日内，对涉及公共安全的内容，组织工程质量监督、规划、消防、人防等有关部门或者单位进行验收。

第十八条　住宅小区等群体房地产开发项目竣工，应当依照本条例第十七条的规定和下列要求进行综合验收：

（一）城市规划设计条件的落实情况；

（二）城市规划要求配套的基础设施和公共设施的建设情况；

（三）单项工程的工程质量验收情况；

（四）拆迁安置方案的落实情况；

（五）物业管理的落实情况。

住宅小区等群体房地产开发项目实行分期开发的，可以分期验收。

第十九条　房地产开发企业应当将房地产开发项目建设过程中的主要事项记录在房地产开发项目手册中，并定期送房地产开发主管部门备案。

❷关于严格控制高档房地产开发项目的通知

（1995年5月26日国务院　国〔1995〕13号公布）

一、要严格控制高档房地产开发项目的审批。对下列高档房地产开发项目，1995年不再批准立项和开工，以后也要严格控制审批：（1）别墅性质的高档住宅及度假村；（2）单位面积建筑设计造价高于当地一般民用住宅、办公楼一倍以上的公寓、写字楼项目；（3）建筑标准四星级（或相当于四星级）及以上的宾馆、饭店。

严格禁止新上高尔夫球场、仿古城、游乐宫等项目。

二、高档房地产开发项目要按照基本建设程序和规定的批准权限审批。对建筑面积在10万平方米及以上或总投资在2亿元及以上的高档房地产开发建设项目，以及所有中央国家机关在京单位房地产开发项目的立项和开工，由国家计委审批。建筑面积在2万平方米以上、10万平方米以下或总投资在3000万元以上、2亿元以下的高档房地产开发建设项目的立项及开工，由省、自治区、直辖市和计划单列市计委审批，并报国家计委备案。以上建设规模限额均指单片开发的建设规模，不得采取化整为零、分期分块等手段越权审批。

对于未按规定审批立项及开工的项目，银行不得安排贷款。对批准开工的项目，自筹资金要与银行贷款同步到位；自筹资金不落实的，银行不发放贷款，土地管理部门不得办理用地手续，建设部门不得发放建设用地规划许可证和建设许可证。

三、严格高档房地产开发项目的资金管理。国家预算内投资不得用于高档房地产开发项目。银行现有的房地产贷款均应纳入固定资产投资贷款管理，并全部纳入国家固定资产投资计划，不得在计划外发放贷款。严禁用流动资金贷款、抵押贷款的形式和拆入资金发放房地产开发项目贷款。

四、严格执行《中华人民共和国土地管理法》、《中华人民共和国城市房地产管理法》的规定，加强房地产项目建设用地管理。市、县人民政府征用划拨或出让国有土地使用权必须按照《中华人民共和国土地管理法》和国务院规定的申报程序和批准权限报批，不得化整为零，越权审批；城市建设要严格控制规模，节约用地；不准利用菜田、基本农田保护区的土地成片开发高档房地产项目；对出让的土地，受让人应按合同规定的期限开发建设，在法律规定期限内未开发的要依法无偿收回；要加强出让地价管理，高档房地产开发项目用地一律采取招标或拍卖的方式提供。

五、规范土地出让收入的征收和使用管理。土地出让收入作为专项基金，由财政部门纳入各级财政预算管理，实行收支两条线、计划管理、专款专用。沿海地区大中城市土地出让收入的50%，其他地区土地出让收入的30%，都必须纳入地方财政，由各省、自治区、直辖市集中使用，首先用于农业和重点建设项目，其余用于城市基础设施建设，不得在财政经常性支出项下使用。

六、加强对外商投资房地产开发建设的管理。积极引导外商投资旧城改造和普通居民住宅项目。对外商投资的房地产开发经营企业和项目，要按照国家有关规定和项目审批权限办理审批手续。中方不得为外商出资或为其境外贷款提供担保。

外商投资高档房地产项目，凡总投资额在3000万美元及以上的由国家计委审批（其他外商投资项目管理权限不变），旅游宾馆项目仍按现行有关规定办理；1亿美元以上的高档房地产项目由国家计委报请国务院审批。

七、各类房地产开发建设项目所需进口物资，一律按照《国务院关于房地产建设进口物资税收问题的通知》（国发〔1995〕10号）的规定，照章征收关税和进口环节增值税、消费税。

八、计划、城建、规划、土地管理、审计等有关部门和人民银行、国有商业银行等金融机构，都要各司其职、各负其责，对高档房地产开发项目实行严格的监督管理。各级审批机关要从资金来源、审批程序和建设条件等方面加强对高档房地产开发项目的审计监督，坚持开工前审计。

九、国务院及其有关部门已发布的关于房地产开发建设方面的有关规定，凡与本通知不一致之处，以本通知为准。

❸关于加强城乡规划监督管理的通知（节录）

（2002年5月15日国务院　国〔2002〕13号公布）

一、端正城乡建设指导思想，明确城乡建设和发展重点

城乡规划建设是一项长期而艰巨的任务，各地一定要认真贯彻江泽民同志“三个代表”重要思想，坚持以经济建设为中心，坚持为最广大人民群众服务，实施可持续发展战略；要实事求是，讲求实效，量力而行，逐步推进。

当前城市建设的重点，是面向中低收入家庭的住房建设、危旧房改造和城市生活污水、垃圾处理等必要的市政基础设施建设以及文化设施建设，改善人居环境，完善城市综合服务功能。要充分考虑财力、物力的可能，从不同地区的经济、社会发展水平和资源、环境、文化条件出发，确定合理的建设规模和发展速度，提高城乡建设投资的社会效益。要坚持走内涵与外延相结合、以内涵为主的发展道路，严格控制土地供应总量，优化用地结构和城市布局，促进经济结构的合理调整，注重保护并改善生态环境和人文环境。

发展小城镇，首先要做好规划，要以现有布局为基础，重点发展县城和规模较大的建制镇，防止遍地开花。地方各级人民政府要积极支持与小城镇发展密切相关的区域基础设施建设，为小城镇发展创造良好的区域条件和投资环境。

（三）相关部门规章及规范性文件

❶关于加强商品房屋产权产籍登记管理的通知（节录）

（1992年4月21日建设部　建房字第239号文公布）

四、房地产开发公司开发的项目，在竣工时，建设部门和房地产部门应根据竣工图和审批的商品房屋成本，及时核定国有房产的范围和数量，确定经营管理方式，并明确经营者的责任。

❷关于贯彻《城市房地产开发经营管理条例》的通知（节录）

（1998年9月23日建设部　建住房〔1998〕178号公布）

二、要认真做好房地产开发项目的管理工作

房地产开发项目的管理是房地产开发主管部门的重要工作。各级房地产开发主管部门要按照《条例》的规定，认真做好房地产开发项目的管理。

（一）做好房地产开发项目用地出让或划拨前建设条件的审核。对房地产开发项目用地，在土地使用权出让或划拨前，房地产开发主管部门要主动会同城市规划行政主管部门以及相关部门，按照条例的规定，对项目性质、规模、开发期限、城市规划设计条件、基础设施和公共设施建设要求、基础设施建成后产权界定、拆迁补偿安置要求等提出书面意见，作为土地使用权出让或划拨的依据。房地产开发主管部门要主动与相关部门联系，建立相应的房地产开发项目建设条件评审、批准的工作流程。要对本地区拟开发的项目提前做好实施条件的调查和准备，建立房地产开发项目储备资料库。《条例》施行后新批准的所有房地产开发项目，必须具有建设条件的书面意见，保证房地产开发项目实施的可行性。

（二）加强房地产开发项目的竣工验收工作。要建立房地产开发项目竣工验收的程序和制度，对竣工的开发项目要及时组织相关的质量监督、规划、消防、人防等部门进行验收。对验收的房地产开发项目，对其功能、质量、环境等条件应进行综合评定，建立等级评定制度，并向社会公布开发建设单位和项目验收评定结果。对未经验收或验收不合格的项目，不得交付使用。同时要提高验收效率，减少不必要的验收环节。

（三）根据《条例》的要求，建立房地产开发项目手册。房地产开发项目手册的建立，增强了政府部门加强房地产开发项目管理的手段和能力。房地产开发企业应将项目建设过程的主要事项，如项目名称、规模、转让记录、预售情况等记录在手册中，并定期送房地产开发主管部门备案。房地产开发主管部门要对项目手册的备案情况进行检查，并将手册记录事项作为企业资质评定、审查的依据。

（四）进一步加强房地产开发项目转让和商品房预售的备案管理。根据《条例》的要求，转让房地产开发项目，转让人和受让人应持房地产开发项目转让合同到房地产开发主管部门备案；房地产开发企业在商品房预售合同签订后，应到房地产开发主管部门和土地管理部门备案。项目转让备案和商品房预售备案，是房地产开发项目管理的重要内容，对加强政府主管部门实施开发项目的监督管理和保护购房人的权益具有重要作用。房地产开发主管部门要进一步加强这两项备案工作。备案情况要在房地产开发项目手册中记录。对违反规定的，要根据《条例》规定进行处罚。

五、进一步加强对房地产开发项目转让、房地产开发企业预售商品房、销售商品房的管理

《条例》根据《中华人民共和国城市房地产管理法》规定的原则，进一步明确规定了转让房地产开发项目的条件、程序，房地产开发企业预售商品房的条件、程序，以及房地产开发主管部门的职责。各地房地产开发主管部门要根据房地

产开发项目建设条件意见和房地产开发项目手册所记录和掌握的项目情况，认真做好房地产开发项目转让的备案和商品房预售申请的审批工作。对批准预售的开发项目，要通过房地产开发项目手册进行跟踪管理。对不按规定进行备案和预售审批的，要按《条例》规定进行处罚。

六、鼓励和支持经济适用住房建设

各地要结合贯彻《条例》，进一步调整房地产开发投资方向，鼓励和支持房地产开发企业开发建设经济适用住房，在土地供应、项目审批、企业管理等方面向经济适用住房建设开发企业倾斜。要在经济适用住房开发建设中推行开发项目招投标制度，建立房地产开发项目手册，实行住房质量保证书和使用说明书，提高建设质量。

❸关于加强房地产开发管理提高商品房质量的通知（节录）

（1996年1月23日建设部　建房〔1996〕48号公布）

二、各级房地产开发主管部门要健全对房地产开发项目的质量监督检查制度，把质量管理作为对房地产开发企业日常管理工作的重要内容来抓。房地产开发企业应将分项和分部工程的质量检查、验收情况记录于《房地产开发项目手册》，主管部门定期予以监督检查。

❹关于规范房地产开发企业开发建设行为的通知（节录）

（2002年2月25日建设部　建住房〔2002〕44号公布）

一、加强对房地产开发项目管理。对开发项目不符合条件或者有下列情形之一的房地产开发企业，建设行政主管部门不得审批或同意其新开发建设项目：

（一）未取得房地产开发企业资质证书或者超越其资质等级从事房地产开发经营业务的；

（二）房地产开发项目资本金达不到规定标准的；

（三）已开发建设项目严重拖欠工程款的。

对于未取得房地产开发企业资质证书或者超越资质等级从事房地产开发经营业务的，房地产开发主管部门还应当依据《城市房地产开发经营管理条例》、《房地产开发企业资质管理规定》进行处罚。

七、房地产开发项目经竣工验收合格后，房地产开发企业应当及时向建设行政主管部门备案。对于住宅小区等群体房地产开发项目，还应当按照有关规定进行综合验收。凡未组织竣工验收（包括综合验收，下同）或者验收不合格的房地产开发项目不得交付使用。对于房地产开发企业将未经验收或者验收不合格的房地产开发项目交付使用的，应当依据《城市房地产开发经营管理条例》、《建设工程质量管理条例》，责令改正并进行处罚。

八、房地产开发企业开发建设的项目，凡是工程质量低劣或者发生重大工程质量事故的，建设行政部门应当责令改正，并依据《建筑法》、《建设工程质量管理条例》、《房地产开发企业资质管理规定》进行处罚。在处罚决定书规定的停业整顿期间内，房地产开发主管部门不得审批或同意其新开项目。

十一、房地产开发企业转让房地产开发项目的，应当符合《中华人民共和国城市房地产管理法》第三十八条、第三十九条规定的条件，并在规定的时间内报房地产开发主管部门备案。对于擅自转让房地产开发项目的，房地产开发主管部门应当依据《城市房地产开发经营管理条例》进行处罚。

（四）相关地方性法规及规范性文件

❶内蒙古自治区城市房地产开发经营管理条例（节录）

（2001年2月12日内蒙古自治区第九届人民代表大会常务委员会第二十一次会议通过　2001年2月12日内蒙古自治区人民代表大会常务委员会公布）

第十四条　确定房地产开发项目，应当符合土地利用总体规划、年度建设用地计划和城市规划、房地产开发年度计划的要求；按照国家有关规定需要经计划行政管理部门批准的，还应当报计划行政管理部门批准，并纳入年度固定资产投资计划。

第二十条　房地产开发项目竣工，房地产开发企业应当组织设计、施工、工程监理等有关单位进行竣工验收；对涉及公共安全的内容，应当按照有关法律、法规的规定进行单项验收，经验收合格后，方可交付使用，并向有关部门备案；未经验收或者验收不合格的，不得交付使用。

住宅小区等群体房地产开发项目竣工后，房地产开发企业应当向项目所在地房地产开发行政管理部门提出综合验收申请。房地产开发行政管理部门应当自收到综合验收申请之日起30日内，组织工程质量监督、规划、消防、人防等有关部门对以下内容进行综合验收：

（一）城市规划设计条件的落实情况；

（二）配套的基础设施和公共设施的建设情况；

（三）单项工程的工程质量验收备案情况；

（四）拆迁安置方案的落实情况；

（五）物业管理的落实情况。

住宅小区等群体房地产开发项目实行分期开发的，可以分期综合验收。

❷包头市城市房地产开发经营管理条例（节录）

（1997年11月16日包头市第十届人民代表大会常务委员会第三十四次会议通过　1998年7月31日内蒙古自治区第九届人民代表大会常务委员会第四次会议批准）

第三章　房地产开发项目的确立和建设

第十一条　房地产开发企业向市房产行政主管部门申报房地产开发项目时，必须填写《房地产开发项目建设条件意见书》，经有关部门同意，由市房产行政主管部门审核后报市计划行政主管部门批准立项。

第十四条　房地产开发项目必须严格履行基本建设程序，并取得有关手续后，方可向建筑工程行政主管部门申请开工；涉及房屋拆迁工程的，必须在取得《房屋拆迁许可证》后，方可拆迁。

第十五条　房地产开发项目的建设必须遵守国家有关技术标准、规范。应当统筹安排配套设施建设，按照先地下、后地上的程序进行。

❸黑龙江省城市房地产开发管理条例（节录）

（1997年8月20日黑龙江省第八届人民代表大会常务委员会第二十九次会议通过　1997年8月20日黑龙江省人民代表大会常务委员会公布　自1997年10月1日起施行）

第三章　开发项目确立与取得

第十五条 开发主管部门应当根据国民经济和社会发展规划、城市规划、土地利用总体规划，会同有关部门编制房地产开发发展规划，报同级人民政府批准。

第十六条 开发主管部门应当根据房地产开发发展规划和年度建设用地计划，提出年度开发项目计划，按规定报计划部门批准立项。

第十七条 开发项目立项后，开发主管部门应当根据项目的性质、规模、规划设计条件、开发期限、基础设施和配套公用设施的建设、拆迁补偿安置等内容，编制房地产开发项目建设条件意见书，作为开发项目建设的依据。

第十八条 开发项目应由开发主管部门通过公开招投标，确定开发企业。招投标活动应当符合国家和省的有关规定，坚持公开、公平、公正的原则，不得舞弊。

第十九条 有下列情形之一的开发企业，不得参与开发项目的招投标活动：

（一）已取得的开发项目未按开发项目建设合同约定期限开工和建设的；

（二）已取得的开发项目未落实动迁安置方案的；

（三）已取得的开发项目未按动迁安置补偿协议约定期限安置被动迁人的；

（四）违反本条例其他规定的。

第二十条 开发企业取得开发项目后，应当依法办理土地使用权审批手续，取得土地使用权。

第二十一条 开发企业应当在取得开发项目土地使用权批准文件后30日内，依据开发项目建设条件意见书与开发主管部门签订开发项目建设合同，缴纳开发项目综合价款底价，领取开发项目许可证。

开发项目综合价款底价的构成及标准，由省建设行政主管部门提出，省物价、财政部门审核，报省人民政府批准，任何部门和单位不得向开发企业收取法律、法规和省人民政府规定以外的任何费用。

第四章 开发项目建设

第二十二条 开发企业在房地产开发建设过程中，应当严格执行开发项目建设合同和规划批准文件，不得擅自改变规划设计条件；确需改变的，应当按规定报经原批准机关批准，并相应调整开发项目综合价款底价。

第二十三条 开发企业应当将开发项目建设过程中的主要事项和有关部门对房地产开发活动的审查处理意见，记录在房地产开发项目手册中，并定期送开发主管部门核验。

第二十四条 开发企业在开发建设过程中，可以转让其开发项目，但应当符合下列条件：

（一）已按本条例规定取得开发项目；

（二）投入开发建设的资金已达到工程建设总投资25%以上；

（三）已办理土地使用权转让手续；

（四）法律、法规规定的其他条件。

第二十五条 开发项目转让应当签订书面合同，并经开发项目所在地开发主管部门批准，办理开发项目许可证变更手续。

开发项目转让时，开发项目建设合同及动迁安置补偿协议载明的权利、义务由受让人继续履行。

第二十六条 开发项目的受让人必须是具有相应资质等级的开发企业，自行完成开发项目，不得再行转让。

第二十七条 开发项目竣工后，开发主管部门应当按照基本建设程序会同规划、消防等有关部门进行综合验收。

综合验收应当包括以下主要内容：

（一）开发项目建设是否符合规划、用地批准文件；

（二）基础设施和配套公用设施是否建设完毕；

（三）单位工程是否符合国家规定的工程质量验收标准和设计配套功能、验收手续及有关技术资料是否完备；

（四）拆迁补偿安置方案是否落实；

（五）环境绿化面积是否符合国家规定标准；

（六）法律、法规规定需要验收的其他事项。

开发项目验收合格后，方可交付使用。

第二十八条 住宅小区等群体建筑开发项目在交付使用前，应当选聘相应的物业管理公司；开发企业自行管理物业的，应当按照国家和省的有关规定办理资质审批手续。

第二十九条 开发企业应当严格执行《黑龙江省建筑市场管理条例》和《黑龙江省建设工程质量管理条例》，并对开发项目实行建设工程监理制度。

开发项目交付使用前，由开发企业划拨施工净产值5%的工程款，存入工程质量监督机构账户，作为质量保修抵押金，工程保修期满未发生质量问题的，抵押金连同利息返还给开发企业。

（五）相关其他规范性文件

❶中国人民解放军房地产管理条例（节录）

（1990年4月20日中央军事委员会公布 自1990年4月20日起施行）

第三十条 军队房地产开发经营必须严格履行报批手续，办理登记注册，按规定征收房地产使用费。

房地产开发经营项目的收益分配，按总后勤部有关规定执行。

三、以案明法

海南诚利集团有限公司诉
海南轻骑海药房地产开发公司经济合同纠纷案

上诉人（原审被告）：海南诚利集团有限公司

被上诉人（原审原告）：海南轻骑海药房地产开发公司

上诉人海南诚利集团有限公司（简称诚利集团）因合作投资合同纠纷一案，不服海南中级人民法院（2000）海南民初字第5号民事判决，向本院提起上诉，本院依法组成合议庭，公开开庭审理了本案。上诉人委托代理人黄国雄、许庆贵，被上诉人委托代理人吴昊、朱晓兵到庭参加诉讼。本案现已审理终结。

原审认定，原海南海药房地产开发公司（以下简称海药房地产公司）与原海口海阳装修实业公司于1993年4月20日签订的《合作投资协议书》，由于海口海阳装修实业公司当时对合作投资协议书所约定的土地没有使用权，也没有海阳小区别墅项目的所有权；从双方约定的内容来看，原海药房地产公司投入500万元，不参与合建房屋，也不承担任何风险，而且还收回本金及固定利润150万元，合作期限仅为半年；该合作协议，实际上是名为合作实为借贷，违反了有关金融法规的规定，该协议应确认为无效协议。在协议被确认无效后，当事人因该行为取得的财产，应当返还给受损失的一方，有过错的一方应当赔偿对方因此所受的损失，双方都有过错的，应当各自承担相应的责任。海口海阳装修实业公司依据无效合同收取原海药房地产公司的款项应予返还，并应承担相应的利息损失。由于海口海阳装修实业公司营业执照被吊销，海南海阳实业总公司向原海药房地产公司出具承诺书，承诺原合同由海南海阳实业总公司继续履行。海南海阳实业总公司依据承诺向原海药房地产公司偿还了85万元，原海药房地产公司也从海南海阳实业总公司预付的工程款中扣除15万元以抵偿原海口海阳装修实业公司欠原海药房地产公司的款项。1999年9月，被告向原告出具承诺书，承诺原海南海阳实业总公司、海口海阳装修实业公司和海南金宇工程集团与原告所发生的债权、债务，均由原告与被告继续协商履行。该承诺书符合法律规定，应确认为有效。原海口海阳装修实业公司所欠原海药房地产公司的债务，应由被告依据承诺承担偿还责任。原告未经被告同意扣除被告法人股分红款199678.80元以偿还上述债务，但未违反法律规定，应予以确认。被告主张85万元是原告向其借款，无事实根据。一审期间，被告依据无效的合作协议办理合建登记手续，是不符合事实的，也是没有法律依据的，本院不予确认。至今为止，海南海阳实业总公司尚欠原告3800324.20元，应由被告负责偿还。据此判决：被告自判决生效之日起10日内，将3800324.20元退还给原告并承担该款50%的利息损失。

上诉人称：本案争议的合作建房法律关系的主体是被上诉人与原海阳装修实业公司，上诉人并非该法律关系的主体，原判决上诉人承担民事责任错误。本案所涉的是合作建房合同，双方意思表示真实，符合法律规定，原判认定名为合作实为借贷错误。上诉人进行了大量投资，损失显而易见，应由双方按过错承担。被上诉人辩称：原海阳装修实业公司和诚利集团均由潘成立投资所建，1999年9月22日诚利集团出具承诺书，承诺海阳装修实业公司、海阳实业总公司的债权、债务由诚利集团继续协商履行。原判认定《合作投资协议》是假合作投资、真借贷合同正确。

经审理查明：1993年4月20日，海口海阳装修实业公司（以下简称海阳公司）为甲方与海药房地产公司为乙方签订《合作投资协议书》，协议书约定：1. 双方使用海阳公司坐落在琼山县府城镇立交桥200米处的15亩土地，合资兴建海阳别墅17幢，总建筑面积为8160m^2，每平方米造价为3800元，共计人民币3100万元。2. 甲方投资2600万元，乙方投资500万元，双方投资不计利息。3. 海阳别墅定于1993年5月15日动工，同年12月30日全部竣工并交付使用。4. 按双方投资总额的比例分成，为了使乙方投资不受风险，乙方将建成的房屋1300平方米折价每平方米5000元归甲方，甲方将乙方所得150万元利润付给乙方。5. 甲方负责海阳别墅的施工，一切技术力量和策划由甲方组织，乙方不能干挠。6. 合作投资年限为半年，甲方应将乙方投资金额及房屋利润如数付给乙方。7. 本协议在执行中，假如双方发生异议需要修改，必须经过双方磋商同意后签订补充协议，其中一方不得擅自更改或不执行本协议。该合同签订后，海药房地产公司于1993年4月27日通过中国工商银行海南省分行龙华路办事处账户转账支付给海阳公司合作投资款500万元。与此同时，海阳公司投入大量资金在琼山市府城镇立交桥200米处即铁桥管区排潭村石庙坡购置土地、填方，先后建起钢筋水泥框架结构大楼2幢（均建2至3层框架，尚未封顶）、值班室1幢并打下3幢别墅的基础。圈起部分围墙后，该合作建设投资项目即因海南房地产市场不景气而停工。据海南省诉讼证据鉴定中心鉴定：海阳公司共投入资金24818448.99元，海阳小区评估现值为3774772元。同年11月19日，海南海阳实业公司转账付给海药房地产公司85万元。同年11月24日，海药房地产公司又从预付给海阳公司工程款中扣除15万元。1996年11月，海药房地产公司将诚利集团在海南轻骑海药实业股份有限公司中持有的法人股的分红款199678.80元扣下作为偿还原告的投资款。

1995年6月20日，海口海阳装修实业公司被海口市工商局依法吊销。同年10月26日，海南海阳实业总公司向海药房地产公司出具承诺书，承诺原海口海阳装修实业公司与海南海药实业股份有限公司及海药房地产公司签订的有关合同由海南海阳实业总公司继续履行。后海南海阳实业总公司改制为海南海阳实业有限公司，该公司于1999年6月更名为海南成立集团有限公司（现为海南诚利集团有限公司）。1999年9月22日，海南成立集团有限公司向轻骑海药公司出具承诺书，承诺：原海南海阳实业总公司、海口海阳装修实业公司和海南金宇工程集团与原海药房地产公司所发生的债权、债务，均由海南成立集团有限公司与海南轻骑海药房地产开发公司继续协商履行。同年12月14日，原告轻骑海药公司提起诉讼，请求判令被告诚利公司退还在双方合作项目中尚欠原告的3800324.20元及按银行同期贷款利率计算的合理利息2422041.64元，并承担全部诉讼费用。本案在审理中，被告诚利公司于2000年3月27日办理了建设用地规划许可证。同年4月13日，被告诚利公司办理了琼山籍国用（2000）字第01－46号和琼山籍国用（2000）字第01－0047号国有土地使用证，办证用地面积为2677平方米（折合4.0155亩）。琼山市规划土地管理局出具证明：被告诚利公司“海阳小区”土地总面积为8.223亩，已办证4.0155亩，余下4.2075亩土地现正在办理中。同年5月9日琼山市规划土地管理局以琼山土函（2000）055号文件《关于同意海南诚利集团有限公司与海药房地产开发公司联合开发“海阳小区”的复函》，批复同意海南诚利集团有限公司与海药房地产公司共同注资开发位于琼山市府城镇铁桥管区排潭村石庙坡的“海阳小区”项目，双方出资额及项目建成后产权分成比例由两公司商定。

以上事实，有海药房地产公司与海阳公司签订的《合作投资协议书》、转账支票存根、进账单、海南海阳实业总公司、成立公司出具的承诺书函件，建设用地规划许可证，国有土地使用证，琼山市规划土地管理局琼山土函（2000）055号文件，本院调取的证据材料和当事人的陈述及海南省诉讼证据鉴定中心（2001）琼诉证鉴字第75－1、2号司法技术鉴定书等证据在案为凭，上述证据经庭审质证，具有证明效力。

本院认为，诚利集团明确承诺继续履行海阳装修公司、海阳实业总公司的债权、债务，现诉称自己并非本案民事主体的主张没有理由，本院不予采纳。海阳装修公司与原海药房地产公司1993年4月20日签订的《合作投资协议书》对于合作投资建房的意思表示真实、明确，且海药房地产公司履行了义务，海阳公司也投入大量资金随即购地、动工建设，部分履行了合同，故本案双方当事人之间的法律关系应该是合作建房关系，原判认定该协议名为合作、实为借贷错误，应予纠正。但双方没有依法办理合作建房的登记手续，违反法律规定，该协议应确认无效。造成海阳小区经济损失的原因主要是海南房地产市场的滑坡，投资双方应对市场风险所造成的经济损失按投资比例承担责任，但考虑到诚利集团一方过错较大，故可酌情减轻轻骑海药公司承担损失的数额。依照最高人民法院《关于审理房地产管理法施行前房地产开发经营案件若干问题的解答》第二十二条、第四十六条第（二）项的规定，判决如下：

一、撤销海南中级人民法院（2000）海南民初字第5号民事判决。

二、《合作投资协议书》无效。诚利集团返还轻骑海药公司投资款250万元人民币（含已归还的1199678.8元），限本判决生效后一个月内付清。

一、二审案件受理费各41122元，上诉人、被上诉人各半负担，鉴定费由上诉人负担。

本判决为终审判决。

四、办案实战资料库

（一）房地产开发项目贷款申请报告（大纲）

房地产开发项目贷款申请报告（大纲）

一、项目主办单位概况

（大纲）

（一）主办单位名称、法定地址、营业范围

主办单位名称：

经济类型：

法定地址：

经营范围：

（二）合资各方名称、注册国家、法定地址和法定代表人姓名、国籍

（1）

（2）

（3）

（三）项目总投资、注册资本、各方出资比例、出资方式

（1）投资总额：

（2）注册资本：

（3）注册资本出资方式：

（4）投资方贷款：

（四）合营期限、利润分配

（五）审批单位

二、项目概况

（一）项目背景

（二）项目内容

三、项目工程建设

（一）主体工程

（1）工程概况：

设计单位：

工程总用地面积：

建筑面积：

建筑层数：

建筑物最高处高度：

绿化面积：

容积率：

建筑密度：

停车数：

（2）工程特点：

（二）公用工程

（1）给排水系统：

（2）供电系统：

（3）热力系统：

（4）天然气系统：

（5）弱电系统：

（6）道路：

（三）环保与消防

四、市场营销评估

五、企业资信评价

六、投资总额及资金来源评估

（一）评估依据

（二）项目投资总额

（三）项目建设及用款计划

（四）项目资金来源

七、项目财务效益评估

（一）评估依据

（二）主要数据的确定

（三）收入及成本

（四）利润与税金

（五）盈利能力分析

（六）清偿能力分析

八、不确定分析

（一）项目的敏感因素

（二）临界点分析

九、贷款风险评估

（一）申请贷款的种类、金额、期限

（二）抵押物及其估价

（三）抵押贷款风险的评估

（四）贷款偿还能力的评估

十、评估结论和建议

经测算分析，本项目的财务效益好，抗风险能力较强。只要销售价格合理，营销得力，可以按计划完成销售任务，回收资金。因此，该项目偿还贷款是有保证的。详见表1。

表1 主要经济指标表

序号	名称	单位	数据	备注
Ⅰ	设计规模			
1	房地产开发产品总建筑面积	平方米		
2	商品房销售	平方米		
	其中：住宅	平方米		
	服务用房	平方米		
	汽车库车位	平方米		
Ⅱ	经济数据			
1	总投资	万元		
2	开发产品投资	万元		
	其中：财务费用	万元		
3	资金筹措	万元		
	其中：资本金	万元		
	借款	万元		
4	经营收入	万元		年平均
5	经营税金及附加	万元		年平均
6	总成本费用	万元		年平均
7	利润总额	万元		年平均
8	所得税	万元		年平均
9	税后利润	万元		年平均
10	土地增值税	万元		年平均
Ⅲ	财务评价指标			
1	商品房投资利润率	%		
2	商品房投资利税率	%		
3	商品房资本金净利润率	%		
4	全部投资内部收益率（所得税前）	%		
5	全部投资投资回收期（所得税前）	年		
6	全部投资内部收益率（所得税后）	%		
7	全部投资投资回收期（所得税后）	年		
8	资本金内部收益率	%		
9	长期借款偿还期（房地产投资）	年		贷款期起

附表1　项目总投资估算表

单位：万元

序号	项目	开发产品	估算说明
1	开发建设投资		
1.1	土地费用		
1.2	前期工程费		
1.3	基础设施建设费		
1.4	建筑安装工程费		
1.5	公共配套设施建设费		
1.6	开发间接费		
1.7	管理费用		
1.8	销售费用		
1.9	开发期税费		
1.10	其他费用		
1.11	不可预见费		
1.12	财务费用		
2	经营资金		
3	项目总投资		
3.1	开发产品成本		
3.2	固定资产投资		
3.3	经营资金		

附表2　投资使用计划与资金筹措表

单位：万元

序号	项目	合计	1	2	3	4	5	6
1	总投资							
1.1	自营资产投资							
1.2	自营资产投资借款建设期利息							
1.3	自营资产投资方向调节税							
1.4	经营资金							
1.5	开发产品投资							
	其中：不含财务费用							
	财务费用							
2	资金筹措							
2.1	资本金							
2.2	预售收入							
2.3	预租收入							
2.4	其他（股东贷款）							
2.5	借款							
2.5.1	固定资产投资长期借款							
	自营资产投资人民币借款							
	房地产投资人民币借款							
	自营资产投资外币借款							
	房地产投资外币借款							
2.5.2	自营资产投资建设期利息借款							
2.5.3	经营资金人民币借款							

附表3 售房收入与经营税金及附加估算表

单位：万元

序号	项目	合计	1	2	3	4	5	6
1	售房收入							
1.1 1.2 1.3	可销售面积（平方米） 平均售价（元/平方米） 销售比例（%）							
2	经营税金及附加							
2.1 2.2 2.3	营业税 城市维护建设税 教育费附加							
3	土地增值税							
4	商品房销售净收入							

附表4 损益表

单位：万元

序号	项目	合计	1	2	3	4	5	6
1	经营收入							
1.1 1.2 1.3	商品房销售收入 房地产租金收入 自营收入							
2	经营成本							
2.1 2.2	商品房经营成本 出租房经营成本（摊销）							
3	出租房经营费用							
4	自营部分经营费用							
5	自营部分折旧、摊销							
6	自营部分财务费用							
7	经营税金及附加							
8	土地增值税							
9	利润总额							
10	弥补以前年度亏损							
11	应纳税所得额							
12	所得税							
13	税后利润							
13.1 13.2 13.3	职工奖励及福利基金 储备基金 企业发展基金							
14	加：年初未分配利润							
15	可供投资者分配的利润							
16	应付利润							
16.1 16.2	A方 B方							
17	年末未分配利润							

附表5 财务现金流量表（全部投资）

单位：万元

序号	项目	合计	1	2	3	4	5	6
1	现金流入							
1.1	售房收入							
1.2	租房收入							
1.3	自营收入							
1.4	其他收入							
1.5	回收固定资产余值							
1.6	回收经营资金							
1.7	净转售收入							
2	现金流出							
2.1	固定资产投资（含方向税）							
2.2	开发产品投资（不含财务费用）							
2.3	经营资金							
2.4	自营部分经营费用							
2.5	出租房经营费用							
2.6	经营税金及附加							
2.7	土地增值税							
2.8	所得税							
3	净现金流量							
	累计净现金流量							
4	所得税前净现金流量							
	累计所得税前净现金流量							

计算指标：　　所得税前　　所得税后

内部收益率（FIRR）

财务净现值（FNPV）

投资回收期

基准收益率 I_C

附表6　财务现金流量表（资本金）

单位：万元

序号	项目	合计	1	2	3	4	5	6
1	现金流入							
1.1	售房收入							
1.2	租房收入							
1.3	自营收入							
1.4	其他（回收股东贷款）							
1.5	回收固定资产余值							
1.6	回收经营资金							
1.7	净转售收入							
2	现金流出							
2.1	资本金							
2.2	预售（租）收入用于开发产品投资							
2.3	自营部分经营费用							
2.4	出租房经营费用							
2.5	经营税金及附加							
2.6	土地增值税							
2.7	所得税							
2.8	长期借款本金偿还							
2.9	流动资金借款偿还							
2.10	短期借款本金偿还							
2.11	其他（股东贷款）							
2.12	职工奖励及福利基金							
3	净现金流量							
4	累计净现金流量							

计算指标：
内部收益率（FIRR）
财务净现值（FNPV）
基准收益率 I_C

附表7　长期借款还本付息估算表

单位：万元

序号	项目	合计	1	2	3	4	5	6
1	长期借款偿还							
1.1	年初借款本息累计							
	本金							
	建设期利息							
1.2	本年借款							
1.3	本年应计利息							
1.4	本年还本付息							
	还本							
	付息							
1.5	年末借款本息累计							
2	房地产投资人民币借款							
2.1	年初借款本息累计							
	本金							
	建设期利息							
2.2	本年借款							
2.3	本年应计利息							
2.4	本年按约定还本付息							
	还本							
	付息							
2.5	年末借款本息累计							
3	还本资金来源							
3.1	上年余额							
3.2	摊销							
3.3	折旧							
3.4	利润							
3.5	可利用售房收入							
3.6	其他							
4	偿还等额还款本金							
5	偿还长期贷款—本金能力							
6	长期借款偿还期（年）							

注：有效利率5.09%。

附表8 资金来源与运用表

单位：万元

序号	项目	合计	1	2	3	4	5	6
1	资金来源							
1.1	商品房销售收入							
1.2	房地产租金收入							
1.3	自营收入							
1.4	自营资产长期借款							
1.5	自营资产经营资金借款							
1.6	房地产投资借款							
1.7	短期借款							
1.8	资本金							
1.9	其他							
1.10	回收固定资产余值							
1.11	回收经营资金							
1.12	净转售收入							
2	资金运用							
2.1	自营固定资产投资（含方向税）							
2.2	自营固定资产建设期利息							
2.3	房地产投资（含财务费用）							
2.4	经营资金							
2.5	自营部分经营费用							
2.6	自营部分财务费用							
2.7	出租房经营费用							
2.8	经营税金及附加							
2.9	土地增值税							
2.10	所得税							
2.11	应付利润							
2.12	自营资产长期借款本金偿还							
2.13	自营资产经营资金借款偿还							
2.14	房地产长期借款本金偿还							
2.15	偿还其他应付款（股东贷款）							
2.16	短期借款本金偿还							
2.17	职工奖励及福利基金							
3	盈余资金							
4	累计盈余资金							

附表9 资产负债表

单位：万元

序号	项目	1	2	3	4	5	6	
1	资产							
1.1	流动资产总额							
1.1.1	应收账款							
1.1.2	存货							
	其中：在建开发产品							
1.1.3	现金							
1.1.4	累计盈余资金							
1.2	在建工程							
1.3	固定资产净值							
1.4	无形及递延资产净值							
2	负债及所有者权益							
2.1	流动负债总额							
2.1.1	应付账款							
2.1.2	短期借款							
2.2	借款							
2.2.1	经营资金借款							
2.2.2	固定资产投资借款							
2.2.3	开发产品投资借款							
	负债小计							
2.3	所有者权益							
2.3.1	资本金							
2.3.2	资本公积金							
2.3.3	储备基金							
2.3.4	企业发展基金							
2.3.5	累计未分配利润							
	比率指标： 资产负债率（%） 流动比率（%） 速动比率（%）							

（二）房地产开发合同

房地产开发合同

订立合同单位：

______________________________（以下简称甲方）

______________________________（以下简称乙方）

为明确责任，恪守信用，特签订本合同，共同遵守。

一、项目内容及规模：

____

____

二、总投资及资金筹措：

总投资________万元（其中：征地费________万元，开发费________万元，建筑安装费________万元）。投入资金规模________万元，甲方出资________万元，分______次出资，每次出资________万元，预收款________万元；乙方出资________万元，分______次出资，每次出资________万元。

三、合作方式：

____

四、各方负责：

（1）甲方：____

（2）乙方：____

五、经营方式：____

六、资金偿还及占用费：

资金占用费按月利率______%计付，并于每季末的前______天内付给出资方。资金的偿还按如下时间及金额执行：____________________，最后一次还款时，资金占用费随本金一起还清。

七、财务管理：

（1）成本核算范围：____

（2）决算编制：____

（3）财产清偿：____

八、利润分配：

____

____

九、违约责任：

____

十、其他：

（1）该项目资金在____________________行开户管理。

（2）________方经济责任由____________担保。保证方有权检查督促________方履行合同，保证方同意当________方不履行合同时，由保证方连带承担经济责任。

（3）________方愿以____________作抵押品，抵押品另附明细清单作为本合同的附件。______方不履行合同时，______方对抵押品享有处分权和优先受偿权。

（4）本合同正本一式______份。甲方执______份，乙方执______份。合同副本______份，报送____________________等有关单位各存 1 份。双方代表签字后生效。

本合同附件有______________________________，与本合同有同等效力。

本合同的修改、补充须经由甲乙双方签订变更合同协议书，并须保证方同意，作为合同的补充部分。

甲方：（公章）	保证方：（公章）	乙方：（公章）
地址：	地址：	地址：
法人代表：（签章）	法人代表：（签章）	法人代表：（签章）
开户银行及账号：	开户银行及账号：	开户银行及账号：

签约日期：　　　　年　　月　　日

签约地点：

第三节 房屋拆迁法律制度

本节为您提供以下主题词的法律适用依据与实战资料

■房屋拆迁

【房屋拆迁】

一、专家指导意见

（一）房屋拆迁概述

房屋拆迁是指根据城镇建设规划和国家专项工程的迁建计划及当地政府的用地文件，拆除和迁移建设用地范围内的房屋及其他设施的行为。

房屋拆迁的种类有：（1）市政动迁和社会动迁；（2）征地拆迁和非征地拆迁；（3）统一拆迁、自行拆迁和委托拆迁。

房屋拆迁应注意以下事项：（1）服从国家利益；（2）符合城市规划；（3）保护合法权益；（4）谁拆迁、谁安置补偿。

房屋拆迁的程序为：（1）申领规划用地许可证；（2）编制拆迁计划；（3）申领房屋拆迁许可证；（4）发布拆迁公告；（5）签订拆迁补偿、安置协议。

（二）城市房屋拆迁的补偿

1. 拆迁补偿的对象和范围：对象是被拆除房屋及其附属物的所有人。包括产权人、代管人和国家授权的国有房屋及其附属物的管理人。范围是被拆除的房屋及其附属物。但拆除违章建筑、超过期限的临时建筑不属拆迁补偿范围。未超过批准期限的临时建筑属于补偿的范围，如进行拆除，应给予适当的补偿。

2. 拆迁补偿的方式：产权调换、作价补偿和产权调换与作价补偿相结合。

3. 拆迁补偿标准：产权调换的补偿标准是按照被拆除房屋的建筑面积计。

（1）非住宅房屋的产权调换，其价格的结算按以下办法进行：①偿还面积与原面积相等的部分，按重置价格结算结构差价。重置价格是指现在重新建造与被拆除房屋相同结构、相同标准、相同质量的房屋的造价，该造价由政府按年公布。②偿还面积超过原面积部分，按商品房价格结算。③偿还面积不足原面积部分，按重置价格结合成新结算。

（2）住宅房屋的产权调换，其价格结算的办法由省、自治区、直辖市人民政府规定。

作价补偿的补偿标准是按照被拆除房屋建筑面积的重置价格结合成新计算的。

4. 拆迁补偿的几种特殊情况：

（1）拆除出租住宅房屋，应当实行产权调换；原租赁关系继续保持；因拆迁而引起原租赁合同条款变动的，应当作相应修改。

（2）拆除有产权纠纷房屋，在房屋拆迁主管部门公布的规定期限内纠纷未解决的，由拆迁人提出补偿安置方案，报县级以上人民政府房屋拆迁主管部门批准后实施拆迁。拆迁前房屋拆迁主管部门应当组织拆迁人对被拆除房屋进行勘查、记录，并由公证机关办理证据保全。

（3）对拆除设有抵押权的房屋实行产权调换的，由抵押权人和抵押人重新签订抵押协议。抵押权人和抵押人在房屋拆迁主管部门公布的规定期限内达不成抵押协议的，由拆迁人参照有产权纠纷房屋的拆迁补偿规定实施拆迁。拆除设有抵押权的房屋实行作价补偿的，由抵押权人和抵押人重新设立抵押权或者由抵押人清偿债务后，再给予补偿。

（三）拆迁安置

1. 拆迁安置的对象与方式：拆迁安置的对象为被拆除房屋使用人。拆迁安置可以一次性安置，也可以先由拆迁人提供周转房临时过渡，或由被拆迁人自己寻找房屋过渡，待正式房建成后再行迁入。

2. 拆迁安置地点：有原地安置和异地安置两种。

3. 拆迁安置的标准：拆除非住宅房屋，按照原建筑面积安置。拆除住宅房屋，由省、自治区、直辖市人民政府根据当地实际情况，按照原建筑面积，也可以按照原使用面积或者原居住面积安置。

4. 拆迁安置费：包括搬家补助费、临时安置补助费和经济损失补偿费。

二、法律适用依据

（一）相关法律

❶中华人民共和国建筑法（节录）

（1997年11月1日第八届全国人民代表大会常务委员会第二十八次会议通过　1997年11月1日中华人民共和国主席令〔第91号〕公布　自1998年3月1日起施行）

第五十条　房屋拆除应当由具备保证安全条件的建筑施工单位承担，由建筑施工单位负责人对安全负责。

（二）相关行政法规及规范性文件

❶城市房屋拆迁管理条例

（2001年6月6日国务院第四十次常务会议通过　2001年6月13日国务院令〔第305号〕公布　自2001年1月1日起施行）

第一章　总则

第一条　为了加强对城市房屋拆迁的管理，维护拆迁当事人的合法权益，保障建设项目顺利进行，制定本条例。

第二条　在城市规划区内国有土地上实施房屋拆迁，并需要对被拆迁人补偿、安置的，适用本条例。

第三条　城市房屋拆迁必须符合城市规划，有利于城市旧区改造和生态环境改善，保护文物古迹。

第四条　拆迁人应当依照本条例的规定，对被拆迁人给予补偿、安置；被拆迁人应当在搬迁期限内完成搬迁。

本条例所称拆迁人，是指取得房屋拆迁许可证的单位。

本条例所称被拆迁人，是指被拆迁房屋的所有人。

第五条　国务院建设行政主管部门对全国城市房屋拆迁工作实施监督管理。

县级以上地方人民政府负责管理房屋拆迁工作的部门（以下简称房屋拆迁管理部门）对本行政区域内的城市房屋拆迁工作实施监督管理。县级以上地方人民政府有关部门应当依照本条例的规定，互相配合，保证房屋拆迁管理工作的顺利进行。

县级以上人民政府土地行政主管部门依照有关法律、行政法规的规定，负责与城市房屋拆迁有关的土地管理工作。

第二章　拆迁管理

第六条　拆迁房屋的单位取得房屋拆迁许可证后，方可实施拆迁。

第七条　申请领取房屋拆迁许可证的，应当向房屋所在地的市、县人民政府房屋拆迁管理部门提交下列资料：

（一）建设项目批准文件；

（二）建设用地规划许可证；

（三）国有土地使用权批准文件；

（四）拆迁计划和拆迁方案；

（五）办理存款业务的金融机构出具的拆迁补偿安置资金证明。

市、县人民政府房屋拆迁管理部门应当自收到申请之日起30日内，对申请事项进行审查；经审查，对符合条件的，颁发房屋拆迁许可证。

第八条　房屋拆迁管理部门在发放房屋拆迁许可证的同时，应当将房屋拆迁许可证中载明的拆迁人、拆迁范围、拆迁期限等事项，以房屋拆迁公告的形式予以公布。

房屋拆迁管理部门和拆迁人应当及时向被拆迁人做好宣传、解释工作。

第九条　拆迁人应当在房屋拆迁许可证确定的拆迁范围和拆迁期限内，实施房屋拆迁。

需要延长拆迁期限的，拆迁人应当在拆迁期限届满15日前，向房屋拆迁管理部门提出延期拆迁申请；房屋拆迁管理部门应当自收到延期拆迁申请之日起10日内给予答复。

第十条　拆迁人可以自行拆迁，也可以委托具有拆迁资格的单位实施拆迁。

房屋拆迁管理部门不得作为拆迁人，不得接受拆迁委托。

第十一条　拆迁人委托拆迁的，应当向被委托的拆迁单位出具委托书，并订立拆迁委托合同。拆迁人应当自拆迁委托合同订立之日起15日内，将拆迁委托合同报房屋拆迁管理部门备案。

被委托的拆迁单位不得转让拆迁业务。

第十二条　拆迁范围确定后，拆迁范围内的单位和个人，不得进行下列活动：

（一）新建、扩建、改建房屋；

（二）改变房屋和土地用途；

（三）租赁房屋。

房屋拆迁管理部门应当就前款所列事项，书面通知有关部门暂停办理相关手续。暂停办理的书面通知应当载明暂停期限。暂停期限最长不得超过1年；拆迁人需要延长暂停期限的，必须经房屋拆迁管理部门批准，延长暂停期限不得超过1年。

第十三条　拆迁人与被拆迁人应当依照本条例的规定，就补偿方式和补偿金额、安置用房面积和安置地点、搬迁期限、搬迁过渡方式和过渡期限等事项，订立拆迁补偿安置协议。

拆迁租赁房屋的，拆迁人应当与被拆迁人、房屋承租人订立拆迁补偿安置协议。

第十四条　房屋拆迁管理部门代管的房屋需要拆迁的，拆迁补偿安置协议必须经公证机关公证，并办理证据保全。

第十五条　拆迁补偿安置协议订立后，被拆迁人或者房屋承租人在搬迁期限内拒绝搬迁的，拆迁人可以依法向仲裁委员会申请仲裁，也可以依法向人民法院起诉。诉讼期间，拆迁人可以依法申请人民法院先予执行。

第十六条　拆迁人与被拆迁人或者拆迁人、被拆迁人与房屋承租人达不成拆迁补偿安置协议的，经当事人申请，由房屋拆迁管理部门裁决。房屋拆迁管理部门是被拆迁人的，由同级人民政府裁决。裁决应当自收到申请之日起30日内作出。

当事人对裁决不服的，可以自裁决书送达之日起3个月内向人民法院起诉。拆迁人依照本条例规定已对被拆迁人给予货币补偿或者提供拆迁安置用房、周转用房的，诉讼期间不停止拆迁的执行。

第十七条　被拆迁人或者房屋承租人在裁决规定的搬迁期限内未搬迁的，由房屋所在地的市、县人民政府责成有关部门强制拆迁，或者由房屋拆迁管理部门依法申请人民法院强制拆迁。

实施强制拆迁前，拆迁人应当就被拆除房屋的有关事项，向公证机关办理证据保全。

第十八条　拆迁中涉及军事设施、教堂、寺庙、文物古迹以及外国驻华使（领）馆房屋的，依照有关法律、法规的规定办理。

第十九条　尚未完成拆迁补偿安置的建设项目转让的，应当经房屋拆迁管理部门同意，原拆迁补偿安置协议中有关权利、义务随之转移给受让人。项目转让人和受让人应当书面通知被拆迁人，并自转让合同签订之日起30日内予以公告。

第二十条　拆迁人实施房屋拆迁的补偿安置资金应当全部用于房屋拆迁的补偿安置，不得挪作他用。

县级以上地方人民政府房屋拆迁管理部门应当加强对拆迁补偿安置资金使用的监督。

第二十一条 房屋拆迁管理部门应当建立、健全拆迁档案管理制度，加强对拆迁档案资料的管理。

第三章 拆迁补偿与安置

第二十二条 拆迁人应当依照本条例规定，对被拆迁人给予补偿。

拆除违章建筑和超过批准期限的临时建筑，不予补偿；拆除未超过批准期限的临时建筑，应当给予适当补偿。

第二十三条 拆迁补偿的方式可以实行货币补偿，也可以实行房屋产权调换。

除本条例第二十五条第二款、第二十七条第二款规定的外，被拆迁人可以选择拆迁补偿方式。

第二十四条 货币补偿的金额，根据被拆迁房屋的区位、用途、建筑面积等因素，以房地产市场评估价格确定。具体办法由省、自治区、直辖市人民政府制定。

第二十五条 实行房屋产权调换的，拆迁人与被拆迁人应当依照本条例第二十四条的规定，计算被拆迁房屋的补偿金额和所调换房屋的价格，结清产权调换的差价。

拆迁非公益事业房屋的附属物，不作产权调换，由拆迁人给予货币补偿。

第二十六条 拆迁公益事业用房的，拆迁人应当依照有关法律、法规的规定和城市规划的要求予以重建，或者给予货币补偿。

第二十七条 拆迁租赁房屋，被拆迁人与房屋承租人解除租赁关系的，或者被拆迁人对房屋承租人进行安置的，拆迁人对被拆迁人给予补偿。

被拆迁人与房屋承租人对解除租赁关系达不成协议的，拆迁人应当对被拆迁人实行房屋产权调换。产权调换的房屋由原房屋承租人承租，被拆迁人应当与原房屋承租人重新订立房屋租赁合同。

第二十八条 拆迁人应当提供符合国家质量安全标准的房屋，用于拆迁安置。

第二十九条 拆迁产权不明确的房屋，拆迁人应当提出补偿安置方案，报房屋拆迁管理部门审核同意后实施拆迁。拆迁前，拆迁人应当就被拆迁房屋的有关事项向公证机关办理证据保全。

第三十条 拆迁设有抵押权的房屋，依照国家有关担保的法律执行。

第三十一条 拆迁人应当对被拆迁人或者房屋承租人支付搬迁补助费。

在过渡期限内，被拆迁人或者房屋承租人自行安排住处的，拆迁人应当支付临时安置补助费；被拆迁人或者房屋承租人使用拆迁人提供的周转房的，拆迁人不支付临时安置补助费。

搬迁补助费和临时安置补助费的标准，由省、自治区、直辖市人民政府规定。

第三十二条 拆迁人不得擅自延长过渡期限，周转房的使用人应当按时腾退周转房。

因拆迁人的责任延长过渡期限的，对自行安排住处的被拆迁人或者房屋承租人，应当自逾期之月起增加临时安置补助费；对周转房的使用人，应当自逾期之月起付给临时安置补助费。

第三十三条 因拆迁非住宅房屋造成停产、停业的，拆迁人应当给予适当补偿。

第四章 罚则

第三十四条 违反本条例规定，未取得房屋拆迁许可证，擅自实施拆迁的，由房屋拆迁管理部门责令停止拆迁，给予警告，并处已经拆迁房屋建筑面积每平方米20元以上50元以下的罚款。

第三十五条 拆迁人违反本条例的规定，以欺骗手段取得房屋拆迁许可证的，由房屋拆迁管理部门吊销房屋拆迁许可证，并处拆迁补偿安置资金1%以上3%以下的罚款。

第三十六条 拆迁人违反本条例的规定，有下列行为之一的，由房屋拆迁管理部门责令停止拆迁，给予警告，可以并处拆迁补偿安置资金3%以下的罚款；情节严重的，吊销房屋拆迁许可证：

（一）未按房屋拆迁许可证确定的拆迁范围实施房屋拆迁的；

（二）委托不具有拆迁资格的单位实施拆迁的；

（三）擅自延长拆迁期限的。

第三十七条 接受委托的拆迁单位违反本条例的规定，转让拆迁业务的，由房屋拆迁管理部门责令改正，没收违法所得，并处合同约定的拆迁服务费25%以上50%以下的罚款。

第三十八条 县级以上地方人民政府房屋拆迁管理部门违反本条例规定核发房屋拆迁许可证以及其他批准文件的，核发房屋拆迁许可证以及其他批准文件后不履行监督管理职责的，或者对违法行为不予查处的，对直接负责的主管人员和其他直接责任人员依法给予行政处分；情节严重，致使公共财产、国家和人民利益遭受重大损失，构成犯罪的，依法追究刑事责任。

第五章 附则

第三十九条 在城市规划区外国有土地上实施房屋拆迁，并需要对被拆迁人补偿、安置的，参照本条例执行。

第四十条 本条例自2001年11月1日起施行。1991年3月22日国务院公布的《城市房屋拆迁管理条例》同时废止。

❷城市私有房屋管理条例（节录）

（1983年12月17日国务院公布）

第四条 城市私有房屋因国家建设需要征用拆迁时，建设单位应当给予房屋所有人合理的补偿，并按房屋所在地人民政府的规定对使用人予以妥善安置。

被征用拆迁房屋的所有人或使用人应当服从国家建设的需要，按期搬迁，不得借故拖延。

❸建设部职能配置、内设机构和人员编制规定（节录）

（1998年6月23日国务院办公厅　国办〔1998〕86号公布）

（十）住宅与房地产业司（住房制度改革办公室）

指导规范房地产市场；指导城镇土地使用权有偿转让和开发利用工作；提出住宅建设与房地产业的中长期规划和科技发展战略、产业政策和规章，拟定住宅建设、房屋拆迁、房地产开发、房地产市场、房地产评估、物业管理的规章制度并监督执行；指导全国住宅建设和住宅供应政策的实施；拟定房地产开发企业、物业管理企业、社会中介服务机构的资质标准；提出房地产估价专业技术人员执业资格标准；贯彻落实国家关于推进城镇住房制度改革的方针、政策和措施；指导城镇住房制度改革工作；负责住房公积金和其他房改资金的政策指导并监督使用。

❹关于制止和解决供销合作社经营、服务设施被无偿拆迁、占用的通知（节录）

（1997年5月21日国务院办公厅 国办明电〔1997〕19号公布）

二、各级政府要根据自身财力和经济情况进行市政建设，不得任意增加企业负担。因城市建设需要拆迁的供销合作社经营、服务设施，要严格按照1991年发布的《城市房屋拆迁管理条例》（国务院令〔第78号〕）的有关规定，认真做好拆迁补偿和还建工作。原则上应充分考虑到供销合作社的性质和开展业务的需要，按原有的规模和性质予以回迁和重建，不得擅自降低补偿标准、缩小补偿安置的范围。对于供销合作社的经营服务设施，未经法定程序，不得强行拆除。

❺关于调整城镇国有粮油零售网点房产经营管理权的通知（节录）

（1995年9月5日国务院办公厅 国办〔1995〕47号公布）

五、因城市建设需要拆迁的国有粮油零售网点房屋，要按照《城市房屋拆迁管理条例》（国务院令〔1991〕第78号）的有关规定，做好拆迁补偿和还建工作。原则上应按其原有性质、规模予以回迁或重建。复建规划设计要充分考虑到粮食部门粮油零售网点整体布局和开展多种经营的需要。

❻关于城市商业网点建设问题的函（节录）

（1993年4月24日国务院办公厅 国办函〔1993〕33号文公布）

四、城市商业网点建设的规划和拆迁工作，要按《中华人民共和国城市规划法》和《城市房屋拆迁管理条例》（国务院第78号）的规定执行。

❼关于认真做好城镇房屋拆迁工作维护社会稳定的紧急通知

（2003年9月19日国务院办公厅 国办明电〔2003〕42号公布）

一、充分认识加强城镇房屋拆迁管理工作的重要性

加强城镇房屋拆迁管理是加快城镇化进程，促进国民经济和社会发展，提高群众生活质量重要的基础性工作，体现了人民群众的根本利益和长远利益。城镇建设中的房屋拆迁工作政策性强，影响面大，做好这项工作，不仅关系到经济和社会的发展，也关系到社会稳定的大局。各级政府和部门要正确处理城市建设发展与保护群众具体利益之间的关系，克服重建设进度，轻拆迁管理的做法，把做好拆迁管理工作摆上重要议事日程，通过加强管理，依法行政，做到群众合法权益能够得到有效保护，拆迁工作能够有序进行；既保证发展的需要，又能够防止引发社会群体性事件，维护社会稳定。

二、加强房屋拆迁管理，切实保护群众合法权益

各地要加强对拆迁单位和拆迁评估单位的管理，严格按照房地产市场评估价格确定拆迁补偿金额，并实行相应的监督管理制度。要严把审批关，对没有拆迁计划与拆迁安置方案，或违反城市规划的拆迁项目，不得发放拆迁许可证；拆迁资金以及被拆迁人安置不落实的坚决不准实施拆迁，确保被拆迁人的合法权益。在城镇房屋拆迁工作中要特别重视妥善处理好“双困”家庭的拆迁安置工作。要结合房地产市场专项整治，对违法违规拆迁、擅自降低补偿安置标准、不及时解决被拆迁人合理要求的拆迁单位，加大处罚力度，采取不批准新的拆迁项目、停业整顿、依法吊销拆迁单位资格证书等措施严肃处理；对不依法行政，不认真解决拆迁投诉的管理部门，要批评教育，责成整改，情节严重的要追究责任。

要认真贯彻《国务院关于促进房地产市场持续健康发展的通知》（国发〔2003〕18号），通过增加低价位普通商品住房供应、加强经济适用住房建设和管理、健全廉租住房制度等措施，完善住房供应体系，保证符合条件的拆迁居民能够进住到不同档次、不同类型的住房。

三、坚持依法行政原则，改进工作方法

各地要认真贯彻《中华人民共和国城市规划法》和《城市房屋拆迁管理条例》，严格依法规范拆迁行为。对于依据规划、依据法定程序审批的建设项目，被拆迁人如有不同意见，要认真耐心地做好说服工作，对不能达成拆迁补偿安置协议的，要经依法裁决后才能实施强制拆迁。对不能达成协议且涉及面广的拆迁项目，要严格限制采取强制性拆迁措施，防止矛盾激化；确需强制执行的，必须严格执行法律程序，做好预案。对在合法拆迁工作中无理取闹的，要耐心细致地做好思想工作，努力化解矛盾；对极少数借拆迁之机，无理阻挠，甚至串联闹事，严重影响社会秩序的，要依法及时进行处理。

各地要充分发挥城市规划的调控和指导作用，严格依据经批准的城市规划审批建设工程项目。对涉及拆迁的，在规划审批前应以适当形式予以公示，充分听取被拆迁人等利害关系人的意见。建设工程规划方案一经批准，建设单位不得擅自变更；确需变更的，必须经过规划部门审批；城市规划行政部门在批准其变更前，应重新进行公示。

四、完善相关政策措施，妥善解决遗留问题

各地要本着实事求是的原则，采取积极有效的措施，切实解决城市房屋拆迁中久拖不决的遗留问题。对拆迁范围内产权性质为住宅，但已依法取得营业执照经营性用房的补偿，各地可根据其经营情况、经营年限及纳税等实际情况给予适当补偿。对拆迁范围内由于历史原因造成的手续不全房屋，应依据现行有关法律法规补办手续。对政策不明确但确属合理要求的，要抓紧制订相应的政策，限期处理解决；一时难以解决的，要耐心细致地做好解释工作，并积极创造条件，争取早日解决。对因房地产开发企业没有能力完成建设项目导致拆迁补偿资金不落实、安置用房不到位的问题，地方政府要采取有效措施，督促开发企业抓紧落实；或先行解决拆迁补偿安置问题，再根据法律法规和拆迁合同约定，追究开发企业的责任。

五、加强组织领导和督促检查工作

各级政府要切实加强组织领导，认真做好城镇房屋拆迁管理工作。近期各地政府要根据通知精神，针对当前拆迁工作中存在的问题进行专题研究。特别是拆迁问题上访较多的地区，要制定相关措施，切实维护社会稳定。由于工作原因造成大量群体性上访的，要追究有关领导和直接责任人的责任。

电视、广播、报刊、网络等媒体要从维护社会稳定的大

局出发，坚持正确的舆论导向，向广大人民群众正面宣传我国城市建设的成果和城镇房屋拆迁工作情况，防止渲染、炒作拆迁工作中出现的一些失误和问题，激化矛盾。

国务院有关部门要按照职责分工，对各地城镇房屋拆迁管理工作予以指导和监督。建设部要会同有关部门派出督查组，对拆迁问题突出、影响社会稳定的地区进行监督检查，督促整改。

❽关于控制城镇房屋拆迁规模严格拆迁管理的通知

（2004年6月6日国务院办公厅　国办〔2004〕46号公布）

一、端正城镇房屋拆迁指导思想，维护群众合法权益。全面贯彻“三个代表”重要思想，用科学的发展观和正确的政绩观指导城镇建设和房屋拆迁工作。严格依照城市总体规划和建设规划，制止和纠正城镇建设和房屋拆迁中存在的急功近利、盲目攀比的大拆大建行为。认真落实中央宏观调控政策措施，根据各地的经济发展水平、社会承受能力和居民的收入状况，合理确定拆迁规模和建设规模；进一步完善法律法规，规范拆迁行为；落实管理责任，加强监督检查；严格依法行政，加大对违法违规案件的查处力度；坚决纠正城镇房屋拆迁中侵害人民群众利益的各种行为，维护城镇居民和农民的合法权益，正确引导群众支持依法进行的拆迁工作，保持社会稳定。

二、严格制订拆迁计划，合理控制拆迁规模。城镇房屋拆迁规划和计划必须符合城市总体规划、控制性详细规划和建设规划，以及历史文化名城和街区保护规划。市、县人民政府要从本地区经济社会发展的实际出发，编制房屋拆迁中长期规划和年度计划，由省级建设行政主管部门会同发展改革（计划）部门审批下达后，由市、县人民政府报同级人大常委会和上一级人民政府备案。各地要严格控制土地征用规模，切实保护城镇居民和农民的合法权益，坚决纠正城镇房屋拆迁中侵害居民利益和土地征用中侵害农民利益的行为。要严格控制房屋拆迁面积，确保今年全国房屋拆迁总量比去年有明显减少，由建设部会同有关部门采取措施落实。凡拆迁矛盾和纠纷比较集中的地区，除保证能源、交通、水利、城市重大公共设施等重点建设项目，以及重大社会发展项目、危房改造、经济适用房和廉租房项目之外，一律停止拆迁，集中力量解决拆迁遗留问题。地方政府不得违反法定程序和法律规定，以政府会议纪要或文件代替法规确定的拆迁许可要件及规划变更，擅自扩大拆迁规模。

三、严格拆迁程序，确保拆迁公开、公正、公平。要积极推进拆迁管理规范化，所有拆迁项目都必须按照《城市房屋拆迁管理条例》（国务院令305号）和《城市房屋拆迁估价指导意见》（建住房〔2003〕234号）等规定的权限和程序履行职责，严格执行申请房屋拆迁许可、公示、评估、订立协议等程序；对达不成协议的，必须按照《城市房屋拆迁行政裁决工作规程》（建住房〔2003〕252号）的规定严格执行听证、行政裁决、证据保全等程序。特别要执行拆迁估价结果公示制度，依照有关规定实施行政裁决听证和行政强制拆迁听证制度，确保拆迁公开、公正、公平。政府投资建设的工程也要严格按照规定的程序进行。

四、加强对拆迁单位和人员的管理，规范拆迁行为。加强对拆迁单位的资格管理，严格市场准入。所有拆迁项目工程，要通过招投标或委托的方式交由具有相应资质的施工单位拆除。进一步规范拆迁委托行为，禁止采取拆迁费用“大包干”的方式进行拆迁。房屋价格评估机构要按照有关规定和被搬迁房屋的区位、用途、建筑面积等，合理确定市场评估价格。拆迁人及相关单位要严格执行有关法律法规和规定，严禁野蛮拆迁、违规拆迁，严禁采取停水、停电、停气、停暖、阻断交通等手段，强迫被拆迁居民搬迁。地方各级人民政府和有关部门要加强对拆迁人员的法制教育和培训，不断增强其遵纪守法意识，提高业务素质。

五、严格依法行政，正确履行职责。地方各级人民政府要进一步转变职能，做到政事、政企分开。凡政府有关部门所属的拆迁公司，必须与部门全部脱钩。政府部门要从过去直接组织房屋拆迁中解脱出来，严格依法行政，实行“拆管分离”，实现拆迁管理方式从注重依靠行政手段向注重依靠法律手段的根本性转变。房屋拆迁管理部门要认真执行拆迁许可审批程序，严禁将拆迁许可审批权下放。严格拆迁许可证的发放，对违反城市规划及控制性详细规划，没有拆迁计划、建设项目批准文件、建设用地规划许可证、国有土地使用权批准文件，以及拆迁补偿资金、拆迁安置方案不落实的项目，不得发放拆迁许可证。严禁未经拆迁安置补偿，收回原土地使用权而直接供应土地，并发放建设用地批准文件。政府行政机关不得干预或强行确定拆迁补偿标准，以及直接参与和干预应由拆迁人承担的拆迁活动。要依法正确履行强制拆迁的权力。

六、加强拆迁补偿资金监管，落实拆迁安置。合理的拆迁补偿安置是维护被拆迁人合法权益、做好拆迁工作的重要基础。拆迁单位既要充分尊重被拆迁人在选择产权交换、货币补偿、租赁房屋等方面的意愿，也不得迁就少数被拆迁人的无理要求。所有拆迁，无论是公益性项目还是经营性项目、招商引资项目，拆迁补偿资金必须按时到位，设立专门账户，专款专用，并足额补偿给被拆迁人；不得以项目未来收益、机构资金承诺或其他不落实的资金作为拆迁资金来源。各地要按照已确定的合理拆迁规模，提供质量合格、价格合理、户型合适的拆迁安置房和周转房。把拆迁中涉及的困难家庭纳入城镇住房保障的总体安排中，确保其基本居住需要。

七、切实做好拆迁信访工作，维护社会稳定。做好拆迁信访工作是接受群众监督、维护被拆迁人合法权益的重要方式。各地区要建立拆迁信访工作责任制，尤其要建立和完善初信初访责任制以及拆迁纠纷矛盾排查调处机制，及时解决群众反映的问题和合理要求，积极化解拆迁纠纷和矛盾。拆迁上访较多的地区，要对拆迁上访问题进行全面梳理，对投诉的重点问题、普遍性问题要认真摸底。地方人民政府主要领导要亲自组织研究，及时采取针对性措施，制订具体的解决方案，落实责任单位和责任人，限期解决。区别不同情况，采取有效措施，妥善解决拆迁历史遗留问题。同时，对被拆迁人的一些不合理要求，不要做不符合规定的许愿和乱开“口子”，防止造成“以闹取胜”的不良影响。要做好集体上访的疏导工作，防止群体性事件发生并做好处理预案。对少数要价过高，无理取闹的，要坚持原则，不能迁就；对少数公开聚众闹事或上街堵塞交通、冲击政府机关的被拆迁人，要依法及时进行严肃处理。

八、加强监督检查，严肃处理违法违规行为。各级监察、建设等有关部门要加强协调和配合，加大对城镇房屋拆迁中违法违规案件的查处力度。对各级人民政府及有关行政主管部门违反城市规划以及审批程序、盲目扩大拆迁规模以及滥用职权强制拆迁的现象坚决予以查处。对在拆迁中连续发生严重损害群众利益导致恶性事件的部门和地区，要追究领导者和直接责任人的责任。对不按规定程序进行拆迁的，要及时予以纠正，并追究有关责任单位的领导责任。对滥用强制手段，造成严重后果的，要依法给予行政纪律处分，构成犯罪的，要依法追究刑事责任。对违法违规的拆迁单位和评估机构，要依法严厉查处。对故意拖欠、挤占、挪用拆迁补偿资金等违法违规行为，要严肃追究当事人和直接领导人的责任。对野蛮拆迁，严重侵犯居民利益的行为，要坚决制止，情节严重的，要取消其相应资格，依法严肃处理。

九、完善法律法规，健全政策措施。要把城镇房屋拆迁工作纳入法制化和规范化的轨道，继续完善有关政策法规。针对《城市房屋拆迁管理条例》实施中存在的问题，各地区要进一步制定和完善有关房屋拆迁的政策。有关部门要配合最高人民法院尽快出台有关房屋拆迁的司法解释，规范房屋拆迁行政裁决、强制执行程序和有关问题；各地区要依据国家有关拆迁工作的法律法规，制定和完善地方性法规、规章和文件，对与《城市房屋拆迁管理条例》不符的，要迅速组织修订；对政策不明确，但确属合理要求的，要抓紧制定相应的政策措施，限期处理解决。

十、坚持正确舆论导向，发挥媒体监督作用。电视、广播、报刊、网络等媒体要从社会稳定的大局出发，对各地合理推进城市建设，落实房屋拆迁政策以及规范拆迁管理、维护群众合法权益的好经验、好做法，要加大宣传力度，使群众全面了解拆迁政策，改善依法拆迁的社会环境，增强群众依法维权的意识。同时，对严重损害群众利益的典型案件，要继续曝光。要坚持正确的舆论导向，支持依法进行的城市拆迁工作，注意宣传方式，防止诱发和激化矛盾。

十一、加强组织领导，落实工作责任。各地区、各部门要把控制城镇房屋拆迁规模，严格拆迁管理作为落实中央宏观调控政策的重要措施和确保社会稳定的一项重要内容，列入今年政府工作的重要任务，明确政府分管负责同志的责任，加强领导，采取有效措施，做好相关工作。有关部门要加强协调和配合，建立健全拆迁工作部际协调机制，指导全国工作，并建立健全对重点地区、重点项目、重点案例的督查和通报制度，总结推广好的经验和做法。各省级人民政府要加强对本行政区域拆迁工作的管理和监督，切实加强对拆迁规模的总量调控，防止和纠正大拆大建；要依照《中华人民共和国行政许可法》，规范市、县拆迁管理部门及其职责。各市、县人民政府要对城镇建设和拆迁工作负总责，严格依法行政，量力而行，从坚决贯彻宏观调控政策措施和维护人民群众利益的高度做好城镇房屋拆迁工作。

各省、自治区、直辖市人民政府要在2004年10月底以前将落实本通知情况报国务院，同时抄送建设部。

⑨中华人民共和国归侨侨眷权益保护法实施办法（节录）

（2004年6月23日国务院令〔第410号〕公布 自2004年7月1日起施行）

第十六条 依法拆迁归侨、侨眷私有房屋的，拆迁人应当按照国家有关房屋拆迁管理的规定给予货币补偿或者实行房屋产权调换。按照政府规定的租金标准出租的归侨、侨眷的私有房屋被拆迁的，补偿安置的办法由国务院建设主管部门会同有关部门规定。

⑩宗教事务条例（节录）

（2004年11月30日国务院令〔第426号〕公布 自2005年3月1日起施行）

第三十三条 因城市规划或者重点工程建设需要拆迁宗教团体或者宗教活动场所的房屋、构筑物的，拆迁人应当与该宗教团体或者宗教活动场所协商，并征求有关宗教事务部门的意见。经各方协商同意拆迁的，拆迁人应当对被拆迁的房屋、构筑物予以重建，或者根据国家有关规定，按照被拆迁房屋、构筑物的市场评估价格予以补偿。

（三）相关部门规章及规范性文件

❶房屋拆迁证据保全公证细则

（1993年12月1日司法部公布）

第一条 为规范城市房屋拆迁证据保全公证活动，根据《中华人民共和国公证暂行条例》、《城市房屋拆迁管理条例》、《公证程序规则（试行）》，制订本细则。

第二条 房屋拆迁证据保全公证是指在房屋拆迁之前，公证机关对房屋及其附属物的现状依法采取勘测、拍照或摄像等保全措施，以确保其真实性和证明力的活动。

第三条 本细则适用于《城市房屋拆迁管理条例》规定的拆除依法代管的房屋，代管人是房屋主管部门的；拆除有产权纠纷的房屋，在房屋拆迁主管部门公布的规定期限内纠纷未解决的；拆除设有抵押权的房屋实行产权调换，抵押权人和抵押人在房屋拆迁主管部门公布的规定期限内达不成抵押协议的以及其他房屋拆迁证据保全的公证事项。

第四条 房屋拆迁证据保全公证，由被拆迁房屋所在地公证处管辖。

第五条 房屋拆迁证据保全公证申请人是拆迁人或被拆迁人，房屋拆迁主管部门也可以作为申请人。上述申请人可以委托他人代为提出公证申请。

第六条 申请人应填写公证申请表，并提交下列材料：

（一）身份证明；申请人为法人的，应提交法人资格和法定代表人的身份证明；被拆迁人为公民个人的，应提交身份证明；

（二）资格证明；拆迁人应提交房屋拆迁主管部门核发的拆迁许可证明；接受拆迁委托的被委托人应提交房屋拆迁资格证书；被拆迁人应提交作为被拆除房屋及其附属物的所有人（包括代管人、国家授权的国有房屋及其附属物的管理人）和被拆除房屋及其附属物的使用人的证明；

（三）拆除有产权纠纷的房屋，提交由县级以上人民政府房屋拆迁主管部门批准的补偿安置方案的证明；

（四）实施强制拆迁的房屋，提交县级以上人民政府作出的限期拆迁的决定或人民法院院长签发的限期拆迁的公告；

（五）公证人员认为应当提交的其他有关材料。

第七条 符合下列条例的申请，公证处应予受理，并书面通知申请人：

（一）申请人符合本细则第五条的规定；

（二）申请公证事项属于本公证处管辖；

（三）提供本细则第六条所需材料。

不符合前款规定条件的申请，公证处应作出不予受理的决定，通知申请人，并告知对拒绝受理不服的复议程序。

受理或拒绝受理的决定，应在申请人依据本细则规定正式提出申请后的七日内作出。

第八条 公证人员应认真接待申请人，应按《公证程序规则（试行）》第二十四条的规定制作谈话笔录，并着重记录下列内容：

（一）申请证据保全的目的和理由；

（二）申请证据保全的种类、名称、地点和现存状况；

（三）证据保全的方式；

（四）公证人员认为应当记录的其他内容。

申请人也可以提交包含上述内容的书面材料。

第九条 符合证据保全公证条件的，公证处应派两名以上公证人员（其中至少有一名公证员）参与整个证据保全活动。

第十条 办理房屋拆迁证据保全公证，公证员应当客观、全面地记录被拆迁房屋的现场状况，收集、提取有关证据。应该根据被保全对象的不同特点，采取勘测、拍照、摄像等方式进行证据保全。

第十一条 对房屋进行勘测的，应当制作勘测记录，记明勘测时间、地点、测验人、记录人、被保全房屋的产权人、坐落、四至、房屋性质、结构、层次、面积、新旧程度、屋面及地面质地、附属设施以及其他应当记明的事项；能够用图示标明的房屋长度、宽度应当图示；记录应当由勘测人、公证员签名或盖章；拆迁活动当事人在场的，应请当事人签名或盖章；该当事人拒绝签名或盖章的，公证员应在记录中记明。

第十二条 对房屋进行拍照和摄像的，应当全面反映、记录房屋的全貌。房屋结构、门窗、厨房以及附属设施等，要有单独的图片显示。

第十三条 公证机关对保全事项认为需要勘测的，应当聘请专业技术部门或其他部门中有该项能力的人员进行勘测。

专业技术部门及其勘测人应当提出书面勘测结论，在勘测书上签名或者盖章。其他部门勘测人勘测的，应由勘测人所在单位加盖印章，证明勘测人身份。

第十四条 实施强制拆迁房屋证据保全时，公证机关应通知被拆迁人到场。如其拒不到场，公证员应在笔录中记明。

实施强制拆迁房屋中有物品的，公证员应当组织对所有物品逐一核对、清点、登记，分类造册。并记录上述活动的时间、地点，交两名有完全行为能力的在场人员核对后，由公证员和在场人在记录上签名。被拆迁人拒绝签名的，公证员应在记录中记明。

物品清点登记后，凡不能立即交与被拆迁人接收的，公证员要监督拆迁人将物品存放在其提供的仓库中，并对物品挂签标码，丢失损坏的，仓库保管人应承担赔偿责任。

拆迁人应制作通知书，通知当事人在一定期限内领取物品。逾期不领的，公证处可以接受拆迁人的提存申请，办理提存。

第十五条 公证员对房屋证据保全的活动结束后应出具公证书。公证书应当按照《公证程序规则（试行）》第三十八条的规定及《公证书格式（试行）》第四十八条保全证据公证书格式（之二）制作。公证词应当记明申请保全的理由及时间，公证员审查申请人主体资格及证据情况的内容，采取保全的时间、地点、方法，保全证据所制作的笔录、拍摄的照片、录像带的名称、数量及保存地点。

第十六条 本细则自1994年2月1日起施行。

❷城市房屋拆迁补偿、安置协议公证细则

（1992年10月9日司法部 司通〔1992〕098号公布）

第一条 为规范城市房屋拆迁补偿、安置协议公证程序，根据《中华人民共和国民法通则》、《城市私有房屋管理条例》、《城市房屋拆迁管理条例》、《中华人民共和国公证暂行条例》、《公证程序规则（试行）》，制订本细则。

第二条 拆迁补偿、安置协议是拆迁人与被拆迁人为明确拆迁补偿、安置中相互间权利义务关系所订立的协议。

第三条 拆迁补偿、安置协议公证是公证处依法证明当事人签订拆迁补偿、安置协议真实、合法的行为。

第四条 房屋拆迁补偿、安置协议公证的当事人是具有拆迁人和被拆迁人资格的人。

拆迁人是指取得房屋拆迁许可证的建设单位和个人；被拆迁人是指被拆除房屋及其附属物的所有人（包括代管人、国家授权的国有房屋及其附属物的管理人）和被拆除房屋及其附属物的使用人。

第五条 拆迁补偿、安置协议公证，由被拆迁物所在地公证处受理。

第六条 被拆迁物系共同共有或共同使用者，一般应由共有人共同申请，共有人可以委托一人为代理人，申办拆迁补偿、安置协议公证。

第七条 申办拆迁补偿、安置协议公证，申请人应向公证处提交以下证件和材料：

（一）公证申请表；

（二）身份证明；法人应提交法人资格和法定代表人的身份证明；代管人、管理人应提交代管权或管理权资格证明；

（三）代理人应提交本人身份证明和授权委托书或其他代理权资格的证明（含共同共有人的代理），委托行为不在本公证处辖区的，其委托书应经委托行为地的公证处公证；

（四）县以上（含县级）人民政府房屋拆迁主管部门发给的房屋拆迁许可证；房屋拆迁需要变更土地使用权的，还要提交土地使用权证；

（五）被拆迁物的产权和使用权证件、现状及登记表；

（六）补偿、安置协议草稿；

（七）公证人员认为应提交的其他材料。

第八条 符合下列条件的申请，公证处应予受理：

（一）申请人具有拆迁人和被拆迁人资格；

（二）申请人就拆迁补偿、安置达成了协议；

（三）申请人提交了本细则第七条规定的证件和材料；

（四）该公证事项属于本公证处管辖。

对不符合本规定的申请，公证处应作出不予受理的决定，并通知申请人。

第九条　公证人员与当事人的谈话笔录除按《公证程序规则（试行）》第二十四条规定的内容制作外，还应记明下列内容：

（一）公证人员向当事人讲明的事项：

①签订拆迁补偿、安置协议的法律依据；

②双方享有的权利和应承担的义务；

③不履行义务承担的责任；

④双方应注意的事项。

（二）被拆迁物坐落地点和具体拆迁范围（包括：名称、产权人、使用人、产权或使用权的来由、种类、数量、面积、结构、价值及有无争议等）；

（三）协议是否是双方自愿签订的及签订的过程；

（四）协议中补偿、安置的依据和条件，有无争议；

（五）搬迁的具体时间、方法、违约责任和处理办法等；

（六）有无需要说明的问题；

（七）公证人员认为应记明的问题。

第十条　办理拆迁补偿、安置协议公证，要重点审查下列内容：

（一）提交的证件；

（二）当事人的人数，身份、资格和民事行为能力；

（三）被拆迁物产权或使用权情况及现状；

（四）协议内容是双方当事人真实意思表示，条款完备，权利义务明确，具体可行，符合《城市房屋拆迁管理条例》及有关法律、法规、规章规定；

（五）公证人员认为应审查的其他问题。

第十一条　符合下列条例，公证处应出具公证书。

（一）拆迁人和被拆迁人主体资格合格；

（二）协议双方意思表示真实；

（三）协议的内容真实，符合法律、法规、规章规定；

（四）办证程序符合规定。

不符合前款规定条件的，应当拒绝公证，并在规定的期限内，将拒绝的理由通知当事人。

第十二条　被拆迁物的原产权人或使用权人变更，未办理产权或使用权过户手续的应依法先办理过户手续，再办理拆迁补偿、安置协议公证。

第十三条　国家征用农业用地发生的房屋拆迁补偿、安置协议公证，参照本细则办理。

第十四条　本细则由司法部负责解释。

第十五条　本细则自一九九三年一月一日起施行。

公证书格式（一）

拆迁补偿、安置协议公证书

（　　）××字第××号

兹证明×××（拆迁人）的代表人（或代理人）×××与×××、×××（被拆迁人）于××××年×月×日签订了前面的《拆迁补偿、安置协议》，并在我的面前，在前面的协议书上签名（或盖章）。×××与×××签订上述协议的行为符合《中华人民共和国民法通则》第五十五条和《城市房屋拆迁管理条例》的规定。

××省××市公证处

公证员

××××年×月×日

公证书格式（二）

拆迁补偿、安置协议公证书

（　　）××字第××号

兹证明×××（拆迁人）的代表人（或代理人）×××与×××、×××（被拆迁人）的共同代理人×××于×××年×月×日签订了前面的《拆迁补偿、安置协议》，并在我的面前，在前面的协议书上签名（或盖章）。×××与×××签订上述协议的行为符合《中华人民共和国民法通则》第五十五条和《城市房屋拆迁管理条例》的规定。

××省××市公证处

公证员

××××年×月×日

注：本格式用于本细则第六条规定的情况

❸关于加强城市房屋拆迁管理工作的通知（节录）

（1995年7月5日建设部　建房〔1995〕387号公布）

一、城市房屋拆迁建设要量力而行。根据国务院领导同志关于“城市拆迁应该有计划、有步骤地进行，要量力而行”的指示，各地政府在城市建设中要切实加强对城市房屋拆迁工作的领导，本着既要搞好城市建设，又要关心群众切身利益的原则，对房屋拆迁实行总量控制，按计划进行。拆迁主管部门对拆迁实施项目要依法进行监督检查。

二、对拆迁建设项目要严格实行房屋拆迁许可证。实行房屋拆迁许可证审批制度是加强房屋拆迁行政管理的重要措施，因此，各地拆迁主管部门要按照《条例》第八条的规定严格把关，严格审查，对没有拆迁计划和拆迁安置方案，拆迁建设资金不落实，以及不能按照规定落实一定比例的拆迁安置用房和周转房的拆迁建设项目，不得发给房屋拆迁许可证，对拆迁单位未合法取得拆迁许可证，擅自拆迁或者在拆迁安置过程中不按拆迁许可证审批要求执行，侵犯了被拆迁人利益的，拆迁管理机关要依法处罚，由此造成被拆迁人经济损失和严重后果的，由拆迁单位给予赔偿并承担全部责任。

三、要认真执行国务院颁布《条例》第十二条的规定，在房屋拆迁前，拆迁人与被拆迁人一定要先签协议后拆迁，不能先拆后签或者不签就拆。当拆迁人与被拆迁人就补偿安置等问题达不成协议的，要按照《条例》第十四条处理。要允许被拆迁人采取“产权调换”形式进行补偿。拆迁人在房屋拆除后必须履行协议。用于被拆迁人回迁用房或异地安置用房要符合设计标准的要求和建设质量。对其配套设施，必须同步建设，以保证被拆迁人基本生活需求。对遇特殊情况造成安置用房不能按期交付使用的，拆迁单位应向拆迁管理机关和被拆迁人说明原因，并采取必要的补救措施，逾期期间应按规定增加自行过渡补助费。

❹建制镇规划建设管理办法（节录）

（1995年4月8日通过　1995年6月29日建设部令〔第44号〕公布　自1995年7月1日起施行）

第三十二条 建制镇规划区内的房屋因建制镇建设需要征用拆迁时，建设单位应当给予房屋所有人合理补偿，并对房屋使用人予以妥善安置。

被征用拆迁房屋的所有人或者使用人应当服从建制镇建设的需要，按期搬迁，不得借故拖延。

❺关于贯彻《城市房屋拆迁管理条例》的通知

（2001年7月25日建设部 建住房〔2001〕161号公布）

各省、自治区建设厅，直辖市房地产管理局（拆迁办）：

《城市房屋拆迁管理条例》（以下简称《条例》）已于2001年6月13日以国务院令〔第305号〕公布，自2001年11月1日起施行。《条例》的发布实施，对于进一步加强城市房屋拆迁的管理、维护拆迁当事人的合法权益、保障建设项目的顺利进行具有十分重要的意义。为了更好地贯彻执行《条例》，现将有关问题通知如下：

一、要认真组织学习，广泛宣传《条例》

《条例》根据市场经济的要求，对1991年发布的《城市房屋拆迁管理条例》作了重大调整，调整了拆迁补偿对象，明确了拆迁补偿标准的确定依据，规范了拆迁管理的程序，充实和完善了法律责任，加大了对违法行为的处罚力度。各地要从促进经济发展、维护社会稳定的大局出发，通过报纸、电视等新闻媒体和组织培训等方式认真组织学习、广泛宣传《条例》，使房屋拆迁当事人了解、掌握《条例》精神，自觉执行《条例》，依法保护自身的合法权益。

二、要加快制订和完善地方配套法规

为确保《条例》在2001年11月1日顺利施行，各地要在正确理解《条例》精神的基础上，按照《中华人民共和国立法》的规定，抓紧制订和完善当地的配套法规和实施细则，特别是对《条例》中授权地方作出具体规定的内容，要在《条例》实施之前作出规定。

三、规范房屋拆迁评估，切实保护被拆迁当事人的合法权益

《条例》规定以房地产市场评估价格对被拆迁房屋所有人进行补偿。评估是否公正，评估结果是否准确直接影响拆迁人的合法权益。各地要尽快制订拆迁补偿的评估细则，明确拆迁评估的程序和应当包含的内容，既要保证被拆迁人的合法权益不受损害，又要防止拆迁成本的不合理增加。各地要会同有关部门加快制订从事房屋拆迁评估的房地产评估机构的条件，允许社会信誉好、综合实力强的评估机构从事拆迁评估，并建立监督机制，防止拆迁单位与评估机构恶意串通，侵害被拆迁人的合法权益。

四、加强对拆迁补偿安置资金的监督

《条例》规定，拆迁补偿安置资金应当全部用于房屋拆迁的补偿安置，不得挪作他用，并要求房屋拆迁管理部门加强对拆迁补偿安置资金使用的监督。各地要根据《条例》的精神，会同有关部门加快建立拆迁补偿安置资金的审核和监管制度。房屋拆迁管理部门在核发拆迁许可证时，要认真审核拆迁补偿安置资金是否到位；发放许可证后，要建立有效的监督制度，既要保证拆迁补偿安置资金不被挪作他用，又要方便被拆迁人使用。同时，要防止房屋拆迁管理部门挪用拆迁补偿安置资金或利用监管拆迁补偿安置资金的权力进行非法牟利。

五、加强对拆迁单位和拆迁人员的管理

加强对拆迁单位和拆迁人员的管理是保障拆迁顺利实施的基础。各地要以贯彻《条例》为契机，整顿和规范房屋拆迁工作，确保房屋拆迁工作能够依法执行。一是要对拆迁单位进行清理整顿，依法取消一批社会信誉差、拆迁投诉多的拆迁单位的拆迁资格。二是加强对自行拆迁单位的管理。在核发拆迁许可证时，从严把关，既要审核拆迁项目的手续是否齐全、补偿安置方案是否合理，也要审核拆迁单位是否具备实施自行拆迁所需的专业人员，并加强对自行拆迁单位的指导和监督。三是要加强对拆迁人员的培训，逐步建立拆迁人员持证上岗制度。

六、做好新老条例的衔接工作

《条例》规定自2001年11月1日起实施，按照法律不溯及既往的原则，2001年11月1日之前已经核发拆迁许可证的项目，原则上仍按原《条例》的规定执行。对《条例》实施前已经申报，需要核发房屋拆迁许可证的建设项目，要从严控制，原则上要能够在11月1日前完成拆迁补偿安置工作。各地要认真做好《条例》实施前的拆迁管理工作，既要坚持按老《条例》规定的原则进行拆迁管理，也要考虑到与新《条例》的平稳过渡，避免造成大的社会震荡。这一阶段尤其要向被拆迁人做好宣传和解释工作，并更多地从维护拆迁当事人，尤其是被拆迁人的合法权益角度出发，细致、稳妥地做好拆迁管理工作。

七、依法行政，规范拆迁行政管理行为

《条例》对房屋拆迁管理部门的行政管理职能和管理程序作了较大调整。各级房屋拆迁管理部门要认真履行《条例》赋予的各项管理职责，转变管理思路，规范行政行为；要以《条例》实施为契机，进一步简化办事程序、提高管理透明度，所有行政审批工作都要有明确的办理条件、工作时限，并对外公布，接受群众监督。

❻城市房屋拆迁估价指导意见

（2003年12月1日建设部 建住房〔2003〕234号公布）

第一条 为规范城市房屋拆迁估价行为，维护拆迁当事人的合法权益，根据《中华人民共和国城市房地产管理法》、《城市房屋拆迁管理条例》的有关规定和国家标准《房地产估价规范》，制定本意见。

第二条 城市规划区内国有土地上房屋拆迁涉及的房地产估价活动，适用本意见。

第三条 本意见所称城市房屋拆迁估价（以下简称拆迁估价），是指为确定被拆迁房屋货币补偿金额，根据被拆迁房屋的区位、用途、建筑面积等因素，对其房地产市场价格进行的评估。

房屋拆迁评估价格为被拆迁房屋的房地产市场价格，不包含搬迁补助费、临时安置补助费和拆迁非住宅房屋造成停产、停业的补偿费，以及被拆迁房屋室内自行装修装饰的补偿金额。搬迁补助费、临时安置补助费和拆迁非住宅房屋造成停产、停业的补偿费，按照省、自治区、直辖市人民政府规定的标准执行。被拆迁房屋室内自行装修装饰的补偿金额，由拆迁人和被拆迁人协商确定；协商不成的，可以通过委托

评估确定。

第四条　拆迁估价由具有房地产价格评估资格的估价机构（以下简称估价机构）承担，估价报告必须由专职注册房地产估价师签字。

第五条　拆迁估价应当坚持独立、客观、公正、合法的原则。任何组织或者个人不得非法干预拆迁估价活动和估价结果。

第六条　市、县房地产管理部门应当向社会公示一批资质等级高、综合实力强、社会信誉好的估价机构，供拆迁当事人选择。

拆迁估价机构的确定应当公开、透明，采取被拆迁人投票或拆迁当事人抽签等方式。

房屋拆迁许可证确定的同一拆迁范围内的被拆迁房屋，原则上由一家估价机构评估。需要由两家或者两家以上估价机构评估的，估价机构之间应当就拆迁估价的依据、原则、程序、方法、参数选取等进行协调并执行共同的标准。

第七条　拆迁估价机构确定后，一般由拆迁人委托。委托人应当与估价机构签订书面拆迁估价委托合同。

第八条　受托估价机构不得转让、变相转让受托的估价业务。

估价机构和估价人员与拆迁当事人有利害关系或者是拆迁当事人的，应当回避。

第九条　拆迁当事人有义务向估价机构如实提供拆迁估价所必需的资料，协助估价机构进行实地查勘。

第十条　受托估价机构和估价人员需要查阅被拆迁房屋的房地产权属档案和相关房地产交易信息的，房地产管理部门应当允许查阅。

第十一条　拆迁估价目的统一表述为“为确定被拆迁房屋货币补偿金额而评估其房地产市场价格。”

拆迁估价时点一般为房屋拆迁许可证颁发之日。拆迁规模大、分期分段实施的，以当期（段）房屋拆迁实施之日为估价时点。

拆迁估价的价值标准为公开市场价值，不考虑房屋租赁、抵押、查封等因素的影响。

第十二条　委托拆迁估价的，拆迁当事人应当明确被拆迁房屋的性质（包括用途，下同）和面积。

被拆迁房屋的性质和面积一般以房屋权属证书及权属档案的记载为准；各地对被拆迁房屋的性质和面积认定有特别规定的，从其规定；拆迁人与被拆迁人对被拆迁房屋的性质或者面积协商一致的，可以按照协商结果进行评估。

对被拆迁房屋的性质不能协商一致的，应当向城市规划行政主管部门申请确认。对被拆迁房屋的面积不能协商一致的，可以向依照《房产测绘管理办法》设立的房屋面积鉴定机构申请鉴定；没有设立房屋面积鉴定机构的，可以委托具有房产测绘资格的房产测绘单位测算。

对拆迁中涉及的被拆迁房屋的性质和面积认定的具体问题，由市、县规划行政主管部门和房地产管理部门制定办法予以解决。

第十三条　市、县人民政府或者其授权的部门应当根据当地房地产市场交易价格，至少每年定期公布一次不同区域、不同用途、不同建筑结构的各类房屋的房地产市场价格。

第十四条　拆迁估价应当参照类似房地产的市场交易价格和市、县人民政府或者其授权部门定期公布的房地产市场价格，结合被拆迁房屋的房地产状况进行。

第十五条　拆迁估价人员应当对被拆迁房屋进行实地查勘，做好实地查勘记录，拍摄反映被拆迁房屋外观和内部状况的影像资料。

实地查勘记录由实地查勘的估价人员、拆迁人、被拆迁人签字认可。

因被拆迁人的原因不能对被拆迁房屋进行实地查勘、拍摄影像资料或者被拆迁人不同意在实地查勘记录上签字的，应当由除拆迁人和估价机构以外的无利害关系的第三人见证，并在估价报告中作出相应说明。

第十六条　拆迁估价一般应当采用市场比较法。不具备采用市场比较法条件的，可以采用其他估价方法，并在估价报告中充分说明原因。

第十七条　拆迁评估价格应当以人民币为计价的货币单位，精确到元。

第十八条　估价机构应当将分户的初步估价结果向被拆迁人公示7日，并进行现场说明，听取有关意见。

公示期满后，估价机构应当向委托人提供委托范围内被拆迁房屋的整体估价报告和分户估价报告。委托人应当向被拆迁人转交分户估价报告。

第十九条　拆迁人或被拆迁人对估价报告有疑问的，可以向估价机构咨询。估价机构应当向其解释拆迁估价的依据、原则、程序、方法、参数选取和估价结果产生的过程。

第二十条　拆迁当事人对估价结果有异议的，自收到估价报告之日起5日内，可以向原估价机构书面申请复核估价，也可以另行委托估价机构评估。

第二十一条　拆迁当事人向原估价机构申请复核估价的，该估价机构应当自收到书面复核估价申请之日起5日内给予答复。估价结果改变的，应当重新出具估价报告；估价结果没有改变的，出具书面通知。

拆迁当事人另行委托估价机构评估的，受托估价机构应当在10日内出具估价报告。

第二十二条　拆迁当事人对原估价机构的复核结果有异议或者另行委托估价的结果与原估价结果有差异且协商达不成一致意见的，自收到复核结果或者另行委托估价机构出具的估价报告之日起5日内，可以向被拆迁房屋所在地的房地产价格评估专家委员会（以下简称估价专家委员会）申请技术鉴定。

第二十三条　估价专家委员会应当自收到申请之日起10日内，对申请鉴定的估价报告的估价依据、估价技术路线、估价方法选用、参数选取、估价结果确定方式等估价技术问题出具书面鉴定意见。

估价报告不存在技术问题的，应维持估价报告；估价报告存在技术问题的，估价机构应当改正错误，重新出具估价报告。

第二十四条　省、自治区建设行政主管部门和设区城市的市房地产管理部门或者其授权的房地产估价行业自律性组织，应当成立由资深专职注册房地产估价师及房地产、城市规划、法律等方面专家组成的估价专家委员会，对拆迁估价进行技术指导，受理拆迁估价技术鉴定。

第二十五条 受理拆迁估价技术鉴定后，估价专家委员会应当指派3人以上（含3人）单数成员组成鉴定组，处理拆迁估价技术鉴定事宜。

鉴定组成员与原估价机构、拆迁当事人有利害关系或者是拆迁当事人的，应当回避。

原估价机构应当配合估价专家委员会做好鉴定工作。

第二十六条 估价专家委员会成员、估价机构、估价人员应当回避而未回避的，其鉴定意见或者估价结果无效。

拆迁当事人不如实提供有关资料或者不协助估价机构实地查勘而造成估价失实或者其他后果的，应当承担相应责任。

第二十七条 对有下列行为之一的估价机构和估价人员，依据《城市房地产中介服务管理规定》、《房地产估价师注册管理办法》等规定进行处罚，或记入其信用档案：

（一）出具不实估价报告的；

（二）与拆迁当事人一方串通，损害对方合法权益的；

（三）以回扣等不正当竞争手段获取拆迁估价业务的；

（四）允许他人借用自己名义从事拆迁估价活动或者转让、变相转让受托的拆迁估价业务的；

（五）多次被申请鉴定，经查证，确实存在问题的；

（六）违反国家标准《房地产估价规范》和本意见其他规定的；

（七）法律、法规规定的其他情形。

第二十八条 以产权调换作为房屋拆迁补偿、安置方式的，对所调换房屋的房地产市场价格进行的评估，参照本意见执行。

城市规划区外国有土地上房屋拆迁涉及的房地产估价活动，参照本意见执行。

第二十九条 本意见自2004年1月1日起施行。此前已颁发房屋拆迁许可证的拆迁项目，其拆迁估价不适用本意见。

❼城市房屋拆迁行政裁决工作规程（节录）

（2003年12月30日建设部 建住房〔2003〕252号公布）

第二条 按照《城市房屋拆迁管理条例》的规定，因拆迁人与被拆迁人就搬迁期限、补偿方式、补偿标准以及搬迁过渡方式、过渡期限等原因达不成协议，当事人申请裁决的，适用本规程。

第三条 市、县人民政府城市房屋拆迁管理部门负责本行政区域内城市房屋拆迁行政裁决工作。房屋拆迁管理部门及其工作人员应当按照有关法律、法规规定，依法履行行政裁决职责。

第五条 拆迁人申请行政裁决，应当提交下列资料：

（一）裁决申请书；

（二）法定代表人的身份证明；

（三）被拆迁房屋权属证明材料；

（四）被拆迁房屋的估价报告；

（五）对被申请人的补偿安置方案；

（六）申请人与被申请人的协商记录；

（七）未达成协议的被拆迁人比例及原因；

（八）其他与裁决有关的资料。

第十七条 被拆迁人或者房屋承租人在裁决规定的搬迁期限内未搬迁的，由市、县人民政府责成有关部门行政强制拆迁，或者由房屋拆迁管理部门依法申请人民法院强制拆迁。

第十八条 房屋拆迁管理部门申请行政强制拆迁前，应当邀请有关管理部门、拆迁当事人代表以及具有社会公信力的代表等，对行政强制拆迁的依据、程序、补偿安置标准的测算依据等内容，进行听证。

房屋拆迁管理部门申请行政强制拆迁，必须经领导班子集体讨论决定后，方可向政府提出行政强制拆迁申请。未经行政裁决，不得实施行政强制拆迁。

第十九条 拆迁人未按裁决意见向被拆迁人提供拆迁补偿资金或者符合国家质量安全标准的安置用房、周转用房的，不得实施强制拆迁。

第二十条 房屋拆迁管理部门申请行政强制拆迁，应当提交下列资料：

（一）行政强制拆迁申请书；

（二）裁决调解记录和裁决书；

（三）被拆迁人不同意拆迁的理由；

（四）被拆迁房屋的证据保全公证书；

（五）被拆迁人提供的安置用房、周转用房权属证明或者补偿资金证明；

（六）被拆迁人拒绝接收补偿资金的，应当提交补偿资金的提存证明；

（七）市、县人民政府房屋拆迁管理部门规定的其他材料。

第二十一条 依据强制拆迁决定实施行政强制拆迁，房屋拆迁管理部门应当提前15日通知被拆迁人，并认真做好宣传解释工作，动员被拆迁人自行搬迁。

第二十二条 行政强制拆迁应当严格依法进行。强制拆迁时，应当组织街道办事处（居委会）、被拆迁人单位代表到现场作为强制拆迁证明人，并由公证部门对被拆迁房屋及其房屋内物品进行证据保全。

（四）相关地方性法规及规范性文件

❶浙江省城市房屋拆迁管理条例（节录）

（2001年11月2日浙江省第九届人民代表大会常务委员会第二十九次会议通过 2001年11月2日浙江省人民代表大会常务委员会公布）

第十七条 拆迁当事人对补偿形式、补偿金额、安置用房面积、安置地点、过渡方式、搬迁期限、过渡期限等内容，在搬迁期限内经协商达不成协议的，拆迁当事人可以向当地市、县房屋拆迁管理部门申请裁决。被拆迁人是房屋拆迁管理部门的，由本级人民政府裁决。裁决部门应当自受理裁决申请之日起三十日内作出书面裁决；裁决作出之前，裁决部门应当充分听取各方意见。

当事人对裁决不服的，可以依法申请行政复议或者向人民法院提起行政诉讼。除依法需要停止执行的情形外，在复议和诉讼期间如拆迁人已按裁决给予货币补偿或者提供拆迁安置用房、周转用房的，复议和诉讼期间不停止拆迁的执行。

❷黑龙江省城市房屋拆迁管理条例

（2002年1月23日黑龙江省第九届人民代表大会常务委员会第二十七次会议通过　2002年1月23日黑龙江省人民代表大会常务委员会公布）

第一条　为了加强城市房屋拆迁管理，维护拆迁当事人合法权益，保障建设项目顺利进行，根据国务院《城市房屋拆迁管理条例》，结合本省实际，制定本条例。

第二条　在本省城市规划区内国有土地上实施房屋拆迁，需要对拆迁人补偿、安置的，应当执行国务院《城市房屋拆迁管理条例》，同时遵守本条例。

第三条　省建设行政主管部门主管本省城市房屋拆迁工作，并组织实施本条例；市（行署）、县（市）人民政府城市房屋拆迁管理部门（以下简称房屋拆迁管理部门）负责本行政区域内的城市房屋拆迁（以下简称房屋拆迁）具体管理工作。

省农垦总局、森工总局按照省人民政府的有关规定，负责系统内的房屋拆迁管理工作，业务上接受省建设行政主管部门的监督和指导。

第四条　拆迁人可以自行拆迁，也可以委托拆迁。

从事拆迁业务的单位和人员，应当依法取得由省建设行政主管部门颁发的房屋拆迁资格证书和上岗证书。

第五条　拆迁人委托拆迁的，应当与被委托的拆迁承办单位订立拆迁委托合同，并在合同中约定委托费用。

第六条　实施拆除房屋的单位应当具备相应的拆除企业资质等级。拆除房屋的承发包实行招投标制度，具体办法由省建设行政主管部门制定。

拆除房屋时，应当遵守有关市容、环保等法律、法规的规定，实行文明施工，保持环境清洁。

第七条　城市规划行政主管部门确定拆迁范围后，在拆迁范围内的单位和个人，不得进行下列活动：

（一）新建、扩建、改建房屋及其附属物；

（二）改变房屋和土地用途；

（三）租赁房屋。

第八条　房屋拆迁管理部门应当与金融机构签订书面协议，办理拆迁补偿资金的存储和发放业务。

第九条　拆迁人应当在房屋拆迁管理部门指定的金融机构开设拆迁补偿资金专门账户，按照规定存入拆迁补偿资金，并保证被拆迁人及时足额领取。

未经房屋拆迁管理部门批准，拆迁人不得动用拆迁补偿资金。

第十条　拆迁人以及有关单位在约定或者裁决的搬迁期限内，不得对未搬迁的被拆迁人或者房屋使用人停止供水、供电、供气、供热，不得拆除未搬迁的被拆迁人的房屋。

拆迁人不得向被拆迁人非法收取各种费用，不得为其他单位代收、代扣各种费用。

第十一条　被拆迁人在搬迁前，应当结清水、电、气、热费以及房租费，并应当及时向拆迁人提供与拆迁有关的证件、批件和资料。

第十二条　拆迁人完成拆迁后，房屋拆迁管理部门应当按照房屋拆迁许可证确定的内容进行验收。

第十三条　拆迁人应当依法对被拆迁人给予补偿。

被拆迁人可以选择货币补偿，也可以选择与货币补偿金额同等价值的房屋产权调换。

第十四条　拆除未超过批准期限的临时建筑，按照临时建筑工程造价标准结合剩余期限给予补偿；拆除规划批准文件中注明不予补偿的临时建筑，不予补偿。

第十五条　货币补偿金额，由省建设行政主管部门审定的房地产价格评估机构（以下简称估价单位）以房地产市场评估价格确定。

被拆迁房屋的估价方法以市场比较法为主。

第十六条　被拆迁房屋的评估价格主要根据下列因素确定：

（一）房屋的区域和位置；

（二）房屋所有权证所标明的用途；

（三）房屋所有权证所注明的建筑面积；

（四）房屋的结构和成新。

房屋所有权证未标明用途的，按照城市规划行政主管部门的批准文件确定；房屋所有权证未注明建筑面积的，以房产测量机构实际测量结果为准。

第十七条　估价机构估价时，应当遵守估价规范，做到公开、公平、公正。

第十八条　被拆迁房屋的评估价格实行公示制。

拆迁补偿安置协议订立前，估价机构应当将被拆迁人的姓名、被拆迁房屋的门牌号、评估价格在拆迁范围内公示。公示时间不得少于5日。

第十九条　拆迁当事人对估价结果有异议时，可以申请房地产估价技术鉴定委员会对估价结果进行鉴定。估价结果以鉴定结论为准。

房地产估价技术鉴定委员会由房屋拆迁管理部门组织建立，由具有注册房地产估价师资格或者省建设行政主管部门批准的估价人员以及有关法律专家组成。

房地产估价鉴定费用由鉴定申请人承担。

第二十条　市、县（市）人民政府可以根据当地实际情况，制定被拆迁房屋评估价格的最低限价，被拆迁房屋的评估价格低于最低限价的，执行最低限价。

拆迁特困户和已丧失劳动能力、没有生活来源的残疾人的房屋，应当给予照顾。

第二十一条　搬迁补助费标准由市、县（市）人民政府规定；临时安置补助费标准由市、县（市）人民政府根据当地房屋租赁市场平均价格制定。

第二十二条　因拆迁人责任延长临时安置过渡期限的，拆迁人应当自逾期之月起，对自行安排住处的被拆迁人或者房屋承租人加倍付给临时安置补助费；对使用拆迁人提供的周转房的被拆迁人或者房屋承租人，付给临时安置补助费。

第二十三条　因拆迁实行房屋产权调换的非住宅房屋，造成停产、停业的，拆迁人应当根据被拆迁人或者房屋承租人上年度应纳税所得额和职工平均工资，结合过渡期限，给予一次性补偿。

第二十四条　违反本条例规定，有下列行为之一的，由房屋拆迁管理部门责令停止违法行为，限期改正，并按照下列规定给予处罚：

（一）未取得房屋拆迁资格证书从事拆迁业务的，对拆迁人处以拆迁补偿安置资金1%以上3%以下罚款；

（二）拆迁人或者有关单位在约定或者裁决的搬迁期限内，对未搬迁的被拆迁人停止供水、供电、供气、供热的或者拆除未搬迁的被拆迁人的房屋的，对拆迁人或者责任单位处以5万元以上10万元以下罚款；

（三）委托未经省建设行政主管部门审定的估价机构估价的，对拆迁人处以拆迁补偿安置资金1%以上3%以下罚款；对估价机构没收违法所得，并处违法所得额1倍罚款；

（四）估价机构显失公正，或者有营私舞弊、弄虚作假行为的，没收估价所得，并处估价所得额1倍罚款。

有前款第（三）、（四）项规定的违法行为的，估价结果无效，情节严重的，由原发证机关吊销估价机构的资质证书。

第二十五条 当事人对行政处罚决定不服的，可以依法申请行政复议或者提起行政诉讼。

第二十六条 房屋拆迁管理部门及其工作人员玩忽职守、滥用职权、徇私舞弊，有下列行为之一，尚未构成犯罪的，由有关部门对直接责任人员及其主管人员给予行政处分：

（一）违法核发房屋拆迁许可证以及其他批准文件的；

（二）未按规定履行监督管理职责，造成后果以及恶劣影响的；

（三）违法发布拆迁公告的；

（四）自行或者接受委托实施房屋拆迁的；

（五）违法作出行政裁决的；

（六）违法实施强制拆迁的。

第二十七条 违反本条例规定，给拆迁当事人造成损失的，应当依法承担赔偿责任。

第二十八条 本条例自2002年3月1日起施行。1993年7月21日黑龙江省第八届人大常委会第四次会议修订的《黑龙江省城市建设动迁管理条例》同时废止。

❸山东省城市房屋拆迁管理条例

（2000年4月14日山东省第九届人大常委会第十四次会议通过）

第一章 总则

第一条 为加强城市房屋拆迁管理，保障城市建设顺利进行，维护拆迁当事人的合法权益，根据国家有关法律、法规，结合本省实际，制定本条例。

第二条 凡在本省城市规划区内国有土地上因实施城市建设需要拆除房屋及其附属设施的，适用本条例。

第三条 本条例所称拆迁当事人，包括拆迁人和被拆迁人。拆迁人是指依法取得拆迁许可证的单位和个人。

被拆迁人是指被拆除房屋及其附属设施的所有人（包括代管人、国家授权的国有房屋及其附属物的管理人）和使用人。

第四条 城市房屋拆迁必须符合城市规划，有利于城市基础设施建设、旧区改建、改善城市环境和居民居住条件，促进城市的可持续发展。

城市房屋拆迁，必须加强对文物古迹的保护。在拆迁的安置中应当尊重少数民族的风俗习惯。

第五条 城市房屋拆迁必须按照本条例的规定，对被拆迁人进行补偿或者安置；被拆迁人应当在规定的期限内完成搬迁。

第六条 省人民政府建设行政主管部门主管全省的城市房屋拆迁管理工作。

市、县（市）人民政府城市房屋拆迁行政主管部门主管本行政区域内的城市房屋拆迁管理工作。

计划、规划、土地、公安、物价、文物、工商行政管理等有关部门应当按照各自的职责，协同做好城市房屋拆迁管理工作。

第七条 县级以上地方人民政府应当加强对城市房屋拆迁工作的领导，对城市综合开发地区和重点工程建设需要拆迁的，可以统一组织实施。对在城市房屋拆迁工作中有突出贡献的单位或者个人给予表彰和奖励。

第二章 拆迁管理

第八条 城市房屋拆迁实行委托拆迁或者自行拆迁。

拆迁人委托拆迁的，委托双方当事人应当签订书面委托拆迁协议，拆迁人按照规定支付委托拆迁费。

拆迁人自行拆迁的，应当经房屋拆迁行政主管部门批准。

接受委托拆迁的单位，必须取得城市房屋拆迁资格证书、城市房屋拆迁单位的资格管理办法由省建设行政主管部门制定。

房屋拆迁行政主管部门不得接受委托拆迁。

第九条 拆迁申请人需要拆迁房屋及其附属设施，应当向所在地房屋拆迁行政主管部门申请拆迁立项。申请拆迁立项时应当根据不同项目，提交下列有关材料：

（一）拆迁申请书；

（二）拆迁计划和拆迁方案；

（三）国有土地使用权批准文件；

（四）建设项目批准文件；

（五）建设用地规划许可证；

（六）房地产开发经营许可证；

（七）拆迁人的资信证明文件；

（八）委托拆迁协议书；

（九）其他需要提交的相关材料。

第十条 房屋拆迁行政主管部门接到拆迁立项申请，应当在三十日内作出是否准予立项的决定。符合立项条件的，发给拆迁许可证；不符合条件的，应当出具不予立项决定书，退回申报材料。

第十一条 拆迁人必须按照房屋拆迁许可证规定的拆迁范围和拆迁期限实施拆迁，并按照有关规定缴纳拆迁管理费。

第十二条 拆迁人申请拆迁时，用于被拆迁人的拆迁补偿安置资金必须足额到位，并存入指定的银行账户，由房屋拆迁行政主管部门核实并监督使用。

第十三条 拆迁范围确定后，房屋拆迁行政主管部门应当通知有关部门，在拆迁范围内暂停办理下列事项：

（一）公安机关办理的迁入居民户口或者居民分户。但因出生、军人复员转业退伍、婚姻、大中专毕业、刑满释放等确需迁入户口或者分户的，经县级以上人民政府批准后方可办理。

（二）城市房屋、土地管理部门办理的房屋、土地使用权买卖、交换、赠与、租赁、抵押、析产等手续。但人民法院或者仲裁机构生效的判决、裁决执行的除外。

（三）规划、建设部门办理的房屋新建、改建、扩建和装修等批准手续。

（四）工商行政管理部门办理的营业执照。

前款规定的事项，其停办期限不得超过一年。因特殊情况需要延长停办期限的，拆迁人必须报当地房屋拆迁行政主管部门审核批准，延长期限最长为六个月。

第十四条 房屋拆迁许可证一经发放，房屋拆迁行政主管部门应当将拆迁人、实施拆迁单位、补偿安置方式、拆迁范围、拆迁期限、过渡期限、搬迁期限等情况予以公告。

拆迁公告发布后，房屋拆迁行政主管部门、拆迁人及有关单位应当及时向被拆迁人做好宣传、解释工作。

第十五条 在公告规定的拆迁期限内，拆迁当事人应当按照本条例的规定就拆迁补偿或者安置等事宜签订书面协议。

协议应当明确补偿方式、办法、数额，安置地点、面积，搬迁期限、过渡方式及违约责任等。

协议签定后，应当报房屋拆迁行政主管部门备案。

第十六条 拆迁当事人在公告规定的期限内达不成协议的，由批准拆迁的房屋拆迁行政主管部门调解或者作出裁决。拆迁人或者被拆迁人是批准房屋拆迁行政主管部门的，由同级人民政府裁决。当事人对裁决不服的，可在裁决通知书送达之日起十五日内向人民法院起诉。诉讼期间拆迁人已给予被拆迁人补偿、安置或者提供周转房的，不停止拆迁的执行。但法律、法规规定停止执行的除外。

第十七条 在房屋拆迁公告规定的或者本条例第十六条规定的裁决作出的拆迁期限内，被拆迁人无正当理由拒绝搬迁的，县级以上人民政府可以作出责令限期拆迁的决定；逾期不搬迁的，由县级以上人民政府责成有关部门强制拆迁，或者由作出裁决的房屋拆迁行政主管部门申请人民法院强制拆迁。

第十八条 拆迁人拆除房屋应当在房屋拆除前到当地城市房地产管理部门办理房屋拆除登记手续，并于房屋拆除后三十日内办理房屋注销登记手续，缴销原房屋权属证书。

拆迁涉及土地使用权变更的，必须依法办理土地权属变更登记手续。

第十九条 房屋拆迁行政主管部门在对拆迁活动进行监督检查时，被检查者应当如实提供有关情况和资料，检查者有责任为被检查者保守技术和业务秘密。

第二十条 拆迁人应当及时整理并妥善保管拆迁档案资料，在完成拆迁后三十日内向房屋拆迁行政主管部门移交拆迁档案资料并办理有关手续。

房屋拆迁行政主管部门应当建立、健全拆迁档案制度，加强对拆迁档案资料的管理。

第三章 拆迁补偿

第二十一条 拆迁人对被拆除房屋及其附属设施所有人的拆迁补偿，实行货币补偿或者房屋补偿。具体补偿方式由拆迁人和被拆除房屋所有人协商确定。

第二十二条 拆除住宅房屋实行货币补偿的，应当按照被拆除房屋所在区位和原建筑面积的重置价格结合成新确定。设区的市人民政府可以根据前款规定制定相应的补偿标准。

按照城镇住房制度改革政策购买的房屋的拆迁补偿，国家和省另有规定的，从其规定。

第二十三条 拆除非住宅房屋，实行货币补偿的，其补偿价款应当按照被拆除房屋的市场评估价格确定。

第二十四条 拆迁人对被拆除房屋所有人实行房屋补偿的，按照本条例第二十二条、第二十三条的规定确定被拆除房屋的补偿价款，结合所补偿房屋的价值，与被拆除房屋的所有人结清差价。

补偿的房屋包括按照规定提供的经济适用房和可供被拆迁人选择的其他商品房，其建设质量应当符合国家和省规定的技术规范和标准。

第二十五条 被拆除房屋需要评估的，必须由依法成立的具有房地产评估资质的机构办理。

评估机构对拆除房屋的评估应当坚持公正、公平、公开的原则，按照国家规定的技术标准和程序进行。

第二十六条 拆除违章建筑和超过批准期限的临时建筑，不予补偿；拆除未超过批准期限的临时建筑，给予适当补偿。

第二十七条 拆除用于非营利的公益事业的房屋及其附属物，拆迁人应当按照其原性质、规模予以重建，或者按照重置价格给予补偿，或者由当地城市人民政府按照城市规划统筹安排。

第二十八条 拆除出租的住宅房屋，实行房屋补偿的，原租赁关系可以继续保持，原租赁合同条款应当作相应修改。

拆除出租住宅房屋实行货币补偿的，出租人与承租人应当解除房屋租赁合同。

拆除出租的非住宅房屋，出租人与承租人应当解除房屋租赁合同。

解除租赁合同的，拆迁人应当按照本条例第三十七条的规定对承租人进行补助。

第二十九条 拆除非住宅房屋的所有人具备下列条件的，其房屋应当按照营业用房给予补偿：

（一）持有的房屋所有权证用途栏内标明“营业”或者“生产”等字样；

（二）取得营业执照、税务登记证并有纳税记录；

（三）房屋所有权证、营业执照和税务登记证注明的营业、生产的地点、时间相一致。

营业用房的补偿办法按照本条例第二十三条、第二十四条、第四十三条的规定执行。

第三十条 拆除的房屋存在产权、债务纠纷的，由当事人协商解决；在拆迁公告规定期限内未解决的，由拆迁人提出补偿方案，报县级以上人民政府房屋拆迁行政主管部门批准，并办理证据保全手续后，可先行拆除；待纠纷解决后，按照本条例第二十二条、第二十三条的规定给予补偿。

第三十一条 拆除设有抵押权的房屋实行货币补偿的，由抵押权人和抵押人重新设立抵押权或者由抵押人清偿债务或者向当事人双方约定的第三人提存后，方可给予补偿。

对拆除设有抵押权的房屋实行房屋补偿的，由抵押权人和抵押人重新签订抵押协议。抵押权人和抵押人在房屋拆迁主管部门公告的期限内达不成抵押协议的，由拆迁人按照本条例第三十条的规定实施拆迁。

第四章 拆迁安置

第三十二条 对被拆除房屋使用人按照本条例的规定予以安置的，应当妥善安置。

被拆除房屋使用人是指在拆迁范围内具有常住户口的公民和在拆迁范围内具有营业执照或者作为正式办公地的机关、团体、企业、公司、事业单位。

第三十三条 被拆除房屋使用人的安置地点，应当根据城市规划对建设地区的要求和建设工程的性质，按照有利于实施城市规划和城市旧区改建的原则确定。

第三十四条 拆除非住宅房屋的，按照原建筑面积安置。

第三十五条 拆除住宅房屋的，按照原建筑面积或者原使用面积进行安置。

对被拆除房屋使用人按照原面积安置住房低于当地人民政府规定的住房解困标准的，可以增加安置面积，并按照规定交纳超面积安置费。

第三十六条 被拆除房屋使用人因拆迁而迁出的，由拆迁人付给搬家补助费。

第三十七条 被拆除房屋的所有人与使用人为同一人并实行货币补偿的，由被拆除房屋的所有人自行寻找安置用房，拆迁人付给被拆除房屋所有人三个月的临时安置费。

第三十八条 拆除出租的公有住宅房屋，实行货币补偿的，由被拆除房屋的所有人按照有关规定安置使用人。

第三十九条 拆除出租的非住宅房屋由使用人自行安置。

第四十条 安置用房不能一次解决的，应当在协议中明确过渡期限。

在规定的过渡期限内，被拆除房屋使用人自行安排住处的，拆迁人应当付给临时安置费；由拆迁人提供周转房的，不付给临时安置费。

第四十一条 拆迁人、被拆除房屋使用人双方应当遵守过渡期限的协议。拆迁人不得擅自延长过渡期限；由拆迁人提供周转房的，被拆除房屋使用人到期不得拒绝迁往安置用房、腾退周转房。

第四十二条 由于拆迁人的责任使被拆除房屋使用人延长过渡期限的，对自行安排住处的被拆除房屋使用人，从逾期之日起应当增加临时安置费。

由于拆迁人的责任使被拆除房屋使用人延长过渡期限的，对由拆迁人提供周转房的被拆除房屋使用人，从逾期之日起应当付给临时安置费。

第四十三条 拆除非住宅房屋造成停产、停业引起经济损失的，由拆迁人付给补助费。

第四十四条 临时安置费、超面积安置费，搬家补助费、停产停业补助费，其具体标准和实施办法由设区的市人民政府根据当地情况制定。

第五章 法律责任

第四十五条 违反本条例规定，有下列行为之一的，由房屋拆迁行政主管部门予以警告、责令停止拆迁，并可处以一万元以上十万元以下的罚款：

（一）单位或者个人未取得房屋拆迁许可证，擅自拆迁的；

（二）拆迁人擅自改变拆迁范围和期限的；

（三）单位或者个人委托未取得拆迁资格证书的拆迁单位进行拆迁的；

第四十六条 在城市规划区范围内，对违反城市规划进行拆迁的单位和个人，应当按照《城市规划法》的有关规定给予处罚。

第四十七条 拒绝、阻碍城市房屋拆迁行政主管部门工作人员依法执行拆迁公务，违反治安管理的，由公安机关依法予以处罚；构成犯罪的，依法追究刑事责任。

第四十八条 城市房屋拆迁行政主管部门的工作人员玩忽职守、滥用职权、徇私舞弊，构成犯罪的，依法追究刑事责任；尚不构成犯罪的，由其所在单位或者上级主管机关给予行政处分。

第六章 附则

第四十九条 本条例施行前已由房屋拆迁行政主管部门公告的房屋拆迁，按照原办法执行。

第五十条 在城市规划区范围内的集体土地上，经批准建设需要拆迁房屋及其附属设施的，可参照本条例执行。

第五十一条 本条例自2000年8月1日起施行。一九九〇年六月二十七日山东省第七届人民代表大会常务委员会第十六次会议通过的《山东省城市建设房屋拆迁管理办法》同时废止。

❹苏州市城市房屋拆迁管理条例（节录）

（2002年5月29日苏州市十二届人民代表大会常务委员会第三十六次会议制定 2002年8月20日江苏省第九届人民代表大会常务委员会第三十一次会议批准 2002年8月26日江苏省人民代表大会常务委员会公布）

第三条 城市房屋拆迁必须按照城市规划进行，有利于保护古城、古镇和文物古迹，有利于改善生态环境。

（五）相关地方政府规章及规范性文件

❶北京市集体土地房屋拆迁管理办法

（2003年5月27日北京市人民政府第九次常务会议通过 2003年6月6日北京市人民政府令〔第124号〕公布 自2003年8月1日起施行）

第一章 总则

第一条 为了加强集体土地房屋拆迁管理，维护拆迁当事人合法权益，保障城乡建设顺利进行，根据《中华人民共和国土地管理法》等有关法律、法规，结合本市实际情况，制定本办法。

第二条 在本市行政区域内因国家建设征用集体土地（以下简称征地）或者因农村建设占用集体土地（以下简称占地）拆迁房屋，并需要对被拆迁人补偿、安置的，适用本办法。

征地拆迁宅基地以外的房屋的，按照本市有关规定执行。

第三条 本办法所称拆迁人是指经依法批准征用或者占用集体土地并取得房屋拆迁许可证的用地单位。

本办法所称被拆迁人是指对被拆除房屋拥有所有权的单位或者个人。

第四条 市国土资源和房屋管理局（以下简称市国土房

管局）主管本市集体土地房屋拆迁管理工作；区、县国土资源和房屋管理局（以下简称区、县国土房管局）负责本行政区域内集体土地房屋拆迁管理工作。

第五条　区、县人民政府和乡（民族乡）、镇人民政府应当依照本办法规定的职责，做好本行政区域内的房屋拆迁管理工作。

第六条　拆迁人应当依照本办法的规定对被拆迁人进行补偿安置。被拆迁人应当在规定的搬迁期限内完成搬迁。

第二章　拆迁管理

第七条　用地单位取得房屋拆迁许可证后，方可实施拆迁。

第八条　用地单位取得征地或者占地批准文件后，可以向区、县国土房管局申请在用地范围内暂停办理下列事项：

（一）新批宅基地和其他建设用地；

（二）审批新建、改建、扩建房屋；

（三）办理入户和分户，但因婚姻、出生、回国、军人退伍转业、经批准由外省市投靠直系亲属、刑满释放和解除劳动教养等原因必须入户、分户的除外；

（四）核发工商营业执照；

（五）房屋、土地租赁；

（六）改变房屋、土地用途。

区、县国土房管局核准用地单位的申请后，应当就前款所列事项书面通知有关部门暂停办理相关手续，并在用地范围内予以公告。通知和公告应当载明拆迁范围、暂停办理事项和暂停期限。暂停期限自公告之日起算，最长不超过1年。用地单位确需延长暂停期限的，应当报经区、县国土房管局批准，延长的期限不超过半年。

暂停期限内，擅自办理本条第一款所列事项的，房屋拆迁时不予认定。

第九条　用地单位申请核发房屋拆迁许可证的，应当向被拆迁房屋所在地的区、县国土房管局提交下列文件：

（一）用地批准文件；

（二）规划批准文件；

（三）拆迁实施方案；

（四）安置房屋或者拆迁补偿资金的证明文件。

区、县国土房管局应当自收到申请之日起30日内审查完毕；对符合条件的，核发房屋拆迁许可证，并将拆迁人、拆迁范围、搬迁期限等情况向被拆迁人公告。

第十条　征地拆迁宅基地上房屋的，拆迁实施方案由拆迁人根据本办法第三章的规定和经批准的征地方案拟订，报区、县国土房管局批准后执行。

占地拆迁房屋的，拆迁实施方案由拆迁人拟订，经乡（民族乡）、镇人民政府审核并报区、县国土房管局备案后执行；其中旧村改造的拆迁实施方案在报乡（民族乡）、镇人民政府审核前，应当经村民会议或者村民代表会议讨论通过。

拆迁人应当在拆迁范围内公布拆迁实施方案，公布的期限不少于10日。

第十一条　拆迁人与被拆迁人应当就房屋拆迁补偿安置事宜签订书面协议。协议应当规定补偿安置方式和标准、搬迁期限、违约责任等内容。

第十二条　在区、县国土房管局公告的搬迁期限内，拆迁人与被拆迁人没有达成拆迁补偿安置协议的，经一方或者双方当事人申请，由区、县国土房管局裁决。

裁决规定的搬迁期限届满被拆迁人拒绝搬迁的，属于征地拆迁宅基地上房屋的，由区、县国土房管局申请人民法院强制执行；属于占地拆迁房屋的，由当事人依法向人民法院提起民事诉讼。

第三章　拆迁补偿和安置

第十三条　宅基地上的房屋拆迁，可以实行货币补偿或者房屋安置，有条件的地区也可以另行审批宅基地。

第十四条　拆迁宅基地上房屋实行货币补偿的，拆迁人应当向被拆迁人支付补偿款。补偿款按照被拆除房屋的重置成新价和宅基地的区位补偿价确定。房屋重置成新价的评估规则和宅基地区位补偿价的计算办法由市国土房管局制定并公布。

按照前款规定对被拆迁人给予货币补偿的，不再进行房屋安置或者另行审批宅基地。

第十五条　拆除宅基地上房屋以国有土地上房屋安置的，拆迁人与被拆迁人应当按照本办法第十四条第一款的规定确定拆迁补偿款，并与安置房屋的市场评估价款结算差价；但按照市人民政府规定以经济适用住房安置被拆迁人的除外。

农村集体经济组织或者村民委员会作为拆迁人实施拆迁，以本集体建设用地范围内的房屋安置被拆迁人的，经村民会议或者村民代表会议讨论通过并报乡（民族乡）、镇人民政府批准后，可以按照被拆除房屋建筑面积安置，也可以结合被拆迁人家庭人口情况安置。

其他拆迁人委托农村集体经济组织或者村民委员会安置被拆迁人的，可以参照本条第二款的规定执行。

第十六条　农村集体经济组织或者村民委员会在集体土地上建设安置房屋的，应当符合城市规划、土地利用规划和年度计划，依法取得用地和规划许可。

第十七条　农村集体经济组织或者村民委员会作为拆迁人拆迁宅基地上房屋，有条件的地区，可以按照土地管理法律、法规和规章的规定，另行审批宅基地由被拆迁人自建房屋，并对被拆除的房屋按照重置成新价给予补偿。

其他拆迁人委托农村集体经济组织或者村民委员会安置被拆迁人的，可以参照前款规定执行。

第十八条　拆迁补偿中认定的宅基地面积应当经过合法批准，且不超过控制标准。未经合法批准的宅基地，不予认定。

经合法批准的宅基地超出控制标准的部分，不予补偿；但1982年以前经合法批准的宅基地超出控制标准的部分，可以按照区、县人民政府的规定给予适当补偿。

每户宅基地面积的控制标准，按照区、县人民政府根据《北京市人民政府关于加强农村村民建房用地管理若干规定》第六条确定的标准执行。

第十九条　拆迁补偿中认定宅基地上房屋建筑面积，以房屋所有权证标明的面积为准；未取得房屋所有权证但具有规划行政主管部门批准建房文件的，按照批准的建筑面积认定。

本办法施行前宅基地上已建成的房屋，未取得房屋所有权证和规划行政主管部门批准建房文件，但确由被拆迁人长期自住的，应当给予适当补偿。属于征地拆迁房屋的，补偿标准由乡（民族乡）、镇人民政府根据当地实际情况确定，报区、县人民政府批准后执行；属于占地拆迁房屋的，补偿标准由农村集体经济组织或者村民委员会确定，报乡（民族乡）、镇人民政府批准后执行。

本办法施行后宅基地上新建、改建、扩建的房屋，未取得房屋所有权证或者规划行政主管部门批准建房文件的，拆迁房屋时不予认定。

第二十条 农村村民符合审批宅基地条件但未实际取得宅基地，且按照拆迁实施方案安置确有困难的，拆迁人应当按照区、县人民政府的规定给予适当补助。但拆迁实施方案确定以另行审批宅基地的方式予以补偿安置的除外。

第二十一条 占地拆迁宅基地以外房屋的补偿，参照征地拆迁的有关规定执行。

第二十二条 对利用宅基地内自有房屋从事生产经营活动并持有工商营业执照的，拆迁人除按照本办法的规定予以补偿、安置外，还应当适当补偿停产、停业的经济损失。其中，征地拆迁房屋的经济损失补偿标准，由区、县人民政府规定；占地拆迁房屋的经济损失补偿标准，由乡（民族乡）、镇人民政府规定并报区、县人民政府备案。

第二十三条 拆迁人应当向被拆迁人支付搬迁补助费。征地拆迁房屋的搬迁补助费，由区、县人民政府规定；占地拆迁房屋的搬迁补助费，由乡（民族乡）、镇人民政府规定并报区、县人民政府备案。

第二十四条 拆除违法建筑和超过批准期限的临时建筑不予补偿；拆除未超过批准期限的临时建筑，按照重置成新价结合剩余期限给予适当补偿。

第四章 法律责任

第二十五条 违反本办法第七条规定，未取得房屋拆迁许可证擅自实施拆迁的，由市或者区、县国土房管局责令停止拆迁行为，处1万元以上3万元以下罚款。

第二十六条 市和区、县国土房管局违反本办法规定核发房屋拆迁许可证以及其他批准文件的，核发房屋拆迁许可证以及其他批准文件后不履行监督管理职责的，或者对违法行为不予查处的，对直接负责的主管人员和其他直接责任人员依法给予行政处分；情节严重，致使公共财产、国家和人民利益遭受重大损失，构成犯罪的，依法追究刑事责任。

第五章 附则

第二十七条 因进行水利水电工程建设、绿化隔离地区建设、贫困山区农民搬迁以及因地质灾害移民涉及集体土地房屋拆迁的，不适用本办法。

第二十八条 本办法自2003年8月1日起施行。

本办法施行前已发布拆迁公告的，不适用本办法。

❷江苏省城市房屋拆迁管理条例

（1990年12月19日江苏省第七届人民代表大会常务委员会第十八次会议通过　根据1996年12月13日江苏省第八届人民代表大会常务委员会第二十五次会议《关于修改〈江苏省城市房屋拆迁管理条例〉的决定》修正）

第一章 总则

第一条 为适应城市建设和国家经济发展的需要，加强城市房屋拆迁管理，保护公民、法人或其他组织的合法权益，根据国家有关法律、法规，结合本省实际情况，制定本条例。

第二条 在本省行政区域城市规划区内国有土地上因城市建设需要拆迁的房屋（含建筑物、附属物），均适用本条例。

第三条 省人民政府建设行政主管部门主管本省行政区域内的城市房屋拆迁工作。

市、县行政区域内的城市房屋拆迁主管部门，由市、县人民政府确定。

第四条 对依法批准的建设用地范围内的房屋拆迁，必须给予被拆迁人补偿和安置，各有关部门、单位和个人必须服从和配合。

第二章 拆迁程序

第五条 因城市建设需要拆迁房屋的单位和个人（以下统称拆迁人），须持建设项目批准文件、建设用地规划许可证、建设用地批准文件和其他有关批准文件，向当地房屋拆迁主管部门提出房屋拆迁申请，交纳拆迁管理费，领取房屋拆迁许可证后，方可委托或自行拆迁。

第六条 拆迁范围确定后，由房屋拆迁主管部门通知公安、工商、房管、城建、街道办事处等部门和单位，停止办理拆迁范围内的户口迁入、分立，工商营业执照，房屋翻建（包括扩建、改建）、买卖、交换、出租等手续，但停办手续的期限最长不得超过二年。

因出生、军人复退转、婚嫁等确需在拆迁范围内迁入或分立户口的，须经县级以上地方人民政府批准后，方可办理。

第七条 房屋拆迁许可证一经核发，房屋拆迁主管部门应将拆迁人、拆迁范围、搬迁时限等予以公告，任何单位和个人不得擅自改变。拆迁人应及时向被拆迁房屋的所有人和使用人（以下统称被拆迁人）发送房屋拆除通知书。有关部门和单位应及时向被拆迁人做好宣传解释工作。

被拆迁人接到房屋拆除通知后，应及时到房管、土地等部门办理房屋、土地所有权或使用权的变更登记手续。

第八条 在房屋拆迁公告规定期限内，拆迁人应与被拆迁人依法签订书面拆迁协议。拆迁协议应载明补偿形式，补偿金额，安置用房面积、地点，搬迁过渡方式，过渡期限和违约责任等内容。拆迁协议须由房屋拆迁主管部门鉴证或由公证机关公证。

第九条 受拆迁人委托的单位实施拆迁时，须持有房屋拆迁主管部门核发的房屋拆迁资格证书。

第十条 房屋拆迁主管部门负责对各项拆迁活动进行监督检查。被检查者应如实提供情况和资料。检查者有责任为被检查者保守技术和业务秘密。

第三章 拆迁补偿

第十一条 拆迁人对被拆除房屋的所有人，应依法给予合理补偿。补偿可采用作价补偿、产权调换或作价补偿和产权调换相结合的形式。

第十二条 作价补偿应按照被拆除房屋建筑面积的重置价格结合成新结算。各类房屋的重置价格应依法定期确定并公布。

对从区位好的地段迁入区位差的地段的被拆除房屋，应结合具体情况，对被拆除房屋所有人适当提高补偿标准。具体办法由设区的市人民政府规定。

第十三条　以产权调换形式偿还的私有和单位自有住宅房屋，偿还建筑面积与被拆除建筑面积相等的，按照重置价格结合成新与建筑安装工程造价结算；偿还建筑面积超过被拆除建筑面积且在规定安置标准内的，超过部分按照住宅房屋的成本结算；偿还建筑面积超过规定安置标准的，超过部分按照商品房价格结算；偿还建筑面积小于被拆除建筑面积的，不足部分参照重置价格结合成新适当提高补偿费用，具体提高标准由设区的市人民政府规定。

第十四条　拆除直管公有住宅房屋，应以安置的建筑面积归还产权，原旧房由拆迁人拆除。

第十五条　拆除出租住宅房屋，应实行产权调换，原租赁关系继续保持，因拆迁而引起变化原租赁合同条款内容的，应作相应修改。

私有房屋所有人自愿放弃出租面积，承租人符合安置条件的，可由承租人按建筑面积重置价格给所有人补偿，该出租面积由拆迁人与承租人实行产权调换。

第十六条　以产权调换形式偿还的非住宅房屋，偿还建筑面积与被拆除建筑面积相等的，按照重置价格结合成新与建筑安装工程造价结算；偿还建筑面积超过被拆除建筑面积的，超过部分按照商品房价格结算；偿还建筑面积小于被拆除建筑面积的，按照重置价格结合成新结算。

第十七条　拆除用于公益事业的建筑物、构筑物及其附属物，由拆迁人根据城市规划的要求，按照被拆除建筑物、构筑物及其附属物的性质、规模予以重建，或按照重置价格给予补偿，仍用于公益事业建设。

第十八条　拆除违法建筑、超过批准期限的临时建筑，不予补偿；拆除未超过批准期限的临时建筑，给予适当补偿。

第十九条　市政基础设施项目拆除非私有住宅房屋的具体办法，由设区的市人民政府根据本条例的规定作出具体规定，报省人民政府备案。

第二十条　被拆迁人不得超过本条例规定的范围，提出额外要求或附加条件；拆迁人也不得擅自提高或压低补偿标准。

第四章　拆迁安置

第二十一条　拆迁人对被拆除房屋的使用人，应依法给予安置。异地安置的，一般应在房屋拆除时给予一次性安置。回迁安置需要临时过渡的，过渡期限由市、县人民政府规定。但拆迁安置用房为多层住宅的，过渡期不得超过24个月；拆迁安置用房为高层住宅的，过渡期不得超过36个月。

对不能回迁安置、从区位好的地段迁入区位差的地段的被拆除房屋使用人，应适当增加安置面积。

被拆除房屋的使用人，包括在拆迁范围内具有正式户口，并实际居住的公民和具有营业执照或作为正式办公地的机关、团体、企事业单位。

第二十二条　拆除住宅房屋，以原使用面积为依据进行安置。对按照原使用面积安置住房有困难的被拆除房屋使用人，可适当增加安置面积，并不小于本地的安置标准。拆除少数面积过大的私有住宅房屋，经书面协议、妥善安置后，面积减少部分应按本条例规定予以补偿。

对被拆除房屋使用人的安置，在规定安置标准内，超过被拆除使用面积部分的费用，由家庭人员所在单位按住宅房屋的成本价格承担；超过规定安置标准增加面积的费用，由被拆除房屋使用人按商品房价格承担。上述超面积款项的收入应冲减拆迁工程成本，结算凭证的具体管理办法由省建设行政主管部门会同省财政部门规定。

经书面协议，被拆除房屋使用人放弃或者减少安置面积的，拆迁人应对被拆除房屋使用人给予奖励。

第二十三条　拆除非住宅房屋，按照被拆除房屋建筑面积安置，或由拆迁人和被拆除房屋使用人互相协商解决，也可在补偿后由被拆除房屋使用人的主管部门统筹安置。

拆除非住宅房屋造成停产、停业引起直接经济损失的，由拆迁人付给适当补助费。

拆除中、小学校舍或幼儿园，在新的校舍、幼儿园按规划要求未建成前，必须保证学生就近入学，不得因拆迁而影响正常教学工作。

非住宅房屋性质的界定办法，由省人民政府建设行政主管部门作出规定。

第二十四条　被拆除房屋的使用人因拆迁而搬家的，由拆迁人付给搬家补助费。

在规定过渡期限内，被拆除房屋的使用人自行安排住处的，拆迁人应付给临时安置补助费。由于拆迁人的责任而延长过渡期限的，从逾期之日起应加倍增加临时安置补助费。

在规定过渡期限内，由拆迁人提供周转房的，不付给临时安置补助费。但超过过渡期的应付给临时安置补助费。

第五章　法律责任

第二十五条　拆迁人与被拆迁人对补偿形式和补偿金额、安置用房面积和安置地点、搬迁过渡方式和过渡期限，经协商达不成协议的，由批准拆迁的房屋拆迁主管部门调解；调解不成的，由批准拆迁的房屋拆迁主管部门裁决。被拆迁人是批准拆迁的房屋拆迁主管部门的，由同级人民政府调解或裁决。

当事人对裁决不服的，可在接到决定之日起十五日内向人民法院起诉。在诉讼期间如拆迁人已给被拆迁人作了安置或提供了周转房的，不停止拆迁的执行。

强制拆迁按照国务院《城市房屋拆迁管理条例》第十五条的规定执行。

第二十六条　被拆迁人违反协议拒绝腾退周转房的，由房屋拆迁主管部门对被拆迁人予以警告，责令限期退还周转房，并可处以罚款。周转房属于营业性的，罚款幅度为五万元以下；周转房属于住宅的，罚款幅度为一万元以下。

第二十七条　对有下列行为之一的，由房屋拆迁主管部门责令停止拆迁或者限期改正，予以警告，并可视情节轻重处以十万元以下的罚款：

（一）未取得房屋拆迁许可证或者未按房屋拆迁许可证的规定擅自拆迁的；

（二）委托未取得房屋拆迁资格证书的单位拆迁的；

（三）擅自提高或者降低补偿、安置标准，扩大或者缩小补偿安置范围的；

（四）拆迁人无正当理由超过规定拆迁期限或者擅自延长过渡期限的。

第二十八条 被处罚的当事人对行政处罚决定不服的，可在接到处罚通知书之日起十五日内，向作出处罚决定的机关的上一级机关申请复议；当事人对复议决定不服的，可在接到复议决定书之日起十五日内，直接向人民法院起诉。当事人逾期不申请复议、也不向人民法院起诉、又不履行处罚决定的，由房屋拆迁主管部门申请人民法院强制执行。

第二十九条 胁迫、侮辱、殴打房屋拆迁工作人员，阻碍房屋拆迁工作人员依法拆迁房屋的，由公安机关依照《中华人民共和国治安管理处罚条例》予以处罚；构成犯罪的，依法追究刑事责任。

房屋拆迁部门工作人员弄虚作假、徇私舞弊的，由其所在单位或上级主管部门给予行政处分；构成犯罪的，依法追究刑事责任。

第六章 附则

第三十条 拆迁军事设施、教堂寺庙、文物古迹、古建筑、华侨和外国人的房屋及代管房产等，应依法报经批准。

第三十一条 设区的市人民政府可根据本条例的规定制定具体实施办法，并报省人民政府备案。

第三十二条 本条例自公布之日起施行。1982 年 10 月 9 日江苏省第五届人大常委会第十六次会议原则批准的《江苏省城市建设用地管理和房屋拆迁安置试行办法》同时废止。

（六）相关其他规范性文件

❶关于如何理解和执行法律若干问题的解答（四）（节录）

（1992 年 4 月 1 日全国人大常委会法制工作委员会公布）

1. 拆迁部门作出的拆迁决定是否可以由事业单位强制执行

问：《贵阳市建设拆迁管理办法》规定，对拆迁部门裁决不服，逾期不起诉、不执行的，由城管监察大队（事业单位）强制执行。这一规定是否有法律依据？（贵州省人大财经委员会，1989 年 11 月 2 日）

答：规定行政主管部门作出的关于拆迁问题的裁决由行政主管部门强制执行，或者规定由作为事业单位的城管监察大队强制执行，是没有法律依据的。建议《贵阳市建设拆迁管理办法》不要作关于拆迁部门的裁决由城管监察大队强制执行的规定。（1990 年 2 月 8 日）

三、以案明法

宋某莉诉宿迁市建设局房屋拆迁补偿安置裁决案

原告：宋某莉

被告：江苏省宿迁市建设局

第三人：江苏省宿迁市万兴房地产开发有限公司

2003 年 6 月 5 日，宿迁市建设局作出宿建裁字（2003）26 号房屋拆迁纠纷裁决，主要内容是：（一）被拆迁人宋某莉应在裁决书生效之日起 15 日内拆迁完毕；（二）房屋安置补偿费（包括房屋补偿费、搬家费、附属设施及装饰装潢费、临时安置补助费及停业损失费）共计为 685651.88 元；（三）万兴公司在中贸百货商城项目完工后提供一处位于该商城项目的房屋（面积与被拆房屋面积相当），拆迁人调换房屋价格以市场评估价为准；（四）万兴公司安排过渡房一套供被拆迁人临时居住。宋某莉对该裁决不服，提起行政诉讼，于 2003 年 9 月 4 日向江苏省宿迁市宿城区人民法院提起诉讼，请求撤销该裁决。

原告诉称：被告以方元房地产评估咨询有限公司（以下简称方元公司）的估价作为被拆房屋补偿价是错误的，拆迁人委托方元公司评估时违反了公平、公正、公开的原则。被告以此评估报告直接作为裁决的依据，剥夺了被拆迁人选择评估机构的权利，且评估结果未经双方质证，对房屋的估价不准，被告行政裁决中有关被拆迁房屋置换的内容也不明确，缺乏可操作性。此外，被拆迁房屋在拆迁前一直由他人承租，而对承租人的安置至今未达成任何协议。请求依法撤销被诉行政裁决。

原告提交的证据有：

1. 宋某莉与高虹、于桂军签订的承包经营合同，用以证明原告房屋已租赁给他人，房屋被拆迁时拆迁人对承租人未做任何安置。

2. 宋某莉名下位于宿迁市幸福中路房产情况的录像带，以证明房屋拆迁前的坐落及出租他人等情况。

被告辩称：方元公司评估原告房产的程序及结果没有不妥之处，我局根据方元公司的评估报告进行裁决是合法的。原告以拆迁人万兴公司未与被拆迁房屋的租赁人签订协议为由，认为有关行政裁决违法，没有法律依据。拆迁人开发的房屋属册房，我局行政裁决时尚无法确定该项目房屋的具体数量、排列序号、房屋朝向等，裁决没有涉及有关内容并无不当。请求维持该裁决。

被告提交的证据有：

1. 宿迁市发展计划委员会（批复）宿计发（2002）72 号关于宿迁市中贸百货商城有限公司（以下简称百货公司）中贸百货商城项目立项的批复，用以证明该公司的中贸百货商城项目已经依法得到批准立项。

2. 宿迁市规划局宿规用（2002）107 号建设用地规划许可证及红线图、宿迁市国土局（2002）国土建字第 126 号建设用地批准书及拆许字（2003）第 3 号房屋拆迁许可证和房屋拆迁公告，用以证明建设局已依法取得了建设用地规划许可证、建设用地批准书、房屋拆迁许可证且原告的房屋在规定的拆迁红线图范围内，并依法发布了拆迁公告。

3. 方元公司企业法人营业执照，证明该单位是具备法人资格的房地产评估咨询有限公司。

4. 方元公司房地产价格评估机构资格证书，用以证明该单位是具有法定资格的房地产价格评估机构。

5. 江苏省建设厅房地产业处的证明，用以证实评估人胡中东、孙权为注册房地产估价师。

6. 方元公司的房地产评估报告，用以证明宿迁市建设局是依据法定机构的评估报告作出的裁决。

7. 宋某莉的房屋产权证，用以证明被拆迁房屋属宋某莉所有。

第三人辩称：我公司作为拆迁人，实施的全部拆迁活动均是依法进行的。宿迁市建设局关于拆迁争议的行政裁决合法，应予维持。

第三人提交的证据有：

1. 宿迁市宿城区人民政府关于同意对被拆迁人宋某莉房屋实施强制拆除的批复，用以证明强制拆迁是经过政府部门批准的。

2. 宿迁市宿城区人民政府区长办公会议纪要，用以证明宿城区政府领导对拆迁房屋形成了决议。

经过庭审质证认为，被告宿迁市建设局提供的证据可以证明拆迁人用地手续合法，评估机构具备评估资质，但拆迁人单方委托评估机构作出的评估结论，违反了《江苏省城市房屋拆迁管理条例》第十九条规定；宿迁市建设局及原告宋某莉提供的证据，可以证明被拆迁房屋所有人是被拆迁人宋某莉，该房屋被拆迁时已对外承租；第三人万兴公司提供的证据可以证明其拆迁行为的合法性。

宿迁市宿城区人民法院经审理查明：

2002年4月9日，拆迁人万兴公司的中贸百货商场建设项目由宿迁市发展计划委员会批准立项。2002年9月28日，万兴公司取得了建设用地规划许可证，2002年10月25日，万兴公司取得了国有土地批准书。2003年3月24日，万兴公司取得了房屋拆迁许可证，获得拆迁资格。2003年3月24日，宿迁市建设局发布拆迁公告，并在公告中载明了拆迁范围、搬迁期限、拆迁评估机构。原告宋某莉的房屋建筑面积为637.07平方米，位于宿迁市幸福中路，在拆迁范围内。方元公司根据万兴公司的委托，对宋某莉的拆迁房屋进行了估价，由于宋某莉对被拆房屋补偿价有异议，且要求产权调换，双方未能达成协议。2003年5月28日，万兴公司申请宿迁市建设局对拆迁纠纷进行裁决。2003年6月5日，宿迁市建设局依据方元公司的评估价格对万兴公司与宋某莉的拆迁纠纷作出裁决，宋某莉对裁决不服，提起行政诉讼，请求撤销该裁决。

宿迁市宿城区人民法院认为：

《国务院城市房屋拆迁管理条例》第十六条规定：拆迁人与被拆迁人或者拆迁人、被拆迁人与房屋承租人达不成拆迁补偿安置协议的，经当事人申请，由房屋拆迁管理部门裁决。第十七条规定：被拆迁人或者房屋承租人在裁决规定的搬迁期限内未搬迁的，由房屋所在地的市、县人民政府责成有关部门强制拆迁，或者由房屋拆迁管理部门依法申请人民法院强制拆迁。

《江苏省城市房屋拆迁管理条例》第十九条规定：对被拆迁房屋进行价格评估时，没有征求被拆迁人的意见；拆迁人和被拆迁人不能达成一致的，由房屋拆迁管理部门在符合条件的评估机构中抽签确定，房屋拆迁管理部门应当在抽签前三日在拆迁地点公告抽签的时间和地点的规定。

此案中，被告宿迁市建设局根据第三人万兴公司的申请，有权依照《国务院城市房屋拆迁管理条例》的规定，对原告宋某莉与万兴公司之间的拆迁纠纷作出行政裁决。尽管《国务院城市房屋拆迁管理条例》和《江苏省城市房屋拆迁管理条例》对行政拆迁程序没有明确的规定，但行政机关在裁决时应当充分保障当事人的合法权利，允许双方当事人对争议问题进行申辩和陈述。但宿迁市建设局在裁决宋某莉与万兴公司的拆迁纠纷时，未允许宋某莉对争议问题予以陈述和申辩，有失公正，仅根据万兴公司的申请及万兴公司单方委托的评估公司的评估结果作为行政裁决的依据，违反了《江苏省城市房屋拆迁管理条例》的规定。此外，该裁决虽然确定了以产权调换的方式对宋某莉需要拆迁的房产予以补偿，但却未将调换给宋某莉房屋的具体位置、楼层、房屋价格等内容予以明确表述，致使拆迁补偿的裁决内容无法执行。综上，该行政裁决在程序上违反法律规定，在内容上不具有执行效力，应重新予以裁决。鉴于宋某莉的房屋现已被拆迁，故对裁决内容中的第（一）项予以维持，其余各项予以撤销。

据此，宿迁市宿城区人民法院依照《中华人民共和国行政诉讼法》第五十四条第（二）项第1、3目的规定，于2003年9月28日作出判决：

一、维持宿迁市建设局宿建裁字（2003）26号裁决中的第（一）项；撤销裁决书中的第（二）项、第（三）项、第（四）项；

二、宿迁市建设局于本判决生效之日起60日内，对宋某莉与万兴公司房屋拆迁纠纷依法重新裁决。

宣判后，宿迁市建设局不服一审判决，向江苏省宿迁市中级人民法院提起上诉；宋某莉表示服从一审法院的判决；万兴公司未作书面答辩。

宿迁市建设局上诉称：本案涉及的我局行政裁决程序合法，对需产权调换的房屋，因所建房屋施工图尚未绘制，故无法确定调换后房屋的排列、朝向等具体位置。请求依法改判。

宿迁市中级人民法院经审理，对一审认定的事实予以确认。另查明，宋某莉明确表示，对宿迁市建设局裁决中认定的搬家费为每平方米6元和安置费为每平方米20元没有异议。

宿迁市中级人民法院认为：

此案争议的焦点是：宿迁市建设局的裁决所依据的评估报告是否合法有效。

万兴公司的中贸百货商场建设项目经行政主管部门依照法定程序审批，并取得了对被告宋某莉在幸福中路房产的拆迁许可，万兴公司在与被拆迁方无法达成拆迁协议的情况下，依法申请宿迁市建设局对需拆迁房屋强制拆迁，并无不当，宿迁市建设局根据《城市房屋拆迁管理条例》的规定，在本案的行政裁决第（一）项中决定限期对宋某莉的房产予以拆迁，符合有关行政法规的规定，依法应予维持。但宿迁市建设局在裁决被拆迁房屋补偿款时，仅以万兴公司单方委托的方元公司的评估结论为依据，违反了《江苏省城市房屋拆迁管理条例》的规定。本案被拆迁房屋的评估，系万兴公司单方面委托方元公司所为，未经被拆迁人宋某莉的同意。在万兴公司与宋某莉无法对房屋拆迁事宜达成一致意见时，宿迁市建设局在行政裁决中以拆迁单位单方面委托的评估公司的评估报告为依据，而不是依照规定在符合条件的评估机构中抽签确定评估单位，对万兴公司与宋某莉的房屋拆迁纠纷作出不当裁决，应认定为裁决的主要证据不足，程序违法。依照最高人民法院《关于行政诉讼证据若干问题的规定》第六十二条第（二）项规定，对被告在行政程序中采纳的鉴定结论，原告或者第三人提出证据证明鉴定程序严重违法的，人民法院不予采纳。由于宿迁市建设局没有提供证据证实采纳该评估结论的操作程序合法，故应依法对宿迁市建设局裁决中的第（二）项予以撤销。基于宋某莉对宿迁市建设局按照有关规定认定的拆迁搬家、安置补偿标准没有异议，应予以确认。由于宿迁市建设局裁决中的第（三）项的内容不具有实际可操作性，故一审判决予以撤销并无不当。基于宋某莉的房屋拆迁时已对外出租，在安排宋某莉房屋拆迁后的过渡用房时，应尊重宋某莉及承租人的选择权。宿迁市建设局在裁决中虽然对宋某莉在房屋拆迁后安排了过渡用房，但由于宋某莉实际上并未使用，故一审判决对此内容予以撤销，亦无不当。

综上，宿迁市中级人民法院依照《中华人民共和国行政诉讼法》第六十一条第（一）项之规定，于2003年12月9日作出了驳回上诉，维持原判的判决。

四、办案实战资料库

（一）城市房屋拆迁补偿、安置协议公证书

城市房屋拆迁补偿、安置协议公证书

（　　）　　字第　　号

兹证明　　　　的代表人（或代理人）　　　与　　　、　　　的共同代理人于　　　年　　月　　日签订了前面的《拆迁补偿、安置协议》，并在我的面前，在前面的协议书上签名（或盖章）。　　　与　　　签订上述协议的行为符合《中华人民共和国民法通则》第五十五条和《城市房屋拆迁管理条例》的规定。

省　　　市公证处

公证员：

年　　月　　日

【填写说明】

一、首部

依次写明以下事项：

1. 标题，写文书名称："拆迁补偿、安置协议公证书"。

2. 文书编号，即"（　　）　　字第　　号"。文书编号的内容和顺序为：

（1）（　　　）年度，在括号中填写制作本文书的年度（用阿拉伯数字），如"（1998）"；

（2）制作文书的公证机关的简称，通常是把公证机关名称中的具有代表意义的两个字作为简称，如北京市公证处可简称为"京公"；

（3）文书名称简称，通常是把文书名称中的具有代表意义的字作为简称，本文书可简称为"证"；

（4）本文书的序号，即本类文书发文序号，一般从1号开始逐次填写。每年编号可连续下去，不必应年份变动而随年份新起编号。

二、正文

1. 说明双方当事人签订协议事项。依次填写拆迁人的名称，代表人或代理人的姓名，被拆迁人的姓名（是单位的，写其单位名称），被拆迁人代理人姓名，签订协议日期。

可表述为："兹证明　　　（拆迁人）的代表人（或代理人）　　　与　　　、　　　的共同代理人于　　　年　　月　　日签订了前面的《拆迁补偿、安置协议》，并在我的面前，在前面的协议书上签名（或盖章）。"

2. 证明双方当事人签订协议的行为符合法律规定。表述为："　　　与　　　签订上述协议的行为符合《中华人民共和国民法通则》第五十五条和《城市房屋拆迁管理条例》的规定。"其中的空白处依次填写拆迁人和被拆迁人的姓名或名称。

三、尾部

应依次写明以下事项：

1. 制作文书的机关名称。如写"中华人民共和国××省××市公证处"、"中华人民共和国××省××县公证处"等。是哪个公证机关出具的公证书便落款该公证机关，但必须冠以"中华人民共和国"字样。

2. 文书签署人的职务和署名。先写"公证员"，然后由公证员签名或者盖签名章，公证员的签名章应使用蓝色印油。涉外公证书必须签名，只盖签名章无效。公证书上的署名一律以公证员的名义署名，不得写主任、副主任等行政领导职务。公证员的签名和签名章应报外交部领事司备案，抄送司法部公证司存查。

3. 文书签发的时间（年月日）。

4. 制作文书的公证机关的公章应端端正正地加盖在签发日期上，使用红色印油。

（二）房屋拆迁保全证据公证书

房屋拆迁保全证据公证书

（　　）　　字第　　号

申请人　　　　因建设需要，拟拆除坐落在　　　的房屋，鉴于该房屋现由　　　　保管（或鉴于该房屋有产权纠纷或鉴于该房屋设有抵押权），向我处申请对该房屋进行保全证据。

根据国务院《中华人民共和国公证法》和《城市房屋拆迁管理条例》的规定，本公证员与公证员　　于　　年　　月　　日与勘测人　　　　对上述房屋进行了勘测，制作了勘测文件　　　份，拍摄了照片　　张，见证人　　　在场见证。

兹证明，与本证相粘连的《　　　》、《　　　》为公证人员、勘测人现场勘测所作，公证人员、勘测人、见证人的签名属实；保存于　　　　的照片　　　张为公证人员、勘测人现场勘测所摄，与房屋实际情况相符。

中华人民共和国　　　省　　　市（县）　　　公证处

公证员：

年　　月　　日

【填写说明】

一、首部

依次写明以下事项：

1. 标题，写文书名称："房屋拆迁保全证据公证书"。

2. 文书编号，即"（　　）　　字第　　号"。文书编号的内容和顺序为：

（1）（　　　）年度，在括号中填写制作本文书的年度（用阿拉伯数字），如"（1998）"；

（2）制作文书的公证机关的简称，通常是把公证机关名称中的具有代表意义的两个字作为简称，如北京市公证处可简称为"京公"；

（3）文书名称简称，通常是把文书名称中的具有代表意义的字作为简称，本文书可简称为"证"；

（4）本文书的序号，即本类文书发文序号，一般从1号开始逐次填写。每年编号可连续下去，不必应年份变动而随年份新起编号。

二、正文

1. 申请保全证据的理由。其中的空白处依次填写拆迁单位或房屋拆迁主管部门全称，房屋的具体坐落地址，代管单位全称。若申请保全证据的理由是鉴于该房屋有产权纠纷或者该房屋设有抵押权，则不写"鉴于该房屋现由　　　代管一句"，而写为"鉴于该房屋有产权纠纷"或"鉴于该房屋设有抵押权"。

可表述为："申请人　　　（拆迁单位或房屋拆迁主管部门全称）因建设需要，拟拆除坐落在　　　　　　（具体地址）的房屋，鉴于该房屋现由　　　　（代管单位全称）代管（或鉴于该房屋有产权纠纷或鉴于该房屋设有抵押权），向我处申请对该房屋进行保全证据。"

2. 公证处参与证据保全的活动。说明法律依据和勘明房屋情况。表述为："根据国务院《中华人民共和国公证法》和《城市房屋拆迁管理条例》的规定，本公证员与公证员　　　于　　　年　　月　　日与勘测人　　　　对上述房屋进行了勘测，制作了勘测文件　　份，拍摄了照片　　张，见证人　　　在场见证。"其中的空白处依次填写公证员的姓名，勘测日期，勘测人的姓名、性别、工作单位、职务、职称，勘测文件的份数，拍摄照片的张数，见证人的姓名、性别、年龄、身份证号、住址。

3. 予以公证证明。表述为："兹证明，与本证相粘连的《　　　》、《　　　》为公证人员、勘测人现场勘测所作，公证人员、勘测人、见证人的签名属实；保存于　　　的照片　　　张为公证人员、勘测人现场勘测所摄，与房屋实际情况相符。"其中的空白处依次填写保全证据的文件名称，保存照片的具体地点以及照片张数。

三、尾部

应依次写明以下事项：

1. 制作文书的机关名称。如写"中华人民共和国××省××市公证处"、"中华人民共和国××省××县公证处"等。是哪个公证机关出具的公证书便落款该公证机关，但必须冠以"中华人民共和国"字样。

2. 文书签署人的职务和署名。先写"公证员"，然后由公证员签名或者盖签名章，公证员的签名章应使用蓝色印油。涉外公证书必须签名，只盖签名章无效。公证书上的署名一律以公证员的名义署名，不得写主任、副主任等行政领导职务。公证员的签名和签名章应报外交部领事司备案，抄送司法部公证司存查。

3. 文书签发的时间（年月日）。

4. 制作文书的公证机关的公章应端端正正地加盖在签发日期上，使用红色印油。

（三）房屋拆迁安置补偿合同

房屋拆迁安置补偿合同

拆迁人（以下简称甲方）：________________ 委托代理人：________________
法定代表人：________ 地址：________________ 法定代表人：________ 地址：________
单位名称：________________ 单位名称：________________
邮编：________ 电话：________ 邮编：________ 电话：________
被拆迁人（以下简称乙方）：________________ 委托代理人：________________
姓名：____ 性别：____ 年龄：____ 姓名：____ 性别：____ 年龄____
住址：________________ 住址：________________

甲方因建设需要，必须拆除乙方使用的房屋，根据城市房屋拆迁安置补偿法规、政策的有关规定，甲乙双方经协商，就房屋拆迁安置补偿达成如下协议。

第一条　房屋拆迁依据

建设项目名称________，建设地点________________，建设单位________________，《拆迁许可证》文号______。

第二条　被拆除房屋现状

1. 乙方在拆迁范围内有房屋______间，建筑面积________平方米，使用面积________平方米，居住面积________平方米。

2. 乙方有正式户口________人，常住人口______人，应安置人口______人，分别是（姓名、性别、年龄、关系等）________________________。

3. 被拆迁房屋的产权属于________。

第三条　拆迁安置

1. 乙方安置到________，房屋______间，建筑面积________平方米，使用面积________平方米，居住面积________平方米。甲方负责为乙方办理住房进住手续。

2. 乙方临时过渡到________，房屋________间。

3. 乙方临时过渡期限自________年______月______日至________年______月______日。

甲方保证乙方在过渡期限内回迁，乙方在收到正式安置通知______日内，应迁入安置用房内。

第四条　安置房屋的标准

1. 甲方提供给乙方的安置房屋，其建造标准应当符合________颁发的________标准。

2. 建造质量应当符合________。

3. 房屋内应当有以下设施：

（1）____；
（2）____；
（3）____；
（4）____；
（5）____。

第五条　拆迁安置房屋产权

1. 乙方被安置房屋的产权属于________，乙方应与________签订房屋租赁合同并交纳房租及其他费用。

2. 乙方被安置房屋的产权属于________。

甲、乙双方应另行签订________买卖合同，持该合同办理房屋产权过户手续，该合同作为本合同附件与本合同具有同等的法律约束力。

第六条　房屋拆迁补助

甲方支付乙方搬家补助费________元；临时过渡费（含交通补助、供暖补助等）________元；转学补助费________元；提前搬家奖励费________元；其他补助费________元，共计人民币________元。

第七条　被拆迁房屋补偿

甲方对被拆除房屋的产权人按以下方式进行补偿：

1. 作价补偿。

被拆迁房屋______间，建筑面积________平方米，按每平方米________元作价补偿，甲方支付乙方拆迁补偿费________元。本合同签订后，由乙方负责办理被拆除房屋产权注销手续。

2. 产权调换。

甲方以________地点，________房屋，________间，________平方米，补偿乙方；

乙方需支付：

（1）结构差价________元；

（2）面积差价________元；

（3）房屋成新差价________元。

3.（略）

第八条　乙方在________年______月______日前应将原住房腾空，并交甲方拆除。

第九条　乙方私自搭建的违章建筑或附属设施应在________年______月______日前自行拆除，逾期不拆除的，甲方有权拆除。

第十条　乙方安置属于临时过渡的，应在收到甲方正式安置通知________日内迁入安置住房内。逾期不搬迁的，不再享受各种补助费，并每逾期一天罚款________元。

第十一条　乙方安置属于临时过渡的，在临时过渡费内，甲方按每月________元支付乙方临时过渡费。

第十二条　甲方应在本合同第三条第三项约定的临时过渡期期满前保证乙方按期回迁，逾期不能回迁的，甲方应在临时过渡期满________天前通知乙方，并按以下方法之一处理：

1. 甲方提供同面积、同质量的安置房屋。

2. 逾期________个月内，甲方按本合同第十一条约定的临时过渡费的________%向乙方加付临时过渡费，逾期超过________个月，甲方按本合同第十一条约定的临时过渡费的________%向乙方加付临时过渡费。

3.（略）

第十三条　特殊情况下安置逾期的处理

如果出现下列情况，乙方同意甲方逾期提供安置房屋：

1. 不可抗力造成安置房屋建设延期；

2. 因拆迁户搬迁迟延造成安置房屋建设延期；

3.（略）

出现上述情况，甲方应当在情况发生的________天内通知乙方。

因以上情况造成安置延期时，逾期安置时期的临时过渡费按以下方法处理：

1.（略）

2.（略）

第十四条　本合同自双方签字盖章之日起生效。

第十五条　本合同一式三份，甲、乙双方各持一份，另一份报房屋拆迁主管部门备案。

甲　方：____________________　　乙　方：____________________

委托代理人：________________　　委托代理人：________________

________年________月______日

第三章　房地产交易法律制度

第一节　商品房预售

本节为您提供以下主题词的法律适用依据与实战资料

■商品房预售

【商品房预售】

一、专家指导意见

（一）商品房预售的概念

商品房预售，是指房地产开发商在房屋尚未建成时，将商品房预先出售给买受人而由买受人支付一定的定金或价款的行为。商品房预售俗称“卖楼花”。1994年的《城市房地产管理法》第44条第2款规定：“商品房预售人应当按照国家有关规定将预售合同报县级以上人民政府房产管理部门和土地管理部门登记备案。”建设部1994年《城市商品房预售管理办法》第10条规定：“商品房预售，开发经营企业应当与承购人签订商品房预售合同。预售人应当在签约之日起30日内持商品房预售合同向县级以上人民政府房地产管理部门和土地管理部门办理登记备案手续。”第13条又规定：“如未按规定办理备案和登记手续的，应由房地产管理部门处以警告、责令停止预售、责令补办手续、吊销商品房预售许可证，并可处以罚款。”

（二）商品房预售合同

商品房预售合同是指商品房预售方和预购方双方约定，预售方在约定时间内将建成的商品房所有权转移于预购方，预购方向预售方交付定金或部分房款并按期接受商品房的书面协议。

1. 商品房预售合同的主体必须合格。

商品房预售合同的预售方应当具备下列条件：（1）预售方必须是经过批准设立，并在工商行政管理部门登记注册的房地产开发企业；（2）预售方必须交付全部土地使用权出让金，取得土地使用权证书；（3）预售方必须取得建设工程规划许可证，已经投入的开发资金必须符合法律的要求，达到总投资的25%以上，并明确了施工进度及竣工交付日期；（4）预售方必须取得商品房预售许可证。在商品房预售合同中，对预购方是否有条件的限制，我国法律没有特别规定。

2. 商品房预售合同的形式必须符合法律的规定。

商品房预售合同的内容复杂，履行期限长。因此，法律对其形式的要求也比较严格。根据法律的有关规定，商品房预售合同必须采取书面形式。在实践中，商品房预售合同一般采取标准合同的形式，具体条款由预售方事先拟定，主要内容包括：双方当事人的情况；预售商品房的基本情况（如商品房的坐落、土地使用权证号、建设工程规划许可证号、商品房预售许可证号、房屋建筑面积、房屋结构等等）；预售商品房的价格及支付办法、期限；交付房屋的日期；违约责任及免责条件；纠纷的解决方式等。根据《城市房地产管理法》的规定，当事人订立商品房预售合同后，预售方应当按照国家有关规定将预售合同报县级以上人民政府房产管理部门和土地管理部门登记备案。《城市商品房预售管理办法》亦规定：“商品房预售，开发经营企业应当与承购人签订商品房预售合同。预售人应当在签约之日起30日内持商品房预售合同向县级以上人民政府房产管理部门和土地管理部门办理登记备案手续。”

二、法律适用依据

（一）相关法律

❶中华人民共和国城市房地产管理法（节录）

（1994年7月5日第八届全国人民代表大会常务委员会第八次会议通过　1994年7月5日中华人民共和国主席令〔第29号〕公布　自1995年1月1日起施行）

第四十四条　商品房预售，应当符合下列条件：

（一）已交付全部土地使用权出让金，取得土地使用权证书；

（二）持有建设工程规划许可证；

（三）按提供预售的商品房计算，投入开发建设的资金达到工程建设总投资的百分之二十五以上，并已经确定施工进度和竣工交付日期；

（四）向县级以上人民政府房产管理部门办理预售登记，取得商品房预售许可证明。

商品房预售人应当按照国家有关规定将预售合同报县级以上人民政府房产管理部门和土地管理部门登记备案。

商品房预售所得款项，必须用于有关的工程建设。

第四十五条　商品房预售的，商品房预购人将购买的未竣工的预售商品房再行转让的问题，由国务院规定。

第六十七条　违反本法第四十四条第一款的规定预售商

品房的，由县级以上人民政府房产管理部门责令停止预售活动，没收违法所得，可以并处罚款。

（二）相关行政法规及规范性文件

❶城市房地产开发经营管理条例（节录）

（1998 年 7 月 20 日国务院令〔第 248 号〕公布施行）

第二十三条　房地产开发企业预售商品房，应当符合下列条件：

（一）已交付全部土地使用权出让金，取得土地使用权证书；

（二）持有建设工程规划许可证和施工许可证；

（三）按提供的预售商品房计算，投入开发建设的资金达到工程建设总投资的 25% 以上，并已确定施工进度和竣工交付日期；

（四）已办理预售登记，取得商品房预售许可证明。

第二十四条　房地产开发企业申请办理商品房预售登记，应当提交下列文件：

（一）本条例第二十三条第（一）项至第（三）项规定的证明材料；

（二）营业执照和资质等级证书；

（三）工程施工合同；

（四）预售商品房分层平面图；

（五）商品房预售方案。

第二十五条　房地产开发主管部门应当自收到商品房预售申请之日起 10 日内，作出同意预售或者不同意预售的答复。同意预售的，应当核发商品房预售许可证明；不同意预售的，应当说明理由。

第二十六条　房地产开发企业不得进行虚假广告宣传，商品房预售广告中应当载明商品房预售许可证明的文号。

第二十七条　房地产开发企业预售商品房时，应当向预购人出示商品房预售许可证明。

房地产开发企业应当自商品房预售合同签订之日起 30 日内，到商品房所在地的县级以上人民政府房地产开发主管部门和负责土地管理工作的部门备案。

❷关于发展房地产业若干问题的通知（节录）

（1992 年 11 月 4 日国务院　国〔1992〕61 号公布）

十、建立和培育完善的房地产市场体系。在房地产交易中应充分运用竞争机制。房地产一级市场即土地使用权的出让，要在城市总体规划指导下，尽量通过招标、拍卖等方式进行，减少协议出让。房地产二级市场即土地使用权出让后的房地产开发经营和三级市场即投入使用后的房地产交易，以及抵押、租赁等多种经营方式，要在国家宏观管理下，放开搞活，实行市场调节。土地使用权的转让和房产所有权的转移（包括涉外房地产），必须依照规定到当地房地产市场管理部门办理过户手续。要建立与房地产市场配套的服务体系，建立房地产交易的中介服务代理机构、房地产价格评估机构和对市场纠纷的仲裁机构等，逐步形成规范、公开、有序的房地产市场。

（三）相关部门规章及规范性文件

❶商品房销售管理办法（节录）

（2001 年 3 月 14 日建设部第三十八次部常委会议审议通过　2001 年 4 月 4 日建设部令〔第 88 号〕公布　自 2001 年 6 月 1 日起施行）

第三条　商品房销售包括商品房现售和商品房预售。

本办法所称商品房现售，是指房地产开发企业将竣工验收合格的商品房出售给买受人，并由买受人支付房价款的行为。

本办法所称商品房预售，是指房地产开发企业将正在建设中的商品房预先出售给买受人，并由买受人支付定金或者房价款的行为。

第二章　销售条件

第六条　商品房预售实行预售许可制度。商品房预售条件及商品房预售许可证明的办理程序，按照《城市房地产开发经营管理条例》和《城市商品房预售管理办法》的有关规定执行。

第三章　广告与合同

第十九条　按套（单元）计价的现售房屋，当事人对现售房屋实地勘察后可以在合同中直接约定总价款。

按套（单元）计价的预售房屋，房地产开发企业应当在合同中附所售房屋的平面图。平面图应当标明详细尺寸，并约定误差范围。房屋交付时，套型与设计图纸一致，相关尺寸也在约定的误差范围内，维持总价款不变；套型与设计图纸不一致或者相关尺寸超出约定的误差范围，合同中未约定处理方式的，买受人可以退房或者与房地产开发企业重新约定总价款。买受人退房的，由房地产开发企业承担违约责任。

第二十三条　房地产开发企业应当在订立商品房买卖合同之前向买受人明示《商品房销售管理办法》和《商品房买卖合同示范文本》；预售商品房的，还必须明示《城市商品房预售管理办法》。

❷关于贯彻《城市房地产开发经营管理条例》的通知（节录）

（1998 年 9 月 23 日建设部　建住房〔1998〕178 号公布）

五、进一步加强对房地产开发项目转让、房地产开发企业预售商品房、销售商品房的管理

《条例》根据《中华人民共和国城市房地产管理法》规定的原则，进一步明确规定了转让房地产开发项目的条件、程序，房地产开发企业预售商品房的条件、程序，以及房地产开发主管部门的职责。各地房地产开发主管部门要根据房地产开发项目建设条件意见和房地产开发项目手册所记录和掌握的项目情况，认真做好房地产开发项目转让的备案和商品房预售申请的审批工作。对批准预售的开发项目，要通过房地产开发项目手册进行跟踪管理。对不按规定进行备案和预售审批的，要按《条例》规定进行处罚。

❸关于明确城市商品房预售管理主管部门问题的复函

（1995 年 3 月 15 日建设部　建房字第 137 号文公布）

济南市房地产管理局：

你局济房办字（1995）5 号《关于明确城市商品房预售管理主管部门的请示》收悉。经研究，答复如下：

《中华人民共和国城市房地产管理法》第四十四条第一款

第（四）项规定的“向县级以上人民政府房产管理部门办理预售登记”中所称的房产管理部门是明确的，即是指按县级以上人民政府“三定”方案规定的房地产管理职能部门。《城市商品房预售管理办法》第四条第三款即“城市、县人民政府建设行政主管部门或房地产行政主管部门（以下简称房地产管理部门）负责本行政区域城市商品房预售管理”的规定与“房地产管理法”是一致的。“管理办法”的规定主要是考虑到建设的机构设置不像其他一些部门那样单一和上下对口，有关房地产管理机构的设置和职能的分工也比较复杂，有些市、县目前尚没有独立的房地产管理部门；还有部分市、县有关房地产管理的职能直接由建委承担。因此，作这样的规定以后就可以依法加强商品房预售管理的覆盖面。各地应严格按照法律的规定，根据国家有关地方人民政府的职能部门的机构设置及其职权由地方人民政府确定的原则，来确定当地商品房预售的主管部门。

❹关于贯彻《城市房地产管理法》若干意见的通知（节录）

（1994年8月13日建设部　建房字第493号文公布）

六、加强商品房预售管理。为了维护消费者利益，各地房地产管理部门要严格按照房地产法第四十四条的规定，尽快建立起商品房的预售登记和许可制度，加强监督和检查。凡未取得许可证明预售房屋的，要按房地产法第六十七条的规定予以处罚。

❺土地登记规则（节录）

（1995年12月18日国家土地管理局公布）

第四十一条　商品房预售，预售人应当在预售合同签订后三十日内，将预售合同报县级以上人民政府房产管理部门和土地管理部门登记备案。

县级以上人民政府土地管理部门建立商品房预售合同登记备案簿，记录预售人和预购人名称、商品房所占土地位置、预售金额、交付使用日期、预售面积等内容。

❻关于贯彻《城市房地产管理法》若干问题的批复（节录）

（1995年3月11日国家土地管理局公布）

八、目前，国务院尚未对预售商品房是否可以再行转让的问题作出规定。如果你省作出规定可以再行转让预售商品房，为了有利于保障交易双方当事人的合法权益，特别是确保商品房预购人在房屋建成后能够顺利办理土地登记手续，在国家作出统一规定前，建议规定如商品房预购人再行转让预售商品房时，商品房预购人应当到土地管理部门办理土地予登记变更手续。

❼关于贯彻《城市房地产管理法》做好土地登记工作的通知（节录）

（1995年1月1日国家土地管理局公布）

四、关于商品房预售的登记备案

根据《城市房地产管理法》第四十四条的规定，商品房预售人应当将预售合同报县级以上地方人民政府房产管理部门和土地管理部门登记备案，商品房预售人必须在预售合同签订之日起三十日内，持预售合同及其他有关文件到土地所在地土地管理部门办理登记备案手续。土地管理部门根据商品房预售人的申请，建立商品房预售登记台账，逐项记录预售人和预购人名称、商品房所占土地位置、预售金额、交付使用日期、预售面积等内容。并在预售人预售商品房所占土地的土地登记卡上和土地证书备注栏内予以登记。同时，向预售人出具已办理登记备案的证明。

❽关于进一步加强房地产广告管理的通知（节录）

（2002年3月25日工商行政管理总局　工商广字〔2002〕第68号、建设部公布）

二、加强对预售商品房广告的管理。各级房地产管理部门应加强对商品房预售行为的管理，对于已经取得预售许可证的项目，应当及时通过网上或其他途径，向社会公布，并设立网上或电话查询业务。未取得商品房预售许可证的房地产开发企业，不得以“内部认购”、“内部认订”、“内部登记”等名目发布广告。

❾城市房地产转让管理规定（节录）

（1995年8月7日建设部令〔第45号〕公布　根据2001年8月15日《建设部关于修改〈城市房地产转让管理规定〉的决定》修正）

第十五条　商品房预售按照建设部《城市商品房预售管理办法》执行。

❿关于整顿和规范房地产市场秩序的通知（节录）

（2002年5月23日建设部、国家发展计划委员会、国家经济贸易委员会、财政部、国土资源部、国家工商行政管理总局、监察部　建住房〔2002〕123号公布）

（一）加强房地产开发项目管理，依法查处违法、违规开发建设行为

各地要严格执行房地产开发项目审批程序，并加强项目的跟踪管理。房地产开发企业取得出让土地使用权后，必须按照出让合同约定支付出让金，并按照出让合同约定的条件和期限开发、利用土地。未按约定支付出让金的，土地管理部门有权解除合同，并可以请求违约赔偿；未按约定的条件和期限开发、利用土地的，市、县人民政府土地管理部门应当予以纠正，并可处以警告、罚款直至无偿收回土地使用权。确需改变出让合同约定条件的，必须取得土地出让方和市、县人民政府城市规划行政主管部门同意，并签订土地使用权出让合同变更协议或者重新签订土地使用权出让合同。

房地产开发企业应当严格按照有关规定办理用地、立项、规划、建设和销售等手续。对经营性房地产开发项目，要适应政府按年度计划采取招标、拍卖和挂牌方式统一供应土地的要求，通过竞争取得土地使用权。房地产开发项目规划方案一经批准，任何单位和个人不得擅自变更。确需变更的，必须按原审批程序报批；城市规划行政主管部门在批准其变更前，应当进行听证。对于擅自变更规划的房地产开发企业，城市规划主管部门应当依据《中华人民共和国城市规划法》，责令停止建设、限期改正，并处以罚款；严重影响城市规划的，责令拆除违法建筑物。

未取得施工许可证或者开工报告未经批准擅自施工的，建设行政主管部门应当依据《建筑工程质量管理条例》第五十七条规定，责令停止施工，限期改正，并处工程合同价款1%以上2%以下的罚款。

未取得预售许可证明擅自预售商品房的，房地产管理部

门应当依据《城市房地产开发经营管理条例》第三十九条规定，责令停止违法行为，没收违法所得，可以并处收取的预付款1%以下的罚款；对于擅自挪用预售款项的，房地产管理部门应当依据《城市商品房预售管理办法》第十四条规定，责令限期纠正，并处以违法所得3倍以下但不超过3万元的罚款；构成犯罪的，依法追究刑事责任。

各地房地产管理部门、工商行政管理部门要严格按照有关规定，把好市场准入关，依法严厉打击抽逃注册资本（金）、项目资本金、无证或者超范围从事房地产开发经营等行为。对于自有资金不足、行为不规范的房地产开发企业，房地产管理部门应当报当地人民政府及时通知各有关部门不得审批或同意其新开建设项目。

（三）强化合同管理，依法查处合同欺诈行为

《商品房买卖合同示范文本》对于规范合同内容、避免合同纠纷、保护购房者合法权益有着十分重要的作用。各地要积极宣传并推广使用。未使用示范文本的，房地产管理部门在核发商品房预售许可证时，应当审核房地产开发企业提供的合同文本是否包含法律、法规规定的必备内容。未包含的，房地产管理部门应当要求房地产开发企业进行调整；拒不调整的，不予发放预售许可证。

已预售的房地产开发项目，因规划、设计调整导致商品房结构型式、户型、空间尺寸、朝向变化以及出现合同当事人约定的其他影响商品房质量或者使用功能情形的，房地产开发企业应当在批准变更后10日内通知买受人。未在规定时限内通知买受人的，买受人有权退房，并有权要求开发企业承担违约责任。

各地房地产管理部门、工商行政管理部门要加强对合同的监管，依法查处房地产市场合同欺诈行为，切实保护住房消费者的合法权益。

⑪城市房屋白蚁防治管理规定（节录）

（1999年10月15日建设部令〔第72号〕公布　2004年7月20日根据《建设部关于修改〈城市房屋白蚁防治管理规定〉的决定》修正）

第十一条　房地产开发企业在进行商品房销（预）售时，应当向购房人出具该项目的《白蚁预防合同》或者其他实施房屋白蚁预防的证明文件，提供的《住宅质量保证书》中必须包括白蚁预防质量保证的内容。

建设单位在办理房屋产权登记手续时，应当向房地产行政主管部门出具按照本规定实施房屋白蚁预防的证明文件。

⑫城市商品房预售管理办法

（1994年11月15日建设部令〔第40号〕公布　根据2001年8月15日《建设部关于修改〈城市商品房预售管理办法〉的决定》2004年7月20日《建设部关于修改〈城市商品房预售管理办法〉的决定》修正）

第一条　为加强商品房预售管理，维护商品房交易双方的合法权益，根据《中华人民共和国城市房地产管理法》、《城市房地产开发经营管理条例》，制定本办法。

第二条　本办法所称商品房预售是指房地产开发企业（以下简称开发企业）将正在建设中的房屋预先出售给承购人，由承购人支付定金或房价款的行为。

第三条　本办法适用于城市商品房预售的管理。

第四条　国务院建设行政主管部门归口管理全国城市商品房预售管理；

省、自治区建设行政主管部门归口管理本行政区域内城市商品房预售管理；

市、县人民政府建设行政主管部门或房地产行政主管部门（以下简称房地产管理部门）负责本行政区域内城市商品房预售管理。

第五条　商品房预售应当符合下列条件：

（一）已交付全部土地使用权出让金，取得土地使用权证书；

（二）持有建设工程规划许可证和施工许可证；

（三）按提供预售的商品房计算，投入开发建设的资金达到工程建设总投资的25%以上，并已经确定施工进度和竣工交付日期。

第六条　商品房预售实行许可制度。开发企业进行商品房预售，应当向房地产管理部门申请预售许可，取得《商品房预售许可证》。

未取得《商品房预售许可证》的，不得进行商品房预售。

第七条　开发企业申请预售许可，应当提交下列证件（复印件）及资料：

（一）商品房预售许可申请表；

（二）开发企业的《营业执照》和资质证书；

（三）土地使用权证、建设工程规划许可证、施工许可证；

（四）投入开发建设的资金占工程建设总投资的比例符合规定条件的证明；

（五）工程施工合同及关于施工进度的说明；

（六）商品房预售方案。预售方案应当说明预售商品房的位置、面积、竣工交付日期等内容，并应当附预售商品房分层平面图。

第八条　商品房预售许可依下列程序办理：

（一）受理。开发企业按本办法第七条的规定提交有关材料，材料齐全的，房地产管理部门应当当场出具受理通知书；材料不齐的，应当当场或者5日内一次性书面告知需要补充的材料。

（二）审核。房地产管理部门对开发企业提供的有关材料是否符合法定条件进行审核。

开发企业对所提交材料实质内容的真实性负责。

（三）许可。经审查，开发企业的申请符合法定条件的，房地产管理部门应当在受理之日起10日内，依法作出准予预售的行政许可书面决定，发送开发企业，并自作出决定之日起10日内向开发企业颁发、送达《商品房预售许可证》。

经审查，开发企业的申请不符合法定条件的，房地产管理部门应当在受理之日起10日内，依法作出不予许可的书面决定。书面决定应当说明理由，告知开发企业享有依法申请行政复议或者提起行政诉讼的权利，并送达开发企业。

商品房预售许可决定书、不予商品房预售许可决定书应当加盖房地产管理部门的行政许可专用印章，《商品房预售许可证》应当加盖房地产管理部门的印章。

（四）公示。房地产管理部门作出的准予商品房预售许可的决定，应当予以公开，公众有权查阅。

第九条 开发企业进行商品房预售，应当向承购人出示《商品房预售许可证》。售楼广告和说明书应当载明《商品房预售许可证》的批准文号。

第十条 商品房预售，开发企业应当与承购人签订商品房预售合同。开发企业应当自签约之日起30日内，向房地产管理部门和市、县人民政府土地管理部门办理商品房预售合同登记备案手续。

房地产管理部门应当积极应用网络信息技术，逐步推行商品房预售合同网上登记备案。

商品房预售合同登记备案手续可以委托代理人办理。委托代理人办理的，应当有书面委托书。

第十一条 开发企业预售商品房所得款项应当用于有关的工程建设。

商品房预售款监管的具体办法，由房地产管理部门制定。

第十二条 预售的商品房交付使用之日起90日内，承购人应当依法到房地产管理部门和市、县人民政府土地管理部门办理权属登记手续。开发企业应当予以协助，并提供必要的证明文件。

由于开发企业的原因，承购人未能在房屋交付使用之日起90日内取得房屋权属证书的，除开发企业和承购人有特殊约定外，开发企业应当承担违约责任。

第十三条 开发企业未取得《商品房预售许可证》预售商品房的，依照《城市房地产开发经营管理条例》第三十九条的规定处罚。

第十四条 开发企业不按规定使用商品房预售款项的，由房地产管理部门责令限期纠正，并可处以违法所得3倍以下但不超过3万元的罚款。

第十五条 开发企业隐瞒有关情况、提供虚假材料，或者采用欺骗、贿赂等不正当手段取得商品房预售许可的，由房地产管理部门责令停止预售，撤销商品房预售许可，并处3万元罚款。

第十六条 省、自治区建设行政主管部门、直辖市建设行政主管部门或房地产行政管理部门可以根据本办法制定实施细则。

第十七条 本办法由国务院建设行政主管部门负责解释。

第十八条 本办法自1995年1月1日起施行。

⑬关于做好稳定住房价格工作的意见（节录）

（2005年4月30日建设部、国家发展和改革委员会、财政部、国土资源部、中国人民银行、国家税务总局、中国银行业监督管理委员会公布）

七、切实整顿和规范市场秩序，严肃查处违法违规销售行为

根据《中华人民共和国城市房地产管理法》有关规定，国务院决定，禁止商品房预购人将购买的未竣工的预售商品房再行转让。在预售商品房竣工交付、预购人取得房屋所有权证之前，房地产主管部门不得为其办理转让等手续；房屋所有权申请人与登记备案的预售合同载明的预购人不一致的，房屋权属登记机关不得为其办理房屋权属登记手续。实行实名制购房，推行商品房预销售合同网上即时备案，防范私下交易行为。

要严格房地产开发企业和中介机构的市场准入，依法严肃查处违法违规销售行为。对虚构买卖合同，囤积房源；发布不实价格和销售进度信息，恶意哄抬房价，诱骗消费者争购；以及不履行开工时间、竣工时间、销售价格（位）和套型面积控制性项目建设要求的，当地房地产主管部门要将以上行为记入房地产企业信用档案，公开予以曝光。对一些情节严重、性质恶劣的，建设部会同有关部门要及时依法从严处罚，并向社会公布。

⑭房地产开发企业财务管理若干问题的补充规定（节录）

（1999年5月11日财政部　财基字〔1999〕74号公布）

八、房地产开发企业按照国家法律、法规的规章取得预售许可证后，方可上市预售商品房。预售商品房所得的价款，只能用于相关的工程建设，并作为企业预收账款管理。商品房竣工验收办理移交手续后，应将预收账款转为营业收入。

（四）相关司法解释

❶关于审理房地产管理法施行前房地产开发经营案件若干问题的解答（节录）

（最高人民法院审判委员会第777次会议讨论通过　1995年12月27日最高人民法院　法〔1996〕2号公布）

25. 商品房的预售方，没有取得土地使用证，但投入一定的开发建设资金，进行了施工建设，预售商品房的，在一审诉讼期间补办了土地使用证、商品房预售许可证明的，可认定预售合同有效。

26. 商品房的预售方，持有土地使用证，也投入一定的开发建设资金，进行了施工建设，预售商品房的，在一审诉讼期间办理了预售许可证明的，可认定预售合同有效。

27. 预售商品房合同签订后，预购方尚未取得房屋所有权证之前，预售方未经预购方同意，又就同一预售商品房与他人签订预售合同的，应认定后一个预售合同无效；如后一个合同的预购方已取得房屋所有权证的，可认定后一个合同有效，但预售方给前一个合同的预购方造成损失的，应承担相应的民事责任。

29. 商品房预售合同的双方当事人，经有关主管部门办理了有关手续后，在预售商品房尚未实际交付前，预购方将购买的未竣工的预售商品房转让他人，办理了转让手续的，可认定转让合同有效；没有办理转让手续的，在一审诉讼期间补办了转让手续，也可认定转让合同有效。

30. 商品房预售合同的预购方，在实际取得预购房屋产权并持有房屋所有权证后，将房屋再转让给他人的，按一般房屋买卖关系处理。

八、关于预售商品房的价格问题

31. 预售商品房的价格，除国家规定“微利房”、“解困房”等必须执行国家定价的以外，合同双方根据房地产市场行情约定的价格，也应当予以保护。一方以政府调整与房地产有关的税费为由要求变更合同约定价格的，可予以支持。一方以建筑材料或商品房的市场价格变化等为由，要求变更合同约定的价格或解除合同的，一般不予支持。

32. 合同双方约定了预售商品房价格，同时又约定了预

售商品房的价格以有关主管部门的核定价格为准，一方要求按核定价格变更预售商品房价格的，应予以准许。

33. 合同双方约定的预售商品房价格不明确，或者在合同履行中发生不可抗力的情况，合同双方当事人可另行协商预售商品房价格。协商不成的，可参照当地政府公布的价格、房地产部门认可的评估的价格，或者当地同期同类同质房屋的市场价格处理。

34. 在逾期交付房屋的期间，因预售商品房价格变化造成的损失，由过错方承担。

47. 预售商品房因预售方的过错造成合同无效的，应根据房地产市场价格变化和预购方交付房款等情况，由预售方承担返还财产、赔偿损失的责任。房屋未建成或未交付的，参照签订合同时的房价和法院裁判、调解时的房价之间的差价，确定预购方的损失数额。

❷全国民事审判工作座谈会纪要（节录）

（1993年11月24日最高人民法院　法〔1993〕37号公布）

第二，关于预售商品房问题。房地产开发企业预售商品房，须持有预售商品房许可证件，并与预购方签订合同。没有预售商品房许可证件的，应认定合同无效。对于合法有效的预售商品房合同，预购方未按合同约定交付预付款或者预售方未按合同约定交付预售房屋的，应当承担违约责任。

第三，关于转卖预售商品房问题。预购方在预售方实际交付房屋之前，将预售商品房转卖给第三人的，必须符合法规、政策规定。违反法律、政策规定，倒买倒卖预售商品房的，应当认定买卖行为无效。在预售方已实际交付房屋后，预购方将房屋卖给第三人的，可按一般房屋买卖关系处理。

❸关于审理商品房买卖合同纠纷案件适用法律若干问题的解释（节录）

（2003年3月24日最高人民法院审判委员会第1267次会议通过　2003年4月28日最高人民法院法释〔2003〕7号公布　自2003年6月1日起施行）

第二条　出卖人未取得商品房预售许可证明，与买受人订立的商品房预售合同，应当认定无效，但是在起诉前取得商品房预售许可证明的，可以认定有效。

（五）相关地方性法规及规范性文件

❶内蒙古自治区城市房地产开发经营管理条例（节录）

（2001年2月12日内蒙古自治区第九届人民代表大会常务委员会第二十一次会议通过　2001年2月12日内蒙古自治区人民代表大会常务委员会公布）

第二十五条　商品房预售实行许可制度。房地产开发企业预售商品房应当符合有关法律、法规规定的条件，并向旗县级以上人民政府房地产开发行政管理部门申请办理预售登记，取得商品房预售许可证。

第二十七条　房地产开发企业作商品房预售广告和其他方式宣传时，应当载明商品房预售许可证批准文号。

第二十八条　商品房预售时，房地产开发企业应当向预购人出示商品房预售许可证。

房地产开发企业应当自商品房预售合同签订之日起30日内，到商品房所在地的旗县级以上人民政府房地产开发行政管理部门和土地行政管理部门备案。

第二十九条　预售商品房所得款项，必须用于该项目的开发建设。房地产开发行政管理部门应当会同有关部门建立商品房预售所得款项的监管制度。

❷沈阳市城市房产管理条例（节录）

（2001年8月3日沈阳市第十二届人民代表大会常务委员会第二十八次会议通过　2001年9月29日辽宁省第九届人民代表大会常务委员会第二十六次会议批准）

第二十二条　商品房预售实行许可证制度。房地产开发企业向房产行政管理部门申请办理商品房预售许可证，应提供下列文件和资料：

（一）已交付全部土地使用权出让金的收据和取得的土地使用权证书；

（二）建设工程项目计划批准文件；

（三）建设工程规划许可证和施工许可证；

（四）按提供的预售商品房计算，投入开发建设的资金达到工程建设总投资的25%以上，并已确定施工进度和竣工交付日期证明；

（五）营业执照和资质证明；

（六）工程施工合同；

（七）商品房的分层平面图；

（八）预售商品房的申请和方案。

房产行政管理部门应自收到申请之日起10日内进行审查。符合条件的，核发《商品房预售许可证》；不符合条件的，通知申请人并说明理由。

第二十三条　房地产开发企业预售或销售商品房时，应当向购买人出示《土地使用证》、《商品房预售许可证》或《房屋所有权证》；提供《商品房销售面积审核通知书》、《住宅质量保证书》和《住宅使用说明书》；告之房屋坐落、用地性质和使用年限、环境、质量、装修及设施等情况。

房地产开发企业与购买人应当依法签订书面合同。

❸吉林省城市房产管理若干规定（节录）

（1997年12月19日吉林省第八届人民代表大会常务委员会第三十五次会议通过　1997年12月19日吉林省人民代表大会常务委员会公布施行）

第三十一条　开发经营企业预售商品房，应当向县级以上人民政府房产行政主管部门办理预售登记，取得《商品房预售许可证》后，方可预售。

第三十二条　开发经营企业申请办理《商品房预售许可证》，应当提交下列证件及资料：

（一）《营业执照》；

（二）《房地产开发企业资质等级证书》；

（三）建设项目的投资立项、规划、用地和施工等批准文件或证件；

（四）工程施工进度计划；

（五）投入开发建设的资金已达工程建设总投资的25%以上的证明；

（六）商品房预售方案，包括商品房的坐落、装修标准、交付使用日期、预售总面积、交付使用后的物业管理、商品房预售总平面图等；

（七）拟向境外预售商品房的，应当同时提交允许向境外预售的批准文件。

❹吉林市房地产交易市场管理条例（节录）

（1994 年 11 月 26 日吉林省第八届人民代表大会常务委员会第十三次会议批准　1994 年 11 月 26 日吉林省第八届人民代表大会常务委员会公布施行）

第十二条　房地产开发企业预售的商品房，应当进入房地产市场进行交易，并符合下列条件：

（一）土地使用权已经依法登记，并取得土地使用权证书，土地使用权未经抵押；

（二）持有建设工程规划许可证；

（三）除交付全部土地使用权出让金外，投入开发建设的资金达到工程建设总投资的 25% 以上，并已确定施工进度和竣工交付日期；

（四）由市房屋开发行政管理部门办理商品房预售登记，经市房地产行政管理部门批准，并取得商品房预售许可证明；

（五）法律、法规规定的其他条件。

❺吉林市城市房地产开发经营管理条例（节录）

（1999 年 11 月 25 日吉林市第十二届人民代表大会常务委员会第十四次会议通过　2000 年 3 月 31 日吉林省第九届人民代表大会常务委员会第十六次会议批准）

第三十一条　商品房预售，开发企业应当按照规定到有关部门办理商品房预售登记，取得《商品房预售许可证》。

办理商品房预售登记必须提交下列文件：

（一）企业的营业执照和资质等级证书；

（二）建设项目的计划、立项、规划、用地和施工等批准文件；

（三）工程施工合同；

（四）投入开发建设的资金已达到投资总额的 25% 以上的证明；

（五）商品房屋预售方案、分层平面图和物业管理方式；

（六）向境外销售的商品房屋，应当同时提交向境外销售的批准文件。

第三十四条　商品房预售，当事人双方应当签订书面合同。合同应当载明商品房的建筑面积和使用面积、价格、交付日期、质量要求、物业管理方式以及双方的违约责任。

❻黑龙江省城市房地产开发管理条例（节录）

（1997 年 8 月 20 日黑龙江省第八届人民代表大会常务委员会第二十九次会议通过　1997 年 8 月 20 日黑龙江省人民代表大会常务委员会公布　自 1997 年 10 月 1 日起施行）

第五章　商品房预售

第三十条　开发企业在开发项目建设过程中，可以预售商品房，但必须向开发项目所在地房地产管理部门申请，取得《商品房预售许可证》后方可进行。

第三十一条　开发企业在预售商品房时，应当向预购人出示开发项目许可证、商品房预售许可证，执行物价管理部门核准的基准价格；需要发布广告的，经工商行政管理部门审查合格后方可发布。

第三十二条　开发企业预售商品房，应当符合《中华人民共和国城市房地产管理法》第四十四条规定，与商品房预购人签订由省建设行政主管部门商省工商行政管理部门印制的书面合同。

开发企业应当按照国家有关规定将商品房预售合同报县以上人民政府房地产管理部门备案。

第三十三条　开发企业应当按照商品房预售合同约定的期限向商品房预购人交付质价相称的商品房；商品房预购人应当按照合同约定期限缴纳购房款项。合同双方当事人应当严格履行合同，违约者应当承担违约责任。

第三十四条　开发企业预售商品房所得价款，必须专款用于开发项目建设，接受开发主管部门和同级财政部门的监督管理。

第三十五条　开发企业没有依法取得房屋产权证照，不得出租其商品房。开发企业已取得房屋产权证照出租商品房时，应执行法律法规和省人民政府的有关规定。

❼杭州市城市房地产开发经营管理若干规定（节录）

（2000 年 11 月 16 日杭州市第九届人民代表大会常务委员会第二十九会议通过　2001 年 4 月 19 日浙江省第九届人民代表大会常务委员会第二十六次会议批准　2001 年 4 月 30 日杭州市人民代表大会常务委员会公布）

第十五条　房地产开发企业向市、县（市）房产行政主管部门申请商品房预售登记时，除应当提交法律、法规已有规定的文件外，还应当提交标准地名批准文件、拆迁户安置情况说明和市、县（市）建设行政主管部门对房地产开发项目的工程形象进度的证明文件。市、县（市）房产行政主管部门应当在查验有关文件后，核发商品房预售许可证。

商品房预售许可证应当标明准予预售的商品房坐落位置（含幢号）、建筑面积和使用性质。

第十七条　购房人要求购买商品房时，房地产开发企业应向购房人出示商品房预售许可证、土地使用权证、建设工程规划许可证和建设工程施工许可证等证明文件。

配套基础设施和公共设施分期建设的项目，房地产开发企业应当向购房人承诺分期建设的内容及交付使用的期限。

第十八条　房地产开发企业预售商品房应当与购房人签订商品房预售合同。购房人认为可以采用格式合同的，房地产开发企业应当提供由市有关行政主管部门印制的商品房购销合同文本，房地产开发企业不得提供自行拟制的商品房购销合同文本；购房人认为需要采用非格式合同的，可以采用非格式合同。

第十九条　商品房预售合同应当明确预售商品房的用地依据、坐落位置（含幢号）、层次、房号、建筑面积或套内建筑面积、分摊的公用建筑面积、价格与价款、付款方式、交付使用的期限、配套基础设施和公共设施建设、物业管理、保修责任、争议的解决方式以及购房人和房地产开发企业认为需要约定的其他内容。

购房人可以选择按商品房的建筑面积或套内建筑面积或套计价并与房地产开发企业约定商品房的价款；购房人选择按套计价的，商品房预售合同应当明确的内容由购房人和房地产开发企业商定。

第二十条　已经预售的商品房，房地产开发企业因特殊原因需变更商品房预售合同内容的，应当征得购房人同意，与购房人订立预售合同变更协议，并报有关管理部门备案。

房地产开发企业单方变更商品房预售合同内容的，购房人有权解除商品房预售合同，并由房地产开发企业承担违约责任。

第二十二条　房地产开发企业作商品房销售广告时必须标明商品房预售证批准文号。未取得商品房预售证或未标明商品房预售许可证批准文号的，房地产开发企业不得作任何形式的商品房销售广告。

商品房销售广告中关于房地产状况的说明、示意应当真实、准确。

第二十三条　购房人可以就房地产开发企业在商品房销售广告（含售楼资料书）中的承诺内容在商品房预售合同的附件中约定，房地产开发企业不得拒绝。

第二十六条　房地产开发企业应当严格执行有关商品房管理的法律、法规。经测绘机构实际测定的商品房的建筑面积或套内建筑面积（以下简称测绘面积）超过或小于房地产开发企业与购房人在商品房预售合同中约定的建筑面积或套内建筑面积（以下简称预售面积）3%以上的，应当根据购房人的要求负责退房，并承担其他民事责任。

根据前款规定退房的，遇价格下降时，按原价格退还价款；遇价格上涨时，按同类地段同类商品房标准的新价格退还价款；房地产开发企业还应按合同约定的利率支付预付款的利息。

测绘面积超过预售面积3%以上，购房人未要求退房的，房地产开发企业不得要求购房人支付超过3%以上部分面积的价款；测绘面积小于预售面积3%以上，购房人未要求退房的，房地产开发企业应当退回不足部分面积的价款，并按小于预售面积3%以上部分面积价款的一倍赔偿购房人的损失；测绘面积超过或小于预售面积3%（含3%）以内的，应当按测绘面积结算价款。

❽安徽省城市房地产交易管理条例（节录）

（2000年5月29日安徽省第九届人民代表大会常务委员会第十六次会议通过　2000年5月29日安徽省人民代表大会常务委员会公布）

第十七条　经批准预售商品房的，开发企业和承购人须签订商品房预售合同。预售人应当自预售合同签订之日起30日内到商品房所在地市、县负责房地产交易的管理部门登记备案。

第十八条　商品房预购人将预售商品房再行转让的，由转让双方凭已备案的商品房预售合同到所在地市、县负责房地产交易的管理部门办理转让变更登记。预售当事人不得自行变更商品房预售合同或发票上的姓名或名称。

❾湖北省实施《中华人民共和国城市房地产管理法》办法（节录）

（1996年3月29日湖北省第八届人民代表大会常务委员会第十九次会议通过　1996年3月29日湖北省人民代表大会常务委员会公布）

第二十一条　房地产开发企业预售商品房，必须符合《房地产管理法》的规定，并向市、县房产管理部门办理预售登记，取得商品房预售许可证。

开发企业与承购人签订商品房预售、销售合同，均须使用国家制定的规范文本。

❿湖南省城市房屋产权产籍管理条例（节录）

（1998年8月4日湖南省第九届人民代表大会常务委员会第三次会议通过　1998年8月4日湖南省人民代表大会常务委员会公布）

第八条　新建商品房屋的，应当在竣工验收之日起九十日内、房屋交付给买受人之前申请房屋所有权初始登记并提交房地产开发企业资质等级证书和本条例第七条规定的资料。商品房已预售的，还应当提交房屋产权产籍管理部门颁发的商品房预售许可证。

预售商品房的，预售人应当向房屋产权产籍管理部门办理预售登记，取得商品房预售许可证明，并从预售合同签订之日起九十日内持商品房预售合同登记备案申请书、商品房预售许可证、预售合同、身份证明等资料申请商品房预售合同登记备案。

⓫广东省商品房预售管理条例（节录）

（1998年7月29日广东省第九届人民代表大会常务委员会第四次会议通过　2000年9月22日广东省第九届人民代表大会常务委员会第二十次会议通过　2000年9月22日广东省人民代表大会常务委员会公布）

第二条　本条例所称预售商品房，是指依法成立的房地产开发经营企业依法将其开发的商品房在竣工验收前出售，由预购人按合同约定支付购房款，预售人按合同约定交付商品房的行为。

本条例所称预售人，是指预售商品房的房地产开发经营企业。

本条例所称预购人，是指购买预售的商品房的单位和个人。

第五条　预售商品房应当遵循公平和诚实信用的原则。

第二章　商品房预售项目管理

第六条　预售商品房时，应当取得商品房预售许可证。取得商品房预售许可证应当具备下列条件：

（一）预售人已取得房地产开发资质证书、营业执照；

（二）按照土地管理部门有关规定交付土地使用权出让金，已取得土地使用权证书；

（三）持有建设工程规划许可证和建设工程施工许可证，并已办理建设工程质量和安全监督手续；

（四）已确定施工进度和竣工交付使用时间；

（五）三层以下的商品房项目已完成基础和结构工程；四层以上的商品房项目，有地下室工程的，已完成基础和首层结构工程，无地下室工程的，已完成基础和四层结构工程；

（六）已在项目所在地商业银行开设商品房预售款专用账户；

（七）预售商品房项目及其土地使用权未设定他项权；

（八）法律、法规规定的其他条件。

省建设行政主管部门可根据市场供求状况，在不低于前款第五项规定的条件下，对商品房预售项目工程形象进度进行调整，报省人民政府批准后实施。

第七条　预售人应当分期或者分单项向主管部门申请商品房预售许可证。

主管部门收到申请后，应当依照本条例规定的预售条件对项目进行核实，自受理申请之日起十五日内，对符合条件的项目核发商品房预售许可证，对不符合条件的，应当书面通知申请人并告知不予核发的理由。

商品房预售许可证应当载明预售人的名称和预售商品房项目的坐落位置、楼号、楼层建筑面积数，并附图注明预售商品房项目的坐落位置和楼号。

第八条 主管部门核发商品房预售许可证时，应当要求预售人提交施工进度方案、投资计划和资金来源等材料，通过实地考察和分析，核准项目竣工交付使用时间的合理性。主管部门能证明其不合理的，应当责令预售人进行修改。

第九条 已预售的商品房项目竣工验收合格交付使用前，预售人不得用该商品房项目及其土地使用权设定他项权。

第十条 预售人不得擅自变更已预售的商品房项目的设计；对预售的商品房项目的结构型式、户型、使用功能、使用面积和合同约定的其他事项的设计进行变更时，应当征得相关的预购人同意；预购人不同意变更，经双方协商达不成补偿协议的，可以索取已交付的商品房预售款本息，并可以依照合同约定追偿预售人的违约金，合同没有约定违约金的，可以依法追偿已付预售款百分之十以上百分之二十以下的违约金。

第十一条 预售人将已预售的商品房项目转让给其他房地产开发企业开发建设时，应当经拥有已预售商品房建筑面积的三分之二以上的预购人同意。

转让预售的商品房项目的，受让方应当为依法成立并符合资质等级要求的房地产开发经营企业。

第十二条 转让预售的商品房项目的，受让方应当享有原预售人对预购人享有的权利，并承担原预售人对预购人所承担的义务。

第十三条 受让方与预售人签订项目转让合同之日起三十日内，受让方应当持下列文件到原发证机关变更商品房预售许可证：

（一）商品房项目的转让合同；

（二）原商品房预售许可证；

（三）土地管理和城市规划等部门同意变更的有关证件；

（四）受让方的房地产开发资质证书；

（五）在项目所在地商业银行开设的预售房款专用账户；

（六）法律、法规规定的其他条件的证明材料。

对符合条件的项目，主管部门应当自受理申请之日起十五日内变更商品房预售许可证。

预售人自签订项目转让合同之日起，应当停止预售商品房；受让方未换领商品房预售许可证的，不得预售商品房。

第十五条 预售的商品房项目竣工后，主管部门应当按照法律、法规的规定组织竣工验收，验收合格后，方可交付预购人使用。

第十六条 市、县主管部门应当设立和公布商品房预售的查询和投诉电话；对受理的投诉，应当及时处理并予答复。

第三章 商品房预售行为管理

第十七条 预售商品房时，预售人应当以书面方式向预购人明示下列事项：

（一）预售人的名称、注册地址、联系电话和法定代表人；

（二）商品房预售许可证或者其经发证机关确认的复印件；

（三）项目开发进度和竣工交付使用时间；

（四）项目及其配套设施的平面示意图；

（五）商品房的结构类型、户型、装修标准；公共和公用建筑面积的分摊办法；

（六）预售商品房的价格和付款办法；

（七）商品房预售款的专用账户；

（八）物业管理事项；

（九）法律、法规规定的其他事项。

第十八条 预售人委托房地产中介机构代理销售的，应当委托有资格的中介机构代理并出具委托书，明确委托代理的范围和权限。代理人应当以书面方式向预购人明示第十七条规定的事项和下列事项：

（一）代理人的资格证书；

（二）预售人出具给代理人的委托书；

（三）代理人的地址和联系电话。

第十九条 预售人发布预售广告时，应当已取得商品房预售许可证。预售广告的内容必须真实、准确，不得有误导、欺骗公众和不符合预售的商品房项目的内容，并载明商品房预售许可证的编号和发证机关。

第二十条 预售人发布的预售商品房广告和印发的宣传资料所明示的事项，预购人有权要求在商品房预购合同中约定。

第二十一条 预售人发布预售商品房广告时，应当提前五日将拟发布的广告式样报核发商品房预售许可证的主管部门和工商行政管理部门备案，主管部门和工商行政管理部门发现该广告内容与项目不符时，应当责令其停止发布。

第二十二条 预售商品房时，预售人与预购人应当签订书面的商品房预购销合同，在该合同签订三十日内持该合同到项目所在地房地产交易登记机构办理登记手续；房地产交易登记机构应当自受理之日起二十日内予以登记。

第二十三条 预购人与预售人签订书面的商品房预购销合同前，经双方协商同意，预售人可以向预购人收取一定数额的商品房预购订金；预售人收取订金前，应当向预购人提供商品房预购销合同草案。

收取商品房预购订金时，预售人与预购人应当订立书面协议，约定所收订金的具体数额和退还与不退还的具体办法。

预售人与预购人签订书面的商品房预购销合同后，预售人向预购人收取的商品房预购订金应当转作预购人支付的商品房预售款。

第二十四条 商品房预购销合同应当载明和约定下列事项：

（一）预售人、预购人和双方的委托代理人姓名（名称）、地址、邮政编码和合法证件号码；

（二）预售人用地依据和预售的商品房的坐落位置；

（三）预购的商品房的实得建筑面积、分摊建筑面积及其所含项目、楼号、楼层、房号和层高；

（四）预购的商品房的价格和代收税费的项目和标准；

（五）交付使用时的实际面积与预售时约定面积差异的处理办法；

（六）付款时间和方式及预购人逾期付款的违约责任；

（七）预售的商品房竣工交付使用的时间及逾期的违约责任；

（八）装修项目、标准和设备品牌、型号、材料规格及违约责任；

（九）基础设施、公共配套建筑的建设标准和运行要求及违约责任；

（十）物业管理事项；

（十一）双方认为需要约定的其他事项。

预售人、预购人和双方的委托代理人的姓名（名称）、地址、邮政编码、联系电话变更时，应当自变更之日起七日内书面通知相关各方。

第二十五条　商品房预购销合同应当附有预购商品房项目及楼层的平面图，并在平面图上标明预购人所购商品房的楼号、楼层和房号的位置。

预售的商品房价格和代收税费经预售人和预购人在合同中约定和载明后，除国家和省新开征的税费外，预售人不得向预购人收取其他款项。

第二十六条　预售人设置商品房样板房的，其布置、装修和设备的质量，除当事人另有约定的外，应当与预售说明书和实际交付使用的商品房一致；样板房在预售的商品房竣工交付使用前不得拆除。

第二十七条　商品房预售后，预售人应当定期向预购人通报商品房建设进展情况。

第二十八条　预售人向预购人交付预售的住宅商品房时，应当提供住宅质量保证书和住宅使用说明书。

住宅质量保证书应当载明住宅商品房的质量等级，承诺对地基基础和主体结构在合理使用年限内承担保修责任，承诺在正常使用情况下对住宅商品房各部位、部件的保修内容及其保修期限。

住宅使用说明书应当对住宅商品房的结构、性能和各部位（部件）的类型、性能、标准作出说明，并提出使用时应当注意的事项。

⑫南宁市城市房地产交易管理条例（节录）

（1997年12月25日南宁市第十届人大常委会第十七次会议通过　1998年6月26日广西壮族自治区第九届人民代表大会常务委员会第四次会议批准　1998年6月26日南宁市人民代表大会常务委员会公布）

第十三条　商品房销售、预售必须报市房产行政主管部门审批，取得《商品房销售许可证》或《商品房预售许可证》方可进行。

商品房预售所得款项必须用于有关的工程建设。

第四十六条　未取得《商品房预售许可证》而进行商品房预售的，由市房产行政主管部门责令停止预售活动，没收违法所得，可并处商品房预售所得款项2‰以上10‰以下的罚款。

未取得《商品房销售许可证》而进行商品房销售的，由市房产行政主管部门责令停止销售。

⑬重庆市城市房地产开发经营管理条例（节录）

（2000年5月25日重庆市第一届人民代表大会常务委员会第二十五次会议通过　2000年5月25日重庆市人民代表大会常务委员会公布）

第四章　房地产项目经营

第二十八条　预售商品房的房地产开发企业，应取得房屋行政管理部门核发的商品房预售许可证。

房地产开发企业将已经抵押的商品房进行预售，必须经抵押权人同意并明确告知购房者；已经预售的商品房不得进行抵押。

⑭贵州省城市房地产开发经营管理条例（节录）

（1996年8月2日贵州省第八届人民代表大会常务委员会第二十三次会议通过　1996年8月2日贵州省人民代表大会常务委员会公布）

第二十七条　商品房预售及其再转让按《城市房地产法》第四十四条、第四十五条规定执行。

第四十四条　商品房预售，应当符合下列条件：

（一）已交付全部土地使用权出让金，取得土地使用权证书；

（二）持有建设工程规划许可证；

（三）按提供预售的商品房计算，投入开发建设的资金达到工程建设总投资的百分之二十五以上，并已经确定施工进度和竣工交付日期；

（四）向县级以上人民政府房产管理部门办理预售登记，取得商品房预售许可证明。

商品房预售人应当按照国家有关规定将预售合同报县级以上人民政府房产管理部门和土地管理部门登记备案。

商品房预售所得款项，必须用于有关的工程建设。

第四十五条　商品房预售的，商品房预购人将购买的未竣工的预售商品房再行转让的问题，由国务院规定。

⑮珠海市房地产登记条例（节录）

（1997年7月10日珠海市第四届人民代表大会常务委员会第二十五次会议通过　1997年7月10日珠海市人民代表大会常务委员会公布　自1997年10月1日起施行）

第五节　商品房预售登记

第三十六条　预售商品房，商品房预售人必须申请预售登记。

第三十七条　登记机关对申请人的预售登记申请进行审查，符合规定的，应当自受理申请之日起30日内予以核准预售登记，并核发商品房预售许可证。

第三十八条　预售商品房实行预售合同登记备案制度。

商品房预售人应当在预售合同签订之日起60日内申请办理商品房预售合同登记备案。

第三十九条　商品房预购人转让预购的商品房的，应当与受让人和商品房预售人共同签订预售商品房转让合同，并由转让该商品房的双方当事人自合同签订之日起15日内办理变更登记备案。

第四十七条　商品房预售人不依法办理商品房预售合同登记备案手续，造成预售合同无效，给预购人和其他权利人造成损失的，应当承担民事责任；但商品房预售人能证明自己无过错的除外。

⑯云南省土地登记条例（节录）

（2002年11月29日云南省第九届人民代表大会常务委员会第31次会议通过　2002年11月29日云南省人民代表大会常务委员会公

布）

第三十条 预售商品房，预售人应当在商品房预售前十五日向土地行政主管部门备案。

商品房预售备案后，土地行政主管部门方可为其办理土地登记手续。

⑰河南省城市房地产开发经营管理条例（节录）

（2002年5月31日河南省第九届人民代表大会常务委员会第二十八次会议通过 2002年5月31日河南省人民代表大会常务委员会公布）

第二十七条 商品房预售实行预售许可证制度。房地产开发企业预售商品房，应当符合下列条件：

（一）具有房地产开发企业资质证书；

（二）已交付全部土地使用权出让金，取得土地使用权证书；

（三）持有建设工程规划许可证和施工许可证；

（四）工程进度达到设计形象进度的二分之一以上，并已确定施工进度和竣工交付日期；

（五）法律、法规规定的其他条件。

房地产开发企业应当持上述条件所要求的证明材料，到省辖市、县（市）房地产管理部门申领商品房预售许可证。省辖市、县（市）房地产管理部门应当对已核发商品房预售许可证的项目进展情况进行跟踪监督，发现问题时，应当责令预售人限期改正。

未取得商品房预售许可证，不得有任何预售行为，不得向预购人收取任何预订性质的费用。

第二十九条 房地产开发企业、房地产中介服务机构不得进行虚假广告宣传，商品房预售广告中必须载明商品房预售许可证的文号。

商品房预售人发布的预售商品房广告和印发的宣传资料所明示的事项，视同商品房买卖合同中约定的内容。

第三十九条 房地产开发企业未取得商品房预售许可证预售商品房的，由房地产管理部门责令停止预售活动，没收违法所得，并处以五万元以上十万元以下的罚款。预售行为给买受人造成损失的，依法承担赔偿责任。

⑱厦门市城镇房屋管理条例（节录）

（1996年8月9日厦门市第十届人民代表大会常务委员会第二十四次会议通过 2002年3月29日厦门市第十一届人民代表大会常务委员会第四十二次会议修正）

第二十九条 商品房预售，应当符合下列条件：

（一）已交付全部土地使用权出让金，取得土地使用权证书；

（二）持有建设工程规划许可证；

（三）房屋建设工程承包合同已生效，房屋交付使用日期已经确定；

（四）投入开发建设的资金已达该项目工程建设总投资的百分之二十；

（五）已取得土地房产管理部门核发的《商品房预售许可证》。

⑲山西省城市房地产交易管理条例（节录）

（2002年12月2日山西省第九届人民代表大会常务委员会第三十二次会议通过 2002年12月2日山西省人民代表大会常务委员会公布 自2003年1月1日起施行）

第十五条 房地产开发企业预售商品房，应当向商品房所在地市、县（市）人民政府建设行政主管部门办理预售登记，取得商品房预售许可证。领取商品房预售许可证，应当符合下列条件：

（一）已交付全部土地使用权出让金，取得土地使用权证；

（二）有建设工程规划许可证和建筑施工许可证；

（三）完成建筑物主体工程三分之一以上，并已经确定施工进度和竣工交付日期。

商品房预售人应当按照国家有关规定，将预售合同报商品房所在地市、县（市）人民政府建设行政主管部门、土地行政主管部门登记备案。

（六）相关地方政府规章及规范性文件

❶北京市国土房管局关于北京市绿化隔离地区土地置换管理办法（节录）

（2001年12月30日北京市国土资源和房屋管理局制定 北京市人民政府办公厅 京政办〔2002〕97号转发）

第二十六条 按住户自用房1:0.5比例开发的商品房，需要内销预售的，由建设单位按有关规定到市国土房管局办理内销商品房预售许可证。

商品房需要外销预售的，经市涉外建设项目国家安全事项审查办公室批准后，由市国土房管局办理外销商品房预售许可证和立契过户、产权登记手续。

❷辽宁省城市房地产开发经营管理规定（节录）

（2001年11月19日辽宁省人民政府令〔第128号〕公布 自2002年1月1日起施行）

第二十三条 对商品房预售实行预售许可证制度。未取得商品房预售许可证的，不得预售商品房。

预售商品房，应当符合《条例》第二十三条规定的条件。

❸安徽省城市房地产开发经营管理办法（节录）

（2000年10月31日安徽省人民政府第六十五次常务会议通过 2000年11月10日安徽省人民政府令〔第129号〕公布 自2001年1月1日起施行）

第二十二条 房地产开发企业预售商品房，应当符合《条例》第二十三条规定的条件，并经商品房所在地县级以上地方人民政府房地产开发主管部门同意后，按照《中华人民共和国城市房地产管理法》的规定办理预售登记，领取商品房预售许可证明。

❹长沙市城镇国有土地使用权出让转让暂行办法（节录）

（1992年4月27日长沙市人民政府公布 根据1998年2月17日《长沙市人民政府关于修改〈长沙市城镇国有土地使用权出让转让暂行办法〉的决定》第一次修正 根据2002年4月29日《长沙市人民政府关于修改〈长沙市城镇国有土地使用权出让转让暂行办法〉的决定》第二次修正）

第三十二条 商品房预售，应当符合下列条件：

（一）已交付全部土地使用权出让金，取得土地使用权证书；

（二）持有建设工程规划许可证；

（三）按提供预售的商品房计算，投入开发建设的资金达到工程建设总投资的25%以上，并已经确定施工进度和竣工交付日期；

（四）向县级以上人民政府房产管理部门办理预售登记，取得商品房预售许可证明。

商品房预售人应当按照国家有关规定将预售合同报县级以上人民政府房产管理部门和土地管理部门登记备案。

商品房预售所得款项必须用于有关的工程建设。

❺武汉市土地登记管理办法（节录）

（2003年8月11日武汉市人民政府第八次常务会议审议通过 2003年9月15日武汉市人民政府令〔第146号〕公布 自2003年10月20日起施行）

第三十一条 土地行政管理部门对申请人的变更登记申请进行审查，符合规定的，土地行政管理部门应当自受理申请之日起30日内予以核准变更登记，并核发土地证书。经审查不符合规定的，应当书面通知申请人，并说明理由。

三、以案明法

湖北省针棉织品进出口公司诉武汉远东房地产开发有限公司商品房预售合同案

原告：湖北省针棉织品进出口公司（以下简称针棉进出口公司）

被告：武汉远东房地产开发有限公司（以下简称远东房地产公司）

第三人：武汉国际信托投资公司（以下简称武汉国投公司）

1993年9月18日，针棉进出口公司与远东房地产公司签订了一份订购综合楼合同。双方约定：远东房地产公司将在新华路231号建造的一座综合楼（即远东花苑D座）销售给针棉进出口公司，连同该综合楼所占5亩土地的50年使用权一并转让给针棉进出口公司；综合楼建筑面积15000平方米，每平方米售价为3978元，此价格已含不可预见费用和包干费用，为不变价格；房屋开发过程中的拆迁费、城市建设配套费、土地转让费、设计费、建筑安装费、楼房消防及生活用水设施、电力增容、购买综合楼发生的一切税费均由远东房地产公司承担；针棉进出口公司应自合同生效之日起，依工程进度分11期向远东房地产公司给付工程款，并支付定金300万元；如远东房地产公司不能按期将武汉市规划局审批的设计方案、红线图送给针棉进出口公司，即视为解除合同，应双倍返还定金600万元，反之，若针棉进出口公司在1993年12月31日之前解除合同，远东房地产公司不退还定金。合同还规定：远东房地产公司必须于1993年12月31日正式开工，于1995年10月31日将综合楼交付使用；如远东房地产公司未按规定的竣工日期交付房屋，或针棉进出口公司未按约定期限支付工程进度款，则从逾期之日起，每超过30日，按购房总价款的5%支付给对方违约金。1993年9月22日，针棉进出口公司按约定向远东房地产公司支付购房定金300万元。1993年11月5日，远东房地产公司按约定将武汉市规划局批准的该综合楼方案及方案设计图报送针棉进出口公司。1993年12月8日，双方又达成了一份补充协议，约定：该综合楼因设计需要，增加建筑面积800平方米，增加面积的售价仍为每平方米3978元，所增加的工程款3182400元，由针棉进出口公司分7次支付，每次45万元，余额与主合同一并执行；原地下室设计高度由3米增至4.5米，所增加部分不增加工程造价。补充协议订立后，远东房地产公司因拆迁工作拖延，至1995年10月中旬，施工进度仅达第三层。针棉进出口公司在按合同约定支付工程进度款的同时，多次致函提出对方违约。1996年3月5日，该综合楼封顶。针棉进出口公司和远东房地产公司协商，交房日期延至1996年6月30日。但至该日止，远东房地产公司未按约交房，并要求针棉进出口公司继续付款，针棉进出口公司要求远东房地产公司履行交房的合同义务，并拒绝再向其付款，双方遂发生纠纷。

从1993年9月22日至1996年9月16日，针棉进出口公司按约定分13次共向远东房地产公司付款56957800元（包括300万元定金在内），另以远东房地产公司违约为由分4次从应支付的工程款中扣留135万元作为违约金，远东房地产公司对此无异议并开具了收据。在施工过程中，应针棉进出口公司的要求，远东房地产公司先后16次对工程局部装修及土建工程进行了变更。本案在审理中，经受案法院委托湖北省建设银行对该综合楼未完工程和实际建筑面积进行了鉴定，其结论是：综合楼实际建筑面积为16364.36平方米，未完土建工程造价为4967749.96元，新增工程设备造价（电梯提高档次）为949412元。远东房地产公司系武汉国投公司、中国房地产开发总公司武汉江岸公司、香港远东系统有限公司共同开办的中外合资企业。注册资本3636000美元，其中武汉国投公司出资额占40%，从1993年8月至1997年年初，远东房地产公司的法人代表均由武汉国投公司法人代表兼任。1995年3月，远东房地产公司与武汉国投公司先后签订了8份抵押贷款合同。合同约定：武汉国投公司贷给远东房地产公司4200万元人民币，还款期分别为1995年11月或12月；远东房地产公司将包括综合楼占用5亩地在内的整个远东花苑土地使用权抵押给武汉国投公司，期限至1996年12月。双方按规定办理了抵押登记手续。按贷款合同约定，前述贷款应用于远东花苑开发，但远东房地产公司未将此款用于远东花苑建设，贷款期满后亦未能偿还。

1996年2月，远东房地产公司致函武汉地名委员会，证明该综合楼已全部由针棉进出口公司订购要求该委员会协助办理有关针棉进出口公司对该楼的命名手续，后武汉市地名委员会发文正式命名该楼为凯盟大厦。远东房地产公司亦按规定办理了该楼房的商品房预售许可证。

原告针棉进出口公司于1996年10月向湖北省高级人民法院起诉称：1993年9月18日、12月8日，我公司与远东房地产公司签订的订购综合楼合同及补充协议合法有效。我公司按约定向被告支付了工程款5830万元，而被告严重违约，至今不能按合同约定的期限交付房屋。请求法院判令被告交付楼房；承付违约金3770万元；赔偿经济损失580万元；返还定金300万元并承担本案诉讼费用。

被告远东房地产公司答辩称：工期拖延的原因是原告频繁地变更工程设计、组织人员进行内部装饰和安装空调。请求由原告承担国家现行政策规定的税费、城市配套费及地下室增高的费用。

第三人武汉国投公司申请参加诉讼称：我公司和远东房

地产公司签订的土地使用权抵押贷款合同合法有效。远东房地产公司未能按约偿付4200万元贷款本息，请求法院判令远东房地产公司以远东花苑D座及其土地使用权作价抵偿贷款本息。

湖北省高级人民法院经审理认为：针棉进出口公司与远东房地产公司签订的订购综合楼合同及补充协议，属订购性质的预售商品房合同，合同及补充协议所约定的内容符合国家法律及有关商品房预售的规定，双方意思表示真实，应认定有效。被告远东房地产公司在签订上述合同，收取了针棉进出口公司的购房款并进行施工达一年多之后，又与武汉国投公司签订抵押合同，在未告知针棉进出口公司或者征得其同意的情况下，将已预售的综合楼所占用的土地使用权抵押给武汉国投公司，而武汉国投公司明知该楼及土地使用权已经预售，仍与远东房地产公司签订抵押合同，显然属于双方恶意侵害针棉进出口公司利益的行为，应认定该抵押合同中关于综合楼所占的土地部分为无效抵押。武汉国投公司主张应从该综合楼即远东花苑D座享有4200万本金及利息优先受偿权的请求应予驳回。针棉进出口公司按期支付了工程款，而远东房地产公司未按约定期限交付楼房，至今尚有490余万元造价的土建工程未完工，远东房地产公司对此应依合同约定承担违约责任。远东房地产公司辩称因针棉进出口公司原因影响房屋迟延交付的理由无事实依据，其要求针棉进出口公司承担城市建设配套费、绿化费、税费等主张与合同的约定不符。针棉进出口公司多次对局部工程提出了修改意见，故对其要求远东房地产公司支付定金300万元及赔偿损失580万元的请求不予支持。鉴于针棉进出口公司要求按现在的施工现状交付房屋，远东房地产公司又无能力完成剩余工程，本院对针棉进出口公司的该项请求予以支持。根据《中华人民共和国民法通则》第四条、第五十八条第（四）项、第一百零六条第一款，最高人民法院《关于审理房地产管理法施行前房地产开发经营案件若干问题的解答》第二十五、二十六、三十一、三十九、四十三条，《中华人民共和国民事诉讼法》第一百二十八条的规定，于1997年9月15日判决如下：

一、针棉进出口公司与远东房地产公司签订的订购综合楼合同及补充协议终止履行。该综合楼的城市建设配套调增、供电增容费调增、供水增容、未完工程部分的开发费用、房屋过户税费、绿化费、自来水管网改造等按合同约定，均由远东房地产公司负担。

二、远东房地产公司于本判决生效之日起60日内，向针棉进出口公司交付综合楼，并与针棉进出口公司办理交付房屋资料及验收、结算过户手续。

三、综合楼新增加的电梯费用949412元，由针棉进出口公司支付给远东房地产公司。

四、远东房地产公司按合同约定向针棉进出口公司支付延期交房违约金（从1996年7月1日至实际交房3日止，按购房总价款65097500元的5%，每30天计付一次）。

五、驳回针棉进出口公司的其他诉讼请求。

六、驳回武汉国投公司的诉讼请求。

宣判后，本案的当事人均未上诉。

四、办案实战资料库

（一）商品房预售许可证

商品房预售许可证

许可证编号	（　　）房预售证第（　　）号	发证日期	年　月　日
企业名称		企业性质	
开发资质等级		项目联系人	
单位地址		联系电话	
法定代表人		标的物坐落	
项目名称		项目坐落幢	
项目坐落新村		项目坐落室	
项目坐落单元		土地性质	
占地面积		施工编号	
土地工程抵押标志		非营业性公建标志	
普通商品房预售价格		多层预售价格	
小高层预售价格		高层预售价格	
普通住宅预售套数		商贸用房预售套数	
经济适用房预售套数		写字楼预售套数	
别墅预售套数		车库预售套数	
其他预售套数		总预售套数	
普通住宅预售面积		商贸用房预售面积	
经济适用房预售面积		写字楼预售面积	
别墅预售面积		车库预售面积	
其他预售面积		总预售面积	
投资总额		已完成投资额	
已投资率		开工日期	
竣工日期		营业性公建标志	
预售款专用账号		预售款专用银行	
销售方式		销售电话	
销售代理公司		代理公司联系电话	
物业管理单位		物业联系电话	
在建工程及土地抵押情况说明		工程形成进度计划	
审核意见		审核标志	
审核人		审核日期	
领导批示		领导	
批示日期		领导	
批示日期		输入人员	
输入日期		归档标志	
归档人		归档日期	

（二）商品房预售合同

商品房预售合同

出售方：（甲方）________________________

地址：________________________ 电话：____________

购买方：（乙方）________________________

姓名：______ 性别：______ 出生：______年______月______日

国籍：______ 身份证号码：________________________

地址：____________ 电话：____________

本合同依据中华人民共和国法律制定。

第一条 甲方经市人民政府国土局批准，取得位于______市，用地面积______的土地使用权。地块编号：______，使用年限______年，自______起至______止。甲方在上述土地兴建楼宇，定名为______，由甲方预售。

第二条 乙方自愿向甲方订购上述楼宇的第______幢______号（第______层）房。建筑面积______，土地面积______（其中，基底分摊______、公用分摊______、其他______）。

第三条 甲方定于______年______月______日将该楼宇交付乙方使用。如遇下列特殊原因可延期交付使用，但不得超过______天：

1. 人力不可抗拒的自然灾害；
2. 施工中遇到异常困难及重大技术问题不能及时解决；
3. 其他非甲方所能控制的因素。

上述原因必须凭______市有关主管部门的证明文件为依据，方能延期交付使用。

第四条 甲乙双方同意上述订购之楼宇售价为：单价______元/m^2，总金额______币______仟______佰______拾______万______仟______佰______拾______元整（小写：______元）。付款方式：乙方按甲方指定收款银行：____________，账户名称：____________，分期（______次）付款。

第五条 乙方如未按本合同第四条规定的时间付款，甲方有权追索违约利息。如逾期______天以上，仍未付所欠款项和利息，甲方有权单方终止合同，将楼宇出售他人。

第六条 甲方如未按本合同第三条规定的日期将该楼宇交付给乙方使用，应自合同规定交付日第二天起计算违约利息，以补偿乙方的损失。

第七条 甲方出售的楼宇须经市建筑质量检验部门验审合格，并负责保修半年，如质量不合格时，乙方有权提出退房，退房后甲方应将已付款项及全部利息在三十天内退回乙方。

第八条 甲乙双方在楼宇交付使用并付清楼款后，签订《房地产转让合同书》，经市政府主管部门办理转让登记手续，发给《房地产权证》，乙方才能获得房地产权。

乙方在使用期间，有权享用与该楼宇有关联的公共通道、设施、活动场所。同时必须遵守中华人民共和国法律、法令和社会道德，维护公共设施和公共利益。

第九条 乙方所购楼宇只作______使用，在使用期间不得擅自改变该楼宇的结构和用途，如有损坏应自费修缮。______乙方购置的楼宇所占用的土地，按有关土地管理规定缴纳土地使用费。

第十条 预售的楼宇，乙方不得转让、抵押。否则，违反市政府有关规定，后果自负。

第十一条 本合同自签订盖章之日起生效。如发生纠纷，双方应友好协商解决，不能解决时，按下列第______种方式解决；

1. 向______仲裁委员会申请仲裁；
2. 依法向______人民法院起诉。

第十二条 本合同正本一式四份，甲乙双方、公证机关、房地产产权登记机关各执一份。

出售方（甲方）： 购买方（乙方）：

法定代表人： 法定代表人：

签约时间： 签约时间：

第二节　房地产转让

本节为您提供以下主题词的法律适用依据与实战资料

■房地产转让

【房地产转让】

一、专家指导意见

（一）房地产转让的概念

《房地产管理法》规定："房地产转让，是指房地产权利人通过买卖、赠与或者其他合法方式将其房地产转移给他人的行为。"《城市房地产转让管理规定》对这个概念中的其他合法方式做了进一步的解释，规定其他合法方式主要包括下列行为：

1. 以房地产估价入股，与他人成立企业法人，房地产权属发生变更的；

2. 一方提供土地使用权，另一方或者多方提供资金，合资、合作开发经营房地产，而使房地产权属发生变更的；

3. 因企业被收购、兼并或合并，房地产权属随之转移的；

4. 以房地产抵债的；

5. 法律、法规规定的其他情形。

房地产转让的实质是房地产权属发生转移变更。《房地产管理法》规定，房地产转让时，房屋所有权和该房屋所占用范围内的土地的使用权同时转让。房地产转让的形式包括房地产买卖、房地产赠与、房地产继承等方式。

（二）房地产转让的条件

房地产转让最主要的特征是发生权属变更，即房屋所有权发生转移（包括房屋占用的土地的使用权）。《房地产管理法》及《城镇房地产转让管理规定》中均规定，下列房地产不得转让：

1. 对以出让方式取得的土地使用权不符合下列规定条件的，不得转让房地产：（1）按照出让合同约定已经支付全部土地使用权出让金，并取得土地使用权证书；（2）按照出让合同约定进行投资开发，属于房屋建设工程的，应完成开发投资总额的25%以上；属于成片开发土地的，依照规划对土地进行开发建设，完成供排水、供电、供热、道路、交通、通讯等市政基础设施，公用设施的建设，达到场地平整、形成工业用地或者其他建设用地条件。转让房地产时房屋已经建成的，还应当持有房屋所有权证书。

2. 司法机关和行政机关依法裁定、决定查封或者以其他形式限制房地产权利的。司法机关或行政机关可以根据合法请求人的申请或社会公共利益的需要，依法裁定决定限制房地产权利，如查封、责令拆除违章建筑、有限制地禁止交易等，在权利受到限制期间，房地产权利人不得转让该项房地产。

（三）房地产转让的程序

《城市房地产转让管理规定》中规定了房地产转让的主要程序：（1）房地产转让当事人签订书面转让合同；（2）房地产转让当事人在房地产转让合同签订后30日内将房地产权属证书、当事人的合法证明、转让合同等有关文件向房地产所在地的房地产管理部门提出申请，并申报成交价格；（3）房地产管理部门对提供的有关文件进行审查，并在15日内作出是否受理申请的书面答复；（4）房地产管理部门核实申报的成交价格，并根据需要对转让的房地产进行现场查勘和评估；（5）房地产转让当事人按照规定缴纳有关税费；（6）房地产管理部门核发过户单，房地产转让当事人凭过户单办理产权过户手续，领取房地产权属证书。

此外，凡房地产转让或变更的，必须按照规定的程序先到当地房地产管理部门办理交易手续和申请变更登记，然后凭变更后的房屋所有权证书向同级人民政府土地管理部门申请土地使用权变更登记，不按上述规定程序办理的，其房地产转让或变更一律无效。

（四）房地产转让合同

房地产转让合同是指房地产转让当事人之间签订的用于明确各方权利义务关系的协议。在房地产转让时应当由当事人协商拟定书面转让合同，房地产转让合同应当载明下列主要内容：（1）双方当事人的姓名或者名称、住所；（2）房地产权属证书名称和编号；（3）房地产坐落位置、面积、四至界限；（4）土地、地号、土地使用权取得的方式及年限；（5）房屋的用途或使用性质；（6）成交价格及支付方式；（7）房地产交付使用的时间；（8）违约责任；（9）双方约定的其他事项。

二、法律适用依据

（一）相关法律

❶中华人民共和国城市房地产管理法（节录）

（1994年7月5日第八届全国人民代表大会常务委员会第八次会议通过　1994年7月5日中华人民共和国主席令〔第29号〕公布　自1995年1月1日起施行）

第四章　房地产交易

第一节 一般规定

第三十一条 房地产转让、抵押时，房屋的所有权和该房屋占用范围内的土地使用权同时转让、抵押。

第三十四条 国家实行房地产成交价格申报制度。

房地产权利人转让房地产，应当向县级以上地方人民政府规定的部门如实申报成交价，不得瞒报或者作不实的申报。

第三十五条 房地产转让、抵押，当事人应当依照本法第五章的规定办理权属登记。

第二节 房地产转让

第三十六条 房地产转让，是指房地产权利人通过买卖、赠与或者其他合法方式将其房地产转移给他人的行为。

第三十七条 下列房地产，不得转让：

（一）以出让方式取得土地使用权的，不符合本法第三十八条规定的条件的；

（二）司法机关和行政机关依法裁定、决定查封或者以其他形式限制房地产权利的；

（三）依法收回土地使用权的；

（四）共有房地产，未经其他共有人书面同意的；

（五）权属有争议的；

（六）未依法登记领取权属证书的；

（七）法律、行政法规规定禁止转让的其他情形。

第三十八条 以出让方式取得土地使用权的，转让房地产时，应当符合下列条件：

（一）按照出让合同约定已经支付全部土地使用权出让金，并取得土地使用权证书；

（二）按照出让合同约定进行投资开发，属于房屋建设工程的，完成开发投资总额的百分之二十五以上，属于成片开发土地的，形成工业用地或者其他建设用地条件。

转让房地产时房屋已经建成的，还应当持有房屋所有权证书。

第三十九条 以划拨方式取得土地使用权的，转让房地产时，应当按照国务院规定，报有批准权的人民政府审批。有批准权的人民政府准予转让的，应当由受让方办理土地使用权出让手续，并依照国家有关规定缴纳土地使用权出让金。

以划拨方式取得土地使用权的，转让房地产报批时，有批准权的人民政府按照国务院规定决定可以不办理土地使用权出让手续的，转让方应当按照国务院规定将转让房地产所获收益中的土地收益上缴国家或者作其他处理。

第四十条 房地产转让，应当签订书面转让合同，合同中应当载明土地使用权取得的方式。

第四十一条 房地产转让时，土地使用权出让合同载明的权利、义务随之转移。

第四十二条 以出让方式取得土地使用权的，转让房地产后，其土地使用权的使用年限为原土地使用权出让合同约定的使用年限减去原土地使用者已经使用年限后的剩余年限。

第四十三条 以出让方式取得土地使用权的，转让房地产后，受让人改变原土地使用权出让合同约定的土地用途的，必须取得原出让方和市、县人民政府城市规划行政主管部门的同意，签订土地使用权出让合同变更协议或者重新签订土地使用权出让合同，相应调整土地使用权出让金。

第四十四条 商品房预售，应当符合下列条件：

（一）已交付全部土地使用权出让金，取得土地使用权证书；

（二）持有建设工程规划许可证；

（三）按提供预售的商品房计算，投入开发建设的资金达到工程建设总投资的百分之二十五以上，并已经确定施工进度和竣工交付日期；

（四）向县级以上人民政府房产管理部门办理预售登记，取得商品房预售许可证明。

商品房预售人应当按照国家有关规定将预售合同报县级以上人民政府房产管理部门和土地管理部门登记备案。

商品房预售所得款项，必须用于有关的工程建设。

第四十五条 商品房预售的，商品房预购人将购买的未竣工的预售商品房再行转让的问题，由国务院规定。

（二）相关行政法规及规范性文件

❶城市房地产开发经营管理条例（节录）

（1998年7月20日国务院令〔第248号〕公布施行）

第四章 房地产经营

第二十条 转让房地产开发项目，应当符合《中华人民共和国城市房地产管理法》第三十八条、第三十九条规定的条件。

第二十一条 转让房地产开发项目，转让人和受让人应当自土地使用权变更登记手续办理完毕之日起30日内，持房地产开发项目转让合同到房地产开发主管部门备案。

第二十二条 房地产开发企业转让房地产开发项目时，尚未完成拆迁补偿安置的，原拆迁补偿安置合同中有关的权利、义务随之转移给受让人。项目转让人应当书面通知被拆迁人。

第二十八条 商品房销售，当事人双方应当签订书面合同。合同应当载明商品房的建筑面积和使用面积、价格、交付日期、质量要求、物业管理方式以及双方的违约责任。

第三十条 房地产开发项目转让和商品房销售价格，由当事人协商议定；但是，享受国家优惠政策的居民住宅价格，应当实行政府指导价或者政府定价。

第三十一条 房地产开发企业应当在商品房交付使用时，向购买人提供住宅质量保证书和住宅使用说明书。

住宅质量保证书应当列明工程质量监督单位核验的质量等级、保修范围、保修期和保修单位等内容。房地产开发企业应当按照住宅质量保证书的约定，承担商品房保修责任。

保修期内，因房地产开发企业对商品房进行维修，致使房屋原使用功能受到影响，给购买人造成损失的，应当依法承担赔偿责任。

第三十二条 商品房交付使用后，购买人认为主体结构质量不合格的，可以向工程质量监督单位申请重新核验。经核验，确属主体结构质量不合格的，购买人有权退房；给购买人造成损失的，房地产开发企业应当依法承担赔偿责任。

❷关于深化城镇住房制度改革的决定（节录）

（1994年7月18日国务院　国〔1994〕43号公布）

（二十二）发展房地产交易市场，规范住房交易行为。职工购买住房，都要由房产管理部门办理住房过户和产权转移登记手续，同时要办理相应的土地使用权变更登记手续，并领取统一制定的产权证书，产权证书应注明产权属性，按标准价购买的住房应注明产权比例。出租和出售、赠与、继承及以其他形式转让所购住房，应按国家规定交纳有关税费。要加强市场管理，规范交易程序，完善税收制度，坚决查处倒卖房产牟取暴利等违法行为。

❸中华人民共和国城镇国有土地使用权出让和转让暂行条例（节录）

（1990年5月19日国务院令〔第55号〕公布施行）

第二十四条　地上建筑物、其他附着物的所有人或者共有人，享有该建筑物、附着物使用范围内的土地使用权。

土地使用者转让地上建筑物、其他附着物所有权时，其使用范围内的土地使用权随之转让，但地上建筑物、其他附着物作为动产转让的除外。

第二十五条　土地使用权和地上建筑物、其他附着物所有权转让，应当依照规定办理过户登记。

土地使用权和地上建筑物、其他附着物所有权分割转让的，应当经市、县人民政府土地管理部门和房产管理部门批准，并依照规定办理过户登记。

第四十五条　符合下列条件的，经市、县人民政府土地管理部门和房产管理部门批准，其划拨土地使用权和地上建筑物、其他附着物所有权可以转让、出租、抵押：

（一）土地使用者为公司、企业、其他经济组织和个人；

（二）领有国有土地使用证；

（三）具有地上建筑物、其他附着物合法的产权证明；

（四）依照本条例第二章的规定签订土地使用权出让合同，向当地市、县人民政府补交土地使用权出让金或者以转让、出租、抵押所获收益抵交土地使用权出让金。

转让、出租、抵押前款划拨土地使用权的，分别依照本条例第三章、第四章和第五章的规定办理。

（三）相关部门规章及规范性文件

❶城市国有土地使用权价格管理暂行办法（节录）

（1995年10月20日国家发展计划委员会　计价格〔1995〕1628号文公布　自1995年12月1日起施行）

第十条　以划拨方式取得土地使用权转让的，转让房地产时，要按规定办理出让手续并缴纳土地使用权出让金；对按规定可以不办理土地使用权出让手续的，应将转让所获得收益中的土地收益上缴国家；房屋所有权人以营利为目的，将以划拨方式取得使用权的国有土地上建成的房屋出租的，应将租金中所含土地收益上缴国家。

房屋出售、出租的价格，按国家有关规定执行。

❷建制镇规划建设管理办法（节录）

（1995年4月8日通过　1995年6月29日建设部令〔第44号〕公布　自1995年7月1日起施行）

第三十条　房产转让时，房屋的所有权和该房屋占用范围内的土地使用权同时转让。

❸关于贯彻《城市房地产管理法》若干意见的通知（节录）

（1994年8月13日建设部　建房字第493号文公布）

四、加强房地产市场管理，抓好房地产转让工作。各级房地产管理部门要按照法律赋予的职责，加强房地产市场管理机构建设，并对本地区的房地产市场管理工作进行检查，针对存在的突出问题，依法采取措施，严厉打击扰乱房地产市场秩序的违法活动，开拓房地产市场管理的新局面。

要进一步加强房地产转让管理。凡房地产法第三十七条所列七类房地产，以及不符合第三十八条所列条件的，房地产交易管理部门不得为其办理交易手续，产权管理部门不得为其办理权属变更登记。要严格按照本法第二十五条的规定，加强对已出让土地的开发管理，抑制土地投机。对于囤积土地、不按规定期限进行实际开发的，以及靠炒卖房地产哄抬地价、房价而获取暴利的，要依法坚决制止，严肃查处。

划拨土地使用权的转让，必须按国务院国发〔1992〕61号文件的规定，经当地房地产市场管理部门审查批准。房地产法对划拨土地使用权的转让管理规定了两种不同的处理方式，一种是需办理出让手续，变划拨土地使用权为出让的土地使用权，由受让方缴纳土地出让金；另一种是不改变原有划拨土地的性质，对转让方征收土地收益。各地房地产市场管理部门，对于准许转让并认为应办理出让的，按房地产法第二章第一节的规定办理出让手续；经有批准权的人民政府决定不办理土地使用权出让手续的，应按房地产法第三十九条第二款的规定，并按照财政部（92）财综字第172号文件规定，由房地产市场管理部门在办理房地产交易手续时收取土地收益金上缴国家，或按规定作其他处理。

凡房地产转让或变更的，必须按房地产法第六十条第三款规定的程序先到当地房地产管理部门办理交易手续和申请变更登记，然后凭变更后的房屋所有权证书向同级人民政府土地管理部门申请土地使用权变更登记，不按上述规定程序办理的，其房地产转让或变更一律无效。

❹城市新建住宅小区管理办法（节录）

（1994年3月23日经第五次部常务会议通过　1994年3月15日建设部令〔第33号〕公布　自1995年1月1日起施行）

第五条　房地产开发企业在出售住宅小区房屋前，应当选聘物业管理公司承担住宅小区的管理，并与其签订物业管理合同。住宅小区在物业管理公司负责管理前，由房地产开发企业负责管理。

❺关于贯彻落实《在京中央和国家机关部级干部住房制度改革实施意见》有关问题的通知（节录）

（2000年2月18日国务院机关事务管理局、中共中央直属机关事务管理局　国管房改字〔2000〕35号公布）

二、房屋出售。产权属国管局、中直管理局的部级干部住房分别由国管局、中直管理局制定具体办法出售；产权属各部门的部级干部住房及部级干部租住的普通公有住房，各部门提出具体出售意见，分别报国管局、中直管理局审批后，由各部门出售。

❻关于执行《城市房地产管理法》和国务院55号令有关问题的批复（节录）

（1996年9月4日国家土地管理局　国地批〔1996〕89号公布）

四、《城市房地产管理法》第三十九条第二款规定，经过批准，划拨土地使用权人转让房地产也可以不办理出让手续。这是只有在具备法定条件下才能适用的条款，即有批准权的人民政府必须按照国务院的规定，才能决定有关当事人可以不办理出让手续；划拨土地使用权转让方虽经批准可以不办理出让手续，但要按照国务院的规定缴纳有关土地收益。目前，有些地方片面理解第三十九条第二款的规定，在国务院有关规定尚未出台的情况下，擅自批准划拨土地使用权人不经办理出让手续转让房地产，甚至一些划拨土地使用权人不经依法批准未办理出让手续也不依法缴纳有关土地收益就擅自转让房地产，不仅违反了第三十九条第二款的规定，也使第三十九条第一款不能正常贯彻执行，造成土地市场混乱。为制止各种非法转让行为发生，维护土地市场的正常秩序，防止国有土地收益流失，在国务院有关规定出台之前，转让划拨土地使用权应暂按国务院55号令第四十四、四十五条规定执行，有关审批和出让手续，应按《城市房地产管理法》第三十九条第一款的规定执行，国务院新的规定出台后，按新的规定执行。

❼关于贯彻《城市房地产管理法》若干问题的批复（节录）

（1995年3月11日国家土地管理局公布）

六、根据《城市房地产管理法》第三十九条关于“以划拨方式取得土地使用权的，转让房地产时，应当按照国务院的规定，报有批准权的人民政府审批”的规定，当事人应当向市、县人民政府土地管理部门提出申请，由该部门审查并报经有批准权的人民政府批准。这是因为，此类房地产转让审批，实质是划拨土地使用权转让审批，房屋能否转让取决于该房屋所占用的划拨土地使用权转让能否得到批准。只有划拨土地使用权转让先行获得批准后，权利人才能按照其他有关规定转让房地产。

❽划拨土地使用权管理暂行办法（节录）

（1992年3月8日国家土地管理局令〔92〕第1号公布）

第六条 符合下列条件的，经市、县人民政府土地管理部门批准，其土地使用权可转让、出租、抵押：

（一）土地使用者为公司、企业、其他经济组织和个人；

（二）领有国有土地使用证；

（三）具有合法的地上建筑物、其他附着物产权证明；

（四）依照《条例》和本办法规定签订土地使用权出让合同，向当地市、县人民政府交付土地使用权出让金或者以转让、出租、抵押所获收益抵交土地使用权出让金。

❾城市房地产抵押管理办法（节录）

（1997年5月9日建设部令〔第56号〕公布 2001年8月15日根据《建设部关于修改〈城市房地产抵押管理办法〉的决定》修正）

第三十七条 抵押权可以随债权转让。抵押权转让时，应当签订抵押权转让合同，并办理抵押权变更登记。抵押权转让后，原抵押权人应当告知抵押人。

经抵押权人同意，抵押房地产可以转让或者出租。

抵押房地产转让或者出租所得价款，应当向抵押权人提前清偿所担保的债权。超过债权数额的部分，归抵押人所有，不足部分由债务人清偿。

❿城市房地产转让管理规定

（1995年8月7日建设部令〔第45号〕公布 根据2001年8月15日《建设部关于修改〈城市房地产转让管理规定〉的决定》修正）

第一条 为了加强对城市房地产转让的管理，维护房地产市场秩序，保障房地产转让当事人的合法权益，根据《中华人民共和国城市房地产管理法》，制定本规定。

第二条 凡在城市规划区国有土地范围内从事房地产转让，实施房地产转让管理，均应遵守本规定。

第三条 本规定所称房地产转让，是指房地产权利人通过买卖、赠与或者其他合法方式将其房地产转移给他人的行为。

前款所称其他合法方式，主要包括下列行为：

（一）以房地产作价入股、与他人成立企业法人，房地产权属发生变更的；

（二）一方提供土地使用权，另一方或者多方提供资金，合资、合作开发经营房地产，而使房地产权属发生变更的；

（三）因企业被收购、兼并或合并，房地产权属随之转移的；

（四）以房地产抵债的；

（五）法律、法规规定的其他情形。

第四条 国务院建设行政主管部门归口管理全国城市房地产转让工作。

省、自治区人民政府建设行政主管部门归口管理本行政区域内的城市房地产转让工作。

直辖市、市、县人民政府房地产行政主管部门（以下简称房地产管理部门）负责本行政区域内的城市房地产转让管理工作。

第五条 房地产转让时，房屋所有权和该房屋占用范围内的土地使用权同时转让。

第六条 下列房地产不得转让：

（一）以出让方式取得土地使用权但不符合本规定第十条规定的条件的；

（二）司法机关和行政机关依法裁定，决定查封或者以其他形式限制房地产权利的；

（三）依法收回土地使用权的；

（四）共有房地产，未经其他共有人书面同意的；

（五）权属有争议的；

（六）未依法登记领取权属证书的；

（七）法律、行政法规规定禁止转让的其他情形。

第七条 房地产转让，应当按照下列程序办理：

（一）房地产转让当事人签订书面转让合同；

（二）房地产转让当事人在房地产转让合同签订后90日内持房地产权属证书、当事人的合法证明、转让合同等有关文件向房地产所在地的房地产管理部门提出申请，并申报成交价格；

（三）房地产管理部门对提供的有关文件进行审查，并在7日内作出是否受理申请的书面答复，7日内未作书面答复的，视为同意受理；

（四）房地产管理部门核实申报的成交价格，并根据需要对转让的房地产进行现场勘查和评估；

（五）房地产转让当事人按照规定缴纳有关税费；

（六）房地产管理部门办理房屋权属登记手续，核发房地产权属证书。

第八条　房地产转让合同应当载明下列主要内容：

（一）双方当事人的姓名或者名称、住所；

（二）房地产权属证书名称和编号；

（三）房地产坐落位置、面积、四至界限；

（四）土地宗地号、土地使用权取得的方式及年限；

（五）房地产的用途或使用性质；

（六）成交价格及支付方式；

（七）房地产交付使用的时间；

（八）违约责任；

（九）双方约定的其他事项。

第九条　以出让方式取得土地使用权的，房地产转让时，土地使用权出让合同载明的权利、义务随之转移。

第十条　以出让方式取得土地使用权的，转让房地产时，应当符合下列条件：

（一）按照出让合同约定已经支付全部土地使用权出让金，并取得土地使用权证书；

（二）按照出让合同约定进行投资开发，属于房屋建设工程的，应完成开发投资总额的百分之二十五以上；属于成片开发土地的，依照规划对土地进行开发建设，完成供排水、供电、供热、道路交通、通信等市政基础设施、公用设施的建设，达到场地平整，形成工业用地或者其他建设用地条件。

转让房地产时房屋已经建成的，还应当持有房屋所有权证书。

第十一条　以划拨方式取得土地使用权的，转让房地产时，按照国务院的规定，报有批准权的人民政府审批。有批准权的人民政府准予转让的，除符合本规定第十二条所列的可以不办理土地使用权出让手续的情形外，应当由受让方办理土地使用权出让手续，并依照国家有关规定缴纳土地使用权出让金。

第十二条　以划拨方式取得土地使用权的，转让房地产时，属于下列情形之一的，经有批准权的人民政府批准，可以不办理土地使用权出让手续，但应当将转让房地产所获收益中的土地收益上缴国家或者作其他处理。土地收益的缴纳和处理的办法按照国务院规定办理。

（一）经城市规划行政主管部门批准，转让的土地用于建设《中华人民共和国城市房地产管理法》第二十三条规定的项目的；

（二）私有住宅转让后仍用于居住的；

（三）按照国务院住房制度改革有关规定出售公有住宅的；

（四）同一宗土地上部分房屋转让而土地使用权不可分割转让的；

（五）转让的房地产暂时难以确定土地使用权出让用途、年限和其他条件的；

（六）根据城市规划土地使用权不宜出让的；

（七）县级以上人民政府规定暂时无法或不需要采取土地使用权出让方式的其他情形。依照前款规定缴纳土地收益或作其他处理的，应当在房地产转让合同中注明。

第十三条　依照本规定第十二条规定转让的房地产再转让，需要办理出让手续、补交土地使用权出让金的，应当扣除已经缴纳的土地收益。

第十四条　国家实行房地产成交价格申报制度。

房地产权利人转让房地产，应当如实申报成交价格，不得瞒报或者作不实的申报。

房地产转让应当以申报的房地产成交价格作为缴纳税费的依据。成交价格明显低于正常市场价格的，以评估价格作为缴纳税费的依据。

第十五条　商品房预售按照建设部《城市商品房预售管理办法》执行。

第十六条　房地产管理部门在办理房地产转让时，其收费的项目和标准，必须经有批准权的物价部门和建设行政主管部门批准，不得擅自增加收费项目和提高收费标准。

第十七条　违反本规定第十条第一款和第十一条，未办理土地使用权出让手续，交纳土地使用权出让金的，按照《中华人民共和国城市房地产管理法》的规定进行处罚。

第十八条　房地产管理部门工作人员玩忽职守、滥用职权、徇私舞弊、索贿受贿的，依法给予行政处分；构成犯罪的，依法追究刑事责任。

第十九条　在城市规划区外的国有土地范围内进行房地产转让的，参照本规定执行。

第二十条　省、自治区人民政府建设行政主管部门、直辖市房地产行政主管部门可以根据本规定制定实施细则。

第二十一条　本规定由国务院建设行政主管部门负责解释。

第二十二条　本规定自1995年9月1日起施行。

⑪中央在京单位已购公有住房上市出售管理办法（节录）

（2003年8月14日中共中央直属机关事务管理局、国务院机关事务管理局　国管房改〔2003〕165号公布）

第六条　出售人应填写《中央在京单位已购公房上市出售登记表》，交易办公室根据职工住房档案进行核对。核对无误的，出售人可到房屋所在区、县国土房管局交易管理、权属登记部门办理过户手续，也可委托定点交易机构代为办理房屋买卖以及交易过户手续。并提供以下材料：

（一）房屋所有权证书；

（二）房屋共有权人同意出售的书面意见；

（三）身份证或者其他有效身份证明；

（四）与原产权单位签订的公有住房买卖合同；

（五）与买受人签订的已购公房买卖合同；

（六）物业费、供暖费清结证明。

出售人没有建立住房档案的，应当补建住房档案。出售人无法提交与原产权单位签订的公有住房买卖合同的，可以房改售房的档案材料或原产权单位出具的证明作为依据。

⑫关于对城市房地产转让有关问题的复函

（2002年9月24日建设部　建法函〔2002〕238号公布）

一、根据《中华人民共和民法通则》第六十三条和《城市房屋权属登记管理办法》第十二条规定，房地产转让当事人可以委托代理人办理房屋权属转移手续；委托代理人在代理权限内，以被代理人名义实施民事法律行为；被代理人对代理人的代理行为，承担民事责任。

二、《城市房地产转让管理规定》第七条第二项规定中的

“房地产转让当事人”是指房地产转让双方当事人。

特此函复。

⑬关于做好稳定住房价格工作的意见（节录）

（2005年4月30日建设部、国家发展和改革委员会、财政部、国土资源部、中国人民银行、国家税务总局、中国银行业监督管理委员会公布）

七、切实整顿和规范市场秩序，严肃查处违法违规销售行为

根据《中华人民共和国城市房地产管理法》有关规定，国务院决定，禁止商品房预购人将购买的未竣工的预售商品房再行转让。在预售商品房竣工交付、预购人取得房屋所有权证之前，房地产主管部门不得为其办理转让等手续；房屋所有权申请人与登记备案的预售合同载明的预购人不一致的，房屋权属登记机关不得为其办理房屋权属登记手续。实行实名制购房，推行商品房预销售合同网上即时备案，防范私下交易行为。

要严格房地产开发企业和中介机构的市场准入，依法严肃查处违法违规销售行为。对虚构买卖合同，囤积房源；发布不实价格和销售进度信息，恶意哄抬房价，诱骗消费者争购；以及不履行开工时间、竣工时间、销售价格（位）和套型面积控制性项目建设要求的，当地房地产主管部门要将以上行为记入房地产企业信用档案，公开予以曝光。对一些情节严重、性质恶劣的，建设部会同有关部门要及时依法从严处罚，并向社会公布。

（四）相关地方性法规及规范性文件

❶唐山市城市房地产交易管理条例（节录）

（1998年8月20日唐山市第十一届人民代表大会常务委员会第四次会议通过　1998年11月6日河北省第九届人民代表大会常务委员会第五次会议批准　1998年11月16日唐山市人民代表大会常务委员会公布施行）

第三章　房地产转让

第十条　房地产转让是指房地产权利人将其房地产以买卖、赠与或者其他合法方式转移给他人的行为。

下列情形视为房地产转让行为：

（一）交换房地产的；

（二）以房地产作价出资（入股）的；

（三）企业兼并、合并或者企业破产使房地产权属发生变更的；

（四）以房地产抵债的；

（五）分家析产、继承房地产的。

房屋转让时，该房屋占用范围内的土地使用权同时转让。

同一幢房屋分割转让的，受让人享有所受让房屋建筑面积占该房屋总建筑面积相应比例的土地使用权。具体范围由房屋转让人与受让人协商界定。

第十六条　转让房地产，应当到房产行政管理部门办理房屋权属变更登记，凭变更后的房屋所有权证书，到土地管理部门依照有关规定申请办理土地使用权变更登记。

❷太原市城市房地产交易管理条例（节录）

（1998年12月18日太原市第十届人民代表大会常务委员会第十三次会议通过　1999年1月30日山西省第九届人民代表大会常务委员会第七次会议批准）

第二章　房地产转让

第六条　房地产转让，是指房地产权利人通过合法方式将其房地产转移给他人的行为。包括：

（一）买卖、赠与和继承房屋的；

（二）以房地产作价入股与他人成立企业法人，房地产权属发生变更的；

（三）一方提供土地使用权，另一方或者多方提供资金，合资、合作建设的房屋，房地产权属发生变更的；

（四）企业被收购、兼并或者合并，房地产权属发生转移的。

第七条　下列房地产不得转让：

（一）无合法权属证明的；

（二）权属有争议的；

（三）经有批准权的人民政府批准，由土地行政管理部门依法收回土地使用权的；

（四）司法机关、行政机关依法裁定、决定查封或者以其他形式限制房地产权利的；

（五）共有房地产未经其他共有人书面同意的；

（六）未取得商品房销（预）售许可证的。

第八条　房地产转让应当签订合同，并在合同签订之日起三十日内到房地产行政管理部门办理房地产变更登记。

凭变更后的房屋所有权证书，到土地行政管理部门办理土地使用权变更登记手续。

第十条　转让共有房地产的，应征得其他共有人的书面同意。在同等条件下，其他共有人有优先购买权。

房地产权利人转让租赁期限未满的房地产，应当提前三个月书面通知承租人。在同等条件下，承租人有优先购买权。

房地产权利人转让已设定抵押的房地产，必须征得抵押权人的同意。

❸呼和浩特市城市房地产交易市场管理条例（节录）

（1997年6月26日呼和浩特市第十届人民代表大会常务委员会第二十三次会议通过　1998年7月31日内蒙古自治区第九届人民代表大会常务委员会第四次会议批准）

第二章　房地产转让

第七条　本条例所称房地产转让，是指房地产权利人通过合法方式将其房地产权属转移给他人的行为，包括：

（一）买卖房地产的；

（二）赠与、继承、分析房地产的；

（三）以房地产作价入股、与他人成立企业法人的；

（四）一方提供土地使用权，另一方或者多方提供资金，合资、合作开发经营房地产的；

（五）企业被收购、兼并、合并涉及房地产权属随之转移的；

（六）以房地产抵债的；

（七）法律、法规规定的其他情形。

第八条　有下列情形之一的房地产，不得转让：

（一）无合法权属证件的；

（二）权属有争议的；

（三）依法收回土地使用权的；

（四）司法机关、行政机关依法裁定、决定查封或者以其他形式限制房地产权利的；

（五）共有房地产，未经其他共有人书面同意的；

（六）商品房预售，未取得《商品房预售许可证》的；

（七）出典房屋典期未满的；

（八）在依法公告拆迁范围内的；

（九）法律、法规规定不得转让的其他情形。

第九条　以出让方式取得土地使用权的，转让房地产时，属于房屋在建工程的，必须完成开发建设投资总额的百分之二十五以上；属于成片开发土地的，必须形成工业用地或者其他建设用地条件。

转让房地产时房屋已经建成的，还应当持有房屋所有权证书。

❹包头市房地产交易市场管理条例（节录）

（1996年1月19日包头市第十届人民代表大会常务委员会第二十八次会议通过　1997年9月24日内蒙古自治区第八届人民代表大会常务委员会第二十八次会议批准）

第二章　房地产转让

第七条　本条例所称房地产转让，是指房地产权利人通过合法方式将其房地产转移给他人的行为。包括：

（一）买卖、赠与、继承的；

（二）以房地产作价入股与他人成立企业法人的；

（三）房地产开发企业预售商品房（包括退换）的；

（四）合作建房的；

（五）因企业被收购、兼并、合并、合资、合作等活动，涉及到房地产权属转移的；

（六）以房地产抵债的；

（七）法律、法规规定的其他情形。

第八条　下列房地产不得转让：

（一）房屋建设工程完成开发投资未达到总投资百分之二十五以上的；

（二）已建成房屋未领取房地产权属证件的；

（三）设定他项权利期限未满的；

（四）权属有争议的；

（五）共有房地产未经共有人书面同意的；

（六）经人民政府有关行政主管部门批准待拆迁的；

（七）司法机关或者行政机关依法裁决查封或者以其他形式限制房地产权利的；

（八）以划拨方式取得土地使用权，按国务院有关规定未经批准以及其他违反法律、法规规定的。

第九条　房地产转让，必须到房地产交易市场管理部门办理转让手续，缴纳有关税费。

❺沈阳市城市房产管理条例（节录）

（2001年8月3日沈阳市第十二届人民代表大会常务委员会第二十八次会议通过　2001年9月29日辽宁省第九届人民代表大会常务委员会第二十六次会议批准）

第二十一条　房屋使用人不得转让拨用房产，不得擅自转租代管房产和拨用房产，不得以代管房产和拨用房产设定抵押权、典权等他项权利。

❻吉林市房地产交易市场管理条例（节录）

（1994年11月26日吉林省第八届人民代表大会常务委员会第十三次会议批准　1994年11月26日吉林省第八届人民代表大会常务委员会公布施行）

第二章　房地产转让

第六条　房地产转让是指房地产权利人通过买卖、交换、合并、赠与、继承、抵债、兼并等形式转移房屋所有权连同相关土地使用权的行为。

以房地产投资与他人合作开发房地产的，视同房地产买卖。

❼徐州市城市房地产交易管理条例（节录）

（1995年9月26日江苏省徐州市第十一届人民代表大会常务委员会第二十一次会议通过　1995年12月15日江苏省第八届人民代表大会常务委员会第十八次会议批准　1995年12月15日徐州市人民代表大会常务委员会公布施行）

第二章　房地产转让

第五条　房地产转让是指房地产权利人通过买卖、交换、赠与或者其他合法方式将其房地产转移给他人的行为。

前款所称其他合法方式包括：

（一）以房地产作为出资与他人成立新的企业，房地产权属发生变更的；

（二）一方提供房地产，另一方或者多方提供资金，合资、合作开发经营房地产，而使房地产权属发生变更的；

（三）因企业被收购房地产转移给他人的；

（四）以房地产作股转让的；

（五）拆除他人房屋未予安置房屋直接以房地产作价赔偿的；

（六）因企业合并、分立、兼并使房地产转移给新权利人的。

房地产有法律、法规禁止转让情形的，不得转让。

第六条　以出让方式取得土地使用权的，转让房地产时，应当符合下列条件：

（一）按照出让合同约定已经支付全部土地使用权出让金，并取得土地使用权证书；

（二）按照出让合同约定进行投资开发，属于房屋建设工程的，完成开发投资总额的百分之二十五以上，属于成片开发土地的，形成工业用地或者其他建设用地条件。

转让房地产时房屋已经建成的，还应当持有房屋所有权证书。

第七条　以划拨方式取得土地使用权的，转让房地产时，应当按照国家有关规定，报有批准权的人民政府审批。有批准权的人民政府准予转让的，应当由受让方办理土地使用权出让手续，并依照国家有关规定缴纳土地使用权出让金。

以划拨方式取得土地使用权的，转让房地产报批时，有批准权的人民政府按照国家有关规定决定可以不办理土地使用权出让手续的，转让方应当按照国家有关规定将转让房地产所获收益中的土地收益上缴国家或者作其他处理。

第九条　房地产转、受让双方应当依法签订书面合同，合同应当具备下列主要条款：

（一）土地使用权取得的方式及期限；

（二）房地产的坐落位置、面积、结构、质量状况；

（三）转让时间；

（四）价款及付款方式；

（五）双方约定的其他事项。

以出让方式取得土地使用权转让房地产的，转让合同不得违背出让合同。

第十条 房地产转让时，转、受让双方应当在转让合同签订之日起十五日内，凭房地产权属证件和其他有关证件，申请办理转让手续，依法缴纳有关税、费。然后到所在地的市、县（市）房产管理部门申请办理房屋权属变更登记，并凭变更后的房屋所有权证书向同级土地管理部门申请土地使用权变更登记，经土地管理部门核实，由同级人民政府更换或者更改土地使用权证书。

❽安徽省城市房地产交易管理条例（节录）

（2000年5月29日安徽省第九届人民代表大会常务委员会第十六次会议通过　2000年5月29日安徽省人民代表大会常务委员会公布）

第二章　房地产转让

第十三条 房地产转让是指房地产权利人通过买卖、交换、赠与、继承或其他合法方式，将房地产转移给他人的行为。

前款所称其他合法方式是指：

（一）以房地产抵债；

（二）以房地产作价入股、与他人成立企业房地产权属发生变更的；

（三）企业被收购、兼并或合并，房地产权属发生转移的；

（四）法律、法规规定的其他情形。法律、行政法规禁止转让的除外。

❾淄博市城市房地产交易管理办法（节录）

（1999年4月3日山东省第九届人民代表大会常务委员会第八次会议批准修改　1999年4月3日淄博市人民代表大会常务委员会公布）

第二章　房地产转让

第七条 房地产转让是指房地产权利人通过买卖、继承、赠与或者其他合法方式将其房地产转移给他人的行为。

前款所称其他合法方式，主要包括：

（一）以房地产作为投资，与他人成立企业法人的；

（二）一方提供土地使用权，另一方或者多方提供资金，合资、合作开发经营房地产的；

（三）企业被收购、兼并或者合并、分立的；

（四）以房地产抵债的。

第八条 下列房地产不得转让：

（一）以出让方式取得土地使用权，但不符合本办法第十一条规定条件的；

（二）被依法查封或者以其他形式限制房地产权利的；

（三）依法收回土地使用权的；

（四）未依法取得房屋所有权证的；

（五）权属有争议或者权证与标的物不相符的；

（六）共有房地产，未经其他共有人书面同意的；

（七）法律、法规规定禁止转让的其他情形。

第九条 房地产转让应当按照下列程序办理：

（一）当事人签订书面转让合同；

（二）当事人在房地产转让合同签订后三十日内持房屋所有权证或者房屋共有权证、身份证明、转让合同，向房产管理部门提出申请；

（三）房产管理部门对土地使用权属等证件及资料进行审查，十五日内作出是否受理的书面答复；

（四）房产管理部门核实成交价格，并根据需要对转让的房地产进行现场查勘或者评估；

（五）房产管理部门在受理转让申请之日起三十日内办理房屋权属变更手续；

（六）当事人凭变更后的房屋所有权证到土地管理部门办理土地使用权变更手续。

第十一条 以出让方式取得土地使用权，转让房地产的，应当符合下列条件：

（一）按照出让合同约定已经支付全部土地使用权出让金，并取得国有土地使用证；

（二）按照出让合同约定进行投资开发，属于房屋建设工程的，应当完成开发投资总额的百分之二十五以上。

转让房地产时房屋已经建成的，还应当持有房屋所有权证。

❿郑州市城市房地产市场管理条例

（1994年12月23日郑州市第十届人民代表大会常务委员会第七次会议通过　1995年4月17日河南省第八届人民代表大会常务委员会第十三次会议批准　根据2005年2月28日郑州市第十二届人民代表大会常务委员会第九次会议通过　2005年7月30日河南省第十届人民代表大会常务委员会第十八次会议批准的《关于修改〈郑州市城市房地产市场管理条例〉的决定》修正）

第二章　房地产转让

第七条 房地产转让是指房屋所有权人通过买卖、交换、赠与或其他合法方式，将房屋所有权及该房屋占用范围内的国有土地使用权转移给他人的行为。

下列行为视为房地产转让：

一　一方提供以出让方式取得的国有土地使用权，另一方或多方提供资金建房的；

二　收购企业或者企业合并、兼并，房地产转移给新权利人的；

三　以房地产作价入股，房地产权属发生变更的；

四　以房地产抵债或以房地产换物的；

五　以房屋所有权作为奖品的。

第八条 土地使用权转让的，其地上建筑物、其他附着物随之转移。

地上建筑物、其他附着物所有权转让的，其使用范围内的土地使用权随之转让。但地上建筑物、其他附着物作为动产转让的除外。

第九条 有下列情形之一的，房地产不得转让：

一　无合法房屋所有权证、国有土地使用证的；

二　房屋所有权或土地使用权有争议的；

三　司法机关和行政机关依法裁定、决定查封或者以其他形式限制房地产权利的；

四　县级以上人民政府依法决定收回土地使用权的；

五　共有房地产，未经其他共有人书面同意的；

六　设定抵押的房地产未书面通知抵押权人的；

七　依法公告拆迁范围内的房地产；

八　法律、法规、规章规定禁止转让的其他房地产。

⑪洛阳市城市房地产市场管理条例（节录）

（1995年9月15日洛阳市第十届人民代表大会常务委员会第十二次会议通过　1995年10月31日河南省第八届人民代表大会常务委员会第十六次会议批准　根据2000年6月8日洛阳市第十一届人民代表大会常务委员会第十三会议修改　2000年9月27日河南省第九届人民代表大会常务委员会第十八次会议批准的《洛阳市人民代表大会常务委员会关于修改〈洛阳市城市房地产市场管理条例〉的决定》修正）

第二章　房地产转让

第八条　房地产转让，是指房地产权利人通过买卖、赠与或其他合法方式将其房地产转移给他人的行为。

下列行为视为房地产转让：

（一）一方提供土地使用权，另一方或多方提供资金建房的；

（二）收购企业或者企业合并、兼并，房地产转移给新权利人的；

（三）以房地产抵债或以房地产换物的；

（四）以房屋所有权作为奖品的。

第十三条　房地产转让，应当签订书面转让合同，合同中应当载明土地使用权取得的方式。

⑫广东省城镇房地产转让条例（节录）

（1994年1月18日广东省第八届人民代表大会常务委员会第六次会议通过　根据1997年4月3日广东省第八届人民代表大会常务委员会第二十八次会议《关于修改〈广东省城镇房地产转让条例〉的决定》修正）

第十一条　房地产具有下列情形之一的，不得转让：

（一）经人民法院裁定或者判决限制产权转移的；

（二）县级以上人民政府依法收回土地使用权的；

（三）共同共有房地产，未经其他共有人同意的；

（四）设定抵押权的房地产，未经抵押权人同意的；

（五）权属有争议的；

（六）法律、法规规定不得转让的。

第十四条　房地产买卖合同应当具备以下条款：

（一）双方当事人的姓名或者名称、地址；

（二）房地产权属证明文件名称和编号；

（三）房地产坐落的位置、面积、四至界线；

（四）土地宗地号、土地使用权的性质、年限；

（五）房地产的用途；

（六）买卖价款及支付方式和时间；

（七）房地产交付使用的时间；

（八）公用部分的权益分享及共有人的权利义务；

（九）违约责任；

（十）纠纷的解决办法；

（十一）合同生效的条件；

（十二）双方约定的其他事项。

⑬南宁市城市房地产交易管理条例（节录）

（1997年12月25日南宁市十届人大常委会第十七次会议通过　1998年6月26日广西壮族自治区第九届人民代表大会常务委员会第四次会议批准　1998年6月26日南宁市人民代表大会常务委员会公布）

第二章　房地产转让

第九条　本条例所称房地产转让是指房地产权利人通过合法方式将其房地产转移给他人的经营行为。具体包括：

（一）买卖房屋、交换房地产的；

（二）以房地产作价入股，与他人成立企业法人，房地产权属发生变更的；

（三）提供土地使用权进行合作开发经营房地产的；

（四）因企业被收购、兼并或者合并，房地产随之转移的；

（五）以房地产抵债的；

（六）法律、法规规定的其他情形。

第十一条　以出让方式取得土地使用权的，转让房地产时，应当符合下列条件：

（一）按照出让合同约定已经支付全部土地使用权出让金，并取得土地使用权证书；

（二）按照出让合同约定进行投资开发，属于房屋建设工程的，完成开发投资总额的25%以上，属于成片开发土地的，形成工业用地或者其他建设用地条件。

转让房地产时房屋已经建成的，还应当持有房屋所有权证书。

⑭新疆维吾尔自治区实施《中华人民共和国城市房地产管理法》办法（节录）

（1996年12月14日新疆维吾尔自治区第八届人民代表大会常务委员会第二十四次会议通过　1996年12月29日新疆维吾尔自治区人民代表大会常务委员会公布　自1997年1月1日起施行）

第十九条　以出让方式取得土地使用权的房地产转让，应当符合法律、法规规定和出让合同约定的条件，属于房屋建设工程的，除缴付出让金外，实际投入的开发资金应当达到投资总额的百分之二十五以上，并且已完成基础工程。

⑮深圳经济特区房地产转让条例（节录）

（1993年7月24日深圳市第一届人民代表大会常务委员会第十七次会议通过　根据1999年6月30日深圳市第二届人民代表大会常务委员会第三十三次会议《关于修改〈深圳经济特区房地产转让条例〉的决定》修正）

第八条　下列房地产，不得转让：

（一）根据城市规划，市政府决定收回土地使用权的；

（二）司法机关、行政机关依法裁定、决定查封或者以其他形式限制房地产权利的；

（三）共有房地产，未经其他共有人书面同意的；

（四）设定抵押权的房地产，未经抵押权人同意的；

（五）权属有争议的；

（六）法律、法规或市政府规定禁止转让的其他情形。

⑯济南市城市公有房屋管理办法（节录）

（1994年12月6日山东省第八届人民代表大会常务委员会第十一次会议批准　1997年4月4日山东省第八届人民代表大会常务委员会第二十七次会议批准修改　2002年6月21日济南市第十二届人民代

表大会常务委员会第二十六次会议通过　2002年7月27日山东省第九届人民代表大会常务委员会第三十次会议批准修改）

第五章　买卖管理

第二十七条　出售直管公房，应当经市房产管理部门批准。

企事业单位、社会团体出售自管公房，由其依法自行确定，其中含有国有资产成分的房屋，应当经国有资产管理部门审批。

第二十八条　有下列情况之一的公有房屋不得买卖：

（一）无房屋所有权证的；

（二）房屋产权或使用权有纠纷的；

（三）共有的房屋未经其他共有人书面同意的；

（四）法律、行政法规规定不得买卖的其他情形。

第二十九条　买卖公有房屋，买卖双方当事人应当签订书面买卖合同，并按本办法的规定办理房屋权属转移登记手续。

第三十条　买卖国有房屋，应当按照国务院《国有资产评估管理办法》进行评估。

买卖公有房屋，卖方应当向市人民政府规定的部门如实申报成交价格。

第三十一条　出售共有的公有房屋，在同等条件下，共有人有优先购买权。出售在租的公有房屋，在同等条件下，承租人有优先购买权；买方为非承租人的，卖方应当告知买方出租事宜，原租赁合同继续有效。

⑰山西省城市房地产交易管理条例（节录）

（2002年12月2日山西省第九届人民代表大会常务委员会第三十二次会议通过　2002年12月2日山西省人民代表大会常务委员会公布　自2003年1月1日起施行）

第三章　房地产转让

第八条　房地产转让，是指房地产权利人通过买卖、增与或者其他合法方式将其房地产转移给他人的行为。

前款所称其他合法方式，包括下列情形：

（一）房地产交换、继承、遗赠；

（二）企业被收购、兼并或者合并、分立；

（三）其他合法转让情形。

第十一条　以出让方式取得土地使用权的，转让房地产时，应当符合下列条件：

（一）按照出让合同约定已经支付全部土地使用权出让金，并取得土地使用权证书；

（二）按照出让合同约定进行投资开发，属于房屋建设工程的，完成开发投资总额的25%以上，属于成片开发土地的，形成工业用地或者其他建设用地条件。

转让房地产时房屋已经建成的，还应当持有房屋所有权证书。

⑱重庆市城镇房地产交易管理条例（节录）

（2002年6月7日重庆市人民代表大会常务委员会公布　自2002年8月1日起施行）

第七条　有下列情形之一的房地产，不得转让：

（一）按有关法律、行政法规规定，不得转让的；

（二）权属证明文件与标的物不符的；

（三）权属证明文件被注销、吊销或其他原因失去效力的；

（四）属拆迁冻结通知书确定的时效范围的。

（五）相关地方政府规章及规范性文件

❶福州市商品房预售管理暂行规定（节录）

（1993年4月18日福州市人民政府公布）

第七条　预售后的商品房（包括境内、外）需转让的（赠与、交换），由转让双方凭经备案登记的《购房合同》到交易所办理交易转让手续，原合同规定的权利义务随之转移，开发公司不得为预购房者办理更名手续，凡未经交易所办理转让手续的，其转让无效。

（六）相关其他规范性文件

❶军队与地方换建、合建房屋管理规定

（1990年12月31日中国人民解放军总参谋部、中国人民解放军总后勤部公布）

第一条　为贯彻执行《中国人民解放军房地产管理条例》，加强对军队与地方换建、合建房屋的管理，特制订本规定。

第二条　利用军队房地产与地方单位换建、合建房屋，必须以保证军内住用，改善生活条件为目的；以不妨碍军队部署和军事设施的安全保密及使用，保证营区完整，留有发展余地为前提；并坚持互利互惠的原则。

第三条　与地方单位换建、合建房屋的范围是指长期闲置的独立院落；城市规划急需改造的营区边角空地、沿街地段；退休转业及其他地方人员集中居住难以腾出的家属生活区。

第四条　位于军事禁区、军事行政区内和权属界限不清、手续不全、与地方有争议的房地产，严禁与地方单位换建、合建房屋。

第五条　大、中城市的军队房地产，与地方换建、合建房屋应严格控制。军内单位有能力通过拆建、扩建改善住用条件和进行经营的，不得与地方单位换建、合建，应从军队长远建设考虑，尽力保住军用土地。

第六条　换建、合建项目必须执行国家、军队有关房地产管理的法规和政策规定，考虑所在城镇建设远期和近期规划的要求，并进行整体效益的综合论证。建设项目主要是生活用房等非经营性项目，对建宾馆、商场、综合楼等经营项目应严加控制。

第七条　利用军队房地产与地方、港澳台、华侨、外商换建及合建房屋，不论数量多少，凡涉及到部队部署调整和可能妨碍军事设施安全保密及使用的，报总参谋部、总后勤部审批；不涉及的，报总后勤部审批。

第八条　各大单位上报总参谋部、总后勤部审批的换建、合建房屋请示，必须附有下列资料：

（一）换建、合建单位向大单位的请示件；

（二）当事双方拟订的协议书（合同书）；

（三）营区平面图，并标明换建、合建区域和拟建房屋规划位置；

（四）经费的使用计划，包括建设单位、项目、工程量和投资预算；

（五）属于城市建设规划需要的，应有当地城市规划部门下发的文件；

（六）当地人民政府土地管理部门认可的手续；

（七）综合论证报告。

第九条 与地方单位换建、合建房屋时，必须进行资信调查、不得与既无法人地位，又无经济保障的单位、人员和民间组织进行换建、合建房屋。

第十条 换建、合建房屋应做到契约文书合法，手续完备，并应经过当地公证部门公证。

第十一条 换建房屋应及时办理房产地籍变更、移交手续。合建房屋应根据国家有偿有期使用土地的原则，非经营性房屋使用期限一般不超过50年，经营性房屋一般不超过30年。

第十二条 换建、合建房屋所得经费，必须用于经批准的建设项目，不得挪作他用。

第十三条 合建房屋建成后地方分成部分，在协议（合同）规定的使用期间，由其自行管理，土地使用税按规定缴纳，接用军队营区水电、煤气、热力的应按地方标准计量收费，其设备管线的维修费用按面积比例分摊；使用期满后房屋产权归军队所有。合建房屋所利用土地的使用权仍归军队。

第十四条 对合建房屋，应在协议书中明确规定，地方单位不得擅自出售。协议（合同）期满后，经营性房屋应及时收回，如地方需要延长使用，应继续签订协议书（合同书），重新报批；非经营性房屋，特别是住宅，应全部腾出，如不能按时腾出应向军队统一办理购房或租房手续。

第十五条 合建的经营性房屋不得计领营房管理费；非经营性房屋地方使用的部分，也不得计领营房管理费。

第十六条 凡用军队房地产与地方单位换建、合建房屋的，由总后勤部按下列比例向换建、合建单位收取房地产管理基金：

（一）换建房屋收取全部换建设费的10%；

（二）合建非经营性房屋收取全部投资的10%；

（三）合建经营性房屋收取全部投资的15%；

（四）利用外资合作建房收取全部投资的25%。

除按以上比例收取管理基金外，各级不得再层层收取其他管理费用。

第十七条 房地产管理基金数额由总后勤部在对各大单位换建、合建房屋的批复中予以明确，换建、合建单位在接到批复后3个月内，将基金按后勤财务系统逐级上交至各大单位财务部门。逾期不交的，按应交数额扣抵其营房管理费或预算拨款。

第十八条 房地产管理基金主要用于营产维修和处理营区内房地产权遗留问题的补偿。

第十九条 按比例收取的房地产管理基金应与预算经费统筹安排。30%由各大单位营房部门留用，按照规定的开支范围安排项目，并报总后基建营房部备案；70%由总后基建营房部掌管使用，通过年度基建计划进行预算调节。

第二十条 任何单位或个人不得隐瞒、少报与地方换建房地产所得经费和合建房屋总投资数额，不得涂改、伪造协议（合同）书，对违反者没收其全部隐瞒、少报金额，并追究当事人和主管领导的责任。

第二十一条 经批准已划给房地产管理部门的空余房地产的换建、合建，按房地产开发、经营的有关规定办理。

第二十二条 本规定自1991年1月1日起执行。

❷中国人民解放军房地产管理条例（节录）

（1990年4月20日中央军事委员会公布 自1990年4月20日起施行）

第九条 用于军事设施的房地产，其权属不得改变，如改变需经国务院、中央军委批准。

第十条 军队下列房地产的转移变更由总后勤部审批：

（一）不论数量多少，凡军队房地产同地方有偿转让或者无偿移交的；

（二）不论数量多少，凡军队房地产与地方换建，或者利用军用土地与地方、港澳台、华侨、外商合作及合资建房的；

（三）军队房地产与地方兑换，换回的房地产数量、质量不相当的；

（四）军队房地产用于离退休干部建房的；

（五）整座落营房拆除销号或零星拆除营房3000平方米（含）以上的；

（六）团（含）以上单位整座落空余营房借给地方的；

（七）有期借给地方土地20亩（含）以上的。

第十一条 军队下列房地产的转移、变更由各大单位审批，报送总后勤部备案：

（一）军队房地产与地方兑换，换回的房地产数量、质量相当的；

（二）不足3000平方米零星营房拆除销号的；

（三）营（含）以下单位整座落空余营房借给地方的；

（四）有期借给地方土地不足20亩的。

三、以案明法

四川省国贸有限公司诉四川省民族贸易联合公司交付非法购买房屋被认定房屋买卖合同无效案

原告：四川省国贸有限公司（以下简称国贸公司）

被告：四川省民族贸易联合公司（以下简称民贸公司）

1993年初，四川省政府决定由民贸公司在成都市市区设立“中国西部民族用品批发市场”（以下简称“市场”）。建设该市场需资金6000万元。由于资金短缺，民贸公司决定出售“四川民贸大厦”及附属设施（主楼14层，建筑面积9459平方米），其价值约人民币6000万元。随后，国贸公司表示愿购此楼。同年2月10日，双方经协商，签订了由国贸公司以支援“市场”建设名义向民贸公司捐款4750万元的捐赠协议，并约定此款在7月19日前分3次拨付完毕，4月10日之前应拨付民贸公司1325万元。2月16日，民贸公司与国贸公司签订房屋买卖合同，约定民贸公司以1250万元的价格将“四川民贸大厦”及附属设施卖给国贸公司。合同签订后，民贸公司即将大厦内的3间办公室交给国贸公司使用，随后又将大厦产权证交国贸公司保管。4月3日，国贸公司持房屋买卖合同、批复及民贸公司的过户申请等，到成都市房地产管理部门办理了大厦的产权过户手续，并取得了产权证。4月9

日，民贸公司为交付房屋作准备，与成都新华饭店签订租房协议，并支付租金17.5万元，花费装修费42248.02元、电话移机费6267元。5月10日，国贸公司向成都市房地产管理部门交纳了手续费、登记费、公证费共250010元，28日又交纳了土地增值费1981070元。至6月5日止，国贸公司陆续向民贸公司支付了购房定金100万元及购房款300万元。此间，民贸公司与国贸公司为支付捐赠款、购房款以及交接有关“大厦”资料和房屋买卖合同是否继续履行等问题曾发生争议。四川省国有资产管理局在得知双方的大厦转让情况后，于7月19日发出文件，指出大厦的买卖非法，要求立即停止。为此，双方进行协商，因认识不同而未达成一致意见。9月7日，国贸公司诉至成都市中级人民法院称：双方签订的房屋买卖合同经双方主管单位认可生效，原告按合同规定向被告交付了100万元的定金及房款300万元，同时双方办理了大厦产权过户手续，原告取得大厦的产权证，但被告未按合同规定交付有关资料和腾空房屋，致原告不能实际使用房屋。请求法院督促被告履行合同，承担腾退房屋的义务。

民贸公司则辩称：原告根本无意兑现捐赠协议，在无履行能力的情况下，以向“市场”捐赠4750万元为诱饵，与被告签订“大厦”买卖协议，实为欺诈行为。因此，双方签订的房屋买卖协议无效，不受法律保护。被告愿意退还原告已支付的款项。

法院在审理中还查明，国贸公司在诉讼过程中强占了“四川民贸大厦”五楼另外5间办公室。四川民贸大厦建于1991年底，总造价为14905840.23元。

成都市中级人民法院经审理，认为：国贸公司与民贸公司买卖“四川民贸大厦”，双方虽有房屋买卖合同，并经各自的主管部门批准，但从双方先后形成的两个协议和民贸大厦的实际价值看，以1250万元购买民贸大厦，不是双方的真实意思表示。实际上，该买卖合同是以捐赠协议为前提的，双方签订以1250万元买卖民贸大厦的房屋买卖合同，其真正目的在于逃避税费，规避法律，故此买卖房屋的合同无效。民贸公司应退还国贸公司已付的购房款，国贸公司应从“四川民贸大厦”中搬出，并支付占用房屋使用费。国贸公司与民贸公司在买卖房屋过程中均有过错，因合同无效造成的损失，即国贸公司支付购房款的利息及办理产权过户手续交纳的有关登记费、增值费，民贸公司另外租房的房租费用，应由双方共同承担。据此，依照《中华人民共和国民法通则》第五十八条第一款第（四）项及第二款、第六十一条和《中华人民共和国经济合同法》第七条第一款第（四）项及第二款、第二十九条第一款之规定，成都市中级人民法院于1994年4月28日判决如下：

一、国贸公司与民贸公司于1993年2月16日签订的“四川民贸大厦”房屋买卖合同无效。

二、国贸公司应于本判决生效后1个月内将所占用的8间房屋腾空，完好地退还给民贸公司。

三、在本判决生效后1个月内，民贸公司退还国贸公司购房款400万元。国贸公司应将占用“四川民贸大厦”8间房屋的使用费给付民贸公司，3间房屋从1993年3月起每月按2400元计算至1993年9月止，8间房屋从1993年10月起每月按6400元计算至归还之月止。

四、民贸公司给付国贸公司购房款的利息损失，从该款付出之日起至归还之日止，按建设银行同期建设贷款利率计算，由国贸公司和民贸公司各承担一半。

五、国贸公司在办理产权过户手续时所交纳的手续费、登记费及土地增值费共2231080元，由国贸公司和民贸公司各承担一半。

六、民贸公司因卖房而在另处租房的费用223515.02元，由国贸公司、民贸公司各承担一半。

宣判后，双方当事人表示服判，未提出上诉，并自动执行了该判决。

四、办案实战资料库

（一）房地产转让合同

房地产转让合同

转让方：（甲方）＿＿＿＿＿＿＿＿＿＿＿＿

地址：＿＿＿＿＿＿　电话：＿＿＿＿＿＿

法定代表人：＿＿＿＿＿＿　性别：＿＿＿＿　出生：＿＿＿＿年＿＿＿＿月＿＿＿＿日

职务：＿＿＿＿＿＿　国籍：＿＿＿＿＿＿

身份证号码：＿＿＿＿＿＿＿＿

受让方：（乙方）＿＿＿＿＿＿＿＿

地址：＿＿＿＿＿＿　电话：＿＿＿＿＿＿

法定代表人：＿＿＿＿＿＿　性别：＿＿＿＿　出生：＿＿＿＿年＿＿＿＿月＿＿＿＿日

职务：＿＿＿＿＿＿　国籍：＿＿＿＿＿＿

身份证号码：＿＿＿＿＿＿＿＿

双方达成如下协议：

第一条　甲方在＿＿＿＿＿＿市＿＿＿＿＿＿地段（地块编号：＿＿＿＿＿＿）拥有房地产；名称：＿＿＿＿＿＿数量：＿＿＿＿＿＿，现有偿转让，转让方式为（1）出售；（2）交换；（3）赠与；（4）继承。

第二条　乙方自愿从甲方受让上述土地使用权及其上物业。

土地面积：____ m^2；

其中：基底分摊面积__________________ m^2；

公用分摊面积_________________________________ m^2；

其他面积____________________________________ m^2；

共有使用权土地面积：_____________ m^2；

物业部分为：_____________。

第三条　甲乙双方对上述转让数量、面积核对无误，同意上述房地产转让价格为_____________元，单价________________元，总金额_____________元；并于________年________月________日前全部交完。

第四条　土地使用年期为________年，自________年________月________日起至________年________月________日止。

第五条　乙方继续履行原土地使用规则的有关规定。

第六条　乙方从_____________年开始，缴纳土地使用费，在此以前的土地使用费全部由甲方负责。

第七条　房地产转让费由甲方负责缴纳。

第八条　转让合同由双方签字盖章，经市公证机关公证，并到政府主管部门办理产权登记手续后，乙方正式取得房地产权。

第九条　乙方获得房地产权，如再发生出租、抵押、转让（含出售、赠与、继承、交换）时，应按本合同第八条之规定办理产权变更登记手续。

第十条　如系地产商第一次售房，原房地产预售合同书作为本合同附件。

第十一条　本合同正本一式4份，甲乙双方、房地产权登记机关、公证处各1份。

转让方：_____________（盖章）　　受让方：_____________（盖章）

法定代表人：_____________　　法定代表人：_____________

年　月　日

签约地点：

（二）房地产经纪合同

房地产经纪合同

委托人（甲方）：________________________________

经纪人（乙方）：________________________________

依据国家有关法律、法规和本市有关规定，甲、乙双方在平等、自愿和协商一致的基础上，就甲方委托乙方，乙方接受甲方委托从事房地产经纪事项达成一致，订立本合同。

第一条　甲乙双方应提供下列相应证件：

甲方提供：1. 销售许可证；2. 权属证件；3. 物业的具体情况；4. 法定代表人身份证明；5. 营业执照；6. 个人身份证。

乙方提供：1. 经纪机构“资质证书”；2. 经纪人岗位“资格证”；3. 经纪人身份证；4. 营业执照。

第二条　甲方委托乙方据实为其提供房地产经纪服务。共______项：

1. 房地产经纪事项内容：____

2. 具体要求：____

3. 其他要求：____

第三条　甲、乙双方议定，在本合同履行期限内，甲方对其委托各房地产经纪事项，应在规定范围之内按下列比率向乙方支付服务费。

委托代理房地产转让，按成交价的______%计算支付；

代理房地产租赁的，按年租金的______%一次性计算支付；

代理房地产交换的，按房地产评估价值的______%计算支付；

其他服务项目支付________元。

服务费支付的时间、条件、金额、支付方式和结算方法，由甲、乙双方在合同补充条款中约定。

第四条　本合同履行期间，除甲方原因，乙方不能履行本合同第二条服务事项的，甲方不支付本合同第三条约定的各项服务费，乙方应将甲方已预付的服务费全部退还。乙方不能完全履行服务项目，则相应减少甲方应支付的服务费，具体数额甲、乙双方在补充条款中另行约定。

本合同生效后，在合同履行期间甲方未经乙方同意，中途毁约，甲方已支付给乙方的服务费不予退还，未支付给乙方的服务费，乙方有权按双方约定服务费的标准，向甲方追索。

第五条 本合同履行期间，甲、乙任何一方需变更本合同的，要求变更一方应及时书面通知对方，征得对方同意后，双方在规定的时限内（书面通知发出______天内）签订变更协议，否则，由此造成对方的经济损失，由责任方承担。

第六条 本合同履行期间，乙方应定期将本合同第二条为甲方服务的各房地产经纪事项情况及时通告甲方，甲方对乙方的履约应提供必要的帮助，并有权随时进行查询、督促。

乙方将本合同第二条为甲方服务的各房地产经纪事项转委托其他房地产经纪人的，必须事先征得甲方的书面同意，由此而增加的费用和法律责任，由乙方承担。

第七条 甲、乙双方商定，乙方有下列情况之一的，甲方有权按本合同第十三条约定，追偿因乙方过失造成的经济损失：

1. 未经甲方书面同意，擅自改变为甲方服务的各房地产经纪事项内容、要求和标准的；
2. 未经甲方书面同意，转委托他人代理的；
3. 违反国家和本市有关法律、法规，违背诚实信用原则，或与他人恶意串通，损害当事人利益的；
4. ______________________________

第八条 甲、乙双方商定，甲方有下列情况之一的，乙方有权按本合同第十三条约定，追偿因甲方过失所造成的经济损失：

1. 要求乙方服务的房地产经纪事项不明确，或提供的有关证件和资料不实；
2. 甲方利用乙方提供的信息、条件、机会，擅自不履行合同；
3. 违反本合同第三条及补充条款的约定，不按期给付或拒付服务费的；
4. ______________________________

第九条 甲、乙双方商定，乙方履行本合同第二条各房地产经纪事项的服务，必须自本合同生效之日起至________年______月______日止。除甲乙双方另有约定同意延期外，逾期视作本合同自行终止。在本合同终止后的______日内，如果委托人直接或间接地与经纪人最初物色的客户成交，那么经纪人有权获得经纪合同中订立的佣金。

第十条 本合同履行期间，甲、乙双方因履行本合同而签署的补充协议及其他书面的文件，均为本合同不可分割的部分，具有同等法律效力。

第十一条 本合同及补充条款中未约定的事项，应遵循我国有关法律、法规和本市规定执行。

第十二条 本合同签订后，需要公证的，可按本市公证的有关规定申请办理公证手续。

第十三条 甲、乙双方在履行合同过程中发生争议，由甲、乙双方协商解决，协商不成的按本合同约定的下列方法之一，进行解决：

1. 向___________________仲裁委员会申请仲裁；
2. 向____________人民法院提起诉讼。

第十四条 本合同壹式______份，甲、乙双方各执______份，具有同等法律效力。

甲方（签章）：	乙方（签章）：
营业执照号码：	营业执照号码：
个人身份证号：	个人身份证号：
法定代表人：	法定代表人：
住址/注册地址：	住址/注册地址：
邮政编码：	邮政编码：
联系电话：	联系电话：
传真号码：	传真号码：
委托代理人：	承办经纪人员
房地产权证/商品房现（预）售许可证	（资格证编号：　　　　）
（证件编号：　　　　）	
签约日期：	签约日期：

第三节　房地产抵押

本节为您提供以下主题词的法律适用依据与实战资料

■房地产抵押合同　■房地产抵押登记

【房地产抵押合同】

一、专家指导意见

（一）房地产抵押的概念

房地产抵押，是指抵押人用其合法的房地产以不转移占有的方式向抵押权人提供债务履行担保的行为。债务人不履行债务时，抵押权人有权依法以抵押的房地产拍卖所得的价款优先受偿。

房地产抵押，抵押人和抵押权人应当签订书面抵押合同，凭土地使用权证书、房屋所有权证书办理抵押登记。

（二）房地产抵押的范围

房地产抵押的范围是指房地产抵押权标的的范围，根据《城市房地产管理法》和《担保法》的有关规定，房地产抵押范围包括：1. 房屋所有权连同该房屋占用范围内的土地使用权；2. 以出让方式取得的土地使用权；3. 其他地上定着物。

此外，《城市房地产抵押管理办法》还从限制的角度规定了不得设定抵押的房地产范围：1. 权属有争议的房地产；2. 用于教育、医疗、市政等公共福利事业的房地产；3. 列入文物保护的建筑物和有重要纪念意义的其他建筑物；4. 已依法公告列入拆迁范围的房地产；5. 被依法查封、扣押、监管或者以其他形式限制的房地产；6. 依法不得抵押的其他房地产。

（三）房地产抵押合同的主要条款

房地产抵押合同包括以下一些主要条款：1. 抵押当事人双方的名称或姓名、住所；2. 抵押合同与借款合同的关系，借款合同编号；3. 抵押权所担保的债务种类、数额、范围；4. 抵押物的坐落、名称、类型、结构、建筑面积、用地面积以及“四至”、房地产权属及编号；5. 抵押房地产的价值；6. 抵押期限；7. 抵押房地产的占管人、占管方式、占管责任以及意外毁损或者灭失的责任；8. 抵押权灭失的条件；9. 抵押房地产的保险；10. 抵押物的处分及所得价款的分配顺序；11. 抵押人和抵押权人的保证；12. 违约责任；13. 合同争议的解决方式；14. 抵押合同公证、登记与注销、费用的负担；15. 抵押当事人约定的其他事项；16. 签订抵押合同的时间、地点。

（四）订立房地产抵押合同时的注意事项

1. 订立抵押合同时，抵押权人或抵押人在合同中不得约定在债务履行期届满抵押权人未受清偿时，抵押物的所有权转移为债权人所有。我国担保法对此作了明文规定，因此房地产交易所回购合同与再回购合同已不能适用。

2. 抵押权与其担保的债权同时存在，债权消灭的，抵押权也消灭，债权无效的，抵押权也无效。因此房地产交易中所签订的住房抵押合同通常存在的条款已不再适用，“本合同中含另行被担保的借款合同的借款合同无效不影响本合同的效力”。

二、法律适用依据

（一）相关法律

❶中华人民共和国担保法（节录）

（1995年6月30日第八届全国人民代表大会常务委员会第十四次会议通过　1995年6月30日中华人民共和国主席令〔第50号〕公布　自1995年10月1日起施行）

第三十四条　下列财产可以抵押：

（一）抵押人所有的房屋和其他地上定着物；

（二）抵押人所有的机器、交通运输工具和其他财产；

（三）抵押人依法有权处分的国有的土地使用权、房屋和其他地上定着物；

（四）抵押人依法有权处分的国有的机器、交通运输工具和其他财产；

（五）抵押人依法承包并经发包方同意抵押的荒山、荒沟、荒丘、荒滩等荒地的土地使用权；

（六）依法可以抵押的其他财产。

抵押人可以将前款所列财产一并抵押。

第三十六条　以依法取得的国有土地上的房屋抵押的，该房屋占用范围内的国有土地使用权同时抵押。

以出让方式取得的国有土地使用权抵押的，应当将抵押时该国有土地上的房屋同时抵押。

乡（镇）、村企业的土地使用权不得单独抵押。以乡（镇）、村企业的厂房等建筑物抵押的，其占用范围内的土地使用权同时抵押。

第三十七条　下列财产不得抵押：

（一）土地所有权；

（二）耕地、宅基地、自留地、自留山等集体所有的土地使用权，但本法第三十四条第（五）项、第三十六条第三款规定的除外；

（三）学校、幼儿园、医院等以公益为目的的事业单位、社会团体的教育设施、医疗卫生设施和其他社会公益设施；

（四）所有权、使用权不明或者有争议的财产；

（五）依法被查封、扣押、监管的财产；

（六）依法不得抵押的其他财产。

第三十八条 抵押人和抵押权人应当以书面形式订立抵押合同。

第三十九条 抵押合同应当包括以下内容：

（一）被担保的主债权种类、数额；

（二）债务人履行债务的期限；

（三）抵押物的名称、数量、质量、状况、所在地、所有权权属或者使用权权属；

（四）抵押担保的范围；

（五）当事人认为需要约定的其他事项。

抵押合同不完全具备前款规定内容的，可以补正。

第三节 抵押的效力

第四十六条 抵押担保的范围包括主债权及利息、违约金、损害赔偿金和实现抵押权的费用。抵押合同另有约定的，按照约定。

第五十五条 城市房地产抵押合同签订后，土地上新增的房屋不属于抵押物。需要拍卖该抵押的房地产时，可以依法将该土地上新增的房屋与抵押物一同拍卖，但对拍卖新增房屋所得，抵押权人无权优先受偿。

依照本法规定以承包的荒地的土地使用权抵押的，或者以乡（镇）、村企业的厂房等建筑物占用范围内的土地使用权抵押的，在实现抵押权后，未经法定程序不得改变土地集体所有和土地用途。

❷中华人民共和国城市房地产管理法（节录）

（1994年7月5日第八届全国人民代表大会常务委员会第八次会议通过　1994年7月5日中华人民共和国主席令〔第29号〕公布　自1995年1月1日起施行）

第四章 房地产交易

第一节 一般规定

第三十一条 房地产转让、抵押时，房屋的所有权和该房屋占用范围内的土地使用权同时转让、抵押。

第四十七条 依法取得的房屋所有权连同该房屋占用范围内的土地使用权，可以设定抵押权。

以出让方式取得的土地使用权，可以设定抵押权。

第四十九条 房地产抵押，抵押人和抵押权人应当签订书面抵押合同。

第五十一条 房地产抵押合同签订后，土地上新增的房屋不属于抵押财产。需要拍卖该抵押的房地产时，可以依法将土地上新增的房屋与抵押财产一同拍卖，但对拍卖新增房屋所得，抵押权人无权优先受偿。

（二）相关行政法规及规范性文件

❶中华人民共和国城镇国有土地使用权出让和转让暂行条例（节录）

（1990年5月19日国务院令〔第55号〕公布施行）

第三十三条 土地使用权抵押时，其地上建筑物、其他附着物随之抵押。

地上建筑物、其他附着物抵押时，其使用范围内的土地使用权随之抵押。

❷宗教事务条例（节录）

（2004年11月30日国务院令〔第426号〕公布　自2005年3月1日起施行）

第三十二条 宗教活动场所用于宗教活动的房屋、构筑物及其附属的宗教教职人员生活用房不得转让、抵押或者作为实物投资。

（三）相关部门规章及规范性文件

❶城市房地产抵押管理办法（节录）

（1997年5月9日建设部令〔第56号〕公布　2001年8月15日根据《建设部关于修改〈城市房地产抵押管理办法〉的决定》修正）

第二十四条 企业、事业单位法人分立或者合并后，原抵押合同继续有效，其权利和义务由变更后的法人享有和承担。

抵押人死亡、依法被宣告死亡或者被宣告失踪时，其房地产合法继承人或者代管人应当继续履行原抵押合同。

第三章 房地产抵押合同的订立

第二十五条 房地产抵押，抵押当事人应当签订书面抵押合同。

第二十六条 房地产抵押合同应当载明下列主要内容：

（一）抵押人、抵押权人的名称或者个人姓名、住所；

（二）主债权的种类、数额；

（三）抵押房地产的处所、名称、状况、建筑面积、用地面积以及四至等；

（四）抵押房地产的价值；

（五）抵押房地产的占用管理人、占用管理方式、占用管理责任以及意外损毁、灭失的责任；

（六）债务人履行债务的期限；

（七）抵押权灭失的条件；

（八）违约责任；

（九）争议解决方式；

（十）抵押合同订立的时间与地点；

（十一）双方约定的其他事项。

第三十一条 房地产抵押合同自抵押登记之日起生效。

❷关于《房屋他项权证》有关问题请示的答复（节录）

（1995年6月14日建设部公布）

《房屋他项权证》中“权利存续期间”栏目的设置，兼顾了抵押权和典权的设定，此栏应按原城乡建设环境保护部（1987）城住字第11号文件的规定，以“契载期限”填写。《城市房地产管理法》规定：“房地产抵押，抵押人和抵押权人应当签订书面抵押合同”。抵押期限即为抵押合同中规定的债务人应履行债务的期限。

一、《房屋他项权证》中“权利存续期间”栏应以契载期限填写，抵押期限应为抵押合同规定的抵押人履行债务的期限；典当期限应为典房合同的出典期限。

二、“注销日期”，即“他项权利消失的日期”。

他项权利未依法注销之前，仍具法律效力，他项权利权利人（抵押权人、典权人，下同）可凭据《房屋他项权证》作为法律要件之一，依法行使他项权利。

三、他项权利灭失时，当事人应持《房屋所有权证》和《房屋他项权证》等有关法律要件，到房地产权属登记机关办理他项权利注销登记，登记机关应收回抵押权人所持《房屋他项权证》，注销存档，并在房屋所有权人所持《房屋所有权证》“他项权利内容摘要”栏内填注登记事项。

（四）相关地方性法规及规范性文件

❶太原市城市房地产交易管理条例（节录）

（1998年12月18日太原市第十届人民代表大会常务委员会第十三次会议通过　1999年1月30日山西省第九届人民代表大会常务委员会第七次会议批准）

第十七条　下列房地产不得抵押：

（一）无合法权属证明的；

（二）权属有争议的；

（三）司法机关、行政机关依法裁定、决定查封或者以其他形式限制房地产权利的；

（四）县级以上人民政府公告列入拆迁范围的；

（五）用于教育、医疗、市政、绿化等公益事业的；

（六）经有批准权的人民政府批准，由土地行政管理部门依法收回土地使用权的。

第十八条　房地产抵押人所担保的债权不得超出其抵押物的价值。同一房地产设定数个抵押权的，抵押人应当将已经设定过的抵押情况书面告知其他抵押权人。

抵押房地产的价值由房地产价格评估机构评估。

第十九条　房地产抵押应当签订合同。当事人应当在合同签订后三十日内到房地产行政管理部门办理他项权利登记，并到工商行政管理部门办理抵押合同生效登记。

土地使用权抵押还须向土地行政管理部门办理申请登记。

以预售商品房抵押的，登记机关应当在抵押合同上作记载。抵押期间竣工的，应当办理房地产抵押登记。

❷呼和浩特市城市房地产交易市场管理条例（节录）

（1997年6月26日呼和浩特市第十届人民代表大会常务委员会第二十三次会议通过　1998年7月31日内蒙古自治区第九届人民代表大会常务委员会第四次会议批准）

第二十八条　下列房地产可以设定抵押权：

（一）依法取得房屋所有权连同该房屋占有范围内的土地使用权；

（二）依法获得的房屋期权；

（三）以出让方式取得的土地使用权；

（四）依法可以抵押的其他房地产。

第二十九条　下列房地产不得设定抵押：

（一）权属有争议的；

（二）用于教育、医疗、市政等公共福利事业的；

（三）列入文物保护的建筑物和有重要纪念意义的其他建筑物；

（四）已依法公告列入拆迁范围的；

（五）被依法查封、扣押、监管或者以其他形式限制的；

（六）依法不得抵押的其他房地产。

❸徐州市城市房地产交易管理条例（节录）

（1995年9月26日江苏省徐州市第十一届人民代表大会常务委员会第二十一次会议通过　1995年12月15日江苏省第八届人民代表大会常务委员会第十八次会议批准　1995年12月15日徐州市人民代表大会常务委员会公布施行）

第二十七条　下列房地产不得抵押：

（一）权属有争议的；

（二）城市基础设施、公益事业设施及其用地；

（三）司法、行政机关依法裁定、决定查封或者以其他形式限制房地产权利的；

（四）被确定为文物保护单位的；

（五）未依法登记领取权属证件的；

（六）共有房地产未经其他共有人书面同意的。

已出租的房屋抵押时，抵押人应当将出租的事实告知拟接受抵押者，抵押合同生效后，原租赁关系继续依租赁合同存续。

第二十八条　以出让方式取得土地使用权的房地产抵押时，其所担保的债权不得超出该房地产的评估现值。以划拨方式取得土地使用权的房地产抵押时，其所担保的债权不得超出该房地产的评估现值减去土地使用权出让金数额后的余额。

同一房地产可以设定两次或两次以上抵押，但其担保的债权之和不得超出前款规定的最高限额。抵押人应当将多次抵押情况事先书面通知先前的抵押权人和拟接受抵押人。

同一房地产的同一价值部分不得重复抵押。

❹包头市房地产交易市场管理条例（节录）

（1996年1月19日包头市第十届人民代表大会常务委员会第二十八次会议通过　1997年9月24日内蒙古自治区第八届人民代表大会常务委员会第二十八次会议批准）

第二十一条　房地产抵押或者典当，当事人须签订书面合同，到房地产交易市场管理部门办理抵押或者典当手续。

第二十三条　已抵押的房地产，抵押人因不可抗力等特殊原因确需进行翻建、扩建或者改变用途的，必须取得抵押权人的书面同意或者重新签订抵押合同，并到房地产交易市场管理部门办理手续。

❺青岛市房地产抵押条例（节录）

（1997年10月15日山东省第八届人民代表大会常务委员会第三十次会议批准　1997年10月15日青岛市人民代表大会常务委员会公布）

第十五条　房地产抵押合同应当载明下列内容：

（一）被担保的债权种类、数额；

（二）债务人履行债务的期限；

（三）抵押房地产的名称、位置、状况、建筑面积、用地面积、四至等；

（四）抵押房地产的估价；

（五）抵押房地产的占管人、占管方式和责任，意外毁损、丢失的风险责任；

（六）抵押房地产的权证保管；

（七）抵押权消灭的条件；

（八）抵押权人处分房地产的方式；

（九）争议的解决方式；

（十）双方协商议定的其他内容。

订立房地产抵押贷款合同，必须在合同中约定有关贷款的内容。

❻济南市城市公有房屋管理办法（节录）

（1994年12月6日山东省第八届人民代表大会常务委员会第十一次会议批准 1997年4月4日山东省第八届人民代表大会常务委员会第二十七次会议批准修改 2002年6月21日济南市第十二届人民代表大会常务委员会第二十六次会议通过 2002年7月27日山东省第九届人民代表大会常务委员会第三十次会议批准修改）

第三十三条 公有房屋设定抵押的，抵押人和抵押权人应当签订抵押合同，并按本办法的规定办理房屋他项权利登记，领取房屋他项权证。

三、以案明法

案例(一)

获嘉县中和农村信用合作社诉张某新等确认房产抵押权纠纷案

原告：获嘉县中和农村信用合作社

被告：张某新

被告：申某琴

第三人：赵某花

原告获嘉县中和农村信用合作社（以下简称中和信用社）诉被告张某新、申某琴确认房产抵押权纠纷一案，本院受理后，依法组成合议庭，公开开庭进行了审理。原告中和信用社特别授权代理人孙金良、一般委托代理人冯利谦到庭参加诉讼，被告张某新、申某琴、第三人赵某花经合法传唤未到庭。本案依法缺席审理，现已审理终结。

原告诉称：2004年12月3日，被告张某新在中和信用社立据借款4万元，约定2000年12月3日归还，并用其与申某琴共有的坐落在获嘉县新华街路西的073427号房产作抵押，并进行了法定登记。借款逾期后，2001年5月10日，被告委托赵某花以更换贷款手续为由将交存于原告处的房屋他项权证取走，至今未更换贷款手续也未归还贷款本息。原告认为，被告以更换贷款手续为由将交存于中和信用社的房屋他项权证取走，但抵押关系依然存在。故请求法院确认原告对被告张某新、申某琴坐落在获嘉县新华街路西共有的房产抵押权存续。

被告张某新、申某琴均未答辩。

第三人赵某花未作陈述。

经审理查明：2000年3月31日，被告张某新与原告中和信用社签订房地产抵押借款合同，被告申某琴在双方签字盖章处签署了自己姓名。双方约定，张某新自愿将坐落在城关区新华路西建筑面积180平方米、房产证号为073427号的房产抵押给中和信用社；抵押权与债权同时存在，债权消失，抵押权随之消失，抵押合同终止。同日，由被告张某新、申某琴向获嘉县房产管理局提出申请并办理了以中和信用社为他项权人的第361号房屋他项权证，并交付中和信用社。据此被告张某新与原告中和信用社于2000年4月3日签订了以张某新房屋他项权证为抵押的（中和）社抵借字第2000－462号抵押借款合同。被告张某新在中和信用社贷款4万元，还款期限为2000年12月3日。后被告分别于2000年11月28日、2000年12月27日、2001年1月31日、2001年2月27日、2001年4月30日到中和信用社结算利息。2001年5月10日，第三人赵某花受被告张某新委托到中和信用社以更换贷款手续为由将第361号房屋他项权证取走，后交给被告张某新。被告张某新、第三人赵某花均称是赵某花一人去中和信用社取的他项权证，然后交给张某新。自此以后，被告既未更换贷款手续，也未清结贷款，更未归还他项权证。据此，原告诉至本院。请求确认原告对二被告的073427号房产抵押权存续。

本院认为，被告张某新、申某琴以其共有房产为被告张某新贷款提供抵押担保，与原告签订房地产抵押借款合同，办理以原告为他项权人的权利证书并交由原告存放，均系双方当事人的真实意思表示，不违反我国法律、行政法规，故其抵押合法有效，应予保护。第三人赵某花受被告张某新委托取走他项权证并交给张某新，其代理后果应由被告张某新、申某琴承担。现张某新尚未结清贷款本息，原告之主债权尚未消灭，故其抵押权之从债权亦未消灭。被告张某新委托第三人取回房屋他项权证，不影响原告所享抵押权的存续。故原告对二被告共有的073427号房产抵押权存续的确认请求成立，本院予以支持。

根据《中华人民共和国民法通则》第六十三条、《中华人民共和国担保法》第五十二条、《中华人民共和国民事诉讼法》第一百三十条之规定，判决如下：

确认原告获嘉县中和农村信用合作社对被告张某新、申某琴的073427号共有房产抵押权继续存续。

案件受理费50元、实支费200元，合计250元，由被告张某新负担。

如不服本判决，可在判决书送达后15日内向本院递交上诉状正副本四份，上诉于新乡市中级人民法院。

案例(二)

天安保险股份有限公司诉上海金源房地产有限公司抵押案

原告：天安保险股份有限公司

被告：上海金源房地产有限公司

原告天安保险股份有限公司诉被告上海金源房地产有限公司抵押一案，原由上海市第一中级人民法院于1999年5月19日立案受理。1999年7月15日，该院以本案属本院管辖为由，移送本院审理。本院受理后，依法组成合议庭，公开开庭进行了审理。原告的委托代理人叶府荣，被告的委托代理人姚曹隆到庭参加诉讼。本案现已审理终结。

原告诉称，1996年间，被告在销售“金源国际大厦”时，向购房者承诺分期六年回报投资利润。为了保证该承诺的实现，被告遂向原告投保，要求原告提供履约保证保险。1996年9月25日，原、被告双方订立一份《履约保证保险协议》，协议书第五条明确在保险责任期限内，被告在承诺书所列分期回报投资利润期满三个月未能全部或部分履行时，原告依据本协议及保函的规定履行赔付该期投资利润的责任。协议书第十四条明确被告应在原告赔付之日起三个月内将赔付本金、利息及费用无条件偿还原告，逾期偿还的，原告将收取延迟付款利息及费用或按抵押合同的有关规定执行。协议中，被告还作出了反担保承诺，双方为此另行订立了一份《抵押合同》，被告自愿将“金源国际大厦”部分房屋抵押给原告。

1997年7月4日，双方又订立一份补充协议，对保险金额作了调整，同时将抵押物也作了更换。之后，原告按约履行了义务，但被告擅自将部分抵押物出售，尽管被告的行为严重违约，且具有欺诈性，但原告仍按保函规定向购房者支付了投资利润人民币124.3573万元。现根据《抵押合同》的约定，如被告违约，原告有权处分全部抵押物，以保证原告的合法权益不受侵害。为此原告诉至法院，要求拍卖被告抵押给原告的上海市长寿路1118号的“金源国际大厦”第10层、第11层及第13层E、F、G室房屋（价值人民币1445万元），拍卖所得款项除支付原告的赔偿款人民币124.3573万元及利息、罚息外，余款按约存入原告指定的银行作为保证金，以备被告承担反担保之责任；诉讼费由被告承担。

被告辩称，原告所述情况属实，但被告的反担保承诺及原、被告之间的《抵押合同》违反了担保法及保险法的法律规定，应属无效，故不同意原告的诉讼请求。

经审理查明，位于本市长寿路1118号“金源国际大厦”系由被告开发的外销商品房项目。被告在对外销售“金源国际大厦”时，向部分购房者出具《承诺书》，承诺分期六年回报购房投资利润，并明确在购房者支付2%保险费及手续费的基础上，由被告安排保险公司对本承诺提供履约保证保险。此后，被告向原告提出申请，就其向购房者所作的承诺向原告投保履约保证保险，保险金额为人民币3000万元。1996年9月25日，原、被告双方签订一份《履约保证保险协议》，协议约定被告就其作出的承诺书的履行向原告投保履约保证保险，保险标的为承诺书载明的被告承诺分期回报购房投资利润的行为，保险责任为在保险责任期限内，被告在承诺书所列分期回报购房投资利润的日期期满三个月未能全部或部分履行时，原告依据本协议及保函的规定履行赔付责任。同时协议另约定被告愿意提供反担保承诺，即被告对于原告根据协议规定向购房者支付的全部保险金及利息、费用承担无条件偿付责任（利息按年利率25%计算，自原告赔付保险金之日起至被告偿还原告之日止），被告保证在接到原告的索付通知书后偿付相应款项，如迟延付款的，被告向原告支付迟延付款利息及其他经济损失（迟延付款利息按年利率30%计算，自原告赔付保险金之日起期满三个月的次日起至被告全部偿还原告之日止）；被告也愿意提供“金源国际大厦”部分期房作为抵押物，双方另行签署抵押合同；被告保证不提出对本反担保承诺项下责任之任何抗辩和异议。协议中对于保险金额、保险费等也作了约定，并明确本协议自原、被告各方授权代表签署并签订《抵押合同》、办妥抵押登记之日起生效，至该项保险责任终止日止。同时，原、被告双方又签订《抵押合同》一份，合同约定由于原告对于被告所作承诺的履行提供保证保险，被告为此以“金源国际大厦”房屋期权作为抵押物以供担保，担保范围为原告在保险责任期限内，可能代被告赔付的款项及其利息和费用，以及原告为行使抵押权等发生的全部费用；担保额度为人民币3000万元。合同另约定如发生下列情况，原告有权处分部分或全部抵押物，即原告向购房者赔偿保险金之日起三个月内，被告未依约向原告进行清偿的或被告事先未经原告书面同意将抵押物出售、交换、赠与等进行处分的……；抵押物处分时，每平方米建筑面积的价格低于人民币6644元时，被告应补充提供“金源国际大厦”内有关房屋作为抵押物，直至抵押物的总价值不低于人民币3000万元，如被告不提供补充抵押物时，则原告有权一次性处分全部抵押物，处分抵押物所得价款，根据本合同规定进行分配，分配后的多余款项应提存，存入原告指定的银行作为保证金，以备被告承担反担保的责任。1996年12月30日，原、被告双方向上海市房地产登记处申请办理了房屋抵押登记手续，抵押房屋为“金源国际大厦”A幢第9层A、B、E、F室，第10层A、B室，第11、13、14、15层整层房屋，房屋现状为期房，抵押期限为自1996年9月25日起至2003年9月24日止。此后，原告向有关购房者出具了相应的保函，被告则向原告支付了保险费人民币30万元。1997年7月4日，原、被告双方又签订补充协议一份，将总保险金额调整为人民币1445万元；抵押物调整为“金源国际大厦”B幢第10、11层整层及第13层E、F、G室房屋。此前，原、被告双方已于1997年6月12日向上海市房地产登记处申请办理了上述抵押物变更登记手续。1998年7月31日，原告致函被告，称因发现被告将抵押物中的部分房屋出售他人，违反了法律规定及合同约定，故自即日起解除所订的《履约保证保险协议》，被告对此未予同意。1998年11月19日，被告向原告出具《无力付款证明书》一份，要求原告对12户购房者进行理赔。原告后向其中的10户购房者进行了理赔，于1999年1月26日支付人民币104.5706万元、于1999年1月27日支付人民币4.0258万元、于1999年2月1日支付人民币15.7609万元，总金额合计为人民币124.3573万元。目前被告尚未将上述钱款支付原告。原告遂诉至法院。

另查明，在被告抵押给原告的房屋中，被告已将B幢第11层F、G室房屋出售他人，并分别于1997年5月20日、1997年9月30日办理了预售登记手续。1999年10月26日，原告致函本院，表示本案中不要求将上述两套房屋予以拍卖，另行通过法律途径解决。1999年11月15日，原告又致函本院，称由于双方原约定的计息利率高于同期银行利率，故原告同意按照银行同期贷款利率计算被告应支付给原告的利息。

再查明，原告具有办理信用保险的经营范围。

以上事实有承诺书，申请书，履约保证保险协议及补充协议，抵押合同，保函，抵押登记材料，原告1998年7月31日、1999年10月26日及1999年11月15日的函件，无力付款证明书，原告的付款凭证，工商材料以及当事人的陈述等证据佐证。

本院认为，原、被告双方通过订立《履约保证保险协议》，确立了双方处于保险人与投保人的地位，并据此产生了相应的法律关系。根据上述协议，原告提供的保险为信用保险，而原告也具有办理信用保险的经营范围，故上述协议与法不悖，应依此确定原、被告间的权利与义务。在上述协议中，为确保在原告为被告提供信用保险、代被告支付有关钱款后，原告的代偿行为能得以清偿，被告又作出了相应的反担保承诺，双方为此也订立了《抵押合同》，办理了相应的抵押登记手续。上述原、被告的民事行为，符合我国有关担保的法律规定，被告现要求确认上述行为无效，并无法律依据，本院不予采信。

在上述合约履行过程中，被告在未征得原告书面同意的情况下，将部分房屋出售他人，显属不妥。现原告确已代被告向购房者支付钱款人民币124.3573万元，应由被告按约定偿还原告，并支付相应利息。因双方约定的计息利率高于同期银行利率，原告现要求按照同期银行贷款利率计算利息，应予准许。上述钱款及利息，如被告不履行清偿义务的，原告有权将其拥有的抵押物（除原告同意不予处理的B幢第11层F、G室房屋外）折价或以拍卖、变卖该抵押物所得价款优先受偿。根据《抵押合同》的约定，只有在抵押物的总价值低于人民币1445万元，而被告不提供补充抵押物时，原告才有权一次性处分抵押物，并将分配后的多余款项存入原告指定银行作为保证金，以备被告承担反担保的责任。现原告要求对全部抵押物进行拍卖的诉请不符合合同的约定，况且剩余理赔事项尚未发生，原告的该项请求亦不符合民事活动中应遵循的公平、等价有偿原则，故原告的该部分诉请，本院不予支持。综上，依照《中华人民共和国民法通则》第四条、第六条、第八十五条、第八十九条第（二）项、第一百零六条第一款之规定，判决如下：

一、被告应于本判决生效之日起10日内支付原告人民币124.3573万元及利息（利息按中国人民银行同期贷款利率计算，其中人民币104.5706万元的利息自1999年1月26日起至本判决生效日止；人民币4.0258万元的利息自1999年1月27日起至本判决生效日止；人民币15.7609万元的利息自1999年2月1日起至本判决生效日止）。

二、如被告未能按期清偿上述钱款的，原告有权以折价或拍卖、变卖位于上海市长寿路1118号的“金源国际大厦”B幢第10层整层、第11层（F、G室除外）及第13层E、F、G室房屋的所得价款中优先受偿（抵押物的折价、拍卖、变卖以上述第一项被告应付本金及利息的总额为限）。

三、原告的其余诉讼请求，不予支持。

本案案件受理费人民币82260元，由原告负担人民币75181元、被告负担人民币7079元。

如不服本判决，可在判决书送达之日起15日内，向本院递交上诉状及副本，上诉于上海市高级人民法院。

四、办案实战资料库

（一）房地产抵押合同

房地产抵押合同

抵押人（下称甲方）：	第三人：	受押人（下称乙方）：
法人营业执照或批文：	法定代表人：	法定代表人：
法定代表人：	法定地址：	法定地址：
国籍：	联系电话：	联系电话：
法定地址：		
联系电话：		

根据自愿、互利、公平和诚实信用的原则，甲、乙双方就本抵押事宜进行了友好协商，甲方为了________将自有________抵押予乙方，达成合同条款如下：

第一条 抵押物状况及价值

	抵押物名称	坐落	权证编号	面积	评估价值	备注
抵押物情况						

甲方抵押予乙方的抵押物经评估为人民币（大写）：________元，（小写）：________元；抵押金额为人民币（大写）：________元，（小写）：________元。

第二条 抵押期限

甲方决定将上述抵押物抵押予乙方________年（月），从________年________月________日起到________年________月________日止。

第三条 抵押用途

甲方将上述抵押物抵押予乙方作为甲方________保证。

第四条 抵押合同与________的关系

当上述抵押物作为获取乙方资金之债务担保物时，本合同则成为甲、乙双方所签订________的主合同，即只要甲乙双方签订________成立时，本合同和________同为抵押行为之要件，具有同等法律效力。

第五条 甲方法律责任

(1) 抵押期间，抵押物、产权证书或法律证件，由甲方保管，乙方对该抵押物享有优先受偿权。

(2) 甲方保证先行足额投保，并将抵押物的保险单交于乙方，保险期须长于抵押期，抵押期间，如发生保险事故，则乙方为保险第一受益人。

(3) 甲方保证在抵押期间决不将抵押物部分或全部出售、转让、出租、再抵押或以其他方式处分；若需出租或再抵押，须先征得乙方同意。

第六条 抵押物的处分

债务人如未能按________之约定履行时，乙方可向市房地产市场管理处申请处分抵押物，所得款项按如下顺序分配：

(1) ____

(2) ____

(3) ____

第七条 特约说明或特别条款

第八条 本合同之附件

(1) ____

(2) ____

(3) ____

上述附件为本合同不可分割的组成部分，与本合同具有同等法律效力。

第九条 争议的解决方式

____

____

第十条 本合同生效后的30天内，抵押双方应到市房产局产权监理处进行他项权登记。

第十一条 本合同生效条件

(1) 本合同经甲、乙双方法定代表人（或委托代理人）签署，加盖公章。

(2) 本合同须经×××房地产市场管理处鉴证。

第十二条 合同文本

(1) 本合同用中文制作，合同的书写和印刷文字具有同等法律效力。

(2) 本合同正本一式六份，甲、乙方各两份，鉴证部门两份。副本若干份，有关单位各执一份。合同的正、副本具有同等的法律效力。

甲方：（抵押人）	担保人：（第三人）	乙方：（抵押权人）
法定代表人：	法定代表人：	法定代表人：
（委托代理人）	（委托代理人）	（委托代理人）

年　　月　　日

鉴证意见	
经办人： 负责人：	鉴证机关（盖章） 年　　月　　日
备注	

说明：

(1) 下列房地产或权益可以设定抵押：

①取得所有权的房屋及其使用范围内的土地使用权。

②城镇国有土地使用权。

③依法生效的预售（购）房屋合同。

④在建的房地产开发、建设项目。

(2) 抵押物价值以市房产管理局认可的评估机构的评估结果为准。

(3) 本合同一律用钢笔或毛笔填写。

(4) 本合同以中文书写。若用两种（含两种）以上文字书写的，应以中文为准。

（二）楼宇抵押贷款申请书

楼宇抵押贷款申请书

申请日期：　　年　　月　　日　　　　　　　　　　　　　　　　　　编号：

<table>
<tr><td>申请人姓名</td><td></td><td>性别</td><td></td><td>年龄</td><td></td><td>职业</td><td></td></tr>
<tr><td>身份证号码</td><td colspan="3"></td><td colspan="2">工作单位</td><td colspan="2"></td></tr>
<tr><td>单位地址</td><td colspan="4"></td><td colspan="2">单位电话</td><td></td></tr>
<tr><td>家庭住址</td><td colspan="4"></td><td colspan="2">住宅电话</td><td></td></tr>
<tr><td rowspan="4">购买住房情况</td><td colspan="2">建筑面积</td><td colspan="2"></td><td colspan="2">合约号码</td><td></td></tr>
<tr><td colspan="2">总房价款</td><td colspan="2"></td><td colspan="2">单位房价</td><td>元/平方米</td></tr>
<tr><td colspan="2">售房单位</td><td colspan="2"></td><td colspan="2">地址及电话</td><td></td></tr>
<tr><td colspan="2">购买住房地址</td><td colspan="5"></td></tr>
<tr><td rowspan="3">申请贷款金额及期限</td><td colspan="2">已存款累计</td><td></td><td>存款期限</td><td></td><td>存折账号</td><td></td></tr>
<tr><td colspan="2">贷款总额</td><td colspan="5"></td></tr>
<tr><td colspan="2">购房首期实际交款数</td><td colspan="5"></td></tr>
<tr><td rowspan="2">还款计划及措施</td><td colspan="2">每月还款金额</td><td colspan="5"></td></tr>
<tr><td colspan="2">抵押条件</td><td colspan="5">本人同意用所购房屋的产权作抵押，办理《房屋证》后即由开发企业交工商银行房地产信贷部。</td></tr>
<tr><td rowspan="2">每月稳定总收入及单位证明</td><td colspan="2">家庭月总收入</td><td colspan="2"></td><td colspan="3" rowspan="2">单位盖章：（或街道居委会盖章）</td></tr>
<tr><td colspan="2">其中本人月收入</td><td colspan="2"></td></tr>
<tr><td>借款人担保人盖章</td><td colspan="2">借款人
签名
年　月　日</td><td colspan="3">抵押人
签名
年　月　日</td><td colspan="2">保证人
签名
年　月　日</td></tr>
<tr><td colspan="8">经办人意见
年　月　日</td></tr>
<tr><td colspan="8">房地产信贷部科长意见
年　月　日</td></tr>
<tr><td colspan="8">领导审批意见
年　月　日</td></tr>
</table>

（三）谨慎设立房地产抵押，确保债权如期实现

［案情介绍］

1998 年 6 月 3 日，A 公司向 B 银行申请流动资金贷款 540 万元，用于某房地产开发项目。B 银行经研究认为该项目可行，决定予以贷款，同时要求对方足额抵押。经协商，A 公司将其购买的一块国有土地使用权作抵押，且该土地上建的一栋四层楼房同时抵押。双方于 1998 年 6 月 18 日签订抵押借款合同，并在当天到当地房管局办理了抵押物登记。1999 年 6 月 18 日，A 公司投资的房地产开发项目失败，无法如期偿还贷款。B 银行遂要求拍卖作为抵押物的土地使用权和楼房，而 A 公司则要求延期还贷，不同意拍卖土地和楼房，双方发生争执，B 银行即向法院提起诉讼，要求实现抵押权。诉讼期间，C 银行因同一块土地使用权的抵押贷款和 A 公司发生纠纷，要求参加诉讼。经查，A 公司与 C 银行签订了一份贷款 300 万元的抵押借款合同，合同签订日期为 1998 年 2 月 28 日，但办理抵押物登记的日期比 B 银行晚 6 天，贷款还款期已满，A 公司亦未还款。

［法院判决及执行］

法院一并审理上述贷款纠纷，认为两份抵押借款合同均合法有效，借款合同期满，A 公司无力还贷，应拍卖抵押物予以还贷。遂判决拍卖作为抵押物的国有土地使用权及建筑在其上的楼房。判决生效后，法院依程序拍卖了抵押物，共得款 620 万元。根据《担保法》的有关规定，按办理抵押物登记的顺序先清偿 A 公司欠 B 银行的贷款本息 558 万元，然后清偿欠 C 银行的贷款本金 62 万元，A 公司另外还欠 C 银行的 238 万元本金及利息 10 万元由 C 银行向 A 公司追偿。

［评析］

房地产抵押是抵押操作中最为复杂的一类，而此种抵押又是借款合同中常用的。在房地产抵押中，抵押的设定及抵押权的实现涉及一系列的法律问题，当事人须格外慎重。

在以房地产设定抵押时要充分考虑房地产的可转让性并依据房地产不同的所有制形态订好抵押合同。考虑的因素越细致，权益的保障就越充分，千万不可草率行事。要避免使用那些虽然可以设置抵押，却因非法律上的其他原因无法转让的房地产设置抵押，否则，一旦债务风险出现须以房地产变价清偿时，而该房地产不能依法作价、变卖或拍卖，同样会使抵押权落空，债权不能得到有效清偿。

在房地产抵押设立和实现时，还需注意以下问题：

（1）房地产抵押合同签订后应到有关政府部门履行登记手续，登记后抵押合同生效。

（2）根据我国《民法通则》第八条、《担保法》第五十三条、《城市房地产管理法》第四十六条以及建设部《房地产抵押管理办法》第四条的规定，房地产抵押权的实现除了拍卖外，还可以采用折价、变卖的方式。房地产拍卖依据《拍卖法》规定的程序来进行。抵押权人可以从拍卖、变卖、折价房地产的价款中优先受偿，有剩余的应返还给抵押人，不足清偿的，可向债务人追偿。

（3）房地产价值大，容易出现重复抵押问题。重复抵押在我国并不禁止。债权人如认为剩余的房地产价值足以保障债权的，可以设定后序抵押，但须慎重。在抵押权实现时，房地产抵押合同是已登记生效的，按照抵押物登记的先后顺序清偿；如同一天登记，则顺序相同，按债权比例清偿。同一房地产上并存多个抵押权时，抵押物登记在前的抵押担保债权清偿期先于抵押物登记在后的抵押担保债权，登记在后的抵押担保债权只能在抵押物价值超出前面抵押担保债权的范围内受偿。登记在先的债权期先行届至，实现抵押权时，登记在先的债权人可以就变价价款优先受偿，剩余价款作为抵押财产存留，清偿登记在后的债权。

本案中，A 公司与 B、C 两家银行就同一房地产进行抵押，并先后进行了登记，抵押借款合同均有效。并且，A 公司届时无力偿还借款，债权人依法享有变价权，可以要求法院强制拍卖作为抵押物的房地产，并从中受偿。由于两个抵押合同抵押物登记的先后顺序不同，按照法律规定，登记在先的 B 银行优先受偿，登记在后的 C 银行则只能在前序抵押权人受偿之后剩余的价款内优先清偿自己的贷款。结果 B 银行的 558 万元本金及利息全部获得清偿，而 C 银行则只受偿了 62 万元本金，另外 238 万元本金及 10 万元利息只能作为无担保债权向借款人 A 公司追偿了。

【房地产抵押登记】

一、专家指导意见

（一）房地产抵押登记的概念与作用

房地产抵押登记是抵押双方当事人为使抵押成立而在房地产登记机构依照法定程序履行的法定行为。抵押权是一种在抵押房地产上所设定的他项权利，履行抵押登记手续是抵押法律关系成立的必备条件。

抵押登记的作用是为了交易安全。一方面，设立抵押权的本身是为了保障主债权的安全。但作为保障的抵押权自身是否安全可靠却是极其重要的。经过登记这一法定程序，能起到对抵押物是否有瑕疵的把关作用，有利于抵押权人的保护。

另一方面，抵押登记是法定要式行为，不登记则不得对抗第三人，只有履行抵押登记，才能对抗第三人，切实保护抵押权。

（二）抵押的生效条件与登记机构

房地产抵押合同虽然是双方当事人自愿签署，但并不直接产生法律的约束力。其原因是房地产是不动产，不动产权利的变更须履行要式行为。我国担保法和建设部的规章都明文规定房地产抵押合同自办理登记之日起生效。

我国《担保法》第 42 条第 2 款以及《城市房地产管理法》第 61 条都规定房地产抵押时，应当向县级以上地方人民政府规定的部门办理抵押登记。

房地产抵押应当在房地产所在地的房地产登记机构办理，通常是县级以上人民政府的房地产管理部门。

二、法律适用依据

（一）相关法律

❶中华人民共和国担保法（节录）

（1995 年 6 月 30 日第八届全国人民代表大会常务委员会第十四次

会议通过 1995年6月30日中华人民共和国主席令〔第50号〕公布 自1995年10月1日起施行）

第四十二条 办理抵押物登记的部门如下：

（一）以无地上定着物的土地使用权抵押的，为核发土地使用权证书的土地管理部门；

（二）以城市房地产或者乡（镇）、村企业的厂房等建筑物抵押的，为县级以上地方人民政府规定的部门；

（三）以林木抵押的，为县级以上林木主管部门；

（四）以航空器、船舶、车辆抵押的，为运输工具的登记部门；

（五）以企业的设备和其他动产抵押的，为财产所在地的工商行政管理部门。

❷中华人民共和国城市房地产管理法（节录）

（1994年7月5日第八届全国人民代表大会常务委员会第八次会议通过 1994年7月5日中华人民共和国主席令〔第29号〕公布 自1995年1月1日起施行）

第三十五条 房地产转让、抵押，当事人应当依照本法第五章的规定办理权属登记。

第六十一条 房地产抵押时，应当向县级以上地方人民政府规定的部门办理抵押登记。

因处分抵押房地产而取得土地使用权和房屋所有权的，应当依照本章规定办理过户登记。

（二）相关行政法规及规范性文件

❶关于加强国有土地资产管理的通知（节录）

（2001年5月30日国务院 国〔2001〕15号公布）

四、加强土地使用权转让管理

土地使用权要依法公开交易，不得搞隐形交易。划拨土地使用权未经批准不得自行转让。出让和承租国有土地使用权首次转让，必须符合法律规定和出让、租赁合同约定的条件。土地使用权交易要在有形土地市场公开进行，并依法办理土地登记。土地行政主管部门要加强对出让、租赁合同的管理，受让人和承租方未付清全部出让金、租金的，不得为其发放土地使用证，未达到法律规定和合同约定的投资开发条件的，土地使用权不得转让。

土地使用权抵押应当依法办理抵押登记。设定房地产抵押权的土地使用权是以划拨方式取得的，依法拍卖该房地产后，受让人应当依法与土地所在地的土地行政主管部门签订土地使用权出让合同，从拍卖价款中缴纳土地使用权出让金后，抵押权人方可优先受偿。

以营利为目的，房屋所有人将以划拨方式取得国有土地使用权后所建房屋出租的，应将租金中所含土地收益上缴国家。

国有土地使用权转让，转让双方必须如实申报成交价格。土地行政主管部门要根据基准地价、标定地价对申报价格进行审核和登记。申报土地转让价格比标定地价低20%以上的，市、县人民政府可行使优先购买权。

❷中华人民共和国城镇国有土地使用权出让和转让暂行条例（节录）

（1990年5月19日国务院令〔第55号〕公布施行）

第三十五条 土地使用权和地上建筑物、其他附着物抵押，应当依照规定办理抵押登记。

第三十八条 抵押权因债务清偿或者其他原因而消灭的，应当依照规定办理注销抵押登记。

❸关于治理开发农村“四荒”资源进一步加强水土保持工作的通知

（1996年6月1日国务院办公厅 国办〔1996〕23号公布）

三、治理开发“四荒”的政策

（一）实行谁治理、谁管护、谁受益的政策。在经过治理开发的“四荒”地上种植的林果木、牧草及其产品等归治理者所有，新增土地的所有权归集体，在协议规定期限内，治理者拥有使用权，享受国家有关优惠政策。

（二）农村集体经济组织内的农民都有参与治理开发“四荒”的权利，本村村民享有优先权。也鼓励和支持有治理开发能力的企事业单位、社会团体及其他组织或个人采取不同方式治理开发“四荒”。

（三）治理开发“四荒”，应做到公开、公平、自愿、公正。治理开发的规模要适度，既不搞平均主义，又要避免由于规模过分悬殊带来的资源分配和经济利益不合理的矛盾。

（四）治理者对“四荒”享有治理开发自主权。国家依法保护治理开发“四荒”的成果和治理者的合法权益。在符合国家有关法律、法规、政策、水土保持总体规划和治理开发协议的前提下，允许并鼓励治理者在保持水土和培育资源的基础上，宜农则农，宜林则林，宜果则果，宜牧则牧，宜渔则渔，根据实际情况开发利用“四荒”。

（五）无论采用哪种方式治理开发“四荒”，都必须遵守有关法律、法规和政策。不准在25度以上的陡坡上开荒种植农作物，不准破坏植被、道路和农田水利、水土保持工程设施。不得进行掠夺式开发，不得将“四荒”改作非农用途，以免造成新的水土流失，违者要按有关规定予以处罚。对违约逾期不治理开发的，农村集体经济组织应无偿收回。

（六）承包、租赁、拍卖“四荒”使用权，最长不超过50年。在规定的使用期限内，对于实行承包、租赁和股份合作方式治理的，可以依法继承、转让或转租；对于购买使用权的，依法享有继承、转让、抵押、参股联营的权利。在进行转让、抵押、参股联营时，要经农村集体经济组织同意，由乡（镇）级人民政府审核，报县级人民政府批准，依法办理土地使用权变更登记和抵押登记。国家在征用已治理开发的“四荒”地时，对其治理开发成果要给予合理补偿。

（七）要发挥县以及乡（镇）基层水利、水土保持、土地、农业、林业和供销社等部门的指导、服务作用。要为“四荒”治理开发编制规划，组织技术培训，推广适用科技成果，提供优质苗木、良种，供应生产资料，提供市场信息咨询等保本微利的社会化服务。

（三）相关部门规章及规范性文件

❶城市房地产抵押管理办法（节录）

（1997年5月9日建设部令〔第56号〕公布 2001年8月15日根据《建设部关于修改城市房地产抵押管理办法的决定》修正）

第六条 国家实行房地产抵押登记制度。

第四章 房地产抵押登记

第三十条 房地产抵押合同自签订之日起30日内，抵押当事人应当到房地产所在地的房地产管理部门办理房地产抵押登记。

第三十四条　已依法取得的房屋所有权证书的房地产抵押的，登记机关应当在原《房屋所有权证》上作他项权利记载后，由抵押人收执。并向抵押权人颁发《房屋他项权证》。

以预售商品房或者在建工程抵押的，登记机关应当在抵押合同上作记载。抵押的房地产在抵押期间竣工的，当事人应当在抵押人领取房地产权属证书后，重新办理房地产抵押登记。

❷城市房屋权属登记管理办法（节录）

（1997年10月27日建设部令〔第57号〕公布　2001年8月15日 根据《建设部关于修改〈城市房地产权属登记管理办法〉的决定》修正）

第十九条　设定房屋抵押权、典权等他项权利的，权利人应当自事实发生之日起30日内申请他项权利登记。

申请房屋他项权利登记，权利人应当提交房屋权属证书，设定房屋抵押权、典权等他项权利的合同书以及相关的证明文件。

❸关于重申房地产抵押登记必须由房地产行政主管部门办理的紧急通知

（1996年7月18日建设部公布）

一、房地产抵押登记，是房地产权属登记管理的重要组成部分，根据《城市房地产管理法》的规定，这项工作应由房地产行政主管部门办理。

《城市房地产管理法》第四十六条规定："房地产抵押，是指抵押人以其合法的房地产以不转移占有的方式向抵押权人提供债务履行担保的行为"。这表明房地产抵押实质上是房地产产权的抵押，房地产抵押是设定在房屋所有权上的一种他项权利，在进行产权管理时房地产抵押需要办理他项权利登记，这是房地产权属管理的一个组成部分。《城市房地产管理法》第六十条规定，房地产行政主管部门是房地产登记、核定颁发房地产权属证书的管理机关。因此，房地产他项权利的登记、发证，是房地产权属管理的不可分割的部分，必须由房地产行政主管部门办理。

二、房地产抵押登记历来由房地产行政主管部门办理并已形成一整套严密科学的管理制度和工作程序。

建国以来，各地在办理房地产产权登记时，房地产抵押登记一直由房地产行政主管部门办理。房地产行政主管部门在长期的产权管理中积累了大量、丰富、详实的产权产籍资料，建立了完整健全的房地产产权档案，形成了严格的产权管理制度和科学的工作程序。因此，各级人民政府房地产行政主管部门是房地产产权（包括抵押等他项权利）登记、管理的权威机构。为了加强这项工作，建设部近几年多次作出规定。1990年建设部第7号令《城市房屋产权产籍管理暂行办法》第十条规定："城市房屋产权的取得、转移、变更和他项权利的设定，均应当依照《城市房屋所有权登记暂行办法》的规定，向房屋所在地的市、县人民政府房地产行政主管部门申请登记"。1994年建设部第34号令《城市公有房屋管理规定》第十二条规定"公有房屋设定抵押等他项权，应当到房地产行政主管部门办理他项权登记，领取《房屋他项权证》"。《城市房地产管理法》颁发后，建设部、中国人民银行又以建房〔1996〕152号文联合发布了《关于加强与银行贷款业务相关的房地产抵押和评估管理工作的通知》，明确规定"抵押人（借款人）和抵押权人必须签订书面抵押合同，并自抵押合同签订之日起三十日内，向当地房地产管理部门办理抵押登记"。

三、一些地方不经房地产管理部门审批，自行办理房地产抵押，影响了社会和经济秩序，给国家和单位造成严重损失。

随着房地产市场经济的建立，房地产抵押日益增多。一些地方不断发生房地产抵押贷款欺诈行为。少数犯罪分子伪造《房屋所有权证》，骗取抵押贷款；也有的将一处房产重复抵押，或将已抵押了的房产私自卖出等情况；给抵押权人造成了严重的经济损失。从这些情况看，发生房地产抵押贷款欺诈行为的主要原因是，抵押权人和抵押人双方没有到房地产行政主管部门申请办理抵押登记，领取《房屋他项权证》，致使违法人有机可乘。如果房产抵押双方当事人到房地产行政主管部门申请抵押登记，房地产行政主管部门将依照《城市房地产管理法》的规定，对抵押人的房地产产权进行查档核实，辨别《房屋所有权证》的真伪，经核实确认后，才能依法颁发《房屋他项权证》，并在原《房屋所有权证》上填注他项权摘要。这种工作，唯有房地产行政主管部门依据严格的产权审查办法和程序及完整准确的产权产籍管理资料才能做得到，管理得到位而工商行政管理部门和其他部门是不可能办到的。

鉴于此，请你们采取切实措施，继续加强对房地产抵押登记的管理，并对非房地产行政主管部门办理房地产抵押登记的行为及时进行纠正，以维护房地产产权产籍管理工作的正常秩序，确保房地产权利人的合法权益，促进国民经济持续、健康、快速发展。

特此通知。

❹关于土地使用权抵押登记有关问题的通知

（1997年1月3日国家土地管理局　国土（籍）字〔1997〕第2号公布）

一、关于土地使用权抵押登记的法律效力

土地使用权抵押的设立、变更和消灭应依法办理土地登记手续。土地使用权抵押合同经登记后生效，未经登记的土地使用权抵押不受法律保护。

土地使用权抵押登记必须以土地使用权登记为基础，并遵循登记机关一致的原则，异地抵押的，必须到土地所在地的原土地使用权登记机关办理抵押登记。县级以上地方人民政府土地管理部门负责土地使用权抵押登记工作。

土地使用权抵押权的合法凭证是《土地他项权利证明书》，《国有土地使用证》、《集体土地所有证》和《集体土地使用证》不作为抵押权的法律凭证，抵押权人不得扣押抵押土地的土地证书。抵押权人扣押的土地证书无效，土地使用权人可以申请原土地证书作废，并办理补发新证手续。

二、关于土地使用权抵押的地价评估和合同签订

土地使用权抵押应当进行地价评估，并由抵押人和抵押权人签订抵押合同。地价评估收费标准按国家有关规定执行。

1. 以出让方式取得的国有土地使用权，由抵押权人进行地价评估或由具有土地估价资格的中介机构评估并经抵押权人认可后，由抵押人和抵押权人签订抵押合同。

2. 以划拨方式取得的国有土地使用权，由抵押人委托具有土地估价资格的中介机构进行地价评估，经土地管理部门确认，并批准抵押，核定出让金数额后，由抵押人和抵押权人签订抵押合同。

3. 乡（镇）村企业厂房等建筑物抵押涉及集体土地使用权抵押的，由抵押人委托具有土地估价资格的中介机构进行地价评估，经土地管理部门确认，并明确实现抵押权的方式，需要转为国有的，同时核定土地使用权出让金数额。然后，由抵押人和抵押权人签订抵押合同。

4. 以承包方式取得的荒山、荒沟、荒丘、荒滩等荒地的集体土地使用权，由抵押人委托具有土地估价资格的中介机构进行地价评估，并经土地管理部门确认后，由抵押人和抵押权人签订抵押合同。

抵押出让土地使用权的，抵押权终止期限不得超过土地使用权出让终止期限。

三、关于土地使用权抵押登记申请

土地使用权设立抵押权的，抵押人和抵押权人应在抵押合同签订后十五日内，持被抵押土地的土地使用证、抵押合同、地价评估及确认报告、抵押人和抵押权人的身份证件共同到土地管理部门申请抵押登记。一方到场申请抵押登记的，必须持有对方授权委托文件。

申请抵押登记除提交前款所列材料外还应分别情况，提交下列材料：

1. 以划拨土地使用权抵押的，提交土地管理部门确认的抵押宗地的土地使用权出让金额的证明；

2. 以房屋及其占有范围内的土地使用权抵押的，提交房屋所有权证；

3. 抵押乡（镇）村企业厂房等建筑物涉及集体土地使用权抵押的，提交集体土地所有者同意抵押的证明；

4. 以承包方式取得的荒山、荒地、荒丘、荒滩等荒地的集体土地使用权抵押的，提交该集体土地所有者同意抵押的证明；

5. 抵押人和抵押权人委托他人办理抵押登记的，提交委托书和代理人身份证件；

6. 抵押权人为非金融机构，其抵押借款行为依法应当办理有关批准手续的，应当提交有关批准文件。

同一宗地多次抵押时，以收到抵押登记申请先后为序办理登记。

未按规定提交有关证明文件的土地使用权抵押登记申请，土地管理部门不予受理。

四、关于土地使用权抵押登记和变更登记

抵押登记申请经审查，符合规定要求的，准予登记，土地管理部门在抵押土地的土地登记卡上进行注册登记，同时在抵押人土地使用证内进行记录，并向抵押权人核发《土地他项权利证明书》，土地使用权抵押正式生效。

土地使用权分割抵押的，由土地管理部门确定抵押土地的界线和面积。

抵押期间，抵押合同发生变更的，抵押当事人应当在抵押合同变更后十五日内，持有关文件到土地管理部门办理变更抵押登记手续。

因处分抵押财产转移土地使用权的，被处分土地使用权的受让方、抵押人和抵押权人应在抵押财产处分后三十日内，持有关证明文件到土地管理部门办理变更土地登记手续。处分抵押财产涉及集体土地所有权转为国有土地的，按土地管理的有关规定办理。

抵押合同解除或终止，抵押权人应出具解除或终止抵押合同的证明文件，与《土地他项权利证明书》一起交抵押人，抵押人自抵押合同终止或解除之日起十五日内，持有关文件到土地管理部门办理注销抵押登记手续。

五、关于抵押登记收费

办理抵押登记，申请人应向土地管理部门支付登记费用。抵押登记费按国家有关规定执行。

六、其他

我局1995年印发的《农村集体土地使用权抵押登记的若干规定》（〔1995〕国土〔籍〕字第134号）中与本通知内容不一致的，以本通知为准。

❺土地登记规则（节录）

（1995年12月18日国家土地管理局公布）

第四十三条 土地使用权抵押期间，抵押合同发生变更的，抵押当事人应当在抵押合同发生变更后十五日内，持有关文件申请变更登记。

❻关于贯彻《城市房地产管理法》做好土地登记工作的通知（节录）

（1995年1月1日国家土地管理局公布）

二、关于国有土地使用权抵押登记

根据《城市房地产管理法》第六十一条和《城镇国有土地使用权出让和转让暂行条例》第三十五、三十八条的规定，土地使用权抵押必须办理抵押登记，在国家有关抵押登记办法出台前，各级土地管理部门可先与金融部门协商，制定具体的抵押登记的操作办法，切实做好土地使用权抵押登记工作，依法保护抵押当事人的合法权益。土地使用权抵押，必须评估地价，抵押金额一般不超过评估地价的80%。以划拨方式取得的国有土地使用权进行抵押的，确定抵押金额时，抵押权人还必须考虑《城市房地产管理法》第五十条规定的内容，抵押登记后发给抵押权人土地使用权抵押证明书，抵押土地使用权的土地证书不能交由抵押权人保管。国有土地使用权抵押未经土地管理部门登记的，其抵押行为不受法律保护，债务人不履行债务时，抵押权人也不能依法享有拍卖抵押房地产取得价款的优先受偿权。

❼划拨土地使用权管理暂行办法（节录）

（1992年3月8日国家土地管理局令〔92〕第1号公布）

第二十三条 土地使用权抵押合同终止后，抵押人应当自抵押合同终止之日起十五日内，到原登记机关办理注销土地使用权抵押登记手续。

❽关于加强土地供应管理促进房地产市场持续健康发展的通知（节录）

（2003年9月24日国土资源部　国土资〔2003〕356号公布）

四、加强土地市场监测，完善市场服务

各地国土资源管理部门，特别是城市国土资源管理部门要加强对土地市场的监测，加快建立和完善土地市场监测分析系统和城市地价动态监测系统，及时对土地市场变化情况进行动态监测、分析、预测、预警，为政府进行宏观决策提供科学的依据。要加强土地市场的信息发布工作，及时将土地供应计划、土地使用权招标拍卖挂牌出让公告、基准地价、协议出让最低价和交易结果等市场信息向社会公布，并为社会提供信息，公开查询服务。

加强和规范土地登记工作，切实维护产权人的合法权益。各地国土资源管理部门要依法办理房地产开发、销售和转让涉及的土地登记发证工作，严把土地登记关口。加强土地使用权抵押登记管理，防范金融风险。建立健全土地登记资料可查询制度，提供市场服务。

加强对土地市场中介服务组织的监管，规范中介机构和从业人员的执业行为，促进诚信建设。对违反法律法规和有关技术规范从业的机构和个人，要及时向社会披露。

各级国土资源管理部门要加强与发展改革、建设、规划、金融、财政、税收等部门的密切协作，充分发挥土地供应的宏观调控作用，共同做好促进房地产市场持续健康发展工作。

❾关于国有划拨土地使用权抵押登记有关问题的通知（节录）

（2004年1月15日国土资源部公布）

以国有划拨土地使用权为标的物设定抵押，土地行政管理部门依法办理抵押登记手续，即视同已经具有审批权限的土地行政管理部门批准，不必再另行办理土地使用权抵押的审批手续。

（四）相关司法解释

❶关于审理房地产管理法施行前房地产开发经营案件若干问题的解答（节录）

（最高人民法院审判委员会第777次会议讨论通过　1995年12月27日最高人民法院　法〔1996〕2号公布）

16. 土地使用者未办理土地使用权抵押登记手续将土地使用权抵押后，又与他人就同一土地使用权签订抵押合同，并办理了抵押登记手续的，应当认定后一个抵押合同有效。

❷关于转发国土资源部《关于国有划拨土地使用权抵押登记有关问题的通知》的通知（节录）

（2004年3月23日最高人民法院　法〔2004〕11号公布）

各省、自治区、直辖市高级人民法院，解放军军事法院，新疆维吾尔自治区高级人民法院生产建设兵团分院：

国土资源部于2004年1月15日发布了国土资发［2004］9号《关于国有划拨土地使用权抵押登记有关问题的通知》。现将该《通知》转发给你们，在《通知》发布之日起，人民法院尚未审结的涉及国有划拨土地使用权抵押经过有审批权限的土地行政管理部门依法办理抵押登记手续的案件，不以国有划拨土地使用权抵押未经批准而认定抵押无效。已经审结的案件不应依据该《通知》提起再审。

特此通知。

❸关于房地产管理机关能否撤销错误的注销抵押登记行为问题的批复（节录）

（2003年11月17日最高人民法院公布　自2003年11月20日起施行）

广西壮族自治区高级人民法院：

你院《关于首长机电设备贸易（香港）有限公司不服柳州市房产局注销抵押登记、吊销（1997）柳房他证字第0410号房屋他项权证并要求发还0410号房屋他项权证上诉一案的请示》收悉。经研究答复如下：

房地产管理机构可以撤销错误的登出抵押登记行为。

此复

（五）相关地方性法规及规范性文件

❶南京市城镇房屋权属登记条例（节录）

（2001年8月27日南京市第十二届人民代表大会常务委员会第二十六次会议制定　2001年10月26日江苏省第九届人民代表大会常务委员会第二十六次会议批准　2001年10月26日南京市人民代表大会常务委员会公布　自2002年1月1日起施行）

第二十六条　抵押房地产的，当事人应当在抵押合同约定的登记期限内，申请房屋他项权利登记，并提交下列登记文件：

（一）房屋所有权证；

（二）国有土地使用证；

（三）主合同和抵押合同；

（四）其他有关的证件、证明。

抵押权转移、变更或者消灭的，当事人应当申请转移、变更或者注销登记。

❷徐州市城市房屋权属登记管理条例（节录）

（2001年9月27日徐州市第十二届人民代表大会常务委员会第二十八次会议制定　2001年10月26日江苏省第九届人民代表大会常务委员会第二十六次会议批准　2001年10月26日徐州市人民代表大会常务委员会公布　自2002年1月1日起施行）

第二十二条　设定房屋抵押权的，双方当事人应当凭房屋权属证书、土地使用权证书、身份证明、抵押合同书和相关的证明文件申请抵押权登记。

❸淄博市城市房地产交易管理办法（节录）

（1999年4月3日山东省第九届人民代表大会常务委员会第八次会议批准修改　1999年4月3日淄博市人民代表大会常务委员会公布）

第二十七条　房地产抵押当事人应当在抵押合同签订之日起三十日内持下列证件及资料到房产管理部门办理抵押登记：

（一）抵押登记申请书；

（二）当事人的身份证明、法人或者其他组织的资格证明。委托办理的，还应当出具书面委托证明；

（三）抵押合同；

（四）房屋所有权证、国有土地使用证。共有的房屋还应当提交房屋共有权证和其他共有人同意抵押的证明；

（五）可以证明抵押房地产价值的资料。

房产管理部门应当在受理之日起十五日内作出书面答复，符合条件的，颁发房地产他项权证。

❹广州市房地产抵押登记管理条例（节录）

（2000年5月24日广州市第十一届人民代表大会常务委员会第十六次会议通过　2000年7月28日广东省第九届人民代表大会常务委员会第十九次会议批准　2000年7月28日广州市人民代表大会常务委员会公布　自2000年10月1日起施行）

第六条　下列房地产抵押，应当登记：

（一）抵押人所有的房屋；

（二）抵押人依法有权处分的国有房屋；

（三）抵押人预购的商品房；

（四）抵押人所有的在建房屋；

（五）抵押人依法有权处分的国有土地使用权；

（六）镇、村依法建设的企业厂房等建筑物及其占用范围内的集体土地使用权；

（七）抵押人依法承包并经发包方同意抵押的荒山、荒沟、荒丘、荒滩等荒地的土地使用权；

（八）法律、法规规定可以抵押的其他房地产。

❺济南市城市公有房屋管理办法（节录）

（1994年12月6日山东省第八届人民代表大会常务委员会第十一次会议批准　1997年4月4日山东省第八届人民代表大会常务委员会第二十七次会议批准修改　2002年6月21日济南市第十二届人民代表大会常务委员会第二十六次会议通过　2002年7月27日山东省第九届人民代表大会常务委员会第三十次会议批准修改）

第三十三条　公有房屋设定抵押的，抵押人和抵押权人应当签订抵押合同，并按本办法的规定办理房屋他项权利登记，领取房屋他项权证。

❻无锡市抵押物登记管理条例（节录）

（2002年7月25日无锡市第十二届人民代表大会常务委员会第三十六次会议制定　2002年8月20日江苏省第九届人民代表大会常务委员会第三十一次会议批准　2002年8月26日无锡市人民代表大会常务委员会公布）

第三章　房地产抵押登记

第十五条　当事人依法以城市房产（含在建房产）或者乡（镇）、村企业的厂房等建筑物抵押的，该房产占用范围内的土地使用权同时抵押；当事人依法以土地使用权抵押的，该土地上的房屋等建筑物同时抵押。

房产行政管理部门及土地行政管理部门在一个场所统一受理房地产抵押登记申请，并发放房地产抵押权证书。

当事人以依法取得的无地上定着物的国有土地使用权抵押的，登记部门为土地所在地的土地行政管理部门。

第十六条　办理房产抵押登记，除提交本条例第六条第二款规定的文件外，还应当提供下列文件：

（一）可以证明抵押人有权设定抵押的证明材料；

（二）土地使用权证书；

（三）法律、法规、规章规定的其他文件。

第十八条　房产行政管理部门或者土地行政管理部门经审查准予办理抵押物登记的，应当在原《房屋所有权证》或者土地使用权证书上作他项权利记载后，由抵押人收执，并向抵押权人发放《房屋他项权证》或者《土地他项权利证明书》。

第十七条　办理土地使用权抵押登记，除提交本条例第六条第二款规定的文件外，还应当分别提供下列文件：

（一）以划拨土地使用权抵押的，提交土地行政管理部门确认的抵押宗地的土地使用权出让金额的证明；

（二）以城市房产（含在建房产）占用范围内的土地使用权抵押的，提交《房屋所有权证》或者有关建设许可证书；

（三）以乡（镇）、村企业厂房等建筑物占用范围内的集体土地使用权抵押的，提交集体土地所有者同意抵押的证明；

（四）以承包方式取得的荒山、荒沟、荒丘、荒滩等荒地的集体土地使用权抵押的，提交该集体土地所有者同意抵押的证明；

（五）法律、法规、规章规定的其他文件。

第十九条　以预售商品房或者在建工程抵押的，房产行政管理部门应当在抵押合同上作记载。抵押的房产在抵押期间竣工的，当事人应当在抵押人领取房产权属证书后，重新办理房产抵押登记。

以预售商品房抵押贷款的，商品房开发项目应当符合房地产转让条件并取得商品房预售许可证。

❼太原市城市房地产交易管理条例（节录）

（1998年12月18日太原市第十届人民代表大会常务委员会第十三次会议通过　1999年1月30日山西省第九届人民代表大会常务委员会第七次会议批准）

第十九条　房地产抵押应当签订合同。当事人应当在合同签订后三十日内到房地产行政管理部门办理他项权利登记，并到工商行政管理部门办理抵押合同生效登记。

土地使用权抵押还须向土地行政管理部门办理申请登记。

以预售商品房抵押的，登记机关应当在抵押合同上作记载。抵押期间竣工的，应当办理房地产抵押登记。

❽山东省实施《中华人民共和国土地管理法》办法（节录）

（1999年8月22日山东省第九届人民代表大会常务委员会第十次会议通过　1999年8月22日山东省人民代表大会常务委员会公布）

第七条　依法改变土地权属和用途的，必须办理土地变更登记手续。

依法出租、抵押土地使用权，或者因出租、抵押地上建筑物、构筑物等附着物导致土地使用权出租、抵押的，由原负责土地登记的人民政府的土地行政主管部门办理土地使用权出租、抵押登记，核发土地他项权利证明书。

❾陕西省实施《中华人民共和国土地管理法》办法（节录）

（1999年11月30日陕西省第九届人民代表大会常务委员会第十二次会议通过　1999年11月30日陕西省人民代表大会常务委员会公布）

第五条　单位和个人依法使用的国有土地，由土地使用者向土地所在地的设区的市、县（市）土地行政主管部门或者其派出机构提出土地登记申请，由设区的市、县（市）人民政府登记造册，核发《国有土地使用证》，确认使用权。其中，省级国家机关使用的国有土地的具体登记办法，由省人民政府规定。

❿湖南省城镇划拨土地使用权管理条例（节录）

（1997年1月24日湖南省第八届人民代表大会常务委员会第二十六次会议通过　根据2002年6月3日湖南省第九届人民代表大会常务委员会第二十九次会议《关于修改〈湖南省城镇划拨土地使用权管理

条例〉的决定》修正）

第十条　以划拨土地使用权或者连同地上建筑物和其他附着物设定抵押权的，土地使用者应当依法申请抵押登记。抵押权依法需要处分时，土地使用者可以不办理土地使用权出让手续，但应当从处分所得的价款中缴纳相当于应缴纳的土地使用权出让金。

（六）相关地方政府规章及规范性文件

❶北京市房屋土地管理局《关于北京市安居工程房地产抵押登记的通知》（节录）

（1995年12月24日北京市房屋土地管理局　京房地权字〔1995〕第029号公布）

一、关于安居工程用存量房屋抵押登记问题：

（一）办理存量房屋抵押登记，抵押当事人应按房地产抵押登记规定，提交房地产权属证件及有关相应文件后，由登记部门办理房屋抵押登记。

（二）存量房屋抵押登记时，未办理房屋所有权证、国有土地使用证的，房地权属登记和抵押登记应并案办理。抵押人取得房屋所有权证后，登记部门可以在先确定抵押房屋占地范围的国有土地使用权后，予以办理房屋抵押登记，再补发国有土地使用证，并在证中注记房屋抵押情况。

二、关于安居工程用第三人提供的房屋抵押登记问题：

（一）第三人提供房屋为安居工程的债务人担保，抵押当事人应按房地产抵押登记的规定，提交有关相应文件后，由登记部门办理房屋抵押登记。

（二）第三人提供房屋作为抵押物的，抵押合同应由抵押权人（债权人），抵押人（第三人）、债务人共同签订。合同中应有抵押人与债务人之间权利义务及合同各方发生纠纷诉请人民法院解决的有关条款。

三、关于用安居工程在建房屋抵押问题：

（一）安居工程在建房屋抵押，可以按期得权益房屋办理抵押登记。抵押房屋面积，以市规划管理部门的建设工程规划许可证中的面积为准。抵押房屋价值，按抵押登记时在建工程已完成部分评估价值。

（二）抵押人必须申领国有土地使用证，申领权证时，应提交土地管理部门颁发的《北京市国家建设用地批准书》、规划管理部门颁发的《建设用地规划许可证》、钉桩坐标成果通知单。

（三）办理期得权益房屋抵押登记，除按房地产抵押登记的规定，提交有关相应文件外，还应提交以下文件：

1. 市规划管理部门批准的建设工程规划许可证。

2. 市建设管理部门批准的建设工程开工许可证。

3. 北京市建设工程施工合同。

4. 在建房屋已完成部分的价值评估报告。

5. 抵押合同。合同中应有如下条款：在建房屋抵押后，是否准予预售，已预售的房屋是否解除抵押；在建房屋抵押期限内房屋竣工，办理房屋抵押登记；处分抵押的在建房屋所得款项，除房屋仍用于安居用途外，须先扣除政府为安居工程支付的有关税费后，再按《北京市房地产抵押管理办法》第二十七条规定受偿；抵押的在建房屋处分后，抵押物购得者，必须继续履行《北京市建设工程施工合同》中甲方的权利义务，如造成合同乙方损失，由合同甲方负法律责任。

（四）办理在建房屋抵押登记，应在《国有土地使用证》中、《北京市建设工程施工合同》中注记抵押情况，并加盖抵押专用章。

❷黑龙江省实施《中华人民共和国城镇国有土地使用权出让和转让暂行条例》办法（节录）

（1992年12月25日黑龙江省人民政府公布）

第三十九条　土地使用权和地上建筑物、其他附着物抵押，抵押人和抵押权人双方应当在抵押合同签订后十五日内，分别到土地所在市、县人民政府土地管理部门和房产管理部门办理抵押登记手续，未办理登记手续的，抵押合同无效。

❸青海省《中华人民共和国城镇国有土地使用权出让和转让暂行条例》实施办法（节录）

（1994年10月13日青海省人民政府第十一次常务会议审议通过　1994年10月24日青海省人民政府令〔第13号〕公布）

第五章　土地使用权抵押

第二十三条　依法取得土地使用权的土地使用者（以下简称抵押人）可以用土地使用权向金融机构或其他债权人（以下简称抵押权人）抵押。抵押人与抵押权人应签订抵押合同。双方应持合同和有关证件到市、县人民政府土地管理部门申请抵押登记。土地管理部门按照本办法第十八条的规定进行审查，对符合条件者予以登记。

（七）相关其他规范性文件

❶国家开发银行贷款抵押、质押担保暂行规定（节录）

（1996年8月2日国家开发银行　开行政法〔1996〕240号公布）

第三十条　抵押人以本规定所列财产设定抵押的，须在抵押协议约定的期限内到以下机构办理抵押物登记，抵押协议自抵押财产登记之日起生效：

（一）以土地使用权抵押的，在核发土地使用权证书的土地管理机构登记；

（二）以城市房屋和其他建筑物抵押的，在县级以上人民政府规定的部门登记；

（三）以林木抵押的，在县级以上林木主管部门登记；

（四）以航空器、船舶、车辆抵押的，在运输工具发证机关登记；

（五）以企业的设备和其他动产抵押的，在财产所在地的工商行政管理部门登记；

（六）以其他财产抵押的，在抵押人所在地的公证部门登记。

❷中国工商银行个人住房贷款管理办法（节录）

（1998年6月28日中国工商银行　工银〔1998〕94号公布）

第十九条　贷款人与抵押人签订抵押合同后，双方应依照有关法律规定办理抵押物登记。抵押合同自抵押物登记之日起生效，至借款人还清全部贷款本息时终止。

以住房抵押的，应分别情况办理以下登记手续：

（一）以期房抵押的，贷款人和抵押人应持依法生效的预购房屋合同到期房坐落地的房地产登记机关办理抵押登记备案手续；同时由售房单位提供担保，待该期房竣工交付后，持《房屋所有权证》办理正式抵押登记。

（二）以现房抵押的，贷款人和抵押人应持《房屋所有权证》到房产所在地的房地产登记机关办理抵押登记，取得《房屋他项权证》；如售房单位未办妥《房屋所有权证》，贷款人和抵押人应持依法生效的《房屋买卖合同》办理抵押登记备案手续，待售房单位办妥该抵押物的《房屋所有权证》后，再据以办理正式抵押登记手续。

以土地使用权抵押的，贷款人和抵押权人应在抵押合同签订后15日内，持被抵押的土地使用权证、抵押合同、地价评估及确认报告、抵押人和抵押权人的身份证件及有关材料，到土地所在地的土地管理部门申请抵押登记，取得《土地他项权利证明书》。

三、以案明法

案例(一)

中国银行江西分行诉南昌市房管局违法办理抵押登记案

上诉人（一审被告）：江西省南昌市房产管理局

被上诉人（一审原告）：中国银行江西省分行（原中国银行江西省信托咨询公司权利义务承受者）

被上诉人中国银行江西省分行以上诉人江西省南昌市房产管理局（以下简称南昌市房管局）违法办理房屋抵押登记造成其贷款损失为由，于1996年8月28日向江西省高级人民法院提起行政赔偿诉讼。江西省高级人民法院于1999年12月22日作出（1996）赣行初字第02号行政赔偿判决。中国银行江西省分行不服，向最高人民法院提起上诉。最高人民法院于2001年2月1日作出（2000）行终字第5号行政裁定，将本案发回江西省高级人民法院重审。江西省高级人民法院重审后于2002年4月4日作出（2001）赣行初字第01号行政赔偿判决。南昌市房管局不服，向最高人民法院提起上诉。最高人民法院受理后，依法组成由审判员赵大光担任审判长，代理审判员马永欣、甘雯参加评议的合议庭，进行了公开开庭审理，书记员谭伟、陈春梅担任法庭记录。上诉人委托代理人武永平、刘志丹和被上诉人委托代理人杜红民、徐文斌到庭参加诉讼。此案现已审理终结。

江西省高级人民法院根据当事人举证并经庭审质证，认定以下事实：1995年4月5日，南昌市天龙实业集团公司（以下简称天龙公司）以购买货物需流动资金为由，向原中国银行江西信托咨询公司（以下简称信托公司）申请贷款700万元。信托公司同意在天龙公司落实贷款抵押手续，确保贷款无风险前提下办理贷款。同年4月14日，天龙公司法定代表人颜桂龙向江西省南昌市房产交易管理所（以下简称南昌市房交所）提出对该公司在江西省南昌市西湖区船山路29号第二层2482.15平方米房屋办理贷款抵押登记手续的申请，并提交了天龙公司与中房南昌房地产开发公司第二开发处的购房协议书及005518号房屋所有权证。同日，信托公司委托江西省南昌市房产价格评估所（以下简称南昌市房产评估所）对天龙公司作为贷款抵押的房产进行价格评估。同年4月17日，南昌市房产评估所作出（95）洪房估字《估价书》，以市值的75%评估抵押房产的价值为6515643元。同日，信托公司与天龙公司签订了700万元的《借款合同》，借款期限自1995年4月26日至1995年9月25日，贷款利率月息为10.98‰。江西鑫马实业有限公司在借款合同中写明同意承担50万元贷款本息的担保责任。同年4月26日，南昌市房交所作出No.0005005《房屋抵押贷款通知书》，认定抵押人颜桂龙提交的坐落于南昌市西湖区船山路29号2482.15平方米房产的产权人为天龙公司，产权证号为005518，抵押权人为信托公司，抵押贷款金额为700万元，抵押期限1995年4月26日至1995年9月25日共五个月，并在备注栏内注明："银行（信用社）见此通知书可办理贷款手续，并收存此通知书；抵押贷款期满，贷款人凭本通知和银行（信用社）出具的还清贷款证明办理抵押贷款注销手续。"据此，信托公司于同年4月26日、4月30日和5月3日先后分三次共支付700万元贷款给天龙公司。同年6月13日，南昌市房管局以其下属部门南昌市房产评估所的名义函告信托公司，发现颜桂龙未在市房屋产权监理处办理房屋产权证书，即用假产权证办理了房产抵押贷款手续。信托公司得知情况后，于次日收回天龙公司尚未使用的贷款余额88.5万元。同年6月16日，江西省南昌市公安局对颜桂龙利用假房产证诈骗贷款一案立案侦查，追缴到颜桂龙一部林肯卧车，经江西省价格事务所鉴定，价值15万元；另追缴到贷款利差款96万元。1996年5月7日，信托公司以南昌市房管局为赔偿义务机关向其提出行政赔偿申请。南昌市房管局在法定期限内未作出是否赔偿的决定。同年8月28日，信托公司向法院提起行政赔偿诉讼。

在此案审理期间，信托公司于1998年2月10日经江西省工商行政管理局核准，注销企业法人登记，其债权债务由中国银行江西省分行承担。为此，本案原告由信托公司变更为中国银行江西省分行。天龙公司因未参加1997年度年检，于1998年8月被江西省南昌市工商行政管理局吊销了营业执照，且查无开办和主管单位。1999年10月29日，颜桂龙被缉拿归案。2000年10月20日，江西省南昌市中级人民法院作出（2000）洪刑一初字第89号刑事判决，认定颜桂龙用假房产证作抵押，诈骗银行贷款650万元，案发后公安机关共为中国银行江西省分行挽回经济损失199.5万元，造成实际损失450.5万元，其行为已构成诈骗罪，依法判处颜桂龙无期徒刑，剥夺政治权利终身，并处没收个人全部财产。该判决已于同年11月5日发生法律效力。

江西省高级人民法院经审理认为，建设部《城市房屋产权产籍管理暂行办法》第四条第二款、第十条和建设部、中国人民银行建房（1995）152号《关于加强与银行贷款业务相关的房地产抵押和评估管理工作的通知》第一条以及建设部、国家物价局、国家工商行政管理局［88］建房字第17号《关于加强房地产交易市场管理的通知》第三条均明确规定，县级以上房产行政管理机关是负责本行政区域房屋产权产籍管理工作的主管部门，办理房屋抵押登记是房产行政主管部门履行房屋产权产籍行政管理的一项法定职责。南昌市房管局是南昌市范围内办理房产抵押登记的行政主管部门，南昌市房交所作为其下属单位，行使房产抵押登记的行政管理职权，应视为是受其委托的行为，南昌市房管局应对此承担行政法律责任。南昌市房管局的工作人员在履行房屋抵押贷款登记行政职权过程中，未认真审查颜桂龙提交的作为贷款抵押物的南昌市西湖区船山路29号第二层非住宅房屋产权证与该房屋所有权证存根以及档案记录内容是否相符，也未认真查对权证与印章真伪，即错误认定天龙公司对该房屋拥有产权，并作出《房屋抵押贷款通知书》，确认信托公司与天龙公司的房屋抵押法律关系有效。该具体行政行为认定事实错误，其违法性已为南昌市房管局下属单位南昌市房产评估所1995年6月13日给信托公司的函所确认。信托公司于1996年5月7日向南昌市房管局提出赔偿申请，未果，又于同年8月28日向法院提起行政赔偿诉讼，符合《中华人民共和国国家赔偿法》第十三条、第三十三条第一款有关赔偿程序及请求国家赔偿时效的规定。南昌市中级人民法院对颜桂龙诈骗信托公司650万元贷款一案已作出生效判决，确认信托公司因此而遭受的贷款损失为450.5万元。虽然信托公司贷款财产权的直接侵权人系颜桂龙，但根据《中华人民共和国担保法》和《中华人民共和国城市房地产管理法》的有关规定，办理房地产抵押登记是抵押合同生效的前提条件，南昌市房管局违法办理抵押贷款登记的行为是信托公司认为无风险放贷的主要原因，因此南昌市房管局的违法抵押登记行为与信托公司的财产损失之间存在着法律上的因果关系。鉴于颜桂龙已无偿还贷款的能力，南昌市房管局应对其因违法办理抵押登记造成原告抵押权不能实现的部分依法承担补充赔偿责任。根据《中国银行信托咨询公司信托贷款办法》及《中国银行信托咨询公司信托贷款审批与管理细则》的有关规定，“信托公司应选择信誉好，利润高的企业发放企业信托贷款”。天龙公司申请贷款时已经处于资不抵债的状况，但信托公司在审批时却将其认定为是“以1500万元购得船山路29号一至三层房屋所有权，拥有近2100万元的固定资产”的企业，显然未按项目调查、项目评估程序规定的要求认真审查天龙公司的资信情况和履约能力，贷前审查工作存在过失。发放贷款时，违反了“一般不超过抵押物市值60%发放信托贷款”的规定，以抵押物市值75%发放抵押贷款650万元。放贷后又未按规定进行任何监督管理，以致贷款未按约定用途使用，被颜桂龙在短时期内用于偿还所欠债务及支付其他费用。原告对造成贷款损失，自身存在明显过错，依法应相应减轻南昌市房管局的赔偿责任。原告主张的利息损失，因系可得利益，不属于《中华人民共和国国家赔偿法》规定的直接财产损失范围，不予支持。南昌市房管局提出本案不属国家赔偿范围、原告起诉已超过诉讼时效等理由，均不符合法律规定，不予采纳。据此，依照《中华人民共和国国家赔偿法》第四条第（四）项、第七条第四款、第二十八条第（七）项和《最高人民法院关于审理行政赔偿案件若干问题的规定》第二十九条之规定，判决如下：1. 由南昌市房管局赔偿中国银行江西省分行贷款损失4505000元的60%，即2703000元。2. 驳回中国银行江西省分行其他诉讼请求。

南昌市房管局不服该判决，向最高人民法院提起上诉称：信托公司在接到南昌市房交所《房屋抵押贷款通知书》的前一天就将280万元转入天龙公司账户，该笔款项的损失与南昌市房交所作出的《房屋抵押贷款通知书》没有法律上的因果关系，上诉人不应承担该部分损失；在信托公司已得知天龙公司用假房产证办理抵押登记的情况后，天龙公司法定代表人颜桂龙仍从信托公司取款36万元，对该款的损失应由信托公司自行承担；信托公司贷款时未能认真审查天龙公司的资信情况和履约能力，违反“一般不超过抵押物市值60%发放信托贷款”的规定，贷款后亦未按规定对天龙公司使用资金的情况进行监管，由于信托公司在贷款过程中存在诸多过错，根据《中华人民共和国国家赔偿法》第五条第二款的规定，损害结果是由公民、法人和其他组织自己的行为造成的，上诉人不应承担赔偿责任。

被上诉人中国银行江西省分行辩称：本案经原一审、二审及重审多次举证质证，足以证明一审认定信托公司于4月26日、4月30日和5月3日先后支付贷款700万元给天龙公司，上诉人称信托公司在4月25日已将280万元转入天龙公司缺乏证据；《中国银行信托公司贷款办法》和《中国银行信托咨询公司信托贷款审批与管理细则》是被上诉人的内部管理规则，不属于法律法规范畴，被上诉人在贷款过程中不存在过错，由于信托公司与天龙公司的贷款系抵押贷款，不是一般信用贷款，因此只要抵押物没有风险，该贷款也就没有风险；被上诉人作为金融机构其贷款本金是有资金成本的，且利息属法定孳息，与本金具有不可分割性，应纳入直接损失的范畴，一审判决认为“利息”系可得利益不属直接财产损失是错误的。

江西省高级人民法院经庭审质证，认定原告提供的有效证据有：中国人民银行批准信托公司经营金融业务的银金管字第08—0347号许可证；江西省工商行政管理局核发给信托公司的企业法人营业执照；天龙公司申请贷款的报告；信托公司人民币流动资金借款申请审批书；颜桂龙向南昌市房交所申请办理房产抵押登记的申请书和信托公司委托南昌市房产评估所对抵押房产评估的委托书；信托公司与天龙公司签订的700万元《借款合同》；南昌市房产评估所作出的（95）洪房估字《估价书》；南昌市房交所作出的No.0005005《房屋抵押贷款通知书》；信托公司分三次向天龙公司支付700万元的投资贷款支付凭条；南昌市房产评估所告知信托公司关于天龙公司利用假房产证抵押贷款的函；信托公司出具的天龙公司共分三次归还贷款88.5万元、15万元、81万元等共计184.5万元的投资贷款还款通知单；南昌市工商行政管理局核发给天龙公司注册号为15832068－7－1的企业法人营业执照副本；南昌市中级人民法院作出的（1995）洪民初字第48号民事判决书；1995年6月14日，南昌市公安局第二处收到南昌市房产交易所送来的天龙公司假房屋所有权证的收条；南昌市房管局出具的关于颜桂龙提交的005518号房屋所有权证属伪造证书的证明；信托公司请求南昌市房管局赔偿的申请书及南昌市房管局签收该申请书的证明；南昌市公安局出具的对颜桂龙刑事诈骗案立案侦查及追赃情况的证明；江西省价格事务所赣事估字［98］第03号《江西省扣押追缴、没收物品估价鉴定结论书》；江西省工商行政管理局关于注销信托公司企业法人登记及由中国银行江西省分行承担其债权债务的《核准注销登记通知书》。

认定被告提供的有效证据有：天龙公司与中房集团南昌房地产开发公司第二开发处签订的购买南昌市西湖区船山路29号的非住宅一至二层商场、三楼写字楼的协议书；颜桂龙提交给南昌市房管局进行抵押登记的005518号房屋所有权证复印件；南昌市房产评估所告知信托公司关于天龙公司利用假房产证抵押贷款的函；南昌市房交所向南昌市公安局的报案材料；南昌市机构编制委员会南编［1984］47号《关于下达南昌市房管局人员编制的通知》和洪编发［1989］164号《关于同意成立市房产价格评估所及其人员编制的批复》；南昌市机构编制委员会办公室核发的事法登字赣0100182A号《事业单位法人登记证》。

一审法院调取的证据有：南昌市工商行政管理局关于天龙公司企业法人登记、注册及被吊销营业执照的资料；南昌市公安局（99）252号对颜桂龙的刑事拘留证；南昌市房管局向南昌市公安局出具的房屋所有权证第005519号和第005518号两本证书编号及其钢印“南昌市房屋产权管理局”与“南昌市房屋房产管理局”属伪造的证明；南昌市公安局询问信托公司职工辜洪武、盛利以及中国银行南昌市支行信托办事处经理刘剑光的笔录；中国银行江西省分行分业管理处出具的《南昌市天龙实业集团公司在原省行信托贷款700万元人民币资金走向一览表》；南昌市中级人民法院（2000）洪刑一初字第89号刑事判决书和执行通知书。

上述证据随案移送最高人民法院，经审查，可以作为认定本案事实的根据。

最高人民法院经庭审质证，对本案以下有争议的事实进行了审查：

关于信托公司是否在抵押贷款通知书发出前已向天龙公司发放贷款280万元的问题。上诉人提出认定这个事实的主要证据是信托公司向一审法院提交的一份支付凭条上的盖章日期为1995年4月25日，即在抵押通知书发出的前一天。被上诉人对此辩称是由于工作人员未及时更换印章日期导致日期盖章有误，应以签写日期为准，并提供其他付款凭证和记账凭证佐证。经审查，信托公司提交的该支付凭条的印章日期是1995年4月25日，工作人员书写日期是1995年4月26日，该支付凭条印章日期与工作人员书写日期存在不一致，但信托公司提交的付款凭证和记账凭证签写和印章日期均为1995年4月26日，有关信托公司内部批准手续的签写日期亦为1995年4月26日。在本案一审庭审时，上诉人对信托公司提交的上述证据材料没有表示异议，且对一审法庭当庭确认第一笔贷款发放日期为1995年4月26日的事实，亦表示无异议。上诉人在二审期间否定其在一审庭审时已经认可的事实，但未能提出充分证据证明，故上诉人提出发放贷款的时间是在抵押通知书发出的前一天的证据不足。

关于南昌市房管局提出信托公司得知天龙公司用假房产证办理抵押登记的情况后，天龙公司仍从信托公司取走36万元贷款的问题。1995年6月13日，南昌市房管局下属单位南昌市房产评估所函告信托公司，天龙公司以假房产权证在该处骗取抵押登记手续。上诉人称在此前已口头告知信托公司，但未能提供相应证据证明。上诉人还提出，1995年6月13日已将天龙公司用假房产证办理抵押登记的情况函告信托公司后，天龙公司仍从信托公司取走36万元，主要根据是上诉人二审期间提供的江西省南昌市公安局洪公经诉［2000］第2号起诉意见书和江西省南昌市人民检察院洪检刑诉（2000）079号起诉书，但上述法律文书能够证明的是，1995年6月15日和19日，天龙公司的经理颜桂龙将其支付给江西省长城房地产开发公司的36万元购房款通过他人户头提现。故上诉人提出的信托公司在得知抵押存在问题后没有采取措施防止损失扩大的理由缺乏证据支持。

最高人民法院认为，根据建设部《城市房屋产权产籍管理暂行办法》第四条第二款、第十条和建设部、中国人民银行《关于加强与银行贷款业务相关的房地产抵押和评估管理工作的通知》第一条，以及建设部、国家物价局、国家工商行政管理局《关于加强房地产交易市场管理的通知》第三条的规定，南昌市房管局是南昌市范围内办理房产抵押登记的行政主管部门。南昌市房交所和南昌市房产评估所作为其下属单位，所实施的有关房地产抵押登记的行政行为，应视为是受其委托所实施的行为。

根据《中华人民共和国城市房地产管理法》和《中华人民共和国担保法》的有关规定，办理房地产抵押登记是抵押合同生效的前提条件。南昌市房管局作为负责办理房产抵押登记的行政主管部门，在办理房产抵押登记过程中，对当事人的申请应当以高度负责的态度认真履行必要的注意义务，对于抵押房产及其权属证书的真伪有条件加以核对与识别。然而，南昌市房管局在本案中违反职业规范，未尽必要的注意义务，为持有假房产证实施诈骗的天龙公司办理抵押登记手续，并明示信托公司可以办理贷款。信托公司基于对房产登记机关所办抵押登记行为的信赖，为天龙公司发放贷款，致使信托公司遭受了财产损失。虽然本案贷款人天龙公司是造成信托公司财产损失的直接责任人，但是南昌市房管局的违法行为客观上为天龙公司骗取贷款提供了条件，其违法出具他项权利证明的行为与信托公司财产损失之间存在法律上的利害关系和因果关系。根据《中华人民共和国国家赔偿法》第四条第（四）项、第七条第四款、第二十八条第（七）项和《最高人民法院关于审理行政赔偿案件若干问题的规定》第二十九条的规定，南昌市房管局对其违法办理抵押登记而酿成信托公司财产损失的后果，在天龙公司无法偿还贷款的情况下，应当承担相应的过失赔偿责任。一审判决认定南昌市房管局应当承担补充赔偿责任不当，应予纠正。南昌市房管局承担行政赔偿责任后，有权就其承担的数额向天龙公司行使追偿权。

信托公司在办理抵押贷款过程中，没有按照项目调查、项目评估程序规定的要求认真审查天龙公司的资信情况和履约能力，所发贷款额度亦不符合与抵押物市值比例的规定，对于造成财产损失负有一定的过错责任，信托公司主张其在贷款过程中没有过错不应承担责任的理由不能成立。信托公司作为金融机构，需要支付储户的存款利息，一审判决认为利息损失不属于直接损失不当，信托公司提出贷款利息损失属于直接损失应予赔偿的主张应予支持，但是信托公司要求按照贷款利息赔偿缺乏法律依据。南昌市房管局提出信托公司在抵押登记通知书发出前已向天龙公司发放贷款280万元的事实和得知抵押房产有问题后没有采取措施防止扩大损失的事实，缺乏证据支持，其认为由于信托公司的过错应当完全免除其赔偿责任的理由亦不能成立。中国银行江西省分行仍可就其实际财产损失向天龙公司行使索赔权。

综上，经最高人民法院审判委员会讨论决定，根据《中华人民共和国行政诉讼法》第六十一条第（三）项的规定，作出如下判决：

一、维持江西省高级人民法院（2001）赣行初字第01号行政赔偿判决第二项；

二、变更江西省高级人民法院（2001）赣行初字第01号行政赔偿判决第一项为：由南昌市房管局赔偿中国银行江西省分行人民币2477750元及利息（按中国人民银行同期活期存款利率计算，自1995年9月26日起至实际付款之日止）。

此判决为终审判决。

案例(二)

三江公司因代银河公司等偿还债务申请执行直接抵偿土地使用权的协议案

申请执行人：杭州三江物业有限公司

被执行人：浙江金城开发公司

被执行人：萧山市银河房地产开发公司

被执行人浙江金城开发公司（以下简称“金城公司”）、萧山市银河房地产开发公司（以下简称“银河公司”）因与中信实业银行杭州分行、广东发展银行杭州分行、交通银行杭州分行、杭州铁路分局资金调度中心、浙江省工商信托投资股份有限公司等发生的借贷合同、委托贷款合同纠纷案的执行，要求申请执行人杭州三江物业有限公司（以下简称“三江公司”）代为偿还上述多家金融机构的债务。1999年12月9日，金城公司、银河公司和三江公司分别与广东发展银行杭州分行、交通银行杭州分行、中信实业银行杭州分行和杭州铁路分局资金调度中心、浙江省工商信托投资股份有限公司等单位签订了代偿债务协议，由三江公司代为偿还金城公司债务人民币3657.5982万元，银河公司将位于杭州市滨江区高新技术开发区之江区块Ⅳ—A地块、面积为98198平方米的土地使用权抵押给三江公司。同日，金城公司、银河公司和三江公司签订了一份关于代偿债务和土地使用权抵押协议，协议载明：三江公司愿意在现行土地评估价格人民币25万元/亩的标准下，于1999年12月20日前代为偿还金城公司所欠四家金融机构的债务，同时取得银河公司的位于杭州市滨江区高新技术开发区之江区块浦沿新生村（原杭州高新技术开发区之江区块Ⅳ—A地块）147.3亩之土地使用权的抵押权。在该协议中，金城公司还承诺，在三江公司代偿债务、取得土地抵押权一个月内，一次性偿还三江公司代偿的债务人民币3657.5982万元；如金城公司未按期限、金额偿还上述款项，三江公司有权依法对抵押的土地使用权进行转让处置，依法取得该土地的使用权证，进行开发建设。同时约定，上述协议由公证处公证，并赋予强制执行效力。2000年1月7日，上述协议在杭州市上城区公证处办理了（2000）杭上证字第23号具有强制执行效力的债权文书公证书。2000年2月29日至3月1日，金城公司、银河公司和三江公司在杭州市土地管理局办妥了上述地块土地使用权抵押登记手续。

由于金城公司未能按三方协议在三江公司代偿还债务后按期偿还三江公司的债务，三江公司于2000年4月2日持有强制执行效力的（2000）杭上证字第23号债权文书公证书向杭州市中级人民法院申请强制执行。

杭州市中级人民法院受理后，于同月24日分别向金城公司和银河公司发出执行通知书。同日，银河公司向杭州市中级人民法院出具书面文件称：同意以抵押给三江公司的98198平方米土地使用权按法院委托的土地评估所的评估价抵偿所欠三江公司的债务。4月30日，杭州市中级人民法院作出（2000）杭法执字第218号民事裁定书，将属银河公司所有的、位于杭州市滨江区高新技术开发区之江区块浦沿新生村98198平方米土地使用权以人民币3682.4250万元抵债给三江公司，以偿还所欠全部债务。6月26日，杭州市土地管理局向杭州市中级人民法院发出一份公文答复单，称：杭州市中级人民法院裁定的银河公司抵债给三江公司的地块“尚未开发建设（空地），属未达到《中华人民共和国房地产管理法》规定的转让条件，为此，不能作为抵债给另一家公司。该地块如需转移或变价执行，须由杭州市土地储备中心根据情况进行收购”。并表示对杭州市中级人民法院（2000）杭法执字第218号协助执行通知书不予协助。8月11日，杭州市中级人民法院作出（2000）杭法执监字第18号民事裁定书，撤销了（2000）杭法执字第218号民事裁定书。

三江公司和银河公司不服（2000）杭法执监字第18号民事裁定书，向浙江省高级人民法院提出申诉。三江公司认为：金城公司和银河公司由于面临被法院强制执行，由金城公司主动找到我公司要求代偿债务，同意以土地使用权作抵押，三方签订了所有相关协议及办齐了所有法律手续。在金城公司和银河公司未能按期偿还我公司代偿还债务的情况下，我公司依据赋予强制执行效力的债权文书公证书，向杭州市中级人民法院申请强制执行。土地已经过评估，银河公司也同意按评估价格将土地使用权转给我公司抵偿债务。因此，（2000）杭法执定第218号民事裁定书是合法有效的。要求依法撤销（2000）杭法执监字第18号民事裁定书。

银河公司认为：(1）抵押不等于抵偿。《中华人民共和国担保法》第四十条规定：“订立抵押合同时，抵押权人和抵押人在合同中不得约定在债务履行期满抵押权未受清偿时，抵押物的所有权转移为债权人所有。”因此，不能将抵押物转移为债权人所有。首先要通过拍卖，如无法变现，债务人又没有其他可供执行的财产时，应当依法评估抵偿。以近8000万元的土地使用权抵偿3600余万元的债务显失公正。(2）债务人有权利选择以现金方式偿债。(3）法院的执行活动应遵守国家相应法律法规，不能介入非法炒卖土地。(4）法院应保护国有资产不受侵犯，维护社会的安定团结。如以土地使用权抵偿债务，将是国有资产的巨额流失，同时也会对公司员工的工作、生活进而对社会稳定造成严重威胁。要求归还土地使用权，愿意以现金偿还债务。

浙江省高级人民法院经审查认为：杭州市中级人民法院执行的以银河公司为被执行人的执行依据公证文书的内容不属于法院强制执行的范围，人民法院应不予执行。当事人之间的债务纠纷可依据《中华人民共和国民事诉讼法》第一百零八条的规定，向有管辖权的人民法院起诉，通过诉讼程序解决。据此，该院告知申诉人可按上述程序解决纠纷。

第四节　房屋租赁

本节为您提供以下主题词的法律适用依据与实战资料

■房屋租赁合同　■房屋租赁登记

【房屋租赁合同】

一、专家指导意见

（一）房屋租赁合同的概念

房屋租赁合同，系指双方当事人约定，一方（房屋所有权人或由所有权人授权的人）将房屋于一定期限内移转他方占有、使用，他方给付租金的合同。《城市房地产管理法》第53条规定："房屋租赁，出租人和承租人应当签订书面租赁合同，约定租赁期限、租赁用途、租赁价格、修缮责任等条款，以及双方的其他权利和义务，并向房产管理部门登记备案。"签订房屋租赁合同，应当遵循自愿互利、公平合理、满足生产和生活需要以及符合国家法律和政策的原则。

（二）房屋租赁合同签订中应注意的问题

1. 对出租人资格的限定。

房屋所有权人，即依法对自己所有的房屋享有占有、使用、收益、处分权的人。主要包括：(1) 国家。它是国有房屋的所有者，但并不直接行使所有权，而是根据有关法律、法规的规定授权各级房产管理部门经营管理，代行所有权，并且主要是出租房屋。国家还根据有关法律、法规，将一部分国有房屋授权由全民所有制企业、事业单位及国家机关占有使用。(2) 劳动群众集体组织。(3) 公民个人。国家允许公民享有对房屋的所有权，那么公民个人对自己所有的房屋就有权出租。(4) 使用权人。全民所有制企业、事业单位和国家机关是国有房屋的合法使用权人，对国有房屋既可以自己使用，也可以依法出租给他人使用。法人的分支机构，非经法人授权，不得擅自出租房屋。(5) 承租人。在征得出租人同意后，承租人也可将自己承租的财产出租，但租期不得超过原定的租赁期限。(6) 善意占有人。占有人在占有时不知道或者无须知道占有财产是非法的为善意占有。(7) 代管人。房屋代管人有权根据房屋所有权人的委托或法律规定出租房屋。

2. 对承租人资格的限定。

(1) 直管公房承租人。各地房管部门一般都要求直管部门承租人应当具有当地城镇户口。(2) 单位自管公房承租人。单位自管公房租赁一般限定本单位职工有承租资格。对于机关、团体、部队、企业、事业单位租赁公房无特别的规定。(3) 私房承租人。私房租赁一般发生在公民与公民之间、公民与法人之间。我国法律对公民承租私房无特别的限定。

3. 对房屋的限定。

作为房屋租赁合同客体的房屋，必须是现实存在的，并且为某一特定的民事主体合法取得，具有一定的使用价值。尚未建成的房屋、已经灭失的房屋、违章建筑、危房等物不得出租。在房屋租赁合同期内，作为合同客体的房屋遭到人为毁灭或意外灭失的，权利义务关系就失去了标的，房屋租赁合同即应终止。

（三）房屋租赁合同的主要条款

1. 标的。在房屋租赁合同中，不仅应详细写明出租房屋的坐落地点、门牌号码、具体层次部位，还要写明该房屋的建筑结构、建筑面积或使用面积、租赁间数、室内外装修情况及附属设备等。附属设备如门窗、水电表、灯具、保暖、卫生设备等，其数量及能否使用，使用的有关费用由谁承担，都应明确规定，以免租赁双方日后发生纠纷。附属房屋如厨房、卫生间、门厅、地下室、储藏室等，不能独立作为住房出租，因为这些房屋不能居住或不宜居住，其租赁必须附属于住房的租赁。

2. 数量。数量主要指房屋的间数和面积。如果房屋出租数量较多，特别是公房出租、非住宅房的出租，房屋的数量还应包括幢数、楼屋数、单元数、套数等。数量的计算单位应用国家统一的标准。房屋的数量是收取租金的依据，也是房屋交付或返还的标准，且为房屋受到损害时赔偿的依据。因此，出租房屋的数量应明确、具体。

3. 用途。房屋的用途由房屋的性质和经营需要确定，并应与城市规划相一致。一些专用房屋，如旅馆、仓库、商场、影剧院、医院等，应按设计确定的用途使用；居住用房，不能随便改作他用；禁止承租人将不适宜于堆放的易燃、易爆、强腐蚀物质安放在租赁的房屋中；承租人不得利用租赁的房屋从事违法犯罪活动。

4. 期限。房屋租赁合同都应该规定期限，包括房屋交付期限，租金交付期限和房屋租赁期限。租赁期限分定期或不定期两种，没有无期限的房屋租赁合同。

5. 租金。房屋租金，即租赁价格，是承租人使用房屋应支付的价金。承租人应按照约定按时交付租金。承租人拖欠房租时，出租人有权要求补交；承租人累计6个月不交付租金的，出租人不仅能要求承租人补交其所欠租金，而且有权终止租赁关系。

6. 出租房屋的修缮和保养。合同中应尽可能明确房屋修缮与保养的项目、方式及费用的承担。合同没有规定的，应按照“谁出租谁负责”的原则，由出租方负责房屋的维修、保养，但如果因承租人的过错造成房屋及其附属设施损坏的，由承租人负责修复或赔偿。

7. 违约责任。违约责任是指房屋租赁合同当事人对自己违反法定或合同约定义务所引起的法律后果应当承担的法律责任。违约责任的大小应根据合同当事人过错的性质、轻重来决定。承担违约责任主要有两种方式，一是支付违约金，二是赔偿损失。违约金的数额或比例应在合同中明确。

8. 房屋租赁合同双方当事人认为必要的其他事项。

（四）房屋租赁合同的订立程序

1. 公房租赁合同的订立程序。

公管房的租赁一般由要求租用房屋的公民个人首先向房产管理部门提出申请，经房产管理部门批准后划给房屋，发给住房证，租赁合同即为成立。自管房的承租人仅限于本单位的职工，一般根据本单位的房源情况和“分房”条件，由要求租用的职工先提出申请，而后按照规定的条件，经单位评议批准后“分给”住房，双方订立租赁合同。

2. 私房租赁合同的订立程序。

这种房屋租赁关系主要发生在公民个人之间，它与公房租赁有很大区别。它不存在计划分配的问题，而是建立在自愿、平等、互利、有偿的基础上，由出租人和承租人经过要约（包括新要约，再要约，可以有几个）和承诺（只有一个）两个阶段，就合同的主要条款达成一致的意见，并以书面形式确定下来的。

（五）房屋租赁合同双方当事人的权利义务

1. 出租人的权利义务。

（1）出租人的权利包括：①出租人有权按照约定或政府规定的租金标准向承租人收取租金。②出租人有权按法律规定或在租赁期满时，向承租人收回房屋和附属设备。③在租赁关系存续期间，由于承租人的过错，严重违反租赁合同，造成房屋损坏或灭失时，出租人有权要求承租人恢复原状、赔偿损失。

（2）出租人的义务包括：①出租人必须将房屋交承租人使用。②出租人有修缮房屋及设备的义务。根据《城市私有房屋管理条例》第19条规定，修缮出租房屋是出租人的基本义务。出租人在下列情况下必须进行修缮：第一，有修缮的必要。第二，有修缮的可能。第三，毁坏的原因必须不是出于承租人的故意或过失。合乎上述条件，出租人即应履行其义务，如不履行，承租人可以终止租赁合同，请求赔偿；也可以自行修缮，修缮费请求偿还或用租金抵销。

2. 承租人的权利义务。

（1）承租人的权利包括：①对房屋及附属设备享有占有使用的权利。②优先承租权。③优先购买权。④对房屋或设备的自然损坏，承租人有权要求出租人及时修复。如出租人怠于修复以致使其受到损失时，承租人有要求赔偿损失的权利。

（2）承租人的义务包括：①承租人应按照合同规定的日期和金额交付房租的义务。在租赁期间，由于承租人本身原因，如承租人因病长期住院，因事长期出差、出国等，不使用房屋，不能免除支付租金的义务。此外，不是由于承租人的原因而造成房屋不能使用，承租人可以少付或不付租金。②承租人应合理使用房屋和设备。③承租人应保持承租房屋原来状态，不任意改变结构和用途。④租赁期满或在租期内退租，承租人应交还房屋及设备。⑤承租人不得将租赁物随意转租或将租赁权转让。

二、法律适用依据

（一）相关法律

❶中华人民共和国合同法（节录）

（1999年3月15日第九届全国人民代表大会第二次会议通过　1999年3月15日中华人民共和国主席令〔第15号〕公布　自1999年10月1日起施行）

第二百二十条　出租人出卖租赁房屋的，应当在出卖之前的合理期限内通知承租人，承租人享有以同等条件优先购买的权利。

第二百二十四条　承租人在房屋租赁期间死亡的，与其生前共同居住的人可以按照原租赁合同租赁该房屋。

第二百二十六条　承租人应当按照约定的期限支付租金。对支付期限没有约定或者约定不明确，依照本法第六十一条的规定仍不能确定，租赁期间不满一年的，应当在租赁期间届满时支付；租赁期间一年以上的，应当在每届满一年时支付，剩余期间不满一年的，应当在租赁期间届满时支付。

第二百二十七条　承租人无正当理由未支付或者迟延支付租金的，出租人可以要求承租人在合理期限内支付。承租人逾期不支付的，出租人可以解除合同。

第二百二十八条　因第三人主张权利，致使承租人不能对租赁物使用、收益的，承租人可以要求减少租金或者不支付租金。

第三人主张权利的，承租人应当及时通知出租人。

第二百三十一条　因不可归责于承租人的事由，致使租赁物部分或者全部毁损、灭失的，承租人可以要求减少租金或者不支付租金；因租赁物部分或者全部毁损、灭失，致使不能实现合同目的的，承租人可以解除合同。

❷中华人民共和国城市房地产管理法（节录）

（1994年7月5日第八届全国人民代表大会常务委员会第八次会议通过　1994年7月5日中华人民共和国主席令〔第29号〕公布　自1995年1月1日起施行）

第五十三条　房屋租赁，出租人和承租人应当签订书面租赁合同，约定租赁期限、租赁用途、租赁价格、修缮责任等条款，以及双方的其他权利和义务，并向房产管理部门登记备案。

第五十四条　住宅用房的租赁，应当执行国家和房屋所在城市人民政府规定的租赁政策。租用房屋从事生产、经营活动的，由租赁双方协商议定租金和其他租赁条款。

第五十五条　以营利为目的，房屋所有权人将以划拨方式取得使用权的国有土地上建成的房屋出租的，应当将租金中所含土地收益上缴国家。具体办法由国务院规定。

(二)相关行政法规及规范性文件

❶城市房屋拆迁管理条例(节录)

(2001年6月6日国务院第四十次常务会议通过 2001年6月13日国务院令〔第305号〕公布 自2001年1月1日起施行)

第二十七条 拆迁租赁房屋,被拆迁人与房屋承租人解除租赁关系的,或者被拆迁人对房屋承租人进行安置的,拆迁人对被拆迁人给予补偿。

被拆迁人与房屋承租人对解除租赁关系达不成协议的,拆迁人应当对被拆迁人实行房屋产权调换。产权调换的房屋由原房屋承租人承租,被拆迁人应当与原房屋承租人重新订立房屋租赁合同。

❷城市私有房屋管理条例(节录)

(1983年12月17日国务院公布)

第十六条 房屋租金,由租赁双方按照房屋所在地人民政府规定的私有房屋租金标准,协商议定;没有规定标准的,由租赁双方根据公平合理的原则,参照房屋所在地租金的实际水平协商议定,不得任意抬高。

出租人除收取租金外,不得收取押租或其他额外费用。承租人应当按照合同规定交租,不得拒交或拖欠。

第二十条 租赁合同终止时,承租人应当将房屋退还出租人。如承租人到期确实无法找到房屋,出租人应当酌情延长租赁期限。

第二十一条 承租人有下列行为之一的,出租人有权解除租赁合同:

(一)承租人擅自将承租的房屋转租、转让或转借的;

(二)承租人利用承租的房屋进行非法活动,损害公共利益的;

(三)承租人累计六个月不交租金的。

❸关于促进房地产市场持续健康发展的通知(节录)

(2003年8月12日国务院 国〔2003〕18号公布)

(十)搞活住房二级市场。要认真清理影响已购公有住房上市交易的政策性障碍,鼓励居民换购住房。除法律、法规另有规定和原公房出售合同另有约定外,任何单位不得擅自对已购公有住房上市交易设置限制条件。各地可以适当降低已购公有住房上市出售土地收益缴纳标准;以房改成本价购买的公有住房上市出售时,原产权单位原则上不再参与所得收益分配。要依法加强房屋租赁合同登记备案管理,规范发展房屋租赁市场。

(三)相关部门规章及规范性文件

❶租赁房屋治安管理规定(节录)

(1994年10月22日公安部部长办公会议通过 1995年3月6日公安部令〔第24号〕公布实施)

第二条 本规定所称的租赁房屋,是指旅馆业以外以营利为目的,公民私有和单位所有出租用于他人居住的房屋。

❷关于贯彻实施《城市房屋租赁管理办法》的通知(节录)

(1995年7月24日建设部 建房〔1995〕第420号公布)

三、规范租赁合同。房屋租赁,租赁双方应当签订租赁合同,各地房地产管理部门应当尽快建立并使用规范、统一的租赁合同文本。在建设部新的租赁合同文本出台之前,仍应使用建设部1992年以建房〔1992〕66号文推荐使用的房屋租赁契约。单位分配给本单位职工自用的居住用房,也要逐步使用标准的租赁合同文本,建立租赁登记备案制度。

❸建制镇规划建设管理办法(节录)

(1995年4月8日通过 1995年6月29日建设部令〔第44号〕公布 自1995年7月1日起施行)

第三十一条 房屋租赁,出租人和承租人应当签订书面租赁合同,约定租赁期限、租赁用途、租赁价格、修缮责任、双方的权利和义务等条款,并向建制镇建设行政主管部门登记备案。

❹城市房屋租赁管理办法(节录)

(1995年5月9日建设部公布 自1995年6月1日起施行)

第五条 房屋租赁当事人应当遵循自愿、平等、互利的原则。

第二十五条 以营利为目的,房屋所有权人将以划拨方式取得使用权的国有土地上建成的房屋出租的,应当将租金中所含土地收益上缴国家。土地收益的上缴办法,应当按照财政部《关于国有土地使用权有偿使用收入征收管理的暂行办法》和《关于国有土地使用权有偿使用收入若干财政问题的暂行规定》的规定,由直辖市、市、县人民政府房地产管理部门代收代缴。国务院颁布新的规定时,从其规定。

第二章 租赁合同

第九条 房屋租赁,当事人应当签订书面租赁合同。租赁合同应当具备以下条款:

(一)当事人姓名或者名称及住所;

(二)房屋的坐落、面积、装修及设施状况;

(三)租赁用途;

(四)租赁期限;

(五)租金及交付方式;

(六)房屋修缮责任;

(七)转租的约定;

(八)变更和解除合同的条件;

(九)当事人约定的其他条款。

第十条 房屋租赁期限届满,租赁合同终止。承租人需要继续租用的,应当在租赁期限届满前3个月提出,并经出租人同意,重新签订租赁合同。

第十一条 租赁期限内,房屋出租人转让房屋所有权的,房屋受让人应当继续履行原租赁合同的规定。

出租人在租赁期限内死亡的,其继承人应当继续履行原租赁合同。

住宅用房承租人在租赁期限内死亡的,其共同居住两年以上的家庭成员可以继续承租。

第十二条 有下列情形之一的,房屋租赁当事人可以变更或者解除租赁合同:

(一)符合法律规定或者合同约定可以变更或解除合同条款的;

(二)因不可抗力致使合同不能继续履行的;

(三)当事人协商一致的。

因变更或者解除租赁合同使一方当事人遭受损失的,除依法可以免除责任的以外,应当由责任方负责赔偿。

第二十条　出租人应当依照租赁合同约定的期限将房屋交付承租人，不能按期交付的，应当支付违约金；给承租人造成损失的，应当承担赔偿责任。

第二十四条　承租人有下列行为之一的，出租人有权终止合同，收回房屋，因此而造成损失的，由承租人赔偿：

（一）将承租的房屋擅自转租的；

（二）将承租的房屋擅自转让、转借他人或擅自调换使用的；

（三）将承租的房屋擅自拆改结构或改变用途的；

（四）拖欠租金累计六个月以上的；

（五）公有住宅用房无正当理由闲置六个月以上的；

（六）利用承租房屋进行违法活动的；

（七）故意损坏承租房屋的；

（八）法律、法规规定其他可收回的。

❺城镇廉租住房租金管理办法（节录）

（2005 年 3 月 14 日国家发展和改革委员会、建设部　发改价格〔2005〕405 号公布）

第一条　为规范城镇廉租住房租金管理，保障城镇最低收入家庭的基本住房权益，根据《价格法》及相关规定，制定本办法。

第二条　本办法适用于城镇规划区内城镇廉租住房的租金管理。

第三条　本办法所称廉租住房租金，是指享受廉租住房待遇的城镇最低收入家庭承租廉租住房应当交纳的住房租金。

第四条　县级以上地方人民政府价格主管部门是廉租住房租金的主管部门，依法对本地区廉租住房租金实施管理。

县级以上地方人民政府房地产行政主管部门应协助价格主管部门做好廉租住房租金管理工作。

第五条　廉租住房租金实行政府定价。具体定价权限按照地方定价目录的规定执行。

第六条　廉租住房租金标准原则上由房屋的维修费和管理费两项因素构成，并与城镇最低收入家庭的经济承受能力相适应。

维修费是指维持廉租住房在预定使用期限内正常使用所必须的修理、养护等费用。

管理费是指实施廉租住房管理所需的人员、办公等正常开支费用。

第七条　廉租住房的计租单位应当与当地公有住房租金计租单位一致。

第八条　制定和调整廉租住房租金标准，应当遵循公正、公开的原则，充分听取社会各有关方面的意见。

第九条　廉租住房租金标准制定或调整，应当在媒体上公布，并通过政府公报、政府网站或政府信息公告栏等方式进行公示。

第十条　因收入等情况变化而不再符合租住廉租住房条件而继续租住的，应当按商品住房的市场租金补交租金差额。

第十一条　廉租住房管理单位应严格按照规定或合同约定提供相应的服务，政府价格主管部门要加强对廉租住房租金的监督检查。廉租住房管理单位违反价格法律、法规和本办法规定的价格行为，由政府价格主管部门依据《价格法》和《价格违法行为行政处罚规定》予以处罚。

第十二条　本办法由国家发展改革委会同建设部负责解释。

第十三条　各省、自治区、直辖市政府价格主管部门可会同房地产行政主管部门根据本办法制定实施细则，并抄报国家发展改革委、建设部。

第十四条　本办法自 2005 年 5 月 1 日起施行。

❻城市房地产抵押管理办法（节录）

（1997 年 5 月 9 日建设部令〔第 56 号〕公布　2001 年 8 月 15 日根据《建设部关于修改〈城市房地产抵押管理办法〉的决定》修正）

第二十一条　以已出租的房地产抵押的，抵押人应当将租赁情况告知抵押权人，并将抵押情况告知承租人。原租赁合同继续有效。

（四）相关司法解释

❶关于贯彻执行《中华人民共和国民法通则》若干问题的意见（试行）（节录）

（1988 年 1 月 26 日最高人民法院审判委员会讨论通过　1988 年 1 月 26 日最高人民法院公布）

118. 出租人出卖出租房屋，应提前三个月通知承租人，承租人在同等条件下，享有优先购买权；出租人未按此规定出卖房屋的，承租人可以请求人民法院宣告该房屋买卖无效。

❷关于解放前劳动人民之间宅基地租赁契约是否承认和保护问题的批复（节录）

（1985 年 11 月 21 日最高人民法院公布）

广东省高级人民法院：

你院 1985 年 7 月 1 日〔1985〕粤法民字第 14 号关于英德县李理河与潘继伙宅基地租赁纠纷一案的请示报告收悉。

据你院报告所述，李理河与潘继伙诉争的宅基地原系李理河之父李司保的产业，其上盖于抗战期间被日寇炸毁，仅留残墙。1946 年 12 月，潘继伙的父亲潘李、伯父潘允林和潘允德三兄弟承租了该宅基地，与李司保订立的租赁契约载明：从 1947 年起该宅基地与残墙租给潘家使用，年租谷为二百斤，租期二十年。租赁期间任由承租人加建上盖使用，租期届满铺屋业权归出租人所有。潘家承租后，在该宅基地残墙上建房居住，交过两年租谷，解放后，只按期向政府交纳房地产税，不再向李家交租。1967 年租赁期满，李理河要求按约收回宅基地和房屋，并向英德县人民法院起诉。

经研究，我们认为：该案涉及对解放前劳动人民之间的宅基地租赁契约是否承认和保护的问题。根据 1950 年颁布的土地改革法和 1954 年宪法的规定，国家依法保护农民的土地所有权，允许出租、买卖土地，所以李理河与潘继伙的宅基地租赁关系在当时是受国家政策法律保护的。农业社会主义改造完成后，农村土地属于集体所有。中共中央 1962 年 9 月公布的《农村人民公社工作条例修正草案》第二十一条明确规定："生产队范围内的土地，都归生产队所有。生产队所有的土地，包括社员的自留地、自留山、宅基地等等，一律不准出租和买卖"。1982 年宪法第十条又明确规定："农村和城市郊区的土地，除由法律规定属于国家所有的以外，属于集体所有；宅基地和自留地、自留山，也属于集体所有……任何组织或个人不得侵占、买卖、出租或者以其他形式非法转让土地”。因此，村镇土地自《农村人民公社工作条例修正草案》公布后，社员对宅基地只有使用权，没有所有权。故李理河与潘继伙双方的宅基地租赁关系自此即随之解除，其原订租赁契约亦不再受国家政策法律保护，李理河要潘继伙按原契约交回铺屋的请求，不符合我国现行政策法律的规定，依法不予支持。但根据该案实际情况，考虑双方的合法权益，我们除同意你院意见，即黎洞圩下水巷口9号房屋所有权和该房宅基地的使用权归潘继伙，潘继伙应补偿李理河的残墙折价款外，另对潘家在《农村人民公社工作条例修正草案》公布前所欠的租谷，亦应合理地清偿补付给李理河。

（五）相关地方性法规及规范性文件

❶邯郸市城市房地产交易管理条例（节录）

（1996年9月26日河北省邯郸市第十届人民代表大会常务委员会第二十一次会议通过　1996年11月3日河北省第八届人民代表大会常务委员会第二十三次会议批准）

第二十条　房屋租赁，出租人和承租人应当签订租赁合同，约定租赁期限、租赁用途、租赁价格、房屋修缮责任条款，以及双方的其他权利和义务，并到房地产交易市场进行登记。

❷徐州市城市房地产交易管理条例（节录）

（1995年9月26日江苏省徐州市第十一届人民代表大会常务委员会第二十一次会议通过　1995年12月15日江苏省第八届人民代表大会常务委员会第十八次会议批准　1995年12月15日徐州市人民代表大会常务委员会公布施行）

第二十二条　公有住宅用房的租金标准，由市人民政府确定；私有住宅用房的租金标准，由市房产管理部门会同物价管理部门共同确定；用于生产、经营活动的房屋租金由租赁双方协商议定。

❸济南市城市公有房屋管理办法（节录）

（1994年12月6日山东省第八届人民代表大会常务委员会第十一次会议批准　1997年4月4日山东省第八届人民代表大会常务委员会第二十七次会议批准修改　2002年6月21日济南市第十二届人民代表大会常务委员会第二十六次会议通过　2002年7月27日山东省第九届人民代表大会常务委员会第三十次会议批准修改）

第二十二条　公有房屋的租赁实行标准租金和协议租金，标准租金和实行标准租金的范围由市人民政府根据国家有关规定确定；协议租金由租赁双方协商议定。

承租人应当按照合同约定交纳租金。

承租人改变公有房屋使用性质，应当经出租人同意，并重新签订租赁合同。

❹济南市人民代表大会常务委员会关于修改《济南市城市私有房屋管理办法》的决定（节录）

（2002年6月21日济南市十二届人民代表大会常务委员会第二十六次会议通过　2002年7月27日山东省第九届人民代表大会常务委员会第三十次会议批准）

十八、第二十四条改为第十九条，修改为：“城市私有房屋出租人应当按租赁合同约定将出租的房屋交承租人使用；承租人应当按合同约定交纳租金。”

❺太原市城市房地产交易管理条例（节录）

（1998年12月18日太原市第十届人民代表大会常务委员会第十三次会议通过　1999年1月30日山西省第九届人民代表大会常务委员会第七次会议批准）

第二十四条　房屋租赁应当签订合同，到房地产行政管理部门登记，领取房屋租赁证。

❻呼和浩特市城市房地产交易市场管理条例（节录）

（1997年6月26日呼和浩特市第十届人民代表大会常务委员会第二十三次会议通过　1998年7月31日内蒙古自治区第九届人民代表大会常务委员会第四次会议批准）

第二十一条　房屋租赁，当事人应当签订国家统一文本的房屋租赁合同，并在合同签订之日起十五日内向房产管理部门登记备案。

（六）相关地方政府规章及规范性文件

❶北京市人民政府关于印发北京市行政审批事项清理方案的通知

（2000年4月30日北京市政府　京政〔2000〕18号公布）

北京市国土资源和房屋管理局（北京市人民政府住房制度改革办公室）

（一）审批8项

1. 临时用地（不包括临时占用林地）

依据：《中华人民共和国土地管理法》

2. 国有土地使用权出让转让

依据：《中华人民共和国土地管理法》、《中华人民共和国城市房地产管理法》

3. 国有土地使用权租赁

依据：国务院发布的《中华人民共和国土地管理法实施条例》

4. 外商投资企业用地

依据：国务院发布的《中华人民共和国中外合资经营企业法实施条例》、对外经贸部发布的《中华人民共和国外资企业法实施细则》

5. 开办独立选（洗）矿厂

依据：《北京市矿产资源管理条例》

6. 房屋安全鉴定机构的设立、变更、终止

依据：建设部发布的《城市危险房屋管理规定》，市政府批准、原市房地局发布的《北京市实施〈城市危险房屋管理规定〉的若干规定》

7. 矿产资源勘查审批登记

依据：国务院发布的《矿产资源勘查区块登记管理办法》、《北京市矿产资源管理条例》

8. 矿产资源开采及采矿许可证的变更、延续、注销

依据：《中华人民共和国矿产资源法》

（二）核准11项

1. 城市房屋拆迁单位资质

依据：市政府发布的《北京市城市房屋拆迁管理办法》

2. 房屋所有权登记

依据：《中华人民共和国城市房地产管理法》

3. 物业管理企业资质

依据：市政府发布的《北京市居住小区物业管理办法》

4. 地质灾害危险性评估结果认定

依据：国土资源部发布的《地质灾害防治管理办法》

5. 成立住宅合作社

依据：市政府发布的《北京市城镇住宅合作社管理办法》

6. 商品房预售许可证

依据：《中华人民共和国城市房地产管理法》

7. 商品房预售、预购登记

依据：《中华人民共和国城市房地产管理法》

8. 探矿权转让

依据：国务院发布的《探矿权采矿权转让管理办法》

9. 采矿权转让

依据：国务院发布的《探矿权采矿权转让管理办法》

10. 房屋所有权及国有土地使用权抵押登记

依据：《中华人民共和国担保法》、市政府发布的《北京市房地产抵押管理办法》

11. 房地产中介服务机构资质

依据：《中华人民共和国城市房地产管理法》、建设部发布的《城市房地产中介服务管理规定》

（三）审核6项

1. 农用地转用和建设项目征用土地以及建设用地预审

依据：《中华人民共和国土地管理法》、国务院发布的《中华人民共和国土地管理法实施条例》

2. 划拨城镇建设用地土地使用权

依据：《中华人民共和国土地管理法》、《中华人民共和国城市房地产管理法》

3. 国有土地和集体土地确权登记

依据：《中华人民共和国土地管理法》

4. 国有企业土地资产处置

依据：原国家土地管理局发布的《国家企业改革中划拨土地使用权管理暂行规定》、《北京市人民政府办公厅转发市房地局关于北京市国有企业改革中划拨土地使用权管理若干意见的通知》

5. 地质灾害防治工程甲、乙级勘查设计施工监理单位资格

依据：原地质矿产部发布的《地质灾害防治工程勘查——设计单位资格管理办法（试行）》和《地质灾害防治工程监理单位资格管理办法》

6. 在京国务院各主管部门所属地质勘查单位资格

依据：原地质矿产部发布的《地质勘查单位资格管理办法》

（四）备案2项

1. 房屋租赁合同

依据：《中华人民共和国城市房地产管理法》

2. 地质资料汇交

依据：原地质矿产部发布的《全国地质资料汇交管理办法》

❷齐齐哈尔市城镇私有房屋租赁管理暂行办法（节录）

（1988年4月10日齐齐哈尔市人民政府 齐政〔1988〕24号公布）

第五条 《租赁契约书》应明确记载租赁房屋的坐落、间数、使用面积、附属设备、租赁期限、月租金额及交纳时间等事项。

❸山东省省级机关房地产管理办法（节录）

（1995年1月25日山东省人民政府 鲁政〔1995〕13号公布）

第二十四条 各单位应按省级机关房地产管理的有关规定，与住户签订房屋租赁协议，住户应按时交纳房租。

❹南京市城市房屋拆迁管理办法

（2003年12月29日南京市政府常务会议审议通过 2003年12月29日南京市人民政府〔第227号〕公布 自2004年2月1日起施行）

第三十条 被拆迁人按照本办法规定选择产权调换的，拆迁人应当提供两处不同地点的房屋供被拆迁人选择。

实行房屋产权调换的，拆迁人与被拆迁人应当按照本办法的规定计算被拆迁房屋的货币补偿金额和所调换房屋的价款。货币补偿金额与所调换房屋的价款有差价的，结清差价后给予产权调换。

因租赁双方对解除租赁关系达不成协议而实行产权调换的，产权调换的房屋由原房屋承租人承租，被拆迁人应当与原房屋承租人重新订立房屋租赁合同。

❺青岛市人民政府关于城市私有房屋租金标准的规定

（1991年7月8日青岛市人民政府 青政〔1991〕156号公布）

第一条 根据《青岛市城市私有房屋管理办法》第二十三条第一款的规定，制定本规定。

第二条 本规定适用于市南、市北、台东、四方、沧口等五区。

第三条 青岛市房产管理局、物价局、财政局依照各自的职责，负责本规定的管理和监督。

市房产管理局设在各区的房产管理处具体负责城市私有房屋租赁的管理工作。

第四条 出租用于居住的城市私有房屋的租金控制标准，按折旧费、维修费、适当数额的利润等三项费用确定。具体标准见附件一。

第五条 出租非居住的城市私有房屋的租金标准，按《青岛市市区铺面房屋管理暂行办法》的附表一、附表二（见附件二、三）和本市有关机关事业单位、工商企业单位用房租金标准的规定（见附件四、五、六、七）执行。

第六条 出租的城市私有房屋系旧房（指1991年1月1日前交付使用的），租赁合同约定的租赁期限未满的，出租人应仍按原租赁合同约定的金额收取租金；新出租或租赁期届满续租的、或者已出租但无租赁合同或租赁合同中未订立租赁期限的，租赁双方应按《青岛市城市私有房屋管理办法》的规定和本规定的租金控制标准，订立租赁合同。

第七条 出租的城市私有房屋系新建房屋的，租赁双方应参照本规定的租金控制标准，协商议定租金额，订立租赁合同。

出租人收取的租金超过本规定标准的，应向房产管理部门缴纳“超标费”。“超标费”根据所收租金超出标准的数额，按以下比例累进计算：

（一）超过标准租金一倍以内（含一倍）的，缴纳超出部分的百分之四十；

（二）超过标准租金一倍以上、二倍以内（含二倍）的，缴纳超出部分的百分之八十。

出租人收取租金，不得超过标准租金的二倍。超过的，

其超出部分，由房产管理部门予以没收。

第八条 职工经所在单位批准租赁城市私有房屋居住的，可由所在单位按规定的其应享受面积的标准给予补贴：

（一）租住旧房的，补贴金额不超过本规定标准租金的百分之五十；

（二）租住新建房屋的，补贴金额不超过租赁双方协商议定租金额的百分之五十。职工租住私有房屋不足规定的其应享受面积的，按实际租用面积补贴；超出规定的其应享受面积的，超出部分不予补贴。

职工须凭经房产管理部门监理的租赁合同和税务部门统一印制的缴纳房租赁证领取房租补贴。

第九条 城市私有房屋的租金控制标准，今后由市房产管理局、市物价局每隔三至五年调整、公布一次。

第十条 出租人出租城市私有房屋，应按国家有关规定缴纳税金。

第十一条 各县级市、崂山区、黄岛区、经济技术开发区可参照本规定标准，结合当地实际情况，制定当地的城市私有房屋租金控制标准。

第十二条 本规定随《青岛市城市私有房屋管理办法》一并执行。

三、以案明法

案例（一）

方某生等诉三亚港务局等房屋租赁案

上诉人（原审原告）：三亚海港大酒店（以下简称海港大酒店）

被上诉人（原审被告）：三亚港务局（以下简称港务局）

原审原告：方某生

上诉人海港大酒店因房屋租赁合同纠纷一案，不服三亚市中级人民法院（2000）三亚民初字第23号民事判决，向海南省高级人民法院提起上诉。海南省高级人民法院依法组成合议庭，公开开庭审理了本案。上诉人海港大酒店的法定代表人方某生、委托代理人陈耀中，被上诉人港务局的法定代表人周敬民、委托代理人李毛毛，原审原告方某生到庭参加诉讼。该案现已审理终结。

原审认定：港务局与三亚市科技咨询服务公司（以下简称科技公司）签订综合大楼租赁合同，约定：港务局将综合大楼出租给科技公司经营，租赁期从1990年6月1日起至2000年5月31日止。科技公司投资200万元对大楼进行装修、配套。租赁期满后，港务局移交科技公司财产清单所列设备、设施和科技公司投资200万元装修、配套工程完工清单中所列全部设备、设施以及一切与大楼结构和周围环境连体的设施系统归港务局所有；科技公司因经营需要后续添置的设备动产归其所有。1990年4月16日，科技公司向市人民政府申请开办海港大酒店。同年5月5日，三亚市人民政府办公室批复同意开办该酒店。同年9月28日，科技公司与方某生签订《关于企业经济包干责任制合同书》，任命方某生为"海港大酒店"总经理、法定代表人，负责经营管理该酒店，实行独立核算、自负盈亏。至此，海港大酒店承接科技公司的权利义务。1996年7月24日，港务局与海港大酒店签订协议书，约定海港大酒店让出旧舞台用地274平方米给港务局，港务局一次性补偿给海港大酒店10万元。原审认为：港务局与科技公司签订的综合大楼租赁合同为有效合同。海港大酒店已承接该合同约定的承租方的权利和义务。方某生与海港大酒店之间的经济责任包干经营关系，不属本案审理范围。港务局与海港大酒店之间属于房屋租赁关系，港务局在租赁期满后要求海港大酒店依约交还租赁物，不存在无形资产归属问题，港务局没有接收海港大酒店动产的义务。海港大酒店主张港务局未按合同约定提供原定数量电视机，与事实不符。有补充协议书证明，让出租赁房屋范围内的部分场地，业经双方协商同意，不属港务局违约。海港大酒店提出用港务局已收取的酒店装修尚未开业期间的租金35万元及利息冲抵部分租金的请求，违反合同规定。海港大酒店请求判令被告承担其应出资而未出资的款项131.8万元的利息，并赔偿其从2000年6月6日下午强行让酒店停业造成的实际损失3.5万元（计至起诉之日），因未能提供足够的证据，不予支持。1999年9月以后的租金，可以根据三亚市酒店经营实际适当调整，按原定租金的80%收取。港务局反诉请求判令海港大酒店立即停止营业，依照租赁合同的规定完整地交出大楼及相关设备、设施等财产，并按合同约定进行财产分割，符合法律规定，应予支持。据此，作出判决："一、原告（反诉被告）三亚海港大酒店应于本判决书发生法律效力之日起10日内向被告（反诉原告）三亚港务局交付大楼及大楼租赁时移交清单所列财产（含抽水泵4台）和双方约定投资200万元装修、配套工程所列全部设备、设施以及一切与大楼结构和周围环境连体的设施系统（含电梯、中央空调系统、电视接收系统）；除此之外，因经营需要后续添置设备动产部分归原告（反诉被告）三亚海港大酒店所有。二、原告（反诉被告）三亚海港大酒店应于本判决书发生法律效力之日起十日内付给被告（反诉原告）三亚港务局所欠租金（从1999年10月1日计至2000年5月31日，按每年70万元的80%折计）；逾期付款，则应加倍支付迟延履行期间的债务利息。三、驳回原告（反诉被告）三亚海港大酒店和被告（反诉原告）三亚港务局的其他诉讼请求。四、驳回原告方某生的诉讼请求。"

海港大酒店不服原判，向海南省高级人民法院提起上诉。请求：撤销原审判决；改判港务局承接酒店财产，向上诉人支付有形资产价款435万元（庭审时变更为637.382万元）、无形资产价款1000万元（庭审时变更为404.6万元）；改判港务局承担应由其出资而未出资的款额131.8万元（包括安装电话线、大楼一二层装修及改善消防排污供水系统的投资）十年利息共计134.4万元，并赔偿上诉人经济损失300万元；改判将港务局已收取上诉人尚未开业期间的租金35万元及利息用于冲抵所欠租金；改判1999年9月以后的租金按港务局出租海港大酒店的降租比例计付；改判港务局赔偿从2000年6月6日下午强行酒店停业造成的实际损失3.5万元（暂计算至起诉之日）。主要理由是：科技公司与港务局签订综合大楼租赁合同书并非单纯的租赁合同。该合同约定上诉人的义务远远超过了被上诉人的投资义务，实际上使上诉人成为投资合作者。因此，上诉人有权对酒店财产进行评估、折价和分割；被上诉人对酒店无形资产应予以补偿。上诉人为顺利完成酒店移交，合理合法分割酒店财产，在分割前已委托有资格的评估单位对酒店的投入资产进行评估鉴定。该鉴定应作为双方分割和确认财产的依据。原审混淆了动产和不动产的界限，将本该属于海港大酒店的中央空调、电梯、卫星电视接收系统等财产错判给被上诉人。属于港务局所有的装修、设施和设备仅限于合同约定投资200万元以内，超过部分应属于上诉人。租赁合同第七条规定的“后续添置设备动产”，系指合同附件第一条规定的兴建游泳池、露天花园及停车场等项目。企业的无形资产，与企业同时存在、同时消亡。企业在分割有形资产时，应对无形资产进行评估分割。原审判决故意偏袒港务局，对其在履行合同期间首先违约的责任、不合理约定装修期间缴交租金、非法以暴力强行使酒店停止营业的行为，一概不提。被上诉人未按合同约定提供75台电视机，致使上诉人客房标准价格降低，造成损失50万元。1996年7月24日，上诉人与被上诉人签订补充协议，约定让出土地的补偿时间是从1996年7月至2000年5月31日，而1993年7月至1996年6月的经济损失未赔偿。因被上诉人私自转卖酒店用地，造成上诉人收入损失250万元，并造成上诉人建员工简易宿舍投入51万元。租赁合同规定的装修（包括筹备工作）时间不够3个月，而按照装修工程预算的正常施工时间应是1年，至少为10个月。被上诉人收取上诉人因装修而未开业期间的租金35万元，不合理、不公平，该款应予退还并支付利息。被上诉人于2000年6月6日强行使酒店停止营业，造成酒店声誉和经济上的损失，原判认定上诉人没提供相应损失依据是错误的。被上诉人不按合同规定提供外线电话线路，致使上诉人增加投资1万元安装电话线。酒店一楼铺面装修不合格造成倒塌，被上诉人本应重新装修完善，但未装修。被上诉人没有履行二楼的装修义务。一、二楼两项装修工程，致使上诉人增加投资80万元。消防、供水、排污系统不合格，有关部门责令整改，致使上诉人增加投入50.8万元。一审认定我方未按补充合同规定预付款项，致使附楼未能建造，与实际不符，实际上是港务局不履行该补充合同。

港务局答辩称：港务局与海港大酒店所签订的合同，是一份合法有效、典型的房屋租赁合同，而不是其他性质或内容的合同。租赁期限届满时，港务局没有义务接受属于海港大酒店的财产和所谓的无形资产，并支付这些财产的价款。海港大酒店要求支付应由港务局出资而未出资的款项的利息，毫无事实依据和法律依据。港务局已列举大量事实，提供了充分证据，证实港务局不存在违约事实。海港大酒店已在大楼移交清单上签字盖章并特别签署“上列房屋及设施均完好优美”。这证实海港大酒店在几次诉讼中反复提出的一楼装修不合格，消防、排污、供水系统等不合格，都是无中生有。港务局已提供100台电视机的进货发票，证明港务局有足够的电视机供给海港大酒店。港务局提供双方签订的协议书，证实旧舞台用地274平方米土地是海港大酒店自愿转让的，而且转让价款10万元已在租金中扣除。从1990年3月31日交付大楼到1990年6月1日开始计算租金，这三个月免收租金，实际上是港务局对海港大酒店的支持和照顾。合同并没有规定必须等到海港大酒店将大楼装修完毕开始营业才交租金。港务局在海港大酒店开业前收取第一笔租金，完全符合合同规定，合理合法。一审判决1999年10月以后的租金按80%计算，尽管降低租金对港务局不利，但是港务局并不上诉。在双方就酒店大楼交还进行交涉期间，港务局为防止无关人员趁机捣乱，安排内部几位保安人员在酒店外维持秩序，并非动用警力干预酒店正常经营。合同期满后，海港大酒店对大楼已失去承租使用权，其继续占据大楼强行营业，是对港务局财产权的侵犯。海港大酒店要求赔偿经营损失3.5万元，是非法要求。

原审原告方某生与海港大酒店共同提起上诉，但其在庭审时已明确表示撤回其个人的上诉。

经审理查明：港务局（甲方）与科技公司（乙方）于1990年3月5日签订《三亚港务局综合大楼租赁合同书》。该合同书约定：甲方将位于解放二路的新建综合大楼出租给乙方经营。租赁期为10年，从1990年6月1日起至2000年5月31日止。租金按年度计算，前5年每年60万元，后5年每年70万元；租金每年分四次平均支付，每季度支付一次，支付时间为前一季度末十天前，每逾期一天按应付租金的百分之一支付滞纳金。乙方将综合大楼重新命名为“海港大酒店”，并投资200万元对其进行装修、配套，逐步将其建成一家有一定知名度的高档宾馆（装修、配套标准主要包括：客房配有空调、电视、电话，墙面贴墙纸或喷涂，天花吊顶，安装电梯等）。大楼全部装修、配套工程于1990年5月底完工，电梯最迟要在9月底安装完毕。全部工程完工后，编制装修、配套工程清单，由双方代表签字后作为合同附件。租赁期满后，大楼内甲方移交乙方财产清单所列设备、设施和乙方投资200万元装修、配套工程完工清单中所列全部设备、设施以及一切与大楼结构和周围环境连体的设施系统归甲方所有；乙方因经营需要后续添置的设备动产部分为乙方所有。甲方提供大楼供水系统、排污系统、消防系统要完备，并按照线路设计图纸提供材料（不包括灯具）给乙方施工，为大楼安装一条外线电话线路。甲方为乙方提供75台20寸威牌电视机，总计人民币22万元；乙方应在临开业前5天提货并支付三分之一价款。乙方要爱护大楼及周围的一切设施并做好维修保养工作，保证租赁期满后保质保量归还甲方。该合同附件规定：1. 甲方同意乙方另增加投资兴建游泳池、露天花园、停车场等建筑物；2. 附乙方投资200万元装修及购置设备的预计清单（据双方当事人陈述，该清单实际上并未制作）。港务局按合同约定于同年3月31日将综合大楼交付给海港大酒店，同时移交《三亚港务局综合大楼及配套设施移交清单》。该移交清单上列明抽水泵及设备（包括抽水机4台），消防、排污、供水系统，供电照明线路材料等14项移交项目，并注明“上列房屋及设施均完好优美”。海港大酒店已在该清单上签字并加盖公章。同年4月16日，科技公司向三亚市人民政府申请开办海港大酒店。同年5月5日，市政府办公室批复同意开办海港大酒店，并且实行独立核算、自负盈亏。同年9月28日，科技公司与方某生签订《关于企业经济包干责任制合同书》，约定科技公司将该酒店发包给方某生经营管理，实行独立核算、自负盈亏，每年上缴一万元管理费，同时约定公司任命方某生为海港大酒店总经理、法定代表人。港务局对海港大酒店承接科技公司权利义务，予以认可。海港大酒店经装修、配套后，于同年12月19日开业。按合同约定，港务局向海港大酒店提供电视机的价格为每台2933.33元。海港大酒店后来只按每台2250元单价向港务局提取30台电视机。港务局不再向海港大酒店交付电视机，海港大酒店也没有支付余款。海港大酒店于1990年12月23日又去函港务局，提出拟向港务局订购威牌20寸电视机36台，请求港务局同意赊销。1994年9月20日，港务局（甲方）与海港大酒店（乙方）签订《三亚港务局综合大楼租赁补充合同》，约定：乙方使用的危房（简易竹楼用地274平方米）提前退回甲方；甲方在综合大楼后院建设一幢八层附楼给乙方职工住宿；该楼的所有权属于甲方；乙方为取得该楼的使用权，按总造价的37.5%投入资金共同建造；附楼建成后乙方使用到2000年5月31日，然后按主合同规定办法归还甲方；甲方同意乙方在主楼后院西侧围墙内建筑一幢二层简易职工食堂，使用期满后按主合同（即大楼租赁合同）第七条规定移交给甲方。该补充合同订立后未实际履行。1996年7月24日，港务局与海港大酒店签订《协议书》，约定海港大酒店让出旧舞台用地274平方米给港务局，港务局一次性补偿10万元给海港大酒店，作为海港大酒店合同期间的经营补偿。因港务局未给海港大酒店安装外线电话线路，海港大酒店自行安装电话线，支出费用6572元。经海南省高级人民法院主持双方当事人对酒店财产进行清点，查明“与酒店大楼结构和周围环境连体的设施”有：卫星电视接收系统、闭路电视系统、发电机组、抽水机组、消防系统、洗衣机组、配电系统、中央空调及其管道安装系统、变压器、电梯、通信交换机。海港大酒店未按合同约定制作投资200万元装修、配套工程完工清单，交双方签字，作为合同附件。在二审诉讼中，海港大酒店单方列出投资200万元装修、配套清单，其中包括购置如下设备：电视机78台、热水器75个、电话机105台、办公桌20张、铁文件柜14套、五件套沙发7套、前台大堂办公桌1张。港务局对上列设备属于合同约定投资200万元装修、配套部分，没有异议。租赁期限届满后，海港大酒店继续占用该综合大楼进行经营，直到三亚市公安局河西分局于2001年5月30日以违反消防法为由作出行政处罚决定限其停业。在双方发生纠纷期间，港务局曾于2000年6月派人到酒店张贴有关酒店因交接而停业的告示。三亚市公安局河西分局从1992年7月17日至1999年12月1日先后7次向海港大酒店发出火险隐患整改通知书、责令限期改正通知书，并对整改、改正情况进行复查验收，复查结果均不合格。三亚市环境资源局分别于1993年11月、1994年4月、1996年11月向海港大酒店发出限期治理污水的通知、召开逾期不治理污水单位会议的通知和要求重报污染治理方案的通知。因海港大酒店拖欠租金，港务局于1993年提起诉讼。海南省高级人民法院在对该案作出的（1995）琼法经终字第40号民事判决中提到，港务局交付大楼的基础设施和消防排污系统确有缺陷，对酒店经营有一定影响，对此港务局应承担一定责任，其费用待承包期满一并清算。上诉人主张其为改造、完善消防、排污、供水系统共投入50.8万元。其中，有正式发票证实与消防、排污、供水系统有关的费用为338449.94元。港务局对有正式发票的投入费用承认其真实性，但认为不能证明港务局交付大楼的消防、排污、供水系统存在缺陷以及有关投入费用是由于存在缺陷造成的。

海南省高级人民法院经审理认为，原审认定港务局与科技公司签订的《三亚港务局综合大楼租赁合同书》为有效房屋租赁合同，并据此认为应按合同约定确定酒店财产归属，港务局没有接收海港大酒店动产的义务，港务局在租赁期满后要求海港大酒店依约交还租赁物，不是接收企业，因此不存在无形资产归属问题。原审的这一判决理由，是正确的。海港大酒店以合同约定其投入资金进行装修、配套，其承担的义务已远远超过被上诉人的投资义务为由，主张其实际上成为投资合作者，因此双方签订综合大楼租赁合同书并非单纯的租赁合同。海港大酒店这一主张缺乏法律依据。大楼租赁合同书规定承租方应当投资200万元对酒店进行装修、配套，这其实是承租方取得租赁财产使用权所应付出的代价的一部分，不能因此而改变合同的性质。租赁合同第七条对租赁期满后财产分割问题已作明确约定，即：租赁期满后，甲方移交乙方财产清单所列设备、设施和乙方投资200万元装修、配套工程完工清单中所列全部设备、设施以及一切与大楼结构和周围环境连体的设施系统归甲方所有；乙方因经营需要后续添置的设备动产部分归乙方所有。也就是说，一切不动产，包括与大楼结构和周围环境连体的设施都属于港务局所有；除了原港务局移交给海港大酒店使用的动产和按合同约定投资200万元购置的动产以外，乙方因经营需要后续添置的设备动产部分归其所有。双方后来签订的《三亚港务局综合大楼租赁补充合同》中关于海港大酒店在主楼后院合资兴建的附楼和独资兴建的简易职工食堂，使用期满后均按主合同（即租赁合同）规定归港务局所有的规定，进一步印证了租赁合同第七条的真实意思表示。海港大酒店认为，其投入酒店的财产，除约定投资200万元装修、配套的财产以外，其余部分都属其所有。这一主张，显然与租赁合同第七条规定不符，而且导致该条款前后约定矛盾。海港大酒店将该条款中关于“乙方因经营需要后续添置的设备动产部分归乙方所有”的规定解释为是针对合同附件第一条作出的规定，而合同附件第一条所规定的恰恰是投资兴建游泳池、露天花园、停车场等建筑物，并不涉及设备动产。可见，海港大酒店的上述解释，不能自圆其说。由于港务局没有接受酒店动产的义务并且已明确表示不愿意接受按合同约定应归海港大酒店所有财产，因此对酒店财产应进行实物分割。海港大酒店请求判令港务局支付随酒店转移的有形资产价款637.382万元，缺乏法律依据。海港大酒店提供北京北方亚事无形资产评估事务所的评估报告，不能作为其请求港务局支付无形资产价款404.6万元的依据。因为，该评估报告已经明确指出“企业商誉无形资产价值的评估，都是以企业持续经营为假设前提，才能带来未来收益”。从该报告的内容看，“三亚海港大酒店企业商誉无形资产价值1416万元”的评估结果，实际上是通过预测海港大酒店永续年限的未来收益得出的。租赁期满后，海港大酒店已经无权使用港务局的综合大楼持续经营，其对该大楼也就没有无形资产可言。海港大酒店在承租综合大楼期间的商誉好坏，与港务局无关。海港大酒店请求港务局向其支付无形资产价款404.6万元，缺乏事实和法律依据，海南省高级人民法院不予支持。租赁合同签订后，海港大酒店按每台2250元单价（并非合同约定单价）向港务局提取30台电视机，港务局后来不再向海港大酒店交付电视机，海港大酒店也没有支付余款。而且海港大酒店曾于1990年12月23日去函港务局，提出拟向港务局订购威牌20寸电视机36台，请求港务局同意赊销。可见，事实上双方当事人已对租赁合同第十二条约定的价格和数量作了变更。海港大酒店请求港务局承担不按合同约定向其提供足够数量电视机造成的经济损失50万元，理由不成立，依法不予支持。海港大酒店要求港务局承担擅自将属于租赁房屋范围的300多平方米（实际面积274平方米）场地转卖他人的违约责任，赔偿经济损失300万元，没有根据。双方签订的《协议书》证明，提前退回274平方米租赁场地，经双方协商同意，并且已经给予海港大酒店10万元补偿，并非港务局擅自处分该场地。海港大酒店认为10万元只补偿1996年7月至2000年5月31日的经济损失，不包括1993年7月至1996年6月的经济损失，这种主张不合情理。考虑到大楼要进行装修才能正常经营，港务局已经给予海港大酒店近三个月免收租金的时间。合同明确约定大楼全部装修、配套工程于1990年5月底完工，电梯最迟要在9月底安装完毕。海港大酒店完全可以通过扩大施工队伍加快工程进度，缩短装修时间。其提出用港务局已收取的酒店装修尚未开业期间的租金35万元及利息冲抵部分租金的请求，显然没有道理，也不符合合同约定。一审已经根据三亚市酒店经营的实际情况，对1999年9月以后的租金适当调整，按原定租金的80%收取。海港大酒店请求进一步降低租金，缺乏依据。海南省高级人民法院对另案作出的（1995）琼法经终字第40号民事判决已确认，港务局交付大楼基础设施和消防排污系统确有缺陷，对酒店经营有一定影响。对于海港大酒店付出的与改造、完善消防、排污、供水系统有关的费用338449.94元，应由港务局承担。此外，海港大酒店自行安装外线电话线路支出的费用6572元，应由港务局承担。以上两项费用计付利息时间从1990年6月1日起计算。租赁期限届满后，海港大酒店继续占用港务局的综合大楼进行经营，应向港务局支付租金。租金按每年70万元的80%计算。港务局于2000年6月派人到酒店张贴酒店停止营业的告示，对酒店经营造成一定影响。因海港大酒店未能提供造成实际损失的具体证据，可以采取免收一个月租金的办法，补偿其损失。海港大酒店的部分上诉理由成立，应予支持。一审以租赁合同为依据判决分割酒店财产是正确的，但由于忽略了当事人并未按合同约定制作投资200万元装修、配套工程完工清单，对投资200万元装修、配套的设备动产未清点确认，导致判决不确定，无法执行，因此，应予改判。依照《中华人民共和国民事诉讼法》第一百五十三条第一款第（三）项规定，作出如下判决：

一、维持三亚市中级人民法院（2000）三亚民初字第23号民事判决第三、四项。

二、变更三亚市中级人民法院（2000）三亚民初字第23号民事判决第一项为海港大酒店应于本判决书发生法律效力之日起10日内向港务局交付综合大楼、《三亚港务局综合大楼及配套设施移交清单》所列财产（详见清单）、租赁合同约定由承租方投资200万元装修、配套的设备动产（包括：电视机78台、热水器75个、电话机105台、办公桌20张、铁文件柜14套、五件套沙发7套、前台大堂办公桌1张）以及一切与大楼结构和周围环境连体的设施系统（包括：卫星电视接收系统、闭路电视系统、发电机组、抽水机组、消防系统、洗衣机组、配电系统、中央空调及其管道安装系统、变压器、电梯、通信交换机）。上述财产以外，海港大酒店因经营需要后续添置的设备动产（不包括与大楼结构和周围环境连体的装修财产）归海港大酒店所有。海港大酒店应于本判决书发生法律效力之日起10日内将属其所有的财产全部搬离综合大楼。

三、变更三亚市中级人民法院（2000）三亚民初字第23号民事判决第二项为：海港大酒店于本判决书发生法律效力之日起10日内付给港务局所欠从1999年10月1日计至2001年5月30日的租金及利息（2000年6月份的租金免交）。租金按每年56万元计算，利息从应付款之日起按银行同期同类贷款利率计算。

四、港务局于本判决发生法律效力之日起10日内付给海港大酒店改造、完善消防、排污、供水系统费用338449.94元和安装外接电话线费用6572元及其利息（利息从1990年6月1日起按银行同期同类贷款利率计算）。以上费用及其利息可直接从海港大酒店所欠港务局的租金中折抵。

二审诉讼费人民币103655元，由上诉人海港大酒店负担80%（即82924元，已预交3万元，尚欠52924元），被上诉人港务局负担20%（即20731元）。限双方当事人于本判决发生法律效力之日起10日内向海南省高级人民法院缴清诉讼费。

案例（二）

北京数码港科技有限公司诉北京华威大厦有限公司房屋租赁合同纠纷案

上诉人（原审原告、反诉被告）：北京数码港科技有限公司

被上诉人（原审被告、反诉原告）：北京华威大厦有限公司

上诉人北京数码港科技有限公司（以下简称数码港公司）与北京华威大厦有限公司（以下简称华威大厦公司）因房屋租赁合同一案，不服北京市西城区人民法院（2001）西民初字第888号民事判决，向北京市第一中级人民法院提起上诉。北京市第一中级人民法院依法组成合议庭，公开开庭审理了本案。上诉人数码港公司之委托代理人王毅伟，被上诉人华威大厦公司之委托代理人汪京平、张汝平到庭参加了诉讼。本案现已审理终结。

2001年1月，数码港公司诉至原审法院称，我公司与华威大厦公司签订租赁合同，约定由我公司承租华威大厦五层2789平方米场地用以经营网络及相关产品，租赁期三年，第一年度租金为720万元人民币。在合同履行中，我公司依合同向华威大厦公司交纳风险抵押金人民币180万元，并对承

租场地进行装修、招租，按时交纳了租金。2000年12月15日，我公司向华威大厦公司提出逾期交纳租金的请求，而华威大厦公司在我公司并不知情的情况下，于2001年1月4日私自召集我公司出租的租户开会，要求租户自当日起直接与华威大厦公司签订合同，将租金交给华威大厦公司。同月12日华威大厦公司单方面解除合同，并于16日强行封闭华威大厦五层，造成我公司及租户无法正常经营，失去了对承租场地的经营权及管理权，租赁合同已无法继续履行。故请求与华威大厦公司解除租赁合同，由华威大厦公司退还我公司支付的风险抵押金180万元，赔偿因其违约给我公司造成的各项损失合计1545390元。对华威大厦公司的反诉请求，我公司只同意补付2000年12月份的租金60万元。

华威大厦公司在原审法院辩称，数码港公司未按合同规定的时间交纳2000年12月份的租金，已构成违约；我公司曾两次发出书面通知，要求数码港公司按约定交纳租金，数码港公司均未予任何回复。在合同已没有继续履行之可能的情况下，我公司向数码港公司发出解约通知，并要求其于1月15日交还场地。因数码港公司于1月16日未提出异议，故我公司于当日17时要求其人员撤离场地。为保证其他楼层正常经营及公共安全，我公司于当日18时关闭了顾客通道，保留公共通道。这是我方工作人员的正常管理活动，谈不上强行进入场地，现我公司五层仍由数码港公司之租户经营。我公司同意解除与数码港公司的租赁合同，但由于双方合同中有风险抵押金转化为违约金的规定，故不同意返还180万元风险抵押金，且数码港公司的装修、制作未经我公司同意，与我方无关，我公司不同意赔偿。同时，我公司反诉要求数码港公司按每月60万元，支付2000年12月起至合同解除之日止的租金、违约金180万元（含滞纳金及赔偿金）及其租赁期间的电话费35316.83元。

原审法院经审理后确认，数码港公司与华威大厦公司于2000年6月20日签订的租赁合同系双方真实意思表示，故该租赁合同合法、有效，双方均应按合同的约定享受权利、履行义务。数码港公司未按合同约定的时间支付2000年12月租金，系属违约，故应承担违约责任，支付逾期租金及违约金。华威大厦公司在多次催告数码港公司给付租金，而数码港公司仍未给付的情况下有权行使合同解除权。现数码港公司与华威大厦公司均同意解除合同，北京市西城区人民法院不持异议；对于180万元风险抵押金，华威大厦公司应予返还；数码港公司所要求的装修及制作费，因其违约，故该部分损失应由其自行承担；华威大厦公司反诉要求数码港公司支付2000年12月起的租金及要求数码港公司支付180万元违约金、租赁期间的电话费，系合理要求，北京市西城区人民法院予以支持。数码港公司补付租金的截止日期本应以腾空华威大厦五层的时间为准；现华威大厦公司要求补付至2001年4月25日，且电话费要求给付至2001年3月20日，北京市西城区人民法院不持异议。故判决，一、解除原告数码港公司与被告华威大厦公司于2000年6月20日所签订的租赁合同。二、被告华威大厦公司返还原告数码港公司风险抵押金180万元。三、原告数码港公司给付被告华威大厦公司自2000年12月至2001年4月25日之欠租共计290万元。四、原告数码港公司给付被告华威大厦公司违约金180万元。五、原告数码港公司给付被告华威大厦公司租赁期间的电话费35316.83元。以上二、三、四、五项相互折抵后，原告数码港公司于本判决生效后十日内给付被告华威大厦公司人民币2935316.83元。逾期付款按中国人民银行逾期付款滞纳金的计算方法给付滞纳金。六、驳回原告数码港公司其他之诉讼请求。

判决后，数码港公司不服，上诉至北京市第一中级人民法院。数码港公司认为：1. 合同虽约定每月5日前给付租金，但双方又口头约定变更为每月25日前给付租金，数码港公司按口头约定迟延18日支付租金，按照双方约定，可以由数码港公司支付滞纳金，而不应导致双方解除租赁合同。一审法院不仅未认定上述事实，对华威大厦公司单方解除合同的严重违约行为也未进行处罚，反而认定数码港公司违约，判决由数码港公司支付违约金180万元，并对其因装修而造成的146万元的损失不予考虑，这种判决显失公平。2. 华威大厦公司在2001年1月16日下午派人强行接收了数码港公司承租的华威大厦五层，使数码港公司无法再正常经营，租金应计算至1月16日，而一审法院仍判决由数码港公司支付租金至同年4月25日，于法无据，亦显失公平。3. 一审法院判令数码港公司支付的电话费也明显偏多。数码港公司上诉请求北京市第一中级人民法院撤销原判，依法改判。华威大厦公司同意原判。

经审理查明，位于北京市西城区西单北大街130－152号华威大厦系华威大厦公司所有。2000年6月20日，数码港公司与华威大厦公司签订了《租赁合同》。双方约定：华威大厦公司将华威大厦五层2789平方米场地出租给数码港公司，用于经营网络及相关产品；租赁期限为3年，自2000年10月1日至2003年9月30日止。自2000年10月开始计租，第一个租赁年度租金总额为720万元人民币，第二个租赁年度租金总额为840万元人民币，第三个租赁年度租金总额为960万元人民币，数码港公司应于每月5日前支付当月租金（按每年度租金1/12计算）和电话费等相关费用。数码港公司分期向华威大厦公司交纳相当于90天的租金作为定金，该定金同时作为数码港公司在此经营期间的风险抵押金，如因数码港公司违约而导致提前终止合同，华威大厦公司有权向数码港公司收取违约金，违约金最高限额为180万元人民币。数码港公司在全部履行了租约之后，当租用场地以完好并可以再度出租的状态退还华威大厦公司时，华威大厦公司应将定金不计利息退还数码港公司。逾期交纳租金、电话费等相关费用，按逾期天数向华威大厦公司交纳应交款额3%的滞纳金。双方约定任何一方违反合同条款或提前解约而导致合同提前终止，则视为违约，违约方应向守约方支付违约金，违约金最高限额为180万元人民币。

在合同履行过程中，华威大厦公司按约定将上述场地提供给数码港公司，数码港公司向华威大厦公司支付了180万元风险抵押金，并于2000年10月25日、11月24日向华威大厦公司支付了2000年10月份和11月份租金共计120万元。2000年12月5日，数码港公司未按合同约定支付12月份租金。同月15日，数码港公司致函华威大厦公司，要求将租金延至2001年1月15日交付。28日，华威大厦公司致函数码港公司，要求其当日支付12月份租金。2001年1月3日，华威大厦公司再次致函数码港公司，强调数码港公司未于12月5日前支付当月租金，已严重违约；同时通知数码港公司于当日补交所欠租金，否则一切后果均由数码港公司自负，数码港公司仍未补付租金。2001年1月4日，华威大厦公司召集数码港公司的租户开会，称数码港公司违约。2001年1月5日，华威大厦公司又致函数码港公司，要求其当日补交2000年12月份及2001年1月份租金，否则将保留采取进一步措施的权利，并后果自负。2001年1月12日，华威大厦公司致函数码港公司，称数码港公司两个月未付租金，已构成严重违约，故决定解除合约，要求数码港公司最迟于2001年1月15日晚12时腾空场地交还华威大厦公司。

另查，数码港公司于2000年10月起与61个租户分别签订了租赁合同。2001年4月25日，原审法院根据华威大厦公司申请，作出先予执行裁定，裁定自当日起，华威大厦五层经营管理权由华威大厦公司行使。2001年5月7日，数码港公司的租户全部撤离了华威大厦五层，腾空了华威大厦五层。截止至2001年3月20日，数码港公司欠付在华威大厦五层所申报的电话机话费为35316.83元。上述事实有双方当事人陈述、数码港公司与华威大厦公司签订的《租赁合同》、华威大厦公司产权证、华威大厦公司发票、华威大厦公司电讯设备需求表、数码港公司发票、数码港公司电话申请单、照片、双方往来函件等证据，经原审法院庭审质证、北京市第一中级人民法院核实，可以作为本案定案的依据。

北京市第一中级人民法院经审理认为，数码港公司与华威大厦公司签订的《租赁合同》系依法成立，具有法律约束力，双方应自觉履行。原审法院确认租赁合同有效，是正确的。现数码港公司与华威大厦公司现均同意解除《租赁合同》，华威大厦公司返还数码港公司180万元，北京市第一中级人民法院不持异议。

数码港公司未按合同约定的时间支付2000年12月份的租金，属于违约，应承担违约责任，原审法院判决数码港公司补付租金并支付违约金，是正确的，北京市第一中级人民法院予以维持。数码港公司上诉认为，双方口头约定将支付租金的日期变更为每月的25日，因华威大厦公司否认该事实，而数码港公司向北京市第一中级人民法院提交的证据不足以证明其主张成立，北京市第一中级人民法院不予支持。华威大厦公司在数码港公司迟延支付租金的情况下，经多次催促，数码港公司一直未支付，也未提出其他解决方案，所以华威大厦公司首先提出解除租赁合同的主张并无不妥，不构成违约。数码港公司认为华威大厦公司首先解除租赁合同违约的上诉请求因缺乏事实和法律依据北京市第一中级人民法院不予支持。

关于租金和电话费的数额，因《租赁合同》约定，数码港公司应于每月5日前按时付当月租金和电话费等相关费用，原审法院判决数码港公司补付租金的数额自2000年12月5日计算至2001年4月25日，补付电话费的日期自2000年12月5日计算至2001年3月20日，是正确的，北京市第一中级人民法院予以维持。数码港公司上诉要求以每月25日为支付华威大厦公司租金的日期，华威大厦公司在2001年1月12日单方解除合同后，于同年1月16日下午就派人强行接收了数码港公司承租的华威大厦五层，未提供充足的证据；对其要求减少租金和电话费的数额的诉讼请求，北京市第一中级人民法院不予支持。

关于违约金，《中华人民共和国合同法》第一百一十四条第一款规定："当事人可以约定一方违约时应当根据违约情况向对方支付一定数额的违约金，也可以约定因违约产生的损失赔偿额的计算方法。约定的违约金低于造成的损失的，当事人可以请求人民法院或者仲裁机构予以增加；约定的违约金过分高于造成的损失的，当事人可以请求人民法院或者仲裁机构予以适当减少。"双方在《租赁合同》中约定了数码港公司逾期交纳租金、电话费等相关费用，需按逾期天数向华威大厦公司交纳应交款额3%的滞纳金。双方均认为滞纳金过高，但未达成新的协议。原审法院适用《租赁合同》的另一约定，如因租户违约而导致本合同提前终止，华威大厦公司有权向数码港公司收取违约金，违约金最高限额为180万元人民币，判决数码港公司给付华威大厦公司违约金180万元人民币，并无不当，北京市第一中级人民法院予以维持。

综上所述，依据《中华人民共和国民事诉讼法》第一百五十三条第一款第（一）项之规定，作出如下判决：

驳回上诉，维持原判。

一审案件受理费26737元、反诉费33686，由数码港公司负担41413元（已交纳26737元，余款14676元于本判决生效后7日内交纳），华威大厦公司负担19010元（已交纳）；二审案件受理费60423元，由数码港公司负担（已交纳）。

四、办案实战资料库

（一）房屋租赁合同

房屋租赁合同

（示范文本 GF－2000－0602）

合同编号：____________

出租人：____________ 签订地点：____________

承租人：____________ 签订时间：____年___月___日

第一条 租赁房屋坐落在________，间数____，建筑面积______，房屋质量______。

第二条 租赁期限自____年___月___日至____年___月___日。

（提示：租赁期限不得超过二十年。超过二十年的，超过部分无效。）

第三条 租金（大写）：________________

第四条 租金的支付期限及方式：________________

第五条 承租人负责支付出租房屋的水费、电费、煤气费、电话费、有线电视收视费、卫生费和物业管理费。

第六条 租赁房屋的用途：________________

第七条 租赁房屋的维修：________________

出租人维修的范围、时间及费用负担：________________

承租人维修的范围及费用负担：________________

第八条 出租人（是/否）允许承租人对租赁房屋进行装修或改善增设他物。装修、改善增设他物的范围是：________________

租赁合同期满，租赁房屋的装修、改善增设他物的处理：________________

第九条 出租人（是/否）允许承租人转租租赁房屋。

第十条 定金（大写）________元。承租人在________前交给出租人。

第十一条 合同解除的条件

有下列情形之一，出租人有权解除本合同：

1. 承租人不交付或者不按约定交付租金达________个月以上；
2. 承租人所欠各项费用达（大写）________元以上；
3. 未经出租人同意及有关部门批准，承租人擅自改变出租房屋用途的；
4. 承租人违反本合同约定，不承担维修责任致使房屋或设备严重损坏的；
5. 未经出租人书面同意，承租人将出租房屋进行装修的；
6. 未经出租人书面同意，承租人将出租房屋转租第三人；
7. 承租人在出租房屋进行违法活动的。

有下列情形之一，承租人有权解除本合同：

1. 出租人迟延交付出租房屋________个月以上；
2. 出租人违反本合同约定，不承担维修责任，使承租人无法继续使用出租房屋。
3. ________________

第十二条 房屋租赁合同期满，承租人返还房屋的时间是：________________

第十三条 违约责任：________________

出租人未按时或未按要求维修出租房屋造成承租人人身受到伤害或财物毁损的，负责赔偿损失。

承租人逾期交付租金的，除应及时如数补交外，还应支付滞纳金。

承租人违反合同，擅自将出租房屋转租第三人使用的，因此造成出租房屋毁坏的，应负损害赔偿责任。

第十四条 合同争议的解决方式：本合同在履行过程中发生的争议，由双方当事人协商解决；也可由当地工商行政管理部门调解；协商或调解不成的，按下列第________种方式解决：

（一）提交________仲裁委员会仲裁；

（二）依法向人民法院起诉。

第十五条 其他约定事项：________________

出租人（章）：	承租人（章）：
住所：	住所：
法定代表人（签名）：	法定代表人（签名）：
居民身份证号码：	居民身份证号码：
委托代理人（签名）：	委托代理人（签名）：
电话：	电话：
开户银行：	开户银行：
账号：	账号：
邮政编码：	邮政编码：

【房屋租赁登记】

一、专家指导意见

我国对房屋租赁实行登记备案制度，在《城市房屋租赁管理办法》中规定："房屋租赁实行登记备案制度。签订、变更、终止租赁合同，当事人应当向房屋所在地市、县人民政府房地产管理部门登记备案。"实行这一制度，可以防止由于出租人自由、自发和非法出租房屋，扰乱国家房屋租赁市场，同时也可以保证国家税费的征收。因此，租赁双方签订租赁合同后，应当向房屋所在地的房地产管理部门登记备案。

办理登记备案的具体程序：

1. 登记申请。房屋租赁当事人应当在租赁合同签订后30日内，持有关规定的文件到直辖市、市、县人民政府房地产管理部门办理登记备案手续。申请房屋租赁登记备案应当提交下列文件：

（1）书面租赁合同；

（2）房屋所有权证书；

（3）当事人的合法证件；

（4）城市人民政府规定的其他文件。出租共有房屋，还须提交其他共有人同意出租的证明；出租委托代管房屋，还须提交委托代管人授权出租的证明。

2. 主管部门对租赁合同进行审核。审核的内容主要包括：

（1）主体资格是否合格，即出租人与承租人是否具备相应的条件；

（2）客体是否合格，即出租的房屋是否为法律、法规允许出租的房屋；

（3）审查租赁合同的内容是否齐全、完备；

（4）审查租赁行为是否符合国家及房屋所在地人民政府的租赁政策；

（5）审查当事人是否已缴纳了有关税费。

3. 经房地产主管部门审查合格后，对租赁合同予以登记，由房地产管理部门核发《房屋租赁证》。市、县人民政府所在地以外的房屋租赁申请，可由市、县人民政府房地产管理部门委托的机构审查，并颁发《房屋租赁证》。房屋租赁只有按上述程序办理了登记备案手续，租赁合同才有法律效力，租赁的行为才将受到法律的保护。

二、法律适用依据

（一）相关法律

❶中华人民共和国城市房地产管理法（节录）

（1994年7月5日第八届全国人民代表大会常务委员会第八次会议通过 1994年7月5日中华人民共和国主席令〔第29号〕公布 自1995年1月1日起施行）

第五十三条 房屋租赁，出租人和承租人应当签订书面租赁合同，约定租赁期限、租赁用途、租赁价格、修缮责任等条款，以及双方的其他权利和义务，并向房产管理部门登记备案。

（二）相关行政法规及规范性文件

❶关于促进房地产市场持续健康发展的通知（节录）

（2003年8月12日国务院 国〔2003〕18号公布）

（十）搞活住房二级市场。要认真清理影响已购公有住房上市交易的政策性障碍，鼓励居民换购住房。除法律、法规另有规定和原公房出售合同另有约定外，任何单位不得擅自对已购公有住房上市交易设置限制条件。各地可以适当降低已购公有住房上市出售土地收益缴纳标准；以房改成本价购买的公有住房上市出售时，原产权单位原则上不再参与所得收益分配。要依法加强房屋租赁合同登记备案管理，规范发展房屋租赁市场。

（三）相关部门规章及规范性文件

❶租赁房屋治安管理规定（节录）

（1994年10月22日公安部部长办公会议通过 1995年3月6日公安部令〔第24号〕公布实施）

第六条 私有房屋出租的，出租人须持房屋所有权证或者其他合法证明、居民身份证、户口簿，向房屋所在地公安派出所申请登记；单位房屋出租的，出租人须持房屋所有权证、单位介绍信，到房屋所在地公安派出所申请登记，经审核符合本规定出租条件的，由出租人向公安派出所签订治安责任保证书。

❷城市房屋租赁管理办法（节录）

（1995年5月9日建设部公布 自1995年6月1日起施行）

第三章 租赁登记

第十三条 房屋租赁实行登记备案制度。

签订、变更、终止租赁合同的，当事人应当向房屋所在地直辖市、市、县人民政府房地产管理部门登记备案。

第十五条 申请房屋租赁登记备案应当提交下列文件：

（一）书面租赁合同；

（二）房屋所有权证书；

（三）当事人的合法证件；

（四）城市人民政府规定的其他文件。

出租共有房屋，还须提交其他共有人同意出租的证明。

出租委托代管房屋，还须提交委托代管人授权出租的证明。

第十七条 《房屋租赁证》是租赁行为合法有效的凭证。租用房屋从事生产、经营活动的，《房屋租赁证》作为经营场所合法的凭证。租用房屋用于居住的，《房屋租赁证》可作为公安部门办理户口登记的凭证之一。

（四）相关地方性法规及规范性文件

❶北京市实施《中华人民共和国归侨侨眷权益保护法》办法（节录）

（1994年1月14日北京市第十届人民代表大会常务委员会第八次会议通过 自1994年1月14日公布施行）

第十一条 归侨、侨眷在本市私有房屋的所有权受国家保护。归侨、侨眷对其私有房屋，享有占有、使用、收益和处分的权利，任何单位和个人不得侵犯。

租赁归侨、侨眷的私有房屋，租赁双方必须按照国家及本市关于私房租赁的规定签订租赁合同，并到房屋所在地的房产管理机关登记备案。租赁双方必须认真履行租赁合同。租赁合同终止时，出租人有权收回出租房屋。出租人要求收回出租房屋的，承租人没有其他住房或者住房确有困难的，其所在单位或者当地房管部门应当优先分配或者售予住房。

❷太原市暂住人口管理办法（节录）

（1990年10月26日太原市第八届人民代表大会常务委员会第二十七次会议通过　1991年2月2日山西省第七届人民代表大会常务委员会第二十次会议批准　根据2000年1月18日山西省第九届人民代表大会常务委员会第十四次会议批准　1999年10月29日太原市第十届人民代表大会常务委员会第十九次会议《关于修改〈太原市暂住人口管理办法〉的决定》修正）

第三十五条　不按本办法规定，出租人未领取《房屋租赁许可证》出租房屋给暂住人口居住的，由房地产行政管理部门责令限期补办手续，没收非法所得，情节严重的，依法处罚。

出租人未向公安机关办理登记手续和未签订治安责任保证书出租房屋的，由公安机关责令限期补办手续，情节严重的，依法处罚。

❸太原市城市房地产交易管理条例（节录）

（1998年12月18日太原市第十届人民代表大会常务委员会第十三次会议通过　1999年1月30日山西省第九届人民代表大会常务委员会第七次会议批准）

第二十四条　房屋租赁应当签订合同，到房地产行政管理部门登记，领取房屋租赁证。

❹包头市房地产交易市场管理条例（节录）

（1996年1月19日包头市第十届人民代表大会常务委员会第二十八次会议通过　1997年9月24日内蒙古自治区第八届人民代表大会常务委员会第二十八次会议批准）

第十六条　房屋租赁双方必须签订书面租赁合同，约定租期、租金、用途、修缮等权利义务，并到房地产交易市场管理部门办理房屋租赁登记、鉴证手续，缴纳有关税费。

❺沈阳市城市房产管理条例（节录）

（2001年8月3日沈阳市第十二届人民代表大会常务委员会第二十八次会议通过　2001年9月29日辽宁省第九届人民代表大会常务委员会第二十六次会议批准）

第三十二条　房屋租赁，当事人应当自合同签订之日起30日内，持合同、《房屋所有权证》等文件到房产行政管理部门办理登记备案手续。经审查合格，取得《房屋租赁证》。

变更、终止租赁合同的，当事人应当自合同变更、终止之日起30日内，到房产行政管理部门办理变更、终止合同登记备案手续。

❻吉林省城市房产管理若干规定（节录）

（1997年12月19日吉林省第八届人民代表大会常务委员会第三十五次会议通过　1997年12月19日吉林省人民代表大会常务委员会公布施行）

第二十四条　房屋租赁当事人应当在租赁合同签订之日起30日内，到房屋所在地市、县人民政府房产行政主部门办理登记备案手续，并提交下列文件：

（一）书面租赁合同；

（二）房屋权属证书；

（三）当事人的合法证件；

（四）出租委托代管房屋，还须提交委托代管人授权出租的证明；

（五）市、县人民政府规定的其他文件。

房产行政主管部门对房屋租赁文件审查合格的，应自受理之日起15日内，颁发《房屋租赁证》。

❼徐州市城市房地产交易管理条例（节录）

（1995年9月26日江苏省徐州市第十一届人民代表大会常务委员会第二十一次会议通过　1995年12月15日江苏省第八届人民代表大会常务委员会第十八次会议批准　1995年12月15日徐州市人民代表大会常务委员会公布施行）

第二十一条　房屋租赁双方应当在签订合同之日起十五日内持房屋所有权证件、租赁合同和身份证明向市、县（市）房产管理部门申请登记并办理房屋租赁监证，缴纳监证费。房屋租赁经监证的，发给租赁当事人《房屋租赁证》。

❽淄博市城市房地产交易管理办法（节录）

（1999年4月3日山东省第九届人民代表大会常务委员会第八次会议批准修改　1999年4月3日淄博市人民代表大会常务委员会公布）

第十八条　房屋租赁应当签订租赁合同。在租赁合同签订后三十日内，当事人应当持房屋所有权证或者临时建筑物批准建设文件、身份证明和租赁合同到房产管理部门登记。

房产管理部门对租赁双方当事人提交的证件及资料进行审核，符合租赁条件的，十五日内颁发房屋租赁证。

❾济南市城市公有房屋管理办法（节录）

（1994年12月6日山东省第八届人民代表大会常务委员会第十一次会议批准　1997年4月4日山东省第八届人民代表大会常务委员会第二十七次会议批准修改　2002年6月21日济南市第十二届人民代表大会常务委员会第二十六次会议通过　2002年7月27日山东省第九届人民代表大会常务委员会第三十次会议批准修改）

第四章　租赁管理

第二十条　租赁城市公有房屋，出租人和承租人应当签订书面租赁合同，并自合同签订之日起三十日内持房屋所有权证、租赁合同及双方当事人的身份证明到市房产管理部门登记备案。

❿济南市人民代表大会常务委员会关于修改《济南市城市私有房屋管理办法》的决定（节录）

（2002年6月21日济南市十二届人民代表大会常务委员会第二十六次会议通过　2002年7月27日山东省第九届人民代表大会常务委员会第三十次会议批准）

十六、第二十二条改为第十七条，修改为："租赁城市私有房屋，出租人和承租人应当签订书面租赁合同，并自合同签订之日起三十日内持房屋所有权证、租赁合同和双方当事人的身份证明到房屋所在的区房产管理部门登记备案。"

（五）相关地方政府部门规范性文件

❶北京市房屋土地管理局关于在全市范围实行房屋租赁证制度及加强租赁登记备案工作的通知（节录）

（1997年4月4日北京市房屋土地管理局公布）

一、在本市出租房屋的单位或个人均须向房屋所在区、县房屋管理机关的基层管理机构提出申请，属涉外的须向市房屋土地管理局房政处提出申请，经审核符合规定条件的，发给市房屋土地管理局统一印制的《房屋租赁证》（式样见附件)，属涉外的加盖“涉外”印章，方可出租。属于“临时房屋”的，发给《临时房屋租赁证》。

五、申领房屋租赁证，须提供以下文件和证明材料：

（一）房屋出租申请书；

（二）房屋产权证明或者批准建房的合法文件和证明材料；

（三）出租人是个人的，应当提交房主的居民身份证；出租人是单位的，应当提交单位的法人资格证明，单位不是法人的应当提交单位上级主管部门同意其出租房屋的证明。

（四）出租共有房屋的，应当提交其他共有人同意出租的证明书或者委托书；

（五）出租委托代管房屋，应当提交委托代管人授权出租的证明及委托代理人的身份证明；

（六）涉外的须有公安部门的批准书；

（七）依照法律、法规、规章规定应当提交的其他有关文件和证明材料。

七、房屋租赁双方应当订立书面租赁合同，并到房屋管理机构办理登记备案。涉外租赁，到市房屋土地管理局办理登记备案。

九、房屋租赁合同登记备案时，须按年租金的2%交纳手续费；租期不到一年的，按实际收取租金的2%交纳手续费。符合《北京市外来人员租赁房屋管理规定》的，仍实行房屋租赁许可证制度，并由出租方承担全部手续费；其他房屋租赁合同登记备案手续费由租赁双方各负担一半。

十、房屋租赁合同经审核登记备案后，在合同上加盖“登记备案”印章。属于涉外的，加盖“涉外”印章；属于“临时房屋”，加盖“临时”印章。

三、以案明法

案例(一)

郑某俊诉金坛市计量测试技术研究所向他人出售其曾承租部分的整栋房屋侵犯优先购买权案

原告：郑某俊

被告：金坛市计量测试技术研究所（下称计量所）

被告：鲁某扣、戴某英

坐落在金坛市金城镇新花街98号的三层砖混结构楼房一幢及院内砖木结构平房四间系被告计量所所有。郑某俊与计量所于1996年5月1日订有租赁计量所98号楼底层东第一间及2层东第一间的协议。协议约定租赁期至1997年4月30日止。但双方未到有关部门办理房屋租赁登记手续。1997年5月，被告根据主管部门金坛市技术监督局的意见，决定以人民币70～80万元的价格向某一人整幢出卖98号楼房及院内平房。1997年5月28日，承租计量所房屋的另一租户邓瑞琴向计量所交购房定金10万元；5月30日，邓瑞琴又与计量所订立购房意向协议，约定计量所98号楼房由朱云青购买，暂定房价75万元。1997年6月13日、7月3日、7月18日，邓瑞琴又分别向计量所交款共计30万元。上述40万元，计量所均出具盖公章的收条。7月3日，计量所法定代表人向邓瑞琴出具内容为“现有新花街98号楼有关承租续订事宜，委托邓瑞琴同志为我所具体承办人，具体事务由委托承办人与我所交接”的委托书。7月4日，该委托书又被计量所法定代表人收回。7月4日邓瑞琴与原告订立续租新花街98号楼底层东第一间及二层东第一间的协议，租期自1997年5月1日至1998年5月1日止，该协议未加盖计量所公章，邓瑞琴未将该协议与计量所交接，也未到金坛市房地产管理处办理租赁登记。7月5日，邓瑞琴曾收原告购房定金1万元，7月8日又收原告购房款5万元。8月1日，被告鲁某扣持计量所出具的收到邓瑞琴的40万元的收款收条及35万元现金，与计量所以75万元的价格订立了转让新花街98号楼房及院内平房的协议书，同日鲁某扣又申请将其与计量所所订转让协议改为其妻被告戴某英的名字。8月6日，计量所召开承租人会议宣布98号楼房及院内平房已转让给鲁某扣所有。9月8日，计量所以被告戴某英的名义到金坛市房地产管理处办理了房屋产权转让手续并领取了房屋所有权证。

1997年9月11日，原告郑某俊向金坛市人民法院提起诉讼，称：我租用了被告计量所98号楼底层东第一间及二层东第一间做生意。1997年5月间，我和其他承租计量所的租户委托邓瑞琴与计量所签订了购买98号楼房的协议书，并于5月28日交定金10万元，此后又交了30万元。现计量所却将98号楼房卖给被告鲁某扣、戴某英。请求法院保护我作为承租人的优先购买权，判令被告之间的房屋买卖无效。

被告计量所、鲁某扣、戴某英均未作答辩。

金坛市人民法院经审理认为：公民、法人的合法财产受法律保护，财产所有权人依法对其财产享有占有、使用、收益及处分的权利。计量所将其所有的新花街98号楼房及院内平房有偿转让给被告鲁某扣、戴某英，是行使财产处分权。双方自愿订立转让协议，并到房管部门办理了合法手续，其转让房屋所有权的行为合法有效，依法应当保护。因计量所所转让的系其所有的新花街98号整幢楼房，而原告仅实际承租计量所该楼房中的两间房屋，原告对新花街98号整幢楼房的转让不享有优先购买权。故原告以计量所与被告鲁某扣、戴某英的房屋转让侵犯其作为承租人的优先购买权为由，要求判令其房屋转让无效的诉讼请求，不予支持。依照《中华人民共和国民法通则》第七十一条及有关法律及政策规定，该院于1997年11月13日判决：

驳回郑某俊要求宣告计量所与鲁某扣、戴某英买卖金城镇新花街98号楼无效的诉讼请求。

一审判决后，原告郑某俊以计量所与鲁某扣、戴某英的买卖关系无效，其愿以同等条件、同等价格购买该楼，其具有优先购买权为理由，向常州市中级人民法院提起上诉。

计量所答辩称：我所虽与邓瑞琴订立一份协议，但已收回。邓瑞琴与郑某俊订立的租赁协议上也无我单位公章。我单位从1997年5月起与上诉人已无租赁关系，上诉人无优先购买权。原判正确，请求维持。

鲁某扣、戴某英未作答辩。

常州市中级人民法院经审理认为：郑某俊虽长期租赁计量所坐落在金坛市新花街98号的房屋，但一直未办理租赁登记手续，且该房是在租赁到期后出售。到期后双方未有办理有关续租手续，计量所有权处分该房，上诉人郑某俊在租赁到期后不再享有优先购买权。上诉人郑某俊称其具有优先购买权的理由及请求不能成立。依照《中华人民共和国民事诉讼法》第一百五十三条第一款第（一）项的规定，该院于1998年5月25日判决如下：

驳回郑某俊上诉，维持原判。

案例（二）

上诉人钟某灵因房屋租赁合同纠纷案

上诉人（原审被告）：钟某灵

被上诉人（原审原告）：庄某弟

上诉人钟某灵因房屋租赁合同纠纷一案，不服惠阳市人民法院（2001）惠阳淡民初字第40号民事判决，向广东省惠州市中级人民法院提起上诉。广东省惠州市中级人民法院依法组成合议庭审理了本案，现已审理终结。

广东省惠州市中级人民法院审理查明：1999年4月16日，上诉人与被上诉人签订两份不同版本的《房屋租赁合同书》，但两份合同均约定上诉人将坐落于惠阳市淡水镇人民五路17号楼房第一层左边一间约20平方米的铺位出租给被上诉人使用，租期为两年零六个月，即自1999年4月16日至2001年10月16日止；每月租金900元，被上诉人于签约时付押金900元，如被上诉人中途退房，押金不退等。合同签订后，上诉人依约将房屋交给被上诉人使用，被上诉人交押金900元，并在该铺位经营蓄电池等生意。2000年12月21日，上诉人等人到被上诉人处催收租金，被上诉人只支付了租金600元，上诉人不满，即叫人拿走被上诉人店里的货物，并要求被上诉人写下抵押条子。无奈，被上诉人只好搬出承租房屋，并向当地派出所报案。2001年2月28日，被上诉人已将2000年12月16日之前拖欠的租金2600元交当地派出所转交给上诉人，但押金上诉人没有退还。同年3月1日，当地派出所在上诉人家里提取了蓄电池、电视机等货物一批，并交回给被上诉人。

另查，被上诉人在2000年12月16日至2001年1月16日的月份中只经营了五天。按天计，应交租金150元，被上诉人已付600元，上诉人多收租金450元。

原审认为：原被告的租赁关系虽有各自提交的租赁合同，但双方均不能提交合同的原件，广东省惠阳市中级人民法院无法认定，视为双方的租赁合同不存在。由于原被告的租赁关系并没有依法登记，违反法律规定，应认定为无效。被告收取原告的900元房屋押金和450元租金（实际无使用房屋的租金）共1350元应退还给原告。原告称从派出所领回的货物与给被告拿走的货物数额不符，没有充分证据证明，不予支持。因原告没有任何证据显示其人身损害，对其要求赔偿经济损失不予支持。依照《中华人民共和国合同法》第五十六条、第五十八条，《中华人民共和国城市房地产管理法》第五十三条及《中华人民共和国民事诉讼法》第一百二十八条的规定，于2001年6月18日作出判决：一、确认原被告1999年4月16日签订的房屋租赁合同无效。二、被告钟某灵应于本判决发生法律效力之日返还1350元给原告庄某弟。三、驳回原告庄某弟的其他诉讼请求。案件受理费700元，原告负担350元、被告负担350元。

钟某灵不服一审判决，向广东省惠州市中级人民法院提起上诉称：一、上诉人与被上诉人签订《房屋租赁合同》是铁的事实，且双方在诉辩时均作了陈述。原审以双方没有提交合同原件为由，认定合同不存在与事实不符。二、《合同法》解释第九条规定，法律行政法规未规定登记后生效的，当事人未办理登记手续的，不影响合同效力。因此根据上述规定，原审认定该租赁行为无效是适用法律错误。三、按合同约定，中途退房不退押金；租金按月计取。原审按日计算租金，并判令上诉人退回押金和多收的租金是没有依据的。请求二审撤销原审第一、二项判决，改判合同有效，驳回被上诉人的诉讼请求。

上诉人在二审提交的新证据有：1.《房屋所有权证》；2.《国有土地使用证》。被上诉人对上述证据没有异议。

被上诉人未作书面答辩。

被上诉人在二审提交的新证据有：1. 租金收条；2. 证人证言。上诉人对租金收条没有异议。

广东省惠州市中级人民法院经审理认为，尽管上诉人提交的合同和被上诉人提交的合同内容不完全相同，且双方均未提交原件核对，但该两份合同约定的房屋位置、面积、租期、月租等主要内容一致，故应认定双方签订了《房屋租赁合同书》。上诉人将房屋出租给被上诉人经营是双方的真实意思表示。虽然上诉人未依《中华人民共和国城市房地产管理法》第五十三条的规定到当地房地产管理部门办理租赁登记手续及领取《房屋租赁许可证》，但根据最高人民法院关于适用《中华人民共和国合同法》若干问题解释第九条第（一）项关于“法律、行政法规规定合同应当办理登记手续，但未规定登记后生效的，当事人未办理登记手续，不影响合同的效力”的规定，上述合同并不因未办理房屋租赁登记手续而影响其效力，原审认定该合同无效欠妥，应予纠正。上诉人上诉认为该合同有效，理由充分，广东省惠州市中级人民法院予以采纳。被上诉人搬出承租房屋是因为上诉人拿走被上诉人的货物而无法经营，并非被上诉人违约，中途退房。原审在租赁关系已经终止，被上诉人已付清所欠租金的情况下，判决上诉人退回押金是正确的。被上诉人在2000年12月16日至2001年1月16日的月份中仅经营了五天，原审按被上诉人的实际使用天数计算租金并无不当。

综上所述，原审认定事实清楚，处理恰当，但适用法律不当。上诉人上诉要求驳回被上诉人的诉讼请求无理，广东省惠州市中级人民法院不予采纳。依照《中华人民共和国民事诉讼法》第一百五十三条第一款第（一）项规定，作出如下判决：

一、变更惠阳市人民法院（2001）惠阳淡民初字第40号民事判决书第一项判决为：上诉人与被上诉人于1999年4月16日签订的《房屋租赁合同》有效。

二、维持惠阳市人民法院（2001）惠阳淡民初字第40号民事判决书第二、三项判决。

二审案件受理费700元由上诉人负担。

四、办案实战资料库

（一）房屋租赁登记申请表

房屋租赁登记申请表

申报日期： 年 月 日　　　　编号：

出租人情况	房屋出租人			承租人情况	房屋承租人		
	资格（身份）证件	名称			资格（身份）证件	名称	
		编号				编号	
	联系电话				联系电话		

租赁房屋情况	出租房屋坐落	区（县） （新村）路 弄 号 室		
	权证编号		所有权性质	
	房屋类型		原始用途	
	土地有偿使用情况	〈外销〉出让（ ）、〈内销〉出让（ ）、行政划拨（ ）		
	出租部位		租赁面积	m² （建筑面积）
	租赁用途		月租金	元/月
	租赁期	自 年 月 日起至 年 月 日止		

	出租人 签名盖章	承租人 签名盖章
审核意见	初审意见： 经初审，该房屋 房屋租赁管理规定，请予复审。 经办人： 经办部门（章）： 年 月 日	复审意见： 经复核，同意初审意见，该 房屋租赁 予登记。 审批人： 审核部门（章）： 年 月 日
（房屋租赁证）编号：房租证（ ）字（ ）年第 号		
备注		

第五节 房屋出典

本节为您提供以下主题词的法律适用依据与实战资料

■房屋出典

【房屋出典】

一、专家指导意见

（一）房屋出典的概念和特征

1. 房屋出典，是指承典人支付典价，占有出典人房屋，并进行使用，出典人于典期届满时返还典价赎回房屋或者不赎回而丧失房屋所有权的法律制度。房屋出典是“房不计租，钱不计利”的互利、有偿法律关系。在房屋出典中，承典人占有房屋而不交纳租金；出典人取得、使用承典人的金钱而不支付利息。

2. 房屋出典有以下五个方面的法律特征：(1) 房屋典权是设立于他人所有的房屋之上，以使用和收益为目的的用益物权。(2) 房屋出典是一种双务、有偿的民事法律关系。(3) 房屋出典是一种要式法律行为。(4) 出典人对出典房屋，必须经过一定期间才能回赎。(5) 在出典人和承典人约定的房屋出典关系存续期间，承典人不支付承典房屋的租金，出典人也不支付所收典金的利息。

3. 房屋出典与房屋抵押的区别：(1) 设立的目的不同。进行房屋出典对出典人而言是为了取得典价，对承典人而言是为了取得用益物权；设立房屋抵押则是为了担保债务人履行债务和债权人实现债权，债权人取得的是担保物权。(2) 房屋是否转移占有不同。房屋出典中出典人须将房屋转移给承典人占有、使用，房屋抵押则无须转移占有房屋。(3) 法律后果不同。房屋出典人在典期届满时有权赎回房屋，仅在其不回赎时房屋所有权才转归承典人；房屋抵押中仅在债务人不依约履行债务时抵押权人才能处分抵押房屋，从变卖所得价款中优先受偿。

4. 房屋出典与房屋出租的区别：(1) 房屋出典中承典人取得的是用益物权即房屋典权；房屋出租中承租人取得的是具有物权某些特征的债权即租赁权。(2) 房屋出典是出典人须通过返还典价款才能赎回房屋，房屋出租中出租人无须返还租金即可收回房屋。(3) 房屋出典中承典人交付的典价不同于房屋出租中承租人支付的租金，这二者的性质、计算方法、支付方式都不相同。

（二）典权的设定和消灭

典权的设定，是指出典人和承典人通过对房屋出典达成书面协议并履行登记手续的法律行为。典权的设定是典权人与出典人通过合同创设典权的行为。由于典权关系涉及的内容比较复杂，因而，典权的设定应采取书面形式。典权当事人应当签订典权合同，即典契。合同中应载明标的物情况、典价、当事人的姓名及权利义务、典期、回赎期等内容，双方要签字盖章。

典权消灭的原因除标的物灭失、混同、抛弃等物权消灭的一般原因外，还包括以下特殊的消灭原因。1. 回赎。如果出典人行使回赎权而回赎典物，则典权消灭。出典人行使回赎权须具备下列条件：第一，须于回赎期限内为之。回赎期间为除斥期间，期限届满而不回赎的，回赎权即为消灭，典权人取得典物所有权。第二，须提出原典价。出典人仅有回赎典物的意思表示，若不提出原典价，则不发生回赎的效力。2. 找贴。所谓找贴，即按时价找贴，又称找贴作绝，是指在典权关系存续期间，出典人表示将典物出卖与典权人的，由典权人按典物的时价补足差价。在典权中，典价通常低于卖价。所以，当出典人将典物出卖与典权人时，典价与卖价之间必然存在一定的差额，对此差额，自应由典权人支付。可见，找贴实际上是为方便出典人和典权人而设定的制度。3. 留买、作绝、别卖。出典人出卖典物时，如果典权人表示留买的，则典权人取得典物所有权，典权归于消灭。如果典权中附有到期不赎即作绝卖条款的，则出典人在期限届满不回赎的，典权归于消灭。如果典权中附有到期不赎，听由典权人出卖典物收回典价的条款，则典权因典权人将典物别卖与第三人而消灭。

二、法律适用依据

（一）相关司法解释

❶关于房屋典当回赎中几个有关问题的批复（节录）

（1986年5月27日最高人民法院公布）

二、关于我院（84）法民字第16号批复中“才提出回赎的”如何理解的问题。我们认为该批复主要是指典当房屋在典期届满已逾十年或未定典期经过三十年，出典人才提出回赎，在这以前出典人从未主张过权利的，据此，即可适用我院《意见》第58条第2款的规定，原则上视为绝卖。

三、关于房屋典当回赎时效期间的计算问题，我们原则上同意你院的意见，即典当契约载明典期的，自期满之次日起计算，契约未载明典期的，自履行契约之日起计算。如果典期届满，出典人未按契约规定期限提出回赎，是由于不可抗力使其不能行使请求权的，这种受客观原因影响的时间，应予扣除，不计入回赎时效期间；如果典期届满，出典人已提出回赎要求，但由于承典人的原因而逾期未能回赎的，这种情况，应自出典人提出回赎之日起重新计算回赎时效。

鉴于我院《意见》第58条第2款仅是对房屋典当回赎期限的规定，因此，我们只就在处理房屋典当案件的审判实践中如何计算回赎时效期间问题加以解释。

❷关于罗超华与王辉明房屋典当纠纷一案的复函（节录）

（1991年7月9日最高人民法　院〔90〕民他字第5号公布）

广西壮族自治区高级人民法院：

你院〔90〕民请字第1号《关于罗超华与王辉明典当房屋纠纷一案的请示报告》收悉。

经征求有关部门的意见后，我们研究认为：从该案的情况看，罗超华与王辉明家于1956年所立的典当契约，在当时是合法的。罗对原房屋宅基地合法的使用权应受法律保护。承典人在承典的小院内经批准建房，与契约约定并不矛盾，不影响出典人按约定行使回赎的权利。因此，我们基本同意你院审判委员会的第一种意见，即应准予出典人按约定回赎原房屋和新建的房屋。回赎时出典人应对承典人新建房屋所花费用予以适当补偿。至于王辉明家的住房问题，如确属困难，可提出申请，由法院出面联系，有关部门按有关规定妥善安置解决。

以上意见供参考。

附：

广西壮族自治区高级人民法院请示报告

（〔1990〕民请字第1号）

最高人民法院：

我院受理罗超华与王辉明房屋典当回赎纠纷一案，因二审判决生效后，王辉明在原宅基地上已建成三层楼房新屋。按契约回赎，采取补偿办法把新房折价给承典人，脱离实际，难以执行。如不按契约办，又缺乏法律依据，我们没有把握。特向你院请示，简要案情如下：

申诉人罗超华之父罗稀泰于1933年向黎超述（已故，无后）承典坐落在现合浦县廉州镇小东门街25号平房3间（砖瓦结构，面积32.7平方米）。1935年，罗稀泰去世，罗超华与她母亲接管，1953年经政策确认产权发给桂契字04463号契证。1956年9月，罗超华为了安葬母亲，将该屋连同宅基地一并典当给王辉明的母亲马秀英（已故），典价34元，典期30年，言明在承典期内，承典人可以在该屋宅基地上建房，回赎时由出典人连同原房一起回赎，新建房屋折价补偿。1983年元月，罗超华起诉要求回赎该房，因典期未满而撤诉。同年4月，王辉明向县城建局申请使用该房的宅基地建房，经批准建房面积为72.5平方米，当王辉明按批准面积新建房屋建成半墙体以后，罗超华多次提出异议，县城建局通知王辉明停工，由法院裁决。1986年，典期届满，罗超华再次向法院起诉，要求回赎房屋及王辉明在该房屋宅基地上的建筑物。第三人陈志珍、陈维信也以承典之房是他们的祖遗老屋，应由他们回赎为由向法院起诉。

一、二审在审理中，对于驳回第三人陈志珍、陈维信的诉讼请求，准许罗超华回赎原出典之房屋没有异议，但对于王辉明在该宅基地上新建房屋所有权的归属问题，作了完全相反的判决，一审法院认为应按原典当契约的规定，判决准许罗超华回赎廉州镇小东门25号房屋，王辉明在该房宅基地建筑厨房及墙体归罗超华所有，由罗超华补偿3222元给王辉明，判决后，王辉明不服上诉至北海市中级人民法院。该院认为王辉明在承典房屋的宅基地上建房，是在1982年宪法规定城镇土地归国家所有以后，并经县城建局批准，取得了合法使用权，应予保护，因此改判王辉明新建房屋判归王辉明所有。罗超华不服向我院申诉。

案经我院审判委员会讨论有三种处理意见。第一种意见也是多数人意见认为，罗超华典当房屋是连同宅基地一起典当，契约写明在典当期内，承典人在宅基地上建筑房屋，出典人回赎原房时一起回赎，把建筑费用补给承典人，这在当时是政府许可的，符合当时的政策，因此倾向于维持一审的判决；第二种意见认为王辉明建房时宅基地的所有权已发生变化，归国家所有，原典当契约中涉及宅基地部分的内容已不再具有约束力，而且王辉明建房是经县城建局批准，履行了合法手续，其所有权应当维护，故此意见维持二审判决；第三种意见则认为在二审判决生效以后，王辉明已经把原停建的半墙体建筑物建成三层楼房，留给原出典房屋的通道太窄（仅有60公分左右），使出典人回赎房屋以后出入很不方便，因此考虑将新建房屋与原典当之房一起折半，罗超华与王辉明一人一半，折价由罗超华给予王辉明补偿。

以上意见，不知哪种妥当，请批复。

❸关于私房改造中典当双方都是被改造户的回赎案件应如何处理问题的批复（节录）

（1990年7月25日最高人民法院　法民〔1990〕6号公布）

山东省高级人民法院：

你院（1990）鲁法民字第4号《关于处理房屋典当回赎问题的请示》报告收悉。

经研究，答复如下：

在私房社会主义改造中，房屋典当关系的双方都属于私房被改造户，承典人的私房被全部改造，而将承典的房屋作为自住房留下的，不论房管部门何时明确作为自住房，均应视为承典房和私房合并纳入改造后所留下的自住房。参照国家房产管理局（65）国房局字第105号《关于私房改造中处理典当房屋问题的意见》，此类房屋出典人要求回赎的，不予准许。

❹关于典当房屋被视为绝卖以后确认产权程序问题的批复

（1989年7月24日最高人民法院　法民字〔1989〕第17号公布）

山西省高级人民法院：

你院〈1989〉晋法民报字第3号《关于典当房屋被视为绝卖以后产权确认问题的请示》收悉。经研究，现答复如下：

出典的房屋已超过规定的回赎期限，承典人提起确认房屋产权归己的诉讼时，人民法院应分别情况适用不同程序：对出典人或者其继承人提出异议的，应按照民事诉讼法（试行）规定的普通程序或简易程序进行审理；对出典人或者其继承人无异议的，或者出典人已经死亡又无继承人的，可以比照民事诉讼法（试行）特别程序的有关规定进行审理。经审理，如确认房屋产权归承典人所有，承典人即可持法院判决书向房管部门申请办理产权登记手续。

❺关于处理房屋典当期满后逾期十年未赎，出典人及其继承人下落不明的案件的批复（节录）

（1962年9月28日最高人民法院公布）

武汉市中级人民法院：

你院一九六二年九月十一日（62）市法行字第22号请示已收阅。房屋典当期满后超逾十年未回赎，出典人及其继承人下落不明的案件，在没有新的规定前，仍按前中央人民政府最高人民法院、财政部、司法部一九五二年七月三十一日（52）财农字第103号关于同意西南财政部规定的房地产典期满后超逾十年未经回赎得申请产权登记的意见的联合通令处理。

❻关于姜兴基与阎进才房屋典当回赎案的批复

（1963年6月11日最高人民法院公布）

甘肃省高级人民法院：

你院1963年2月27日（63）法民字第3号请示已收阅。我院认为酒泉地区中级人民法院对姜兴基与阎进才房屋典当回赎一案的处理，驳回上诉人无代价收回典当房产权的上诉是正确的，判决这个案件所根据的前政务院1950年11月26日修正批准《中南区关于城市房产权的几项原则规定》中的第一项第一款和第三项第三款的规定，可以适用。因这个文件与当前城市房屋政策并无抵触之处，可以根据具体情况比照援用。至于1949年8月12日人民日报《关于城市房产、房租的性质和政策的解答》只可供分析研究问题的参考，因它不具有法律的意义，所以不能作为判决的根据和在法律文书内引用。

附：

甘肃省高级人民法院关于对姜兴基与阎进才房屋纠纷一案的请示

（〔63〕法民字第3号）

最高人民法院：

我院接到酒泉地区中级人民法院关于姜兴基与阎进才房屋纠纷一案处理意见的请示报告。案情事实如下：

原告姜兴基之父姜立功于1936年将清水公社清水堡内自己平房24间出典给酒泉市广泰堂开药房（分店），典价小麦30余石，白洋200余块，典期三年。1952年土改当中原告姜兴基无代价抽回平房四间，1955年12月广泰堂撤销后、又将房屋20间，以人民币700元，顶股金转典于当时在该药房当掌柜的闫进才（有契约）。1958年清水大队又拆去其中的磨房三间修仓房，折价款90元，被姜兴基之兄姜兴周拿去使用。1962年4月份姜兴基向清水人民法庭提出申诉，除对上述典当事实承认属实外。以在土改时，已将此房丈量在他的名下，并给他发了土地证和房产权证等为理由，要求除无代价的收回此房外，并要求闫进才交付住房期间的租金。据上述事实该庭根据解放前房屋、地产契约关系继续有效的规定，该姜兴基企图以产权归己，不出典价要回房屋的要求是无理的，将其申诉驳回。宣判后姜不服，向酒泉地区中级人民法院提出上诉，仍以土改法第4条、第30条及共同纲领27条之有关规定，认为土改时把房产权发给他，等于是政府将该房征收后又重新分配给他的房屋，故要求无代价收回此房。酒泉中院审查后认为该案根据前中央人民政府政务院1950年11月26日修正批准《中南区关于城市房屋权的九项原则决定》中第一项第一条，第三项第三条及1949年9月《人民日报社》关于城市房屋问题解答中的第一条、第二条之规定精神，认为驳回上诉人无代价收回房产权的要求是正确的。至于该姜兴基提出在土改时已取得了房产权证的问题，该院认为，房产权不论在土改前、土改后都应归姜兴基所有，但由于其父已将使用权以典当关系出典于他人，故该姜兴基现在只有所有权而无使用权，如要收回房屋的使用权，那么就需要拿出原典价赎回其房，而无代价的要求是无理的。上述意见我院认为是正确的，但所引用的上述有关规定是否现还适用，我院不够明确，特此报上，请予批示。

1963年3月27日

❼关于出典人要求回赎已卖断的出典房屋不予准许的复函

（1992年9月14日最高人民法院公布）

广东省高级人民法院：

你院（1991）粤法民申字第18号关于郑松宽与郑道瀛、吴惠芳等房屋典当、卖断纠纷一案的请示报告收悉。经研究，我们认为，双方当事人讼争的饶平县黄岗镇竹篾街16号右之二房屋一间系余惠卿于1966年8月作为己有房产由其养子郑道瀛经手，以典价270元、典期8年，出典给郑松宽的，当时吴惠芳等人未提出异议。1982年4月，郑道瀛以3000元的价款（包括典价270元）将出典房屋卖断给典权人郑松宽。1984年余惠卿去世前，未提出异议。鉴于郑松宽善意、有偿买断承典房屋已事隔多年，郑道瀛等人翻悔卖断协议，要求赎回房屋的主张不予支持。

以上意见供参考。

附：

广东省高级人民法院关于郑松宽与郑道瀛等房屋买卖典当纠纷申请再审一案的请示报告

最高人民法院：

我院受理的（1991）粤法民申字第18号关于郑松宽与郑道瀛、吴惠芳等房屋买卖、典当纠纷申请再审一案，经审判委员会讨论，一致认为：郑松宽与郑道瀛之间的房屋买卖关系无效。但争议房屋曾于1966年出典给郑松宽，郑松宽与郑道瀛房屋买卖行为被认定为无效后，能否认定郑道瀛于1982年出卖该屋时，已提出回赎？对回赎时效是否存在中断的问题有两种不同意见：一种意见认为回赎时效不存在中断，到1986年8月诉讼后出典方郑道瀛、吴惠芳等提出回赎房屋已逾期10年，应视为绝卖。更考虑到承典方无退路，二审判决应予变更。这是多数人意见。另一种意见认为回赎时效存在中断，回赎时效应从1982年4月16日重新起算，到1986年8月未超过10年，郑道瀛、吴惠芳等可以回赎，二审判决正确，可以维持。但均认为没有把握。审判委员会决定全案向你院请示。

特此报告，请批复。

❽关于典当房屋回赎期限计算问题的批复

（1986年5月27日最高人民法院公布）

江苏省高级人民法院：

你院（86）民请字第6号《关于沈源志诉周金生房屋典当一案的请示报告》收悉。关于此案中房屋典当回赎期限的计算问题，经研究，我们同意你院报告中的第一种意见，即沈源志的亡夫钱鸿文1944年出典给周金生“寄父”华兰臣四间房屋（典期7年），因1960年对其中二间进行了私房改造，致使钱鸿文及权利承当人无法回赎。这一不可抗力原因持续到1980年房屋发还，因此，这段期间不应计入回赎期限。沈源志要求回赎这二间典期届满未逾十年的房屋，应予准许。至于留给华兰臣家自住的二间房屋，并没有受到私房改造的影响，沈源志主张回赎时，典期届满已逾十年，则应视为绝卖。

附：

江苏省高级人民法院关于沈源志诉周金生房屋典当一案的请示报告

最高人民法院：

我院接无锡市中级人民法院关于沈源志诉周金生房屋典当回赎一案的请示报告，对此案中涉及的典当房屋经私房改造后又发还，审理中计算“逾期”时间，可否以“不可抗拒事由”，按中止时效处理；典当房屋改造后作为承典人的自留房能否准予回赎等问题，在适用政策法律方面意见不一，特向高院请示。

上诉人（一审原告）：沈源志，女，69岁，无锡县人，退休工人，住上海市

上诉人（一审原告，沈源志之子）：钱荣华，男，40岁，汉族，无锡县人，轻工部包装科研所职工，住上海市

另有八个上诉人，均系钱荣华兄弟姐妹（略）。

被上诉人：周金生，男，48岁，无锡县人，在无锡县荡口供销社工作，住该县

第三人：无锡县房产公司荡口片房管所

第三人：荡口乡鹅湖村村民委员会

上诉人沈源志之夫钱鸿文于1944年4月10日将坐落于无锡县荡口镇红星街3号祖遗楼房中的四间，出典给被上诉人周金生“寄父”华兰臣。典契载明：自典之后言定7年为满一俟年满之后凭备足十二石之米价取赎。1951年土改时，钱鸿文、沈源志及子女共7人，将钱家楼房三幢共十一间（上下）均进行了房产登记，其中包括华兰臣已承典并使用的四间。1960年9月私房改造时，承典的房屋，以华兰臣的名义被改为国家经租二间，自留房二间。钱鸿文未出典的房屋也被列入改造，1964年11月钱鸿文病故，1970年华兰臣病故，双方生前对典当房屋无争议，也无遗言。周金生1956年19岁时，被无子女的华兰臣认为“寄子”（干儿子），对华兰臣夫妇生养死葬尽过义务。1970年12月周金生将其居住的华兰臣的自留房二间，申请与另处公房调换，经无锡县财政局批准，周金生调入公房，自留房交房管所。1978年钱鸿文的子女曾向当地房管部门提出典当房屋的回赎问题。1980年6月，房管部门将华兰臣名义被改造的二间房屋发还给周金生。1981年三月周金生将这二间房折价950元卖给鹅湖大队，此后，沈源志及其子女多次向周金生提出回赎，并于1984年12月向无锡县人民法院起诉。

县法院审理后认为：钱鸿文与华兰臣房屋典当关系土改时并未解决，当时产权虽有出典人登记，但典当房屋原告方并未出钱赎回仍由承典人使用。鉴于该典当房屋逾期已30余年，私房改造时由承典人登记经租直至病故，出典人一方并无异议，且该房已演变为公房，故原告要求回赎不予支持。判决争议的四间典当房屋按绝卖处理，产权归周金生所有。沈源志及其子女不服，提出上诉。无锡市中级人民法院审理中对可否回赎及适用政策法律感到无把握，向本院请示，但认为不准予赎回，本院研究后，有两种意见：一是认为此案的争议房屋，典期是七年，于1951年4月期满。1960年9月私改至1980年5月发还。这段期间，应视为“不可抗拒的事由”，出典人无法主张回赎权利，按中止诉讼时效予以扣除。这样，从1951年4月至1960年9月实际逾期九年零五个月。未到最高院《意见》第58条中“典期届满逾期十年”，因此改造后又发还的这两间应准予回赎。而两间自留房一直由承典人及其“寄子”居住使用，出典人一方直到1978年才提出回赎要求，已逾期10年以上，原则上应视为绝卖，不能准予回赎。二是认为出典人在典当期满后，房屋改造时均未提出回赎，房屋改造后又发还这段期间不能作为“不可抗拒的事由”，因此，所争议的四间房屋均应按“典期届满逾期十年”以上，原则上视为绝卖，不准回赎。

经本院审判委员会讨论，倾向于第一种意见。

以上意见当否，请批复。

⑨关于典当房屋回赎中几个有关问题的批复

（1986年5月27日最高人民法院公布）

一、关于适用我院（84）法民字第16号批复问题。1984年9月8日我院《关于贯彻执行民事政策法律若干问题的意见》（以下简称《意见》）下达后，有的省高级人民法院来函询问如何适用《意见》第五十八条第二款。为解答此问题，我院下发了（84）法民字第16号批复，指出《意见》下达前已受理尚未审结或已审结又提出申诉的房屋典当案件，仍按以往的有关政策法律处理；《意见》下达后受理的房屋典当案件，则按《意见》第五十八条第二款的规定办理。

二、关于我院（84）法民字第16号批复中“才提出回赎的”如何理解的问题。我们认为该批复主要是指典当房屋在典期届满已逾十年或未定典期经过三十年，出典人才提出回赎，在这以前出典人从未主张过权利的，据此，即可适用我院《意见》第五十八条第二款的规定，原则上视为绝卖。

三、关于房屋典当回赎时效期间的计算问题。我们原则上同意你院的意见，即典当契约载明典期的，自期满之次日起计算，契约未载明典期的，自履行契约之日起计算。如果典期届满，出典人未按契约规定期限提出回赎，是由于不可抗力使其不能行使请求权的，这种受客观原因影响的时间，应予扣除，不计入回赎时效期间；如果典期届满，出典人已提出回赎要求，但由于承典人的原因而逾期未能回赎的，这种情况，应自出典人提出回赎之日起重新计算回赎时效。

鉴于我院《意见》第五十八条第二款仅是对房屋典当回赎期限的规定，因此，我们只就在处理房屋典当案件的审判实践中如何计算回赎时效期间问题加以解释。

四、关于对瑞安县人民法院请示的林朝明诉王金水等典当案件的处理，我们同意你院意见，即基层人民法院或中级

人民法院需要请示的案件，在经过该院审判委员会认真讨论并提出倾向性意见后，应按照我院（73）法办字第4号和（85）法民字第5号通知关于逐级请示的规定办理。

⑩关于贯彻执行《中华人民共和国民法通则》若干问题的意见（试行）

（1988年1月26日最高人民法院审判委员会讨论通过 1988年1月26日最高人民法院公布）

120. 在房屋出典期间或者典期届满时，当事人之间约定延长典期或者增减典价的，应当准许。承典人要求出典人高于原典价回赎的，一般不予支持。以合法流通物作典价的，应当按照回赎时市场零售价格折算。

（二）相关地方性法规及规范性文件

❶太原市城市房地产交易管理条例（节录）

（1998年12月18日太原市第十届人民代表大会常务委员会第十三次会议通过 1999年1月30日山西省第九届人民代表大会常务委员会第七次会议批准）

第五章 房屋出典

第二十七条 房屋出典，是指房屋所有权人作为出典人将其房屋的占有权、使用权、收益权转给承典人，承典人支付典金的行为。典期内出典人获得典金不付利息，承典人使用房屋不付租金。

第二十九条 房屋出典必须经有关部门批准。

房屋出典应当签订合同，经工商行政管理部门进行签证，并向房地产行政管理部门办理房屋他项权利登记。

❷呼和浩特市城市房地产交易市场管理条例（节录）

（1997年6月26日呼和浩特市第十届人民代表大会常务委员会第二十三次会议通过 1998年7月31日内蒙古自治区第九届人民代表大会常务委员会第四次会议批准）

第三十八条 本条例所称房屋典当，是指房屋所有权人作为出典人将其房屋的占有权、使用权、收益权付给承典人，由承典人支付典金的行为。在典期内，出典人获得典金不付利息，承典人使用房屋不付租金。

有合法权属证书的房屋可以典当。

❸包头市房地产交易市场管理条例（节录）

（1996年1月19日包头市第十届人民代表大会常务委员会第二十八次会议通过 1997年9月24日内蒙古自治区第八届人民代表大会常务委员会第二十八次会议批准）

第四章 房地产抵押和典当

第十九条 本条例所称房地产抵押，是指抵押人以其合法的房地产以不转移占有的方式向抵押权人提供债务履行担保的行为。

本条例所称房地产典当，是指房屋所有权人作为出典人将其房屋的占有权、使用权、收益权交付给承典人，由承典人支付典金的行为。

❹沈阳市城市房产管理条例（节录）

（2001年8月3日沈阳市第十二届人民代表大会常务委员会第二十八次会议通过 2001年9月29日辽宁省第九届人民代表大会常务委员会第二十六次会议批准）

第二十九条 房屋典当，当事人应自典当合同签订之日起30日内，持《房屋所有权证》等文件，经房产行政管理部门审核后，办理典当手续。

三、以案明法

案例（一）

李某连、李某萍诉柯某生房屋典当回赎纠纷案

上诉人（原审被告）：柯某生

被上诉人（原审原告）：李某连

被上诉人（原审原告）：李某萍

上诉人柯某生因房屋典当回赎纠纷案，不服福建省厦门市开元区人民法院第一审民事判决，向厦门市中级人民法院提出上诉。

柯某生的上诉理由是：一、本案原出典人与承典人虽然解放前分别居住在台湾省和菲律宾，但两地可以互相往来，讼争房屋典期届满36年后，出典方提出回赎，已超过回赎期限，根据有关规定，应视为绝卖。二、上诉人只是承典人的继承人之一，无权代表其他合法继承人参加诉讼，请求追加承典人柯伯行的其他继承人参加诉讼。

厦门市中级人民法院经公开审理，查明：坐落在厦门市北门外街10号平房系被上诉人李某连的丈夫、李某萍的父亲李启经的产业。1948年11月，李启经将该院内的二房一厅及厅后一块空地共计140平方米，出典给上诉人柯某生的祖父柯伯行；典期5年（自1948年11月至1953年10月），典金250美元。典期期间，李启经去台湾谋生，1975年去世。柯伯行去菲律宾，1960年去世。1989年10月，李某连、李某萍以李启经早年去台湾谋生，因海峡两岸长期隔绝，致典给柯伯行的房屋在典期届满时难以回赎为由，向开元区人民法院提起诉讼。该院经审理判决：准予原告李某连、李某萍回赎李启经出典给柯伯年的房屋；李某连、李某萍于判决发生法律效力后7日内给付柯伯行的合法继承人、被告柯某生典金人民币5000元。

厦门市中级人民法院经审理认为：被上诉人李某连、李某萍所主张回赎的典当房屋，依照最高人民法院的司法解释关于典期届满逾期十年或典期未载明期限经过三十年未赎的规定，超过了回赎期限，原则上应视为绝卖。但是，最高人民法院的司法解释又规定，房屋典期届满，出典人由于不可抗力，使其不能回赎的，超过契约规定期限的时间，应予扣除，不计入回赎时效期间。本案讼争的房屋，在1987年11月台湾当局开放台胞回大陆探亲之前，由于历史的原因，海峡两岸长期隔绝，出典人无法主张回赎。这种情况，应视为不可抗力，这段时间不应计入回赎期限。依上述规定，出典人主张回赎典当房屋限期的并未超过。同时，出典人由于同一原因在法定诉讼时效内不能行使请求权，属《中华人民共和国民法通则》第一百三十七条规定的“特殊情况”。台湾当局开放台胞回大陆探亲之后，房屋出典人的继承人、本案被上诉人李某连、李某萍即办理了有关公证手续，委托了全权诉讼代理人，于1989年向人民法院提出回赎出典房屋的请求，其主张符合法律规定，应予准许。台湾省与菲律宾两地虽可来往，但上诉人未提出出典人与承典人在典期届满时有何联系，或出典人有条件回赎出典房屋而不回赎的证据。上诉人是承典人柯伯行的继承人之一，并长期居住、管理讼争的房

屋，由其参加本案诉讼，是不违背法律的，故上诉人的上诉理由不能成立。在第二审审理期间，被上诉人愿将典金增至人民币6000元，应予准许。据此，厦门市中级人民法院于1990年12月6日判决：被上诉人李某连、李某萍给付上诉人柯某生典金人民币6000元；维持原审准予李某连、李某萍回赎出典房屋的判决。

案例(二)

海南省文化经济发展总公司诉海南星河贸易公司房屋典当纠纷案

上诉人（原审原告）：海南省文化经济发展总公司（以下简称文化发展公司）

上诉人（原审被告）：海南星河贸易公司（以下简称星河公司）

原审第三人：海南华泰物业投资公司（以下简称华泰公司）

上诉人文化发展公司、上诉人星河公司因合作合同纠纷一案，不服海口市振东区人民法院（2001）振民初字第484号民事判决，向本院提起上诉。本院于2001年5月29日立案受理后，依法指定审判员李燕担任审判长，与审判员胡曙光、蔡红曼组成合议庭，共同负责对案件进行审理。本院于2001年6月11日依法公开开庭对本案进行了审理。上诉人文化发展公司的委托代理人刘杨锐、莫春高，上诉人星河公司的委托代理人李之顺、林接明，原审第三人华泰公司的法定代表人杨荣湘均到庭参加诉讼，陈述了案件事实，并发表了辩论意见。现经合议庭评议，本案已审理终结。

原审法院认定，原、被告于1992年5月26日和1993年7月10日在平等、互利、协商一致基础上签订的《协议书》及《补充协议》系双方的真实意思表示，其内容合法、主体合格，且经政府有关部门的批准和确认，故该协议和补充协议有效，受法律保护。其后，由于被告未斥资兴建合作项目，且在经济形势滑坡的情况下，双方签订的《关于缓建文化大厦问题的补充协议》是当时形势的真实反映，亦是双方的真实意思表示，其内容亦合法，同样应受法律保护。在履行上述协议及补充协议的过程中，原告已将自己名下的土地使用权过户至被告的名下，依约已全部履行了自己的义务。被告在协议订立至缓建期限届满期间，拖欠原告的搬迁费，缓建期届满后至今未对合作项目进行开发建设，已构成违约，应承担违约责任。鉴于原、被告合作八年多来被告均未对合作项目进行开发的情况，原、被告签订的《协议书》及《补充协议》的继续履行，已成为不必要，故原告要求解除其与被告签订的《协议书》及《补充协议》的请求，本院予以支持。被告基于其与原告签订的缓建协议而与第三人协商订立的《合同书》系双方的真实意思表示，其内容合法，合作项目已经国土部门批准，故该合同应为有效合同。由于1999年12月2日双方的合作期限已届满，从合作期限届满之日起，被告与第三人的合作已自行终止。被告及第三人本应将合作地上建筑物拆除，无偿交还土地给原告，但鉴于第三人已对合作项目“新世界购物城”投入大量的资金，且如拆除该城势必造成新的浪费和不稳定，从稳定海南的房地产市场，保护当事人的合法权益出发，该城的现状应予维持，第三人应与原告继续合作。因缓建期届满后，被告与第三人的合作已自行终止，被告已不是“新世界购物城”合作的主体，其继续占有和使用与第三人合作而享有的该城的收益，由此而给原告造成的损失，应由被告承担。故被告应从缓建期届满之日起（1999年12月2日）至搬出之日止，依其与原告约定的每月支付原告2万元的搬迁费的标准，计付原告的经济损失。原告其他的诉讼请求，于法无据，本院不予支持。据此，原审法院判决：一、解除原告与被告于1992年5月26日签订的《协议书》和1993年7月10日签订的《补充协议》；二、被告须于本判决生效之日起一个月内，将合作地2251.52平方米的使用权退还给原告；三、被告须于本判决发生法律效力之日起10日内，将拖欠的搬迁费人民币708910元支付给原告；四、被告须于本判决发生法律效力之日起10日内，将经济损失（从1999年12月2日起至搬出新世界购物城止，以每月人民币2万元计付）支付给原告；五、原告与第三人重新合作经营“新世界购物城”，合作的具体事宜，由双方自主自愿协商确定；六、驳回原告的其他诉讼请求。

上诉人文化发展公司上诉称：1. 一审判决认定事实部分错误，应予纠正。华泰公司与星河公司合同的期限至1999年12月2日已届满，华泰公司与星河公司继续占用土地经营商场已失去合法依据，侵害了上诉人合法的土地使用权。华泰公司是土地侵权行为的责任人之一，负有连带责任，一审判决不予认定，是不当的。同时，一审认定侵权造成的经济损失为每月2万元，不符合事实。星河公司每月给付的2万元属于搬迁费，与我公司土地被占造成的损失无直接关联，实际损失额应比照相邻地段同类土地的地租确定。请二审法院依法对上诉人被占用土地进行地租评估，合理地确定我公司因星河公司与华泰公司侵权造成的实际损失。2. 一审判决我公司与华泰公司签订合作合同，没有法律依据，违反了《合同法》规定的合同自愿原则，明显不当。依照法律规定，是否签订合同及如何签订合同，是民事活动当事人的自主权，任何人和组织均无权强迫或下令当事人签订合同。且华泰公司投入资金建设“新世界购物城”属其履约行为，在投资之前，华泰公司明知其合作经营期为四年半，在此经营期间内能否收回投资及盈利，华泰公司应有预知，这也属于商业风险问题。在经营期满后，华泰公司继续占地经营，是对他人财产的严重侵害，华泰公司将其收益建立在对他人侵权的基础上是违法的。综上，一审判决由于部分事实错误，导致判决部分不当，没有维护我公司的合法权益。请二审法院依法改判。

上诉人文化发展公司在二审未提交新证据。

上诉人星河公司上诉及答辩称：1. 一审法院判决解除文化发展公司与我公司签订的有效的合作建楼《协议书》和《补充协议》没有事实和法律依据。协议和补充协议有效，双方均应全面履行，但由于“经济形势滑坡的情况”，双方签订了《关于缓建文化大厦问题的补充协议》，约定文化大厦缓建四年半，期满后二十天内，该购物城拆除干净后原地交还双方合作使用，任何一方不得擅自更改或不履行。合作双方已明确合作兴建商城期限届满后，双方仍继续对该地合作使用，何以判决我公司“缓建期届满至今未对合作项目进行开发建设已构成违约?”拖欠文化发展公司的搬迁费70余万元属实，但文化发展公司欠我公司因合作建房而应借款180万元，可以相抵，何以合同违约?何以要解除合同?拖欠搬迁费并不是使合同继续履行已成为不必要的条件，而合作兴建文化大厦又没有约定期限，且合同也没有约定在何种情况下，解除合作合同，况且文化发展公司在起诉时并没有主张解除合同而是主张合同无效。我公司为履行合同已投入上千万元，一审法院却认定“由于我公司未投资兴建合作项目”及“八年多来我公司均未对合作项目进行开发”是完全错误的。目前，我公司已与中国信达资产管理公司等有实力单位洽谈，继续开发文化大厦项目，何必匆忙判决解除合同?2. 一审法院判决解除合作建房合同，但对合作双方合作期间的投入未作处理，是错误的。缓建文化大厦四年半的时间是合作双方同意的，这四年半时间的利息损失、费用的增加应由合作双方共同负担，而一审法院却未作处理。如一审法院有充分的事实和理由解除双方合作合同，也应对合作双方为合作兴建该项目所投入的资金等作出处理。我公司在一审、二审和重审一审都提到了投入该项目的资金，并列出清单，而一审法院却只字不提，并言之“未举证证实”。这种不负责任，只处理部分实体，丢三落四的判决，必然是事实不清的判决。3. 一审法院解除双方的合作协议，那么文化发展公司基于合作项目而向我公司借款180万元的借贷关系亦随之终止，文化发展公司应予返还本息，而一审法院却未作出处理，显然是错误的。我公司认为文化发展公司上诉的事实基本属实，但本案是合作建房合同而非租赁合同，地租不是本案争议的问题，文化发展公司没有合法的上诉理由。至于文化发展公司上诉提出一审判决其与华泰公司签订合作合同问题，与我公司无关。综上，一审法院判决事实不清，判决不公，请二审法院撤销原审判决，并作出公正判决。

上诉人星河公司在二审未提交新证据。

上诉人文化发展公司答辩称：1. 一审法院判决解除我公司与星河公司签订的《协议书》和《补充协议》是正确的，符合事实和法律规定。2. 星河公司上诉要求我公司承担前期投资费用及缓建期间的银行利息没有事实和法律依据。星河公司对项目的前期投资没有形成现实的有实用价值的权益。缓建期的利息星河公司没有理由要求我公司负担，星河公司所谓的利息损失根本不存在。3. 本案审理的是我公司与星河公司之间的房地产合作合同纠纷，而我公司向星河公司借款180万元的借贷关系属于另一法律关系，依法不属于合并审理的范围，一审法院在本案中对此债务不予处理是合法的。星河公司的上诉观点不成立，不应支持。

原审第三人华泰公司陈述称：1. 文化发展公司以“合作期限至1999年12月2日届满后，我公司与星河公司继续占用土地经营商场，侵犯了文化发展公司的土地使用权，要求我公司和星河公司赔偿损失”，这是不顾事实的强词夺理。因我公司与受文化发展公司全权委托的星河公司签订的合同约定，合同期满后，如文化大厦项目不能上马，双方可继续合作经营，这是一种附条件的约定条款。现文化大厦不能上马这一条件已经出现，双方应依合同继续合作经营，根本不存在侵权的问题，也不存在赔偿损失的问题，因此，文化发展公司的请求无理，应予驳回。2. 我公司与星河公司签订的合作合同系文化发展公司全权委托星河公司签订的，虽然委托协议书上说明合作期限四年，但并没规定期满后如何处理。而我公司与星河公司签订的合同对期满后如何处理的问题作了明确约定，即文化大厦项目还不上马时，双方可按原有的合作基础继续经营下去，延长的时限至该商城全部拆迁之日止。这一约定是双方自愿行为，文化发展公司是知道的，且从未提出异议，应受法律保护。一审判决文化发展公司与我公司重新合作“新世界购物城”，具体事宜由双方自主自愿协商确定，一是依据合同规定，二是要求双方自主自愿协商，不存在违反自愿的原则。3. 文化发展公司与星河公司签订的《关于缓建文化大厦问题的补充协议》不合法，该补充协议对我公司没有约束力，理由是该补充协议是在我公司与星河公司签订合同书两个月之后，未经我公司同意，损害了我公司利益，不应受法律保护。4. 商场合作经营期满，文化大厦项目尚未能上马，按合同约定，双方应继续合作下去。近期我公司又投入近100万元进行装修和改造，目前该商场内共有租户一百多家，如将该商场拆除势必损害我公司的利益，导致与一百多家租户发生纠纷，造成社会不稳定。一审法院从保护当事人利益及稳定社会秩序的原则出发，判决我公司与文化发展公司自主自愿协商重新合作经营“新世界购物城”没有违反合同的自愿原则，应予维持。一审法院判决解除合作建房合同，但未对文化发展公司与星河公司合作期间的债权债务作出处理，亦未对星河公司拖欠我公司的债务作出处理，损害了我公司的利益。因在合作履行购物商场合同中，我公司代星河公司垫付文化大厦项目款共计2443701元，虽经我公司多次追款，星河公司分文不付，法院判决解除合同后，文化发展公司接手了整个项目，文化发展公司应承担我公司上述垫付款及银行利息。

原审第三人华泰公司在二审未提交新证据。

法庭围绕各方争议的焦点问题，审理查明的事实如下：

1992年1月13日，海南省文化广播体育厅（以下简称文体厅）作出琼文发字［1992］9号《关于开发原广东省民族歌舞团西院旧址的决定》，决定将开发原广东省民族歌舞团旧址任务交给本系统有房地产经营权的星河公司。同一日，文体厅与星河公司签订一份《协议书》，约定：文化大厦项目由星河公司负责承建，星河公司负责在该地建造一幢20000平方米、高达20层以上的主楼和一幢4000平方米的附楼，附楼为公寓式大套间；项目预计投资4000万元，由星河公司负责贷款解决，文体厅同意用该地建成后的“文化大厦”主楼、附楼作为银行贷款的抵押，文体厅不负任何责任；项目建成后，该地的土地使用权依然归文体厅所有，项目的经营权归星河公司，经营期限为70年，盈亏由星河公司自负；项目以文体厅名义报建，文体厅向星河公司提供该地的完整资料，并协助星河公司办理有关手续；院内现有住户的搬迁安置工作由星河公司负责，安置费用由星河公司支付，在开始施工至附楼交付使用期间，每户安置费用以每月1000元标准无偿拨给文体厅；项目建成后，星河公司负责从附楼中无偿划出3000平方米住宿房交由文体厅安排，主要解决搬迁户使用，同时，考虑到这块地原委托文化发展公司管理，主楼建成后，星河公司应划出其中2层归属文化发展公司使用，星河公司向文化发展公司收回2层的土建工本费，星河公司应同文化发展公司签订相应的协议。

1992年5月26日，星河公司与文化发展公司签订一份《协议书》，约定：双方同意将文体厅与星河公司签订的协议书中“主楼建成后，星河公司应划出其中2层归文化发展公司使用，星河公司向文化发展公司收回2层土建工本费”条款改为“主楼建成后，由星河公司从主楼中无偿划出1000平方米归属文化发展公司使用（其中商场占200平方米）”；将文体厅和星河公司签订的协议书中的“项目建成后，星河公司负责从附楼中无偿划出3000平方米住宿房交文体厅安排”改为“项目建成后，星河公司负责从附楼中无偿划出2000平方米交文体厅安排和无偿将1000平方米交文化发展公司使用，其余归星河公司所有和经营，双方所得部分，均有使用权70年”；星河公司同意借200万元给文化发展公司使用，使用期至大楼建成交付使用时止，借款按星河公司向中行贷款建设该项目的利率计算利息；文化发展公司在主楼中分得的1000平方米和附楼中分得的1000平方米归其所有，自主经营；星河公司的责任人负责该大厦和住宅楼的兴建策划和全部资金筹集，承担建设过程中的一切规划、设计、施工、质量管理，承担全部经济责任风险；协议生效后3天内，星河公司借给文化发展公司20万元，1个月内再借给文化发展公司30万元，余款150万元在2个月内付清。该《协议书》还约定了文化发展公司的责任：1. 在协议生效并收到星河公司20万元后三天内，负责将该院的完整地权文件资料复印件，即市政府国土局下发的土地使用权批准文件，以及“土地区域红线图”等有关文件资料复印件交星河公司。开发该项目向银行贷款的手续办妥后，文化发展公司须将该院的完整地权资料原件交银行抵押。2. 如用文化发展公司名义报建，文化发展公司应派员提供该院地权资料协助星河公司办理好该院建设项目的立项、规划、报建等有关手续。3. 协助文体厅和星河公司做好该院内文化发展公司居住人员的搬迁动员工作（搬迁费由星河公司负责）。在建楼期间，从文化发展公司搬迁之日起，星河公司付给文化发展公司每月5000元作为文化发展公司租房办公和职工住宿费用，该院的拆迁，文化发展公司不承担任何费用。4. 大厦建成后，协助星河公司办理好房产证登记手续。5. 文化发展公司向星河公司借用的200万元，在楼房全部交付使用后3天内退还星河公司，同时支付借用期间的中行利息。该院开发建设在文体厅党组统一领导下，双方紧密配合，任何一方不得违约，如违约，由违约方赔偿一切损失，本协议经双方法定代表人签章、加盖单位公章后经文体厅批准生效。

1992年5月30日，文体厅作出琼文函字〔1992〕138号《关于星河公司与文化发展公司签订协议书的批复》，同意星河公司与文化发展公司所签订的《协议书》条款。

1992年7月22日，星河公司以位于海口市海秀路22号的5亩土地及地上、下建筑物作为抵押物向中国人民建设银行海南省分行贷款1000万元，但未到有关部门办理抵押登记手续。

1992年7月31日，星河公司将206万元转入文化发展公司的账户。

1993年7月10日，文化发展公司与星河公司签订一份《补充协议》，约定：原定星河公司拨给文化发展公司租房搬迁办公之费用标准，因房屋租金大幅度加价，现改为星河公司给文化发展公司租房费每月1万元，从今年7月份起计算，直到楼房建好交付使用时止，每次在6月底拨给1年租房费共12万元；原星河公司借给文化发展公司200万元，现定为其中的20万元作为星河公司给文化发展公司的补偿费（无偿），其余180万元是借款等。

上述协议签订后，双方均依约履行了协议，并向土地管理局申请办理受让用地手续。

1993年7月12日，文化发展公司与星河公司就“文化大厦建成后，文化发展公司拥有合同规定的房产和该大厦不可分割的共同面积691.64平方米，并由文化发展公司将所合建楼用地中的2251.52平方米所属用地，作为该大厦不可分割的共同用地面积依法转让给星河公司，转让期限70年”的事宜到海南省公证处进行公证。1993年9月22日，星河公司与文化发展公司取得2943.16平方米建设用地规划许可证。但因受宏观调控影响，海南房地产市场严重不景气，双方合作之项目迟迟未动工兴建。

1995年6月3日，文化发展公司与星河公司签订一份《关于缓建文化大厦问题的协议书》，约定：双方同意暂缓动工兴建文化大厦，缓建期4年，缓建期间由星河公司全权负责对文化大厦用地与第三者合作兴建临时商场，其经营所得用于支付搬迁户房租、银行利息及有关费用开销；从本协议签订之日起，星河公司每月增拨1万元给文化发展公司作为追加搬迁费（一年二次付清），直至停止上述经营活动为止。

1995年6月26日，星河公司与华泰公司签订一份《合同书》，约定：星河公司决定将位于海秀路白坡靠九中西边项目一块约5.5用地与华泰公司共同兴建一座建筑面积为1796平方米的二层购物商场，超过1796平方米面积部分全部由华泰公司投资，归华泰公司收益。合作时间从1995年7月1日至1999年6月30日止，合作方式为星河公司出地，华泰公司出资金在上述土地上规划建成二层购物城。投资计划为星河公司固定分得商场面积600平方米，从每一层分别各300平方米垂直划分，其他面积归华泰公司所有，双方各自经营所分得的商场。经营期限届满，如该地文化大厦需要上马时，双方应同时做好搬迁工作，同时将商场拆除；如该文化大厦项目还不考虑上马时，双方可以按原有的合作基础继续经营下去，延长的时间直到该商场全部拆迁之日止。双方合作，如出现第三者进行干涉和声称拥有土地使用权要求分利或对华泰公司造成不利时，星河公司应负全部责任，并赔偿由此造成华泰公司的全部经济损失。双方在合同签订后的一个月内要共同到国土部门办理土地出租登记，由星河公司提供有关的土地使用手续等。合同签订后，华泰公司即投入资金建成二层购物商城，并代星河公司垫付了文化大厦项目的用电增容及三通一平基础设施费用。

同年8月25日，文化发展公司、星河公司又签订一份《关于缓建文化大厦问题的补充协议》，约定从1996年6月30日起，追加的每月1万元搬迁费，随星河公司出租新世界购物城铺面价格的上升幅度而增加；星河公司同意将其与华泰公司合作新世界购物城第三层所享有的权利、义务和分得的利益全部转给文化发展公司所有，其经营和分利问题，由星河公司负责与合作方谈妥；文化发展公司同意在原定文化大厦缓建四年的基础上，增加半年时间作为该购物城的筹建期，即文化大厦缓建期限自1995年6月至1999年12月2日止，期满后20天内，该购物城由星河公司和合作方负责将拆除干净的原地交还文化发展公司与星河公司合作使用，如不按时拆除该购物城由文化发展公司接收，即归文化发展公司所有。

上述协议签订后至1999年12月，星河公司共支付文化发展公司搬迁费人民币681090元，尚欠文化发展公司搬迁费人民币708910元。

1999年9月22日，文化发展公司以其与星河公司订立的合同无效为由向原审法院起诉，要求星河公司交回土地使用权，赔偿经济损失，故引起讼争。

另查明：1989年8月海口市国土规划管理局以市国规（1989）569号批复确认原广东民族歌舞团在海秀路白坡里旧址5亩土地归文化发展公司使用 。1996年1月海口市土地管理局以国用籍字第Q1648号、第Q1649号《国有土地使用证》确认星河公司和文化发展公司在海口市海秀路22号共同使用2943.16平方米，其中文化发展公司分摊2251.52平方米。1996年2月海口市土地管理局批复同意星河公司将位于海秀大道22号1533.34平方米用地租给华泰公司作为临时商场用地，限期从1995年7月1日至1999年12月30日止。缓建文化大厦四年半期限届满，“新世界购物城”仍由星河公司与华泰公司继续租赁经营。

本院所确定的上述事实，有文化发展公司、星河公司签订的《协议书》、《补充协议》、《关于缓建文化大厦问题的协议书》、《关于缓建文化大厦的补充协议》、星河公司与文体厅签订的《协议书》、市国规（1989）569号《关于海南省文体经济发展总公司补办用地手续批复》、文体厅琼发字〔1992〕9号《关于开发原广东省民族歌舞团西院旧址的决定》、海口市城市规划局编号92－0557《建设用地规划许可证》、海口市国用籍字第Q1648号、第Q1649号《国有土地使用证》、海南省公证处〔93〕琼证字第2447号《公证书》、海口市土地管理局土字〔1996〕0071号《关于海南星河公司出租、海南华泰物业投资公司承租用地的批复》以及三方当事人的陈述笔录等在案为凭，这些证明材料均经一、二审开庭进行质证和本院审查，可以采信。

本院认为，根据案件事实，处理意见如下：

文化发展公司与星河公司于1992年5月26日签订的《协议书》系双方的真实意思表示，且合同内容不违反当时国家有关法律、法规规定，该合同应依法确认为有效。双方在此后订立的《补充协议》、《关于缓建文化大厦问题的协议书》、《关于缓建文化大厦问题的补充协议》均为《协议书》的补充合同，亦应依法确认为有效合同。星河公司在合同约定的期限内未依约全部履行支付搬迁费的义务，已构成违约，故星河公司应按合同约定将尚欠的搬迁费708910元（截止1999年12月）如数付清给文化发展公司。文化发展公司诉请星河公司支付尚欠搬迁费理由成立，应予支持。鉴于文化大厦项目至今未动工兴建的原因系受整个宏观调控影响，且文化发展公司与星河公司没约定缓建期满即应解除双方合作的文化大厦项目，同时星河公司已依约将200万元（其中20万元无偿给文化发展公司）借给文化发展公司，星河公司已取得合作项目2251.52平方米土地使用权，并对文化大厦项目进行了三通一平基础设施的建设，双方已实际履行了合同的一部分，该项目仍具备继续开发建设的条件，故文化发展公司与星河公司于1992年5月26日订立的《协议书》和1993年7月10日订立的《补充协议》应继续履行。原审判决星河公司将尚欠的搬迁费708910元支付给文化发展公司正确，但判决解除双方于1992年5月26日订立的《协议书》和1993年7月10日订立的《补充协议》不妥，应予纠正。文化发展公司以缓建期满为由，请求解除其与星河公司签订的《协议书》及《补充协议》并收回建设用地依据不足，不予支持。星河公司要求继续履行其与文化发展公司订立的《协议书》及《补充协议》理由充分，应予支持。至于星河公司与华泰公司合作兴建的“新世界购物城”是否拆除问题，依据文化发展公司与星河公司订立的《关于缓建文化大厦协议》及《关于缓建文化大厦补充协议》的约定，缓建文化大厦四年半期限届满，星河公司与华泰公司合作兴建的“新世界购物城”本应由星河公司拆除，但考虑到“文化大厦项目”至今仍未动工兴建，文化发展公司与星河公司亦没有新的立项项目要动工兴建，且华泰公司已投入大量资金，如将该商城拆除将会造成重大损失和社会的不稳定，从有利于繁荣海南经济、稳定社会、解决社会就业等因素出发，该商城不予拆除，应由星河公司与华泰公司继续合作经营，有关事宜由双方协商解决，文化发展公司无权决定该商城的归属问题。原审法院判决文化发展公司与华泰公司自主自愿协商确定重新合作经营“新世界购物城”不正确，应予撤销。文化发展公司上诉称星河公司、华泰公司继续占用该地经营侵害其合法土地使用权，负有连带责任并要求赔偿其实际损失无事实根据和法律依据，不予支持，但2000年1月1日起的搬迁费星河公司仍应按其与文化发展公司的约定支付给文化发展公司。

综上，原审认定事实不清，且在实体处理上存在不妥之处，应予纠正。上诉人文化发展公司的上诉理由不成立，不予支持。上诉人星河公司上诉理由部分成立，应予支持。依照《中华人民共和国经济合同法》第六条、《中华人民共和国民事诉讼法》第一百五十三条第一款第（二）、（三）项的规定，判决如下：

一、撤销海口市振东区人民法院（2000）振民初字第484号民事判决的第一、二、四、五、六项。

二、变更海口市振东区人民法院（2000）振民初字第484号民事判决的第三项为：星河公司须于本判决发生法律效力之日起10日内将1999年12月前尚欠的搬迁费708910元如数支付给文化发展公司；2000年1月1日起的搬迁费星河公司仍应按其与文化发展公司的约定支付给文化发展公司。

三、文化发展公司与星河公司于1992年5月26日签订的《协议书》及1993年7月10日签订的《补充协议》继续履行。

四、驳回文化发展公司的其他诉讼请求。

一、二审案件受理费46020元，由文化发展公司与星河公司各负担23010元。

本判决为终审判决。

第四章　城镇住房制度改革

本节为您提供以下主题词的法律适用依据与实战资料

■城镇住房制度改革　■住房公积金　■个人住房贷款

【城镇住房制度改革】

一、专家指导意见

（一）城镇住房分配制度

长期以来，我国一直实行的是由国家拨款统一建设，根据规定的条件和住房标准统一分配，低房租居住的住房分配制度。这种制度是在建国初期由战时供给制演变而来的。在革命战争时期和新中国建立初期，我国就实行供给制，根据可能的条件直接供给生活必需品。1952年3月，供给制改为包干制。1956年，统一实行货币工资制。但是住房供给制的做法却一直沿袭下来，只是在工资中计入少量的住房消费成分，并规定住公房必须交纳一定的房租。

国家对住房分配、住房租金也有明确的规定，在这些规定中我国的住房分配制度的痕迹很明显。如住房的按需分配、住房标准按行政级别划分等等。在社会主义初级阶段，消费品的按需分配是社会福利的基本特征，因此，在这一意义上说，我国城镇的住房分配制度是一种福利性的分配。

（二）城镇住房制度改革的基本内容

经过20世纪80年代初的理论探索与实践，我国城镇住房体制改革的基本方向和总体目标已经明朗。其指导思想是：稳步推进住房商品化、社会化，逐步建立适应社会主义市场经济体制和我国国情的城镇住房新制度；加快住房建设，促进住宅业发展成为新的经济增长点，不断满足城镇居民日益增长的住房需求。为此，要把握好4个重点：1. 改革城镇住房分配体制；2. 建立以经济适用住房为主体的多层次的新的住房供应体系，满足不同收入层次群众对住房的需求；3. 扩大金融服务，促进住房商品化；4. 有步骤地培育和规范住房交易市场，要健全住房交易法规，建立市场准开、准入制度，经过试点，逐步发展。我国现有的住房制度改革是建立在现阶段我国城镇居民的承受能力之上的，目标瞄准了住房商品化这一方向。

城镇住房制度改革的基本内容包括7个方面：一是改革住房建设投资体制，把住房建设投资由国家、单位统包的体制改变为国家、单位、个人三者合理负担的体制；二是改革住房建设、分配、维修、管理体制，把各单位建设、分配、维修、管理住房的体制改变为社会化、专业化运行的体制；三是改革住房分配体制，把住房实物福利分配的方式改变为以按劳分配为主的货币工资分配方式；四是建立双轨制的住房供应体系，建立以中低收入家庭为对象具有社会保障性质的经济适用住房供应体系和以高收入家庭为对象的商品房供应体系；五是建立住房公积金制度；六是建立政策性和商业性并存的住房信贷体系，发展住房金融和住房保险；七是建立规范化的房地产交易市场，规范交易行为，发展社会化的房屋维修、管理市场，逐步实现住房资金投入产出的良性循环，促进房地产相关产业的发展。

二、法律适用依据

（一）相关行政法规及规范性文件

❶关于进一步深化城镇住房制度改革加快住房建设的通知（节录）

（1998年7月3日国务院　国〔1998〕23号公布）

一、指导思想、目标和基本原则

（一）深化城镇住房制度改革的指导思想是：稳步推进住房商品化、社会化，逐步建立适应社会主义市场经济体制和我国国情的城镇住房新制度；加快住房建设，促使住宅业成为新的经济增长点，不断满足城镇日益增长的住房需求。

（二）深化城镇住房制度改革的目标是：停止住房实物分配，逐步实行住房分配货币化；建立和完善以经济适用住房为主的多层次城镇住房供应体系；发展住房金融，培育和规范住房交易市场。

（三）深化城镇住房制度改革工作的基本原则是：坚持在国家统一政策目标指导下，地方分别决策，因地制宜，量力而行；坚持国家、单位和个人合理负担；坚持“新房新制度、老房老办法”，平稳过渡，综合配套。

二、停止住房实物分配，逐步实行住房分配货币化

（四）1998年下半年开始停止住房实物分配，逐步实行住房分配货币化，具体时间、步骤由各省、自治区、直辖市人民政府根据本地实际确定。停止住房实物分配后，新建经济适用住房原则上只售不租。职工购房资金来源主要有：职工工资，住房公积金，个人住房贷款，以及有的地方由财政、单位原有住房建设资金转化的住房补贴等。

（五）全面推行和不断完善住房公积金制度。到1999年底，职工个人和单位住房公积金的缴交率应不低于5%，有条件的地区可适当提高。要建立健全职工个人住房公积金账户，进一步提高住房公积金的归集率，继续按照“房委会决策，中心运作，银行专户，财政监督”的原则，加强住房公积金管理工作。

（六）停止住房实物分配后，房价收入比（即本地区一套建筑面积为60平方米的经济适用住房的平均价格与双职工家庭年平均工资之比）在4倍以上，且财政、单位原有住房建设资金可转化为住房补贴的地区，可以对无房和住房面积未达到规定标准的职工实行住房补贴。住房补贴的具体办法，由市（县）人民政府根据本地实际情况制定，报省、自治区、直辖市人民政府批准后执行。

三、建立和完善以经济适用住房为主的住房供应体系

（七）对不同收入家庭实行不同的住房供应政策。最低收入家庭租赁由政府或单位提供的廉租住房；中低收入家庭购买经济适用住房；其他收入高的家庭购买、租赁市场价商品住房。住房供应政策具体办法，由市（县）人民政府制定。

（八）调整住房投资结构，重点发展经济适用住房（安居工程），加快解决城镇住房困难居民的住房问题。新建的经济适用住房出售价格实行政府指导价，按保本微利原则确定。其中经济适用住房的成本包括征地和拆迁补偿费、勘察设施和前期工程费、建安工程费、住宅小区基础设施建设费（含小区非营业性配套公建费）、管理费、贷款利息和税金等7项因素，利润控制在3%以下。要采取有效措施，取消各种不合理收费，特别是降低征地和拆迁补偿费，切实降低经济适用住房建设成本，使经济适用住房价格与中低收入家庭的承受能力相适应，促进居民购买住房。

（九）廉租住房可以从腾退的旧公有住房中调剂解决，也可以由政府或单位出资兴建。廉租住房的租金实行政府定价。具体标准由市（县）人民政府制定。

（十）购买经济适用住房和承租廉租住房实行申请、审批制度。具体办法由市（县）人民政府制定。

四、继续推进现有公有住房改革，培育和规范住房交易市场

（十一）按照《国务院关于深化城镇住房制度改革的决定》（国发［1994］43号，以下简称《决定》）规定，继续推进租金改革。租金改革要考虑职工的承受能力，与提高职工工资相结合。租金提高后，对家庭确有困难的离退休职工、民政部门确定的社会救济对象和非在职的优抚对象等，各地可根据实际情况制定减、免政策。

（十二）按照《决定》规定，进一步搞好现有公有住房出售工作，规范出售价格。从1998年下半年起，出售现有公有住房，原则上实行成本价，并与经济适用住房房价相衔接。要保留足够的公有住房供最低收入家庭廉价租赁。

校园内不能分割及封闭管理的住房不能出售，教师公寓等周转用房不得出售。具体办法按教育部、建设部有关规定执行。

（十三）要在对城镇职工家庭住房状况进行认真普查，清查和纠正住房制度改革过程中的违纪违规行为，建立个人住房档案，制定办法，先行试点的基础上，并经省、自治区、直辖市人民政府批准，稳步开放已购公有住房和经济适用住房的交易市场。已购公有住房和经济适用住房上市交易实行准入制度，具体办法由建设部会同有关部门制定。

五、采取扶持政策，加快经济适用住房建设

（十四）经济适用住房建设应符合土地利用总体规划和城市总体规划，坚持合理利用土地、节约用地的原则。经济适用住房建设用地应在建设用地年度计划中统筹安排，并采取行政划拨方式供应。

（十五）各地可以从本地实际出发，制定对经济适用住房建设的扶持政策。要控制经济适用住房设计和建设标准，大力降低征地拆迁费用，理顺城市建设配套资金来源，控制开发建设利润。停止征收商业网点建设费，不再无偿划拨经营性公建设施。

（十六）经济适用住房的开发建设应实行招标投标制度，用竞争方式确定开发建设单位。要严格限制工程环节的不合理转包，加强对开发建设企业的成本管理和监控。

（十七）在符合城市总体规划和坚持节约用地的前提下，可以继续发展集资建房和合作建房，多渠道加快经济适用住房建设。

（十八）完善住宅小区的竣工验收制度，推行住房质量保证书制度、住房和设备及部件的质量赔偿制度和质量保险制度，提高住房工程质量。

（十九）经济适用住房建设要注重节约能源，节约原材料。应加快住宅产业现代化的步伐，大力推广性能好、价格合理的新材料和住宅部件，逐步建立标准化、集约化、系列化的住宅部件、配件生产供应方式。

六、发展住房金融

（二十）扩大个人住房贷款的发放范围，所有商业银行在所有城镇均可发放个人住房贷款。取消对个人住房贷款的规模限制，适当放宽个人住房贷款的贷款期限。

（二十一）对经济适用住房开发建设贷款，实行指导性计划管理。商业银行在资产负债比例管理要求内，优先发放经济适用住房开发建设贷款。

（二十二）完善住房产权抵押登记制度，发展住房贷款保险，防范贷款风险，保证贷款安全。

（二十三）调整住房公积金贷款方向，主要用于职工个人购买、建造、大修理自住住房贷款。

（二十四）发展住房公积金贷款与商业银行贷款相结合的组合住房贷款业务。住房资金管理机构和商业银行要简化手续，提高服务效率。

七、加强住房物业管理

（二十五）加快改革现行的住房维修、管理体制，建立业主自治与物业管理企业专业管理相结合的社会化、专业化、市场化的物业管理体制。

（二十六）加强住房售后的维修管理，建立住房共用部位、设备和小区公共设施专项维修资金，并健全业主对专项维修资金管理和使用的监督制度。

（二十七）物业管理企业要加强内部管理，努力提高服务质量，向用户提供质价相符的服务，不得只收费不服务或多收费少服务，切实减轻住房负担。物业管理要引入竞争机制，促进管理水平的提高。有关主管部门要加强对物业管理企业的监管。

八、加强领导，统筹安排，保证改革的顺利实施

（二十八）各级地方人民政府要切实加强对城镇住房制度改革工作的领导。各地可根据本通知精神，结合本地区实际

制定具体的实施方案，报经省、自治区、直辖市人民政府批准后实施。建设部要会同有关部门根据本通知要求抓紧制定配套政策，并加强对地方工作的指导和监督。

（二十九）加强舆论引导，做好宣传工作，转变城镇居民住房观念，保证城镇住房制度改革的顺利实施。

（三十）严肃纪律，加强监督检查。对违反《决定》和本通知精神，继续实行无偿实物分配住房，低价出售公有住房，变相增加住房补贴，用成本价或低于成本价超标出售、购买公有住房，公房私租牟取暴利等行为，各级监察部门要认真查处，从严处理。国务院责成建设部会同监察部等有关部门监督检查本通知的贯彻执行情况。

本通知自发布之日起实行。原有的有关政策和规定，凡与本通知不一致的，一律以本通知为准。

❷关于深化城镇住房制度改革的决定

（1994年7月18日国务院　国〔1994〕43号公布）

各省、自治区、直辖市人民政府，国务院各部委、各直属机构：

为贯彻落实《中共中央关于建立社会主义市场经济体制若干问题的决定》，深化城镇住房制度改革，促进住房商品化和住房建设的发展，特作如下决定：

一、城镇住房制度改革的根本目的和基本内容

（一）城镇住房制度改革作为经济体制改革的重要组成部分，其根本目的是：建立与社会主义市场经济体制相适应的新的城镇住房制度，实现住房商品化、社会化；加快住房建设，改善居住条件，满足城镇居民不断增长的住房需求。

（二）城镇住房制度改革的基本内容是：把住房建设投资由国家、单位统包的体制改变为国家、单位、个人三者合理负担的体制；把各单位建设、分配、维修、管理住房的体制改变为社会化、专业化运行的体制；把住房实物福利分配的方式改变为以按劳分配为主的货币工资分配方式；建立以中低收入家庭为对象、具有社会保障性质的经济适用住房供应体系和以高收入家庭为对象的商品房供应体系；建立住房公积金制度；发展住房金融和住房保险，建立政策性和商业性并存的住房信贷体系；建立规范化的房地产交易市场和发展社会化的房屋维修、管理市场，逐步实现住房资金投入产出的良性循环，促进房地产业和相关产业的发展。

（三）城镇住房制度改革要坚持配套、分阶段推进。近期的任务是：全面推行住房公积金制度，积极推进租金改革，稳步出售公有住房，大力发展房地产交易市场和社会化的房屋维修、管理市场，加快经济适用住房建设，到本世纪末初步建立起新的城镇住房制度，使城镇居民住房达到小康水平。

二、全面推行住房公积金制度

（四）实行住房公积金制度有利于转变住房分配体制，有利于住房资金的积累、周转和政策性抵押贷款制度的建立，有利于提高职工购、建住房能力，促进住房建设。所有行政和企事业单位及其职工均应按照“个人存储、单位资助、统一管理、专项使用”的原则交纳住房公积金，建立住房公积金制度。

（五）住房公积金由在职职工个人及其所在单位，按职工个人工资和职工工资总额的一定比例逐月交纳，归个人所有，存入个人公积金账户，用于购、建、大修住房，职工离退休时，本息余额一次结清，退还职工本人。目前单位和个人住房公积金的缴交率分别掌握在5%，已超过这个比例的可以不变。外商投资企业及其中方职工的住房公积金缴交率，由各省、自治区、直辖市人民政府确定。

（六）企业为职工交纳的住房公积金，从企业提取的住房折旧和其他划转资金中解决，不足部分经财政部门核定，在成本、费用中列支。行政事业单位为职工交纳的住房公积金，首先立足于原有住房资金的划转，不足部分，全额预算的行政事业单位由财政预算拨付；差额预算的事业单位按差额比例由财政预算拨付；自收自支事业单位比照企业开支渠道列支。职工的住房公积金本息免征个人所得税。

（七）按照责权利一致的原则，建立和完善住房公积金管理制度，加强住房公积金的管理。各市（县）人民政府负责制定住房公积金的归集、使用、管理等有关具体规定，审批住房公积金的使用计划和财务收支预决算。各市（县）人民政府可以设立专门的住房公积金管理机构，负责住房公积金的归集、支付、核算和编制使用计划等管理工作，住房公积金的存贷款等金融业务一律由当地人民政府委托指定的专业银行办理。受委托的专业银行根据当地人民政府批准的住房公积金使用计划，审定、发放和回收贷款。住房公积金要专款专用，严禁挪作他用。财政、审计、监察部门要加强监督管理。

三、积极推进租金改革

（八）要在职工家庭合理住房支出范围内加大租金改革力度。到2000年，住房租金原则上应达到占双职工家庭平均工资的15%。按上述办法测定，租金水平已达到或超过折旧费、维修费、管理费、贷款利息、房产税5项因素成本租金水平的，按成本租金或市场租金计租。

（九）各地要根据实际情况制定并公布2000年以前租金改革规划。租金提高的幅度和次数，要与当地居民的收入水平相适应，要根据物价指数控制目标统筹安排。有条件的市（县）或单位，应结合实际情况，较快实现向成本租金和市场租金的过渡。

（十）在租金水平达到成本租金以前，新建公有住房和腾空的旧住房租金标准可以高于同期现住房的租金标准。各市（县）人民政府还可以对职工承租新建公有住房和腾空的旧住房交纳租赁保证金和认购住房债券作出具体规定。

（十一）租金调整后，对离退休职工、政府民政部门确定的社会救济对象和非在职的优抚对象等，各省、自治区、直辖市人民政府可根据情况制定减、免、补的具体办法。

（十二）住房在规定标准之内的职工家庭，用规定的个人合理负担部分加上全部住房补贴，仍不足支付房租的，差额可由其所在单位适当给予补助。企业和自收自支事业单位的补助金在单位住房基金中列支；其他行政事业单位的补助金应先在单位住房基金中列支，不足部分经同级财政部门核定，在城市住房基金（未建立城市住房基金的，在同级财政预算）中列支。

（十三）加强对租金收入的管理。租金收入归产权单位所有，纳入单位住房基金，用于住房维修、管理、建设和城镇

住房制度改革。

四、稳步出售公有住房

（十四）城镇公有住房，除市（县）以上人民政府认为不宜出售的外，均可向城镇职工出售。职工购买公有住房要坚持自愿的原则，新建公有住房和腾空的旧房实行先售后租，并优先出售给住房困难户。

（十五）向高收入职工家庭出售公有住房实行市场价，向中低收入职工家庭出售公有住房实行成本价，成本价应包括住房的征地和拆迁补偿费、勘察设计和前期工程费、建安工程费、住宅小区基础设施建设费（小区级非营业性配套公建费是否列入成本由各地自行确定）、管理费、贷款利息和税金等7项因素。旧房的成本价按售房当年新房的成本价成新折扣（折旧年限一般为50年）计算，使用年限超过30年的，以30年计算；经过大修或设备更新的旧房，按有关规定评估确定。目前以成本价售房确有困难的市（县），可以实行标准价作为过渡。出售公有住房的成本价和标准价由市（县）人民政府逐年测定，报省、自治区、直辖市人民政府批准后公布执行。

现行售房价格已高于规定的标准价起步水平的，不应再降低价格。

公有住房的出售，应坚持先评估后出售的原则。住房的实际售价应根据所处地段、结构、层次、朝向、设施和装修标准等因素区别计价。

（十六）标准价按负担价和抵交价之和测定。一套56平方米建筑面积标准新房的负担价，1994年应为所在市（县）双职工年平均工资的3倍。经济发展水平较高的市（县）应高于3倍，具体倍数由省、自治区、直辖市人民政府确定。双职工年平均工资按当地统计部门公布的上年职工平均工资乘以2计算。抵交价按双职工65年（男职工35年，女职工30年）内积累的由单位资助的住房公积金贴现值的80%计算。

旧房的负担价按售房当年新房的负担价成新折扣（折旧年限一般为50年）计算，使用年限超过30年的，以30年计算；经过大修或设备更新的旧房，按有关规定评估确定。旧房的抵交价，可根据使用年限适当降低，但最多不能低于新房抵交价的80%。

（十七）职工购买现已住用的公有住房，可适当给予折扣，1994年折扣率为负担价的5%，今后要逐年减少，2000年前全部取消。

售房单位应根据购房职工建立住房公积金制度前的工龄给予工龄折扣。每年工龄折扣的数额，按抵交价除以65（男职工35年，女职工30年）计算。离退休职工购房计算工龄折扣的时间，按国家规定的离退休年龄计算。

（十八）职工按成本价或标准价购买公有住房，每个家庭只能享受一次，购房的数量必须严格按照国家和各级人民政府规定的分配住房的控制标准执行，超过标准部分一律执行市场价。

（十九）售房价格要逐步从标准价过渡到成本价。当年的标准价要根据各市（县）职工上年平均工资增长的水平、单位发给住房补贴和资助职工建立住房公积金年增长水平确定，一年一定；新房负担价与双职工家庭年平均工资的倍数，要逐步提高，2000年以前达到3.5倍。各市（县）要从本地实际出发，加快标准价向成本价的过渡。

（二十）付款方式。职工购房可以一次付款，也可以分期付款。售房单位可对一次付款的购房职工给予一次付款折扣，折扣率参考当地购房政策性贷款利率与银行储蓄存款利率的差额，以及分期付款的控制年限确定。实行分期付款的，首期付款不得低于实际售价的30%，分期付款的期限一般不超过10年，分期交付的部分要计收利息，单位不得贴息，利率按政策性抵押贷款利率确定。经办政策性住房金融业务的银行，应充分利用政策性住房资金，向购房职工提供政策性抵押贷款。

（二十一）明确产权。职工以市场价购买的住房，产权归个人所有，可以依法进入市场，按规定交纳有关税费后，收入归个人所有。

职工以成本价购买的住房，产权归个人所有，一般住用5年后可以依法进入市场，在补交土地使用权出让金或所含土地收益和按规定交纳有关税费后，收入归个人所有。

职工以标准价购买的住房，拥有部分产权，即占有权、使用权、有限的收益权和处分权，可以继承。产权比例按售房当年标准价占成本价的比重确定。职工以标准价购买的住房，一般住用5年后方可依法进入市场，在同等条件下，原售房单位有优先购买、租用权，原售房单位已撤销的，当地人民政府房产管理部门有优先购买、租用权。售、租房收入在补交土地使用权出让金或所含土地收益和按规定交纳有关税费后，单位和个人按各自的产权比例进行分配。

（二十二）发展房地产交易市场，规范住房交易行为。职工购买住房，都要由房产管理部门办理住房过户和产权转移登记手续，同时要办理相应的土地使用权变更登记手续，并领取统一制定的产权证书，产权证书应注明产权属性，按标准价购买的住房应注明产权比例。出租和出售、赠与、继承及以其他形式转让所购住房，应按国家规定交纳有关税费。要加强市场管理，规范交易程序，完善税收制度，坚决查处倒卖房产牟取暴利等违法行为。

（二十三）加强售后房屋维修、管理服务，发展社会化的房屋维修、管理市场。职工购买的住房，室内各项维修开支由购房人负担。楼房出售后应建立共用部位、共用设施的维修基金。改革现行城镇住房管理体制，发展多种所有制形式的物业管理企业和社会化的房屋维修、管理服务。

（二十四）加强售房款的管理。国有住房的出售收入按住房产权关系和一定比例上交同级财政和留归单位，分别纳入各级住房基金；其他公有住房出售收入，归单位所有，纳入单位住房基金。售房款要全部用于住房建设和城镇住房制度改革，严禁挪用。

五、加快经济适用住房的开发建设

（二十五）各地人民政府要十分重视经济适用住房的开发建设，加快解决中低收入家庭的住房问题。经济适用住房建设用地，经批准原则上采取行政划拨方式供应。对经济适用住房建设项目，要在计划、规划、拆迁、税费等方面予以政策扶持。各级建设行政主管部门要切实组织好经济适用住房建设的实施工作。金融单位在信贷等方面应予以支持。房地产开发公司每年的建房总量中，经济适用住房要占20%以上。在建房、售房等方面，对离退休职工、教师和住房困难户应予以优先安排，具体办法由各省、自治区、直辖市人民政府制定。

（二十六）鼓励集资合作建房，继续发展住房合作社，在统一规划的前提下，充分发挥各方面积极性，加快城镇危旧住房改造。

六、做好原有政策同本决定的衔接工作

（二十七）要做好与原有售房政策的衔接。已出售的公有住房均须按照售房当年的售价占成本价的比重明确个人拥有的产权比例；经购房人同意也可按成本价补足房价款及利息后，原购住房产权归个人所有。1994年1月1日至本决定发布之前出售的公有住房，一律按本决定规定的售房政策进行规范。

（二十八）原有关文件规定出售公有住房的标准价和最低价一律停止执行。

（二十九）要继续做好原住房资金转入各级住房基金的核定、划转工作。划转的资金和原有的住房补贴，要逐步理入职工工资或用于列支公积金。

七、加强领导，统筹安排，积极推进城镇住房制度改革

（三十）加快住房建设和推进城镇住房制度改革是各级人民政府的重要职责。各地人民政府要加强领导，健全工作机构，全面规划，统筹安排，兼顾长期目标和阶段性目标，加快推进城镇住房制度改革。

（三十一）各省、自治区、直辖市人民政府要根据本决定规定的统一政策，结合本地区社会经济发展水平，因地制宜，不断完善城镇住房制度改革方案，并按年度报国务院住房制度改革领导小组备案；各市（县）的城镇住房制度改革实施方案需报省、自治区、直辖市人民政府批准后执行。要加强对各市（县）房改工作的检查督促，保证国家房改政策的贯彻落实和房改工作的健康推进。所有单位，不论隶属关系，都应执行所在市（县）人民政府对房改工作的统一部署和规定。

（三十二）企业房改是城镇住房制度改革的重点，各级人民政府要为企业房改创造条件。有条件的国有大中型企业，应结合企业经营机制转换和劳动工资制度改革，建立现代企业制度，把住房开发建设、分配、管理和维修服务等社会职能逐步从企业中分离出去，加快实现住房的商品化、社会化。

（三十三）国务院住房制度改革领导小组要分类指导，在全面推进城镇住房制度改革的基础上，注意抓好大城市的住房制度改革；要会同有关部门，及时总结经验，不断完善政策规定和配套措施，抓紧立法工作，协调解决深化改革中的矛盾和问题。有关房改工作的配套文件，要尽快制定，抓紧下发。国务院各有关部门要各司其职，各尽其责，相互配合，保证城镇住房制度改革的顺利实施。

（三十四）要认真做好房改的宣传工作。各级新闻单位要加强舆论引导，广泛宣传深化城镇住房制度改革的目的、意义、政策和实施步骤，引导广大干部、群众转变观念，提高认识，积极参与城镇住房制度改革。

（三十五）要严肃房改纪律，严格执行国务院的统一政策。各级监察部门要加强纪律监督、检查，对不执行国家统一政策、低价售房、变相增加优惠和以权谋私等违法、违纪行为要严肃查处。

（三十六）军队系统住房制度改革方案，由中央军委审批。

（三十七）本决定自发布之日起实行。原有的房改政策和规定，凡与本决定不一致的，一律以本决定为准。

❸关于继续积极稳妥地进行城镇住房制度改革的通知（节录）

（1991年6月7日国务院公布）

一、合理调整现有公有住房的租金，有计划有步骤地提高到成本租金。在起步时，考虑到居民的承受能力，可以采取分步提租的办法。新建公有住房实行新租金标准。对多占住房的，要加收租金。

二、出售公有住房。今后，凡按市场价购买的公房，购房后拥有全部产权。职工购买公有住房，在国家规定住房面积以内，实行标准价，购房后拥有部分产权，可以继承和出售；超过国家规定住房标准的部分，按市场价计价。各城镇的售房价格要加强管理，售房价格由所在省、自治区、直辖市人民政府审批。严禁以过低的价格出售公有住房，违者要追究责任。要切实做好房屋出售后的服务和管理工作。

三、实行新房新制度。为了使新建住房不再进入旧的住房体制，有利于今后住房制度改革的顺利进行，对新竣工的公有住房，实行新房新租、先卖后租、优先出售或出租给无房户和住房困难户等办法。凡住房迁出腾空的旧公有住房（不包括互换房），应视同新建公有住房，实行新制度。

四、住房建设应推行国家、集体、个人三方面共同投资体制，积极组织集资建房和合作建房，大力发展经济实用的商品住房，优先解决无房户和住房困难户的住房问题。各级人民政府要在用地、规划、计划、材料、信贷、税收等方面给予扶持。对个人自建住房，要加强规划和用地管理。严禁以权谋私，违者要严肃查处。

各城镇的旧城改造、拆迁安置等，都应结合住房制度改革进行。

五、通过多种形式、多种渠道筹集住房资金，各级人民政府要切实做好住房资金的转化，建立住房基金。各单位出售公有住房回收的资金，一律存入当地政府指定的金融机构，其使用权不变，作为单位的住房基金，用于住房建设和维修，不得挪作他用。

六、发展住房金融业务。开展个人购房建房储蓄和贷款业务，实行抵押信贷购房制度，从存贷利率和还款期限等方面鼓励职工个人购房和参加有组织的建房。

七、加强房地产市场管理。各地人民政府要切实加强对房地产市场的统一管理，搞好治理整顿，认真查处倒卖房地产、牟取暴利的各种非法活动。各城镇的公有和私有住房的出售，须经房地产评估机构根据国家的有关规定进行评估确定。职工拥有部分产权的住房，五年后允许出售，原产权单位有优先购买权，售房收入扣除有关税费后的所得，按国家、集体、个人的产权比例进行分配。

八、在同一市、县内的房改政策、办法和实施步骤应当统一，所有单位，不论隶属关系，都应服从当地人民政府对住房制度改革的统一部署。职工家庭成员在不同市、县工作的（含离退休职工），其所在单位一律按照职工住房所在市、县的房改办法办理。

九、军队的住房制度改革，原则上应与地方同步进行。要根据国家统一制定的政策和规定，结合军队的特点，制定切实可行的方案，经中央军委批准后实行。

十、住房制度改革涉及面广、政策性强，是一项长期的工作。要加强宣传工作，使广大干部和群众充分认识实行住房制度改革的目的、意义和有关政策。各级人民政府的主要负责同志要亲自抓，精心组织，缜密安排，要广泛听取群众对房改方案、政策、措施的意见，集思广益，在实施中及时协调解决住房制度改革中的困难和问题。

十一、各省、自治区、直辖市人民政府要按照本通知的规定，因地制宜，分散决策，抓紧制定实施方案，并报国务院住房制度改革领导小组和国家体改委备案；国务院住房制度改革领导小组要会同体改、建设、财政、计划、金融、劳动、人事、工商、税务、物价、土地和国有资产管理等部门，抓紧制定配套改革措施和实施细则。

各地要严格按照国家有关住房制度改革的统一政策规定执行。如因特殊情况确需突破国家统一规定和政策界限时，须经省、自治区、直辖市人民政府审查同意，由国务院住房制度改革领导小组和国家体改委核报国务院审批。

❹关于在全国城镇分期分批推行住房制度改革实施方案（节录）

（1988年2月25日国务院公布）

我国现行的住房制度存在着严重弊端。国家为城镇居民建房花了大量投资，但由于不能从经济机制上制约不合理的需求，城镇住房问题并没有得到缓和。住房分配上的不公正，已成为一个严重的社会问题。城镇住房制度改革，是经济体制改革的重要组成部分。搞好这项改革，不仅可以正确引导和调节消费，促进消费结构趋向合理，在经济上有很大意义，而且在住房领域的不正之风会大大减少，在政治上也有很大意义。几个试点城市的实践说明，住房制度改革可以取得很大的经济效益和社会效益，是一件利国利民的事情。要从一九八八年起，用三、五年时间，把住房制度改革在全国城镇分期分批推开。

改革的目标与今后几年的任务

我国城镇住房制度改革的目标是：按照社会主义有计划的商品经济的要求，实现住房商品化。从改革公房低租金制度着手，将现在的实物分配逐步改变为货币分配，由住户通过商品变换，取得住房的所有权或使用权，使住房这个大商品进入消费品市场，实现住房资金投入产出的良性循环，从而走出一条既有利于解决城镇住房问题，又能够促进房地产业、建筑业和建材工业发展的新路子。

要实现这个目标，住房制度改革主要包括这样几个内容：

（一）改变资金分配体制，把住房消费基金逐步纳入正常渠道，使目前实际用于职工建房、修房资金的大量暗贴转化为明贴，并逐步纳入职工工资。

（二）改革现行的把住房作为固定资产投资的计划管理体制，确立住房作为商品生产的指导性计划管理体制。

（三）通过财政、税收、工资、金融、物价和房地产管理等方面配套改革，在理顺目前围绕住房所发生的各种资金渠道的基础上建立住房基金，逐步形成能够实现住房资金良性循环的运行机制。

（四）调整产业结构，开放房地产市场，发展房地产金融和房地产业，把包括住房在内的房地产开发、建设、经营、服务纳入整个社会主义有计划的商品经济大循环。

根据上述目标和改革内容，今后三、五年内的任务主要是：调整公房租金，按折旧费、维修费、管理费、投资利息、房产税五项因素的成本租金计租，抑制不合理的住房需求，促进职工个人买房，并从政策、立法、社会舆论等方面采取措施，引导和调节居民消费，使消费结构趋向合理，为实现住房商品化奠定基础。

据统计，一九八七年底我国有三百八十一个城市，一万多个县城和建制镇（统称县镇）。在改革步骤上，初步安排：今年，各省、自治区、直辖市都要选择几个城市（区县）先行改革，取得直接经验；明年，在总结经验的基础上，把步子迈大一点，争取大部分城市和县镇都进行改革；后年，除边远和经济落后地区一些城市和县镇可推迟一、二年外，其他所有城市和县镇都要进入改革行列，使住房制度改革在全国范围内全面推开。在改革做法上，各地可以根据上述要求，从当地实际情况出发，在全国统一政策指导下，因地制宜，多种多样，不拘一格。可以空转起步，可以空实结合，可以实转一步到位，也可以实转分步到位；可以全市全面改革，也可以先在部分单位、部分地区起步，但所有这些城市，新房都要实转。暂时没有进入改革行列的城镇，要积极创造条件，先实行新房新租，旧房超标准加租，以及集资建房，组织建房合作社等单项改革。

分年度的安排如下：

一九八八年：从工作基础、经济承受能力等方面考虑，先选包括各省会城市在内的八十个城市，把住房制度改革推开，为一九八九年大面积推开积累经验。

原来预定今年试点出台城市有十四个，各省、自治区原计划今年试点出台城市有三十九个，共五十三个（加上一九八七年已出台的三个共五十六个）。这些城市工作有一定基础，一般应进行全面改革。

京、津、沪三大市和省会（自治区首府）城市，改革都要起步。这些城市由于问题比较复杂，可以采取分期分片改革的办法，或在一部分条件好的大企业、大单位先起步，或先在一个有代表性的区起步，一片一片地搞，逐步向全市推开。

各省、自治区、直辖市还要选一、二个县镇进行试点，为明后年大量县镇投入改革积累经验，探索路子。

今年不实行改革的城市和县镇，都要认真抓好调查、测算工作，着手拟定改革方案，为明后年改革做好准备。同时，要积极创造条件，进行一些单项改革。

一九八九年：再有一百五十个到二百个城市和五、六千个县镇，进入全面改革或在一定范围内起步的改革行列。

一九九〇年：除边远和经济落后地区少数城镇外，住房制度改革在全国城市和县镇全面铺开，而且大部分城市和县镇都要实转，做到全部公房按五项因素计租，住房基金初步建立起来，给职工买房创造有利条件，使我国住房制度开始走上新的轨道。

这一步改革任务完成之后，下一步改革的主要内容是：随着工资调整，逐步把住房券理入工资，进入企业成本（机关、事业单位列入财政经费预算）；把住私房和家住农村的职工纳入住房制度改革范围；在逐步增加工资和住房由成本租金提高到商品租金的基础上，进一步实行住房商品化，推动住房的社会化、专业化、企业化经营，搞活房地产市场。

城镇住房制度改革的若干具体政策

从试点城市的情况看，住房制度改革是一项涉及面很广，政策性很强的重大改革，全国要有统一的政策，以加强宏观控制和指导。

一、合理调整公房租金

确定公房租金标准，是住房制度改革的重要环节。租金定得过高，国家、企业、个人三者都难承受；租金定得太低，难以吸引个人买房，不利于抑制不合理的需求，失去了改革的意义。租金标准应按住房的折旧费、维修费、管理费、投资利息和房产税五项因素计算，每平方米使用面积月租金（下同）全国测算平均约一元五角六分，目前，要定在一元以上。可以一步到位，也可以分步达到，但第一年起点不宜太低。

二、从实际出发确定发住房券（补贴，下同）的系数

公房租金提高后，需要相应给住公房职工发住房券。为了便于今后住房券逐步进入职工工资，特别是考虑到在住房、工资方面有关历史情况，发放住房券以采用比例法为宜。按全市职工平均使用面积、每平方米平均新增租金和职工平均发券工资基数，计算出住房券发券额占工资的比例，即发券系数。发券系数乘职工本人计券工资基数，就是职工应得的住房券金额。

由于各地住房水平差距较大，各地发放住房券系数会有高有低。为了使今后各地住房券进入工资数大致平衡，需要进行宏观控制。根据测算，发券系数应控制在百分之二十五以内。各个城市要按职工平均使用面积和职工平均发券工资基数的实际数据测定发券系数，坚持发放的住房券总额与新增加的租金总额持平。城市之间发券系数的差别，在今后住房券理入工资时，由国家作出统一规定，予以合理调整。

对职工发住房券，可采取转账结算的办法，不直接给个人发现金。住房券只能用于交纳新增租金，不得抵交老租金，如有结余可存入银行，作为个人购、建房基金，不得冲击其他消费品市场。

三、理顺住房资金渠道，建立住房基金

目前，每年国家和企业、事业单位用于新建职工住房的资金达二百多亿元。加上为维修、管理现有的二十四亿平方米住房而支出的几十亿元，以及许多单位发给职工个人的住房补贴等，总数约三百亿元左右。这些钱一直分散使用，只有投入没有产出，连住房的简单再生产都不能维持。住房制度改革所需资金要立足于现有资金的转化，就是要把围绕住房生产、经营、消费所发生的资金集中起来，在同级财政部门参与下分别进行核定，变无序为有序，使之合理化、固定化、规范化，建立城市（县镇）、企业事业单位、个人三级住房基金。

城市的住房基金，从市财政原来用于住房建设、维修和房租补贴的资金，当地提取的住房建筑税、房产税，以及出售直管住房回收的资金中筹集。

企业和事业单位的住房周转基金，可以从原来用于住房建设、维修、房租补贴资金，预算外收入按一定比例提取的资金，出售新建住房和旧房回收的资金中筹集。企业按规定提取的住房折旧费、大修理基金，以及从后备基金、福利基金、结余的奖励基金分离出来的部分，都要纳入住房周转基金。企业住房周转基金，要同其他专项基金划分开来，单立账户，互相不挤不占。

职工个人购、建房基金，从个人结余的住房券和企业用于职工其他消费支出的节余部分中筹集。

各级住房基金，只能定向用于住房的生产、经营和消费，不得挪作他用。要作为专项资金由城市相应的金融机构集中管理，监督使用，以保证住房制度改革和今后住房建设有一个固定的资金渠道。

城市和企业事业单位的住房基金是发放住房券的主要资金来源。不足部分，在改革起步时，可以少量进入企业成本（机关、事业单位列入财政经费预算）。改革由实转起步或由空转过渡到实转时，全市企业住房券进入成本要控制在百分之二十以内（包括百分之十二的房产税）。由空转起步时，全市企业住房券进入成本控制在发券额的百分之五以内，用于减、免、补助的统筹资金。进入成本以后，不能提高产品价格，由企业和各级财政分担。目前无力建立住房基金的亏损、微利企业，住房券资金可以从集体福利、奖金中挤一点，在成本中进一点，市住房基金贷一点（经济好转后偿还）。机关、事业单位发放的住房券，列入财政经费预算的部分一般以控制在百分之五十以内为宜。新房实转的住房券资金来源，企业可进入成本，机关、事业单位可列入财政经费预算。

四、坚持多住房多交租和少住房可得益的原则

多住房多交租和少住房可得益，应当作为住房制度改革的一条基本原则。推行住房商品化，就要按商品交换原则办事。工资收入高的人，领得的住房券也多，不能再在改革中沿袭过去某些等级制的做法。

对少数因为提高房租而增加支出较多的和生活困难户，可视其家庭人均收入和住房面积的不同情况，对新增加的租金实行一定时期内（如三年内）减、免、补助的政策。减、免、补助的支出额要严格控制，全市最多不得超过发放住房券总额的百分之五，其资金来源从城市住房基金中统筹。要求给予减、免、补助的职工，必须由本人提出书面申请，经单位批准。各单位减、免、补助的额度，由市核定。

对改革后进住公房的增支户，因为住房多少是本人根据自己的经济能力选择的，一律不实行减、免、补助政策。至于那些特殊困难户，可按正常的福利性补助的途径，由各单位自行解决。

对那些住非租赁公房和拆迁户的职工，在其不交纳住房

租金期间，不予发券。

五、积极组织公有住房出售

住房制度改革的主要目的之一，是推动职工个人购买住房，把群众的购买力引导到改善居住条件上来，以便通过国家、企业和职工的共同努力，加快解决住房困难。

要合理确定住房售价。向职工出售新建住房，按标准价计算。新建住房的标准价包括：

(1) 住房本身建筑造价；

(2) 征地和拆迁补偿费。其他公共设施建设费用和建筑税、能源交通重点建设基金等不应摊入标准售价之内。住宅区内的公共建筑，凡属经营性设施（如商店、粮店、邮局、储蓄所等），应由使用单位购买或租赁，其他非经营性房屋及配套的市政设施投资，应逐步理顺渠道加以解决。

旧住房的标准价，按重置价成新折扣和环境因素等按质计价。砖混结构的单元套房，每平方米建筑面积售价一般不能低于一百二十元。严格防止贱价出售，搞不正之风。

原来实行的补贴出售或有限产权出售的办法，应立即停止实行。今后出售公有住房的价格须经当地物价和房地产部门审定，按照有关规定办理各项手续。

要对职工买房采取优惠措施。一次付清房款的，产权单位应给予适当优惠；无力一次付清的，应先付不少于房价百分之三十的现款，剩下部分可向银行申请长期低息抵押贷款。留利多的企业单位，可以根据条件给低收入的职工贴息。贷款期限根据职工的偿还能力和贷款金额而定，新房一般不超过十五年，最长不超过二十年，旧房最长不超过十年，并根据还款期长短，确定不同的贷款利率。购房户每月还本付息，除以住房券抵交外，还应拿出占家庭工资收入百分之十至百分之十五的现金。

以上出售新、旧住房的标准价和各项优惠措施，不适用于年收入一万元以上的住户。

今后各单位的新建住房，要先卖后租，尽可能做到大部分出售，小部分出租，主要租给低收入者。旧住房要有计划优先出售给原住户。要尽可能把环境好、质量好的房子拿出来出售，以吸引职工买房。职工买到住房后，产权归个人所有，可以使用、继承和出售。出售的增值部分，本人只能分得相当于原来所付房价占当时综合造价比例的部分。

商品住房要按不同的档次建造，主体结构与内部装修可以分开搞，分别计算价格，以便购房户根据各自的需要和经济条件选购。从现在开始，不准再建大面积、高标准装修的住房低价出租。新建住房要以中小户型为主，设计上要为将来改造留有余地，尽可能方便住户。

县镇建设住房，要严格控制占用土地，提倡集资建楼房。不经批准，不准建平房。

六、配套改革金融体制，调整信贷结构

住房制度改革，要广泛而有效地筹集和融通资金，建立一套科学的结算办法，金融体制必须进行相应的配套改革。烟台、蚌埠两市，已成立住房储蓄银行，要切实办好，取得经验。其他城市可由当地政府委托银行设立房地产信贷部，专门办理有关住房生产、消费资金的筹集、融通和信贷结算等业务，实行单独核算，自主经营，自负盈亏，自求平衡，单独缴税。

人民银行要根据住房制度改革和住房商品化的实际进程，从今年开始逐年在计划上安排一块商品住房信贷指针，逐步把信贷结构调整过来。

七、对住房建设、经营在税收政策上给予优惠

住房建筑税和房产税，从当地全面推行住房制度改革时起三年内，留给城市作为城市的住房基金。经营单位向职工个人出售的商品住房，可免缴建筑税、营业税。职工个人第一次购买公有住房，免交契税。对房产经营部门能源交通重点建设基金的征收，按其收入总额扣除成本和税金后的数额计征。

八、加强房产市场管理

随着住房逐步商品化，要建立健全房产交易机构并置于当地政府主管部门的管理和监督之下，严禁非法买卖，投机倒把，牟取暴利。房产的买卖、转让，必须按照有关规定，到房产管理部门登记、取证。住房的出售、出租价格，要纳入商品价格管理体系，物价部门和房地产管理部门要加强管理。商品住房出售后，要加强售后服务工作，方便住户，可由房屋修缮和经营单位，在住户自愿的基础上，统一管理和保养维修，提供各种社会服务，收取合理的费用。

（二）相关部门规章及规范性文件

❶关于金融企业住房制度改革若干财务问题的规定（节录）

（2001年2月8日财政部　财金〔2001〕28号公布）

一、为了贯彻落实《国务院关于进一步深化城镇住房制度改革加快住房建设的通知》（国发〔1998〕23号）的精神，金融企业（以下简称企业）应积极推进和规范住房制度的改革，停止住房实物分配，实行住房分配货币化。

按照国务院及其房改主管部门的规定，企业要严格执行当地政府（市、县级以上，下同）的房改政策，不得以低于规定标准的价格向职工出售公有住房，不得超标准向职工发放住房补贴，不得代职工缴纳或支付应由职工个人负担的住房公积金、购房款和其他资金。

六、1999年1月1日后参加工作的新职工、实行聘任制的职工、新设立企业的职工，全部实行住房分配货币化。

新体制建立以后，企业根据当地政府房改政策按月发放给新、老职工的住房补贴，包括购房补贴、提租补贴等，计入当期成本（费用）。住房补贴不作为职工福利费、工会经费、职工教育经费的计提依据，也不作为计算缴纳住房公积金的基数。

企业在本规定实施前已将按月发放的住房补贴从住房周转金账户中列支的，不做调整。

七、取消住房周转金制度以后，企业根据当地政府房改政策，每月按照工资总额一定比例为本企业职工缴纳的住房公积金，计入成本（费用）。缴纳住房公积金的本企业职工包括人事关系和工资关系均在本企业的固定职工和劳动合同制职工。应由职工个人缴存的住房公积金，由企业每月从其工资中代扣代缴。

企业根据国家和当地政府房改政策，发生的其他与出售住房相关的支出，如按规定为已出售住房支付的供暖费用补

助等，计入营业外支出。

❷关于进一步推进现有公有住房改革的通知（节录）

（1999年8月23日建设部　建住房〔1999〕209号公布）

一、各地要进一步明确可出售公有住房和不宜出售公有住房的范围。城镇成套现有公有住房，一般除按照规划近期需要拆除改造的住房；党政、科研机关及大专院校内与机关、办公不可分割的住房；具有历史纪念意义的住房；严重损坏房、危旧房；以及当地人民政府规定的其他不宜出售的住房外，均属于可售公有住房范围。具体可售公有住房与不宜出售公有住房范围，由各地人民政府确定并公布。

二、凡属各地房屋管理部门直管的成套公有住房，除按规定不宜出售的外，均应向有购房意愿的现住户出售。各国有单位自管的公有住房，原则上应按照上述要求向本单位职工和正常工作调离的非本单位现住户出售。鼓励单位向职工出售现住房的具体规定，由各地人民政府确定。

三、凡在可出售范围的现有公有住房，产权单位应预先编制、上报售房方案；房改部门应在收到单位售房方案后15个工作日内完成审批工作，并将批准件同时抄送房地产交易和产权登记部门；产权单位在收到售房批准件后应积极组织出售工作，并在与购房职工签订购房协议、收取购房款（或订金）后20个工作日内，组织或协助购房职工到房地产交易和产权登记部门办理交易、领证手续；房地产交易和产权登记部门应在收到申请一个月内完成测绘、交易、发证工作。

四、国有单位之间产权有争议的住房，凡在可出售住房范围内的，原则上由现管房单位向当地房地产管理部门出具书面具结保证后，可批准其向职工个人出售，并按规定办理职工个人房屋产权登记手续。售房款按规定比例留足维修基金后，存入当地政府指定的账户予以封存，待原产权关系明晰后再转至原产权单位。

五、向高收入家庭出售现住房执行市场价，向中低收入家庭出售现住房执行成本价。成本价要按《国务院关于深化城镇住房制度改革的决定》（国发〔1994〕43号，以下简称《决定》）规定的七项因素逐年测定、提前公布、按时实施，并逐步与经济适用住房价格相衔接。

六、要按照《决定》和《通知》的规定，在职工家庭合理支出范围内加大现有公有住房，特别是可售公有住房租金改革的力度，促进职工购房。租金标准的提高要与提高职工收入相结合，对民政部门确定的社会救济对象及其他低收入家庭和领取提租补贴后仍有困难的离退休职工家庭，要减收或免收新增租金。

七、对职工已按标准价购买的住房，要鼓励职工在自愿的基础上按成本价补足房价款及利息。职工按成本价补足房价款及利息后，住房产权归职工个人所有。

❸贯彻《国务院关于深化城镇住房制度改革的决定》的实施办法

（1995年3月10日铁道部　铁政策［1995］25号公布　自公布之日起施行）

第一章　总则

第一条　《国务院关于深化城镇住房制度改革的决定》（国发［1994］43号，以下简称《决定》）是搞好住房制度改革的主要政策性文件，对铁路的住房制度改革具有重要的指导意义，各单位必须坚决执行。

为认真贯彻落实《决定》，进一步完善铁路住房制度改革方案，深化铁路住房制度改革，加快铁路住房建设步伐，结合铁路实际情况，特制定本实施办法。

第二条　铁路房改的根本目的是：建立与社会主义市场经济体制相适应的住房制度，实现住房的商品化、社会化；加快住房建设，改善职工居住条件，满足职工不断增长的住房需求。

第三条　铁路住房制度改革的基本内容是：改变住房建设投资由国家、单位统包的体制为国家、单位、个人三者合理负担的体制；改变各单位建设、分配、维修、管理住房的体制为社会化、专业化运行的体制；改变住房实物福利分配的方式为以按劳分配为主的货币工资分配方式；建立住房公积金制度；建立规范化的房地交易市场和发展社会化的房屋维修、管理市场，逐步实现住房资金投入产出的良性循环，加快铁路住房建设和发展。

第四条　铁路住房制度改革要坚持"政策按中央，方案系统定，资金循环，交叉随地方"的原则，实行配套改革、分阶段推进。其近期任务是：全面推行住房公积金制度，建立企业住房基金；积极推进租金改革；稳步出售公有住房，建立规范化的住房交易市场；逐步实现住房管理、维修服务社会化；搞好房地产开发，支持房改；多渠道、多形式筹集建房资金，加快经济适用住房建设；至本世纪末，初步建立起新的住房制度，使职工居住条件达到小康水平。

第二章　住房公积金和企业住房基金

第五条　建立住房公积金制度。所有企事业单位及其在职的固定职工、合同制职工者要按照"个人存储、单位资助、统一管理、专项使用"的原则交纳住房公积金。

第六条　住房公积金归职工个人所有，存入个人公积金账户，用于购、建、大修住房。职工离退休时，公积金本息余额一次结清，退还职工本人；调动工作时，转入新单位该职工名下的住房公积金账户；职工去世后，公积金本息余额由其合法继承人或受遗赠人支取。

住房公积金存储利率按国家有关规定执行。职工的住房公积金本息免征个人收入所得税。

第七条　目前个人交纳和单位资助的住房公积金的缴交率分别为5%，已超过这个比例的可以不变。今后，随着经济发展和职工工资收入的增加，缴交率要相应提高。

第八条　住房公积金由职工个人及其所在单位，各按上年度职工月平均工资的5%逐月交纳，当月一并存入个人公积金账户。职工上一年的月平均工资按《铁路劳动工资统计规则》（铁计［1994］130号）计算。

企业单位提供的住房公积金，从企业的住房周转金中解决，不足部分经财务部门核定，在成本、费用中列支。行政事业为职工提供的住房公积金，立足于原有住房资金的划转，不足部分，全额预算的事业单位由财政预算拨付；差额预算的事业单位按差额比例由财政预算拨付；自收自支事业单位比照企业开支渠道列支。

第九条　按照责权利一致的原则，建立和完善住房公积金管理制度，加强住房公积金的管理。

铁道部成立住房公积金管理中心，对全路住房公积金管理进行政策指导、检查、监督和协调，同时管理在京有关单位的住房公积金。

部属各单位住房公积金的管理机构和分工由各单位自行确定，既可设立专门机构管理，也可以由职能部门分工管理。

各单位要切实加强对住房公积金的管理，按照国家和铁道部的有关政策和规定，管好用好住房公积金。

第十条 各单位要继续做好原有住房资金转入企业住房基金的划转工作，按铁道部有关文件的规定，建立企业住房基金，管好用好企业住房基金。

住房公积金和企业住房基金只能用于住房建设和住房制度改革，严禁挪作他用。

第三章 租金改革

第十一条 要考虑租售比价的合理性，在职工家庭合理住房支出范围内加大租金改革力度。租金提高的幅度和次数要与售房价格从标准价向成本价过渡的进度同步，要与职工收入水平相适应，并根据物价指数控制目标统筹安排。为此，提出2000年前全路租金改革规划：

第一步，1995年，租金水平要提高到占双职工家庭平均工资的4%以上。

第二步，1996年，租金水平要不低于双职工家庭平均工资的6%。

第三步，到2000年，租金水平原则上应达到占双职工家庭平均工资的15%。按上述办法测定，租金水平已达到或超过折旧费、维修费、管理费、贷款利息、房产税等五项因素成本租金水平的，按成本租金计租。经济发达地区的铁路单位要力争达到八项因素（上述五项、保险费、利润、地租）市场租金水平。

各单位要按此目标和部的统一政策，制定2000年前租金改革规划和实施方案。

第十二条 铁路单位的租金，应不低于当地租金水平。有条件的单位，要结合实际情况，较快实现向成本租金和市场租金过渡。在租金水平达到成本租金以前，新建住房（包括腾空的旧住房）租金标准一般应高于同期现住房的租金标准，也可同时实行交纳租赁保证金办法。

第十三条 租金调整后，离退休职工、政府民政部门确定的社会救济对象和优扶对象，以及住房在规定标准之内的职工家庭，用规定的个人合理负担部门加上原有全部住房补贴，仍不足支付房租的，可由单位适当给予困难补助。

第十四条 租金统一按使用面积计算。超过住房标准的面积部分，实行超标加租。

第十五条 租金改革后的租金收入，首先用于住房维修，节余部分纳入单位住房基金，用于住房建设和房改。

第十六条 按照交叉随地方原则，铁路职工承租非铁路公房，非铁路职工承租铁路公房，执行地方房改实施方案。

第四章 公有住房出售

第十七条 稳步向职工出售铁路公有住房。除将来有可能影响铁路改、扩建和地方政府规定或产权单位认为不宜出售的住房外，都可以向职工出售。

新建公有住房和腾空的旧房实行先售后租，并优先出售给住房困难户。

第十八条 购买公有住房要坚持自住、自愿的原则，每户有城镇常住户口并符合购房条件的铁路职工家庭，都可购买一套公有住房。

第十九条 向高收入职工家庭出售铁路公有住房实行市场价，向中低收入职工家庭出售铁路公有住房实行成本价。目前以成本价购买住房确有困难的，可以先实行标准价，以后根据职工收入的提高和家庭经济承受能力的加强，逐步过渡到成本价和市场价。

第二十条 成本价应包括住房的征地和拆迁补偿费、勘察设计和前期工程费、建安工程费、住宅小区基础设施建设费、管理费、贷款利息和税金等七项因素。旧房的成本价按售房当年新房的成本价成新折扣（折旧年限一般为50年）计算，使用年限超过30年的，以30年计算；经过大修式设备更新的旧房，按有关规定评估确定。

第二十一条 标准价按负担价和抵交价之和测定。一套56平方米建筑面积标准新房的负担价，1994年应为本单位或本地区（指市县以上的地区，下同）双职工年平均工资的3倍。双职工年平均工资按本单位或本地区统计部门公布的（男35，女30）内积累的由单位资助的住房公积金贴现值的80%计算。

旧房的负担价按售房当年新房的负担价乘新折扣（折旧年限一般为50年）计算，使用年限超过30年的，以30年计算；经过大修或设备更新的旧房，按有关规定评估确定。旧房的抵交价，可以根据使用年限适当降低，但最多不能低于新房抵交价的80%。

第二十二条 售房价格要逐步从标准价过渡到成本价。当年的标准价要根据职工上年平均工资增长的水平、单位发给住房补贴和资助职工建立住房公积金年增长水平确定，一年一定；新房负担价与双职工家庭年平均工资的倍数要逐年提高，2000年以前达到3.5倍。各单位要根据实际情况，加快由标准价向成本价过渡。

第二十三条 出售公有住房，应坚持先评估后出售的原则。住房的实际售价应根据所处地段、结构、层次、朝向、设施和装修标准等因素区别计价。现行售房价格已高于规定的标准价起步水平的，不应予降低价格。

第二十四条 对购房职工在建立住房公积金以前的工作年限给予工龄折扣。每年工龄折扣的数额，按抵交价除以65（男职工35年，女职工30年）计算。离退休职工购房计算工龄折扣的时间，按国家规定的离退休年龄计算。

第二十五条 职工购买现已住用的公有住房，可以适当给予折扣，1994年的折扣率为负担价的5%，今后要逐年减少，2000年前全部取消。

第二十六条 职工购房可以一次付款，也可以分期付款。售房单位可对一次付款的购房职工给予一次付款折扣，折扣率参考当地购房政策性贷款利率与银行储蓄存款利率的差额，以及分期付款的控制年限确定。实行分期付款的，首期付款不得低于实际售价的30%，分期付款的期限一般不超过10年。分期交付的部分要计收利息，单位不得贴息，利率按政策性抵押贷款利率确定。职工在交清全部购房款后，才能获得住房产权证书。

受委托经办政策性金融业务的银行，应对职工购房提供政策性抵押贷款，单位对符合购房条件和贷款条件的职工申请购房抵押贷款时可给予担保。

第二十七条　职工以市场价购买的住房，产权归个人所有，可以依法进入市场，按规定交纳有关税费后，收入归个人所有。

职工以成本价购买的住房，产权归个人所有，一般住用5年后可以依法进入市场，在补交土地使用权出让金或所含土地收益和按规定交纳有关税费后，收入归个人所有。

职工以标准购买的住房，拥有部分产权，即占有权、使用权、有限的收益权和处分权，可以继承。产权比例按售房当年标准价占成本价的比重确定。职工以标准价购买的住房一般住用5年后才可依法进入市场，在同等条件下，原产权单位有优先购买权、租用权。售、租房收入在补交土地使用权出让金或所含土地收益和按规定交纳有关税费后，单位和个人按各自的产权比例进行分配。

第二十八条　职工按标准价、成本价购买住房，每个职工家庭只能享受一次。职工调转工作，在把住房售给原产权单位后，到新单位可优先购置标准价、成本价住房。

第二十九条　职工购买住房，超过国家规定的住房面积标准的部分，按市场价计价。

第三十条　从1995年1月1日起，铁路单位出售公有住房必须严格按《决定》和本《办法》执行，原有关文件规定的标准价和最低价一律停止。

对1995年1月1日以前出售的公有住房，一律按本《办法》规定的售房政策进行规范，按照售房当年的售价占成本价的比重明确个人拥有的产权比例。经购房人同意，也可以按成本价补足房价款及利息后，原购住房产权归个人所有。

部属各单位出售铁路公有住房必须根据部统一政策，参照当地政府的售房方案，制定具体办法，报部房改领导小组批准。其他单位的房改办法报部房改领导小组备案。

第三十一条　无论是拥有全部产权还是部分产权，都有责任保障住房的住用安全和正常使用，不得随意拆、改。

职工购买的住房，室内各项维修开支由购房人负担。楼房出售后，应建立共用部位、共用设施设备的维修基金。购房人按住房建筑面积向售房单位交纳维修基金。维修基金的利息用于住房共用部位、共用设施设备的维修费用，不足时，由产权人按各自占有房屋建筑面积比例分摊。购房人出售所购住房或住房拆除时退还个人交纳本金。共用部位、共用设施设备的维修养护责任，可由售房单位承担；也可逐步由物业管理企业或社会化的房屋维修服务单位承担。

各单位应结合建立现代企业制度，在住房制度改革中，逐步把住房维修、管理分离出来，发展多种所有制形式的物业管理企业和社会化的房屋维修、管理服务。

第三十二条　要加强铁路公有住房出售收入的管理，售房款必须纳入单位住房基金，用于住房建设和房改，不得挪用。

第五章　经济适用住房建设

第三十三条　把住房建设投资由国家、单位统包的体制改变为国家、单位、个人三者合理负担的体制，发挥国家、单位和职工个人投资建房的积极性。

要多渠道、多形式筹集建房资金，发展集资建房和合作建房，加快经济适用住房建设和危旧住房改造。

第三十四条　集资建房应明确职工出资部分，是单位借款还是职工投资。如属单位借款，所建住房产权归单位所有，对职工集资款，单位应还本付息；如属职工投资，则应严格按职工出资额界定职工所占产权比例，并保障出资各方的合法权益。

职工投资达到或超过标准价的，可按出售住房各项规定办理，使集资建房稳步向售房过渡。

部属各单位要根据部的统一政策和本单位实际情况制定和完善集资建房办法，将集资建房纳入住房建设规划和房改总体方案。

第三十五条　对居住偏远、分散的铁路职工家庭，可采取以职工自建为主、单位适当给予帮助的形式建设住房。住房的建筑标准由单位制定。

第三十六条　要充分利用已有土地资源，取得级差收益，加快危旧住房改造和经济适用住房建设，改善职工居住条件。

第三十七条　有条件的单位可以建立住房合作社，开展合作建房。各单位对合作建房组织要给予支持，要按国家有关规定进行规范和管理。住房合作社要在本单位统一规划下进行住房建设。

第六章　审计和监督

第三十八条　各单位要严肃房改纪律，严格执行《决定》和本《办法》的各项政策规定。审计部门要加强对住房公积金和企业住房基金的审计。

第三十九条　监察部门要加强纪律监督、检查，对不执行《决定》和铁道部的统一政策、低价售房、变相增加优惠和以权谋私等违法、违纪行为，要严肃查处。

第七章　组织领导

第四十条　住房制度改革涉及面广、政策性强、操作复杂，关系到每个职工的切身利益，必须加强领导，统筹规划，稳步推进，不断深化。推进房改，加快住房建设，是各级领导的重要职责，要把房改纳入工作日程，住房建设和住房制度改革必须统筹考虑。各单位必须建立健全工作机构，按《决定》和部的统一政策，在部房改领导小组的宏观指导下开展工作。

第四十一条　各单位的各有关部门要密切配合，相互支持，制定和完善各项改革配套措施。要结合建立现代企业制度、转换企业经营机制和劳动工资制度改革，把住房开发建设、分配、管理和维修服务等职能逐步从企业中分离出去，加快实现住房的商品化、社会化，建立起新的住房制度。当前，首先要逐步做到职工住房与生产房屋分开管理，为进一步深化房改打下基础。同时选择有条件的单位，进行住房补贴，理入工资、住房物业管理的试点，探索经验，逐步实现住房商品化、社会化。

第四十二条　各单位要认真做好房改宣传工作，使铁路房改的目的、意义、政策、实施步骤家喻户晓、深入人心，引导广大职工、家属转变观念、提高认识，积极关心房改、支持房改、参与房改。

第四十三条 各单位在房改中要加强与地方政府的联系，搞好与地方的关系，积极争取地方的支持和帮助。铁路单位的房改进度不应滞后于地方，要支持地方房改。

第八章 附则

第四十四条 本办法适用于铁路企、事业单位。原有房改政策和规定，凡与本办法不一致的，一律以本办法为准。

第四十五条 本办法自发布之日起实行。由铁道部房改领导小组负责解释。

❹关于进一步深化学校住房制度改革，加快解决教职工住房问题的若干意见（节录）

（1998年10月19日教育部、建设部 教〔1998〕23号公布）

各省、自治区、直辖市教委、教育厅、建委（建设厅），计划单列市教委、新疆生产建设兵团教委，广东省高教厅，国务院有关部委教育（计财）司（局）：

近年来，在党中央、国务院的关心和高度重视下，在各级政府的领导和积极支持下，教职工住房建设和改革工作取得了显著成绩，教职工住房条件得到明显改善。但到本世纪末，基本解决教职工住房问题的任务仍很艰巨。《国务院关于进一步深化城镇住房制度改革，加快住宅建设的通知》（国发〔1998〕23号，以下简称《通知》）发布后，各地根据《通知》精神，结合本地实际，深化城镇住房制度改革，加快住房建设的步伐。鉴于教师住房工作的特殊性，为更好地贯彻实施《通知》精神，巩固教职工住房工作的成果，促进城镇教职工住房制度改革和住房建设，现就有关问题提出如下意见：

一、要认真贯彻落实《通知》精神，进一步深化教职工住房制度改革。深化城镇住房制度改革，促进住宅建设发展，是党中央、国务院的一项重大决策。多年的实践也充分证明，解决教职工住房问题的根本出路在于改革。因此，各级教育行政部门和各级各类学校，要认真贯彻落实《通知》精神，按照本地区房改的部署，抓紧并深化城镇教职工住房制度改革，认真执行国家房改各项政策。通过进一步深化住房制度改革，停止实物分配住房，逐步实行住房分配的货币化等改革措施，争取使解决教职工住房问题在2000年左右进入良性循环。

二、要继续巩固和发展城镇教职工住房改革和建设工作的成果，努力完成教职工住房建设“九五”规划。各地各有关部门在深化住房制度改革的同时，一定要根据《通知》和前几次全国教职工住房建设工作经验交流会议的精神，继续认真实施已经确定的本地区教职工住房建设“九五”规划和年度执行计划，并采取切实可行的办法措施，坚决予以落实，确保本世纪末全国城镇教职工住房建设和解困目标的基本实现。

三、坚持对教职工住房的建、租、售实行优先优惠政策。各地各有关部门在深化教职工住房改革的过程中，要结合本地实际和学校住房的特点，进一步扶持教职工住房建设和改革工作。对教职工住房建、租、售已实行的优先优惠政策和前些年在教职工住房建设和改革方面取得的成功经验和作法，要继续坚持和推广，并在新形势下不断创新和发展。要把教职工住房建设纳入当地的城市住房建设总体规划，统筹考虑安排。在继续建设教职工住宅小区的同时，各地组织建设的经济适用住房也要规定一定比例优先用于教职工购买；要积极贯彻落实国办发〔1998〕130号文件精神，鼓励并支持有条件的学校，在符合城市及学校总体规划的前提下利用国有商业银行住房建设贷款，在自有用地自建经济适用住房，以进一步加快教职工住房的建设与深化改革的步伐，促进教职工住房困难问题的解决。

四、要继续加强对学校售房工作的领导和管理。考虑学校的具体情况，对学校住房出售的有关问题，原国家教委经商国务院房改领导小组同意，印发了《关于高等学校出售公有住房有关问题的意见》（教计〔1995〕1号）；国务院办公厅又分别转发了原国家教委、建设部、全国教育工会《关于“八五”期间解决城市中小学教职工住房问题的意见》（国办发〔1992〕52号）和原国家教委、建设部、国家计委等六部委《关于加快解决教职工住房问题的意见》（国办发〔1995〕18号）。这些文件对学校住房出售的工作，已做出了原则规定。为更好地贯彻《通知》精神，进一步规范校园内住房的出售工作，加强校园管理，保证学校当前和长远的发展，特重申以上文件的有关原则和规定，并提出如下补充、完善或调整的意见：

1. 目前城镇中小学校的校园面积普遍偏小。为了学校今后的管理和长远发展，建在中小学校园内的住房一般不得出售，并要设法逐步调整出学校；对于校园占地面积大于国家规定标准的学校，其建在校园内或校园周边能与教学活动区域分离、且分离后又不影响学校长远规划和管理的住房，经区（县）房改及教育行政部门批准后，可按当地房改规定向教职工出售。

2. 高等学校必须保留必要数量的公有住房作为公寓进行管理，其数量一般不低于学校规划住房总量的15%。学校今后在校园内建设住房，应主要建设适用于在职青年教师居住廉价租用房，实行公寓化管理，一律不得向个人出售。这次学校改造的筒子楼和危旧住房，近期主要供住房有困难的青年教师租用，待其工作一段时间、具备购房能力后，另购经济适用住房。之后，连同余留的公寓，一律作为学校的长久周转用房，主要供学校每年新增年轻教师、新聘人员和引进人员租用。具体由学校确定，并报主管部门备案。

3. 高等学校在出售校园内住房之前，必须做好校园建设的总体规划，并报上级教育和规划主管部门审批。凡无总体建设规划或校园功能分区未定的高等学校，其校园内的住房一律暂缓出售；学校出售建在校园内的住房时，必须将售房区域单独划出，与校园隔开并要在售后实行物业管理。

4. 高等学校校园内住房属以下情况的也不得出售：

（1）已经建在教学、科研和学生生活、体育运动区及其近、远期规划区域内的住房；

（2）经改建开发可产生较大经济和社会效益以及具有较大重建价值的住房，如平房、危旧住房和非成套住房；

（3）有历史纪念意义或属文物需保留的住房；

（4）上级教育部门和学校认为不宜出售的其他住房。

5. 对住在学校非售房区或所住房屋为非售住房的教职工，各校应根据本校实际情况，对其进行妥善安排，如通过调整、置换、经济补偿、优先购房等方法，使之能够享受到学校同期售房的有关优惠政策。

五、采取有效措施，使国家给予优惠政策建、购的教职工住房确保教职工居住。为避免学校住房流失，学校向教职工个人出售住房时，要根据所售房产权的具体情况，同购房者签订具有法律效力的书面协议，凡享有国家和学校优惠政策的住房和建在学校校园内的住房，应明确购房者不能擅自改变住房用途或赠与他人；购房一定期限后如出售亦只能再售给学校、学校教职工或学校主管部门；如因特殊情况要进入市场，向社会出售，必须经学校主管部门审批同意后方可进行。未满服务年限擅离教育岗位的，学校有权按原售价收回其住房。

❺建设事业“十五”计划纲要（节录）

（2001年5月10日建设部 建综〔2001〕96号公布）

（三）基本建立符合社会主义市场经济要求的城镇住房新体制，提高城乡居民的居住水平

发展目标

继续深化城镇住房制度改革，基本建立符合社会主义市场经济要求的满足人民群众需要的城镇住房新体制。以改革促进发展，提高住宅产业现代化，增加城乡居民居住面积，使城乡人民居住水平和环境质量有较大改善。2005年城镇人均住宅建筑面积达到22平方米，农村住宅砖混结构比重和使用功能有明显提高。

主要任务

进一步发展以经济适用住房为重点的住宅建设，增加住房的有效供给。“十五”期间，全国城乡住宅累计竣工面积57亿平方米，其中城镇住宅竣工面积27亿平方米，农村住宅竣工面积30亿平方米。

完善住房保障制度，初步形成适用中国国情的廉租房供应保障体系，帮助城镇最低收入家庭解决基本居住问题。

发展以居民住宅为重点的房地产业和装修装饰业。加速推进住宅产业化，提高科技进步对住宅建设与房地产业增长的贡献率。

改革方面和措施

进一步完善房改配套政策，落实住房分配货币化政策，建立较为稳定和规范的住房补贴资金渠道，形成比较完善的住房货币化分配体系。

建立运作规范、功能完善的住房市场体系，全面开放住房交易市场，积极培育住房租赁市场，调整完善税费政策、管理制度、交易程序，形成规范的中介、流通、服务和信息体系。鼓励社会资金投向住房建设和消费。

进一步完善住房公积金制度。初步建立符合中国国情的商业性和政策性并存的住房金融体系，建立起兼顾贷款人风险和借款人负担的住房贷款抵押、保险和担保制度。加大政策支持力度，建立较为完善的适应不同地区、不同收入家庭支付能力的住房保障制度，形成商品房、经济适用住房、廉租房合理供应比例的供应体系。

规范发展物业管理业，提高物业管理综合服务水平。逐步推广企业化、专业化经营的物业管理，加快物业管理的立法步伐，规范物业管理企业行为，形成合理的物业管理收费制度和规范的物业管理招投标制度，逐步解决工资中物业管理消费含量不足问题。

基本建立以间接调控为主的政府对住房市场的宏观调控体系，主要依靠财政、金融、土地供应、产业政策和法律等手段，实现政府对市场运行、质量监督、住房保障等方面的间接调控。

建立和完善促进住宅产业化发展的各项制度，形成基本完善的住宅产业政策体系，构建系列化、集约化、商品化的住宅生产体系，建立起住宅技术保障、住宅建筑、住宅部品、质量控制和性能认定等五大体系，形成住宅建设的技术创新和技术进步机制，全面提高住宅建设质量和住宅产业水平。

❻关于做好稳定住房价格工作的意见（节录）

（2005年4月30日建设部、国家发展和改革委员会、财政部、国土资源部、中国人民银行、国家税务总局、中国银行业监督管理委员会公布）

六、加强经济适用住房建设，完善廉租住房制度

各地要按《经济适用住房管理办法》（建住房［2004］77号）和当地政府的规定，落实经济适用住房项目招投标的制度，加强经济适用住房建设，严格实行政府指导价，控制套型面积和销售对象，切实降低开发建设成本，建设单位利润要控制在3%以内。有关具体要求在《国有土地划拨决定书》中予以明确，并向社会公示。鼓励发展并规范住房出租业，多渠道增加住房供给，提高住房保障能力。

各省、自治区、直辖市要督促市（区）、县抓紧开展城镇最低收入家庭住房困难情况的调查，全面掌握本地区廉租住房需求情况，并建立保障对象档案。要根据廉租住房需求，切实落实以财政预算安排为主、多渠道筹措廉租住房资金，着力扩大廉租住房制度覆盖面，加快解决最低收入家庭基本住房需要。城镇廉租住房制度建设情况要纳入省级人民政府对市（区）、县人民政府工作的目标责任制管理，省、自治区、直辖市相关部门要加强监督检查。

（三）相关地方政府规章及规范性文件

❶北京市国土资源和房屋管理局、北京市人民政府住房制度改革办公室关于加快房改房发证有关问题的通知（节录）

（2001年11月5日北京市国土资源和房屋管理局、北京市人民政府住房制度改革办公室 京国土房管权字〔2001〕962号公布）

三、凡购房职工交齐房价款满6个月，经催办售房单位仍不申请领证的，所售房屋具有房屋所有权证或确权证明，购房职工可凭购房合同、交纳房价款的发票（或收据）到所在区（县）登记发证部门申请房产发证。登记发证部门经审核后，可为其核发市局统一印制的房改房确权证明（附件）。购房职工持房改房确权证明到售房单位换领房屋所有权证，或到售房上级主管部门投诉，督促售房单位尽快到发证部门申请房产登记；房改房确权证明可作为房屋出租的产权凭证。

市区县登记发证部门为购房个人核发房改房确权证明后，应立即通知售房单位为职工办理房产登记，售房单位仍不申请的，市、区（县）发证部门将情况通报其上级主管部门。

市发证部门为购房人核发房改房确权证明后将其档案资

料转房屋所在区县发证部门。

五、中共中央直属机关房改办、中央国家机关房改办、全市各级房改办应督促各售房单位尽快到登记发证部门办理发证手续。今后中央直属机关房改办、中央国家机关房改办、全市各级房改办在批复房改方案中注明售房单位应在6个月内，到登记发证部门申请办理房产证。

❷哈尔滨市企业单位实行住房分配货币化的指导意见

（2001年2月21日哈尔滨市人民政府公布）

为推动我市企业住房制度改革，加快建立适应市场经济体制和现代企业制度要求的住房新体制，根据《国务院关于进一步深化城镇住房制度改革加快住房建设的通知》（国发〔1998〕23号）和《黑龙江省人民政府关于印发黑龙江省进一步深化城镇住房制度改革加快住房建设实施方案的通知》（黑政发〔1998〕118号），结合我市企业的实际情况，提取企业单位（含自收自支事业单位）实行住房分配货币化的指导意见。

一、总体思路

贯彻国务院《通知》精神，服务国有企业改革的总目标，结合实际情况，进行分类指导；不同类型的企业均应按照建立与社会主义市场经济体制相适应的新的城镇住房制度的要求，稳步推进企业的住房商品化、社会化；改革住房分配制度，逐步建立适合企业职工特点的住房新体制，加快解决企业职工的住房问题。

二、基本原则

在国家和省统一政策目标指导下，坚持从企业的经济承受能力出发，积极稳妥，量力而行；坚持按劳分配，效率优先，兼顾公平；坚持正确处理改革、发展和稳定的关系；坚持因企制宜，方式多样，方案自选，民主决策，稳步实施的原则。

（一）工资水平较高，房价与家庭收入比4倍以下的企业，职工工资中已经包含了足够的住房消费含量，有能力依靠工资收入、公积金积累和住房贷款解决住房问题，可以不实行住房补贴，但仍要建立住房公积金制度，用于职工不断改善住房条件。

（二）经济效益较好，有一定住房资金的企业，可以对新职工提高公积金缴交比例的方式实施住房补贴，老职工一般可采取一次性住房补贴，在购房时一次性发放。

（三）新建的企业，要坚持新企新制度，实行规范化公司改造的企业，要同时进行住房管理社会化和分配货币化改革；实行聘任制的企业职工和新职工，住房补贴或住房公积金可一步到位，直接进入住房货币分配的新体制；其他新建的企业，要按照建立现代企业制度的要求，走住房货币化、商品化、社会化的道路。

（四）经济效益一般，没有固定住房资金来源的企业，可以实行量力而行的一次性发放住房补贴的办法，补贴标准要适当，能补多少就补多少。

（五）经济效益较差，无力实行住房补贴的企业，可以暂缓实行，经营状况好转后逐步实行。

（六）坚持国家政策扶持，多渠道加快职工住房建设。继续鼓励有条件的企业，在符合城市总体规划的前提下，建设经济适用住房。可以通过集资、合作等形式，建设不同形式的经济适用住房。在一定时期内，允许有条件的企业购买经济适用住房以房改成本价向职工出售。企业可以建设廉租住房，保障特殊困难职工的住房问题。

三、实施对象

（一）实行住房分配货币化的企业，对无房和住房未达到规定面积标准的职工（含离退休职工），给予不同形式的住房补贴，实行住房分配货币化。

无房职工，是指职工本人及配偶，均没有通过无偿分配、拆迁安置或其他形式途径取得公有住房的；住房面积未达标职工，是指职工本人及配偶，通过无偿分配、拆迁安置或其他形式途径取得公有住房，但没有达到规定面积标准的。

（二）停止住房实物分配后，新建住房原则上只售不租；需要住房的职工，在个人合理负担的基础上，通过使用住房公积金、单位发给的住房补贴和个人住房贷款购买住房。

四、基本形式

企业住房分配货币化，坚持实事求是，方式多样。企业可依据不同的性质和经济效益状况，从实际出发，采取不同形式的住房分配货币化办法；既可以采取提高单位资助部分的公积金缴交比例的形式，也可以实行住房补贴的形式。

（一）建立住房公积金制度。住房公积金是住房分配货币化的一种主要形式。所有企业（包括国有企业、城镇集体企业、外商投资企业、城镇私营企业及其他城镇企业）都要建立住房公积金，没有建立的要尽快建立起来，已经建立的要按照国家《住房公积金管理条例》和市政府《住房公积金管理办法》缴存公积金。

实行住房分配货币化以后参加工作的新职工，可采取按月补贴或提高公积金缴交比例的方式，提高公积金缴交比例的职工，不再给予其他形式的住房补贴。

（二）建立住房补贴制度。住房补贴是指把单位用于购建职工住房的资金，转化为向职工个人提供专项用于住房消费的货币补贴。住房补贴应按职工个人计算发放，不按家庭发放。住房补贴的水平，要从实际出发，结合企业实际情况实事求是地确定。

1. 有条件的企业，可以参照实行《哈尔滨市机关和事业单位实行住房分配货币化实施方案》规定的补贴办法，对此不做统一规定，参照实行的单位，应遵循量力而行、实事求是的原则，结合企业实际制定切实可行的具体实施方案。

2. 没有条件的企业，可以根据购建住房的实际价格，从企业补贴能力和职工负担能力的实际出发，因企制宜，量力而行，合理确定企业补贴比例和职工个人负担比例。

3. 住房补贴可以采取以下多种发放方式：

（1）一次性发放方式。一次性发放住房补贴，是在职工买房时，根据职工的住房面积标准和现住房的情况，一次性发给住房补贴。

（2）按月发放方式。按月发放住房补贴，是将职工的一次性住房补贴在职工一定工作年限内按月发放，补贴资金来源稳定、数量充足的企业，在妥善做好资金长期规划和安排后，可采取按月补贴方式。

（3）一次性和按月发放相结合方式。一次性和按月发放相结合，是对住房分配货币化以前参加工作的老职工采取的一种住房补贴方式。对实行货币化分配前的住房补贴一次性结清挂账，对实行货币化分配后的住房补贴按月计算存储或记账。职工购买住房时，将已挂账的一次性补贴和按月记账或存储的住房补贴，划转售房单位。

住房补贴的发放，依照按劳分配、效率优先、兼顾公平的原则，根据职工的职务、专业技术职称、技术等级、现住房情况、工作年限等因素综合确定，建立轮候制度。

企业的住房分配货币化，各单位要从实际出发，综合考虑单位经济条件、资金来源、职工现实住房状况和经济承受能力，选择上述符合本单位实际的住房分配货币化方式，不搞一刀切，不做统一规定，也不要套用机关的补贴办法。总之，统一政策，因企制宜，方式多样，方案自选，民主决策，稳步实施。但不论采取哪种方式，都应力求做到公平公正，在合理确定职工承担住房消费比例的前提下，制定科学规范的货币化方案，并经职代会讨论通过和上级主管部门批准后实施。

五、职工住房面积规定标准

企业领导干部的住房标准，不做统一规定。可以参照执行机关的住房面积标准，也可以自行制定标准，经职代会讨论，并经上级主管部门批准或董事会同意后执行。

企业其他各类人员的住房面积标准，可从企业实际出发，根据职工的职务、专业技术职称、技术等级、工作年限和任职年限等因素，由企业自行确定。

六、补贴资金的管理

（一）住房货币化的资金主要是原有建房资金的转化、出售公有住房的资金、公益金和税后利润等，经济效益好的企业，可以适当增加住房资金，经同级财政或税务部门批准后，列入成本。

（二）住房补贴资金不列入个人所得税基数。

（三）住房补贴原则上不以现金形式发放给职工个人，在职工购房时，以转账方式划入售房单位。

（四）有条件的企业，对未达到住房规定面积标准、并不再购买住房的离退休职工，可直接发放现金。

七、基本要求

（一）要加强住房分配货币化工作的领导。企业实行住房分配货币化是国有企业改革的重要组成部分，也是进一步深化房改的重点，企业的领导要高度重视，主要领导要亲自抓，落实责任制度，周密安排，精心组织，纳入重要工作议程，统筹安排，做出切实可行的解决职工住房问题的近期计划和中长期规划，经常检查落实，一定要努力筹措资金，千方百计解决职工的住房问题，市房改办和其他有关部门要结合不同类型企业的实际情况，进行分类指导，督促企业认真落实住房分配制度改革，不断提高职工的住房水平。大中型企业都要按有关规定并结合企业实际制定住房分配货币化方案，中型企业住房分配货币化方案经主管部门批准后执行，大型企业住房分配货币化方案报市房改办备案。

（二）建立职工住房档案。各企业在实行住房分配货币化之前，要对所属职工的住房情况进行普查登记，逐一核定，建立职工住房档案。

（三）要抓好政策衔接。实行住房分配货币化，要注意和单位原来的住房制度相衔接，要积极稳妥，逐步推开，使新老分配制度平稳过渡。

（四）加强检查指导。各有关部门要密切配合，对企业住房分配货币化政策执行情况进行检查指导，帮助解决企业住房分配货币化过程中的有关问题，保证企业房改的顺利进行。

❸江苏省住房制度改革领导小组关于调整房改有关政策的意见（节录）

（2000年5月江苏省房改领导小组制定　2000年6月6日江苏省政府办公厅　苏政办〔2000〕54号转发）

一、关于公积金。各市、县住房公积金缴存比例原则上上调一个百分点，即单位和职工个人缴存比例由6%调整为7%，有条件的市、县及部、省属单位经省政府批准后可将缴存比例提高至8%。缴存基数按职工本人1999年度月平均工资核定，月平均工资超过2000元的按2000元计算。

全省所有市、县由财政列支的单位缴存的住房公积金，必须列入当地政府财政预算。

二、关于租金和补贴。2000年度全省砖混一等公有住房每平方米使用面积租金平均上调20%左右，即：苏、锡、常为2.20元；宁、镇、扬、泰、通、徐为2.00元；盐、连、淮、宿为1.80元。租金补贴比例不再增加，补贴基数可按1999年12月份的职工月工资数计算。各项减免政策继续执行。

三、关于公房出售。2000年度售房成本价提高4%左右，逐步与当地经济适用住房价格接轨。取消现住房和一次性付款折扣，职工个人年工龄折扣率仍为0.6%。

进一步扩大售房范围和售房对象。各市、县房产部门管理的成套房和单位自管房，除规划近期需要拆除改造的住房、与党政机关、科研院所、大专院校等不可分割的住房、具有历史意义的住房、严重损坏房、危旧房以及市、县政府规定的其他不宜出售的住房外，均应向有购房意愿的现住户（含正常调离本单位职工和合法取得租赁权的住户）出售，各市、县应抓紧制订鼓励单位向职工售房的具体规定。

扩大售房范围后属于可售范围的住房，在2000年内办理购房手续，可按1998年度售房政策执行。

四、关于住房补贴政策。苏政发〔1998〕89号文件规定的补贴面积标准和对各市、县方案批复中规定的补贴标准，2000年度继续执行。

1998年11月30日前参加工作的无房和住房面积未达到规定面积标准的职工的购房补贴，按职工此前的职级、工龄等因素计发。

将1998年12月1日后参加工作的“新职工”实行的住房补贴改为增加单位缴存住房公积金的形式来落实。即单位为“新职工”缴存的公积金由单位原为职工缴存的公积金和住房补贴两部分组成。

❹内蒙古自治区人民政府关于继续深化城镇住房制度改革的意见（节录）

（2001年11月7日内蒙古自治区人民政府　内政字〔2001〕314号公布）

二、加快住房分配货币化步伐

（一）各地区、各部门要严格执行自治区人民政府关于停止住房实物分配的有关规定，不得再安排住房建设补助资金和福利住房建设计划。各机关、企事业单位不得安排自有资金建设或购买职工住房进行福利分配。对2000年1月1日以后立项建设和单位购买的住房，一律按成本价或成本微利价出售。

（二）符合国家和自治区政策规定，应实施住房补贴的盟市，要在年内制定住房补贴方案，并按规定程序报批。已经出台住房补贴方案的地区，要抓紧做好职工住房普查建档工作，建立职工住房管理信息系统，落实职工住房补贴资金，把实施工作抓紧抓实。不需要实施住房补贴的地区或单位，可适当提高住房公积金单位缴存比例。

（三）多渠道筹集和落实住房补贴资金。计划和财政部门要做好原有住房建设资金的化转工作。按规定应该发放住房补贴的地区，应以不低于1996年至1998年3年预算内住房建设资金平均支出为基数化转。1996年至1998年3年预算内住房建设资金平均支出较少的地区，应在每年预算中安排资金用于发放住房补贴。

（四）要做好公房出售收入和单位自有住房资金的清理、归集和存储工作。各单位分散存储的公房出售收入，要在本通知下发之日起30日内按财政隶属关系，统一存储到本级住房资金管理中心。

（五）已按规定存储公房出售收入和完成职工住房普查建档工作的单位，应按照实施住房补贴的有关规定，制定本单位住房补贴实施方案，报本级房委会办公室批准后，可以使用本单位公房出售收入和其他自有资金发放住房补贴。未完成职工住房普查建档、未按规定存储公房出售收入等自有住房资金、未经房改部门审批住房补贴方案的单位，不得发放住房补贴。

（六）住房货币分配要严格执行民主决策程序。需财政补贴的年度职工住房补贴资金使用计划，由房改部门会同财政部门拟定，报房委会批准后执行。各单位的职工住房补贴方案经房委会办公室审批后，住房资金管理中心根据批准的单位住房资金使用申请办理拨付手续。要保证住房补贴资金专款专用，只能用于职工按市场价购房或按市场租金租房，实行转账支付。

三、全面建立住房公积金制度

（一）各地要制定本地区住房资金管理中心设置方案，于2001年年底前报自治区人民政府审批。凡未经自治区人民政府批准设立的住房资金管理中心，从2002年7月1日起不准继续开展工作。

（二）未建立和推行住房公积金制度的地区和机关、企事业单位，要在2001年内建立起住房公积金制度，单位和职工的住房公积金缴存比例不得低于6%的标准。需财政补贴的住房公积金，各级财政要足额列入预算，不得拖欠。从2002年起，有条件的地区和单位可适当提高单位和职工住房公积金缴交比例，但单位补贴部分不得超过15%。

（三）各级房委会要按照有关规定，切实加强对住房公积金和其他住房资金的管理。住房资金管理中心要认真履行《住房公积金管理条例》规定的行政审批与工作报告制度，主动接受财政、审计等部门监督，依法做好住房资金的缴存、提取、使用和保值工作。

（四）切实抓紧住房资金建设项目贷款和单位贷款的清理回收工作。各盟市主管领导作为第一责任人，要督促住房资金管理中心等有关部门抓紧落实住房资金贷款清理回收计划。对于利用住房公积金和其他住房资金发放的建设项目贷款与单位贷款要按国家规定时限全部收回。自治区房委会和财政等有关部门要加强督促检查。

（五）各级住房资金管理中心要积极开展职工个人住房公积金贷款业务，盟市级住房资金管理中心个人住房贷款余额应达到住房公积金订余额的40%以上。住房资金管理中心要与各有关金融机构密切合作，加快拓展政策性住房公积金贷款和商业性住房贷款相结合的职工住房组合贷款业务。个人住房贷款的房屋财产保险、公证手续的办理，采取借款人自愿的原则。用住房公积金贷款购房，个人首付款比例由原来的30%下调为20%。

四、大力发展经济适用住房

（一）各地要制定适度的经济适用住房发展规划和年度建设计划。经济适用住房建设项目计划由自治区房委会组织计划、建设、土地等有关部门审批下达。经自治区房委会批准的经济适用住房建设项目，有关部门方可办理相关手续，享受有关优惠政策。

（二）要严格执行经济适用住房建设减免税费政策。在国家和自治区未出台新的政策之前，继续执行《内蒙古自治区人民政府关于取消和降低城镇住宅建设部分税费的通知》（内政发〔1997〕88号）和《内蒙古自治区人民政府关于取消和降低城镇住宅建设部分税费有关问题的补充通知》（内政发〔1997〕143号）等有关文件规定。商品房开发建设不得挤占挪用经济适用住房资金、不得享用经济适用住房优惠政策。各级房改部门要会同有关部门认真做好经济适用住房建设税费减免政策的监督检查工作。

（三）经济适用住房要实行政府指导价格。各级房改与价格管理部门要加强经济适用住房的价格管理，具体价格应根据国家规定的8项构成因素测定，未经价格管理和房改部门审批价格的，不得销售。各级房委会要组织有关部门制定经济适用住房的销售管理办法，因地制宜地确定并完善中低收入家庭的界限、购买条件、购买程序以及申请、审批、登记办法、监督、规范销售行为。

（四）要借鉴先进地区经验，结合当地实际，扎扎实实推行廉租住房制度。对最低收入家庭要合理界定，严格掌握。采取安置廉租房、减免房租、发放租金补贴等多种方式，切实解决城镇最低收入家庭的住房困难问题，逐步建立完整的住房保障和供应体系。

五、进一步搞活住房二级市场

（一）各地要加快可售公房的出售步伐。要简化办事程序，降低收费，强化服务，提高工作效率，开放搞活住房二级市场。对于房屋建设的历史遗留问题，应因地因事制宜，采取灵活办法，加快处理进度。

从2001年7月1日调整公有住房出售优惠政策，取消现住房折扣和一次性付款折扣两项优惠政策后，各地要重新合理测算报批公有住房出售成本价格，使其逐步向经济适用住房价格过渡。

（二）继续积极稳妥地推进公有住房租金改革。在逐步向成本租金或市场租金过渡中，应当考虑房屋的地段、结构、朝向等因素，实行差别租金，使租金结构逐步趋于合理。对家庭确有困难的离退休职工，民政部门确定的社会救济对象和非在职的优抚对象等，各地要制定切实可行的租金减免政策。

（三）全面开放住房二级市场。经房改部门批准以房改成本价购买并取得房屋所有权证书的公有住房和按成本微利价购买的经济适用住房上市出售时，由买卖双方直接到房地产交易管理部门申请办理交易手续，其收入按规定交纳有关税费和土地收益后，全部归职工个人所有。经房改部门批准以房改标准价购买并取得部分产权的公有住房，如购房职工（包括继承人）提出上市交易的，在征求房屋产权单位意见后，到房地产管理部门办理交易过户手续，其收入按规定交纳有关税费和土地收益后，由职工与房屋原产权单位按产权比例分成。要严格执行《内蒙古自治区人民政府关于进一步开放住房二级市场有关问题的通知》（内政发〔2000〕8号）规定的住房二级市场交易税费优惠政策，鼓励职工换购住房，改善居住条件。

（四）认真贯彻国家和自治区对住房出租市场的税收优惠政策，鼓励房屋租赁经营，积极培育房屋租赁市场。各级政府要定期公布住宅指导租金，为税费计征提供合理的价格依据。要培育房屋租赁中介，鼓励房屋中介业向房屋租赁业拓展。

六、深化企业住房制度改革

（一）企业住房制度改革坚持在国家和自治区房改统一政策指导下，因企制宜，方式多样，方案自选，民主决策，分类指导，稳步实施；坚持国家、单位和职工个人三者合理负担；坚持与建立现代企业制度相结合；坚持新旧房改政策平稳衔接，综合配套，全面推进的基本原则。

（二）各级人民政府要高度重视企业房改工作，积极稳妥地推进企业住房制度改革。各地要按照国家和自治区有关文件精神，尽快制定符合本地实际的推进企业房改的指导性意见，抓点带面，切实搞好企业房改工作。

（四）其他规范性法律文件

❶中国人民解放军房地产管理条例（节录）

（1990年4月20日中央军事委员会公布　自1990年4月20日起施行）

第十九条　军队营区应当逐步创造条件，划分为军事行政区和家属生活区。家属生活区的房地产随着住房制度和土地管理制度的改革，采用经济办法进行管理，有条件的逐步向社会化过渡。

❷关于与住房改革配套的存、贷款利率问题的通知（节录）

（1992年9月1日中国人民银行　银〔1992〕211号公布）

一、对与住房制度改革配套的存、贷款利率均按"低来低去"的原则确定。

（一）单位、个人集资暂存银行的建设商品房的存款，六个月以下的均按活期存款利率执行。六个月至一年期存款按年利率6.12%执行。建房的贷款利率最高不得超过8.46%。

（二）居民购房的存、贷款也要实行低利率政策。利率期限、利率档次可根据各地商品房出售办法，由人民银行省、自治区、直辖市分行自行确定。购买商品房的存款利率要低于同档次储蓄存款利率，贷款利率可在其同档次存款利率的基础上加1.8个百分点。

（三）各地房改基金管理部门存入的房改建房基金存款利率，可由各省、市、自治区人民银行分行，根据当地的实际情况自行确定，但最高不得超过年利率3.6%。

三、以案明法

赵某瑛购得单位出售的公房后诉陈某明腾退离婚时由单位协调居住使用的房屋案

原告：赵某瑛

被告：陈某明

赵某瑛和陈某明原来同属青海省畜产品进出口公司职工。1988年年底，赵某瑛和陈某明结婚后共同居住使用由该单位分配的西宁市德令哈路197号2号楼1单元2108号房屋。1993年青海省畜产品进出口公司分立为青海省畜产品进出口公司和青海省地毯进出口公司两个单位，赵某瑛被分到畜产品进出口公司工作，陈某明被分到地毯进出口公司工作，共同居住的2108号房屋的产权则分归畜产品进出口公司所有。1994年11月，赵某瑛、陈某明夫妻双方因感情破裂，经城东区人民法院调解离婚，但对双方居住的2108号公房未作处理。后经产权人畜产品进出口公司协调，2108号房屋大间由赵某瑛居住，小间由陈某明居住。1996年，赵某瑛参加本单位房改，以标准价优先购买此2108号房屋。陈某明也参加其本单位房改，单位给他分了一套房。据此，赵某瑛要求陈某明搬出2108号房之小间，但陈某明拒绝腾房，原告赵某瑛遂诉至西宁市城东区人民法院，请求法院判令被告陈某明及时腾出2108号房屋。

被告陈某明答辩称：不给赵某瑛腾房是由于自己购买的房屋由原住户居住，未腾房给我。

城东区人民法院经审理认为：双方纠纷所涉及的西宁市德令哈路197号2号楼1单元2108号房屋，是原告单位畜产品进出口公司的合法财产。赵某瑛在1996年单位房改时，用标准价购得此房，取得该房的居住使用权。原告要求被告腾房，其理由正当，应予支持。被告在自己单位也购得住房，拒不腾出原告的房屋，显属无理，是一种侵占行为，不受法律保护。据此，城东区人民法院根据《中华人民共和国民法通则》第一百一十七条第一款、第一百三十四条第一款第（四）项的规定，于1997年7月8日判决：

被告陈某明于判决生效后十日内腾退本市德令哈路197号2号楼1单元2108号房屋给原告赵某瑛。

审判后，被告陈某明不服，以双方争议房屋由其长期居住和管理，赵某瑛参加房改侵占了他的住房，原审判决不当，应予纠正为理由，向西宁市中级人民法院提起上诉。

原告赵某瑛以原审判决处理正确，请求二审法院维持一审判决，保护其合法权益为由作了答辩。

西宁市中级人民法院认为：赵某瑛根据国家房改政策参加房改购得西宁市德令哈路197号2号楼1单元2108号房屋，已取得对该套房屋的相关权益。赵某瑛要求陈某明腾房，理由正当，符合法律规定，其诉求应当支持。原审判决处理正确，应予维持。陈某明的上诉理由于法无据，不能成立，予以驳回。据此，该院根据《中华人民共和国民事诉讼法》第一百五十三条第一款第（一）项的规定，于1997年9月15日判决：

驳回上诉，维持原判。

【住房公积金】

一、专家指导意见

（一）住房公积金概述

城市住房公积金是市（县）政府用于解决行政事业单位职工及中低收入的居民住房问题的专项基金。城市住房基金从同级财政现在用于住房建设、维修、管理和补贴的资金，当地提取住房固定资产投资方向调节税、房地产税、土地使用权出让金，以及出售属于国有资产的住房回收资金等渠道筹集。

建立职工住房公积金是我国推行住房制度改革的一项措施，目的在于由国家、集体、个人三方共同负担，解决职工住房困难。按照规定，凡是缴存公积金的职工均有享受此种贷款的权利，均可按公积金贷款的有关规定，申请公积金贷款。

（二）建立住房公积金的作用

1. 筹集住房资金；

2. 提高职工个人购房、建房能力；

3. 使房屋福利分配制向房屋货币化分配转变。

住房公积金是一种义务性住房储金，它是按照国家政策规定，通过“个人存储、单位资助”的办法建立的一笔属于个人的住房消费资金，专项用于个人支付住房方面的费用。

（三）住房公积金的交纳

住房公积金是一种义务性的长期储金，它由职工及职工所在单位交纳。职工个人按月交纳占工资一定比例的公积金；单位也按月提供占职工工资一定比例的公积金。两者均归职工个人所有，随着工资发放时交纳，存入职工个人公积金账户。

住房公积金作为职工用于住房消费的资金，既要用于购、建住房，又要用于支付维修住房的费用。为了不加大购房职工的经济负担，在计算房价时，把单位资助职工的住房公积金贴现值打了一个80%的折扣，就是为购房职工预留了部分用于维修费用的资金。

当职工离退休时，其积累的公积金本息一次结清，退还职工本人。

另外，当职工在职期间去世，其结余的公积金本息，可由其继承人或受遗赠人根据《继承法》办理提取手续。

二、法律适用依据

（一）相关行政法规及规范性文件

❶住房公积金管理条例

（1999年4月3日国务院令〔第262号〕公布　根据2002年3月24日《国务院关于修改〈住房公积金管理条例的决定〉修订》）

第一章　总则

第一条　为了加强对住房公积金的管理，维护住房公积金所有者的合法权益，促进城镇住房建设，提高城镇居民的居住水平，制定本条例。

第二条　本条例适用于中华人民共和国境内住房公积金的缴存、提取、使用、管理和监督。

本条例所称住房公积金，是指国家机关、国有企业、城镇集体企业、外商投资企业、城镇私营企业及其他城镇企业、事业单位、民办非企业单位、社会团体（以下统称单位）及其在职职工缴存的长期住房储金。

第三条　职工个人缴存的住房公积金和职工所在单位为职工缴存的住房公积金，属于职工个人所有。

第四条　住房公积金的管理实行住房公积金管理委员会决策、住房公积金管理中心运作、银行专户存储、财政监督的原则。

第五条　住房公积金应当用于职工购买、建造、翻建、大修自住住房，任何单位和个人不得挪作他用。

第六条　住房公积金的存、贷利率由中国人民银行提出，经征求国务院建设行政主管部门的意见后，报国务院批准。

第七条　国务院建设行政主管部门会同国务院财政部门、中国人民银行拟定住房公积金政策，并监督执行。

省、自治区人民政府建设行政主管部门会同同级财政部门以及中国人民银行分支机构，负责本行政区域内住房公积金管理法规、政策执行情况的监督。

第二章　机构及其职责

第八条　直辖市和省、自治区人民政府所在地的市以及其他设区的市（地、州、盟），应当设立住房公积金管理委员会，作为住房公积金管理的决策机构。住房公积金管理委员会的成员中，人民政府负责人和建设、财政、人民银行等有关部门负责人以及有关专家占1/3，工会代表和职工代表占1/3，单位代表占1/3。

住房公积金管理委员会主任应当由具有社会公信力的人士担任。

第九条　住房公积金管理委员会在住房公积金管理方面履行下列职责：

（一）依据有关法律、法规和政策，制定和调整住房公积金的具体管理措施，并监督实施；

（二）根据本条例第十八条的规定，拟订住房公积金的具体缴存比例；

（三）确定住房公积金的最高贷款额度；

（四）审批住房公积金归集、使用计划；

（五）审议住房公积金增值收益分配方案；

（六）审批住房公积金归集、使用计划执行情况的报告。

第十条　直辖市和省、自治区人民政府所在地的市以及其他设区的市（地、州、盟）应当按照精简、效能的原则，设立一个住房公积金管理中心，负责住房公积金的管理运作。县（市）不设立住房公积金管理中心。

前款规定的住房公积金管理中心可以在有条件的县（市）设立分支机构。住房公积金管理中心与其分支机构应当实行统一的规章制度，进行统一核算。

住房公积金管理中心是直属城市人民政府的不以营利为目的的独立的事业单位。

第十一条　住房公积金管理中心履行下列职责：

（一）编制、执行住房公积金的归集、使用计划；

（二）负责记载职工住房公积金的缴存、提取、使用等情况；

（三）负责住房公积金的核算；

（四）审批住房公积金的提取、使用；

（五）负责住房公积金的保值和归还；

（六）编制住房公积金归集、使用计划执行情况的报告；

（七）承办住房公积金管理委员会决定的其他事项。

第十二条　住房公积金管理委员会应当按照中国人民银行的有关规定，指定受委托办理住房公积金金融业务的商业银行（以下简称受委托银行）；住房公积金管理中心应当委托受委托银行办理住房公积金贷款、结算等金融业务和住房公积金账户的设立、缴存、归还等手续。

住房公积金管理中心应当与受委托银行签订委托合同。

第三章　缴存

第十三条　住房公积金管理中心应当在受委托银行设立住房公积金专户。

单位应当到住房公积金管理中心办理住房公积金缴存登记，经住房公积金管理中心审核后，到受委托银行为本单位职工办理住房公积金账户设立手续。每个职工只能有一个住房公积金账户。

住房公积金管理中心应当建立职工住房公积金明细账，记载职工个人住房公积金的缴存、提取等情况。

第十四条　新设立的单位应当自设立之日起30日内到住房公积金管理中心办理住房公积金缴存登记，并自登记之日起20日内持住房公积金管理中心的审核文件，到受委托银行为本单位职工办理住房公积金账户设立手续。

单位合并、分立、撤销、解散或者破产的，应当自发生上述情况之日起30日内由原单位或者清算组织到住房公积金管理中心办理变更登记或者注销登记，并自办妥变更登记或者注销登记之日起20日内持住房公积金管理中心的审核文件，到受委托银行为本单位职工办理住房公积金账户转移或者封存手续。

第十五条　单位录用职工的，应当自录用之日起30日内到住房公积金管理中心办理缴存登记，并持住房公积金管理中心的审核文件，到受委托银行办理职工住房公积金账户的设立或者转移手续。

单位与职工终止劳动关系的，单位应当自劳动关系终止之日起30日内到住房公积金管理中心办理变更登记，并持住房公积金管理中心的审核文件，到受委托银行办理职工住房公积金账户转移或者封存手续。

第十六条　职工住房公积金的月缴存额为职工本人上一年度月平均工资乘以职工住房公积金缴存比例。

单位为职工缴存的住房公积金的月缴存额为职工本人上一年度月平均工资乘以单位住房公积金缴存比例。

第十七条　新参加工作的职工从参加工作的第二个月开始缴存住房公积金，月缴存额为职工本人当月工资乘以职工住房公积金缴存比例。

单位新调入的职工从调入单位发放工资之日起缴存住房公积金，月缴存额为职工本人当月工资乘以职工住房公积金缴存比例。

第十八条　职工和单位住房公积金的缴存比例均不得低于职工上一年度月平均工资的5%；有条件的城市，可以适当提高缴存比例。具体缴存比例由住房公积金管理委员会拟订，经本级人民政府审核后，报省、自治区、直辖市人民政府批准。

第十九条　职工个人缴存的住房公积金，由所在单位每月从其工资中代扣代缴。

单位应当于每月发放职工工资之日起5日内将单位缴存的和为职工代缴的住房公积金汇缴到住房公积金专户内，由受委托银行计入职工住房公积金账户。

第二十条　单位应当按时、足额缴存住房公积金，不得逾期缴存或者少缴。

对缴存住房公积金确有困难的单位，经本单位职工代表大会或者工会讨论通过，并经住房公积金管理中心审核，报住房公积金管理委员会批准后，可以降低缴存比例或者缓缴；待单位经济效益好转后，再提高缴存比例或者补缴缓缴。

第二十一条　住房公积金自存入职工住房公积金账户之日起按照国家规定的利率计息。

第二十二条　住房公积金管理中心应当为缴存住房公积金的职工发放缴存住房公积金的有效凭证。

第二十三条　单位为职工缴存的住房公积金，按照下列规定列支：

（一）机关在预算中列支；

（二）事业单位由财政部门核定收支后，在预算或者费用中列支；

（三）企业在成本中列支。

第四章　提取和使用

第二十四条　职工有下列情形之一的，可以提取职工住房公积金账户内的存储余额：

（一）购买、建造、翻建、大修自住住房的；

（二）离休、退休的；

（三）完全丧失劳动能力，并与单位终止劳动关系的；

（四）出境定居的；

（五）偿还购房贷款本息的；

（六）房租超出家庭工资收入的规定比例的。

依照前款第（二）、（三）、（四）项规定，提取职工住房公积金的，应当同时注销职工住房公积金账户。

职工死亡或者被宣告死亡的，职工的继承人、受遗赠人可以提取职工住房公积金账户内的存储余额；无继承人也无受遗赠人的，职工住房公积金账户内的存储余额纳入住房公积金的增值收益。

第二十五条 职工提取住房公积金账户内的存储余额的，所在单位应当予以核实，并出具提取证明。

职工应当持提取证明向住房公积金管理中心申请提取住房公积金。住房公积金管理中心应当自受理申请之日起3日内作出准予提取或者不准提取的决定，并通知申请人；准予提取的，由受委托银行办理支付手续。

第二十六条 缴存住房公积金的职工，在购买、建造、翻建、大修自住住房时，可以向住房公积金管理中心申请住房公积金贷款。

住房公积金管理中心应当自受理申请之日起15日内作出准予贷款或者不准贷款的决定，并通知申请人；准予贷款的，由受委托银行办理贷款手续。

住房公积金贷款的风险，由住房公积金管理中心承担。

第二十七条 申请人申请住房公积金贷款的，应当提供担保。

第二十八条 住房公积金管理中心在保证住房公积金提取和贷款的前提下，经住房公积金管理委员会批准，可以将住房公积金用于购买国债。

住房公积金管理中心不得向他人提供担保。

第二十九条 住房公积金的增值收益应当存入住房公积金管理中心在受委托银行开立的住房公积金增值收益专户，用于建立住房公积金贷款风险准备金、住房公积金管理中心的管理费用和建设城市廉租住房的补充资金。

第三十条 住房公积金管理中心的管理费用，由住房公积金管理中心按照规定的标准编制全年预算支出总额，报本级人民政府财政部门批准后，从住房公积金增值收益中上交本级财政，由本级财政拨付。

住房公积金管理中心的管理费用标准，由省、自治区、直辖市人民政府建设行政主管部门会同同级财政部门按照略高于国家规定的事业单位费用标准制定。

第五章 监督

第三十一条 地方有关人民政府财政部门应当加强对本行政区域内住房公积金归集、提取和使用情况的监督，并向本级人民政府的住房公积金管理委员会通报。

住房公积金管理中心在编制住房公积金归集、使用计划时，应当征求财政部门的意见。

住房公积金管理委员会在审批住房公积金归集、使用计划和计划执行情况的报告时，必须有财政部门参加。

第三十二条 住房公积金管理中心编制的住房公积金年度预算、决算，应当经财政部门审核后，提交住房公积金管理委员会审议。

住房公积金管理中心应当每年定期向财政部门和住房公积金管理委员会报送财务报告，并将财务报告向社会公布。

第三十三条 住房公积金管理中心应当依法接受审计部门的审计监督。

第三十四条 住房公积金管理中心和职工有权督促单位按时履行下列义务：

（一）住房公积金的缴存登记或者变更、注销登记；

（二）住房公积金账户的设立、转移或者封存；

（三）足额缴存住房公积金。

第三十五条 住房公积金管理中心应当督促受委托银行及时办理委托合同约定的业务。

受委托银行应当按照委托合同的约定，定期向住房公积金管理中心提供有关的业务资料。

第三十六条 职工、单位有权查询本人、本单位住房公积金的缴存、提取情况，住房公积金管理中心、受委托银行不得拒绝。

职工、单位对住房公积金账户内的存储余额有异议的，可以申请受委托银行复核；对复核结果有异议的，可以申请住房公积金管理中心重新复核。受委托银行、住房公积金管理中心应当自收到申请之日起5日内给予书面答复。

职工有权揭发、检举、控告挪用住房公积金的行为。

第六章 罚则

第三十七条 违反本条例的规定，单位不办理住房公积金缴存登记或者不为本单位职工办理住房公积金账户设立手续的，由住房公积金管理中心责令限期办理；逾期不办理的，处1万元以上5万元以下的罚款。

第三十八条 违反本条例的规定，单位逾期不缴或者少缴住房公积金的，由住房公积金管理中心责令限期缴存；逾期仍不缴存的，可以申请人民法院强制执行。

第三十九条 住房公积金管理委员会违反本条例规定审批住房公积金使用计划的，由国务院建设行政主管部门会同国务院财政部门或者由省、自治区人民政府建设行政主管部门会同同级财政部门，依据管理职权责令限期改正。

第四十条 住房公积金管理中心违反本条例规定，有下列行为之一的，由国务院建设行政主管部门或者省、自治区人民政府建设行政主管部门依据管理职权，责令限期改正；对负有责任的主管人员和其他直接责任人员，依法给予行政处分：

（一）未按照规定设立住房公积金专户的；

（二）未按照规定审批职工提取、使用住房公积金的；

（三）未按照规定使用住房公积金增值收益的；

（四）委托住房公积金管理委员会指定的银行以外的机构办理住房公积金金融业务的；

（五）未建立职工住房公积金明细账的；

（六）未为缴存住房公积金的职工发放缴存住房公积金的有效凭证的；

（七）未按照规定用住房公积金购买国债的。

第四十一条 违反本条例规定，挪用住房公积金的，由国务院建设行政主管部门或者省、自治区人民政府建设行政主管部门依据管理职权，追回挪用的住房公积金，没收违法所得；对挪用或者批准挪用住房公积金的人民政府负责人和政府有关部门负责人以及住房公积金管理中心负有责任的主管人员和其他直接责任人员，依照刑法关于挪用公款罪或者其他罪的规定，依法追究刑事责任；尚不够刑事处罚的，给予降级或者撤职的行政处分。

第四十二条 住房公积金管理中心违反财政法规的，由财政部门依法给予行政处罚。

❷关于调整国务院部门（单位）所属学校管理体制和布局结构的实施意见（节录）

（教育部、国家发展计划委员会、财政部制定 2000 年 1 月 29 日国务院办公厅转发）

2. 在成人高等学校、中等专业学校和技工学校中，由财政部拨付教育事业费的学校，按财政部核定的 1999 年末基数指标划转。1999 年财政部安排调资经费的学校，另加调资翘尾经费。根据国务院有关精神需要减拨事业费的学校，按减拨后的数字计算。2000 年起，上述学校的经费划转地方管理。

财政部拨付学校的公费医疗经费、房改经费（专项用于补助建立住房公积金）和行政事业单位离退休经费，由财政部按照 1999 年预算执行数，从 2000 年起划转到地方，由地方财政部门按照有关规定办理。

❸关于支持科研院所、大专院校、文化团体和卫生机构利用单位自用土地建设经济适用住房的若干意见（节录）

（1998 年 9 月 10 日建设部、国家发展计划委员会、国土资源部、中国人民银行、科技部、教育部、文化部、卫生部制定 1998 年 9 月 18 日国务院办公厅 国办〔1998〕130 号转发）

四、对已经实行住房公积金办法的科研院所、大专院校、文化团体和卫生机构，其职工购买单位自建经济适用住房，需要申请住房公积金贷款的，在同等条件下应予优先安排。

❹关于调整撤并部门所属学校管理体制的实施意见（节录）

（1998 年 6 月 22 日教育部、国家经贸贸易委员会、国家发展计划委员会、财政部制定 1998 年 7 月 3 日国务院办公厅 国办〔1998〕103 号转发）

二、实施办法

（一）普通高等学校。

1. 中央与地方共建、以地方管理为主的 81 所学校，其国有资产由地方代管，其人员编制管理、劳动工资管理等均由地方人民政府负责。其中，湖北汽车工业学院、长春汽车工业高等专科学校的人、财、物继续分别由二汽集团和一汽集团管理。已参与合并组建太原理工大学的原山西矿业学院，也与这批学校同等对待。

学校的教育事业费，由财政部按照 1998 年调整预算数扣除一次性专项后，再上浮 15%，作为下划地方的经费指标；公费医疗经费和房改经费（专项用于补助建立住房公积金），由财政部按照 1998 年预算执行数，从 1999 年起划转到地方并由地方财政部门核拨给这批学校。

学校所需基建经费，按学校前 5 年预算内非经营性投资平均数，由国家经贸委和有关国家局与国家计委协商确定投资基数，结合建设项目继续由中央支持一段时间，然后再逐步转由地方政府负责。同时，由国家计委按建设项目给予这些学校一定额度的一次性专项补助。

2. 进入“211 工程”建设的学校，中央专项资金和由部门承诺的在预算内非经营性投资中安排的配套建设资金，分别由国家计委、财政部和教育部按原定数额下达到有关学校。

3. 学校主要在本地区招生，为本地区培养人才，为本地区经济和社会发展服务。一部分行业特色比较强的、需要保护的专业或专业点可以跨省招生，调整这些专业或专业点需经教育部批准。

研究生、本专科毕业生就业工作按国家有关规定执行。

4. 中央与地方共建、日常管理以地方为主、重大事项以中央为主的 10 所学校，教育事业费及基础建设资金均划转教育部负责管理。对这 10 所学校的管理，教育部会同国家计委、财政部和国家经贸委，商学校所在省、直辖市制定管理办法。

5. 国家经贸委及其有关国家局在科学研究、信息沟通、与企业联系、扶持特色专业政策等方面对这批普通高等学校要继续给予关心和支持。

6. 1998 年的预算、决算等工作，仍由原主管部门改组或组建的相应国家局负责管理。

（二）72 所成人高等学校以及中等专业学校和技工学校。

1. 由企事业单位举办的成人高等学校、中等专业学校和技工学校，其人、财、物和基本建设继续由举办单位负责和管理。

2. 在成人高等学校、中等专业学校和技工学校中，由财政部拨付事业费的学校，按财政部核定的 1998 年末基数指标划转；不由财政部拨付事业费的学校，其经费指标的划转，由地方人民政府与国家经贸委协商解决。1999 年起，这些学校的经费划转给地方，由地方负责管理。

财政部拨付公费医疗经费和房改经费（专项用于补助建立住房公积金）的学校，由财政部按照 1998 年预算执行数，从 1999 年起划转到地方并由地方财政部门核拨给这批学校。

3. 这批学校原则上在本地招生，培养本地所需要的人才，其中个别行业性强的学校和专业可以继续少量跨省招生。

❺关于加强住房公积金管理的意见（节录）

（1996 年 7 月 3 日国务院住房制度改革领导小组制定 1996 年 8 月 8 日国务院办公厅 国办〔1996〕35 号转发）

一、实行住房公积金制度是城镇住房制度改革的重要内容和中心环节，直接关系到城镇住房制度改革工作的成败，要进一步全面推进。

二、住房公积金是职工及其所在单位按规定缴存的具有保障性和互助性的职工个人住房基金，归职工个人所有，职工离退休时本息余额一次结清，退还职工本人。住房公积金不作财政预算资金，不纳入财政预算外资金管理，按照“房委会决策、中心运作、银行专户、财政监督”的原则进行管理。

三、住房公积金定向用于：（一）职工购买、建造、大修理自住住房抵押贷款；（二）城市经济适用住房包括安居工程住房建设专项贷款；（三）单位购买、建造职工住房专项贷款。在满足支付需要和安排上贷款后，可用于购买国家债券。

四、各市（县）住房制度改革领导小组或住房改革委员会（以下简称房改领导小组或房委会）由政府主要领导人和有关部门、单位的代表组成，是住房公积金管理的领导决策机构。负责制定住房公积金归集、管理、使用的有关制度和政策；审批住房公积金的年度归集、使用计划和发展计划；审议确定住房公积金的预算、决算。

五、住房公积金管理机构（住房资金管理中心、住房公积金管理中心，以下简称管理中心）是当地人民政府批准设立，依法管理住房公积金的独立事业单位。管理中心受当地房改领导小组或房委会的直接领导，不以盈利为目的，实行独立核算。管理中心负责住房公积金的归集、支付、核算和编制使用计划等管理工作；执行房改领导小组或房委会决定的有关事项。管理费用经同级财政部门核定，房改领导小组或房委会审核，报当地人民政府批准后，从沉淀在银行的资金所获利息中支出。

六、承办住房公积金金融业务的受托银行由各市（县）人民政府确定，一个城市原则上委托一家银行办理。管理中心经当地人民政府授权与受托银行签订委托协议。凡委托银行归集住房公积金的，归集手续费率一般按当年住房公积金归集额的0.5%确定。贷款手续费率按不高于贷款利息收入的5%确定。

七、受托银行负责：（一）为管理中心开立住房公积金存款户、委托贷款户和结算户；（二）协助管理中心督促单位按时足额缴存住房公积金；（三）承办单位和职工个人住房贷款业务。受委托银行根据房改领导小组或房委会审定的使用计划按期拨付资金，对不符合使用方向的，受托银行有权不予办理。

八、住房公积金实行低存低贷原则。

当年归集的职工个人住房公积金活期存款利率计息，上年结转的职工个人住房公积金本息暂按3个月整存整取存款利率计息，管理中心在受托银行专户内的沉淀资金比照3年期零存整取储蓄存款利率计息，并不低于该档次利率水平。

单位和职工个人住房贷款利率，在上年结转的职工个人住房公积金存款利率的基础上加规定利差：单位住房贷款利率（按季结息），3年以内加1.8个百分点，3年以上至5年加2.16个百分点，附加还本宽限期的，每年宽限期另加0.18个百分点；无贷款抵押的，另加0.99个百分点。职工个人住房抵押贷款利率（按月或按季结息），5年以内加1.8个百分点，5年以上至10年加2.34个百分点，10年以上至15年加2.88个百分点，15年以上至20年加3.42个百分点。单位和职工个人住房贷款利率，随职工个人住房公积金存款利率调整。

九、住房公积金的净收益由管理中心集中管理和使用，并建立风险准备金。风险准备金的运用必须经房改领导小组或房委会严格审核、批准。

十、管理中心须建立、健全内部的管理、监督、检查制度；建立住房公积金管理信息系统和个人查询系统，逐步实现管理工作的规范化、电算化、科学化。

十一、管理中心按季向所在省、自治区、直辖市房改领导小组或房委会报送住房公积金统计报表。各省、自治区、直辖市房改领导小组或房委会汇总后按季报国务院住房制度改革领导小组。

十二、未经房改领导小组或房委会批准，管理中心不得擅自动用住房公积金。管理中心也不得用住房公积金及其收益为单位或个人提供任何形式的经济担保。

十三、对宣告破产的企业欠缴的住房公积金和所欠管理中心的住房公积金贷款，按国家有关规定优先予以偿还。

十四、各市（县）财政部门行使对住房公积金管理的监督职能。房改领导小组或房委会在审批住房公积金使用计划和预算、决算时，必须有财政部门参加。管理中心要定期向当地财政部门报送财务会计报表，接受财政部门的监督、检查。审计部门要定期对管理中心进行审计。

十五、管理中心要建立职工个人住房公积金对账制度，并定期公布上一年度住房公积金的归集、使用情况，接受社会监督。

十六、任何地方、部门、单位和个人不得截留或挪用住房公积金，凡截留或挪用住房公积金的单位和个人，必须限期归还，并按截留或挪用公款的有关规定追究有关人员的责任；构成犯罪的，要依法惩处。

以上意见如无不妥，建议批转各地区、各部门执行。

❻建设部职能配置、内设机构和人员编制规定（节录）

（1998年6月23日国务院办公厅　国办〔1998〕86号公布）

（十）住宅与房地产业司（住房制度改革办公室）

指导规范房地产市场；指导城镇土地使用权有偿转让和开发利用工作；提出住宅建设与房地产业的中长期规划和科技发展战略、产业政策和规章，拟定住宅建设、房屋拆迁、房地产开发、房地产市场、房地产评估、物业管理的规章制度并监督执行；指导全国住宅建设和住宅供应政策的实施；拟定房地产开发企业、物业管理企业、社会中介服务机构的资质标准；提出房地产估价专业技术人员执业资格标准；贯彻落实国家关于推进城镇住房制度改革的方针、政策和措施；指导城镇住房制度改革工作；负责住房公积金和其他房改资金的政策指导并监督使用。

❼关于中央国家机关机构变动部门和单位经费物资房地产等资产处置的意见（节录）

（1998年2月26日国务院机关事务管理局制定　1998年2月27日国务院办公厅　国办〔1998〕4号转发）

五、关于职工住房公积金问题。机构变动部门和单位职工的住房公积金随机构变动而相应划转。

❽关于加快解决教职工住房问题的意见（节录）

（1994年12月22日国家教育委员会、建设部、国家计划委员会、财政部、国家土地管理局、全国教育工会制定　1995年3月10日国务院办公厅　国办〔1995〕18号转发）

（一）根据当地住房制度改革实施方案，城镇学校及其教职工，要按照“个人存储、单位资助、统一管理、专项使用”的原则，交纳住房公积金，建立住房公积金制度。

城镇学校按规定建立的单位住房基金，必须专项用于教职工住房建设和住房制度改革。

校办产业收入，可部分用于教职工住房建设。

❾在京中央和国家机关进一步深化住房制度改革实施方案（节录）

（建设部、国家发展计划委员会、财政部、中国人民银行、国务院机关事务管理局、中国建设银行、中共中央直属机关事务管理局制定　1999年8月16日中共中央办公厅、国务院办公厅转发）

二、停止住房实物分配，进一步完善住房公积金制度

（四）从1998年底起，在京中央和国家机关停止住房实物分配，逐步实行住房分配货币化。新建经济适用住房和腾退的旧公有住房，除根据需要留出一部分作为廉租住房外，原则上只售不租。职工在个人合理负担的基础上，通过使用

住房公积金、住房补贴和住房贷款购买住房。

凡在1998年底前已开工的单位自建住房，或已交纳购房预定金购买的商品住房，并于1999年底前竣工的，可按《通知》规定的办法向职工出售，也可按届时北京市人民政府根据《国务院关于深化城镇住房制度改革的决定》（国发〔1994〕43号，以下简称《决定》）规定的出售现有公有住房的成本价向职工出售。

最低收入的职工家庭，可申请租住廉租住房。最低收入职工家庭根据北京市人民政府公布的标准确定。

（五）全面贯彻落实《住房公积金管理条例》（国务院令第262号），进一步完善住房公积金制度。到2000年底，职工和单位住房公积金缴存比例分别达到8%。按照“住房委员会决策、住房公积金管理中心运作、银行专户存储、财政监督”的原则，加强住房公积金的管理。建立职工个人住房公积金账户。住房公积金应当用于职工购买、建造、翻建、大修自住房，任何单位和个人不得挪作他用。

⑩关于进一步加强住房公积金管理的通知（节录）

（2002年5月13日国务院　国〔2002〕12号公布）

一、调整和完善住房公积金决策体系

各直辖市、省会城市以及其他设区的市、地、州、盟（以下统称设区城市）要按照《条例》规定，设立住房公积金管理委员会，作为住房公积金管理的决策机构。每个设区城市只能设立一个住房公积金管理委员会。住房公积金管理委员会以住房公积金缴存人代表为主组成，其中：人民政府负责人和建设、财政、人民银行等有关部门负责人以及有关专家占1/3，工会代表和职工代表占1/3，单位代表占1/3。住房公积金管理委员会委员由设区城市人民政府聘任，主任应当由具有社会公信力的人士担任。住房公积金管理委员会通过建立严格、规范的会议制度（每季度至少召开一次会议），实行民主决策。住房公积金管理委员会履行以下职责：依据有关法律、法规和政策，制定和调整住房公积金的具体管理办法，并监督实施；拟订住房公积金的具体缴存比例；确定住房公积金最高贷款额度；审批住房公积金归集、使用计划；审议住房公积金增值收益分配方案；审批住房公积金归集、使用计划执行情况的报告。此外，住房公积金购买国债比例的确定，以及住房公积金年度公报的公布事宜，也由住房公积金管理委员会审议批准。

二、规范住房公积金管理机构设置

每个设区城市应当按照精简、效能的原则，设立一个住房公积金管理中心，负责本行政区域内住房公积金的管理运作。县（市）不设立住房公积金管理中心。自本《通知》发布之日起，在保证住房公积金正常归集、转移、提取和发放个人住房委托贷款的前提下，现有住房公积金管理中心的资产、人员编制一律冻结。各地设区城市人民政府要对现有住房公积金管理中心资产、人员等状况进行清理，核实债权债务，经审计后逐一登记造册。在此基础上，将清理后的资产（包括债权、债务）一并转入新设立的住房公积金管理中心。根据业务和合理布局的需要，原住房公积金管理中心可改组为业务经办网点；少数资金数额大、管理工作较规范的，可改组为分支机构。原住房公积金管理中心编制取消，人员由新的住房公积金管理中心择优留用，未留用人员由原主管部门或挂靠单位负责，妥善安置。住房公积金管理中心与其分支机构实行统一的规章制度，进行统一核算。资金数额和业务量较小的县（市）的住房公积金归集管理业务，也可由受托银行办理。各省（区、市）要在2002年10月底之前，完成本行政区域内住房公积金管理机构的调整工作。在机构调整过程中，要保证住房公积金管理和使用工作正常进行，不断、不乱。

住房公积金管理中心是直属城市人民政府的不以营利为目的的独立的事业单位，不得挂靠任何部门或单位，不得与其他部门或单位合署办公，也不得兴办各类经济实体。住房公积金管理中心要建立岗位责任制度和内部审计制度，加强内部管理。住房公积金管理中心的管理费用实行收支两条线管理。住房公积金管理中心负责人由住房公积金管理委员会推荐，按照干部管理权限审批并办理任免手续，不得兼职。上级建设行政主管部门和住房公积金管理委员会要加强对住房公积金管理中心负责人的监督，发现问题及时向设区城市人民政府反映，必要时，可以提出撤换住房公积金管理中心负责人的建议。设区城市机构编制管理部门要根据当地住房公积金规模，合理核定住房公积金管理中心的编制，严格控制住房公积金管理中心人员。住房公积金管理中心工作人员实行竞争上岗、择优聘用。

三、规范住房公积金银行专户和个人账户管理

住房公积金管理委员会应在人民银行规定的工商银行、农业银行、中国银行、建设银行和交通银行等五家商业银行范围内，确定受委托银行，办理住房公积金贷款、结算等金融业务和住房公积金账户的设立、缴存、归还等手续。其中，受委托办理住房公积金账户设立、缴存、归还等手续的银行，一个城市不得超过两家。建设行政主管部门、财政部门、人民银行及其分支机构应依据管理职权，对住房公积金管理中心在受委托银行设立住房公积金账户进行监督。受委托银行对专户内住房公积金的使用行为负有监督责任，发现违规问题要及时向当地住房公积金管理委员会、上级建设行政主管部门和人民银行及其分支机构反映。凡不按规定设置账户的，有关部门要进行严肃处理。

住房公积金是在职职工及其所在单位缴存的长期住房储金，属于职工个人所有。受委托银行要为缴存住房公积金的职工建立个人账户；住房公积金管理中心要建立职工住房公积金明细账，记载职工个人住房公积金的缴存、提取等情况，并和受委托银行定期对账。对职工住房公积金的记账时间以住房公积金在受委托银行缴交入账时间为准。住房公积金管理中心对已办理缴存住房公积金的职工，要发放有效凭证。

四、强化住房公积金归集，加大个人贷款发放力度

各地要采取多种措施，加强住房公积金归集工作，提高归集率，依法督促有关单位按时足额缴存住房公积金。凡用人单位招聘职工，单位和职工个人都须承担缴存住房公积金的义务。要加强对住房公积金管理中心归集住房公积金和发放个人住房委托贷款工作的考核，落实责任。

住房公积金管理中心和受委托银行要简化个人住房委托贷款手续，提高办事效率，改进贷款服务工作。住房公积金

管理中心要按规定确定住房公积金个人住房委托贷款发放范围，对于职工买房、集资合作建房，以及自建、翻建和大修住房的，均应提供住房公积金贷款。住房公积金管理中心要加强贷款风险管理，健全贷款档案管理制度。

五、健全和完善住房公积金监督体系

国务院各有关部门和各省（区、市）人民政府要加强对住房公积金管理和使用的监督。建设部会同财政部、人民银行负责直接对北京、天津、上海、重庆四个直辖市住房公积金管理和使用实施监督。省、自治区人民政府建设行政主管部门会同同级财政部门、人民银行分支机构，负责本行政区域内住房公积金管理法规、政策执行情况的监督。建设部要充分依托现有网络系统基础，建立健全全国住房公积金信息管理系统，与各省（区、市）住房公积金监管机构联网，对各地区住房公积金管理和使用实施监督。建设部要会同有关部门定期对各省（区、市）住房公积金管理和使用情况进行检查，对检查中发现的问题，要责成有关省（区、市）进行纠正，违规违纪的要及时组织查处，重大情况要及时报告国务院。

建立设区城市财政部门对住房公积金管理和使用的全过程监督机制。住房公积金管理中心应严格执行财政部《住房公积金财务管理办法》（财综字［1999］59号）、《住房公积金会计核算办法》（财会字［1999］33号）等规定，按时向财政部门报送住房公积金财务收支预算和管理费用预算，并严格按财政部门批复的预算执行。住房公积金管理委员会在审批住房公积金归集、使用计划和计划执行情况的报告时，必须有财政部门参加。住房公积金管理中心年终编制住房公积金财务收支决算和管理费用决算，要报同级财政部门审批并抄报同级审计部门。人民银行要加强对受委托银行承办住房公积金金融业务的监管。审计部门应对住房公积金管理和使用情况的真实性、合规性、效益性进行审计监督，对住房公积金管理中心负责人进行经济责任审计。住房公积金管理中心在结算年度终了后两个月内，将包括住房公积金资产负债表、损益表、增值收益分配表等内容的财务报告向社会公布，便于社会和公众监督。

六、加强组织领导，严肃法纪，切实维护住房公积金缴存人的合法权益

加强和改进住房公积金管理，关系到广大住房公积金缴存人合法权益的维护，关系到城镇住房建设和居民居住水平的提高。各省（区、市）人民政府要切实加强对住房公积金管理中心调整工作的领导，统一部署，精心组织，保证调整工作的顺利实施。有关部门要统一思想，各司其职，各负其责，密切配合，进一步加强对各地贯彻《条例》的指导和监督。

为了促进住房公积金制度的规范发展，由建设部、财政部、人民银行、国家经贸委、监察部、劳动保障部、审计署、法制办、中编办、全国总工会的负责同志以及中国社会科学院、国务院发展研究中心有关专家，组成住房公积金工作联席会议，定期召开会议，研究住房公积金发展规划、政策，协商解决住房公积金制度发展中的有关问题等。

各地要严格执行《条例》有关规定，对住房公积金管理和使用过程中出现的违法违纪行为，要坚决查处和纠正。对目前已被挤占、挪用的住房公积金，由原决策机构和决策人负责，于2002年6月底前全部收回；对违规发放的项目贷款，要在2002年底前全部收回。因违规使用住房公积金而造成资金损失的，要依法追究直接责任人及有关领导的责任；构成犯罪的，依法追究其刑事责任。在机构调整过程中，严禁借机私分钱物、侵吞国有资产、突击提职、挥霍浪费；违反规定的，一律从严查处。

建设部要会同有关部门督促检查《条例》和本通知的贯彻执行情况，并向国务院报告。

（二）相关部门规章及规范性文件

❶住房公积金财务管理办法

（1999年5月26日财政部　财综字〔1999〕59号公布）

第一章　总则

第一条　为了加强住房公积金的财务管理，维护住房公积金所有者的合法权益，规范住房公积金管理中心的财务行为，根据《住房公积金管理条例》，制定本办法。

第二条　本办法适用于中华人民共和国境内住房公积金管理中心。

第三条　住房公积金管理中心（以下简称公积金中心）是不以营利为目的的独立的事业单位，具体负责住房公积金的归集、运作、保值、归还和核算。

第四条　住房公积金财务管理的基本原则是：执行国家有关法律、法规、规章和财政、财务制度；建立健全内部财务制度，做好财务管理基础工作；降低运作风险，保证住房公积金保值增值，确保住房公积金所有者的合法权益不受侵犯；厉行节约，制止奢侈浪费。

第五条　住房公积金财务管理的主要任务是：编制住房公积金和公积金中心管理费用年度预决算；建立职工住房公积金明细账，记载职工个人住房公积金的缴存、提取等情况；依法办理住房公积金委托贷款业务，防范风险；严格执行住房委员会批准的住房公积金归集、使用计划；核算住房公积金的增值收益；严格执行财政部门批准的管理费用预算，控制管理费用支出，努力降低住房公积金运作成本。

第六条　各级财政部门是本级公积金中心的财务主管部门；公积金中心的全部财务活动应在单位负责人的领导下，由财务部门统一管理。住房公积金、住房公积金增值收益和公积金中心管理费用应严格实行分立账户，单独核算。

第二章　预算管理

第七条　住房公积金预算是指经住房委员会批准的年度住房公积金归集使用的财务收支计划。

第八条　公积金中心应于年度终了前，根据本年度预算执行情况和下年度住房公积金收支预测，编制下一年度住房公积金收支预算。

第九条　住房公积金年度预算，应按照财政部门规定的表式、时间和要求编制。

第十条　公积金中心编制住房公积金年度预算建议，上报本级财政部门审核；由财政部门提出住房公积金年度预算草案，经住房委员会审议通过后，向公积金中心批复住房公积金年度预算，并报上级财政部门备案。

第十一条 公积金中心应严格按财政部门批复的预算执行，并定期向财政部门报送预算执行情况。预算一经批准，一般不予调整，如遇特殊情况需要调整时，由公积金中心编制预算调整方案，并说明情况，报本级财政部门批准后执行。

第三章 资产和负债

第十二条 资产是指公积金中心在住房公积金运作过程中形成的委托存款、委托贷款和国家债券。

第十三条 公积金中心应建立健全住房公积金缴存、运作、保值、归还和核算管理制度，保证住房公积金专款专用和安全、完整。

第十四条 公积金中心应按国家政策规定在受委托银行办理职工住房公积金委托存、贷款业务，建立健全委托贷款监控制度，严格执行国家的利率政策，按期回收贷款本金和利息。

第十五条 用住房公积金购买的国家债券按实际支付的金额计价入账。购买的国家债券应视同货币资金妥善保管，确保账实相符。

第十六条 负债是指公积金中心委托受托银行归集的住房公积金。公积金中心应及时为单位办理住房公积金缴存登记，建立职工住房公积金明细账，记载职工个人住房公积金的缴存、提取等情况。

第十七条 公积金中心应在受委托银行设立住房公积金委托存款账户、委托贷款账户，加强住房公积金的核算与管理。

第十八条 公积金中心应建立住房公积金职工个人明细账、单位明细账和总账，定期与银行对账，保证账账相符。

第十九条 公积金中心应及时提供单位住房公积金的存储余额，按期与单位核对职工住房公积金账户内的余额。

第四章 业务收入和支出

第二十条 住房公积金的业务收入包括委托存款利息收入、委托贷款利息收入、国家债券利息收入和其他收入。（一）委托存款利息收入是指公积金中心将住房公积金存入受委托银行取得的利息收入。（二）委托贷款利息收入是指公积金中心委托银行向职工发放住房公积金贷款取得的利息收入。委托存贷款利息按国家规定的利率和期限计算。（三）国家债券利息收入是指公积金中心经住房委员会批准，用住房公积金购买国家债券取得的利息收入。（四）其他收入是指住房公积金运作过程中产生的除上述收入外的收入，如：住房公积金逾期贷款的罚息收入、逾期不办理住房公积金的罚款收入等。

第二十一条 住房公积金的业务支出包括住房公积金利息支出和手续费支出。（一）住房公积金利息支出是指按国家规定应支付职工个人的住房公积金利息。（二）手续费支出是指公积金中心按照规定支付给受委托银行的住房公积金归集手续费和委托贷款手续费。

第五章 增值收益及其分配

第二十二条 住房公积金的增值收益是指住房公积金业务收入与业务支出的差额。住房公积金增值收益全额存入公积金中心在受委托银行开设的住房公积金增值收益专户。住房公积金增值收益专户产生的利息收入全额计入住房公积金增值收益。死亡或者被宣告死亡的职工，无继承人也无受遗赠人的，职工住房公积金账户内的存储余额纳入住房公积金增值收益。

第二十三条 住房公积金增值收益除国家另有规定外，应按下列顺序进行分配：（一）住房公积金贷款风险准备金；（二）上交财政的公积金中心管理费用；（三）城市廉租住房建设补充资金。

第二十四条 住房公积金增值收益用于建立住房公积金贷款风险准备金的比例不得低于60%，具体比例由各省、自治区、直辖市财政厅（局）确定。

第二十五条 住房公积金呆账贷款，由公积金中心提供详实资料，经本级财政部门审核，报省、自治区、直辖市财政厅（局）批准核销。具体核销办法按财政部规定执行。核销后又收回的住房公积金委托贷款本金和利息收入，应增加住房公积金委托贷款风险准备金。

第二十六条 上交财政的公积金中心管理费用，由公积金中心按规定测定提出年度管理费用上缴额度，报本级财政部门批准后，从住房公积金增值收益中上交本级财政部门。

第二十七条 住房公积金增值收益在建立住房公积金贷款风险准备金和上交财政管理费用后的余额，作为城市廉租住房建设的补充资金。城市廉租住房建设的补充资金，经住房委员会批准后，上缴本级财政部门，由财政部门拨给廉租住房建设主管部门，专项用于城市廉租住房建设。

第六章 管理费用

第二十八条 公积金中心应在本级财政部门指定的银行开设管理费用支出专户，专门用于接收本级财政拨付的管理费用，反映管理费用的财务收支。

第二十九条 管理费用收入包括本级财政拨款和管理费用支出专户产生的利息收入。

第三十条 管理费用支出包括基本工资、补助工资、职工福利费、社会保障费、助学金、公务费、业务费、设备购置费、修缮费、其他费用和专项资金。专项资金是指公积金中心从财政部门取得的有指定项目和用途并且要求单独核算的资金。公积金中心的管理费用财务收支，应执行《事业单位财务规则》的有关规定。

第三十一条 公积金中心当年结余的管理费用，应按国家规定结转下年继续使用。

第三十二条 公积金中心应按国家有关规定，加强固定资产的管理，做好固定资产的核算。

第三十三条 公积金中心应建立健全内部管理制度，加强现金和存款的管理，并按规定及时清理往来款项。

第三十四条 公积金中心管理费用应严格按照财政部门批准的支出预算执行。管理费用的年度预算一经批准，一般不予调整，如遇特殊情况需要调整时，由公积金中心编制预算调整方案，并说明情况，报本级财政部门批准后执行。公积金中心不得办理无预算、超预算支出。

第七章 财务报告和财务分析

第三十五条 财务报告是反映住房公积金财务状况的总结性书面文件。公积金中心应于年度终了后30日内，向本级财政部门报送住房公积金财务收支报告和管理费用财务收支报告，经财政部门审核，提交住房委员会审议后，于3月底以前向社会公布。财务报告包括财务报表和财务情况说明书。

第三十六条 住房公积金财务收支报表包括资产负债表、住房公积金收支情况表、收益分配表以及财务情况说明书。财务情况说明书主要说明住房公积金归集、运用情况，收益分配情况，对本期或下期财务状况发生重大影响的事项以及需要说明的其他财务事项。财务分析的主要指标包括住房公积金归集率、住房公积金收益率、住房公积金管理费用率、住房公积金委托存贷款比率等。

第三十七条 管理费用财务收支报表包括资产负债表、管理费用支出明细表、有关附表以及财务情况说明书。财务情况说明书主要说明管理费用收支结余及分配情况，各项财产物资的变动情况，财务分析情况，对本期或下期财务状况发生重大影响的事项以及需要说明的其他财务事项。财务分析的指标主要包括资产负债比率、人员经费支出与公用经费支出分别占管理费用的比率。

第八章 财务监督

第三十八条 公积金中心应接受财政部门的财务监督检查。

第三十九条 公积金中心下列行为属违纪或违法行为：（一）集中使用和运作住房公积金以外的住房资金；（二）在指定委托银行以外的其他金融机构开户，并办理住房公积金存贷款等金融业务；（三）直接办理住房公积金贷款或借款业务；（四）直接或委托银行办理职工购买、建造、翻建、大修自用住房贷款以外的其他贷款或借款业务；（五）不执行国家规定的住房公积金存贷款利率；（六）转移、挪用住房公积金本金、职工住房公积金存款利息、住房公积金贷款风险准备金、城市廉租住房建设补充资金；（七）截留、坐支业务收入或增值收益；（八）在业务收入或住房公积金增值收益中坐支管理费用；（九）列支公积金中心业务范围以外的其他费用，擅自扩大开支标准和范围；（十）擅自设立项目乱收费；（十一）超越规定标准和范围支付手续费；（十二）向他人提供担保或抵押贷款；（十三）不按规定与受托银行签订委托合同；（十四）不按规定办理住房公积金账户的设立、缴存、归还等手续；（十五）不按规定为职工建立住房公积金明细账，记载职工个人住房公积金的缴存、提取情况；（十六）其他违反国家法律、法规和财政、财务制度的行为。

第四十条 有第三十九条所列行为的，除限期纠正外，应区别情况进行处理：（一）有（一）至（六）条行为的，必须限期追回违纪资金；有违法所得的，要没收违法所得。（二）有（七）至（十一）条行为的，按照《国务院关于违反财政法规处罚的暂行规定》进行处罚。对第三十九条所列违纪违法行为，构成犯罪的，应依法追究刑事责任；尚不构成犯罪的，对直接负责的主管人员和其他责任人员依法给予行政处分。

第四十一条 对公积金中心以及直接负责的主管人员和其他责任人员处以的罚款和没收的非法所得，上缴本级财政。

第四十二条 公积金中心应当依法接受审计部门的审计监督。

第九章 附则

第四十三条 公积金中心发生划转撤并时，应按有关规定进行清算，做好债权债务的处理。

第四十四条 各省、自治区、直辖市财政厅（局）可根据本办法制定实施细则，并报财政部备案。

第四十五条 本办法由财政部负责解释。

第四十六条 本办法自一九九九年七月一日起施行，以前凡与本办法有抵触的，一律以本办法为准。

❷中央国家机关住房公积金制度实施办法

（1996年10月25日国务院机关事务管理局 国管房改字〔1996〕第179号公布）

第一条 根据《国务院关于深化城镇住房制度改革的决定》（国发［1994］43号）、《国务院办公厅转发国务院住房制度改革领导小组关于加强住房公积金管理意见的通知》（国办发［1996］35号）和《中央在京党政机关住房制度改革实施方案》（［1996］国管房字第102号），参照北京市有关政策规定，结合中央国家机关的实际情况，制定本办法。

第二条 中央国家机关在京单位（包括全国人大机关、全国政协机关、高法院、高检院、国务院各部门及其所属企事业单位。下同）均须执行本办法。

第三条 住房公积金是职工及其所在单位按规定缴存的具有保障性和互助性的职工个人住房基金，归职工个人所有。住房公积金按照“房委会决策、中心运作、银行专户、财政监督”的原则进行管理。

离退休职工、临时工、外商投资企业中的外籍职工不建立住房公积金。

1993年度（含）前已在住房制度改革中按标准价加优惠的办法购买住房的职工要求建立住房公积金的按有关规定执行。

第四条 行政事业单位为职工缴存的住房公积金由行政事业经费列支。行政事业单位用于资助个人住房公积金的经费来源由财政按规定拨付。企业为职工缴存的住房公积金，从企业住房基金中列支。自收自支事业单位比照企业开支渠道列支。

第五条 职工个人当年度月缴存住房公积金金额，等于上年度月均工资总额乘以个人缴交率。单位资助职工缴存住房公积金金额，等于被资助职工上年月均工资总额乘以单位缴交率。职工本人上年度工资总额的计算范围按国家统计局有关文件规定执行。

1996年职工个人和单位的住房公积金缴交率分别为6%，以后每年提高1%，到2000年达到10%。

第六条 住房公积金个人缴存部分，由单位在每月发工资时代扣，连同单位为职工缴存部分，一并由单位在发工资日后五天内（逢节假日顺延），缴存到中央国家机关住房资金管理中心委托的银行，记入中央国家机关住房公积金专户内各单位职工个人住房公积金账户。单位要建立职工个人的公积金台账。

第七条 住房公积金自存入受托银行之日起，当年归集的职工个人住房公积按活期存款利率计息，上年结转的职工个人住房公积金本息暂按3个月整存整取存款利率计息。

第八条 职工个人购买自住住房、自建自住住房、私房翻建和大修等可按规定使用个人账户内的住房公积金。

职工在职期间死亡，其住房公积金本息结余，依照《中华人民共和国继承法》可由其继承人按规定提取。

职工离退休、调离本市或出国定居时，其住房公积金本息余额一次退还职工本人。

职工在本市调动工作时，可按规定办理住房公积金转移手续。

职工因离职、停薪等各种原因中断缴存住房公积金时，其住房公积金结余本息暂封存在原账户内。

第九条　住房公积金定向用于：（一）职工购买、建造、大修理自住住房抵押贷款；（二）经济适用住房包括安居工程住房建设专项贷款；（三）单位购买、建造职工住房专项贷款。

第十条　对职工住房公积金，以及依法继承或受遗赠的住房公积金，免征个人所得税。

第十一条　中央国家机关住房委员会负责制定住房公积金的归集、管理、使用的有关制度和政策，审批住房公积金的使用计划和发展规划，审议确定住房公积金的预决算，实施对中央国家机关住房资金管理中心的领导和监督。

第十二条　中央国家机关住房资金管理中心按照统一管理、分户建账、专项使用的原则，负责中央国家机关住房公积金的归集、支付、核算和编制使用计划等管理工作。执行中央国家机关住房委员会决定的有关事项。

第十三条　中央国家机关各部门应设立住房资金管理机构，在本部门住房委员会领导下，按照中央国家机关住房公积金的统一政策，负责本部门及其在京所属单位住房公积金业务的组织协调，审核汇编住房公积金年度使用计划等工作。

第十四条　受托银行要为中央国家机关住房资金管理中心开立住房公积金存款户、委托贷款户和结算户，协助资金管理中心督促单位按时足额缴存住房公积金，承办单位和职工个人住房贷款业务，接受中央国家机关住房资金管理中心的监督，按月向中央国家机关住房资金管理中心报送“中央国家机关住房公积金统计表”，每年度向缴存单位及其职工公布住房公积金对账单，对账无误后发个人存储凭证。职工或单位查询时凭单位证明提供对账单。

第十五条　本办法由中央国家机关住房制度改革办公室负责解释。

第十六条　本办法自一九九六年一月一日起实行。

❸关于完善住房公积金决策制度的意见（节录）

（2002年6月19日建设部、财政部、中国人民银行、中央机构编制委员会办公室、国家经济贸易委员会、监察部、劳动和社会保障部、审计署、国务院法制办公室、中华全国总工会公布）

各省、自治区、直辖市人民政府：

为加强住房公积金的管理，保障住房公积金的安全运作，充分发挥住房公积金制度的作用，维护住房公积金所有者的合法权益，依据《住房公积金管理条例》（国务院令第350号，以下简称《条例》）和《国务院关于进一步加强住房公积金管理的通知》（国发［2002］12号），经国务院同意，现就完善住房公积金决策制度提出如下意见：

一、住房公积金管理委员会是住房公积金管理的决策机构。直辖市和省会城市以及其他设区的市、地、州、盟（以下统称设区城市），应当按照《条例》规定和本意见要求尽快设立住房公积金管理委员会，建立和完善住房公积金管理委员会决策制度。

二、住房公积金管理委员会委员的组成：设区城市人民政府负责人和建设（房地产管理）、房改、财政、人民银行、审计等有关部门代表以及有关专家占三分之一；工会代表和职工代表占三分之一；单位代表占三分之一。职工代表名额，由设区城市根据缴存住房公积金的职工人数合理分配到有关单位，职工代表由职工代表大会或工会委员会推选产生。单位代表要兼顾企业、事业单位、社会团体等，在设区城市辖区内，合理分配名额。工会、职工、单位或专家代表中，应当有人大代表、政协委员。

北京地区的住房公积金管理委员会要有中央和国家机关事务管理部门及部分在京中央单位、职工代表参加，省会城市的住房公积金管理委员会要有省（区）直机关事务管理部门及部分省（区）直单位、职工代表参加。

石油、石化、煤炭等大型独立工矿区和铁路分局所在的设区城市，应根据独立工矿区和铁路分局缴存住房公积金的职工人数占该城市全体缴存职工人数的比例，分配单位代表、工会代表和职工代表名额。

住房公积金管理委员会日常的会议筹办和决策事项督办等工作，可以由房改办或建设（房地产管理）部门承担，不能由住房公积金管理中心承担。

三、住房公积金管理委员会委员实行任期制，每届任期5年，可以连任。委员由设区城市人民政府聘任，总数原则上不超过25人，直辖市和省会城市可以适当增加，但原则上不超过30人。住房公积金管理委员会设主任委员1人，副主任委员1—3人，经全体委员推举产生，主任委员和副主任委员应由具有社会公信力的人士担任。

四、住房公积金管理委员会负责以下工作：

（一）依据有关法律、法规和政策，制定和调整住房公积金的具体管理措施，并监督实施；

（二）拟订住房公积金具体缴存比例；

（三）在中国人民银行确定的中国工商银行、中国农业银行、中国银行、中国建设银行和交通银行范围内，指定受委托办理住房公积金金融业务的银行；

（四）审批住房公积金归集、使用计划（包括购买国债的比例或金额）及计划执行情况的报告；

（五）确定住房公积金个人住房贷款最高额度；

（六）审批单位缓缴住房公积金或降低住房公积金缴存比例的申请；

（七）审议住房公积金年度预算、决算；

（八）审议住房公积金增值收益分配方案；

（九）听取财政部门对住房公积金监督情况的通报、人民银行对受委托银行办理的住房公积金金融业务监管的通报、住房公积金管理中心根据审计报告进行整改的汇报，并作出相应的决议或处理意见；

（十）审议住房公积金管理中心提出的住房公积金呆坏账核销申请；

（十一）审议住房公积金管理中心拟向社会公布的住房公积金年度公报；

（十二）推荐住房公积金管理中心的主任、副主任人选，对不称职的主任、副主任提出更换建议；

（十三）需要决策的其他事项。

五、住房公积金管理委员会的会议制度：

（一）住房公积金管理委员会每季度至少召开一次会议；必要时，由主任委员或部分委员联合提议，或住房公积金管理中心提议，可临时召开会议；

（二）会议由主任委员主持，主任委员因故不能出席时，应委托一位副主任委员主持；

（三）会议须有四分之三以上的委员出席，委员因特殊情况不能出席会议时，可以委托熟悉情况的有关人员携其书面意见参加会议，受委托人不享有表决权；

（四）住房公积金管理委员会实行民主决策，委员要充分发表意见，对有关事项的决策实行表决制，决议须住房公积金管理委员会全体委员三分之二多数通过；

（五）住房公积金管理委员会对有关事项的审议情况、表决结果和决议要形成会议纪要；

（六）住房公积金管理委员会决议应当报设区城市人民政府及上级建设、财政、人民银行等部门备案。

六、住房公积金管理委员会拟订的章程或议事规则，应当报设区城市人民政府备案后执行。

七、住房公积金管理委员会依法自主决策，任何部门、单位和个人不得干涉。有关部门和单位应严格执行住房公积金管理委员会决议。住房公积金管理委员会决议违反法律、法规和有关规定的，住房公积金管理委员会委员、执行决议的部门或单位均有权向上级建设行政主管部门报告，上级建设行政主管部门会同同级财政部门，依据管理职权责令住房公积金管理委员会限期改正。

八、住房公积金管理委员会委员应当恪尽职守，不得滥用职权、徇私舞弊。对不称职的委员，由住房公积金管理委员会提出建议，设区城市人民政府予以解聘，并按本意见规定更换新的委员。

❹经济适用住房管理办法（节录）

（2004年5月13日建设部、国家发展和改革委员会、国土资源部、中国人民银行　建住房〔2004〕77号公布）

第十二条　用于个人购房贷款的住房公积金，可优先向购买经济适用住房的个人发放。

❺关于住房公积金管理若干具体问题的指导意见

（2005年1月7日建设部、财政部、中国人民银行　建金管〔2005〕5号公布）

为进一步完善住房公积金管理，规范归集使用业务，健全风险防范机制，维护缴存人的合法权益，发挥住房公积金制度的作用，现就住房公积金管理若干具体问题提出如下意见：

一、国家机关、国有企业、城镇集体企业、外商投资企业、城镇私营企业及其他城镇企业、事业单位、民办非企业单位、社会团体（以下统称单位）及其在职职工，应当按《住房公积金管理条例》（国务院令第350号，以下简称《条例》）的规定缴存住房公积金。有条件的地方，城镇单位聘用进城务工人员，单位和职工可缴存住房公积金；城镇个体工商户、自由职业人员可申请缴存住房公积金，月缴存额的工资基数按照缴存人上一年度月平均纳税收入计算。

二、设区城市（含地、州、盟，下同）应当结合当地经济、社会发展情况，统筹兼顾各方面承受能力，严格按照《条例》规定程序，合理确定住房公积金缴存比例。单位和职工缴存比例不应低于5%，原则上不高于12%。采取提高单位住房公积金缴存比例方式发放职工住房补贴的，应当在个人账户中予以注明。未按照规定程序报省、自治区、直辖市人民政府批准的住房公积金缴存比例，应予以纠正。

三、缴存住房公积金的月工资基数，原则上不应超过职工工作地所在设区城市统计部门公布的上一年度职工月平均工资的2倍或3倍。具体标准由各地根据实际情况确定。职工月平均工资应按国家统计局规定列入工资总额统计的项目计算。

四、各地要按照《条例》规定，建立健全单位降低缴存比例或者缓缴住房公积金的审批制度，明确具体条件、需要提供的文件和办理程序。未经本单位职工代表大会或者工会讨论通过的，住房公积金管理委员会和住房公积金管理中心（以下简称管理中心）不得同意降低缴存比例或者缓缴。

五、单位发生合并、分立、撤销、破产、解散或者改制等情形的，应当为职工补缴以前欠缴（包括未缴和少缴）的住房公积金。单位合并、分立和改制时无力补缴住房公积金的，应当明确住房公积金缴存责任主体，才能办理合并、分立和改制等有关事项。新设立的单位，应当按照规定及时办理住房公积金缴存手续。

六、单位补缴住房公积金（包括单位自行补缴和人民法院强制补缴）的数额，可根据实际采取不同方式确定：单位从未缴存住房公积金的，原则上应当补缴自《条例》（国务院令第262号）发布之月起欠缴职工的住房公积金。单位未按照规定的职工范围和标准缴存住房公积金的，应当为职工补缴。单位不提供职工工资情况或者职工对提供的工资情况有异议的，管理中心可依据当地劳动部门、司法部门核定的工资，或所在设区城市统计部门公布的上年职工平均工资计算。

七、职工符合规定情形，申请提取本人住房公积金账户内存储余额的，所在单位核实后，应出具提取证明。单位不为职工出具住房公积金提取证明的，职工可以凭规定的有效证明材料，直接到管理中心或者受委托银行申请提取住房公积金。

八、职工购买、建造、翻建、大修自住住房，未申请个人住房公积金贷款的，原则上职工本人及其配偶在购建和大修住房一年内，可以凭有效证明材料，一次或者分次提取住房公积金账户内的存储余额。夫妻双方累计提取总额不能超过实际发生的住房支出。

九、进城务工人员、城镇个体工商户、自由职业人员购买自住住房或者在户口所在地购建自住住房的，可以凭购房合同、用地证明及其他有效证明材料，提取本人及其配偶住房公积金账户内的存储余额。

十、职工享受城镇最低生活保障；与单位终止劳动关系未再就业、部分或者全部丧失劳动能力以及遇到其他突发事件，造成家庭生活严重困难的，提供有效证明材料，经管理中心审核，可以提取本人住房公积金账户内的存储余额。

十一、职工调动工作，原工作单位不按规定为职工办理住房公积金变更登记和账户转移手续的，职工可以向管理中心投诉，或者凭有效证明材料，直接向管理中心申请办理账户转移手续。

十二、职工调动工作到另一设区城市的，调入单位为职工办理住房公积金账户设立手续后，新工作地的管理中心应当向原工作地管理中心出具新账户证明及个人要求转账的申请。原工作地管理中心向调出单位核实后，办理变更登记和账户转移手续；原账户已经封存的，可直接办理转移手续。账户转移原则上采取转账方式，不能转账的，也可以电汇或者信汇到新工作地的管理中心。调入单位未建立住房公积金制度的，原工作地管理中心可将职工账户暂时封存。

十三、职工购买、建造、翻建和大修自住住房需申请个人住房贷款的，受委托银行应当首先提供住房公积金贷款。管理中心或者受委托银行要一次性告知职工需要提交的文件和资料，职工按要求提交文件资料后，应当在15个工作日内办完贷款手续。15日内未办完手续的，经管理中心负责人批准，可以延长5个工作日，并应当将延长期限的理由告知申请人。职工没有还清贷款前，不得再次申请住房公积金贷款。

十四、进城务工人员、城镇个体工商户和自由职业人员购买自住住房时，可按规定申请住房公积金贷款。

十五、管理中心和受委托银行应按照委托贷款协议的规定，严格审核借款人身份、还款能力和个人信用，以及购建住房的合法性和真实性，加强对抵押物和保证人担保能力审查。要逐笔审批贷款，逐笔委托银行办理贷款手续。

十六、贷款资金应当划入售房单位（售房人）或者建房、修房承担方在银行开设的账户内，不得直接划入借款人账户或者支付现金给借款人。

十七、借款人委托他人或者中介机构代办手续的，应当签订书面委托书。管理中心要建立借款人面谈制度，核实有关情况，指导借款人在借款合同、担保合同等有关文件上当面签字。

十八、各地要根据当地经济适用住房或者普通商品住房平均价格和居民家庭平均住房水平，拟订住房公积金贷款最高额度。职工个人贷款具体额度的确定，要综合考虑购建住房价格、借款人还款能力及其住房公积金账户存储余额等因素。

十九、职工使用个人住房贷款（包括商业性贷款和住房公积金贷款）的，职工本人及其配偶可按规定提取住房公积金账户内的余额，用于偿还贷款本息。每次提取额不得超过当期应还款付息额，提前还款的提取额不得超过住房公积金贷款余额。

二十、职工在缴存住房公积金所在地以外的设区城市购买自住住房的，可以向住房所在地管理中心申请住房公积金贷款，缴存住房公积金所在地管理中心要积极协助提供职工缴存住房公积金证明，协助调查还款能力和个人信用等情况。

本意见自发布之日起实施。各地可以结合实际制订具体办法。

（三）相关地方性法规及规范性文件

❶浙江省住房公积金条例

（1997年6月28日浙江省第八届人民代表大会常务委员会第三十七次会议通过　根据2001年11月2日浙江省第九届人民代表大会常务委员会第二十九次会议《关于修改〈浙江省住房公积金条例〉的决定》修正　2001年11月2日浙江省人民代表大会常务委员会〔第48号〕公布）

第一章　总则

第一条　为加强住房公积金管理，维护住房公积金缴存者的合法权益，促进住房分配机制转换，加快城镇住房建设，根据国家有关法律、法规，结合本省实际，制定本条例。

第二条　本条例适用于本省行政区域内住房公积金的缴存、提取、使用及相关的管理、监督活动。

第三条　本条例所称的住房公积金，是指职工及其所在单位，按照本条例规定缴存的一种长期住房储金。

职工个人缴存和职工所在单位为职工缴存的住房公积金，属于职工工资性质，归职工个人所有。

第四条　在本省机关、事业单位、社会团体和企业（以下统称单位）工作的职工和职工所在单位均应按照本条例的规定缴存住房公积金。

前款所称企业，是指国有企业、外商投资企业、城镇集体所有制企业和在城镇的股份制企业、股份合作企业、合伙企业、私营企业。前款所称职工，不包括离退休职工、合同试用期内的职工和外籍职工。

第五条　住房公积金按规定用于职工住房的消费和职工住房建设资金的融通，任何单位和个人不得挪作他用。

第六条　对住房公积金实行统一管理、专户存储、专项使用、安全运作、严格监督的原则。

第七条　单位和职工均有按照本条例规定缴存住房公积金的义务，并享有本条例规定的权利。

第二章　管理组织

第八条　县级以上人民政府设立的住房委员会，是管理住房公积金的领导决策机构，其主要职责是：

（一）贯彻执行有关住房公积金的法律、法规和国家其他有关规定；

（二）审批住房公积金的年度归集和使用计划；

（三）审定住房公积金的年度预算、决算；

（四）负责有关住房公积金管理的协调工作；

（五）管理和监督同级住房公积金管理中心（以下简称管理中心）；

（六）同级人民政府赋予的其他相关职责。

各级住房委员会设办公室，具体负责住房委员会的日常工作，并承办对同级管理中心的监督管理工作。

第九条　管理中心经县级以上人民政府批准设立，是依法管理住房公积金的、非盈利性的具有法人资格的事业单位。其主要职责是：

（一）负责住房公积金的归集、支付和核算；

（二）编制住房公积金的年度归集、使用计划；

（三）编制住房公积金的预算、决算；

（四）审批住房公积金的提取、贷款申请；

（五）监督、检查住房公积金的暂存、使用情况；

（六）负责住房公积金的保值、增值；

（七）行使本条例赋予的行政处罚职能；

（八）执行同级住房委员会交办的其他事项。

第十条 住房公积金的信贷业务，由当地县级以上人民政府按国家规定确定的银行（以下简称受托银行）办理。管理中心经当地县级以上人民政府授权，与受托银行签订委托合同。

第三章 住房公积金的缴存

第十一条 单位必须按规定向所在地县级以上管理中心办理住房公积金缴存登记手续，设立职工住房公积金账户。

新设立单位必须自批准设立之日起三十日内，向所在地县级以上管理中心办理住房公积金缴存登记手续，设立职工住房公积金账户。

单位录用职工，必须自正式录用之日起三十日内，向所在地县级以上管理中心办理职工住房公积金账户的设立或者转移手续。

第十二条 单位发生合并、分立、解散等情形或者依法宣告破产的，应当自上述情形发生之日起三十日内，由原单位或者清算组织向管理中心办理变更或者注销住房公积金缴存登记手续，并办理职工住房公积金账户的转移或者封存手续。

单位与职工终止劳动关系，包括职工调动、辞职、解聘、辞退、开除等，应当自终止劳动关系之日起三十日内，向管理中心办理职工住房公积金账户的转移或者封存手续。

职工被重新录用时，用人单位应当自职工正式录用之日起三十日内，向管理中心办理职工住房公积金账户转移或者启封手续。

第十三条 职工和单位住房公积金的缴存比例均不得低于职工上一年度月平均工资的5%。有条件的市（县）可以按省规定适当提高缴存比例。

第十四条 职工按当地最低工资标准领取工资的，职工个人可以免缴住房公积金。职工所在单位仍应按照规定比例为职工缴存住房公积金。

第十五条 住房公积金按月缴存。职工的住房公积金，由所在单位在其每月工资收入中代扣。单位为职工缴存和代扣的住房公积金，由单位在发放工资之日起五日内向管理中心缴存。管理中心应当于收到住房公积金当日计入职工个人住房公积金账户。住房公积金也可以采取同城特约委托收款结算方式归集。单位逾期缴存住房公积金的，管理中心按每逾期一日加收应缴存金额千分之一的滞纳金。

单位应当对住房公积金单独建账，及时登录职工个人住房公积金暂存、提取等情况。

第十六条 住房公积金自管理中心收到之日起按日计息，按年结算。每年6月30日为结息日，结息后本息自动转存。住房公积金存、贷款利率，按国家金融管理的有关规定执行。

第十七条 职工个人缴存的住房公积金，按规定不计入个人所得税的纳税基数；职工按本条例规定提取的住房公积金本息，免缴个人所得税。

第十八条 企业因严重亏损等原因缴存住房公积金有困难的，经本单位职工代表大会或者工会讨论通过，并经管理中心审核，报住房委员会批准后，可以降低缴存比例或者缓缴；待单位经济效益好转后，再提高缴存比例或者补缴。企业缓缴住房公积金的期限一般不得超过一年。超过一年，需要继续缓缴的，应当重新办理申请手续。

第十九条 企业被依法宣告破产的，其欠缴的住房公积金列入第一清偿顺序优先清偿。

第四章 住房公积金的提取和使用

第二十条 使用住房公积金，应当按照住房公积金年度使用计划执行。

管理中心应当于每年度末根据住房公积金来源和本条例规定的使用范围，编制下一年度住房公积金使用计划，报同级住房委员会批准后组织实施。

制定住房公积金的年度使用计划，应当优先保证职工提取住房公积金账户中的储存余额（含利息，下同）。

第二十一条 有下列情形之一的，职工可以提取本人住房公积金账户中的储存余额：

（一）购买、建造自住住房或者翻建、大修自住住房的；

（二）离休、退休的；

（三）完全丧失劳动能力，并且与所在单位终止劳动关系的；

（四）与所在单位终止劳动关系后，未重新就业满五年的；

（五）出国、出境定居的；

（六）户口迁出本市、县行政区域，迁入地未建立住房公积金制度的；

（七）省人民政府规定的职工其他住房消费。

职工死亡或者被宣告死亡的，职工的继承人或者受遗赠人，可以提取该职工住房公积金账户中的储存余额。

第二十二条 职工购买、建造自住住房或者翻建、大修自住住房所需资金，提取本人住房公积金账户中储存余额尚不足的，可以提取其配偶、父母、子女的住房公积金账户中的储存余额，但需征得被提取人的书面同意。

第二十三条 职工提取住房公积金账户中的储存余额，应当凭单位出具的有关证明材料，向管理中心提出申请。管理中心应当根据本条例第二十一条、第二十二条规定进行审核，并在接到申请之日起三日内作出准予或者不准予的决定并答复申请人。

第二十四条 职工购买、建造自住住房或者翻建、大修自住住房所需资金，提取本人住房公积金账户中储存余额尚不足的，可以向管理中心申请住房公积金担保贷款。

第二十五条 职工按照本条例规定申请住房公积金贷款的，管理中心应当在接到申请之日起七日内作出准予或者不准予的决定并答复申请人。

申请住房公积金贷款经管理中心批准后，由申请人到受托银行按有关规定办理贷款手续。

第二十六条 管理中心根据住房公积金年度使用计划，在保证住房公积金提取和贷款的前提下，经住房委员会批准，可以将住房公积金用于购买国债。

第二十七条　按本条例规定的增值方式产生的住房公积金增值净收益，由管理中心集中管理，并按规定提取建立风险准备金。风险准备金的使用，按国家有关规定执行。

第二十八条　除本条例规定的使用范围外，管理中心不得将住房公积金出借，不得将住房公积金用于房地产投资、经营股票、期货或者从事其他经营性活动，不得用住房公积金为单位或者个人提供任何形式的担保。

第五章　住房公积金的管理和监督

第二十九条　县级以上人民政府应当加强对住房公积金管理工作的领导和监督，及时纠正下级人民政府和同级住房委员会违反本条例规定的行为。

第三十条　各级财政部门行使对住房公积金管理的监督职能。各级住房委员会在审批住房公积金预算、决算前，应当征求财政部门意见。管理中心应当定期向同级财政部门报送财务会计报表，接受财政部门的监督、检查。

第三十一条　各级审计部门对住房公积金管理、使用情况实行审计监督。管理中心归集、使用住房公积金的情况及其财务收支和管理费用支出情况应当接受年度审计。

第三十二条　省管理中心应当加强对市、县管理中心的业务指导和监督；市、县管理中心应当定期向省管理中心报送财务会计、统计等报表。管理中心应当定期向同级人民政府报告本行政区域内住房公积金归集、使用情况。

第三十三条　住房公积金账户的储存余额，实行对账制度，每年对账一次。管理中心应当在每年住房公积金结息后的三十日内单位送交对账清单，并由单位及时书面告知职工缴存、提取住房公积金等情况。

第三十四条　管理中心应当建立健全住房公积金账户查询制度，完善查询系统，为职工和单位无偿提供查询服务。

单位、职工发现住房公积金账户中的储存余额，与实际储存额不符并要求复核时，管理中心应当在单位、职工提出复核要求之日起三日内给予答复。

第三十五条　管理中心应当建立住房公积金年度验审制度，督促单位履行本条例规定的义务。

第三十六条　管理中心应当于每年 9 月 30 日前，将经住房委员会批准的上一结算年度住房公积金归集和使用情况的报告，登报公布，接受社会监督。

住房公积金的结算年度，自每年的 7 月 1 日起至下一年的 6 月 30 日止。

第三十七条　单位未按照本条例规定缴存住房公积金或者未及时办理住房公积金账户的设立、转移、封存、启封、对账等手续的，职工有权进行监督。

第六章　法律责任

第三十八条　单位有下列行为之一的，由管理中心给予处罚：

（一）未按照本条例规定办理住房公积金缴存登记或者变更、注销缴存登记的，责令限期补办；逾期不补办的，处以一万元以上五万元以下的罚款。

（二）未按照本条例规定为职工个人办理住房公积金账户的设立、转移或者封存、启封手续的，责令限期补办；逾期不补办的，处以一万元以上五万元以下的罚款。

（三）为职工提取住房公积金账户中储存余额或者为职工申请住房公积金贷款出具虚假证明的，处以一千元以上一万元以下的罚款。

有前款第（三）项行为的，并可由有关部门按管理权限对单位主要负责人和直接责任人给予行政处分；构成犯罪的，依法追究刑事责任。

第三十九条　职工违反本条例规定，采取欺骗手段，提取本人住房公积金账户中储存余额的，管理中心应当追回提取款项本息，并可对提取人处以提取金额百分之五至百分之十的罚款。

职工采取欺骗手段，获得住房公积金贷款的，管理中心应当追回被骗取的住房公积金贷款本息，没收非法所得，并对骗取人处以被骗取贷款金额百分之五至百分之十的罚款；构成犯罪的，依法追究刑事责任。

职工违反本条例规定，骗取他人住房公积金账户中储存余额的，管理中心应当追回被骗取的款项本息，并对骗取人处以骗取金额一倍的罚款；构成犯罪的，依法追究刑事责任。

第四十条　管理中心违反本条例规定，未在规定的期限内向社会公布住房公积金归集和使用情况，或者故意隐瞒事实，向社会公布虚假情况的，由同级住房委员会责令其纠正，并可对其主要负责人和直接责任人，按管理权限给予行政处分。

第四十一条　管理中心及其工作人员，违反本条例规定，有下列行为之一的，由同级住房委员会责令其纠正，限期追回被挪用的住房公积金本息，没收非法所得；造成损失的，依法承担赔偿责任；对其主要负责人和直接责任人，并可按管理权限给予行政处分；构成犯罪的，依法追究刑事责任。

（一）出借住房公积金的；

（二）将住房公积金用于房地产投资，经营股票、期货或者从事其他经营性活动的；

（三）用住房公积金为他人提供担保的；

（四）违反规定委托金融机构发放住房公积金贷款的；

（五）玩忽职守，徇私舞弊，造成住房公积金损失的。

第四十二条　违反本条例规定挪用住房公积金，是经政府或者有关领导人决定或者同意的，由上级人民政府或者有关部门依法追究有关领导人的责任。

第七章　附则

第四十三条　本条例第四条规定以外的企业和城镇个体工商户，经当地县级以上人民政府决定，可以参照本条例实行住房公积金制度。

第四十四条　本条例自 1997 年 10 月 1 日起施行。

（四）相关地方政府规章及规范性文件

❶辽宁省住房公积金管理规定（节录）

（1997 年 11 月 28 日辽宁省人民政府第 81 号令公布　2001 年 6 月 5 日根据《辽宁省人民政府关于修改〈辽宁省住房公积金管理规定〉的决定》修正）

第一章　总则

第一条　为加强住房公积金管理，维护住房公积金所有者的合法权益，促进住房制度改革，加快城镇住房建设，根据国家有关规定，制定本规定。

第二条 本规定所称住房公积金，是指国家机关、社会团体、国有企业、城镇集体企业、外商投资企业、城镇私营企业及其他城镇企业、事业单位（以下统称单位）及其在职职工缴存的长期住房储金。

职工个人缴存的住房公积金和职工所在单位为职工缴存的住房公积金，归职工个人所有。

第三条 本规定适用于我省行政区域内住房公积金的缴存、提取、使用、管理和监督。

第四条 住房公积金的管理实行住房委员会决策、住房公积金管理中心运作、银行专户存储、财政监督的原则。

住房公积金应当用于职工购买、建造、翻建、大修自住住房，任何单位和个人不得挪作他用。

第五条 省、市住房委员会是本行政区域内住房公积金管理的决策机构。

市人民政府设立住房公积金管理中心，在市住房委员会领导下，负责本行政区域内住房公积金的管理运作。

县（含县级市）原则上不设立住房公积金管理中心；确需设立的，报省人民政府批准。

住房公积金管理中心是不以营利为目的的独立的事业单位。

第六条 职工有要求所在单位为其缴存住房公积金的权利。

职工和职工所在单位有权核实住房公积金的缴存、使用情况。职工和职工所在单位认为其合法权益受到侵犯，可以依法申诉或者向人民法院起诉。

第二章 住房公积金的缴存

第七条 我省境内国家机关、企事业单位、社会团体的固定职工、劳动合同制职工以及外商投资企业中的中方职工及其所在单位，必须按照本规定缴存住房公积金。

住房公积金的缴存额为劳动、人事等部门核准的职工本人上年度的月平均工资乘以职工、单位的住房公积金缴存比例之和。

在住房公积金的结算年度内，住房公积金的缴存额不变。

职工和职工所在单位住房公积金的缴存比例均不得低于职工上一年度月平均工资的5%；有条件的市可适当提高缴存比例。具体缴存比例由市住房委员会拟订，经市人民政府审核后，报省人民政府批准。

第八条 职工所在单位应当到住房公积金管理中心办理住房公积金缴存登记手续，经住房公积金管理中心审核后，到受托银行为本单位职工办理住房公积金账户设立手续。每个职工只能有一个住房公积金账户。

新设立的单位应当自批准设立之日起30日内，办理住房公积金缴存登记手续。

单位新录用职工，应当自录用之日起30日内，办理住房公积金缴存或者转移手续。

单位与职工终止劳动合同，除本规定第十四条第（三）项所列情形外，由住房公积金管理中心审核，受托银行按照审核意见办理该职工住房公积金账户封存手续；该职工重新就业后，由受托银行按照住房公积金管理中心审核意见，办理账户启封转移手续。

第九条 单位合并、分立、解散或者被依法宣布破产，原单位或者清算机构必须自批准之日起30日内，向住房公积金管理中心办理住房公积金的变更或者注销手续，凭变更或者注销登记手续，到受托银行办理住房公积金账户转移或者封存手续。

第十条 单位为职工：缴存的住房公积金，按照下列规定列支：

（一）机关在预算中列支；

（二）事业单位由财政部门核定收支后，在预算或者费用中列支；

（三）企业在成本中列支。

第十一条 职工个人缴存的住房公积金，由所在单位每月从其工资中代扣代缴。

职工所在单位应当于每月发放职工工资之日起5日内，将单位缴存的和为职工代缴的住房公积金存入受托银行。

第十二条 职工按照当地最低工资标准领取工资的，职工个人可以免缴住房公积金；职工所在单位应当按照规定比例为职工缴存住房公积金。

第三章 住房公积金的提取和使用

第十三条 住房公积金的使用，应当优先保证职工提取住房公积金账户中的存款余额。

职工提取住房公积金应当填写提取申请，经所在单位出具证明，住房公积金管理中心审核，由受托银行支付。

第十四条 职工有下列情形之一的，可以提取本人住房公积金账户中的存款余额：

（一）购买、建造自住房屋或者翻建、大修具有所有权的自住房屋；

（二）离休、退休；

（三）完全丧失劳动能力，并且与所在单位终止劳动关系；

（四）户口迁出本市或者出国和到港、澳、台地区定居；

（五）职工死亡或者被宣告死亡；

（六）偿还购房贷款本息；

（七）法律、法规规定的其他情形。

按照前款第（二）、（三）、（四）、（五）项规定提取住房公积金账户存款余额的，应当同时注销该账户。

第十五条 职工购买、建造自住房屋或者翻建、大修具有所有权的房屋，在提取本人住房公积金账户存款不足时，可以提取其配偶、同户成员或者非同户的直系血亲的住房公积金账户中的存款余额，但须征得被提取人的书面同意。

职工或者职工的继承人、受遗赠人不得采取欺骗手段提取住房公积金账户中的存款余额。

第十六条 缴存住房公积金的职工，可以申请住房公积金贷款，用于购买、建造自住房屋或者翻建、大修具有所有权的自住房屋，但必须提供抵押和担保。

住房公积金贷款期限，最长不超过30年。

第十七条 住房公积金管理中心应当自受理住房公积金贷款申请之日起15日内作出准予或者不准贷款的决定，并通知申请人；准予贷款的，由受托银行办理贷款手续。

住房公积金贷款的风险，由住房公积金管理中心承担。

第十八条　住房公积金管理中心在保证住房公积金正常支付、运营的前提下，可以通过购买国债或者法律、法规规定的其他途径保值、增值，但不得用于直接投资或者委托他人投资。

第四章　管理和监督

第十九条　住房公积金管理中心应当按照中国人民银行的有关规定，委托住房委员会指定的银行办理住房公积金贷款、结算等金融业务和住房公积金账户的设立、缴存、归还等手续。

住房公积金管理中心应当与受委托银行签订委托合同。

第二十条　住房公积金的存款、贷款利率，执行国务院关于住房公积金的存款、贷款利率，并随中国人民银行的利率调整进行相应调整。

第二十一条　住房公积金管理中心的管理费用，由住房公积金管理中心按照规定的标准编制全年预算支出总额，报同级财政部门批准后，从住房公积金增值收益中上交同级财政，由同级财政拨付。

住房公积金管理中心的管理费用标准，由省财政部门会同省有关部门按照略高于国家和省规定的事业单位费用标准制定。

第二十二条　财政部门应当加强对本行政区域内住房公积金归集、提取和使用情况的监督，并向住房委员会通报。

住房公积金管理中心在编制住房公积金归集、使用计划时，应当征求财政部门的意见。

住房委员会在审批住房公积金归集、使用计划和计划执行情况的报告时，必须有财政部门参加。

第二十三条　住房公积金管理中心编制的住房公积金年度预算、决算，应当经财政部门审核后，提交住房委员会审议。

住房公积金管理中心应当定期向财政部门和住房委员会报送财务报告，并于每年的9月份向社会公布上一结算年度的住房公积金的归集和使用情况。

第二十四条　住房公积金管理中心应当依法接受审计部门的审计监督。

第二十五条　住房公积金管理中心有权对单位缴存、使用住房公积金的情况进行检查。被检查单位应当按照住房公积金管理中心的要求，提供有关资料和情况。任何单位和个人不得拒绝检查。

第二十六条　受托银行应当定期向住房公积金管理中心书面报告住房公积金的缴存、计息、贷款等情况。

受托银行应当在每年6月30日结算住房公积金账户中的存款余额，向职工和职工所在单位分别送交《职工住房公积金缴交清单》和《单位对账单》。

第二十七条　职工及其所在单位向住房公积金管理中心或者受托银行查询住房公积金缴存、提取情况，住房公积金管理中心和受托银行应当无偿受理，不得拒绝。

职工及其所在单位发现住房公积金账户中的存款余额与实际情况不符，可以要求受托银行或者住房公积金管理中心复核。受托银行和住房公积金管理中心应当无偿受理，并自受理之日起3日内给予书面答复。

第五章　法律责任

第二十八条　违反本规定，有下列行为之一的，由住房公积金管理中心予以处罚：

（一）单位不办理住房公积金缴存登记或者不为本单位职工办理住房公积金账户设立手续的，责令限期办理；逾期不办理的，处1万元至5万元的罚款；

（二）单位逾期不缴或者少缴住房公积金的，责令限期缴存；逾期仍不缴存的，可以申请人民法院强制执行；

（三）采取欺骗手段提取住房公积金的，追回其全部非法所得，处以提取金额10%至20%的罚款，但不得超过1000元；构成犯罪的，依法追究刑事责任。

第二十九条　对截留、侵占或者挪用住房公积金的，除全部追回本金及非法所得外，对负责人和直接责任人由所在单位或者上级主管部门给予行政处分；构成犯罪的，依法追究刑事责任。

第三十条　住房公积金管理中心、受托银行违反住房公积金委托协议书的约定或者有其他过错的，应当依法承担责任。

第三十一条　住房公积金管理中心及其工作人员违反本规定的，由住房委员会责令改正；对玩忽职守、滥用职权、徇私舞弊的，由所在单位或者上级主管部门给予行政处分；构成犯罪的，依法追究刑事责任。

第三十二条　实施行政处罚的程序和罚没款的处理，按照《中华人民共和国行政处罚法》的规定执行。

第六章　附则

第三十三条　本规定所称住房公积金结算年度，自每年7月1日起至下一年6月30日止。

第三十四条　城镇个体工商户帮工的住房公积金管理办法，参照本规定执行。

第三十五条　本规定自1998年1月1日起施行。

（五）相关其他规范性文件

❶中华人民共和国国民经济和社会发展第十个五年计划纲要（节录）

（2001年3月15日第九届全国人民代表大会第四次会议批准）

第二节　拓宽消费领域

在提高居民吃穿用等基本消费水平的基础上，重点改善居民居住和出行条件。完善住房公积金制度，加大以经济适用住房为重点的住房建设力度，建立廉租房供应保障体系。积极发展城乡公共交通，鼓励轿车进入家庭。降低信息服务价格，刺激居民信息消费。提高计算机普及率，2005年达到4%以上。推行职工带薪休假制度，合理调整居民工作和闲暇时间，扩大服务供给，鼓励居民服务性消费。加强城乡供水、供电、供气、供热、信息、环境等基础设施建设，扩大农村基础设施的覆盖面，为改善城乡居民生活质量创造条件。建立个人信用制度，扩大消费信贷规模。

【个人住房贷款】

一、专家指导意见

（一）个人住房贷款的概念

从目前我国住房金融发展的实际看，个人住房贷款业务主要有两种：一种是政策性个人住房担保委托贷款，另一种是商业性个人住房担保贷款。政策性个人住房贷款是由住房资金管理机构运用房改资金，委托银行发放给住房公积金交存人的，用于购买自住普通住宅的专项委托贷款。商业性个人住房贷款是由商业银行以吸收居民储蓄存款及其他存款为资金来源，向居民发放的，用于购买自住住宅的专项贷款。政策性个人贷款通常被称为公积金贷款，商业性个人住房贷款通常被称为住房按揭贷款。

（二）申请个人住房贷款应具备的条件

1. 有合法的身份；

2. 有稳定的经济收入，信用良好，有偿还贷款本息的能力；

3. 有合法有效的购买、建造、大修住房的合同、协议以及贷款行要求提供的其他证明；

4. 在所购（建、大修）住房全部价款20%以上自筹资金，并保证用于支付所购（建、大修）住房的首付款。

5. 有贷款行认可的资产作为抵押或质押，或（和）有足够代偿能力的法人、其他组织或个人作为保证人；

6. 贷款行规定的其他条件。

（三）个人住房贷款程序

1. 借款人填写《借款申请书》，并提供必需的资料；

2. 贷款行对借款人的资信状况和资料进行审查，在三周内正式答复申请人；

3. 贷款行同意贷款的，双方签订借款合同，并视贷款担保方式，同时签订抵押合同或质押合同、保证合同；

4. 根据国家和当地的法律法规以及银行的规定，办理房产保险、抵押登记或合同公证等手续；

5. 贷款行按照合同约定发放贷款。

（四）个人住房贷款的额度和期限

个人住房贷款的额度不超过所购住房价值的80%，贷款期限最长不超过30年。个人住房公积金贷款的额度和期限按照当地有关部门的规定办理。

（五）个人住房贷款的担保方式

个人住房贷款实行抵押、质押、保证和抵（质）加保证四种担保方式。

1. 抵押，是指借款人或者第三人以自有房屋、所购现房或期房作为抵押物的一种担保方式；

2. 质押，是指借款人用有价证券作为质物的一种担保方式；

3. 保证，是指借款人用具有足够代偿能力的法人或者自然人作为保证人的一种担保方式；

4. 抵（质）押加保证，是指当借款人不能足额提供抵（质）押手续时，同时由贷款行认可的第三方承担连带责任保证的贷款担保方式。

二、法律适用依据

（一）相关行政法规及规范性文件

❶关于进一步深化城镇住房制度改革加快住房建设的通知（节录）

（1998年7月3日国务院　国〔1998〕23号公布）

六、发展住房金融

（二十）扩大个人住房贷款的发放范围，所有商业银行在所有城镇均可发放个人住房贷款。取消对个人住房贷款的规模限制，适当放宽个人住房贷款的贷款期限。

❷关于支持科研院所、大专院校、文化团体和卫生机构利用单位自用土地建设经济适用住房的若干意见（节录）

（1998年9月10日建设部、国家发展计划委员会、国土资源部、中国人民银行、科技部、教育部、文化部、卫生部制定　1998年9月18日国务院办公厅　国办〔1998〕130号转发）

三、国有商业银行要采取措施，支持科研院所、大专院校、文化团体和卫生机构自建经济适用住房，支持科技、教育、文化和卫生界职工购买经济适用住房。

（一）对批准的自建经济适用住房（含校园内周转住房），只要项目具备开工建设条件，单位实际投入的自筹资金达到项目投资的20%，且已落实购房对象，国有商业银行可发放住房建设贷款；

（二）对购买本单位自建经济适用住房的职工，只要首付款达到购房款的30%，均可向国有商业银行申请个人住房抵押贷款；

（三）科研院所、大专院校、文化团体和卫生机构的职工购买本单位的自建经济适用住房，国有商业银行可发放购房款70%的个人住房抵押贷款，还贷期限最长不超过20年。

四、对已经实行住房公积金办法的科研院所、大专院校、文化团体和卫生机构，其职工购买单位自建经济适用住房，需要申请住房公积金贷款的，在同等条件下应予优先安排。

❸关于加强住房公积金管理的意见（节录）

（1996年7月3日国务院住房制度改革领导小组制定　1996年8月8日国务院办公厅　国办〔1996〕35号转发）

三、住房公积金定向用于：（一）职工购买、建造、大修理自住住房抵押贷款；（二）城市经济适用住房包括安居工程住房建设专项贷款；（三）单位购买、建造职工住房专项贷款。在满足支付需要和安排以上贷款后，可用于购买国家债券。

八、住房公积金实行低存低贷原则。

当年归集的职工个人住房公积金活期存款利率计息，上年结转的职工个人住房公积金本息暂按3个月整存整取存款利率计息，管理中心在受托银行专户内的沉淀资金比照3年期零存整取储蓄存款利率计息，并不低于该档次利率水平。

单位和职工个人住房贷款利率，在上年结转的职工个人住房公积金存款利率的基础上加规定利差：单位住房贷款利率（按季结息），3年以内加1.8个百分点，3年以上至5年加2.16个百分点，附加还本宽限期的，每年宽限期另加0.18个百分点；无贷款抵押的，另加0.99个百分点。职工个人住房抵押贷款利率（按月或按季结息），5年以内加1.8个百分点，5年以上至10年加2.34个百分点，10年以上至15年加

2.88个百分点，15年以上至20年加3.42个百分点。单位和职工个人住房贷款利率，随职工个人住房公积金存款利率调整。

❹关于促进房地产市场持续健康发展的通知（节录）

（2003年8月12日国务院　国〔2003〕18号公布）

（十三）完善个人住房贷款担保机制。要加强对住房置业担保机构的监管，规范担保行为，建立健全风险准备金制度，鼓励其为中低收入家庭住房贷款提供担保。对无担保能力和担保行为不规范的担保机构，要加快清理，限期整改。加快完善住房置业担保管理办法，研究建立全国个人住房贷款担保体系。

（二）相关部门规章及规范性文件

❶中央国家机关个人住房组合贷款管理暂行规定

（1998年6月25日中国国家机关住房资金管理中心　国家机关房资字〔1998〕第07号公布）

第一条　为进一步深化中央国家机关住房制度改革，促进住房消费，充分发挥住房公积金和住房信贷资金效益，保证贷款资金安全，维护借贷双方的合法权益，根据《中国国家机关个人住房担保委托贷款办法（试行）》和《中国建设银行个人住房贷款办法》，结合中央国家机关实际情况，制定本规定。

第二条　个人住房组合贷款是指由中央国家机关住房资金管理中心运用住房公积金、中国建设银行北京市分行运用信贷资金向同一借款人同时发放的，用于购买同一套自住住房的个人住房贷款，是政策性和商业性贷款组合的总称。

第三条　申请个人住房组合贷款的，应同时符合《中央国家机关个人住房担保委托贷款办法（试行）》和《中国建设银行个人住房贷款办法》中有关贷款对象及贷款条件的规定。

第四条　组合贷款的申请。申请个人住房组合贷款，借款人应先向贷款银行提出申请，填报《借款申请表》，并出具相关材料。贷款银行负责初审，初审合格后，填写《贷款初审意见书》，连同借款申请表送交中央国家机关住房资金管理中心即委托人。

第五条　委托人根据《贷款初审意见书》对贷款进行审批。审批同意后，委托人与贷款银行签订委托合同，并由委托人签发《委托贷款通知单》。贷款银行凭委托合同及《委托贷款通知单》向借款申请人发放政策性个人住房贷款，并同时发放商业性个人住房贷款。

第六条　贷款银行应分别与借款申请人签订《中央国家机关个人住房担保委托贷款借款合同》和《中国建设银行北京市分行个人住房贷款借款合同》及相应的贷款担保合同。借款合同的生效日应为同一天，期限应相同。

第七条　贷款银行可将贷前调查的部分内容委托中介服务机构办理，具体办法按照中国建设银行北京市分行有关规定执行。

第八条　组合贷款的贷款总额不得超过借款申请人所购房屋价款的70%，其中政策性个人住房担保委托贷款额度不得超过委托人规定的单笔贷款的最高限额。

第九条　组合贷款中政策性贷款和商业性贷款的利率，分别按《中央国家机关个人住房担保委托贷款办法（试行）》和《中国建设银行个人住房贷款办法》规定的利率执行。

第十条　组合贷款的各种合同签订后，贷款银行应当按两类贷款，分别开立政策性贷款和经营性贷款两种账户进行核算。

第十一条　组合贷款采用按月均还的方式，同时按政策性贷款和商业性贷款的比例偿还贷款本息。

第十二条　组合贷款出现风险时，贷款银行处置抵押物或质物，或向保证人求偿所得款项，应首先用于清偿《中央国家机关个人住房担保委托贷款借款合同》项下贷款本息及相关费用。

第十三条　贷款银行按《中央国家机关个人住房担保委托贷款办法（试行）》、《中国建设银行个人住房贷款办法》及个人住房贷款借款合同、担保合同的规定对发放的组合贷款进行管理。

第十四条　本规定由中国建设银行北京市分行和中央国家机关住房资金管理中心共同解释和修改。

第十五条　本规定自发布之日起执行。

❷关于进一步加快经济适用住房（安居工程）建设有关问题的通知（节录）

（1998年8月3日国家发展计划委员会、建设部、国土资源部、中国人民银行 计投资〔1998〕1474号公布）

四、防范住房贷款风险，保证贷款安全

经济适用住房项目贷款，开发建设单位可以其有效资产进行担保，也可以总投资在30%以上的在建工程进行抵押。以在建工程进行抵押的，当地房屋和土地管理部门应对其权属进行预登记，出具合法证明，并做好与工程竣工后有关房屋权属登记的衔接工作。在抵押期间销售住房的，应及时告知抵押权人，并修订抵押合同，将所销售住房在原抵押标的物和抵押价值中作相应核减，由销售收入来冲销相应的抵押贷款。

个人购房需要申请贷款的，可按照《个人住房贷款管理办法》的规定设定担保。以所购住房抵押贷款的，如不能按规定偿还银行贷款本息，贷款银行可依法处理该房产，原规定的销售范围及其经济适用住房性质、划拨土地使用权性质等维持不变，所得收入优先偿还银行贷款本息。不足的，贷款银行有权向借款人进行追索。单位集资建设的经济适用住房，个人需要抵押贷款的，银行应予以支持。

房屋、土地抵押登记部门要加快办理抵押登记手续，减轻负担，按宗收费。抵押价值需要评估的，由当事人自愿委托具备房地产价格评估资格的机构进行，任何部门不得强制当事人接受评估，评估结果应当经贷款银行认可。

❸中央国家机关个人住房担保委托贷款办法（试行）

（1998年6月12日国务院机关事务管理局公布）

第一章　总则

第一条　为推动中央国家机关住房制度改革，建立政策性住房信贷体系，支持中央国家机关在京单位（包括全国人大机关、全国政协机关、高法院、高检院、国务院各部门及其所属企事业单位，下同）个人购买（含建造、大修，下同）自住住房，规范个人住房担保委托贷款管理，维护借贷双方合法权益，提高住房公积金使用效益，根据《中华人民共和国担保法》、《国务院住房制度改革领导小组关于加强住房公积金管理的意见》、中国人民银行发布的《贷款通则》和《个人住房贷款管理办法》、《中央国家机关住房公积金制度实施办法》、《北京市房地产抵押管理办法》及国家的有关规定，特制定本办法。

第二条 本办法所称个人住房担保委托贷款（以下简称贷款）是指由中央国家机关住房资金管理中心运用住房公积金，委托银行向购买自住住房的中央国家机关在京单位的住房公积金交存人和汇缴单位的离退休职工发放的担保贷款。

第三条 本办法贷款担保方式包括：

（一）房产抵押；

（二）权利质押；

（三）第三方连带责任保证。

第四条 本办法借贷关系中的有关各方：

委托人：中央国家机关住房资金管理中心；

受托人：受托承办房改金融业务的银行及其所属分支机构；

借款人：向受托人申请贷款的个人；

保险人：承保房屋财产险的保险公司；

抵押人：为贷款提供房产抵押担保的借款人或第三人；

抵押权人：受托人；

出质人：为贷款提供质押担保的借款人或第三人；

质权人：受托人；

保证人：为贷款提供连带责任保证担保的第三人。

第二章 贷款对象和贷款条件

第五条 贷款对象。在中央国家机关住房资金管理中心系统交存住房公积金的住房公积金缴存人和汇缴单位的离退休职工。

第六条 贷款条件。借款人须同时具备下列条件：

（一）具有北京市城镇常住户口或有效居留身份；

（二）在北京市购买自住住房；

（三）具有稳定的职业和收入，有偿还贷款本息的能力；

（四）具有购买住房的合同或有关证明文件，出售公房的售房方案已经上级房改管理机构批准；

（五）提供受托人同意的担保方式；

（六）符合委托人规定的其他条件。

第三章 贷款额度、期限、利率

第七条 贷款额度。每笔贷款额度不得超过所购住房购买价款的70%，并且不得超过贷款抵押房产价值或各质押权利凭证所载本金的70%，同时不得超过委托人定期公布的最高贷款额。

第八条 贷款期限。贷款期限由受托人和借款人约定，可计算到借款人65周岁，同时不得超过25年。

第九条 贷款利率。贷款利率按照国家规定在住房公积金计息利率的基础上加规定利差。贷款期间如遇国家调整住房公积金计息利率，贷款利率相应调整。

第四章 贷款程序

第十条 贷款申请。

借款人到受托人处填报借款申请表，并提供以下材料：

（一）借款人户口本、身份证或其他有效居留证件及复印件；

（二）购房合同或意向书等有关证明文件；

（三）借款人所在单位住房资金管理机构同意贷款的信函；

（四）购买新建商品房的提供售房单位的《北京市商品房销售许可证》复印件；购买公房的提供上级房改管理机构对"售房方案"批复文件的复印件；

（五）采用抵押或质押方式担保的，抵押物或质物的权属证明；

（六）采用保证方式担保的，保证人同意担保的书面证明及保证人的资信证明；

（七）借款人在受托人处存有不低于全部购房价款30%的存款证明，或已交30%以上购房预付款收据原件和复印件；

（八）受托人要求提供的其他材料。

第十一条 贷款初审。

受托人对借款人的申请进行审查，其内容包括：

（一）借款申请表核验；

（二）贷款额度和期限核定；

（三）贷款担保方式确定；

（四）购房行为合法性审查；

（五）抵押物权属审查或质物审查；

（六）收入情况及偿还贷款本息的能力审查；

（七）第三方连带责任人保证意愿及保证资格审查；

（八）其他审查。

其中，需进行抵押物评估的，由受托人认定的评估机构对抵押物进行评估，并出具评估报告送委托人。

第十二条 审批和签订委托合同。

受托人对借款申请初审后，填写《贷款初审意见书》送交委托人，委托人根据《贷款初审意见书》，对贷款进行审批，审批同意，委托人与受托人签订委托合同，同时签发《委托贷款通知单》。

第十三条 签订借款合同。

根据委托合同和《委托贷款通知单》，受托人与借款人签订借款合同及相关合同。借款人要求公证的，可到公证机构办理公证，费用由借款人负担。

（一）采取房产抵押担保方式的，须订立抵押合同，并购买房屋财产险，保险费由抵押人负担，同时由受托人、借款人及第三方签订抵押附属合同；

抵押登记办妥之日，抵押附属合同终止；

（二）采取权利质押担保方式的，须订立质押合同；

（三）采取第三方连带责任保证担保方式的，须订立连带责任保证合同。

第十四条 受托人须将借款合同及相关合同副本在签订后送交委托人，委托人收到借款合同及相关合同副本后，将资金划人委托贷款基金户；受托人经审查与委托合同及《委托贷款通知单》一致后，按借款合同的规定采取转账方式将贷款资金划人售房单位账户内。

第五章 贷款的偿还与收回

第十五条 偿还贷款采取按月均还的办法；先还息后还本，每月还款额不低于家庭收入的15%。

按月均还指贷款期限内每月均以相等的金额足额归还贷款本金和利息。计算公式如下：

$$R = P\frac{I\ (1+I)\ N\ (\text{次方})}{(1+I)\ N\ (\text{次方})^{-1}}$$

其中：R——月均还款额；

P——借款额；

I——贷款月利率；

N——按月计算的贷款期限。

第十六条　偿还贷款本息，可使用现金或借款人及其配偶账户内的住房公积金，也可由受托人与借款人所在单位依据借款合同签订委托代扣协议书，由借款人所在单位每月从借款人工资中代扣并偿还受托人。

第十七条　借款人可以提前偿还贷款本息，须遵守下列规定：

（一）提前还款必须一次性偿还全部剩余贷款本息，利息按照借款合同规定的利率和实际贷款期限计算；

（二）借款人提前还款，必须在预定提前还款日1个月之前书面通知受托人，该通知一经发出，即不可撤销。

第十八条　还款期限内，借款人未按合同约定的时间和还款方式偿还贷款本息的，在接到受托人发出的催交通知书后，必须立即补付欠交的贷款本息及逾期利率。逾期贷款计息，根据中国人民银行有关规定执行。

第六章　贷款抵押

第十九条　借款人提供的作为贷款抵押物的房产由受托人依照《中华人民共和国担保法》第三十四条和第三十七条的规定予以确认。

第二十条　抵押人和抵押权人须以书面形式订立抵押合同。抵押合同的有关内容按《中华人民共和国担保法》第三十九条规定执行。抵押人须到房屋所在地区的房地产行政管理部门办理抵押登记。抵押登记办妥后，抵押附属合同终止。

第二十一条　借款人以所购自住住房为贷款抵押物的，必须将住房价值全额用于贷款抵押。

第二十二条　抵押人对设定抵押的房产，抵押期内必须妥善保管，负有维修、保养、保证完好无损的责任，并随时接受抵押权的监督检查。在抵押期间，对设定的抵押物如造成损坏、遗失，由过错方承担责任并负责赔偿。

第二十三条　对设定的抵押物，在抵押期间未经抵押权人同意，抵押人不得擅自处分。

第二十四条　抵押合同自登记之日起生效，至贷款到期日后一年时终止。抵押合同终止后，抵押人应按合同的约定，到房屋所在地区的房地产行政管理部门办理抵押物注销登记手续，解除设定的抵押权。

第七章　贷款质押

第二十五条　本办法所称贷款质押是指权利质押。借款人提供的作为质物的权利由受托人依照《中华人民共和国担保法》第七十五条及中国人民银行的有关规定予以确认。

第二十六条　采取质押担保方式的，出质人和质权人必须订立书面质押合同，按《中华人民共和国担保法》规定需要办理登记的，应办理登记手续。质押合同的有关内容，按照《中华人民共和国担保法》第六十五条的规定执行，生效日按照第七十六条至第七十九条的规定执行。质押合同至贷款到期日后1年时终止。

第二十七条　以载明兑现日期的债券出质的，若兑现日期先于偿还贷款日期，质权人可以兑现日至最后还款日期之间兑现，并与出质人协议将兑现的价款用于一次性全额清偿贷款本息，也可以在质权人处新购债券或转存为质权人处人民币储蓄定期存单。

第二十八条　出质人应将质物交给质权人。权利出质后，出质人对用于质押的质物不得以任何理由挂失。质押期间，权利凭证如造成损失、遗失，由质权人承担相应责任。

第八章　贷款保证

第二十九条　本办法所称贷款保证指由第三方法人提供的不可撤销的连带责任保证。

第三十条　作为保证人的企业法人，必须同时具备下列条件：

（一）经工商行政管理机关核准登记并办理年检手续；

（二）独立核算，自负盈亏；

（三）有健全的管理机构和财务管理制度；

（四）达到或相当于受托银行信用评定等级AA级以上企业信用；

（五）在受托人处开立存款账户；

（六）无重大债权债务纠纷。

第三十一条　保证人、受托人和借款人须以书面形式订立保证合同，保证合同的有关内容按照《中华人民共和国担保法》第十五条的规定执行。

第三十二条　保证人失去担保资格和能力，如发出合并、分立或破产等，保证人须及时通知受托人。借款人须重新落实保证人或提供其他担保方式，经受托人认可后，办理有关手续。未经受托人认可，原保证合同不得撤销。

第九章　保险

第三十三条　借款人采用房产抵押时，抵押人须到受托人处购买房屋财产险并遵守下列规定：

（一）保险费用按保险公司规定支付并由抵押人负担；

（二）保险期不得短于还清全部贷款本息及相关费用的期限；

（三）投保金额不得低于购房价款总额；

（四）抵押期间保险单正本由受托人保管；

（五）在抵押期间，抵押人不得以任何理由中断或撤销保险，否则受托人有权代为投保，一切费用由抵押人承担；

（六）保险期间发生保险责任以外的事故导致抵押物损毁、灭失的，借款人必须提供受托人认可的新的担保。

第十章　借款合同的变更和终止

第三十四条　借款合同当事人任何一方要求解除或变更原合同内容的，必须以书面形式及时通知相关各方，经协商同意，依法解除合同或签订变更合同，相关各方未达成协议之前，原借款合同仍然有效。

第三十五条　借款人死亡、宣告失踪或丧失民事行为能力，其财产继承人、监护人或受遗赠人继续履行借款人所签订的借款合同的，应签订新的借款合同并办理有关手续。

第三十六条　借款人按合同规定偿还全部贷款本息及相

关费用后，抵押物或质物返还抵押人或出质人，借款合同终止。

第十一章 违约处分

第三十七条 发生下列情况之一的，受托人有权提前收回部分或全部贷款：

（一）借款人连续六次未按借款合同规定的时间还本付息；

（二）抵押人中断购买房屋保险6个月；

（三）借款人提供虚假文件或资料，已经或可能造成贷款损失的；

（四）抵押人或出质人未经受托人同意，将已设定抵押权或质权财产或权益拆迁、出租、出售、转让、赠与、遗赠或重复抵押；

（五）保证人违反保险合同或丧失承担连带责任能力，借款人又未提供新的担保的；

（六）借款人在还款期限内死亡、宣告失踪或丧失民事行为能力后无法定继承人、受遗赠人或监护人，或其法定继承人、受遗赠人或监护人拒绝履行借款合同；

（七）借款人将贷款挪作他用；

（八）违反本办法和合同规定的其他情况。

第三十八条 发生前款所列事项且借款人拒绝还款的或贷款到期逾期6个月仍未还清全部贷款本息、罚息及费用的，受托人可通过依法处分抵押物或质物，或向保证人追索的方式，或办理退款改租手续，收回部分或全部贷款。其中对借款人将住房贷款挪作他用的部分每天加收万分之四的罚金。

第三十九条 处分抵押物和质物的方式和办法按《中华人民共和国担保法》及《北京市房地产抵押管理办法》等法律、法规、规定执行。

第四十条 处分抵押物或质物所得扣除税费后，首先偿还贷款本息及相关费用，剩余部分退还抵押人或出质人。处分标准价购得的房屋时，按有关规定办理。处分抵押物或质物所得不足以偿还贷款本息时，受托人有权向借款人追索未偿还部分。

第十二章 其他

第四十一条 借款合同发生纠纷时，借贷双方应及时协商解决，协商不成的，任何一方均可向人民法院起诉。

第四十二条 在办理贷款过程中，因抵押、质押或其保证方式发生的评估、保险、登记等费用，由借款人、抵押人或保证人负担；合同的公证费由要求公证的当事人负担。

第十三章 附则

第四十三条 本办法由国务院机关事务管理局负责解释。

第四十四条 本办法自发布之日起执行。

❹铁路出售公有住房暂行办法（节录）

（1995年5月17日铁道部 铁政策〔1995〕71号公布 自公布之日起施行）

第九条 职工购买住房可一次付款，也可分期付款。

对一次付清购房款的职工，可给予一次性付款折扣，折扣率参考当地购房政策性贷款利率与银行储蓄存款利率的差额，以及分期付款的控制年限确定。

实行分期付款的，首次付款不低于实际售价的30%，分期付款期限一般不超过10年。分期付款的部分要按照政策性抵押贷款利率计收利息，单位不得贴息。

分期付款应借助金融机构解决，一般不应由职工单位负担。要充分利用政策性住房资金，积极争取委托指定办理铁路住房公积金存贷业务的专业银行，向购房职工提供政策性抵押贷款。

❺中央国家机关个人住房贷款政策性贴息管理暂行办法（节录）

（2003年6月20日国务院机关事务管理局、中央国家机关住房制度改革办公室 国机房资字〔2003〕63号公布）

第二条 本办法所称中央国家机关个人住房贷款政策性贴息（以下简称贴息）是指中央国家机关住房资金管理中心（以下简称资金中心）与有关商业银行合作，对符合资金中心贴息条件的商业性个人住房贷款（以下简称商业贷款）借款人，由资金中心在批准的贴息额度内，按照商业贷款和住房公积金贷款的利息差向借款人补贴利息。按照商业贷款还款方式，贴息分别采取定期补贴和到期一次性补贴方式。

本办法所称贴息额度是指借款人办理的商业贷款中资金中心批准享受贴息部分的金额。

本办法所称正常缴存住房公积金是指在资金中心按时、足额缴存住房公积金或按批准的比例按时、足额缴存住房公积金，不含补缴住房公积金部分或预缴申请贴息日之后的住房公积金部分。

第三条 贴息对象和条件

（一）贴息对象。贴息申请人必须是在资金中心缴存住房公积金的住房公积金缴存人。

（二）贴息条件。贴息申请人须同时具备以下条件：

1. 截止到贴息申请日，已建立并累计缴存住房公积金1年（含）以上；

2. 截止到贴息申请日，已连续正常缴存住房公积金6个月（含）以上；

3. 满足商业银行个人住房贷款管理办法规定的借款人条件；

4. 夫妻双方均不是住房公积金贷款的借款人和享受贴息的商业贷款借款人；

5. 资金中心规定的其他条件。

第四条 资金中心负责为借款人享受贴息总部分的商业贷款正常还款所支付的利息进行贴息，不负责为借款人逾期还款所支付的罚息进行贴息。

第五条 贴息额度和贴息期限的确定

（一）资金中心按以下标准确定单笔贴息额度：

1. 不超过根据借款人商业贷款借款期限、家庭月收入及住房公积金贷款利率计算的享受贴息的商业贷款额度；

2. 不超过资金中心规定的单笔最高贴息额度；

3. 不超过资金中心规定的购房总价款比例；

4. 不超过借款人申请的商业贷款金额。

超过贴息额度部分的商业贷款，不享受贴息，

（二）资金中心按以下标准确定贴息期限：

1. 不超过根据单笔贴息额度、家庭月收入及住房公积金贷款利率计算的贴息期限；

2. 不超过资金中心规定的最高贴息期限；

3. 不超过资金中心规定的相同条件的住房公积金贷款借款人最高还款年龄；

4. 不超过借款人申请的商业贷款期限。

超过贴息期限部分的商业贷款，不享受贴息。

第六条　贴息方式

资金中心、商业银行和借款人签订《中央国家机关个人住房贷款政策性贴息合同》，商业银行按月将享受贴息的借款人还款情况送资金中心，资金中心审核后，按以下方式对借款人进行贴息：

（一）借款人按月归还商业贷款本息的；采取定期补贴方式，即资金中心每年定期对符合贴息条件的借款人进行贴息，将贴息资金通过商业银行划入借款人的商业贷款个人还款储蓄账户。

（二）借款人到期一次归还商业贷款本息的，采取到期一次性补贴方式，即资金中心于贷款到期日后 1 个月内将贴息资金通过商业银行划入借款人的商业贷款个人还款储蓄账户。

第八条　提前还款

（一）借款人提前还清商业贷款的，借款人和商业银行应提前书面告知资金中心，自提前还清贷款的次月起，资金中心终止向借款人贴息。如借款人和商业银行未告知资金中心，造成资金中心多拨付贴息资金的，借款人和商业银行应将多拨付的贴息资金退回资金中心。

（二）借款人提前归还部分商业贷款的，借款人和商业银行应提前书面告知资金中心，资金中心按最初确定的商业贷款中享受贴息部分的金额占该笔商业贷款总额的比例，重新确定剩余商业贷款中享受贴息部分的金额，并与商业银行和借款人签订《中央国家机关个人住房贷款政策性贴息合同变更协议》，按照剩余商业贷款中享受贴息部分的金额和剩余贴息期限，重新确定月贴息金额。如借款人和商业银行未告知资金中心，造成资金中心多拨付贴息资金的，借款人和商业银行应将多拨付的贴息资金退回资金中心。

第九条　贴息期限变更

借款人与商业银行重新确定商业贷款期限的，借款人和商业银行应提前书面告知资金中心。

商业贷款期限缩短后，如剩余贷款期限长于剩余贴息期限，剩余贴息期限不变；如剩余贷款期限短于剩余贴息期限，剩余贴息期限调整为剩余贷款期限。

商业贷款期限延长后，借款人欲延长贴息期限的，须向资金中心提出书面申请并经资金中心审批同意。

变更贴息期限的，资金中心与商业银行和借款人签订《中央国家机关个人住房贷款政策性贴息合同变更协议》，按照新的贴息剩余期限、剩余商业贷款中享受贴息部分的金额及商业贷款和住房公积金贷款的利息差，重新确定月贴息金额。

第十条　遇有借款人收入发生变化，贴息额度不作调整。

第十一条　遇以下情况，资金中心有权暂停当月向借款人贴息：

（一）借款人当月未按期足额偿还商业贷款本息的；

（二）借款人当月未正常缴存住房公积金的；

（三）商业贷款调整金额、期限及还款方式，借款人未履行向资金中心告知义务的。

上述情况消除，借款人可恢复享受贴息，但以前因上述情况未予贴息的金额不再予以补贴。

第十二条　遇以下情况，资金中心有权终止对借款人贴息：

（一）发现借款人提供虚假、非法的证明、资料等文件；

（二）经查实，借款人有尚未还清的住房公积金贷款或享受贴息的商业贷款；

（三）借款人被依法宣告失踪或者丧失民事行为能力又无代其偿还债务的人。

由于上述（一）、（二）所列情况已发生的贴息资金，借款人应如数退还资金中心，拒不退还的，资金中心应通过法律手续索回。

❻经济适用住房管理办法（节录）

（2004 年 5 月 13 日建设部、国家发展和改革委员会、国土资源部、中国人民银行　建住房〔2004〕77 号公布）

第十一条　购买经济适用住房的个人向商业银行申请贷款，除符合《个人住房贷款管理办法》规定外，还应当提供准予购买经济适用住房的证明。个人住房贷款利率执行中国人民银行公布的贷款利率，不得上浮。

经济适用住房建设单位可以以在建项目作抵押向商业银行申请住房开发贷款。

❼关于做好稳定住房价格工作的意见（节录）

（2005 年 4 月 30 日建设部、国家发展和改革委员会、财政部、国土资源部、中国人民银行、国家税务总局、中国银行业监督管理委员会公布）

四、加强房地产信贷管理，防范金融风险

人民银行及其分支机构要加大“窗口指导”力度，督促商业银行采取有效措施，加强对房地产开发贷款和个人住房抵押贷款的信贷管理，调整和改善房地产贷款结构。银监会及其派出机构要严格督促各商业银行进一步落实《商业银行授信工作尽职指引》，切实加强贷前调查、贷时审查和贷后检查的尽职工作，建立各类信贷业务的尽职和问责制度。要加大对商业银行房地产贷款的检查力度，切实纠正违规发放贷款行为。对市场结构不合理、投机炒作现象突出，房地产贷款风险较大的地区，要加强风险提示，督促商业银行调整贷款结构和客户结构，严格控制不合理的房地产贷款需求，防范贷款风险。

（三）相关地方政府规章及规范性文件

❶上海市住房公积金个人购房贷款管理办法

（1999 年 7 月 7 日上海市人民政府公布）

第一章　总则

第一条　（目的和依据）

为了促进本市住房制度改革，鼓励个人购买自住住房，规范住房公积金的贷款行为，根据国务院《住房公积金管理条例》和《上海市住房公积金条例》的规定，制订本办法。

第二条　（管理机构）

上海市公积金管理中心（以下简称市公积金中心）为本市住房公积金个人购房贷款（以下简称公积金贷款）的贷

款人。

市公积金中心负责编制公积金贷款资金使用计划及其执行情况的报告、审批公积金贷款的借款申请、监督公积金贷款的借贷和结算。

公积金贷款的风险由市公积金中心承担。

第三条 （贷款业务的委托）

本市公积金贷款业务由市公积金中心委托本市商业银行承办。市公积金中心委托办理公积金贷款，应当与受托银行签订书面委托合同。

市公积金中心应当按照委托合同的约定，检查、监督公积金贷款资金使用情况。受托银行应当按照委托合同的约定，定期向市公积金中心提供有关统计报表等资料。

市公积金中心应当每年向社会公布公积金贷款的资金使用计划及其执行情况。

第四条 （贷款偿还担保）

公积金贷款的借款人必须提供贷款人认可的担保。

公积金贷款的担保办法另行制定。

借款人同时借用公积金贷款和商业银行贷款的，市公积金中心为该组合贷款担保权的第一受益人。

第五条 （房屋类型）

借款人购买的房屋仅限于本市国有土地上具有所有权的住房，并应当用于本人家庭自住。

第二章 贷款条件

第六条 （借款人的条件）

同时符合下列条件的职工，可以经申请成为公积金贷款的借款人：

（一）具有本市城镇常住户口；

（二）申请前连续缴存住房公积金的时间不少于六个月、累计缴存住房公积金的时间不少于两年；

（三）所购买的房屋符合市公积金中心规定的建筑设计标准；

（四）购房首期付款的金额不低于规定比例；

（五）具有较稳定的经济收入和偿还贷款的能力；

（六）没有尚未还清的数额较大、可能影响贷款偿还能力的债务。

前款第（三）项中的建筑设计标准、第（四）项中的规定比例由市公积金中心拟订，经上海市住房委员会批准后执行，并向社会公布。

第七条 （共同借款人）

借款人的配偶或者同户成员可以作为共同借款人。共同借款人承担偿还公积金贷款的连带责任。

借款人的配偶或者同户成员需要作为共同借款人的，必须符合本办法第六条第一款规定的条件。

第八条 （贷款期限）

每项公积金贷款期限最长不超过20年，并不长于借款人法定离休或者退休时间后的5年。

共同借款的，贷款期限最长不超过20年，并不长于其中最年轻者法定离休或者退休时间后的5年。

借款人的申请期限短于本条第一款、第二款规定的最长期限的，贷款期限以申请期限为准。

第九条 （贷款限额标准）

每项公积金贷款金额应当同时符合下列限额标准：

（一）不得高于按照借款人住房公积金账户储存余额的倍数确定的贷款限额；

（二）不得高于按照房屋总价款的比例确定的贷款限额；

（三）不得高于按照还款能力确定的贷款限额，其计算公式为：借款人计算住房公积金月缴存额的工资基数×规定比例×12个月×贷款期限；

（四）不得高于最高贷款额度。

共同借款的，前款第（一）项、第（三）项规定的贷款限额按各借款人分别计算后的总和为准，其中，第（三）项中各借款人的贷款期限，当申请期限短于本办法第八条第二款规定的最长期限时，以申请期限为准；当申请期限长于本办法第八条第二款规定的最长期限时，以最长期限为准。

本条第一款中的倍数、比例和最高贷款额度，由市公积金中心拟定，报经上海市住房委员会批准后执行，并向社会公布。

第十条 （贷款金额的计算方法）

每项公积金贷款的具体金额，按照借款人的申请金额和第九条规定的限额标准计算。申请金额不超过所有限额的，以申请金额作为贷款金额；申请金额超过任意一项限额的，以其中最低的限额作为贷款金额。

第十一条 （贷款利率）

公积金贷款利率，按照国务院批准的利率标准执行。

第十二条 （每月还款额的计算方法）

一年期以内的公积金贷款，应当于到期时一次还本付息；一年期以上的公积金贷款；应当按月偿还贷款本息。

按月偿还贷款本息的借款人，可以选择按照每月等额本息还款法、每月等额本金还款法或者市公积金中心认可的其他方法计算每月还款额。

第三章 借款合同的订立和履行

第十三条 （借款申请的提出）

借款人应当向市公积金中心提出借款申请，填写借款申请书，并提供以下证明材料：

（一）本人身份证和本市城镇常住户口证明；

（二）房屋买卖合同。

市公积金中心对材料齐备的借款申请应当予以受理。

第十四条 （借款申请的审批）

市公积金中心应当自受理借款申请之日起15日内，按照受理时间的先后顺序，作出准予贷款或不予贷款的决定，并书面通知申请人。

当申请借款的金额已超出当年贷款资金的计划额度时，市公积金中心应当允许申请人办理预申请手续，待下一年度公积金贷款开始发放时，由市公积金中心按照受理预申请时间的先后顺序，优先办理审批手续。

第十五条 （贷款手续的办理）

在准予贷款决定书规定的有效期内，借款人可以选择任何一家公积金贷款受托银行办理贷款手续。

向受托银行办理贷款手续时，借款人应当提供准予贷款决定书。

第十六条　（借款合同的签订和主要内容）

受托银行与借款人应当以书面形式签订公积金借款合同。公积金借款合同包括以下内容：

（一）借款人的姓名和住所；

（二）贷款人、受托银行的名称和住所；

（三）贷款的金额、期限、利率；

（四）贷款资金的支付时间；

（五）贷款偿还方式、每月还款额的计算方法；

（六）担保方式和担保范围；

（七）违约责任；

（八）当事人需要约定的其他事项。

公积金借款合同的示范文本由市公积金中心制定，供当事人参照使用。

第十七条　（贷款资金的支付）

受托银行应当按照借款合同约定的时间和金额，以转账支付的方式将贷款资金支付给房屋出售人。

第十八条　（贷款本息的偿还方式）

除现金支付外，借款人可以提取本人住房公积金账户储存余额用于偿还贷款。在提取本人住房公积金账户储存余额不足时，可以提取其配偶、同户成员和非同户直系血亲的住房公积金账户储存余额，但需征得被提取人的书面同意。

需要提取住房公积金账户储存余额的借款人，应当向市公积金中心提出申请，经审核同意后在借款合同中约定，并由受托银行以转账方式代为办理提取手续。

提取住房公积金账户储存余额的申请审批手续，可以在借款申请审批时一并办理，也可以在还款期间办理。

借款人与非同户直系血亲的关系，应当经公证机关公证。

第十九条　（贷款本息的提前偿还）

经贷款人同意，借款人可以提前偿还部分或者全部贷款本息。

提前偿还全部贷款的，借款人应当支付贷款本金余额，受托银行不再计收贷款利息，按照借款合同已收取的贷款利息也不退还。

提前偿还部分贷款的，受托银行与借款人应当以书面形式变更借款合同，由受托银行根据变更后的贷款期限、提前还款当日的同档次公积金贷款利率和贷款本金余额重新计算出剩余期限内的每月还款额。变更后的贷款期限不得长于原借款合同约定的贷款期限。

第二十条　（借款合同的继受履行）

借款人死亡、被宣告失踪或者丧失民事行为能力的，其财产的继承人、受遗赠人或者代管人应当继续履行借款合同，但继承人放弃继承或者受遗赠人放弃遗赠的除外。

第四章　法律责任

第二十一条　（未按约放款的责任）

受托银行未按照借款合同约定的时间、金额发放借款，造成借款人损失的，应当赔偿损失。

第二十二条　（逾期还款的责任）

借款人未按照借款合同约定的期限偿还借款的，应当按照借款合同约定或者国家有关规定支付逾期利息。

第二十三条　（合同争议的解决方式）

借款合同当事人可以通过协商解决合同争议。当事人不愿协商或者协商不成的，可以根据仲裁协议向仲裁机构申请仲裁；没有订立仲裁协议或者仲裁协议无效的，可以向人民法院起诉。

第二十四条　（审批争议的解决方式）

借款申请人对市公积金中心作出的不予贷款的决定有异议的，可以依照行政复议或者行政诉讼法律的有关规定，向上海市住房委员会申请复议或者向人民法院提起诉讼。

第五章　附则

第二十五条　（职工建造、翻建、大修住房的贷款办法）

职工建造、翻建、大修自住住房的住房公积金贷款办法，由市人民政府另行制定。

第二十六条　（施行日期）

本办法自1999年10月1日起施行。

❷福建省人民政府关于加强住房公积金管理工作的通知（节录）

（2001年10月15日福建省人民政府　闽政〔2001〕33号公布）

六、缴存住房公积金的职工，在购买各类自住住房（含公有住房、经济适用房、商品住房及二手房）、参加集资建房以及职工个人建造、翻建、大修自住住房时，均可申请住房公积金贷款。

住房公积金管理中心应当自受理申请之日起15日内作出准予贷款或不准贷款的决定，对于准予贷款的，应当将贷款额度和贷款期限等通知申请人，并与申请人签订借款合同，然后由受托银行办理贷款手续；对于不准贷款的，应当将不准贷款的理由书面通知申请人。

七、已申请住房公积金贷款的职工，在未还清住房公积金贷款时，不能再申请新的住房公积金贷款。已还清住房公积金贷款的，可再次申请住房公积金贷款。

八、职工申请住房公积金贷款，在交付30%的购房首付款后余下的部分，若不超过当地房委会规定的最高贷款额度和职工家庭可贷额度，可全额申请贷款。若超过的，可申请职工个人住房组合贷款。

住房公积金贷款期限和具体金额由借款人提出申请，住房公积金管理中心应当根据借款人住房公积金缴存情况、家庭经济收入及偿还能力等因素确定。

九、职工缴存的住房公积金存满一年后，可以用于偿还职工（包括配偶及住房产权共有权人）购买、建造、翻建及大修自住住房的贷款。

❸福建省人民政府关于认真贯彻执行《住房公积金管理条例》的通知（节录）

（1999年6月21日福建省人民政府　闽政〔1999〕18号公布）

四、各地要对照《条例》规定，清理现行住房公积金政策。当前，要重点抓好以下几项政策的清理和调整工作：

（一）住房公积金的缴存对象应当包括国家机关、国有企业、城镇集体企业、外商投资企业、城镇私营企业及其他城镇企业、事业单位及其在职职工。

（二）各地住房公积金的具体缴存比例应由当地住房委员会拟订，并经同级人民政府审核后，报省人民政府批准。

（三）从《条例》下发之日起，住房公积金不得用于单位住房建设贷款和经济适用住房建设贷款。在保证提取的前提下，住房公积金只能用于职工购买、建造、翻建、大修自住住房贷款，剩余资金经住房委员会批准后可用于购买国债。

鉴于原先国家政策允许利用住房公积金发放经济适用住房建设贷款，目前一些贷款项目还在建设之中，而且目前个人住房贷款需求也要有一个逐步发展的过程，因此，允许各地可以在严格控制贷款条件的前提下，对《条例》发布前已经签订合同或协议的经济适用住房建设项目，在重新审查后继续发放贷款。除此之外，各地不得再利用住房公积金发放任何住房建设项目贷款，更不能突击放贷或采取修改协议和合同时间等弄虚作假的手段。对于突击放贷和弄虚作假的，一经发现，将严肃查处。

❹陕西省住房公积金个人购房委托贷款管理办法

（陕西省人民政府2000年第六次常务会议讨论通过　2000年5月9日陕西省人民政府　陕政〔2000〕21号公布）

第一章　总则

第一条　为加快住房制度改革，支持城镇居民购买自用经济适用住房，规范住房公积金个人购房委托贷款管理，维护借贷双方的合法权益，根据国务院《住房公积金管理条例》和中国人民银行《个人住房贷款管理办法》，结合本省实际，制定本办法。

第二条　住房公积金个人购房委托贷款是指全省各级住房公积金管理中心（或住房资金管理中心，下同）运用归集的住房公积金，委托指定的商业银行向已缴存住房公积金的职工发放购买自用经济适用住房的贷款形式。职工大修理自用住房贷款可参照本办法执行。

第三条　发放住房公积金个人购房委托贷款时，借款人必须提供担保。借款人到期不能偿还贷款本息的，贷款人有权依法处理其抵押物或质押物，或由保证人承担偿还本息的连带责任。

第四条　职工个人在购买自用经济适用住房时，可先向其缴存住房公积金的管理机构申请支取本人的住房公积金储存余额。购房资金不足部分，可按本办法的规定申请贷款。

第五条　住房公积金个人购房委托贷款的规模，要按照资金自求平衡的原则，在保证公积金个人合法支取的前提下确定。地市住房公积金管理中心每年应编制贷款规模计划，经同级房改委员会批准后，报省房改委员会备案。

第二章　贷款对象和条件

第六条　贷款对象为建立住房公积金制度的机关、事业和企业单位的职工。

第七条　借款人须同时具备以下条件：

（一）具有城镇常住户口；

（二）本人住房公积金已按规定及时、足额缴存住地所辖住房公积金管理中心一年以上；

（三）有稳定的职业收入，具备偿还贷款本息的能力；

（四）具备支付购买经济适用住房首期房价款30%的自有资金；

（五）对自有住房进行大修的，应出具自有住房房屋产权证；

（六）有住房公积金管理中心认可的资产作为抵押或质押物，或由有足够代偿能力的单位或个人作为保证人；

（七）住房公积金管理中心规定的其他条件。

第八条　借款人提出贷款申请时，应向住房公积金管理中心提供下列资料：

（一）有效身份证件；

（二）住房公积金缴存情况证明；

（三）单位出具的有关借款人的职业收入情况证明；

（四）符合规定的购买住房合同意向书、协议或其他有效批准文件；

（五）抵押物或质押物清单、权属证明以及有处分权人同意抵押或质押的证明；有权部门出具的抵押物估价证明；保证人同意提供担保的书面文件和保证人的资信证明；

（六）住房公积金管理中心要求提供的其他文件或资料。

第三章　贷款程序

第九条　借款人首先向住房公积金管理中心提出借款申请，并提供本办法第八条规定的资料。住房公积金管理中心应自受理申请之日起15个工作日内完成审查工作，作出是否准予贷款的决定，并通知申请人和受委托银行。经审查准予贷款的，由受委托银行（即贷款人）按照《贷款通则》的有关规定办理贷款手续。对审查不合格的，住房公积金管理中心应向借款人说明原因，并退还借款人提供的有关材料。

第十条　住房公积金管理中心和受委托办理住房公积金贷款业务的银行应按中国人民银行的有关规定，签订《住房公积金委托贷款合同》，明确委托方和受委托银行的权利和义务。住房公积金委托贷款的风险，由住房公积金管理中心承担。住房公积金贷款业务必须委托银行办理，住房公积金管理中心不得直接发放住房公积金贷款。

第十一条　每个借款人贷款的限额，由住房公积金管理中心核定。最高不得超过借款家庭夫妇双方退休年龄内所交纳住房公积金数额的2倍或夫妇双方年工资收入数额的4倍。

第十二条　借款人与受委托银行办妥划款手续（即签订了借款合同及相应的抵押、保证合同）以后，在申请使用住房公积金贷款购买住房或大修理住房时，由贷款银行按借款合同的约定，以转账方式将资金划转到售房单位或大修理施工单位在银行开立的账户。

第四章　贷款期限与利率

第十三条　住房公积金委托贷款的期限，一般控制在3年至10年，由贷款人与住房公积金管理中心根据具体情况确定，特殊情况经批准后，贷款期限可延长到10年以上，但最长不得超过30年。

第十四条　贷款利率按中国人民银行《个人住房贷款管理办法》的规定执行。

第十五条　住房公积金委托贷款实行按月归还贷款本息的办法。具体还本付息计划，由借款人与贷款银行在借款合同中约定。

第五章　贷款的担保与保险

第十六条　借款人须以所购自用住房及符合《中华人民共和国担保法》的规定财产和有价证券作为抵押物或质押物，与贷款人签订书面抵押合同或质押合同，并按规定办理相关的登记手续。

第十七条　借款人以房屋作抵押的，在合同签订前还须办理房屋财产保险，保险期限应不短于贷款期限。抵押期内，保险单由贷款人保管；抵押期内，借款人不得以任何理由中断或撤销保险。

第十八条　抵押合同自抵押登记之日起生效，至借款人还清全部贷款本息及相关费用时止。在抵押期内，借款人对设定的抵押财产必须妥善保管，负有维修、保养、保证完好无损的责任，并随时接受贷款人的监督检查。在抵扣期届满之前，贷款人不得擅自处分抵押物。抵押期间，未经贷款人同意，抵押人不得将抵押物再次抵押或出租、转让、变卖、馈赠。

第十九条　质押合同中，属动产质押的，自质押物移交于质权人占有时生效；属权利质押的，自权利凭证交付之日起生效，其中按规定须向管理部门办理出质登记的，自登记之日起生效。质押合同至借款人还清全部贷款本息时终止。对设定的质押物，在质押期届满之前，贷款人不得擅自处分。质押期间，质押物如有损坏、遗失，贷款人应承担责任并负责赔偿。

第二十条　借款人不能足额提供抵押物或质押物，或以购买自用住房作为抵押物而未办理财产保险的，应有贷款人认可的第三方提供承担连带责任的保证。保证人是法人的，必须具有代为偿还全部贷款本息的能力，且在银行开立有存款账户。保证人为自然人的，必须有固定经济来源，具有足够代偿能力，并且在贷款银行存有一定数额的保证金。

第二十一条　保证人与债权人应当以书面形式订立保证合同。保证人发生变更的，必须按照规定办理变更担保手续，未经贷款人认可，原保证合同不得撤销。

第六章　借款合同的变更和终止

第二十二条　借款合同需要变更的，必须经借贷双方协商同意，并依法签订变更协议。

第二十三条　借款人在还款期限内死亡、宣告失踪或丧失民事行为能力，其财产合法继承人继续履行借款人所签订借款合同。若借款人无继承人或受遗赠人，或其法定继承人、受遗赠人拒绝履行借款合同的，贷款人有权依照《中华人民共和国担保法》的规定处分抵押物或质押物。

第二十四条　处分抵押物或质押物，其价款不足以偿还贷款本息的，贷款人有权向债务人追偿；其价款超过应偿还的部分，贷款人应退还抵押人或出质人。

第二十五条　保证人失去担保资格和能力，或发生合并、分立或破产时，借款应变更保证人并重新办理担保手续。

第二十六条　抵押人或出质人按合同规定偿还全部贷款本息后，抵押物或质押物应返还抵押或出质人，借款合同终止。

第二十七条　借款合同发生纠纷时，当事人双方应及时协商解决，协商不成的，任何一方均可依法申请仲裁或向人民法院提起诉讼。

第二十八条　借款人有下列情形之一的，贷款人按中国人民银行《贷款通则》的有关规定，对借款人追究违约责任：

一、借款人不按期归还贷款本息的；

二、借款人提供虚假文件或资料、已经或可能造成贷款损失的；

三、未经贷款人同意，借款人将设定抵押权或质押权财产或权益拆迁、出售、转让、赠与或重复抵押的；

四、借款人擅自改变贷款用途，挪用贷款的；

五、借款人拒绝或阻挠贷款人对贷款使用情况进行监督检查的；

六、借款人与其他法人或经济组织签订有损贷款人权益的合同或协议的；

七、保证人违反保证合同或丧失承担连带责任能力，抵押物因意外损毁不足以清偿贷款本息，质物明显减少影响贷款人实现质权，而借款人未按要求落实新保证或新抵押（质押）的。

第七章　附则

第二十九条　住房公积金委托贷款不得用于购买豪华住房或经营性用房，也不得用于住房的内部装饰。

第三十条　受委托银行可根据中国人民银行《个人住房贷款管理办法》和本办法的规定，与住房公积金管理中心制定住房公积金委托贷款和银行个人住房贷款各占一定比例的组合贷款办法，以增加住房贷款资金量。

第三十一条　省、地市住房公积金管理中心按照本办法的规定，制定实施细则。

第三十二条　本办法由陕西省住房制度改革委员会解释。

第三十三条　本办法自公布之日起施行。

❺武汉市职工个人住房公积金贷款管理办法

（1997年10月13日武汉市人民政府令〔第92号〕公布）

第一章　总则

第一条　为了贯彻落实本市住房制度改革方案，建立社会主义市场经济条件下的住房新体制，支持和鼓励职工购、建住房，改善居住条件，根据有关法律、法规，结合本市实际，制定本办法。

第二条　职工个人住房公积金贷款，是为实行住房公积金制度的职工，在本市购、建（包括翻建和大修，下同）自住住房开办的专项委托贷款（以下称公积金贷款）。

第三条　公积金贷款属于政策性住房贷款，实行向中低收入职工家庭倾斜的政策和缴存住房公积金权利与义务对等的原则。

第四条　公积金贷款依法实行担保方式。

第五条　公积金贷款由市房改委资金管理中心审定、发放并与借用公积金贷款职工（以下称借款人）签订公积金贷款合同（以下称贷款合同），有关金融手续委托银行办理。

第二章　对象和条件

第六条　凡在本市按规定足额缴存住房公积金的职工，均有资格成为公积金贷款申请人。

第七条　公积金贷款申请人应同时具备下列条件：

（一）有本市城镇常住户口，且有完全的民事行为能力；

（二）足额缴存住房公积金（新实行住房公积金制度单位的职工或新参加工作的职工，连续一年足额缴存住房公积金）；

（三）在市房改委资金管理中心指定的银行专户存有不低于所购、建住房总价20%、存期不少于3个月的购、建房款；

（四）有按时偿还公积金贷款本息的能力。

第三章 额度、期限、利率

第八条 公积金贷款额度包括可贷额度和最高额度。公积金贷款可贷额度，为借款人（借款人的配偶足额缴存住房公积金的，包括配偶；未足额缴存住房公积金的，不包括配偶）年工资总额之和×35%×贷款期限；公积金贷款最高额度为人民币10万元，一般不超过所购、建住房总价的50%，最高不超过所购、建住房总价的70%。

公积金贷款额度由市房改委资金管理中心按缴贷挂钩原则和借款人具体情况核定。

第九条 公积金贷款期限一般为5至10年，最长不超过15年。

第十条 公积金贷款利率由市房改委按国家有关规定确定和发布。

第四章 贷款程序

第十一条 借款人借用公积金贷款应如实填写《职工个人住房公积金贷款申请表》，经所在单位审查同意后，连同下列证明材料交市房改委资金管理中心：

（一）本人具有法律效力的身份证明（身份证和户口簿）；

（二）本人所在单位出具的经济收入的书面证明；

（三）所购住房的合法房地产权属证件或购买住房的协议；

（四）批准自建住房的文件和其他相关证明；

（五）市房改委资金管理中心要求提供的其他证明材料。

第十二条 市房改委资金管理中心应对借款人的申请进行审核。经审核同意的，应分别办理手续：是购买住房的，签发公积金贷款承诺书，由其据以与售房单位签订购房合同；是自建住房的，书面通知其办理房屋估价手续。

第十三条 借款人在与市房改委资金管理中心签订贷款合同前，应按下列规定提供担保：

（一）以房地产抵押担保的，与市房改委资金管理中心签订抵押合同，并到房地产管理部门办理抵押登记手续；

（二）以有价证券质押担保的，与市房改委资金管理中心签订质押合同（以记名式有价证券质押担保的，再到发售单位进行出资登记）；

（三）在抵（质）押合同签订后，办理住房公积金贷款综合保险，或经市房改委资金管理中心同意，请具有民事行为能力的法人作为第三方保证人，并办理房产保险；

（四）将房地产管理部门颁发的《房屋他项权证》或经注记的房屋预售、预购合同、质押登记的法律文书和有价证券、保险单等，交市房改委资金管理中心保管（签订住房预售、预购合同的，在房屋竣工后，按国家有关规定到房地产管理部门补办《房屋他项权证》，并将《房屋他项权证》交市房改委资金管理中心保管）。

第十四条 市房改委资金管理中心在与借款人签订贷款合同后，通知委托银行发放公积金贷款；用于购买住房的，由银行以转账方式划转到售房单位在指定银行开立的结算账户内；用于自建住房的，由银行直接划拨到借款人在指定银行开立的专户内。

第五章 担保

第十五条 借款人用所购、建住房抵押，抵押值最高不得超过抵押房产现值的70%；用经认可的国债、银行定期存单质押，质押金额不得低于所借公积金贷款本息。

第十六条 抵押或质押担保的范围，包括公积金贷款本息、罚息、违约金、损害赔偿金和市房改委资金管理中心实现债权的费用。

抵押权益自抵押物登记之日起生效，质押权益自有价证券移交之日起生效。

第十七条 抵押期内，抵押人（借款人，下同）不得擅自将抵押物在抵押担保的范围内作重复抵押；质押期内，出质人（借款人）不得以任何理由对质押物挂失或追索。

第十八条 抵押人未经抵押权人（市房改委资金管理中心，下同）同意，擅自改变抵押物结构，使抵押物价值少于抵押权价值，以及抵押人人为造成抵押物价值减少，抵押权人有权要求抵押人以其他财产为减少的价值提供担保。

第十九条 借款人不履行贷款合同，由抵押权人按有关规定处分抵押物或质押物，以所得款项清偿公积金贷款本息和本办法第十六条第一款规定的其他费用；处分抵押物或质押物所得款项，不足以清偿公积金贷款本息和支付有关费用，市房改委资金管理中心有权向借款人或保证人追索；所得款项超过偿还公积金贷款本息和有关费用的部分，应予退还。

第二十条 抵押权、质押权与其担保的公积金贷款债权同时存在。公积金贷款债权解除时，抵押权、质押权随之解除，市房改委资金管理中心亦随之将有关保管物予以归还，同时办理抵押权、质押权注销登记手续，贷款合同终止。

第二十一条 本办法规定的第三方保证为连带责任保证，保证人应具有代为偿还公积金贷款本息的经济能力，保证范围为贷款合同中约定的全部债权、债务。

第二十二条 因合法事由变更保证人，借款人必须及时办理变更手续；未办理变更手续的，原保证继续有效。

第二十三条 保证人履行保证责任后，市房改委资金管理中心应将设定的抵押权或质押权转让给保证人；保证人有权向借款人追索。

第六章 保险

第二十四条 借款人办理公积金贷款综合保险或房产保险，投保期限不得低于抵押期限，投保金额不得低于公积金贷款金额，且必须指明市房改委资金管理中心为保险受益人，享有保险金请求权。

第二十五条 抵押有效期内，借款人不得以任何理由中断或撤销保险，否则，市房改委资金管理中心有权代为投保，一切费用由借款人承担。

第七章 偿还

第二十六条 借款人应恪守信用，严格履行贷款合同，按期偿还公积金贷款本息。

第二十七条 公积金贷款本息应按下列公式计算的月还款额，逐月等额偿还，借款人可每月到银行交款，也可委托所在单位每月从工资中代扣转交银行。

$$\text{月还款额}=\text{公积金贷款本金}\times\frac{\text{公积金贷款利率}\times(1+\text{公积金贷款利率})^{\text{公积金贷款期限(月数)}}}{(1+\text{公积金贷款利率})^{\text{偿还期限(月数)}}-1}$$

第二十八条 借款人提前偿还公积金贷款本息，市房改委资金管理中心应按实际贷款期限计算利息。

质押的有价证券的兑现期先于公积金贷款还款期，市房改委资金管理中心应在与借款人协商后，按期将有价证券兑现，并将兑现价款用于提前偿还所担保的公积金贷款本息。

第二十九条　借款人未按期偿还公积金贷款本息，市房改委资金管理中心应及时发出催还通知书，并按国家有关规定罚息。

第三十条　借款人连续3个月不按贷款合同规定偿还公积金贷款本息，市房改委资金管理中心应向保证人发出催还通知书，并有权要求保证人承担代为清偿的责任；办理公积金贷款综合保险的，由保险人代为清偿。

第八章　附则

第三十一条　公积金贷款双方的任何一方要求变更或提前解除贷款合同，必须书面通知另一方；在未达成新的协议前，原贷款合同继续有效。

第三十二条　履行贷款合同中发生纠纷，由双方协商解决；协商不成，任何一方均可向人民法院提起诉讼。

第三十三条　本办法由市房改委资金管理中心负责解释。

第三十四条　本办法自发布之日起施行。1996年1月30日市人民政府办公厅印发的《武汉市职工个人住房公积金贷款管理试行办法》（武政办〔1996〕17号）同时废止。

❻北京市国土资源和房屋管理局优化投资环境促进现代制造业发展提供用地的若干规定（节录）

（2003年3月10日北京市国土资源和房屋管理局　京国土房管市一〔2003〕166号公布）

七、工业项目投资人或工业项目企业职工房改政策

1. 工业项目企业职工缴存住房公积金一般应按规定的缴存上限执行；有条件的企业经申请批准，住房公积金缴存额可按规定申请按实际工资收入和规定比例交纳。

2. 鼓励有条件的工业项目企业实行住房分配货币化，为无房和住房未达标的职工发放住房补贴，提高职工购房支付能力，为职工发放的住房补贴资金可按有关规定在成本费用中列支。

3. 对工业项目企业职工加大个人住房公积金委托贷款力度，发挥住房贷款担保中心作用，简化个人贷款担保方式；积极推进个人住房担保贷款政策性贴息业务和个人信用评价制度，取消购买经济适用房评估，降低中间费用，简化贷款手续。

（四）相关其他规范性文件

❶个人住房担保委托贷款办法（节录）

（1997年1月1日北京市住房资金管理中心　京房资中心字〔1997〕第041号公布）

第二条　本办法所称个人住房担保委托贷款（以下简称贷款）是指由北京市住房资金管理中心及所属分中心运用房改资金，委托银行向购买自住住房的住房公积金交存人和离退休职工发放的贷款，并由借款人或第三人提供财产抵押加第三人保证担保、财产抵押担保加购房综合保险、财产质押担保或连带责任保证担保。

❷个人住房组合贷款管理暂行规定（节录）

（1998年3月18日北京市住房资金管理中心、中国建设银行北京市分行　京房资中心字〔1998〕第004号公布）

第二条　个人住房组合贷款是指由北京市住房资金管理中心（含所属分中心及直属归集部）运用政策性住房资金、中国建设银行北京市分行运用信贷资金向同一借款申请人同时发放的，用于购买同一套自住普通商品住宅的个人住房贷款，是政策性和商业性贷款组合的总称。

❸个人住房贷款管理办法

（1998年5月9日中国人民银行　银〔1998〕190号公布）

第一章　总则

第一条　为支持城镇居民购买自用普通住房，规范个人住房贷款管理，维护借贷双方的合法权益，根据《中华人民共和国商业银行法》、《中华人民共和国担保法》和《贷款通则》，制订本办法。

第二条　个人住房贷款（以下简称贷款）是指贷款人向借款人发放的用于购买自用普通住房的贷款。贷款人发放个人住房贷款时，借款人必须提供担保。借款人到期不能偿还贷款本息的，贷款人有权依法处理其抵押物或质物，或由保证人承担偿还本息的连带责任。

第三条　本办法适用于经中国人民银行批准设立的商业银行和住房储蓄银行。

第二章　贷款对象和条件

第四条　贷款对象应是具有完全民事行为能力的自然人。

第五条　借款人须同时具备以下条件：

一、具有城镇常住户口或有效居留身份；

二、有稳定的职业和收入，信用良好，有偿还贷款本息的能力；

三、具有购买住房的合同或协议；

四、不享受购房补贴的以不低于所购住房全部价款的30%作为购房的首期付款；享受购房补贴的以个人承担部分的30%作为购房的首期付款；

五、有贷款人认可的资产作为抵押或质押，或有足够代偿能力的单位或个人作为保证人；

六、贷款人规定的其他条件。

第六条　借款人应向贷款人提供下列资料：

一、身份证件（指居民身份证、户口本和其他有效居留证件）；

二、有关借款人家庭稳定的经济收入的证明；

三、符合规定的购买住房合同意向书、协议或其他批准文件；

四、抵押物或质物清单、权属证明以及有处分权人同意抵押或质押的证明；有权部门出具的抵押物估价证明；保证人同意提供担保的书面文件和保证人资信证明；

五、申请住房公积金贷款的，需持有住房公积金管理部门出具的证明；

六、贷款人要求提供的其他文件或资料。

第三章　贷款程序

第七条　借款人应直接向贷款人提出借款申请。贷款人自收到贷款申请及符合要求的资料之日起，应在三周内向借款人正式答复。贷款人审查同意后，按照《贷款通则》的有关规定，向借款人发放住房贷款。

第八条　贷款人发放贷款的数额，不得大于房地产评估

机构评估的拟购买住房的价值。

第九条 申请使用住房公积金贷款购买住房的，在借款申请批准后，按借款合同约定的时间，由贷款人以转账方式将资金划转到售房单位在银行开立的账户。住房公积金贷款额度最高不得超过借款家庭成员退休年龄内所交纳住房公积金数额的2倍。

第四章 贷款期限与利率

第十条 贷款人应根据实际情况，合理确定贷款期限，但最长不得超过20年。

第十一条 借款人应与贷款银行制定还本付息计划，贷款期限在1年以内（含1年）的，实行到期一次还本付息，利随本清；贷款期限在1年以上的，按月归还贷款本息。

第十二条 用信贷资金发放的个人住房贷款利率按法定贷款利率（不含浮动）减档执行。即，贷款期限为1年期以下（含1年）的，执行半年以下（含半年）法定贷款利率；期限为1至3年（含3年）的，执行6个月至1年期（含1年）法定贷款利率；期限为3至5年（含5年）的，执行1至3年期（含3年）法定贷款利率；期限为5至10年（含10年）的，执行3至5年（含5年）法定贷款利率；期限为10年以上的，在3至5年（含5年）法定贷款利率基础上适当上浮，上浮幅度最高不得超过5%。

第十三条 用住房公积金发放的个人住房贷款利率在3个月整存整取存款利率基础上加点执行。贷款期限为1年至3年（含3年）的，加1.8个百分点；期限为3至5年（含5年）的，加2.16个百分点；期限为5至10年（含10年）的，加2.34个百分点；期限为10至15年（含15年）的，加2.88个百分点；期限为15年至20年（含20年）的，加3.42个百分点。

第十四条 个人住房贷款期限在1年以内（含1年）的，实行合同利率，遇法定利率调整，不分段计息；贷款期限在1年以上的，遇法定利率调整，于下年初开始，按相应利率档次执行新的利率规定。

第五章 抵押

第十五条 贷款抵押物应当符合《中华人民共和国担保法》第三十四条的规定。《中华人民共和国担保法》第三十七条规定不得抵押的财产，不得用于贷款抵押。

第十六条 借款人以所购自用住房作为贷款抵押物的，必须将住房价值全额用于贷款抵押。

第十七条 以房地产作抵押的，抵押人和抵押权人应当签订书面抵押合同，并于放款前向县级以上地方人民政府规定的部门办理抵押登记手续。抵押合同的有关内容按照《中华人民共和国担保法》第三十九条的规定确定。

第十八条 借款人对设定抵押的财产在抵押期内必须妥善保管，负有维修、保养、保证完好无损的责任，并随时接受贷款人的监督检查。对设定的抵押物，在抵押期届满之前，贷款人不得擅自处分。

第十九条 抵押期间，未经贷款人同意，抵押人不得将抵押物再次抵押或出租、转让、变卖、馈赠。

第二十条 抵押合同自抵押物登记之日起生效，至借款人还清全部贷款本息时终止。抵押合同终止后，当事人应按合同的约定，解除设定的抵押权。以房地产作为抵押物的，解除抵押权时，应到原登记部门办理抵押注销登记手续。

第六章 质押和保证

第二十一条 采取质押方式的，出质人和质权人必须签订书面质押合同，《中华人民共和国担保法》规定需要办理登记的，应当办理登记手续。质押合同的有关内容，按照《中华人民共和国担保法》第六十五条的规定执行。生效日期按第七十六条至第七十九条的规定执行。质押合同至借款人还清全部贷款本息时终止。

第二十二条 对设定的质物，在质押期届满之前，贷款人不得擅自处分。质押期间，质物如有损坏、遗失，贷款人应承担责任并负责赔偿。

第二十三条 借款人不能足额提供抵押（质押）时，应有贷款人认可的第三方提供承担连带责任的保证。保证人是法人的，必须具有代为偿还全部贷款本息的能力，且在银行开立有存款账户。保证人为自然人的，必须有固定经济来源，具有足够代偿能力，并且在贷款银行存有一定数额的保证金。

第二十四条 保证人与债权人应当以书面形式订立保证合同。保证人发生变更的，必须按照规定办理变更担保手续，未经贷款人认可，原保证合同不得撤销。

第七章 房屋保险

第二十五条 以房产作为抵押的，借款人需在合同签订前办理房屋保险或委托贷款人代办有关保险手续。抵押期内，保险单由贷款人保管。

第二十六条 抵押期内，借款人不得以任何理由中断或撤销保险；在保险期内，如发生保险责任范围以外的因借款人过错的毁损，由借款人负全部责任。

第八章 借款合同的变更和终止

第二十七条 借款合同需要变更的，必须经借贷双方协商同意，并依法签订变更协议。

第二十八条 借款人死亡、宣告失踪或丧失民事行为能力，其财产合法继承人继续履行借款人所签订的借款合同。

第二十九条 保证人失去担保资格和能力，或发生合并、分立或破产时，借款人应变更保证人并重新办理担保手续。

第三十条 抵押人或出质人按合同规定偿还全部贷款本息后，抵押物或质物返还抵押人或出质人，借款合同终止。

第九章 抵押物或质物的处分

第三十一条 借款人在还款期限内死亡、失踪或丧失民事行为能力后无继承人或受遗赠人，或其法定继承人、受遗赠人拒绝履行借款合同的，贷款人有权依照《中华人民共和国担保法》的规定处分抵押物或质物。

第三十二条 处分抵押物或质物，其价款不足以偿还贷款本息的，贷款人有权向债务人追偿；其价款超过应偿还部分，贷款人应退还抵押人或出质人。

第三十三条 拍卖划拨的国有土地使用权所得的价款，在依法缴纳相当于应缴纳的土地使用权出让金的款项后，抵押权人有优先受偿权。

第三十四条 借款合同发生纠纷时，借贷双方应及时协商解决，协商不成的，任何一方均可依法申请仲裁或向人民法院提起诉讼。

第三十五条 借款人有下列情形之一的，贷款人按中国人民银行《贷款通则》的有关规定，对借款人追究违约责任：

一、借款人不按期归还贷款本息的；

二、借款人提供虚假文件或资料，已经或可能造成贷款损失的；

三、未经贷款人同意，借款人将设定抵押权或质押权财产或权益拆迁、出售、转让、赠与或重复抵押的；

四、借款人擅自改变贷款用途，挪用贷款的；

五、借款人拒绝或阻挠贷款人对贷款使用情况进行监督检查的；

六、借款人与其他法人或经济组织签订有损贷款人权益的合同或协议的；

七、保证人违反保证合同或丧失承担连带责任能力，抵押物因意外损毁不足以清偿贷款本息，质物明显减少影响贷款人实现质权，而借款人未按要求落实新保证或新抵押（质押）的。

第十章 附则

第三十六条 个人住房贷款不得用于购买豪华住房。城镇居民修房、自建住房贷款，参照本办法执行。

第三十七条 贷款人可根据本办法制定实施细则，并报中国人民银行备案。

第三十八条 本办法由中国人民银行负责解释和修改。

第三十九条 本办法自公布之日起施行。与本办法相抵触的有关规定同时废止。

三、以案明法

中国人民建设银行西宁市支行城西区办事处诉禄某购房专项贷款合同利息结算方法约定不明纠纷案

原告：中国人民建设银行西宁市支行城西区办事处

被告：禄某

1990年9月4日，禄某之父禄某新以禄某名义向中国人民建设银行西宁市支行城西区办事处（以下简称建行城西办）申请贷款30万元，并提出以自己的15万元（实际10万元）五年定期住宅存款和150.16平方米的铺面房屋作抵押。建行城西办对禄某的抵押物权和偿还能力进行调查后，双方于当日签订了《抵押担保协议书》。同年9月15日，双方签订了《中国人民建设银行个人购房专项贷款借款合同》（为建行西宁支行印制的格式合同），合同约定：建行城西办贷给禄某人民币20万元，贷款期限为五年；借款方保证于1995年10月15日止全部偿还清贷款利息，贷款利息按月息11.1‰计算，逾期未归还部分加收利息20%；全部贷款一次性偿还；本贷款实行抵押等。合同并经西宁市公证处进行了公证。建行城西办随之将20万元贷款划到禄某账户上。同年12月21日，建行城西办用特种转账付款凭证从禄某的6－2657306号账户上划转四季度住宅贷款4415.95元至自己的61501号账户上，并将转付凭证交给禄某新，禄某未提出异议。1991年3月，建行城西办曾口头要求禄某承付贷款利息，禄某未付。1993年7月26日和9月10日，在建行城西办多次催要下，禄某先后两次付给贷款利息5000元，同时提出免除加息和复息，愿意按季付息的条件，建行城西办未同意，双方产生纠纷。

建行城西办与禄某签订的《借款合同》引用了建行西宁支行1986年12月制定的《中国人民建设银行西宁市支行住宅储蓄存款和贷款试行办法》，该《试行办法》没有规定贷款利息结算办法，且该《试行办法》在双方签订合同时已经失效，而为1989年5月1日起生效的《建行西宁支行住房储蓄存款和住房专项贷款办法》所代替。双方签订的合同中对贷款利息的结算办法也没有明确约定。建行城西办于1990年12月21日扣划的四季度住宅贷款4415.95元，为禄某在该日前的贷款利息。自1990年12月21日至1994年12月31日止的该笔贷款正常利息为116032元，扣除禄某已交付的5000元，应计利息为111032元。

1994年8月，建行城西办以借款人不按合同及时履行承付贷款利息义务为理由，向西宁市中级人民法院起诉，要求终止与禄某签订的借款合同，禄某应归还本金20万元及偿还利息及复利178418.92元。

禄某答辩并提出反诉，认为双方在合同中约定贷款五年期满后一次性付息还本，没有按季付息的约定。建行城西办随意从我的账户上划款4415.95元，又以虚假手段让我支付5000元的利息，建行城西办的错误行为给我造成停业等损失5000余元。要求认定已还9415.95元为归还的本金，由原告赔偿其损失5000元。

西宁市中级人民法院审理认为：建行城西办与禄某之间的借款合同，是由借款方提出借款申请，经贷款方审查后订立了《抵押担保协议》，并报其上级支行核准后才签订的。从合同内容上看，是双方意思的真实表示。双方现仅对合同中的贷款利息结算方法和逾期加息、复息问题发生争议。根据《中华人民共和国经济合同法》第九条和《借款合同条例》第五、六条规定，应认定合同有效，但利息结算条款约定不明确。建行城西办是国家金融办事机构，其工作人员理应熟悉部门规章，在新的《办法》已经颁布的情况下，仍引用失效的旧《办法》签订合同，应承担相应的民事责任。被告作为借款人，对借款利息结算方法应该知道，且其在嗣后与建行城西办协商时提出过免除加息和复息的要求。中国人民银行《利率管理暂行规定》对贷款利息的结算有按月、季、年结算之规定，而没有五年到期一次性结算的规定。因此，被告对合同利息结算方法的理解是没有依据的。在本案纠纷中，被告片面理解合同条款，不履行偿付利息的义务，对长期拖欠国家资金及造成的损失，也应承担相应的民事责任。为有利于合同的今后履行，明确双方的权利义务，对合同有关利息结算等不完善之处应予明确。被告反诉主张已扣还款为贷款本金等请求，缺乏依据，不予支持。根据《中华人民共和国经济合同法》第九条、第二十四条、第二十九条第一款的规定，于1994年12月19日判决：

一、原借款合同继续履行。自1995年1月1日起按月计息，每季度末月20日付息一次。1994年12月31日以前的借款利息116032元（不含已付利息9415.95元），由禄某给付建行城西办。此期间的损失加息、复息合计62386.92元，双方各承担31193.46元。

二、驳回禄某的反诉请求。

一审判决后，禄某不服，以双方订立的合同中约定在

1995年10月16日还本付息，并没有按季付息的约定，利息的结算条款约定不明，责任在被上诉人；一审判定上诉人承担加息、复息31193.46元没有依据为理由，向青海省高级人民法院提起上诉，请求撤销原判，并归还扣收的9415.95元及利息。

建行城西办答辩称：贷款利息按季结算，上诉人是明知的。合同中约定"借款方保证于1995年10月15日止全部偿还清贷款利息"，是指双方在约定的时间范围内以行政法规为准，按季及时承付贷款利息，并非一次性归还。上诉人严重违约，应承担全部责任。

青海省高级人民法院审理认为：一审认定双方当事人签订的《借款合同》有效；对合同执行根据及贷款利息结算办法予以明确，是正确的。双方在签订合同时引用的当时已经失效的《中国人民建设银行西宁市支行住宅储蓄存款和贷款试行办法》中，没有规定贷款利息的结算办法，且在合同中对利息结算办法亦未约定，这是双方在贷款利息结算方式上发生争议的主要原因。对此，建行城西办应负主要责任。上诉人所提不承担加息、复息的请求是合理的，应予以支持。但上诉人要求归还扣收的9415.95元及其利息，根据不足，此笔款可冲减应付贷款利息。根据《中华人民共和国民事诉讼法》第一百五十三条第一款第（三）项、《中华人民共和国经济合同法》第二十四条的规定，于1995年3月10日判决：

一、维持西宁市中级人民法院关于双方签订的借款合同继续履行、利息的计付方式和驳回禄某的反诉请求的判决。

二、撤销西宁市中级人民法院关于禄某给付建行城西办1994年12月31日以前的借款利息116032元（不含已付利息9415.95元）；此期间的损失加息及复息合计62386.92元，双方各承担31193.46元的判决。

三、禄某给付建行城西办1990年12月21日至1994年12月31日的借款利息111032元。

四、办案实战资料库

（一）个人住房借款合同

个人住房借款合同

编号：　　年〔　　〕字　　号

贷款人（甲方）：

借款人（乙方）：

甲方与乙方根据有关法律、法规，在平等、自愿的基础上，为明确责任，恪守信用，签订本合同。

贷款金额、期限及利率

第一条 甲方根据乙方的申请，经审查同意向乙方发放住房贷款（以下称贷款），金额为人民币（大写）__________，（小写）__________。

第二条 贷款用于乙方购买坐落于__________市（县）区（镇）________路（街）________号________房间的现（期）房物业，建筑面积______平方米。乙方不得以任何理由将贷款挪作他用。

第三条 贷款期限为______个月。自______年____月____日起至______年____月____日止。

第四条 贷款利率根据国家有关规定，确定为月息千分之____，利息从放款之日起计算。如遇国家贷款利率调整，按规定执行，甲方不再另行通知乙方。

贷款的发放

第五条 乙方不可撤销地授权甲方在______号和______号担保合同生效（或登记备案）后，以乙方购楼款的名义将贷款分______次划入售房者在甲方开立的账户，以购买本合同第二条所列之房产。

（一）______年____月____日，金额________

（二）______年____月____日，金额________

（三）______年____月____日，金额________

…………………………………………………………

…………………………………………………………

第六条 本合同签订后且在贷款发放前，如乙方与售房者就该房产有关质量、条件、权属等事宜发生纠纷，本合同即告中止。由甲方视上述纠纷解决情况在一年内决定是否解除或继续履行本合同。

第七条 贷款发放后，借款人与售房者就该房产有关质量、条件、权属等其他事宜发生的任何纠纷，均与贷款人无关，借款合同应正常履行。

贷款的归还

第八条　甲乙双方商定，自________起乙方用下列方式归还贷款本息：____________________。

第九条　乙方按月归还贷款本息，应自借款之日起于每月________日归还，每期金额________万元，共________期。

第十条　乙方应在甲方开设存款账户，并保证在每期还款日前存入当期足额还本付息的存款，同时授权甲方于每期还款日从该存款账户中以第八条规定的方法扣收贷款本息。

第十一条　乙方应按期偿还贷款本息，如未按约定的时间归还，甲方将按国家规定对逾期贷款每日计收万分之________罚息。

第十二条　乙方不按期支付贷款利息时，甲方对乙方未支付的利息计收复利。

第十三条　乙方需提前还款的，提前还款额应为当期应付本息之整倍数，并在还款日________日前书面通知甲方，经甲方确认后即为不可撤销，并作为修改本合同的补充通知。

第十四条　乙方如提前归还部分贷款本息，对提前还款部分，仍按本合同第四条规定的方法计收贷款利息，不计退提前还本部分贷款的利息。

第十五条　乙方如一次性提前归还全部贷款本息，甲方则不计收乙方提前还款部分的贷款利息。

第十六条　除非下列事项已在甲方感到满意的情况下获得圆满解决，否则甲方有权在任何一项或多项事情发生时，宣布本合同提前到期，要求乙方立即提前偿还部分或全部贷款本息（包括逾期利息），而无需为正当行使上述权利所引起的任何损失负责：

（一）乙方违反本合同的任何条款；

（二）乙方本人因丧失民事行为能力，被宣告失踪、被宣告死亡或死亡而无继承人或受遗赠人；

（三）乙方的继承人或受遗赠人或财产代管人拒绝为乙方履行偿还贷款本息的义务；

（四）乙方连续三个付款期或在本合同期内累计六个付款期未按时偿还贷款本息；

（五）根据________号担保合同的约定，因担保人（物）发生变故，致使担保人须提前履行义务或甲方提前处分抵（质）押物的；

（六）乙方发生其他可能影响归还甲方贷款本息的行为。

第十七条　发生本合同项下第十六条第（一）、（二）、（三）、（四）、（六）项规定的情形时，致使甲方宣布本借款合同提前到期的，与本合同有关的________号担保合同同时到期，贷款人有权要求保证人提前履行保证义务或提前处分担保物。

合同的变更

第十八条　乙方如要将本合同项下之债务转让给任何第三人，应经甲方书面同意，在受让人和甲方重新签订借款合同前，本合同继续有效。

第十九条　甲、乙双方任一方需变更本合同条款，均须书面通知对方，经双方协商一致，达成书面意见，同时征得担保人书面同意。

争议的解决

第二十条　如因履行本合同而产生任何纠纷，双方应友好协商解决；协商解决不成的，由甲、乙双方共同选择下列方式之一解决：

（一）提交________所在地人民法院诉讼解决；

（二）提交________仲裁委员会裁决。

第二十一条　争议未获解决期间，除争议事项外，各方应继续履行本合同规定的其他条款。

费用及其他

第二十二条　与本合同有关的费用及实际支出，其中包括（但不限于）法律手续费、公证费、房产过户手续费及其他相关税费，全部由乙方负责支付。

第二十三条　乙方如不依本合同的规定付足应付的任何款项、费用，使甲方决定以任何途径或方式追索，一切由此而引起的费用由乙方负责；甲方为保障本身利益先行垫付的费用，甲方有权随时向乙方追讨，并从甲方实际支付之日起计收活期存款利息。

第二十四条　甲、乙双方商定的其他条款：

（一）____；

（二）____；

（三）____。

第二十五条 本合同一式________份，具有同等效力。由________各执一份。

第二十六条 本合同由甲、乙双方共同签字盖章，并自________号和________号担保合同生效（或登记备案）之日起生效。

贷款人住所：	借款人住所：
电话：	身份证号码：
传真：	存款账号：
邮政编码：	电话：
	邮政编码：
甲方（公章）	乙方（签章）
负责人（签字）	
年 月 日	年 月 日

（二）个人住房借款保证合同

个人住房借款保证合同

编号： 年〔 〕字 号

债权人（甲方）：

保证人（乙方）：

第一条 为确保甲方与________（以下简称借款人）签订的________年________字________号借款合同（以下称借款合同）的履行，乙方愿意向甲方提供保证，甲、乙双方根据有关法律规定，协商订立本合同。

第二条 乙方保证范围为借款人根据借款合同向甲方借用的贷款本金为人民币（大写）____________及其利息（包括因借款人违约或逾期还款所计收的复利和加收的利息）、借款人违约金和实现债权的费用（包括诉讼费和律师费）。

第三条 本合同保证的借款合同的履行期限自________年______月______日至________年______月______日。

本保证合同的保证期间为______年，自借款人不履行债务之日起计算。

第四条 本保证合同独立于借款合同，乙方在本合同项下的保证责任不因借款合同无效而免除。

第五条 乙方承诺对借款人的还款义务承担连带责任，并在甲方开立的账户上始终保留相当于借款人借款余额的______%的款项作为履行保证义务的保证金。如借款人未按合同的约定履行还款义务，乙方保证在接到甲方书面索款通知后______日内履行还款义务。如乙方未主动履行，即表示乙方授权甲方从其开立的账户中扣收。

第六条 乙方同意甲方在借款人逾期未偿还贷款本息时，有权依第五条规定的方式直接要求乙方履行义务。

第七条 乙方保证如发生借款合同项下借款合同提前到期的情况时，借款人又不及时还款的，乙方立即开始履行保证义务。

第八条 乙方保证有足够的能力承担上述保证责任，并不因乙方受到的任何指令、乙方财力状况的改变、乙方与任何单位签订任何协议而免除其所承担的责任。

第九条 本合同生效后，乙方接受甲方对其资金和财产状况的调查了解，乙方应按甲方要求及时提供其资产状况的有关资料。

第十条 在本合同有效期间，乙方如再向第三方提供担保，不得损害甲方的利益。

第十一条 任何一方不得擅自变更或解除本合同。一方需变更合同时，应经双方协商同意，达成书面协议。

第十二条 借款人与甲方协议变更借款合同的，应征得乙方同意；未经乙方同意的，乙方只在本合同规定的保证范围和期限内承担责任。但甲方由于国家政策调整而执行新利率的，无需征得乙方的同意。

第十三条 任何一方未按本合同的约定履行义务，给对方造成经济损失的，应向对方支付担保余额的________%违约金，违约金不足以弥补对方损失的，还应就不足部分予以补偿。

第十四条 甲、乙双方商定的其他事项：

（一）____；

（二）____；

（三）____。

第十五条　甲乙双方在履行本合同中发生的争议，由双方协商解决，协商不成，由甲、乙双方共同选择下列方式之一：

1. 提交＿＿＿＿＿＿＿＿所在地人民法院诉讼；

2. 提交＿＿＿＿＿＿＿＿仲裁委员会仲裁。

第十六条　本合同一式＿＿＿＿份，具有同等效力，由＿＿＿＿各执一份。

第十七条　本合同由甲乙双方签字盖章后生效。

债权人住所：	保证人住所：
电话：	基本账户开户行：
传真：	账号：
邮政编码：	电话：
	传真：
	邮政编码：
甲方（公章）	乙方（签章）
负责人（签字）	法定代表人（签字）
年　　月　　日	年　　月　　日

（三）个人住房借款抵押合同

个人住房借款抵押合同

编号：　　　年〔　　〕字　　号

抵押权人（甲方）：

抵押人（乙方）：

第一条　为确保甲方与＿＿＿＿（以下称借款人）签订的＿＿＿＿年＿＿＿字＿＿＿号借款合同（以下称借款合同）的履行，乙方愿意以其有权处分的位于＿＿＿＿市（县）＿＿＿＿区（镇）＿＿＿＿＿＿＿＿路（街）＿＿＿＿＿＿＿号＿＿＿＿＿＿＿房间之房产（地产）的全部权益（以下称该抵押物，具体财产情况见抵押物清单）抵押给甲方，以作为偿还借款合同项下之借款的担保。

第二条　本抵押合同担保范围为借款合同项下之借款本金（大写）人民币＿＿＿＿及利息（包括因借款人违约或逾期还款所计收的复利和加收的利息）、借款人应支付的违约金和赔偿金以及实现贷款债权和抵押权的费用（包括律师费和诉讼费）。

第三条　本合同的效力独立于被担保的借款合同，被担保的借款合同无效不影响本抵押合同的效力。

第四条　本合同项下有关的评估、保险、鉴定、登记、保管等费用均由乙方承担。

（四）个人住房借款质押合同

个人住房借款质押合同

编号：　　　年〔　　〕字　　号

质权人（甲方）：

出质人（乙方）：

第一条　为确保甲方与＿＿＿＿（以下称借款人）签订的＿＿＿＿年＿＿＿字＿＿＿号借款合同（以下称借款合同）的履行，乙方愿意以其有权处分的权利向甲方提供质押担保。

第二条　乙方出质的权利由本合同项下的质押权利清单载明，该清单为本合同的组成部分。

第三条　本质押合同担保的范围为借款合同项下的本金（大写）人民币＿＿＿＿及利息（包括因借款人违约计收的复利和加收的利息）、借款人违约金、实现质权的费用（包括诉讼费和律师费）。

第四条 乙方承诺：

（一）以合法享有的权利出质，出质行为真实、合法；

（二）将出质的权利凭证于________年______月______日移交甲方占有。

第五条 未经甲方书面同意，乙方不得以任何方式处分出质的权利。若甲方同意乙方处分该权利，乙方应在处分该权利后十日内将所得的价款（酬金）提前清偿所担保的债权或者作为出质财产存入甲方指定的账户。若甲方认为乙方处分出质的权利所得价款（酬金）明显低于该权利的价值，乙方应按甲方的要求另行提供相应的担保。

第六条 乙方出质的有价证券的兑现日期先于债务履行期的，甲方可以在债务履行期届满前兑现。其价款可作为出质财产存入甲方指定账户、或提前清偿乙方所担保的债权、或继续购买债券出质担保。

第七条 借款合同履行期限届满，借款人不履行债务的，乙方授权甲方兑现或以其他方式处分质押权利，并以所得优先受偿。

第八条 发生下列情形之一的，甲方可以提前兑现或以其他方式处分质押权利，并以所得优先受偿：

（一）乙方死亡、被宣告失踪、被宣告死亡或丧失民事行为能力而又无人代其履行债务，或乙方的继承人或受遗赠人或代管人不能全部或拒绝履行偿还借款的；

（二）乙方破产、歇业、解散、被停业整顿、被撤销、被吊销营业执照的；

（三）甲方依据借款合同的约定提前收回贷款时，借款合同项下的债权未能实现或者未能全部实现的；

（四）其他足以影响乙方偿债能力或缺乏偿债诚意的情形。

第九条 本合同生效后，借款人与甲方协议延长借款合同履行期限，应事先取得乙方书面同意。若乙方同意延长借款合同履行期限，且本合同项下质押的权利办理过出质登记，由乙方按有关规定向原登记机关办理变更登记。

第十条 有下列情形之一的，本合同自行终止：

（一）借款合同履行期限届满，借款合同项下甲方的债权得到足额清偿的；

（二）甲方依据本合同第六条的约定实现了质权的；

（三）甲方依据本合同第七条的约定实现了质权的；

（四）甲方依据本合同第八条的约定实现了质权的；

本合同因前款（一）被终止时，甲方应在三十日内将质押权利凭证交还乙方。本合同因前款（二）、（三）、（四）终止时，若甲方以处分质押权利所得价款受偿后尚有剩余的，应在三十日内将其返还乙方。

第十一条 乙方有下列情形之一的，对甲方实现质权造成损害的，应向甲方支付借款余额________%违约金；如果由于乙方违约给甲方造成的损失超过违约金的，乙方还应进行赔偿，补偿违约金不足的部分：

（一）违反本合同第四条、第五条的约定；

（二）隐瞒出质的权利存在共有、权属争议或其他不利于乙方的情形；

（三）妨碍甲方实现质权。

第十二条 约定的其他事项：____

____________。

第十三条 本合同正本一式________份，具有同等法律效力，由________执一份。

第十四条 本合同自质押权利凭证移交甲方占有之日起生效；质押权利依法应办理出质登记的，本合同自登记之日起生效。

质权人住所：	出质人住所：
电话：	基本账户开户行：
传真：	账号：
邮政编码：	电话：
	传真：
	邮政编码：
质权人：（公章）	出质人：（签章）
负责人：	法定代表人：
年　　月　　日	年　　月　　日

第五章　房地产权属登记

本节为您提供以下主题词的法律适用依据与实战资料

■土地登记　■房屋产权登记

【土地登记】

一、专家指导意见

（一）土地登记的概念和法律特征

土地登记是指县级以上人民政府根据国家有关土地确权和土地登记的规定，依照法定程序，对土地所有权和使用权进行审批、注册登记、确认、发放土地证书的法律制度。我国土地登记有以下几个特点：

1. 强制性。当事人的土地权利必须依法登记，未登记的土地权利不受法律保护，并可视情节对当事人进行处罚。

2. 公信性。土地登记是人民政府的行政行为，是人民政府土地管理部门依法定程序，对土地权属、面积、用途等进行审查、批准，并注册登记、颁发土地证书的法律程序，从而保证了土地登记的真实可靠。

3. 完整性、连续性。土地登记须统一进行，不能分割，登记事项变更，应及时办理变更登记手续，保持土地登记资料的连续性。

4. 保护性。国家通过土地登记，确认土地所有权和土地使用权，从而维护土地公有制，为充分、合理和有效利用土地提供了法律保障。

（二）土地登记的分类

按照登记的时间和内容的不同，土地登记可区分为初始登记和变更登记。

1. 初始登记。初始登记是指在一定时间内对辖区全部土地进行的普遍登记。初始登记涉及土地使用权、土地所有权及他项权利。

2. 变更登记。变更登记是指继初始登记之后，因土地所有权、使用权、他项权利以及土地的主要用途发生变更而随时办理的登记。变更登记是在初始登记的基础之上进行的，与初始登记相比，变更登记具有分散性、经常性和多样性的特点。

（三）土地登记的程序

根据《土地登记规则》规定，土地登记依照下列程序进行：

1. 土地登记申请。土地登记申请是指土地登记申请者向政府请求土地登记的行为。对初始土地登记而言，土地所有者、使用者和他项权利者依法拥有或使用的土地，在拥有和使用期间，无论是否发生过权利变更，都必须按照土地登记通告的要求，向土地登记机关提出登记申请。申请登记人必须向土地管理部门提交下列文件：土地登记申请书；单位法定代表人证明，个人身份证明或者户籍证明；土地权属来源证明；地上附着物权属证明。委托代理人申请土地登记的，还应当提交授权委托书和代理人资格身份证明。

2. 地籍调查。地籍调查是指土地登记机关按规定要求，对申请登记的土地采取实地调查、核实、定界、测量、成图等措施。地籍调查的目的，是查清土地的位置、权属性质、界线、面积、用途及土地所有者、使用者和他项权利者的有关情况，为权属审核、注册登记和颁发土地证书提供依据。地籍调查分为权属调查和地籍测量两部分。权属调查是指查清宗地权属、界址位置、用途等。地籍测量是指测量宗地界址点平面位置、宗地形状、面积等。

3. 权属审核。土地权属审核是土地登记最基本、最重要的环节，是土地登记机关根据申请者所提交的申请书、权属证明材料和地籍调查成果，对申请登记的土地使用权、所有权及他项权利进行确认的过程。

4. 注册登记。申请登记的土地权属公告期满，申请人和有利益关系的人对申请登记审核结果未提出异议，即由登记机关报人民政府批准后，进行注册登记，将土地权属状况等登录于土地登记卡上，装入土地登记簿。

5. 颁发或者更换土地证书。登记机关按照人民政府对土地登记申请的批准意见，对土地注册登记后，向土地权利人颁发证书。

二、法律适用依据

（一）相关法律

❶中华人民共和国乡镇企业法（节录）

（1996年10月29日第八届全国人民代表大会常务委员会第二十二次会议通过　1996年10月29日中华人民共和国主席令〔第76号〕公布　自1997年1月1日起施行）

第二十八条　举办乡镇企业，其建设用地应当符合土地利用总体规划，严格控制、合理利用和节约使用土地，凡有荒地、劣地可以利用的，不得占用耕地、好地。

举办乡镇企业使用农村集体所有的土地的，应当依照法律、法规的规定，办理有关用地批准手续和土地登记手续。

乡镇企业使用农村集体所有的土地，连续闲置两年以上或者因停办闲置一年以上的，应当由原土地所有者收回该土地使用权，重新安排使用。

❷中华人民共和国城市房地产管理法（节录）

（1994年7月5日第八届全国人民代表大会常务委员会第八次会议通过 1994年7月5日中华人民共和国主席令〔第29号〕公布 自1995年1月1日起施行）

第五章 房地产权属登记管理

第五十九条 国家实行土地使用权和房屋所有权登记发证制度。

第六十条 以出让或者划拨方式取得土地使用权，应当向县级以上地方人民政府土地管理部门申请登记，经县级以上地方人民政府土地管理部门核实，由同级人民政府颁发土地使用权证书。

在依法取得的房地产开发用地上建成房屋的，应当凭土地使用权证书向县级以上地方人民政府房产管理部门申请登记，由县级以上地方人民政府房产管理部门核实并颁发房屋所有权证书。

房地产转让或者变更时，应当向县级以上地方人民政府房产管理部门申请房产变更登记，并凭变更后的房屋所有权证书向同级人民政府土地管理部门申请土地使用权变更登记，经同级人民政府土地管理部门核实，由同级人民政府更换或者更改土地使用权证书。

法律另有规定的，依照有关法律的规定办理。

❸中华人民共和国土地管理法（节录）

（1986年6月25日第六届全国人民代表大会常务委员会第六次会议通过 根据1988年12月29日第七届全国人民代表大会常务委员会第五次会议《关于修改〈中华人民共和国土地管理法〉的决定》第一次修正 1998年8月29日第九届全国人民代表大会常务委员会第四次会议修订 根据2004年8月28日第十届全国人民代表大会常务委员会第十一次会议《关于修改〈中华人民共和国土地管理法〉的决定》第二次修正）

第十二条 依法改变土地权属和用途的，应当办理土地变更登记手续。

（二）相关行政法规及规范性文件

❶中华人民共和国城镇国有土地使用权出让和转让暂行条例（节录）

（1990年5月19日国务院令〔第55号〕公布施行）

第七条 土地使用权出让、转让、出租、抵押、终止及有关的地上建筑物、其他附着物的登记，由政府土地管理部门、房产管理部门依照法律和国务院的有关规定办理。

登记文件可以公开查阅。

第十六条 土地使用者在支付全部土地使用权出让金后，应当依照规定办理登记，领取土地使用证，取得土地使用权。

第二十五条 土地使用权和地上建筑物、其他附着物所有权转让，应当依照规定办理过户登记。

土地使用权和地上建筑物、其他附着物所有权分割转让的，应当经市、县人民政府土地管理部门和房产管理部门批准，并依照规定办理过户登记。

第三十一条 土地使用权和地上建筑物、其他附着物出租，出租人应当依照规定办理登记。

第三十六条 抵押人到期未能履行债务或者在抵押合同期间宣告解散、破产的，抵押权人有权依照国家法律、法规和抵押合同的规定处分抵押财产。

因处分抵押财产而取得土地使用权和地上建筑物、其他附着物所有权的，应当依照规定办理过户登记。

❷土地复垦规定（节录）

（1988年10月21日国务院第二十二次常务会议通过 1988年11月8日国务院公布 自1989年1月1日起施行）

第十八条 生产建设过程中破坏的国家征用的土地，经复垦后土地使用权依法变更的，必须依照国家有关规定办理过户登记手续。

❸关于调整城镇国有粮油零售网点房产经营管理权的通知（节录）

（1995年9月5日国务院办公厅 国办〔1995〕47号公布）

三、在进行房产划转时，有关部门应当依照《中华人民共和国城市房地产管理法》和国有资产管理等有关法律、法规的规定，办理国有土地使用权过户登记手续和国有资产划转等有关手续。无偿划入国有房产的粮食部门应进行清产核资，并明确经营管理责任。

❹关于发展房地产业若干问题的通知（节录）

（1992年11月4日国务院 国〔1992〕61号公布）

六、加强对划拨土地使用权的管理。凡通过划拨方式取得的土地使用权，政府不收取地价补偿费，不得自行转让、出租和抵押；需要对土地使用权进行转让、出租、抵押和连同建筑物资产一起进行交易者，应到县级以上人民政府有关部门办理出让和过户手续，补交或者以转让、出租、抵押所获收益抵交土地使用权出让金。

十、建立和培育完善的房地产市场体系。在房地产交易中应充分运用竞争机制。房地产一级市场即土地使用权的出让，要在城市总体规划指导下，尽量通过招标、拍卖等方式进行，减少协议出让。房地产二级市场即土地使用权出让后的房地产开发经营和三级市场即投入使用后的房地产交易，以及抵押、租赁等多种经营方式，要在国家宏观管理下，放开搞活，实行市场调节。土地使用权的转让和房产所有权的转移（包括涉外房地产），必须依照规定到当地房地产市场管理部门办理过户手续。要建立与房地产市场配套的服务体系，建立房地产交易的中介服务代理机构、房地产价格评估机构和对市场纠纷的仲裁机构等，逐步形成规范、公开、有序的房地产市场。

❺宗教事务条例（节录）

（2004年11月30日国务院令〔第426号〕公布 自2005年3月1日起施行）

第三十一条 宗教团体、宗教活动场所所有的房屋和使用的土地，应当依法向县级以上地方人民政府房产、土地管理部门申请登记，领取所有权、使用权证书；产权变更的，应当及时办理变更手续。

土地管理部门在确定和变更宗教团体或者宗教活动场所土地使用权时，应当征求本级人民政府宗教事务部门的意见。

（三）相关部门规章及规范性文件

❶在京中央国家机关用地土地登记办法

（2000年10月23日国土资源部令〔第6号〕公布）

第一条 为规范在京中央国家机关用地土地登记，加强中央国家机关用地的管理，维护中央国家机关用地单位的合法权益，根据《中华人民共和国土地管理法》、《中华人民共和国土地管理法实施条例》制定本办法。

第二条　本办法所称在京中央国家机关用地是指：

（一）中央党政机关使用的北京市范围内的国有土地；

（二）机关事务分别属于国务院机关事务管理局、中共中央直属机关事务管理局、全国人大办公厅机关事务管理局、全国政协办公厅机关事务管理局（以下简称机关事务管理局）归口管理的单位使用的北京市范围内的国有土地。

（三）按国家有关规定其他应纳入中央国家机关用地管理的北京市范围内的国有土地。

第三条　国土资源部委托北京市国土资源和房屋管理局（以下简称北京市局）直接办理在京中央国家机关用地的土地登记和发证。

国土资源部对委托的土地登记事务有权依法监督、检查，对登记中的有关问题有权进行裁定，对违反有关规定的土地登记发证结果有权撤销，对委托的土地登记事务有权收回。

第四条　北京市局应当在办结在京中央国家机关用地注册登记之日起15日内将土地登记结果（土地登记审批表、土地登记卡）影印件报国土资源部备案。

在京中央国家机关用地单位在领取《国有土地使用证》之日起15日内应当将《国有土地使用证》影印件报送有关事项管理局备案。

第五条　北京市初始地籍调查未进行到在京中央国家机关用地的，在京中央国家机关用地地籍调查工作可由有关机关事务管理局会同北京市局组织在京中央国家机关用地单位以宗地为单元进行；北京市初始地籍调查进行到在京中央国家机关用地的，由北京市局分别会同有关机关事务管理局统一组织。

初始地籍调查应当由具有土地调查资格的机构承担，按照国家统一的技术规程进行。

第六条　在京中央国家机关用地单位与其他单位或者个人发生土地权属争议的，由争议各方当事人协商解决；协商不成的，可以由北京市局会同有关机关事务管理局协调解决；协调不成的，可以由国土资源部商北京市人民政府处理；确属难以解决的，经国土资源部报国务院依法裁定后，由北京市局办理登记和发证。

两个或两个以上在京中央国家机关用地单位对同一宗地有权属争议的，可以由机关事务管理局先行协调解决。

第七条　在京中央国家机关用地单位申请土地登记时，应当提交《土地登记规则》规定的文件资料和有关机关事务管理局出具的土地登记申请审核意见。土地权属资料不齐全的，还应提交由有关机关事务管理局确认盖章的土地权属来源说明函。地籍调查由有关机关事务管理局会同北京市局组织进行的，还应提交申请登记宗地的地籍调查资料。

第八条　北京市局收到在京中央国家机关用地土地登记申请后，对符合规定的，应当受理。除本办法第九条、第十条规定的情形外，北京市局应按《土地登记规则》规定的期限，办理中央国家机关用地土地登记，颁发土地证书。

北京市局办理在京中央国家机关用地土地登记和发证时，应当使用国土资源部制发的“国土资源部土地登记专用章”。

在京中央国家机关用地进行土地登记时，应当按国家规定缴纳有关费用。

第九条　北京市局在办理在京中央国家机关用地土地登记时，能证明宗地权属不属于申请登记的用地单位的，作出不予登记的决定，在发送申请单位的同时报国土资源部备案，同时通知有关机关事务管理局。有争议的，按本办法第六条规定处理。

第十条　有下列情形之一的，北京市局可以作出暂缓登记的决定，并将载明暂缓登记理由的决定书发送申请人：

（一）土地权属争议尚未解决的；

（二）土地违法行为尚未处理或正在处理的；

（三）依法限制土地权利或者因依法查封地上建筑物、其他附着物而限制土地权利的；

（四）法律、行政法规规定暂缓登记的其他情形。

作出暂缓登记决定的，北京市局应当报国土资源部备案，同时通知有关机关事务管理局。

第十一条　在京中央国家机关用地变更的，申请办理土地变更登记时，应当提交有关机关事务管理局出具的同意变更的意见。

第十二条　在京中央国家机关用地单位对办理土地登记的程序、结果或者其他事项有异议的，可以经由有关机关事务管理局向北京市局提出复查申请。北京市局应当在收到复查申请之日起15日内作出答复。

有关机关事务管理局对北京市局的答复仍有异议的，可以在收到答复之日起30日内向国土资源部申请复查。

第十三条　向国土资源部申请复查，应当提交土地登记复查申请、北京市复查结果及其他有关材料。

土地登记复查申请应当载明复查的事项、理由、依据和要求等。

第十四条　国土资源部自收到土地登记复查申请之日起7日内，应当将土地登记复查申请副本送北京市局。

北京市局自收到国土资源部转来的土地登记复查申请副本之日起15日内，将土地登记档案及审查意见报送国土资源部。

第十五条　国土资源部在收到北京市局报送的审查意见之日起30日内，分别情况作出决定：

（一）原土地登记程序和结果无误的，作出维持原土地登记结果的决定，并通知北京市局；

（二）原土地登记程序或者结果有误的，通知北京市局，北京市局应当自收到通知之日起30日内予以更正，并在注册登记之日起15日内将更正的土地登记结果复印件报国土资源部备案。

第十六条　在京中央国家机关用地的土地登记资料由北京市局管理并负责保持辖区内地籍资料的完整性和现势性。

第十七条　北京市局依照本办法规定办理在京中央国家机关用地土地登记时，对已登记发证的在京中央国家机关用地应予以认可。对界址发生变化的，应予以更正。界址未变化，但初始地籍调查确认的面积与已登记发证宗地面积不一致的，以初始地籍调查面积为准，并在土地登记卡上进行注记，待宗地发生变更进行变更登记时予以更正，换发土地证书。

第十八条 本办法由国土资源部负责解释。

第十九条 本办法自发布之日起施行。

❷规范国有土地租赁若干意见（节录）

（1999年8月1日国土资源部 国土资（1999）222号公布）

六、国有土地租赁，承租人取得承租土地使用权。承租人在按规定支付土地租金并完成开发建设后，经土地行政主管部门同意或根据租赁合同约定，可将承租土地使用权转租、转让或抵押。承租土地使用权转租、转让或抵押，必须依法登记。

承租人将承租土地转租或分租给第三人的，承租土地使用权仍由原承租人持有，承租人与第三人建立了附加租赁关系，第三人取得土地的他项权利。

承租人转让土地租赁合同的，租赁合同约定的权利义务随之转给第三人，承租土地使用权由第三人取得，租赁合同经更名后继续有效。

地上房屋等建筑物、构筑物依法抵押的，承租土地使用权可随之抵押，但承租土地使用权只能按合同租金与市场租金的差值及租期估价，抵押权实现时土地租赁合同同时转让。

在使用年限内，承租人有优先受让权，租赁土地在办理出让手续后，终止租赁关系。

❸建设用地审查报批管理办法（节录）

（1999年3月2日国土资源部令〔第3号〕公布施行）

第二十一条 以有偿使用方式提供国有土地使用权的，由市、县人民政府土地行政主管部门与土地使用者签订土地有偿使用合同，并向建设单位颁发《建设用地批准书》。土地使用者缴纳土地有偿使用费后，依照规定办理土地登记。

以划拨方式提供国有土地使用权的，由市、县人民政府土地行政主管部门向建设单位颁发《国有土地划拨决定书》和《建设用地批准书》，依照规定办理土地登记。《国有土地划拨决定书》应当包括划拨土地面积、土地用途、土地使用条件等内容。

建设项目施工期间，建设单位应当将《建设用地批准书》公示于施工现场。

市、县人民政府土地行政主管部门应当将提供国有土地的情况定期予以公布。

❹已购公有住房和经济适用住房上市出售管理暂行办法（节录）

（1999年4月19日建设部第十一次部常务会议通过并经国土资源部会签 1999年4月22日建设部第69号令公布 自1999年5月1日起施行）

第九条 买卖当事人在办理完毕交易过户手续之日起三十日内，应当向房地产行政主管部门申请办理房屋所有权转移登记手续，并凭变更后的房屋所有权证书向同级人民政府土地行政主管部门申请土地使用权变更登记手续。

在本办法实施前，尚未领取土地使用权证书的已购公有住房和经济适用住房在2000年底以前需要上市出售的，房屋产权人可以凭房屋所有权证书先行办理交易过户手续，办理完毕房屋所有权转移登记手续之日起三十日内由受让人持变更后的房屋所有权证书到房屋所在地的市、县人民政府土地行政主管部门办理土地使用权变更登记手续。

❺土地登记规则

（1995年12月18日国家土地管理局公布）

第一章 总则

第一条 根据《中华人民共和国土地管理法》、《中华人民共和国城市房地产管理法》规定，为建立土地登记制度，维护土地的社会主义公有制，保障土地权利人的合法权益，特制定本规则。

第二条 土地登记是国家依法对国有土地使用权、集体土地所有权、集体土地使用权和土地他项权利的登记。

本规则所称土地他项权利，是指土地使用权和土地所有权以外的土地权利，包括抵押权、承租权以及法律、行政法规规定需要登记的其他土地权利。

土地登记分为初始土地登记和变更土地登记。初始土地登记又称总登记，是指在一定时间内，对辖区全部土地或者特定区域的土地进行的普遍登记；变更土地登记，是指初始土地登记以外的土地登记，包括土地使用权、所有权和土地他项权利设定登记，土地使用权、所有权和土地他项权利变更登记，名称、地址和土地用途变更登记，注销土地登记等。

第三条 国有土地使用者、集体土地所有者、集体土地使用者和土地他项权利者，必须依照本规则规定，申请土地登记。

申请土地登记，申请者可以授权委托代理人办理。授权委托书应当载明委托事项和权限。

依法登记的土地使用权、所有权和土地他项权利受法律保护，任何单位和个人不得侵犯。

第四条 土地登记以县级行政区为单位组织进行。具体工作由县级以上人民政府土地管理部门负责。

第五条 土地登记以宗地为基本单元。

拥有或者使用两宗以上土地的土地使用者或土地所有者，应当分宗申请登记。

两个以上土地使用者共同使用一宗土地的，应当分别申请登记。

跨县级行政区使用土地的，应当分别向土地所在地县级以上地方人民政府土地管理部门申请登记。

第六条 土地登记依照下列程序进行：

（一）土地登记申请；

（二）地籍调查；

（三）权属审核；

（四）注册登记；

（五）颁发或者更换土地证书。

第七条 国家土地管理局主管全国的土地登记工作。

县级以上地方人民政府土地管理部门主管本行政区域内的土地登记工作。

第二章 初始土地登记

第八条 初始土地登记，由县级以上地方人民政府发布通告。通告的主要内容包括：

（一）土地登记区的划分；

（二）土地登记的期限；

（三）土地登记收件地点；

（四）土地登记申请者应当提交的有关证件；

（五）其他事项。

第九条　国有土地使用权由使用国有土地的单位及法定代表人或者使用国有土地的个人申请登记。

集体土地所有权由村民委员会或者农业集体经济组织及法定代表人申请登记。

集体土地使用权由使用集体土地的单位及法定代表人或者使用集体土地的个人申请登记。

土地他项权利需要单独申请的，由有关权利人申请登记。

第十条　土地登记申请者申请土地使用权、所有权和土地他项权利登记，必须向土地管理部门提交下列文件资料：

（一）土地登记申请书；

（二）单位、法定代表人证明，个人身份证明或者户籍证明；

（三）土地权属来源证明；

（四）地上附着物权属证明。

委托代理人申请土地登记的，还应当提交授权委托书和代理人资格身份证明。

第十一条　申请土地登记，申请者须向土地管理部门领取土地登记申请书。

土地登记申请书应当载明下列基本事项，并由申请者签名盖章：

（一）申请者名称、地址；

（二）土地坐落、面积、用途、等级、价格；

（三）土地所有权、使用权和土地他项权利权属来源证明；

（四）其他事项。

第十二条　土地管理部门接受土地登记申请者提交的申请书及权属来源证明，应当在收件簿上载明名称、页数、件数，并给申请者开具收据。

第十三条　土地管理部门负责组织辖区内的地籍调查。地籍调查规程由国家土地管理局制定。

第十四条　土地管理部门应当根据地籍调查和土地定级估价成果，对土地权属面积、用途、等级、价格等逐宗进行全面审核，填写土地登记审批表。

土地登记审批表以宗地为单位填写。两个以上土地使用者共同使用一宗土地的，应当分别填写土地登记审批表。

第十五条　经土地管理部门审核，对认为符合登记要求的宗地予以公告。

公告的主要内容包括：

（一）土地使用者、所有者和土地他项权利者的名称、地址；

（二）准予登记的土地权属性质、面积、坐落；

（三）土地使用者、所有者和土地他项权利者及其他土地权益有关者提出异议的期限、方式和受理机关；

（四）其他事项。

第十六条　土地登记申请者及其他土地权益有关者在公告规定的期限内，可以向土地管理部门申请复查，并按规定缴纳复查费。经复查无误的，复查费不予退还；经复查确有差错的，复查费由造成差错者承担。

第十七条　土地登记过程中的土地权属争议，按照《中华人民共和国土地管理法》第十三条规定进行处理后，再行登记。

第十八条　公告期满，土地使用者、所有者和土地他项权利者及其他土地权益有关者对土地登记审核结果未提出异议的，由人民政府批准后，按照以下规定办理注册登记：

（一）根据对土地登记申请的调查审核结果，以宗地为单位逐项填写土地登记卡，并由登记人员和土地管理部门主管领导在土地登记卡的经办人、审核人栏签字；

（二）根据土地登记卡的有关内容填写土地归户卡，并由登记人员在土地归户卡的经办人栏签字。土地归户卡以权利人为单位填写，凡在一个县级行政区范围内对两宗以上土地拥有权利的，应当填写在同一土地归户卡上；

（三）根据土地登记卡的相关内容填写土地证书。土地证书以宗地为单位填写。两个以上土地使用者共同使用一宗土地的，应当分别填写土地证书。

第十九条　由县级以上地方人民政府向国有土地使用者、集体土地所有者、集体土地使用者分别颁发《国有土地使用证》、《集体土地所有证》和《集体土地使用证》。

县级以上地方人民政府土地管理部门向土地他项权利者颁发土地他项权利证明书。

第二十条　尚未确定土地使用权、所有权的土地，由土地管理部门进行登记造册，不发土地证书。

第二十一条　本章除有关通告和公告的规定外适用于变更土地登记。

第三章　土地使用权、所有权和土地他项权利设定登记

第二十二条　设定土地使用权、所有权和土地他项权利，必须依照本章规定向土地管理部门申请登记。

第二十三条　以划拨方式取得国有土地使用权的，按照以下规定办理土地登记手续：

（一）新开工的大中型建设项目使用划拨国有土地的，建设单位应当在接到县级以上人民政府发给的建设用地批准书之日起三十日内，持建设用地批准书申请土地预登记。建设项目竣工验收后，建设单位应当在该建设项目竣工验收之日起三十日内，持建设项目竣工验收报告和其他有关文件申请国有土地使用权设定登记；

（二）其他项目使用划拨国有土地的，土地使用单位或者个人应当在接到县级以上人民政府批准用地文件之日起三十日内，持批准用地文件申请国有土地使用权设定登记。

划拨新征用农村集体所有土地的，被征地单位应当依照本规则规定，同时申请集体土地所有权注销登记或者变更登记。

第二十四条　集体土地依法转为国有土地后，原集体土地使用者继续使用该国有土地的，应当在土地所有权性质变更后三十日内，持原《集体土地使用证》和其他有关文件申请国有土地使用权设定登记。

第二十五条　使用本集体土地进行建设或者生产的，集体土地使用单位或者个人应当在接到有批准权的地方人民政府批准用地文件或者农地使用合同签订之日起三十日内，持批准用地文件或者农地使用合同申请集体土地使用权设定登记。

第二十六条 以出让方式取得国有土地使用权的，受让方应当在按出让合同约定支付全部土地使用权出让金后三十日内，持土地使用权出让合同和土地使用权出让金支付凭证申请国有土地使用权设定登记。

成片开发用地采取一次出让、分期付款、分期提供出让国有土地使用权的，受让方应当在每期付款后三十日内，持土地使用权出让合同和土地使用权出让金支付凭证申请国有土地使用权设定登记。

第二十七条 国家将国有土地使用权以作价入股方式让与股份制企业的，该企业应当在签订入股合同之日起三十日内，持土地使用权入股合同和其他有关证明文件申请国有土地使用权设定登记。

第二十八条 依法向政府土地管理部门承租国有土地的，承租人应当在签订租赁合同之日起三十日内持土地租赁合同和其他有关证明文件申请承租国有土地使用权登记。

第二十九条 依法抵押土地使用权的，当事人应当在抵押合同签订后十五日内，持抵押合同以及有关文件申请土地使用权抵押登记。土地管理部门应当在被抵押土地的土地登记卡上登记，并向抵押权人颁发土地他项权利证明书。

同一宗地多次抵押时，以收到抵押登记申请先后为序办理抵押登记和实现抵押权。

第三十条 有出租权的土地使用者依法出租土地使用权的，出租人与承租人应当在租赁合同签订后十五日内，持租赁合同及有关文件申请土地使用权出租登记。土地管理部门应当在出租土地的土地登记卡上进行登记，并向承租人颁发土地他项权利证明书。

第三十一条 设定法律、行政法规规定需要登记的其他土地他项权利的，当事人应当在确定之日起十五日内，申请设定登记。

第四章 土地使用权、所有权和土地他项权利变更登记

第三十二条 依法变更土地使用权、所有权和土地他项权利的，必须依照本章规定向土地管理部门申请登记。

第三十三条 申请土地使用权、所有权变更登记时，申请者应当依照规定申报地价；未申报地价的，按宗地标定地价进行登记。

第三十四条 划拨土地使用权依法办理土地使用权出让手续的，土地使用者应当在缴纳土地使用权出让金后三十日内，持土地使用权出让合同、出让金缴纳凭证及原《国有土地使用证》申请变更登记。

第三十五条 企业将通过出让或者国家入股等形式取得的国有土地使用权，再以入股方式转让的，转让双方当事人应当在入股合同签订之日起三十日内，持以出让或者国家入股等方式取得土地使用权的合法凭证、入股合同和原企业的《国有土地使用证》申请变更登记。

第三十六条 集体土地所有者将集体土地使用权作为联营条件兴办三资企业和内联企业的，双方当事人应当在联营合同签定后三十日内，持县级以上人民政府批准文件和入股合同申请变更登记。

第三十七条 有下列情形之一的，土地使用权转让双方当事人应当在转让合同或者协议签订后三十日内，涉及房产变更的，在房产变更登记发证后十五日内，持转让合同或者协议、土地税费缴纳证明文件和原土地证书等申请变更登记：

（一）依法转让土地使用权的；

（二）因买卖、转让地上建筑物、附着物等一并转移土地使用权的；

房屋所有权变更而使土地使用权变更的，在申请变更登记时，应当提交变更后的房屋所有权证书。

第三十八条 因单位合并、分立、企业兼并等原因引起土地使用权变更的，有关各方应当在合同签订后三十日内或者在接到上级主管部门的批准文件后三十日内，持合同或者上级主管部门的批准文件和原土地证书申请变更登记。

第三十九条 因交换、调整土地而发生土地使用权、所有权变更的，交换、调整土地的各方应当在接到交换、调整协议批准文件后三十日内，持协议、批准文件和原土地证书共同申请变更登记。

第四十条 因处分抵押财产而取得土地使用权的、取得土地使用权的权利人和原抵押人应当在抵押财产处分后三十日内，持有关证明文件申请变更登记。

第四十一条 商品房预售，预售人应当在预售合同签订后三十日内，将预售合同报县级以上人民政府房产管理部门和土地管理部门登记备案。

县级以上人民政府土地管理部门建立商品房预售合同登记备案簿，记录预售人和预购人名称、商品房所占土地位置、预售金额、交付使用日期、预售面积等内容。

第四十二条 出售公有住房，售房单位与购房职工应当在县级以上地方人民政府房产管理部门登记房屋所有权之日起三十日内，持公房出售批准文件、售房合同、房屋所有权证书和售房单位原土地证书申请变更登记。

第四十三条 土地使用权抵押期间，抵押合同发生变更的，抵押当事人应当在抵押合同发生变更后十五日内，持有关文件申请变更登记。

第四十四条 土地使用权出租期间，租赁合同发生变更的，出租人和承租人应当在租赁合同发生变更后十五日内，持有关文件申请变更登记。

第四十五条 变更法律、行政法规规定需要登记的其他土地他项权利的，当事人应当在变更之日起十五日内，申请变更登记。

第四十六条 依法继承土地使用权和土地他项权利的，继承人应当在办理继承手续后三十日内，持有关证明文件申请变更登记。

第四十七条 其他形式的土地使用权、所有权和土地他项权利变更，当事人应当在发生变更之日起三十日内，持有关证明文件申请变更登记。

第五章 名称、地址和土地用途变更登记

第四十八条 土地使用者、所有者和土地他项权利者更改名称、地址和依法变更土地用途的，必须依照本章规定向土地管理部门申请登记。

第四十九条 土地使用者、所有者和土地他项权利者更

改名称、地址的，应当在名称、地址发生变更之日起三十日内，持有关证明文件申请名称、地址变更登记。

第五十条　国有土地的用途发生变更的，土地使用者应当在批准变更之日起三十日内，持有关部门批准文件和原《国有土地使用证》申请土地用途变更登记。以出让方式取得国有土地使用权的用途发生变更的，土地使用者还应当提交签订的土地使用权出让合同变更协议或者重新签订的土地使用权出让合同。

第五十一条　农村集体所有土地进行农业结构调整涉及已登记地类变化的，集体土地所有者应当在农业结构调整后三十日内，持批准文件、《集体土地所有证》和《集体土地使用证》申请土地用途变更登记。

第五十二条　集体土地建设用地的用途发生变更的，土地使用者应当在接到有批准权的地方人民政府批准文件之日起三十日内，持批准文件和原《集体土地使用证》申请土地变更登记。

第六章　注销土地登记

第五十三条　集体所有的土地依法被全部征用或者农业集体经济组织所属成员依法将建制转为城镇居民的，应当在集体土地被全部征用或者办理农转非的同时，注销集体土地所有权登记。

第五十四条　县级以上人民政府依法收回国有土地使用权的，土地管理部门在收回土地使用权的同时，办理国有土地使用权注销登记，注销土地证书。

第五十五条　国有土地使用权出让或者租赁期满，未申请续期或者续期申请未获批准的，原土地使用者应当在期满之日前十五日内，持原土地证书申请国有土地使用权注销登记。

第五十六条　因自然灾害等造成土地权利灭失的，原土地使用者或者土地所有者应当持原土地证书及有关证明材料，申请土地使用权或者土地所有权注销登记。

第五十七条　土地他项权利终止，当事人应当在该土地他项权利终止之日起十五日内，持有关证明文件申请土地他项权利注销登记。

第五十八条　土地使用者、所有者和土地他项权利者未按照本规则规定申请注销登记的，土地管理部门可以依照规定直接办理注销土地登记，注销土地证书。

第七章　土地登记文件资料

第五十九条　土地登记形成的文件资料主要有以下几种：

（一）土地登记申请书；

（二）土地登记收件单；

（三）土地权属证明文件、资料；

（四）土地登记审批表；

（五）地籍图；

（六）土地登记簿（卡）；

（七）土地证书签收簿；

（八）土地归户册（卡）；

（九）土地登记复查申请表；

（十）土地登记复查结果表；

（十一）确权过程中形成的协议书、决定书等文件、资料。

土地登记文件资料由土地管理部门指定专人管理、更新、提供应用。

第六十条　土地登记卡以街道（乡、镇）为单位，按街坊（村）及宗地号顺序排列组装土地登记簿。

宗地分割的，在原土地登记卡顺序上按宗地分割后支号的顺序排列。

宗地合并的，以合并后的宗地号顺序排列。

第六十一条　土地归户卡以县级行政区为单位，按土地权利人名称第一个字（或姓氏）笔划排列组装土地归户册。

第六十二条　土地登记文件资料的查阅，按照土地管理部门规定办理。未经允许不得向第三者提供或者公布。

土地使用权转让、抵押和出租应当以土地登记文件资料为准。需要查询土地登记文件资料的，受让人、抵押权人和承租人应当提出书面请求。凡符合查询规定的，土地管理部门应当出具书面查询结果或资料。

第六十三条　任何单位和个人不得伪造、擅自涂改和复制土地证书、土地登记文件资料。

第六十四条　《国有土地使用证》、《集体土地所有证》、《集体土地使用证》和土地他项权利证明书式样由国家土地管理局统一制定，由国家土地管理局或其授权的单位统一印制。

土地登记卡和土地归户卡由国家土地管理局统一格式，由县级以上地方人民政府土地管理部门印制。

土地登记所需的其他表、卡、簿按照国家土地管理局制订的基本格式要求，各省、自治区、直辖市人民政府土地管理部门可进行适当补充规定。

任何单位和个人不得非法印制土地证书。非法印制的土地证书无效。

第六十五条　土地登记卡是土地登记的主件，也是土地使用权、所有权和土地他项权利的法律依据；土地证书是土地登记卡部分内容的副本，是土地使用者、所有者和土地他项权利者持有的法律凭证。

第八章　附则

第六十六条　有下列情形之一的，土地管理部门不予受理土地登记申请：

（一）申请登记的土地不在本登记区的；

（二）提供的证明材料不齐全的；

（三）不能提供合法证明的；

（四）土地使用权转让、出租、抵押期限超过土地使用权出让年限的；

（五）按规定应当申报地价而未申报的，或者地价应当经土地管理部门确认而未办理确认手续的；

（六）其他依法不予受理的。

第六十七条　有下列情形之一的，土地管理部门可以作出暂缓登记的决定：

（一）土地权属争议尚未解决的；

（二）土地违法行为尚未处理或者正在处理的；

（三）依法限制土地权利或者依法查封地上建筑物、其他附着物而限制土地权利的；

（四）法律、法规规定暂缓登记的其他事项。

第六十八条 土地管理部门应当在受理土地使用权、所有权设定登记，土地使用权、所有权变更登记，名称、地址和土地用途变更登记申请之日起三十日内，对登记申请和地籍调查结果进行审核，并报经批准后进行注册登记，颁发、更换或者更改土地证书。

土地管理部门应当在受理土地他项权利设定登记，土地他项权利变更登记和注销土地登记申请之日起十五日内，对登记申请和地籍调查结果进行审核后办理注册登记或者注销登记，颁发或者更换土地他项权利证明书，或者将注销登记的结果书面通知当事人。

土地管理部门作出不予受理土地登记申请或者暂缓登记决定的，应当自接到申请之日起十五日内将作出决定的理由书面通知当事人。

第六十九条 土地使用者、所有者凡不按规定如期申请初始土地登记的，按照非法占地的处理办法论处；对凡不按规定如期申请变更土地登记的，除按违法占地处理外，视情节轻重报经县级以上人民政府批准，注销土地登记，注销土地证书。

第七十条 土地管理部门工作人员违反本规则，严重失职的，应当根据情节给予政纪处分和经济处罚，直至依法追究刑事责任。

第七十一条 土地登记后，发现错登或者漏登的，土地管理部门应当办理更正登记；利害关系人也可以申请更正登记。

第七十二条 临时用地的登记办法由省、自治区、直辖市人民政府土地管理部门制定，报省、自治区、直辖市人民政府批准后执行。

第七十三条 土地证书实行定期查验制度。土地使用者、所有者和土地他项权利者应当按照土地管理部门规定的期限办理土地证书查验手续。具体办法由省、自治区、直辖市人民政府土地管理部门制定。

第七十四条 土地使用者、所有者和土地他项权利者应当按照国家规定缴纳土地登记费用。

第七十五条 土地管理部门具体负责土地登记的人员及执业土地登记申请代理人员须经考核合格、领取资格证书后，持证上岗。具体办法另行规定。

第七十六条 经省、自治区、直辖市人民政府确定，县级以上地方人民政府由一个部门统一负责房产管理和土地管理工作的，可以制作、颁发统一的房地产权证书，依法将房屋的所有权和该房屋占用范围内的土地使用权的确认和变更，分别载入房地产权证书。房地产权证书中有关土地权利的记载格式和内容应当符合国家土地管理局的有关规定并报经批准。

第七十七条 本规则由国家土地管理局负责解释。

第七十八条 本规则自1996年2月1日起施行。

❻自然保护区土地管理办法（节录）

（1995年7月24日国家土地管理局　国土法字〔1995〕第117号文公布）

第七条 自然保护区内的土地，依法属于国家所有或者集体所有。

自然保护区内的国有土地使用者和集体土地所有者，应当依照国家土地管理法律、法规，向县级以上地方人民政府土地管理行政主管部门申请办理土地登记，领取土地证书。依法确定的土地所有权和使用权，不因自然保护区的划定而改变。

依法改变土地的所有权或者使用权的，必须向县级以上地方人民政府土地管理行政主管部门申请办理土地权属变更登记手续，更换土地证书。

❼确定土地所有权和使用权的若干规定（节录）

（1995年3月11日国家土地管理局公布　自1995年5月1日起施行）

第四十二条 法人之间合并，依法属于应当以有偿方式取得土地使用权的，原土地使用权应当办理有关手续，有偿取得土地使用权；依法可以以划拨形式取得土地使用权的，可以办理划拨土地权属变更登记，取得土地使用权。

❽关于变更土地登记的若干规定

（1993年2月23日国家土地管理局公布）

一、变更土地登记的范围和分类

初始土地登记后，土地所有权、使用权及他项权利发生转移、分割、合并、终止，登记的土地用途发生变更，土地所有者、使用者，他项权利者更改名称或通讯地址的，除按规定办理有关手续外，应及时办理变更土地登记。

变更土地登记分为：

1. 土地权属变更登记
2. 他项权利变更登记
3. 更名登记
4. 更址登记
5. 土地用途变更登记
6. 注销登记

二、变更土地登记程序

变更土地登记的程序分为：

1. 变更土地登记申请
2. 变更地籍调查
3. 审核
4. 注册登记
5. 换发或者更改土地证书，核发他项权利证明书

三、变更土地登记申请

1. 因土地征用、划拨引起土地所有权、使用权变更的，土地所有者、使用者在土地征用、划拨批准后三十日内，持土地征用、划拨批准文件共同到土地管理部门申请土地权属变更登记。

新建设项目用地的土地使用者，在土地征用，划拨批准后先办理预登记手续，待建设项目竣工验收后三十日内，再正式申请土地权属变更登记。

2. 以出让方式取得国有土地使用权的，土地使用权受让人在缴付全部土地使用权出让金后十五日内，持土地使用权出让合同、出让金缴付凭证向土地管理部门申请变更土地登记。

3. 因国有土地使用权转让或因地上建筑物、附着物所有权转让引起国有土地使用权转让的，土地使用权转让人和受

让人在土地使用权转让合同签订后十五日内，持土地使用权转让合同共同向土地管理部门申请土地权属变更登记。

土地使用权分割转让或因地上建筑物、附着物所有权分割转让涉及土地使用权分割转让的，须经土地管理部门批准后，再申请土地权属变更登记。

4. 因单位合并、分立、企业兼并等原因引起宗地合并或者分割的，有关各方在主管部门批准后三十日内，持批准文件及有关合同、协议共同向土地管理部门申请变更土地登记。

5. 依法继承土地使用权的，继承人在合法继承权确定后三十日内，持有关证明文件向土地管理部门申请土地权属变更登记。

6. 因处分抵押财产而取得国有土地使用权的，抵押人、抵押权人和新的土地使用权受让人，在土地权利变更之日起十五日内，持土地使用权出让或转让合同、抵押合同、处分抵押财产的证明资料共同到土地管理部门申请土地使用权抵押注销登记和土地权属变更登记。

7. 交换、调整土地的，交换、调整土地的双方在交换、调整协议批准后三十日内，持协议和批准文件共同到土地管理部门申请土地权属变更登记。

8. 出租国有土地使用权的，土地使用权出租人和承租人应在土地使用权租赁合同签订后十五日内，持土地使用权出让或转让合同、土地使用权租赁合同共同向土地管理部门申请他项权利登记。

9. 抵押国有土地使用权的，土地使用权抵押人和抵押权人，应在抵押合同签订后十五日内，持土地使用权出让或转让合同、土地使用权抵押合同共同到土地管理部门申请他项权利登记。

一宗地多次抵押的，处分抵押财产时的偿还顺序以申请他项权利登记的时间顺序为序。

10. 因土地权属变更引起他项权利转移的，由土地所有者或土地使用者同他项权利者，在申请土地权属变更的同时申请他项权利登记。

11. 土地所有者、使用者、他项权利者更改名称或通讯地址的，土地所有者、使用者、他项权利者在变更发生后三十日内，持有关证明资料向土地管理部门申请更名或变址登记。

12. 登记的土地用途发生变更的，土地所有者、使用者在变更批准后三十日内，持有关批准文件向土地管理部门申请土地用途变更登记。

13. 有下列情况之一，致使土地所有权、使用权或者他项权利终止的，土地所有者、使用者或他项权利者在土地权利终止后十五日内，持合同或者有关证明资料向土地管理部门申请注销登记：

（1）依法收回土地使用权

（2）土地使用权出让期届满

（3）因自然灾害造成的土地灭失

（4）土地使用权抵押合同终止

（5）土地使用权租赁合同终止

逾期不申请注销登记的，土地管理部门依法直接办理注销登记手续，并将注销登记结果通知当事人及有关部门。

变更土地登记申请人在办理变更土地登记申请时，除以上规定提交的资料外，还须提交下列资料：

1. 变更土地登记申请书

2. 变更土地登记申请人的法人和法人代表证明、个人身份证明或者户籍证明

3. 土地证书或者他项权利证明书

4. 地上建筑物、附着物权属证明

5. 土地管理部门要求提交的其他资料

四、变更地籍调查

变更地籍调查分权属调查和地籍勘丈。各类变更土地登记均须进行权属调查。因土地所有权、使用权分割、合并引起界址点、界址线变更或者国有土地使用权部分出租、抵押的，须在权属调查基础上进行地籍勘丈。

变更地籍调查按《城镇地籍调查规程》、《日常地籍管理办法<农村部分>（试行）》和［1992］国土［籍］字第46号文件的有关规定执行。

五、变更土地登记审核

土地管理部门根据变更土地登记申请人提交的资料和变更地籍调查结果对申请人资格、变更内容、变更依据进行审核。经审核符合规定要求的，由审核人员在变更土地登记审批表内填写准予变更土地登记的依据、结果和审核人员姓名，并加盖审核人员印章和土地管理部门公章。

土地权属变更登记申请经土地管理部门审核，符合规定要求的，报人民政府批准后进行注册登记。

其他类型的变更土地登记申请经土地管理部门审核，符合规定要求的，直接进行注册登记。

六、注册登记

（一）土地权属变更的注册登记

土地权属变更的注册登记须更换土地登记卡，其注册登记按下列程序进行：

1. 注销宗地原土地登记卡

在宗地原土地登记卡上进行注销登记。除严格按规定填写有关栏目外，还应加盖“注销”印章。并在“备注”栏说明土地所有权或使用权走向，土地权属变更涉及宗地分割的，注明分割后各宗地的宗地号。

2. 建立宗地新土地登记卡

在新土地登记卡上按初始土地登记的要求填写各栏目。在“备注”栏注明原土地所有者、使用者。土地权属变更涉及宗地分割的，注明原宗地号。将原土地登记卡附在新土地登记卡后面。宗地分割的，将宗地分割前原土地登记卡附在宗地分割后宗地号最小的宗地土地登记卡后。

国有土地使用权出让、转让的注册登记，除按上述规定登记的内容外，还应在土地登记卡“登记的其他内容、变更事项及依据”栏登记以下内容：

（1）宗地标定价

（2）出让或转让金额

（3）出让或转让期限及起止日期

（4）转让宗土地增值费缴付情况

（5）其他约定条件

（二）其他类型变更的注册登记

土地权属变更以外的其他类型变更的注册登记按《土地

登记规则》规定的要求在宗地原土地登记卡上进行。

国有土地使用权出租、抵押的注册登记，除按上述规定登记的内容外，还应在土地登记卡“登记的其他内容、变更事项及依据”栏登记以下内容：

（1）承租人或抵押权人名称、地址

（2）出租或抵押面积

（3）出租用途、期限及起止日期

（4）租金及交纳方式或抵押贷款金额及偿还日期

（5）宗地标定价

（6）其他约定条件

（三）其他

根据土地登记卡更改土地归户册的相应内容。

七、换发或更改土地证书、核发他项权利证明书

（一）换发土地证书

土地权属变更的，按下列程序更换土地权证书：

1. 注销原土地所有者或使用者土地证书；

2. 根据土地登记卡填写新取得土地所有权、使用权的土地所有者、使用者的土地证书。土地证书按栏目规定的内容填写，国有土地使用证在“备注”栏注明土地使用权的取得方式。

3. 将土地证书发给土地所有者、使用者。

（二）更改土地证书

土地权属变更以外的其他类型变更的，按以下程序更改土地证书：

1. 在发生变更栏目内加盖“变更”印章；

2. 在“变更记事”栏注明变更的内容及日期，并由经办人签名盖章同时加盖土地管理部门公章；

3. 将更改的土地证书发给土地所有者、使用者。

（三）核发他项权利证明书

他项权利登记只核发《土地使用权承租证明书》和《土地使用权抵押证明书》，其他类型的他项权利只办理登记手续不发给他项权利证明书。《土地使用权承租证明书》发给土地使用权承租人，《土地使用权抵押证明书》发给土地使用权抵押权人。他项权利证明书根据土地登记卡填写，证明书格式由各省、自治区、直辖市土地管理部门自行设计。

《土地使用权承租证明书》须载明下列内容：

1. 承租人名称、地址；

2. 出租人名称、地址；

3. 承租宗地的坐落、地号、图号；

4. 承租宗地的面积、用途；

5. 租赁期限及起止日期；

6. 租金；

7. 宗地标定价；

8. 其他约定条件；

9. 承租宗地的宗地图。宗地部分出租的，应在宗地图上标出出租部分的界线；

10. 填发机关及发证日期。

《土地使用权抵押证明书》须载明下列内容：

1. 抵押权人名称、地址；

2. 抵押人名称、地址；

3. 抵押宗地的坐落、地号、图号；

4. 抵押面积；

5. 抵押金额、期限；

6. 宗地标定价；

7. 其他约定条件；

8. 抵押宗地的宗地图。宗地部分抵押的，应在宗地图上标出抵押部分的界线；

9. 填发机关及发证日期。

八、变更土地登记费

变更土地登记申请人按规定交纳变更土地登记费。在国家未作新规定之前，变更土地登记的收费办法比照［1990］国土［籍］字第93号文件的有关规定执行。

九、变更土地登记表格

土地登记卡、土地归户卡严格按照《土地登记规则》的规定执行。其他表格由各省、自治区、直辖市土地管理部门参照《土地登记规则》规定的格式自行制定。

❾铁路用地管理办法（节录）

（1992年10月27日国家土地管理局、铁道部　国土（建）字〔1992〕第144号公布　自1992年12月1日起颁布施行）

第五章　铁路用地的保护

第二十二条　铁路用地按国家有关规定，向当地县级以上人民政府土地管理部门申请土地登记。

铁路运输系统用地由铁路局、铁路分局按宗地向所在地县级以上人民政府土地管理部门申请土地登记。

铁路其他用地，由用地单位直接向所在地的县级以上人民政府土地管理部门申请土地登记。

❿划拨土地使用权管理暂行办法（节录）

（1992年3月8日国家土地管理局令〔1992〕第1号公布）

第十七条　双方当事人应当在办理土地使用权出让登记手续后十五日内，到所在地市、县人民政府土地管理部门办理土地使用权转让、出租、抵押登记手续。

办理登记手续，应当提交下列证明文件、材料：

（一）国有土地使用证；

（二）土地使用权出让合同；

（三）土地使用权转让、租赁、抵押合同；

（四）市、县人民政府土地管理部门认为有必要提交的其他证明文件、材料。

第二十二条　土地使用权租赁合同终止后，出租人应当自租赁合同终止之日起十五日内，到原登记机关办理注销土地使用权出租登记手续。

第二十九条　土地使用权出让期满后，土地使用者再转让、出租、抵押土地使用权时，须按本办法规定重新签订土地使用权出让合同，支付土地使用权出让金，并办理变更土地登记手续。

⓫日常地籍管理办法〈农村部分〉（试行）（节录）

（1992年1月31日国家土地管理局公布）

第二章　初始土地登记和初始土地统计

第七条　本办法所称初始土地登记是指在土地利用现状调查审核验收后，对县级行政辖区内以农村集体土地所有权和国营农、林、牧、渔场国有土地使用权为主要内容的土地

登记注册和颁发土地证书。

初始土地统计是以土地利用现状调查成果和初始土地登记资料为基础，对县级行政辖区全部土地按权属单位和土地利用类型进行的统计，建立县、乡土地统计台账和统计簿。

第八条　初始土地登记的程序

一、土地所有者或使用者根据县级土地管理部门送达的土地利用现状调查成果通知书，对土地权属、地类、面积进行核实后，据此向县级土地管理部门提出土地登记申请。

二、县级土地管理部门根据土地所有者、使用者的土地登记申请，进行全面审核，填写土地登记审批表。

三、县级人民政府审查批准后进行注册登记，填写土地登记簿、土地归户册和土地证书。

四、县级人民政府颁发土地证书。

第三章　变更土地登记

第十一条　凡初始土地登记后，《土地登记规则》规定的登记内容发生变更的，土地所有者或使用者都必须依法申请办理变更土地登记手续。

第十二条　变更土地登记的程序：

一、变更土地登记申请；

二、变更地籍调查；

三、权属审核；

四、注册登记；

五、换发或更改土地证书。

第十三条　申请变更土地登记的单位或个人必须向所在地的县级土地管理部门提交下列文件资料：

一、土地登记申请书；

二、申请者的法人证明、个人身份证明或户籍证明；

三、原土地证书和有关图件资料；

四、国家建设征用、划拨土地的批准文件，集体建设和农村个人建房的批准文件，因农用土地交换、调整有关各方签订的协议审批等证明文件、资料。

第十四条　土地权属、主要用途和他项权利发生变更，凡按土地法规的有关规定需办理用地审批手续的，土地所有者或使用者要先办理用地审批手续，再申请办理变更土地登记。不需办理用地审批手续的其他变更，可直接申请办理变更土地登记。

第十五条　土地权属发生变更涉及两个或两个以上土地所有者、使用者，各方应同时申请变更土地登记。

第十六条　县级土地管理部门对土地所有者、使用者及他项权利拥有者的变更登记申请，提交的权属证明材料，按《土地登记规则》第十四条规定办理。

第十七条　县级土地管理部门对土地登记申请者的资格、提交的变更土地登记文件资料、手续是否合法、完备进行初步审查后，及时进行变更地籍调查。

第十八条　变更地籍调查程序：

一、准备工作

1. 根据变更土地登记的申请，准备本宗地和相邻宗地的调查工作底图、兰晒图、影像平面图或调绘航片，面积量算资料等；

2. 有关本宗地和相邻宗地的初始土地登记资料和图件；

3. 准备所需的调查表格及仪器、工具等。

二、发送变更地籍调查通知书，涉及权属界线变更的，要通知变更登记申请者与相邻有关宗地的使用者和所有者按规定的时间同时到现场指界。

三、实地调查

1. 核对变更土地登记申请单位的名称、土地位置、地类等项与申请书和合法批准文件等是否相符；

2. 凡涉及权属界线变化的，变更宗地与相邻宗地的使用者、所有者要到现场共同认定，签订权属界线协议书，协议书附权属界线示意图及文字说明；

3. 调查土地权属界线、主要用途及其相应的二级地类图斑界线的变更情况，填写“土地变更调查记录表”。据此，作为年度土地统计的依据。

变更地籍调查方法和技术要求见附件一《土地变更调查技术要点》。

第十九条　县级土地管理部门根据变更地籍调查的结果，对土地权属、用途、面积等变更情况进行全面审核，填写土地登记审批表，报政府批准后，进行注册登记，更换或更改土地证书，有关图件和土地归户册作相应更改。

第二十二条　凡当年土地权属和主要用途发生变更，未进行变更土地登记的，根据当年土地统计调查结果进行统计，在土地变更调查记录表及土地统计台账上加以注明，并按第二十六条的规定办理。

⑫经济适用住房管理办法（节录）

（2004 年 5 月 13 日建设部、国家发展和改革委员会、国土资源部、中国人民银行　建住房〔2004〕77 号公布）

第二十五条　居民个人购买经济适用住房后，应当按照规定办理权属登记。房屋、土地登记部门在办理权属登记时，应当分别注明经济适用住房、划拨土地。

⑬城市房地产抵押管理办法（节录）

（1997 年 5 月 9 日建设部令〔第 56 号〕公布　2001 年 8 月 15 日根据《建设部关于修改〈城市房地产抵押管理办法〉的决定》修正）

第三十五条　抵押合同发生变更或者抵押关系终止时，抵押当事人应当在变更或者终止之日起 15 日内，到原登记机关办理变更或者注销抵押登记。

因依法处分抵押房地产而取得土地使用权和土地建筑物、其他附着物所有权的，抵押当事人应当自处分行为生效之日起 30 日内，到县级以上地方人民政府房地产管理部门申请房屋所有权转移登记，并凭变更后的房屋所有权证书向同级人民政府土地管理部门申请土地使用权变更登记。

（四）相关司法解释

❶关于审理房地产管理法施行前房地产开发经营案件若干问题的解答（节录）

（最高人民法院审判委员会第 777 次会议讨论通过　1995 年 12 月 27 日最高人民法院　法〔1996〕2 号公布）

12. 转让合同签订后，双方当事人应按合同约定和法律规定，到有关主管部门办理土地使用权变更登记手续，一方拖延不办，并以未办理土地使用权变更登记手续为由主张合同无效的，人民法院不予支持，应责令当事人依法办理土地使用权变更登记手续。

五、关于以国有土地使用权投资合作建房问题

18. 享有土地使用权的一方以土地使用权作为投资与他人合作建房，签订的合建合同是土地使用权有偿转让的一种特殊形式，除办理合建审批手续外，还应依法办理土地使用权变更登记手续。未办理土地使用权变更登记手续的，一般应当认定合建合同无效，但双方已实际履行了合同，或房屋已基本建成，又无其他违法行为的，可认定合建合同有效，并责令当事人补办土地使用权变更登记手续。

（五）相关地方性法规及规范性文件

❶济南市人民代表大会常务委员会关于修改《济南市城市私有房屋管理办法》的决定（节录）

（2002年6月21日济南市第十二届人民代表大会常务委员会第二十六次会议通过　2002年7月27日山东省第九届人民代表大会常务委员会第三十次会议批准）

九、第十一条改为第十条，修改为："城市私有房屋所有权转移、变更时，该房屋占有范围内的土地使用权随之转移、变更。房屋权利人除按本办法有关规定办理房屋所有权转移、变更登记手续外，还应当凭转移、变更后的房屋所有权证书向同级人民政府土地管理部门申请办理土地使用权转移、变更登记手续。"

（六）相关其他规范性文件

❶中国人民解放军房地产管理条例（节录）

（1990年4月20日中央军事委员会公布　自1990年4月20日起施行）

第三章　管理

第十四条　军队房地产必须根据国家有关规定，由各使用单位向当地县以上人民政府办理登记注册，领取房屋所有权证和国有土地使用证，并认真负责管理和维护。

三、以案明法

案例（一）

建行恩施分行诉海南医药开发公司未达一定开发程度的土地使用权转让合同无效案

原告：中国建设银行恩施土家族自治州分行（简称恩施分行）

被告：海南医药开发公司（简称海药公司）

1992年12月9日，根据海药公司的申请，海南省定安县人民政府以定府（1992）332号批复，同意海药公司在定安县白塘水库以东地段用地51亩，修建医疗、保健、娱乐、旅游基地。同年12月4日，海药公司与定安县土地管理局签订了《国有土地使用权出让合同》。海药公司依约向国土局付清了出让土地价款，并向村民支付了有关补偿款。1993年7月1日，海药公司取得51亩出让土地的《国有土地使用证》。之后，海药公司即对该地进行规划、设计，还与广东省电白县第二建设工程公司海南分公司签订了《土地平整承包协议书》，并向该公司支付了平整土地进场费、备料款10万元。1994年6月15日，海药公司与海南大正国际物业发展有限公司（简称大正公司）签订协议，约定由海药公司委托大正公司寻找受让者，将该地转让，转让地价为每亩人民币7.3万元；海药公司按此价转让土地，超过部分作为中介服务费付给大正公司。经大正公司介绍，1994年11月28日，海药公司与原中国人民建设银行湖北省信托投资公司恩施办事处（简称恩施办事处，经中国人民银行湖北省分行批准设立的具有独立核算权的经济组织）签订《土地使用权转让合同》。该合同主要约定：海药公司转让该地给恩施办事处，总价款为612万元；恩施办事处应在合同签订后15日内一次性付给海药公司土地价款612万元，如不能按期履行，合同失效；海药公司收到全部土地价款后，将该地红线图、国有土地使用证书及政府批文原件交给恩施办事处，并须配合恩施办事处办理该地有关转让手续等。签订合同当日，海药公司就向恩施办事处出具了一张填写收款额为500万元，另一张为112万元的收款收据，同时，也把定安县人民政府及有关部门的用地批准文件、用地红线图、土地使用权证等文证交给了恩施办事处。1994年12月1日，恩施办事处付给海药公司土地转让款500万元，遂后给大正公司付款112万元，海药公司给太正公司付款112万元。此土地转让后，一直未被开发利用。1995年6月26日，建设银行湖北省分行以鄂建银函（1995）第306号文；同年9月15日，建设银行恩施分行以州建银函字（1995）第111号文，撤销了恩施办事处，并决定由原告恩施分行清理其债权债务。另查，原恩施办事处无法人资格，但有营业执照。1995年11月17日，定安县土地管理局在《海南日报》上刊登公告，决定收回该51亩土地。同年11月25日，海药公司向定安县土地管理局申请延长用地时间获准。恩施分行在清理原恩施办事处的债权债务中，以该办事处与海药公司进行的土地转让行为违反法律为由，于1996年5月6日向海南省海南中级人民法院起诉，并提出财产保全。海南中级人民法院即于同年5月8日裁定查封了双方约定转让之土地。

恩施分行起诉称：海药公司与恩施办事处订立土地使用权转让合同，将其尚未开发的51亩土地转让给恩施办事处，违反了国家法律规定，该土地转让合同应为无效合同。故此请求法院依法判令海药公司返还恩施办事处已付的全部土地转让款612万元，并赔偿利息损失118万元和负担本案诉讼费用等。

海药公司答辩称：其与恩施办事处签订土地使用权转让合同，依照合同将其合法取得并已投资规划建设的51亩土地转让给了该办事处，该办事处依约给付了其地价款，现双方已办理完毕除过户手续外的全部土地转让手续。土地转让过户手续未办是恩施办事处不予配合所造成的。故此，恩施分行诉讼请求缺乏依据，请求法院依法驳回。

海南中级人民法院经审理认为：恩施办事处不具有法人资格，海药公司受让土地后未投入便转让土地，属炒买炒卖行为，违反了《中华人民共和国城镇国有土地使用权出让和转让暂行条例》第十九条第二款及《海南经济特区土地使用权有偿出让转让规定》第二十五条之规定，因而海药公司与恩施办事处签订的土地使用权转让合同无效。恩施办事处对合同无效负有主要过错责任，鉴于其已被撤销，责任由恩施分行承担，海药公司负次要过错责任。据此依照《中华人民共和国经济合同法》第十六条之规定，判决：

一、恩施办事处与海药公司签订的《土地使用权转让合同》无效。

二、海药公司须于本判决生效之日起 15 日内返还恩施分行土地使用权转让款 612 万元，并承担占用此款期间 49% 的利息损失（按中国建设银行同期同类贷款利率计算，计算时间从 1994 年 11 月 28 日起至还款之日），若逾期付款则按中国人民银行的规定双倍支付迟延付款期的利息。

三、恩施分行须于本判决生效之日 15 日内将该土地的国有土地使用证、红线图、政府批文等有关文件资料原件退还给海药公司。

一审宣判后，海药公司不服，上诉至海南省高级人民法院。称：其转让土地使用权已完全具备转让条件，即交清了土地地价款，取得了土地使用证、规划许可证和红线图，对土地进行了实际投资开发，土地使用权转让合同内容符合法律规定等，请求二审法院依法撤销原判，确认其土地使用权转让合同有效。另恩施办事处未经其授权，即将土地使用权转让款 112 万元付给了中介人大正公司，因此也请求二审法院追加大正公司为本案第二人参加诉讼。

恩施分行答辩称：海药公司将尚未达到开发条件的土地的使用权转让给恩施办事处，违反法律规定，该转让行为无效。另海药公司称一部分地价款付给了中介方大正公司，要求追加大正公司参加诉讼，因这属于另一种民事法律关系，不应追加大正公司参加诉讼。故此，请求二审法院依法驳回上诉人的上诉，维持一审判决。

海南省高级人民法院经审理认为：恩施办事处是经中国人民银行湖北省分行批准设立的具有独立核算权的经济组织，因而其具有民事主体资格。恩施办事处与海药公司签订的《土地使用权转让合同》，是双方的真实意思表示，且合同内容又不违反法律规定，除土地使用权转让过户手续未办理外，其他合同约定的义务双方已履行完毕。办理土地使用权转让过户手续，需由双方共同进行，现未办过户手续，双方均有责任。鉴于本案和海南房地产市场的实际情况，该土地使用权转让合同应认定有效，故双方须到土地管理部门依法办理土地使用权转让过户手续。恩施办事处履行合同一年有余，未作开发，现恩施分行主张合同无效，请求返还土地使用权转让价款，是转嫁经营风险的行为，因此，其诉讼请求理由不能成立，不能支持。海药公司与大正公司的约定，属另一民事法律关系，本案不予审理。一审法院认定事实清楚，但适用法律错误，处理不当，应予纠正。据此，依照《中华人民共和国民事诉讼法》第一百五十三条第一款第（二）项之规定，该院于 1997 年 3 月 12 日判决：

一、撤销海南省海南中级人民法院民事判决。

二、恩施办事处与海药公司签订的《土地使用权转让合同》有效。

三、限恩施分行、海药公司于本判决生效后 3 个月内到土地管理部门办理土地使用权转让登记手续，并按国家有关规定，承担相应应付税费。

案例(二)

张某光等诉张某领互换建房用地纠纷案

原告：张某光

原告：芮某华（张某光之妻）

被告：张某领

1995 年 5 月份，治平乡张官村村委会经治平乡人民政府和治平乡土地管理办公室同意，进行村民建房统一规划。原告张某光一户被安排在张官村溪边第十三排，屋基两间，面积 72 平方米，共五口人；被告张某领一户被安排在张官村凉亭外第七排、第八排前后各一间，面积 72 平方米，共五口人。1995 年 7 月 14 日，被告张某领应原告张某光的要求，同意与张某光互换上述建房用地位置，并在证人张伯范、张润禄的参加下，双方签订了互换合约。合约载明：“今有张某光、张某领双方自愿调换屋基，由张某光的溪边第十三排二间连余地换张某领凉亭外第七、八排公路边前后各一间共二间，双方协议商定不得反悔，立此合约。”张某光、张某领签字。同年 8 月 30 日，张官村村委会在原、被告分别呈报的《农村私人建房用地呈报表》审批栏中签署了“同意二间”的意见。治平乡土地管理办公室、治平乡人民政府于同日也在其审批栏中签署了“同意在耕地上建房二间，计 72 平方米”的意见，并加盖了公章；在四至一栏中签署了“村统一规划”的意见。随后，被告张某领即开始在调换后的屋基上动工兴建。

1995 年 10 月 17 日，原告张某光、芮某华夫妇以原告张某光未经共有人之一的原告芮某华的同意，原告芮某华不同意调换，原告张某光反悔为理由，向浦江县人民法院提起诉讼，要求法院判令屋基调换协议无效。

被告张某领答辩称：此屋基调换系双方自愿，写有调换合约，且是在集体刚确定各自屋基的位置，县人民政府未登记造册、核发证书之前，即权属尚未经书面确定情况下调换的。这种调换政府是允许的，故双方的屋基调换合法有效。

诉讼提起后，浦江县土地管理局于 1995 年 11 月 20 日分别在原、被告的《农村私人建房用地呈报表》的意见栏中批示：“准予在耕地上建房贰间计 72 平方米”，并加盖了公章；还分别在各自的备注栏中注明：“同张某领调换”、“同张某光调换”。

浦江县人民法院经审理认为：本案不属于人民法院民事案件受理范围，原告应向有关行政部门请求解决。依照《中华人民共和国民事诉讼法》第一百零八条之规定，该院于 1996 年 1 月 10 日裁定如下：

驳回原告的起诉。

四、办案实战资料库

（一）土地登记申请书

土地登记申请书

面积单位：平方米

<table>
<tr><td rowspan="3">申请人</td><td>名　称</td><td></td><td colspan="2">法人代表
名　称</td><td></td></tr>
<tr><td>主管部门</td><td></td><td colspan="2">单位性质</td><td></td></tr>
<tr><td>通讯地址</td><td colspan="4"></td></tr>
<tr><td rowspan="6">宗地状况</td><td>土地坐落</td><td colspan="4"></td></tr>
<tr><td>地　号</td><td></td><td colspan="2">图　号</td><td></td></tr>
<tr><td>宗地面积</td><td></td><td colspan="2">用　途</td><td></td></tr>
<tr><td>建筑面积</td><td></td><td colspan="2">使用期限</td><td></td></tr>
<tr><td>建筑占地面积</td><td></td><td colspan="2">建筑容积率</td><td></td></tr>
<tr><td>标定地价</td><td></td><td colspan="2">土地级别</td><td></td></tr>
<tr><td rowspan="6">申请登记的土地权利</td><td>使用权类型</td><td></td><td colspan="2">申请登记的建筑面积</td><td></td></tr>
<tr><td>权属性质</td><td></td><td colspan="2">使用期限</td><td></td></tr>
<tr><td>登记用途</td><td></td><td colspan="2">终止日期</td><td></td></tr>
<tr><td rowspan="2">使用权面积</td><td rowspan="2"></td><td rowspan="2">其中</td><td>独自使用面积</td><td></td></tr>
<tr><td>共用分摊面积</td><td></td></tr>
<tr><td>设定的他项权利</td><td></td><td colspan="2"></td><td></td></tr>
<tr><td rowspan="2">申请登记的依据</td><td>土地权属
来源类别</td><td colspan="4"></td></tr>
<tr><td>证书、文件名
称、编号、日期</td><td colspan="4"></td></tr>
<tr><td colspan="2">备　注</td><td colspan="4"></td></tr>
</table>

（二）土地登记审批表

编号

土地登记审批表

______________人民政府

年　月　日

<table>
<tr><td colspan="3">土地使用者（所有者）</td><td colspan="4"></td><td colspan="3">单位性质</td><td colspan="4"></td></tr>
<tr><td colspan="3">通讯地址</td><td colspan="4"></td><td colspan="3">主管部门</td><td colspan="4"></td></tr>
<tr><td colspan="3">土地坐落</td><td colspan="11"></td></tr>
<tr><td colspan="3">地　号</td><td colspan="4"></td><td colspan="3">图　号</td><td colspan="4"></td></tr>
<tr><td rowspan="13">基本情况调查结果</td><td colspan="13">农村集体土地所有权或国有土地农业用地使用权面积（亩）</td></tr>
<tr><td rowspan="3">土地总面积</td><td colspan="12">其中地类面积</td></tr>
<tr><td rowspan="2">耕地</td><td colspan="2">其中</td><td rowspan="2">园地</td><td rowspan="2">林地</td><td rowspan="2">牧草地</td><td rowspan="2">居民工矿点用地</td><td colspan="2">其中</td><td rowspan="2">林地</td><td rowspan="2">林地</td><td rowspan="2">林地</td></tr>
<tr><td>旱地</td><td>水田</td><td>宅基地</td><td>企业建设用地</td></tr>
<tr><td></td><td></td><td></td><td></td><td></td><td></td><td></td><td></td><td></td><td></td><td></td><td></td><td></td></tr>
<tr><td colspan="13">城、镇、村土地（含宅基地）使用权面积（平方米）</td></tr>
<tr><td rowspan="2">独自使用</td><td colspan="2">面积</td><td colspan="4"></td><td colspan="3">土地类别</td><td colspan="3"></td></tr>
<tr><td colspan="2">其中：建筑占地</td><td colspan="4"></td><td colspan="3">土地等级</td><td colspan="3"></td></tr>
<tr><td rowspan="3">共有使用</td><td colspan="2">面积</td><td colspan="4"></td><td colspan="3">权属性质</td><td colspan="3"></td></tr>
<tr><td rowspan="2">其中分摊</td><td>面　积</td><td colspan="4"></td><td colspan="3">使用期限</td><td colspan="3"></td></tr>
<tr><td>建筑占地</td><td colspan="4"></td><td colspan="3">家庭人口</td><td colspan="3"></td></tr>
<tr><td colspan="3">地上物类别及权属</td><td colspan="10"></td></tr>
<tr><td colspan="13">四至：</td></tr>
<tr><td colspan="2">初审意见</td><td colspan="12">审查人：　　　　年　月　日</td></tr>
<tr><td colspan="2">土地管理机关审核意见</td><td colspan="12">审查人：　　　　年　月　日</td></tr>
<tr><td colspan="2">发证机关批准意见</td><td colspan="12">审查人：　　　　年　月　日</td></tr>
<tr><td colspan="2">备注</td><td colspan="12"></td></tr>
</table>

（三）土地登记卡

土地登记卡

财产	统一		土地登记卡
	分类		设卡日期： 年 月 日 清查表编号： 字第 号
	编号		

土地标号	坐落	省 市（县）	新地名	街（路） 号	所有权记录	原所有权人	
	地号	街（路） 号				购置日期	年 月 日
	地目		面积	公顷		所有权状字号	
	等则			坪		土地使用权现状	

土地成本		地价税							租赁（编号）：				
付款日期	摘自	金额	年期	评价总额	税率	本税		总税额	所有人核准文号：				
									期限		每月租金		本期租金
	土地款								起	讫	每坪	小计	
	增值税 1												
	增值税 2												
	印花												
	登记费												
	土地改良费												
	土地物补费												
	合计												

他项权利设定登记	权利人姓名	住址	登记原因					存续期间	证明书字号	设定日期	申请注销登记	
				日期	字号	日期	字号				日期	字号

（四）土地归户卡（册）

土地归户卡

面积单位：平方米

权利人	湖北襄荆高速公路有限责任公司					单位性质	国有	
通讯地址	湖北省武汉市解放大道558号西陵大厦16楼							
序号	日期	地号	图号	坐落	权属性质	用途	面积	土地证号
1	2005年4月15日	126	35.00—59.00	湖北省襄樊市襄城区尹集乡	国有土地使用权	公路用地	3880.60	鄂直国用（2005）第001号
2	2005年4月15日	127	K14+26—K67+59	湖北省襄樊市襄城区	国有土地使用权	公路用地	1251774.00	鄂直国用（2005）第002号
3	2005年4月15日	128	K67+59—K100+525	湖北省宜城市	国有土地使用权	公路用地	1832703.27	鄂直国用（2005）第003号
4	2005年4月15日	129	10.80—68.75	湖北省宜城市小河镇黄集村	国有土地使用权	公路用地	5224.60	鄂直国用（2005）第004号
5	2005年4月15日	130	04.35—73.75	湖北省宜城市雷河发展区辛常村	国有土地使用权	公路用地	17538.69	鄂直国用（2005）第005号
6	2005年4月15日	131	93.55—78.75	湖北省宜城市孔湾镇杜岗村	国有土地使用权	公路用地	21487.40	鄂直国用（2005）第006号
7	2005年4月15日	132	93.55—78.90	湖北省宜城市孔湾镇杜岗村	国有土地使用权	公路用地	21184.94	鄂直国用（2005）第007号
8	2005年4月15日	133	K100+525—K140+268	湖北省钟祥市	国有土地使用权	公路用地	2283139.84	鄂直国用（2005）第008号
9	2005年4月15日	134	79.30—83.80	湖北省钟祥市胡集镇平堰村	国有土地使用权	公路用地	6449.55	鄂直国用（2005）第009号

【房屋产权登记】

一、专家指导意见

（一）房屋产权登记的概念

房产登记即房屋产权登记，是指凡在规定范围内的房屋产权不论归谁所有，都必须按照登记办法的规定，向房产所在的房产管理机构申请登记，经审核确认产权的，由房产管理机关发给《房屋所有权证》。《城市房地产管理法》第60条第2款规定："在依法取得的房地产开发用地上建筑房屋的，应当凭土地使用权证书向县级以上地方人民政府房产管理部门申请登记，由县级以上人民政府房产管理部门核实并颁发房屋所有权证书。"

房屋产权登记是房产产权管理的主要行政手段，是政府健全法制，加强房产管理，依法确认房产权利的法定手续。房屋产权登记有三方面的作用：产权确认，即确认房产的权属状态；保障权利人的合法权益；加强房产管理，即通过房屋产权登记对房产交易状况进行管理和监督。

（二）房屋产权登记的种类

房屋产权登记分为总登记、转移登记、变更登记和其他登记。

1. 总登记。

总登记是县级以上人民政府根据需要，在一定期限内对本行政区域内的房地产进行统一的权属登记。总登记是产权登记中最基本的一种登记，不论房屋状况、权利状态有无变动，所有人均有向登记机关登记的义务。

2. 转移登记。

转移登记是在总登记之后，因房屋买卖、交换、赠与、继承、划拨、转让、分割、合并、裁决等原因而致使其权属发生转移，必须办理产权过户手续时所进行的登记。转移登记是一种经常性工作，目的在于及时掌握所有权的变动以及确定新的所有权人的权利，并修正原有的产籍资料。

3. 变更登记。

变更登记是在总登记之后，房屋发生了扩建、翻建、改建、添建、部分拆除等增减情况以及相应的宅基地、院落地使用范围的增减时所进行的登记。这种登记也是一项经常性工作，目的在于掌握房地产的变更情况，及时进行修正、补充房产产籍资料。

4. 其他登记。

其他登记包括更正登记、遗失登记、新建登记、限制登记、更换管理人登记、更名登记和他项权利登记等。

二、法律适用依据

（一）相关法律

❶中华人民共和国城市房地产管理法（节录）

（1994年7月5日第八届全国人民代表大会常务委员会第八次会议通过　1994年7月5日中华人民共和国主席令〔第29号〕公布　自1995年1月1日起施行）

第五章　房地产权属登记管理

第五十九条　国家实行土地使用权和房屋所有权登记发证制度。

第六十条　以出让或者划拨方式取得土地使用权，应当向县级以上地方人民政府土地管理部门申请登记，经县级以上地方人民政府土地管理部门核实，由同级人民政府颁发土地使用权证书。

在依法取得的房地产开发用地上建成房屋的，应当凭土地使用权证书向县级以上地方人民政府房产管理部门申请登记，由县级以上地方人民政府房产管理部门核实并颁发房屋所有权证书。

房地产转让或者变更时，应当向县级以上地方人民政府房产管理部门申请房产变更登记，并凭变更后的房屋所有权证书向同级人民政府土地管理部门申请土地使用权变更登记，经同级人民政府土地管理部门核实，由同级人民政府更换或者更改土地使用权证书。

法律另有规定的，依照有关法律的规定办理。

第六十一条　房地产抵押时，应当向县级以上地方人民政府规定的部门办理抵押登记。

因处分抵押房地产而取得土地使用权和房屋所有权的，应当依照本章规定办理过户登记。

（二）相关行政法规及规范性文件

❶城市房地产开发经营管理条例（节录）

（1998年7月20日国务院令〔第248号〕公布施行）

第三十三条　预售商品房的购买人应当自商品房交付使用之日起90日内，办理土地使用权变更和房屋所有权登记手续；现售商品房的购买人应当自销售合同签订之日起90日内，办理土地使用权变更和房屋所有权登记手续。房地产开发企业应当协助商品房购买人办理土地使用权变更和房屋所有权登记手续，并提供必要的证明文件。

❷中华人民共和国契税暂行条例（节录）

（1997年4月23日国务院第五十五次常务会议通过　1997年7月7日国务院令〔第224号〕公布　自1997年10月1日起施行）

第十一条　纳税人应当持契税完税凭证和其他规定的文件材料，依法向土地管理部门、房产管理部门办理有关土地、房屋的权属变更登记手续。

纳税人未出具契税完税凭证的，土地管理部门、房产管理部门不予办理有关土地、房屋的权属变更登记手续。

❸关于深化城镇住房制度改革的决定（节录）

（1994年7月18日国务院　国〔1994〕43号公布）

（二十二）发展房地产交易市场，规范住房交易行为。职工购买住房，都要由房产管理部门办理住房过户和产权转移登记手续，同时要办理相应的土地使用权变更登记手续，并领取统一制定的产权证书，产权证书应注明产权属性，按标准价购买的住房应注明产权比例。出租和出售、赠与、继承及以其他形式转让所购住房，应按国家规定交纳有关税费。要加强市场管理，规范交易程序，完善税收制度，坚决查处倒卖房产牟取暴利等违法行为。

❹关于发展房地产业若干问题的通知（节录）

（1992年11月4日国务院　国〔1992〕61号公布）

十、建立和培育完善的房地产市场体系。在房地产交易中应充分运用竞争机制。房地产一级市场即土地使用权的出让，要在城市总体规划指导下，尽量通过招标、拍卖等方式进行，减少协议出让。房地产二级市场即土地使用权出让后的房地产开发经营和三级市场即投入使用后的房地产交易，以及抵押、租赁等多种经营方式，要在国家宏观管理下，放开搞活，实行市场调节。土地使用权的转让和房产所有权的转移（包括涉外房地产），必须依照规定到当地房地产市场管理部门办理过户手续。要建立与房地产市场配套的服务体系，建立房地产交易的中介服务代理机构、房地产价格评估机构和对市场纠纷的仲裁机构等，逐步形成规范、公开、有序的房地产市场。

❺城市私有房屋管理条例（节录）

（1983年12月17日国务院公布）

第二章　所有权登记

第六条　城市私有房屋的所有人，须到房屋所在地房管机关办理所有权登记手续，经审查核实后，领取房屋所有权证；房屋所有权转移或房屋现状变更时，须到房屋所在地房管机关办理所有权转移或房屋现状变更登记手续。

数人共有的城市私有房屋，房屋所有人应当领取共同共有或按份共有的房屋所有权证。

第七条　办理城市私有房屋所有权登记或转移、变更登记手续时，须按下列要求提交证件：

（一）新建、翻建和扩建的房屋，须提交房屋所在地规划管理部门批准的建设许可证和建筑图纸；

（二）购买的房屋，须提交原房屋所有权证、买卖合同和契证；

（三）受赠的房屋，须提交原房屋所有权证、赠与书和契证；

（四）交换的房屋，须提交双方的房屋所有权证、双方签订的协议书和契证；

（五）继承的房屋，须提交原房屋所有权证、遗产继承证件和契证；

（六）分家析产、分割的房屋，须提交原房屋所有权证、分家析产单或分割单和契证；

（七）获准拆除的房屋，须提交原房屋所有权证和批准拆除证件。

证件不全或房屋所有权不清楚的，暂缓登记，待条件成熟后办理。

第八条　严禁涂改、伪造城市私有房屋所有权证。

遗失城市私有房屋所有权证，应当及时向房屋所在地房管机关报告，申请补发。

❻宗教事务条例（节录）

（2004年11月30日国务院令〔第426号〕公布　自2005年3月1日起施行）

第三十一条　宗教团体、宗教活动场所所有的房屋和使用的土地，应当依法向县级以上地方人民政府房产、土地管理部门申请登记，领取所有权、使用权证书；产权变更的，应当及时办理变更手续。

土地管理部门在确定和变更宗教团体或者宗教活动场所土地使用权时，应当征求本级人民政府宗教事务部门的意见。

（三）相关部门规章及规范性文件

❶商品房销售管理办法（节录）

（2001年3月14日建设部第三十八次部常委会议审议通过　2001年4月4日建设部令〔第88号〕公布　自2001年6月1日起施行）

第三十四条　房地产开发企业应当在商品房交付使用前按项目委托具有房产测绘资格的单位实施测绘，测绘成果报房地产行政主管部门审核后用于房屋权属登记。

房地产开发企业应当在商品房交付使用之日起60日内，将需要由其提供的办理房屋权属登记的资料报送房屋所在地房地产行政主管部门。

房地产开发企业应当协助商品房买受人办理土地使用权变更和房屋所有权登记手续。

❷已购公有住房和经济适用住房上市出售管理暂行办法（节录）

（1999年4月19日建设部第十一次部常务会议通过并经国土资源部会签　1999年4月22日建设部第69号令公布　自1999年5月1日起施行）

第九条　买卖当事人在办理完毕交易过户手续之日起三十日内，应当向房地产行政主管部门申请办理房屋所有权转移登记手续，并凭变更后的房屋所有权证书向同级人民政府土地行政主管部门申请土地使用权变更登记手续。

在本办法实施前，尚未领取土地使用权证书的已购公有住房和经济适用住房在2000年底以前需要上市出售的，房屋产权人可以凭房屋所有权证书先行办理交易过户手续，办理完毕房屋所有权转移登记手续之日起三十日内由受让人持变更后的房屋所有权证书到房屋所在地的市、县人民政府土地行政主管部门办理土地使用权变更登记手续。

❸关于颁布全国统一房屋权属证书的公告（节录）

（1997年11月12日建设部公布）

五、根据法律、法规的规定，发生下列情况的，房产权利人应当在规定的期限内持有关证件到房屋所在地人民政府房地产管理部门申请登记，领取房屋权属证书。

新建房屋；

房产权属转移（买卖、交换、赠与、继承、析产、划拨、转让、判决等）；

房产权利人更改法定名称或者房屋坐落的街道、门牌号发生变化、房屋部分改建、添建、拆除、倒塌、焚毁使房屋现状变更；

设定他项权利（房地产抵押权、典权等）；

房屋或者土地灭失、土地使用年限届满、他项权利终止等。

❹关于房改售房权属登记发证若干规定的通知（节录）

（1995年8月16日建设部　建房〔1995〕472号公布）

二、申请权属登记

（一）购房人按规定一次性付清价款的，从付款之日起（以开据发票日期为准）三个月内凭有关文件到房屋所在地房地产权属登记机关办理权属转移登记手续，由购房人签章领证。

（二）购房人以抵押贷款方式购买的，在办理权属登记时，应同时提交抵押贷款协议（或合同），并办理他项权利登记，在《房屋所有权证》上填注设定他项权利摘要，另发《他项权利证》，交抵押权人存执。

（三）发证与权证注记

1. 职工以成本价购买的住房，产权归个人所有，经登记核实后，发给《房屋所有权证》，产别为“私产”，注记：“房改出售的成本价房，总价款：××元。”

2. 职工以标准价购买住房，拥有部分产权。经登记核实后，也发给《房屋所有权证》，产别为“私产（部分产权）”，注记：“房改出售的标准价房，总价款：××元，售房单位×××，产权比例为××（个人）：××（单位）。”

3. 上述两款的“总价款”是指实际售价与购得建筑面积的乘积，不得指按规定折扣后的实际付款额。

4. 以成本价或标准价购买的住房，应在《房屋所有权证》上注记限定进入市场的时间，以签发《房屋所有权证》的日期推算。

5. 以成本价或标准价购买的住房，产权来源为“房改售房”。

6. 数人出资购房并要求核发《房屋共有权证》的，经登记核实后，可发给权利人《房屋共有权证》，并根据投资比例，注记每人所占份额。

（四）凡未按上述规定办理权属登记的，应采取有效步骤按本规定予以更正与规范。

三、房改售房的权属登记发证工作，只能由房地产行政管理部门办理，任何部门（或单位）均不得以任何借口自行印制与颁发证明房屋权属关系，带有确权性质的任何证书。已经颁发的，由当地房地产行政管理部门公告宣布无效；颁发部门（或单位）应立即停止这一行为，限期将已颁发证书收回、销毁；重新到房地产行政管理部门办理权属登记和领证。

❺建制镇规划建设管理办法（节录）

（1995年4月8日通过　1995年6月29日 建设部令〔第44号〕公布　自1995年7月1日起施行）

第二十八条　房屋所有人应当向房屋所在地建制镇建设行政主管部门申请登记，由县级人民政府建设行政主管部门或者其委托的机构核实并颁发房屋所有权证书或者房地产权证书。

房产转让或者变更时，应当向房屋所在地建制镇建设行政主管部门申请变更登记，由县级人民政府建设行政主管部门或者委托的机构核实并换发房屋所有权证书。

第二十九条　房屋所有人申请登记，应当提交房屋土地使用权证和下列证件：

（一）新建、扩建和改建的房屋，提交房屋所在地建设行政主管部门颁发的建设用地规划许可证、建设工程规划许可证；

（二）购买的房屋，提交原房屋所有权证或者房地产权属证书（以下简称房屋所有权证）、买卖合同和契证；

（三）受赠的房屋，提交原房屋所有权证、赠与书和契证；

（四）交换的房屋，提交双方的房屋所有权证、双方签订的交换协议书和契证；

（五）继承的房屋，提交原房屋所有权证、遗产继承证件和契证；

（六）分家析产分割的房屋，提交原房屋所有权证，分家析产单和契证。

❻城镇经济适用住房建设管理办法（节录）

（1994年12月15日建设部、国务院住房制度改革领导小组、财政部　建房〔1994〕761号公布）

第十三条　购房者购买的经济适用住房，按规定办理房屋产权登记手续。

❼关于贯彻《城市房地产管理法》若干意见的通知（节录）

（1994年8月13日建设部　建房字第493号文公布）

三、加强房地产产权属登记发证管理工作，建立健全房地产产权产籍管理体系。房地产法第五章确立了我国房地产权属管理的登记发证制度。第六十条第二款规定，房地产权属的登记和房屋所有权证书的发放，必须是县级以上人民政府的房地产管理部门。因此，各级房地产管理部门要在巩固原有房地产权属登记发证工作的基础上，严肃制止和纠正目前个别地区非房地产行政主管机构滥发房屋所有权证的不正常现象。对非法发放的房屋所有权证书，应公告宣布作废，限期到房地产行政主管部门办理房屋产权登记，经审查符合发证条件的，准许登记，发给建设部统一印制的《房屋所有权证书》。

❽关于加强《房屋所有权证》发放管理工作的通知（节录）

（1993年7月31日建设部　建房字第571号文公布）

二、房屋所有权人必须依法到房屋所在地的房地产行政主管机关申请登记，领取房屋所有权证。凭证管理房产；凭证出售、出租房屋；凭证申请房屋翻、改、扩建；凭证申请办理房屋继承、析产、分割、赠与、交换、调拨等产权转移手续；凭证办理抵押手续；凭证办理拆迁、安置、补偿手续。

❾关于加强商品房屋产权产籍登记管理的通知（节录）

（1992年4月21日建设部　建房字第239号文公布）

一、建立商品房屋销售前的产权登记备案制度。房地产开发公司在商品房屋销售前（包括预售），必须持项目建设图纸和有关批准文件到房地产产权管理机关登记备案，以作为商品房屋产权登记的基础资料。

二、商品房屋的购买方必须在购买商品房屋的三个月内（期货交易的在结算之日起的三个月内），持能证明交易行为合法性的有效证件到房地产产权管理机关办理产权登记手续，领取产权证书。

三、按商品房屋成本管理办法和价格管理办法，其建造成本已打入商品房屋成本的拆迁安置用房和公共服务配套建筑，其产权确定为由人民政府房地产管理部门管理的国有房产。由全民所有制房地产开发公司开发建设的上述房产，地方政府的房地产管理部门可根据房地产开发公司的物业管理能力，委托其经营管理；也可由地方政府的房地产管理部门统一经营管理。由其他所有制房地产开发公司开发建设的，由地方政府的房地产管理部门统一经营管理。

四、房地产开发公司开发的项目，在竣工时，建设部门和房地产部门应根据竣工图和审批的商品房屋成本，及时核定国有房产的范围和数量，确定经营管理方式，并明确经营者的责任。

⑩城镇驻军营房产权转移和房屋现状变更登记实施细则（节录）

（1992年4月1日建设部、中国人民解放军总后勤部　〔1992〕建房管字第18号公布）

第一条　为做好城镇驻军营房产权转移和房屋现状变化的变更登记工作（以下简称营房变更登记），现根据《城镇房屋产权产籍管理暂行办法》和《关于城镇驻军营房产权登记发证工作的通知》要求，制订本实施细则。

第二条　营房变更登记时间。从1989年底起，属于房屋现状变化的，每三年集中变更登记一次；属于房屋产权转移或军队住用单位（产权管理单位）变换的，分别从产权转移之日起或接到上级批件后三个月内进行变更登记。

第三条　营房变更登记，均按营房产权转移和房屋现状变化部分的实有房屋面积进行申报登记。

第四条　因房屋现状变化需进行变更登记的，由军队住用单位（即产权管理单位）按以下程序办理：

1. 到当地房地产管理部门申请营房变更登记，领取“房屋现状变更登记申请书”及“房屋状况登记表”等有关表格，按规定要求填写好。

2. 绘制房屋变更平面图，填写房屋分栋登记表。保密单位因有营区地界图不需重新绘制房屋变更平面图，但要填写房屋分栋登记表；非保密单位需按规定绘制房屋变更平面图，填写房屋分栋登记表。

3. 准备房屋变更资料。如新建、拆除、改建等房屋，要准备好上级批准的建房任务书、拆房批件、协议书、城市规划部门批准的建筑工程许可证、红线图等。

4. 携带以上资料（复印件）及有关图表，到当地房地产管理部门进行房屋变更登记，换取“房屋所有权证”。

第五条　因房屋所有权转移需进行变更登记的，由军内外交接单位共同携带上级批件和“房屋所有权证”等有关资料，到当地房地产管理部门办理房屋所有权转移登记手续。对整座房屋产权转移的，军队住用单位将原“房屋所有权证”交给房地产管理部门，办理产权转移手续，其他房产资料不作移交；对非整座房屋产权转移的，由房地产管理部门按实际移交范围进行分割，换发新的“房屋所有权证”，其他资料也不作移交。

第六条　因军内住用单位变换需进行变更登记的，由原住用单位和新进驻单位共同到当地房地产管理部门办理变更登记，原住用单位要将变动范围内的所有房产资料移交给新进驻的住用单位。整座落移交的，除变更住用单位外，其资料不作变更修改；非整座移交的，要对房屋分栋登记表、坐落平面图按移交范围作相应的分割修改，划清营区地界、坐落编号，分别领取“房屋所有权证”。

第七条　房屋变更图的绘制方法。先对营区房屋总平面布置图的透明底图进行变更修改：有新建房屋的，将新建房屋的轮廓、层数、栋号，按相同比例用实线标绘在底图上；有拆除销号房屋的，将拆除房屋图形用刀片刮掉。透明底图变更修改后，按所需份数晒出蓝图，如坐落比较大，可只将有变更修改的一幅底图晒出蓝图，无变更的图幅不再复制。

第八条　军队房屋产权属军委、总部，所有权性质属军产，“产权单位”填总后勤部。其营房变更登记委托住用单位（即产权管理单位）全权办理，使用住用单位印章，但必须按《中国人民解放军房地产管理条例》规定的房地产转移、变更批准权限，持有总后勤部或各军区、军兵种、国防科工委等大单位的批件。不符合上述规定的，产权转移无效，并不得进行营房变更登记。

第九条　营房变更登记后，各住用单位要及时充实、修改本单位所掌管的营房档案资料，并将新换发的“房屋所有权证”、变更图表、交接协议书等有关资料，按规定份数，随年度统计表逐级上报至各级营房部门。

第十条　变更登记收费。军队房产变更登记、换证的收费标准，仍按建设部、总后勤部（1988）建房字第85号通知规定的收费标准执行。除“房屋所有权证”工本费照交外，营房变更登记费、测绘复丈费均按当地收费标准的五分之一收取，并按实际变更的营房面积数量收费，不得因一栋或几栋房屋变更而按整座营房面积收费。

第十一条　军队营房档案属于保密档案，军地双方都应按保密规定集中保管，严格借用手续，防止丢失。

⑪关于城镇房屋所有权登记中几个涉及政策性问题的原则意见（节录）

（1989年11月1日建设部公布）

一、公有房屋登记发证有关产权确认

1. 凡产权来源清楚，无产权纠纷，符合有关法律和政策，但证件不全，又无法查找的房产，经调查属实，由申请单位书面具结保证，县级以上（含县级）主管机关证明情况属实，房地产登记机关认可后，可予登记。

2. 由于单位合并、分立、撤销等原因，房屋产权归属已经按政策规定作过处理的，按当时的处理结果确认产权，予以登记，产权归属不明的，由县级以上主管机关出具证明，经审查核实，确认无产权纠纷后，由现房屋管理单位登记；产权有纠纷的，由其主管部门裁定，经房地产管理机关认可后，予以登记。

3. 对单位之间合建的房屋，按双方建房时的协议或按投资比例双方协商划分产权后予以登记，也可由双方议定产权占有比例，作为共有房产登记。

4. 对统建开发小区的商业，服务业，锅炉房，人防，或其他公用房屋，登记确认产权的原则是：（1）各省市已有文件规定的，按文件规定办理；（2）没有文件规定的，由投资建房单位登记；（3）投资建房单位不登记的，由房地产管理机关统一登记；（4）由各级财政部门投资兴建作为地方政府资产的，也由房地产管理机关统一登记。

5. 现由房地产管理机关管理的单位统建或购买的房屋，按当时政府的文件规定或单位与房地产管理机关协议议定的有关权属意见办理。

6. 过去由地方政府、房地产管理机关调拨给单位免租使用的，拨用房产，由当地房地产管理机关登记，其中，如有单位新建、扩建、加建的，凡不属于整幢，整门不能划分产权的，一般应无偿由房地产管理机关登记，如当地政府另有规定者，可按规定办理。

二、宗教房产登记有关产权确认

1. 宗教团体的教堂、寺院、庵堂、宫、观及其它房屋，不论自用、出租（包括由房地产管理部门包（经）租），出借、被占用和按中央、国务院政策规定应退还的均由宗教团体登记。尚未发还产权的暂缓登记。

原外国教会房产，按中央、国务院政策规定解放后已转移为中国教会所有，其产权由宗教团体登记。

2. 解放以来，按照中央、国务院有关政策规定，由政府接管、接办的原教会办的学校、医院、慈善事业的房产产权归接管后的单位登记。

3. 宗教团体房屋经规划部门批准拆除后重建的房屋，原房已给宗教团体作了补偿的，重建房屋归建房单位。凡未作补偿的暂缓登记。

4. 宗教团体的房屋、产权证件不全的，由宗教团体书面说明产权情况，由主管机关证明，经调查属实，产权无纠纷的，可由有关宗教团体登记。

5. 信徒个人购建的带有家庙性质的小寺庵，主要用于自住和修行，不作为社会宗教活动的，其房屋产权仍属个人所有。

⑫城镇房屋所有权登记暂行办法（节录）

（1987年4月21日城乡建设环境保护部公布）

第一条 为保护城镇房屋所有人的合法权益，加强城镇房屋管理，根据《中华人民共和国宪法》和有关法规的规定，制定本办法。

本办法适用于城市、县城、建制镇和工矿区范围内的所有房屋。包括全民所有制行政、军队、企事业单位的房屋；集体所有制房屋；私人房屋；宗教团体房屋等。

第二条 城镇房屋所有权登记由市、县人民政府主管房屋所有权登记的机关（以下简称登记机关）办理。

第三条 城镇房屋所有人（自然人和法人）都必须在限期内到房屋所在地登记机关申请登记，领取房屋所有权证。

全民所有的房屋，由国家授权的房产管理单位申请登记；

共有的房屋由共有人共同申请登记；

申请登记的期限由市、县人民政府规定。

第四条 房屋所有权证和房屋共有权保持证是国家依法保护房屋所有权的合法凭证。房屋所有者凭证管理和使用自己的房屋。房屋所有权证和房屋共有权保持证由市、县以上人民政府颁发。直辖市与省会城市也可授权市房地产管理部门颁发。

全民所有的房屋，房屋所有权证发给国家授权的房产管理单位。

共有的房屋，除发给房屋所有权证一份由共有人推举的执证人收执外，并对其余每个共有人各发给共有权保持证一份。

第五条 房屋所有人因故不能亲自办理房屋所有权登记，可委托代理人代办。登记机关认为有必要时，委托书须经公证机关公证。

第六条 公民个人申请房屋所有权登记，必须使用户籍姓名，不得使用别名、化名、依照规定改变姓名时，须于3个月内申请变更登记。

法人申请房屋所有权登记必须使用单位全称，不得使用简称。依照规定改变名称时，须于3个月内申请变更登记。

第七条 申请房屋所有权登记，除需依照房屋所有权登记机关规定格式填写申请书外，并须按规定出示个人身份证件、法人资格证明、交验取得房屋所有权的证件。

第八条 登记机关依照申请人的申请进行产权审查，凡房屋所有权清楚，没有争议，符合有关法律和政策，证件齐全，手续完备的，应发给房屋所有权证件。

第九条 房屋所有权因买卖、赠与、继承、分析、调拨以及改建、扩建、拆除等原因转移变更时，应自转移变更之日起，3个月内办理转移变更登记。

第十条 新建房屋，应于竣工后3个月内申请办理所有权登记。

第十一条 申请房屋所有权登记，应交纳登记费，以及按照契税暂行条例的规定，补交交契税，逾期登记应视逾期长短，采取累进办法加收登记费。登记费收取办法，在全国没有统一规定前，由地方人民政府测算制定。

第十二条 有以下情形之一者，经申请可准予延期登记：

产权有争议，尚未解决的。

各种原因确实不能如期提交证件的。

延期登记的期限不得超过1年。

第十三条 无人申请登记的房屋，或虽有人申请登记，但不能证实其所有权的房屋，视同无主房屋，依照法律的规定程序，予以代管。

第十四条 房屋所有权证遗失，应及时登报声明作废，并向房屋所在地的房屋所有权登记机关申请补发。

第十五条 任何单位或个人均不得虚报、瞒报房屋所有权情况；不得涂改、伪造产权证件；不得侵犯他人房屋所有权，违者依法追究其责任。

第十六条 各级地方人民政府，可参照本办法制订适合本地区的城镇房屋所有权登记办法及实施细则。

第十七条 本办法公布前，各级人民政府及其设置的房管机关已颁发的房屋所有权合法凭证，应逐步予以更换。

第十八条 本办法由城乡建设环境保护部负责解释。

⑬关于开展城镇房产产权登记、核发产权证工作的通知（节录）

（1986年2月5日城乡建设环境保护部公布）

一、各地在完成全国城镇房屋普查成果汇总上报任务后，要充分利用现有普查力量，不失时机地按照原国家城市建设总局（1982）城管字第77号《城市（镇）房地产产权、产籍管理的暂行规定》，开展城镇房产产权登记、核发产权证的工作。力争在1988年底以前基本完成。

二、城镇房产产权登记、核发产权证，实质上是确认房产所有权的工作。这项工作政策性强、工作量大、情况复杂。请各级人民政府把这项工作作为房屋普查后期工作列入议事日程，及时部署、加强领导。四川、云南等地的经验表明，成立一个以房管部门为主，有关部门参加，由政府主管领导主持的普查和登记发证相结合的领导小组及其办事机构，是完成房产产权登记发证工作有效的组织保证，值得各地效仿。

三、产权清理、登记后要及时发给产权人合法证件。根据各地意见，我部正在设计全国统一格式的产权证式样。目前已开展这一工作、印制了产权证的地方，所印产权证可继续使用，待以后变更登记时，再逐步换发全国统一格式的产权证。

四、切实搞好产权、产籍干部的培训。各地要组织各种形式的短期培训班，对登记、发证人员进行产权、产籍管理专业基础培训，以适应工作需要。各省、自治区可组织有条件举办培训班的城市为其它城市代为培训。

五、已经开展房地产产权登记工作的城市，可根据上述要求进一步建立、健全管理机构和规章制度，使产权、产籍管理工作经常化、制度化，为四化建设做出贡献。

⑭关于贯彻《城市房地产管理法》做好土地登记工作的通知（节录）

（1995 年 1 月 1 日国家土地管理局公布）

五、关于土地登记与房屋登记的关系

土地管理部门与房产管理部门，必须严格执行《城市房地产管理法》第六十条的规定，分别进行登记发证。有条件的地方，可以采取联合办公等形式搞好登记衔接。

在省、自治区、直辖市人民政府确定由一个部门统一负责房产管理和土地管理工作的地方，按《城市房地产管理法》第六十二条的规定，土地、房产证书可实行合一，但登记办法和证书格式及有关土地使用权的内容必须符合土地管理的法律、法规和技术规范的要求。土地、房产合一的证书中有关土地的内容和格式必须报国家土地管理局审批。

在贯彻《城市房地产管理法》过程中，各级土地管理部门要加强对土地登记的宣传，提高用地单位、个人以及社会对土地登记重要性的认识，使土地登记的法律作用得以发挥，以加快土地登记制度的建立，发挥土地登记管理土地市场，维护土地所有者和使用者的合法权益的重要作用。

⑮关于改进和加强中央国家机关办公用房管理意见的实施细则（节录）

（2001 年 8 月 6 日国务院机关事务管理局制定）

（二）办公用房权属实行统一管理。国务院机关事务管理局（以下简称国管局）统一申办办公用房房屋所有权及相应土地使用权登记。

1. 办公用房权属已作登记的，由各部门、各单位提供《房屋所有权证》、《国有土地使用证》原件及其他原始档案资料，变更登记至国管局名下。

2. 办公用房权属尚未进行登记的，由国管局进行初始登记。各部门、各单位提供下列资料：新建、翻建、改建或扩建办公用房的立项、规划、用地和建设等批准文件和证书，或通过接管、接收、沿用、购买、交换等形成的办公用房的有关批准文件和资料。

3. 对未经批准，擅自将办公用房权属交由下属单位或其他单位登记的，要变更登记至国管局名下。

4. 房屋所有权登记由国管局提出申请，北京市国土资源和房屋管理部门直接受理和办理。权属资料遗失或不齐全的，国管局出具权属来源说明后，北京市国土资源和房屋管理部门应予办理。

5. 土地使用权登记按《在京中央国家机关用地土地登记办法》办理。

⑯城市房地产抵押管理办法（节录）

（1997 年 5 月 9 日建设部令〔第 56 号〕公布　2001 年 8 月 15 日根据《建设部关于修改〈城市房地产抵押管理办法〉的决定》修正）

第三十五条　抵押合同发生变更或者抵押关系终止时，抵押当事人应当在变更或者终止之日起 15 日内，到原登记机关办理变更或者注销抵押登记。

因依法处分抵押房地产而取得土地使用权和土地建筑物、其他附着物所有权的，抵押当事人应当自处分行为生效之日起 30 日内，到县级以上地方人民政府房地产管理部门申请房屋所有权转移登记，并凭变更后的房屋所有权证书向同级人民政府土地管理部门申请土地使用权变更登记。

⑰城市房屋权属登记管理办法

（1997 年 10 月 27 日建设部令〔第 57 号〕公布　2001 年 8 月 15 日根据《建设部关于修改〈城市房地产权属登记管理办法〉的决定》修正）

第一章　总则

第一条　为加强城市房屋权属管理，维护房地产市场秩序，保障房屋权利人的合法权益，根据《中华人民共和国城市房地产管理法》的规定，制定本办法。

第二条　本办法适用于城市规划区国有土地范围内的房屋权属登记。

第三条　本办法所称房屋权属登记，是指房地产行政主管部门代表政府对房屋所有权以及由上述权利产生的抵押权、典权等房屋他项权利进行登记，并依法确认房屋产权归属关系的行为。

本办法所称房屋权利人（以下简称权利人），是指依法享有房屋所有权和该房屋占用范围内的土地使用权、房地产他项权利的法人、其他组织和自然人。

本办法所称房屋权利申请人（以下简称申请人），是指已获得了房屋并提出房屋登记申请，但尚未取得房屋所有权证书的法人、其他组织和自然人。

第四条　国家实行房屋所有权登记发证制度。

申请人应当按照国家规定到房屋所在地的人民政府房地产行政主管部门（以下简称登记机关）申请房屋权属登记，领取房屋权属证书。

第五条　房屋权属证书是权利人依法拥有房屋所有权并对房屋行使占有、使用、收益和处分权利的唯一合法凭证。

依法登记的房屋权利受国家法律保护。

第六条　房屋权属登记应当遵循房屋的所有权和该房屋占用范围内的土地使用权权利主体一致的原则。

第七条　县级以上地方人民政府由一个部门统一负责房产管理和土地管理工作的，可以制作、颁发统一的房地产权证书，依照《城市房地产管理法》的规定，将房屋的所有权和该房屋占用范围内的土地使用权的确认和变更，分别载入房地产权证书。房地产权证书的式样报国务院建设行政主管部门备案。

第八条　国务院建设行政主管部门负责全国的房屋权属

登记管理工作。

省、自治区人民政府建设行政主管部门负责本行政区域内的房屋权属登记管理工作。

直辖市、市、县人民政府房地产行政主管部门负责本行政区域内的房屋权属登记管理工作。

第二章　房屋权属登记

第九条　房屋权属登记分为：

（一）总登记；

（二）初始登记；

（三）转移登记；

（四）变更登记；

（五）他项权利登记；

（六）注销登记。

第十条　房屋权属登记依以下程序进行：

（一）受理登记申请；

（二）权属审核；

（三）公告；

（四）核准登记，颁发房屋权属证书。

本条第（三）项适用于登记机关认为有必要进行公告的登记。

第十一条　房屋权属登记由权利人（申请人）申请。权利人（申请人）为法人、其他组织的，应当使用其法定名称，由其法定代表人申请；

权利人（申请人）为自然人的，应当使用其身份证件上的姓名。

共有的房屋，由共有人共同申请。

房屋他项权利登记，由权利人和他项权利人共同申请。

房地产行政主管部门直管的公房由登记机关直接代为登记。

第十二条　权利人（申请人）可以委托代理人申请房屋权属登记。

第十三条　权利人（申请人）申请登记时，应当向登记机关交验单位或者相关人的有效证件。

代理人申请登记时，除向登记机关交验代理人的有效证件外，还应当向登记机关提交权利人（申请人）的书面委托书。

第十四条　总登记是指县级以上地方人民政府根据需要，在一定期限内对本行政区域内的房屋进行统一的权属登记。

登记机关认为需要时，经县级以上地方人民政府批准，可以对本行政区域内的房屋权属证书进行验证或者换证。

凡列入总登记、验证或者换证范围，无论权利人以往是否领取房屋权属证书，权属状况有无变化，均应当在规定的期限内办理登记。

总登记、验证、换证的期限，由县级以上地方人民政府规定。

第十五条　总登记、验证、换证应当由县级以上地方人民政府在规定期限开始之日30日前发布公告。

公告应当包括以下内容：

（一）登记、验证、换证的区域；

（二）申请期限；

（三）当事人应当提交的有关证件；

（四）受理申请地点；

（五）其他应当公告的事项。

第十六条　新建的房屋，申请人应当在房屋竣工后的3个月内向登记机关申请房屋所有权初始登记，并应当提交用地证明文件或者土地使用权证、建设用地规划许可证、建设工程规划许可证、施工许可证、房屋竣工验收资料以及其他有关的证明文件。

集体土地上的房屋转为国有土地上的房屋，申请人应当自事实发生之日起30日内向登记机关提交用地证明等有关文件，申请房屋所有权初始登记。

第十七条　因房屋买卖、交换、赠与、继承、划拨、转让、分割、合并、裁决等原因致使其权属发生转移的，当事人应当自事实发生之日起90日内申请转移登记。

申请转移登记，权利人应当提交房屋权属证书以及相关的合同、协议、证明等文件。

第十八条　权利人名称变更和房屋现状发生下列情形之一的，权利人应当自事实发生之日起30日内申请变更登记：

（一）房屋坐落的街道、门牌号或者房屋名称发生变更的；

（二）房屋面积增加或者减少的；

（三）房屋翻建的；

（四）法律、法规规定的其他情形。

申请变更登记，权利人应当提交房屋权属证书以及相关的证明文件。

第十九条　设定房屋抵押权、典权等他项权利的，权利人应当自事实发生之日起30日内申请他项权利登记。

申请房屋他项权利登记，权利人应当提交房屋权属证书，设定房屋抵押权、典权等他项权利的合同书以及相关的证明文件。

第二十条　房屋所有权登记应当按照权属单元以房屋的门牌号、幢、套（间）以及有具体权属界限的部分为基本单元进行登记。

第二十一条　有下列情形之一的，由登记机关依法直接代为登记，不颁发房屋权属证书：

（一）依法由房地产行政主管部门代管的房屋；

（二）无人主张权利的房屋；

（三）法律、法规规定的其他情形。

第二十二条　有下列情形之一的，经权利人（申请人）申请可以准予暂缓登记：

（一）因正当理由不能按期提交证明材料的；

（二）按照规定需要补办手续的；

（三）法律、法规规定可以准予暂缓登记的。

第二十三条　有下列情形之一的，登记机关应当作出不予登记的决定：

（一）属于违章建筑的；

（二）属于临时建筑的；

（三）法律、法规规定的其他情形。

第二十四条　因房屋灭失、土地使用年限届满、他项权利终止等，权利人应当自事实发生之日起30日内申请注销登记。

申请注销登记，权利人应当提交原房屋权属证书、他项权利证书，相关的合同、协议、证明等文件。

第二十五条　有下列情形之一的，登记机关有权注销房屋权属证书：

（一）申报不实的；

（二）涂改房屋权属证书的；

（三）房屋权利灭失，而权利人未在规定期限内办理房屋权属注销登记的；

（四）因登记机关的工作人员工作失误造成房屋权属登记不实的。

注销房屋权属证书，登记机关应当作出书面决定，送达当事人，并收回原发放的房屋权属证书或者公告原房屋权属证书作废。

第二十六条　登记机关自受理登记申请之日起7日内应当决定是否予以登记，对暂缓登记、不予登记的，应当书面通知权利人（申请人）。

第二十七条　登记机关应当对权利人（申请人）的申请进行审查。凡权属清楚、产权来源资料齐全的，初始登记、转移登记、变更登记、他项权利登记应当在受理登记后的30日内核准登记，并颁发房屋权属证书；注销登记应当在受理登记后的15日内核准注销，并注销房屋权属证书。

第二十八条　房屋权属登记，权利人（申请人）应当按照国家规定交纳登记费和权属证书工本费。

登记费的收取办法和标准由国家统一制定。在国家统一制定的办法和标准颁布之前，按照各省、自治区、直辖市的办法和标准执行。

第二十九条　权利人（申请人）逾期申请房屋权属登记的，登记机关可以按照规定登记费的3倍以下收取登记费。

第三十条　从事房屋权属登记的工作人员必须经过业务培训，持证上岗。

第三章　房屋权属证书

第三十一条　房屋权属证书包括《房屋所有权证》、《房屋共有权证》、《房屋他项权证》或者《房地产权证》、《房地产共有权证》、《房地产他项权证》。

第三十二条　共有的房屋，由权利人推举的持证人收执房屋所有权证书。其余共有人各执房屋共有权证书1份。

房屋共有权证书与房屋所有权证书具有同等的法律效力。

第三十三条　房屋他项权证书由他项权利人收执。他项权利人依法凭证行使他项权利，受国家法律保护。

第三十四条　《房屋所有权证》、《房屋共有权证》、《房屋他项权证》的式样由国务院建设行政主管部门统一制定。证书由国务院建设行政主管部门统一监制，市、县房地产行政主管部门颁发。

第三十五条　房屋权属证书破损，经登记机关查验需换领的，予以换证。房屋权属证书遗失的，权利人应当及时登报声明作废，并向登记机关申请补发，由登记机关作出补发公告，经6个月无异议的，予以补发。

第四章　法律责任

第三十六条　以虚报、瞒报房屋权属情况等非法手段获得房屋权属证书的，由登记机关收回其房屋权属证书或者公告其房屋权属证书作废，并可对当事人处以1千元以下罚款。

涂改、伪造房屋权属证书的，其证书无效，登记机关可对当事人处以1千元以下罚款。

非法印制房屋权属证书的，登记机关应当没收其非法印制的房屋权属证书，并可对当事人处以1万元以上3万元以下的罚款；构成犯罪的，依法追究刑事责任。

第三十七条　因登记机关工作人员工作过失导致登记不当，致使权利人受到经济损失的，登记机关对当事人的直接经济损失负赔偿责任。

第三十八条　登记机关的工作人员玩忽职守、徇私舞弊、贪污受贿的，滥用职权、超越管辖范围颁发房屋权属证书的，依法给予行政处分；构成犯罪的，依法追究刑事责任。

第五章　附则

第三十九条　本办法第二条规定范围外的房屋权属登记，参照本办法执行。

第四十条　各省、自治区、直辖市人民政府可以根据本办法制定实施细则。

第四十一条　本办法由国务院建设行政主管部门负责解释。

第四十二条　本办法自1998年1月1日起施行。

⓲关于修改《城市房地产抵押管理办法》的决定（节录）

（2001年7月23日建设部第四十五次常务会议审议通过　2001年8月15日建设部令〔第98号〕公布　自公布之日起施行）

五、第三十五条第二款中的："房产变更登记"修改为"房屋所有权转移登记"。

⓳关于修改《城市房屋权属登记管理办法》的决定

（2001年7月23日建设部第四十五次常务会议审议通过　2001年8月15日建设部令〔第99号〕公布　自公布之日起施行）

建设部决定对《城市房屋权属登记管理办法》做如下修改：

一、第十七条中的"30日"修改为"90日"。

二、第二十一条修改为："有下列情形之一的，由登记机关依法直接代为登记，不颁发房屋权属证书：

（一）依法由房地产行政主管部门代管的房屋；

（二）无人主张权利的房屋；

（三）法律、法规规定的其他情形。"

三、第二十五条第二款修改为："注销房屋权属证书，登记机关应当作出书面决定，送达当事人，并收回原发放的房屋权属证书或者公告原房屋权属证书作废。"

四、第二十六条修改为："登记机关自受理登记申请之日起7日内应当决定是否予以登记。对暂缓登记、不予登记的，应当书面通知权利人（申请人）。"

五、第二十七条中的"两个月"修改为"30日"，"一个月"修改为"15日"。

六、增加一条作为第二十九条："权利人（申请人）逾期申请房屋权属登记的，登记机关可以按照规定登记费的3倍以下收取登记费。"

七、第三十三条改为第三十四条，修改为："《房屋所有权证》、《房屋共有权证》、《房屋他项权证》的式样由国务院建设行政主管部门统一制定，证书由国务院建设行政主管部门统一监制，市、县房地产行政主管部门颁发。”

八、第三十五条改为第三十六条，修改为：“以虚报、瞒报房屋权属情况等非法手段获得房屋权属证书的，由登记机关收回其房屋权属证书或者公告其房屋权属证书作废，并可对当事人处以1千元以下罚款。

涂改、伪造房屋权属证书的，其证书无效，登记机关可对当事人处以1千元以下罚款。

非法印制房屋权属证书的，登记机关应当没收其非法印制的房屋权属证书，并可对当事人处以1万元以上3万元以下的罚款；构成犯罪的，依法追究刑事责任。”

九、删去第三十九条。

此外，对部分条文的文字和条文的顺序作相应的调整和修改。

本决定自发布之日起实行。

《城市房屋权属登记管理办法》根据本决定作相应的修正，重新发布。

⑳关于坚决制止擅自印制房屋权属证书的通知（节录）

（1998年5月12日建设部办公厅公布）

一、自1998年7月1日起，各地新颁发的房屋权属证书必须是经建设部监制、北京印钞厂统一印制的房屋权属证书。

二、各地均应按规定委托北京印钞厂印制房屋权属证书。房屋权属证书是建设部管理的房屋所有权法律凭证，仅委托北京印钞厂印制，其他印刷厂所印的证书无效。

三、凡不是我部监制、未在北京印钞厂印制房屋权属证书的，我部将注销其已审核批准的房屋产权发证机关注册号。

四、非法印制房屋权属证书所发生的一切法律责任和经济损失，由决定印制的单位、责任人、印刷厂承担。

㉑经济适用住房管理办法（节录）

（2004年5月13日建设部、国家发展和改革委员会、国土资源部、中国人民银行　建住房〔2004〕77号公布）

第二十五条　居民个人购买经济适用住房后，应当按照规定办理权属登记。房屋、土地登记部门在办理权属登记时，应当分别注明经济适用住房、划拨土地。

㉒城市房屋白蚁防治管理规定（节录）

（1999年10月15日建设部令〔第72号〕公布　2004年7月20日根据《建设部关于修改〈城市房屋白蚁防治管理规定〉的决定》修正）

第十一条　房地产开发企业在进行商品房销（预）售时，应当向购房人出具该项目的《白蚁预防合同》或者其他实施房屋白蚁预防的证明文件，提供的《住宅质量保证书》中必须包括白蚁预防质量保证的内容。

建设单位在办理房屋产权登记手续时，应当向房地产行政主管部门出具按照本规定实施房屋白蚁预防的证明文件。

（四）相关地方性法规及规范性文件

❶吉林省城市房产管理若干规定（节录）

（1997年12月19日吉林省第八届人民代表大会常务委员会第三十五次会议通过　1997年12月19日吉林省人民代表大会常务委员会公布施行）

第十六条　有下列情形之一的，房产行政主管部门应当自受理之日起30日内作出不予登记的决定，并且通知申请人：

（一）房屋产权有纠纷尚未解决的；

（二）不能提供有效的房屋权属证明的；

（三）法律、法规规定的其他情形。

❷南京市城镇房屋权属登记条例（节录）

（2001年8月27日南京市第十二届人民代表大会常务委员会第二十六次会议制定　2001年10月26日江苏省第九届人民代表大会常务委员会第二十六次会议批准　2001年10月26日南京市人民代表大会常务委员会公布　自2002年1月1日起施行）

第三条　本条例所称房屋权属登记，是指房产行政主管部门代表政府对房屋所有权或者抵押权等他项权利以及涉及房屋的其他权利进行登记，并依法确认房屋产权归属关系和其他权利状况的行为。

第五条　房屋所有权或者抵押权等他项权获准登记的，登记机关应当发给房屋所有权证、房屋共有权证或者房屋他项权证等权属证书。

房屋权属证书是权利人依法拥有房屋所有权或者房屋他项权利的合法凭证。任何单位和个人不得非法收缴、扣押他人的房屋权属证书。

登记机关应当在其办公场所设置房屋权属登记册。房屋权属证书的记载与房屋权属登记册的记载应当一致。当事人对房屋权属证书或者房屋权属登记册的记载有异议的，登记机关应当核查原始凭证并将核查结果告知当事人。

第二章　一般规定

第六条　房屋权属登记包括：

（一）初始登记；

（二）转移登记；

（三）变更登记；

（四）他项权利登记；

（五）备案登记；

（六）预告登记；

（七）注销登记。

第七条　房屋权属登记按照以下程序办理：

（一）受理登记申请；

（二）权属审核；

（三）发布公告；

（四）核准登记；

（五）颁发房屋权属证书。

前款第（三）项适用于登记文件遗失无法补正等原因需要公告的登记。自公告发布之日起六十日内对房屋权属无异议的，登记机关可以核准登记。

第三章　房屋权属登记

第二十条　新建的房屋，应当自竣工验收结束之日起九十日内，由当事人申请房屋所有权初始登记，并提交下列登记文件：

（一）立项批准文件；

（二）国有土地使用证；

（三）建设工程规划许可证；

（四）竣工验收证明材料；

（五）公安部门出具的房屋门牌证明；

（六）有资质的房产测绘机构出具的房屋测绘成果；

（七）其他有关证件、证明。

个人建造房屋申请房屋所有权初始登记的，免交前款第（一）、（四）项文件。

❸郑州市城市公有房屋管理条例（节录）

（1992年8月28日河南省郑州市第九届人民代表大会常务委员会第二十七次会议通过　1992年11月3日河南省第七届人民代表大会常务委员会第三十次会议批准　根据1997年3月13日河南省郑州市第十届人民代表大会常务委员会第二十九次会议修改　1997年7月25日河南省第八届人民代表大会常务委员会第二十七次会议批准的《关于修改〈郑州市城市公有房屋管理条例（试行）〉的决定》修正）

第三章　产权产籍管理

第九条　公有房屋实行产权登记发证制度。

市、县（市）、上街区房产管理部门负责公有房屋产权产籍管理工作，核发公有房屋所有权证件。

第十三条　公有房屋所有权转移、房屋状况变动、他项权利变更，当事人应自转移、变动、变更之日起三个月内按规定分别到房产、土地管理部门办理变更登记手续。

房产、土地管理部门应当在市人民政府规定期限内给予办理。

公有房屋拆除、倒塌、焚毁或其他原因灭失的，房屋所有权人应在三个月内持《房屋所有权证》到房产管理部门办理注销登记手续。

❹湖南省城市房屋产权产籍管理条例（节录）

（1998年8月4日湖南省第九届人民代表大会常务委员会第三次会议通过　1998年8月4日湖南省人民代表大会常务委员会公布）

第十八条　办理房屋产权登记有下列情形之一的，房屋产权产籍管理部门应当自受理之日起三十日内作出暂缓登记的决定，并书面通知申请人：

（一）房屋产权有争议或者不清晰的；

（二）司法机关和行政机关依法裁定、决定查封或者以其他形式限制房屋产权的；

（三）法律、法规规定暂缓登记的其他情形。

暂缓登记情形消除后，房屋产权产籍管理部门应当核准登记。

❺济南市城市公有房屋管理办法（节录）

（1994年12月6日山东省第八届人民代表大会常务委员会第十一次会议批准　1997年4月4日山东省第八届人民代表大会常务委员会第二十七次会议批准修改　2002年6月21日济南市第十二届人民代表大会常务委员会第二十六次会议通过　2002年7月27日山东省第九届人民代表大会常务委员会第三十次会议批准修改）

第十二条　公有房屋产权的取得、转移、变更、灭失和设定他项权利，权利人（申请人）应当申请办理房屋权属登记手续，领取房屋权属证书。

房屋权属证书包括房屋所有权证、房屋共有权证和房屋他项权证。房屋权属证书是公有房屋产权和设定他项权利的合法凭证。

第十三条　公有房屋进行登记发证，市属和市属以上机关、团体、企事业单位和军队向市房产管理部门申请登记，由市房产管理部门审核，颁发房屋权属证书；区属和区属以下机关、团体、企事业单位向房屋所在地的区房产管理部门申请登记，由区房产管理部门审核，并报市房产管理部门核准后，由市房产管理部门颁发房屋权属证书。

（二）因买卖、交换、划拨、分割、合并、裁决等原因致使房屋发生转移的，应当自事实发生之日起三个月内持房屋所有权证以及相关的合同、证明文件申请房屋转移登记；

（三）房屋权利人名称变更的，应当自变更之日起三十日内持房屋所有权证及相关证明文件申请房屋变更登记；因房屋翻建、改建、扩建等原因致使房屋现状发生变化的，应当自房屋竣工之日起三十日内持房屋所有权证、建设工程规划许可证及相关证明文件申请房屋变更登记；

（四）公有房屋设定抵押权、典权的，应当自事实发生之日起三十日内持房屋所有权证及相关的合同、证明文件申请房屋他项权利登记；

（五）房屋被拆除或他项权利终止的，应当自事实发生之日起三十日内持房屋权属证书及相关的合同、证明文件申请房屋注销登记。

第十四条　公有房屋权属登记权利人（申请人）应当按下列规定如实提交有关证件：

（一）新建房屋的，应当在房屋竣工后三个月内，持用地证明文件或土地使用权证、建设用地规划许可证、建设工程规划许可证、施工许可证、房屋竣工验收报告，申请房屋初始登记；

（二）因买卖、交换、划拨、分割、合并、裁决等原因致使房屋权属发生转移的，应当自事实发生之日起三个月内持房屋所有权证以及相关的合同、证明文件申请房屋转移登记；

（三）房屋权利人名称变更的，应当自变更之日起三十日内持房屋所有权证及相关证明文件申请房屋变更登记；因房屋翻建、改建、扩建等原因致使房屋现状发生变化的，应当自房屋竣工之日起三十日内持房屋所有权证、建设工程规划许可证及相关证明文件申请房屋变更登记；

（四）公有房屋设定抵押权、典权的，应当自事实发生之日起三十日内持房屋所有权证及相关的合同、证明文件申请房屋他项权利登记；

（五）房屋被拆除或他项权利终止的，应当自事实发生之日起三十日内持房屋权属证书及相关的合同、证明文件申请房屋注销登记。

共有的房屋，权利人（申请人）还应当提交共有人协议书。

第十五条　房产管理部门对申请初始登记、转移登记、变更登记、他项权利登记的，应当自接到房屋权属登记申请之日起十五日内办理完毕；因特殊情况需要逾期办理的，应当书面告知权利人（申请人）逾期事由，但逾期最长不得超过十五日。对申请注销登记的，应当自接到申请之日起十五日内办理完毕。

第十六条　房屋权属证书不准涂改和伪造。房屋权属证书遗失或损坏，应当向原发证机关申请补发或换证。

第十七条　被拆除的公有房屋，拆迁人应当在房屋拆除后三十日内到市房产管理部门办理房屋注销登记手续。

第十八条　房产管理部门在房屋权属登记时，应当对权利人（申请人）提交的有关证件进行审查，并根据国家有关规定对公有房屋进行勘察。

（五）相关地方政府规章及规范性文件

❶北京市房屋土地管理局关于办理安居住宅权属登记买卖交易手续有关问题的通知（节录）

（1997年10月3日北京市房屋土地管理局　京房地房字〔1997〕第754号公布）

三、住房困难户办理买卖交易手续后，须按规定办理权属登记。

（一）凡住房困难户从所在单位按当年市房改办公布的房改价格购房的，由房屋所在地房地产权属管理部门根据交易管理部门鉴证的买卖合同，按市房地局《关于1994年向职工个人出售公有住宅进行产权登记有关问题的通知》（京房产籍［1994］第622号）的有关规定办理权属登记手续。

（二）凡住房困难户按高于购房当年房改成本价售房公式计算的应付房价款购房的，其所购住房的产权执行房改成本价产权规定，在权属证件附记中要注明当年出售公有住房每建筑平方米的成本价、所购住房的实际房价及交款日期。

❷北京市内销商品房管理暂行规定（节录）

（1995年4月18日北京市房地产管理局　京房市场字〔1995〕第189号公布）

十二、中央、市属房地产开发企业预售商品房，买卖双方签订《北京市内销商品房预售契约》后三十日内，须到市房地局办理预售、预购登记，房屋交付后三十日内，须持预售契约及有关证件到市房地局办理立契过户手续，申领房地产权属证件；现售商品房，买卖双方签订《北京市内销商品房买卖契约》后三十日内，须到市房地局办理立契过户手续，申领房地产权属证件。

十三、区（县）属房地产开发企业预售商品房，买卖双方签订《北京市内销商品房预售契约》后三十日内，须到房屋所在区（县）房地局办理预售、预购登记，房屋交付后三十日内，须持预售契约及有关证件到区（县）房地局办理立契过户手续，申领房地产权属证件；现售商品房，买卖双方签订《北京市内销商品房买卖契约》后三十日内，须到房屋所在区（县）房地局办理立契过户手续，申领房地产权属证件。

❸北京市国土房管局关于北京市绿化隔离地区土地置换管理办法（节录）

（2001年12月30日北京市国土资源和房屋管理局制定　北京市人民政府办公厅　京政办〔2002〕97号转发）

第二十三条　置换中涉及征地和供地的，用地单位在领取《建设用地批准书》后，应当按以下要求申请办理房屋、土地登记手续。

（一）有偿供地的，在土地使用者全部缴纳土地有偿使用费后15日内申请办理土地变更登记。

（二）划拨供地的，土地使用者在领取《国有土地划拨决定书》后15日内申请办理土地变更登记。

（三）在建设项目竣工验收合格后，产权单位应当在30日内申请办理房屋产权登记。

土地、房屋行政主管部门应当自受理申请之日起30个工作日内按程序予以登记，颁发土地证书或房屋所有权证书。

❹哈尔滨市城镇房屋产权产籍管理办法（节录）

（1993年10月4日哈尔滨市人民政府令〔第18号〕公布　自1993年10月10日起施行）

第五条　城镇房屋的产权人，应当持合法的产籍资料到房屋所在地房产管理部门办理房屋产权登记，领取《房屋所有权证》。

第六条　房屋产权人申请房屋所有权登记，应当亲自办理，按规定出示本人身份证或法人资格证明，如实填写登记申请书，并按规定期限交验有关证件。

共有房屋产权由共有人共同申请登记。共有人弃权的，应当出具经公证机关公证的弃权书。

房屋产权人因故不能亲自办理房屋产权登记的，应当出具经公证机关公证的委托书，委托他人代理登记。

第七条　办理私有房屋产权登记，应当使用户籍姓名，不准用别名、化名；办理公有房屋产权登记，应当使用单位全称。

第八条　新建房屋（不含商品房）的单位或个人，应当在房屋竣工验收后三个月内，持合法产籍资料到房屋所在地房产管理部门办理房屋产权登记。

第十条　参加集资建房、合作建房或购买新建公有住房（不含商品房）、解困住房的单位或个人，应当在进户三个月内，持有关证件到市房产管理部门办理房屋产权登记手续；购买旧公有住房的，应当在购买后三个月内，持有关证件到市、县（市）房产管理部门办理房屋产权登记手续。

第十四条　买卖、赠与、交换、继承、析产、兼并房屋发生产权转移的，双方当事人应当在产权转移三个月内，持《房屋所有权证》和有关证件到房屋所在地房产管理部门办理房屋产权登记。

❺齐齐哈尔市单位自管房产管理办法（节录）

（1987年8月27日齐齐哈尔市人民政府　齐政〔1987〕55号公布）

第二章　产权

第五条　各自管单位应持房屋产籍资料和证件，向当地房产主管部门办理申请登记手续，领取公有房产产权证照，产权方受法律保护。

各自管单位新建的房屋，自房屋竣工之日起一个月内，向当地政府房产主管部门申请，领取公有房产产权证照。房屋产权变更或改变用途时，须先向当地政府房产主管部门办理手续。

❻银川市商品房预售管理办法（节录）

（1997年11月20日银川市人民政府第六十五次常务会议审议通过　1997年12月23日银川市人民政府令〔第94号〕公布）

第十三条　商品房交付使用后，承购人应在交付使用之日起30日内持购房合同及有关证件到房产行政主管部门办理房地产交易手续和房屋产权登记，领取房屋所有权证。

（六）相关其他规范性文件

❶中国人民解放军房地产管理条例（节录）

（1990年4月20日中央军事委员会公布　自1990年4月20日起施行）

第三章　管理

第十四条　军队房地产必须根据国家有关规定，由各使用单位向当地县以上人民政府办理登记注册，领取房屋所有权证和国有土地使用证，并认真负责管理和维护。

三、以案明法

案例（一）

宋某周不服韶关市房地产管理局撤销产权登记决定案

原告：宋某周

被告：广东省韶关市房地产管理局（以下简称房管局）

1994年1月11日，宋某周书面向房管局报告遗失了其坐落在韶关市武江区沿塘村68号之二房屋的《房屋所有权证》，要求补发。经房管局审查核准，并出具证明，由宋某周于1994年1月14日在《韶关日报》刊登遗失声明，声明其粤房字第0670156号《房屋所有权证》作废。房管局于1994年4月29日依法核准给宋某周补发了该房屋的《房屋所有权证》，证号为粤房字第1360872号。同年6月2日，宋某周以作废的粤房字第0670156号《房屋所有权证》作抵押，向韶关市城市信用社中心社贷款12万元，并由被告办理了同意抵押的登记审批手续。1995年6月，宋某周将武江区沿塘村68号之二房屋卖给他人，同年9月房管局在受理该房屋的买卖过户时，发现该房屋有两本重复的所有权证。于是，房管局以宋某周隐瞒真实情况，违反有关法规，在社会上使用两本同一房屋的《房屋所有权证》为由，于1995年9月23日作出撤销坐落在武江区沿塘村68号之二的粤房字第0670156号和粤房字第1360872号《房屋所有权证》的全部登记事项的处理决定，并在当天的《韶关日报》公告于众。同年10月4日被告作出书面通知，但尚未给宋某周送达。宋某周从报上获悉后不服而向武江区人民法院提起行政诉讼。

武江区人民法院经审理认为，房地产管理部门依法登记核发的《房屋所有权证》是房屋权利人依法经营、使用或处分该房屋的凭证，其房产权受法律保护。被告1995年9月23日的公告和1995年10月4日的通知，内容一致，实质是处理决定，是被告所作的具体行政行为。粤房字第0670156号《房屋所有权证》是依法登报声明作废的产权证，是没有法律效力的；而粤房字第1360872号《房屋所有权证》是被告依法核准各登记事项后给予补发的，是有效和受法律保护的。被告将失效的废证和有效的产权证同时撤销，事实不清，责任不明，属行政权力行使不当，不予支持。同时，被告在处理决定尚未发生法律效力和尚未给原告通知就将处理决定登报公告于众，违反了《广东省城镇房地产权登记条例》的有关规定，程序不合法，应予纠正。原告认为其合法权益受侵犯，诉请撤销被告的处理决定，理由充分，应予支持。至于原告持已作废的粤房字第0670156号《房屋所有权证》，并经被告验证认可同意抵押向韶关市城市信用社中心社贷款12万元至今本息未还，原、被告应负什么责任，是另一法律关系，不属行政审判范畴，本案不作断论。根据《中华人民共和国行政诉讼法》第五十四条第（二）项第1、3、5目之规定，该院于1995年12月11日作出判决如下：

一、撤销被告1995年9月23日关于撤销粤房字第0670156号和粤房字第1360872号《房屋所有权证》的公告；

二、撤销被告1995年10月4日关于撤销粤房字第0670156号和粤房字第1360872号《房屋所有权证》的处理决定。

宣判后，韶关市房地产管理局不服，向韶关市中级人民法院提出上诉，理由是：宋某周利用遗失契证、新领契证重复进行交易，影响了房地产交易的正常秩序。本局采取登报公告和通知形式撤销两份房产证是行使正当的行政权力，不存在任何侵权行为。要求撤销原判，维持其公告和通知决定，判令宋某周公开悔过并处行政罚款5千至1万元。宋某周答辩则认为房管局的公告和通知决定撤销已登报作废的0671015号《房屋所有权证》和依法重新核发的1360872号《房屋所有权证》的行为是以权代法、滥用职权、推卸责任的行为，原判正确，要求驳回上诉，维持原判。

韶关市中级人民法院经审理认为：上诉人依程序重新核发给宋某周的粤房字第1360872号《房屋所有权证》是有效的房屋所有权证，应受法律保护。宋某周以作废的房屋所有权证骗取上诉人办理了抵押贷款手续，双方对此应承担何责任，是另一法律关系。在上诉人发现宋以有效的房屋所有权证办理过户时，又将作废和有效的所有权证同时撤销，实属责任不明、行使行政权不当的表现，它直接影响他方关系人的权利义务。同时上诉人并无充分证据证明宋某周是隐瞒真实情况，采取非法手段领取粤房字第1360872号《房屋所有权证》，因此，上诉人认为其是正当行使行政管理权，要求维持其公告和通知决定，不予采纳。原判认定事实清楚，适用法律、法规正确，应予维持。根据《中华人民共和国行政诉讼法》第六十一条第（一）项之规定，该院于1996年3月15日作出判决：

驳回上诉，维持原判。

案例（二）

安徽省淮南市洞山农村信用合作社与安徽省淮南市房地产管理局颁发房屋所有权证行政纠纷上诉案

上诉人（一审原告）：安徽省淮南市田家庵区洞山农村信用合作社（原淮南市洞山信用合作社）

被上诉人（一审被告）：安徽省淮南市房地产管理局

被上诉人（一审第三人）：淮南市金三角家具公司

安徽省淮南市田家庵区洞山农村信用合作社（以下简称洞山信用社）诉安徽省淮南市房地产管理局（以下简称市房管局）为淮南市金三角家具公司（以下简称金三角公司）颁发［集］房字第1-2-（98）0139号房屋所有权证一案，不服安徽省高级人民法院（1998）皖行初字第01号行政判决，向中华人民共和国最高人民法院提起上诉。中华人民共和国最高人民法院依法组成由审判员周红耕担任审判长，代理审判员杨临萍、马永欣参加的合议庭，书记员孟凡平担任记录，公开开庭审理了本案。上诉人洞山信用社法定代表人柏华静及委托代理人李朝定、杨国良，被上诉人市房管局的委托代理人胡艳丽、朱良，被上诉人金三角公司的委托代理人任淮灵、郭峰到庭参加诉讼。本案现已审理终结。

经审理查明：1991年5月29日，洞山信用社与洞山乡幸福家具厂（被上诉人金三角公司前身）签订了合建房屋的协议书。同年7月3日，淮南市计划委员会以计基字（1991）120号文批复金三角公司建设营业用房4000平方米。1992年9月7日，洞山信用社给付洞山乡人民政府土地转让费9万元。同年12月18日，洞山信用社又与金三角公司签订合建房屋合同。约定：双方合资在陈岗三角地东侧兴建综合楼，建筑总面积7000平方米，其中为洞山信用社建办公楼3000平方米，楼房共6层，每层东侧三大间属洞山信用社；双方建房所需资金自筹，金三角公司建房所需资金自筹不足时，洞山信用社优先为其贷款；建房所需一切证件由金三角公司办理，办证费用根据双方实际拥有面积按比例支付。

1993年3月4日，安徽省淮南市城乡建设委员会颁发了淮城规建许字91－118号《建设工程规划许可证》，批准兴建家具厂综合楼，建筑面积为4000平方米，建设层数为6层。综合楼于1993年底竣工，建筑为4层，面积为7835.16平方米。交付使用后，综合楼东侧面积为2306.86平方米的房屋由洞山信用社使用，综合楼西侧面积为5528.30平方米的房屋由金三角公司使用。1995年7月25日，市房管局为金三角公司颁发了［集］房字95（2）－10172号房屋所有权证；1997年4月24日，市房管局为洞山信用社颁发了［集］房字第1－2（97）0011号房屋所有权证。

1997年7月9日，金三角公司以建房协议没有实际履行，洞山信用社对综合楼东侧2306.86平方米房屋不享有所有权为由向市房管局提出申请，请求吊销洞山信用社房屋所有权证。同年7月16日，市房管局以房屋产权不清为由，吊销了洞山信用社［集］房字第1－2－（97）0011号房屋所有权证。洞山信用社不服，向安徽省淮南市中级人民法院提起行政诉讼。该院于同年10月9日作出（1997）淮行初字第05号行政判决，以市房管局作出的《关于吊销［集］房字第1－2－（97）0011号房屋所有权证的决定》事实不清、证据不足、适用法律不当为由，撤销市房管局作出的《关于吊销［集］房字第1－2－（97）0011号房屋所有权证的决定》。金三角公司不服，向安徽省高级人民法院提起上诉。该院于1998年4月27日作出（1997）皖行终字第015号行政判决，以一审判决适用法律错误为由，判决撤销淮南市中级人民法院（1997）淮行初字第05号行政判决，维持市房管局《关于吊销［集］房字第1－2－（97）0011号房屋所有权证的决定》。

1998年5月19日，金三角公司向市房管局呈交了《关于申请办理金三角综合楼东侧2306.86平方米房屋所有权证的申请》及相关证明材料。次日，市房管局收回了发给金三角公司的［集］房字95（2）－10172号房屋所有权证（面积为5528.30平方米），并为其颁发了［集］房字第1－2－（98）0139号房屋所有权证（面积为7835.16平方米）。洞山信用社认为市房管局向金三角公司颁发［集］房字第1－2－（98）0139号房屋所有权证的行为侵犯其合法权益，遂向安徽省高级人民法院提起行政诉讼。

另查明：金三角公司已就其与洞山信用社之间的房屋纠纷，向安徽省高级人民法院提起民事诉讼，安徽省高级人民法院于1997年8月13日以（97）皖民初字第6号立案受理。洞山信用社就市房管局为金三角公司颁发［集］房字第1－2－（98）0139号房屋所有权证的行为提起行政诉讼后，安徽省高级人民法院于1998年7月8日裁定中止审理（97）皖民初字第6号房屋纠纷一案。

安徽省高级人民法院经审理认为：金三角公司申请房屋产权登记提供的证件符合《淮南市城镇房屋产权产籍管理办法》第十六条第一款第（二）项的规定。但是，金三角公司提供的淮城规建许字第91－118号建设工程规划许可证与市房管局颁发的［集］房字第1－2－（98）0139号房屋所有权证在建设层数、建筑面积等方面不相符，属部分法定证件不全。市房管局颁发［集］房字第1－2－（98）0139号房屋所有权证的主要证据不足。洞山信用社的诉讼理由成立，应予支持。依据《淮南市城镇房屋产权产籍管理办法》第十二条、《中华人民共和国行政诉讼法》第五十四条第（二）项第1目的规定，判决撤销市房管局［集］房字第1－2－（98）0139号房屋所有权证；一审诉讼费110010元由市房管局负担。

洞山信用社不服一审判决，向中华人民共和国最高人民法院上诉称：一审判决虽然撤销了［集］房字第1－2－（98）0139房屋所有权证，但是该判决掩盖了上诉人与金三角公司合建房屋并发生产权纠纷的事实。根据有关城镇房屋产权产籍登记的规定，产权不清的房屋，应暂缓登记。因房屋产权引起纠纷，可由当事人协商解决，协商不成的，可申请仲裁或向人民法院提起诉讼，没有赋予房产管理部门直接裁决的权力。本案市房管局明知该房屋产权尚有争议，却将该房产直接确权给金三角公司，属于超越职权，一审判决对此没有认定，请求二审法院对一审判决所依据的事实和理由予以变更。

市房管局辩称：金三角公司提供的建设工程规划许可证的建设层数、建筑面积与其取得的房屋所有权证上载明的层数、面积不符，是因金三角公司建设时改变房屋结构所致，不影响所建房屋的合法性，不属法定证件不全。根据安徽省高级人民法院（1997）皖行终字第015号判决，“产权不清”的疑点已不复存在，因此，本局为金三角公司颁发的［集］房字第1－2－（98）0139号房屋所有权证符合规定的程序。一审判决依据《淮南市城镇房屋产权产籍管理办法》第十二条的规定，认定综合楼“部分法定证件不全”，并予以撤销，属于适用法律不当。

金三角公司辩称：安徽省高级人民法院（1997）皖行终字第015号判决生效后，争议房产的产权归属已经清楚，本公司申请房屋产权登记提供的证件齐全，市房管局对证件的审查符合法律规定，颁证程序合法。一审判决以扩建面积未取得建设工程规划许可证为由，认定颁证行为属部分法定证件不全，应依法暂缓登记的法律依据不足。

上述事实有如下证据在案佐证：淮南市计划委员会计基字（1991）120号《关于几家集体单位申请基建计划的批复》、淮城规建许字91－118号建设工程规划许可证及准建证、洞山信用社与洞山乡幸福家具厂合建房屋《协议》、金三角公司与洞山信用社合建房屋《合同》、［集］房字95（2）－10172号《房屋所有权证》、［集］房字第1－2－（97）0011号《房屋所有权证》、［集］房字第1－2－（98）0139

号《房屋所有权证》、金三角公司《关于吊销洞山信用社2306.86平方米房屋所有权证的申请》、市房管局淮房地（1997）46号《关于吊销［集］房字1－2－（97）0011号房屋所有权证的决定》、安徽省淮南市中级人民法院（1997）淮行初字第05号《行政判决书》、安徽省高级人民法院（1997）皖行终字第015号《行政判决书》、金三角公司诉洞山信用社《民事诉状》、安徽省高级人民法院（1997）皖民初字第6号《应诉通知书》、安徽省高级人民法院（1997）皖民初字第6号《民事裁定书》、洞山信用社《上诉状》、市房管局《答辩状》、金三角公司《陈述状》。

中华人民共和国最高人民法院认为：根据建设部《城镇房屋所有权登记暂行办法》第八条“登记机关依照申请人的申请进行产权审查，凡房屋所有权清楚，没有争议，符合有关法律政策，证件齐全，手续完备的，应发给房屋所有权证件”、《淮南市城镇房屋产权产籍管理办法》第十二条“新建商品房屋由房屋开发建设单位申请登记；违法建设的房屋由市建设行政主管部门依法处理后才能接受产权登记申请；产权不清的，暂缓登记”的规定，被上诉人市房管局应对申请登记人的房屋产权是否清楚、房屋建设是否合法等进行审查。如产权清楚、房屋建设合法、符合上述规定的，予以登记发证；产权不清和房屋建设违法的，则不得直接登记发证。依据建设部《城市房屋权属登记管理办法》第十条的规定，房屋权属审查是房屋产权登记机关应当遵循的法定程序，也是房屋产权登记机关应当履行的法定义务。但是，被上诉人市房管局为被上诉人金三角公司颁发［集］房字第1－2－（98）0139号房屋所有权证时，被上诉人金三角公司已就其与上诉人洞山信用社之间为综合楼2306.86平方米房屋纠纷向安徽省高级人民法院提起民事诉讼，该房屋纠纷正在诉讼过程中；被上诉人市房管局在作出的《关于吊销［集］房字第1－2－（97）0011号房屋所有权证的决定》中认定该房屋产权不清，属于错误颁发房屋所有权证；安徽省高级人民法院（1997）皖行终字第015号行政判决维持被上诉人市房管局吊销［集］房字第1－2－（97）0011号房屋所有权证的决定，并未对争议的2306.86平方米房屋产权归属作出裁判。被上诉人市房管局和被上诉人金三角公司提出综合楼的2306.86平方米房屋产权不清的因素已经消除的理由不能成立。安徽省淮南市城乡建设委员会淮城规建许字（91）－118号《建设工程规划许可证》批准综合楼的建设层数为6层，建筑面积为4000平方米，而综合楼实际建设层数为4层，建筑面积为7835.16平方米，与建设工程规划许可证确定的内容不相符。依据《安徽省实施〈中华人民共和国城市规划法〉办法》第三十一条第（二）项关于在城市规划区内，不按建设工程规划许可证确定的建设工程位置、性质、层数、标高、建筑面积和建筑造型建设的建筑物、构筑物属于违法建设的规定，该综合楼应属于违法建设。据此，被上诉人市房管局和被上诉人金三角公司提出综合楼不属于违法建设的理由不能成立。被上诉人市房管局明知综合楼中的2306.86平方米房屋产权尚有争议，该楼系违反建设工程规划许可证的规定进行建设，且未经有关主管部门依法处理，迳行为被上诉人金三角公司颁发［集］房字第1－2－（98）0139号房屋所有权证，主要证据不足，违反法定程序。

综上，一审判决撤销被诉具体行政行为虽然正确，但未认定综合楼房屋产权存有争议，仅以被上诉人市房管局颁发的［集］房字第1－2－（98）0139号房屋所有权证与淮城规建许字第91－118号建设工程规划许可证确定的建设层数、建筑面积等不相符，属部分法定证件不全为由，判决撤销被诉具体行政行为，属于认定事实不清。上诉人洞山信用社对一审判决依据的事实理由不服，认为综合楼房屋产权存在争议的上诉理由成立。根据《中华人民共和国行政诉讼法》第五十四条第（二）项第1、3目和第六十一条第（三）项的规定，作出如下判决：

一、撤销安徽省高级人民法院（1998）皖行初字第01号行政判决。

二、撤销被上诉人淮南市房地产管理局为淮南市金三角家具公司颁发的［集］房字第1－2－（98）0139号房屋所有权证。

二审案件受理费110010元由被上诉人淮南市房地产管理局和被上诉人淮南市金三角家具公司各负担55005元。

四、办案实战资料库

房屋产权登记相关常识

1．房产权登记有何法律效力？

答：依法登记的房产权利受法律保护。房产权利经登记后，产权即得到法律上的承认。产权人可以依法对其房产行使占有、使用、收益和处分权能，任何其他人无权干涉或妨碍，否则产权人可依法请求法律上的保护。

2．《房屋所有权证》有什么作用？

答：《房屋所有权证》是权利人依法管理、经营、使用和处分房产的凭证，是合法拥有房产的凭证。

3．《房屋所有权证》记载哪些内容？

答：《房屋所有权证》记载的内容包括权利人状况，房屋及土地等。具体有：权利人、权利人性质、权属来源、取得时间、变化情况和房产的面积、结构、用途、价值、等级、坐落、坐标等内容。

4．房产登记的程序是怎样的？

答：房产登记按下列程序办理：（一）提出申请；（二）受理申请；（三）审查申请文件；（四）权属调查；（五）依法公告；（六）确认房产权利；（七）将核准登记事项记载在房产登记册上；（八）计收规费并颁发房产权利证书；（九）立卷归档。

5．怎样申请房屋产权登记？

答：申请房屋产权登记，应当按照规定的时间向登记机关提交申请书及有关文件，经审查，申请人的申请符合规定的，登记机关应在规定时间内核准登记，并发给房屋所有权证书。

6．房产登记的权利人名称是如何确定的？

答：房产登记的权利人名称根据如下办法确定：（1）企业法人，为该企业法人的法定名称；（2）国家机关、事业单位，为该机关、单位的法定名称或政府确认的名称；（3）非法人组织，为该组织依法登记的名称或政府批准的名称；（4）个人，为合法身份证明上的姓名；（5）共有人，为各权利人的名称或姓名。

7. 哪几种情况房产登记机关不予受理登记申请？

答：下列两种情况房产登记机关可以不予受理登记申请：（1）申请文件不齐全；（2）申请不符合规定。

8. 哪些房产登记需要由当事人共同申请？

答：房产买卖、抵押、分割、交换、赠与等房产登记由有关当事人共同申请。

9. 申请房产登记，可否委托他人代理？

答：申请房产登记，申请人可以委托他人代理。由代理人办理申请登记的，应向登记机关提交申请人的委托书。境外申请人的委托书应按规定经过公证或认证。

10. 购买房屋后为什么要及时办理房产证？

答：房地产转让转移的并不是房地产本身，而是指其权属，只有将房屋所有权及时转移完毕，一项房地产转让才算彻底完成。而房屋权属证书是权利人依法拥有房屋所有权并对房屋行使占有、使用、收益和处分权利的唯一合法凭证，依法登记的房屋权利才受国家法律保护，所以当房地产发生转让时，应及时到房产管理部门申请转移登记，以使自己的合法权益得到保护。根据《城市房地产转让管理规定》，房地产转让当事人在房地产转让合同签订后90日内向房地产所在地的房地产管理部门提出转移登记申请。

11. 正在办理产权证的房屋是否可以出售？

答：不可以。因为房屋还不具备上市交易资格，如果没有产权证，房产管理部门和公证处都不会受理相关的交易手续。但有出售意向的业主可以提前在我中心的中介所登记售房信息，提前联系购房人，待产权证办下来后随时可以办理权属转移手续。

12. 购买房屋后产权证想办到未成年人名下，需要什么证明材料？

答：需要提交被监护人与监护人关系的证明、监护人的有效身份证、合法监护人监护权的公证书、代理书。

13. 什么样的房屋应该申请初始登记？

答：有两种情况应该申请初始登记：

（1）新建的房屋。申请人应当在房屋竣工后的3个月内向登记机关申请房屋所有权初始登记。

（2）集体土地上的房屋转为国有土地上的房屋。申请人应当自事实发生之日起30日内向登记机关申请房屋所有权初始登记。

14. 什么情况下申请变更登记？

答：权利人名称变更和房屋现状发生下列情形之一的，权利人应当自事实发生之日起30日内申请变更登记：

（1）房屋坐落的街道、牌号或者房屋名称发生变更的；

（2）房屋面积增加或者减少的；

（3）房屋翻建的；

（4）法律、法规规定的其他情形。

15. 所有权证丢失的如何补证？

答：房屋所有权证丢失的，产权人持有效身份证或有照片的户籍证明到房地产档案馆查档，查出房屋所有权证号后，到报社登报声明原证作废，自声明见报之日起满6个月后到房地产登记机关提出补证登记申请。

第六章　物业管理法律制度

本节为您提供以下主题词的法律适用依据与实战资料

■物业管理法律制度

【物业管理法律制度】

一、专家指导意见

（一）物业管理的概念

物业管理是指专业的物业管理企业受物业所有人的委托，依照国家有关法律和物业管理委托合同，以经营的方式对物业及其周围附属设施、绿地、卫生、环境、安全，进行全方位的管理，并向业主和住户提供多方面的综合性服务。它一般包括常规性公共服务、针对性的专项服务和委托性的特约服务。

（二）物业管理法律关系

物业管理法律关系是人们在物业管理活动中，依照物业管理法的规定而建立起来的一种权利义务关系。当委托方与受托方就物业管理委托的主要事项或委托的主要内容经过协商达成协议，并签订物业管理委托合同后，彼此间就建立了物业管理法律关系。双方依据委托合同享有的权利受国家法律保护，所承担的义务受国家法律监督。

1. 物业管理公司的权利和义务

物业管理公司，是指根据合同接受业主或者业主委员会的委托，对物业实行专业化管理，并收取相应报酬的经济组织。

物业管理公司的法律地位：（1）物业管理公司依合同实施物业管理，其管理权源于业主；（2）物业管理公司是独立的企业法人，与业主委员会在法律地位上是平等的；（3）物业管理公司必须与业主委员会合作，实施对物业的管理。

物业管理公司的权利义务：

（1）权利：①根据有关法规并结合实际情况制订管理办法；②依照物业管理委托合同和管理办法对物业实施管理；③依照物业管理委托合同和有关规定收取管理费；④有权制止违反规章制度的行为；⑤有权要求业主委员会协助管理；⑥有权选聘专业公司承担专项管理业务；⑦可以实行多种经营，以其收益补充管理经费。

（2）义务：①履行物业管理委托合同，依法经营；②接受业主委员会和业主及使用人的监督；③重大管理措施应提交业主委员会审议批准；④接受行政主管部门监督指导；⑤定期向全体业主公布管理费用收支账目；⑥物业管理委托合同终止时，须向业主委员会移交全部房屋、物业管理档案、财务等资料和本物业的公共财产，包括管理费、公共收入积累形成的资产。

2. 业主的权利和义务

《物业管理条例》第6条规定业主在物业管理活动中，享有下列权利：

（1）按照物业服务合同的约定，接受物业管理企业提供的服务；

（2）提议召开业主大会会议，并就物业管理的有关事项提出建议；

（3）提出制订和修改业主公约、业主大会议事规则的建议；

（4）参加业主大会会议，行使投票权；

（5）选举业主委员会委员，并享有被选举权；

（6）监督业主委员会的工作；

（7）监督物业管理企业履行物业服务合同；

（8）对物业共用部位、共用设施设备和相关场地使用情况享有知情权和监督权；

（9）监督物业共用部位、共用设施设备专项维修资金（简称专项维修资金）的管理和使用；

（10）法律、法规规定的其他权利。

同条例第7条规定业主在物业管理活动中，履行下列义务：

（1）遵守业主公约、业主大会议事规则；

（2）遵守物业管理区域内物业共用部位和共用设施设备的使用、公共秩序和环境卫生的维护等方面的规章制度；

（3）执行业主大会的决定和业主大会授权业主委员会作出的决定；

（4）按照国家有关规定交纳专项维修资金；

（5）按时交纳物业服务费用；

（6）法律、法规规定的其他义务。

3. 业主大会和业主委员会的权利和义务

业主大会是由物业内的业主组成，决定物业重大管理事项的业主自治管理组织。业主大会的权利有以下5项：（1）选举、撤换业主委员会组成人员；（2）监督业主委员会的工作；（3）通过业主公约和业主委员会的章程；（4）批准物业管理委托合同；（5）决定物业内关于业主利益的重大事项；（6）决定物业管理的其他重要事项。

业主委员会是在物业管理区域内代表全体业主实施自治管理的组织。业主委员会由业主大会从全体业主中选举产生，作为业主大会的常设机构和执行机构，对业主大会负责，受业主大会和广大业主监督。

业主委员会的权利和义务：

（1）业主委员会的权利：①召集和主持业主大会；②草拟业主公约、业主委员会章程草案、修订草案并报业主大会通过；③采取公开招标等方式聘请物业管理企业，代表业主签订物业管理委托合同；④审议物业管理服务费收取标准及使用办法：物业管理服务费通常由业主委员会提出物业管理内容和标准，物业管理公司据此提出测算依据和收费标准，经双方协商后签订物业管理委托合同予以确定；⑤审议年度管理工作计划、年度费用预算；⑥检查、监督物业管理公司的物业管理工作；⑦监督公共建筑、公共设施的合理使用，负责物业维修基金的筹集、使用和管理；⑧业主大会或业主代表大会赋予的其他职责。

（2）业主委员会的义务：①筹备业主大会并负责向其报告工作；②执行业主大会通过的各项决议，接受所有业主的监督；③贯彻执行督促业主遵守物业管理及其他有关法律、政策规定，协助物业管理公司落实各项管理工作，对住用户开展多种形式的宣传教育；④严格履行物业管理委托合同，保障本物业各项管理目标的实现；⑤接受政府行政管理机构的监督指导，执行政府对物业的管理事项提出的要求。

二、法律适用依据

（一）相关行政法规及规范性文件

❶物业管理条例

（2003年6月8日国务院令〔第379号〕公布　自2003年9月1日起施行）

第一章　总则

第一条　为了规范物业管理活动，维护业主和物业管理企业的合法权益，改善人民群众的生活和工作环境，制定本条例。

第二条　本条例所称物业管理，是指业主通过选聘物业管理企业，由业主和物业管理企业按照物业服务合同约定，对房屋及配套的设施设备和相关场地进行维修、养护、管理，维护相关区域内的环境卫生和秩序的活动。

第三条　国家提倡业主通过公开、公平、公正的市场竞争机制选择物业管理企业。

第四条　国家鼓励物业管理采用新技术、新方法，依靠科技进步提高管理和服务水平。

第五条　国务院建设行政主管部门负责全国物业管理活动的监督管理工作。

县级以上地方人民政府房地产行政主管部门负责本行政区域内物业管理活动的监督管理工作。

第二章　业主及业主大会

第六条　房屋的所有权人为业主。

业主在物业管理活动中，享有下列权利：

（一）按照物业服务合同的约定，接受物业管理企业提供的服务；

（二）提议召开业主大会会议，并就物业管理的有关事项提出建议；

（三）提出制定和修改业主公约、业主大会议事规则的建议；

（四）参加业主大会会议，行使投票权；

（五）选举业主委员会委员，并享有被选举权；

（六）监督业主委员会的工作；

（七）监督物业管理企业履行物业服务合同；

（八）对物业共用部位、共用设施设备和相关场地使用情况享有知情权和监督权；

（九）监督物业共用部位、共用设施设备专项维修资金（以下简称专项维修资金）的管理和使用；

（十）法律、法规规定的其他权利。

第七条　业主在物业管理活动中，履行下列义务：

（一）遵守业主公约、业主大会议事规则；

（二）遵守物业管理区域内物业共用部位和共用设施设备的使用、公共秩序和环境卫生的维护等方面的规章制度；

（三）执行业主大会的决定和业主大会授权业主委员会作出的决定；

（四）按照国家有关规定交纳专项维修资金；

（五）按时交纳物业服务费用；

（六）法律、法规规定的其他义务。

第八条　物业管理区域内全体业主组成业主大会。

业主大会应当代表和维护物业管理区域内全体业主在物业管理活动中的合法权益。

第九条　一个物业管理区域成立一个业主大会。

物业管理区域的划分应当考虑物业的共用设施设备、建筑物规模、社区建设等因素。具体办法由省、自治区、直辖市制定。

第十条　同一个物业管理区域内的业主，应当在物业所在地的区、县人民政府房地产行政主管部门的指导下成立业主大会，并选举产生业主委员会。但是，只有一个业主的，或者业主人数较少且经全体业主一致同意，决定不成立业主大会的，由业主共同履行业主大会、业主委员会职责。

业主在首次业主大会会议上的投票权，根据业主拥有物业的建筑面积、住宅套数等因素确定。具体办法由省、自治区、直辖市制定。

第十一条　业主大会履行下列职责：

（一）制定、修改业主公约和业主大会议事规则；

（二）选举、更换业主委员会委员，监督业主委员会的工作；

（三）选聘、解聘物业管理企业；

（四）决定专项维修资金使用、续筹方案，并监督实施；

（五）制定、修改物业管理区域内物业共用部位和共用设施设备的使用、公共秩序和环境卫生的维护等方面的规章制度；

（六）法律、法规或者业主大会议事规则规定的其他有关物业管理的职责。

第十二条　业主大会会议可以采用集体讨论的形式，也可以采用书面征求意见的形式；但应当有物业管理区域内持有1/2以上投票权的业主参加。

业主可以委托代理人参加业主大会会议。

业主大会作出决定，必须经与会业主所持投票权1/2以上通过。业主大会作出制定和修改业主公约、业主大会议事规则，选聘和解聘物业管理企业，专项维修资金使用和续筹方案的决定，必须经物业管理区域内全体业主所持投票权2/3以上通过。

业主大会的决定对物业管理区域内的全体业主具有约束力。

第十三条 业主大会会议分为定期会议和临时会议。

业主大会定期会议应当按照业主大会议事规则的规定召开。经20%以上的业主提议，业主委员会应当组织召开业主大会临时会议。

第十四条 召开业主大会会议，应当于会议召开15日以前通知全体业主。

住宅小区的业主大会会议，应当同时告知相关的居民委员会。

业主委员会应当做好业主大会会议记录。

第十五条 业主委员会是业主大会的执行机构，履行下列职责：

（一）召集业主大会会议，报告物业管理的实施情况；

（二）代表业主与业主大会选聘的物业管理企业签订物业服务合同；

（三）及时了解业主、物业使用人的意见和建议，监督和协助物业管理企业履行物业服务合同；

（四）监督业主公约的实施；

（五）业主大会赋予的其他职责。

第十六条 业主委员会应当自选举产生之日起30日内，向物业所在地的区、县人民政府房地产行政主管部门备案。

业主委员会委员应当由热心公益事业、责任心强、具有一定组织能力的业主担任。

业主委员会主任、副主任在业主委员会委员中推选产生。

第十七条 业主公约应当对有关物业的使用、维护、管理，业主的共同利益，业主应当履行的义务，违反公约应当承担的责任等事项依法作出约定。

业主公约对全体业主具有约束力。

第十八条 业主大会议事规则应当就业主大会的议事方式、表决程序、业主投票权确定办法、业主委员会的组成和委员任期等事项作出约定。

第十九条 业主大会、业主委员会应当依法履行职责，不得作出与物业管理无关的决定，不得从事与物业管理无关的活动。

业主大会、业主委员会作出的决定违反法律、法规的，物业所在地的区、县人民政府房地产行政主管部门，应当责令限期改正或者撤销其决定，并通告全体业主。

第二十条 业主大会、业主委员会应当配合公安机关，与居民委员会相互协作，共同做好维护物业管理区域内的社会治安等相关工作。

在物业管理区域内，业主大会、业主委员会应当积极配合相关居民委员会依法履行自治管理职责，支持居民委员会开展工作，并接受其指导和监督。

住宅小区的业主大会、业主委员会作出的决定，应当告知相关的居民委员会，并认真听取居民委员会的建议。

第三章 前期物业管理

第二十一条 在业主、业主大会选聘物业管理企业之前，建设单位选聘物业管理企业的，应当签订书面的前期物业服务合同。

第二十二条 建设单位应当在销售物业之前，制定业主临时公约，对有关物业的使用、维护、管理，业主的共同利益，业主应当履行的义务，违反公约应当承担的责任等事项依法作出约定。

建设单位制定的业主临时公约，不得侵害物业买受人的合法权益。

第二十三条 建设单位应当在物业销售前将业主临时公约向物业买受人明示，并予以说明。

物业买受人在与建设单位签订物业买卖合同时，应当对遵守业主临时公约予以书面承诺。

第二十四条 国家提倡建设单位按照房地产开发与物业管理相分离的原则，通过招投标的方式选聘具有相应资质的物业管理企业。

住宅物业的建设单位，应当通过招投标的方式选聘具有相应资质的物业管理企业；投标人少于3个或者住宅规模较小的，经物业所在地的区、县人民政府房地产行政主管部门批准，可以采用协议方式选聘具有相应资质的物业管理企业。

第二十五条 建设单位与物业买受人签订的买卖合同应当包含前期物业服务合同约定的内容。

第二十六条 前期物业服务合同可以约定期限；但是，期限未满、业主委员会与物业管理企业签订的物业服务合同生效的，前期物业服务合同终止。

第二十七条 业主依法享有的物业共用部位、共用设施设备的所有权或者使用权，建设单位不得擅自处分。

第二十八条 物业管理企业承接物业时，应当对物业共用部位、共用设施设备进行查验。

第二十九条 在办理物业承接验收手续时，建设单位应当向物业管理企业移交下列资料：

（一）竣工总平面图，单体建筑、结构、设备竣工图，配套设施、地下管网工程竣工图等竣工验收资料；

（二）设施设备的安装、使用和维护保养等技术资料；

（三）物业质量保修文件和物业使用说明文件；

（四）物业管理所必需的其他资料。

物业管理企业应当在前期物业服务合同终止时将上述资料移交给业主委员会。

第三十条 建设单位应当按照规定在物业管理区域内配置必要的物业管理用房。

第三十一条 建设单位应当按照国家规定的保修期限和保修范围，承担物业的保修责任。

第四章 物业管理服务

第三十二条 从事物业管理活动的企业应当具有独立的法人资格。

国家对从事物业管理活动的企业实行资质管理制度。具体办法由国务院建设行政主管部门制定。

第三十三条 从事物业管理的人员应当按照国家有关规定，取得职业资格证书。

第三十四条 一个物业管理区域由一个物业管理企业实施物业管理。

第三十五条 业主委员会应当与业主大会选聘的物业管理企业订立书面的物业服务合同。

物业服务合同应当对物业管理事项、服务质量、服务费用、双方的权利义务、专项维修资金的管理与使用、物业管理用房、合同期限、违约责任等内容进行约定。

第三十六条 物业管理企业应当按照物业服务合同的约定，提供相应的服务。

物业管理企业未能履行物业服务合同的约定，导致业主人身、财产安全受到损害的，应当依法承担相应的法律责任。

第三十七条 物业管理企业承接物业时，应当与业主委员会办理物业验收手续。

业主委员会应当向物业管理企业移交本条例第二十九条第一款规定的资料。

第三十八条 物业管理用房的所有权依法属于业主。未经业主大会同意，物业管理企业不得改变物业管理用房的用途。

第三十九条 物业服务合同终止时，物业管理企业应当将物业管理用房和本条例第二十九条第一款规定的资料交还给业主委员会。

物业服务合同终止时，业主大会选聘了新的物业管理企业的，物业管理企业之间应当做好交接工作。

第四十条 物业管理企业可以将物业管理区域内的专项服务业务委托给专业性服务企业，但不得将该区域内的全部物业管理一并委托给他人。

第四十一条 物业服务收费应当遵循合理、公开以及费用与服务水平相适应的原则，区别不同物业的性质和特点，由业主和物业管理企业按照国务院价格主管部门会同国务院建设行政主管部门制定的物业服务收费办法，在物业服务合同中约定。

第四十二条 业主应当根据物业服务合同的约定交纳物业服务费用。业主与物业使用人约定由物业使用人交纳物业服务费用的，从其约定，业主负连带交纳责任。

已竣工但尚未出售或者尚未交给物业买受人的物业，物业服务费用由建设单位交纳。

第四十三条 县级以上人民政府价格主管部门会同同级房地产行政主管部门，应当加强对物业服务收费的监督。

第四十四条 物业管理企业可以根据业主的委托提供物业服务合同约定以外的服务项目，服务报酬由双方约定。

第四十五条 物业管理区域内，供水、供电、供气、供热、通讯、有线电视等单位应当向最终用户收取有关费用。

物业管理企业接受委托代收前款费用的，不得向业主收取手续费等额外费用。

第四十六条 对物业管理区域内违反有关治安、环保、物业装饰装修和使用等方面法律、法规规定的行为，物业管理企业应当制止，并及时向有关行政管理部门报告。

有关行政管理部门在接到物业管理企业的报告后，应当依法对违法行为予以制止或者依法处理。

第四十七条 物业管理企业应当协助做好物业管理区域内的安全防范工作。发生安全事故时，物业管理企业在采取应急措施的同时，应当及时向有关行政管理部门报告，协助做好救助工作。

物业管理企业雇请保安人员的，应当遵守国家有关规定。保安人员在维护物业管理区域内的公共秩序时，应当履行职责，不得侵害公民的合法权益。

第四十八条 物业使用人在物业管理活动中的权利义务由业主和物业使用人约定，但不得违反法律、法规和业主公约的有关规定。

物业使用人违反本条例和业主公约的规定，有关业主应当承担连带责任。

第四十九条 县级以上地方人民政府房地产行政主管部门应当及时处理业主、业主委员会、物业使用人和物业管理企业在物业管理活动中的投诉。

第五章 物业的使用与维护

第五十条 物业管理区域内按照规划建设的公共建筑和共用设施，不得改变用途。

业主依法确需改变公共建筑和共用设施用途的，应当在依法办理有关手续后告知物业管理企业；物业管理企业确需改变公共建筑和共用设施用途的，应当提请业主大会讨论决定同意后，由业主依法办理有关手续。

第五十一条 业主、物业管理企业不得擅自占用、挖掘物业管理区域内的道路、场地，损害业主的共同利益。

因维修物业或者公共利益，业主确需临时占用、挖掘道路、场地的，应当征得业主委员会和物业管理企业的同意；物业管理企业确需临时占用、挖掘道路、场地的，应当征得业主委员会的同意。

业主、物业管理企业应当将临时占用、挖掘的道路、场地，在约定期限内恢复原状。

第五十二条 供水、供电、供气、供热、通讯、有线电视等单位，应当依法承担物业管理区域内相关管线和设施设备维修、养护的责任。

前款规定的单位因维修、养护等需要，临时占用、挖掘道路、场地的，应当及时恢复原状。

第五十三条 业主需要装饰装修房屋的，应当事先告知物业管理企业。

物业管理企业应当将房屋装饰装修中的禁止行为和注意事项告知业主。

第五十四条 住宅物业、住宅小区内的非住宅物业或者与单幢住宅楼结构相连的非住宅物业的业主，应当按照国家有关规定交纳专项维修资金。

专项维修资金属业主所有，专项用于物业保修期满后物业共用部位、共用设施设备的维修和更新、改造，不得挪作他用。

专项维修资金收取、使用、管理的办法由国务院建设行政主管部门会同国务院财政部门制定。

第五十五条 利用物业共用部位、共用设施设备进行经营的，应当在征得相关业主、业主大会、物业管理企业的同意后，按照规定办理有关手续。业主所得收益应当主要用于补充专项维修资金，也可以按照业主大会的决定使用。

第五十六条 物业存在安全隐患，危及公共利益及他人合法权益时，责任人应当及时维修养护，有关业主应当给予配合。

责任人不履行维修养护义务的，经业主大会同意，可以由物业管理企业维修养护，费用由责任人承担。

第六章 法律责任

第五十七条 违反本条例的规定，住宅物业的建设单位未通过招投标的方式选聘物业管理企业或者未经批准，擅自采用协议方式选聘物业管理企业的，由县级以上地方人民政府房地产行政主管部门责令限期改正，给予警告，可以并处10万元以下的罚款。

第五十八条 违反本条例的规定，建设单位擅自处分属于业主的物业共用部位、共用设施设备的所有权或者使用权的，由县级以上地方人民政府房地产行政主管部门处5万元以上20万元以下的罚款；给业主造成损失的，依法承担赔偿责任。

第五十九条 违反本条例的规定，不移交有关资料的，由县级以上地方人民政府房地产行政主管部门责令限期改正；逾期仍不移交有关资料的，对建设单位、物业管理企业予以通报，处1万元以上10万元以下的罚款。

第六十条 违反本条例的规定，未取得资质证书从事物业管理的，由县级以上地方人民政府房地产行政主管部门没收违法所得，并处5万元以上20万元以下的罚款；给业主造成损失的，依法承担赔偿责任。

以欺骗手段取得资质证书的，依照本条第一款规定处罚，并由颁发资质证书的部门吊销资质证书。

第六十一条 违反本条例的规定，物业管理企业聘用未取得物业管理职业资格证书的人员从事物业管理活动的，由县级以上地方人民政府房地产行政主管部门责令停止违法行为，处5万元以上20万元以下的罚款；给业主造成损失的，依法承担赔偿责任。

第六十二条 违反本条例的规定，物业管理企业将一个物业管理区域内的全部物业管理一并委托给他人的，由县级以上地方人民政府房地产行政主管部门责令限期改正，处委托合同价款30%以上50%以下的罚款；情节严重的，由颁发资质证书的部门吊销资质证书。委托所得收益，用于物业管理区域内物业共用部位、共用设施设备的维修、养护，剩余部分按照业主大会的决定使用；给业主造成损失的，依法承担赔偿责任。

第六十三条 违反本条例的规定，挪用专项维修资金的，由县级以上地方人民政府房地产行政主管部门追回挪用的专项维修资金，给予警告，没收违法所得，可以并处挪用数额2倍以下的罚款；物业管理企业挪用专项维修资金，情节严重的，并由颁发资质证书的部门吊销资质证书；构成犯罪的，依法追究直接负责的主管人员和其他直接责任人员的刑事责任。

第六十四条 违反本条例的规定，建设单位在物业管理区域内不按照规定配置必要的物业管理用房的，由县级以上地方人民政府房地产行政主管部门责令限期改正，给予警告，没收违法所得，并处10万元以上50万元以下的罚款。

第六十五条 违反本条例的规定，未经业主大会同意，物业管理企业擅自改变物业管理用房的用途的，由县级以上地方人民政府房地产行政主管部门责令限期改正，给予警告，并处1万元以上10万元以下的罚款；有收益的，所得收益用于物业管理区域内物业共用部位、共用设施设备的维修、养护，剩余部分按照业主大会的决定使用。

第六十六条 违反本条例的规定，有下列行为之一的，由县级以上地方人民政府房地产行政主管部门责令限期改正，给予警告，并按照本条第二款的规定处以罚款；所得收益，用于物业管理区域内物业共用部位、共用设施设备的维修、养护，剩余部分按照业主大会的决定使用：

（一）擅自改变物业管理区域内按照规划建设的公共建筑和共用设施用途的；

（二）擅自占用、挖掘物业管理区域内道路、场地，损害业主共同利益的；

（三）擅自利用物业共用部位、共用设施设备进行经营的。

个人有前款规定行为之一的，处1000元以上1万元以下的罚款；单位有前款规定行为之一的，处5万元以上20万元以下的罚款。

第六十七条 违反物业服务合同约定，业主逾期不交纳物业服务费用的，业主委员会应当督促其限期交纳；逾期仍不交纳的，物业管理企业可以向人民法院起诉。

第六十八条 业主以业主大会或者业主委员会的名义，从事违反法律、法规的活动，构成犯罪的，依法追究刑事责任；尚不构成犯罪的，依法给予治安管理处罚。

第六十九条 违反本条例的规定，国务院建设行政主管部门、县级以上地方人民政府房地产行政主管部门或者其他有关行政管理部门的工作人员利用职务上的便利，收受他人财物或者其他好处，不依法履行监督管理职责，或者发现违法行为不予查处，构成犯罪的，依法追究刑事责任；尚不构成犯罪的，依法给予行政处分。

第七章 附则

第七十条 本条例自2003年9月1日起施行。

❷关于促进房地产市场持续健康发展的通知（节录）

（2003年8月12日国务院 国〔2003〕18号公布）

（十一）规范发展市场服务。要健全房地产中介服务市场规则，严格执行房地产经纪人、房地产估价师执（职）业资格制度，为居民提供准确的信息和便捷的服务。规范发展住房装饰装修市场，保证工程质量。贯彻落实《物业管理条例》，切实改善住房消费环境。

❸关于进一步深化城镇住房制度改革加快住房建设的通知（节录）

（1998年7月3日国务院 国〔1998〕23号公布）

（二十七）物业管理企业要加强内部管理，努力提高服务质量，向用户提供质价相符的服务，不得只收费不服务或多收费少服务，切实减轻住房负担。物业管理要引入竞争机制，促进管理水平的提高。有关主管部门要加强对物业管理企业的监管。

❹建设部职能配置、内设机构和人员编制规定（节录）

（1998年6月23日国务院办公厅 国办〔1998〕86号公布）

（十）住宅与房地产业司（住房制度改革办公室）

指导规范房地产市场；指导城镇土地使用权有偿转让和开发利用工作；提出住宅建设与房地产业的中长期规划和科技发展战略、产业政策和规章，拟定住宅建设、房屋拆迁、房地产开发、房地产市场、房地产评估、物业管理的规章制度并监督执行；指导全国住宅建设和住宅供应政策的实施；拟定房地产开发企业、物业管理企业、社会中介服务机构的资质标准；提出房地产估价专业技术人员执业资格标准；贯彻落实国家关于推进城镇住房制度改革的方针、政策和措施；指导城镇住房制度改革工作；负责住房公积金和其他房改资金的政策指导并监督使用。

（二）相关部门规章及规范性文件

❶关于大力发展经济适用住房的若干意见（节录）

（1998年7月14日建设部、国家发展计划委员会、国土资源部 建房〔1998〕154号公布）

五、经济适用住房的物业管理

（十五）新建成的经济适用住房，要严格执行建设部制定的《城市新建住宅小区管理办法》（建设部令第33号），全面推行社会化、专业化、市场化的物业管理新机制。

（十六）在经济适用住房建设前期阶段，应做好与物业管理的衔接工作。通过竞争方式，选择物业管理企业。物业管理企业要按照同业主委员会签定的合同，进行售后服务和管理。

（十七）要建立住房共用部位、设备和小区公共设施的专项维修资金，并按照规定使用。

（十八）政府建设（房地产）行政主管部门要加强对物业管理企业的监督和管理，规范物业管理及服务。物业管理收费标准应与物业管理服务内容以及当地居民的经济承受能力相适应，通过不断提高物业管理水平，为居民创造良好的生活环境。

❷物业管理企业财务管理规定

（1998年3月12日财政部公布）

第一章 总则

第一条 为了规范物业管理企业财务行为，有利于企业公平竞争，加强财务管理和经济核算，结合物业管理企业的特点及其管理要求，制定本规定。

除本规定另有规定外，物业管理企业执行《施工、房地产开发企业财务制度》。

第二条 本规定适用于中华人民共和国境内的各类物业管理企业（以下简称企业），包括国有企业、集体企业、私营企业、外商投资企业等各类经济性质的企业；有限责任公司、股份有限公司等各类组织形式的企业。

其他行业独立核算的物业管理企业也适用本规定。

第二章 代管基金

第三条 代管基金是指企业接受业主管理委员会或者物业产权人、使用人委托代管的房屋共用部位维修基金和共用设施设备维修基金。

房屋共用部位维修基金是指专项用于房屋共用部位大修理的资金。房屋的共用部位，是指承重结构部位（包括楼盖、屋顶、梁、柱、内外墙体和基础等）、外墙面、楼梯间、走廊通道、门厅、楼内存车库等。

共用设施设备维修基金是指专项用于共用设施和共用设备大修理的资金。共用设施设备是指共用的上下水管道、公用水箱、加压水泵、电梯、公用天线、供电干线、共用照明、暖气干线、消防设施、住宅区的道路、路灯、沟渠、池、井、室外停车场、游泳池、各类球场等。

第四条 代管基金作为企业长期负债管理。

代管基金应当专户存储，专款专用，并定期接受业主管理委员会或者物业产权人、使用人的检查与监督。

代管基金利息净收入应当经业主管理委员会或者物业产权人、使用人认可后转作代管基金滚存使用和管理。

第五条 企业有偿使用业主管理委员会或者物业产权人、使用人提供的管理用房、商业用房和共用设施设备，应当设立备查账簿单独进行实物管理，并按照国家法律、法规的规定或者双方签订的合同、协议支付有关费用（如租赁费、承包费等）。

管理用房是指业主管理委员会或者物业产权人、使用人向企业提供的办公用房。

商业用房是指业主管理委员会或者物业产权人、使用人向企业提供的经营用房。

第六条 企业支付的管理用房和商业用房有偿使用费，经业主管理委员会或者物业产权人、使用人认可后转作企业代管的房屋共用部位维修基金；企业支付的共用设施设备有偿使用费，经业主管理委员会或者物业产权人、使用人认可后转作企业代管的共用设施设备维修基金。

第三章 成本和费用

第七条 企业在从事物业管理活动中，为物业产权人、使用人提供维修、管理和服务等过程中发生的各项支出，按照国家规定计入成本、费用。

第八条 企业在从事物业管理活动中发生的各项直接支出，计入营业成本。营业成本包括直接人工费、直接材料费和间接费用等。实行一级成本核算的企业，可不设间接费用，有关支出直接计入管理费用。

直接人工费包括企业直接从事物业管理活动等人员的工资、奖金及职工福利费等。

直接材料费包括企业在物业管理活动中直接消耗的各种材料、辅助材料、燃料和动力、构配件、零件、低值易耗品、包装物等。

间接费用包括企业所属物业管理单位管理人员的工资、奖金及职工福利费、固定资产折旧费及修理费、水电费、取暖费、办公费、差旅费、邮电通讯费、交通运输费、租赁费、财产保险费、劳动保护费、保安费、绿化维护费、低值易耗品摊销及其他费用等。

第九条 企业经营共用设施设备，支付的有偿使用费，计入营业成本。

第十条 企业支付的管理用房有偿使用费，计入营业成本或者管理费用。

第十一条 企业对管理用房进行装饰装修发生的支出，

计入递延资产，在有效使用期限内，分期摊入营业成本或者管理费用。

第十二条 企业可以于年度终了，按照年末应收账款余额的0.3%～0.5%计提坏账准备金，计入管理费用。

企业发生的坏账损失，冲减坏账准备金。收回已核销的坏账，增加坏账准备金。

不计提坏账准备金的企业，发生的坏账损失，计入管理费用。收回已核销的坏账，冲减管理费用。

第四章 营业收入及利润

第十三条 营业收入是指企业从事物业管理和其他经营活动所取得的各项收入，包括主营业务收入和其他业务收入。

第十四条 主营业务收入是指企业在从事物业管理活动中，为物业产权人、使用人提供维修、管理和服务所取得收入，包括物业管理收入、物业经营收入和物业大修收入。

物业管理收入是指企业向物业产权人、使用人收取的公共性服务费收入、公众代办性服务费收入和特约服务收入。

物业经营收入是指企业经营业主管理委员会或者物业产权人、使用人提供的房屋建筑物和共用设施取得的收入，如房屋出租收入和经营停车场、游泳池、各类球场等共用设施收入。

物业大修收入是指企业接受业主管理委员会或者物业产权人、使用人的委托，对房屋共用部位、共用设施设备进行大修取得的收入。

第十五条 企业应当在劳务已经提供，同时收讫价款或取得收取价款的凭证时确认为营业收入的实现。

物业大修收入应当经业主管理委员会或者物业产权人、使用人签证认可后，确认为营业收入的实现。

企业与业主管理委员会或者物业产权人、使用人双方签订付款合同或协议的，应当根据合同或者协议所规定的付款日期确认为营业收入的实现。

第十六条 企业利润总额包括营业利润、投资净收益、营业外收支净额以及补贴收入。

第十七条 补贴收入是指国家拨给企业的政策性亏损补贴和其他补贴。

第十八条 营业利润包括主营业务利润和其他业务利润。

主营业务利润是指主营业务收入减去营业税金及附加，再减去营业成本、管理费用及财务费用后净额。

营业税金及附加包括营业税、城市维护建设税和教育费附加。

其他业务利润是指其他业务收入减去其他业务支出和其他业务缴纳的税金及附加后的净额。

第十九条 其他业务收入是指企业从事主营业务以外的其他业务活动所取得的收入，包括房屋中介代销手续费收入、材料物资销售收入、废品回收收入、商业用房经营收入及无形资产转让收入等。

商业用房经营收入是指企业利用业主管理委员会或者物业产权人、使用人提供的商业用房，从事经营活动取得的收入，如开办健身房、歌舞厅、美容美发屋、商店、饮食店等经营收入。

第二十条 其他业务支出是指企业从事其他业务活动所发生的有关成本和费用支出。

企业支付的商业用房有偿使用费，计入其他业务支出。

企业对商业用房进行装饰装修发生的支出，计入递延资产，在有效使用期限内，分期摊入其他业务支出。

第五章 附则

第二十一条 本规定自1998年1月1日起施行。

第二十二条 本规定由财政部负责解释和修订。

❸全国物业管理从业人员岗位证书管理办法

（1998年12月2日建设部公布 自1999年1月1日起施行）

第一条 全国物业管理从业人员岗位证书（以下简称“证书”）是全国物业管理从业人员参加岗位培训合格证书和上岗资格证书，限持证者任职期间使用。

第二条 证书由建设部人事教育司统一印制，加盖建设部人事教育司证书专用章和住宅与房地产业司公章。证书在全国范围内通用。

第三条 证书由建设部人事教育司会同住宅与房地产业司统一管理，各省、自治区、直辖市建委（建设厅），各计划单列市建委（房管局）教育主管部门会同房地产主管部门具体管理。

第四条 物业管理企业经理证书由具有物业管理企业经理培训资格的培训机构直接向建设部人事教育司、住宅与房地产业司申领。

物业管理企业部门经理、管理员证书由各省、自治区、直辖市建委（建设厅），各计划单列市建委（房管局）统一到建设部人事教育司领取，各培训机构向各地建委（建设厅）教育主管部门和房地产主管部门申领。

申领证书时需提交以下材料：1. 教学计划；2. 培训总结；3. 培训登记；4. 学员岗位职务聘任证书复印件。

第五条 证书实行统一编号制度，编号共10位数。

经建设部统一认定的具有物业管理企业经理培训资格的培训机构负责物业管理企业经理证书的具体发放和统一编号工作，编号前四位为培训机构代码（另行规定），编号后六位从“000001”开始顺次编号。

各地建设教育主管部门会同房地产主管部门负责本行政区域内物业管理企业部门经理、管理员证书的发放和统一编号工作。编号前四位为“0＋省、直辖市、自治区、计划单列市国家标准代码”，编号后六位从“000001”开始顺次编号。

第六条 证书实行动态管理、复检验证制度。复检验证工作按照属地原则由各地房产管理部门会同建设教育主管部门具体管理，每三年进行一次。证书复检时必须查验持证者工作完成情况和接受继续教育情况，具体方法由各地根据情况自行制定、实施。

第七条 持证者必须接受规定的继续教育，由培训机构负责做好继续教育记录。

第八条 证书不得涂改、买卖、伪造。

第九条 本办法自1999年1月1日起实行。

❹城市新建住宅小区管理办法

（1994年3月23日经建设部第五次部常务会议通过 1994年3月15日建设部令〔第33号〕公布 自1994年1月1日起施行）

第一条 为了加强城市新建住宅小区的管理，提高城市新建住宅小区的整体管理水平，为居民创造整洁、文明、安全、生活方便的居住环境，制定本办法。

第二条 本办法所称城市，是指国家按行政建制设立的直辖市、市、镇。

本办法所称新建住宅小区，是指达到一定规模，基础设施配套比较齐全的新建住宅小区（含居住小区、住宅组团，以下简称住宅小区）。

本办法所称住宅小区管理（以下简称小区管理），是指对住宅小区内的房屋建筑及其设备、市政公用设施、绿化、卫生、交通、治安和环境容貌等管理项目进行维护、修缮与整治。

第三条 房地产行政主管部门负责小区管理的归口管理工作；市政、绿化、卫生、交通、治安、供水、供气、供热等行政主管部门和住宅小区所在地人民政府按职责分工，负责小区管理中有关工作的监督与指导。

第四条 住宅小区应当逐步推行社会化、专业化的管理模式。由物业管理公司统一实施专业化管理。

第五条 房地产开发企业在出售住宅小区房屋前，应当选聘物业管理公司承担住宅小区的管理，并与其签订物业管理合同。住宅小区在物业管理公司负责管理前，由房地产开发企业负责管理。

第六条 住宅小区应当成立住宅小区管理委员会（以下简称管委会）。

管委会是在房地产行政主管部门指导下，由住宅小区内房地产产权人和使用人选举的代表组成，代表和维护住宅小区内房地产产权人和使用人的合法权益。

第七条 管委会的权利：

（一）制定管委会章程，代表住宅小区内的产权人、使用人，维护房地产产权人和使用人的合法权利；

（二）决定选聘或续聘物业管理公司；

（三）审议物业管理公司制订的年度管理计划和小区管理服务的重大措施；

（四）检查、监督各项管理工作的实施及规章制度的执行。

管委会的义务：

（一）根据房地产产权人和使用人的意见和要求，对物业管理公司的管理工作进行检查和监督；

（二）协助物业管理公司落实各项管理工作；

（三）接受住宅小区内房地产产权人和使用人的监督；

（四）接受房地产行政主管部门、各有关行政主管部门及住宅小区所在地人民政府的监督指导。

第八条 物业管理公司的权利：

（一）物业管理公司应当根据有关法规，结合实际情况，制定小区管理办法；

（二）依照物业管理合同和管理办法对住宅小区实施管理；

（三）依照物业管理合同和有关规定收取管理费用；

（四）有权制止违反规章制度的行为；

（五）有权要求管委会协助管理；

（六）有权选聘专营公司（如清洁公司、保安公司等）承担专项管理业务；

（七）可以实行多种经营，以其收益补充小区管理经费。

物业管理公司的义务：

（一）履行物业管理合同，依法经营；

（二）接受管委会和住宅小区内居民的监督；

（三）重大的管理措施应当提交管委会审议，并经管委会认可；

（四）接受房地产行政主管部门、有关行政主管部门及住宅小区所在地人民政府的监督指导。

物业管理公司需向工商行政管理部门申请注册登记，领取营业执照后，方可开业。

第九条 物业管理公司可享受国家对第三产业的优惠政策。

第十条 物业管理合同应当明确：

（一）管理项目；

（二）管理内容；

（三）管理费用；

（四）双方权利和义务；

（五）合同期限；

（六）违约责任；

（七）其他。

第十一条 物业管理合同和小区管理办法，应报房地产行政主管部门备案。

第十二条 房地产开发企业在办理售房手续时，应在买卖合同中对房地产产权人有承诺遵守小区管理办法的约定。房地产产权人与使用人分离时，应在租赁合同中对使用人有承诺遵守小区管理办法的约定。

第十三条 住宅小区内的房地产产权人和使用人，应当遵守小区管理办法，按规定交纳管理费用，不得妨碍、阻挠管理人员履行职责，并有权参与和监督住宅小区的管理。

第十四条 房地产产权人和使用人违反本办法规定，有下列行为之一的，由物业管理公司予以制止、批评教育、责令恢复原状、赔偿损失：

（一）擅自改变小区内土地用途的；

（二）擅自改变房屋、配套设施的用途、结构、外观，毁损设施、设备，危及房屋安全的；

（三）私搭乱建、乱停乱放车辆，在房屋共用部位乱堆乱放，随意占用、破坏绿化、污染环境、影响住宅小区景观，噪声扰民的；

（四）不照章交纳各种费用的。

第十五条 物业管理公司违反本办法规定，有下列行为之一的，房地产产权人和使用人有权投诉；管委会有权制止，并要求其限期改正；房地产行政主管部门可对其予以警告、责令限期改正、赔偿损失，并可处以罚款：

（一）房屋及公用设施、设备修缮不及时的；

（二）管理制度不健全，管理混乱的；

（三）擅自扩大收费范围，提高收费标准的；

（四）私搭乱建，改变房地产和公用设施用途的；

（五）不履行物业管理合同及管理办法规定义务的。

第十六条 本办法生效前，未按本办法实施管理的住宅小区可参照本办法执行。

第十七条 各省、自治区、直辖市人民政府房地产行政主管部门可根据本办法制定实施细则。

第十八条 本办法由建设部负责解释。

第十九条 本办法自一九九四年四月一日起施行。

❺公有住宅售后维修养护管理暂行办法

（1992年6月15日建设部 建设部令〔第19号〕公布 自1992年7月1日起施行）

第一条 为加强公有住宅售后的维修和养护管理，保障住宅所有人的合法权利和住用安全，特制定本办法。

第二条 本办法适用于直辖市、市、镇和未设镇建制的工矿区范围内，在住房制度改革中向个人出售的公有住宅的售后维护和养护管理。

第三条 各级人民政府房地产行政主管部门依照《城市私有房屋管理条例》、本办法及其他有关法规，对本行政区域内向个人出售的公有住宅的维修和养护进行指导、监督和管理。

第四条 本办法所称住宅的自用部位和自用设备，是指户门以内的部位和设备，包括水、电、气户表以内的管线和自用阳台。

住宅的共用部位，是指承重结构部位（包括楼盖、屋顶、梁、柱、内外墙体和基础等）、外墙面、楼梯间、走廊通道、门厅、楼内自行车存车库等。

住宅的共用设施设备，是指共用的上下水管道、落水管、邮政信箱、垃圾道、烟囱、供电干线、共用照明、天线、暖气干线、供暖锅炉房、高压水泵房、消防设施和电梯等。

第五条 公有住宅出售后，住宅自用部位和自用设备的维修养护，由住宅所有人承担维修养护责任，住宅所有人可以自行维修养护，也可以委托代修。

第六条 公用住宅出售后，住宅共用部位和共用设施设备的维修养护由售房单位承担维修养护责任，也可以由售房单位在售房时委托房地产经营管理单位承担维修养护责任。

第七条 住宅共用部位和共用设施设备的维修养护费用，可以由售房单位按照规定比例向购房人收取，维修养护费用不足时，暂由原售房单位承担。具体收取标准和办法由省、自治区、直辖市人民政府规定。

维修养护费用应当专户存入银行，由维修养护责任单位专项用于住宅共用部位和共用设施设备的维修养护。维修养护费用的使用受该幢住宅各所有人的共同监督。

第八条 电梯、高压水泵房、供暖锅炉房等共用设施设备的运行、维护和更新，可以按照国家和地方原有规定执行。

第九条 住宅的共用部位和共用设施设备，凡属人为损坏的，由责任人负责修复或者赔偿。

第十条 住宅建筑以外的市政公用设施（道路、上下水管道、窨井、化粪池、室外泵房、绿化等），按照现行规定的职责分工负责维修和管理。

第十一条 凡需要对住宅进行中修以上的，应当依照《城市房屋修缮管理规定》执行。

第十二条 住宅所有人和维修养护责任单位，应当定期对住宅的自用部位、自用设备或者共用部位、共用设施设备进行维修养护，保证居住安全和设备的正常使用，并接受房屋所在地人民政府房地产行政主管部门指导、监督和管理。

第十三条 住宅所有人不得擅自侵占住宅的共用部位和共用设施设备，不得擅自增加或者减少对该幢住宅共用设施设备正常运行有影响的自用设备。

第十四条 在当地人民政府房地产行政主管部门的指导下，由原售房单位、有关管理部门及相关住宅所有人协商成立民主管理性质的住宅管理委员会，负责组织落实住宅维修养护管理工作；监督维修养护费用的使用；组织制订相关所有人共同遵守的协议；并协助有关部门调解相关所有人之间的住宅纠纷。

第十五条 当事人因住宅的维修养护发生纠纷时，应当协商解决。协商不成的，当事人可以向房屋所在地房地产仲裁机构申请仲裁，也可以向人民法院起诉。

第十六条 个人购买的其他住宅的维修养护管理，参照本办法执行。

已实行行业管理、委托管理等维修养护管理模式的按照相关规定执行。

第十七条 省、自治区、直辖市人民政府房地产行政主管部门可以根据本办法制定实施细则。

第十八条 本办法由建设部负责解释。

第十九条 本办法自一九九二年七月一日起施行。

❻关于改进和加强中央国家机关办公用房管理意见的实施细则（节录）

（2001年8月6日国务院机关事务管理局制定）

五、物业管理

（二十五）办公用房的物业管理暂由各部门、各单位负责，待条件成熟后由国管局统一组织实施。物业管理主要包括日常维修、水电暖设备维护维修、电梯空调设备维护维修、办公楼（区）的绿化、保洁、保安、会议等公共性服务，代收代缴等公众代办服务和机关所要求的特约服务。物业管理的任务是创造设备设施完好、清洁优美、文明安全、秩序良好的办公环境。

（二十六）国管局负责制定办公用房物业管理服务质量、相关费用参考标准和结算制度。各部门、各单位负责物业管理单位的选聘，并监督物业管理工作的实施。使用同一办公楼（区）的部门和单位要共同组成物业管理机构，指导和监督物业管理工作。

（二十八）逐步开放机关办公用房物业管理市场，三年后全面采用招标方式选择物业管理公司，实现物业管理的专业化。

❼住宅室内装饰装修管理办法（节录）

（2002年3月5日建设部令〔第110号〕公布）

第三章 开工申报与监督

第十三条 装修人在住宅室内装饰装修工程开工前，应当向物业管理企业或者房屋管理机构（以下简称物业管理单位）申报登记。

非业主的住宅使用人对住宅室内进行装饰装修，应当取得业主的书面同意。

第十五条 物业管理单位应当将住宅室内装饰装修工程

的禁止行为和注意事项告知装修人和装修人委托的装饰装修企业。

装修人对住宅进行装饰装修前，应当告知邻里。

第十六条 装修人，或者装修人和装饰装修企业，应当与物业管理单位签订住宅室内装饰装修管理服务协议。

住宅室内装饰装修管理服务协议应当包括下列内容：

（一）装饰装修工程的实施内容；

（二）装饰装修工程的实施期限；

（三）允许施工的时间；

（四）废弃物的清运与处置；

（五）住宅外立面设施及防盗窗的安装要求；

（六）禁止行为和注意事项；

（七）管理服务费用；

（八）违约责任；

（九）其他需要约定的事项。

第十七条 物业管理单位应当按照住宅室内装饰装修管理服务协议实施管理，发现装修人或者装饰装修企业有本办法第五条行为的，或者未经有关部门批准实施本办法第六条所列行为的，或者有违反本办法第七条、第八条、第九条规定行为的，应当立即制止；已造成事实后果或者拒不改正的，应当及时报告有关部门依法处理。对装修人或者装饰装修企业违反住宅室内装饰装修管理服务协议的，追究违约责任。

第十九条 禁止物业管理单位向装修人指派装饰装修企业或者强行推销装饰装修材料。

第二十条 装修人不得拒绝和阻碍物业管理单位依据住宅室内装饰装修管理服务协议的约定，对住宅室内装饰装修活动的监督检查。

第六章 竣工验收与保修

第三十条 住宅室内装饰装修工程竣工后，装修人应当按照工程设计合同约定和相应的质量标准进行验收。验收合格后，装饰装修企业应当出具住宅室内装饰装修质量保修书。

物业管理单位应当按照装饰装修管理服务协议进行现场检查，对违反法律、法规和装饰装修管理服务协议的，应当要求装修人和装饰装修企业纠正，并将检查记录存档。

❽物业管理企业资质管理办法

（2004年3月17日建设部令〔第125号〕公布 自2004年5月1日起施行）

第一条 为了加强对物业管理活动的监督管理，规范物业管理市场秩序，提高物业管理服务水平，根据《物业管理条例》，制定本办法。

第二条 在中华人民共和国境内申请物业管理企业资质，实施对物业管理企业资质管理，适用本办法。

本办法所称物业管理企业，是指依法设立、具有独立法人资格，从事物业管理服务活动的企业。

第三条 物业管理企业资质等级分为一、二、三级。

第四条 国务院建设主管部门负责一级物业管理企业资质证书的颁发和管理。

省、自治区人民政府建设主管部门负责二级物业管理企业资质证书的颁发和管理，直辖市人民政府房地产主管部门负责二级和三级物业管理企业资质证书的颁发和管理，并接受国务院建设主管部门的指导和监督。

设区的市的人民政府房地产主管部门负责三级物业管理企业资质证书的颁发和管理，并接受省、自治区人民政府建设主管部门的指导和监督。

第五条 各资质等级物业管理企业的条件如下：

（一）一级资质：

1. 注册资本人民币500万元以上；

2. 物业管理专业人员以及工程、管理、经济等相关专业类的专职管理和技术人员不少于30人。其中，具有中级以上职称的人员不少于20人，工程、财务等业务负责人具有相应专业中级以上职称；

3. 物业管理专业人员按照国家有关规定取得职业资格证书；

4. 管理两种类型以上物业，并且管理各类物业的房屋建筑面积分别占下列相应计算基数的百分比之和不低于100%：

（1）多层住宅200万平方米；

（2）高层住宅100万平方米；

（3）独立式住宅（别墅）15万平方米；

（4）办公楼、工业厂房及其他物业50万平方米。

5. 建立并严格执行服务质量、服务收费等企业管理制度和标准，建立企业信用档案系统，有优良的经营管理业绩。

（二）二级资质：

1. 注册资本人民币300万元以上；

2. 物业管理专业人员以及工程、管理、经济等相关专业类的专职管理和技术人员不少于20人。其中，具有中级以上职称的人员不少于10人，工程、财务等业务负责人具有相应专业中级以上职称；

3. 物业管理专业人员按照国家有关规定取得职业资格证书；

4. 管理两种类型以上物业，并且管理各类物业的房屋建筑面积分别占下列相应计算基数的百分比之和不低于100%：

（1）多层住宅100万平方米；

（2）高层住宅50万平方米；

（3）独立式住宅（别墅）8万平方米；

（4）办公楼、工业厂房及其他物业20万平方米。

5. 建立并严格执行服务质量、服务收费等企业管理制度和标准，建立企业信用档案系统，有良好的经营管理业绩。

（三）三级资质：

1. 注册资本人民币50万元以上；

2. 物业管理专业人员以及工程、管理、经济等相关专业类的专职管理和技术人员不少于10人。其中，具有中级以上职称的人员不少于5人，工程、财务等业务负责人具有相应专业中级以上职称；

3. 物业管理专业人员按照国家有关规定取得职业资格证书；

4. 有委托的物业管理项目；

5. 建立并严格执行服务质量、服务收费等企业管理制度和标准，建立企业信用档案系统。

第六条 新设立的物业管理企业应当自领取营业执照之日起30日内，持下列文件向工商注册所在地直辖市、设区的市的人民政府房地产主管部门申请资质：

（一）营业执照；

（二）企业章程；

（三）验资证明；

（四）企业法定代表人的身份证明；

（五）物业管理专业人员的职业资格证书和劳动合同，管理和技术人员的职称证书和劳动合同。

第七条　新设立的物业管理企业，其资质等级按照最低等级核定，并设一年的暂定期。

第八条　一级资质物业管理企业可以承接各种物业管理项目。

二级资质物业管理企业可以承接30万平方米以下的住宅项目和8万平方米以下的非住宅项目的物业管理业务。

三级资质物业管理企业可以承接20万平方米以下住宅项目和5万平方米以下的非住宅项目的物业管理业务。

第九条　申请核定资质等级的物业管理企业，应当提交下列材料：

（一）企业资质等级申报表；

（二）营业执照；

（三）企业资质证书正、副本；

（四）物业管理专业人员的职业资格证书和劳动合同，管理和技术人员的职称证书和劳动合同，工程、财务负责人的职称证书和劳动合同；

（五）物业服务合同复印件；

（六）物业管理业绩材料。

第十条　资质审批部门应当自受理企业申请之日起20个工作日内，对符合相应资质等级条件的企业核发资质证书；一级资质审批前，应当由省、自治区人民政府建设主管部门或者直辖市人民政府房地产主管部门审查，审查期限为20个工作日。

第十一条　物业管理企业申请核定资质等级，在申请之日前一年内有下列行为之一的，资质审批部门不予批准：

（一）聘用未取得物业管理职业资格证书的人员从事物业管理活动的；

（二）将一个物业管理区域内的全部物业管理业务一并委托给他人的；

（三）挪用专项维修资金的；

（四）擅自改变物业管理用房用途的；

（五）擅自改变物业管理区域内按照规划建设的公共建筑和共用设施用途的；

（六）擅自占用、挖掘物业管理区域内道路、场地，损害业主共同利益的；

（七）擅自利用物业共用部位、共用设施设备进行经营的；

（八）物业服务合同终止时，不按规定移交物业管理用房和有关资料的；

（九）与物业管理招标人或者其他物业管理投标人相互串通，以不正当手段谋取中标的；

（十）不履行物业服务合同，业主投诉较多，经查证属实的；

（十一）超越资质等级承接物业管理业务的；

（十二）出租、出借、转让资质证书的；

（十三）发生重大责任事故的。

第十二条　资质证书分为正本和副本，由国务院建设主管部门统一印制，正、副本具有同等法律效力。

第十三条　任何单位和个人不得伪造、涂改、出租、出借、转让资质证书。

企业遗失资质证书，应当在新闻媒体上声明后，方可申请补领。

第十四条　企业发生分立、合并的，应当在向工商行政管理部门办理变更手续后30日内，到原资质审批部门申请办理资质证书注销手续，并重新核定资质等级。

第十五条　企业的名称、法定代表人等事项发生变更的，应当在办理变更手续后30日内，到原资质审批部门办理资质证书变更手续。

第十六条　企业破产、歇业或者因其他原因终止业务活动的，应当在办理营业执照注销手续后15日内，到原资质审批部门办理资质证书注销手续。

第十七条　物业管理企业资质实行年检制度。

各资质等级物业管理企业的年检由相应资质审批部门负责。

第十八条　符合原定资质等级条件的，物业管理企业的资质年检结论为合格。

不符合原定资质等级条件的，物业管理企业的资质年检结论为不合格，原资质审批部门应当注销其资质证书，由相应资质审批部门重新核定其资质等级。

资质审批部门应当将物业管理企业资质年检结果向社会公布。

第十九条　物业管理企业取得资质证书后，不得降低企业的资质条件，并应当接受资质审批部门的监督检查。

资质审批部门应当加强对物业管理企业的监督检查。

第二十条　有下列情形之一的，资质审批部门或者其上级主管部门，根据利害关系人的请求或者根据职权可以撤销资质证书：

（一）审批部门工作人员滥用职权、玩忽职守作出物业管理企业资质审批决定的；

（二）超越法定职权作出物业管理企业资质审批决定的；

（三）违反法定程序作出物业管理企业资质审批决定的；

（四）对不具备申请资格或者不符合法定条件的物业管理企业颁发资质证书的；

（五）依法可以撤销审批的其他情形。

第二十一条　物业管理企业超越资质等级承接物业管理业务的，由县级以上地方人民政府房地产主管部门予以警告，责令限期改正，并处1万元以上3万元以下的罚款。

第二十二条　物业管理企业无正当理由不参加资质年检的，由资质审批部门责令其限期改正，可处1万元以上3万元以下的罚款。

第二十三条　物业管理企业出租、出借、转让资质证书的，由县级以上地方人民政府房地产主管部门予以警告，责令限期改正，并处1万元以上3万元以下的罚款。

第二十四条 物业管理企业不按照本办法规定及时办理资质变更手续的，由县级以上地方人民政府房地产主管部门责令限期改正，可处2万元以下的罚款。

第二十五条 资质审批部门有下列情形之一的，由其上级主管部门或者监察机关责令改正，对直接负责的主管人员和其他直接责任人员依法给予行政处分；构成犯罪的，依法追究刑事责任：

（一）对不符合法定条件的企业颁发资质证书的；

（二）对符合法定条件的企业不予颁发资质证书的；

（三）对符合法定条件的企业未在法定期限内予以审批的；

（四）利用职务上的便利，收受他人财物或者其他好处的；

（五）不履行监督管理职责，或者发现违法行为不予查处的。

第二十六条 本办法自2004年5月1日起施行。

⑨物业服务收费明码标价规定

（2004年7月19日国家发展和改革委员会、建设部　发改价检〔2004〕1428号公布）

第一条 为进一步规范物业服务收费行为，提高物业服务收费透明度，维护业主和物业管理企业的合法权益，促进物业管理行业的健康发展，根据《中华人民共和国价格法》、《物业管理条例》和《关于商品和服务实行明码标价的规定》，制定本规定。

第二条 物业管理企业向业主提供服务（包括按照物业服务合同约定提供物业服务以及根据业主委托提供物业服务合同约定以外的服务），应当按照本规定实行明码标价，标明服务项目、收费标准等有关情况。

第三条 物业管理企业实行明码标价，应当遵循公开、公平和诚实信用的原则，遵守国家价格法律、法规、规章和政策。

第四条 政府价格主管部门应当会同同级房地产主管部门对物业服务收费明码标价进行管理。政府价格主管部门对物业管理企业执行明码标价规定的情况实施监督检查。

第五条 物业管理企业实行明码标价应当做到价目齐全，内容真实，标示醒目，字迹清晰。

第六条 物业服务收费明码标价的内容包括：物业管理企业名称、收费对象、服务内容、服务标准、计费方式、计费起始时间、收费项目、收费标准、价格管理形式、收费依据、价格举报电话12358等。

实行政府指导价的物业服务收费应当同时标明基准收费标准、浮动幅度，以及实际收费标准。

第七条 物业管理企业在其服务区域内的显著位置或收费地点，可采取公示栏、公示牌、收费表、收费清单、收费手册、多媒体终端查询等方式实行明码标价。

第八条 物业管理企业接受委托代收供水、供电、供气、供热、通讯、有线电视等有关费用的，也应当依照本规定第六条、第七条的有关内容和方式实行明码标价。

第九条 物业管理企业根据业主委托提供的物业服务合同约定以外的服务项目，其收费标准在双方约定后应当以适当的方式向业主进行明示。

第十条 实行明码标价的物业服务收费的标准等发生变化时，物业管理企业应当在执行新标准前一个月，将所标示的相关内容进行调整，并应标示新标准开始实行的日期。

第十一条 物业管理企业不得利用虚假的或者使人误解的标价内容、标价方式进行价格欺诈。不得在标价之外，收取任何未予标明的费用。

第十二条 对物业管理企业不按规定明码标价或者利用标价进行价格欺诈的行为，由政府价格主管部门依照《中华人民共和国价格法》、《价格违法行为行政处罚规定》、《关于商品和服务实行明码标价的规定》、《禁止价格欺诈行为的规定》进行处罚。

第十三条 本规定自2004年10月1日起施行。

（三）相关地方性法规及规范性文件

❶湖南省城市住宅区物业管理条例

（2002年1月24日经湖南省第九届人民代表大会常务委员会第二十七次会议通过　2002年1月24日湖南省第九届人民代表大会常务委员会〔第76号〕公布　自2002年5月1日起施行）

第一章　总则

第一条 为规范城市住宅区物业管理，保障业主及使用人和物业管理企业的合法权益，创造和保持安全、整洁、文明、舒适的居住环境，根据国家有关法律、法规，结合本省实际，制定本条例。

第二条 本省城市规划区域内相对集中的居住区的物业管理及其相关活动，适用本条例。

本条例所称物业管理，是指物业管理企业接受业主委托，依照合同约定，对物业管理区域内的房屋共用部位、共用设备以及相应配套的共用设施的维修、养护、管理，并提供相关服务的活动。

第三条 县级以上人民政府房地产行政管理部门应当加强本行政区域内物业管理的监督管理工作。

第二章　业主组织

第四条 物业管理区域由县级以上人民政府房地产行政管理部门会同有关单位按照居住区域设施共用情况划定。

物业管理区域内的全体业主组成业主大会；业主人数较多的，可以按比例推选业主代表，组成业主代表大会。业主大会或者业主代表大会（以下统称业主会）选举产生业主委员会。

业主会是在物业管理活动中代表和维护全体业主合法权益的组织，业主委员会是业主会的办事机构。

第五条 业主会履行下列职责：

（一）制定业主会章程和业主公约；

（二）选举、罢免业主委员会成员，监督业主委员会的工作；

（三）审查物业管理服务合同草案；

（四）授权业主委员会与物业管理企业签订、变更或者终止物业管理服务合同；

（五）审议和批准物业维修基金的预算、决算以及续筹办法；

（六）决定物业管理的其他重大事项。

第六条　业主会通过的业主公约和作出的决议，对物业管理区域内全体业主具有约束力。业主会的民事责任由全体业主共同承担。

第七条　业主会的议事方式、表决程序等事项由业主会章程规定。业主会应当依照本条例和业主会章程开展活动。

第八条　已交付业主使用的房屋建筑面积达到百分之六十以上的物业管理区域，应当召开第一次业主会，选举产生业主委员会。

业主委员会及其成员名单应当自选举产生之日起三十日内，报所在地县级人民政府房地产行政管理部门备案。

第九条　业主委员会履行下列职责：

（一）组织召开业主会；

（二）根据业主会的书面授权，采取招标投标等方式选聘物业管理企业，并与物业管理企业签订、变更或者终止物业管理服务合同；

（三）监督物业维修基金的使用；

（四）听取并反映业主及使用人对物业管理服务的意见和建议；

（五）督促业主及使用人遵守业主公约、履行物业管理服务合同；

（六）业主会赋予的其他职责。

第十条　业主在物业管理活动中，按照业主公约和物业管理服务合同的规定行使权利、履行义务。

使用人经业主书面授权，在授权范围内代表业主行使权利、履行相应的义务。

第三章　物业管理企业

第十一条　从事物业管理的企业应当自领取营业执照之日起三十日内，将营业执照复印件和企业章程报企业所在地的县级人民政府房地产行政管理部门备案。

第十二条　物业管理企业享有下列权利：

（一）根据法律法规和物业管理服务合同，拟订物业管理制度；

（二）依物业管理服务合同约定收取物业管理服务费用；

（三）选择专营企业承担专项经营服务业务；

（四）制止违反物业管理制度的行为；

（五）法律、法规规定的其他权利。

物业管理企业拟订的物业管理制度应当经业主会审议通过。

第十三条　物业管理企业应当履行下列义务：

（一）履行物业管理服务合同，提供物业管理服务；

（二）接受业主、使用人、业主委员会的监督；

（三）接受其业务活动所在地县级以上人民政府有关行政管理部门的监督管理；

（四）法律、法规规定的其他义务。

第四章　物业管理服务

第十四条　物业管理区域内房屋开始出售至业主委员会成立前，由物业出售单位选聘物业管理企业承担前期物业管理。物业管理企业应当与业主签订前期物业管理服务协议。

物业管理区域内未售出的房屋，其物业管理服务费用由物业出售单位承担。

第十五条　物业出售单位应当按照房屋总建筑面积的千分之三至千分之五提供物业管理服务用房，其费用列入开发建设成本，所有权属全体业主共有。

第十六条　物业出售单位应当在业主委员会成立之日起十五日内向业主委员会移交下列物业资料：

（一）竣工总平面图，单体建筑、结构、设备竣工图，共用设施竣工图等竣工验收资料；

（二）设施、设备安装、使用和维修保养技术资料；

（三）物业质量保证文件和物业使用说明文件；

（四）物业管理所必需的其他资料。

第十七条　物业管理企业提供物业管理服务应当遵守下列规定：

（一）按照国家规定的技术标准和规范以及业主委员会审定的物业管理服务年度计划，实施物业管理；

（二）将物业管理的注意事项书面告知业主、使用人；

（三）按照业主会审定的预算使用物业维修基金，六个月公布一次物业维修基金的使用情况；

（四）按照物业管理服务合同约定做好物业管理区域内的安全保卫工作；

（五）发现物业损坏或接到物业损坏报修时，按照物业管理服务合同的约定及时进行维修；

（六）妥善保管物业档案资料和有关的财务账册；

（七）听取业主委员会、业主、使用人的意见和建议，改进和完善服务措施；

（八）发现违反本条例或者业主公约的行为，立即进行劝阻、制止，必要时向业主委员会或者有关部门报告；

（九）不得擅自改变物业管理区域内的设施；

（十）按照物业管理服务合同做好其他服务事项。

第十八条　确定物业管理服务价格，应当遵循合理、公开、公平以及与物业管理服务内容、服务质量相适应的原则。

物业管理服务价格，由业主委员会根据业主会的书面授权与物业管理企业按照政府指导价协商确定。

物业管理服务项目和价格应当公布。

第十九条　物业管理服务费由业主按照物业管理服务合同规定向物业管理企业交纳；业主与使用人约定由使用人交纳的，从其约定，但业主负最终交纳责任。

第二十条　物业管理企业可以接受业主、使用人的委托，承担物业管理服务合同约定范围以外的其它服务事项。但是，物业管理企业超越物业管理服务合同约定范围提供有偿服务的，必须事前征得业主、使用人同意。

第二十一条　物业管理企业应当在物业管理服务合同终止或者解除之日起十五日内，向业主委员会办理全部物业档案资料、有关的财务账册、物业管理服务用房和业主共有的其他财产的移交手续。

第二十二条　通过物业管理区域的城市道路及其绿化和市政公共设施的维护，由市政、园林部门负责；通过物业管理区域的公共汽车道路的清扫保洁，由环卫部门负责；物业管理企业收集到垃圾中转站的生活垃圾的清运，由环卫部门负责；高层建筑楼供水泵房总计费水表以外（含水表）和多层建筑楼外自来水表井以外（含水表井）的供水管线及设备的维修管理，由供水企业负责；供电线路、消防等公共设施的维护，分别由供电、消防等单位负责。

业主、使用人对前款所列单位和部门负责的事项有意见和要求的，物业管理企业应当及时向有关单位和部门反映并协调处理。

第二十三条 物业管理区域内的水、电、气、热、通信、有线电视等费用，由相应管理服务单位向最终用户收取。物业管理企业可以根据自愿、有偿原则接受相应管理服务单位的委托，代收有关费用。

第五章 物业使用与维修

第二十四条 物业使用中禁止下列行为：

（一）损坏房屋承重结构、主体结构和破坏房屋外貌；

（二）擅自改变房屋的使用性质；

（三）占用、损坏房屋共用部位、共用设备、共用设施或者擅自移动房屋共用设备、共用设施；

（四）违章搭建建筑物、构筑物；

（五）违反规定设置摊点、集贸市场；

（六）乱倒垃圾、杂物，向门窗外抛物；

（七）擅自在共用部位、共用设施悬挂、张贴、刻画、涂写；

（八）排放有毒有害物质，放置超过安全标准的易燃、易爆、剧毒、放射性物品或者发出超过规定标准的噪声；

（九）法律、法规禁止的其他行为。

第二十五条 业主因特殊情况需要改变房屋使用性质的，应当符合城市详细规划要求，并依法办理审批手续。

第二十六条 业主或者使用人装修房屋时，物业管理企业应当将房屋装修的注意事项告知业主或者使用人。

第二十七条 维修房屋共用部位、共用设备、共用设施时，有关业主、使用人应当予以配合。

第二十八条 任何单位和个人不得占用物业管理区域内的道路、场地；确因物业维修或者公共利益需要临时占用、挖掘的，应当与业主委员会协商，并在约定期限内恢复原状。

第二十九条 利用房屋共用部位、共用设备、共用设施设置经营性设施的，应当在征得相关业主、业主会书面同意后，按照有关法律、法规规定办理相关手续，并与业主委员会签订协议，支付场地租金。

按前款规定收取的场地租金应当纳入维修基金。

第三十条 物业管理实行房屋共用部位、共用设备、共用设施维修基金制度。维修基金的筹集按照省人民政府的规定执行。

第三十一条 维修基金属于业主所有，专户存储，专款用于物业管理区域内房屋共用部位、共用设备、共用设施保修期满后的维修、更新。

维修基金的使用，由物业管理企业提出年度预算，经业主委员会提交业主会审议批准后实施。

前期物业管理期间，不得使用维修基金。

第三十二条 维修基金明细账应当按单幢住宅设置，按户核算。业主转让房屋时，其维修基金剩余的部分，随房屋所有权同时过户。

第三十三条 物业管理区域内物业竣工验收合格并交付使用后，物业出售单位应当按照国家有关规定和合同约定在保修期限内对物业承担保修责任。

保修期届满后，物业管理区域内共用设施维修、更新的费用，由全体业主按房屋的建筑面积从维修基金中分摊；房屋共用部位、共用设备维修、更新的费用，由相关业主按房屋的建筑面积从维修基金中分摊。

保修期届满后，房屋自用部位、自用设备的维修费用，由业主承担。

第六章 法律责任

第三十四条 业主、使用人或者物业管理企业违反物业管理服务合同的，应当承担相应的违约责任。

第三十五条 物业出售单位违反本条例，有下列行为之一的，由县级人民政府房地产行政管理部门责令限期改正，可并处五千元以上五万元以下罚款。

（一）未移交物业管理资料的；

（二）未按照要求配置物业管理服务用房的；

（三）在前期物业管理期间动用维修基金的。

第三十六条 在物业管理活动中违反其他法律、法规的，由有关行政主管部门按照相关法律、法规处理。

第三十七条 县级以上人民政府房地产行政管理部门应当建立投诉受理制度，及时受理并处理业主委员会、业主、使用人或者物业管理企业对违反本条例规定行为的投诉。

第七章 附则

第三十八条 本条例所称的共用设施和房屋的自用部位、自用设备、共用部位、共用设备的具体范围，由省人民政府建设行政管理部门确定并公布。

本条例中业主公约、业主会章程、物业管理服务合同的参考文本，由省人民政府建设行政管理部门制定。

第三十九条 城市非住宅区的物业管理，可参照本条例执行。

第四十条 本条例自2002年5月1日起施行。

（四）相关地方政府规章及规范性文件

❶北京市居住小区物业管理办法

（1995年7月7日北京市人民政府令〔第21号〕公布 根据1997年12月31日北京市人民政府令〔第12号〕修改）

第一条 为了加强对本市居住小区的物业管理，保障居住小区房屋及其设备和公共设施的正常使用，创造清洁优美、舒适方便、文明安全的居住环境，根据国家有关规定，制定本办法。

第二条 本办法适用于本市行政区域内按照城市规划建设、配套设施齐全并达到一定规模的居住区、居住小区和危旧房改建区（以下统称居住小区）。

别墅和高级公寓的物业管理办法另行规定。

第三条 新建居住小区必须按本办法的规定统一实行物业管理。本办法施行前已经验收交付使用的居住小区，应当依照本办法逐步实行物业管理。

第四条 本办法所称物业管理，是指居住小区的物业产权人、使用人委托物业管理企业对房屋及其设备以及相关的居住环境进行维护、修缮和服务的活动。

第五条 市和区、县房屋土地管理机关主管本行政区域居住小区物业管理工作。

第六条　本市规划、工商行政管理、物价、环境卫生、绿化、市政、公安等行政管理机关和居住小区所在地的街道办事处，按照各自的职责，对居住小区的物业管理工作进行指导和监督、检查。

第七条　居住小区的开发建设单位必须按照规划要求配套建设相应的设施。居住小区经综合验收合格后，开发建设单位方可向居住小区物业管理委员会办理移交。居住小区的综合验收，应当有区、县人民政府和街道办事处参加。

居住小区综合验收的具体办法，由市市政管理委员会和市城乡规划委员会、市城乡建设委员会制定。

第八条　居住小区已交付使用并且入住率达到50%以上时，应当在该居住小区开发建设单位、居住小区所在地的区、县房屋土地管理机关指导下建立物业管理委员会。

物业管理委员会由居住小区内房地产产权人和使用人的代表及居民委员会的代表组成。

居住小区开发建设周期较长的，在物业管理委员会成立之前，由该居住小区的开发建设单位负责物业管理，并可选择物业管理企业进行前期管理。物业管理委员会成立后，由其决定物业管理企业的续聘或解聘。

第九条　物业管理委员会代表和维护房地产产权人、使用人的合法权益。物业管理委员会在房屋土地管理机关及有关行政管理机关、当地街道办事处的指导监督下，负责制定物业管理委员会章程，选择物业管理企业，监督居住小区物业管理工作的实施，对物业管理企业进行检查和监督，协助物业管理企业进行管理工作。

第十条　物业管理企业必须经房屋土地管理机关资质审查合格，向工商行政管理机关办理注册登记后，方可接受委托，承担居住小区的物业管理。

第十一条　物业管理企业受物业管理委员会及房地产产权人的委托，承担居住小区的物业管理。物业管理企业应当与委托单位签订委托管理合同。

合同应当明确委托管理的事项、管理标准、管理权限、管理期限、管理费收支、监督检查和违约责任。

合同签订后，由物业管理企业向所在地的区、县房屋土地管理机关备案。

第十二条　物业管理企业的权利：

（一）依据物业管理合同和国家及本市的有关规定对居住小区实施物业管理；

（二）依据物业管理合同和有关规定收取物业管理费用；

（三）劝阻、制止损害他人物业或妨害物业管理的行为；对造成损害的，有权要求赔偿；

（四）要求物业管理委员会协助管理；

（五）选聘专营公司或聘用专人承担清洁、保安、绿化等专项服务业务；

（六）从事物业经营或开展其他多种经营和有偿服务。

第十三条　物业管理企业的义务：

（一）全面履行物业管理合同，对产权人委托管理的房屋、设施及其公共部位进行维修、修缮，承担居住小区及小区内物业的保安、防火、绿化维护、清扫保洁以及产权人和使用人日常生活必需的便民服务；

（二）接受物业管理委员会和居民的监督；

（三）重大的管理措施提交物业管理委员会审议决定；

（四）接受房屋土地管理机关、其他行政管理机关及当地街道办事处的指导监督；

（五）发现违反法律、法规和规章的行为，要及时向有关行政管理机关报告。

第十四条　居住小区物业管理的启动性经费由该居住小区的开发建设单位按照建安费2%的比例，一次性交付给物业管理委员会或物业管理企业。

居住小区的房地产产权人应按委托内容，每年向物业管理委员会或物业管理企业支付物业管理费用。

物业管理企业开展物业及多种经营和服务的收益，应主要用于补充居住小区物业管理费用。

第十五条　房屋使用人应当遵守有关物业管理规定，按照规定使用房屋和其他公共设施，交纳有关费用，自觉维护小区内正常的生活秩序和管理秩序；有权要求物业管理委员会对服务不好的物业管理企业进行更换；有权对妨害小区管理秩序、生活秩序和损坏公共设施的行为进行劝阻、制止和举报。

居民入住时，应当与物业管理委员会签订住用合同，遵守合同中规定的义务。

第十六条　房地产产权人或使用人违反本办法规定，有下列行为的，物业管理企业应当劝阻、制止并向有关行政管理机关报告，并有权要求其恢复原状、赔偿损失：

（一）擅自占用居住小区内的公共场地或者改变其用途的；

（二）擅自改变房屋、配套设施的用途、结构、外观，损毁设施、设备及其他有危及房屋安全行为的；

（三）私搭乱建，乱停放车辆，在房屋共用部位乱堆乱放，随意占用绿地或破坏绿化，污染环境，影响居住小区景观，制造噪声扰民的。

第十七条　物业管理企业违反本办法，有下列行为之一的，房地产产权人和使用人有权向物业管理委员会投诉或者向房屋土地管理机关反映；物业管理委员会有权予以制止并要求其限期改正，对给产权人或使用人利益造成的损害有权要求赔偿损失的，情节严重的有权解除委托管理合同：

（一）房屋及公用设施、设备修缮不及时的；

（二）管理制度不健全、管理混乱的；

（三）擅自扩大收费范围，提高收费标准的；

（四）擅自改变房地产和公用设施用途的；

（五）其他不履行或者不完全履行物业管理合同及本办法规定的义务的。

第十八条　未经房屋土地管理机关的资质审查而擅自承揽居住小区物业管理业务的，由房屋土地管理机关责令限期办理资质审查；逾期仍不办理的，对其处以2000元至2万元罚款，并责令其停止对居住小区物业的管理。

第十九条　因物业管理企业管理不善，造成居住小区物业及其居住环境状况恶化的，由房屋土地管理机关予以警告、限期改正、处以5000元至3万元罚款、降低资质等级、注销并收回资质合格证书。

第二十条 开展物业管理和多种经营、服务所需收费的项目、标准由市物价局和市房屋土地管理局制定。

第二十一条 本办法执行中的具体问题，由市房屋土地管理局负责解释。

第二十二条 本办法自1995年10月1日起施行。

❷上海市居住物业管理条例

（1997年5月28日上海市第十届人民代表大会常务委员会第三十六次会议通过）

第一章 总则

第一条 为了规范本市居住物业的使用、维修和其他管理服务活 动，维护业主，使用人和物业管理企业的合法权益，创造和保持整洁、安全、舒适的居住环境，根据国家法律、法规的有关规定，结合本市 实际情况，制定本条例。

第二条 本条例适用于本市行政域内的居住物业管理。

第三条 本条例所称居住物业（以下简称物业），是指住宅以及 相关的公共设施。

本条例所称业主，是指物业的所有权人。

本条例所称使用人，是指物业的承租人和实际使用物业的其他人。

本条例所称物业管理企业，是指接受业主或者业主委员会的委托，根据物业管理服务合同进行专业管理服务的企业。

第四条 物业管理实行业主自治管理与委托物业管理企业专业管理服务相结合的原则。

第五条 上海市房屋土地管理局（以下简称市房地局）是本市物业管理的行政主管部门，负责组织实施本条例。区、县房地产管理部门是本辖区物业管理的行政管理部门，依照本条例对辖区内物业管理进行管理监督。

建设、规划、市政、公用、电力、邮电、环卫、园林、住宅、公安、物价、工商等有关行政管理部门按照各自职责，协同实施本条例。

街道办事处、乡镇人民政府协助有关行政管理部门对物业管理进行监督，对物业管理与社区管理、社区服务的相互关系协调。

第二章 业主自治管理

第六条 业主委员会是在物业管理区域内代表全体业主对物业实施自治管理的组织。一个物业管理区域成立一个业主委员会。

物业管理区域的范围，由区、县房地产管理部门按照住宅与公共设施的相关情况划定。

第七条 业主委员会由业主大会或者业主代表大会选举产生，业主委员会应当由业主担任。

一个物业管理区域内，有下列情况之一的，所在地的区、县房地产管理部门应当会同住宅出售单位组织召开第一次业主大会或者业主代表大会，选举产生业主委员会：

（一）公有住宅出售建筑面积达到百分之三十以上；

（二）新建商品住宅出售建筑面积达到百分之五十以上；

（三）住宅出售已满两年。

第八条 业主大会由物业管理区域内全体业主组成；业主人数较多的，应当按比例推选业主代表，组成物业管理区域的业主代表大会。业主大会或者业主代表大会，应当有过半数业主或者业主代表出席。业主大会或者业主代表大会作出的决定，应当经全体业主过半数或者全体业主代表过半数通过。

业主委员会每年至少召开一次业主大会或者业主代表大会；经百分之十五以上或者业主代表提议，业主委员会应当就所提议题召开业主大会或者业主代表大会。

业主大会或者业主代表应当邀请居民委员会和使用人代表列席。

第九条 业主大会或者业主代表大会行使下列职权：

（一）选举、罢免业主委员会委员；

（二）审议通过业主委员会章程和业主公约；

（三）听取和审议物业管理服务工作报告；

（四）决定物业管理的其他重大事项。

第十条 业主委员会应当自选举产生之日起十五日内，持下列文件向所在地的区、县房地产管理部门办理登记：

（一）成立业主委员会登记申请书；

（二）业主委员会委员名单；

（三）业主委员会章程。

区、县房地产管理部门应当自受理登记之日起十五日内，完成登记工作；对不符合本条例规定成立的业主委员会不予登记，并书面通知申请人。

第十一条 业主委员会根据物业管理区域的规模由五人至十五人组成。业主委员会主任、副主任在业主委员会委员中推选产生。

业主委员会每届任期两年。

第十二条 业主委员会应当维护全体业主的合法权益，履行下列职责：

（一）召开业主大会或者业主代表大会，报告物业管理的实施情况；

（二）选聘或者解聘物业管理企业，与物业管理企业订立、变更或者解除物业管理服务合同；

（三）依照本条例设立物业维修基金的，负责该基金的筹集、使用和管理；

（四）审定物业管理企业提出的物业管理服务年度计划、财务预算和决算；

（五）听取业主、使用人的意见和建议，监督物业管理企业的管理服务活动；

（六）监督公共建筑、公共设施的合理使用；

（七）业主大会或者业主代表大会赋予的其他职责。

业主委员会应当定期召开会议，会议必须有过半数委员出席有效，作出决定应当经全体委员过半数通过。

第十三条 住宅出售单位应当按照规定提供物业管理区域必需的物业管理服务用房，产权属全体业主共有；物业管理服务用房的收益用于业主委员会的活动经费和补充物业维修基金。具体办法由市人民政府制定。

第十四条 业主小组由本幢住宅业主推选若干代表组成，其职责是：

（一）听职业主、使用人对物业管理服务的意见和建议，向业主委员会或者物业管理企业反映；

（二）执行业主委员会作出的决定；

（三）提出共用部位和共用设备的维修、更新建议。

第十五条　业主公约是有关物业使用、维修和其他管理服务活动的行为规范，对全体业主具有约束力。使用人应当遵守业主公约。

业主公约自业主大会或者业主代表大会审议通过之曰起生效。业主委员会应当自业主公约生效之日十五日内，将业主公约报所在地的区、县房产管理部门备案。

第十六条　业主大会、业主代表大会、业主委员会作出的决定，对物业管理区域内全体业主、使用人具有约束力。业主公约和业主大会、业主代表大会、业主委员会作出的决定，不得与法律法规相抵触。

第三章　物业管理服务

第十七条　物业管理企业应当按照规定向市房地局或者注册地的区、县房地产管理部门申领物业管理资质证书。市房地局和区、县房地产管理部门应当自受理物业管理企业申请之日起二十日内，核发物业管理资质证书。

物业管理企业应当按照资质管理的规定从事物业管理服务。

第十八条　业主或者业主委员会应当委托一个物业管理企业管理物业。

物业管理企业接受委托从事物业管理服务合同。

物业管理服务合同应当载明下列主要内容：

（一）业主委员会和物业管理企业的名称、住所；

（二）物业管理区域的范围和管理项目；

（三）物业管理服务的事项；

（四）物业管理服务的要求和标准；

（五）物业管理服务的费用；

（六）物业管理服务的期限；

（七）违约责任；

（八）合同终止和解除的约定；

（九）当事人双方约定的其他事项。

物业管理服务合同的期限为两年。

物业管理企业应当自物业管理服务合同生效之日起十五日内，将 物业管理服务合同报住宅所在地的区、县房地产管理部门备案。

第十九条　物业管理服务合同中当事人应当约定下列物业管理服务事项：

（一）住宅共用部位、共用设备的使用管理、维修和更新；

（二）物业管理区域内公共设施的使用管理、维修和更新；

（三）电梯、水泵等房屋设备的运行服务；

（四）保洁服务；

（五）保安服务；

（六）物业维修、更新费用的帐务管理；

（七）物业档案资料的保管。

物业管理服务合同中当事人可以约定下列物业管理服务事项：

（一）住宅的自用部位和自用设备的维修、更新；

（二）业主委员会委托的其他物业管理服务事项。

第二十条　物业管理服务应当保持住宅和公共设施完好、环境整洁优美、公共秩序良好，保障物业使用方便、安全，并按照下列要求实施：

（一）按照国家和本市规定的技术标准和规范以及业主委员会审定的物业管理服务年度计划，实施管理服务；

（二）在业主、使用人作用房屋前，将住宅的共用部位、共用设备和公共设施使用、维护的方法、要求、注意事项以及法规、规章的有关规定书面告知业主、使用人；

（三）经常对物业管理区域进行全面的巡视、检查，定期对住宅的共用部位、共用设备和公共设施进行养护；

（四）发现住宅的共用部位、共用设备或者公共设施损坏时，立即采取保护措施，并按照物业管理服务合同的约定进行维修；

（五）接到物业损坏报修时，限时进行维修和处理；

（六）做好物业维修、更新及其费用收支的各项记录，妥善保管物业档案资料和有关的财务帐册；

（七）每半年向业主委员会报送物业维修、更新费用的收支帐目，接受审核；

（八）定期听职业主委员会、业主、使用人的意见和建议，改进和完善管理服务；

（九）发现违反本条例或者业主公约的行为，立即进行劝阻、制止，并向业主委员会和有关行政机关报告；

（十）按照物业管理服务合同约定的要求，做好业主委员会、业主、使用人委托的其他管理服务事项。

除前款规定外，物业管理企业应当配合居民委员会做好杜区管理、社区服务的有关工作。

第二十一条　物业管理服务收费，应当遵循合理、公开以及与管理服务水平相适应的原则。

第二十二条　物业管理服务收费包括下列项目：

（一）管理费，用于物业管理区域的日常管理，包括物业管理区域内的巡视、检查，物业维修、更新费用的帐务管理，物业档案资料的保管和其他有关物业管理服务；

（二）房屋设备运行费，用于电梯、水泵等房屋设备运行服务所需的费用；

（三）保洁费，用于物业管理区域内日常保洁服务所需的费用；

（四）保安费，用于物业管理区域内日常安全保卫服务所需的费用；

（五）维修费，用于物业维修服务所需的费用。

前款第（一）、（二）、（三）、（四）项费用按月分项计算，第（五）项费用按实际维修项目计算。

第二十三条　物业管理服务收费的标准按照下列规定确定：

（一）已售公有住宅的收费标准，由市物价局会同市房地局制定；

（二）普通内销商品住宅的收费标准，由物业管理企业与业主或者业主委员会在区、县物价部门会同房地产管理部门规定的基准价的浮动幅度内协商确定；

（三）高标准内销商品住宅和外销商品住宅的收费标准，

由物业 管理企业与业主或者业主委员会协商确定。

其他服务项目的收费，由物业管理企业与业主委员会或者业主、使用人协商确定。

第二十四条 物业管理服务费由物业管理企业按照物业管理服务合同的约定向业主收取。业主与使用人约定由使用人交纳物业管理服务费用的，从其约定。

物业管理服务费用经约定可以预收，预收期限不得超过三个月。

第二十五条 物业管理企业收费的项目和标准应当公布。已按照本条例向业主或者使用人收取物业管理服务费用的，其他任何单位和个人不得重复收取性质相同的费用。

未受业主委员会或者业主、使用人委托，物业管理企业自行提供服务收费的，业主或者使用人可以不支付。

第二十六条 物业管理企业应当在物业管理服务合同终止或者解除后的十日内，向业主委员会办理下列事项，并报区、县房地产管理部门备案：

（一）对预收的物业管理服务费用按实结算，多收的部分予以退还；

（二）移交全部物业档案资料和有关的帐务帐册；

（三）移交业主共有的房屋、场地和其他财物。

第四章 物业的作用

第二十七条 业主、使用人应当遵守法律、法规的有关规定，按照有利于物业使用、安全以及公平、合理的原则，正确处理供水通行、排水、通行、通风、采光、维修、环境卫生、环境保护等方面的相邻关系。

第二十八条 物业使用中禁止下列行为；

（一）损坏房屋承重结构和破坏房屋外貌；

（二）占用、损坏住宅的共用部位、共用设备或者移装共用设备；

（三）在天井、庭园、平台、屋顶以及道路或者其他场地搭建建筑物、构筑物；

（四）侵占绿地、毁坏绿化；

（五）乱设摊、乱设集贸市场；

（六）乱倒垃圾、杂物；

（七）在建筑物、构筑物上乱张贴、乱涂写、乱刻画；

（八）排放有毒、有害物质或者发出超过规定标准的噪声；

（九）法律、法规禁止的其他行为。

第二十九条 业主或者使用人装修住宅，应当事先告知物业管理企业。物业管理企业应当将装修住宅的禁止行为和注意事项告知业主或者使用人。物业管理企业应当对装修住宅活动进行指导和监督，发现违反本条例第二十八条的行为，应当劝阻制止，并督促改正；对 拒不改正的，应当及时告知业主委员会并报有关行政管理部门依法处理。

第三十条 住宅不得改变使用性质。因特殊情况需要改变使用性质的，应当符合城市规划要求，其业主应当征得相邻业主、使用人和业主委员会的书面同意，并报区、县房地产管理部门审批。物业管理区域内按照规划建设的公共建筑和公共设施，不得改变使用性质。

第三十一条 任何单位和个人不得占用物业管理区域内的道路、场地。

因物业维修或者公共利益需要临时占用、挖掘道路、场地的，应当与业主委员会签订协议，并在约定的期限内恢复原状。除执行任务的治安、消防、抢险、救护、环卫等特种车辆外，机动车辆在物业管理区域内行驶、停放及其收费的规定，由业主委员会决定。车辆停放收费标准按所在地的区、县物价部门的规定执行。车辆停放的收益应当纳入物业维修基金，用于公共设施的维修、更新。

第三十二条 利用物业设置广告等经营性设施的，应当在征得相关业主、使用人和业主委员会的书面同意后，方可向有关行政管理部门办理审批手续；经批准的，应当与业主委员会签订协议，并支付设置费用。按照前款规定收取的经营性设施费用应当纳入物业维修基金。

利用物业设置公益性设施，按照市人民政府的有关规定执行。

第三十三条 物业管理区域内生活垃圾和粪便的清运、处理，按照本市环境卫生管理法规的有关规定执行。

第三十四条 业主转让或者出租住宅时，应当将业主公约作为住宅转让合同或者租赁合同的附件。

住宅转让合同或者租赁合同签订之曰起十日内，当事人应当将住宅转让或者出租的有关情况书面告知业主委员会和物业管理企业。

第五章 物业的维修

第三十五条 公有住宅和新建普通内销商品住宅出售时，应当设立物业维修基金新建高标准内销商品住宅和外销商品住宅出售时，可以设立物业维修基金。

物业维修基金设立的具体标准和办法，由市人民政府规定。

第三十六条 住宅出售单位应当将物业维修基金以业主委员会的名义存入金融机构，设立专门帐户，按照不低于城乡居民存款利率计职利息。

物业维修基金应当按幢立帐、按户核算。

第三十七条 物业维修基金应当用于住宅的共用部位、共用设备和公共设施的维修、更新，不得挪作他用。业主委员会应当定期公布物业维修基金的收支情况，接受业主监督。

第三十八条 物业维修、更新的费用，按照下列规定承担：

（一）住宅自用部位和自用设备的维修、更新费用，由业主承担；

（二）住宅共用部位和共用设备的维修、更新费用，由整幢住宅的业主按照各自拥有的住宅建筑面积比例共同承担；按照本条例设立物业维修基金的，在物业维修基金中列支；

（三）公共设施的维修、更新费用，由物业管理区域内的全体业主按照各自拥有的住宅建筑面积比例共同承担；依照本条例设立物业维修基金的，在物业维修基金中列支。

住宅的共用部位、共用设备和公共设施属人为损坏的，其维修、更新费用由责任人承担。

物业出现严重损坏，影响业主和使用人安全时，区、县地产管理部门应当督促限期维修。

物业维修基金不足时，业主应当按照业主委员会的决定和所拥有的住宅建筑面积比例，交纳物业维修基金。已售公有住宅的公共设施维修、更新费用，按照市人民政府的规定执行。

第三十九条　住宅的共用部位、共用设备维修时，相邻业主、使用人应当予以配合。因相邻业主、使用人阻挠维修造成其他业主、使用人财产损失的，责任人应当负责赔偿，因物业维修、装修造成相邻业主、使用人的自用部位、自用设备损坏或者其他财产损失的，责任人应当负责修复或者赔偿。

第四十条　业主转让住宅时，其物业维修基金帐户中剩余部分的费用不予退还，继续用作住宅的共用部位、共用设备和公共设施的维修、更新，其中由业主交纳的剩余部分，由受让人向转让人支付。

第六章　前期物业管理

第四十一条　本条例所称前期物业管理，是指住宅出售后至业主委员会成立前的物业管理。

第四十二条　新建商品住宅出售单位应当在出售住宅前制定住宅使用公约，与其选聘的物业管理企业签订前期物业管理服务合同，并报所在地的区、县房地产管理部门备案。新建商品住宅出售单位与住宅买受人签订住宅转让合同时，应当将住宅使用公约、前期物业管理服务合同和住宅使用说明书作为住宅转让合同的附件。

住宅使用公约不得与法律、法规相抵触。

第四十三条　新建商品住宅出售单位不得将住宅的共用部位、共用设备或者公共设施的所有权、使用权单独转让。

第四十四条　新建商品住宅出售单位应当按照国家和本市规定的保修期限和保修范围，承担住宅的保修责任。

第四十五条　新建商品住宅出售单位在前期物业管理期间，不得使用物业维修基金。

第四十六条　自前期物业管理服务合同签订之日至新建商品住宅交付使用之日发生的前期物业管理服务费用，由住宅出售单位承担；自新建商品住宅交付使用之日至前期物业管理服务合同终止之日发生的前期物业管理服务费用，由住宅出售单位和买受人按照住宅转让合同的约定承担。

第四十七条　新建商品住宅交付使用时，除住宅转让合同另有约定外，物业管理企业不得向住宅买受人收取任何费用。

第四十八条　住宅使用公约至业主大会或者业主代表大会审议通过的业主公约生效时终止。前期物业管理服务合同至业主委员会与其选聘的物业管理企业签订的物业管理服务合同生效时终止。

第四十九条　公有住宅出售后的前期物业管理，由公有住宅出售前的管理单位实施。

第五十条　前期物业管理适用本条例第二章以外的各章规定。

第七章　投诉

第五十一条　市房地局和队县房地产管理部门应当建立投诉受理制度，接受业主委员会、业主和使用人对违反本条例行为的投诉。

第五十二条　区、县房地产管理部门受理投诉后，应当进行调查、核实，并自受理之日起三十日内答复投诉人。

投诉人对区、县房地产管理部门的答复有异议，可以向市房地局提出复核要求。市房地局应当自受理之日起三十日内，将复核意见答复投诉人。

第五十三条　投诉内容涉及其他行政管理部门职责范围的，市房地局或者区、县房地产管理部门应当自受理之日起五日内，移送有关行政管理部门处理，并书面告知投诉人。

第八章　法律责任

第五十四条　业主、使用人违反业主公约、住宅使用公约，应当承担相应的民事责任。对违反业主公约、住宅使用公约的，业主委员会或者相关的业主、使用人可以向人民法院提起民事诉讼。业主、使用人未按照物业管理服务合同交纳物业管理服务费用的，物业管理金。

物业管理企业违反物业管理服务合同的约定，应当承担相应的违约责任；造成业主、使用人损失的，应当承担赔偿责任。

第五十五条　业主大会、业主代表大会、业主委员会作出的决定违反本条例的，市房地局或者区、县房地产管理部门应当责令其限期改正或者撤销其决定，并通告全体业主。

第五十六条　物业管理企业违反本条例，按照下列规定予以处罚：

（一）违反第十七条第一款、第三款，第十八条第五款，第二十条，第二十六条，第二十九条第二款规定的，由市房地局或者区、县房地产管理部门责令其限期改正，可以并处一千元以上三万元以下的罚款；

（二）违反第二十三条，第二十四各第一款、第三款，第二十五条第一款，第四十七条规定的，由物价部门按照相关法律、法规的规定处罚。物业管理企业违反本条例情节严重的，市房地局或者区、县房地产管理管理部门可以作出降低资质等级的处理，直至吊销资质证书，并建议工商行政　管理部门依法注销其物业管理的经营项目。

第五十七条　新建商品住宅的出售单位违反本条例第三十五条第一款、第三十六条、第四十二条、第四十三条、第四十四条、第四十五条、第四十六条规定的，由市房地局或者区、县房地产管理部门责令其限期改正，可以并处一万元以上五万元以下的罚款。第五十八条业主、使用人或者其他单位、个人违反本条例，按照下列规定予以处罚；

（一）违反第二十八条第（一）、（二）、（三）项，第三十条第一款，第三十一条第一款，第三十二条第一款规定的，由区、县房地产管理部门责令其限期改正，，恢复原状，可以并处一千元以上一万元以下的罚款；（二）违反第二十八条第（四）、（五）、（六）、（七）、（八）项，第三十条第二款规定的，由有关行政管理部门按照各自职责和相关法律、法规的规定处罚。

第五十九条　市或者区、县房地产管理部门违反本条例规定的行为，由市人民政府或者市房地局责令改正或者撤销其决定。

市和区、县房地产管理部门工作人员玩忽职守、滥用职权、彻私舞弊的，由其所在单位或者上级机关给予行政处分；构成犯罪的，依法追究刑事责任。

第六十条 街道监察队对物业管理区域内违反市容、环境卫生、环境保护、市政设施、绿化等城市管理法律、法规以及违反建筑、设摊、堆物、占路等行为，应当在其法定职权范围内，依法作出处罚和处理。

第六十一条 当事人对行政管理部门的具体行政行为不服的，可以按照《行政复议条例》和《中华人民共和国行政诉讼法》的规定，申请行政复议或者提起行政诉讼当事人在法定期限内不申请复议，不提起诉讼，又不履行具体行政行为的，作出具体行政行为的行政管理部门可以按照《中华人民共和国行政诉讼法》的规定，申请人民法院强制执行。

第九章 附则

第六十二条 本条例中有关专业用语的含义：

（一）自用部位，是指一套住宅内部，由住宅的业主、使用人自用的卧室、客厅、卫生间、阳台、天井、庭园以及室内墙面等部位；

（二）自用设备，是指一套住宅内部，由住宅的业主、使用人自用的门窗、卫生洁具以及通向，这管的供水、排水、燃气管道、电线等设备；

（三）共用部位，是抬一幢住宅内部，由整幢住宅的业主、使用人共同使用的门厅、楼梯间、水泵间、电表间、电梯间、电话分线间、电梯机房、走廊通道、传达室、内天井、房屋承重结构、室别、墙面、屋面等部位；

（四）共用设备，是指一幢住宅内部，由整幢住宅业主、使用人共同使用的供水管道、排水管道、落水管、照明灯具、垃圾通道、电视天线、水箱、水泵、电梯、邮政信箱、避雷装置、消防器具等设备；

（五）公共设施，是指物业管理区域内，由业主和使用人共同使用的道路、绿地、停车场库、照明路灯、排水管道、害井、化粪池、垃圾箱（房）等设施；

（六）房屋承重结构，是指住宅的基础、承重墙体、梁柱、楼盖、屋顶等。

第六十三条 本条例中业主公约、住宅使用公约、业主委员会章程的示范文：房地局制定。物业管理服务合同、前期物业管理服务合同的示范文本，由市房地局会同市工商行政管理局制定。

第六十四条 物业管理区域内的非居住物业管理，参照本条例执行。

第六十五条 本条例的具体应用问题，由市房地局负责解释。

第六十六条 本条例自1997年7月1日起施行。

❸广东省物业管理条例

（广东省第九届人民代表大会常务委员会第四次会议1998年7月29日通过　广东省第九届人民代表大会常务委员会公告〔第13号〕公布　自1998年10月1日起施行）

第一章 总则

第一条 为规范物业管理，明确业主、使用人和物业管理公司的权利和义务，保障物业的合理使用，根据国家有关法律、法规，结合本省实际，制定本条例。

第二条 本省行政区域内的物业管理适用本条例。

本条例所称物业管理，是指业主组成业主委员会对其物业的共有部分和共同事务委托物业管理公司进行管理的活动。

本条例所称业主，是指物业的所有权人。

本条例所称使用人，是指物业的承租人和其他实际使用物业的人。

本条例所称物业，是指已建成并交付使用的住宅、工业厂房、商业用房等建筑物及其附属的设施、设备和相关场地。

本条例所称物业管理公司，是依法设立的从事物业管理服务的企业法人。

第三条 各级人民政府应当鼓励物业管理向社会化、专业化发展，提高物业管理水平，改善人民生活和社会环境。

第四条 省人民政府建设行政主管部门对全省的物业管理工作实施监督、管理。

市、县人民政府确定的物业管理行政主管部门负责本行政区域内物业管理工作的监督、管理。本省各级人民政府的其他有关行政管理部门在各自职责范围内，负责做好物业管理区域内的有关工作。

第二章 业主管理权

第五条 业主依法享有对物业共有部分和共同事务进行管理的权利，并承担相应的义务。

业主的主要权利是：

（一）参加业主大会；

（二）享有业主委员会的选举权和被选举权；

（三）表决通过业主公约和业主委员会章程；

（四）决定有关业主利益的重大事项；

（五）监督业主委员会的管理工作。

业主的主要义务是：

（一）执行业主大会和业主委员会的有关决议、决定；

（二）遵守业主公约；

（三）遵守有关物业管理的制度、规定；

（四）按时交付分摊的物业管理、维修等费用。

第六条 物业管理区域内全体业主组成业主大会，选举产生业主委员会。

物业管理区域的划定办法由省建设行政主管部门会同省公安、民政等行政主管部门制定。

县级以上人民政府物业管理行政主管部门根据物业管理区域的划定办法，具体划定本辖区内每个物业管理区域的范围。

第七条 物业已交付使用的建筑面积达到百分之五十以上，或者已交付使用的建筑面积达到百分之三十以上不足百分之五十、且使用已超过一年的，应当依照本条例规定召开首次业主大会，选举产生业主委员会。

物业所在地的物业管理行政主管部门应当指导业主召开首次业主大会。

第八条 召开业主大会应当有过半数以上投票权的业主出席。业主大会的决定，应当有过半数以上投票权的业主同意才能通过。决定通过后应当予以公布。

业主可以书面委托代理人出席业主大会。

第九条 业主的投票权，住宅按每户计算表决权；工业厂房、商业用房按物业建筑面积计算表决权。

第十条 业主大会行使下列职权：

（一）选举、撤换业主委员会组成人员，监督业主委员会的工作；

（二）通过业主公约和业主委员会章程；

（三）批准物业管理委托合同；

（四）决定有关业主利益的重大事项；

（五）决定物业管理的其他事项。

第十一条　业主委员会成立后，业主大会由业主委员会负责召集，每年至少召开一次。

经有百分之二十以上投票权的业主提议，可以临时召开业主大会。业主委员会在接到提议后十日内应当召开临时业主大会。

第十二条　业主委员会委员应当由业主担任，业主委员会委员不得少于五人。业主委员会主任、副主任由业主委员会选举产生。

业主委员会委员每届任期二年，可以连选连任。

业主委员会委员应当由遵纪守法、热心公益事业、处事公正、责任心强的人员担任。

业主委员会成员名单应当报所在地物业管理行政主管部门备案。

第十三条　业主委员会对业主大会负责，维护全体业主的合法权益，履行下列职责：

（一）召集和主持业主大会，报告物业管理的实施情况；

（二）草拟业主公约、业主委员会章程草案或者修订草案并报业主大会通过，监督业主公约的实施。

（三）通过公开招标等方式选聘物业管理公司，代表业主签订物业管理委托合同，经业主大会同意后负责履行；

（四）听取业主、使用人的意见和建议，监督物业管理公司的管理服务活动；

（五）监督共用设备、设施、场地的使用和维护。

业主委员会会议由主任定期召集，召开会议必须有过半数委员出席，作出决定须经过半数委员同意。

业主委员会作出的决定应当予以公布。

第十四条　业主公约是由业主共同订立的有关物业的共有部分和共同事务管理的协议，对全体业主具有约束力。

第十五条　业主转让或者出租物业时，应当将业主公约作为物业转让合同或者租赁合同的附件，对受让人或者承租人具有同等约束力。

转让人或者出租人应当自物业转让合同或者租赁合同签订之日起十五日内，将物业转让或者出租的情况告知业主委员会和物业管理公司。

第十六条　业主公约和业主委员会章程不得与法律、法规和规章相抵触。

第三章　物业委托管理

第十七条　业主委员会委托物业管理公司提供物业管理服务，双方应当遵循平等、自愿原则签订物业管理委托合同。

物业管理委托合同应当包括下列主要内容：

（一）双方当事人和委托管理物业的基本情况；

（二）物业管理服务事项和服务质量要求；

（三）物业管理服务费用的标准及收取办法；

（四）合同的期限、合同终止和解除的约定、合同终止时物业资料的移交方式等；

（五）违约责任及解决纠纷的途径；

（六）双方当事人约定的其它事项。

第十八条　从事物业管理的公司必须持有县级以上人民政府物业管理行政主管部门核发的物业管理资质证书，并向工商行政主管部门申请注册登记，领取营业执照。

第十九条　物业管理公司应当提供下列服务内容：

（一）建筑物及其附属的共用设施、设备、场地的养护与维修；

（二）绿化、环境卫生管理服务；

（三）安全防范服务；

（四）车辆停放及其场地的管理；

（五）高层楼宇增设的服务项目；

（六）物业档案资料的管理；

（七）业主和使用人委托的其他服务事项。

第二十条　物业竣工后综合验收前的前期管理及其费用由建设单位负责，建设单位应当依照有关规定制订前期管理守则，并在售房时予以明示。

业主委员会成立后，由业主委员会选聘物业管理公司对物业进行管理。

第二十一条　建设单位须在建筑物及其附属设施综合验收合格后，方可将其管理权移交给业主委员会，未经综合验收合格的物业，建设单位不得移交，并应当继续承担物业管理费用。

建设单位向业主委员会移交物业管理权时，应当同时移交物业综合验收档案资料和房屋使用说明书。

第四章　物业的使用和维护

第二十二条　物业的使用和维护应当遵守国家有关市容环境卫生、环境保护、房屋管理、消防管理、治安管理等法律、法规和规章的规定。

第二十三条　业主、使用人使用房屋不得有下列行为：

（一）损坏房屋承重结构，破坏房屋外貌，擅自改变房屋用途；

（二）对房屋的内外承重墙、梁、柱、楼板、阳台、天台、屋面等进行违章凿、拆、搭占等；

（三）存放易燃、易爆、剧毒、放射性等危险物品；

（四）利用房屋从事危害公共利益和侵害他人正当权益的活动。

业主、使用人不按房屋使用说明书使用房屋造成的后果，由其自负。

第二十四条　物业管理区域内禁止下列行为：

（一）践踏、占用绿地；

（二）损毁树木、园林；

（三）占用通道等共用场地；

（四）乱抛乱堆垃圾、杂物；

（五）发生超出规定标准的噪音；

（六）排放有毒、有害等污染环境的物质；

（七）在建筑物、构筑物上乱张贴、乱涂写、乱刻画；

（八）法律、法规和规章及业主公约禁止的其他行为。

第二十五条　业主或者使用人装修物业，应当遵守房屋使用说明书和业主公约，并事先告知物业管理公司。物业管理公司应当将有关注意事项告知业主或者使用人，业主或者使用人应当遵守。

第二十六条 建筑物共有部分的维修责任，按下列规定承担：

（一）毗连部分，由毗连部分的业主共同承担；

（二）建筑物本体共用部分，由该建筑物所有业主共同承担；

（三）物业管理区域内共用设施、设备、场地，由全体业主共同承担；

出租物业维修责任的承担，应当在租赁合同中约定。

第五章 物业管理费用

第二十七条 业主和使用人应当遵守业主公约，按照物业管理委托合同的约定和业主委员会的决定交付物业管理、维修等费用。

建设单位未售出的空置物业应当分摊物业管理、维修费用，分摊比例应当不低于收费标准的百分之五十，但不得因此而增加其他业主的负担。

第二十八条 确定物业管理服务收费标准，应当遵循公平、合理的原则。物业管理服务质量应当与服务收费相适应。

物业管理收费实行政府指导价和市场调节价。

政府指导价由省人民政府价格行政主管部门会同建设行政主管部门制定。县级以上人民政府价格行政主管部门可以在政府指导价范围内，结合当地实际情况，确定当地的收费标准。

第二十九条 已成立业主委员会的，物业管理服务的收费标准由业主委员会与物业管理公司在物业管理委托合同中按照政府指导价约定或者由双方协商确定。

物业已交付使用尚未成立业主委员会的，物业管理服务的收费标准由物业管理公司在政府指导价范围内提出，报所在地县级以上人民政府价格行政主管部门核定。

第三十条 物业管理服务费用经约定可以预收，但预收期限不得超过三个月。

第三十一条 物业管理公司收费的项目和标准应当向业主公布。

物业管理公司在物业管理委托合同约定以外自行提供服务，未经业主委员会或者业主认可的，业主或者使用人可以不支付服务费用。

第三十二条 业主委员会应当设立物业管理维修基金。

物业管理维修基金由物业建设单位按物业总投资的百分之二，在向业主委员会移交物业管理权时，一次性划拨给业主委员会，其所有权属全体业主共同所有。

物业管理维修基金由县级以上人民政府物业管理行政主管部门设立专款帐户代为管理，不得挪作他用。

第三十三条 物业共用部位、共用设备、设施维修、更新时，其费用从物业管理维修基金增值部分中开支；增值部分不足以开支的，由物业管理维修基金垫支，垫支部分应当向业主收回。

物业管理维修基金的使用，由物业管理公司提出年度计划，经业主委员会批准后实施。

物业管理公司应当每半年公布一次物业管理维修基金的使用情况，接受业主和业主委员会的监督。

第三十四条 建设单位向业主委员会移交物业管理权时，应当按规定向业主委员会移交已分摊到户的用于公共服务的公共用房和管理用房。

第六章 法律责任

第三十五条 业主、使用人、物业公司和建设单位之间发生纠纷时，当事人可以通过协商或者调解解决，协商、调解不成的，可以依法申请仲裁或者向人民法院起诉。

第三十六条 违反本条例第十八条规定，未取得营业执照从事物业管理的，由县级以上人民政府工商行政主管部门依法处理。

第三十七条 物业管理公司违反本条例规定，有下列行为之一的，由县级以上人民政府物业管理行政主管部门责令其限期改正，赔偿损失；并可视情节轻重，降低其资质等级或者注销其物业管理资质证书：

（一）建筑物及共用设备、共用设施不按期修缮或者养护、维修不当，造成业主损失的；

（二）服务管理不当，使共用设施、设备遭受损失的；

（三）擅自改变物业管理区域内共用设施、共用场地用途的；

（四）不履行物业管理委托合同规定的其他义务的。

第三十八条 物业管理公司违反本条例第二十九条规定的，由县级以上人民政府价格行政主管部门依照《中华人民共和国价格法》的规定处理。

第三十九条 业主或者使用人违反本条例第二十三条、第二十四条规定的，由业主委员会或其授权的物业管理公司予以制止、限期改正；逾期不改正的，由物业管理公司恢复原状；恢复原状所需的费用以及对他人造成的损失，由责任人承担。

第四十条 业主和使用人违反本条例第二十七条规定，不按约定交付物业管理、维修等分摊费用的，物业管理公司可以催缴、限期交付；逾期仍不交付的，按合同约定加收滞纳金，合同没有约定的，可按每日加收欠交金额千分之一的滞纳金；经催收仍不交付的，可累积计帐，在物业转让时，由房地产交易机构代为扣除；物业管理公司也可以依法向人民法院起诉。

第四十一条 建设单位违反本条例第三十二条、第三十四条规定，不按规定划拨物业管理维修基金、移交公共用房和管理用房的，由县级以上人民政府物业管理行政主管部门责令其限期履行；逾期不履行的，业主委员会可以依法向人民法院起诉。

第七章 附则

第四十二条 省人民政府建设行政主管部门可以根据本条例制订管理守则、业主公约、业主委员会章程和物业管理委托合同示范文本。

第四十三条 本条例自1998年10月1日起施行。

三、以案明法

顾某地诉巨星物业排除妨碍、赔偿损失纠纷案

原告：顾某地

被告：上海巨星物业有限公司

原告顾某地认为被告上海巨星物业有限公司（以下简称巨星物业）妨碍其行使所有权，向上海市静安区人民法院提起排除妨碍、赔偿损失的诉讼。

原告诉称：三和花园4号楼29E室是原告购买的房屋，原告有权在自己的房屋安放自己的浴缸。被告的职责仅是对物业进行管理，却以原告安装、使用这个浴缸会影响楼房安全为由，阻止原告安放浴缸，后在原告承诺目前并不使用的情况下，被告仍不同意安放，以至该浴缸被长期搁置在户外，损坏严重。被告的行为严重侵犯了原告的合法权益，给原告造成精神和财产损失。请求判令被告排除妨碍，给原告赔偿精神损失5000元、人工费损失7600元，并负担本案的诉讼费。

原告顾某地为支持自己的诉讼主张，提交以下证据：

1．上海市商品房出售合同，以此证明顾某地是上海市延平路123弄三和花园4号楼29E室的业主。

2．证人秦勇的书面证词，以此证明2001年12月13日顾某地吊装浴缸时遭到被告的阻止。

3．证人顾金宽的书面证词，以此证明在吊装浴缸被阻止后，顾某地向安装公司支付了费用。

4．系争浴缸的说明书及翻译件，以此证明浴缸的形状、大小、重量以及使用该浴缸不会对楼体造成危害。

被告辩称：被告受业主委员会的委托，管理三和花园4号楼整个物业。原告的浴缸面积、体积过大，使用时的重量是该楼楼板无法承受的，会危及楼房结构的安全，被告因此才阻止原告吊装。原告为让这个浴缸进入室内，不惜两次提起诉讼，其目的绝不仅仅是保护浴缸。原告关于不使用该浴缸的承诺，缺乏诚信，难以令人信服。浴缸通常的用途，只能是洗澡。如果同意原告将浴缸放置在室内，其一旦使用，就会成为安全隐患，从而影响其他业主对物业的正常使用。作为物业管理者，被告制止原告安装该浴缸，是依法履行管理职责的行为，没有侵犯原告的合法权利，故不同意原告的诉讼请求。

被告巨星物业为支持自己的主张，提交以下证据：

1．上海市静安区三和花园业主公约，以此证明顾某地违反了该公约，被告只是按业主公约履行管理职责。

2～3．系争浴缸的照片8幅以及三和花园4号楼29E室的浴室平面图，以此证明系争浴缸无法安装在三和花园4号楼29E的浴室内。

4．顾某地与上海和馨物业管理有限公司（以下简称和馨物业）签订的公共契约，以此证明顾某地承诺按照法律、法规及契约的规定履行业主义务，而顾某地安装浴缸的行为违反了这个约定。

5．和馨物业发给顾某地的整改通知书4份，以此证明三和花园原物业管理公司因顾某地违规装修房屋及安装浴缸，曾数次书面限令其停止违章行为。

6．巨星物业与三和花园业主委员会于2001年5月28日签订的承诺书一份，以此证明巨星物业是三和花园物业的合法管理者，有权制止业主的违规行为。

7．巨星物业发给顾某地的限期整改通知书4份，以此证明巨星物业也曾数次书面限令顾某地停止违章行为。

8．三和花园部分业主联名写给巨星物业的信件，以此证明部分业主认为顾某地的行为危害房屋的安全，侵犯了其他业主的利益，要求巨星物业予以阻止。

9～10．三和花园居委会和曹家渡房管办事处出具的情况说明各一份，以此证明巨星物业阻止顾某地吊装浴缸，以及居委会人员、民警和房管办人员对顾某地的行为进行制止的情况。

11．顾某地的律师发给巨星物业的信函以及巨星物业的回复件，以此证明巨星物业从物业安全的角度考虑不同意顾某地吊装浴缸。

上海市静安区人民法院主持了庭审质证、认证。被告巨星物业对原告顾某地提交的证据1、2无异议；认为证据3的证人所述不实；证据4存在表面真实性，但该证据无法证明使用浴缸不会危害楼体。顾某地对巨星物业提交的证据2、3、4、5、7、11无异议；认为不清楚作为证据1的业主公约是如何签订的，该公约既无日期也无登记，对本人没有约束力；证据6的承诺书不是物业管理合同，不能证明巨星物业有管理小区的资格，只有经登记备案的物业管理合同才能证明业主委员会与物业公司之间的关系；不清楚证据8、9、10形成的过程以及要证明的内容，不发表质证意见。法庭经质证，对双方当事人无争议的证据予以确认；认为巨星物业对顾某地的证据3提出的质证意见，顾某地没有作出合理解释，且不能提交其他证据印证自己的实际损失，故该证据的证明力不予认证；顾某地的证据4，其真实性应予确认，并应当结合其他证据认定使用浴缸是否危害楼体；巨星物业的证据1、6，经核查属实，应予认证；顾某地质证时，虽然认为业主委员会未按规定程序操作，业主公约未经备案对其不具有约束力，但没有提交能支持自己这个主张的证据，故对这个主张不予采纳；巨星物业的证据8、9、10，不能直接证明该物业制止顾某地吊装浴缸的权利来源，与本案没有直接关系，故不予认证。

基于上述证据，上海市静安区人民法院认定事实如下：

1997年1月，海南古斯利微电子技术有限公司（以下简称古斯利公司）购买了三和花园4号楼29E室复式房屋一套。同年10月，原告顾某地以古斯利公司员工的身份办理了入住手续，并与三和花园的原物业管理人和馨物业签订了《公共契约》。1998年10月，顾某地购买了一只长宽高为4.267米×2.286米×1.219米、上口面积9.754平方米、占地面积8.826平方米，自重362.8公斤，可容水4160.5公斤的浴缸，欲安装在29E室的跃层。和馨物业阻止顾某地安装该浴缸，并针对其在装修中的违规行为数次向其送达了整改通知。2000年4月，三和花园业主委员会聘用被告巨星物业为三和花园的管理人。顾某地又就浴缸安装问题多次与巨星物业交涉，巨星物业均以安装该浴缸需通过安全测定为由不予准许。同年9月，顾某地再次吊装大浴缸，被巨星物业制止。10月，古斯利公司向法院提起诉讼，请求排除巨星物业对顾某地安装浴缸的妨碍，并判令巨星物业赔偿损失。2001年4月，因古斯利公司撤诉，此案了结。嗣后，巨星物业四次致函顾某

地，告知其停止装修中的违规行为，在安装浴缸的安全问题没有确认以前不得吊装浴缸，并要求其将放置在小区道路旁的浴缸搬离。同年12月10日，顾某地出资购买了三和花园4号楼29E室，遂以该房屋业主的身份提起本案诉讼。

另查明，三和花园4号楼29E室内有三个浴室，使用面积分别为3.5平方米、10.39平方米、4.6平方米。2001年5月26日，在被告巨星物业对三和花园进行管理一年后，三和花园业主委员会与巨星物业签订了约定承诺书，约定至2001年7月31日，三和花园仍由巨星物业进行管理。

审理中，经被告巨星物业申请，法院通知三和花园4号楼的设计单位中国建筑东南设计研究院的高级工程师陈必勇和国家一级注册结构工程师翟金亮到庭，就三和花园4号楼29E室的楼板能否承受系争浴缸使用时的重量这一专业性问题进行说明和接受询问。两位工程师明确表示，三和花园4号楼是按照国家规定的居住用房建筑结构荷载规范进行设计的，设计时没有考虑到安放像系争浴缸这样巨大的浴缸；该室内楼板承重为每平方米200公斤，一般情况下还有1.4倍的安全系数，即每平方米最大不能超过280公斤，系争浴缸放水后的重量已大于这个承重极限；在三和花园4号楼长期使用这个浴缸，势必影响楼板的强度，间接影响墙面，会给楼宇安全带来危险。对于两位工程师的说明，巨星物业认同，原告顾某地则不接受，认为该楼楼板厚度是一般楼板的一倍，若一般楼板每平方米能承重280公斤，该楼楼板就应该能承受每平方米560公斤左右的重量。两位工程师解释，楼板厚度是根据建筑结构的需要设定的，厚度与承重没有必然联系；如要提高楼板的承重能力，必须进行特殊处理；4号楼楼板在没有进行特殊处理前，其最大荷载只能是每平方米280公斤。

对两位工程师就案件涉及的专门性问题所作的以上说明，法庭予以认可。

上海市静安区人民法院认为：任何一幢独立建筑物，均由基础、框架、承重等部分构成，尽管用隔板可以将一幢独立建筑物分割成不同的使用空间，以供不同的人分别独立使用，但构成该幢独立建筑物的基础、框架、承重墙体、隔板、顶盖、走道、阶梯、门窗、管线以及必要的活动场所等部位，却无法分割使用。整幢独立建筑物如果被分割为若干人所有，则每个人享有的是建筑物区分所有权，它不同于一物一权形态下的建筑物所有权。建筑物区分所有权虽然与建筑物所有权一样具备物权的一切特征，但由于建筑物的特性，决定了它是一种复合性权利，权利人既对其在建筑物中的专有部分享有占有、使用、收益和处分的全部所有权权能，又对整幢建筑物的共用部分享有共有权。同时也由于建筑物的特性，决定了权利人在行使其权利时要受到一定限制。这种限制是指，区分所有权人只能在建筑物设计允许的限度内合理使用自己专有部分的建筑物，区分所有权人使用自己专有部分的建筑物时，不得违反全体区分所有权人的共同利益，不得妨碍整幢建筑物的正常使用。

《中华人民共和国民法通则》第六条规定："民事活动必须遵守法律，法律没有规定的，应当遵守国家政策。"第八十三条规定："不动产的相邻各方，应当按照有利生产、方便生活、团结互助、公平合理的精神，正确处理截水、排水、通行、通风、采光等方面的相邻关系。给相邻方造成妨碍或者损失的，应当停止侵害，排除妨碍，赔偿损失。"原告顾某地是三和花园4号楼29E室的业主，对该室享有建筑物区分所有权。29E室内的墙板、楼板与该楼其他墙板、楼板一样，是使该楼能成为独立建筑物的不可分割部分，应属全体区分所有权人共有的财产。顾某地如果按照设计的用途和设计的荷载量使用29E室内的墙板、楼板，他人无权干涉，但如果超出设计允许的限度使用墙板、楼板，就应该征得其他区分所有权人的同意。29E室内虽然设计了三间浴室，但最大一间的使用面积也只有10.39平方米。顾某地的浴缸，上口面积达9.754平方米，根据日常生活经验，这个浴缸无法安装在顾某地的浴室内。若安装在室内其他部位，则势必改变房屋的设计布局和用途。况且该浴缸注满水后的重量，超出了每平方米最大280公斤的楼板设计荷载量。长期使用这个浴缸，不仅顾某地的安全不能保证，且势必危及相邻其他区分所有权人的安全。在此情况下，顾某地必须征得其他区分所有权人的同意，才能放置这个浴缸，否则既是对共有财产的侵犯，也是对相邻关系的损害。

《上海市居住物业管理条例》规定，业主应当按照有利于物业使用、安全以及公平、合理的原则使用物业，正确处理相邻关系，不得随意改变住宅的使用性质，禁止损坏房屋承重结构和破坏房屋外貌的使用行为；物业管理企业指导和监督装修、使用住宅的活动，发现不当行为应劝阻制止并督促改正，对拒不改正的，应当及时告知业主委员会并报有关行政管理部门依法处理。被告巨星物业作为物业管理企业，接受业主委员会的委托，对三和花园进行物业管理。巨星物业对原告顾某地吊装浴缸的行为加以制止，是其管理职责所在，并无不妥。对这个从面积看无法在浴室安装、从重量看不能在29E室其他部位安装的浴缸，顾某地坚持要求放入29E室。浴缸的特定功能是洗澡，将这个浴缸放在室内，其虽然承诺不使用，但这种承诺有悖常理。巨星物业从保障物业安全的角度出发，对这一承诺表示怀疑，有一定的合理性。巨星物业的行为不具有违法性，且无侵权事实。顾某地要求巨星物业赔偿精神损失和人工费损失，该诉讼请求不予支持。据此，上海市静安区人民法院于2002年3月20日判决：

一、原告顾某地要求被告上海巨星物业有限公司排除妨碍，不得阻挠其将自己所有的浴缸搬入上海市延平路123弄三和花园4号楼29E房屋内的诉讼请求不予支持；

二、原告顾某地要求被告上海巨星物业有限公司赔偿精神损失费人民币5000元的诉讼请求不予支持；

三、原告顾某地要求被告上海巨星物业有限公司赔偿人工费损失人民币7600元的诉讼请求不予支持。

案件受理费人民币514元，由原告顾某地负担。

第一审宣判后，顾某地不服，向上海市第二中级人民法院提起上诉。理由是：29E室跃层的楼板，采用现浇钢筋混凝土大板结构，使用暗梁，并非通常情况下的梁板结构。暗梁与普通梁相比，刚度小、变形大，对板的支撑及约束小。一审时三和花园设计单位所作的说明，没有考虑29E室跃层的这些特点，结论是错误的。应当对29E室跃层楼板能否承载注满水的浴缸这个问题进行鉴定。上诉人目前只是准备将浴缸安放在29E室跃层，不去使用，根据浴缸的自重，这样做不会损坏跃层楼板；在对跃层楼板采取相关加固措施后，即使将浴缸加满水，跃层楼板也能完全满足承载要求，不会对整个大楼的安全造成隐患。再说，29E室是上诉人的权利范围。如果上诉人的行为存在危害，损害的只能是上诉人自己的利益，不会影响他人利益和公共利益。另外，被上诉人不是三和花园的正规、合法管理者，因此其制止上诉人安放浴缸的行为是不正当的，应当赔偿上诉人因无法及时安装浴缸而遭受的人工费、运费等损失。一审判决驳回上诉人的诉讼请求，是错误的，应当改判。

被上诉人巨星物业答辩称：虽然29E室归上诉人所有，但上诉人应当遵守法律规定，在建筑物设计允许的限度内使用该室。上诉人安装和使用大浴缸，肯定会给楼板及整幢房屋的安全带来危险，从而影响其他业主的正常生活，这是被上诉人阻止上诉人的理由。上诉人在29E室安装和使用大浴缸，必然改变房屋的结构和用途；该浴缸的进水和出水，也会使整幢大楼的供排水系统发生问题。退一步讲，不允许业主改变房屋的结构和用途，是上海市从公共安全和物业安全出发，在总结以往教训的基础上作出的物业管理规定。作出这个规定，并不意味着对房屋结构和用途的每一次改变，都会危害公共安全和物业安全。但是没有这个规定，允许每一位业主随意改变房屋的结构和用途，则势必会危害公共安全和物业安全。因此即便上诉人为安装浴缸而改变房屋结构和用途的行为没有造成危险，其也无权违反上海市的物业管理规定。一审判决正确，应当维持。

上海市第二中级人民法院经审理，确认一审认定的事实属实。二审期间，应上诉人顾某地的申请，法院委托上海市建筑科学研究院对三和花园4号楼29E室复式房屋内的跃层楼板能否承载装满水的系争浴缸进行鉴定。该院用SATWE软件分析程序对该室楼板进行结构验算后，得出的评估结论是：一般住宅建筑若不做专门设计，不适宜安装巨型浴缸。结构验算表明，跃层楼板的安全性不能满足安装巨型浴缸的要求。因此，三和花园4号楼29E室不应在跃层安装巨型浴缸。

对于这个评估结论，上诉人顾某地认为：SATWE软件分析程序是用来计算通常状况下的梁墙构件内力及配筋量的，而29E室跃层楼板采用的是现浇钢筋混凝土大板结构，对这个楼板的内力及配筋量，应当采用国际通用的板元模型编制的SAP软件分析程序计算。另外，评估报告没有考虑上诉人将采取的加固措施，故得出的结论不可信，要求重新鉴定。顾某地聘请的一位退休教授也认为，评估报告存在着将29E室跃层楼板计算条件简化、没有明确不安全性是指该室跃层楼板还是整幢大楼、没有使用国际通用的SAP软件分析程序进行计算的问题。被上诉人巨星物业认为，评估结论与三和花园设计单位在一审中所作的说明相符，是正确的。

针对上诉人顾某地的意见，鉴定人上海市建筑科学研究院又使用SAP90软件分析程序对29E室跃层楼板的安全性进行验算后，出具的补充报告结论是：1. 用SAP90软件分析程序验算的结果表明，29E室跃层楼板安装巨型浴缸后的安全性不足；2. 将29E室跃层楼板采用的厚平板加暗梁结构形式简化为梁板结构，并采用SATWE软件分析程序验算，是可行的，验算结果基本反映楼板的真实受力状态，且与用SAP90软件分析程序验算的结果基本一致；3. 一般住宅建筑若不做专门设计，不适宜安装巨型浴缸，29E室的房型设计未考虑到使用时会安装巨型浴缸，安装巨型浴缸对大楼的局部结构安全性及正常使用均会产生较大影响。

上诉人顾某地认为这个补充报告仍没有考虑其提出的相关加固措施，因此结论是不全面的，不具有现实可行性。

上海市第二中级人民法院认为，本案的争议焦点有三个：一、系争浴缸能否放置在三和花园29E室的跃层？二、被上诉人巨星物业是否有权制止上诉人顾某地安放系争浴缸的行为？三、顾某地在此案中是否遭受损失？损失应由谁承担？

关于第一个争议焦点。1. 三和花园的设计单位证明，在三和花园4号楼29E室安装系争浴缸，会对大楼的安全和正常使用带来较大影响。2. 上海市建筑科学研究院的评估报告和补充报告证实：三和花园4号楼29E室的跃层平板结构不仅承担着该跃层室内荷载，还承担室外露台荷载及顶层局部屋面荷载，因此安装系争浴缸对大楼局部结构的安全会造成较大影响。该鉴定人的鉴定资质和鉴定程序合法，鉴定结论应予采信。3. 最高人民法院法释［2001］33号《关于民事诉讼证据的若干规定》第二十七条规定："当事人对人民法院委托的鉴定部门作出的鉴定结论有异议申请重新鉴定，提出证据证明存在下列情形之一的，人民法院应予准许：（一）鉴定机构或者鉴定人员不具备相关的鉴定资格的；（二）鉴定程序严重违法的；（三）鉴定结论明显依据不足的；（四）经过质证认定不能作为证据使用的其他情形。""对有缺陷的鉴定结论，可以通过补充鉴定、重新质证或者补充质证等方法解决的，不予重新鉴定。"上诉人顾某地没有足够证据否定上海市建筑科学研究院的鉴定结论，因此其要求重新鉴定的申请不予准许。4. 顾某地提出，其对29E室跃层采取相关加固措施后就能够安装系争浴缸。这是一个在一审审理时没有提出的诉讼请求，已经超出二审审理范围，本案不予处理。综上，系争浴缸不能放置在三和花园29E室内。

关于第二个争议焦点。被上诉人巨星物业接受业主委员会的委托，对三和花园履行管理职能，是三和花园的物业管理者。这一事实不仅有证据证明，上诉人顾某地也以其直接向巨星物业缴纳物业管理费的行为证明，其对此是明知的。作为物业管理者，巨星物业当然有权依据《上海市居住物业管理条例》的规定，制止顾某地安放系争浴缸。

关于第三个争议焦点。上诉人顾某地未能及时安装系争浴缸后，必然产生相关费用的损失。但这些损失，是由于顾某地准备安装系争浴缸前没有考虑到建筑物安全和物业管理规定造成的。被上诉人巨星物业阻止顾某地安装系争浴缸的行为没有过错，故这部分损失不应由巨星物业承担。

综上所述，一审适用法律正确，判决对顾某地的诉讼请求不予支持并无不当，应予维持。据此，上海市第二中级人民法院依照《中华人民共和国民事诉讼法》第一百五十三条第一款第（一）项的规定，于2003年7月25日判决：

驳回上诉，维持原判。

上诉案件受理费人民币514元和本案鉴定费人民币1.2万元，由上诉人顾某地负担。

第七章 房地产市场管理制度

第一节 房地产价格管理

本节为您提供以下主题词的法律适用依据与实战资料

■房地产价格管理

【房地产价格管理】

一、专家指导意见

适应我国建立社会主义市场经济体制和房地产业迅速发展的需要，房地产价格工作也取得了重大进展，已基本形成了在国家宏观政策调控下，以市场为主形成房地产价格的机制。房地产价格是房地产交易的核心问题之一，《城市房地产管理法》为此规定了房地产交易中的价格管理制度，规定基准定价、标定定价和各类房屋的重置价格应当定期确定公布，并实行房地产价格评估制度和房地产成交价格申报制度。

（一）房地产价格的种类

根据《城市房地产管理法》的规定，需要实行价格管理的房地产价格主要有三种，即基准定价、标定定价和各类房屋的重置价格。

所谓基准定价，是指按照不同的土地级别、区域分别评估和测算的商业、工业、住宅等各类用地的使用权的平均价格。

所谓标定定价，是指对需要进行土地使用权出让、转让、抵押的地块评定的具体价格，它是以基准地价为依据，根据市场行情、地块大小、形状、容积率、微观区位和土地使用年限等条件评定的具体某一地块在某一时间的使用权的价格。

所谓房屋的重置价格，是指按照当前的建筑技术、工艺水平、建筑材料价格、人工和运输费用等条件，重新建造同类结构、式样、质量标准的房屋的价格。

（二）房地产价格评估制度

国家实行房地产价格评估制度。房地产价格评估，指的是房地产专业估价人员，根据估价目的，遵循估价原则，采用科学的估计方法，结合估价经验和对影响房地产价格因素的分析，对房地产最可能实现的合理价格所作出的推测和判断。简而言之，房地产价格评估就是对房地产的合理价格进行科学估算的活动。

房地产估价是房地产市场价格管理的核心，其作用主要表现在以下八个方面：

1. 房地产估价可以预算出现有存量市场中的房地产价值量，为新时期房地产管理工作提供依据；
2. 可以为房地产交易和国有土地使用权的出让与转让提供基础价格；
3. 通过房地产估价确定房地产抵押品的价值，作为银行抵押贷款的依据；
4. 房地产估价是国家征收房地产税费的根据，有效地防止税费流失；
5. 房地产估价可以作为房屋拆迁补偿的根据；
6. 房地产估价也是处理房地产纠纷的需要；
7. 房地产估价是合资、合作、企业承包以及企业兼并等经营活动的需要；
8. 房地产估价也是企业破产进行清产估价的需要。

房地产价格评估，应当遵循公正、公平、公开的原则，按照国家规定的技术标准和评估程序，以基准定价、标定定价和各类房屋的重置价格为基础，参照当地的市场价格进行评估。

（三）房地产成交价格申报制度

所谓房地产成交价格申报，是指房地产权利人转让房地产时，必须将买卖价格向国家申报。这一方面有利于国家加强税收征收管理，保障国家税收收入，另一方面有利于国家了解和掌握房地产市场的行情，实施必要的宏观调控。《城市房地产管理法》第34条规定："国家实行房地产成交价格申报制度。房地产权利人转让房地产，应当向县级以上地方人民政府规定的部门如实申报成交价，不得瞒报或者作不实的申报。"

二、法律适用依据

（一）相关法律

❶中华人民共和国城市房地产管理法（节录）

（1994年7月5日第八届全国人民代表大会常务委员会第八次会议通过 1994年7月5日中华人民共和国主席令〔第29号〕公布 自1995年1月1日起施行）

第三十二条 基准地价、标定地价和各类房屋的重置价格应当定期确定并公布。具体办法由国务院规定。

第三十三条 国家实行房地产价格评估制度。

房地产价格评估，应当遵循公正、公平、公开的原则，按照国家规定的技术标准和评估程序，以基准地价、标定地价和各类房屋的重置价格为基础，参照当地的市场价格进行评估。

第三十四条　国家实行房地产成交价格申报制度。

房地产权利人转让房地产，应当向县级以上地方人民政府规定的部门如实申报成交价，不得瞒报或者作不实的申报。

（二）相关行政法规及规范性文件

❶城市房地产开发经营管理条例（节录）

（1998年7月20日国务院令〔第248号〕公布施行）

第三十条　房地产开发项目转让和商品房销售价格，由当事人协商议定；但是，享受国家优惠政策的居民住宅价格，应当实行政府指导价或者政府定价。

❷关于发展房地产业若干问题的通知（节录）

（1992年11月4日国务院　国〔1992〕61号公布）

三、合理确定地价，提高土地利用效益。要根据土地不同的区位、使用性质、容积率、级差收益和供求状况等因素，由政府组织的评估机构合理确定基准地价，使之与本地区的经济发展以及宏观调控的要求相适应。土地使用权出让价格，要以基准地价为依据，并体现国家产业政策。城镇住宅建设用地价格，随着住宅商品化的推进，按照涉外商品房、商品房、微利房、福利房的性质实行不同价格。

❸关于加强商品房屋建设管理的请示（节录）

（国家发展计划委员会制定　1989年5月12日国务院批转）

五、商品房屋开发建设项目要纳入清理整顿范围，请建设部门会同审计、建设银行和工商管理等部门按照上述规定，对商品房屋开发建设项目进行清理、整顿。目前，商品房屋的销售价格管理，缺乏制约机制，请国家物价局会同国家体改委、国家计委、财政部、建设部、国家土地局、国家税务局等有关部门进行调查研究，结合住房制度改革的需要，提出加强商品房屋销售价格管理的办法，报国务院审批。

以上意见如无不妥，建议批转各地区、各部门执行。

❹国家安居工程实施方案（节录）

（1995年1月20日国务院住房制度改革领导小组公布　1995年2月6日国务院办公厅　国办〔1995〕6号转发）

五、实施国家安居工程城市的条件和申报、审核程序

（一）实施国家安居工程城市要具备的条件：

1. 严格执行《国务院关于深化城镇住房制度改革的决定》（国发〔1994〕43号）。普遍推行住房公积金制度，建立住房公积金制度的职工一般要达到60%以上；积极推进租金改革，制定并公布到2000年的租金改革规划；按国家统一规定的房改政策确定售房价格。

2. 当年申请的国家安居工程建设规模所需土地必须全部落实，完成征地拆迁工作；政府应确定专门机构负责实施并制定了较完备的配套政策；要有明确的开、竣工计划。

3. 城市有关专业银行用于发放国家安居工程住房贷款的资金已经落实；城市配套资金筹集到位50%以上，其余部分也能随工程进度足额到位。

（二）申报和审核程序：

1. 各省、自治区、直辖市房改办、建委（建设厅）、计委、人民银行分行、财政厅（局）根据申报城市条件进行全面考核后，拟定参加国家安居工程实施的城市名单，经省、自治区、直辖市住房制度改革领导小组同意后，报国务院住房制度改革领导小组，同时抄报建设部、国家计委、中国人民银行、财政部。

2. 受国务院住房制度改革领导小组委托，国务院住房制度改革领导小组办公室会同建设部、国家计委、中国人民银行、财政部指定的专门人员，对地方上报的文件进行研究汇总，提出实施国家安居工程的城市名单和每个城市安居工程的建设规模指标、贷款规模指标和自筹投资计划等综合计划指标的初步意见，报国务院住房制度改革领导小组审议通过后，由国家计委、中国人民银行列入年度计划下达。

❺关于加强房地产价格调控加快住房建设的意见

（1998年10月7日国家发展计划委员会制定　1998年10月25日国务院　国〔1998〕34号公布）

目前，我国城镇住房出售价格过高，抑制了居民的购房需求，加上房地产盲目投资、住房布局不合理、低租金制约等因素，造成了商品住房大量空置，严重影响了住房建设的发展。为认真贯彻《国务院关于进一步深化城镇住房制度改革加快住房建设的通知》（国发〔1998〕23号，以下简称《通知》）精神，切实解决目前存在的问题，扩大国内需求，促进住房建设成为国民经济发展的新的增长点，必须在改革住房供应体系、停止住房实物分配、发展住房金融服务的同时，加强和改善房地产价格调控，调整住房价格构成，保持价格合理稳定，促进住房建设的发展。

一、加强房地产价格调控，建立合理的住房价格体系

各地要按照《通知》精神，结合贯彻《中华人民共和国价格法》，加强对房地产市场价格总水平的调控，建立与住房供应新体系相适应的住房价格体系。

要以保持经济适用住房价格的稳定为重点，做好房地产价格调控和住房价格新体系的建立工作。对中低收入家庭购买的经济适用住房，实行政府指导价，限价销售。确定价格时要严格掌握保本微利的原则，建立成本约束机制，促进合理的区位差价和质量差价的形成。要加强对经济适用住房成本费用的监控，禁止乱摊和虚置成本。计入房价的企业管理费原则上控制在2%以下，利润控制在3%以下，并以征地和拆迁补偿费、勘察设施和前期工程费、建安工程费、住宅小区基础设施建设费（含小区非营业性配套公建费）等4项因素成本为基础计算。对最低收入家庭租赁由政府或单位提供的廉租住房租金，实行政府定价。租金标准，要按与最低收入家庭承受能力相适应的原则确定，并与同期公有住房租金水平相衔接。对高收入家庭购买、租赁的商品住房，实行市场调节价，由企业依据开发经营成本和市场供求状况确定租售价格；必要时，政府也要规定开发企业利润限制幅度。各地制定灵活、有力的价格政策，采取多种形式，促进空置住房的销售。

加强地价管理，降低住房建设成本。抓紧建立基准地价定期确定公布制度，以基准地价为依据调控、引导地价水平。要认真做好经济适用住房建设用地年度供应计划，确保行政划拨土地政策的落实，严禁将用于经济适用住房的行政划拨土地有偿转让。城区改造拆迁，对拆迁户实行拆除房作价补

偿、安置房政府定价有偿提供的办法。

二、清理整顿建设项目收费，调整住房价格构成

各地区、各部门要继续贯彻《国家计委、财政部关于取消部分建设项目收费进一步加强建设项目收费管理的通知》(计价费〔1996〕2922号)，加大清理整顿工作力度，再取消一批收费项目和降低一批收费标准。取消企业资质审查、工程竣工验收、产权审核等收费及各种押金、保证金，合并重复的收费；整顿、规范征地管理费、供电贴费和各种证照收费，降低过高的收费标准（经济适用房实行减半征收），全面清理房地产交易环节的收费，取消各种名目的管理费、监证费，降低交易手续费等收费标准，促进房地产流通。工程监理、房地产价格评估等中介组织的服务收费，对经济适用住房开发建设应适当减收。要加强对住房建设中供水、供电、供气等附属设施建设费用的管理，各项费用要公开标准，严格执行预算定额。建立和完善房地产开发企业负担卡制度，加强对建设项目收费的监审。

对城市基础设施配套费等较大收费项目，要进行专项治理。城市基础设施配套费，凡未开征的城市，一律不得开征；对已开征的城市，由国家计委会同财政部、建设部结合税费改革和公用事业价格改革制定治理方案。在国家治理方案出台前，各地应按照合并重复的收费项目、降低过高的收费标准的原则，对现行收费进行整顿。规范人防建设费，对住房开发建设，按规定需要配套建设人防工程的，要坚持同步配套建设，不得收费；按规定需要同步建设，但因地质条件等原因不能同步配套建设，而必须异地建设收费的，异地建设许可条件和收费标准要从严核定，人防工程异地建设费规范方案由国家计委会同财政部、国家人防主管部门制定。停止向住房开发建设收取用电权费。各地要坚决贯彻国务院关于停止征收商业网点建设费和不再无偿划拨经营性公建设施的规定，住宅小区建设中按规定配套建设的商业网点，要根据“谁投资，谁所有，谁受益”的原则出售、出租，建设费用不得进入房价；配套建设的商业网点，未经商业主管部门批准，不得擅自改变用途；对需要实行政府定价出售、出租的商业用房，应按保本或保本微利的原则核定价格标准。

三、规范住房价格及物业管理收费行为，建立正常、良好的市场秩序

政府价格主管部门要积极指导、协助房地产开发企业建立健全价格行为自我约束机制，监督企业销售住房实行明码标价，禁止虚假标价。对违反国家规定，乱加费用、少给面积、价格欺诈等不正当行为，要依法查处。

加强对房地产价格评估等中介组织收费行为的约束，监督中介组织按规定办法和程序开展业务及收费。禁止违反国家规定利用行政权力，强制企业和当事人接受评估及收费。

规范物业管理收费。物业管理企业为物业产权人、使用人提供的具有公共性的服务，以及代办收缴水电、煤气、有线电视、电话费等涉及公众的服务收费，由当地价格主管部门管理，实行政府定价或政府指导价。收费标准要与物业管理的服务内容、服务深度以及当地居民经济承受能力相适应。对普通居民住房物业管理收费标准要严格核定。物业管理企业要认真执行国家的价格政策，做好收费项目和标准及收费办法的公开工作，切实向住户提供质价相符的服务。

四、积极稳妥地推进公有住房租金改革，加快实现住房商品化

公有住房租金改革是住房制度改革的重要内容，也是加快住房建设发展的重要条件。各地要认真贯彻国务院关于深化城镇住房制度改革的各项政策措施，继续推进租金改革。租金改革要考虑职工的承受能力，与提高职工工资相结合，提租方案要纳入价格调控计划，做好统筹安排。对超面积住房的，超过规定标准的部分可实行高于同期现住房租金标准的差别租金；对多占住房应退未退的，实行市场租金。在调租幅度较大、超过职工承受能力时，经当地政府批准，可允许职工用其住房公积金的一定比例支付提租增加的租金。

各地要继续稳妥推进公有住房出售工作。公有住房出售的成本价，要与经济适用住房价相衔接，并考虑房屋的新旧程度及地段、楼层、朝向等因素合理确定。要增加公有住房出售价格的透明度，防止违反规定低价售房倾向。国家计委要会同有关部门对公有住房出售价格进行规范。促进公有住房出售工作积极健康发展。

五、加强领导，做好房地产价格调控的各项工作

加强和改善房地产价格调控，保持价格总水平的基本稳定，是当前深化城镇住房制度改革，加快住房建设，使住房建设成为新的经济增长点的重要措施。地方各级人民政府要加强领导，统筹安排，认真组织做好深化城镇住房制度改革和加快住房建设的各项政策措施的落实工作。在政府统一领导下，政府价格主管部门要与建设主管部门等有关部门密切配合，加强房地产价格调控制度和市场价格行为规则的建设，并针对住房价格构成中土地取得费用过高、建设项目收费过多及开发企业的成本和利润缺乏有效约束等问题制定专项治理方案，逐步调整住房价格构成。要加强对住房价格和各项收费的监督检查，对有令不行、有禁不止，以及乱涨价、乱收费等违反价格政策的行为，要严肃查处。

各地要及时总结经验，不断完善政策措施，协调、处理好出现的新矛盾、新问题。各省、自治区、直辖市人民政府可结合本地情况制定具体实施办法，并报国家计委备案。

（三）相关部门规章及规范性文件

❶关于进一步加强房地产价格工作的通知（节录）

（1996年2月26日国家发展计划委员会　计价费〔1996〕第315号公布）

房地产价格既是重要的生产资料价格，又是重要的生活资料价格，是价格体系的重要组成部分。近几年在各级物价部门的共同努力下，房地产价格工作取得了较大进展，大部分地区房地产价格逐步纳入价格管理的轨道。但是，由于房地产市场体系不完善、市场规则尚不健全，房地产价格的确定随意性大、价格行为不规范、价格秩序混乱等问题依然突出。为进一步加强对房地产价格的管理，现就有关问题通知如下：

一、房地产价格工作的基本任务是，建立健全以基准地价、标定地价和房屋重置价格为主要手段调控、引导房地产市场价格的基本制度，规范市场行为，理顺价格关系，逐步形成土地使用权价格关系协调，房屋租售比价合理，市场服

务收费有序的房地产价格体系。各级物价部门应积极会同有关部门认真贯彻落实国家计委印发的《城市房产交易价格管理暂行办法》（计价格〔1994〕1714号）和《城市国有土地使用权价格管理暂行办法》（计价格〔1995〕1628号），采取有力措施，切实加强对房地产交易价格和土地使用权价格管理，把房地产价格纳入规范化管理的轨道。

二、抓紧进行城市基准地价、标定地价的确定、公布工作。要以基准地价为重点，争取在1996年内基本完成多数大中城市基准地价的制定公布工作，并初步建立起主要依据基准地价对土地使用权价格实施调控、引导的制度。要加强地区间的地价协调，严格控制以协议方式低价出让土地，克服哄抬地价和炒卖土地的现象，努力保持地价水平的基本稳定。

三、加强对各类房产交易价格的管理。对实行政府定价、政府指导价的居民商品住宅价格，要严格按照物价部门会同有关部门审定的价格标准执行；要正确运用价格手段，积极疏导商品房屋积压的矛盾；对实行市场调节的房产交易价格，建立依据政府公布的房屋重置价格为主调控、引导市场价格的制度。要切实规范房产交易市场价格秩序，保护正当的价格竞争，禁止垄断、哄抬价格行为。

四、规范物业管理收费。物业管理收费应当遵循合理、公开及与房屋产权人、使用人承受能力相适应的原则。注意正确处理物业管理新旧体制转换过程中出现的各种矛盾，防止重复收费、搭车收费。鼓励物业管理单位开展正当的价格竞争，禁止价格垄断和牟取暴利行为。

五、继续整顿建筑取费。继续贯彻落实《国家计委关于禁止向房地产开发企业乱收费，抑制商品房价格不合理上涨的通知》（计价格〔1995〕506号）的各项要求，抓紧做好建筑取费项目及标准的审核和建章建制工作。建筑取费要严格实行中央与省两级管理，集中审批；对不符合审批规定及不合理的收费，要进行全面整顿，坚决取消和纠正不合法、不合理的收费。要加强对建筑取费项目和标准的监审和年检工作，建立健全严格控制建筑取费的各项制度。切实减轻房地产开发企业负担，抑制商品房价格过快上涨。

六、积极参与住房制度改革工作。各地物价部门要将公有住房租金改革纳入价格调整的年度计划，统筹安排，并根据物价控制目标和群众承受能力，认真做好租金标准的测算工作，制定租金改革方案，为政府当好参谋。要加强“安居工程”房屋价格管理，建立公有住房出售价格管理制度，促进公房出售，防止低价售房倾向，积极稳妥地推进住房制度改革。

七、加强对房地产价格评估的规范和指导。抓紧做好对房地产价格评估机构的确认工作，规范房地产价格评估行为，指导房地产评估机构为市场提供正确的价格信号，促进高效、有序的房地产市场的形成。

八、加强房地产价格的监督检查。各地要把房地产价格列入本地区年度物价大检查的重要内容。对社会各方面反映强烈的房地产开发企业乱涨价、乱收费、乱给面积现象，以及一些行政管理单位和垄断行业向房地产开发企业乱收费问题，要进行专项重点检查。

九、建立房地产价格调查分析报告制度。以大中城市为基础，选择若干有代表性的调查项目，对不同用途的土地使用权价格、新建的普通商品住宅价格、公有住房的租金标准等变动情况，建立定期分析报告制度，及时了解、掌握房地产市场动态，加强对房地产价格总水平的监测。

十、加强房地产价格工作的基础建设。房地产价格管理是一项政策性和专业性很强的工作，各地要加强领导，充实力量，并分期分批搞好对市、县级房地产价格工作人员的业务培训；要结合我国房地产业发展的实际情况，围绕解决房地产价格中的突出问题，开展政策和理论研究，不断提高房地产价格管理工作的水平。

❷城市房产交易价格管理暂行办法

（1994年11月11日国家发展计划委员会公布　自1994年12月1日起施行）

第一章　总则

第一条　为适应城市房产交易市场的发展，规范价格行为，维护交易价格的正常秩序，保护交易双方的合法权益，依据国家有关法律、法规制定本暂行办法。

第二条　本暂行办法适用于城市规划区范围内公民、法人和其他组织拥有产权的房屋的买卖、租赁、抵押、典当和其它有偿转让房屋产权等经营活动中的价格及房产交易市场各类经营性服务收费的管理。

第三条　国务院价格主管部门负责全国房产交易价格管理工作；县级以上地方各级人民政府的价格主管部门负责本行政区域内房产交易价格管理工作。

各级政府价格主管部门应会同有关部门加强对房产交易价格的监督。

第二章　管理原则

第四条　国家对房产交易价格实行直接管理与间接管理相结合的原则，建立主要由市场形成价格的机制。保护正当的价格竞争，禁止垄断、哄抬价格。

第五条　房产交易价格及经营性服务收费，根据不同情况分别实行政府定价和市场调节价。

向居民出售的新建普通商品住宅价格、拆迁补偿房屋价格及房产交易市场的重要的经营性服务收费实行政府定价。

房产管理部门统一经营管理的工商用房租金，由当地人民政府根据本地实际情况确定价格管理形式。

其他各类房屋的买卖、租赁价格，房屋的抵押、典当价格及房产交易市场的其他经营性服务收费实行市场调节。

第六条　实行政府定价的房产交易价格和经营性服务收费，由政府价格主管部门会同有关部门按照价格管理权限制定和调整。

房产交易价格和经营性服务收费的管理权限，除国务院价格主管部门另有规定外，由省、自治区、直辖市政府价格主管部门确定。

第七条　实行政府定价的房产交易价格和经营性服务收费，政府价格主管部门应根据房屋价值、服务费用、市场供求变化及国家政策要求合理制定和调整。

第八条　对实行市场调节的房产交易价格，城市人民政府可依据新建商品房基准价格、各类房屋重置价格或其所公布的市场参考价格进行间接调控和引导。必要时，也可实行最高或最低限价。

第三章 价格评估

第九条 实行市场调节价的房产交易，交易双方或其中一方可委托有关评估机构进行房产价格评估，双方可依据评估的价格协商议定成交价格。

第十条 房产价格评估业务，由经依法设立的具有房地产估价资格的机构办理。

房产价格评估，应遵循公正、公平、公开的原则，遵守国家有关的法律、法规，执行规定的估价办法、标准和程序。

第十一条 房产价格评估，应以政府制定、公布的各类房屋的重置价格为基础，结合成新折扣，考虑房屋所处环境、楼层、朝向等因素，参照当地市场价格进行评估。

第十二条 房屋评估重置折扣价格计算公式：

评估价格＝房屋重置价格×成新折扣×（1±环境差价率±楼层差价率±朝向差价率）

计价单位为建筑面积平方米。

第十三条 房屋重置价格以当地政府届时公布的价格为准。

房屋成新折扣以不同建筑结构房屋的耐用年限为基础，考虑因维修和保养不同而实际新旧程度不同的情况评定。

第十四条 环境差价根据整幢房屋的日照、通风以及周围的绿化、污染等因素综合评定。

整幢房屋交易的楼层、朝向差价免计；整幢房屋各部位的楼层、朝向差价按整幢房屋各部位楼层、朝向差价的代数和分别趋近于零的原则视具体情况评定。

第十五条 按房屋重置折扣价方法所评估出的价格，可参照当地可比市场价格补充修正。

由于评估条件的限制或其他原因不宜采用重置折扣价方法评估的，也可选择其他评估方法评估房产价格。

第十六条 房产价格评估中涉及地价评估的，执行地价评估的技术标准和程序。

第十七条 房产价格评估中出现的价格纠纷，由政府价格主管部门负责仲裁。

第十八条 房产价格评估的具体办法由省、自治区、直辖市政府价格主管部门制定。

第四章 监督与监测

第十九条 各级政府价格主管部门负责房产交易价格及经营性服务收费的监督检查工作。

第二十条 房产交易价格和经营性服务收费实行明码标价制度。

进入房产交易市场交易的房屋，应在交易场所挂牌出示其坐落位置、建筑结构、规模、面积、计价单位和销售（出租）价格。

经营性服务收费，应在服务经营场所的醒目位置公布项目名称、规格、服务内容、计费单位、收费标准。

第二十一条 国家实行房产交易成交价格申报制度。房产权利人应当向县级以上人民政府如实申报成交价格，不得瞒报或者作不实申报。

第二十二条 各级政府价格主管部门应认真做好房产交易价格变化的监测工作，及时对房产交易价格情况进行分析、汇总，定期制定公布市场参考价格，并向上一级政府价格主管部门报送情况。

第五章 罚则

第二十三条 凡违反本暂行办法，有下列行为之一的，由政府价格主管部门依照国家有关规定给予处罚。

（一）越权定价和擅自设立收费项目、提高收费标准的；

（二）虚置成本，短给面积，进行价格欺诈的；

（三）垄断、哄抬房价严重干扰市场秩序的；

（四）不按规定的估价办法、标准和程序估价或故意抬高、压低被估房价的；

（五）不执行规定的明码标价制度的；

（六）不按规定申报成交价格的；

（七）其他违反本暂行办法的行为。

第二十四条 被处罚单位和个人对处罚决定不服的，依据《中华人民共和国价格管理条例》规定申请复议；对复议决定不服的，可向人民法院起诉。

第六章 附则

第二十五条 房产管理部门直管公房和机关、团体、企事业单位自管公房向职工出售、出租住宅的价格不适用本办法。

房产管理部门直管的公房和机关、团体、企事业单位自管的公房向职工出售、出租住宅的价格评估可参照本暂行办法执行。

第二十六条 房产交易及管理中涉及行政事业性收费的，由政府价格主管部门、财政部门按规定权限制定。

第二十七条 各省、自治区、直辖市政府价格主管部门可根据本暂行办法制定实施细则，并报国家计委备案。

第二十八条 本暂行办法发布前有关规定凡与本办法抵触的，以本办法为准。

第二十九条 本暂行办法由国家计委解释。

第三十条 本暂行办法自1994年12月1日起施行。

❸城市房地产开发管理暂行办法（节录）

（1995年1月13日建设部第一次部常务会议通过 1995年1月23日建设部公布 自1995年3月1日起施行）

第二十二条 除享受国家优惠的居民住宅实行限价外，土地使用权转让和商品房销售价格实行市场调节。

房地产开发企业应当在土地使用权转让合同、商品房屋现货销售合同签订之日起十五日内将成交价格如实向主管部门申报；预售商品房的，应当在结算之日起十五日内将成交价格如实向主管部门申报。

瞒报或不实申报成交价格的，主管部门应当提出正确的评估价格，提供税务部门作为纳税基数。

❹关于贯彻《城市房地产管理法》若干意见的通知（节录）

（1994年8月13日建设部 建房字第493号文公布）

五、加强房地产估价和价格管理工作。各级房地产管理部门应按照房地产法第三十二条的规定，组织人力物力，积极做好房地产估价和价格管理工作。开展有关地价和各类房屋重置价的调查与测算，并按照国务院即将规定的具体办法，做好定期确定和发布工作。

房地产法第三十四条规定，国家实行房地产成交价格申报制度。该规定由原来实行的国家定价审批，转为交易双方自愿成交定价。各地要尽快完善房地产转让过程中成交价的申报、审查、核实和登记管理工作，使之规范化、标准化和程序化。

❺建设部城市房地产市场评估管理暂行办法

（1992年9月7日建设部 建房字〔第579号〕文公布 自1992年10月1日起施行）

第一条 为加强城市房地产市场评估的管理，保障国家、集体、个人的合法权益，促进城市房地产市场的健康发展，制定本办法。

第二条 本办法适用城市规划区内房地产市场活动中需要确定房地产价值或价格的评估管理。关于不进入房地产市场的资产估价，另行规定。

第三条 国务院建设行政主管部门负责全国房地产市场估价管理工作。

县级以上人民政府房地产行政主管部门负责本行政区域内房地产市场估价管理工作。

第四条 城市人民政府房地产行政主管部门设立的房地产估价机构，是房地产市场估价的职能机构，是房地产市场管理机构的组成部分，承办本行政区域内涉及政府税费收入及由政府给予当事人补偿或赔偿费用地的房地产估价业务以及受当事人委托的其他房地产估价业务。

第五条 其他要求从事房地产市场估价业务的单位，应向当地城市人民政府房地产行政主管部门提出申请，经资审同意，并经工商行政主管部门核发营业执照，成立房地产估价事务所，方可开业经营。

房地产估价事务所的资审条件和批准办法，由省、自治区、直辖市人民政府房地产行政主管部门规定，并报国务院建设行政主管部门备案。

第六条 房地产市场估价，当事人可委托房地产估价机构或房地产估价事务所进行。但涉及国家征收税费、由政府给予当事人补偿或赔偿费用的房地产买卖、租赁、赠与和拆迁补偿，其估价必须由当地人民政府房地产行政主管部门的估价机构承办。

第七条 凡违反本办法第六条规定，未经房地产估价机构估价的，房地产交易管理部门不得为其办理交易立契手续，房地产产权管理部门不得为其办理产权转移变更手续。

第八条 委托的房地产市场估价，委托人应和估价机构或估价事务所签订房地产估价委托协议书。

第九条 房地产市场估价，必须遵守有关的法律、法规、规章和政策规定，严格执行价格标准和估价程序，实行现场评估，按质论价。

第十条 房地产市场估价应当依照下列程序进行：

（一）申请估价。当事人应当依照本办法第六条的规定，向估价机构或估价事务所递交估价申请书。估价申请书应当载明下列内容：

1. 当事人的姓名（法人代表）、职业、地址；

2. 标的物的名称、面积、坐落；

3. 申请估价的理由、项目和要求；

4. 当事人认为其他需要说明的内容。

估价申请书应当附有标的物的产权证书和有关的图纸、资料或影印件。

（二）估价受理。估价机构或估价事务所收到估价申请书后，应当对当事人的身份证件、标的物产权证书及估价申请书进行审查。对符合条件者，交由估价人员承办。每个估价项目的承办，不得少于两名估价人员。

（三）现场勘估。承办人员应当制订估价方案。到标的物进行实地勘丈测估，核对各项数据和有关资料，调查标的物所处环境状况，并做好详细记录。

（四）综合作业。承办人员应综合各种因素进行全面分析，提出估价结果。书面估价结果应包括以下内容：

1. 估价的原因，标的物名称、面积、结构、地理位置、环境条件、使用情况，所处区域城市规划及发展前景，房地产市场行情；

2. 标的物及其附着物质量等级评定；

3. 估价的原则、方法、分析过程和估价结果；

4. 必要的附件。包括估价过程中作为估价依据的有关图纸、照片、背景材料、原始资料及实际勘测数据等；

5. 其他需要说明的问题。

估价结果书应由承办人员签名。

第十一条 估价结果书由承办估价业务的估价机构或估价事务所签署意见并加盖单位公章后，书面通知当事人。

按本办法第六条规定由房地产估价机构承办的估价业务，其估价结果是国家和地方政府有关房地产税费、确定房地产损失补偿或赔偿金额的依据。估价结果书应制成若干副本分送有关部门。

第十二条 对估价结果中需要保密的内容，估价机构及估价事务均不得随意向他人提供。

第十三条 当事人如对本办法第六条范围内的估价结果有异议的，可以在收到估价结果书之日起十五日内，向原估价机构申请复核。对复核结果仍有异议的可以向当地房地产仲裁机构申请仲裁，也可以向人民法院起诉。

委托估价发生纠纷时，双方应协商解决。协商不成时，当事人可以向当地房地产仲裁机构申请仲裁，也可以向人民法院起诉。

第十四条 委托估价机构或估价事务所进行的房地产估价项目，当事人应当向承办单位交纳估价费。估价费标准由省、自治区、直辖市人民政府房地产行政主管部门制定，报物价行政主管部门批准实施。任何单位和个人不得擅自提高或变相提高收费标准。

第十五条 房地产市场估价的专业人员，通过资格考核，取得资格证书，并进行注册后，方可上岗工作。

估价人员的资格证书和注册办法，由国务院建设行政主管部门另行制定。

第十六条 估价人员如与申办估价项目的当事人有直接利害关系，应当主动回避。

第十七条 估价人员有下列行为之一的，房产地行政主管部门可以根据情节，给予警告、通报批评直至吊销估价人员资格证书。构成犯罪的，由司法机关追究其刑事责任。

（一）不按照估价程序和价格标准，造成严重估价失误的；

（二）弄虚作假，故意抬高或者压低标的物的价值或价格的；

（三）利用工作之便牟取私利的；

（四）因工作失职给国家和人民财产造成重大损失的。

第十八条 任何单位和个人都不得在估价过程中提供伪证。或者阻挠估价人员依法进行估价工作。对于提供伪证或者阻挠估价工作正常进行的，由房地产行政部门给予批评、教育。情节严重构成违反治安的，应提请公安机关予以处理。构成犯罪的，提请司法机关追究刑事责任。

第十九条 各省、自治区、直辖市人民政府房地产行政主管部门可根据本办法制定实施细则，报同级人民政府批准发布。

第二十条 本办法由建设部负责解释。

第二十一条 本办法自1992年10月1日起施行。

❻关于加强城镇地产价格评估工作的通知

（1992年3月23日建设部公布）

国务院第55号令和国发〔1990〕31号文件发布一年多来，地产经营活动明显活跃。随着城市土地使用权进入流通领域和逐步实行城镇国有土地的有偿使用，迫切需要加强城镇房地产价格的宏观管理和控制。为了促进地产经营管理工作的顺利进行，加强地产价格和收益分配的管理，维护土地使用者的合法权益，确保国家的土地收益，推动房地产业协调发展，现对城镇地产价格评估工作提出以下意见：

一、尽快把地产价格评估工作抓起来。以城市规划为依据，科学、合理地评估城镇地产价格，是城镇地产经营管理的核心，也是加强城镇土地使用权出让、转让、出租、抵押等经营活动价格管理的基础。同时它也是确定房地产价格、防止土地收益流失、收取国有土地使用税、费的依据。各级房地产管理部门要增强地产意识，高度重视地产评估工作，切实加强领导。

二、在房地产经营活动中要实行房地分别计价、综合评估。各地要遵循房地产价格形成的客观经济规律，分别对房屋和土地价格进行估算，综合分析，科学确定房地产的价格。

三、宗地价格的评估工作应与城市土地分等定级工作结合进行。已经开展了土地分等定级工作的城市，应尽快制定城市地价标准，在此基础上，根据土地的位置、用途、形状面积、容积率、使用年限、人口密度、基础设施的配套程度、土地供求关系和物价、税收、管理费、利息率等情况，运用科学方法评估宗地地价；尚未进行土地分等定级的城市，也要积极开展宗地价格评估。在宗地地价评估中，不断积累经验，逐步确定各区域的标准地价，搞好土地的分等定级工作。

四、运用科学的方法评估地价。城镇地价评估的基本方法主要有剩余法、成本法、收益还原法、市场比较法和收益倍数法等。各地房地产管理部门在地价评估中应找出影响当地地价的主要因素，选择一种或几种能适应当地实际情况的地价评估方法，对宗地地价进行综合评定。也可以在实际工作中摸索和创造一些适合本地区地价评估的方法。

五、建立和充实房地产价格评估队伍。各地房地产管理部门要建立和充实房地产价格评估队伍，加强地产价格评估的业务学习和技能培训，完善各项工作制度，为有效地开展地价评估工作，科学、合理地评估地产价格提供可靠的保证。

六、加强地价评估的理论研究和政策指导。城镇地产价格的评估，要以马克思的地租理论为指导，以国家和地方的法律、法规为依据，做到依法评估，确保地价评估工作的严肃性和权威性。同时，要深入细致地开展地价评估的理论研究，完善适合我国国情的社会主义初级阶段的地价评估理论和方法。

七、各级房地产管理部门要结合本地城市经济发展和城市规划布局的实际情况，尽快着手会同有关部门制定出地产价格评估管理办法，使地价评估管理工作逐步走上科学化、规范化的轨道。

请将开展地价评估工作的情况及时报我部房地产业司。

❼关于加强房地产交易市场管理的通知（节录）

（1988年8月8日建设部、国家物价局、国家工商行政管理局公布）

四、加强房地产交易市场价格管理。

物价部门和房地产部门，要区别不同情况，合理确定房地产价格，逐步使价格构成合理化、规范化。企事业单位之间、私人之间的房屋交易价格，由交易双方根据评估价格，协商议定。必要时，地方人民政府可规定最高限价。

为保证房地产交易市场价格的基本稳定，维护交易双方的合法经济利益，在最高限价内，对成交价格超过评估价格的部分，地方人民政府可制定具体的收费办法予以调节。该项费用纳入当地人民政府的城市建设维护资金管理。

地方人民政府要在调查、测算、论证的基础上，合理划分土地等级和确定地价，规定住宅区内各类配套项目的标准和规模，逐步把摊入房地产价格的不合理部分分离出去。

对一部分通过市场租赁的工商用房，可以实行商品房租或协议房租。

房地产出租、出售价格、收费标准和评估价格的规定，以及适用范围的确定，应报经当地物价部门核准。

五、加强房地产价格评估工作。

随着旧房出售和价格评审制度的建立，房地产价格评估工作越来越重要。物价部门应会同有关部门制定评估价格的原则。各地要尽快建立房地产价格评估专业队伍。评估员的主要任务是：根据计价原则、标准和市场供求情况，合理评估房地产的价值、价格，为房地产交易、抵押、仲裁、转让提供确定价值和价格的依据。

从事房地产价格评估的人员，要经过专业培训，由房地产管理机关考核合格，持证上岗。要逐步建立等级评估员制度。

❽经租房屋清产估价原则

（1984年12月12日城乡建设环境保护部公布）

为了加强财产管理，准确反映城市房管部门经营管理的房产的价值及其增减变动情况，为全面实行经济核算创造条件，现提出如下估价原则。

一、对房管部门管理的经营的房屋进行清产。在清产的基础上，经营管理部门要测绘、建立健全房产平面图、房产档案和房产卡片等资料。管理、经营房产的产权、产业资料要完整准确。以重置完全价值进行估价。经营管理部门和财务部门要分别建卡建账。

二、清产估价的范围，包括房产部门负责管理和经营的各种房产及依法代管的房屋。

三、经营房屋的分类，按部颁《城市房产会计制度》的规定，分为四类七等。在清产估价时，如建筑情况复杂，在每等内可再分级。在建账时，仍按四类七等核算。房屋的分类情况如下：

1. 钢筋混凝土结构：全部或承重部分为钢筋混凝土结构，包括杠架大板与框架轻板结构等房屋。这类房屋一般内外装修良好，设备比较齐全。

2. 砖混结构一等：部分钢筋混凝土，主要是砖墙承重的结构。外墙部分砌砖，水刷石、水泥抹面、涂料粉刷或清水墙等，并有阳台，内外设备齐全的单元式住宅或非住宅房屋。

3. 砖混结构二等：部分钢筋混凝土，主要是砖墙承重的结构，外墙是清水墙，没有阳台，内部设备不全的非单元式住宅或其他房屋。

4. 砖木结构一等：材料上等，标准较高的砖木（石料）结构。这类房屋一般是外部有装修处理，内部设备完善的庭院式或花园洋房等高级房屋。

5. 砖木结构二等：结构正规，材料较好，一般外部没有装修处理，室内有专用上、下水等设备的普通砖木结构房屋。

6. 砖木结构三等：结构简单，材料较差，室内没有专用上下水等设备，较低级的砖木结构房屋。

7. 简易结构；如简易楼、平房、木板房、砖坯、土草房、竹木捆绑房等。

四、房屋估价办法，以重置完全价值确定各类房屋的价值为房屋估价的基本原则。重置完全价值是指按照当前房屋生产条件和市场情况重新建造所需的全部金额。

在房屋估价中，1980 年以后新建的房屋，有原值的，以原值计价入账；没有原值的或变化较大的可以重置完全价值估价。1984 年 1 月 1 日起新建的房屋，一律以原价值计价（新建的原值：系指交付使用财产的价值）。

重置完全价值 = 类同的工程平均造价 + 室外工程费（室外工程费是指建筑物以外，房管部门管修的上下水道、电照、甬路、自来水表井和化粪井等）。各地区可结合当地的实际情况自行确定各类房屋的建筑平米造价，作为估价入账的依据。

房屋价值的估价方法，按房屋的新旧程度估价，根据评定的房屋新旧程度，计算房屋的现价值：

房屋现值（净值）= 房屋重置完全价值

房屋重置完全价值 - 房屋现值（净值）= 房屋折旧

五、新旧程度的评定标准：

质量等级	新旧程度	备注
完好房	十、九、八成	各成具体评定标准见部颁《房屋完损等级评定标准》
基本完好房	七、六成	
一般损坏房	五、四成	
严重损坏房及危险房	三成以下	

六、房屋的耐用年限如下表：

房屋结构	耐用年限
钢筋混凝土结构	60～80 年
砖混结构一、二等	40～60 年
砖木结构一、二、三等	30～50 年
简易结构	10～15 年

七、残值率如下表：

房屋结构	残值率（%）
钢筋混凝土结构	0
砖混结构一等	2
砖混结构二等	2
砖木结构一等	6
砖木结构二等	4
砖木结构三等	3
简易结构	3

八、清产估价的管理。房管经营部门统一登记账、卡，负责财产明细核算和管理。及时办理房产增减变动移转手续。财务部门负责总账和二级明细分类综合核算，如实反映经租房产及其基金增减变化。管理和财务部门，要按期相互核对，

保证账实、账卡、账账相符。

九、各地区可根据上述原则，按照各自的分工情况，制定清产估价及财产管理和核算的具体办法。

❾商品住宅价格管理暂行办法

（1992年7月20日国家物价局、建设部、财政部、中国人民建设银行公布）

第一章 总则

第一条 为了加强商品住宅价格管理，维护房地产市场秩序，促进住房制度改革，提高房地产开发企业经营管理水平和商品住宅质量，加快房地产业发展，根据《中华人民共和国价格管理条例》制定本暂行办法。

第二条 本暂行办法所称的商品住宅是指具有经营资格的房地产开发公司（包括外商投资企业）开发经营的住宅。

第三条 商品住宅经营单位和商品住宅行政管理部门均应遵守本暂行办法。

第二章 商品住宅价格的制定

第四条 商品住宅价格应以合理成本为基础，有适当利润，结合供求状况和国家政策要求制定，并根据楼层、朝向和所处地段等因素，实行差别价格。

第五条 商品住宅价格由下列项目构成：

（一）成本

1. 征地费及拆迁安置补偿费：按国家有关规定执行；

2. 勘察设计及前期工程费：依据批准的设计概算计算；

3. 住宅建筑、安装工程费：依据施工图预算计算；

4. 住宅小区基础设施建设费和住宅小区级非营业性配套公共建筑的建设费：依据批准的详细规划和施工图预算计算；住宅小区的基础设施和配套建设项目按照国家和省、自治区、直辖市人民政府颁发的城市规划定额指标执行；

5. 管理费：以本款1至4项之和为基数的1～3%计算；

6. 贷款利息：计入成本的贷款的利息，根据当地建设银行提供的本地区商品住宅建设占用贷款的平均周期、平均比例、平均利率和开发项目具体情况确定。

（二）利润

以本暂行办法第五条成本1至4项之和为基数核定。利润率暂由省、自治区、直辖市人民政府确定。

（三）税金

按国家税法规定缴纳。

（四）地段差价，其征收办法暂由省、自治区、直辖市人民政府根据国家有关规定制定。地段差价收入存入建设银行。

第六条 下列费用不计入商品住宅价格：

1. 非住宅小区级的公共建筑的建设费用；

2. 住宅小区内的营业性用房和设施的建设费用。

第七条 根据楼层、朝向确定的商品住宅差价，其代数和应趋近于零。

第三章 商品住宅价格管理

第八条 物价部门对商品住宅价格实行分级管理。价格分级管理权限，除国家物价局另有规定者外，由省、自治区、直辖市人民政府确定。

制定商品住宅价格，必须按照价格管理权限和规定的程序办理。

第九条 商品住宅开发经营单位应在前期工程结束时，按商品住宅的预算成本、利润、利息、税金等申报价格，报物价部门会同房地产行政管理部门和建设银行审核，由物价部门批准。

任何单位不得在已批准的商品住宅价格构成因素以外擅自追加住宅小区的配套工程项目而提高商品住宅价格。工程后期确因发生不可预见的建设费用，需要调整价格时，应按前款程序重新报批。

商品住宅经营单位必须按照经批准的价格销售商品住宅。根据市场变化情况，可以适当下浮。

第十条 除国家法律、行政法规和国务院另有规定者外，严禁向商品住宅摊派、收费。

第十一条 商品住宅开发经营企业要遵守国家物价法规和政策，严格执行批准的商品住宅价格和中国人民建设银行颁发的《国营城市综合开发企业成本管理暂行办法》。

第四章 罚则

第十二条 下列行为属于违反本暂行办法的行为：

（一）不执行规定的计价原则、计价范围和计价办法的；

（二）越权定价和擅自提价的；

（三）不按规定如实申报商品住宅定价成本的；

（四）擅自向商品住宅摊派、收费的；

（五）违反规定的成本项目和开支范围，随意摊提成本费用的；

（六）其他违反本暂行办法的行为。

第十三条 对有前条行为之一的，除第（五）项和其他违反财政、审计法规的行为，由财政、审计部门依照有关规定予以处罚外，由物价部门依照《中华人民共和国价格管理条例》及有关规章予以处罚。

第五章 附则

第十四条 对外国人、侨胞和港、澳、台同胞出售商品住宅的价格管理，由省、自治区、直辖市人民政府规定。

第十五条 各省、自治区、直辖市物价部门可会同建设、财政、建行等有关部门根据本暂行办法制定实施细则，报国家物价局、建设部和财政部、建行总行备案。

第十六条 本暂行办法由国家物价局负责解释。

第十七条 本暂行办法自1992年8月10日起施行。

❿关于解决在房地产交易中国有土地收益流失问题的通知（节录）

（1992年4月27日国家物价局、建设部 计价费字〔第192号〕文公布）

六、在房地产交易中，为了有效地解决国有土地收益流失问题，克服偷漏国家税费现象，对房地产买卖要实行先评估价格后交易，并对成交价格低于评估价格的，按评估价格计取税费。各级物价部门、房地产部门要共同做好价格评估，推行挂牌交易，对成交价格实施登记审验。进行监督检查等各项工作。物价部门所需业务费用，可以现行房地产交易管理费中提取一定比例作为补充，具体比例，由省、自治区、直辖市物价部门与房地产管理部门协商确定。

⓫经济适用住房价格管理办法

（2002年11月17日国家发展计划委员会、建设部 计价格

〔2002〕2503号公布）

第一条 为规范经济适用住房价格管理，促进经济适用住房健康发展，根据《中华人民共和国价格法》和国务院关于经济适用住房建设的规定，制定本办法。

第二条 本办法适用于在城市规划区内经济适用住房的价格管理。

第三条 本办法所称经济适用住房，是指纳入政府经济适用住房建设计划，建设用地实行行政划拨，享受政府提供的优惠政策，向城镇中低收入家庭供应的普通居民住房。

第四条 县级以上政府价格主管部门是经济适用住房价格的主管部门，依法对本地区经济适用住房价格实施管理。

县级以上政府建设主管部门应协助政府价格主管部门做好经济适用住房价格的监督和管理工作。

第五条 经济适用住房价格实行政府指导价。

制定经济适用住房价格，应当与城镇中低收入家庭经济承受能力相适应，以保本微利为原则，与同一区域内的普通商品住房价格保持合理差价，切实体现政府给予的各项优惠政策。

第六条 经济适用住房基准价格由开发成本、税金和利润三部分构成。

（一）开发成本

1. 按照法律、法规规定用于征用土地和拆迁补偿等所支付的征地和拆迁安置补偿费。

2. 开发项目前期工作所发生的工程勘察、规划及建筑设计、施工通水、通电、通气、通路及平整场地等勘察设计和前期工程费。

3. 列入施工图预（决）算项目的主体房屋建筑安装工程费，包括房屋主体部分的土建（含桩基）工程费、水暖电气安装工程费及附属工程费。

4. 在小区用地规划红线以内，与住房同步配套建设的住宅小区基础设施建设费，以及按政府批准的小区规划要求建设的不能有偿转让的非营业性公共配套设施建设费。

5. 管理费按照不超过本条（一）项1至4目费用之和的2%计算。

6. 贷款利息按照房地产开发经营企业为住房建设筹措资金所发生的银行贷款利息计算。

7. 行政事业性收费按照国家有关规定计收。

（二）税金

依照国家规定的税目和税率计算。

（三）利润

按照不超过本条（一）项1至4目费用之和的3%计算。

第七条 下列费用不得计入经济适用住房价格：

（一）住宅小区内经营性设施的建设费用；

（二）开发经营企业留用的办公用房、经营用房的建筑安装费用及应分摊的各种费用；

（三）各种与住房开发经营无关的集资、赞助、捐赠和其他费用；

（四）各种赔偿金、违约金、滞纳金和罚款；

（五）按规定已经减免及其他不应计入价格的费用。

第八条 经济适用住房价格由有定价权的政府价格主管部门会同建设（房地产）主管部门，按照本办法有关规定，在项目开工之前确定，并向社会公布。

凡不具备在开工前确定公布新建经济适用住房价格的，以及已开发建设的商品房项目经批准转为经济适用住房项目的，房地产开发经营企业应当在经济适用住房销售前，核算住房成本并提出书面定价申请，按照价格管理权限报送有定价权的政府价格主管部门确定。

第九条 按本办法第八条第二款确定价格的，房地产开发经营企业定价申请应附以下材料：

（一）经济适用住房价格申报表和价格构成项目审核表；

（二）经济适用住房建设的立项、用地批文及规划、拆迁、施工许可证复印件；

（三）建筑安装工程预（决）算书及工程设计、监理、施工合同复印件；

（四）政府价格主管部门规定的其他应当提供的材料。

第十条 政府价格主管部门在接到房地产开发经营企业的定价申请后，应会同建设（房地产）主管部门审查成本费用，核定销售（预售）价格。对申报手续、材料齐全的，应在接到定价申请报告后30个工作日内作出制定或调整价格的决定。

第十一条 按照本办法确定或审批的经济适用住房价格，为同一期工程开发住房的基准价格。分割零售单套住房，应当以基准价格为基础，计算楼层、朝向差价。楼层、朝向差价按整幢（单元）增减的代数和为零的原则确定。

第十二条 经济适用住房价格的上浮幅度，由有定价权的政府价格主管部门在核定价格时确定，下浮幅度不限。

第十三条 经济适用住房价格经政府价格主管部门确定公布或审批后，任何单位和个人不得擅自提高。

第十四条 房地产开发经营企业销售经济适用住房，不得在批准的房价外加收任何费用或强行推销及搭售商品；凡未按本办法规定确定或审批价格的，建设主管部门或房地产管理部门不予核发销售（预售）许可证。

第十五条 房地产开发经营企业应当按照政府价格主管部门的规定实行明码标价，在销售场所显著位置公布价格主管部门批准的价格及批准文号，自觉接受社会监督。

第十六条 建立房地产开发经营企业负担卡制度。凡涉及房地产开发经营企业的建设项目收费，收费的部门和单位必须按规定在企业负担卡上如实填写收费项目、标准、收费依据、执收单位等内容，并加盖单位公章。拒绝填写或不按规定要求填写的，房地产开发经营企业有权拒交，并向政府价格主管部门举报。

第十七条 政府价格主管部门要加强对涉及房地产建设项目收费的监督检查，对不按国家及地方政府规定的经济适用住房收费政策，超标准收费以及其他乱收费行为要依法处理。

第十八条 政府价格主管部门要加强对经济适用住房价格的监督检查。房地产开发经营企业违反价格法律、法规和本办法规定的价格行为的，由政府价格主管部门依据《中华人民共和国价格法》和《价格违法行为行政处罚规定》予以处罚。

第十九条 本办法由国家计委负责解释。

第二十条 各省、自治区、直辖市政府价格主管部门可根据本办法制定实施细则，并报国家计委备案。

第二十一条 本办法自2003年1月1日起施行。

⑫城市房地产抵押管理办法（节录）

（1997年5月9日建设部令〔第56号〕公布 2001年8月15日根据《建设部关于修改〈城市房地产抵押管理办法〉的决定》修正）

第二十二条 设定房地产抵押时，抵押房地产的价值可以由抵押当事人协商议定，也可以由房地产价格评估机构评估确定。

法律、法规另有规定的除外。

⑬城市房地产转让管理规定（节录）

（1995年8月7日建设部令〔第45号〕公布 根据2001年8月15日《建设部关于修改〈城市房地产转让管理规定〉的决定》修正）

第十四条 国家实行房地产成交价格申报制度。

房地产权利人转让房地产，应当如实申报成交价格，不得瞒报或者作不实的申报。

房地产转让应当以申报的房地产成交价格作为缴纳税费的依据。成交价格明显低于正常市场价格的，以评估价格作为缴纳税费的依据。

（四）相关地方性法规及规范性文件

❶太原市城市房地产交易管理条例（节录）

（1998年12月18日太原市第十届人民代表大会常务委员会第十三次会议通过 1999年1月30日山西省第九届人民代表大会常务委员会第七次会议批准）

第三十八条 房地产中介服务机构接受客户委托应当签订委托合同，明确双方的权利义务、佣金和违约责任等。

❷郑州市城市房地产市场管理条例（节录）

（1994年12月23日河南省郑州市第十届人民代表大会常务委员会第七次会议通过 1995年4月17日河南省第八届人民代表大会常务委员会第十三次会议批准 1995年4月17日郑州市人民代表大会常务委员会公布 自1995年7月1日起施行）

第三条 房地产交易应当遵循自愿、公平、等价有偿、诚实信用的原则。禁止损害国家利益、社会公共利益和他人的合法权益。

房地产交易实行房地产价格评估制度。

（五）相关地方政府规章及规范性文件

❶北京市商品房销售价格管理暂行办法（节录）

（1997年8月21日北京市物价局、北京市计划委员会、北京市城乡建设委员会 京价（房）字〔1997〕第342号公布）

第十五条 商品房价格构成外的代收代付费用，属于政府定价的收费项目，必须严格按规定标准代收；属于分摊性质的，只能按实际发生的直接成本（费用）合理分摊，不得额外加收任何名目的费用。

第十八条 未经市物价局、市计委、市建委批准，销售商品房不得冠以平价房、微利房、成本房、安居工程房、解困房等名称，误导蒙骗购房者。

❷哈尔滨市商品住宅价格管理暂行办法

（1994年6月8日哈尔滨市人民政府〔1994〕第10号公布 自1994年10月1日起施行）

第一条 为加强商品住宅价格管理，提高房地产开发企业经营管理水平，促进住房制度改革，加快房地产业发展，根据国家和省有关规定，结合我市情况，制定本办法。

第二条 本办法适用于本市城市规划区内商品住宅价格管理。

第三条 本办法所称商品住宅，是指具有经营资格的房地产开发企业开发经营的住宅。

第四条 商品住宅的价格，实行统一政策，放管结合，区别情况，分类管理的原则，外销价格放开，内销价格实行国家定价。

第五条 本办法由市物价部门会同市建设委员会、计划委员会、房产、规划、土地、城市建设综合开发、财政等部门和建设银行组织实施，市物价部门对实施情况进行监督检查。

第六条 商品住宅的基准价格，由预算成本、销售费用、管理费用、财务费用、计划利润、税金、差价等项构成。

第七条 商品住宅预算成本包括下列项目：

（一）土地征用及拆迁补偿费。

（二）前期工程费。

（三）建筑安装工程费。

（四）小区基础设施建设费。

（五）小区非营业性公共配套设施建设费。

（六）开发间接费用。

第八条 销售费用、管理费用和预算成本中开发间接费用的总额，为本办法第七条（一）至（五）项之和的百分之三；财务费用中贷款利息，以本办法第七条（一）至（五）项之和的百分之三十为基数，一般建筑按现行利率十八个月计算，高层建筑按现行利率二十四个月计算。

第九条 商品住宅基准价格的计划利润，为本办法第七条（一）至（五）项之和的百分之四。

第十条 商品住宅地段差价，由市物价、财政部门会同有关部门按照国家和省的规定确定。

第十一条 房地产开发企业应当在开发项目任务书下达后，向市物价部门申报商品住宅的基准价格，经市物价部门会同市财政、房产、城市建设综合开发、规划、土地部门和建设银行审核后，由市物价部门批准。

第十二条 房地产开发企业应当在商品住宅销售（含预售）前，持项目建设图纸和有关批准文件，到市房产部门办理产权登记。

第十三条 房地产开发企业在销售商品住宅时，可根据楼层、朝向确定差价，整栋楼差价的代数和分别趋近于零。

第十四条 按国家和省、市规定收取的商品住宅建设小区外城市基础设施配套费、电权费、防空地下室建设费、中小学教师住房集资等合法税费，以商品住宅销售附加费形式计入价格，由购房者支付。

第十五条 房地产开发企业根据市场情况，经市物价部门批准，可在原确定的商品住宅基准价格基础上适当上浮，上浮的幅度，不得超过百分之二十五。上浮百分之十（含百分之十）以下部分，税后收入留给房地产开发企业；上浮百分之十以上、百分之二十（含百分之二十）以下部分，税后收入的百分之五十留给房地产开发企业，百分之五十作为价格调节基金；上浮超过百分之二十部分，税后收入的百分之四十留给房地产开发企业，百分之六十作为价格调节基金；价格调节基金，由市物价部门代收，列为专项资金。

第十六条　市人民政府确定的“微利房”、“解困房”、合作和集资建设的住房的销售价格，由市物价部门会同市房产、财政等部门统一定价。

第十七条　商品住宅建设过程中发生不可预见的建设费用需要调整价格的，房地产开发企业应当按本办法规定重新申报价格。

第十八条　房地产开发企业应当在每年一月底前，将上一年商品住宅销售价格统计表报送市物价、房产部门。

第十九条　房地产开发企业不准有下列行为：

（一）越权定价。

（二）擅自设立收费项目、提高收费标准。

（三）不执行规定的计价原则、范围和办法。

（四）冒打成本，乱摊费用。

（五）其他违反本办法规定的行为。

第二十条　商品住宅价格管理人员应当坚持原则，依法管理，秉公办事，不准利用职权徇私舞弊。

第二十一条　向外国人、华侨和港、澳、台同胞出售商品住宅，除法律、法规及市人民政府另有规定外，房地产开发企业可自行定价销售。

第二十二条　对违反本办法第十一条、第十五条、第十六条、第十七条、第十八条、第十九条规定的，由市物价部门按照《中华人民共和国价格管理条例》、《黑龙江省收费罚没集资管理条例》和国家物价局《关于价格违法行为处罚规定》处罚。

第二十三条　对行政处罚不服的，可依法申请复议或者提起行政诉讼。

第二十四条　罚没使用的票据和罚款的处理，按国家和省的有关规定执行。

第二十五条　经市人民政府批准的其他单位开发经营的商品住宅价格管理，参照本办法执行。

第二十六条　本办法如与国家和省的有关规定抵触时，按照国家和省的规定执行。

第二十七条　县（市）人民政府可根据本办法制定本地区的商品住宅价格管理具体措施。

第二十八条　本办法自一九九四年十月一日起施行。

❸哈尔滨市出售公有住房的规定（节录）

（1993年5月4日哈尔滨市人民政府第十二次常务会议讨论通过　1993年6月22日哈尔滨市人民政府令〔第12号〕公布　自1993年7月1日起施行）

第七条　出售新建公有住房，按本体建筑造价为标准价格；旧住房，按重置价格乘以成新为标准价格。建设住房的准成本为综合价格。出售公有住房的标准价格和综合价格随着物价指数浮动，每年由市房改办公布一次。

❹北京市国土资源和房屋管理局关于商品房销售有关问题的通知（节录）

（2002年11月13日北京市国土资源和房屋管理局公布）

二、按套内建筑面积计价的，套内建筑面积发生误差的处理方式，按照建设部《商品房销售管理办法》（建设部令［2001］第88号，以下简称88号令）第二十条的规定办理（见附件）。

三、按建筑面积计价的，应分别约定建筑面积、套内建筑面积误差比，并按照88号令第二十条的规定办理。

建筑面积、套内建筑面积误差比绝对值均在约定范围内的，根据建筑面积据实结算房价款。

建筑面积、套内建筑面积误差比绝对值其中有一项超出约定范围内的，买受人有权退房。买受人不退房的，按建筑面积误差比，按照88号令第二十条第二款第二项的规定结算房价款。

三、以案明法

许某清等不服上海市普陀区物价局等商品居住房屋成本差价审批案

原告：许某清

原告：徐某斌

原告：赵某

原告：俞某棵

原告：宗某炎

被告：上海市普陀区物价局

被告：上海市普陀区房屋土地管理局

第三人：上海普泉房产开发经营有限责任公司

1997年8月8日，上海普泉房产开发经营有限责任公司向上海市普陀区物价局（以下简称“普陀物价局”）、上海市普陀区房屋土地管理局（以下简称“普陀房地局”）提出了关于汇德公寓商品住房与异地安置房成本差价的申请报告（以下简称“申请报告”），并附送了联合开发常德路1200号地块协议书、委托动拆迁协议书、上海市国有土地使用权出让合同（内资内销）、房屋销售协议书、汇德公寓初步设计及概算书等有关材料。普陀物价局和普陀房地局根据上海市房产管理局、上海市物价局发布的《关于对商品居住房屋成本差价审批办法的批复》（以下简称《审批办法》）第二条等有关规定，经审核认定，将要建造的汇德公寓，坐落在常德路与新汇路交会处，初步设计共有5幢建筑，总计建筑面积28695.46平方米，其中住宅建筑面积21175平方米。核定将要建造的汇德公寓商品居住房屋成本由六项因素构成，第一项征地费及拆迁安置补偿费共计4240万元；第二项勘察设计及前期工程费193万元；第三项住宅建筑安装工程费3214万元；第四项住宅小区基础设施建设费和住宅小区级非营业性配套公共建筑的建设费1015万元；第五项管理费129万元；第六项贷款利息123万元。上述六项费用之和为汇德公寓商品居住房屋的总成本计人民币8914万元，该总成本除以汇德公寓住宅建筑面积21175平方米，即为将要建造的汇德公寓成本价格。此外，被拆迁基地有上海市江桥、桃浦地区保产安置房源和宝山区新沪路837弄使用权安置房源，考虑江桥、桃浦地区房屋的成本价明显比宝山区新沪路837弄安置房屋的成本价低，故以宝山区新沪路837弄安置房屋的成本价作为边缘地区安置房屋的成本价来计算汇德公寓的差价对被拆迁居民有利。普陀物价局和普陀房地局遂于1998年4月21日作出普价管字（1998）第3号《关于汇德公寓商住房与安置房成本差价审核申请的批复》（以下简称《核价批复》）的具体行政行为，认定：将要建造的汇德公寓，坐落在常德路新汇路交会处，其成本价格为4209元/平方米（建筑面积，下同），宝山区新沪路837弄安置房为2600元/平方米，该两处房屋差价为1609元/平方米。许某清、徐某斌、赵某、俞某棵、宗某炎等人不服，向上海市普陀区人民法院提起诉讼。

原告诉称：原告是汇德公寓拆迁基地的被拆迁人。汇德公寓被拆迁基地实行国有土地使用权有偿出让，是批租地块。根据《审批办法》第六条“以上条款不适用批租地块上的商品住宅建筑项目”的规定，被告核价批复适用法律错误。原告认为动迁居民是80余户，被告核定动迁户数为106户，户数不对说明动迁费用不对。原告许某清向中国建设银行普陀支行查询结果表明普泉公司并没有进行过贷款，被告对银行贷款和管理费的计算缺乏依据。根据上海市房地产资料登记册第65726号登记资料证明第三人增加了4层建筑面积，当时没有计算在内是错误的。新沪路的房屋应该是商品房，用于安置原告的房屋是使用权房屋，其价格应该打八折为2080元/平方米。而且被告应该提供全部新沪路房屋的有关材料证明新沪路房屋的成本价。因此，被告认定事实错误，侵犯原告作为差价购房消费者的合法权益。请求：（1）撤销两被告所作出的普价管字（1998）第3号具体行政行为；（2）要求两被告明确宝山区新沪路安置房的权属性质，是有产权的商品房还是有使用权的安置居住房屋；（3）要求两被告赔偿五原告精神损失费各10万元总计50万元；（4）被告承担本案的诉讼费。

被告辩称：批租的最大特点是土地的受让方具有涉外的因素，原告混淆了批租和内资有偿使用土地的区别。凡是批租的地块均不能实行原地回搬，而汇德公寓拆迁基地是能够原地回搬的，并由被告对商品房进行差价审核。被告根据商品住宅建设占用贷款的平均周期、平均比例、平均利率和开发项目具体情况确定银行贷款利息为123万元和按照1.5%计算管理费符合规定。如以2080元作为新沪路房屋的成本价，则比汇德公寓的房屋差价更高，对原告不利。被告所作核价批复正确，要求予以维持。

第三人述称意见同被告。

上海市普陀区人民法院经审理认为：被告普陀物价局、普陀房地局具有作出商品居住房屋成本差价审批的执法主体资格。被告在收到第三人普泉公司的申请报告后进行审核并作出《核价批复》，执法程序合法。被告作出的《核价批复》认定事实清楚，证据充分，适用法律正确。本案中，原告认为汇德公寓拆迁基地是土地批租，被告核价适用法律错误的主张缺乏事实和法律依据。原告认为汇德公寓拆迁居民户数为80余户没有证据可以证明。需要明确指出的是，拆迁中所涉及的商品居住房屋成本价差价审核是对将要建造的商品居住房屋的成本价差价进行审核，而不是对已经建成的商品居住房屋进行成本价差价审核。由于在建设过程中发生的一些客观变化，可能导致建设项目的初步设计与实际建成的商品居住房屋有所不同，但这一因素并不影响被告针对将要建造的商品居住房屋进行成本价差价审核的合法性。因此，原告认为建成的汇德公寓增加了4层建筑面积当时没有计算在内而导致核价错误的诉讼主张，不符合事实和法律。另外，贷款利息的确定是指计人成本的贷款的利息。根据《审批办法》的规定，贷款利息的核定只是对将要建造的建设项目的预算，并不是对建房实际贷款的核定。因而，原告以第三人没有向中国建设银行普陀支行进行贷款来否定汇德公寓建设项目需要贷款的客观事实的主张没有事实和法律依据。被告依法核定汇德公寓商品居住房屋成本价差价时还酌情考虑了被拆迁人的实际权益，具有正当性和合理性。本案中，原告要求两被告明确宝山区新沪路安置房的权属性质，是有产权的商品房还是有使用权的安置居住房屋的诉讼请求不属于行政诉讼的处理范围。综上所述，原告不服被告普陀物价局、普陀房地局向第三人作出的核价批复，要求撤销核价批复并请求赔偿精神损失费的诉讼请求，缺乏事实及法律依据，本院不予支持。依照《中华人民共和国行政诉讼法》第五十四条第（一）项、《中华人民共和国国家赔偿法》第二条之规定，该院于2001年4月19日作出如下判决：

一、维持被告上海市普陀区物价局、上海市普陀区房屋土地管理局于1998年4月21日向第三人上海普泉房产开发经营有限责任公司作出普价管字（1998）第3号《关于汇德公寓商住房与安置房成本差价审核申请的批复》的具体行政行为。

二、驳回原告徐某斌、许某清、赵某、俞某棵、宗某炎要求被告上海市普陀区物价局、上海市普陀区房屋土地管理局向原告赔偿精神损失费每人人民币10万元总计50万元的诉讼请求。

案件受理费人民币100元，由原告负担。

一审判决后，原告许某清不服，以一审同样理由向上海市第二中级人民法院提起上诉。

上海市第二中级人民法院经审理认为：普陀物价局、普陀房管局具有作出商品居住房屋成本差价审批的主体资格。其根据第三人的申请，依据《审批办法》第二条规定，审核了第三人提供的联合开发常德路1200号地块协议书、委托动拆迁协议书、上海市国有土地使用权出让合同、汇德公寓初步设计、汇德公寓概算书、房屋销售协议书及住宅建设配套费依据等材料，对第三人作出了《核价批复》。该批复事实清楚，证据充分，并无违法。原审判决维持具体行政行为并无不当。上诉人许某清要求被上诉人赔偿精神损失费，但没有提供事实证据和法律依据，原审判决驳回其诉讼请求并无不当。上诉人许某清在二审中提交的证据，均不能证明被上诉人的具体行政行为违法，本院不予采信。综上，上诉人许某清的上诉请求缺乏事实证据和法律依据，本院不予支持。根据《中华人民共和国行政诉讼法》第六十一条第（一）项之规定，该院于2001年8月6日作出判决如下：

驳回上诉，维持原判。

上诉案件受理费人民币100元，由上诉人许某清负担。

第二节　房地产税收

本节为您提供以下主题词的法律适用依据与实战资料

■耕地占用税　■城镇土地使用税　■土地增值税　■房产税　■契税

【耕地占用税】

一、专家指导意见

耕地占用税是国家对占用耕地建房或从事其他非农业建设的单位和个人征收的一种税收。

1. 纳税人：为占用耕地建房或者从事其他非农业建设的单位和个人，但外商投资企业除外。

2. 征税范围：包括进行建房和其他非农业建设占用的国有和集体所有的耕地。占用前3年内曾用于种植农作物的土地亦视为耕地。占用鱼塘及其他农用地建房或从事非农业建设，也视为占用耕地。占用的荒山、荒坡等非耕地，不属于征税范围。

3. 计税依据：以纳税人实际占用的耕地面积为计税依据，按照规定税额一次性征收。

4. 税额：耕地占有税采用定额税制。税额标准以县为单位按人均耕地面积多少加以规定。(1) 人均耕地在1亩以下的地区，每平方米征税2~10元；(2) 人均耕地在1~2亩的地区，每平方米征税1.6~8元；(3) 人均耕地在2~3亩的地区，每平方米征税1.3~6.5元；(4) 人均耕地在3亩以上的地区，每平方米征税1~5元。

5. 税额计算：计征税额=计税面积（平方米）×适用税额（元/平方米）。

6. 加收与减免：经济特区、经济技术开发区和经济发达地区，人均耕地特别少的地区，适用税额可以适当提高，但最高不得超过上述规定税额的50%。

以下情况经批准可免征耕地占用税：(1) 部队军事设施用地；(2) 铁路线路、飞机场跑道和停机坪用地；(3) 炸药库用地；(4) 学校、幼儿园、敬老院、医院用地。

农村革命烈士家属、革命残废军人、鳏寡孤独以及革命老根据地、少数民族聚居地区和边远贫困山区生活困难的农户，在规定用地标准以内新建住宅纳税确有困难的，由纳税人提出申请，经所在地乡（镇）人民政府审核，报经县级人民政府批准后，可以给予减税或者免税。

二、法律适用依据

（一）相关法律

❶中华人民共和国税收征收管理法（节录）

（1992年9月4日第七届全国人民代表大会常务委员会第二十七次会议通过　根据1995年2月28日第八届全国人民代表大会常务委员会第十二次会议《关于修改〈中华人民共和国税收征收管理法〉的决定》修正　2001年4月28日第九届全国人民代表大会常务委员会第二十一次会议修订　2001年4月28日中华人民共和国主席令〔第49号〕公布　自2001年5月1日起施行）

第九十条　耕地占用税、契税、农业税、牧业税征收管理的具体办法，由国务院另行制定。

关税及海关代征税收的征收管理，依照法律、行政法规的有关规定执行

（二）相关行政法规及规范性文件

❶长江三峡工程建设移民条例（节录）

（2001年2月15日国务院第三十五次常务会议通过　2001年2月21日国务院令〔第299号〕公布　自2001年3月1日起施行）

第四十七条　农村移民建房占用耕地，免征耕地占用税。三峡工程坝区和淹没区建设占用耕地，按照应纳税额的40%征收耕地占用税；城镇、企业事业单位搬迁和基础设施复建占用耕地，按照国家有关规定缴纳耕地占用税。缴纳的耕地占用税全部用于三峡库区农村移民安置。

❷中华人民共和国耕地占用税暂行条例

（1987年4月1日国务院　国〔1987〕39号公布）

第一条　为了合理利用土地资源，加强土地管理，保护农用耕地，特制定本条例。

第二条　本条例所称耕地是指用于种植农作物的土地。

占用前三年内曾用于种植农作物的土地，亦视为耕地。

第三条　占用耕地建房或者从事其他非农业建设的单位和个人，都是耕地占用税的纳税义务人（以下简称纳税人），应当按照本条例规定缴纳耕地占用税。

第四条　耕地占用税以纳税人实际占用的耕地面积计税，按照规定税额一次性征收。

第五条　耕地占用税的税额规定如下：

（一）以县为单位（以下同），人均耕地在一亩以下（含一亩）的地区，每平方米为二元至十元；

（二）人均耕地在一亩至二亩（含二亩）的地区，每平方米为一元六角至八元；

（三）人均耕地在二亩至三亩（含三亩）的地区，每平方米为一元三角至六元五角；

（四）人均耕地在三亩以上的地区，每平方米为一元至五元。

农村居民占用耕地新建住宅，按上述规定税额减半征收。

经济特区、经济技术开发区和经济发达、人均耕地特别

少的地区，适用税额可以适当提高，但是最高不得超过上述规定税额的百分之五十。

各地适用税额，由省、自治区、直辖市人民政府在上述规定税额范围内，根据本地区情况具体核定。

第六条 纳税人必须在经土地管理部门批准占用耕地之日起三十日内缴纳耕地占用税。

纳税人按有关规定向土地管理部门办理退还耕地的，已纳税款不予退还。

第七条 下列经批准征用的耕地，免征耕地占用税：

（一）部队军事设施用地；

（二）铁路线路、飞机场跑道和停机坪用地；

（三）炸药库用地；

（四）学校、幼儿园、敬老院、医院用地。

第八条 农村革命烈士家属、革命残废军人、鳏寡孤独以及革命老根据地、少数民族聚居地区和边远贫困山区生活困难的农户，在规定用地标准以内新建住宅纳税确有困难的，由纳税人提出申请，经所在地乡（镇）人民政府审核，报经县级人民政府批准后，可以给予减税或者免税。

第九条 耕地占用税由财政机关负责征收。土地管理部门在批准单位和个人占用耕地后，应及时通知所在地同级财政机关。获准征用或者占用耕地的单位和个人，应当持县级以上土地管理部门的批准文件向财政机关申报纳税。土地管理部门凭纳税收据或者征用批准文件划拨用地。

第十条 对获准占用耕地的单位或者个人未在第六条第一款规定的期限内向财政机关申报纳税的，从滞纳之日起，按日加收应纳税款千分之五的滞纳金。

第十一条 对单位或者个人获准征用或者占用耕地超过两年不使用的，按规定税额加征两倍以下耕地占用税；对未经批准或者超过批准限额、超过农民住宅建房规定标准的，由土地管理部门依照《中华人民共和国土地管理法》的有关规定处理。

第十二条 纳税人同财政机关在纳税或者违章处理问题上发生争议时，必须首先按照财政机关的决定缴纳税款和滞纳金，然后在十日内向上级财政机关申请复议。上级财政机关应当在接到申诉人的申请之日起三十日内作出答复。申诉人对答复不服的，可以在接到答复之日起三十日内向人民法院起诉。

第十三条 占用鱼塘、园地、菜地及其他农业用地建房或者从事其他非农业建设，按照本条例的规定执行。

第十四条 本条例的规定不适用于外商投资企业。

第十五条 本条例由财政部负责解释；实施办法，由各省、自治区、直辖市人民政府根据本条例的规定，结合本地区的实际情况制定，并报财政部备案。

第十六条 本条例自发布之日起施行。

❸关于切实做好耕地占用税征收工作的通知（节录）

（1989年2月21日国务院公布）

一、国家征收耕地占用税是从我国人多地少的国情出发，应用经济手段、行政手段以及法律手段严格控制占用耕地的一项重要措施。各级政府务必高度重视，认真教育用地单位和广大农民要十分珍惜有限的耕地资源，同时对占用的耕地要依法纳税。各地对占用耕地的审批必须从严掌握，国家计委和国家土地管理局下达的一九八九年非农业建设占用耕地计划不得随意突破，财政部门按核准的耕地占用亩数依照有关规定征税。

二、从一九八九年一月一日起，耕地占用税收入中央和地方的分成比例，由原来的对半分成调整为“倒三七”比例分成，即：中央30%，地方70%。中央这次让出的二十个百分点是给县的，目的是调动他们的征收积极性。因此，省、地两级都不得截留。调整分成比例以后，各地必须保证完成中央收入任务，凡实际占用了耕地而完不成上交中央任务的，要用地方财政补足。对于一九八八年应收未收的税款要继续组织征收，其分成比例仍按中央、地方对半分成执行。

三、各地必须从严控制减免范围。在《耕地占用税暂行条例》规定的减免范围之外，任何地区、部门和个人都无权擅自规定减税、免税。各地对以前自行规定的征收管理实施细则要逐项清理审查，凡违反《暂行条例》规定的计税标准、扩大减免税范围，都要立即纠正；凡超越管理权限下达的减免税规定一律无效，征收机关应拒绝执行。

四、各有关部门要协同配合，各尽职责，做好耕地占用税的征收工作。土地管理部门要及时提供占地资料，并凭财政部门开具的完税证明办理批准占地手续；财政部门要凭土地管理部门的占地批件依法征税，并及时、足额组织征收入库；银行要及时划转、上解已经入库的税款，不得拖延；各主管部门要做好所属单位中占用耕地大户的纳税工作。

五、各地要尽快建立健全征收管理机构，充实和加强征收力量，强化征管手段，确保应征耕地占用税任务的完成。

❹关于三峡工程库区移民工作若干问题的通知（节录）

（1999年6月6日国务院办公厅　国办〔1999〕53号公布）

（十七）加强对耕地占用税返还及使用的管理。三峡库区移民安置耕地占用税由湖北省、重庆市移民局按照国家下达的计划上缴省、市财政厅（局）入库后，再由省、市财政厅（局）全额返还给省、市移民局，并纳入移民年度计划，按国家有关规定全部用于农村移民安置，对违纪违法的要严肃处理。要认真清理移民收费项目，不准向移民迁建单位和项目违规收费。

❺中华人民共和国税收征收管理法实施细则（节录）

（2002年9月7日国务院令〔第362号〕公布　自2002年10月15日起施行）

第一百一十二条 耕地占用税、契税、农业税、牧业税的征收管理，按照国务院的有关规定执行。

（三）相关部门规章及规范性文件

❶《关于发展中央和地方合资建设铁路的意见》实施办法（节录）

（1993年11月17日国家发展计划委员会、铁道部公布）

第二十四条 合资铁路建设所用荒山、荒地，比照国家铁路，实行无偿划拨；占用耕地的，免征耕地占用税。

❷关于高校后勤社会化改革有关税收政策的通知（节录）

（2000年2月28日财政部、国家税务总局　财税字〔2000〕25号公布）

七、对在高校后勤社会化改革中因建学生公寓而经批准征用的耕地，免征耕地占用税。

❸关于耕地占用税征收经费问题的通知（节录）

（1994年6月10日财政部　〔94〕财农税字〔第28号〕公布）

一、我部（88）财农税字第3号文《关于耕地占用税征收经费管理使用问题的通知》中的按耕地占用税实征税额5%提取征收经费的规定，继续执行。鉴于耕地占用税划归地方税收，从1994年起，所提经费全部留给地方，不再按1%比例上缴中央。

二、为了保证中央对耕地占用税宏观管理工作的需要，各地区对1993年度应缴未缴和以前年度尾欠中央的征收经费，应及时与我部清理结算，请各地区重视和支持这项工作。

三、根据（93）财农税便字第5号文《关于实行农业税收征收业务费奖励补助试行办法》，对1993年按比例如数上缴我部征收经费的地区继续给予奖励补助，并对用于农业税收征管人员培训、改善征收工作条件、购置必要的设备等所需费用，给予重点照顾。

❹关于进一步加强农业税收征收管理工作的通知（节录）

（1993年9月7日财政部　〔93〕财农税字〔第47号〕公布）

（三）要加强耕地占用税的征管工作。重点抓好各类经济技术开发区和大中型水电工程的耕地占用税征收入库工作。认真抓好耕地占用税政策大检查。及时掌握非农业建设占地的情况，坚持预先征收、据实征收的方法，大力组织耕地占用税收入。

❺关于耕地占用税减免管理的暂行规定

（1990年8月1日财政部公布）

第一条　为了贯彻执行《中华人民共和国耕地占用税暂行条例》，严格执行减免政策，从严控制减免范围，制定本规定。

第二条　耕地占用税减免实行申报制度。纳税人在申请用地的同时，必须根据《中华人民共和国耕地占用税暂行条例》规定的减免范围向当地财政征收机关提出报告，说明申请减免的理由。

纳税人申报减免，必须到当地财政征收机关领取减免申报表（表格样式附后），并按规定填写。

第三条　对耕地占用税的减免，除执行《中华人民共和国耕地占用税暂行条例》已有的规定外，按以下审批权限进行：

（一）占用耕地一千亩（含一千亩）以上的，报财政部批准，并报省、自治区、直辖市人民政府备案；

（二）占用耕地三十亩（含三十亩）以上、一千亩以下的，报省、自治区、直辖市人民政府批准，并报财政部备案；

（三）占用耕地三亩以上（含三亩）、三十亩以下的，报地、市、自治州人民政府批准，并报省、自治区财政厅备案；

（四）占用耕地三亩以下的报县（市）人民政府审批，并报上一级财政局备案。

计划单列市耕地占用税减免的审批权限，按照同级土地管理部门占用耕地的审批权限确定，由计划单列市财政局审核后，报同级人民政府批准，并报财政部备案。

各级审批机关不得超越权限，扩大耕地占用税的减免范围。其他任何部门、单位和个人都无权批准减免税。

第四条　各级财政征收机关应当根据土地管理部门实际批准占地数，对纳税人申请减免耕地占用税的情况进行认真审核，并经前条规定的审批程序批复纳税人。

第五条　各级财政征收机关应当对下级财政征收机关耕地占用税的减免情况，经常进行检查。省、自治区、直辖市和计划单列市财政厅、局可采取自查、互查和专查等形式定期开展耕地占用税减免执行情况的检查，并写出专题报告，报财政部和同级人民政府。

第六条　违反耕地占用税减免规定的，根据事实和情节，按下列规定进行处罚：

（一）对超越权限擅自减免税的，按照《国务院关于违反财政法规处罚的暂行规定》第八条处罚；

（二）对纳税申报人不如实申报，采取欺骗隐瞒等手段逃避纳税的，根据《中华人民共和国税收征收管理暂行条例》的规定，除补征全部税款外，还应处以应纳税款五倍以下的罚款。

第七条　本规定自发布之日起施行。

❻关于做好国有土地使用权有偿使用收入、耕地占用税审计工作的通知（节录）

（1993年4月19日审计署、财政部　审农〔1993〕104号公布）

一、国土资金审计涉及面广、政策性强，省（区、市）审计机关要高度重视，认真组织实施，争取各级政府和有关部门的支持。

二、对审计中查出的问题，要依据国家法规进行处理。地方政府、财政部门制定的有关土地开发、国土资金管理及使用的法规、文件，与国务院、财政部发布的法规有矛盾的，以国务院国发〔1992〕61号《国务院关于发展房地产业若干问题的通知》和财政部的有关规定为依据。现行法规、文件没有明确或不完善的问题，要及时向审计署、财政部反映。

三、为了搞好这项审计工作，财政部门应主动配合，并给予适当支持。

❼关于组织开展耕地占用税执法检查的通知（节录）

（2000年7月13日国家税务总局　国税函〔2000〕538号公布）

一、检查内容

检查1997年以来耕地占用税法规、政策的执行情况，重点检查国家建设项目中耕地占用税法规、政策执行情况。其中，对涉税文件的检查包括各地仍在执行的1997年以前制定的文件；对具体执法行为的检查、重大问题可以追溯到以前年度。具体内容包括：

（一）涉税文件

各地制定的涉及耕地占用税文件，包括各种会议纪要、办公纪要等，是否符合国家税法和统一的政策规定。

（二）税政管理

1. 是否越权减免税，包括有无擅自变通税收政策、扩大免税范围的问题；

2. 对税法规定的减免税项目，有无审核不严、超越批准权限的问题；

3. 有无擅自调高或降低征收标准（税率）的问题。

（三）税收征管

1. 是否严格按照税法规定的程序和期限审批减免和

缓税；

2. 对纳税人欠税，经催缴仍不缴纳的，是否依法实施强制执行措施，并按规定加收滞纳金；

3. 有无将征起的税款不及时足额入库的情况。

（四）省级征收机关认为需要检查的其他问题

二、检查方法

各级征收机关应按照总局要求的内容和时间，对本机关执法情况进行自查。还应组织检查组，对下一级征收机关进行重点检查，重点检查面应不少于30%。各地还可以组织进行地区间的交叉检查。国家税务总局将派出检查组对部分省（区、市）进行重点抽查。

在实施具体检查时，各地征收机关可以采取下列检查方法：

1. 听取被检查机关执法情况汇报；

2. 调阅收发文目录，检查有关涉税文件；

3. 查阅征收机关执法卷宗、文书；

4. 抽查相关纳税人；

5. 向相关单位和人员调查了解与检查有关的各种情况。

三、时间安排

检查工作分为自查、重点检查和总结整改三个阶段。自查阶段：8月15日至8月31日；重点检查阶段：9月1日至9月15日；总结整改阶段：9月16日至10月15日。

四、问题的处理

对检查中发现的问题，各地要认真进行整改。凡与税法和国家统一政策相抵触的涉税文件、会议纪要、办公纪要等，征收机关应一律停止执行；凡与税法、政策相抵触的具体执法行为，征收机关必须纠正。

对于地方各级政府制定的涉税文件、会议纪要、办公纪要等，如有与税法相抵触部分，同级征收机关要向其提交请求更正的书面报告，同时停止执行，并报告上级征收机关。对征收机关制定或者与其他部门联合制定的与税法相抵触的涉税文件，应由本级征收机关发文废止，并将废止该文的文件抄报上一级征收机关。

因违背税法而少征的税款，征收机关必须全额补征入库。

五、工作要求

（一）各级征收机关要统一认识，高度重视，认真组织，把检查工作列入重要工作日程，按时、按要求完成检查任务。

（二）检查工作要深入、细致，不能走过场；要重整改重实效。对检查中发现的问题，各地在积极整改的同时，要认真吸取教训，努力改进工作，避免同类问题的再次发生。

（三）被检查的征收机关应积极配合，据实提供有关情况，保证检查工作的顺利完成。

（四）各省、自治区、直辖市和计划单列市征收机关应于2000年10月31日以前向总局报送检查工作总结。检查工作总结应当包括检查组织情况、检查工作情况、检查发现的主要问题及原因、问题处理等情况。

❽关于三峡工程库区农村移民外迁有关税收问题的通知（节录）

（1999年12月6日国家税务总局 国税函〔1999〕845号公布）

二、关于耕地占用税问题

根据国务院1993年发布的《长江三峡工程建设移民条例》规定，对三峡工程建设占用耕地，在坝区和淹没区的，按应纳税额的40%征收耕地占用税。

根据耕地占用税政策规定，对三峡库区移民建房占用耕地的，免征耕地占用税。

❾关于中央直属储备粮库建设有关耕地占用税征免事项的通知（节录）

（1998年12月9日国家税务总局 国税〔1998〕209号公布）

一、对国务院决定的上述中央直属储备粮库建设项目全额免征耕地占用税，并按规定程序及时办理相关手续。

二、凡不属于上述计划内的其他中央直属储备粮库和地方粮库建设项目占用耕地，应照章征收耕地占用税。

❿关于化工建设项目可行性研究投资估算编制办法（节录）

（1990年8月11日化学工业部 化规字〔90〕第493号公布）

第十八条 工程建设其他费用的组成和编制方法。

一、土地、青苗等补偿费和安置补助费：指按照有关规定所应支付的土地补偿费、青苗补助费、被征用土地上的房屋、水井、树木等附着物补偿费、迁坟费、安置补助费和土地征购管理费。

编制方法：根据建厂所在省、自治区、直辖市人民政府制定颁发的各项补偿费、安置补助费及土地管理费标准计算。

二、耕地占用税：国家为了合理利用土地资源，加强土地管理，保护农用耕地，从1987年4月1日起，征收耕地占用税。

编制方法：按照《中华人民共和国耕地占用税暂行条例》及建厂所在省、自治区、直辖市人民政府规定计算。耕地占用税税额以县为单位，按人均耕地面积不同，每平方米为1元至10元。

三、建设单位管理费：指建设单位为进行建设项目筹建、建设、联合试运转、验收总结等工作所发生的管理费用，不包括应计入设备、材料价格的建设单位采购及保管设备、材料所需的费用。

费用包括：工作人员的工资、工资附加费、劳保支出、差旅费、办公费、工具用具使用费、固定资产使用费、劳动保护费、零星固定资产购置费、招募生产工人费、技术图书资料费、合同公证费、工程质量监督检测费、完工清理费、建设单位的临时设施费、工程建设总承包费、前期工作费、后评价工作费和其他费用性质的开支。

编制方法：以单项工程费用总和为基数，按工程项目的不同规模分别制定的建设单位管理费率计算；或以管理费用金额总数表示。对于改、扩建项目应适当降低费率。

建设单位管理费取费标准可暂按下列取费标准估算，也可参照工程所在省、自治区、直辖市有关规定计算。

四、研究试验费：指为本建设项目提供或验证设计数据、资料进行必要的研究试验，按照方案要求在施工过程中必须进行试验所需的费用，以及支付科技成果、先进技术的一次性技术转让费。不包括：应由科技三项费用（即新产品试制费、中间试验费和重要科学研究补助费）。

建设单位管理费取费标准

序号	单项工程费用总和	费率%
1	5000 万元以下	4.2～4.5
2	10000 万元以下	3.8～4.1
3	30000 万元以下	3.4～3.7
4	50000 万元以下	3.0～3.3
5	50000 万元以上	2.9～3.2

开支的项目：应由间接费用开支的施工企业对建筑材料、构件和建筑物进行一般鉴定、检查所发生的费用及技术革新的研究试验费；应由勘察设计费或基本建设投资中开支的项目。

编制方法：按照可行性研究方案提出的研究试验内容和要求进行编制。

五、生产职工培训费：是指新建企业或新增生产能力的扩建企业在交工验收前自行培训或委托其他厂矿培训技术人员、工人和管理人员所支出的费用；生产单位为参加施工、设备安装、调试等以熟悉工艺流程、机器性能等需要提前进厂人员所支付的费用。

费用包括：培训人员和提前进厂人员的工资、工资附加费、差派费、实习费和劳动保护费等。

编制方法：根据规划的培训人数，提前进厂人数，培训方法、时间和职工培训费定额计算。可暂按估算定员每人2000～3500元计算。

六、办公和生活家具购置费：指为保证新建、改建、扩建项目初期正常生产、使用和管理所必需购置办公和生活家具、用具的费用。改、扩建项目所需的办公和生活用具购置费，应低于新建项目的费用。

范围包括：办公室、会议室、资料档案室、阅览室、文娱室、食堂、浴室、理发室、单身宿舍和设计规定必须建设的托儿所、卫生所、招待所、中小学校等的家具用具。

编制方法：按规划定员和办公生活用具综合费用定额，暂按每人280～380元的标准计算，也可按工程所在地省、自治区、直辖市规定的费用定额计算。

七、联合试运转费：指新建企业或新增加生产工艺过程的扩建企业，在竣工验收前，按设计规定的工程质量标准，进行整个车间的负荷或无负荷联合试运转所发生的费用，支出大于试运转收入的亏损（即全部试车费减去试车产品销售收入和其他收入后的差额）。必要的工业炉烘炉费，不包括应由设备安装费用开支的试车费用。不发生试运转费的工程或者试运转收入的支出可相抵消的工程，不列此费用项目。

编制方法：以单项工程费用总和或第一部分工程费用为基数，按工程项目的不同规模分别规定的试运转费率计算或以试运转费的总金额包干使用。一般可暂按单项工程费用总和0.3～1.2%计算。

八、勘察设计费：指委托勘察设计单位进行勘察设计时，按规定应支付的工程勘察设计费；为本建设项目进行可行性研究而支付的费用；在规定范围内由建设单位自行勘察设计所需的费用。

编制方法：按国家计委、建设部颁发的《工程设计收费标准》和《工程勘察取费标准》的通知及化工部化工设计收费有关规定进行估算。

九、供电贴费：指按照国家规定，建设项目应交付的供电工程贴费、施工临时用电贴费。

编制方法：按国家计委计资（84）536号批转水利电力部关于《供电工程收取贴费的暂行规定》执行。

十、施工机构迁移费：指施工机构根据建设任务的需要，经有关部门决定成建制地（指公司或公司所属工程处、工区）由原驻地迁移到另一地区所发生的一次性搬迁费用，不包括：应由施工企业自行负担的，在规定距离范围内调动施工力量以及内部平衡施工力量所发生的迁移费用；由于违反基建程序，盲目调迁队伍所发生的迁移费；因中标而引起施工机构迁移所发生的迁移费。

费用内容包括：职工及随同家属的差旅费、调迁期间的工资、施工机械、设备、工具、用具和周转性材料的搬运费。

编制方法：以建筑安装工程费用为基数，费率暂按1%至1.5%计算。特殊的工程项目和边远地区，根据实际情况可以适当提高。

十一、矿山巷道维修费：指锚喷支护巷道、木支架巷道、钢筋混凝土支架巷道建成后至移交生产前，由施工企业代管期间所发生的维修费。

编制方法：以工程的直接费与间接费之和为基数，暂按照规定的巷道维修费率1%计算。

十二、城市基础设施配套费、资源开发费、电力建设发展资金等费用，符合国家规定或经国务院、国家计委审核批准的收费科目。

编制方法：按建设项目所在省、自治区、直辖市人民政府规定的有关其他费用取费标准估算。

⑪关于认真清收耕地占用税拖欠税款的通知（节录）

（1990年12月26日国务院清欠税款领导小组　国法欠字〔90〕2第12号公布）

一、各级人民政府应把耕地占用税的清欠工作，作为整个清理拖欠税款工作的一个重要组成部分，切实加强对这项工作的领导，加强各有关部门的密切协作，制定切实可行的清欠计划，采取有效的措施，把清欠工作落到实处。对因清欠工作开展不积极，措施不得力，而完不成上交耕地占用税收入任务的地区，应相应地减少其农业综合开发资金的拨款。

二、对欠税大户，要根据实际情况，分类排队，订出清缴欠税计划，限期清缴入库。对欠税严重的地区，要具体指导，必要的时候可以派出工作组，帮助督促清欠工作。

三、对因基建项目拨款不到位而形成欠税的，要督促欠税单位向各级计划和主管部门申请，及时弥补资金缺口；要抓住当前为解决建设项目拖欠货款，国家增加基建资金的时机，抓紧清缴欠税；征收机关要了解资金回笼和拨付情况，督促欠税单位及时清缴拖欠税款。

四、要严格执行财政部、最高人民法院、最高人民检察院、公安部、司法部《关于加强耕地占用税征收管理工作的联合通知》，在各级人民政府的统一领导下，财政、公安、司法等部门密切配合协作，共同查处耕地占用税违法案件，督促检查耕地占用税征纳情况，把耕地占用税工作纳入依法治税轨道。对不符合税法和政策规定的减免，要坚持原则，一律不办；对欠税单位，一定要依法加收滞纳金；对屡催不缴的，应按照1988年5月7日财政部、中国人民银行、中国人民建设银行、中国工商银行、中国农业银行《关于银行扣缴耕地占用税拖欠税款的联合通知》精神，通知开户银行强制扣缴；对有财政拨款的欠税单位，财政部门应采取转账方式抵交欠税。

五、对已征收的耕地占用税和清收上缴的税款，要及时足额地缴入国库，并按照“三七”比例（即中央30%，地方70%）划缴中央金库和地方金库。

⑫关于西部大开发若干政策措施的实施意见（节录）

（2001年8月28日国务院西部开发办公室公布）

（二十四）西部地区公路国道、省道建设用地，比照铁路、民航建设用地，免征耕地占用税。免征耕地占用税的范围限于公路线路、公路线路两侧边沟所占用的耕地，公路沿线的堆货场、养路道班、检查站、工程队、洗车场等所占用的耕地不在免税之列。公路国道、省道以外其他公路建设用地是否免征耕地占用税，由省级人民政府决定。上述免税用地，凡改变用途，不再属于免税范围的，应当自改变用途之日起补缴耕地占用税。

⑬关于青藏铁路建设期间有关税收政策问题的通知（节录）

（2003年6月12日财政部、国家税务总局　财税〔2003〕128号公布）

六、关于耕地占用税

对青藏铁路线路占用的耕地以及青藏铁路在建设过程中因施工、生产临时占用的耕地免征耕地占用税；对生活区占用耕地应照章征收耕地占用税。

⑭关于教育税收政策的通知（节录）

（2004年2月5日财政部、国家税务总局　财税〔2004〕39号公布）

三、关于耕地占用税、契税、农业税和农业特产税

1. 对学校、幼儿园经批准征用的耕地，免征耕地占用税。享受免税的学校用地的具体范围是：全日制大、中、小学校（包括部门、企业办的学校）的教学用房、实验室、操场、图书馆、办公室及师生员工食堂宿舍用地。学校从事非农业生产经营占用的耕地，不予免税。职工夜校、学习班、培训中心、函授学校等不在免税之列。

2. 国家机关、事业单位、社会团体、军事单位承受土地房屋权属用于教学、科研的，免征契税。用于教学的，是指教室（教学楼）以及其他直接用于教学的土地、房屋。用于科研的，是指科学实验的场所以及其他直接用于科研的土地、房屋。对县级以上人民政府教育行政主管部门或劳动行政主管部门审批并颁发办学许可证，由企业事业组织、社会团体及其他社会和公民个人利用非国家财政性教育经费面向社会举办的学校及教育机构，其承受的土地、房屋权属用于教学的，免征契税。

3. 对农业院校进行科学实验的土地免征农业税。对农业院校进行科学实验所取得的农业特产品收入，在实验期间免征农业特产税。

⑮关于2004年农业税收工作的意见（节录）

（2004年3月3日国家税务总局　国税〔2004〕26号公布）

三、加强耕地占用税和契税征收管理工作

研究制定《耕地占用税、契税征管业务规程》，统一、规范全国的耕地占用税、契税征管业务工作；组织开展执法检查，清理、纠正耕地占用税和契税执行中的违法、违规行为，加强两税征管。总局将在适当时候组织对契税政策执行情况进行重点检查，并对检查情况进行通报。

⑯关于对耕地占用税若干问题做出的批复（节录）

（2001年3月12日国家税务总局　国税函〔2001〕178号公布）

一、对由于地下采煤造成的耕地地表塌陷，塌陷地在一年之内经过回填垦复后恢复种植用途的，比照临时占用耕地，免征耕地占用税；其余照章征收耕地占用税。

二、城区与高速公路的连接线路属于公路范畴，对其建设占用耕地按公路建设标准征收耕地占用税；城区内的机动车道属于城市道路（国道、省道和县道的组成部分除外），不属于公路范畴，对其建设占用耕地按一般建设项目征收耕地占用税。

⑰耕地占用税契税减免管理办法

（2004年8月3日国家税务总局　国税〔2004〕99号公布）

第一条　为了严格执行耕地占用税、契税减免政策，简化减免管理程序，根据《中华人民共和国耕地占用税暂行条例》和《中华人民共和国契税暂行条例》，制定本办法。

第二条　凡依法应予减免的耕地占用税、契税的管理，适用本办法。

第三条　耕地占用税、契税的减免，实行申报管理制度。

申报耕地占用税减免的纳税人应在用地申请获得批准后的30日内，向与批准其占用耕地的土地管理机关同级的征收机关提出减免申报。

由国务院或国土资源部批准占用耕地的，由省级征收机关办理减免手续。

契税纳税人应在土地、房屋权属转移合同生效的10日内，向征收机关提出减免申报。计税金额在10000万元（含10000万元）以上的，由省级征收机关办理减免手续。

第四条　征收机关应指定专人受理、审核减免申报事项。

第五条　受理人应要求申报人如实填写减免申报表并提供相关资料，告知申报人若申报不实或虚假申报而应负的法律责任。

受理人一般应在受理当日内将减免申报表和相关资料移交审核人。申报人没有按照规定提供资料或提供的资料不够全面的，受理人应一次性告知申报人应补正的资料。

第六条　审核人应对申报人提供的资料进行审核。

对于符合减免规定的，审核人应于审核的当日办理减免手续。

对于显然不符合减免规定的，审核人应向申报人说明原因，并核定应纳税额，转入税款征收程序。

情况较为复杂需向上级征收机关请示的，审核人应向申报人说明情况，并在规定时限内办理手续。

第七条　耕地占用税、契税的减免管理，实行逐级备案

制度。

占用耕地1000亩（含1000亩）以上的减免，征收机关应在办理减免手续完毕之日起30日内报国家税务总局备案。

契税的计税金额在10000万元（含10000万元）以上的减免，征收机关应在办理减免手续完毕之日起30日内报国家税务总局备案。

第八条　耕地占用税减免，应向国家税务总局备案用地批准文件和减免申报表。

契税减免，应向国家税务总局备案减免申报表。

第九条　占用耕地1000亩以下的耕地占用税的减免和计税金额在10000万元以下的契税减免，其备案办法由省级征收机关制定。

第十条　省级征收机关应根据备案情况定期组织检查。

第十一条　办理减免的征收机关应将办理情况，定期逐级通报基层征收机关。

基层征收机关应对减免情况进行核实，并将核实结果逐级上报至办理减免的征收机关。

第十二条　耕地占用税、契税减免申报应由征收机关受理，其他任何机关、单位和个人都无权受理。

地方各级人民政府、各级人民政府主管部门、单位和个人违反法律、行政法规规定，擅自作出的减税、免税规定无效，征收机关不得执行，并向上级征收机关报告。

第十三条　征收机关或征管人员，违反规定擅自受理、审核减免申报的，依照有关规定处理。

第十四条　各省、自治区、直辖市和计划单列市征收机关可以根据本规定制定具体的减免申报管理办法，并向社会公示。

第十五条　本规定自2004年10月1日起施行。

⑱关于开展耕地占用税、契税执法检查工作的通知（节录）

（2005年3月22日国家税务总局　国税〔2005〕44号公布）

一、检查时限和范围

检查时限是2003年至2004年两个年度，有涉及税收违法行为的，应依法追溯以前年度。

检查重点是土地市场。契税方面，重点检查关于计税价格规定的执行情况；耕地占用税方面，重点检查对大型工程建设占地耕地占用税的征缴情况。

二、检查内容

（一）政策落实情况

1．是否按照总局的要求将近两年来财政部、税务总局下发的重要文件，及时向下级征收机关转发。重要文件主要包括：《财政部国家税务总局关于纠正地方自行制定违规契税政策的通知》（财税［2003］89号）、《国家税务总局关于印发〈耕地占用税契税减免管理办法〉的通知》（国税发［2004］99号）、《财政部国家税务总局关于国有土地使用权出让等有关契税问题的通知》（财税［2004］134号）、《国家税务总局关于征收机关直接征收契税的通知》（国税发［2004］137号）等。

2．是否按照总局的规定制定了两税减免的具体操作规程，是否按要求进行了公示，是否按要求进行了逐级备案。

3．是否按照总局文件的要求，对本地区内的违规政策进行了清理。

4．契税直接征收工作落实和进展情况。

（二）基础工作情况

1．征收台账是否清晰、齐全，账目记录是否准确，尾欠原因是否合理。

2．与国土部门、房管部门建立信息渠道情况，能否及时获取国土部门和房管部门土地占用、农用地转用以及房地产权属变更等信息。

（三）征管工作情况

1．对于经济技术开发区、高新技术开发区等区域内耕地占用税、契税征管是否到位。

2．是否有违规政策仍在执行，发现非法占地耕地占用税能否及时征收。

3．在土地出让契税征管中，是否按规定进行了计税价格认定。

4．是否按规定办理“两税”的减免，是否有越权减免的情况存在。

三、日程安排

检查工作从4月初开始至7月底结束，分三个阶段进行。

（一）4月1日至5月15日，自查阶段。各级征收机关要组织人员对本单位自身以及下一级征收机关的执法情况进行检查，还可以组织地区与地区之间的互相交叉检查。

（二）5月15日至6月15日，自纠和总结阶段。在此阶段，各省级征收机关要对检查出来的问题进行认真梳理、纠正和整改，并写出书面总结，于6月20日前上报总局。

（三）6月21日至7月底，重点检查阶段。在此阶段，总局将抽调各地业务骨干组成检查组，对部分省（区、市）进行重点抽查。

四、工作要求

（一）各级征收机关要统一认识，高度重视，认真组织，按照总局的部署，按时、保质完成检查任务。

（二）执行检查任务的征收机关应事先通过多种渠道了解税源情况，提前通知被检查机关准备好相关待查资料；要采取查账、实地查看等多种形式，保证不走过场；被检查的征收机关要积极配合，按照要求据实提供相关资料，以保证检查工作的顺利完成。

（三）上级征收机关要对在检查中发现的下级征收机关的问题，进行集中研究处理：

1．凡与税法和国家统一政策相抵触的政策、文件，应严令其一律停止执行。

2．对于查出的应征未征的税款，应严令其依法补征；按照相关政策应给予未按规定缴纳税款的企业罚款处罚的，亦令其严格执行。

3．要将检查结果通报至被检查征收机关及其同级人民政府。对于检查过程中存在问题较多、执法情况较差的征收机关，应在通报中提出批评；对于问题严重又整改不力的，必要时可以通过新闻媒体给予曝光。

4．“两税”查补税款入库率要达到90%以上。

（五）各级征收机关要对检查中发现的问题积极进行整

改。同时，要认真吸取教训，努力改进工作，避免同类问题的再次发生。

附件：耕地占用税、契税执法检查情况表（略）

（四）相关地方性法规及规范性文件

❶北京市基本农田保护条例（节录）

（1994年5月21日北京市第十届人民代表大会常务委员会第十次会议通过　自1994年5月21日起施行）

第十六条　征用、占用基本农田的单位，除依法缴纳耕地占用税外，还应当缴纳基本农田开发建设基金，用于基本农田的建设和开发。

基本农田开发建设基金的征收标准和办法，由市人民政府制定。

❷石家庄市国家建设征用土地管理办法（节录）

（1992年2月22日河北省石家庄市第七届人民代表大会常务委员会第二十六次会议通过　1992年4月25日河北省第七届人民代表大会常务委员会第二十七次会议批准　1994年4月29日河北省石家庄市第九届人民代表大会常务委员会第五次会议第一次修正　1994年6月28日河北省第八届人民代表大会常务委员会第八次会议批准　1997年4月24日石家庄市第九届人民代表大会常务委员会第二十四次会议第二次修正　1997年9月3日河北省第八届人民代表大会常务委员会第二十八次会议批准）

第十一条　征用集体所有的土地，用地单位按规定分别缴纳耕地占用税、旧城改造费、新菜田开发基金、土地管理费等税费。

❸邯郸市基本农田保护管理规定（节录）

（1995年11月30日河北省邯郸市第十届人民代表大会常务委员会第十六次会议通过　1995年12月26日河北省第八届人民代表大会常务委员会第十八次会议批准）

第十一条　基本农田保护区的划定工作以乡（镇）为单位进行，县（市）、区土地管理部门会同同级农业行政主管部门，组织乡（镇）人民政府和村民委员会，对辖区内的基本农田逐块定位、划界，设立保护标志，建立管理档案，制定保护措施。

划定基本农田保护区所需经费，从耕地占用税地方留成部分列支。

❹长春市基本农田保护条例（节录）

（1995年6月2日经长春市第十届人民代表大会常务委员会第十八次会议审议通过　1995年8月18日吉林省第八届人民代表大会常务委员会第十八次会议批准　1995年9月14日长春市人民代表大会常务委员会公告公布施行　根据1997年9月25日长春市第十届人民代表大会常务委员会第三十五次会议通过　1997年11月14日吉林省第八届人民代表大会常务委员会第十四次会议批准的《长春市人民代表大会常务委员会关于修改〈长春市基本农田保护条例〉的决定》修正）

第二十一条　各级人民政府应当组织新的基本农田开发建设，逐年增加对基本农田资金投入，除造地费和新菜田开发建设基金外，土地出让金不低于10%的比例和耕地占用税均应当用于新的基本农田开发建设和保护。

❺江西省征用土地管理办法（节录）

（1997年12月27日江西省第八届人民代表大会常务委员会第三十一次会议通过　根据2001年12月22日江西省第九届人民代表大会常务委员会第二十七次会议《关于修改〈江西省征用土地管理办法〉的决定》修正）

第二十七条　因兴建小型水利而征用耕地，以及不改变原土地使用性质征用土地的，按谁受益谁负担的原则，不减免被征地单位原承担的该土地的农业税和国家定购粮等任务。

因用地者不及时办理有关手续或者拖欠耕地占用税税款，造成征用土地后有关部门不能及时核减被征地单位原承担的该土地的税费和调减国家定购粮等任务的，由用地者负担。

❻山东省实施《中华人民共和国土地管理法》办法（节录）

（1999年8月22日山东省第九届人民代表大会常务委员会第十次会议通过　1999年8月22日山东省人民代表大会常务委员会公布）

第二十三条　各级人民政府应当加大对土地开发、整理、复垦的投入，耕地开垦费、土地复垦费、土地闲置费、新增建设用地土地有偿使用费等必须纳入财政预算管理，专项用于土地的开发、整理和复垦，不得挪作他用；新菜地开发建设基金、原国有建设用地土地有偿使用费、耕地占用税，应当有一定比例用于开垦新的耕地。

❼洛阳市土地管理办法（节录）

（1999年11月17日洛阳市第十一届人民代表大会常务委员会第七次会议通过　2000年5月27日河南省第九届人民代表大会常务委员会第十六次会议批准　2000年5月27日洛阳市人民代表大会常务委员会公布）

第十一条　市、县（市）人民政府应将新增建设用地土地有偿使用费、耕地开垦费、耕地闲置费、耕地占用税、新菜地开发基金作为土地整理和开发专项资金，列入本级财政年度预算。

❽青海省实施《中华人民共和国土地管理法》办法（节录）

（1990年8月31日青海省第七届人民代表大会常务委员会第十六次会议通过　1990年8月31日青海省人民代表大会常务委员会公布）

第十六条　各级人民政府应当采取措施，严格保护耕地，划定粮、油、菜保护区，非特殊需要，不得占用。

国家建设和乡（镇）村建设以及村民个人建房必须节约使用土地，可以利用荒地的，不得占用耕地；可以利用劣地的，不得占用好地。

非农业建设占用耕地的，必须按规定缴纳耕地占用税；使用城镇土地的，应照章缴纳城镇土地使用税。占用菜地和水地的，分别缴纳新菜地开发建设基金和农田水利建设基金。

第三十五条　乡（镇）村非农业建设和个人建房占用耕地的，均应按照有关规定缴纳耕地占用税和土地管理费，国家不减免粮油定购任务和农业税，由乡（镇）村自行调节解决。

❾海北藏族自治州土地管理条例（节录）

（1988年4月16日海北藏族自治州第八届人民代表大会第四次会议通过　1988年10月29日青海省第七届人民代表大会常务委员会第五次会议批准　1988年10月29日青海省人民代表大会常务委员会公布）

第十二条　国家建设、地方建设和乡（镇）村建设必须节约使用土地，可以利用荒地的，不得占用耕地；可以利用劣地的，不得占用好地。

凡占用耕地的单位和个人，均应按国家有关规定缴纳耕地占用税。

⑩浙江省基本农田保护条例（节录）

（2002年10月31日经浙江省第九届人民代表大会常务委员会第三十九次会议通过 浙江省第九届人民代表大会常务委员会〔第76号〕公布 自2002年12月1日起施行）

第十五条 经批准占用基本农田用于非农业建设的，用地单位应当按照国家和省人民政府的规定缴纳耕地占用税、耕地开垦费等有关税费。

耕地开垦费统一纳入造地改田资金，具体收缴和使用管理办法按照省人民政府的有关规定执行。

⑪甘肃省实施《中华人民共和国土地管理法》办法（节录）

（1999年9月2日甘肃省第九届人民代表大会常务委员会第十一次会议通过 根据2002年3月30日甘肃省第九届人民代表大会常务委员会第二十七次会议《关于修改〈甘肃省实施中华人民共和国土地管理法办法〉的决定》修正）

第二十五条 征用、占用林地、草原、养殖水面的补偿标准，按国家和本省有关规定执行。

非法建筑物、构筑物和在征用土地公告后抢建、抢栽、抢种的不予补偿。

征用集体土地建设用地，经批准确需占用耕地的，征用土地单位应当按规定缴纳耕地占用税和耕地开垦费。

⑫洛阳市《土地管理法》实施细则（节录）

（1989年9月15日洛阳市第九届人民代表大会常务委员会第四次会议通过 1991年8月21日河南省七届人民代表大会常务委员会第二十三次会议批准 1991年8月21日洛阳市人民代表大会常务委员会公布）

第二十七条 国家建设、乡（镇）村建设和农村居民建房必须节约用地，提高土地利用率，充分利用荒地、劣地、空闲地和不宜种植的其他土地。

在城市规划区内进行建设应尽量少占耕地，一般不得占用菜地。在市规划区内必须占用菜地的，应经市人民政府同意后，按审批权限报批，并按规定缴纳新菜地建设开发基金。

占用耕地建房或者从事其他非农业建设的单位或个人，应按照《河南省〈耕地占用税暂行条例〉实施办法》的规定缴纳耕地占用税。

（五）相关地方政府规章及规范性文件

❶山东省城市临时建设、临时用地规划管理办法（节录）

（1994年10月13日山东省人民政府 鲁政〔1994〕115号公布）

第七条 临时用地确需占用耕地的，应按照有关规定向财政部门缴纳耕地占用税。

❷浙江省人民政府关于切实加强造地改田工作的通知（节录）

（1996年4月16日浙江省人民政府 浙政〔1996〕68号公布）

三、确定造地改田资金的构成

为确保造地改田任务的完成，建立正常的稳定的资金来源，确定造地改田资金由下列各项构成：耕地占用税的50%（省委〔1996〕9号文件已明确列入农业发展基金，按此项基金规定用途，应安排其中的50%用于造地改田）；造地费；造地专项基金；超计划中用耕地费；抛荒费、土地闲置费；土地复垦费；菜地开发建设基金的50%；基本农田保护费的80%；政府安排和其他规定用于造地改田的资金。

省级造地改田资金由各地上交省的造地专项基金、造地保证金返还后的剩余部分、超计划占用耕地费和省财政安排用于造地改田的其他资金组成。

四、足额收缴造地改田资金

各级财政、土地管理部门要依法加强对造地改田资金的收缴工作。耕地占用税由各级财政部门统一征收，土地管理部门要密切配合。原由土地管理部门在审核各类建设用地时代征的，可继续委托代征。造地费、造地专项基金、菜地开发建设基金、基本农田保护费、造地保证金、土地复垦费、复垦保证金、超计划占用耕地费等由土地管理部门按规定统一征收。

各项税费的减免应严格按税法规定执行。除按程序报经省政府批准外，任何单位和部门均不得减免或欠缴。农村个人建房用地因特殊情况要求减免的，必须经市、县政府批准。按规定可以减免的以及农村个人建房用地要求减免的，除耕地占用税仍按税法规定的申请程序办理外，应由用地单位和个人向市、县土地管理部门提出申请，并随同建设用地申请材料报批。不及时足额上缴土地有关税费的，土地管理部门不得发给批准文件和《建设用地许可证》。

各级财政部门要设立造地改田资金专户，征收的资金应及时划入专户，实行专户管理，专项结算。造地改田资金的有偿使用部分，由各级财政部门负责签订借款合同，回收的资金仍纳入专户管理。

各级财政、土地管理部门应每半年一次向本级政府和领导小组以及上一级财政、土地管理部门如实报告造地改田资金的收缴情况。按规定应上交省的造地改田资金，当地财政部门必须及时足额上交，不得截留和欠缴。具体收缴办法由省财政厅、省土地管理局研究制定。

❸江苏省政府关于深化土地使用制度改革若干问题的通知（节录）

（1998年2月19日江苏省人民政府 苏政〔1998〕16号公布）

二、实施中心村建设用地与复垦开发新增耕地挂钩政策

为了进一步推进我省“两区”规划的实施，鼓励农民向中心村集中居住，促进土地复垦开发，实现全省耕地总量动态平衡，根据中央有关规定，在我省实施中心村用地与复垦开发新增耕地挂钩政策。

（一）挂钩政策的内涵和实施范围。

各地在完成上级下达的复垦计划、保证耕地总量动态平衡的前提下，通过土地复垦开发新增加的耕地面积，按照一定比例增加当地的非农业建设占用耕地指标，用于中心村的农民住宅和基础设施建设。列入全省土地复垦开发计划增加的耕地不在挂钩之列。实施挂钩政策的新增耕地应是1996年1月1日以后的新增耕地，在此之前经复垦开发形成的净增耕地不纳入挂钩政策范围。

（二）中心村建设用地增加指标的核定和管理。

乡镇挂钩土地复垦开发项目完成后，由县以上土地管理部门组织验收，经验收确认的新增耕地，作为次年增加中心村建设用地指标的依据。

中心村建设用地指标的核定于每年年底进行，完成当年上级下达的土地复垦开发计划的乡镇方可申请增加中心村建设挂钩用地指标。申请挂钩用地指标由乡镇人民政府向县级土地管理部门提出，经县级土地管理部门审核后逐级上报省国土管理局审批，省国土管理局按各市新增耕地面积的80%逐级下达中心村建设挂钩用地指标。挂钩用地指标年度之间可结转使用，可在本乡镇范围内使用，也可在本县（市、区）范围内统筹使用。

土地复垦开发后，土地所有权权属性质不变，同时对在册耕地面积作相应调整。村组之间按照有关规定，经批准后，可以进行土地置换调整。复垦开发新增耕地，从投产之年起，3年内免交农业税。

（三）中心村建设用地审批。

中心村建设占用土地，应按照正常的建设用地审批权限及程序报批，并依法对土地使用者颁发或更换土地证书，确认使用权。取得挂钩用地指标的中心村建设项目，不占用建设用地计划。中心村建设挂钩用地指标实行单列管理。

中心村建设用地经批准后，对所在村组耕地在册面积要作相应核减，并参照有关征用、使用土地的规定进行经济补偿，安置好剩余劳动力。经济补偿和劳动力安置由乡镇政府负责解决。

（四）挂钩政策实施中的有关税费问题。

实施挂钩政策的中心村建设，异地搬迁的农民建房用地可免交农业重点开发建设资金。新建房占地面积少于或等于原宅基地面积且原宅基地已复垦的，可免交耕地占用税；大于原面积的交纳差额部分。新的建设用地使用者应全额缴纳土地税费。

❹南京市政府关于南京地下铁道南北线一期工程建设征（拨）用土地拆迁补偿和安置有关政策的通知（节录）

（2000年1月20日南京市人民政府　宁政〔2000〕23号公布）

二、征地拆迁补偿

1. 征用农村集体土地的，土地及青苗、附属物（含乡镇村杆、线拆迁）补偿费不论土地类别，补偿标准为每亩4800元（含应补偿农民的青苗费800元/亩）；

2. 拨用国有土地（含撤销建制后的剩余土地），一律无偿划拨，其青苗补偿费标准为每亩800元；

3. 取土用地按临时用地手续办理，由区政府组织复垦，付给复垦补助费，补助费包括：青苗、附属物补偿、耕作土覆盖、恢复农田水利设施、减产补助等，补助费标准为水田每亩1800元，旱地、山地每亩1400元；

4. 施工临时用地不得建永久性建筑，占用期在一年之内的，每亩补偿800元，占用期一年以上的，每亩补偿600元；

5. 因施工需要排水清淤的鱼塘，除已征用面积外，其他水面每亩补偿600元；

6. 耕地占用税缴纳标准每平方米为2元，临时用地、取土、堆上用地不缴纳耕地占用税和农业税。

❺安徽省人民政府关于贯彻实施《土地管理法》有关问题的通知（节录）

（1999年4月5日安徽省人民政府　皖政〔1999〕9号公布）

二、采取切实措施努力实现耕地总量动态平衡

市人民政府、行署应当严格执行土地利用总体规划和土地利用年度计划，采取切实措施，确保本行政区域耕地总量不减少。耕地总量减少的，省人民政府将责令有关市人民政府、行署，在规定期限内组织开垦与所减少耕地的数量与质量相当的耕地；个别市、地确因土地后备资源匮乏，新开垦耕地数量不足以补偿所占用耕地数量的，报省人民政府批准减免，并支付相应的耕地开垦费，由省组织易地开垦。省人民政府根据全省土地资源情况定期组织编制耕地开垦计划，省土地行政主管部门具体组织土地开垦工作，并对耕地开垦计划和土地利用年度计划执行情况进行检查。要防止毁林开垦耕地，防止围湖造田和侵占江河滩地。要根据土地利用总体规划，对破坏生态环境开垦、围垦的土地，有计划有步骤地退耕还林、还牧、还湖。

要建立基本农田保护区。各地要按照省下达的保护区面积指标层层分解，落实到地块和责任人。

非农业建设经批准占用耕地的，必须由占用耕地的单位和个人负责开垦与所占用耕地数量与质量相当的耕地。占地单位和个人要制定耕地开垦方案，在办理农用地转用手续时与有农用地转用审批权的人民政府的土地行政主管部门签订耕地开垦合同，开垦后由土地行政主管部门组织验收。没有条件开垦的，占地单位和个人在办理农用地转用手续时向土地行政主管部门按每平方米3至6元缴纳耕地开垦费，其中占用基本农田的，缴纳耕地开垦费的标准应高于占用其他耕地的40%。占地单位和个人自行开垦的耕地不符合要求的，按标准视情补缴耕地开垦费。耕地开垦费的具体征收、使用和管理办法由省财政、价格行政主管部门会同省土地行政主管部门制定，报省人民政府批准后执行。征收耕地开垦费后，原规定征收的占用基本农田保护区耕地造地费取消，不再征收。

因挖损、塌陷、压占等造成土地破坏的，用地单位和个人要按照《土地管理法》规定负责复垦。用地单位和个人在办理用地手续时，要与县级以上人民政府土地行政主管部门签订土地复垦合同，未签订合同的，不得办理用地审批手续。土地复垦后，要及时向土地行政主管部门申请验收。验收不合格的，限期改正；逾期仍不能达到要求或者没有能力复垦的，足额缴纳土地复垦费，由土地行政主管部门组织复垦。土地复垦费按被破坏土地每平方米3至6元标准征收。个别缴纳土地复垦费确有困难的，经省人民政府批准可以减缴或者免缴。

开发未确定使用权的国有荒山、荒地、荒滩从事种植业、林业、畜牧业、渔业生产的，必须在土地利用总体规划确定的土地开垦区内进行，由开发单位和个人向土地所在地县级以上人民政府土地行政主管部门提出申请，按规定权限报批，其中一次性开发20公顷以下的报县（市）人民政府批准，一次性开发20公顷以上、50公顷以下的报市人民政府、行署批准，一次性开发50公顷以上、600公顷以下的报省人民政府批准，一次性开发600公顷以上的报国务院批准。

要做好农用地整理和农村原居民点退建还耕工作，统筹规划，综合整治，增加耕地面积，提高耕地质量。土地整理新增耕地面积由市、县土地行政主管部门审核确认，并分期

逐级汇总报省土地行政主管部门。省土地行政主管部门根据需要，可以对市、地土地整理情况进行监督检查。土地整理新增耕地面积的60%可以用作折抵建设项目占用耕地的补偿指标。

各级人民政府要加大对土地开发、整理、复垦的投入，耕地开垦费、土地有偿使用费、土地复垦费、土地闲置费等要专款用于土地开发、整理和复垦，新菜地开发建设基金、耕地占用税要提取一定比例用于开垦新的耕地。

❻广西壮族自治区人民政府关于贯彻实施《中华人民共和国土地管理法》有关问题的通知（节录）

（1999年10月10日广西壮族自治区人民政府 桂政〔1999〕81号公布）

三、关于建设用地的审批

（一）各级人民政府要加强建设用地管理，坚决杜绝未批先用土地行为。建设项目必须纳入年度固定资产投资计划和年度用地计划，没有列入计划的建设项目不予批准用地，杜绝计划外用地和盲目用地现象。建设项目占用土地，必须依据土地利用总体规划、土地利用年度计划和建设项目资金落实情况，分批次依法办理审批手续；涉及征用集体土地的，依法办理土地征用审批手续。农用地转用和征用土地手续的审批，按国土资源部制定的《建设用地审查报批管理办法》（国土资源部1999年第3号令）规定的程序办理。在申报建设用地时，须足额缴纳耕地占用税、耕地开垦费等有关税费。在已批准的农用地转用、土地征用和建设存量土地范围内，具体建设项目用地的供给（出让、划拨、租赁等），按以下权限审批：1公顷以下（含1公顷）由县（市）人民政府批准，报设区的市人民政府或地区行署备案；1公顷以上报设区的市人民政府或地区行署批准，报自治区人民政府备案。

（二）依法申请使用集体土地进行建设，涉及农用地转用的，先依法办理农用地转用审批手续。在已批准农用地转用范围内及依法申请使用集体建设用地的具体建设项目用地，按下列权限审批：

1. 总面积在0.3公顷以下（含0.3公顷）的建设用地，经乡（镇）级人民政府审核，报县（市）人民政府审批，报设区的市人民政府或地区行署备案；

2. 总面积在0.3～3公顷（含3公顷）的建设用地，由设区的市人民政府或地区行署批准，报自治区人民政府备案；

3. 总面积在3公顷以上的建设用地，由县级以上人民政府审查，逐级报自治区人民政府批准。

（三）根据《土地管理法》的规定，自1999年1月1日起，征用土地执行新的补偿标准，我区按下列标准执行：

1. 土地补偿费：

（1）水田：按被征用前3年平均年产值的9倍补偿；

（2）菜地、鱼（藕）塘：按被征用前3年平均年产值的8倍补偿；

（3）旱地：按被征用前3年平均年产值的7倍补偿；

（4）园地、经济林地：按被征用前3年平均年产值的5～7倍补偿；

（5）用材林、薪炭林地：已有收获（收益）的，按被征用前3年当地旱地平均年产值的4～6倍补偿；未有收获（收益）的，按被征用前3年当地旱地平均年产值的3～4倍补偿。

（6）防护林、特种用途林地不得征用。确需征用的，必须逐级上报自治区人民政府批准，并按被征用前3年当地旱地平均年产值的9倍补偿；

（7）轮歇地、草地、荒地及其他土地：按被征用前3年当地旱地平均年产值的2～3倍补偿。

2. 安置补助费：

（1）征地前人均耕地在0.03公顷（不含0.03公顷）以上的，安置补助费总额为被征用耕地前3年平均年产值的12倍；

（2）征地前人均耕地在0.025公顷至0.03公顷（含0.03公顷）的，安置补助费总额为被征用耕地前3年平均年产值的13倍；

（3）征地前人均耕地在0.02公顷至0.025公顷（含0.025公顷）的，安置补助费总额为被征用耕地前3年平均年产值的14倍；

（4）征地前人均耕地在0.02公顷（含0.02公顷）以下的，安置补助费总额为被征用耕地前3年平均年产值的15倍。

（5）征用园地、林地等有收获的土地的安置补助费，按征用前3年当地旱地平均年产值的3～5倍补偿；征用鱼（藕）塘的安置补助费，按被征用前3年平均年产值的4～6倍补偿；轮歇地、草地的安置补助费，按征用前3年当地旱地平均年产值的2倍补偿；征用荒山、荒地及其他无收益的土地不支付安置补助费。

3. 被征用土地上有未收作物的，按一造产值补偿；征用土地需拆迁地上附着物的，按照当地市、县人民政府制定的补偿标准补偿。

4. 本文没有提及的征、占用林地的林木、森林植被恢复费的补偿标准，按《自治区人民政府批转自治区计委、财政厅、林业厅、物价局、土地管理局关于收取征、占用林地四项补偿费暂行规定请示的通知》（桂政发〔1995〕34号）执行。

（四）建设占用国有耕地的，按该耕地被占用前3年平均年产值的10倍支付安置补助费；占用国有园林、林地等有收益土地的，视其质量按占用前3年当地旱地平均年产值的3～5倍支付安置补助费；占用无收益的国有土地不支付安置补助费。建设占用国有土地的青苗及地上附着物补偿费，参照征用集体土地的青苗及地上附着物补偿费标准执行。

上述各种地类按土地利用现状变更调查结果确定。

（五）根据《土地管理法》的规定，农村居民只能拥有一处宅基地，宅基地面积按以下标准执行：

1. 4人以下（含4人）的户，每户用地不得超过100平方米（含原有住房用地面积，下同）；

2. 4人以上的户，涉及使用耕地的，人均住宅用地不得超过20平方米，每户住宅用地最高不得超过160平方米；使用非耕地的，人均住宅用地不得超过25平方米，每户住宅用地最高不得超过220平方米。

农村居民新建住房，新房建成后，由市、县土地管理部门注销原住房土地使用证，收回土地使用权，交由集体另行安排使用。拒不交出土地的，按非法占用土地论处。

（六）认真贯彻落实《国务院办公厅关于继续冻结各项建设工程征占用林地的通知》（国办发明电〔1999〕9号）精神，继续冻结各项建设工程征、占用林地。确需征、占用林地的，必须经工程所在地的县级以上人民政府审查后，逐级上报国务院批准。

❼贵州省人民政府关于我省地方重点交通设施建设有关问题的通知（节录）

（1998年2月9日贵州省人民政府　黔府〔1998〕5号公布）

六、地方重点交通设施项目建设期间免征下列税费：耕地占用税、城市维护建设税、教育费附加、房产税、城镇土地使用税、矿产资源补偿费、水资源费、城镇建设配套费。

❽海南省人民政府关于办理国有行政划拨土地使用证有关问题的通知（节录）

（1995年8月21日海南省人民政府　琼府〔1995〕50号公布）

十、单位和个人自用的国有行政划拨土地，在办理土地使用证时，不收取土地出让金、城市基础设施费、城市增容费、耕地占用税及其他未经省物价管理部门许可的项目费用。用地单位或者个人的上级主管部门和土地所在的乡、镇政府、村民委员会、居民委员会出具有关使用土地的证明时，也不得收取任何费用。

❾海南省人民政府关于进一步深化土地使用制度改革加强土地管理的决定（节录）

（1995年8月16日海南省人民政府　琼府〔1995〕48号公布）

六、尽快完成国有行政划拨土地使用证发放工作。为了明确划拨土地的所有权和使用权，利于有关产权交易，各市、县、自治县要加快对划拨土地使用情况的调查，进行土地权属和土地资产登记，尽快发放土地使用证。1988年2月13日《海南土地管理办法》发布施行前单位和个人自用的国有土地，都是划拨土地，办理土地使用证时，不交土地出让金、城市基础设施费、城市增容费、耕地占用税及其他未经省物价管理部门许可的项目收费。

国家机关、企事业单位、部队使用的划拨土地，其土地资产处置权属于国家，土地使用者不得擅自处置。

国有企业使用的划拨土地是企业的国有资产。国有企业改制、改组或依法进行产权交易涉及划拨土地使用权变更的，都要显化土地资产量，明晰产权关系，并按规定补办土地出让手续和进行土地变更登记，原划拨土地如不改变用途的，不再补交土地出让金；改变土地用途或者以土地使用权进行交易的，按规定补交土地出让金后核发土地使用证。企业在改制、改组或依法进行产权交易时，不得使国有土地资产流失。

集体企业使用的划拨土地也是国有资产。集体企业自用的划拨土地办理土地使用证时，不补交土地出让金，土地使用权归集体企业。集体企业将使用的划拨土地用于企业改制、改组的，必须按规定补办土地出让手续，补交土地出让金；如没有能力缴纳土地出让金，土地出让金额折价作为国家股，由市、县、自治县国有资产管理部门代表国家持股。集体企业和个人进行产权交易涉及划拨土地使用权变更的，必须补办土地出让手续，补交土地出让金，进行土地变更登记。

❿湖北省人民政府关于开展农村土地整理工作的通知（节录）

（1998年2月5日湖北省人民政府　鄂政〔1998〕5号公布）

四、实行优惠政策，加大资金投入

坚持谁整理、谁经营、谁受益的原则，土地使用权或经营权稳定30至50年不变，除确因国家建设需要外，不得平调或无偿划拨。耕种新开发的土地，在农业税、农业特产税以及农村三提五统等方面，享受税法规定的优惠政策；农村居民搬迁、原宅基地恢复耕种、新建住宅占用耕地少于原宅基地，可以免征耕地占用税。土管、计划、工商、城建、水利、农业、交通、邮电等有关部门，对因土地整理实施村庄集镇化、农业产业化的项目建设，用地计划安排要优先，规费收缴要优惠。

各级政府应视实际情况需要适当安排一定的专项资金用于农村土地整理工作。当年土地收益中，要提取一部分专项用于扶持迁村腾地、荒山荒沟开发、废弃闲置地治理等工作；各级政府在安排农田水利建设、农业综合开发资金时，应对农村土地整理项目给予统筹考虑。同时，充分运用市场机制，按照“整理受益，按股分红”的原则，扩大融资渠道，充实土地整理资金，使之形成一定规模。

⓫江西省基本农田保护办法（节录）

（1996年3月29日江西省人民政府第五十二次常务会议讨论通过　1996年4月26日江西省人民政府令〔第46号〕公布施行）

第十三条　划定基本农田保护区的工作经费，由各级财政在耕地占用税和土地收入地方留成部分中列支。

⓬山西省农用土地资源开发利用管理办法（节录）

（1994年9月15日山西省人民政府公布　1997年12月4日根据《山西省人民政府关于修改〈山西省农用土地资源开发利用管理办法〉的决定》修正公布）

第八条　开发土地资源所需资金可以采用国家、集体、和个人多渠道筹集的办法。国家筹集的，可从农业发展基金、耕地占用税地方留成部分和基本农田建设基金中列支。

第九条　开发后的土地资源用于农业生产的，享受下列优惠规定：

（一）从事粮、棉、油、菜等农作物生产的，按照开发难易程度、数量和质量，从耕地占用税地方留成部分中给予适当补助。

（二）从事粮、棉、油、牧、渔业生产的，按照国家和省人民政府的有关规定减征或免征农业税和农业特产税。

（三）在合同规定的使用期内，土地使用权可以继承和转让。

（四）合同期满后可以续订合同，在同等条件下原使用者可以优先取得土地使用权。

⓭海口市土地管理规定（节录）

（1997年1月20日海口市人民政府第三十九次常务会议审议通过　1997年2月4日海口市人民政府令〔第15号〕公布施行）

第十二条　市土地管理部门应会同有关部门根据土地利用总体规划划定基本农（菜）田保护区，报市政府批准后实施。

基本农（菜）田保护区的耕地在保护期内不得征用，不得撂荒，不得改为非耕地。确因国家建设需要征用基本农（菜）田保护区耕地或将耕地改为非耕地的，应当征求有关主管部门的意见，按有关法律、法规规定的审批权限和程序报经原批准机关批准，并按规定缴纳菜田基地开发基金和耕地占用税费。

第二十九条 征地后，剩余劳动力的生产、生活出路问题，经协商可以采取下列方式之一解决：

（一）由市土地管理部门统筹，将所征土地10%的国有土地使用权出让给被征地单位，出让金免交；

（二）由用地单位安排就业的，应在出让合同中载明用地单位安置被征地农民就业的条件、人数和期限；未安排就业前，用地单位应按不低于本地最低生活费标准1.5倍的标准支付生活补贴；

（三）由被征地单位提出申请，经区、乡人民政府审核，报市政府批准，可从所征该农村集体经济组织土地进行出让所获收入中划出部分资金，给予扶持兴办企业。但不得超过该集体经济组织被征用土地出让所获收入的地方留成部分的10%。

按前款第（二）项办理时，属采取协议方式出让国有土地使用权的，用地单位除按所征土地面积支付全额的征地补偿费、耕地占用税、菜地开发基金、土地管理费外，其他费用按90%支付；属采取招标、拍卖方式出让国有土地使用权的，由市政府另行规定。

三、以案明法

牡丹江有机化工厂不服牡丹江市郊区财政局扣缴耕地占用税行政处理决定案

原告：牡丹江有机化工厂

被告：牡丹江市郊区财政局

根据国家计委计燃字〔1987〕第221号文件和水电部水电电规字［1987］第19号文件对牡丹江第二发电厂三期扩建工程计划任务书和初步设计的正式批复，该扩建工程需占牡丹江有机化工厂原有全部厂址。牡丹江有机化工厂顾全大局，同意全部搬迁。为此，1986年8月22日，牡丹江市人民政府在牡丹江有机化工厂召开了市长办公会，确定了牡丹江有机化工厂的新厂址。1987年4月7日，牡丹江第二发电厂与牡丹江有机化工厂签订了《牡丹江第二发电厂三期扩建工程全部动迁牡丹江有机化工厂赔偿协议》（以下简称“赔偿协议”）。其中规定，动迁损失赔偿费由牡丹江第二发电厂付给牡丹江有机化工厂1100万元包干使用。1988年4月5日，黑龙江省土地管理局、劳动局、公安厅、粮食局、财政厅联合下发黑土建［1988］第24号《关于牡丹江第二发电厂三期扩建工程征拨用土地的批复》，确定牡丹江第二发电厂三期扩建工程征拨用地1827.69亩，其中1570.03亩用于牡丹江第二发电厂三期扩建工程用地，257.66亩用于牡丹江有机化工厂整体搬迁建设用地。1988年4月8日，牡丹江市土地管理局下发牡土建字〔1988〕10号《关于牡丹江有机化工厂整体搬迁建设征用土地的批复》，同意牡丹江有机化工厂征用北安乡裕民村土地257.66亩，作为整体搬迁的建设用地。同日下发牡土建〔1988〕11号《关于牡丹江第二发电厂三期扩建工程征拨用土地的批复》，同意牡丹江第二发电厂征拨土地1570.03亩。牡丹江市郊区财政局依据牡丹江市土地管理局牡土建字［1988］10号文件和财政部、中国人民银行、中国人民建设银行、中国工商银行、中国农业银行（以下称“一部四行”）〔1988〕财农税字第8号《关于银行扣缴耕地占用税拖欠税款的联合通知》的规定，于1992年11月30日作出财税字第112965号耕地占用税扣缴通知书，从牡丹江有机化工厂的银行存款中扣缴人民币25万元税款。为此，牡丹江有机化工厂多次找牡丹江市人民政府和市财政局协调解决，但最终未获结果，且牡丹江市财政局未作复议裁决。牡丹江有机化工厂遂于1993年3月16日向牡丹江市中级人民法院提起诉讼。

牡丹江有机化工厂诉称：牡丹江市郊区财政局在没有通知原告的情况下，便从该厂的银行存款中扣缴25万元耕地占用税款是错误的，况且该厂不是此项税款的承担者，请求法院撤销牡丹江市郊区财政局的财税字第112965号耕地占用税扣缴通知书，退还扣缴的25万元税款，并承担利息损失。

牡丹江市郊区财政局答辩称：牡丹江有机化工厂占用耕地建厂房，按照《耕地占用税暂行条例》的规定，是耕地占用税的纳税义务人，应履行纳税义务。经多次催缴，仍不履行纳税义务，故通知其开户银行扣缴税款是正确的。请求法院判决驳回诉讼请求。

牡丹江市中级人民法院经审理认为，根据“一部四行”〔1988〕财农税字第8号《关于银行扣缴耕地占用税拖欠税款的联合通知》第二条规定，征收机关在纳税人拖欠税款，经屡催无效的情况下，可以开扣缴税款通知书，通知其开户银行扣缴税款。被告不能提供确定原告负有承担该项税款的证据，也未能提供其多次催缴的证据，其所作的财税字第112965号耕地占用税扣缴通知书，证据不足。根据《行政诉讼法》第五十四条第二项第一目、第五十三条，参照财政部、中国人民银行、中国人民建设银行、中国工商银行、中国农业银行〔1988〕财农税字第8号《关于银行扣缴耕地占用税拖欠税款的联合通知》的规定，该院于1993年9月7日作出判决：

撤销被告牡丹江市郊区财政局1992年11月30日作出的财税字第112965号扣缴原告牡丹江有机化工厂人民币25万元的耕地占用税的扣缴通知书。本判决发生法律效力之日起3日内，被告将此款退还给原告，并承担利息损失。

一审宣判后，牡丹江市郊区财政局不服判决，向黑龙江省高级人民法院提出上诉称：1988年4月8日，牡丹江市土地局以牡土建字〔1988〕第10号文件，确定了牡丹江有机化工厂征用北安乡裕民村257.66亩土地，用于该厂整体搬迁的建设用地。因此，牡丹江有机化工厂是事实上的占地单位，原判决认定事实有误，适用法律不当，请求撤销原审判决，维持牡丹江市郊区财政局耕地占用税扣缴通知书。

被上诉人牡丹江有机化工厂答辩称：根据黑龙江省土地局、劳动局、公安厅、粮食局、财政厅黑土建〔1988〕第24号文件，征拨用地人是牡丹江第二发电厂，牡丹江有机化工厂是被动迁人。牡丹江第二发电厂新征土地与牡丹江有机化工厂原厂址属于互换，由此可见，牡丹江有机化工厂既不是征地人，也不是纳税人，此笔耕地占用税款应由牡丹江第二发电厂缴纳。因此，1992 年 11 月 30 日牡丹江市郊区财政局在没有通知的情况下，强行扣划牡丹江有机化工厂的专项资金 25 万元，致使牡丹江有机化工厂蒙受了不可弥补的经济损失，对此牡丹江市郊区财政局应承担赔偿责任。据此，原审判决撤销牡丹江市郊区财政局扣缴牡丹江有机化工厂 25 万元耕地占用税的扣缴通知书，是正确的。

黑龙江省高级人民法院经审理认为，占用原北安乡裕民村 257.66 亩耕地建厂房的是牡丹江有机化工厂，该厂是事实上的占地单位，是耕地占用税的纳税义务人，根据《耕地占用税暂行条例》第三条规定，应依法缴纳耕地占用税。在诉讼中，上诉人牡丹江市郊区财政局向人民法院举证，1988 年 6、7、12 月份，1989 年春季，1991 年 4 月 30 日，该局曾派税务人员数次到被上诉人牡丹江有机化工厂催缴所拖欠的耕地占用税款。对此，被上诉人除否认 1991 年的一次催缴外，其余几次均予以承认。此外，被上诉人在二审答辩状中称："1988 年末，当上诉人对被上诉人处征税时被上诉人就申明自己不是纳税人。"据此，认定牡丹江市郊区财政局屡次催促牡丹江有机化工厂缴纳拖欠耕地占用税款，事实是清楚的，证据是充分的。牡丹江有机化工厂拒不缴纳耕地占用税，已构成拖欠税款的行为。牡丹江市郊区财政局依法作出的耕地占用税扣缴通知书，证据充分，应予以维持。其上诉理由成立，应予支持。原审判决认定事实证据不足，适用法律不当，应予改判，根据《耕地占用税暂行条例》第三条和《行政诉讼法》第五十五条、第五十四条第（一）项、第六十一条第（三）项规定，参照"一部四行"〔1988〕财农税字第 8 号《关于银行扣缴耕地占用税拖欠税款的联合通知》第二条规定，该院于 1993 年 12 月 22 日作出判决：

一、撤销牡丹江市中级人民法院〔1993〕行初字第 1 号行政判决；

二、维持上诉人牡丹江市郊区财政局 1992 年 11 月 30 日作出的财税字第 112965 号扣缴被上诉人牡丹江有机化工厂人民币 25 万元耕地占用税的扣缴通知书。

四、办案实战资料库

（一）耕地占用税完税证

中华人民共和国耕地占用税完税证

填发日期：　　年　　月　　日　　　　　　　　（××××）〈省简称〉农税字 0000

纳税人代码		纳税人名称		地　址	
项目类别		税款所属时期		批准文号及日期	
被占耕地位置		批准占地面积（平方米）		实际占地面积（平方米）	

占地类别	应税面积（平方米）	征税标准（平方米）	实纳金额							
			十	万	千	百	十	元	角	分
加征　倍占用税额										
逾期　天，每日按滞纳税款加收　‰的滞纳金										
金额合计（大写）　拾　万　仟　佰　拾　元　角　分										

征收机关（盖章）	委托代征收扣单位（盖章）	备注：
经办人（章）	经办人（章）	

第一联：存根　由征收机关或代征单位存查

说明：

耕地占用税完税证一式五联：各联用途是：

第一联：存根　由征收机关或代征单位存查（白纸黑油墨）；

第二联：收据　纳税人完税凭证（白纸红油墨）；

第三联：记账　由征收机关作记账凭证（白纸绿油墨）；

第四联：通知　土地管理部门凭此办理划拨土地手续（白纸紫油墨）；

第五联：报查　报县级征收机关核查（白纸蓝油墨）。

有关栏目填写口径：

1. 纳税人代码：指征收机关按规定编制的纳税人代码。

2. 纳税人名称：如属农户，应填农户姓名；如属单位，应填单位全称。

3. 地址：指缴纳税款的纳税人地址。

4. 项目类型：按“国家建设”、“乡镇集体建设”、“农村居民建房”、“其他”等项目填列。

5. 税款所属时期：指缴纳的税款所属年度。

6. 批准文号、批准日期：以县级以上土地行政管理部门的占地批件日期和文号填列。

7. 征税标准：指土地所在地的适用税额。

8. 本完税证第二联（收据）套印国家税务总局统一制发的“农业税收票证监制章”。

（二）耕地占用税减免申报表

耕地占用税减免申报表

纳税人全称	
详细地址	
申请用地面积（平方米）	
建设项目性质	
建设项目用途	
当地适用税额	
计征税额	
应征税额	
申请减免税额	
申请减免理由	
土地管理部门实际批准占地面积	
征收机关意见	

【城镇土地使用税】

一、专家指导意见

城镇土地使用税是国家对拥有土地使用权的单位和个人征收的一种税收。城镇土地使用税以城市、县城、建制镇和工矿区范围内拥有土地使用权的单位和个人为纳税义务人，拥有土地使用权的纳税人不在土地所在地的，由代管人或实际使用人缴纳；土地使用权权属未确定或权属纠纷未解决的，由实际使用人缴纳；土地使用权共有的，由共有各方分别计算缴纳城镇土地使用税。

1. 纳税人：为在城市、县城、建制镇、工矿区范围内使用土地的单位和个人。

2. 征税范围：（1）城市的征税范围为市区和郊区；（2）县城的征税范围为县人民政府所在地的城镇；（3）建制镇的征税范围为镇人民政府所在地。

3. 计税依据：以纳税人实际占用的土地面积为计税依据，从量计征。

4. 税额：按照土地级差收益采用地区差别幅度税额。（1）大城市0.5～10元；（2）中等城市0.4～8元；（3）小城市0.3～6元；（4）县城、建制镇、工矿区0.2～4元。

5. 税额计算：应纳城镇土地使用税税额＝实际占用土地面积×年单位税额。

6. 加收与减免：（1）城镇土地使用税在以下两种情况下可以加收：①逾期不使用所征土地的，加倍征税；②用地超过批准权限的，对超过限额部分的土地，在规定限额部分的3

~5倍范围内加收。（2）下列土地免缴城镇土地使用税：①国家机关、人民团体、军队自用的土地；②由国家财政部门拨付事业经费的单位自用的土地；③宗教寺庙、公园、名胜古迹自用的土地；④市政街道、广场、绿化地带等公共用地；⑤直接用于农、林、牧、渔业的生产用地；⑥经批准开山填海整治的土地和改造的废弃土地，从使用月份起免缴5~10年；⑦由财政部门另行规定免缴的能源、交通、水利设施用地和其他用地。

二、法律适用依据

（一）相关行政法规及规范性文件

❶中华人民共和国城镇国有土地使用权出让和转让暂行条例（节录）

（1990年5月19日国务院令〔第55号〕公布施行）

第七章 划拨土地使用权

第四十三条 划拨土地使用权是指土地使用者通过各种方式依法无偿取得的土地使用权。

前款土地使用者应当依照《中华人民共和国城镇土地使用税暂行条例》的规定缴纳土地使用税。

❷中华人民共和国城镇土地使用税暂行条例

（1988年7月12日国务院第十二次常务会议通过 1988年9月27日国务院令〔第17号〕公布 自1988年11月1日起施行）

第一条 为了合理利用城镇土地，调节土地级差收入，提高土地使用效益，加强土地管理，制定本条例。

第二条 在城市、县城、建制镇、工矿区范围内使用土地的单位和个人，为城镇土地使用税（以下简称土地使用税）的纳税义务人（以下简称纳税人），应当依照本条例的规定缴纳土地使用税。

第三条 土地使用税以纳税人实际占用的土地面积为计税依据，依照规定税额计算征收。

前款土地占用面积的组织测量工作，由省、自治区、直辖市人民政府根据实际情况确定。

第四条 土地使用税每平方米年税额如下：

（一）大城市五角至十元；

（二）中等城市四角至八元；

（三）小城市三角至六元；

（四）县城、建制镇、工矿区二角至四元。

第五条 省、自治区、直辖市人民政府，应当在前条所列税额幅度内，根据市政建设状况、经济繁荣程度等条件，确定所辖地区的适用税额幅度。

市、县人民政府应当根据实际情况，将本地区土地划分为若干等级，在省、自治区、直辖市人民政府确定的税额幅度内，制定相应的适用税额标准，报省、自治区、直辖市人人政府批准执行。

经省、自治区、直辖市人民政府批准，经济落后地区土地使用税的适用税额标准可以适当降低，但降低额不得超过本条例第四条规定最低税额的30%。经济发达地区土地使用税的适用税额标准可以适当提高，但须报经财政部批准。

第六条 下列土地免缴土地使用税：

（一）国家机关、人民团体、军队自用的土地；

（二）由国家财政部门拨付事业经费的单位自用的土地；

（三）宗教寺庙、公园、名胜古迹自用的土地；

（四）市政街道、广场、绿化地带等公共用地；

（五）直接用于农、林、牧、渔业的生产用地；

（六）经批准开山填海整治的土地和改造的废弃土地，从使用的月份起免缴土地使用税五年至十年；

（七）由财政部另行规定免税的能源、交通、水利设施用地和其他用地。

第七条 除本条例第六条规定外，纳税人缴纳土地使用税确有困难需要定期减免的，由省、自治区、直辖市税务机关审核后，报国家税务局批准。

第八条 土地使用税按年计算、分期缴纳。缴纳期限由省、自治区、直辖市人民政府确定。

第九条 新征用的土地，依照下列规定缴纳土地使用税：

（一）征用的耕地，自批准征用之日起满一年时开始缴纳土地使用税；

（二）征用的非耕地，自批准征用次月起缴纳土地使用税。

第十条 土地使用税由土地所在地的税务机关征收。土地管理机关应当向土地所在地的税务机关提供土地使用权属资料。

第十一条 土地使用税的征收管理，依照《中华人民共和国税收征收管理暂行条例》的规定办理。

第十二条 土地使用税收入纳入财政预算管理。

第十三条 本条例由财政部负责解释；实施办法由各省、自治区、直辖市人民政府制定并报财政部备案。

第十四条 本条例自1988年11月1日起施行，各地制定的土地使用费办法同时停止执行。

❸关于非营利性科研机构管理的若干意见（试行）（节录）

（2000年7月5日科技部、中编办、财政部、税务总局制定 2000年12月19日国务院办公厅 国办〔2000〕78号转发）

九、非营利性科研机构税收政策。

（一）非营利性科研机构从事技术开发、技术转让业务和与之相关的技术咨询、技术服务所得的收入，按有关规定免征营业税和企业所得税。

（二）非营利性科研机构从事与其科研业务无关的其他服务所取得的收入，如租赁收入、财产转让收入、对外投资收入等，应当按规定征收各项税收；非营利性科研机构从事上述非主营业务收入用于改善研究开发条件的投资部分，经税务部门审核批准可抵扣其应纳税所得额。

（三）非营利性科研机构自用的房产、土地、免征房产税、城镇土地使用税。

（四）社会力量对非营利性科研机构的新产品、新技术、新工艺所发生的研究开发经费资助，可依照税收法律、法规规定，允许在当年度应纳税所得额中扣除。

❹关于国家经贸委管理的10个国家局所属科研机构管理体制改革的意见（节录）

（1999年2月11日科学技术部、国家经济贸易委员会、国家发展计划委员会、财政部、国家税务总局、中央机构编制委员会办公室制

定 1999年2月22日国务院办公厅 国办〔1999〕18号转发）

三、对转制的科研机构，给予以下优惠政策：

（一）原有的正常事业费继续拨付，主要用于解决转制前的离退休人员的社会保障问题。其他人员的社会保障参照国家对企业职工的社会保障政策执行。

（二）享受国家支持科技型企业的待遇。

（三）5年内，免征企业所得税；免征技术转让收入的营业税；免征科研开发自用土地的城镇土地使用税。

（四）基本建设项目经费，由国家经贸委和有关国家局商国家计委确定投资基数，给予适当支持。

（五）赋予外贸进出口权。

（六）参加国家科研课题和项目的申请、竞标享有与其他科研机构同等的权利。

（七）已经批准的科研课题和项目继续按原计划实施。

❺关于组建在各地的直属税务机构和地方税务局的实施意见（节录）

（1993年12月4日国家税务总局制定 1993年12月9日国务院办公厅 国办〔1993〕87号转发）

二、组建两个税务机构的有关问题

（一）关于征收管理范围的划分。

为有利于加强税收征收管理，减少不必要的重叠征收，按照分税制财政体制的规定，两个税务机构的征收范围具体划分如下：

国家税务局系统主要负责下列各税的征收和管理：

1. 增值税；

2. 消费税；

3. 进口产品消费税、增值税，直接对台贸易调节税（委托海关代征）；

4. 铁道、各银行总行、保险总公司集中缴纳的营业税、所得税和城市建设维护税；

5. 中央企业所得税；

6. 地方和外资银行及非银行金融企业所得税；

7. 海洋石油企业所得税、资源税；

8. 证券交易税（未开征前先征收在上海、深圳市证券交易所交易证券的印花税）；

9. 对境内外商投资企业和外国企业的各项税收以及外籍人员（华侨、港澳台同胞）缴纳的个人所得税（按税种分别入中央库和地方库）；

10. 出口产品退税的管理；

11. 集贸市场和个体户的各项税收（按税种分别入中央库和地方库）；

12. 中央税的滞补罚收入；

13. 按中央税、共享税附征的教育费附加（属于铁道、银行总行、保险总公司缴纳的入中央库，其他入地方库）；

14. 国家能源交通重点建设基金、国家预算调节基金。

地方税务局主要负责下列各税的征收和管理（不包括已明确由国家税务局负责征收的地方税部分）：

1. 营业税；

2. 个人所得税；

3. 土地增值税；

4. 城市建设维护税；

5. 车船使用税；

6. 房产税；

7. 屠宰税；

8. 资源税；

9. 城镇土地使用税；

10. 固定资产投资方向调节税；

11. 地方企业所得税（包括地方国有、集体、私营企业）；

12. 印花税；

13. 筵席税；

14. 地方税的滞补罚收入；

15. 按地方营业税附征的教育费附加。

（二）关于机构设置。

国家税务局机构设置为四级，即：国家税务总局；省、自治区、直辖市分局，名称为国家税务总局××分局（如国家税务总局山东分局，以此类推）；地（市、州、盟）中心支局；县（市、旗）支局。税务所（征收处）按经济区划设置，为支局的派出机构。国家税务总局在各地直属税务机构的人员编制由国家税务总局报中央机构编制委员会审定。国家税务总局将拟订《国家税务系统组织条例》，报国务院审批后发布执行。

地方税务局按行政区划设置，名称为××省（自治区、直辖市，地、市、县）地方税务局（如山东省地方税务局）。地方税务局的管理体制、机构设置、人员编制按地方各级人民政府组织法的规定办理。地方税务局的组织办法由各省（自治区、直辖市）人民政府根据具体情况，参照即将发布的《国家税务局系统组织条例》制定。

（三）关于领导体制及人员管理。

国家税务局系统实行国家税务总局垂直管理的领导体制，在机构、编制、经费、领导干部职务的审批等方面按照下管一级的原则，实行垂直管理。地方各级国家税务局正、副局长由上一级国家税务局审批任免（按中央规定，地方各级国家税务局党组正、副书记和党组成员、纪检组长由上一级国家税务局党组审批任免）。

省级地方税务局实行地方人民政府和国家税务总局双重领导，以地方政府领导为主的管理体制。

各级税务机关实行国家公务员制度。

（四）关于国家税务局与地方税务局的关系。

国家税务总局对省、自治区、直辖市地方税务局的领导，主要体现在税收政策、业务的指导和协调以及对国家统一的税收制度、政策的监督和组织经验交流等方面。省级地方税务局的局长人选由地方人民政府征求国家税务总局的意见后，按当地审批程序任免。省以下地方税务局在向地方政府报送税收计划、统计报表等的同时，抄送同级国家税务局汇总上报。两个税务机构在日常工作中要互通信息，加强协作。

（五）关于业务人员分开问题。

根据国家税务局和地方税务局工作业务范围，在合理分工，适当调配的基础上，将业务人员分开。现有基层征收机构及所属人员按业务分开，实行分别收税，分别入库；业务暂时分不开的，税款必须分别入库，并要积极创造条件，逐步将业务分开。

（六）关于现有人员、财物在机构组建过程中原则冻结的问题。

国务院《通知》规定，在组建两个税务机构的过程中，人员进出和财物原则上予以冻结，是指现有各级税务机构人员调进、调出和提拔使用原则上暂停，确需办理的必须经上一级组建筹备组批准；各级税务机关的财产不得擅自转移、调拨和分配。

（七）关于计划单列市问题。

计划单列市两个税务机构组建筹备组的工作要在所在省组建筹备组的统一领导下进行。鉴于这些城市税源比较集中，征收任务相对比较大，两个税务机构的名称分别为：国家税务总局××省××分局；××市地方税务局（如国家税务总局山东省青岛分局；青岛市地方税务局）。国家税务总局计划单列市分局局长由省税务分局考核提名，报国家税务总局审批任免；副局长由省税务分局任免，报国家税务总局备案。

（八）关于税务系统的经费来源。

目前，要维持税务系统现有经费来源渠道不变。今后，关于税务系统经费来源、人员福利待遇等问题，我们将作进一步调查研究，提出方案，报国务院有关部门审定后下达。

❻工商税制改革实施方案（节录）

（1993年12月11日国家税务总局制定　1993年12月25日国务院　国〔1993〕90号批转）

五、关于其他税种的改革

（一）资源税。

目前资源税只对部分资源产品和部分资源开采企业征收，征税范围窄，税负偏低。为了完善我国对资源产品征税的制度，改革后资源税的征税范围将包括所有矿产资源，征税品目有煤炭、原油、天然气、铁矿石和其他黑色金属矿原矿、铝土矿和其他有色金属矿原矿、非金属矿原矿和盐。配合增值税的改革，适当调整税负。

资源税实行分产品类别从量定额计算征税的办法，设置有上下限的幅度税额。同类资源产品开采条件不同的，税额也不相同。

（二）土地增值税。

通过开征土地增值税，对房地产交易中的过高利润进行适当调节。土地增值税在房地产的交易环节，对交易收入的增值部分征收。房地产增值额为纳税人转让房地产所取得的收入减去扣除项目金额后的余额。扣除项目主要包括：取得土地使用权时支付的价款、对土地进行开发的成本和费用、建造商品房及配套设施的成本和费用、销售税金等。

土地增值税实行四档累进税率，房地产增值额未超过扣除项目金额50%的部分，税率为30%；超过50%未超过100%的部分，税率为40%；超过100%未超过200%的部分，税率为50%；超过200%的部分，税率为60%。

（三）证券交易税。

把现在对股票交易征收印花税的办法，改为征收证券交易税。由于全国人大常委会正在审议《中华人民共和国证券法》，为了便于衔接，开征证券交易税拟缓一步出台。

（四）城乡维护建设税。

为了体现享用市政设施与纳税义务相对应的原则，城乡维护建设税由现行按流转税额附加征收改为以销售收入为计税依据；改变现行不太合理的税率结构，税率为市区0.6%，县、镇0.4%，市区、县、镇以外0.2%，使其成为地方税体系中的骨干税种之一。现在不缴纳城建税的外资企业，也应成为城建税的纳税人。

（五）土地使用税。

适当提高土地使用税的税额，扩大征收范围，适当下放管理权限。

（六）其他进行调整的税种。

一是取消集市交易税、牲畜交易税、烧油特别税、奖金税和工资调节税；二是将特别消费税并入起特殊调节作用的消费税，盐税并入资源税；三是取消对外资企业、外籍人员征收的城市房地产税和车船使用牌照税，统一实行房产税和车船使用税，并将现在偏低的税率和税额适当调高；四是将屠宰税、筵席税下放给地方；五是开征遗产税。

改革后我国工商税制中的税种将由三十二个减少到十八个，税制结构趋于合理，并初步实现高效和简化。

（二）相关部门规章及规范性文件

❶关于非营利性科研机构税收政策的通知（节录）

（2001年2月9日财政部、国家税务总局　财税〔2001〕5号公布）

二、非营利性科研机构享受如下税收优惠政策：

1. 非营利性科研机构从事技术开发、技术转让业务和与之相关的技术咨询、技术服务所得的收入，按有关规定免征营业税和企业所得税。

2. 非营利性科研机构从事与其科研业务无关的其他服务所取得的收入，如租赁收入、财产转让收入、对外投资收入等，应当按规定征收各项税收；非营利性科研机构从事上述非主营业务收入用于改善研究开发条件的投资部分，经税务部门审核批准可抵扣其应纳税所得额，就其余额征收企业所得税。

3. 非营利性科研机构自用的房产、土地，免征房产税、城镇土地使用税。

4. 社会力量对非关联的非营利性科研机构的新产品、新技术、新工艺所发生的研究开发经费资助，经主管税务机关审核确定，其资助支出可以全额在当年度应纳税所得额中扣除。当年度应纳税所得额不足抵扣的，不得结转抵扣。

❷关于对老年服务机构有关税收政策问题的通知（节录）

（2000年11月24日财政部、国家税务总局　财税〔2000〕97号公布）

一、对政府部门和企事业单位、社会团体以及个人等社会力量投资兴办的福利性、非营利性的老年服务机构，暂免征收企业所得税，以及老年服务机构自用房产、土地、车船的房产税、城镇土地使用税、车船使用税。

❸关于医疗卫生机构有关税收政策的通知

（2000年8月9日财政部、国家税务总局　财税〔2000〕42号公布）

一、关于非营利性医疗机构的税收政策

（一）对非营利性医疗机构按照国家规定的价格取得的医疗服务收入，免征各项税收。不按照国家规定价格取得的医疗服务收入不得享受这项政策。

医疗服务是指医疗服务机构对患者进行检查、诊断、治疗、康复和提供预防保健、接收、计划生育方面的服务，以及与这些服务有关的提供药品，医用材料器具、救护车、病房住宿和伙食的业务（下同）。

（二）对非营利性医疗机构从事非医疗服务取得的收入，如租赁收入、财产转让收入、培训收入、对外投资收入等应按规定征收各项税收。非营利性医疗机构将取得的非医疗服务收入，直接用于改善医疗卫生服务条件的部分，经税务部门审核批准可抵扣其应纳税所得额，就其余额征收企业所得税。

（三）对非营利性医疗机构自产自用的制剂，免征增值税。

（四）非营利性医疗机构的药房分离为独立的药品零售企业，应按规定征收各项税收。

（五）对非营利性医疗机构自用的房产、土地、车船，免征房产税、城镇土地使用税和车船使用税。

二、关于营利性医疗机构的税收政策

（一）对营利性医疗机构取得的收入，按规定征收各项税收。但为了支持营利性医疗机构的发展，对营利性医疗机构取得的收入，直接用于改善医疗卫生条件的，自其取得执业登记之日起，3年内给予下列优惠：对其取得的医疗服务收入免征营业税；对其自产自用的制剂免征增值税；对营利性医疗机构自用的房产、土地、车船，免征房产税、城镇土地使用税和车船使用税。3年免税期满后恢复征税。

（二）对营利性医疗机构的药房分离为独立的药品零售企业，应按规定征收各项税收。

三、关于疾病控制机构和妇幼保健机构等卫生机构的税收政策

（一）对疾病控制机构和妇幼保健机构等卫生机构按照国家规定的价格取得的卫生服务收入（含疫苗接种和调拨、销售收入），免征各项税收。不按照国家规定的价格取得的卫生服务收入不得享受这项政策。对疾病控制机构和妇幼保健等卫生机构取得的其他经营收入如直接用于改善本卫生机构卫生服务条件的，经税务部门审核批准可抵扣其应纳税所得额，就其余额征收企业所得税。

（二）对疾病控制机构和妇幼保健机构等卫生机构自用的房产、土地、车船，免征房产税、城镇土地使用税和车船使用税。

医疗机构需要书面向卫生行政主管部门申明其性质，按《医疗机构管理条例》进行设置审批和登记注册，并由接受其登记注册的卫生行政部门核定，在执业登记中注明“非营利性医疗机构”和“营利性医疗机构”。

上述医疗机构具体包括：各级各类医院、门诊部（所）、社区卫生服务中心（站）、急救中心（站）、城乡卫生院、护理院（所）、疗养院、临床检验中心等。上述疾病控制、妇幼保健等卫生机构具体包括：各级政府及有关部门举办的卫生防疫站（疾病控制中心）、各种专科疾病防治站（所），各级政府举办的妇幼保健所（站）、母婴保健机构、儿童保健机构等，各级政府举办的血站（血液中心）。

本通知自发布之日起执行。

❹关于贯彻落实《中共中央、国务院关于加强技术创新，发展高科技，实现产业化的决定》有关税收问题的通知（节录）

（1999年11月2日财政部、国家税务总局　财税字〔1999〕273号公布）

六、科研机构转制问题

（一）中央直属科研机构以及省、地（市）所属的科研机构转制后，自1999年至2003年5年内，免征企业所得税和科研开发自用土地的城镇土地使用税。

本条所指科研机构不包括：已经转制和已并入企业的科研机构，以及所有从事社会科学研究的科研机构。

（二）享受上述税收优惠政策的科研机构，需持转制变更后的企业工商登记材料报当地主管税务机关，并按规定办理有关减免税手续。

❺关于血站有关税收问题的通知（节录）

（1999年10月13日财政部、国家税务总局　财税字〔1999〕264号公布）

一、鉴于血站是采集和提供临床用血，不以营利为目的的公益性组织，又属于财政拨补事业费的单位，因此，对血站自用的房产和土地征收房产税和城镇土地使用税。

❻关于高校后勤社会化改革有关税收政策的通知（节录）

（2000年2月28日财政部、国家税务总局　财税字〔2000〕25号公布）

六、对高校后勤实体，免征城镇土地使用税和房产税。

❼关于铁道部所属单位征免房产税城镇土地使用税问题的通知（节录）

（1997年5月13日财政部、国家税务总局　财税字〔1997〕8号公布）

一、对铁道部所属原执行经济承包方案的铁路运输、工业、供销、建筑施工企业，铁道部直属铁路局的工副业企业和由铁道部自行解决工交事业费的单位，其自用的房产、土地，自1996年1月1日起仍暂免征收房产税和城镇土地使用税。待铁路运价调整时再相应调整免税范围。

❽关于对中国航空、航天、船舶工业总公司所属军工企业免征土地使用税的若干规定的通知

（1995年5月29日财政部、国家税务总局　财税字〔1995〕27号公布　自1996年1月1日起施行）

一、对军品的科研生产专用的厂房、车间、仓库等建筑物用地和周围专属用地，及其相应的供水、供电、供气、供暖、供煤、供油、专用公路、专用铁路等附属设施用地，免征土地使用税；对满足军工产品性能实验所需的靶场、试验场、调试场、危险品销毁场等用地，及因安全要求所需的安全距离用地，免征土地使用税。

二、对科研生产中军品、民品共用无法分清的厂房、车间、仓库等建筑物用地和周围专属用地，及其相应的供水、供电、供气、供暖、供煤、供油、专用公路、专用铁路等附属设施用地，按比例减征土地使用税。具体办法，在应纳土地使用税额内按军品销售额占销售总额的比例，相应减征土

地使用税，计算公式为：

减征税额＝应纳税额×军品销售额/销售总额

三、上述科研生产企业的军品销售额及土地使用税的减免，由当地税务征收机关商同级财政部门核批。

四、此规定自1995年1月1日起执行。

⑨城市园林绿化当前产业政策实施办法（节录）

（1992年5月27日建设部　建城字〔第313号〕文公布）

（六）作为国家重点支持的产业，在财政、税收、物价、物资供应等方面给予优惠的政策。

1. 有条件的公园实行售票游览是现阶段国家给公园的一项优惠政策。同时也是控制游人量的一项管理措施。门票价格体现了公益性质，不足以补偿公园建设和管理的成本，经国家税务局同意，暂时免征营业税。

2. 国家对城市园林单位公共使用的土地和园林绿地建设给予免征土地使用税、投资方向调节税的照顾。农林特产品等的征税问题，待财政、税务部门调查研究后另行规定。

3. 对公园门票和园林部门的其他收费项目的定价，根据设施条件、服务质量和实际成本的变化，适时报请各级物价部门做出调整。

4. 对园林绿化生产单位如苗圃、花圃、园林机具厂供应的水、电、煤炭、油料等能源，化肥、塑料薄膜、钢材、水泥等物资享受等同于农业、林业的优惠价格。

⑩关于国家经贸委管理的10个国家局所属科研机构转制后税收征收管理问题的通知（节录）

（1999年7月20日国家税务总局　国税〔1999〕135号公布）

一、对转制的科研机构，从1999年起至2003年底止，免征技术转让收入的营业税；免征科研开发自用土地的城镇土地使用税；凡符合企业所得税纳税人条件的，从1999年起至2003年底止，5年内免征企业所得税。

⑪关于城市维护建设税等地方税有关问题的通知（节录）

（1994年2月25日国家税务总局　国税〔1994〕035号公布）

二、对城镇土地使用税、房产税、车船使用税等地方税种的改革，在集中精力确保已出台税种顺利实施的前提下，本着积极稳妥，充分考虑各方利益的原则，在深入调查研究的基础上，做到成熟一个，出台一个，使税制改革有计划、按步骤地进行。在新的税收法律、法规未出台前，仍按原税法和税收条例执行。

以上意见已经国务院领导同志批示同意，望各地依照执行。

⑫关于司法部所属的劳改、劳教单位征免土地使用税问题的通知（节录）

（1993年3月6日国家税务总局公布）

各省、自治区、直辖市税务局，各计划单列市税务局，海洋石油税务管理局各分局：

我局国税函发（1990）280号《国家税务局关于对司法部所属的劳改劳教单位的生产经营用地暂免征收土地使用税问题的通知》一九九二年底已经到期。考虑到劳改劳教单位的特殊性和目前的实际困难，经研究决定，对司法部所属的劳改劳教单位征免土地使用税问题，在一九九五年十二月三十一日前，仍按我局国税函发（1990）280号文的有关规定办理。

⑬关于林业系统征免土地使用税问题的通知（节录）

（1991年11月1日国家税务总局　国税函〔1991〕1404号公布）

一、对林区的有林地、运材道、防火道、防火设施用地，免征土地使用税。林业系统的森林公园、自然保护区，可比照公园免征土地使用税。

二、林业系统的林区贮木场、水运码头用地，原则上应按税法规定缴纳土地使用税，考虑到林业系统目前的困难，为扶持其发展，在1991年12月31日前，暂予免征土地使用税。

三、除上述列举免税的土地外，对林业系统的其他生产用地及办公、生活区用地，应照章征收土地使用税。

⑭关于城市宅基地所有权、使用权等问题的复函（节录）

（1990年4月23日国家土地管理局　国土（法规）字〔1990〕第13号公布）

二、在城市土地收归国家所有后，国家向原空闲宅基地所有人继续征收的地产税，事实上已属土地使用税性质。作为正式税种，根据国务院发布的《中华人民共和国城镇土地使用税暂行条例》规定，“城镇土地使用税”从1988年开始征收。

⑮关于邮政企业征免房产税、土地使用税问题的函（节录）

（2001年6月1日国家税务总局　国税函〔2001〕379号公布）

《关于申请减免邮政企业房产税、土地使用税的函》收悉，来函要求国家税务总局进一步明确邮政农村支局不需缴纳房产税和土地使用税问题，经研究，现函复如下：

根据房产税和土地使用税的有关规定，对邮政部门坐落在城市、县城、建制镇、工矿区范围内的房产、土地，应当依法征收房产税和土地使用税；对坐落在上述范围以外尚在县邮政局内核算的房产、土地，必须在单位财务账中划分清楚，从2001年1月1日起不再征收房产税和土地使用税。

⑯关于加快发展城市社区卫生服务的意见（节录）

（2002年8月20日卫生部、国务院体制改革办公室、国家发展计划委员会、民政部、财政部、人事部、劳动和社会保障部、建设部、国家税务总局、国家药品监督管理局、国家中医药管理局公布）

（十一）企业事业单位、社会团体、个人的房屋和土地等不动产，无偿提供给非营利性社区卫生服务机构使用期间，按国家规定免征房产税和城镇土地使用税。

⑰关于房产税、城镇土地使用税有关政策规定的通知

（2003年7月15日国家税务总局　国税〔2003〕89号公布）

二、关于确定房产税、城镇土地使用税纳税义务发生时间问题

（一）购置新建商品房，自房屋交付使用之次月起计征房产税和城镇土地使用税。

（二）购置存量房，自办理房屋权属转移、变更登记手续，房地产权属登记机关签发房屋权属证书之次月起计征房产税和城镇土地使用税。

（三）出租、出借房产，自交付出租、出借房产之次月起计征房产税和城镇土地使用税。

（四）房地产开发企业自用、出租、出借本企业建造的商

品房，自房屋使用或交付之次月起计征房产税和城镇土地使用税。

⑱关于调整铁路系统房产税、城镇土地使用税政策的通知

（2003 年 7 月 11 日财政部、国家税务总局　财税〔2003〕149 号公布）

一、铁道部所属铁路运输企业自用的房产、土地继续免征房产税和城镇土地使用税。

二、对铁路运输体制改革后，从铁路系统分离出来并实行独立核算、自负盈亏的企业，包括铁道部所属原执行经济承包方案的工业、供销、建筑施工企业；中国铁路工程总公司、中国铁道建筑工程总公司、中国铁路通信信号总公司、中国土木建筑工程总公司、中国北方机车车辆工业集团公司、中国南方机车车辆工业集团公司；以及铁道部所属自行解决工交事业费的单位，自 2003 年 1 月 1 日起恢复征收房产税、城镇土地使用税。

三、铁道部所属其他企业、单位的房产和土地，继续按税法规定征收房产税和城镇土地使用税。

⑲关于转制科研机构有关税收政策问题的通知（节录）

（2003 年 7 月 25 日财政部、国家税务总局　财税〔2003〕137 号公布）

一、对于经国务院批准的原国家经贸委管理的 10 个国家局所属 242 个科研机构和建设部等 11 个部门（单位）所属 134 个科研机构中转为企业的科研机构和进入企业的科研机构，从转制注册之日起，5 年内免征科研开发自用土地的城镇土地使用税、房产税和企业所得税。

对上述科研机构，其从事技术转让、技术开发业务和与之相关的技术咨询、技术服务业务取得的收入，按照财政部、国家税务总局《关于贯彻落实＜中共中央、国务院关于加强技术创新，发展高科技，实现产业化的决定＞有关税收问题的通知》（财税字［1999］273 号）的有关规定免征营业税。

对进入企业作为非独立企业法人或不能实行独立经济核算的科研机构，其免税的应税所得、土地和房产应单独计算，确实难以划分清楚的，可由主管税务机关采取分摊比例法或其他合理的方法确定。

⑳关于教育税收政策的通知（节录）

（2004 年 2 月 5 日财政部、国家税务总局　财税〔2004〕39 号公布）

二、关于房产税、城镇土地使用税、印花税

对国家拨付事业经费和企业办的各类学校、托儿所、幼儿园自用的房产、土地，免征房产税、城镇土地使用税；对财产所有人将财产赠给学校所立的书据，免征印花税。

㉑关于明确免征房产税城镇土地使用税的铁路运输企业范围及有关问题的通知（节录）

（2004 年 2 月 27 日财政部、国家税务总局　财税〔2004〕36 号公布）

一、继续免征房产税和城镇土地使用税的铁道部所属铁路运输企业的范围包括：铁路局、铁路分局（包括客货站、编组站、车务、机务、工务、电务、水电、车辆、供电、列车、客运段）、中铁集装箱运输有限责任公司、中铁特货运输有限责任公司、中铁行包快递有限责任公司、中铁快运有限公司。

二、地方铁路运输企业自用的房产、土地应缴纳的房产税、城镇土地使用税比照铁道部所属铁路运输企业的政策执行。

三、铁道通信信息有限责任公司、中国铁路物资总公司、中铁建设开发中心和铁道部第一、二、三、四设计院免征房产税、城镇土地使用税的期限截止到 2005 年 12 月 31 日，自 2006 年 1 月 1 日起恢复征收房产税和城镇土地使用税。

㉒关于中国兵器工业集团公司和兵器装备集团公司所属专门生产枪炮弹等企业继续免征城镇土地使用税的通知（节录）

（2002 年 12 月 13 日财政部、国家税务总局　财税〔2002〕186 号公布）

各省、自治区、直辖市、计划单列市财政厅（局）、地方税务局，新疆生产建设兵团财务局：

财政部、国家税务总局《关于对中国兵器工业集团公司和兵器装备集团公司所属专门生产枪炮弹等企业继续免征城镇土地使用税的通知》（财税字［1999］309 号）中有关免征土地使用税的政策于 2002 年 12 月 31 日到期。考虑到兵器行业的特殊性和实际困难，经研究，对中国兵器工业集团和中国兵器装备集团公司所属的专门生产枪炮弹、火炸药、引信、火工品的企业，除办公、生活区用地外，其他用地在 2003 年 1 月 1 日至 2005 年 12 月 31 日期间，继续免征城镇土地使用税。

㉓关于做好维护和使用城镇土地使用税税源普查数据库工作的通知（节录）

（2002 年 12 月 17 日国家税务总局　国税函〔2002〕1084 号公布）

一、核实、核对税源基础数字，保证数据的真实可靠

（一）对于土地使用税基本税源指标，要做到税源数据库中所记录的数字与纳税人实际申报土地、纳税人实际拥有的土地相一致。要核实纳税人是否将全部应纳税土地如数申报，申报的土地面积是否真实，特别要核实纳税人是否将最近新占用的土地面积如实申报。在确保纳税人如实、准确申报的基础上，将纳税人申报的税源基本指标与土地使用税税源数据库中的对应指标进行核对，及时对税源数据库中的有关数字进行修改、调整或补充。

（二）保证税源数据库数据的完整、真实性一定要与清查漏征漏管户工作相结合，要利用土地管理、房产管理等部门的有关资料，以及报纸、杂志等媒体的公开信息，加大清查土地使用税漏征漏管户的力度。利用房产、土地密不可分的特点，将纳税人的房产税资料与土地使用税税源数据库中的有关数据相互对照，从中发现漏管户。对于清查出来的漏管户，要及时纳入税源数据库的管理；对于新纳税人已经纳入地税机关正常管理，但有关土地使用税的纳税数据没有录入税源数据库的，要及时录入到税源数据库中。

（三）要规范税源数据库中纳税人名称、识别号等指标，做到税源数据库中所记录的纳税人名称、识别号等指标与税务登记证上所填写的一致。

（四）要充分利用外部信息，审核税源数据库的可靠性。政府土地管理部门掌握着大量详细、准确的有关土地使用情况的信息，包括使用人、占地面积、坐落位置、土地用途等。要主动与土地管理部门联系，定期取得土地管理部门的有关信息，及时与税源数据库进行核对，发现问题及时解决，确保数据的真实可靠。

㉔关于天然林保护工程实施企业和单位有关税收政策的通知（节录）

（2004年5月19日财政部、国家税务总局 财税〔2004〕37号公布）

一、对长江上游、黄河中上游地区，东北、内蒙古等国有林区天然林资源保护工程实施企业和单位用于天然林保护工程的房产、土地和车船分别免征房产税、城镇土地使用税和车船使用税。对上述企业和单位用于天然林资源保护工程以外其他生产经营活动的房产、土地和车船仍按规定征收房产税、城镇土地使用税和车船使用税。

二、对由于国家实行天然林资源保护工程造成森工企业的房产、土地闲置一年以上不用的，暂免征收房产税和城镇土地使用税；闲置房产和土地用于出租或企业重新用于天然林资源保护工程之外的其他生产经营的，应依照规定征收房产税和城镇土地使用税。

三、用于国家天然林资源保护工程的免税房产、土地和车船应单独划分，与其他应税房产、土地和车船划分不清的，应按规定征税。

㉕关于对监狱劳教企业有关企业所得税、城镇土地使用税政策问题的通知（节录）

（2001年4月28日财政部、国家税务总局 财税〔2001〕56号公布）

二、对监狱、劳教单位警戒围墙内的生产经营用地，免征城镇土地使用税。

㉖关于下放城镇土地使用税困难减免审批项目管理层级后有关问题的通知

（2004年8月2日国家税务总局 国税函〔2004〕940号公布）

一、纳税人因缴纳城镇土地使用税确有困难（含遭受自然灾害）需要减税免税的，不再报国家税务总局审批。

二、纳税人办理城镇土地使用税困难减免税须提出书面申请并提供相关情况材料，报主管地方税务机关审核后，由省、自治区、直辖市和计划单列市地方税务局审批。

三、城镇土地使用税减免税审批权限应集中在省级（含计划单列市）地方税务机关，不得下放。

四、各省、自治区、直辖市和计划单列市地方税务部门在办理减免税审批时，应当按照国家的产业政策、土地管理的有关规定和企业的实际情况严格把关。对国家限制发展的行业、占地不合理的企业，一般不予减税免税；对国家不鼓励发展以及非客观原因发生纳税困难的，原则上也不给予减税免税；其他情况确实需要减税免税的，应当认真核实情况，从严掌握。

五、各地要结合本地实际情况，按照提高审批效率，强化服务管理的要求，制定和规范城镇土地使用税减免税审批的程序和管理办法，并报国家税务总局备案。

六、本规定自2004年7月1日起执行。《国家税务总局关于适当下放城镇土地使用税减免税审批权限的通知》（国税发〔1992〕053号）同时废止。

㉗关于城镇土地使用税部分行政审批项目取消后加强后续管理工作的通知

（2004年8月2日国家税务总局 国税函〔2004〕939号公布）

一、对国家税务局关于印发《关于土地使用税若干具体问题的补充规定》（〔89〕国税地字第140号）中第十条关于企业搬迁后原场地不使用的、第十二条关于企业范围内的荒山等占地尚未利用的，经各省、自治区、直辖市税务局审批，可暂免征收土地使用税的规定作适当修改，取消经各省、自治区、直辖市税务局审批的内容。

企业搬迁后原场地不使用的、企业范围内荒山等尚未利用的土地，免征城镇土地使用税。免征税额由企业在申报缴纳城镇土地使用税时自行计算扣除，并在申报表附表或备注栏中作相应说明。

二、对搬迁后原场地不使用的和企业范围内荒山等尚未利用的土地，凡企业申报暂免征收城镇土地使用税的，应事先向土地所在地的主管税务机关报送有关部门的批准文件或认定书等相关证明材料，以备税务机关查验。具体报送材料由各省、自治区、直辖市和计划单列市地方税务局确定。

三、企业按上述规定暂免征收城镇土地使用税的土地开始使用时，应从使用的次月起自行计算和申报缴纳城镇土地使用税。

四、税务机关要加强城镇土地使用税的税源管理，摸清纳税人土地的使用状况，并设立城镇土地使用税税源管理台账。有条件的地方要充分利用信息化手段，建立城镇土地使用税信息管理系统，及时掌握企业有关城镇土地使用税的申报、纳税、免税情况，加强税源管理。

五、税务机关应对上述暂免征收城镇土地使用税的土地进行调查核实，如发现虚假情况，按《中华人民共和国税收征收管理法》的有关规定处理。

六、各省、自治区、直辖市和计划单列市地方税务局应根据本通知的精神制定具体的管理办法，并告知城镇土地使用税的纳税人。

七、本通知自2004年7月1日起执行。

㉘关于进一步加强城镇土地使用税和土地增值税征收管理工作的通知（节录）

（2004年8月5日国家税务总局 国税〔2004〕100号公布）

一、要重视和加强城镇土地使用税和土地增值税的征收工作。这两个税种收入规模小，征收难度大，但其在规范和引导土地市场健康、有序发展，贯彻国家产业政策方面具有积极的作用。各地要进一步加强基础征管工作，查找税源管理中的薄弱环节与漏洞，深入挖掘增收的潜力，完善管理办法和操作规程，不断提高这两个税种的征管质量和精细化管理水平。

二、要严格按照减免税的管理权限和减免税审批程序办事。根据国家宏观调控的要求和清理整顿工作重点，认真清理、从严控制各类开发区、各类园区用地和属于国家产业政策限制发展行业用地的减免税。本通知下发后各地要全面清理城镇土地使用税的减免规定，属于越权减免的要立即纠正并恢复征税；除经批准开发建设经济适用房的用地外，对各类房地产开发用地一律不得减免城镇土地使用税。1994 年 1 月 1 日前签订开发及转让合同的房地产免征土地增值税的优惠政策已经到期，对仍未按规定恢复征税的要立即纠正。

三、要针对本地区土地等级划分不合理，城镇土地使用税单位税额偏低，增量不足的状况，借鉴兄弟省市的工作经验，认真调查研究，充分运用城镇土地使用税税源数据库更新后的数据资料，及时、合理地调整土地等级，适当提高单位税额，以充分发挥其调节土地级差收入的作用，增加地方收入。

五、要加强城镇土地使用税和土地增值税政策执行情况的调研，对政策执行中的有关情况和问题要认真研究、及时反馈、提出建议，以便完善相关政策规定；对征管工作中遇到的新情况、新问题，要及时采取措施，提出解决的意见和办法，进一步规范征收管理。

㉙关于调整城镇土地使用税有关减免税政策的通知

（2004 年 10 月 25 日财政部、国家税务总局　财税〔2004〕180 号公布）

各省、自治区、直辖市、计划单列市财政厅（局）、地方税务局，新疆生产建设兵团财务局：

为了规范税收政策，进一步加强城镇土地使用税的征收管理，经研究决定，对《国家税务局关于印发 < 关于土地使用税若干具体问题的补充规定 > 的通知》（［89］国税地字第 140 号）的部分内容做适当修改。即：取消《关于土地使用税若干具体问题的补充规定》中第九条“企业关闭、撤销后，其占地未作他用的，经各省、自治区、直辖市税务局批准，可暂免征收土地使用税”的规定。

本通知自 2004 年 7 月 1 日起执行。

㉚关于国家石油储备基地建设有关税收政策的通知（节录）

（2005 年 3 月 15 日财政部、国家税务总局　财税〔2005〕23 号公布）

一、对国家石油储备基地第一期项目建设过程中涉及的营业税、城市维护建设税、教育费附加、城镇土地使用税、印花税、耕地占用税和契税予以免征。

㉛关于救助打捞单位税收优惠政策的通知（节录）

（2005 年 3 月 7 日财政部、海关总署、国家税务总局　财税〔2005〕31 号公布）

一、打捞局自用土地、房产和车船免征城镇土地使用税、房产税和车船使用税。

㉜关于文化体制改革试点中支持文化产业发展若干税收政策问题的通知（节录）

（2005 年 3 月 29 日财政部、海关总署、国家税务总局　财税〔2005〕2 号公布）

六、对因自然灾害等不可抗力或承担国家指定任务而造成亏损的文化单位，经批准，免征经营用土地和房产的城镇土地使用税和房产税。

㉝关于进一步加强房地产税收管理的通知（节录）

（2005 年 5 月 18 日国家税务总局　国税〔2005〕82 号公布）

一、房地产税收一体化管理的总体目标和要求。以契税管理先缴纳税款，后办理产权证书（简称“先税后证”）为把手，以信息共享、数据比对为依托，以优化服务、方便纳税人为宗旨，通过部门配合、环节控制，实现房地产业诸税种间的有机衔接，不断提高征管质量和效率。

目前，在土地使用权的出让和房地产开发、转让、保有诸环节分别征收营业税及城市维护建设税和教育费附加（以下简称营业税及附加）、企业所得税、外商投资企业和外国企业所得税、个人所得税（以下统称所得税）、土地增值税、城镇土地使用税、房产税、城市房地产税、印花税、耕地占用税、契税等税种。虽然各税种的纳税人、计税依据等税制要素不尽相同，但是税收征管所依据的基础信息大致相同。各级税务机关和征收契税的财政机关（以下统称征收机关），要加强申报管理，积极争取房地产管理等部门的配合与支持，充分掌握各税种征管所依据的基础信息；要加强征收机关之间的沟通协调，准确、快捷地传递信息，逐步实现各管理部门之间、各税种之间的信息共享，提高税源监控水平；同时要简化办税程序，优化纳税服务，方便纳税人。

㉞关于延长转制科研机构有关税收政策执行期限的通知（节录）

（2005 年 3 月 8 日财政部、国家税务总局　财税〔2005〕14 号公布）

一、对经国务院批准的原国家经贸委管理的 10 个国家局所属 242 个科研机构和建设部等 11 个部门（单位）所属 134 个科研机构中转为企业的科研机构和进入企业的科研机构，从转制注册之日起 5 年内免征科研开发自用土地、房产的城镇土地使用税、房产税和企业所得税政策执行到期后，再延长 2 年期限。

对上述转制科研院所享受的税收优惠期限，不论是从转制之日起计算，还是从转制注册之日起计算，均据实计算到期满为止。

（三）相关地方性法规及规范性文件

❶青海省实施《中华人民共和国土地管理法》办法（节录）

（1990 年 8 月 31 日青海省第七届人民代表大会常务委员会第十六次会议通过　1990 年 8 月 31 日青海省人民代表大会常务委员会公布）

第十六条　各级人民政府应当采取措施，严格保护耕地，划定粮、油、菜保护区，非特殊需要，不得占用。

国家建设和乡（镇）村建设以及村民个人建房必须节约使用土地，可以利用荒地的，不得占用耕地；可以利用劣地的，不得占用好地。

非农业建设占用耕地的，必须按规定缴纳耕地占用税；使用城镇土地的，应照章缴纳城镇土地使用税。占用菜地和水地的，分别缴纳新菜地开发建设基金和农田水利建设基金。

❷珠海市土地管理条例（节录）

（1998 年 3 月 12 日珠海市第四届人民代表大会常务委员会第二十九次会议通过　1998 年 3 月 12 日珠海市人民代表大会常务委员会公布　自 1998 年 7 月 1 日起施行）

第三十四条　依照本条例规定依法取得国有土地使用权和集体建设用地使用权的单位和个人，应当按国家和市政府的规定，每年交纳城镇土地使用税或者土地使用费，征收办法由市政府另行制定。

❸大化瑶族自治县自治条例（节录）

（1991年6月9日自治县第二届人民代表大会第一次会议通过 1991年12月19日广西壮族自治区第七届人民代表大会常务委员会第二十六次会议批准 1999年1月9日自治县第四届人民代表大会第一次会议修正 1999年11月28日根据广西壮族自治区第九届人民代表大会常务委员会第十四次会议关于批准《大化瑶族自治县自治条例修正案》的决定修正）

第三十三条 自治县的自治机关依法管理自治县的财政。凡是依照国家财政体制属于自治县的财政收入，由自治县安排使用。

自治县的财政收入和财政支出项目，享受自治区人民政府的优待。

自治县的财政预算支出，按照国家规定设立的机动资金和预算中高于一般地区的预备费，由上级财政部门按规定拨给。

自治县的财政预算在执行中因国家政策统一调整或因重大自然灾害导致自治县财政发生减收或增支时，报请上级财政部门给予补助。

自治县征收的增值税、消费税超基数增量中央返还地方部分全部留自治县；地方共享的资源税、城镇土地使用税、土地增值税、国有土地有偿使用税和耕地占用税收入享受自治区全额返还自治县的照顾。

自治县各国家机关依法收取的预算外资金、行政事业收费，依照法律、法规的规定纳入财政管理。

自治县财政年度预决算须经自治县人民代表大会审议通过。财政预算在执行中如需部分变更，须经自治县人民代表大会常务委员会审议批准。

自治县的自治机关严格执行财政、财务管理制度，加强审计监督。

❹甘肃省甘南藏族自治州实施《中华人民共和国义务教育法》条例（节录）

（1999年12月5日甘肃省第九届人民代表大会常务委员会第十三次会议批准 1999年12月5日甘肃省人民代表大会常务委员会公布）

第二十八条 自治州、县（市）人民政府要支持学校开展勤工俭学活动，对征收的校办产业所得税、营业税和校办产业用房的房产税、城镇土地使用税，由税务部门收取后，经财政部门返还教育行政部门。

（四）相关地方政府规章及规范性文件

❶辽宁省城镇土地使用税实施办法

（1992年5月19日辽宁省人民政府令〔第21号〕公布）

第一条 为合理利用城镇土地，提高土地使用效益，根据《中华人民共和国城镇土地使用税暂行条例》（以下简称《条例》）的规定，结合我省实际情况，制定本办法。

第二条 凡在我省开征城镇土地（以下简称土地）使用税的范围内使用土地或者依法拥有土地使用权的单位和个人，均为土地使用税的纳税义务人（以下简称纳税人）应当依照《条例》和本办法的规定缴纳土地使用税。

纳税人不在土地所在地的，由代管人缴纳土地使用税；土地使用权未确定的，由实际使用人缴纳土地使用税；土地使用权共有的，由共有各方按其实际占用的土地面积分别缴纳土地使用税。

第三条 土地使用税征收范围：

（一）城市市区和郊区中设有街道办事处、居民委员会的地区；

（二）县城建成区；

（三）建制镇（镇人民政府所在地）建成区；

（四）经省人民政府批准的工矿区。

第四条 土地使用税按土地使用证确认的占地面积计算征收；尚未核发土地使用证的，纳税人应当向当地税务机关据实申报占地面积，按税务机关核实的占地面积计算征收。

第五条 土地使用税每平方米年税额：

（一）沈阳、大连市，五角至十元；

（二）鞍山、抚顺、本溪市，五角至八元；

（三）丹东、锦州、营口、辽阳、盘锦、锦西市，四角至六元四角；

（四）铁岭、阜新、朝阳市，三角至四元八角；

（五）县级市，三角至三元六角；

（六）县城、建制镇、工矿区，二角至三元二角。

第六条 省辖市人民政府可以根据本地区土地的具体用途、地理位置、环境条件和经济繁荣程度等情况，将土地划分若干等级，在本办法第五条规定的税额幅度内，制定相应的适用税额标准，报省人民政府批准后执行。

对省人民政府批准后的适用税额标准，省辖市人民政府可以根据需要在本办法第五条规定的税额幅度内作适当调整，并报省人民政府备案。

第七条 国家、省确定的贫困地区、经济落后地区，土地使用税的适用税额标准，可以适当降低，但降低额不得超过本办法第五条规定的该地区最低税额的30%。

第八条 下列土地免缴土地使用税：

（一）机关、团体、军队的办公用地和公务用地；

（二）由国家财政部门拨付事业经费的单位业务用地；

（三）宗教寺庙自用的土地；

（四）公园、名胜古迹的公共游览区及其管理单位的办公用地；

（五）市政街道、广场、绿化地带等公共用地；

（六）直接用于农、林、牧、渔业的种植、养殖和饲养的生产用地；

（七）单位、个人举办的医院、学校、托儿所、幼儿园、敬老院、光荣院自用的土地；

（八）民政部门举办的福利工厂或者经民政部门批准举办的安置残疾人员比例占生产人员总数35%以上的企业自用的土地；

（九）免税单位的职工家属宿舍用地；

（十）个人所有的居住房屋及院落用地；

（十一）房产管理部门在房租改革前经租的居民住房用地；

（十二）经批准开山填海整治的土地和改造的废弃土地，经省税务局批准，从使用的月份起，分别免征土地使用税十年和五年；

（十三）由财政部另行规定免税的能源、交通、水利设施用地和其他用地。

第九条　除本办法第八条规定外，纳税人缴纳土地使用税确有困难需要定期减免的，按《条例》第七条规定执行。

第十条　纳税人将免税土地改变用途或者依法转让给非免税单位或个人使用的，应当从改变用途或者转让的次月起缴纳土地使用税。

第十一条　在《条例》施行以后批准征用的耕地与非耕地，依照《条例》第九条的规定缴纳土地使用税。

第十二条　土地使用税按年计算，分期缴纳。具体纳税期限，由市人民政府确定。

第十三条　土地使用税由土地所在地的税务机关征收。市、县土地管理机关应当将有关土地使用权属的资料提供给税务机关。

第十四条　土地使用税的征收管理，依照《中华人民共和国税收征收管理暂行条例》和《辽宁省税收征收管理实施办法》的有关规定办理。

第十五条　本办法由省税务局负责解释。

第十六条　本办法自发布之日起施行。

❷上海市国有土地租赁暂行办法（节录）

（1999年5月31日上海市人民政府公布）

第二十四条　（租金的调整）

租赁土地的租金应当根据最低标准调整的时间和幅度，作相应的调整；租赁合同另有约定的，从其约定，但不得低于同期的最低标准。

第二十五条　（租金的上缴和租赁地块的税收）

土地管理部门应当将收取的租金上缴财政部门。

承租人使用租赁地块的城镇土地使用税，由税务部门从租金中扣缴。

❸重庆市外商投资企业用地管理办法（节录）

（2000年6月28日重庆市人民政府第六十三次常务会议审议通过　2000年7月7日重庆市人民政府令〔第96号〕公布）

第十七条　以划拨方式获得土地使用权的外商投资企业，属利用原有场地的，缴纳场地使用费；属自行开发的按场地使用费的40%缴纳；委托代开发的除缴纳40%的场地使用费外，并支付场地开发费。

外商投资企业以出让方式取得土地使用权的，应当依法缴纳土地使用权出让金，并在土地使用权出让年限内，应按年到市土地管理部门缴纳土地使用费。其中，主城区内每年每平方米0.6元，其他地区每年每平方米0.1元至0.3元。

外商投资企业在缴纳场（土）地使用费后，不再征收土地使用税。

❹合肥市关于进一步完善乡镇财政体制的意见（节录）

（2002年7月4日合肥市人民政府　合政〔2002〕108号公布）

三、乡镇财政收支范围

（一）收入范围。县区与乡镇财政收入范围按照分税制原则，实行按税种划分。原则上，凡适合乡镇征管的税种均应列入乡镇收入范围。乡镇固定收入包括：乡镇范围内组织征收的增值税（25%部分）、营业税、企业所得税（地方留成部分）、个人所得税（地方留成部分）、资源税、房产税、印花税、城镇土地使用税、土地增值税、车船使用和牌照税、农业税、农业特产税、耕地占用税、契税、行政性收费收入、罚没收入和其他收入等。

（二）支出范围。凡属乡镇事权范围内的各项支出，除农村中小学教师工资由县区统一发放外，其余均应下划给乡镇财政管理。

❺福建省城镇土地使用税实施细则

（福建省人民政府1988年11月24日公布　根据1998年5月30日福建省人民政府公布的《福建省人民政府关于省政府规章和省政府规章性文件修订的决定》进行修改）

第一条　根据《中华人民共和国城镇土地使用税暂行条例》（以下简称《条例》）第十三条规定，制定本实施细则。

第二条　凡在我省开征地区范围内使用土地的单位和个人，为城镇土地使用税（以下简称土地使用税）的纳税义务人（以下简称纳税人）。纳税人应依照《条例》和本实施细则缴纳土地使用税。

第三条　城市、县城、建制镇、工矿区范围明确如下：

城市是指经国务院批准设立的市（包括市区和郊区，不包括所辖县，下同）；

县城是指县人民政府所在地（指建成区范围内）；

建制镇是指经省人民政府批准设立的镇（指建成区范围内）；

工矿区是指尚未设立建制镇，非农业人口超过二千人的大中型企业所在地。具体范围由县（市）人民政府确定后，报地（市）人民政府批准。

第四条　土地使用税的计税面积：

（一）由省人民政府确定的测量工作单位测定土地面积的，以测定的面积为准；

（二）持有县以上人民政府颁发《国有土地使用证》、《集体土地建设用地使用证》（以下简称土地使用证）的，以证书确认的土地面积为准；尚未由省人民政府确定的测量工作单位测定土地面积，但持有县（市）土地管理局核发土地登记申请书的，暂以申请书登记的土地面积为准。

（三）尚未颁发土地使用证或核发土地登记申请书的，暂以纳税人申报，经税务机关核定的土地面积为准。

第五条　土地使用税每平方米年税额确定如下：

（一）大城市五角至七元五角；

（二）中等城市四角至六元；

（三）小城市三角至四元五角；

（四）县城、建制镇、工矿区二角至三元。

第六条　不同单位、个人在同一块土地上具有使用权的，应根据各方实际占用土地的比例或者建筑面积的比例，按有关规定缴纳土地使用税。

第七条　“新征用的土地”，是指《条例》施行后，经县以上人民政府批准征用的土地。

第八条　纳税人因土地使用权属、面积等问题发生争议，应先按税务机关核定的土地面积，由土地的实际使用人缴纳税款。待县（市）以上人民政府核发土地使用证或裁决后，再按其所确定的权属、面积，对纳税人、税款进行调整。

第九条　土地使用税，由纳税人向土地所在地的税务机关缴纳。

第十条　土地使用税按年征收，按月或按季缴纳，由县、市税务机关确定。

第十一条　纳税人应按当地税务机关的规定，持土地使用证或土地登记申请书等证明文件，将土地的使用权属、位置、面积、用途如实向当地税务机关办理纳税申报。

第十二条　土地使用税的征收管理，依照有关税收法律、法规的规定办理。

第十三条　本实施细则由省税务局负责解释。

第十四条　本实施细则自一九八八年十一月一日起施行。

❻甘肃省实施西部大开发战略优惠政策（节录）

（2000 年 8 月 22 日甘肃省人民政府　甘政〔2000〕50 号公布）

第二十九条　鼓励省外、国外企业与我省科研机构合作进行转制，转制为独立核算的科技型企业后，经省级税务机关批准，于 2004 年底前免征企业所得税，免征科研开发自用土地的城镇土地使用税、手续费。

❼贵州省人民政府关于我省地方重点交通设施建设有关问题的通知（节录）

（1998 年 2 月 9 日贵州省人民政府　黔府〔1998〕5 号公布）

六、地方重点交通设施项目建设期间免征下列税费：耕地占用税、城市维护建设税、教育费附加、房产税、城镇土地使用税、矿产资源补偿费、水资源费、城镇建设配套费。

❽内蒙古自治区鼓励台湾同胞投资的规定（试行）（节录）

（1999 年 12 月 6 日内蒙古自治区人民政府公布）

第二十五条　台湾投资者创办的独资企业和控股企业，除享受国家、自治区法律、法规、政策规定的优惠待遇外，同时享受下列优惠：

（一）优先提供所需的土地、水、电、运输条件和通讯设施；在生产和经营过程中所需的周转资金，在同等条件下银行优先贷款；优先办理有关行业生产经营许可证；对一些特殊项目可实行“特事特办”、“一事一议”的办法，给予特殊优惠。

（二）经营期在 10 年以上的生产性企业，凡属自治区鼓励发展的产业项目的，经当地财政、税务部门核准，从获利年度起，5 年内企业所得税实行先征后返，增值税地方留成 25% 部分由当地财政部门全额返还；在我区呼和浩特市、边境旗县及高新技术开发区内台湾投资者投资的生产性企业，经营期在 10 年以上的，可以享受省会城市、沿边开放城市及高新技术开发区的有关税收优惠待遇。原定经营 10 年以上而经营期未满 10 年的，应追缴已返还的所得税和增值税款。

（三）对在国家和自治区确定的国贫、区贫和边境旗县投资的台湾投资者，5 年内免征城市房地产税；车船使用牌照税、城镇土地使用税，5 年内实行先征后返。

（四）台湾投资者独资或控股企业用地，土地出让金实行先征后返，从投产之日起 5 年内土地使用权出让金中地方留成部分由当地财政全额返还。

❾内蒙古自治区城镇土地使用税实施办法

（1996 年内蒙古自治区人民政府第十次常务会议通过　1996 年 8 月 5 日内蒙古自治区人民政府令〔第 71 号〕公布　自 1996 年 1 月 1 日起施行）

第一条　根据《中华人民共和国城镇土地使用税暂行条例》（以下简称《条例》），结合自治区实际，制定本实施办法。

第二条　自治区土地使用税的征收范围：

（一）国务院批准设立的市；

（二）旗县人民政府所在地的城镇；

（三）自治区人民政府批准设立的建制镇；

（四）国务院批准设立的县级以上工矿区。

第三条　在土地使用税征收范围内取得土地使用权的单位和个人，是土地使用税的纳税人。《条例》规定免征土地使用税的除外。

土地使用权尚未确定的，由实际使用该土地的单位或者个人缴纳土地使用税。

第四条　土地使用税每平方米年税额：

（一）大城市为人民币 1 元至 5 元；

（二）中等城市为人民币 0.80 元至 4 元；

（三）小城市为人民币 0.60 元至 3 元；

（四）县城、建制镇、工矿区为人民币 0.40 元至 2 元；

各盟行政公署、设区的人民政府可以在前款规定的税额幅度内，根据本地区市政建设、经济繁荣程度等情况，将土地划分为若干等级，规定相应的税额标准，报自治区人民政府批准执行。

第五条　对《条例》规定免缴土地使用税的财政部门拨付事业经费的单位，各级财政部门应当向地方税务机关提供名单，地方税务机关根据名单予以免税。

第六条　改造利用废弃土地的，持土地管理部门证明，从使用的月份起免缴土地使用税 5 年至 10 年。

第七条　土地使用税按年征收，分两次缴纳。具体缴纳时间为每年 1 月份和 7 月份。

第八条　土地使用税原则上由土地所在地的地方税务机关征收。自治区机关、团体、企业事业单位举办的全民所有制企业和集体所有制企业，自 1994 年 1 月 1 日以后投产、经营的，其土地使用税由自治区地方税务机关直属征管机构负责征收。

各级土地管理部门应当向地方税务机关提供土地使用权属资料。对尚未核发土地使用权证书的，由纳税人申报土地面积，主管地方税务机关审核确定。待核发土地使用权证书后，再予以调整。

第九条　土地使用税的征收管理，依照《中华人民共和国税收征收管理法》、《中华人民共和国税收征收管理法实施细则》和本实施办法执行。

第十条　本实施办法具体应用中的问题，由自治区地方税务机关负责解释。

第十一条　本实施办法自 1996 年 1 月 1 日起施行。1988 年 11 月 23 日自治区人民政府发布的《内蒙古自治区城镇土地使用税实施办法》（内政发［1988］177 号）同时废止。

❿西藏自治区测量标志保护管理办法（节录）

（2000 年 9 月 28 日西藏自治区人民政府第十六次常务会议通过　2000 年 9 月 30 日西藏自治区人民政府令〔第 30 号〕公布施行）

第十条　任何单位和个人不得阻挠和阻止测绘单位按规定征用测量标志用地和在建筑物上建造测量标志。测绘单位征用的测量标志用地，属于国有，不征收城镇土地使用税。

⑪西藏自治区关于招商引资的补充规定（节录）

（2000年7月25日西藏自治区人民政府公布）

第三章　财税政策

第五条　实行“从轻从简”的税收政策。目前未开征固定资产投资方向调节税、消费税、城镇土地使用税、城市房地产税、车船使用税、车船使用牌照税、屠宰税、房产税、契税、免征农（牧）业税（包括农业税、牧业税、农业特产税），停征筵席税。

⑫长沙市城镇国有土地使用权出让转让暂行办法（节录）

（1992年4月27日长沙市人民政府公布　根据1998年2月17日《长沙市人民政府关于修改〈长沙市城镇国有土地使用权出让转让暂行办法〉的决定》第一次修正　根据2002年4月29日《长沙市人民政府关于修改〈长沙市城镇国有土地使用权出让转让暂行办法〉的决定》第二次修正）

第五十四条　土地使用人在获得划拨土地使用权后应根据《中华人民共和国城镇土地使用税暂行条例》的规定缴纳土地使用税。

对未征收土地使用税的，市、县土地管理部门可比照使用税标准征收使用费。

（五）相关其他规范性文件

❶北京市财政局、北京市地方税务局关于明确房产税、城镇土地使用税、城市房地产税有关政策和征管问题的通知（节录）

（2000年10月13日北京市财政局、北京市地方税务局　京财税〔2000〕1718号公布）

六、关于村委会出租房屋的纳税问题

对于房产税、城镇土地使用税开征范围内的村委会出租房屋，原则上由房屋产权所有人、土地使用权拥有人按房屋余值、土地面积缴纳房产税、土地使用税。为便于征管，在实际操作中可由承租人或实际使用人代缴税款。

七、关于下放房产税、城镇土地使用税政策性减免税审批权限问题

对于政策性减免的房产税、城镇土地使用税，凡是减免税额在10万元以下（包括10万元）的，可由各区县地税局审批，并报市地税局备案；减免税额在10万元以上的，仍按京地税二〔1999〕123号文件规定的办法执行。

八、关于对住宅小区内道路、绿地等公共用地征免城镇土地使用税问题

对于住宅小区内道路、绿地等公共用地，可比照《中华人民共和国城镇土地使用税暂行条例》中“市政街道、广场、绿地地带等公共用地免缴土地使用税”的规定，暂免征收城镇土地使用税。

九、关于纳税人拥有部分房屋的产权，其城镇土地使用税如何计缴问题

对于纳税人拥有部分房屋的产权，应由主管地方部门税务机关根据具体情况核定纳税人应税面积和应纳税额。核定方法为：

应税面积=纳税人房屋建筑面积÷房屋总建筑面积×总占地总面积

应纳税额=应税面积×单位税额标准

十、关于土地使用权转让过程中，纳税人和纳税时间的确认问题

在土地使用权转让过程中，在承受方取得国有土地使用证之前，转让方为纳税人。为了便于征管，应由土地实际使用人自其使用土地之次月起代缴城镇土地使用税。

三、办案实战资料库

关于开展第一次全国土地使用税税源普查的通知

（一）土地使用税税源普查的目的

土地使用税自1998年10月1日开征以来，从未开展全国性的税源普查，为适应全国土地使用税管理和税制改革的需要，有必要在全国范围内开展土地使用税税源普查工作。为此，总局曾在河北、山西、江苏、河南、重庆5个省、市进行了税源普查工作试点，并对全国地市以上负责土地使用税业务的人员进行了培训。通过试点和培训，就为在全国范围内开展普查工作打下了基础。这次普查是以计算机为手段，建立全国性的土地使用税税源数据库，摸清各地应税土地面积、土地利用状况、平均税额等情况，澄清税源底数，以便分析土地使用税收入增减变化情况和存在的主要问题，研究制定切实可行的措施，合理调节土地级差收益，有效地加强土地使用税的征收管理，深入挖掘增收潜力，大力组织收入，并为土地使用税税制改革与完善提供真实可靠的数据。

（二）土地使用税税源普查的范围和内容

1. 普查的范围

按照《中华人民共和国城镇土地使用税暂行条例》的规定，在开征范围内所有应当缴纳土地使用税的单位和个人占用的土地都属于普查的范围。

为使普查数据全面、完整，对土地使用税开征以来一直免税的铁路系统执行经济承包方案的单位也列入普查范围，具体普查事项及要求另行通知。

为了解和掌握外商、港澳台投资企业的占地情况，也要对其进行普查。由于对外商、港澳台投资企业一直未征收土地使用税，为了便于统计分析和管理，各地对外商、港澳台投资企业土地利用情况的普查与汇总应与内资企业相区分，须单独录入“土地使用税税源管理与分析软件”一个盘中。

2. 普查的内容

土地使用税税源普查设定的项目指标主要是：纳税人名称、纳税人识别号、行业代码、注册类型、注册类型代码、户数、占地面积、应税土地面积、单位税额、应纳税额、土地价值。这些影响土地使用税税源普查的重要指标，必须准确如实填写和录入。其中，占地面积和应税面积是此次普查的关键指标，各地普查中务必认真核实、准确填报。

普查数据填报所属时间为2000年。

3. 普查的时间

本次土地使用税税源普查从2000年7月开始至2001年3月底结束。具体时间安排为：第一阶段，宣传发动和业务培

训，时间为7月至8月；第二阶段，县级基础数据填报，时间为11月底前；第三阶段，省、市、自治区汇总数据并上报总局，时间为12月底前；第四阶段，土地使用税税源普查工作总结，要求在2001年3月底前将总结与说明材料报总局（地方税务司）。外商、港澳台投资企业的数据汇总及工作总结报送的截止时间可适当延长。

（三）税源普查的具体要求

1. 加强领导，周密安排。各级地方税务局领导应重视土地使用税税源普查工作，分管局领导要亲自抓、部门领导要具体抓，要召开税源普查动员会，根据总局的工作要求部署本地区税源普查工作，制定切实可行的普查工作计划。要成立由分管土地使用税、信息、涉外税收、征管等相关人员参加的税源普查工作领导小组，负责督促、指导和检查普查工作。为了保证普查工作质量，各级地税局应创造条件，在经费、人员培训和配置相应设备上，要确保普查工作的顺利进行。

2. 认真搞好普查的宣传发动工作。各级地税局要广泛利用电视、电台、报刊等新闻媒体对税源普查工作的意义、政策规定等内容开展宣传。进一步提高纳税人依法纳税的自觉性，积极配合税务部门搞好普查工作。

3. 依靠当地党政领导，积极争取有关部门的支持与配合。由于普查工作涉及面广，政策性强，各地要依靠党政领导的支持，积极争取工商、公安、房地产管理、街道居委会等有关部门的支持与配合，及时、准确地掌握纳税人的占地情况，以保证普查的质量和效果。

4. 要严格执法，将税源普查和组织收入、清查漏管户、加强日常征收管理工作有机地结合起来。对普查中发现的问题要按照税收政策的规定及时进行处理，通过税源普查达到提高土地使用税日常管理水平和增加税收收入的目的。

5. 要严把好数据质量关。数据质量的高低直接决定着这次普查的成败，各地要采取有力措施，按照总局的要求准确填报和录入各项普查数据。要加强对普查各个环节的把关，实行省、地、县、所四级审核把关制，从基层开始，层层严把数据质量关，坚持杜绝虚假数字，确保普查结果的真实准确。

（四）税源普查考核验收

为了使土地使用税税源普查工作取得实效，在普查过程中，总局将派员进行具体的指导和帮助，并组织省市之间的交叉检查。对达不到税源普查质量要求的地区，要责令其返工，重新做好相关工作，以确保普查工作的质量。总局在各地完成土地使用税税源普查工作后，要进行验收及考核、评比，对普查工作做得扎实、成绩突出的单位给予表彰，对普查工作不认真的要给予通报批评。

请各地根据本通知的内容和要求，认真做好普查的各项工作，为使普查工作取得圆满成功而努力。

附件：1. 全国城镇土地使用税税源普查表及填表说明

2. 外商、港澳台投资企业土地利用情况普查表及填表说明

附件1：全国城镇土地使用税税源普查表及填表说明

全国城镇土地使用税税源普查表

纳税人名称（章）

纳税人识别号		联系电话	
行　业		行业代码	
注册类型		注册类型代码	
占地总面积		土地价值	
土地等级	应税土地面积	单位税额	应纳税额
合计			
一等			
二等			
…			
…			

备注：

1. 各地如果要对内资企业用地情况进行更为全面的调查，可增加本调查表的项目，但不能减少本调查表的项目。

2. 对临时性和困难性减免土地使用税的占地作为应税土地面积统计。对土地使用税条例、细则中规定的免税项目，以及由财政部、国家税务总局规定的能源、交通、水利等行业特殊占地的免税项目作为免税土地面积统计，列入企业占地总面积中。

3. 县级市按县级单位统计。

4. 各地应根据本地区实际情况具体设计、印制土地使用税税源审查表及填表说明，以方便纳税人填写。

全国城镇土地使用税税源普查表填表说明

一、“纳税人名称”按纳税人全称填写。

二、“纳税人识别号”按纳税人的税务登记证号码填写。没有税务登记证的按技术监督部门确认证书号码或身份证的号码填写。

三、“行业”及“行业代码”按下表填写：

行　　业	行业代码	行　　业	行业代码
农林牧渔业	0100	批发零售和餐饮业	0800
采掘业	0200	金融保险业	0900
制造业	0300	房地产业	1000
电煤气水生产供应业	0400	社会服务业	1100
建筑业	0500	科教文卫业	1200
地质水利业	0600	其他行业	1300
交通运输仓储邮电通信业	0700		

四、“注册类型”与“注册类型代码”按下表填写：

注册类型	注册类型代码	注册类型	注册类型代码
国有企业	110	私营企业	170
集体企业	120	事业单位	710
股份合作企业	130	行政单位和社会团体	720
联营企业	140	个体	400
有限责任公司	150	其他	900
股份有限公司	160		

五、“占地面积”按企业实际占用的全部土地面积填写。以平方米为单位，保留整数。

六、“应税土地面积”是按照税收政策规定，应当缴纳城镇土地使用税的土地面积，以平方米为单位，保留整数。

七、“单位税额”按照市、地、县核定的土地等级单位税额填写。单位为：元/平方米，金额保留两位小数。

八、“应纳税额”按应税土地面积和单位税额乘积填写。单位为元，四舍五入，保留整数。

九、“土地价值”有评估价的，按评估价填写，无评估价的，按企业实际占用的面积乘以基准地价的积填写。单位为元，四舍五入，保留整数。

附件 2：外商、港澳台投资企业土地利用情况普查表及填表说明

外商、港澳台投资企业土地利用情况普查表

纳税人名称（章）

纳税人地址：

纳税人识别号		联系电话	
行　　业		行业代码	
注册类型		注册类型代码	
占地总面积		土地价值	
应交城市房地产税额		应交土地使用费	
土地等级	应税土地面积	单位税额	应纳税额
合计			
一等			
二等			
…			

1. 各地如果要对外商、港澳台投资企业用地情况进行更为全面的调查，可增加本调查表的项目，但不能减少本调查表的项目。

2. 与土地使用税有关的项目内容，参照土地使用税的有关规定确定。

3. “单位税额”、“应纳税额”由当地税务部门填写。本表增设“纳税人地址”、“应交城市房地产税额”、“应交土地使用费”三个项目是为了今后内外税制统一做准备。其中“纳税人地址”一项是为了方便税务部门填写“单位税额”和“应纳税额”，在录入“土地使用税税源管理与分析软件”时，其内容不录入。

4. 将“应交城市房地产税额”和“应交土地使用费”在录入土地使用税税源管理与分析软件时，分别录入到软件项目的“备用1”与“备用2”中。

5. 各地应根据本地实际情况具体设计、印制外商、港澳台投资企业土地利用情况调查表及填表说明，以方便纳税人填写。

外商、港澳台投资企业土地利用情况调查表填表说明

一、“纳税人名称”按纳税人全称填写。

二、“纳税人地址”按纳税人实际坐落地填写。

三、“纳税人识别号”按纳税人的税务登记证号码填写。没有税务登记证的按技术监督部门确认证书号码或身份证的号码填写。

四、“行业”及“行业代码”按下表填写：

行　业	行业代码	行　业	行业代码
农林牧渔业	0100	批发零售和餐饮业	0800
采掘业	0200	金融保险业	0900
制造业	0300	房地产业	1000
电煤气水生产供应业	0400	社会服务业	1100
建筑业	0500	科教文卫业	1200
地质水利业	0600	其他行业	1300
交通运输仓储邮电通信业	0700		

五、“注册类型”与“注册类型代码”按下表填写：

注册类型	注册类型代码
外商投资企业	300

六、“占地面积”按企业实际占用的全部土地面积填写，单位：平方米，保留整数。

七、“应税土地面积”与前项“占地面积”填的数相同，按企业实际占用的全部土地面积填写，单位：平方米，保留整数。

八、“单位税额”由当地税务部门按照相同或相近地段内资企业土地使用税每平方米土地单位税额填写，单位：元/平方米，金额保留两位小数。

九、“应纳税额”由当地税务部门按应税土地面积和单位税额乘积填写，单位为元，四舍五入，保留整数。

十、“土地价值”有评估价的，按评估价填写，无评估价的，按企业实际占用的面积乘以基准地价的积填写，单位为元，四舍五入，保留整数。

十一、“应交城市房地产税额”按企业每年应该缴纳的城市房产税数额填写，单位为元，四舍五入，保留整数。

十二、“应缴土地使用费”按企业每年应该缴纳的土地使用费（场地使用费）数额填写。

【土地增值税】

一、专家指导意见

土地增值税，即以转让房地产取得的增值额为征税对象征收的一种税收。

1. 纳税人：为转让国有土地使用权、地上建筑物及其附着物并取得收入的单位和个人。

2. 征税范围：为国有土地使用权、地上建筑物及其他附着物。对以继承、赠与等方式无偿转让的房地产不征税。

3. 计税依据：为土地增值额，即纳税人转让房地产所收取的收入减去法定扣除项目金额后的余额。法定扣除项目包括以下5项：(1) 取得土地使用权所支付的金额；(2) 开发土地的成本、费用；(3) 新建房及配套设施的成本、费用或者旧房、建筑物的评估价格；(4) 转让房地产有关的税金；(5) 财政部规定的其他扣除项目。

4. 税率：采用四级超额累进税率：(1) 增值额未超过扣除项目金额50%的部分，税率为30%；(2) 增值额超过扣除项目金额50%，未超过100%的部分，税率为40%；(3) 增值额超过扣除项目金额100%，未超过200%的部分，税率为50%；(4) 增值额超过扣除项目200%的部分，税率为60%。

5. 税额计算：土地增值额 = 出售房地产的总收入 - 扣除项目金额；应纳税额 = 土地增值额 × 适用税率。

6. 免税规定：(1) 纳税人建造普通标准住宅出售，增值额未超过扣除项目20%的；(2) 因国家建设需要依法征用、收回的房地产；(3) 个人因工作调动或改善居住条件而转让原自用住房，经申报核准，凡居住满5年或5年以上的（居住满3年以上、5年以下的减半征收）。

二、法律适用依据

（一）相关行政法规及规范性文件

❶中华人民共和国土地增值税暂行条例（节录）

（1993年11月26日国务院第十二次常务会议通过　1993年12月13日国务院令〔第138号〕公布　自1994年1月1日起施行）

第一条　为了规范土地、房地产市场交易秩序，合理调节土地增值收益，维护国家权益，制定本条例。

第二条　转让国有土地使用权、地上的建筑物及其附着物（以下简称转让房地产）并取得收入的单位和个人，为土地增值税的纳税义务人（以下简称纳税人），应当依照本条例缴纳土地增值税。

第三条　土地增值税按照纳税人转让房地产所取得的增值额和本条例第七条规定的税率计算征收。

第五条　纳税人转让房地产所取得的收入，包括货币收入、实物收入和其他收入。

第九条　纳税人有下列情形之一的，按照房地产评估价格计算征收：

（一）隐瞒、虚报房地产成交价格的；

（二）提供扣除项目金额不实的；

（三）转让房地产的成交价格低于房地产评估价格，又无正当理由的。

第十条　纳税人应当自转让房地产合同签订之日起七日内向房地产所在地主管税务机关办理纳税申报，并在税务机关核定的期限内缴纳土地增值税。

第十一条　土地增值税由税务机关征收。土地管理部门、房产管理部门应当向税务机关提供有关资料，并协助税务机关依法征收土地增值税。

第十二条　纳税人未按照本条例缴纳土地增值税的，土地管理部门、房产管理部门不得办理有关的权属变更手续。

第十三条　土地增值税的征收管理，依据《中华人民共和国税收征收管理法》及本条例有关规定执行。

第十四条　本条例由财政部负责解释，实施细则由财政部制定。

第十五条　本条例自1994年1月1日起施行。各地区的土地增值费征收办法，与本条例相抵触的，同时停止执行。

❷关于农业综合开发的若干政策（节录）

（1994年3月5日财政部制定　1994年5月23日国务院办公厅国办〔1994〕72号转发）

五、农业综合开发的资金投入政策。农业综合开发的资金由财政资金、银行专项贷款、集体（企业）自筹资金和农户集资，以及引入资金组成，统一纳入国家批准的项目投资计划。国家立项的农业综合开发项目、农业综合开发投资纳入国家固定资产投资计划。国家相应增加固定资产投资规模。

（一）农业综合开发的财政资金，主要来自各级财政征集的农业发展基金、国家征收的土地增值税收入和当年财政预算安排的资金。各级财政安排的农业综合开发资金，要逐年有所增加。中央财政资金与地方财政资金的配套比例，依各省、自治区、直辖市及计划单列市的财政状况分类确定（办法另定）。地方财政配套资金中，省级财政要承担70%以上，地、县级财政承担30%以下。地方财政配套资金不落实，中央财政资金不予拨款。中央和地方财政资金的投入，70%以上用于改善农业生产基本条件，30%以下用于发展多种经营和农产品的系列开发。

（二）国家立项开发投入的专项贷款为政策性贷款，贷款指标要在1994年的基础上逐年增加。这项贷款专项用于农业综合开发区，与财政资金统筹安排，根据资金使用的性质分别投入，分口管理，贷款的指标和资金要及时到位，做到有指标有资金。当年贷款指标结余，可结转下年继续使用。这项贷款原则上30%用于改善农业生产基本条件，70%用于发展多种经营和农产品的系列开发。

（三）集体、农户、国有农业企业自筹的资金就地用作国家批准项目的配套投入。在农业综合开发中，要坚持并不断完善以国家投入为导向、农民投入为主体的投入机制。依照谁投入、谁利用、谁受益的原则，鼓励农民自筹资金和投入劳动力进行开发。农民的投入要因地制宜，量力而行。

❸关于组建在各地的直属税务机构和地方税务局的实施意见（节录）

（1993年12月4日国家税务总局制定　1993年12月9日国务院办公厅　国办〔1993〕87号转发）

二、组建两个税务机构的有关问题

（一）关于征收管理范围的划分。

为有利于加强税收征收管理，减少不必要的重叠征收，按照分税制财政体制的规定，两个税务机构的征收范围具体划分如下：

国家税务局系统主要负责下列各税的征收和管理：

1. 增值税；

2. 消费税；

3. 进口产品消费税、增值税，直接对台贸易调节税（委托海关代征）；

4. 铁道、各银行总行、保险总公司集中缴纳的营业税、所得税和城市建设维护税；

5. 中央企业所得税；

6. 地方和外资银行及非银行金融企业所得税；

7. 海洋石油企业所得税、资源税；

8. 证券交易税（未开征前先征收在上海、深圳市证券交易所交易证券的印花税）；

9. 对境内外商投资企业和外国企业的各项税收以及外籍人员（华侨、港澳台同胞）缴纳的个人所得税（按税种分别入中央库和地方库）；

10. 出口产品退税的管理；

11. 集贸市场和个体户的各项税收（按税种分别入中央库和地方库）；

12. 中央税的滞补罚收入；

13. 按中央税、共享税附征的教育费附加（属于铁道、银行总行、保险总公司缴纳的入中央库，其它入地方库）；

14. 国家能源交通重点建设基金、国家预算调节基金。

地方税务局主要负责下列各税的征收和管理（不包括已明确由国家税务局负责征收的地方税部分）：

1. 营业税；

2. 个人所得税；

3. 土地增值税；

4. 城市建设维护税；

5. 车船使用税；

6. 房产税；

7. 屠宰税；

8. 资源税；

9. 城镇土地使用税；

10. 固定资产投资方向调节税；

11. 地方企业所得税（包括地方国有、集体、私营企业）；

12. 印花税；

13. 筵席税；

14. 地方税的滞补罚收入；

15. 按地方营业税附征的教育费附加。

（二）关于机构设置。

国家税务局机构设置为四级，即：国家税务总局；省、自治区、直辖市分局，名称为国家税务总局××分局（如国家税务总局山东分局，以此类推）；地（市、州、盟）中心支局；县（市、旗）支局。税务所（征收处）按经济区划设置，为支局的派出机构。国家税务总局在各地直属税务机构的人员编制由国家税务总局报中央机构编制委员会审定。国家税务总局将拟订《国家税务系统组织条例》，报国务院审批后发布执行。

地方税务局按行政区划设置，名称为××省（自治区、直辖市，地、市、县）地方税务局（如山东省地方税务局）。地方税务局的管理体制、机构设置、人员编制按地方各级人民政府组织法的规定办理。地方税务局的组织办法由各省（自治区、直辖市）人民政府根据具体情况，参照即将发布的《国家税务局系统组织条例》制定。

（三）关于领导体制及人员管理。

国家税务局系统实行国家税务总局垂直管理的领导体制，在机构、编制、经费、领导干部职务的审批等方面按照下管一级的原则，实行垂直管理。地方各级国家税务局正、副局长由上一级国家税务局审批任免（按中央规定，地方各级国家税务局党组正、副书记和党组成员、纪检组长由上一级国家税务局党组审批任免）。

省级地方税务局实行地方人民政府和国家税务总局双重领导，以地方政府领导为主的管理体制。

各级税务机关实行国家公务员制度。

（四）关于国家税务局与地方税务局的关系。

国家税务总局对省、自治区、直辖市地方税务局的领导，主要体现在税收政策、业务的指导和协调以及对国家统一的税收制度、政策的监督和组织经验交流等方面。省级地方税务局的局长人选由地方人民政府征求国家税务总局的意见后，按当地审批程序任免。省以下地方税务局在向地方政府报送税收计划、统计报表等的同时，抄送同级国家税务局汇总上报。两个税务机构在日常工作中要互通信息，加强协作。

（五）关于业务人员分开问题。

根据国家税务局和地方税务局工作业务范围，在合理分工，适当调配的基础上，将业务人员分开。现有基层征收机构及所属人员按业务分开，实行分别收税，分别入库；业务暂时分不开的，税款必须分别入库，并要积极创造条件，逐步将业务分开。

（六）关于现有人员、财物在机构组建过程中原则冻结的问题。

国务院《通知》规定，在组建两个税务机构的过程中，人员进出和财物原则上予以冻结，是指现有各级税务机构人员调进、调出和提拔使用原则上暂停，确需办理的必须经上一级组建筹备组批准；各级税务机关的财产不得擅自转移、调拨和分配。

（七）关于计划单列市问题。

计划单列市两个税务机构组建筹备组的工作要在所在省组建筹备组的统一领导下进行。鉴于这些城市税源比较集中，征收任务相对比较大，两个税务机构的名称分别为：国家税务总局××省××分局；××市地方税务局（如国家税务总局山东省青岛分局；青岛市地方税务局）。国家税务总局计划单列市分局局长由省税务分局考核提名，报国家税务总局审批任免；副局长由省税务分局任免，报国家税务总局备案。

（八）关于税务系统的经费来源。

目前，要维持税务系统现有经费来源渠道不变。今后，关于税务系统经费来源、人员福利待遇等问题，我们将作进一步调查研究，提出方案，报国务院有关部门审定后下达。

❹工商税制改革实施方案（节录）

（1993 年 12 月 11 日国家税务总局制定　1993 年 12 月 25 日国务院　国〔1993〕90 号批转）

五、关于其它税种的改革

（一）资源税。

目前资源税只对部分资源产品和部分资源开采企业征收，征税范围窄，税负偏低。为了完善我国对资源产品征税的制度，改革后资源税的征税范围将包括所有矿产资源，征税品目有煤炭、原油、天然气、铁矿石和其他黑色金属矿原矿、铝土矿和其他有色金属矿原矿、非金属矿原矿和盐。配合增值税的改革，适当调整税负。

资源税实行分产品类别从量定额计算征税的办法，设置有上下限的幅度税额。同类资源产品开采条件不同的，税额也不相同。

（二）土地增值税。

通过开征土地增值税，对房地产交易中的过高利润进行适当调节。土地增值税在房地产的交易环节，对交易收入的增值部分征收。房地产增值额为纳税人转让房地产所取得的收入减去扣除项目金额后的余额。扣除项目主要包括：取得土地使用权时支付的价款、对土地进行开发的成本和费用、建造商品房及配套设施的成本和费用、销售税金等。

土地增值税实行四档累进税率，房地产增值额未超过扣除项目金额 50% 的部分，税率为 30%；超过 50% 未超过 100% 的部分，税率为 40%；超过 100% 未超过 200% 的部分，税率为 50%；超过 200% 的部分，税率为 60%。

（三）证券交易税。

把现在对股票交易征收印花税的办法，改为征收证券交易税。由于全国人大常委会正在审议《中华人民共和国证券法》，为了便于衔接，开征证券交易税拟缓一步出台。

（四）城乡维护建设税。

为了体现享用市政设施与纳税义务相对应的原则，城乡维护建设税由现行按流转税额附加征收改为以销售收入为计税依据；改变现行不太合理的税率结构，税率为市区 0.6%，县、镇 0.4%，市区、县、镇以外 0.2%，使其成为地方税体系中的骨干税种之一。现在不缴纳城建税的外资企业，也应成为城建税的纳税人。

（五）土地使用税。

适当提高土地使用税的税额，扩大征收范围，适当下放管理权限。

（六）其它进行调整的税种。

一是取消集市交易税、牲畜交易税、烧油特别税、奖金税和工资调节税；二是将特别消费税并入起特殊调节作用的消费税，盐税并入资源税；三是取消对外资企业、外籍人员征收的城市房地产税和车船使用牌照税，统一实行房产税和车船使用税，并将现在偏低的税率和税额适当调高；四是将屠宰税、筵席税下放给地方；五是开征遗产税。

改革后我国工商税制中的税种将由三十二个减少到十八个，税制结构趋于合理，并初步实现高效和简化。

（二）相关部门规章及规范性文件

❶中华人民共和国土地增值税暂行条例实施细则（节录）

（1995 年 1 月 27 日财政部公布）

第一条　根据《中华人民共和国土地增值税暂行条例》（以下简称条例）第十四条规定，制定本细则。

第二条　条例第二条所称的转让国有土地使用权、地上的建筑物及其附着物并取得收入，是指以出售或者其他方式有偿转让房地产的行为。不包括以继承、赠与方式无偿转让房地产的行为。

第三条　条例第二条所称的国有土地，是指按国家法律规定属于国家所有的土地。

第四条　条例第二条所称的地上的建筑物，是指建于土地上的一切建筑物，包括地上地下的各种附属设施。

条例第二条所称的附着物，是指附着于土地上的不能移动，一经移动即遭损坏的物品。

第五条　条例第二条所称的收入，包括转让房地产的全部价款及有关的经济收益。

第六条　条例第二条所称的单位，是指各类企业单位、事业单位、国家机关和社会团体及其他组织。

条例第二条所称个人，包括个体经营者。

第七条　条例第六条所列的计算增值额的扣除项目，具体为：

（一）取得土地使用权所支付的金额，是指纳税人为取得土地使用权所支付的地价款和按国家统一规定交纳的有关费用。

（二）开发土地和新建房及配套设施（以下简称房地产开发）的成本，是指纳税人房地产开发项目实际发生的成本（以下简称房地产开发成本），包括土地征用及拆迁补偿费、前期工程费、建筑安装工程费、基础设施费、公共配套设施费、开发间接费用。

土地征用及拆迁补偿费，包括土地征用费、耕地占用税、劳动力安置费及有关地上、地下附着物拆迁补偿的净支出、安置动迁用房支出等。

前期工程费，包括规划、设计、项目可行性研究和水文、地质、勘察、测绘、“三通一平”等支出。

建筑安装工程费，是指以出包方式支付给承包单位的建筑安装工程费，以自营方式发生的建筑安装工程费。

基础设施费，包括开发小区内道路、供水、供电、供气、排污、排洪、通讯、照明、环卫、绿化等工程发生的支出。

公共配套设施费，包括不能有偿转让的开发小区内公共配套设施发生的支出。

开发间接费用，是指直接组织、管理开发项目发生的费用，包括工资、职工福利费、折旧费、修理费、办公费、水电费、劳动保护费、周转房摊销等。

（三）开发土地和新建房及配套设施的费用（以下简称房地产开发费用），是指与房地产开发项目有关的销售费用、管理费用、财务费用。

财务费用中的利息支出，凡能够按转让房地产项目计算分摊并提供金融机构证明的，允许据实扣除，但最高不能超过按商业银行同类同期贷款利率计算的金额。其他房地产开发费用，按本条（一）、（二）项规定计算的金额之和的百分之五以内计算扣除。

凡不能按转让房地产项目计算分摊利息支出或不能提供金融机构证明的，房地产开发费用按本条（一）、（二）项规定计算的金额之和的百分之十以内计算扣除。

上述计算扣除的具体比例，由各省、自治区、直辖市人民政府规定。

（四）旧房及建筑物的评估价格，是指在转让已使用的房屋及建筑物时，由政府批准设立的房地产评估机构评定的重置成本价乘以成新度折扣率后的价格。评估价格须经当地税务机关确认。

（五）与转让房地产有关的税金，是指在转让房地产时缴纳的营业税、城市维护建设税、印花税。因转让房地产交纳的教育费附加，也可视同税金予以扣除。

（六）根据条例第六条（五）项规定，对从事房地产开发的纳税人可按本条（一）、（二）项规定计算的金额之和，加计百分之二十的扣除。

第八条 土地增值税以纳税人房地产成本核算的最基本的核算项目或核算对象为单位计算。

第九条 纳税人成片受让土地使用权后，分期分批开发、转让房地产的，其扣除项目金额的确定，可按转让土地使用权的面积占总面积的比例计算分摊，或按建筑面积计算分摊，也可按税务机关确认的其他方式计算分摊。

第十三条 条例第九条所称的房地产评估价格，是指由政府批准设立的房地产评估机构根据相同地段、同类房地产进行综合评定的价格。评估价格须经当地税务机关确认。

第十四条 条例第九条（一）项所称的隐瞒、虚报房地产成交价格，是指纳税人不报或有意低报转让土地使用权、地上建筑物及其附着物价款的行为。

条例第九条（二）项所称的提供扣除项目金额不实的，是指纳税人在纳税申报时不据实提供扣除项目金额的行为。

条例第九条（三）项所称的转让房地产的成交价格低于房地产评估价格，又无正当理由的，是指纳税人申报的转让房地产的实际成交价低于房地产评估机构评定的交易价，纳税人又不能提供凭据或无正当理由的行为。

隐瞒、虚报房地产成交价格，应由评估机构参照同类房地产的市场交易价格进行评估。税务机关根据评估价格确定转让房地产的收入。

提供扣除项目金额不实的，应由评估机构按照房屋重置成本价乘以成新度折扣率计算的房屋成本价和取得土地使用权时的基准地价进行评估。税务机关根据评估价格确定扣除项目金额。

转让房地产的成交价格低于房地产评估价格，又无正当理由的，由税务机关参照房地产评估价格确定转让房地产的收入。

第十五条 根据条例第十条的规定，纳税人应按照下列程序办理纳税手续：

（一）纳税人应在转让房地产合同签订后的七日内，到房地产所在地主管税务机关办理纳税申报，并向税务机关提交房屋及建筑物产权、土地使用权证书，土地转让、房产买卖合同，房地产评估报告及其他与转让房地产有关的资料。

纳税人因经常发生房地产转让而难以在每次转让后申报的，经税务机关审核同意后，可以定期进行纳税申报，具体期限由税务机关根据情况确定。

（二）纳税人按照税务机关核定的税额及规定的期限缴纳土地增值税。

第十七条 条例第十条所称的房地产所在地，是指房地产的坐落地。纳税人转让房地产坐落在两个或两个以上地区的，应按房地产所在地分别申报纳税。

第十八条 条例第十一条所称的土地管理部门、房产管理部门应当向税务机关提供有关资料，是指向房地产所在地主管税务机关提供有关房屋及建筑物产权、土地使用权、土地出让金数额、土地基准地价、房地产市场交易价格及权属变更等方面的资料。

第十九条 纳税人未按规定提供房屋及建筑物产权、土地使用权证书，土地转让、房产买卖合同，房地产评估报告及其他与转让房地产有关资料的，按照《中华人民共和国税收征收管理法》（以下简称《征管法》）第三十九条的规定进行处理。

纳税人不如实申报房地产交易额及规定扣除项目金额造成少缴或未缴税款的，按照《征管法》第四十条的规定进行处理。

第二十一条 条例第十五条所称的各地区的土地增值费征收办法是指与本条例规定的计征对象相同的土地增值费、土地收益金等征收办法。

第二十二条 本细则由财政部解释，或者由国家税务总局解释。

第二十三条 本细则自发布之日起施行。

第二十四条 1994 年 1 月 1 日至本细则发布之日期间的土地增值税参照本细则的规定计算征收。

❷个体工商户个人所得税计税办法（试行）（节录）

（1997 年 3 月 26 日国家税务总局　国税〔1997〕43 号公布）

第二十条 个体户按规定缴纳的消费税、营业税、城市维护建设税、资源税、土地使用税、土地增值税、房产税、车船使用税、印花税、耕地占用税以及教育费附加准予扣除。

❸关于试行国有企业兼并破产中若干问题的通知（节录）

（1996 年 7 月 25 日国家经济贸易委员会、中国人民银行　国经贸企〔1996〕492 号公布）

六、企业兼并要本着自愿有偿的原则，严禁“拉郎配”。凡已清产核资的企业进行兼并，不再进行资产评估。兼并中的土地增值税按照财政部、国家税务总局《关于土地增值税一些具体问题规定的通知》（财税字〔1995〕48 号）的规定免收。不改变土地使用用途的，土地出让金原则上暂不征收。

❹关于调整房地产市场若干税收政策的通知（节录）

（1999 年 7 月 29 日财政部、国家税务总局　财税字〔1999〕210 号公布）

三、关于土地增值税征免政策问题

对居民个人拥有的普通住宅，在其转让时暂免征收土地增值税。

本通知自 1999 年 8 月 1 日起执行。部分地区在此之前越权自行制定的房地产市场税收政策，凡与本通知规定不符的一律改按本通知的规定执行。

❺关于转让国有房地产征收土地增值税中有关房地产价格评估问题的通知（节录）

（1995年6月23日财政部、国家税务总局、国家国有资产管理局　财税字〔1995〕61号公布）

一、凡转让国有土地使用权、地上建筑物及其附属物（以下简称房地产）的纳税人，按照土地增值税的有关规定，需要根据房地产的评估价格计税的，可委托经政府批准设立、并按照《国有资产评估管理办法》规定的由省以上国有资产管理部门授予评估资格的资产评估事务所、会计师事务所等各类资产评估机构受理有关转让房地产的评估业务。

二、对于涉及土地增值税的国有房地产价格评估，各评估机构必须严格按照《条例》和《细则》中规定的方法进行应纳税房地产的价格评估。其评估结果经同级国有资产管理部门审核验证后作为房地产转让的底价，并按税务部门的要求按期报送房地产所在地主管税务机关，作为确认计税依据的参考。

房地产所在地主管税务机关要求从事房地产评估的资产评估机构提供与房地产评估有关的评估资料的，资产评估机构应无偿提供，不得以任何借口予以拒绝。

房地产所在地主管税务机关应按照《条例》和《细则》的有关规定，对应纳税房地产的评估结果进行严格审核及确认，对不符合实际情况的评估结果不予采用。

三、房地产评估机构在执业过程中必须遵守职业道德，坚持独立、客观、公正的原则，对评估结果的真实性、合理性负法律责任。任何房地产评估机构在房地产转让的评估过程中有隐瞒事实，提供虚假评估结果，或与有关当事人串通作弊等违法行为，一经发现坚决取消执业资格。

房地产评估机构因不向主管税务机关提供有关的、真实的房地产评估资料，或有意提供虚假评估结果，造成纳税人不缴或少缴土地增值税的，房地产评估机构应承担相应的法律和经济责任；对因上述行为而造成国家税收和国有资产严重流失的，要提请司法机关追究有关当事人的刑事责任。

四、各级财政、税务和国有资产管理部门要密切配合、相互协作，加强土地增值税的各项征收管理工作。为此，各有关部门应对各房地产评估机构进一步加强监督管理，使房地产评估为保证国家税收收入和维护国有资产权益发挥应有的作用。

❻关于土地增值税一些具体问题规定的通知（节录）

（1995年5月25日财政部、国家税务总局　财税字〔1995〕48号公布）

一、关于以房地产进行投资、联营的征免税问题

对于以房地产进行投资、联营的，投资、联营的一方以土地（房地产）作价入股进行投资或作为联营条件，将房地产转让到所投资、联营的企业中时，暂免征收土地增值税。对投资、联营企业将上述房地产再转让的，应征收土地增值税。

四、关于细则中“赠与”所包括的范围问题

细则所称的“赠与”是指如下情况：

（一）房产所有人、土地使用权所有人将房屋产权、土地使用权赠与直系亲属或承担直接赡养义务人的。

（二）房产所有人、土地使用权所有人通过中国境内非营利的社会团体、国家机关将房屋产权、土地使用权赠与教育、民政和其他社会福利、公益事业的。

上述社会团体是指中国青少年发展基金会、希望工程基金会、宋庆龄基金会、减灾委员会、中国红十字会、中国残疾人联合会、全国老年基金会、老区促进会以及经民政部门批准成立的其他非营利的公益性组织。

七、关于新建房与旧房的界定问题

新建房是指建成后未使用的房产。凡是已使用一定时间或达到一定磨损程度的房产均属旧房。使用时间和磨损程度标准可由各省、自治区、直辖市财政厅（局）和地方税务局具体规定。

八、关于扣除项目金额中的利息支出如何计算问题

（一）利息的上浮幅度按国家的有关规定执行，超过上浮幅度的部分不允许扣除；

（二）对于超过贷款期限的利息部分和加罚的利息不允许扣除。

九、关于计算增值额时扣除已缴纳印花税的问题

细则中规定允许扣除的印花税，是指在转让房地产时缴纳的印花税。房地产开发企业按照《施工、房地产开发企业财务制度》的有关规定，其缴纳的印花税列入管理费用，已相应予以扣除。其他的土地增值税纳税义务人在计算土地增值税时允许扣除在转让时缴纳的印花税。

十三、关于既建普通标准住宅又搞其他类型房地产开发的如何计税的问题

对纳税人既建普通标准住宅又搞其他房地产开发的，应分别核算增值额。不分别核算增值额或不能准确核算增值额的，其建造的普通标准住宅不能适用条例第八条（一）项的免税规定。

十四、关于预售房地产所取得的收入是否申报纳税的问题

根据细则的规定，对纳税人在项目全部竣工结算前转让房地产取得的收入可以预征土地增值税。具体办法由各省、自治区、直辖市地方税务局根据当地情况制定。因此，对纳税人预售房地产所取得的收入，当地税务机关规定预征土地增值税的，纳税人应当到主管税务机关办理纳税申报，并按规定比例预交，待办理决算后，多退少补；当地税务机关规定不预征土地增值税的，也应在取得收入时先到税务机关登记或备案。

十五、关于分期收款的外币收入如何折合人民币的问题

对于取得的收入为外国货币的，依照细则规定，以取得收入当天或当月一日国家公布的市场汇价折合人民币，据以计算土地增值税税额。对于以分期收款形式取得的外币收入，也应按实际收款日或收款当月一日国家公布的市场汇价折合人民币。

十六、关于纳税期限的问题

根据条例第十条、第十二条和细则第十五条的规定，税务机关核定的纳税期限，应在纳税人签订房地产转让合同之

后、办理房地产权属转让（即过户及登记）手续之前。

十七、关于财政部、国家税务总局《关于对1994年1月1日前签订开发及转让合同的房地产征免土地增值税的通知》（财法字〔1995〕7号）适用范围的问题

该通知规定的适用范围，限于房地产开发企业转让新建房地产的行为，非房地产开发企业或房地产开发企业转让存量房地产的，不适用此规定。

❼关于印发企业交纳土地增值税会计处理规定的通知（节录）

（1995年3月7日财政部　财会字〔1995〕15号公布）

一、交纳土地增值税的企业应在“应交税金”科目下增设“应交土地增值税”明细科目进行核算。

二、转让国有土地使用权、地上建筑物及其他附着物并取得收入的企业，按规定计算出应交纳的土地增值税，应分别以下情况进行会计处理：

1. 主营房地产业务的企业，应由当期营业收入负担的土地增值税，借记“经营税金及附加”（房地产开发企业）、“经营税金”（外商投资房地产业企业）、“营业税金及附加”（股份制试点企业）、“营业税金”（对外经济合作企业）等科目，贷记“应交税金——应交土地增值税”科目。

2. 兼营房地产业务的企业，应由当期营业收入负担的土地增值税，借记“其他业务支出”〔工业、农业、商业、运输（交通、民航）、邮电、施工企业、外商投资工业、农业、商业、交通、施工企业〕、“其他营业支出”（金融企业）、“营业税金及附加”（旅游、饮食服务、保险企业，股份制试点企业）、“营业税金”（对外经济合作企业、外商投资租赁、旅游企业）、“内部供应和销售支出”〔运输（铁路）企业〕、“其他营业税金”（外商投资银行）等科目，贷记“应交税金——应交土地增值税”科目。

3. 企业转让的国有土地使用权连同地上建筑物及其附着物一并在“固定资产”或“在建工程”、“专项工程支出”、“固定资产购建支出”等科目核算的，转让时应交纳的土地增值税，借记“固定资产清理”、“在建工程”、“专项工程支出”、“固定资产购建支出”等科目，贷记“应交税金——应交土地增值税”科目。

三、企业交纳土地增值税时，借记“应交税金——应交土地增值税”科目，贷记“银行存款”等科目。

四、企业在项目全部竣工结算前转让房地产取得的收入，按税法规定预交的土地增值税，借记“应交税金——应交土地增值税”科目，贷记“银行存款”等科目；待该房地产营业收入实现时，再按本规定第二条第1、2款的规定进行会计处理；该项目全部竣工、办理结算后进行清算，收到退回多交的土地增值税，借记“银行存款”等科目，贷记“应交税金——应交土地增值税”科目，补交的土地增值税作相反的会计分录。

预交土地增值税的企业，“应交税金——应交土地增值税”科目的借方余额包括预交的土地增值税。

五、为了提供土地增值税的计算依据，企业应将取得土地使用权时所支付的金额、开发土地和新建房及配套设施的成本、费用等，在有关会计科目或备查簿中详细登记。

六、企业按规定补交应由已实现的1994年经营损益负担的土地增值税，借记“以前年度损益调整”科目，贷记“应交税金——应交土地增值税”科目；实际补交时，借记“应交税金——应交土地增值税”科目，贷记“银行存款”等科目。1995年1月1日至本规定印发之日期间的土地增值税参照本规定进行处理。

❽关于进一步加强土地增值税征收管理工作的通知（节录）

（1996年12月10日国家税务总局　国税〔1996〕227号公布）

一、高度重视土地增值税的征收工作。土地增值税是个新税种，征管难度大、收入少、成本高，但对规范和引导房地产市场健康有序发展，贯彻国家宏观调控和产业政策具有积极作用。各地对此要有足够的认识。已开征的地区要及时总结经验，找出不足、切实搞好征管。工作进展迟缓特别是尚未开征的地方要迎头赶上，千方百计，尽快落实征收工作。各地税务部门要积极向当地党政领导汇报，争取地方党政对土地增值税征管工作的重视和支持。要勇于开拓，不畏艰难，认真抓好土地增值税的宣传、贯彻和落实工作。

二、认真做好房地产转让、开发合同的清理和登记工作。各地对1994年1月1日以前签订的房地产转让合同、开发合同要尽快进行一次全面的清理、登记，并逐个认真鉴定，特别是对1994年1月1日前已签订开发合同并在5年内首次转让的房地产，要严格审查和把关。对不符合免税条件的，要依法征税；对符合免税条件的，各省、自治区、直辖市地方税务局应制定严格的审批办法和程序，基层税务机关要按照规定的审批办法和程序办理。

三、积极争取有关部门的支持和配合。各地要严格按照税务总局、建设部、土地管理局、国有资产管理局联合发文的要求，加强部门之间的配合和协作，共同搞好土地增值税的征管。特别要注意三个环节：一是在办理产权登记、过户手续时，要请相关部门严格把关，对没有按规定办理土地增值税完税或免税手续的，一律不予办理产权转让手续。二是委托有关部门代征土地增值税的地方，税务部门要加强对代征单位执行政策方面的指导和检查，防止执行上出现偏差。三是对需要进行评估的项目，税务部门要把好确认关。由于土地增值税是新开征的税种，难以控管，为调动代征单位的积极性，各地要结合当地实际情况，尽快落实代征手续费，专项用于土地增值税的征管。

四、完善土地增值税的征管制度和操作规程。各地要建立健全土地增值税的纳税申报制度、收入预征办法、减免税审批程序、评估规程及确认方法、委托代征办法等。特别要注意完善收入预征办法，预征率的确定要比较科学、合理，项目竣工后，要予以清算，多退少补。

五、加强对纳税情况和政策执行情况的检查。各地要在近期内对土地增值税的纳税情况和政策执行情况进行一次认真检查。检查的内容包括：纳税人房地产转让收入和扣除项目金额申报是否属实，有无少报收入和多报扣除项目金额的情况，扣除项目的分摊是否合理，应否享受减免税优惠，以及土地增值税的缴纳情况；基层税务机关在政策执行中是否存有偏差及征管的情况。各地通过对土地增值税纳税情况和

政策执行情况的检查，要找出征管工作中存在的问题，并在认真调查研究的基础上，提出解决的措施和意见。检查工作的总结要以书面形式报告总局。

❾关于土地增值税征收管理有关问题的通知（节录）

（1996年4月5日国家税务总局、建设部　国税〔1996〕第48号文公布）

一、土地增值税是国家为了规范土地、房地产市场交易秩序，合理调节土地增值收益，维护国家权益而开征的税种。各地税务主管部门应当在当地建设、房地产管理等有关部门的支持和配合下，根据当地实际情况，建立起一套完善的土地增值税的征收管理制度。

二、各级房地产管理部门要根据建设部的统一部署，依照《中华人民共和国城市房地产管理法》的规定，做好房地产交易管理和权属登记工作，根据需要向税务部门提供全面准确的房地产权属及转让时间、价格等征税资料，并按照有关规定严格核算房地产的开发成本和费用，配合税务部门做好土地增值税扣除项目金额的审查工作，防止由于成本费用不实等原因造成土地增值税的流失。

三、凡是转让房地产的纳税人，应当根据土地增值税的有关规定，在规定的期限内到主管税务机关办理土地增值税的纳税登记和申报手续，经主管税务机关审核后，按照规定的期限缴纳土地增值税。对于已经完税的纳税人，由主管税务机关发给完税证明；对于不属于征税范围或应予免税的，由主管税务机关发给免税证明。凡没有取得主管税务部门发放的完税（或免税）证明的，房地产管理机关不予办理有关的权属变更手续，不予发放房地产权属证书。

四、各省、自治区、直辖市、计划单列市地方税务部门可根据本地实际情况，对房地产市场管理机构比较健全，且各项管理制度比较完善，具备土地增值税代征能力的地区，从有利于税收征管、减少税款流失出发，按照税务机关征收为主的原则，把一些不易于税务机关直接征收、且应纳税款较易计算的纳税事项委托房地产管理部门进行代征。具体办法由各省、自治区、直辖市、计划单列市地方税务局制定，报省、自治区、直辖市、计划单列市人民政府批准后执行，并报国家税务总局备案。

五、凡转让房地产的纳税人，按照土地增值税的有关规定，需要根据房地产评估价格计税的，可委托经省以上房地产管理部门确认评估资格并报税务部门备案的房地产评估机构受理有关转让房地产的评估业务。

有条件的地方，应当将涉及土地增值税的房地产评估与现有房地产转让管理过程中的价格申报及其价格评估结合起来，以防止因重复评估而加大成本、增加纳税人负担的情况。

接受委托的各房地产评估机构，在按税务部门要求按期将评估结果报送房地产所在地税务机关，作为确认计税依据参考的同时，应将评估结果报当地政府设立的事业性房地产估价管理机构审核。

对于房地产所在地税务机关要求受委托的房地产评估机构提供与房地产评估有关的资料的，评估机构应当无偿提供，不得以任何借口予以拒绝。

凡涉及征收土地增值税的房地产评估报告由取得建设部、人事部共同认定并经注册登记的“房地产估价师”签署；或者由三名以上（含三名）取得各省、自治区建委（建设厅）、直辖市房地产管理局统一颁发的《房地产估价人员岗位合格证书》的房地产估价员联合签署。

接受委托的房地产评估机构，必须严格按照《条例》和《细则》中规定的方法进行应纳税房地产的价格评估。房地产所在地税务机关应当根据《条例》和《细则》的有关规定，对应纳税房地产的评估结果进行严格审核及确认，对不符合实际情况的评估结果不予采用。

六、房地产评估机构在执业过程中必须严守职业道德，按照国家有关的法律、法规的规定，坚持独立、客观、公平、公正、公开的原则，对评估结果的真实性、合理性负法律责任。对房地产评估机构因不向税务机关提供真实的房地产评估资料，或有意提供虚假评估结果，造成纳税人不缴或少缴土地增值税的，房地产评估机构应当承担相应的法律和经济责任。对由于上述行为造成国家税收严重流失的，提请司法机关追究有关当事人的刑事责任。

七、各级税务部门和房地产管理部门要密切配合、相互协作，加强土地增值税的各项征收管理工作，规范房地产交易行为。对于土地增值税开征之后出现的将房地产转让规避成房屋租赁或其他交易方式等逃避土地增值税的行为，各地房地产市场管理部门在办理房地产交易手续时，应当认真执行建设部42号令《城市房屋租赁管理办法》和45号令《城市房地产转让管理规定》，严格把关；主管税务部门也应当按照《中华人民共和国税收征收管理法》等规定予以严肃查处。

以上通知，望各地迅速贯彻落实，并遵照执行。

❿关于土地增值税若干征管问题的通知（节录）

（1996年1月10日国家税务总局、国家土地管理局公布）

一、土地增值税是国家为了规范土地、房产市场交易秩序，合理调节土地增值收益，维护国家权益而开征的税种。各地税务主管部门应根据国家法规和本通知的规定，结合当地实际情况建立一整套土地增值税的征收管理制度。各级土地管理部门要予以积极支持和配合，根据征收土地增值税的需要，完善相应的土地评估和地价管理制度，协助当地税务主管部门做好土地增值税的征收管理工作。

二、各级土地管理部门要根据国家土地管理局的统一部署，尽快完成城镇地籍调查、土地登记和基准地价评估等初始地籍工作，同时做好土地使用权的变更登记、地价评估和管理等日常工作，为税务部门征收土地增值税提供所需土地使用权的权属，以及土地出让、转让交易的时间、土地出让金数额及土地使用权转让价格等征税资料。

对于已经完成城镇基准地价评估工作的地区，土地管理部门要根据社会经济发展的状况，定期更新基准地价成果，使之能够及时反映地产市场水平，满足土地增值税的征收管理需要；少数未完成城镇基准地价评估的地区，土地管理部门可采取现有宗地评估方法直接评估，以满足征收土地增值税的需要。

四、按照土地评估价格计税的纳税人，可委托经省级以上土地管理部门授予评估资格的土地评估机构进行有关的评估。各土地评估机构必须严格按照条例和细则中规定的方法进行应纳税土地的价格评估。其评估结果应按税务部门的要求及时告房地产所在地税务机关，作为确认计税依据的参考。房地产所在地税务机关应根据条例和细则的有关规定，对应纳税土地的评估结果进行严格审核及确认，对不符合实际情况的评估结果不予采用，并将此评估结果抄送土地管理部门备案。

对于房地产所在地税务机关要求从事应纳税土地价格评估的评估机构提供与应税土地评估有关的评估资料的，土地评估机构应无偿提供，不得以任何借口予以拒绝。各级税务部门对于土地管理部门提供的土地登记和基准地价等资料应严格保密，不得转让或公开引用。

土地价格评估机构在执业过程中必须严守职业道德，按照国家有关的法律、法规的规定，坚持独立、客观、公平、公正、公开的原则，对评估结果的真实性、合法性负法律责任。各级税务机关应当会同土地管理部门定期对土地评估机构所承担的土地增值税评估业务进行指导、监督和检查。

对土地评估机构不向税务机关提供与应纳税土地有关的真实土地评估资料，或有意提供虚假评估结果，造成纳税人不缴或少缴土地增值税的，一经发现要取消其应纳税土地的评估资格，对由于上述行为造成国家税收严重流失的；还要提请司法机关追究其应承担的经济责任和有关当事人的刑事责任。

五、各级税务部门和土地管理部门要积极配合、密切协作，加强土地增值税的各项征收管理工作，规范房地产市场交易行为。土地管理部门要深入持久地进行土地隐形市场的清理工作，对于非法进入市场的集体土地使用权和划拨国有土地使用权，应按照有关法律规定进行处理；对于土地增值税开征之后出现的将房地产转让规避成租赁等逃避土地增值税行为的，各地土地管理部门应当协助税务部门审核、把关，税务主管部门也应按照《中华人民共和国税收征收管理法》等规定严格予以查处。

以上通知，望各地迅速遵照执行。

⓫关于印发适用涉外税收征管需要的增值税、消费税、营业税等税申报表式样的通知（节录）

（1994年1月3日国家税务总局　国税〔1994〕002号公布）

四、土地增值税（一种）

1.“土地增值税申报表”，适用于转让国有土地使用权、地上的建筑物及其附着物并取得收入的单位和个人按期申报缴纳土地增值税。

⓬关于认真做好土地增值税征收管理工作的通知（节录）

（2002年7月10日国家税务总局　国税函〔2002〕615号公布）

各省、自治区、直辖市和计划单列市地方税务局：

土地增值税自开征以来，经各级地方税务局共同努力，在加强征收管理和组织收入方面做了大量的工作，并且取得了一定成效。但由于房地产开发与转让周期较长，造成土地增值税征管难度大，一些地区对土地增值税征收管理产生畏难情绪，还有一些地区误信土地增值税要停征，而放松了征管工作，造成应收税款的流失。为保证税收任务的完成，认真做好土地增值税的征收管理工作，现通知如下：

一、要进一步完善土地增值税的征收管理制度和操作规程，建立健全土地增值税的纳税申报制度、房地产评估规程、委托代征办法等。

二、对在1994年1月1日以前已签订房地产开发合同或立项并已按规定投入资金进行开发，其首次转让房地产的，免征土地增值税的税收优惠政策已到期，应按规定恢复征税。

三、针对当前房地产市场逐步规范，房地产投资商的投资回报趋于正常情况，各地要进一步完善土地增值税的预征办法，预征率的确定要科学、合理。对已经实行预征办法的地区，可根据实际情况，适当调减预征率。

四、要继续加强与房地产有关部门的配合。要严格按照财政部、国家税务总局、国家国有资产管理局《关于转让国有房地产征收土地增值税中有关房地产价格评估问题的通知》（财税字［1995］61号）、国家税务总局和国家土地管理局《关于土地增值税若干征管问题的通知》（国税发［1996］4号）、国家税务总局、建设部《关于土地增值税征收管理有关问题的通知》（国税发［1996］48号）等联合发文的要求，加强部门之间的配合和协作，共同搞好土地增值税的征收管理。

⓭关于加强土地增值税管理工作的通知

（2004年8月2日国家税务总局　国税函〔2004〕第938号公布）

各省、自治区、直辖市和计划单列市地方税务局：

为了简化行政审批手续，进一步方便纳税人和加强税收管理，经研究，现对土地增值税纳税人定期进行纳税申报的问题做如下解释和规定：

一、取消《中华人民共和国土地增值税暂行条例实施细则》第十五条第一款对土地增值税纳税人因经常发生房地产转让而难以在每次转让后申报的，定期进行纳税申报须经税务机关审核同意的规定。

二、纳税人因经常发生房地产转让而难以在每次转让后申报，是指房地产开发企业开发建造的房地产、因分次转让而频繁发生纳税义务、难以在每次转让后申报纳税的情况，土地增值税可按月或按各省、自治区、直辖市和计划单列市地方税务局规定的期限申报缴纳。

三、纳税人选择定期申报方式的，应向纳税所在地的地方税务机关备案。定期申报方式确定后，一年之内不得变更。

四、各省、自治区、直辖市和计划单列市地方税务局应根据本通知精神，结合本地的实际情况，制定具体的操作办法，并告知土地增值税纳税人。

五、各地地方税务机关要加强土地增值税的宣传解释、纳税辅导及纳税检查等工作。采取有效措施，做好土地增值税按次或定期申报纳税、预征和税款结算等征收管理工作。

六、本通知自2004年7月1日起执行。

⓮关于进一步加强城镇土地使用税和土地增值税征收管理工作的通知（节录）

（2004年8月5日国家税务总局　国税〔2004〕100号公布）

五、要加强城镇土地使用税和土地增值税政策执行情况的调研，对政策执行中的有关情况和问题要认真研究、及时反馈、提出建议，以便完善相关政策规定；对征管工作中遇到的新情况、新问题，要及时采取措施，提出解决的意见和办法，进一步规范征收管理。

（三）相关地方政府规章及规范性文件

❶北京市人民政府关于同意调整本市国内单位土地增值税纳税地点有关问题的批复（节录）

（1998年12月29日北京市人民政府　京政函〔1998〕88号公布）

一、同意对本市内的国内单位土地增值税纳税地点进行调整，自1999年1月1日起，凡在本市转让在京房地产的国内单位，由原向房地产坐落地的地方主管税务机关申报纳税，改为向转让项目的企业核算地或行政事业单位、社会团体税务注册登记地的地方主管税务机关申报纳税。其他纳税人申报纳税仍按《北京市人民政府关于征收土地增值税有关政策问题的通知》（京政发〔1996〕7号）的有关规定执行。

二、本市国内单位纳税地点调整后，原税款划分方式不变，每年年终通过市财政与区、县财政结算调整区、县税款交叉入库。纳税人应按规定自觉履行纳税义务；各级地方主管税务机关要认真做好有关工作，保证本市土地增值税征管工作的顺利进行。

❷北京市人民政府关于征收土地增值税有关政策问题的通知

（1996年4月12日北京市人民政府　京政〔1996〕7号公布）

各区、县人民政府，市政府各委、办、局，各市属机构：

根据《中华人民共和国土地增值税暂行条例》及《中华人民共和国土地增值税暂行条例实施细则》的有关规定，现将本市征收土地增值税的有关补充规定通知如下：

一、开征土地增值税是规范土地、房地产市场交易秩序，合理调节土地增值收益，促进房地产开发健康发展的一项重要措施。各区、县政府和市政府各部门、各单位要认真贯彻执行国家征收土地增值税的有关规定，并向税务部门提供有关房地产开发和房地产交易的文件及资料，协助税务机关依法征税。纳税人办理有关权属变更手续时，必须按规定向房地产管理部门提交缴纳土地增值税的证明。

二、本市土地增值税由市地方税务局负责征收管理（包括国内单位和个人及外商投资企业、外国企业、外籍个人和华侨、港澳台同胞）。税源零散的，由市地方税务局委托房地产管理部门或者其他单位代征。

三、凡在本市转让在京房地产的国内单位和个人，向房地产坐落地的地方主管税务机关申报纳税；凡在本市的外商投资企业、外国企业、外籍个人和华侨、港澳台同胞转让房地产的，向地方主管税务机关申报纳税；转让的房地产坐落在本市境内跨两个或者两个以上地区的，由市地方税务局确定纳税地点。

四、凡受理土地增值税的房地产评估机构，须经市房屋土地管理局确认后报市政府批准。评估机构应按有关规定据实评估房地产价格。凡按规定需经房地产评估机构评估的房地产价格，均需经地方税务机关进行确认；地方税务机关依照确认后的评估价格计算征收土地增值税。具体确认办法由地方税务部门另行制定。

五、在计算土地增值税时，与房地产开发项目有关的销售费用、财务费用、管理费用以及财务费用中的利息支出，凡能够按转让房地产项目计算分摊并提供金融机构证明的，可将不高于商业银行同类同期贷款利率所支付的利息据实扣除外，其他房地产开发费用应按房地产成本之和的5%的比例计算扣除金额。凡不能按转让房地产项目计算分摊利息支出并提供金融机构证明的，房地产开发费用按房地产成本之和的10%的比例计算扣除金额。

六、普通标准住宅建筑标准按市有关部门现行的标准执行。以后如有新的标准，按新的标准执行。

七、1994年1月1日至《中华人民共和国土地增值税暂行条例实施细则》发布之日期间，已办理房地产项目转让手续的，暂缓征收该项目的土地增值税。土地增值税的全部收入实行市、区（县）五、五分成。

八、本市土地增值税开征后，凡与其计税对象相同的土地增值费或者土地收益金，一律停止征收。

九、为保证土地增值税征管工作的需要，可从土地增值税实际征收税款中按规定比例提取业务经费和代征手续费，专项用于代征单位征管工作经费开支。具体计提办法由市财政局会同有关部门另行制定。

十、本通知执行中的具体问题，由市财政局、市地方税务局负责解释。

❸广东省土地增值税征收管理办法

（1995年8月14日广东省人民政府公布）

第一条　为加强土地增值税的征收管理，根据《中华人民共和国土地增值税暂行条例》（以下简称《土地增值税条例》）及其实施细则和《中华人民共和国税收征收管理法》（以下简称《征管法》）及其实施细则，结合我省实际情况，制定本办法。

第二条　凡在本省境内转让国有土地使用权、地上的建筑物及其附着物（以下简称转让房地产）并取得收入的单位和个人，为土地增值税的纳税义务人（以下简称纳税人），应当依照本办法缴纳土地增值税。

第三条　土地增值税以转让的房地产所在地为纳税地点。转让的房地产坐落在本省境内跨两个或两个以上地区的，由共同的上一级地方税务机关确定纳税地点。

第四条　土地增值税由房地产所在地的地方税务机关（以下简称主管税务机关）负责征收，税源零散的，也可委托国土、房地产管理部门或其他部门代征。

第五条　房地产开发企业取得房地产开发项目后30日内，应到主管税务机关进行项目登记，登记的内容包括：项目的名称、地点、规模、期限等。

第六条　凡转让房地产（包括预售商品房）并取得收入的单位和个人，应向主管税务机关或代征单位办理纳税申报，提交纳税申报表和其他有关纳税资料（包括房地产权属证明、商品房及有偿转让已开发土地基准价格报批表、房地产转让合同或契约、房地产评估报告和与转让房地产有关的财务资料等），并按以下规定缴纳土地增值税：

（一）房地产开发企业出售其开发的商品房，可按季度办理纳税申报，在季度后10日内就上季度商品房出售发生数申报，同时缴纳土地增值税。出售不同计税单位项目的商品房应分别计算申报纳税。

已预缴土地增值税的，在该项目（指作为基本计税单位的房地产开发项目）竣工结算季度后10日内，纳税人应对已出售部分按成本实际发生数清算土地增值税，进行纳税申报。该项目全部转让完毕时，纳税人应于季度后10日内作项目纳税申报，进行土地增值税结算。

（二）房地产开发企业以外的单位和个人转让房地产，应在转让房地产合同、契约签订后的7日内办理纳税申报，在办理房地产权属转移前缴纳土地增值税。属委托有关部门代征的，代征单位应按月汇总于次月10日内向税务机关结报上月增值税税款。

第七条 计税办法：

（一）房地产开发企业以其进行成本核算时最基本的成本核算项目或成本核算对象为单位计征土地增值税。

预售商品房的，可按签订买卖契约的预售商品房的价款和该项目建筑面积单位预算成本计算出应征预售房的税额，然后按实际的预售款占其房价款的比例，计算预征土地增值税，项目竣工结算后，按实际成本发生数进行清算。

转让土地使用权或转让已竣工房产，基本计税单位的房地产未全部转让的，对已转让并取得收入的部分，应按土地面积或房产建筑面积分摊成本费用，计征土地增值税。

（二）其他单位和个人转让房地产，应以其每次转让同一项目的房地产为计税单位。对同时转让不同地点的两个或两个以上的房地产项目，应分别计税。

第八条 纳税人转让的房地产属免征土地增值税的，应到县以上（含县级）主管税务机关办理有关免税手续。

纳税人转让房地产，不论是应税项目或是免税项目，均应凭主管税务机关出具的有关证明办理权属转移手续。

第九条 土地增值税其他征收管理事项，按《土地增值税条例》及其实施细则、《征管法》及其实施细则的规定执行。

第十条 本办法自1995年8月1日起施行。

❹云南省土地增值税征收管理暂行规定

（1995年4月28日云南省人民政府令〔第22号〕公布）

第一条 根据《中华人民共和国土地增值税暂行条例》及《中华人民共和国土地增值税暂行条例实施细则》（以下简称《实施细则》）的有关规定，结合云南实际，制定本规定。

第二条 房地产开发费用计算扣除的具体比例确定为：

（一）财务费用中的利息支出，凡能够按转让房地产项目计算分摊并提供金融机构证明的，允许据实扣除，但最高不能超过按商业银行同类同期贷款利率计算的金额。其他房地产开发费用，按《实施细则》第七条（一）、（二）项规定计算的金额之和的5%计算扣除。

（二）不能按转让房地产项目计算分摊利息支出或者不能提供金融机构证明的，房地产开发费用按《实施细则》第七条（一）、（二）项规定计算的金额之和的10%计算扣除。

第三条 根据《实施细则》第十一条的规定，我省普通标准住宅与其他住宅的具体划分界限按照省建设行政主管部门制定的住宅建筑标准办理。

各级建设行政主管部门在审批房地产开发项目初步设计时，应当会同同级税务机关对房地产开发项目中的普通标准住宅加以认定，联合发出普通标准住宅情况通知，基层税务机关据此确定免征土地增值税的范围。

房地产开发企业应当分别核算普通标准住宅和其他住宅的经营收入、经营成本。未分别核算的，按照其他住宅办理。

第四条 从事房地产开发转让的纳税人，应当按下列程序办理纳税手续：

（一）纳税人在签订房地产开发合同或者取得房地产开发立项批准文件后30日内，应当以房地产成本核算的最基本的核算项目或者核算对象为单位向主管税务机关办理土地增值税纳税项目申报手续，并向主管税务机关提交房地产开发合同或者房地产开发立项批准文件。

（二）纳税人发生房地产转让后，实行各纳税项目分月缴纳，年终清算的办法：

1. 纳税人应当于次月10日内，分别根据上月各纳税项目的收入、成本、费用和与转让房地产有关的税金计算并向主管税务机关申报纳税土地增值税。

2. 纳税人应当于年度终了后45日内，分别根据全年各纳税项目的全部收入、成本、费用和与转让房地产有关的税金计算应当缴纳的土地增值税税款以及已缴纳的土地增值税税款，并向主管税务机关进行清算申报，经主管税务机关核实后，多退少补。

第五条 从事其他房地产转让的纳税人，应当按下列程序办理纳税手续：

（一）纳税人在转让房地产合同签订后7日内，到房地产所在地主管税务机关办理纳税申报，并向主管税务机关提交房屋及建筑物产权、土地使用权证书，土地转让、房产买卖合同，房地产评估报告及其他与转让房地产有关的资料。

（二）纳税人按照主管税务机关核定的税额及规定期限缴纳土地增值税。

（三）纳税人凭土地增值税缴款书或者完税证复印件到土地管理部门、房产管理部门办理有关权属变更手续。无土地增值税缴款书或者完税证复印件的，土地管理部门、房产管理部门不得办理有关权属变更手续。

第六条 县级以上人民政府批准成立的房地产评估机构方可从事《实施细则》第七条（四）项和第十三条规定的价格评估工作。同级税务机关应当参与并监督房地产评估机构对涉及土地增值税的价格评估工作，评估价格须经同级税务机关确认。

第七条 纳税人转让房地产坐落在两个或者两个以上县（市）的，应当分别在房地产所在地申报纳税。难以确定纳税地点的，由上一级主管税务机关确定。

第八条 本规定由云南省地方税务局负责解释。

第九条 本规定自发布之日起施行。

❺大连市土地增值税征收管理暂行办法（节录）

（1995年12月26日大连市人民政府　大政〔1995〕94号公布）

第一条 为了做好大连市土地增值税的征收管理工作，根据《中华人民共和国土地增值税暂行条例》、《中华人民共和国土地增值税暂行条例实施细则》和国家有关规定，制定本办法。

第二条 凡在大连市范围内转让国有土地使用权连同地上建筑物及附着物（以下简称房地产）并取得收入的各类企

业、事业单位、国家机关、社会团体、个体工商业户以及其他单位和个人，为土地增值税的纳税义务人，均应按照本办法缴纳土地增值税。

土地增值税也适用于涉外企业和个人、外商投资企业、外国企业、外国驻华机构、外国公民、华侨、港澳台同胞等，只要转让房地产并取得收入，均应按《中华人民共和国土地增值税暂行条例》和本办法的规定缴纳土地增值税。

第四条　增值额是纳税人转让房地产所取得的收入减除本办法第六条规定扣除项目金额后的余额。

第五条　纳税人转让房地产的收入，包括货币收入、实物收入及其他收入。

第十二条　纳税人有下列情形之一的，按照房地产评估价格计算征收：

（一）隐瞒、虚报房地产成交价格的；

（二）提供扣除项目金额不实的；

（三）转让房地产成交价格低于房地产评估价格，又无正当理由的。

第十三条　凡转让房地产并须根据房地产评估价格计税的，应当由省、市政府批准设立的专业房地产评估机构受理评估业务。

纳税人因计算土地增值税而发生的评估费用，允许作为扣除金额在计征土地增值税时给以扣除。

第十四条　土地增值税以纳税人转让房地产所取得收入（包括预收款）的当天为纳税义务发生时间。

第十五条　纳税程序及期限的确定。

（一）凡在大连市范围内转让土地使用权房屋所有权的单位和个人，应在转让房地产合同签定之日起七日内向其所在地的主管税务机关提交与转让土地使用权房屋所有权有关资料，办理纳税申报、登记；在取得收入之日起七日内，到单位所在地的主管税务机关，按规定缴纳土地增值税。规划土地、房地产管理部门凭纳税证明（免税证明）再发放土地使用权房屋所有权证。

（二）凡在大连市范围内从事房地产开发并转让房地产的单位和个人，应在每月十日内持市物价局核定的商品房基准价格审批件向所在地主管税务机关进行纳税申报，对预售房地产并取得预收款的，应在次月十日内向所在地主管税务机关按规定缴纳土地增值税，待年终结利和项目竣工30日内汇算清缴，多退少补；对未收预售款的，待开发项目竣工并签订转让合同之日起十日内到主管税务机关进行纳税申报，在取得转让房地产收入之日起十日内到主管税务机关按规定缴纳土地增值税。

第十六条　对开发并转让房地产的纳税人，以预售方式转让房地产并取得预售款的，如果工程预算或计划成本比较清楚，可按工程预算或计划成本计征土地增值税。如果按工程预算或计划成本难以计征土地增值税的，可按取得的预售款预征土地增值税。

第十七条　关于纳税地的确定

（一）凡在大连市内四区（中山区、西岗区、沙河口区、甘井子区）办理税务登记并转让房地产的纳税人，不论转让的房地产坐落在哪个区，均应向主管税务机关缴纳土地增值税。

（二）在市内四区未办理纳税登记转让房地产的单位和个人，市属以上的单位及外地驻连单位，应向转让房地产项目所在地地方税务局直属分局缴纳土地增值税。区属以下（含区属单位）及个人，应向转让房地产项目所在地的区地方税务局缴纳土地增值税。

（三）市内四区以外各县（市）、区转让房地产的单位和个人，应向转让房地产项目所在地的主管税务机关缴纳土地增值税。

（四）纳税人转让的房地产坐落地跨两个或两个以上管辖地区的，原则上应按房地产所在地分别申报纳税。申报划分标准，以管辖区分界线来确定各自所占该房地产的比例。如果划分不清或无法划分的及产生纳税纠纷的，由大连市地方税务局根据实际情况确定其纳税地点。

（五）大连市范围内的涉外企业和外国公民及个体工商业户，转让房地产的，在国家税务总局没调整征管范围之前由辽宁省大连市国家税务局征收土地增值税，征管范围调整后另定。

第十八条　纳税人建造出售的住宅不超过下列各项标准的，视为普通标准住宅：

（一）钢筋混凝土结构的住宅每平方米建筑面积的建筑安装工程费市内四区为1400元，其它县（市）区为800元以下；砖混结构的住宅每平方米建筑面积的建筑安装工程费市内四区为1080元，其它县（市）区为600元以下。

（二）多层住宅每套住宅建筑面积在100平方米以内。

（三）室内装修不超过《大连市城镇住宅建筑设计标准规定》的标准。

以上三项仅作为税务部门确定普通标准住宅的标准。凡在基建中列为高级公寓、别墅等住宅的，均不属普通标准住宅。

第十九条　土地增值税由地方税务机关征收。规划土地和房地产管理部门应及时向税务机关提供转让房地产的土地出让金额、土地基准地价、房地产市场交易价格及权属变更等方面的有关资料，协助税务机关依法征收土地增值税。

第二十条　纳税人未按有关规定缴纳土地增值税或未提供税务机关出具的土地增值税纳（免）税证明的，规划土地和房地产管理部门不得为其办理有关权属变更手续和证照。违者，由税务机关按有关法律法规予以处罚。

第二十一条　纳税人未按规定的期限办理纳税申报、未按规定提供与转让房地产有关资料；不如实申报房地产交易金额；无理拒绝税务机关依法对纳税人的纳税情况进行检查的，由税务机关按规定依法查处。

第二十二条　本办法由大连市地方税务局负责解释。

第二十三条　本办法自一九九四年一月一日起施行。本办法施行前有关土地增值费征收规定（指与本办法规定的计征对象相同的土地增值费，土地受益金等），与本办法相抵触的，同时停止执行。

❻宁夏回族自治区土地增值税征收管理办法

（1995年9月30日宁夏回族自治区人民政府　宁政〔1995〕83号公布）

第一条 为了加强我区土地增值税的征收管理，根据《中华人民共和国土地增值税暂行条例》和国家有关税收征管法规的规定，制定本办法。

第二条 凡在本自治区境内转让国有土地使用权、地上的建筑物及其附着物（以下简称转让房地产）并取得收入的单位和个人，为土地增值税的纳税义务人（以下简称纳税人）。

第三条 土地增值税由转让房地产所在地的地方税务机关或未设地方税务机关的国家税务机关（以下简称税务机关）征收，也可由税务机关委托土地管理部门、房产管理部门或者其他有关部门代征，具体代征方式由县以上税务机关确定；"三资"企业由自治区国家税务局涉外税收管理分局征收。

第四条 纳税人应当按下列规定办理纳税申报：

（一）房地产开发企业分批出售商品房的，可按季办理纳税申报，于每季度后十日内，以上一季度商品房出售的发出数申报土地增值税；出售不同计税单位项目的商品房应分别计算申报。

（二）房地产开发企业已预缴土地增值税的，在该房地产开发项目竣工结算后的次季度，对已出售部分按成本实际发生数清算土地增值税，进行纳税申报。

（三）土地增值税基本计税单位的房地产项目全部转让完毕的，纳税人应于次季度进行项目纳税申报；清缴土地增值税。

（四）房地产开发企业以外的纳税人，应当从签订房地产转让合同之日起七日内办理纳税申报。

第五条 办理纳税申报须提交下列证件和资料：

（一）纳税申报表；

（二）房地产权属证明；

（三）房地产转让合同或契约；

（四）房地产评估报告；

（五）房地产财务资料；

（六）其他与转让房地产有关的资料。

第六条 转让房地产收入和扣除项目核定权限划分：

（一）房地产开发企业、中央驻宁企业事业单位、自治区直属企业事业单位、股份制企业、"三资"企业转让房地产的，由自治区地方税务局核定并下达核定通知书；

（二）各地署、市、县（区）属企业事业单位和个人转让房地产的，由所在地税务机关核定并下达核定通知书。

第七条 土地增值税以纳税人房地产成本核算的最基本核算项目或核算对象为单位，按下列规定计征：

（一）房地产开发企业既建造普通标准住宅，又进行其他房地产开发的，在计算增值额时，应分别计算；确定征收或免征土地增值税，对核算中不能区分的，视同应税项目征税。

（二）房地产开发企业预售商品房预征土地增值税，可以按交易双方签订的预售商品房合同中的预缴房价款，占全部房价款的比例和该项目建筑面积单位预算成本，计算预征土地增值税。

（三）房地产开发企业转让部分土地使用权或已竣工的房产并取得收入的，按土地面积或建筑面积分摊成本费用，计征土地增值税；待全部转让完毕后按基本计税单位进行结算。

（四）其他单位和个人转让房地产的，应以每次转让同一项目作为计税单位；对同时转让不同地点两个以上的房地产项目，应分别计税。

第八条 普通标准住宅的具体标准，由自治区财政厅、地方税务局会同自治区建设厅、土地管理局制定。

第九条 纳税人能够按转让房地产项目计算分摊利息支出并提供金融机构证明的，允许在财务费用中据实扣除，但最高不能超过商业银行同类同期贷款利率计算的金额。其他房地产开发费用，按《细则》第七条（一）、（二）项规定计算的金额之和的百分之五计算扣除。

凡不能按转让房地产项目计算分摊利息支出或不能提供金融机构证明的，房地产开发费用按《细则》第七条（一）、（二）项规定计算的金额之和的百分之十计算扣除。

第十条 对旧房、建筑物价格评估和《条例》第九条规定需要按照房地产评估价格计算征收土地增值税的，其评估价格由所在地税务机关认定。

第十一条 土地增值税由税务机关负责征收的，纳税人应于纳税申报审核后七日内缴纳土地增值税；由被委托部门代征的，代征单位在办理房地产权属变更登记时凭税务机关审核凭单代收，并按月汇总后于次月十日前，向委托的税务机关解报。

第十二条 纳税人办理房地产权属转移手续必须在缴纳土地增值税后，凭税务机关的完税证明办理房地产权属变更手续；按规定免征土地增值税的，也可凭税务机关出具的有关证明办理房地产权属变更手续。

第十三条 土地增值税为自治区地方财政收入。按自治区百分之三十，市、县（区）百分之七十分成。

第十四条 纳税人未按本办法第四条、第五条规定办理纳税申报的，由税务机关按照《中华人民共和国税收征收管理法》（以下简称《征管法》）第三十九条的规定处理。

第十五条 纳税人未按本办法第七条、第九条规定计算，或者不如实申报房地产交易额及规定扣除项目金额，造成未缴或少缴应纳税款的，按照《征管法》第四十条的规定处理。

第十六条 纳税人违反本办法第十二条规定，土地管理部门、房地产管理部门不得办理有关的权属变更手续。

第十七条 本办法由自治区财政厅、地方税务局负责解释。

第十八条 本办法与财政部颁布的《中华人民共和国土地增值税实施细则》同时施行。

❼贵州省人民政府关于征收土地增值税的若干规定

（1995年6月13日贵州省人民政府常务会议通过 1995年6月16日贵州省人民政府令〔第16号〕公布）

第一条 为加强土地增值税的征收管理，根据《中华人民共和国土地增值税暂行条例》和国家有关规定，结合我省实际，制定本规定。

第二条 凡在我省境内转让国有土地使用权、地上建筑物及其附着物并取得收入的单位和个人，为土地增值税的纳税义务人（以下简称纳税人）。

纳税人必须按照《中华人民共和国土地增值税暂行条例》、《中华人民共和国土地增值税暂行条例实施细则》（以下简称《细则》）和本规定缴纳土地增值税。

第三条　土地增值税在纳税人缴纳营业税、城市维护建设税、教育费附加后征收。

第四条　开发土地和新建房及配套设施的费用，是指与房地产开发项目有关的销售费用、管理费用、财务费用。计算增值额扣除的具体比例为：

（一）财务费用中的利息支出，能够按转让房地产项目计算分摊并提供金融机构证明的，允许据实扣除，但最高不能超过按商业银行同类同期贷款利率计算的金额，其他房地产开发费用，按《细则》第七条（一）、（二）项取得土地使用权所支付的金额和房地产开发成本金额之和的5%计算扣除；

（二）不能按转让房地产项目计算分摊利息支出或不能提供金融机构证明的，房地产开发费用按《细则》第七条（一）、（二）项取得土地使用权所支付的金额和房地产开发成本金额之和的10%计算扣除。

第五条　纳税人建造的普通标准住宅和其他住宅的划分界限：普通标准住宅是指按一般民用住宅标准建造的居住用住宅。普通标准住宅的标准为：

（一）建筑面积：每套不超过98平方米；

（二）装饰标准：住宅公共走道及楼梯间墙面、顶棚刷涂料或抹灰，户内地坪为水泥地坪，墙面天棚抹灰刷白。

超过前款规定标准的，均属其他住宅。高级公寓、别墅、度假村等不属于普通标准住宅。

第六条　房地产评估机构及评估价格的确认，按下列规定办理：

（一）房地产评估机构是指依法设立并到工商行政管理部门领取营业执照的房地产评估机构；

（二）房地产评估价格须经当地主管税务机关确认；

（三）评估机构按规定收取的评估费用，由土地增值税纳税人承担。

第七条　土地增值税由房地产所在地主管税务机关负责征收，也可由主管税务机关委托土地管理部门、房产管理部门或其他单位代征。

第八条　土地增值税的纳税程序：

（一）纳税人应在转让房地产合同签订后7日内，到房地产所在地主管税务机关办理纳税申报，并向税务机关提交房屋及建筑物产权、土地使用权证书，土地转让、房屋买卖合同，房地产评估报告及其他与转让房地产有关的资料；

（二）从事房地产经营、开发的企业，经主管税务机关核准，可按月或按季进行申报；

（三）除普通标准住宅项目外，纳税人在项目全部竣工结算前转让房地产取得的收入，由于涉及成本确定或其他原因，而无法据以计算土地增值税的，可按不低于取得收入的5%预征土地增值税，待该项目全部竣工、办理结算后再进行清算，多退少补。

第九条　纳税人未按规定缴纳土地增值税的，土地管理部门、房产管理部门不得办理有关的权属变更手续。

第十条　本规定由贵州省地方税务局负责解释。

第十一条　本规定自发布之日起施行。

❽长春市国有土地使用权有偿使用收入管理暂行规定

（1993年7月1日长春市人民政府　长府〔1993〕49号公布）

第一条　为了加强国有土地（以下简称土地）使用权有偿使用收入的管理，进一步完善土地使用制度改革，促进房地产市场的发展，根据有关规定，制定本规定。

第二条　本规定适用于我市行政区域内国有土地使用权有偿使用收入的管理。

第三条　国有土地使用权有偿使用收入包括土地出让金和土地收益金（或土地增值费）两部分。

土地出让金具体是指：

（一）政府土地管理部门将土地使用权出让给土地使用者，按规定向受让人收取的土地出让的全部价款（批土地出让的交易总额）；

（二）土地使用期满，土地使用者需要续期而向土地管理部门缴纳的续期土地出让价款；

（三）原通过行政划拨得土地使用权者，将土地使用权有偿转让、出租、抵押、作价入股和投资，按规定补交的土地出让价款。

土地收益金具体是指：

（一）土地使用者将其所使用的土地使用权转让（含连同地面建筑物一同转让）给第三者时，就其转让土地交易额按规定比例缴纳的价款；

（二）土地使用者将其所使用的土地使用权出租（含连同地面建筑物一同出租）给其他使用者时，就其所获得的租金收入按规定比例缴纳的价款。

第四条　国有土地使用权有偿使用收入归国家所有，各级财政部门是此项收入征收的管理部门。土地出让金由土地管理部门代征代缴，土地收益金由房地管理部门代征代缴，其他任何部门不得擅自征收。

第五条　各级土地管理部门和房地管理部门要将代征的土地出让金和收益金在次月五日内缴到本级财政部门。对逾期不缴的或隐瞒、截留收入的，按有关财政法规严肃处理。

第六条　各县（市）、郊区的土地使用权有偿使用收入的5%上缴中央财政（由市财政统一上缴），15%上缴市财政。

第七条　市财政局按收入额的2%，为代征代缴部门提取业务费并直接转入财政专户，提取的业务费执行行政事业单位预算外资金管理办法的有关规定。

第八条　国有土地有偿使用收入，主要用于城市建设和土地开发。各有关部门动用土地有偿使用收入，必须先向财政部门申报使用计划，经审查同意后可拨款。

第九条　国有土地有偿使用收入中的外汇收入留给市财政部分，如在土地开发中确需支出的，有关土地开发管理部门应向市财政局申报，由市财政核拨。

第十条　土地管理部门和房地管理部门，应在次月五日前向财政部门报送土地使用权有偿使用收入和支出月报表。各县（市）区要在每季度终了八日内向市财政报送土地有偿使用和支出季度报表。

第十一条　本规定由市人民政府法制办公室负责解释。

第十二条　本规定由市财政局负责组织实施。

第十三条　本规定自发布之日起施行。

⑨成都市城镇国有土地使用权出让和转让管理办法若干问题的施行细则（节录）

（1992年4月8日成都市人民政府　成府〔1992〕54号公布）

第二条　转让、出租、抵押本市锦江区、青羊区、金牛区、武侯区、成华区和其他区（市）、县的县域、建制镇、工矿区范围内划拨土地使用权和地上建筑物、其他附着物的机关、团体、企事业单位、驻蓉部队和其他组织以及城镇居民个人，都必须按照细则的规定补办出让手续，缴纳土地增值价款。

⑩福州市国有土地使用权出让转让收费暂行办法（节录）

（1991年5月25日福州市人民政府　榕政综〔1991〕112号公布）

第十一条　土地使用权出让金、增值费由市土地管理局代收，上缴市财政，依法管理与使用。

管理费、手续费根据国家有关规定另加。

（四）相关其他规范性文件

❶北京市地方税务局、北京市财政局关于委托市房地产交易所代征土地增值税的通知

（1997年12月24日北京市地方税务局　京地税二〔1997〕587号　北京市财政局　京财预〔1997〕2872号公布）

一、市房地产交易所坐落于崇文区，为便于代征工作的进行，及时传递代征资料，同意由崇文区地税局与市房地产交易所签定土地增值税委托代征协议，并制定有关代征工作的具体操作规程。

二、凡在市房地产交易所办理交易手续的，均由市房地产交易所代征土地增值税，有关代征资料由市交易所向崇文区地税局专业税务所传递。其中有关存量房坐落地资料由崇文区地税局专业税务所核定，有关代征税款入库情况由崇文区地税局计会科核定，崇文区地税局要认真搞好有关代征资料档案管理工作。

三、市房地产交易所代征税款暂全部入市级库，属于区、县级50%收入部分，待年度终了后，由市财政局扣除手续费后，按转让存量房坐落地向各区、县返还。

四、代征单位应按京地税二〔1996〕351号文件规定于每季终了后7日内向崇文区地税局专业税务所报送上季《代征土地增值税税款报告表》，由崇文区地税局审核后按季付给代征单位代征税款5%的手续费，其中2.5%由市级负担，2.5%由区县负担。按规定付给代征单位的手续费，代征单位不得从代征税款中坐扣。

本通知自1997年1月1日起实行。

❷北京市地方税务局关于土地增值税若干征收管理问题的通知（节录）

（1996年6月5日北京市地方税务局　京地税二〔1996〕240号公布）

二、关于纳税环节问题

土地增值税的纳税义务发生时间为纳税人取得房地产转让收入和取得预售房地产价款的当天。

三、关于纳税期限问题

土地增值税的纳税期限为纳税人办理纳税申报手续后3日内。

四、关于预征土地增值税问题

对房地产开发企业在项目全部竣工清算前转让房地产取得的收入，由于涉及成本确定或其他原因，而无法据实计算土地增值税的，可采取预征的办法组织征收，其预征方法为：

1. 纳税人预售普通标准住宅，依预售收入的0.5%预征土地增值税，年度结利后一个月内和项目竣工清算后2个月内到地方主管税务机关汇算清缴，多退少补，清算期限为3年。

2. 纳税人预售非普通标准住宅、别墅、公寓、宾馆、饭店、办公写字楼等其他房地产，依预售收入按规定比例预征土地增值税，年度结利后一个月内和项目竣工清算后2个月内到地方主管税务机关汇算清缴，多退少补，清算期限为3年。

预征率如下：

转让房地产项目	宾馆、饭店、办公写字楼	公寓、别墅、非普通标准住宅	其他
预征率	3%	2%	1%

五、关于成片开发、分期分批转让房地产如何计算扣除项目金额问题

纳税人成片受让土地使用权后，分期分批开发转让房地产的，其扣除项目金额的确定，原则上按建筑面积计算分摊，如采取其他方式计算分摊的，须报经地方主管税务机关确认同意后执行。

六、关于转让新建房屋如何计算扣除项目金额问题

纳税人取得新建房在一年以内转让的，以取得房地产时所支付的价格为扣除项目金额；如有其他资金投入的，按评估价格计算扣除。

七、关于加计20%扣除方法问题：

对预售商品房的房地产开发企业，其加计20%扣除，采取项目年终结利和竣工清算税款时一并扣除的方法。

八、关于计税单位问题

根据《实施细则》第八条规定，房地产综合开发企业应依照财务会计制度规定的基本核算项目或核算对象为计税单位。但以"开发小区"为计税单位的房地产综合开发企业，对"开发小区"内的别墅、公寓、办公写字楼、宾馆饭店、非普通标准住宅等其他房地产，应分别按单位工程（栋号）计算缴纳土地增值税。普通标准住宅与其他公建房成本划分不清的，一律按规定征税。成本核算单位一经确定，在土地增值税未清算之前，不得变动。

九、关于委托有关部门代征土地增值税问题

对于单位和个人转让存量房地产，由于税源零散，采取委托有关部门代征的方式，具体代征办法另行规定。

三、办案实战资料库

土地增值税优惠政策的筹划案例

税法规定：纳税人建造普通标准住宅出售，增值额未超过扣除项目金额的20%的，免征土地增值税。按此原则，纳税人建造普通标准住宅出售的，应考虑增值额增加带来的效

益和放弃起征点的优惠而增加的税收负担间的关系，避免增值率稍高于起征点而导致得不偿失。

首先，如果纳税人欲享受起征点照顾，此时假定某房地产开发公司建成一批商品房待售，除销售税金及附加外的全部允许扣除项目金额为100万元，当其销售这批商品房的价格为X时，相应的销售税金及附加为：

X×5%×（1+7%+3%）=5.5%·X

其中,5%为营业税率，7%为城市维护建设税率，3%为教育费附加率。

此时，全部允许扣除项目金额为：

100+5.5%·X

根据有关土地增值税起征点的规定,该企业享受免征土地增值税的最高售价为：

X=1.2×（100+5.5%·X）

解以上方程可知，最高售价即X=128.48万元，允许扣除项目金额为107.7万元（即100+5.5%×128.48）。

此时，如果公司欲通过提高售价达到增加效益目的，当增值率略高于20%时，即应适用增值率在50%以下，税率为30%的规定。假设此时的售价为（128.48+Y）。由于售价提高Y，相应的营业税金及附加和允许扣除项目金额都应提高5.5%·Y。这时：

允许扣除项目金额=107.7+5.5%·Y

增值额=128.48+Y-（107.7+5.5%·Y）=21.41+94.5%·Y

所以应纳土地增值税=(21.41+94.5%·Y)×30%

若企业欲使提价带来的效益超过因突破起征点而新增加的税收，就必须使：

Y=（21.41+94.5%·Y)×30%

即：Y=8.96万元

也就是说，如果想提高售价获取更大的收益，就必须使售价高于137.44万元（即128.48+8.96）。

通过以上两个方面的分析可知，转让房地产的企业，当其除销售税金及附加的全部扣除项目金额为100万元时，将售价定为128.48万元，是其可以享受免征土地增值税的最高价位。

在这一价格水平下，既可享受起征点的照顾又可获得较大的收益。如果售价低于此数，虽能享受起征点的照顾，却只能获得较低的收益，如欲提高售价，则必须使价格高于137.44万元，否则，价格提高的收益，将不足以弥补价格提高所带来的税收负担。

【房产税】

一、专家指导意见

房产税是以房产为征税对象，以房产价值或租金为计税依据的一种税收。

1. 纳税人：房产税的纳税人为在中国境内拥有房产权的单位和个人。产权属于全民所有的，其经营管理的单位和个人为纳税义务人；产权出典的，承典人为纳税义务人；产权所有人、承典人不在房产所在地或者产权未确定或租典纠纷未解决的，房产代管人或者使用人为纳税义务人。

2. 征税范围：房产税的征税范围为城市、县城、建制镇和工矿区。

3. 计税依据：房产税计税依据为依照房产原值一次减除10%～30%后的余值。房屋出租的，以房屋租金收入为计税依据。

4. 税率：依照房产余值计算缴纳的税率为1.2%；依照房屋租金计算缴纳的税率为12%。

5. 税额计算：(1) 依照房产余值计算：应纳房产税税额=［房产原值-房产原值×（10%～30%）］×适用税率1.2%；(2) 依照房屋租金收入计算：应纳房产税税额=房屋租金收入×适用税率12%。房产税按年征收，分期缴纳。

6. 免税：(1) 国家机关、人民团体、部队自用房产；(2) 由国家财政部门拨付事业经费的单位自用的房产；(3) 宗教寺庙、公园、名胜古迹自用的房产；(4) 个人所有非营业用的房产；(5) 财政部批准免征税的其他房产。

二、法律适用依据

（一）相关行政法规及规范性文件

❶中华人民共和国房产税暂行条例

（1986年9月15日国务院 国〔1986〕90号公布）

第一条 房产税在城市、县城、建制镇和工矿区征收。

第二条 房产税由产权所有人缴纳。产权属于全民所有的，由经营管理的单位缴纳。产权出典的，由承典人缴纳。产权所有人、承典人不在房产所在地的，或者产权未确定及租典纠纷未解决的，由房产代管人或者使用人缴纳。

前款列举的产权所有人、经营管理单位、承典人、房产代管人或者使用人，统称为纳税义务人（以下简称纳税人）。

第三条 房产税依照房产原值一次减除10%至30%后的余值计算缴纳。具体减除幅度，由省、自治区、直辖市人民政府规定。

没有房产原值作为依据的，由房产所在地税务机关参考同类房产核定。

房产出租的，以房产租金收入为房产税的计税依据。

第四条 房产税的税率，依照房产余值计算缴纳的，税率为1.2%；依照房产租金收入计算缴纳的，税率为12%。

第五条 下列房产免纳房产税：

一、国家机关、人民团体、军队自用的房产；

二、由国家财政部门拨付事业经费的单位自用的房产；

三、宗教寺庙、公园、名胜古迹自用的房产；

四、个人所有非营业用的房产；

五、经财政部批准免税的其他房产。

第六条 除本条例第五条规定者外，纳税人纳税确有困难的，可由省、自治区、直辖市人民政府确定，定期减征或者免征房产税。

第七条 房产税按年征收、分期缴纳。纳税期限由省、自治区、直辖市人民政府规定。

第八条 房产税的征收管理，依照《中华人民共和国税收征收管理暂行条例》的规定办理。

第九条 房产税由房产所在地的税务机关征收。

第十条 本条例由财政部负责解释；施行细则由省、自治区、直辖市人民政府制定，抄送财政部备案。

第十一条 本条例自一九八六年十月一日起施行。

❷关于非营利性科研机构管理的若干意见（试行）（节录）

（2000 年 7 月 5 日科技部、中编办、财政部、税务总局制定 2000 年 12 月 19 日国务院办公厅 国办〔2000〕78 号转发）

九、非营利性科研机构税收政策。

（一）非营利性科研机构从事技术开发、技术转让业务和与之相关的技术咨询、技术服务所得的收入，按有关规定免征营业税和企业所得税。

（二）非营利性科研机构从事与其科研业务无关的其他服务所取得的收入，如租赁收入、财产转让收入、对外投资收入等，应当按规定征收各项税收；非营利性科研机构从事上述非主营业务收入用于改善研究开发条件的投资部分，经税务部门审核批准可抵扣其应纳税所得额。

（三）非营利性科研机构自用的房产、土地，免征房产税、城镇土地使用税。

（四）社会力量对非营利性科研机构的新产品、新技术、新工艺所发生的研究开发经费资助，可依照税收法律、法规规定，允许在当年度应纳税所得额中扣除。

❸关于鼓励职工购买公有旧住房的意见（节录）

（1988 年 2 月 15 日国务院住房制度改革领导小组制定 1988 年 2 月 25 日国务院办公厅 国办〔1988〕13 号转发）

二、出售旧房的政策和措施

（一）售价适当优惠。旧住房应与新住房售价拉开差距。旧房售价按重置价的成新折扣计算。售价的核定，要通过当地房产交易所或房地产主管部门进行评估，防止贱价出售，出售对象为家住城镇、有正式城镇户口的职工。优惠价以户口为单位，每户只能享受一次。

（二）付款形式。首次付款不得低于售价的 30%，其余部分，可向银行申请住房低息抵押贷款。单位自管房卖给本单位职工，也可委托银行贷款，或由本单位采取分期付款办法。首次付款超过上述比例，可给予相当于超过部分存款利息的优惠折扣。低息贷款以户为对象，一户只能享受一次优惠。

（三）贷款的期限和利率。贷款的期限长短和利率高低是调节售价高低和购房者偿还能力的杠杆。职工购买旧住房贷款期限一般最长不超过十年，利率要根据贷款期限长短分开档次。

（四）免征房产税和一次性的契税。

（五）高层住房的电梯费和高压水泵费，以及各类住房的暖气费仍由职工所在单位负担。

（六）住房管理体制应作相应改革。政企要分开，房地产业要向社会化、专业化、经营化发展。公寓式（单元式）的楼房卖给职工后，可委托代管和维修，公共部位的维修，由住户每年缴纳公共维修费。服务和维修行业要跟上，为住户提供收费合理的优质服务，使买房者消除后顾之忧。

（七）逐步创造条件放开房产市场。在职工购买旧房一定时期后（暂定为五年），应允许进入市场出售，原出售单位有优先购买权。住房的增值部分，个人只应得所付的优惠价占综合造价比例的部分。

（八）公房（含单位自管房和房管部门直管房）出售价款必须全数存入由当地政府指定的银行，分别进入住房基金专户，所有权不变，但只能定向使用于新建、改建、扩建住房和发放住房券，专款专用，监督使用。

（九）出售旧房时，原住户有优先购买权。

（十）各城镇对出售旧住房要作为住房制度改革的重要环节来抓，自 1988 年起的三年内，努力做到有 20% 旧房出售。

❹关于组建在各地的直属税务机构和地方税务局的实施意见（节录）

（1993 年 12 月 4 日国家税务总局制定 1993 年 12 月 9 日国务院办公厅 国办〔1993〕87 号转发）

二、组建两个税务机构的有关问题

（一）关于征收管理范围的划分。

为有利于加强税收征收管理，减少不必要的重叠征收，按照分税制财政体制的规定，两个税务机构的征收范围具体划分如下：

国家税务局系统主要负责下列各税的征收和管理：

1. 增值税；
2. 消费税；
3. 进口产品消费税、增值税，直接对台贸易调节税（委托海关代征）；
4. 铁道、各银行总行、保险总公司集中缴纳的营业税、所得税和城市建设维护税；
5. 中央企业所得税；
6. 地方和外资银行及非银行金融企业所得税；
7. 海洋石油企业所得税、资源税；
8. 证券交易税（未开征前先征收在上海、深圳市证券交易所交易证券的印花税）；
9. 对境内外商投资企业和外国企业的各项税收以及外籍人员（华侨、港澳台同胞）缴纳的个人所得税（按税种分别入中央库和地方库）；
10. 出口产品退税的管理；
11. 集贸市场和个体户的各项税收（按税种分别入中央库和地方库）；
12. 中央税的滞补罚收入；
13. 按中央税、共享税附征的教育费附加（属于铁道、银行总行、保险总公司缴纳的入中央库，其他入地方库）；
14. 国家能源交通重点建设基金、国家预算调节基金。

地方税务局主要负责下列各税的征收和管理（不包括已明确由国家税务局负责征收的地方税部分）：

1. 营业税；
2. 个人所得税；
3. 土地增值税；
4. 城市建设维护税；
5. 车船使用税；
6. 房产税；
7. 屠宰税；
8. 资源税；
9. 城镇土地使用税；

10. 固定资产投资方向调节税；

11. 地方企业所得税（包括地方国有、集体、私营企业）；

12. 印花税；

13. 筵席税；

14. 地方税的滞补罚收入；

15. 按地方营业税附征的教育费附加。

（二）关于机构设置。

国家税务局机构设置为四级，即：国家税务总局；省、自治区、直辖市分局，名称为国家税务总局××分局（如国家税务总局山东分局，以此类推）；地（市、州、盟）中心支局；县（市、旗）支局。税务所（征收处）按经济区划设置，为支局的派出机构。国家税务总局在各地直属税务机构的人员编制由国家税务总局报中央机构编制委员会审定。国家税务总局将拟订《国家税务系统组织条例》，报国务院审批后发布执行。

地方税务局按行政区划设置，名称为××省（自治区、直辖市，地、市、县）地方税务局（如山东省地方税务局）。地方税务局的管理体制、机构设置、人员编制按地方各级人民政府组织法的规定办理。地方税务局的组织办法由各省（自治区、直辖市）人民政府根据具体情况，参照即将发布的《国家税务局系统组织条例》制定。

（三）关于领导体制及人员管理。

国家税务局系统实行国家税务总局垂直管理的领导体制，在机构、编制、经费、领导干部职务的审批等方面按照下管一级的原则，实行垂直管理。地方各级国家税务局正、副局长由上一级国家税务局审批任免（按中央规定，地方各级国家税务局党组正、副书记和党组成员、纪检组长由上一级国家税务局党组审批任免）。

省级地方税务局实行地方人民政府和国家税务总局双重领导，以地方政府领导为主的管理体制。

各级税务机关实行国家公务员制度。

（四）关于国家税务局与地方税务局的关系。

国家税务总局对省、自治区、直辖市地方税务局的领导，主要体现在税收政策、业务的指导和协调以及对国家统一的税收制度、政策的监督和组织经验交流等方面。省级地方税务局的局长人选由地方人民政府征求国家税务总局的意见后，按当地审批程序任免。省以下地方税务局在向地方政府报送税收计划、统计报表等的同时，抄送同级国家税务局汇总上报。两个税务机构在日常工作中要互通信息，加强协作。

（五）关于业务人员分开问题。

根据国家税务局和地方税务局工作业务范围，在合理分工，适当调配的基础上，将业务人员分开。现有基层征收机构及所属人员按业务分开，实行分别收税，分别入库；业务暂时分不开的，税款必须分别入库，并要积极创造条件，逐步将业务分开。

（六）关于现有人员、财物在机构组建过程中原则冻结的问题。

国务院《通知》规定，在组建两个税务机构的过程中，人员进出和财物原则上予以冻结，是指现有各级税务机构人员调进、调出和提拔使用原则上暂停，确需办理的必须经上一级组建筹备组批准；各级税务机关的财产不得擅自转移、调拨和分配。

（七）关于计划单列市问题。

计划单列市两个税务机构组建筹备组的工作要在所在省组建筹备组的统一领导下进行。鉴于这些城市税源比较集中，征收任务相对比较大，两个税务机构的名称分别为：国家税务总局××省××分局；××市地方税务局（如国家税务总局山东省青岛分局；青岛市地方税务局）。国家税务总局计划单列市分局局长由省税务分局考核提名，报国家税务总局审批任免；副局长由省税务分局任免，报国家税务总局备案。

（八）关于税务系统的经费来源。

目前，要维持税务系统现有经费来源渠道不变。今后，关于税务系统经费来源、人员福利待遇等问题，我们将作进一步调查研究，提出方案，报国务院有关部门审定后下达。

❺关于在全国城镇分期分批推行住房制度改革的实施方案（节录）

（1988年2月15日国务院住房制度改革领导小组　国〔1988〕11号公布）

七、对住房建设、经营在税收政策上给予优惠

住房建筑税和房产税，从当地全面推行住房制度改革时起三年内，留给城市作为城市的住房基金。经营单位向职工个人出售的商品住房，可免缴建筑税、营业税。职工个人第一次购买公有住房，免交契税。对房产经营部门能源交通重点建设基金的征收，按其收入总额扣除成本和税金后的数额计征。

（二）相关部门规章及规范性文件

❶关于积极稳妥地推进公有住房租金改革的意见（节录）

（2000年7月19日国家发展计划委员会、建设部、财政部　计价格〔2000〕954号公布）

一、各地要采取措施，稳步推进公有住房租金改革。目前租金水平已达到五项因素成本租金水平（折旧费、维修费、管理费、贷款利息和房产税）的，应逐步向市场租金过渡。

❷关于非营利性科研机构税收政策的通知（节录）

（2001年2月9日财政部、国家税务总局　财税〔2001〕5号公布）

二、非营利性科研机构享受如下税收优惠政策：

1. 非营利性科研机构从事技术开发、技术转让业务和与之相关的技术咨询、技术服务所得的收入，按有关规定免征营业税和企业所得税。

2. 非营利性科研机构从事与其科研业务无关的其他服务所取得的收入，如租赁收入、财产转让收入、对外投资收入等，应当按规定征收各项税收；非营利性科研机构从事上述非主营业务收入用于改善研究开发条件的投资部分，经税务部门审核批准可抵扣其应纳税所得额，就其余额征收企业所得税。

3. 非营利性科研机构自用的房产、土地，免征房产税、城镇土地使用税。

4. 社会力量对非关联的非营利性科研机构的新产品、新技术、新工艺所发生的研究开发经费资助，经主管税务机关

审核确定，其资助支出可以全额在当年度应纳税所得额中扣除。当年度应纳税所得额不足抵扣的，不得结转抵扣。

❸关于调整住房租赁市场税收政策的通知（节录）

（2000年12月7日财政部、国家税务总局　财税〔2000〕125号公布）

一、对按政府规定价格出租的公有住房和廉租住房，包括企业和自收自支事业单位向职工出租的单位自有住房；房管部门向居民出租的公有住房；落实私房政策中带户发还产权并以政府规定租金标准向居民出租的私有住房等，暂免征收房产税、营业税。

二、对个人按市场价格出租的居民住房，其应缴纳的营业税暂减按3%的税率征收，房产税暂减按4%的税率征收。

❹关于对老年服务机构有关税收政策问题的通知（节录）

（2000年11月24日财政部、国家税务总局　财税〔2000〕97号公布）

一、对政府部门和企事业单位、社会团体以及个人等社会力量投资兴办的福利性、非营利性的老年服务机构，暂免征收企业所得税，以及老年服务机构自用房产、土地、车船的房产税、城镇土地使用税、车船使用税。

❺关于医疗卫生机构有关税收政策的通知

（2000年8月9日财政部、国家税务总局　财税〔2000〕42号公布）

一、关于非营利性医疗机构的税收政策

（一）对非营利性医疗机构按照国家规定的价格取得的医疗服务收入，免征各项税收。不按照国家规定价格取得的医疗服务收入不得享受这项政策。

医疗服务是指医疗服务机构对患者进行检查、诊断、治疗、康复和提供预防保健、接收、计划生育方面的服务，以及与这些服务有关的提供药品、医用材料器具、救护车、病房住宿和伙食的业务（下同）。

（二）对非营利性医疗机构从事非医疗服务取得的收入，如租赁收入、财产转让收入、培训收入、对外投资收入等应按规定征收各项税收。非营利性医疗机构将取得的非医疗服务收入，直接用于改善医疗卫生服务条件的部分，经税务部门审核批准可抵扣其应纳税所得额，就其余额征收企业所得税。

（三）对非营利性医疗机构自产自用的制剂，免征增值税。

（四）非营利性医疗机构的药房分离为独立的药品零售企业，应按规定征收各项税收。

（五）对非营利性医疗机构自用的房产、土地、车船，免征房产税、城镇土地使用税和车船使用税。

二、关于营利性医疗机构的税收政策

（一）对营利性医疗机构取得的收入，按规定征收各项税收。但为了支持营利性医疗机构的发展，对营利性医疗机构取得的收入，直接用于改善医疗卫生条件的，自其取得执业登记之日起，3年内给予下列优惠：对其取得的医疗服务收入免征营业税；对其自产自用的制剂免征增值税；对营利性医疗机构自用的房产、土地、车船，免征房产税、城镇土地使用税和车船使用税。3年免税期满后恢复征税。

（二）对营利性医疗机构的药房分离为独立的药品零售企业，应按规定征收各项税收。

三、关于疾病控制机构和妇幼保健机构等卫生机构的税收政策

（一）对疾病控制机构和妇幼保健机构等卫生机构按照国家规定的价格取得的卫生服务收入（含疫苗接种和调拨、销售收入），免征各项税收。不按照国家规定的价格取得的卫生服务收入不得享受这项政策。对疾病控制机构和妇幼保健等卫生机构取得的其他经营收入如直接用于改善本卫生机构卫生服务条件的，经税务部门审核批准可抵扣其应纳税所得额，就其余额征收企业所得税。

（二）对疾病控制机构和妇幼保健机构等卫生机构自用的房产、土地、车船，免征房产税、城镇土地使用税和车船使用税。

医疗机构需要书面向卫生行政主管部门申明其性质，按《医疗机构管理条例》进行设置审批和登记注册，并由接受其登记注册的卫生行政部门核定，在执业登记中注明“非营利性医疗机构”和“营利性医疗机构”。

上述医疗机构具体包括：各级各类医院、门诊部（所）、社区卫生服务中心（站）、急救中心（站）、城乡卫生院、护理院（所）、疗养院、临床检验中心等。上述疾病控制、妇幼保健等卫生机构具体包括：各级政府及有关部门举办的卫生防疫站（疾病控制中心）、各种专科疾病防治站（所），各级政府举办的妇幼保健所（站）、母婴保健机构、儿童保健机构等，各级政府举办的血站（血液中心）。

本通知自发布之日起执行。

❻关于血站有关税收问题的通知（节录）

（1999年10月13日财政部、国家税务总局　财税字〔1999〕264号公布）

一、鉴于血站是采集和提供临床用血，不以营利为目的的公益性组织，又属于财政拨补事业费的单位，因此，对血站自用的房产和土地征收房产税和城镇土地使用税。

❼关于高校后勤社会化改革有关税收政策的通知（节录）

（2000年2月28日财政部、国家税务总局　财税字〔2000〕25号公布）

六、对高校后勤实体，免征城镇土地使用税和房产税。

❽关于铁道部所属单位征免房产税城镇土地使用税问题的通知（节录）

（1997年5月13日财政部、国家税务总局　财税字〔1997〕8号公布）

一、对铁道部所属原执行经济承包方案的铁路运输、工业、供销、建筑施工企业，铁道部直属铁路局的工副业企业和由铁道部自行解决工交事业费的单位，其自用的房产、土地，自1996年1月1日起仍暂免征收房产税和城镇土地使用税。待铁路运价调整时再相应调整免税范围。

❾关于清产核资企业有关税收问题的通知（节录）

（1996年8月23日财政部、国家税务总局　财税字〔1996〕69号公布）

一、对国有企业固定资产重估后的新增价值，应按照有关税收法规规定征收房产税和印花税。

二、为照顾部分清产核资企业的实际困难，对固定资产重估后新增价值已增提折旧的国有企业，应按照重估后的价值征收房产税和印花税；对资产重估后未能新增价值增提折旧的国有企业，可由同级清产核资机构出具证明，经主管税务机关核实，从1996年1月1日起至1997年12月31日止，对其固定资产重估后新增价值部分免征房产税和缓征印花税。

⑩关于外国石油公司参与煤层开采所适用税收政策问题的通知（节录）

（1996年7月5日财政部、国家税务局　财税字〔1996〕62号公布）

五、从事开采陆上煤层气资源的企业，应当按照《城市房地产税暂行条例》的规定，缴纳房产税；按照《车船使用牌照税暂行条例》的规定，缴纳车船使用牌照税；按照《中华人民共和国印花税暂行条例》的规定，缴纳印花税。

抄送：地矿部

沈阳、长春、哈尔滨、南京、武汉、广州、成都、西安市财政局、国家税务局、地方税务局。

⑪关于充分发挥财政职能，进一步加强环境保护工作的通知（节录）

（1995年7月14日财政部　财工字152号公布）

三、促进生态环境建设，保护自然资源

对农田水利、水土保持、滩涂开发、开垦荒地、防护林工程、自然保护区建设、森林保护、速生丰产林建设、野生动物保护和繁殖基地建设、造林和恢复森林工程、水资源保护等投资项目的固定资产投资方向调节税实行零税率。

对公园、名胜古迹自用的土地和房产免征土地使用税和房产税；对市政街道、广场、绿化地带等公共用地免征土地使用税。

对经批准开山填海整治的土地和改造的废弃土地，从使用的月份起免征土地使用税5至10年。

⑫关于调整房产税和土地使用税具体征税范围解释规定的通知（节录）

（1999年3月12日国家税务总局　国税〔1999〕44号公布）

一、房产税、土地使用税在城市、县城、建制镇的工矿区征收，各地要遵照执行。

二、关于建制镇具体征税范围，由各省、自治区、直辖市地方税务局提出方案，经省、自治区、直辖市人民政府确定批准后执行，并报国家税务总局备案。对农林牧渔业用地和农民居住用房屋及土地，不征收房产税和土地使用税。

⑬关于地质矿产部所属地勘单位征税问题的补充通知（节录）

（1996年11月12日国家税务总局　国税函〔1996〕656号公布）

二、关于房产税、车船使用税等税收问题

（一）对财政部门拨付事业经费的地勘单位自用的房产、车船和土地，按有关规定免征房产税、车船使用税和城镇土地使用税；从事生产、经营活动等非自用的房产、车船、土地，则应按税法有关规定照章纳税。

（二）城市维护建设税、教育费附加随同增值税、消费税、营业税（以下简称“三税”）征免，即单位和个人凡应缴纳“三税”的均应缴纳城市维护建设税、教育费附加。

（三）一切单位和个人书立的应税凭证均应照章缴纳印花税。但对有经营收入的事业单位，凡属由国家财政部门拨付事业经费、实行差额预算管理的单位，其记载经营业务的账簿，按其他账簿定额贴花，不记载经营业务的账簿不贴花；凡属经费来源实行自收自支的单位，应对记载资金的账簿和其他账簿分别按规定贴花。

⑭关于地质矿产部所属地勘单位征税问题的通知（节录）

（1995年8月16日国家税务总局　国税函〔1995〕453号公布）

三、关于房产税、车船使用税等税的问题

对地矿部所属的地勘单位的房产税、车船使用税、城镇土地使用税、印花税和城市维护建设税、教育费附加等，应按规定征收。

抄送：财政部，地矿部

沈阳、长春、哈尔滨、南京、武汉、广州、成都、西安市国家税务局、地方税务局

⑮关于城市维护建设税等地方税有关问题的通知（节录）

（1994年2月25日国家税务总局　国税〔1994〕035号公布）

二、对城镇土地使用税、房产税、车船使用税等地方税种的改革，在集中精力确保已出台税种顺利实施的前提下，本着积极稳妥，充分考虑各方利益的原则，在深入调查研究的基础上，做到成熟一个，出台一个，使税制改革有计划、按步骤地进行。在新的税收法律、法规未出台前，仍按原税法和税收条例执行。

以上意见已经国务院领导同志批示同意，望各地依照执行。

⑯关于对个人出租房屋征收房产税问题的批复（节录）

（1993年7月9日国家税务总局　国税函〔1993〕141号公布）

北京市税务局：

你局京税三［1993］344号《关于对个人出租房屋试行定额征税办法的请示》收悉。现答复如下：

你局反映，近年来个人出租房屋的越来越多，出租人不申报租金收入或申报不实，偷漏房产税的情况多有出现，社会上及有关方面呼吁税务部门予以解决。为了控制税源，堵塞漏洞，加强房产税的征收管理，经研究决定：如纳税人对个人出租房屋的租金收入申报不实或申报数与同一地段同类房屋的租金收入相比明显不合理的，税务部门可以按照《中华人民共和国税收征收管理法》第二十三条的有关规定，采取科学合理的方法核定其应纳税款。具体办法由各省、自治区、直辖市税务机关结合当地实际情况制定。

⑰关于对治沙和合理开发利用沙漠资源给予税收优惠的通知（节录）

（1991年12月7日国家税务总局　国税〔1991〕204号公布）

六、对城市、县城、建制镇以外为治沙而建设的房产，免征房产税。

⑱关于邮电部门所属企业恢复征收房产税问题的通知（节录）

（1991年2月13日国家税务总局　国税〔1991〕036号公布）

各省、自治区、直辖市税务局，各计划单列市税务局，海洋石油税务局各分局：

财政部（87）财税字第055号《关于对邮电部门所属企

业征免房产税和车船使用税问题的通知》中规定“邮电部门所属的邮政企业和坐落在城市、县城以外的电信企业自用的房产。1990年底前，免征房产税”。此规定已经到期。经研究决定，从1991年起，对邮电部门所属企业一律恢复征收房产税。企业纳税确有困难的，可以向所在地税务机关提出减免税申请，由税务机关根据情况进行审批。

⑲关于对实行自收自支的事业单位恢复征收房产税和车船使用税的通知（节录）

（1990年4月24日国家税务总局 国税函〔1990〕434号公布）

一、对1990年以前实行自收自支的事业单位，凡已经免征房产税、车船使用税三年的，应按规定恢复征税；对已经办理免税手续，但免征房产税、车船使用税还不满三年的，可以继续免税到满三年为止。

二、对1990年1月1日以后，经费来源实行自收自支的事业单位，不再享受三年免税照顾，应照章征收房产税和车船使用税。

⑳关于出租多余闲置房屋设备等税收问题的批复（节录）

（1989年12月12日国家税务总局 国税流字〔89〕第571号公布）

二、房产税。按照房产税暂行条例规定，企业出租多余闲置房屋应按取得的租金收入依12%的税率征收房产税。

㉑关于对军队企业化管理工厂征免印花税等问题的通知（节录）

（1989年9月26日国家税务总局 国税地字〔89〕第099号公布）

二、房产税问题

对军队企业化管理工厂办的各类学校、医院、托儿所、幼儿园自用的房产，凡单独设置房产登记，能与企业其他房产原值划分开的，可免征房产税。

㉒关于房产税若干具体问题的解释和暂行规定（节录）

（1986年9月25日财政部、国家税务总局公布）

四、关于“由国家财政部门拨付事业经费的单位”，是否包括由国家财政部门拨付事业经费，实行差额预算管理的事业单位？

实行差额预算管理的事业单位，虽然有一定的收入，但收入不够本身经费开支的部分，还要由国家财政部门拨付经费补助。因此，对实行差额预算管理的事业单位，也属于是由国家财政部门拨付事业经费的单位，对其本身自用的房产免征房产税。

五、关于由国家财政部门拨付事业经费的单位，其经费来源实行自收自支后，有无减免税优待？

由国家财政部门拨付事业经费的单位，其经费来源实行自收自支后，应征收房产税，但为了鼓励事业单位经济自立，由国家财政部门拨付事业经费的单位，其经费来源实行自收自支后，从事业单位经费实行自收自支的年度起，免征房产税三年。

七、关于纳税单位和个人无租使用其他单位的房产，如何征收房产税？

纳税单位和个人无租使用房产管理部门、免税单位及纳税单位的房产，应由使用人代缴纳房产税。

九、关于在开征地区范围之外的工厂、仓库，可否征收房产税？

根据房产税暂行条例的规定，不在开征地区范围之内的工厂、仓库，不应征收房产税。

十、关于企业办的各类学校、医院、托儿所、幼儿园自用的房产，可否免征房产税？

企业办的各类学校、医院、托儿所、幼儿园自用的房产，可以比照由国家财政部门拨付事业经费的单位自用的房产，免征房产税。

十一、关于作营业用的地下人防设施，应否征收房产税？

为鼓励利用地下人防设施，暂不征收房产税。

十三、关于个人所有的居住房屋，可否由当地核定面积标准，就超过面积标准的部分征收房产税？

根据房产税暂行条例规定，个人所有的非营业用的房产免征房产税。因此，对个人所有的居住用房，不分面积多少，均免征房产税。

十四、关于个人所有的出租房屋，是按房产余值计算缴纳房产税还是按房产租金收入计算缴纳房产税？

根据房产税暂行条例规定，房产出租的，以房产租金收入为房产税的计税依据。因此，个人出租房屋，应按房屋租金收入征税。

十五、关于房产原值如何确定？

房产原值是指纳税人按照会计制度规定，在账簿“固定资产”科目中记载的房屋原价。对纳税人未按会计制度规定记载的，在计征房产税时，应按规定调整房产原值，对房产原值明显不合理的，应重新予以评估。

十六、关于毁损不堪居住的房屋和危险房屋，可否免征房产税？

经有关部门鉴定，对毁损不堪居住的房屋和危险房屋，在停止使用后，可免征房产税。

十七、关于依照房产原值一次减除百分之十至百分之三十后的余值计算缴纳房产税，其减除幅度，可否按照房屋的新旧程序分别确定？对有些房屋的减除幅度，可否超过这个规定？

根据房产税暂行条例规定，具体减降幅度以及是否区别房屋新旧程序分别确定减除幅度，由省、自治区、直辖市人民政府规定。减除幅度只能在10%至30%以内。

十八、关于对微利企业和亏损企业的房产，可否免征房产税？

房产税属于财产税性质的税，对微利企业和亏损企业的房产，依照规定应征收房产税，以促进企业改善经营管理，提高经济效益。但为了照顾企业的实际负担能力，可由地方根据实际情况在一定期限内暂免征收房产税。【注：依据《关于调整房产税有关减免税政策的通知》本条中“为了照顾企业的实际负担能力，可由地方根据实际情况在一定期限内暂免征收房产税”的规定已被废止】

十九、关于新建的房屋如何征税？

纳税人自建的房屋，自建成之次月起征收房产税。

纳税人委托施工企业建设的房屋，从办理验收手续之次月起征收房产税。

纳税人在办理验收手续前已使用或出租、出借的新建房屋，应按规定征收房产税。

二十、关于企业停产、撤销后应否停征房产税？

企业停产、撤销后，对他们原有的房产闲置不用的，经省、自治区、直辖市税务局批准可暂不征收房产税；如果这些房产转给其他征税单位使用或者企业恢复生产的时候，应依照规定征收房产税。【注：依据《关于调整房产税有关减免税政策的通知》本条中“企业停产、撤销后，对他们原有的房产闲置不用的，经省、自治区、直辖市税务局批准可暂不征收房产税”的规定已被废止】

二十一、关于基建工地的临时性房屋，应否征收房产税？

凡是在基建工地为基建工地服务的各种工棚、材料棚、休息棚和办公室、食堂、茶炉房、汽车房等临时性房屋，不论是施工企业自行建造还是由基建单位出资建造交施工企业使用的，在施工期间，一律免征房产税。但是，如果在基建工程结束以后，施工企业将这种临时性房屋交还或者估价转让给基建单位的，应当从基建单位接收的次月起，依照规定征收房产税。

二十二、关于公园、名胜古迹中附设的营业单位使用或出租的房产，应否征收房产税？

公园、名胜古迹中附设的营业单位，如影剧院、饮食部、茶社、照像馆等所使用的房产及出租的房产，应征收房产税。

二十三、关于房产出租，由承租人修理，不支付房租，应否征收房产税？

承租人使用房产，以支付修理费抵交房产租金，仍应由房产的产权所有人依照规定交纳房产税。

二十四、关于房屋大修停用期间，可否免征房产税？

房屋大修停用在半年以上的，经纳税人申请，税务机关审核，在大修期间可免征房产税。

二十五、关于纳税单位与免税单位共同使用的房屋，如何征收房产税？

纳税单位与免税单位共同使用的房屋，按各自使用的部分划分，分别征收或免征房产税。

㉓关于邮政企业征免房产税、土地使用税问题的函（节录）

（2001年6月1日国家税务总局　国税函〔2001〕379号公布）

《关于申请减免邮政企业房产税、土地使用税的函》收悉，来函要求国家税务总局进一步明确邮政农村支局不需缴纳房产税和土地使用税问题，经研究，现函复如下：

根据房产税和土地使用税的有关规定，对邮政部门坐落在城市、县城、建制镇、工矿区范围内的房产、土地，应当依法征收房产税和土地使用税；对坐落在上述范围以外尚在县邮政局内核算的房产、土地，必须在单位财务账中划分清楚，从2001年1月1日起不再征收房产税和土地使用税。

㉔关于加快发展城市社区卫生服务的意见（节录）

（2002年8月20日卫生部、国务院体制改革办公室、国家发展计划委员会、民政部、财政部、人事部、劳动和社会保障部、建设部、国家税务总局、国家药品监督管理局、国家中医药管理局公布）

（十一）企业事业单位、社会团体、个人的房屋和土地等不动产，无偿提供给非营利性社区卫生服务机构使用期间，按国家规定免征房产税和城镇土地使用税。

㉕关于房产税、城镇土地使用税有关政策规定的通知（节录）

（2003年7月15日国家税务总局　国税〔2003〕89号公布）

一、关于房地产开发企业开发的商品房免征房产税问题

鉴于房地产开发企业开发的商品房在出售前，对房地产开发企业而言是一种产品，因此，对房地产开发企业建造的商品房，在售出前，不征收房产税；但对售出前房地产开发企业已使用或出租、出借的商品房应按规定征收房产税。

二、关于确定房产税、城镇土地使用税纳税义务发生时间问题

（一）购置新建商品房，自房屋交付使用之次月起计征房产税和城镇土地使用税。

（二）购置存量房，自办理房屋权属转移、变更登记手续，房地产权属登记机关签发房屋权属证书之次月起计征房产税和城镇土地使用税。

（三）出租、出借房产，自交付出租、出借房产之次月起计征房产税和城镇土地使用税。

（四）房地产开发企业自用、出租、出借本企业建造的商品房，自房屋使用或交付之次月起计征房产税和城镇土地使用税。

㉖关于调整铁路系统房产税、城镇土地使用税政策的通知（节录）

（2003年7月11日财政部、国家税务总局　财税〔2003〕149号公布）

一、铁道部所属铁路运输企业自用的房产、土地继续免征房产税和城镇土地使用税。

二、对铁路运输体制改革后，从铁路系统分离出来并实行独立核算、自负盈亏的企业，包括铁道部所属原执行经济承包方案的工业、供销、建筑施工企业；中国铁路工程总公司、中国铁道建筑工程总公司、中国铁路通信信号总公司、中国土木建筑工程总公司、中国北方机车车辆工业集团公司、中国南方机车车辆工业集团公司；以及铁道部所属自行解决工交事业费的单位，自2003年1月1日起恢复征收房产税、城镇土地使用税。

三、铁道部所属其他企业、单位的房产和土地，继续按税法规定征收房产税和城镇土地使用税。

㉗关于转制科研机构有关税收政策问题的通知（节录）

（2003年7月25日财政部、国家税务总局　财税〔2003〕137号公布）

一、对于经国务院批准的原国家经贸委管理的10个国家局所属242个科研机构和建设部等11个部门（单位）所属134个科研机构中转为企业的科研机构和进入企业的科研机构，从转制注册之日起，5年内免征科研开发自用土地的城镇土地使用税、房产税和企业所得税。

对上述科研机构，其从事技术转让、技术开发业务和与之相关的技术咨询、技术服务业务取得的收入，按照财政部、国家税务总局《关于贯彻落实＜中共中央、国务院关于加强技术创新，发展高科技，实现产业化的决定＞有关税收问题的通知》（财税字〔1999〕273号）的有关规定免征营业税。

对进入企业作为非独立企业法人或不能实行独立经济核算的科研机构，其免税的应税所得、土地和房产应单独计算，确实难以划分清楚的，可由主管税务机关采取分摊比例法或其他合理的方法确定。

㉘关于教育税收政策的通知（节录）

（2004年2月5日财政部、国家税务总局　财税〔2004〕39号公布）

二、关于房产税、城镇土地使用税、印花税

对国家拨付事业经费和企业办的各类学校、托儿所、幼儿园自用的房产、土地，免征房产税、城镇土地使用税；对财产所有人将财产赠给学校所立的书据，免征印花税。

㉙关于明确免征房产税城镇土地使用税的铁路运输企业范围及有关问题的通知（节录）

（2004年2月27日财政部、国家税务总局　财税〔2004〕36号公布）

一、继续免征房产税和城镇土地使用税的铁道部所属铁路运输企业的范围包括：铁路局、铁路分局（包括客货站、编组站、车务、机务、工务、电务、水电、车辆、供电、列车、客运段）、中铁集装箱运输有限责任公司、中铁特货运输有限责任公司、中铁行包快递有限责任公司、中铁快运有限公司。

二、地方铁路运输企业自用的房产、土地应缴纳的房产税、城镇土地使用税比照铁道部所属铁路运输企业的政策执行。

三、铁道通信信息有限责任公司、中国铁路物资总公司、中铁建设开发中心和铁道部第一、二、三、四设计院免征房产税、城镇土地使用税的期限截止到2005年12月31日，自2006年1月1日起恢复征收房产税和城镇土地使用税。

㉚关于中国人民银行总行所属分支机构免征房产税城镇土地使用税的通知（节录）

（2001年10月22日国家税务总局　国税函〔2001〕第770号公布）

各省、自治区、直辖市和计划单列市地方税务局：

根据中国人民银行系统单位工作职能的转变，按照房产税、城镇土地使用税的有关规定，现明确：对行使国家行政管理职能的中国人民银行总行（含国家外汇管理局）所属分支机构自用的房产、土地，免征房产税、城镇土地使用税。凡与本规定有抵触的，以本规定为准。

㉛关于天然林保护工程实施企业和单位有关税收政策的通知

（2004年5月19日财政部、国家税务总局　财税〔2004〕37号公布）

一、对长江上游、黄河中上游地区，东北、内蒙古等国有林区天然林资源保护工程实施企业和单位用于天然林保护工程的房产、土地和车船分别免征房产税、城镇土地使用税和车船使用税。对上述企业和单位用于天然林资源保护工程以外其他生产经营活动的房产、土地和车船仍按规定征收房产税、城镇土地使用税和车船使用税。

二、对由于国家实行天然林资源保护工程造成森工企业的房产、土地闲置一年以上不用的，暂免征收房产税和城镇土地使用税；闲置房产和土地用于出租或企业重新用于天然林资源保护工程之外的其他生产经营的，应依照规定征收房产税和城镇土地使用税。

三、用于国家天然林资源保护工程的免税房产、土地和车船应单独划分，与其他应税房产、土地和车船划分不清的，应按规定征税。

㉜关于房产税部分行政审批项目取消后加强后续管理工作的通知（节录）

（2004年6月23日国家税务总局　国税函〔2004〕839号公布）

一、对《财政部税务总局关于房产税若干具体问题的解释和暂行规定》（〔86〕财税地字第008号）第二十四条关于"房屋大修停用在半年以上的，经纳税人申请，税务机关审核，在大修期间可免征房产税"的规定作适当修改，取消经税务机关审核的内容。

纳税人因房屋大修导致连续停用半年以上的，在房屋大修期间免征房产税，免征税额由纳税人在申报缴纳房产税时自行计算扣除，并在申报表附表或备注栏中作相应说明。

二、纳税人房屋大修停用半年以上需要免征房产税的，应在房屋大修前向主管税务机关报送相关的证明材料，包括大修房屋的名称、坐落地点、产权证编号、房产原值、用途、房屋大修的原因、大修合同及大修的起止时间等信息和资料，以备税务机关查验。具体报送材料由各省、自治区、直辖市和计划单列市地方税务局确定。

三、税务机关要加强房产税的税源管理，摸清纳税人房屋的使用状况，并设立房产税税源管理台账。有条件的地方要充分利用信息化手段，建立房产税信息管理系统，及时掌握房产税的申报、纳税、免税情况，加强税源管理。

五、各省、自治区、直辖市和计划单列市地方税务局应根据本通知的精神制定具体的管理办法，并告知房产税的纳税人。

㉝关于暂免征收军队空余房产租赁收入营业税房产税的通知

（2004年7月21日财政部、国家税务总局　财税〔2004〕123号公布）

一、自2004年8月1日起，对军队空余房产租赁收入暂免征收营业税、房产税；此前已征税款不予退还，未征税款不再补征。

二、暂免征收营业税、房产税的军队空余房产，在出租时必须悬挂《军队房地产租赁许可证》，以备查验。

请遵照执行。

㉞关于救助打捞单位税收优惠政策的通知（节录）

（2005年3月7日财政部、海关总署、国家税务总局　财税〔2005〕31号公布）

一、打捞局自用土地、房产和车船免征城镇土地使用税、房产税和车船使用税。

㉟关于文化体制改革试点中支持文化产业发展若干税收政策问题的通知（节录）

（2005年3月29日财政部、海关总署、国家税务总局　财税〔2005〕2号公布）

六、对因自然灾害等不可抗力或承担国家指定任务而造成亏损的文化单位，经批准，免征经营用土地和房产的城镇土地使用税和房产税。

㊱关于延长转制科研机构有关税收政策执行期限的通知（节录）

（2005年3月8日财政部、国家税务总局　财税〔2005〕14号公布）

一、对经国务院批准的原国家经贸委管理的10个国家局所属242个科研机构和建设部等11个部门（单位）所属134个科研机构中转为企业的科研机构和进入企业的科研机构，从转制注册之日起5年内免征科研开发自用土地、房产的城镇土地使用税、房产税和企业所得税政策执行到期后，再延长2年期限。

对上述转制科研院所享受的税收优惠期限，不论是从转制之日起计算，还是从转制注册之日起计算，均据实计算到期满为止。

（三）相关地方政府规章及规范性文件

❶天津市实施《中华人民共和国房产税暂行条例》的细则

（1987年1月2日天津市人民政府公布　1999年7月12日根据天津市人民政府《关于修改〈天津市实施中华人民共和国房产税暂行条例的细则〉的通知》修订公布）

第一条　本细则根据《中华人民共和国房产税暂行条例》第十条制定。

第二条　房产税在本市市内六区、环城四区以及滨海三区、五县的县城、建制镇和工矿区征收。

第三条　房产税由产权所有人缴纳。产权属于全民所有的，由经营管理的单位缴纳；产权出典的，由承典人缴纳；产权所有人、承典人不在房产所在地的，或者产权未确定及租典纠纷未解决的，由房产代管人或使用人缴纳。

前款列举的产权所有人、经营管理单位、承典人、房产代管人或者使用人，统称为纳税义务人。

第四条　房产税的计税依据，应按照会计账簿所记载的房产原值一次减除30%后的余值计算。

第五条　没有房产原值可作为依据的，其房产原值暂定为：平房每建筑平方米400元，楼房每建筑平方米800元，均按减除30%后的余值计征。此项房产原值只供计算房产税税款使用。

第六条　国家机关、人民团体、军队、事业单位出租的房产，个人自有出租的房产及房地产管理部门经营的房产（公产、代管产、托管产等），均应按房屋租金收入计征。房管部门自用的房产如不收租的，按第五条规定办理。

第七条　单位的新建房屋，自建成验收的次月份起征税。未经验收而提前使用的房屋，应自使用的次月份起征税。新建房屋的造价尚未作出决算的，可先按基建计划价值或实际支出建造价值，一次减除30%后的余值计征，俟入账后再按本细则第四条的规定办理。已按基建计划价或其他计税价值征税的差额部分，不再退补。

第八条　房产税的税率，按照房产余值计算缴纳的，年税率为1.2%；按照房产租金收入计算缴纳的，年税率为12%。

第九条　下列房产免纳房产税：

（一）国家机关、人民团体、军队自用的房产；

（二）由财政部门拨付事业经费的单位自用的房产；

（三）宗教寺庙、公园、名胜古迹本身自用的房产（附设的剧场、小卖部、餐厅、茶社及出租的房产等除外）；

（四）个人所有非营业用的房产（不包括出租的房产）。

第十条　除本细则第九条规定者外，纳税义务人纳税确有困难的，经天津市地方税务局审查批准定期减征、免征房产税。

第十一条　房产税按年征收，分两期缴纳，上半年在5月份，下半年在11月份。

第十二条　房产税的征收管理，依照《中华人民共和国税收征收管理法》及《中华人民共和国税收征收管理法实施细则》的规定执行。

第十三条　房产税由房产所在地的区、县税务机关征收。

凡财务上不是独立核算的单位，其房产税由总机构所在地的税务机关征收。外省市驻津单位，不论是否独立核算，一律在本市所在区、县税务机关纳税。

第十四条　本细则自发布之日起施行。

❷辽宁省房产税实施细则

（1987年8月12日辽宁省人民政府　辽政〔1987〕97号文公布）

第一条　根据《中华人民共和国房产税暂行条例》（以下简称《条例》）的规定，结合我省实际情况，制定本细则。

第二条　房产税的征收范围：

（一）城市市区和郊区中设有街道办事处、居民委员会的地区；

（二）县城；

（三）建制镇（镇人民政府所在地）；

（四）工矿区。

工矿区征税的具体范围由市人民政府划定。

第三条　房产的产权所有人、经营管理单位、承典人、房产代管人或者使用人都是房产税的纳税义务人（以下简称纳税人）。

第四条　房产税依照房产原值一次减除30%后的余值计算缴纳。

房产原值没有依据的，由房产所在地税务机关比照同类结构、同等新旧程度的房产核定。

工程尚未决算已经投入使用的新建房产，依照基建计划价值减除30%后的余值计税；没有基建计划价值的，由房产所在地税务机关核定。工程决算后，依照入账的价值计税；已按计划价值或核定价值征纳税款的不再退补。

出租的房产，以租金收入为计税依据。

第五条　房产税的税率，按《条例》第四条的规定执行。

第六条　除《条例》第五条规定外，下列房产免纳房产税：

（一）企业、事业单位和个人自办的学校、医院（诊所）、幼儿园、托儿所、敬老院使用的房产；

（二）企业、事业单位自用的职工疗养院使用的房产；

（三）经批准关闭、停产的企业在停产期间闲置未用的房产；

（四）经省税务局批准免税的其他房产。

第七条 下列房产纳税人纳税有困难的，由市人民政府确定定期减征或免征房产税：

（一）中小型微利企业自用的房产；

（二）民政部门举办的社会福利事业和企业自有自用的房产；

（三）经民政部门批准由企业自办的安置盲、聋、哑、残人员占生产人员总数10%以上的社会福利企业自用的房产。

第八条 房产税按年征收，分期（月份、季度、半年）缴纳。具体纳税期限，由市人民政府确定。

第九条 纳税人必须向当地税务机关据实申报房产的坐落地点、建造时间、用途、间数、面积、原值、租金收入等情况，不准弄虚作假。

免税的房产，应当按前款规定向税务机关申报。

第十条 纳税人有下列情形之一的，应当在十五日内按前条第一款的规定向当地税务机关申报，办理变更手续：

（一）新建、扩建、改建和购置房产的；

（二）拆除、售出、分割、赠送、继承、出典房产的；

（三）房产租金收入发生变化的；

（四）免税房产改变用途的；

（五）其他需要申报的。

第十一条 房产税的征收管理，按《中华人民共和国税收征收管理暂行条例》和《辽宁省税收征收管理实施办法》的有关规定办理。

第十二条 本细则由省税务局负责解释。

第十三条 本细则从发布之日起施行。

❸黑龙江省实施《中华人民共和国房产税暂行条例》细则

（1988年12月5日黑龙江省人民政府公布）

第一条 根据《中华人民共和国房产税暂行条例》（以下简称《条例》）第十条规定，结合我省实际情况，制定本细则。

第二条 《条例》第一条规定的“城市”是指城市的市区和近郊区（不含未设街委建制的地区）。“县城”是指县人民政府所在地。“建制镇”是指镇人民政府所在地（不含所辖行政村）。“工矿区”是指工商业比较发达，人口比较集中，符合国务院规定的建制镇标准，但尚未设立镇建制的大中型工矿企业所在地。

开征房产税的工矿区，省政府授权行署、市人民政府确定。

第三条 凡在本省开征区内的房产，不论产权属于单位或者个人，除另有规定者外，均应按《条例》和本细则的规定缴纳房产税。

第四条 房产税依照房产原值一次减除百分之三十后的余值计算缴纳。

没有房产原值作为依据的，由当地税务机关会同房产管理等有关部门参照同类房产核定原值，以减除百分之三十后的余值计算缴纳房产税。

工程尚未决算已经投入使用的新建房产，依照基建计划价值减除百分之三十后的余值计税；没有基建计划价值的由当地税务部门核定计税价值征收房产税；工程决算后，依照实际入账价值计算缴纳，多退少补。

第五条 根据《条例》第五条、第六条规定，下列房产免纳房产税：

（一）国家机关、经国务院授权的政府部门批准设立或登记备案并由国家或地方财政部门拨付行政事业费的各种社会团体、军队自用的办公和公务用房。

（二）国家财政部门拨付事业经费和实行差额预算管理的事业单位自用的公务用房。

（三）宗教寺庙用于举行宗教仪式等活动的房屋和宗教神职人员使用的生活用房屋。

（四）公园（包括烈士陵园）、名胜古迹供公共参观游览的房屋及其管理单位使用的办公用房屋。

上述单位出租的房产以及生产、经营用房产，不属于免税范围，应照章缴纳房产税。

（五）企业举办的各类学校、医院、卫生所、托儿所、幼儿园自用的房产。

（六）企事业单位举办的职工疗养院自用的房产。

（七）民政部门举办的社会福利事业单位自用的房产。

（八）基本建设单位或施工企业在施工期间因施工需要而修建的临时简易房屋和仓棚。

（九）经省政府授权省税务局批准减税、免税的其他房产。

第六条 下列房产，经纳税人申请，省政府授权市、县税务机关批准，可以定期减征或者免征房产税。

（一）企业在关停期间没有使用的房产。

（二）经有关部门鉴定，停止使用的危险房屋。

（三）民政部门举办的社会福利工厂以及经民政部门批准，由街道或企业自办的社会福利工厂（指安置盲、聋、哑、残人员占生产人员总数百分之二十五以上的）自用的房产。

第七条 纳税人按规定缴纳房产税确有困难的，需由纳税人提出申请，按税收管理权限报请税务机关审批，可酌情给予定期减税或免税照顾。

第八条 房产税的纳税期限，依照房产余值计算缴纳的，按年计算，分季缴纳，于每年二、五、八、十一月份征收。每一征期为二十天，具体征收时间，由当地税务机关规定。

依照房产租金收入计算缴纳的，按当月实际租金收入计算，于每月终了后十日内缴纳。

第九条 铁路、邮电、航运、金融、油田、煤矿、电业等企业所属分支机构使用的房产，不论是独立核算单位，还是报账制单位，均应向房产所在地税务机关缴纳房产税。

第十条 纳税人新建、购进房产或者改变房产用途时，应于建成、购进或改变用途之日起三十日内，持有关房产证件，向当地税务机关办理纳税申报或变更登记。

房产产权变更（出售、赠送、分割）或房产扩建、翻建、改建、拆除和出典的，须在变更、竣工后三十日内，持有关证件向当地税务机关申报，办理手续。

因房产产权变更改变纳税义务的，均从变更的次月起计算征税或免税。新建、扩建和拆除报废的房产，均从房产竣工或停止使用的次月起计算征税或免税。

第十一条　纳税人违反《条例》和本细则规定，偷税、抗税、逾期缴纳税款的处罚以及对揭发、检举人的奖励，依照《中华人民共和国税收征收管理暂行条例》和《黑龙江省实施〈中华人民共和国税收征收管理暂行条例〉办法》等有关规定办理。

第十二条　房产税由房产所在地税务机关负责征收。财政、城建、房产管理等部门应当向税务机关提供有关房产资料和情况。

第十三条　本细则由黑龙江省税务局负责解释。

第十四条　本细则自公布之日起施行。

❹甘肃省房产税暂行条例实施细则

（1987年2月9日甘肃省人民政府　甘政〔1987〕13号文公布　1997年10月22日甘肃省人民政府令〔第27号〕修正）

第一条　本细则依照《中华人民共和国房产税暂行条例》（以下简称《条例》）第十条的规定制定。

第二条　凡在本省属房产税开征范围的单位和个人，均应按照《条例》和本细则规定缴纳房产税。

第三条　房产税由单位或个人申报，当地税务机关核实征收。

第四条　房产税纳税义务人的所有房产，包括生产性用房和非生产性用户，不论其是否使用，凡按财政部制定的财务会计制度规定列入“固定资产”的，均应缴纳房产税。

第五条　根据《条例》第三条规定，房产原值一次减除30%后的余值为房产税的计税依据。

没有房产原值作为依据的，由房产所在地的县（市、区）税务局参考同类房产核定。

第六条　根据《条例》第六条规定，对下列房产免征房产税：

（一）纳税单位或个人办的学校、医院、诊疗所、托儿所、幼儿园所使用的能够单独记载价值的房产。

（二）关、停企业在关停期间占用的房产。

（三）基本建设单位和施工企业在施工期间，因施工需要临时修建的房屋和工、料棚。

（四）社会福利单位使用的房产。

（五）因遭受自然灾害和纳税确有困难需要减税、免税的，由当地县（市、区）人民政府核批，并报省税务局备查。

第七条　按《条例》第七条规定，纳税期限定为每年两次征收，每年5月、11月为征收入库期。

房产管理部门、个人出租或自营的房产税，按月缴纳，于次月15日前入库。

个人出租或自营比较集中的房产，房产税可由当地税务机关委托居民委员会代征代缴，按代征的税额付给3%的手续费。

第八条　新建或购买的房屋应于建成或购买后三十日内办理纳税申报登记。如新建房屋竣工决算未作出，应按预算申报纳税，待工程决算作出后，再行结算税款，多退少补。

第九条　本细则执行中的具体问题由省地税局负责解释。

第十条　本实施细则自1986年10月1日起施行。

❺广西壮族自治区房产税施行细则

（1987年5月5日广西壮族自治区人民政府　桂政〔1987〕48号公布　根据2002年6月12日《广西壮族自治区人民政府关于修改〈广西壮族自治区房产税施行细则〉的决定》修订）

第一条　根据《中华人民共和国房产税暂行条例》（以下简称《条例》）第十条规定，制定本施行细则。

第二条　房产税在下列地区开征：

（一）城市：指经国务院批准建制的市的市区；

（二）县城：指县人民政府所在地的县城区；

（三）建制镇：指经自治区人民政府批准建立的建制镇的镇人民政府所在地的镇区；

（四）工矿区：指工商业比较发达，人口比较集中，符合国务院规定的建制镇标准，但尚未设立建制镇的大中型工矿企业所在地。具体开征的工矿区，由自治区地方税务局确定或由市、县人民政府提出意见，报自治区地方税务局审定。

城市市区、县城城区、建制镇镇区和工矿区的具体征税范围，由市、县人民政府根据当地实际情况确定。

第三条　房产税依据房产原值一次减除30%后的余值计算缴纳。没有房产原值作为依据，或者房产原值计算没有根据的，由房产所在地市、县地方税务局参考同类房产核定。房产出租的，以房产租金收入为房产税的计税依据。

第四条　房产税税额的计算公式如下：

（一）以房产原值为计税依据的，全年应纳税额＝房产原值×（1－30%）×1.2%

（二）以租金收入为计税依据的，全年应纳税额＝全年的租金收入×12%。

第五条　下列房产免纳房产税：

（一）国家机关（包括各党派机关）、人民团体、军队自用的房产；

（二）由财政部门拨付事业经费的单位自用的房产；

（三）宗教寺庙、公园、名胜古迹自用的房产；

（四）企业或集体办的学校、医院、敬老院、幼儿园、托儿所自用的房产；

（五）个人所有的自用房产；

（六）经有关部门鉴定，属危险和毁损不堪居住并已停止使用的房产；

（七）经财政部、自治区人民政府或自治区地方税务局批准免税的房产。

本条（一）至（五）项免税房产仅指免税单位自用的非营业性房产。免税单位供营业用的房产或对外出租的房产均应依照规定缴纳房产税。

第六条　除本施行细则第五条规定的免税房产外，纳税人按规定纳税确有困难，需要减征或免征房产税的，应当向房产所在地市、县地方税务局提出申请，报经自治区地方税务局批准，可酌情给予一定期限的减税或免税。

第七条　房产税按年征收，分上、下半年缴纳，具体纳税期限由市、县地方税务局确定。

第八条　新建的房屋应从建成或使用的次月起计算纳税。

第九条　应税房产和免税房产发生变化时，按如下规定办理：

（一）原属免税房产转为应税房产的，从转变次月起计算纳税；

（二）原属应税房产转为免税房产的，从转变次月起免税，但已纳税款不退。

第十条 房产税的征收管理，依照税收征收管理法律、法规、规章的规定办理。

第十一条 本施行细则从1987年7月1日起施行。

❻吉林省房产税实施细则

（1987年12月25日吉林省人民政府 吉政〔1987〕163号公布）

第一条 根据《中华人民共和国房产税暂行条例》（以下简称《条例》）第十条的规定，结合我省实际情况，制定本细则。

第二条 房产税的征收范围：

（一）城市市区和郊区中设有街道办事处、居民委员会的区域；

（二）县城（县人民政府所在地）；

（三）建制镇（镇人民政府所在地）；

（四）工矿区（工商业比较发达，人口比较集中，符合国务院规定的建制镇标准，但尚未设立建制镇的大中型工矿企业所在地）。

工矿区征税的具体范围由工矿区所在行政区的地级市人民政府划定。

第三条 房产税，应由产权所有人缴纳。其中产权属于全民所有的，由经营管理单位缴纳；产权出典的，由承典人缴纳；产权所有人、承典人不在房产所在地的，或者产权未确定及租典纠纷未解决的，由房产代管人或者使用人缴纳。房产产权所有人、经营管理单位、承典人、代管人或使用人，均为纳税义务人（以下简称纳税人），都应按规定缴纳房产税。

第四条 房产税按房产原值一次减除30%后的余值计算缴纳，年税率为1.2%。

房产原值没有依据的，由房产所在地税务机关比照同时期的同类房产核定。

出租房产的，按实际租金收入计算缴纳，年税率1.2%。

第五条 除《条例》第五条规定的以外，下列房产也免纳房产税：

（一）单位办的学校、医院（诊所）、幼儿园、托儿所、敬老院使用的房产；

（二）经批准关闭、停产的企业在停产期间闲置未用的房产；

（三）经有关部门鉴定，已停止使用的毁损房屋和危险房屋；

（四）经省税务局批准免税的其他房产。

第六条 房产税按年征收，以月计算，分季缴纳。

第七条 纳税人应按房产的坐落地点，向房产所在地的税务机关缴纳房产税。

第八条 纳税人新建、扩建、改建、购置、拆毁、出售或出租房产，发生住址变更、租金收入变化、产权转移、改变房产用途等，均应于变动后十五日内向房产所在地税务机关申报办理纳税变更手续。

第九条 房产税的征收管理，按《中华人民共和国税收征收管理暂行条例》和《吉林省税收征收管理实施办法》的有关规定办理。

第十条 本细则由省税务局负责解释。

第十一条 本细则自发布之日起实施。

❼内蒙古自治区房产税实施细则（节录）

（1996年内蒙古自治区人民政府第十次常务会议通过 1996年8月5日内蒙古自治区人民政府令〔第74号〕公布 自1996年1月1日起施行）

第一条 根据《中华人民共和国房产税暂行条例》（以下简称《条例》），结合自治区实际，制定本实施细则。

第二条 自治区房产税征收范围为：

（一）国务院批准设立的市；

（二）旗县人民政府所在地的城镇；

（三）自治区人民政府批准设立的建制镇；

（四）国务院批准设立的县级以上的工矿区。

第三条 房产税采用从价和从租两种计征办法。

从价计征的，每年按房产原值一次减去10%后的余值的1.2%征收房产税。

从租计征的，每年按房产租金收入的12%征收房产税。

以折旧形式使用房产的，按从价计征办法征收房产税。

第四条 除《条例》规定的免税房产外，下列房产免征房产税：

（一）国有农场、林场、牧场、渔场的非营业用房产；

（二）经有关部门鉴定和批准的危险和停止使用的房产；

（三）各类售货、售票的棚、亭；

（四）终止和停产停业的企业自有自用房产；

（五）自治区人民政府批准免征房产税的其他房产。

第五条 房产税按年征收，分两次缴纳。具体缴纳时间为每年1月份和7月份。

第六条 纳税人因遭受自然灾害缴纳房产税确有困难的，可以提出申请，由地方税务机关逐级上报，经自治区地方税务机关批准后给予减税或者免税。

第七条 房产税原则上由房产所在地的地方税务机关征收。自治区机关、团体、企业事业单位举办的全民所有制企业和集体所有制企业，1994年1月1日以后投产、经营的，其房产税由自治区地方税务机关直属征管机构征收。

❽四川省《中华人民共和国房产税暂行条例》实施细则

（1993年5月25日四川省人民政府批准 1993年6月25日四川省税务局 川税〔1993〕146号公布）

第一条 根据《中华人民共和国房产税暂行条例》的规定，结合四川实际，制定本实施细则。

第二条 房产税在四川省行政区域内的城市和工矿区内征收。具体征税范围，由县级人民政府按照批准的城镇近期规划确定。

第三条 房产税由产权所有人缴纳。产权属于全民所有的，由经营管理单位缴纳；产权出典的，由承典人缴纳；产权所有人、承典人不在房产所在地的，或产权未确定及租典纠纷未解决的，由房产代管人或使用人缴纳。

第四条 房产税由房产所在地的税务机关征收。房产不在一地的纳税人，按房产的坐落地点，分别向房产所在地的税务机关缴纳房产税。

第五条　房产税依照房产原值一次减除30%后的余值作为计税依据。没有房产原值依据的，由房产所在地税务机关比照同类结构房产确定。房产出租的，以房产租金收入为房产的计税依据。

第六条　房产税的税率，以房产余值为计税依据的，税率为1.2%；以房产租金收入为计税依据的，税率为12%。

第七条　纳税人自建的房屋，从建成之次月起缴纳房产税。纳税人委托施工企业建设的房屋，从办理验收手续之次月起缴纳房产税。纳税人在建成或办理验收手续之前已使用的房屋，从使用之次月起缴纳房产税。

第八条　房产税按年征收，由纳税人于当年五月、十一月两次缴纳。纳税数额较小的，可于当年五月一次缴纳。具体纳税期限由房产所在地税务机关确定。

第九条　下列房产免予缴纳房产税：

（一）国家机关、人民团体、武装部队自用的公务用房和生活用房；

（二）由财政部门拨付事业经费的单位自用的公务用房和生活用房；

（三）宗教寺庙、公园、名胜古迹的非生产经营性房产；

（四）学校、医院、托儿所、幼儿园自用的房产；

（五）个人所有非营业用的房产；

（六）经财政部、国家税务总局批准免税的其他房产。

第十条　对严重毁损的房屋和危险房屋，经有关部门鉴定或批准，从停止使用的次月起免征房产税。

房屋大修停用半年以上的，经纳税人申请，纳税人所在地税务机关核实，在大修停用期间可免征房产税。

第十一条　纳税人纳税确有困难的，经县级人民政府审批，可以定期减征或免征。因其他特殊情况需要减征或免征的，由省税务主管机关审批。

第十二条　房产税的征收管理，依照《中华人民共和国税收征收管理法》的规定办理。

第十三条　本实施细则所称城市是指经国务院批准设立的市（市区）和经省人民政府批准设立的建制镇（镇区），不含市所属的乡和建制镇所属的村。

本实施细则所称工矿区是指工商业比较发达，人口比较集中，符合省人民政府规定的设置镇建制的条件，但尚未设立镇建制的大中型工矿企业所在地。工矿区由县级人民政府报市州人民政府、地区行政公署确定。

第十四条　本实施细则具体应用中的问题由四川省税务局解释。

第十五条　本实施细则自发布之日起施行。

⑨湖南省房产税施行细则

（2003年8月15日湖南省人民政府　湘政〔2003〕14号公布）

第一条　根据《中华人民共和国房产税暂行条例》（以下简称《条例》）的规定，结合我省实际情况，制定本施行细则。

第二条　房产税在城市（包括郊区）、县城、建制镇和符合国务院规定建制镇标准但尚未建镇的工矿区征收。

第三条　应税房屋的房产税，依照房产原值一次扣除20%后的余值计算。以后各征税年度，除新建、扩建、部分拆除、毁损等原因变动原值外，不再变动计税基数。

房产原值不清或者原值不实的，由主管地方税务机关参照同类房屋核定。

第四条　新建、扩建房屋从竣工验收（包括未验收已使用）时起征税；旧房从调入的次月起征税。拆除、毁损或者调出房屋，从拆除、毁损或者调出的次月起停止征税。

第五条　除《条例》规定免征房产税的房屋外，下列房屋减征或者免征房产税：

（一）企业、其他组织或者个人举办学校、医院、敬老院、幼儿园、托儿所自用的房屋免征房产税；

（二）安置残疾人占总人数35%以上的社会福利工厂自用的房屋免征房产税；

（三）企业租给职工的住宅暂减征50%的房产税。

前款所列免税单位以及《条例》所列免税单位自办工业、商业、服务业使用的房屋或者出租的房屋，应当缴纳房产税。

第六条　纳税人纳税确有困难的，可以向主管地方税务机关提出申请，由县级以上地方税务机关按照税收减免管理权限审查批准，酌情减征房产税。

第七条　房产税纳税期限：

（一）以房产余值计征的，分季（定于3月、6月、9月、12月）缴纳；

（二）以房产租金收入计征的，按月缴纳。

第八条　纳税人应当依照地方税务机关规定的期限，将房屋的坐落、构造、面积、用途和房产原值或者租金收入情况，据实向主管地方税务机关办理纳税申报登记。

纳税人变更住址，转移房屋产权，或者新建、扩建、拆除、毁损房屋使计税基数发生变更的，应当从变更之日起30日内向主管地方税务机关申报登记。

第九条　房产税向房产所在地地方税务机关缴纳。

第十条　本施行细则自2003年9月1日起施行。1986年9月30日省人民政府发布的《湖南省房产税施行细则》（湘政发［1986］34号）同时废止。

（四）相关其他规范性文件

❶北京市财政局、北京市地方税务局关于明确房产税、城镇土地使用税、城市房地产税有关政策和征管问题的通知（节录）

（2000年10月13日北京市财政局、北京市地方税务局　京财税〔2000〕1718号公布）

一、关于企业无原值房产计税依据的确定问题。

对于企业无房产原值或房产原值明显偏低，且属1995年以前建造的房屋，仍按（87）市税三字第334号文件规定房屋估价标准执行；1995年（含1995年）以后建造的房屋，企业自建房暂按下列房屋估价标准执行：钢结构、钢混结构的按每平方米1500元计算；砖混结构按每平方米1100元计算；砖木结构、其他结构按每平方米500元计算。对于企业外购无房产原值或房产原值明显偏低的房屋，由主管地方税务机关参照同类房产核定。

以上房价是按余值计算的，均不再减除30%。城市房地产税比照此规定办理。

四、关于季节性取暖锅炉房征免税问题

对于专门用于季节性取暖的锅炉房，在停用期间，可比照房屋大修停用期间免征房产税的政策，并依照京地税二（1999）123号文件规定的程序办理免征审批手续。

五、关于未竣工已使用的房产征税问题

根据财政部、税务总局（87）财税地字第008号“纳税人在办理验收手续前已使用或出租、出借的新建房屋，应按规定征收房产税”的规定精神，对于纳税人未竣工先使用的房产，应自其使用之次月起，就其实际使用部分计算征收房产税。

六、关于村委会出租房屋的纳税问题

对于房产税、城镇土地使用税开征范围内的村委会出租房屋，原则上由房屋产权所有人、土地使用权拥有人按房屋余值、土地面积缴纳房产税、土地使用税。为便于征管，在实际操作中可由承租人或实际使用人代缴税款。

七、关于下放房产税、城镇土地使用税政策性减免税审批权限问题

对于政策性减免的房产税、城镇土地使用税，凡是减免税额在10万元以下（包括10万元）的，可由各区县地税局审批，并报市地税局备案；减免税额在10万元以上的，仍按京地税二〔1999〕123号文件规定的办法执行。

十一、关于按评估价值计税问题的解释

京地税二〔1994〕204号和京地税〔1998〕895号文件中“对房产进行重估”，“将房产进行重估”应按调整后的房产原值计征房产税或城市房地产税是指，企业经国家有关部门认证后将房产进行评估，按会计制度规定调整固定资产账面房产原值后据此征税。

十二、关于城市房地产税代缴义务人的确定问题

外籍个人、华侨和港澳台同胞出租房屋，且不在房产所在地，并委托他人代管的，可由代管人或承租人协商，推荐一方为城市房地产税代缴义务人。

【契　　税】

一、专家指导意见

契税是指在房地产所有权转移时，就当事人订立的契约，按房产价的一定比例向不动产取得人一次性征收的税收。

1. 纳税人：在中国境内转移土地、房屋权属，承受的单位和个人为契税的纳税人，包括城乡居民个人、私营经济组织、华侨、港澳台同胞、外商投资企业、外国人等。

2. 征税对象：为转移土地、房屋权属的行为，包括国有土地使用权出让、土地使用权转让；房屋买卖、房屋赠与、房屋交换。其中，土地使用权转让不包括农村集体土地承包经营权的转让。

3. 计税依据：（1）国有土地使用权出让、土地使用权出售、房屋买卖，计税依据为成交价格。（2）土地使用权赠与、房屋赠与，由征收机关参照土地使用权出售、房屋买卖的市场价格核定；土地使用权交换、房屋交换，计税依据为所交换的土地使用权、房屋的价格的差额。

4. 税率：契税实行比例税率，税率为3%～5%。

5. 税额计算：应纳税额＝计税依据×税率。

6. 减免税：（1）国家机关、事业单位、社会团体、军事单位承受土地、房屋用于办公、教学、医疗科研和军事设施的，免征；（2）城镇职工按规定第一次购买公有住房的，免征；（3）因不可抗力灭失住房而重新购买住房的，酌情予以减征或者免征；（4）财政部规定的其他减征、免征契税的项目。

二、法律适用依据

（一）相关法律

❶中华人民共和国税收征收管理法（节录）

（1992年9月4日第七届全国人民代表大会常务委员会第二十七次会议通过　根据1995年2月28日第八届全国人民代表大会常务委员会第十二次会议《关于修改〈中华人民共和国税收征收管理法〉的决定》修正　2001年4月28日第九届全国人民代表大会常务委员会第二十一次会议修订　2001年4月28日中华人民共和国主席令〔第49号〕公布　自2001年5月1日起施行）

第九十条　耕地占用税、契税、农业税、牧业税征收管理的具体办法，由国务院另行制定。

关税及海关代征税收的征收管理，依照法律、行政法规的有关规定执行。

（二）相关行政法规及规范性文件

❶中华人民共和国契税暂行条例

（1997年4月23日国务院第55次常务会议通过　1997年7月7日国务院令〔第224号〕公布　自1997年10月1日起施行）

第一条　在中华人民共和国境内转移土地、房屋权属，承受的单位和个人为契税的纳税人，应当依照本条例的规定缴纳契税。

第二条　本条例所称转移土地、房屋权属是指下列行为：

（一）国有土地使用权出让；

（二）土地使用权转让，包括出售、赠与和交换；

（三）房屋买卖；

（四）房屋赠与；

（五）房屋交换。

前款第二项土地使用权转让，不包括农村集体土地承包经营权的转移。

第三条　契税税率为3%～5%。

契税的适用税率，由省、自治区、直辖市人民政府在前款规定的幅度内按照本地区的实际情况确定，并报财政部和国家税务总局备案。

第四条　契税的计税依据：

（一）国有土地使用权出让、土地使用权出售、房屋买卖，为成交价格；

（二）土地使用权赠与、房屋赠与，由征收机关参照土地使用权出售、房屋买卖的市场价格核定；

（三）土地使用权交换、房屋交换，为所交换的土地使用权、房屋的价格的差额。

前款成交价格明显低于市场价格并且无正当理由的，或者所交换土地使用权、房屋的价格的差额明显不合理并且无

正当理由的，由征收机关参照市场价格核定。

第五条　契税应纳税额，依照本条例第三条规定的税率和第四条规定的计税依据计算征收。应纳税额计算公式：

应纳税额 = 计税依据 × 税率

应纳税额以人民币计算。转移土地、房屋权属以外汇结算的，按照纳税义务发生之日中国人民银行公布的人民币市场汇率中间价折合成人民币计算。

第六条　有下列情形之一的，减征或者免征契税：

（一）国家机关、事业单位、社会团体、军事单位承受土地、房屋用于办公、教学、医疗、科研和军事设施的，免征；

（二）城镇职工按规定第一次购买公有住房的，免征；

（三）因不可抗力灭失住房而重新购买住房的，酌情准予减征或者免征；

（四）财政部规定的其他减征、免征契税的项目。

第七条　经批准减征、免征契税的纳税人改变有关土地、房屋的用途，不再属于本条例第六条规定的减征、免征契税范围的，应当补缴已经减征、免征的税款。

第八条　契税的纳税义务发生时间，为纳税人签订土地、房屋权属转移合同的当天，或者纳税人取得其他具有土地、房屋权属转移合同性质凭证的当天。

第九条　纳税人应当自纳税义务发生之日起10日内，向土地、房屋所在地的契税征收机关办理纳税申报，并在契税征收机关核定的期限内缴纳税款。

第十条　纳税人办理纳税事宜后，契税征收机关应当向纳税人开具契税完税凭证。

第十一条　纳税人应当持契税完税凭证和其他规定的文件材料，依法向土地管理部门、房产管理部门办理有关土地、房屋的权属变更登记手续。

纳税人未出具契税完税凭证的，土地管理部门、房产管理部门不予办理有关土地、房屋的权属变更登记手续。

第十二条　契税征收机关为土地、房屋所在地的财政机关或者地方税务机关。具体征收机关由省、自治区、直辖市人民政府确定。

土地管理部门、房产管理部门应当向契税征收机关提供有关资料，并协助契税征收机关依法征收契税。

第十三条　契税的征收管理，依照本条例和有关法律、行政法规的规定执行。

第十四条　财政部根据本条例制定细则。

第十五条　本条例自1997年10月1日起施行。1950年4月3日中央人民政府政务院发布的《契税暂行条例》同时废止。

❷关于鼓励职工购买公有旧住房的意见（节录）

（1988年2月15日国务院住房制度改革领导小组制定　1988年2月25日国务院办公厅　国办〔1988〕13号转发）

二、出售旧房的政策和措施

（一）售价适当优惠。旧住房应与新住房售价拉开差距。旧房售价按重置价的成新折扣计算。售价的核定，要通过当地房产交易所或房地产主管部门进行评估，防止贱价出售，出售对象为家住城镇、有正式城镇户口的职工。优惠价以户口为单位，每户只能享受一次。

（二）付款形式。首次付款不得低于售价的30%，其余部分，可向银行申请住房低息抵押贷款。单位自管房卖给本单位职工，也可委托银行贷款，或由本单位采取分期付款办法。首次付款超过上述比例，可给予相当于超过部分存款利息的优惠折扣。低息贷款以户为对象，一户只能享受一次优惠。

（三）贷款的期限和利率。贷款的期限长短和利率高低是调节售价高低和购房者偿还能力的杠杆。职工购买旧住房贷款期限一般最长不超过十年，利率要根据贷款期限长短分开档次。

（四）免征房产税和一次性的契税。

（五）高层住房的电梯费和高压水泵费，以及各类住房的暖气费仍由职工所在单位负担。

（六）住房管理体制应作相应改革。政企要分开，房地产业要向社会化、专业化、经营化发展。公寓式（单元式）的楼房卖给职工后，可委托代管和维修，公共部位的维修，由住户每年缴纳公共维修费。服务和维修行业要跟上，为住户提供收费合理的优质服务，使买房者消除后顾之忧。

（七）逐步创造条件放开房产市场。在职工购买旧房一定时期后（暂定为五年），应允许进入市场出售，原出售单位有优先购买权。住房的增值部分，个人只应得所付的优惠价占综合造价比例的部分。

（八）公房（含单位自管房和房管部门直管房）出售价款必须全数存入由当地政府指定的银行，分别进入住房基金专户，所有权不变，但只能定向使用于新建、改建、扩建住房和发放住房券，专款专用，监督使用。

（九）出售旧房时，原住户有优先购买权。

（十）各城镇对出售旧住房要作为住房制度改革的重要环节来抓，自1988年起的三年内，努力做到有20%旧房出售。

❸关于在全国城镇分期分批推行住房制度改革的实施方案（节录）

（1988年2月15日国务院住房制度改革领导小组　国〔1988〕11号公布）

七、对住房建设、经营在税收政策上给予优惠

住房建筑税和房产税，从当地全面推行住房制度改革时起三年内，留给城市作为城市的住房基金。经营单位向职工个人出售的商品住房，可免缴建筑税、营业税。职工个人第一次购买公有住房，免交契税。对房产经营部门能源交通重点建设基金的征收，按其收入总额扣除成本和税金后的数额计征。

❹中华人民共和国税收征收管理法实施细则（节录）

（2002年9月7日国务院令〔第362〕号公布　自2002年10月15日起施行）

第一百一十二条　耕地占用税、契税、农业税、牧业税的征收管理，按照国务院的有关规定执行。

（三）相关部门规章及规范性文件

❶关于公有制单位职工首次购买住房免征契税的通知

（2000年11月29日财政部、国家税务总局　财税〔2000〕130号公布）

各省、自治区、直辖市和计划单列市财政厅（局）、地方税务局：

为配合国家住房制度改革，减轻城镇职工购房负担，现就契税有关政策明确如下：

对各类公有制单位为解决职工住房而采取集资建房方式建成的普通住房或由单位购买的普通商品住房，经当地县以上人民政府房改部门批准、按照国家房改政策出售给本单位职工的，如属职工首次购买住房，均比照《中华人民共和国契税暂行条例》第六条第二款“城镇职工按规定第一次购买公有住房的，免征”的规定，免征契税。

本规定从发文之日起实施，此前已征税款不予退还。

❷关于调整房地产市场若干税收政策的通知（节录）

（1999年7月29日财政部、国家税务总局　财税字〔1999〕210号公布）

一、关于营业税和契税的政策问题

为了切实减轻个人买卖普通住宅的税收负担，积极启动住房二级市场，对个人购买并居住超过一年的普通住宅，销售时免征营业税；个人购买居住不足一年的普通住宅，销售时营业税按销售价减去购入原价后的差额计征；个人自建自用住房，销售时免征营业税；个人自建自用住房，销售时免征营业税；个人购买自用普通住宅，暂减半征收契税。

为了支持住房制度的改革，对企业、行政事业单位按房改成本价、标准价出售住房的收入，暂免征收营业税。

二、关于空置商品住房税收政策问题

为了加快住房资金周转，降低金融资产的风险，促进积压空置商品房的销售，对积压空置的商品住房销售时缴纳的营业税、契税在2000年底前予以免税优惠。

空置商品住房屋限于1998年6月30日以前建成尚未售出的商品住房。

❸中华人民共和国契税暂行条例细则

（1997年10月28日财政部　财法字〔1997〕52号公布）

第一条　根据《中华人民共和国契税暂行条例》（以下简称条例》的规定，制定本细则。

第二条　条例所称土地、房屋权属，是指土地使用权，房屋所有权。

第三条　条例所称承受，是指以受让、购买、受赠、交换等方式取得土地、房屋权属的行为。

第四条　条例所称单位，是指企业单位、事业单位、国家机关、军事单位和社会团体以及其他组织。

条例所称个人，是指个体经营者及其他个人。

第五条　条例所称国有土地使用权出让，是指土地使用者向国家交付土地使用权出让费用，国家将国有土地使用权在一定年限内让予土地使用者的行为。

第六条　条例所称土地使用权转让，是指土地使用者以出售、赠与、交换或者其他方式将土地使用权转移给其他单位和个人的行为。

条例所称土地使用权出售，是指土地使用者以土地使用权作为交易条件，取得货币、实物、无形资产或者其他经济利益的行为。

条例所称土地使用权赠与，是指土地使用者将其土地使用权无偿转让给受赠者的行为。

条例所称土地使用权交换，是指土地使用者之间相互交换土地使用权的行为。

第七条　条例所称房屋买卖，是指房屋所有者将其房屋出售，由承受者交付货币、实物、无形资产或者其他经济利益的行为。

条例所称房屋赠与，是指房屋所有者将其房屋无偿转让给受赠者的行为。

条例所称房屋交换，是指房屋所有者之间相互交换房屋的行为。

第八条　土地、房屋权属以下列方式转移的，视同土地使用权转让、房屋买卖或者房屋赠与征税：

（一）以土地、房屋权属作价投资、入股；

（二）以土地、房屋权属抵债；

（三）以获奖方式承受土地、房屋权属；

（四）以预购方式或者预付集资建房款方式承受土地、房屋权属。

第九条　条例所称成交价格，是指土地、房屋权属转移合同确定的价格。包括承受者应交付的货币、实物、无形资产或者其他经济利益。

第十条　土地使用权交换、房屋交换，交换价格不相等的，由多交付货币、实物、无形资产或者其他经济利益的一方缴纳税款。交换价格相等的，免征契税。

土地使用权与房屋所有权之间相互交换，按照前款征税。

第十一条　以划拨方式取得土地使用权的，经批准转让房地产时，应由房地产转让者补缴契税。其计税依据为补缴的土地使用权出让费用或者土地收益。

第十二条　条例所称用于办公的，是指办公室（楼）以及其他直接用于办公的土地、房屋。

条例所称用于教学的，是指教室（教学楼）以及其他直接用于教学的土地、房屋。

条例所称用于医疗的，是指门诊部以及其他直接用于医疗的土地、房屋。

条例所称用于科研的，是指科学试验的场所以及其他直接用于科研的土地、房屋。

条例所称用于军事设施的，是指：

（一）地上和地下的军事指挥作战工程；

（二）军用的机场、港口、码头；

（三）军用的库房、营区、训练场、试验场；

（四）军用的通信、导航、观测台站；

（五）其他直接用于军事设施的土地、房屋。

本条所称其他直接用于办公、教学、医疗、科研的以及其他直接用于军事设施的土地、房屋的具体范围，由省、自治区、直辖市人民政府确定。

第十三条　条例所称城镇职工按规定第一次购买公有住房的，是指经县以上人民政府批准，在国家规定标准面积以内购买的公有住房。城镇职工享受免征契税，仅限于第一次购买的公有住房。超过国家规定标准面积的部分，仍应按照规定缴纳契税。

第十四条　条例所称不可抗力，是指自然灾害、战争等不能预见、不能避免并不能克服的客观情况。

第十五条　根据条例第六条的规定，下列项目减征、免征契税：

（一）土地、房屋被县级以上人民政府征用、占用后，重新承受土地、房屋权属的，是否减征或者免征契税，由省、自治区、直辖市、人民政府确定。

（二）纳税人承受荒山、荒沟、荒丘、荒滩土地使用权，用于农、林、牧、渔业生产的，免征契税。

（三）依照我国有关法律规定以及我国缔结或参加的双边和多边条约或协定的规定应当予以免税的外国驻华使馆、领事馆、联合国驻华机构及其外交代表、领事官员和其他外交人员承受土地、房屋权属的，经外交部确认，可以免征契税。

第十六条 纳税人符合减征或者免征契税规定的，应当在签订土地、房屋权属转移合同后10日内，向土地、房屋所在地的契税征收机关办理减征或者免征契税手续。

第十七条 纳税人因改变土地、房屋用途应当补缴已经减征、免征契税的，其纳税义务发生时间为改变有关土地、房屋用途的当天。

第十八条 条例所称其他具有土地、房屋权属转移合同性质凭证，是指具有合同效力的契约、协议、合约、单据、确认书以及由省、自治区、直辖市人民政府确定的其他凭证。

第十九条 条例所称有关资料，是指土地管理部门、房产管理部门办理土地、房屋权属变更登记手续的有关土地、房屋权属、土地出让费用、成交价格以及其他权属变更方面的资料。

第二十条 征收机关可以根据征收管理的需要，委托有关单位代征契税，具体代征单位由省、自治区、直辖市人民政府确定。

代征手续费的支付比例，由财政部另行规定。

第二十一条 省、自治区、直辖市人民政府根据条例和本细则的规定制定实施办法，并报财政部和国家税务总局备案。

第二十二条 本细则自1997年10月1日起施行。此前财政部关于契税的各项规定同时废止。

❹关于土地增值税一些具体问题规定的通知（节录）

（1995年5月25日财政部、国家税务总局 财税字〔1995〕48号公布）

十一、关于已缴纳的契税可否在计税时扣除的问题

对于个人购入房地产再转让的，其在购入时已缴纳的契税，在旧房及建筑物的评估价中已包括了此项因素，在计征土地增值税时，不另作为“与转让房地产有关的税金”予以扣除。

❺关于进一步加强农业税收征收管理工作的通知（节录）

（1993年9月7日财政部 〔93〕财农税字第47号公布）

（四）契税的潜力很大，要加强征收管理。要主动争取房管部门配合协作，对房屋产权承受方依法征收契税；在房屋交易过程中，督促产权承受方首先要缴纳契税，然后办理房屋产权证手续，以利于加强国家对房屋产权转移的宏观管理，保障房屋产权承受人的合法权益。

❻关于免缴农村信用社接收农村合作基金会财产产权过户税费的通知（节录）

（2000年1月17日中国人民银行、农业部、国家发展计划委员会、财政部、国家税务总局 银发〔2000〕21号公布）

各省、自治区、直辖市计委（计经委），财政厅（局），国家税务局、地方税务局，农业厅（局）、农（经）委（办）、中共河北、江苏省委农工部，中国人民银行各分行、营业管理部、省会城市中心支行：

为了做好农村合作基金会的清理整顿工作，增强农村信用社抗风险能力，减少农村信用社接收农村合作基金会的负担，经国务院同意，农村信用社在办理接收农村合作基金会财产产权过户手续时，减免有关税费。具体通知如下：

对于农村信用社在清理整顿过程中，接收农村合作基金会的房屋、土地使用权等财产所发生的权属转移免征契税，所办理的产权转移书据免征印花税；免收土地登记费和交易费；免收房产登记费和丈量费等其他费；降低中介机构收取的评估费等中介服务费标准；免缴地方政府规定的交通工具过户费。允许收取房地产证书工本费；中介机构评估只收取成本费。

各省、自治区、直辖市接到本通知后，要尽快通知有关部门贯彻执行。

❼关于三峡工程库区农村移民外迁有关税收问题的通知（节录）

（1999年12月6日国家税务总局 国税函〔1999〕845号公布）

三、关于契税问题

根据契税政策规定，对三峡库区移民买房，是否减征或者免征应纳契税，由各省、自治区、直辖市人民政府确定。

❽关于在土地证书年检中协作做好契税等有关土地税收征收工作的通知（节录）

（1999年6月4日国家税务总局、国土资源部 国税〔1999〕111号公布）

一、各级税收征收机关应与土地行政主管部门通力协作，密切配合，严格按照现行税收法规和政策处理土地证书年检过程中发出的应税未税问题，确保国家税收不受损失。

二、各级土地行政主管部门要严格把关，在土地证书年检中积极协助税收征收机关做好契税等土地税收的征收工作。对土地证书年检中发现的土地使用权擅自转让行为，土地行政主管部门要按国土资源部《关于开展1999年土地证书年检工作的通知》的有关规定进行处理，对其中法律规定土地使用权可以转让，且转让时间在1997年10月1日以后的，土地行政主管部门在办理变更土地登记时，应查验土地使用人的契税完税凭证或免税证明，对不能出具完税凭证或免税证明的，土地行政主管部门不予办理变更土地登记手续，并将有关情况及时通报税收征收机关。土地行政主管部门应及时向税收征收机关通报土地证书中发现的其他涉及土地税收的土地违法案件。

三、各级税收征收机关应主动和土地行政主管部门联系，定期向土地行政主管部门了解土地证书年检工作的有关情况。对土地行政主管部门通报的问题，应按现行契税等有关土地税收的法规和政策尽快进行征税处理，并及时将有关情况和处理结果反馈给土地行政主管部门。对土地行政主管部门因协助征收契税等土地税收而增加的费用，税收征收机关应根据查补税款金额的大小从征收经费中给予适当补助。

❾关于加强农业税收工作的意见（节录）

（1999年6月2日国家税务总局　国税〔1999〕109号公布）

五、关于农业税收管理体制

按照《国务院办公厅关于印发国家税务总局职能配置、内设机构和人员编制规定的通知》（国办发〔1998〕73号）规定，农业税、牧业税、农业特产税、耕地占用税、契税的征收管理；税政调研；法律法规起草及其执行过程中的一般性解释工作由国家税务总局负责。省及省以下农业税收征管职能的归属，仍按中编办发〔1996〕10号文件的规定办理。各地要加强农业税收工作的领导和管理，对于农税机构、职能已划转到地方税务局的地区，要在机构设置、职能划分、征管手段上充分考虑农业税收征收管理的特点和实际情况，保持农业税收工作的整体性、系统性和稳定性。同时，要理顺工作关系，确保各项工作顺利开展。

❿关于进一步明确契税纳税人有关法律责任的通知

（1998年11月10日国家税务总局　国税〔1998〕195号公布）

北京、天津、河北、黑龙江、上海、江苏、浙江、安徽、福建、江西、山东、河南、湖北、湖南、广东、广西、重庆、贵州、陕西、宁夏、新疆、青海省（自治区、直辖市）及宁波、厦门、青岛、深圳市财政厅（局），山西、内蒙古、辽宁、吉林、海南、四川、云南、甘肃省（自治区）及大连市地方税务局：

为了加强契税征收管理工作，根据《中华人民共和国行政处罚法》规定的原则，依据《中华人民共和国税收征收管理法》（以下简称征管法）及其实施细则和《中华人民共和国契税暂行条例》（以下简称契税条例）的有关规定，现对契税纳税人违法行为给予行政处罚的规定及有关法律责任进一步明确如下：

一、根据征管法第二十条及其实施细则第三十条和契税条例第九条规定，契税纳税人（以下简称纳税人）应在主管契税征收管理工作的财政机关或者地方税务机关（以下简称征收机关）核定的期限内缴纳税款。纳税人因有特殊困难，不能按期缴纳税款的，经县以上征收机关批准，可以延期缴纳税款，但最长不得超过三个月，且同一纳税人在一个纳税年度内只能申请延期缴纳一次。在征收机关批准的期限内，不加收滞纳金。纳税人未按规定期限缴纳税款的，征收机关除责令限期缴纳外，从滞纳税款之日起，按日加收滞纳税款千分之二的滞纳金。

二、根据征管法第二十七条、第四十六条规定，从事生产、经营的纳税人未按照规定的期限缴纳税款，由征收机关责令限期缴纳，逾期仍未缴纳的，经县以上征收机关负责人（财政局或者地方税务局局长）批准，征收机关可以采取下列强制执行措施：

（一）书面通知其开户银行或者其他金融机构从其存款中扣缴税款；

（二）扣押、查封、拍卖其价值相当于应纳税款的商品、货物或者其他财产，以拍卖所得抵缴税款。

征收机关采取强制执行措施时，对前款所列纳税人，征收机关除追缴其不缴或者少缴的税款外，可以处以不缴或者少缴的税款五倍以下的罚款。对前款所列纳税人未缴纳的滞纳金同时强制执行。

三、根据征管法第三十一条及其实施细则第五十四条、第五十五条规定，因征收机关的责任，致使纳税人未缴或者少缴税款的，征收机关在三年内可以要求纳税人补缴税款，但不得加收滞纳金。

因纳税人计算错误等失误，未缴或者少缴税款的，征收机关在三年内可以追征；未缴或者少缴数额在十万元以上的，追征期可以延长到十年。纳税人和其他当事人因偷税未缴或者少缴的税款，征收机关可以无限期追征。

四、根据征管法第三十九条规定，纳税人未按照规定的期限办理纳税申报的，由征收机关责令限期改正，可以处以二千元以下的罚款；逾期不改正的，可以处以二千元以上一万元以下的罚款。

五、根据征管法第四十条规定，纳税人采取伪造、变造、隐匿、擅自销毁合同、契约、协议、合约、单据、确认书、评估证明等凭证或者进行虚假的纳税申报的手段，不缴或者少缴应纳税款的，以偷税论处。偷税数额不满一万元或者偷税数额占应纳税数额不足百分之十的，由征收机关追缴其偷税款，处以偷税额五倍以下的罚款。

六、根据征管法第四十一条规定，纳税人欠缴应纳税款，采取转移或者隐匿财产的手段，致使征收机关无法追缴的税款，数额不满一万元的，由征收机关追缴其欠缴税款，处以欠缴税款五倍以下的罚款。

七、根据征管法第四十五条规定，以暴力、威胁方法拒不缴纳税款的，是抗税。情节轻微，未构成犯罪的，由征收机关追缴其拒缴的税款，处以拒缴税款五倍以下的罚款。

八、根据征管法第五十六条规定，纳税人同征收机关在纳税上发生争议时，必须先依照契税条例及其他有关规定缴纳税款及滞纳金，然后可以在收到征收机关填发的缴款下之日起六十日内向上一级征收机关申请复议。上一级征收机关应当自收到复议申请之日起六十日内作出复议决定。对复议决定不服的，可以在接到复议决定书之日起十五日内向人民法院起诉。当事人对征收机关的处罚决定、强制执行措施不服的，可以在接到处罚通知之日起或者征收机关采取强制执行措施之日起十五日内作出处罚决定或者采取强制执行措施的征收机关的上一级机关申请复议；对复议决定不服的，可以在接到复议决定书之日起十五日内向人民法院起诉。当事人也可以在接到处罚通知之日起或者征收机关采取强制执行措施之日起十五日内直接向人民法院起诉。复议和诉讼期间，强制执行措施不停止执行。

当事人对征收机关的处罚决定逾期不申请复议也不向人民法院起诉、又不履行，作出处罚决定的征收机关可以申请人民法院强制执行。

九、根据《中华人民共和国行政处罚法》第二十条规定，契税违法行为发生地的县级以上（含县级）征收机关具有行政处罚权。

十、纳税人因偷税、抗税或欠缴税款构成犯罪的，交由司法机关依照《中华人民共和国刑法》第二百零一条、第二百零二条、第二百零三条进行处理。

以上请遵照执行并广为宣传。

⑪关于契税征收管理有关问题的通知（节录）

（1998年3月9日国家税务总局、国家土地管理局　国税〔1998〕31号公布）

为了加强契税征收机关与土地管理部门的工作配合，做好契税征收管理工作，根据《中华人民共和国契税暂行条例》、《中华人民共和国契税暂行条例细则》和《中华人民共和国土地管理法》、《中华人民共和国城市房地产管理法》等法律、法规规定，现就契税征收管理中的有关问题通知如下：

一、各级契税征收机关应当结合当地实际情况，建立一套完善的契税征收管理制度。各级土地管理部门要予以积极支持和配合，协助当地契税征收机关做好契税的征收管理工作。

二、土地管理部门和契税征收机关要共同做好契税征收管理与土地使用权的权属管理的衔接工作。

土地管理部门在受理土地变更登记申请后，对土地权属及变更事项进行审核，对符合变更登记规定的，要求当事人出示契税完税凭证或免税证明。对未取得契税完税凭证或免税证明的，土地管理部门不予办理土地变更登记手续。

三、契税征收机关可向土地管理部门查询所需土地使用权权属及出让、转让时间、成交价格及已公布的土地基准地价等与征收契税有关的资料。土地管理部门应当向契税征收机关提供所需的资料。契税征收机关应对在土地管理部门查询的资料严格保密，未经允许，不得转让或公开引用。

契税征收机关应向土地管理部门提供所需已办理契税完税或免税手续的房地产交易情况。

四、土地管理部门在土地证书的定期查验时，可联合契税征收机关对契税完税情况进行检查。对检查中发现的逃避纳税和不办理土地变更登记手续的，应责令其完税和办理土地变更登记手续，并依照有关规定进行处理。

对于需要按评估价格计征契税的，应当委托具备土地评估资格的评估机构进行有关的评估，以规范房地产市场交易行为，确保国家税收不受损失。

⑫关于契税征收管理若干具体事项的通知

（1997年11月25日国家税务总局　国税〔1997〕176号公布）

北京、天津、河北、黑龙江、上海、江苏、浙江、安徽、福建、江西、山东、河南、湖北、湖南、广东、广西、海南、重庆、贵州、云南、陕西、宁夏、新疆、青海省（自治区、直辖市）及宁波、厦门、青岛、深圳市财政厅（局），山西、内蒙古、辽宁、吉林、四川、甘肃省（自治区）及大连市地方税务局：

为了贯彻执行《中华人民共和国契税暂行条例》（以下简称《条例》）和《中华人民共和国契税暂行条例细则》（以下简称《细则》），现就契税征收管理中的若干具体事项通知如下：

一、征收机关。契税征收机关是主管农业税收征收管理工作的各级财政机关或者地方税务机关。

二、征收方式。契税征收应当以征收机关自征为主。目前自征确有困难的地区，经上一级征收机关批准，可以委托当地房屋管理部门、土地管理部门或者其他有关单位代征。对代征单位，征收机关应发给委托代征证书，进行政策和业务指导，确保将代征税款及时解缴入库。

三、减税、免税。按《条例》规定享受减税、免税的纳税人，可向当地征收机关书面提出减税、免税申请，并提供有关证明材料。征收机关应在严格审核后办理减税、免税手续。代征单位不得办理减税、免税手续。减税、免税的审批程序和办法，由省、自治区、直辖市征收机关具体规定。

四、票证管理。为使征管工作逐步规范化，契税的纳税申报表、完税证格式全国统一，具体式样及有关说明另行规定。征收中需要的其他有关票证由省、自治区、直辖市征收机关统一制定格式和组织印制。

鉴于目前农村地区尚无专门的房屋产权管理机构和制度，征收机关在对农村地区的房屋产权转移征收契税时，应当在核实有关情况并确认转移的合法性后，给纳税人核发记载有房屋基本情况、房屋产权转移情况以及契税完纳情况的“契税完税凭证”。在发放房屋所有权证的城镇地区是否发放“契税完税凭证”，由各地省级征收机关自定。“契税完税凭证”的参考格式及有关说明另行下发。

五、会计科目设置。《农业税收征解会计制度》中契税收入二级科目调整为：土地出让、土地转让、房屋买卖、房屋赠与、房屋交换、滞纳金和罚款收入。

六、征收经费。征收经费的来源和管理仍按现行办法执行。各地对征收经费要严格管理，专款专用，保证征收管理工作的开展。

对代征单位，征收机关可以付给代征手续费。代征手续费的支付比例，按财政部有关规定执行。

七、其他事项

除《条例》、《细则》已有明确规定者外，契税的征收管理参照《中华人民共和国税收征收管理法》等法律、法规执行。

凡1997年10月1日前已签订房地产权属转移合同，但未办理纳税手续的，对其征税处理仍按原政策执行。

⑬关于对消化空置商品房有关税费政策的通知（节录）

（2001年4月19日财政部、国家税务总局　财税〔2001〕44号公布）

一、对财政部、国家税务总局《关于调整房地产市场若干税收政策的通知》（财税字〔1999〕210号）中规定的“1998年6月30日以前建成尚未售出的商品住房”免征营业税、契税的优惠政策，延期执行两年，即延长至2002年12月31日止。

对纳税人销售1998年6月30日以前建成的别墅、度假村等高消费性的空置商品房，应自2001年1月1日起恢复征收营业税、契税。

别墅、度假村等高消费性的空置商品房与其他商品住房的界限，由各省、自治区、直辖市和计划单列市财税部门根据当地情况确定。

二、纳税人在1998年6月30日以前建成的商业用房、写字楼，在2001年1月1日至2002年12月31日期间销售的，免征营业税、契税。

⑭关于教育税收政策的通知（节录）

（2004年2月5日财政部、国家税务总局　财税〔2004〕39号公

布）

三、关于耕地占用税、契税、农业税和农业特产税

1. 学校、幼儿园经批准征用的耕地，免征耕地占用税。享受免税的学校用地的具体范围是：全日制大、中、小学校（包括部门、企业办的学校）的教学用房、实验室、操场、图书馆、办公室及师生员工食堂宿舍用地。学校从事非农业生产经营占用的耕地，不予免税。职工夜校、学习班、培训中心、函授学校等不在免税之列。

2. 国家机关、事业单位、社会团体、军事单位承受土地房屋权属用于教学、科研的，免征契税。用于教学的，是指教室（教学楼）以及其他直接用于教学的土地、房屋。用于科研的，是指科学实验的场所以及其他直接用于科研的土地、房屋。对县级以上人民政府教育行政主管部门或劳动行政主管部门审批并颁发办学许可证，由企业事业组织、社会团体及其他社会和公民个人利用非国家财政性教育经费面向社会举办的学校及教育机构，其承受的土地、房屋权属用于教学的，免征契税。

3. 对农业院校进行科学实验的土地免征农业税。对农业院校进行科学实验所取得的农业特产品收入，在实验期间免征农业特产税。

⑮关于2004年农业税收工作的意见（节录）

（2004年3月3日国家税务总局　国税〔2004〕26号公布）

三、加强耕地占用税和契税征收管理工作

研究制定《耕地占用税、契税征管业务规程》，统一、规范全国的耕地占用税、契税征管业务工作；组织开展执法检查，清理、纠正耕地占用税和契税执行中的违法、违规行为，加强两税征管。总局将在适当时候组织对契税政策执行情况进行重点检查，并对检查情况进行通报。

⑯关于办理期房退房手续后应退还已征契税的批复（节录）

（2002年7月10日国家税务总局　国税函〔2002〕622号公布）

新疆维吾尔自治区财政厅：

你厅《关于对办理期房退房手续后是否可以退契税的请示》（新财农税〔2002〕10号）收悉。现批复如下：

按照现行契税政策规定，购房者应在签订房屋买卖合同后、办理房屋所有权变更登记之前缴纳契税。对交易双方已签订房屋买卖合同，但由于各种原因最终未能完成交易的，如购房者已按规定缴纳契税，在办理期房退房手续后，对其已纳契税款应予以退还。

⑰关于社会力量办学契税政策问题的通知

（2001年9月8日财政部、国家税务总局　财税〔2001〕第156号公布）

各省、自治区、直辖市、计划单列市财政厅（局）、地方税务局，新疆生产建设兵团财务局：

根据《中华人民共和国教育法》提出的“任何组织和个人不得以营利为目的举办学校及其他教育机构”的精神，以及国务院发布的《社会力量办学条例》中关于“社会力量举办的教育机构依法享有与国家举办的教育机构平等的法律地位”的规定，对县级以上人民政府教育行政主管部门或劳动行政主管部门批准并核发《社会力量办学许可》，由企业事业组织、社会团体及其他社会组织和公民个人利用非国家财政性教育经费面向社会举办的教育机构，其承受的土地、房屋权属用于教学的，比照《中华人民共和国契税暂行条例》第六条第（一）款的规定，免征契税。

本通知自2001年10月1日起实施。

⑱关于房屋附属设施有关契税政策的批复（节录）

（2004年7月23日财政部、国家税务总局　财税〔2004〕126号公布）

一、对于承受与房屋相关的附属设施（包括停车位、汽车库、自行车库、顶层阁楼以及储藏室，下同）所有权或土地使用权的行为，按照契税法律、法规的规定征收契税；对于不涉及土地使用权和房屋所有权转移变动的，不征收契税。

二、采取分期付款方式购买房屋附属设施土地使用权、房屋所有权的，应按合同规定的总价款计征契税。

三、承受的房屋附属设施权属如为单独计价的，按照当地确定的适用税率征收契税；如与房屋统一计价的，适用与房屋相同的契税税率。

⑲耕地占用税契税减免管理办法

（2004年8月3日国家税务总局　国税〔2004〕99号公布）

第一条　为了严格执行耕地占用税、契税减免政策，简化减免管理程序，根据《中华人民共和国耕地占用税暂行条例》和《中华人民共和国契税暂行条例》，制定本办法。

第二条　凡依法应予减免的耕地占用税、契税的管理，适用本办法。

第三条　耕地占用税、契税的减免，实行申报管理制度。

申报耕地占用税减免的纳税人应在用地申请获得批准后的30日内，向与批准其占用耕地的土地管理机关同级的征收机关提出减免申报。

由国务院或国土资源部批准占用耕地的，由省级征收机关办理减免手续。

契税纳税人应在土地、房屋权属转移合同生效的10日内，向征收机关提出减免申报。计税金额在10000万元（含10000万元）以上的，由省级征收机关办理减免手续。

第四条　征收机关应指定专人受理、审核减免申报事项。

第五条　受理人应要求申报人如实填写减免申报表并提供相关资料，告知申报人若申报不实或虚假申报而应负的法律责任。

受理人一般应在受理当日内将减免申报表和相关资料移交审核人。申报人没有按照规定提供资料或提供的资料不够全面的，受理人应一次性告知申报人应补正的资料。

第六条　审核人应对申报人提供的资料进行审核。

对于符合减免规定的，审核人应于审核的当日办理减免手续。

对于显然不符合减免规定的，审核人应向申报人说明原因，并核定应纳税额，转入税款征收程序。

情况较为复杂需向上级征收机关请示的，审核人应向申报人说明情况，并在规定时限内办理手续。

第七条　耕地占用税、契税的减免管理，实行逐级备案制度。

占用耕地1000亩（含1000亩）以上的减免，征收机关

应在办理减免手续完毕之日起30日内报国家税务总局备案。

契税的计税金额在10000万元（含10000万元）以上的减免，征收机关应在办理减免手续完毕之日起30日内报国家税务总局备案。

第八条 耕地占用税减免，应向国家税务总局备案用地批准文件和减免申报表。

契税减免，应向国家税务总局备案减免申报表。

第九条 占用耕地1000亩以下的耕地占用税的减免和计税金额在10000万元以下的契税减免，其备案办法由省级征收机关制定。

第十条 省级征收机关应根据备案情况定期组织检查。

第十一条 办理减免的征收机关应将办理情况，定期逐级通报基层征收机关。

基层征收机关应对减免情况进行核实，并将核实结果逐级上报至办理减免的征收机关。

第十二条 耕地占用税、契税减免申报应由征收机关受理，其他任何机关、单位和个人都无权受理。

地方各级人民政府、各级人民政府主管部门、单位和个人违反法律、行政法规规定，擅自作出的减税、免税规定无效，征收机关不得执行，并向上级征收机关报告。

第十三条 征收机关或征管人员，违反规定擅自受理、审核减免申报的，依照有关规定处理。

第十四条 各省、自治区、直辖市和计划单列市征收机关可以根据本规定制定具体的减免申报管理办法，并向社会公示。

第十五条 本规定自2004年10月1日起施行。

⑳关于征收机关直接征收契税的通知（节录）

（2004年10月18日国家税务总局 国税〔2004〕137号公布）

一、要建立健全直接征收的管理制度。各地征收机关应按照方便纳税人的原则，结合本地实际设置申报窗口，根据国家税务总局有关规定，制定、完善征管工作规程，建立、健全征收岗位责任制度。

二、要及时终止委托代征。现委托其他单位代征契税的征收机关，应根据本地实际确定停止代征的日期并通知代征单位，及时办理票款结报手续，收回委托代征证书。2005年1月1日之后，各级征收机关一律不得委托其他单位代征契税。

三、要规范减免管理程序。征收机关应按照总局制定的关于《耕地占用税契税减免管理办法》（国税发〔2004〕99号），统筹考虑征收管理和减免管理问题，规范契税减免申报程序，做好契税减免管理工作。

四、要争取政府和相关部门的理解与支持。各级征收机关应积极向本地人民政府汇报情况，说明直接征收契税的财政意义，争取对直接征收契税的理解与支持。根据契税法规和相关政策协调与国土部门、房管部门的工作关系，确保“先税后证”，有效控制税源。

五、各省级征收机关收到本通知后，应对本地区契税征管情况进行一次全面的检查、摸底。对于委托其他单位代征契税的，要制定委托代征改为直接征收的工作计划，并督促落实。各省级征收契税应在2005年2月28日前，将本地委托代征改为直接征收的布置、实施情况上报国家税务总局。

㉑关于国家石油储备基地建设有关税收政策的通知（节录）

（2005年3月15日财政部、国家税务总局 财税〔2005〕23号公布）

一、对国家石油储备基地第一期项目建设过程中涉及的营业税、城市维护建设税、教育费附加、城镇土地使用税、印花税、耕地占用税和契税予以免征。

㉒关于城镇房屋拆迁有关税收政策的通知（节录）

（2005年3月22日财政部、国家税务总局 财税〔2005〕45号公布）

二、对拆迁居民因拆迁重新购置住房的，对购房成交价格中相当于拆迁补偿款的部分免征契税，成交价格超过拆迁补偿款的，对超过部分征收契税。

请遵照执行。

㉓关于进一步加强房地产税收管理的通知（节录）

（2005年5月18日国家税务总局 国税〔2005〕82号公布）

一、房地产税收一体化管理的总体目标和要求。以契税管理先缴纳税款，后办理产权证书（简称“先税后证”）为把手，以信息共享、数据比对为依托，以优化服务、方便纳税人为宗旨，通过部门配合、环节控制，实现房地产业诸税种间的有机衔接，不断提高征管质量和效率。

目前，在土地使用权的出让和房地产开发、转让、保有诸环节分别征收营业税及城市维护建设税和教育费附加（以下简称营业税及附加）、企业所得税、外商投资企业和外国企业所得税、个人所得税（以下统称所得税）、土地增值税、城镇土地使用税、房产税、城市房地产税、印花税、耕地占用税、契税等税种。虽然各税种的纳税人、计税依据等税制要素不尽相同，但是税收征管所依据的基础信息大致相同。各级税务机关和征收契税的财政机关（以下统称征收机关），要加强申报管理，积极争取房地产管理等部门的配合与支持，充分掌握各税种征管所依据的基础信息；要加强征收机关之间的沟通协调，准确、快捷地传递信息，逐步实现各管理部门之间、各税种之间的信息共享，提高税源监控水平；同时要简化办税程序，优化纳税服务，方便纳税人。

二、以契税征管为把手，全面掌控税源信息。契税征收机关要会同房地产管理部门，严格执行“先税后证”的有关规定，把住房地产税收税源控管的关键环节，全面掌握、及时传递有关信息。

（一）规范契税申报管理。纳税人申报缴纳契税时，要填报总局统一制定的契税纳税申报表（另文下发），并附送购房发票、房地产转让合同和有效身份证件复印件等。征收机关要对纳税申报表及有关附件资料的完整性、准确性进行审核。审核无误后，办理征缴手续，开具统一的契税完税证明。

（二）契税征收机关要及时整理、归集房地产交易的有关信息。包括：转让方、中介方和承受方的名称、识别号码，房地产的转让价格、转让时间、面积、位置等信息。

（三）要建立信息传递机制，实现信息互通共享。征收契税的税务部门或岗位要将土地使用权承受方及其承受土地使用权的交易信息，及时传递给管理房地产开发环节有关税收的税务部门或岗位；要将房地产转让方及其房地产交易信息，及时传递给管理房地产转让环节有关税收的税务部门或岗位；要将房地产承受方及其承受房地产的有关交易信息，及时传递给管理房地产保有环节有关税收的税务部门或岗位。征收契税的财政部门要将获取的房地产交易信息集中传递给税务机关，税务机关再分解传递给有关税种的主管部门或岗位。同时，各税种主管税务机关或部门也要将实施有关税收管理过程中获取的房地产权属转移信息，及时传递给契税征收机关。

（四）各地可根据信息化水平、信息量大小、信息存储方式等情况确定适当的信息传递方式。有条件的地区应通过网络或软盘等电子介质传递信息；暂不具备条件的，也可用纸质的形式传递信息。

三、充分利用契税征管信息，加强房地产各环节的税收管理。主管税务机关要严格执行总局关于加强有关税种税收管理的各项规定，充分利用契税征管中获取的有关信息，明确责任人，跟踪掌握有关房地产税收的税源情况，提高管理质量和效率。

（一）要利用土地使用权交易信息，及时掌握承受土地使用权的单位或个人名称、土地坐落位置、价格、用途、面积等信息，了解或控制城镇土地使用税、耕地占用税税源，加强城镇土地使用税的征收管理；对占用耕地进行开发建设的，及时征收耕地占用税。

（二）要跟踪了解土地利用规划、计划投资、施工单位、出包合同或协议以及建设施工进度等情况，掌握从事建设施工、装饰装修的单位或个人应缴纳的营业税及附加、所得税、印花税等税种的税源情况，加强房地产开发建设过程中有关税收的征收管理。

（三）要跟踪了解并掌握房地产开发商发生的房地产开发成本、费用、商品房预售和实际销售、收款方式、收款时间等情况，并利用契税征管中获取的房地产开发商销售商品房的信息，对房地产开发企业缴税情况，进行纳税评估，发现问题，及时采取有效措施解决，加强房地产开发企业有关税收的税收管理。

（四）要利用契税征管中获取的房地产交易信息，掌握单位、个人在房地产二级市场转让房地产的有关税源信息，将转让方名称、识别号码，转让房地产的坐落地点、面积、价格与有关纳税申报资料进行比对分析。发现漏缴税款的，及时进行追缴，切实加强在房地产二级交易市场转让房地产的有关税收的管理。

（五）要采取多种方式跟踪了解承受方承受的房产的装饰装修情况，对承受的新建商品房还要跟踪了解物业管理情况，及时掌握有关税源，采取有效措施加强对实施装饰装修施工和物业管理的单位或个人应纳税收的征收管理。

（六）要利用房地产转让信息，掌握城镇土地使用税、房产税、城市房地产税税源变化情况，将承受方名称、识别号码，房地产的转让价格、类别等信息，与纳税人的纳税申报资料进行比对，对未申报或未如实申报的单位和个人，应及时进行催报催缴。要将契税征收中获取的房地产信息资料，作为长期的税源资料及时归入税源管理档案。

（七）要综合利用有关信息资料，加强对房地产出租应缴纳的营业税及附加、所得税、城镇土地使用税、房产税等税种的管理。对个人出租房屋的，应充分利用社会力量加强管理，如委托街道、居民委员会、流动人员管理机构等组织代征有关税收，并按规定付给手续费。实行委托代征的，税务机关对代征单位要加强业务指导，定期检查了解代征情况，及时研究代征工作中遇到的问题。

（四）相关地方政府规章及规范性文件

❶辽宁省契税暂行实施办法

（1999年11月16日辽宁省人民政府办公厅　辽政办〔1999〕61号公布）

第一条　根据《中华人民共和国契税暂行条例》（国务院令第224号）和《中华人民共和国契税暂行条例细则》（以下简称《条例》和《细则》），结合我省实际情况，制定本暂行实施办法（以下简称办法）。

第二条　在辽宁省行政区域内发生《条例》所指的转移土地、房屋权属行为，其承受土地、房屋的单位和个人为契税的纳税人，应当按照《条例》、《细则》及本办法缴纳契税。农村集体土地承包经营权的转移，不征收契税。

契税由地方税务部门负责征收管理。

第三条　契税税率为4%。对个人购买普通住宅的，税率暂减按3%征收。

第四条　契税的免税与减税：

（一）国家机关、事业单位、社会团体、军事单位承受的土地、房屋用于办公、教学、医疗、科研和军事设施的，免征。

本办法所称“国家机关”是指国家权力机关、国家行政机关、国家审判机关、国家检察机关和党派团体。

本办法所称“事业单位”和“社会团体”，是指由国家财政部门拨付事业经费的单位。

本办法所称“军事单位”是指中国人民解放军和武装警察部队。

本办法所称用于办公、教学、医疗、科研和军事设施的，依照“细则”规定的范围。

（二）城镇职工第一次按住房制度改革政策在规定面积以内购买公有住房的，免征。

（三）因不可抗力灭失住房而重新购买住房的，酌情给予减征或免征。

（四）纳税人承受荒山、荒沟、荒丘、荒滩土地使用权，用于农、林、牧、渔业生产的，免征。

（五）土地、房屋被县级以上人民政府征用、占用后，纳税人重新承受土地、房屋权属的，酌情给予免征或减征。

（六）外国驻辽宁省的外交机构及其外交人员承受土地、房屋权属的，经外交部确认，可以免征。

以上免税、减税，纳税人须持有关证明材料，经征收机关审核后，报上一级主管机关批准。

经批准减征、免征契税的纳税人改变有关土地、房屋的用途，不再属于本办法规定的减征、免征契税范围的，应当补缴已经减征、免征的税款。

第五条　契税的纳税义务发生时间，为纳税人签订土地、房屋权属转移合同的当天，或者纳税人取得其他具有土地、房屋权属转移合同性质凭证的当天。纳税人应当自纳税义务发生之日起10日内向土地房屋所在地的契税征收机关办理纳税申报；未办理纳税申报及其过户登记手续的，地方税务机关按有关规定处理。

其他具有土地、房屋权属转移合同性质的凭证，包括具有合同效力的契约、协议、用地批复以及省地方税务局确定的其他凭证。

第六条　地方税务机关可以委托土地及房产管理部门、房地产经营企业和交易市场代扣代缴契税。具体委托征收管理办法由征收机关制定。

土地及房产管理部门、房地产经营企业和交易市场有义务接受地方税务部门的委托，协助地方税务部门代征契税。征收机关应按财政部的规定支付一定比例的代征手续费。

土地及房产管理部门、房地产经营企业和交易市场应向契税征收机关提供土地使用权权属及出让转让合同、用地批复、《土地使用权》的使用、已公布的土地基准地价、房屋权属、房地产交易、房地产开发和竣工、《房屋所有权证》的使用等与征收契税有关的资料。

第七条　纳税人未出具契税完税凭证或免税证明的，土地管理部门和房产管理部门不得办理有关土地、房屋的权属变更登记手续。

第八条　契税的计税依据包括综合地价、房屋全部成交价格及与土地、房屋不可分割的附属物的价值。

土地、房屋权属发生转移，采取分期付款的，按计税依据一次性征收契税。

第九条　对土地、房屋权属的转移变动，征收机关认为计税价格不实，可以参照市场价格核定；无法核定的，由征收机关指定具有合法资格的经济鉴证中介机构进行评估，按评估价格征收契税。

第十条　纳税人有隐匿产权、产价行为的，按偷税处理。

第十一条　本办法自公布之日起施行。具体征收管理办法由省财政厅、省地方税务局依照本办法的规定制定。

❷湖北省契税征收管理实施办法（修订）

（2000年2月2日湖北省人民政府常务会议审议通过　2000年2月21日湖北省人民政府令〔第190号〕公布施行）

第一条　根据《中华人民共和国契税暂行条例》和《中华人民共和国契税暂行条例细则》，结合我省实际，制定本办法。

第二条　在本省境内发生的转移土地、房屋权属行为，为契税征收范围。土地、房屋权属的承受单位和个人，为契税纳税人。

第三条　本办法所称土地、房屋“权属”，限指土地的使用权和房屋的所有权，不包括土地的所有权和房屋的使用权。

第四条　转移土地、房屋权属是指下列行为：

（一）国有土地使用权出让；

（二）土地使用权转让，包括出售、赠与和交换；

（三）房屋买卖；

（四）房屋赠与；

（五）房屋交换。

本条第（二）项土地使用权转让，不包括农村集体土地承包经营权的转移。

第五条　国有土地使用权出让，是指土地使用者向国家交付土地使用权出让费用，国家将国有土地使用权在一定年限内让予土地使用者的行为。

土地使用权转让，是指土地使用者以出售、赠与、交换或者其他方式将土地使用权转移给其他单位和个人的行为。

第六条　土地、房屋权属以下列方式转移的，视同土地使用权转让、房屋买卖或者房屋赠与征税：

（一）以土地、房屋权属作价投资、入股；

（二）以土地、房屋权属抵债；

（三）以获奖方式承受土地、房屋权属；

（四）以预购方式或者预付集资建房款方式承受土地、房屋权属。

第七条　房屋所有权转让，是指房屋买卖、赠与、交换等行为；

房屋买卖，是指房屋所有者将其房屋出售，取得一定货币、实物或者其他经济利益的行为；

房屋赠与，是指房屋所有者将其房屋无偿转让给受赠者的行为；

房屋交换，是指房屋所有者之间相互交换房屋所有权的行为。

第八条　土地、房屋所在地的财政部门，是契税征收机关。

征收机关根据需要，可以委托土地管理部门、房产管理部门代收、代缴契税。

第九条　契税税率为4%。

第十条　契税计税依据：

（一）国有土地使用权出让、出售、房屋买卖为成交价格；

（二）土地使用权赠与、房屋赠与，由征收机关参照土地使用权出售、房屋买卖的市场价格核定；

（三）土地使用权交换、房屋交换，土地与房屋交换的，为所交换的土地使用权、房屋价格的差额；

（四）以划拨方式取得土地使用权的，经批准转让房地产时，为补交的土地使用权出让费用或土地收益；

（五）承受土地、房屋部分权属的，为所承受部分权属的成交价格，当部分权属改为全部权属时，为全部权属的成交价格，已缴的部分权属的税款应予扣除。

计税依据明显低于市场价格且无正当理由的，征收机关有权参照市场价格核定，或委托具有土地、房产评估资格的中介机构进行评估。评估费用由评估申请人支付。

第十一条　第十条第（三）项的纳税人为交换价格差额的支付者；第（四）项的纳税人为土地使用权转让者。

第十二条　契税计算公式为：

应纳税额＝计税依据×税率

应纳税税额以人民币计算。以外汇结算的，按照纳税义务发生之日中国人民银行公布的市场汇率中间价折合成人民币计算。

第十三条　契税的纳税义务发生时间，为纳税人签订土地、房屋权属转移合同的当天，即纳税人到房产管理部门、土地管理部门签订标准文本合同或办理权属变更登记的当天。

第十四条 纳税人应当自纳税义务发生之日起10日内，向土地、房屋所在地的征收机关办理纳税申报，并在核定的税额和期限内缴纳税款。征收机关收到税款时必须向纳税人开具契税完税凭证。

凡未实行委托征收的地方，土地管理部门、房产管理部门有义务向征收机关提供房地产资料，协助征收机关依法征税。

第十五条 纳税人持契税完税凭证和规定的其他文件材料，依法向土地管理部门、房产管理部门办理有关土地、房屋权属变更登记手续。

纳税人未出具契税完税凭证的，土地管理部门、房产管理部门不予办理有关土地、房屋权属变更登记手续。

第十六条 契税减征或免征范围：

（一）国家机关、事业单位、社会团体、军事单位承受土地、房屋用于办公、教学、医疗、科研和军事设施的，免征；

用于办公的，是指办公楼，档案室、机关车库、职工食堂以及其他直接用于办公的土地、房屋。

用于教学的，是指各级教育行政主管部门批准设立的各类学校（幼儿园）、省劳动行政管理部门批准设立的技工学校和职业培训机构以及各类残疾人学校的教学楼、实验室、图书馆、操场、学生食宿设施以及其他直接用于教学的土地、房屋。

用于医疗的，是指门诊部、住院部、化验室、药房以及其他直接用于医疗的土地、房屋。未纳入国家事业单位管理，不按《事业单位财务规则》进行核算的医疗单位以及疗养、康复机构除外。

用于科研的，是指从事科学试验的场所以及其他直接用于科研的土地、房屋。

用于军事的，是指地上的和地下的军事指挥作战工程，军用机场、港口、码头，军用的库房、营区、训练场、试验场，军用通信、侦察、导航、观测台站以及其他直接用于军事设施的土地、房屋。

（二）城镇职工按照省以上人民政府批准的房改方案第一次购买公有住房的，免征。属下列情形之一的，视为第一次购房。但所购房屋超过省规定面积的部分，以有关部门分面积、档次所收费额为依据，计征契税：

原住房未达到规定面积标准，重新购房的。

职务、职称晋升，原购住房退还，重新购房的。

职工异地调动、交流，原工作地所购住房退回，在新工作地重新购房的；

（三）因不可抗力灭失住房而重新购买住房的，因经济建设和城市发展需要，房屋被拆除后，重新购买房屋的，减征或免征；

（四）土地被依法征用或占用后，重新承受土地的，减征或免征；

（五）纳税人承受荒山、荒沟、荒丘、荒滩土地使用权用于农、林、牧、渔项目开发的，免征；

（六）财政部或省政府确定的其他减征、免征项目。

第十七条 契税的减免，由纳税人在签订土地房屋权属转移合同之日起10日内，向土地、房屋所在地的征收机关提出申请，经核实同意后，报县（含县级市，下同）以上征收机关审批。

房屋契税减免额20万元（含20万元）以上和土地契税减免额40万元（含40万元）以上的，由省征收机关审批。

市（含地区行署、州，下同）、县征收机关减免契税的审批权限，由省征收机关规定。

第十八条 纳税人已缴纳契税，但土地、房屋权属转移未能实现并申请退税的，经县以上征收机关根据土地、房产管理部门出具的书面证明审批批准，可准予退税。

第十九条 纳税人改变第十六条（一）项、（五）项规定的土地、房屋用途的，按实际改变用途的土地、房屋价格补缴契税。

第二十条 在汉中央及省直单位房产权属转移的契税征收由省财政部门负责。

第二十一条 国有土地使用权出让的契税征收，按照《湖北省土地管理实施办法》规定的土地征用审批权限，属哪一级政府批准的，哪一级政府财政部门为征收机关。财政部门可以委托土地管理部门代收、代缴契税。属国务院批准征用土地的契税，省财政部门、省土地管理部门分别为征收机关和代收代缴机关。所收税款按现行财政体制返还。

第二十二条 征收机关按年度征收的契税总额提取10%的征收经费，用于契税征收工作。

第二十三条 纳税人逾期不办理纳税申报或者未在指定的纳税期限内交纳税款，征收机关按日以应纳税额的2‰加收滞纳金。纳税人采用任何形式偷税、抗税的，依照《中华人民共和国税收征收管理法》的有关条款处罚。

第二十四条 土地管理部门、房产管理部门为未出具契税纳税凭证的纳税人办理土地、房屋权属变更登记手续使契税流失的，由办理手续的单位补缴契税。征收机关工作人员在征收契税工作中，有营私舞弊、收受贿赂行为或与纳税人合谋偷逃契税的，由其所在单位或上级主管部门给予行政处分。情节严重的，提交司法机关追究刑事责任。

第二十五条 纳税人与征收机关在纳税人发生争议以及当事人对征收机关的处罚决定、强制执行措施或者税收保全措施不服的，可依照《中华人民共和国税收征收管理法》、《中华人民共和国行政复议法》的规定申请复议或提起诉讼。

第二十六条 本办法应用中的问题，由省财政厅负责解释。

第二十七条 本办法自颁布之日起施行。本省过去有关契税征收的规定同时废止。对1997年10月1日前已签订房地产权属转移合同的，其契税征收仍按原政策执行。对1997年10月1日至本办法颁布之前转移土地、房屋权属的，应按照《中华人民共和国契税暂行条例》的规定征收契税。

❸北京市契税管理规定

（1999年7月13日北京市人民政府第29号令公布 根据2002年6月27日北京市人民政府第100号令修订）

第一条 根据《中华人民共和国契税暂行条例》（以下简称《条例》），结合本市实际情况，制定本规定。

第二条 本市行政区域内土地使用权、房屋所有权发生转移时，承受的企业、事业单位、国家机关、军事单位、社会团体、其他组织和个体经营者以及其他个人为契税的纳税人，应当依照《条例》及其细则和本规定缴纳契税。

经批准转让以划拨方式取得土地使用权的房地产时，房地产转让双方均为纳税人。

第三条　契税的征收范围包括国有土地使用权出让、土地使用权转让（包括出售、赠与和交换）、房屋买卖、房屋赠与和房屋交换；其中土地使用权转让，不包括农村集体土地承包经营权的转移。

下列转移方式，视同土地使用权转让、房屋买卖或者房屋赠与征税：

（一）以土地、房屋权属抵债或者作价投资、入股的；

（二）以获奖、预购、预付集资建房款或者转移无形资产方式承受土地、房屋权属的；

（三）建设工程转让时发生土地使用权转移的；

（四）以其他方式事实构成土地、房屋权属转移的。

第四条　本市契税征收机关为市和区、县地方税务局。

第五条　契税税率为3%。

第六条　契税的计税依据如下：

（一）国有土地使用权出让、土地使用权出售、房屋买卖，为成交价格；

（二）土地使用权赠与、房屋所有权赠与，由契税征收机关参照同类土地使用权出售、房屋买卖的市场价格或者评估价格核定；

（三）土地使用权交换、房屋所有权交换、土地使用权与房屋所有权交换，为交换价格的差额；

（四）以划拨方式取得土地使用权的，经批准转让房地产时，除承受方按规定缴纳契税外，房地产转让者应当补缴契税，计税依据为补缴的土地使用权出让费用或者土地收益。

（五）承受土地、房屋部分权属的，为所承受部分权属的成交价格；当部分权属改为全部权属时，为全部权属的成交价格，原已缴纳的部分权属的税款应予扣除。

前款成交价格明显低于市场价格和交换价格的差额明显不合理，并且无正当理由的，由契税征收机关参照市场价格核定。

第七条　免税规定：

（一）因不可抗力灭失住房而重新购买住房的，免征契税。

（二）土地、房屋被县级以上人民政府征用、占用后，重新承受土地、房屋权属的，其成交价格没有超出土地、房屋补偿费、安置补助费的部分，免征契税。

（三）城镇职工第一次购买公有住房的，在本市规定标准面积以内的部分免征契税，超过的部分，仍应按照规定缴纳契税。因原住房未达到本市规定标准面积而重新购买公有住房的，视为第一次购房。

（四）国家机关、事业单位、社会团体、军事单位承受土地、房屋用于办公的办公室（楼）、档案室、职工食堂，教学的教室（教学楼）、实验室（楼）、操场、图书馆、食堂、学生宿舍，医疗的门诊部、化验室、住院部、药房，科研的试验场、试验楼，以及市财政局和市地方税务局确定的其他直接用于办公、教学、医疗、科研等的土地、房屋，免征契税。

（五）军事单位承受土地、房屋用于地上和地下的军事指挥工程，军用的机场、库房、营区、训练场、试验场和通信、导航、观测台站，以及市财政局和市地方税务局确定的其他直接用于军事设施的土地、房屋，免征契税。

（六）共同占有的土地、房屋权属分析，免征契税。

（七）纳税人承受荒山、荒沟、荒丘、荒滩土地使用权，用于农、林、牧、渔业生产的，免征契税。

（八）依法应当予以免税的外国驻京外交机构、联合国驻京机构以及外交人员承受土地、房屋权属的，经外交部确认，可以免征契税。

财政部规定的其他减征、免征契税的项目，按照财政部的规定执行。

第八条　契税的纳税义务发生时间，为纳税人签订土地、房屋权属转移合同的当天，或者纳税人取得具有合同效力的契约、协议、合约、单据、确认书以及由市财政局和市地方税务局确定的其他凭证的当天。

纳税人因改变土地、房屋用途应当补缴已经减征、免征契税的，其纳税义务发生时间为改变有关土地、房屋用途的当天。

第九条　纳税人应当自纳税义务发生之日起10日内，到市或者土地、房屋所在地的区、县契税征收机关办理纳税申报手续，并在契税征收机关核定的期限内缴纳税款；符合减征或者免征契税规定的，应当办理减征或者免征契税手续。

第十条　纳税人应当持契税完税凭证或者减、免税证明和其他规定的文件材料，依法到房屋土地管理部门办理有关土地、房屋的权属变更登记手续；对未出具完税凭证或者减、免税证明的，房屋土地管理部门不予办理有关变更登记手续。

第十一条　纳税人已缴纳契税，但土地、房屋权属转移未能实现的，经契税征收机关批准，可准予退税。

第十二条　根据征收管理的需要，契税征收机关可以委托有关单位代扣代缴和代征契税。具体办法由市地方税务局制定。

第十三条　本市契税的征收管理，依照《条例》及其细则、本规定和其他有关法律、行政法规的规定执行。

第十四条　对在《条例》实施之前签订土地、房屋权属转移合同的，契税征收办法按照原有关于契税的政策规定执行。

第十五条　本规定执行中的具体问题，由市财政局和市地方税务局负责解释。

第十六条　本规定自发布之日起施行。市人民政府1992年5月30日发布、1997年12月31日修订的《北京市城镇居民购买商品住宅楼房管理办法》第八条中有关契税的规定同时停止执行。

三、以案明法

案例(一)

王某荣不服扬中市财政局财税处罚决定案

原告：王某荣

被告：江苏省扬中市财政局

1995年4月1日，王某荣向江苏东方华厦集团公司外联房地产开发公司（原扬中市贝斯特对外经济贸易公司）订购了位于本市凯旋山庄别墅楼一幢。该楼于1996年9月26日建成交付，实际建筑面积250.64平方米，购价68.5万元。在购房总价中，扣除为商品房配套的水、电、绿化等市政公共基础设施建设费计38242.65元后，所得计税价格为646757.35元，王某荣应纳契税38805.44元。扬中市财政局分别于1996年11月7日、12月9日和1997年2月21日书面通知王某荣按期交纳契税，但王某荣逾期未曾缴纳。1997年3月10日，扬中市财政局对王某荣作出了扬财农税罚字（97）第1号行政处罚决定，责令王某荣缴纳契税38805.44元及滞纳金310.44元（从1997年3月2日起至处罚之日止，按日加收2%）；并对其处罚款10000元。三项合计人民币49115.88元。王某荣不服，向镇江市财政局申请复议，镇江市财政局裁定不予受理。王仍不服，遂于1997年5月20日向江苏省扬中市人民法院提起诉讼，请求法院撤销扬中市财政局的处罚决定。原告王某荣诉称：原告于1995年4月1日向扬中市房地产开发总公司（前身为扬中市贝斯特发展公司）签订了一份房屋购买合同，由于开发商至今没有向原告正式交付，原告在征得开发方同意后，对新购买房屋进行了局部装修，被告得知后，便要求原告交付契税，不久被告便对原告作出扬财农税罚字（1997）第1号行政处罚决定。原告认为被告所作处罚认定事实不清，适用的程序不妥，适用的法律不当，处罚的主体不符，侵犯了原告的合法权益，向镇江市财政局申请复议，镇江市财政局裁定不予受理，因此特向江苏省扬中市人民法院提起行政诉讼。

被告扬中市财政局辩称：原告交付房款取得房屋并进行装修，在多次催其交付契税无效的情况下，以事实为根据，正确适用法律，依据法定程序，对原告作出扬财农税罚字（1997）第1号行政处罚决定，因此处罚决定完全正确，请求扬中市人民法院依法判决。

江苏省扬中市人民法院审理后认为：国家的税收征收管理受法律保护，任何负有纳税义务的单位和个人都必须依照法律、行政法规的规定缴纳税款。原告王某荣购置别墅楼，依法应当缴纳契税，但其在规定期限内未能自动缴纳税款，经被告扬中市财政局责令限期缴纳，而王逾期仍未缴纳，扬中市财政局针对原告王某荣的行为，依据《中华人民共和国税收征收管理法》第二十条、第四十六条的规定，对其作出处罚决定。经审查，该处罚决定证据充分，适用法律、法规正确，符合法定程序，处罚并无不当。原告王某荣提出的关于被告扬中市财政局处罚主体不符，所经程序不对，适用法律不当的观点，经查不能成立，本院不予采纳。依据《中华人民共和国行政诉讼法》第五十四条第（一）项的规定，该院于1997年8月13日作出判决：

维持扬中市财政局扬财农税罚字（97）第1号行政处罚决定。

一审判决后，原告王某荣以一审判决不公，认定事实有误，适用法律不当为由，向镇江市中级人民法院提起上诉。在二审法院审理过程中，上诉人王某荣以愿意履行被上诉人行政处罚决定所规定的义务为由，申请撤回上诉。经二审法院审查属实，于1997年8月17日作出如下裁定：

准许上诉人王某荣撤回上诉。

案例(二)

曾某东等商品房买主诉桑植县房地产开发公司房屋买卖契税承担案

原告：曾某东等桑植县首批商品房十户买主

代表人：曾某东

被告：桑植县房地产开发公司

1993年12月至1994年4月间，桑植县房地产开发公司（下称开发公司）分别与曾某东等12户商品房买主签订了商品房购销合同书，合同中约定了购房位置、销售价格、建筑标准、结算、付款、验收方法、税费负担、违约责任以及房屋售后管理等。合同第二条第二项约定："商品房价格以建筑面积每平方米造价为计算单位，内容包括：勘测设计、土地征用青苗补偿、劳动力安置、房屋建安工程费用、给排水电等配套设施费用。"第六条第二项约定："甲方（公司）负责办理房屋交易和产权手续，并领取房权证，等乙方（买主）将全部款额交足甲方后，由甲方连同购销房屋一并移交给乙方，所需经费按有关规定执行。其余有关税费均包括在商品房的单位造价内，不再另行收取。"合同签订后，12户买主分别向开发公司交纳了购房定金。1994年年底前，12户买主交清全部购房款后，开发公司按合同约定陆续将房屋移交给12户买主，并于1995年3月将其房屋所有权证移交完毕。1995年4月，桑植县澧源镇财政所征收了除钟岐山、周传兴以外其他10户房屋买主即本案原告的契税共计19986.53元，其中刘双英、王树成因迟交契税还交滞纳金共1034元，该10户买主以契税不应由自己承担为理由，向桑植县人民法院提起诉讼。

原告诉称：根据合同规定，房产契税应由被告开发公司承担。现要求被告承担契税和刘双英、王树成两户买主交付的滞纳金。

被告开发公司辩称：合同第六条规定的不另收取的税费是指房产售前的税费，如耕地占用税、营业税、水电增容费、消防管理费等。契税是房产售后买方应完纳的税费，不包括在单位造价之内。原告的诉讼请求没有法律依据，应当驳回其起诉。

桑植县人民法院认为：被告与原告签订合同时在第六条第二款明确规定："其余有关税费均包括在商品房的单位造价内，不再另外收取。"其意思表示真实，权利义务明确，即契税已包括在单位造价内，应由被告承担。原告刘双英，王树成两户所交的滞纳金应由自己承担。根据《中华人民共和国民法通则》第一百零六条第一款、第一百一十二条第二款、

第一百一十四条的规定，判决：

被告应退还原告被征契税金额共计19986.53元；刘双英，王树成两原告被罚滞纳金1034元由其各自承担。

开发公司不服判决，以商品房单位造价没有包括契税，契税是房屋交易之后，按有关规定由房屋买受方承担，曾某东等10户买主已交纳的契税不应由我公司承担为理由，上诉至张家界市中级人民法院，请求改判。

被上诉人曾某东等10人答辩认为原判正确，请求维持。

张家界市中级人民法院经审理认为：10户商品房买主与开发公司双方签订的商品房购销合同有效。合同中约定“其余有关税费均包括在商品房单位造价内”的税费，应是指房屋买卖成立即房屋所有权转移之前的税费，不包括房屋买卖成立之后的契税。契税是房屋交易完成后由房屋买受人持房屋所有权证应交纳的税费，我国《契税暂行条例》明确规定应由房产买受人凭所有权证交纳，契税应由10户商品房买主交纳。原审判决契税由开发公司承担，适用法律错误，应予撤销。依照《中华人民共和国契税暂行条例》第三条，《中华人民共和国民事诉讼法》第一百五十三条第一款第（二）项的规定，于1996年5月28日判决：

一、撤销桑植县人民法院民事判决。

二、10户商品房买主被征契税19986.53元由其各自承担。刘双英、王树成两户被罚滞纳金1034元由其各自承担。

四、办案实战资料库

（一）省、自治区、直辖市契税纳税申报表

省、自治区、直辖市契税纳税申报表

税款所属时间：　　年　　月　　日　　　　　　　　　　　　填表时间：　　年　　月　　日

纳税人名称		地址		邮政编码		电话号码	
开户银行				银行账号			
土地房屋权属转移		合同签订时间					
		土地、房屋地址					
		权属转移类别					
		数量					平方米
		成交价格					元
税率							
减免税额							元
应纳税额							元
备　注							
纳税人签章		法人代表签章			经办人员签章		

（以下部分由征收机关负责填写）

征收机关收到日期		接收人		审核日期		审核人员签章	
审核记录						征收机关签章	

契税纳税申报表填报说明：

一、适用范围。本表适用于承受土地使用权、房屋所有权的契税纳税人。该纳税人应在签订土地、房屋权属转移合同或者取得其他具有土地、房屋权属转移合同性质凭证后十日内，向土地、房屋所在地契税征收机关填报契税纳税申报表。

二、本表填写一式两份，送征收机关一份，申报单位或个人留一份。

三、“合同签订时间”栏按纳税人签订土地、房屋权属转移合同或者取得其他具有土地、房屋权属转移合同性质凭证的日期填写。

四、“土地、房屋地址”栏按纳税人所承受权属的土地、房屋的具体坐落位置填写。

五、“权属转移类别”栏按转移土地使用权、房屋所有权的形式填写，具体包括：土地使用权出让、土地使用权出售、土地使用权赠与、土地使用权交换、房屋买卖、房屋赠与、房屋交换等七种方式。

六、“数量”栏按纳税人承受使用权的土地面积、承受所有权的房屋建筑面积填写。

七、“成交价格”栏按土地、房屋权属转移合同确定的价格（包括纳税人交付的货币、实物、无形资产或者其他经济利益，折算成人民币金额）填写。

（二）省、自治区、直辖市契税完税证

省、自治区、直辖市契税完税证

（98）京契完××号

填发日期：　　　年　　　月　　　日　　　　　　　　　　　　　　　　　征收机关：

纳税人名称		纳税人地址			
税款所属时间	年　月　日				
税目	计税金额	税率	减免税额	滞纳金	实缴金额
					拾　万　千　百　十　元　角　分
金额合计	（大写）　拾　万　千　百　十　元　角　分				
征收机关（盖章）	委托代征单位（盖章）	填票人（章）	备注		

第一联存根　征收机关留存

（三）契税完税证

中华人民共和国契税完税证

填发日期：　　年　　月　　日　　　　（××××）〈省简称〉农税字 0000

<table>
<tr><td colspan="2">纳税人代码</td><td></td><td colspan="2">纳税人名称</td><td colspan="2"></td><td colspan="3">地 址</td><td colspan="2"></td></tr>
<tr><td colspan="2">房地产位置</td><td></td><td colspan="2">税款所属时间</td><td colspan="2"></td><td colspan="3">契约（合同）成立日期</td><td colspan="2"></td></tr>
<tr><td rowspan="2">税目</td><td rowspan="2">房地产权属转移面积（平方米）</td><td rowspan="2">计税金额</td><td rowspan="2">税率%</td><td colspan="8">实 纳 金 额</td></tr>
<tr><td>十</td><td>万</td><td>千</td><td>百</td><td>十</td><td>元</td><td>角</td><td>分</td></tr>
<tr><td></td><td></td><td></td><td></td><td></td><td></td><td></td><td></td><td></td><td></td><td></td><td></td></tr>
<tr><td></td><td></td><td></td><td></td><td></td><td></td><td></td><td></td><td></td><td></td><td></td><td></td></tr>
<tr><td></td><td></td><td></td><td></td><td></td><td></td><td></td><td></td><td></td><td></td><td></td><td></td></tr>
<tr><td></td><td></td><td></td><td></td><td></td><td></td><td></td><td></td><td></td><td></td><td></td><td></td></tr>
<tr><td></td><td></td><td></td><td></td><td></td><td></td><td></td><td></td><td></td><td></td><td></td><td></td></tr>
<tr><td colspan="4">逾期　天，每日按滞纳税款加收　‰的滞纳金</td><td></td><td></td><td></td><td></td><td></td><td></td><td></td><td></td></tr>
<tr><td colspan="4">金额合计（大写）　拾　万　仟　佰　拾　元　角　分</td><td></td><td></td><td></td><td></td><td></td><td></td><td></td><td></td></tr>
<tr><td colspan="2">征收机关
（盖章）</td><td colspan="2">委托代征收扣单位
（盖章）</td><td colspan="8" rowspan="2">备注：</td></tr>
<tr><td colspan="2">经办人（章）</td><td colspan="2">经办人（章）</td></tr>
</table>

第一联存根　由征收机关或代征单位存查

说明：

契税完税证一式五联：各联用途是：

第一联：存根　由征收单位或代征单位存查（白纸黑油墨）；

第二联：收据　纳税人完税凭证（白纸红油墨）；

第三联：记账　由征收机关作记账凭证（白纸绿油墨）；

第四联：通知　房产管理部门凭此办理产权过户手续（白纸紫油墨）；

第五联：报查　报县级征收机关核查（白纸蓝油墨）。

有关栏目填写口径：

1. 纳税人代码：指征收机关按规定编制的纳税人代码。

2. 纳税人名称：如属农户，应填农户姓名；如属单位，应填单位全称。

3. 地址：指缴纳税款的纳税人地址。

4. 税款所属时期：指发生纳税义务的时期。

5. 契约（合同）成立日期：指纳税人签定土地、房屋转移合同的当日，或者纳税人取得其他具有土地、房屋权属转移合同性质凭证的当日。

6. 税目：按“土地使用权出让”、“土地使用权转让”、“房屋买卖”、“房屋赠与”、“房屋交换”等项目填列。

7. 本完税证第二联（收据）套印国家税务总局统一制发的“农业税收票证监制章”。

第三节 房地产中介服务

本节为您提供以下主题词的法律适用依据与实战资料

■房地产中介服务

【房地产中介服务】

一、专家指导意见

（一）房地产中介服务的概念

房地产中介服务，是指为房地产开发和交易提供各种媒介活动服务的总称。

（二）房地产中介服务机构及其管理

1. 房地产中介服务机构的种类：(1) 房地产咨询机构；(2) 房地产价格评估机构；(3) 房地产经纪机构。

2. 房地产中介服务机构设立的条件和程序：设立条件：(1) 有自己的名称、组织机构； (2) 有固定的服务场所；(3) 有必要的财产和经费；(4) 有足够的专业人员；(5) 符合法律、行政法规规定的其他条件。设立程序：(1) 资质审查；(2) 注册登记；(3) 登记备案。

3. 年检与其他法定义务要求：(1) 遵守有关的法律、法规和政策；(2) 遵守自愿、公平、诚实信用的原则；(3) 按照核准的业务范围从事经营活动；(4) 按规定标准收取费用；(5) 依法缴纳税费；(6) 接受行业主管部门及其他有关部门的指导、监督和检查。

（三）房地产中介服务人员资格管理

1. 对从事房地产咨询业务人员的资格管理：从事房地产咨询业务的人员，必须是具有房地产及相关专业中等以上学历，有与房地产咨询业务相关的初级以上专业技术职称并取得考试合格证书的专业技术人员。

2. 对从事房地产价格评估人员的资格管理：房地产评估师必须是经过国家统一考试和执业资格认证，取得《房地产估价师执业资格证书》，并经注册登记取得《房地产估价师注册证》的人员。

3. 对房地产经纪人的资格管理：房地产经纪人必须经过考试、注册并取得《房地产经纪人资格证》。

（四）房地产中介业务管理

1. 房地产中介服务合同的内容：(1) 当事人姓名或名称、住所；(2) 房地产中介服务项目的名称、内容、要求和标准；(3) 合同履行期限；(4) 收费金额和支付方式、时间；(5) 违约责任和解决纠纷方式；(6) 当事人约定的其他内容。

2. 房地产中介业务活动中的禁止行为：(1) 索取、收受委托合同以外的酬金或其他财物，或者利用工作之便，牟取其他不正当的利益；(2) 允许他人以自己的名义从事房地产中介服务；(3) 同时在两个或两个以上房地产中介服务机构执业；(4) 与一方当事人串通损害另一方当事人利益；(5) 法律、法规禁止的其他行为。

二、法律适用依据

（一）相关法律

❶中华人民共和国城市房地产管理法（节录）

（1994 年 7 月 5 日第八届全国人民代表大会常务委员会第八次会议通过 1994 年 7 月 5 日中华人民共和国主席令〔第 29 号〕公布 自 1995 年 1 月 1 日起施行）

第五节 中介服务机构

第五十六条 房地产中介服务机构包括房地产咨询机构、房地产价格评估机构、房地产经纪机构等。

第五十七条 房地产中介服务机构应当具备下列条件：

（一）有自己的名称和组织机构；

（二）有固定的服务场所；

（三）有必要的财产和经费；

（四）有足够数量的专业人员；

（五）法律、行政法规规定的其他条件。

设立房地产中介服务机构，应当向工商行政管理部门申请设立登记，领取营业执照后，方可开业。

第五十八条 国家实行房地产价格评估人员资格认证制度。

（二）相关行政法规及规范性文件

❶城市房地产开发经营管理条例（节录）

（1998 年 7 月 20 日国务院令〔第 248 号〕公布施行）

第二十九条 房地产开发企业委托中介机构代理销售商品房的，应当向中介机构出具委托书。中介机构销售商品房时，应当向商品房购买人出示商品房的有关证明文件和商品房销售委托书。

❷关于发展房地产业若干问题的通知（节录）

（1992 年 11 月 4 日国务院 国〔1992〕61 号公布）

十、建立和培育完善的房地产市场体系。在房地产交易中应充分运用竞争机制。房地产一级市场即土地使用权的出让，要在城市总体规划指导下，尽量通过招标、拍卖等方式进行，减少协议出让。房地产二级市场即土地使用权出让后的房地产开发经营和三级市场即投入使用后的房地产交易，以及抵押、租赁等多种经营方式，要在国家宏观管理下，放开搞活，实行市场调节。土地使用权的转让和房产所有权的转移（包括涉外房地产），必须依照规定到当地房地产市场管理部门办理过户手续。要建立与房地产市场配套的服务体系，建立房地产交易的中介服务代理机构、房地产价格评估机构和对市场纠纷的仲裁机构等，逐步形成规范、公开、有序的房地产市场。

❸建设部职能配置、内设机构和人员编制规定（节录）

（1998 年 6 月 23 日国务院办公厅　国办〔1998〕86 号公布）

（十）住宅与房地产业司（住房制度改革办公室）

指导规范房地产市场；指导城镇土地使用权有偿转让和开发利用工作；提出住宅建设与房地产业的中长期规划和科技发展战略、产业政策和规章，拟定住宅建设、房屋拆迁、房地产开发、房地产市场、房地产评估、物业管理的规章制度并监督执行；指导全国住宅建设和住宅供应政策的实施；拟定房地产开发企业、物业管理企业、社会中介服务机构的资质标准；提出房地产估价专业技术人员执业资格标准；贯彻落实国家关于推进城镇住房制度改革的方针、政策和措施；指导城镇住房制度改革工作；负责住房公积金和其他房改资金的政策指导并监督使用。

❹关于促进房地产市场持续健康发展的通知

（2003 年 8 月 12 日国务院　国〔2003〕18 号公布）

（十一）规范发展市场服务。要健全房地产中介服务市场规则，严格执行房地产经纪人、房地产估价师执（职）业资格制度，为居民提供准确的信息和便捷的服务。规范发展住房装饰装修市场，保证工程质量。贯彻落实《物业管理条例》，切实改善住房消费环境。

（三）相关部门规章及规范性文件

❶关于房地产中介服务收费的通知（节录）

（1995 年 7 月 17 日国家发展计划委员会、建设部公布）

各省、自治区、直辖市物价局（委员会）、建委（建设厅），北京、天津、上海市房地产管理局：

为规范房地产中介服务收费行为，维护房地产中介服务当事人的合法权益，建立房地产中介服务收费正常的市场秩序，现就房地产中介服务收费的有关问题通知如下：

一、凡依法设立并具备房地产中介资格的房地产咨询、房地产价格评估、房地产经纪等中介服务机构，为企事业单位、社会团体和其他社会组织、公民及外国当事人提供有关房地产开发投资、经营管理、消费等方面的中介服务，可向委托人收取合理的费用。

二、房地产中介服务收费是房地产交易市场重要的经营性服务收费。中介服务机构应当本着合理、公开、诚实信用的原则，接受自愿委托，双方签订合同，依据本通知规定的收费办法和收费标准，由中介服务机构与委托方协商确定中介服务费。

三、房地产中介服务收费实行明码标价制度。中介服务机构应当在其经营场所或交缴费用的地点的醒目位置公布其收费项目、服务内容、计费方法、收费标准等事项。

房地产中介服务机构在接受当事人委托时应当主动向当事人介绍有关中介服务的价格及服务内容等情况。

四、房地产中介服务机构可应委托人要求，提供有关房地产政策、法规、技术等咨询服务，收取房地产咨询费。

房地产咨询收费按服务形式，分为口头咨询费和书面咨询费两种。

口头咨询费，按照咨询服务所需时间结合咨询人员专业技术等级由双方协商议定收费标准。

书面咨询费，按照咨询报告的技术难度、工作繁简结合标的额大小计收。普通咨询报告，每份收费 300—1000 元；技术难度大，情况复杂、耗用人员和时间较多的咨询报告，可适当提高收费标准，收费标准一般不超过咨询标的额的 0.5%。

以上收费标准，属指导性参考价格。实际成交收费标准，由委托方与中介机构协商议定。

五、房地产价格评估收费，由具备房地产估价资格并经房地产行政主管部门、物价主管部门确认的机构按规定的收费标准计收。

以房产为主的房地产价格评估费，区别不同情况，按照房地产的价格总额采取差额定率分档累进计收。具体收费标准见附表。

土地价格评估的收费标准，按国家计委、国家土地局《关于土地价格评估收费的通知》的有关规定执行。

六、房地产经纪收费是房地产专业经纪人接受委托，进行居间代理所收取的佣金。房地产经纪费根据代理项目的不同实行不同的收费标准。

房屋租赁代理收费，无论成交的租赁期限长短，均按半月至一月成交租金额标准，由双方协商议定一次性计收。

房屋买卖代理收费，按成交价格总额的 0.5—2.5% 计收。

实行独家代理的，收费标准上委托方与房地产中介机构协商，可适当提高，但最高不超过成交价格的 3%。

土地使用权转让代理收费办法和标准另行规定。

房地产经纪费由房地产经纪机构向委托人收取。

七、上述规定的房地产价格评估、房地产经纪收费为最高限标准。各省、自治区、直辖市物价、房地产行政主管部门可依据本通知制定当地具体执行的收费标准，报国家计委、建设部备案。对经济特区的收费标准可适当规定高一些，但最高不得超过上述收费标准的 30%。

八、各地区、各部门和房地产中介服务机构应严格执行物价部门规定的收费原则和收费标准，切实提供质价相称的服务。

凡中介服务机构资格应经确定而未经确认、自立名目乱收费、擅自提高收费标准或越权制定、调整收费标准的，属于价格违法行为，由物价检查机构按有关法规予以处罚。

九、本通知下达以前有关规定凡与本通知相抵触的，一律以本通知为准。

❷关于转让国有房地产征收土地增值税中有关房地产价格评估问题的通知（节录）

（1995 年 6 月 23 日财政部、国家税务总局、国家国有资产管理局　财税字〔1995〕61 号公布）

三、房地产评估机构在执业过程中必须遵守职业道德，坚持独立、客观、公正的原则，对评估结果的真实性、合理性负法律责任。任何房地产评估机构在房地产转让的评估过程中有隐瞒事实，提供虚假评估结果，或与有关当事人串通作弊等违法行为，一经发现坚决取消执业资格。

房地产评估机构因不向主管税务机关提供有关的、真实的房地产评估资料，或有意提供虚假评估结果，造成纳税人不缴或少缴土地增值税的，房地产评估机构应承担相应的法律和经济责任；对因上述行为而造成国家税收和国有资产严重流失的，要提请司法机关追究有关当事人的刑事责任。

❸商品房销售管理办法（节录）

（2001年3月14日建设部第三十八次部常委会议审议通过　2001年4月4日建设部令〔第88号〕公布　自2001年6月1日起施行）

第四章　销售代理

第二十五条　房地产开发企业委托中介服务机构销售商品房的，受托机构应当是依法设立并取得工商营业执照的房地产中介服务机构。

房地产开发企业应当与受托房地产中介服务机构订立书面委托合同，委托合同应当载明委托期限、委托权限以及委托人和被委托人的权利、义务。

第二十六条　受托房地产中介服务机构销售商品房时，应当向买受人出示商品房的有关证明文件和商品房销售委托书。

第二十七条　受托房地产中介服务机构销售商品房时，应当如实向买受人介绍所代理销售商品房的有关情况。

受托房地产中介服务机构不得代理销售不符合销售条件的商品房。

第二十八条　受托房地产中介服务机构在代理销售商品房时不得收取佣金以外的其他费用。

❹关于房地产价格评估机构脱钩改制的通知（节录）

（2000年4月28日建设部　建住房〔2000〕96号公布）

一、房地产价格评估机构脱钩改制的总体要求

（一）凡从事房地产价格评估的中介服务机构，目前隶属或挂靠在政府部门的，均要在人员、财务、职能、名称等方面与之彻底脱钩。

（二）房地产价格评估机构脱钩后，要按照《公司法》、《合伙企业法》等有关规定改制为由注册房地产估价师出资的有限责任公司、合伙制性质的企业，参与市场竞争，不得承担房地产价格评估机构资质和人员资格等行政管理、行业管理的职能，这些职能应由房地产行政主管部门行使，或由房地产行政主管部门委托相应的房地产估价师学会（协会）承担。

（三）根据本地实际，确需保留事业性的房地产价格评估机构，应符合《事业单位登记管理暂行条例》的有关规定，且该机构不得以盈利为目的，不得面向社会承揽房地产价格评估业务，房地产行政主管部门也不再评定其房地产价格评估机构资格等级。其业务范围仅限于房屋重置价格确定、房地产课税评估等政府职能性、公益性的房地产价格评估以及房地产行政主管部门委托的其他职能。

政府职能性、公益性的房地产价格评估，也可由房地产行政主管部门择优委托具有较高资格等级的房地产价格评估机构承担。

（四）在房地产价格评估机构脱钩改制中要兼顾国家、房地产价格评估机构和职工三方面的利益，既要保证脱钩后房地产价格评估机构有必要的财产条件，又要防止国有资产流失。

二、房地产评估机构脱钩改制的具体要求

（一）人员脱钩

1．房地产价格评估机构的在职人员，不再列入国家行政、事业编制，其人事关系应转至当地人才交流中心管理。

2．脱钩后的房地产价格评估机构实行自主管理。原房地产价格评估机构的主管部门（简称原主管部门，下同）不再任免和管理房地产价格评估机构的负责人，由其自行决定具有注册房地产估价师资格的人员担任经营者、管理者及法定代表人。

3．国家机关及其所属事业单位的工作人员一律不得到房地产价格评估机构兼职、挂职。原主管部门派到房地产价格评估机构工作的人员，要按照国家有关规定及本人意愿，决定去留。

（二）财务脱钩

1．在脱钩改制过程中由原主管部门按照国家有关规定对脱钩机构进行财务审计、清产核资、界定产权、评估资产和财产分割，并签订产权划分协议、提出资产处置意向，涉及财产分割的要按照有关规定由原主管部门与房地产价格评估机构协商解决。

2．在界定产权和进行财产处置时，应坚持“谁投资、谁所有”的原则，并充分考虑房地产价值评估机构人员智力劳动形成资产积累的特点，妥善处理好脱钩改制过程中的财产问题。

要严肃纪律，防止在脱钩改制工作中拿原则做交易。严禁违章调度资金、私分或转移钱物。对以权谋私、违法乱纪的人，要严肃查处。

3．脱钩后，原主管部门不再持有或变相持有房地产价格评估机构的股份，其原持有的股权或出资可采取由房地产价格评估机构购买或转为债权的方式一次性或逐年收回。

脱钩改制后，房地产价格评估机构原则上由注册房地产估价师个人出资设立。对于目前条件尚不成熟的，可暂时保留除原主管部门外的企事业单位的出资。

（三）职能脱钩

1．房地产价格评估机构脱钩后，不再是原主管部门的下属机构，不再行使行政管理职能，不得以原主管部门的名义执业或招揽业务。要破除房地产价格评估业务的行政性、部门性垄断及地区性封锁，全面开放房地产价格评估市场。

2．原主管部门不得以任何形式对房地产价格评估机构正当的执业活动进行干预，不得向房地产价格评估机构收取不符合规定的费用或变相摊派。

（四）名称脱钩

凡必须按规定脱钩改制的房地产价格评估机构，其脱钩改制后的名称应体现房地产价格评估机构的业务性质，并符合《企业名称登记管理规定》，不得以地名、部门、单位的称谓直接作为名称。脱钩后涉及名称变更的，要按照工商行政管理部门的要求重新办理工商登记。

三、房地产价格评估机构脱钩改制的其他有关事项

（一）房地产价格评估机构应根据本通知的精神，主动向原主管部门提出脱钩申请，并提交本机构人员、财务、职能方面的基本情况和脱钩改制方案；原主管部门应尽快办理，并将有关情况报原批准其房地产价格评估资质的部门备案。凡没有脱钩的机构不再进行相应资质的评定和年审，已有的资质到2000年12月31日终止。

（二）原主管部门在对脱钩机构的财产处置时，须为其提供相应的工作和生活保障及必需的资金，妥善处理好脱钩改制与社会稳定的关系。

（三）房地产价格评估机构脱钩改制工作是一项重要的改革，各级房地产行政主管部门一定要提高认识，高度重视，加强协调和正确引导。各地在房地产价格评估机构脱钩改制的时间安排上，可结合本地机构改革的进展情况积极、稳妥地推进。要切实注意工作衔接，妥善安置有关人员，保证平稳过渡。

（四）脱钩改制后，各级房地产行政主管部门仍要严格按照《房地产中介服务管理规定》、《房地产估价师注册管理办法》、《房地产价格评估机构资格等级管理的若干规定》，以及《房地产估价规范》等标准进行监督检查，培育房地产价格评估市场，促进房地产价格评估机构完善内部管理机制，规范房地产价格评估行为。

（五）房地产咨询机构、房地产经纪机构等其他房地产中介服务机构的脱钩改制参照本通知精神执行。

❺关于房地产价格评估机构资格等级管理的若干规定（节录）

（1997年1月9日建设部　建房〔1997〕12号公布）

一、房地产价格评估机构的设立

申请设立房地产价格评估机构，必须具备一定数量的房地产估价专业人员和规定的注册资本，由当地县级以上房地产管理部门进行审查，经审查合格后发给《房地产价格评估机构临时资格证书》，再行办理工商登记。并在领取营业执照后的一个月内，到登记机关所在地的县级以上人民政府房地产管理部门备案，一年后可申请评定房地产价格评估机构资格等级。

二、房地产价格评估机构资格等级分类

房地产价格评估机构实行一级、二级、三级制度。根据其专业人员状况、经营业绩和注册资本进行评定，其中注册资本不作为各地政府房地产管理部门设立的事业性编制的房地产价格评估机构评定等级的条件。各等级的具体条件如下：

（一）一级

①注册资本100万元以上；

②有七名以上（不包括离退休后的返聘人员和兼职人员，下同）取得《房地产估价师执业资格证书》并登记注册的专职房地产估价师；

③专职房地产估价专业人员（包括注册房地产估价师和取得房地产估价员岗位证书的房地产估价员）占职工总数的70%以上；

④从事房地产价格评估业务连续四年以上；

⑤每年独立承担估价标的物建筑面积10万平方米以上或土地面积3万平方米以上的评估项目5宗以上；

⑥以房地产价格评估为主营业务。

（二）二级

①注册资本70万元以上；

②有五名以上取得《房地产估价师执业资格证书》并登记注册的专职房地产估价师；

③专职房地产估价专业人员（包括注册房地产估价师和取得房地产估价员岗位证书的房地产估价员）占职工总数的70%以上；

④从事房地产价格评估业务连续三年以上；

⑤每年独立承担估价标的物建筑面积6万平方米以上或土地面积2万平方米以上的评估项目5宗以上；

⑥以房地产价格评估为主营业务。

（三）三级

①注册资本40万元以上；

②有三名以上取得《房地产估价师执业资格证书》并登记注册的专职房地产估价师；

③专职房地产估价专业人员（包括注册房地产估价师和取得房地产估价员岗位证书的房地产估价员）占职工总数的70%以上；

④从事房地产价格评估业务连续二年以上；

⑤每年独立承担估价标的物建筑面积2万平方米以上或土地面积8千平方米以上的评估项目5宗以上；

三、各级资格房地产价格评估机构的营业范围

一级机构可从事各类房地产价格评估。可以跨省、自治区、直辖市从事评估业务。

二级机构可从事房地产买卖、租赁、抵押、企业兼并、合资入股、司法仲裁等方面的房地产价格评估。可以在其注册地的省、自治区、直辖市区域内从事评估业务。

三级机构可从事建筑面积5万平方米、土地面积1.5万平方米以下的评估项目。可以在注册地城市区域内从事评估业务。

临时资格机构的营业范围根据其资金和人员的相应条件确定，可在其注册地城市区域内从事评估业务。

四、房地产价格评估机构资格审批程序

一级由当地县级以上房地产管理部门推荐，报省、自治区建委（建设厅）初审，初审合格后报建设部审批，颁发资格等级证书。

二级由当地县级以上房地产管理部门推荐，报省、自治区建委（建设厅）审批，颁发资格等级证书。并抄报建设部。

三级由当地县级以上房地产管理部门推荐，报省、自治区建委（建设厅）或其授权的部门审批，颁发资格等级证书。

直辖市区域内房地产价格评估机构的申报和审批，按建设部第50号令《城市房地产中介服务管理规定》执行。

五、房地产价格评估机构资格申报材料

申请房地产价格评估资格的机构应向当地房地产管理部门如实提交以下材料：

（一）房地产价格评估机构资格申请书及其主管部门的证明文件；

（二）工商登记营业执照复印件；

（三）机构的组织章程及主要的内部管理制度；

（四）固定经营场所的证明；

（五）注册资本验资证明；

（六）法人代表及负债人的任职文件；

（七）专业技术人员的职称证书、任职文件及聘任合同；

（八）经营业绩材料；

（九）重要的房地产评估报告；

（十）当地房地产管理部门规定的其它文件。

六、房地产价格评估机构资格等级升降及取消评估资格

（一）房地产价格评估资格等级实行动态管理，根据机构的发展情况进行等级调整，每二年评定一次，重新授予资格等级证书。

（二）在本规定颁发之前成立的房地产价格评估机构，其等级根据目前状况评定；本规定颁发之后成立的房地产价格评估机构，其等级从临时资格开始。

临时资格最长期为二年，并不得再次申请临时资格。

（三）资格等级的评定与年审工作结合进行，机构年审的情况是评定资格等级的依据之一。

对于年审不合格的机构，可以由等级评定初审部门提出降低其资格等级或取消评估资格意见，报审批部门批准后执行。

（四）申请升级的评估机构，应根据申请的等级在年审前半年将所需材料报相应的初审部门，初审部门在年审后将初审意见上报有关审批部门。

资格等级升级应依次逐级上升，不得越级升级。每次申请升级要间隔至少二年以上。

（五）任何等级的评估机构违反国家和地方的有关法律法规，违反职业道德，情节严重的，由资格审批部门取消其评估资格。

❻关于贯彻《城市房地产管理法》若干意见的通知（节录）

（1994年8月13日建设部　建房字第493号文公布）

九、加强房地产中介人员资格管理。房地产法第五十八条规定，国家实行房地产价格评估人员资格认证制度。建设部、人事部是房地产价格评估人员资格认证的主管部门，凡房地产价格评估人员资格的取得，必须按建设部、人事部的有关文件精神执行，其他任何部门的自行规定一律无效。各地还应按本法第五十七条的规定，严格规范房地产经纪等中介机构从业人员的从业标准，建立考试制度，经考试合格的方能准予从事房地产经纪等中介业务。

❼建设部城市房地产市场评估管理暂行办法

（1992年9月7日建设部　建房字第579号文公布　自1992年10月1日起施行）

第一条　为加强城市房地产市场评估的管理，保障国家、集体、个人的合法权益，促进城市房地产市场的健康发展，制定本办法。

第二条　本办法适用城市规划区内房地产市场活动中需要确定房地产价值或价格的评估管理。关于不进入房地产市场的资产估价，另行规定。

第三条　国务院建设行政主管部门负责全国房地产市场估价管理工作。

县级以上人民政府房地产行政主管部门负责本行政区域内房地产市场估价管理工作。

第四条　城市人民政府房地产行政主管部门设立的房地产估价机构，是房地产市场估价的职能机构，是房地产市场管理机构的组成部分，承办本行政区域内涉及政府税费收入及由政府给予当事人补偿或赔偿费用的房地产估价业务以及受当事人委托的其他房地产估价业务。

第五条　其他要求从事房地产市场估价业务的单位，应向当地城市人民政府房地产行政主管部门提出申请，经资审同意，并经工商行政主管部门核发营业执照，成立房地产估价事务所，方可开业经营。

房地产估价事务所的资审条件和批准办法，由省、自治区、直辖市人民政府房地产行政主管部门规定，并报国务院建设行政主管部门备案。

第六条　房地产市场估价，当事人可委托房地产估价机构或房地产估价事务所进行。但涉及国家征收税费、由政府给予当事人补偿或赔偿费用的房地产买卖、租赁、赠与和拆迁补偿，其估价必须由当地人民政府房地产行政主管部门的估价机构承办。

第七条　凡违反本办法第六条规定，未经房地产估价机构估价的，房地产交易管理部门不得为其办理交易立契手续，房地产产权管理部门不得为其办理产权转移变更手续。

第八条　委托的房地产市场估价，委托人应和估价机构或估价事务所签订房地产估价委托协议书。

第九条　房地产市场估价，必须遵守有关的法律、法规、规章和政策规定，严格执行价格标准和估价程序，实行现场评估，按质论价。

第十条　房地产市场估价应当依照下列程序进行：

（一）申请估价。当事人应当依照本办法第六条的规定，向估价机构或估价事务所递交估价申请书。估价申请书应当载明下列内容：

1. 当事人的姓名（法人代表）、职业、地址；
2. 标的物的名称、面积、坐落；
3. 申请估价的理由、项目和要求；
4. 当事人认为其他需要说明的内容。

估价申请书应当附有标的物的产权证书和有关的图纸、资料或影印件。

（二）估价受理。估价机构或估价事务所收到估价申请书后，应当对当事人的身份证件、标的物产权证书及估价申请书进行审查。对符合条件者，交由估价人员承办。每个估价项目的承办，不得少于两名估价人员。

（三）现场勘估。承办人员应当制订估价方案。到标的物进行实地勘丈测估，核对各项数据和有关资料，调查标的物所处环境状况，并做好详细记录。

（四）综合作业。承办人员应综合各种因素进行全面分析，提出估价结果。书面估价结果应包括以下内容：

1. 估价的原因，标的物名称、面积、结构、地理位置、环境条件、使用情况，所处区域城市规划及发展前景，房地产市场行情；
2. 标的物及其附着物质量等级评定；

3. 估价的原则、方法、分析过程和估价结果；

4. 必要的附件。包括估价过程中作为估价依据的有关图纸、照片、背景材料、原始资料及实际勘测数据等；

5. 其他需要说明的问题。

估价结果书应由承办人员签名。

第十一条　估价结果书由承办估价业务的估价机构或估价事务所签署意见并加盖单位公章后，书面通知当事人。

按本办法第六条规定由房地产估价机构承办的估价业务，其估价结果是国家和地方政府有关房地产税费、确定房地产损失补偿或赔偿金额的依据。估价结果书应制成若干副本分送有关部门。

第十二条　对估价结果中需要保密的内容，估价机构及估价事务所均不得随意向他人提供。

第十三条　当事人如对本办法第六条范围内的估价结果有异议的，可以在收到估价结果书之日起十五日内，向原估价机构申请复核。对复核结果仍有异议的可以向当地房地产仲裁机构申请仲裁，也可以向人民法院起诉。

委托估价发生纠纷时，双方应协商解决。协商不成时，当事人可以向当地房地产仲裁机构申请仲裁，也可以向人民法院起诉。

第十四条　委托估价机构或估价事务所进行的房地产估价项目，当事人应当向承办单位交纳估价费。估价费标准由省、自治区、直辖市人民政府房地产行政主管部门制定，报物价行政主管部门批准实施。任何单位和个人不得擅自提高或变相提高收费标准。

第十五条　房地产市场估价的专业人员，通过资格考核，取得资格证书，并进行注册后，方可上岗工作。

估价人员的资格证书和注册办法，由国务院建设行政主管部门另行制定。

第十六条　估价人员如与申办估价项目的当事人有直接利害关系，应当主动回避。

第十七条　估价人员有下列行为之一的，房地产行政主管部门可以根据情节，给予警告、通报批评直至吊销估价人员资格证书。构成犯罪的，由司法机关追究其刑事责任。

（一）不按照估价程序和价格标准，造成严重估价失误的；

（二）弄虚作假，故意抬高或者压低标的物的价值或价格的；

（三）利用工作之便牟取私利的；

（四）因工作失职给国家和人民财产造成重大损失的。

第十八条　任何单位和个人都不得在估价过程中提供伪证。或者阻挠估价人员依法进行估价工作。对于提供伪证或者阻挠估价工作正常进行的，由房地产行政部门给予批评、教育。情节严重构成违反治安的，应提请公安机关予以处理。构成犯罪的，提请司法机关追究刑事责任。

第十九条　各省、自治区、直辖市人民政府房地产行政主管部门可根据本办法制定实施细则，报同级人民政府批准发布。

第二十条　本办法由建设部负责解释。

第二十一条　本办法自1992年10月1日起施行。

❽关于贯彻《城市房地产管理法》若干问题的批复（节录）

（1995年3月11日国家土地管理局公布）

十、“中价服务机构”和“房地产价格评估人员资格认证”同样应由土地部门和建设部门各司其职、分工负责。具体来说，土地管理部门主要负责土地价格评估机构和土地估价人员的资格认证及其业务指导和管理工作；房产估价机构和房产估价人员的资格认证，则由建设部门负责。

土地管理部门组织考试认证颁发的“土地估价师资格证书”是土地估价人员专业资格的凭证，凡是未经土地管理部门认证或没有土地管理部门参加认证而取得的有关土地估价的证书，其人员都不具备土地估价的专业资格，在实际工作中也不能开展有关业务。具体依据可参见国家土地管理局“三定”方案；财政部、国家土地管理局、国家国有资产管理局联合下发的《关于印发〈清产核资中土地估价实施细则〉的通知》；财政部、建设部、国家土地管理局、国家国有资产管理局联合下发的《清产核资中土地清查估价方案》；国家土地管理局、国家工商行政管理局联合下发的《关于对土地价格评估机构进行登记管理有关问题的通知》；国家土地管理局、国家体改委联合下发的《关于印发〈股份有限公司土地使用权管理暂行规定〉的通知》；国家计委、国家土地管理局联合下发的《关于土地价格评估收费的通知》等文件。

❾关于建立房地产企业及执（从）业人员信用档案系统的通知（节录）

（2002年8月20日建设部公布）

一、房地产信用档案的建立范围和主要内容。房地产信用档案的建立范围是房地产开发企业、房地产中介服务机构、物业管理企业（统称“房地产企业”）和房地产估价师、房地产经纪人、房地产经纪人协理等专业人员［统称“执（从）业人员”］。房地产信用档案的内容包括基本情况、业绩及良好行为、不良行为等，以便为各级政府部门和社会公众监督房地产企业市场行为提供依据，为社会公众查询企业和个人信用信息提供服务，为社会公众投诉房地产领域违法违纪行为提供途径的信用信息管理系统。

❿城市房地产中介服务管理规定

（1996年1月8日建设部令〔第50号〕公布　2001年8月15日根据《建设部关于修改〈城市房地产中介服务管理规定〉的决定》修正）

第一章　总则

第一条　为了加强房地产中介服务管理，维护房地产市场秩序，保障房地产活动当事人的合法权益，根据《中华人民共和国城市房地产管理法》，制定本规定。

第二条　凡从事城市房地产中介服务的，应遵守本规定。

本规定所称房地产中介服务，是指房地产咨询、房地产价格评估、房地产经纪等活动的总称。

本规定所称房地产咨询，是指为房地产活动当事人提供法律法规、政策、信息、技术等方面服务的经营活动。

本规定所称房地产价格评估，是指对房地产进行测算，评定其经济价值和价格的经营活动。

本规定所称房地产经纪，是指为委托人提供房地产信息和居间代理业务的经营活动。

第三条 国务院建设行政主管部门归口管理全国房地产中介服务工作。

省、自治区建设行政主管部门归口管理本行政区域内的房地产中介服务工作。

直辖市、市、县人民政府房地产行政主管部门（以下简称房地产管理部门）管理本行政区域内的房地产中介服务工作。

第二章 中介服务人员资格管理

第四条 从事房地产咨询业务的人员，必须是具有房地产及相关专业中等以上学历，有与房地产咨询业务相关的初级以上专业技术职称并取得考试合格证书的专业技术人员。

房地产咨询人员的考试办法，由省、自治区人民政府建设行政主管部门和直辖市房地产管理部门制订。

第五条 国家实行房地产价格评估人员资格认证制度。

房地产价格评估人员分为房地产估价师和房地产估价员。

第六条 房地产估价师必须是经国家统一考试、执业资格认证，取得《房地产估价师执业资格证书》，并经注册登记取得《房地产估价师注册证》的人员。未取得《房地产估价师注册证》的人员，不得以房地产估价师的名义从事房地产估价业务。

房地产估价师的考试办法，由国务院建设行政主管部门和人事主管部门共同制定。

第七条 房地产估价员必须是经过考试并取得《房地产估价员岗位合格证》的人员。未取得《房地产估价员岗位合格证》的人员，不得从事房地产估价业务。

房地产估价员的考试办法，由省、自治区人民政府建设行政主管部门和直辖市房地产管理部门制订。

第八条 房地产经纪人必须是经过考试、注册并取得《房地产经纪人资格证》的人员。未取得《房地产经纪人资格证》的人员，不得从事房地产经纪业务。

房地产经纪人的考试和注册办法另行制定。

第九条 严禁伪造、涂改、转让《房地产估价师执业资格证书》、《房地产估价师注册证》、《房地产估价员岗位合格证》、《房地产经纪人资格证》。

遗失《房地产估价师执业资格证书》、《房地产估价师注册证》、《房地产估价员岗位合格证》、《房地产经纪人资格证》的，应当向原发证机关申请补发。

第三章 中介服务机构管理

第十条 从事房地产中介业务，应当设立相应的房地产中介服务机构。

房地产中介服务机构，应是具有独立法人资格的经济组织。

第十一条 设立房地产中介服务机构应具备下列条件：

（一）有自己的名称、组织机构；

（二）有固定的服务场所；

（三）有规定数量的财产和经费；

（四）从事房地产咨询业务的，具有房地产及相关专业中等以上学历、初级以上专业技术职称人员须占总人数的50%以上；从事房地产评估业务的，须有规定数量的房地产估价师；从事房地产经纪业务的，须有规定数量的房地产经纪人。

跨省、自治区、直辖市从事房地产估价业务的机构，应到该业务发生地省、自治区人民政府建设行政主管部门或者直辖市人民政府房地产行政主管部门备案。

第十二条 设立房地产中介服务机构，应当向当地的工商行政管理部门申请设立登记。房地产中介服务机构在领取营业执照后的一个月内，应当到登记机关所在地的县级以上人民政府房地产管理部门备案。

第十三条 房地产管理部门应当每年对房地产中介服务机构的专业人员条件进行一次检查，并于每年年初公布检查合格的房地产中介服务机构名单。检查不合格的，不得从事房地产中介业务。

第十四条 房地产中介服务机构必须履行下列义务：

（一）遵守有关的法律、法规和政策；

（二）遵守自愿、公平、诚实信用的原则；

（三）按照核准的业务范围从事经营活动；

（四）按规定标准收取费用；

（五）依法交纳税费；

（六）接受行业主管部门及其他有关部门的指导、监督和检查。

第四章 中介业务管理

第十五条 房地产中介服务人员承办业务，由其所在中介机构统一受理并与委托人签订书面中介服务合同。

第十六条 经委托人同意，房地产中介服务机构可以将委托的房地产中介业务转让委托给具有相应资格的中介服务机构代理，但不得增加佣金。

第十七条 房地产中介服务合同应当包括下列主要内容：

（一）当事人姓名或者名称、住所；

（二）中介服务项目的名称、内容、要求和标准；

（三）合同履行期限；

（四）收费金额和支付方式、时间；

（五）违约责任和纠纷解决方式；

（六）当事人约定的其他内容。

第十八条 房地产中介服务费用由房地产中介服务机构统一收取，房地产中介服务机构收取费用应当开具发票，依法纳税。

第十九条 房地产中介服务机构开展业务应当建立业务记录，设立业务台账。业务记录和业务台账应当载明业务活动中的收入、支出等费用，以及省、自治区建设行政主管部门和直辖市房地产管理部门要求的其他内容。

第二十条 房地产中介服务人员执行业务，可以根据需要查阅委托人的有关资料和文件，查看现场。委托人应当协助。

第二十一条 房地产中介服务人员在房地产中介活动中不得有下列行为：

（一）索取、收受委托合同以外的酬金或其他财物，或者利用工作之便，牟取其他不正当的利益；

（二）允许他人以自己的名义从事房地产中介业务；

（三）同时在两个或两个以上中介服务机构执行业务；

（四）与一方当事人串通损害另一方当事人利益；

（五）法律、法规禁止的其他行为。

第二十二条　房地产中介服务人员与委托人有利害关系的，应当回避。委托人有权要求其回避。

第二十三条　因房地产中介服务人员过失，给当事人造成经济损失的，由所在中介服务机构承担赔偿责任。所在中介服务机构可以对有关人员追偿。

第五章　罚则

第二十四条　违反本规定，有下列行为之一的，由直辖市、市、县人民政府房地产管理部门会同有关部门对责任者给予处罚：

（一）未取得房地产中介资格擅自从事房地产中介业务的，责令停止房地产中介业务，并可处以1万元以上3万元以下的罚款；

（二）违反本规定第九条第一款规定的，收回资格证书或者公告资格证书作废，并可处以1万元以下的罚款；

（三）违反本规定第二十一条规定的，收回资格证书或者公告资格证书作废，并可处以1万元以上3万元以下的罚款；

（四）超过营业范围从事房地产中介活动的，处以1万元以上3万元以下的罚款。

第二十五条　因委托人的原因，给房地产中介服务机构或人员造成经济损失的，委托人应当承担赔偿责任。

第二十六条　房地产中介服务人员违反本规定，构成犯罪的，依法追究刑事责任。

第二十七条　房地产管理部门工作人员在房地产中介服务管理中以权谋私、贪污受贿的，依法给予行政处分；构成犯罪的，依法追究刑事责任。

第六章　附则

第二十八条　省、自治区建设行政主管部门、直辖市房地产行政主管部门可以根据本规定制定实施细则。

第二十九条　本规定由国务院建设行政主管部门负责解释。

第三十条　本规定自1996年2月1日起施行。

⓫关于整顿和规范房地产市场秩序的通知（节录）

（2002年5月23日建设部、国家发展计划委员会、国家经济贸易委员会、财政部、国土资源部、国家工商行政管理总局、监察部　建住房〔2002〕123号公布）

（六）加强房地产广告管理，依法查处违法广告行为

各地要把加强房地产广告管理作为集中整治广告市场秩序的重点。对违法发布房地产广告和不兑现广告承诺内容的房地产企业，房地产管理部门应当责令限期改正；逾期不改正的，在资质年检中予以降级或注销资质证书，并在新闻媒体上曝光。工商行政管理部门要加强对房地产广告的监测，对违法房地产广告依法予以查处。

房地产开发企业、房地产中介服务机构应当严格按照有关规定，将房地产广告和宣传资料中明示及承诺的主要内容和事项在合同中明确。房地产广告和宣传资料承诺的内容与实际交付不一致，侵害消费者合法权益的，由工商行政管理部门依据有关规定处罚。

房地产开发企业销售商品房时设置样板房的，应当说明实际交付的商品房质量、设备、装修与样板房是否一致；未作说明的，实际交付的商品房应当与样板房一致。

（七）完善相关制度，规范中介行为

加快实施房地产经纪人执业资格制度，积极推行房地产中介服务人员持证上岗制度。对于伪造、涂改、转让房地产中介服务人员职业资格证书的，房地产管理部门应当依据有关规定收回其资格证书或者公告资格证书作废，并处1万元以下的罚款；对于在房地产中介活动中收受委托合同以外财物、允许他人以自己的名义执业、发布虚假或不实信息、在两个以上机构执业、与一方当事人串通损害另一方当事人利益以及违法收取佣金等违规、违法行为，房地产管理部门应当收回资格证书或者公告资格证书作废，并处1万元以上3万元以下的罚款；构成犯罪的，依法追究刑事责任。

在本通知下发前，未按有关规定完成脱钩改制的房地产估价机构，一律取消其从事评估业务的资质，并追究有关行政主管部门的行政责任。对出具不实报告的房地产估价机构，房地产管理部门应当依据有关规定予以降级或注销资质证书；对负有责任的估价师，依法追究其责任，情节严重的，撤销注册。

房地产中介服务应当按照《中介服务收费管理办法》的有关规定收取费用。对违反规定收取费用的中介服务机构，价格管理部门应当依据《中华人民共和国价格法》和《价格违法行为行政处罚规定》进行处罚。

各地要全面清理、整顿房地产中介服务机构，依法查处未取得资质证书、未履行备案手续、超范围从事中介业务以及中介行为不规范的房地产中介服务机构。

三、建立网上公示制度，促进诚信制度的建立

要充分利用网络信息手段，将各类房地产企业和中介服务机构及相关人员的基本情况，经营业绩，经营中违规、违法劣迹以及受到的处罚等记入企业和个人的信用档案，向社会公示，接受社会监督。

各地要推行商品房销售人员持证上岗制度。所有从事商品房销售的人员应当具备经纪人或经纪人协理资格。无相应资格的，必须经培训并取得合格证书后，方可从事商品房销售业务。取得合格证书的销售人员也要逐步实行网上公示制度。

推广电子政务，实行政务公开。各级房地产管理部门要将各种办事程序、审查要件、办事时限、收费标准以及商品房预售许可、预售合同备案等内容在网上公示，接受社会监督。

各地要建立能进能出、能升能降的动态资质管理制度。要把是否有不良记录作为资质年检和晋级审批的条件。凡在经营活动中有不良行为的，房地产管理部门应当在资质年检中予以降级或者注销资质证书。

各省（区、市）建设行政主管部门要在每个季度末，把对房地产开发企业、中介服务机构、物业管理企业和有关责任人员的处理情况报建设部备案。建设部将不定期在有关媒体上曝光。要营造强大的舆论攻势，使有不良记录者付出代价。

四、加强法制建设，提高经营者依法经营和消费者自我保护意识

各有关部门、各地区要加快制订和完善规范房地产市场的法规、政策，加大执法力度，依法查处房地产市场中的违法、违规行为，切实做到有法可依、有法必依、执法必严、违法必究。各地要集中一段时间，对所有从事房地产开发经营、房地产中介服务和物业管理的企业进行全面培训，提高房地产企业依法经营的意识和自觉性；要组织开展形式多样的普法宣传活动，让房地产市场的各方主体，特别是购房者充分了解法律、法规规定的各项制度，依法保护自身的合法权益。

⑫中央在京单位已购公有住房上市出售管理办法（节录）

（2003年8月14日中共中央直属机关事务管理局、国务院机关事务管理局 国管房改〔2003〕165号公布）

第五条 交易办公室选择三家以上符合条件的房地产中介机构，作为中央在京单位已购公房上市出售的定点交易代理服务机构（以下简称定点交易机构），承担中央在京单位已购公房上市交易的代理服务工作。

（四）相关地方性法规及规范性文件

❶唐山市城市房地产交易管理条例（节录）

（1998年8月20日唐山市第十一届人民代表大会常务委员会第四次会议通过 1998年11月6日河北省第九届人民代表大会常务委员会第五次会议批准 1998年11月16日唐山市人民代表大会常务委员会公布施行）

第三十条 房地产中介活动应当在中介机构内进行，设立房地产中介机构应当具备下列条件：

（一）有自己的名称和组织机构；

（二）有固定的服务场所；

（三）有必要的财产和经费，能够独立承担民事责任；

（四）有具备相应资格的专业人员；

（五）法律、法规规定的其他条件。

设立房地产中介服务机构的资金和人员条件，应当由房产行政管理部门进行审查。

❷太原市城市房地产交易管理条例（节录）

（1998年12月18日太原市第十届人民代表大会常务委员会第十三次会议通过 1999年1月30日山西省第九届人民代表大会常务委员会第七次会议批准）

第七章 房地产中介服务

第三十六条 房地产中介服务，是指房地产咨询、房地产价格评估、房地产经纪等活动的总称。

❸呼和浩特市城市房地产交易市场管理条例（节录）

（1997年6月26日呼和浩特市第十届人民代表大会常务委员会第二十三次会议通过 1998年7月31日内蒙古自治区第九届人民代表大会常务委员会第四次会议批准）

第六章 房地产中介服务

第四十六条 本条例所称房地产中介服务，是指在房地产投资、开发、交易、权属登记、物业管理等活动中从事房地产咨询、价格评估、经纪等居间经营活动，并收取佣金的行为。

第四十九条 从事房地产中介业务的人员必须取得相应的资格证书，并按照规定办理注册手续，持证上岗。

房地产中介服务人员只能加入一个房地产中介服务机构，从事房地产中介活动，不得以个人名义接受客户委托。

❹包头市房地产交易市场管理条例（节录）

（1996年1月19日包头市第十届人民代表大会常务委员会第二十八次会议通过 1997年9月24日内蒙古自治区第八届人民代表大会常务委员会第二十八次会议批准）

第六章 房地产中介服务

第二十八条 本条例所称房地产中介服务，是指在房地产投资、开发、转让、租赁、抵押、交换等活动中从事咨询、评估、经纪等居间经营活动，并收取佣金的行为。

第二十九条 房产、地产中介服务活动，必须设立房产咨询、评估、经纪和土地估价等机构。

房产、地产中介服务机构，必须向房产、土地行政主管部门申请领取房产、地产中介资格证书后，方可到工商行政管理部门申请注册登记，领取营业执照。

第三十条 房地产价格评估，当事人必须委托依法设立的评估机构进行。凡涉及国家征收税费和由政府给予当事人补偿或者赔偿的房地产价格评估，必须由房产行政主管部门的评估机构承办。

第三十一条 房地产中介服务活动应当接受房产、规划、土地、工商、物价、国有资产、税务等行政主管部门的监督检查。

❺徐州市城市房地产交易管理条例（节录）

（1995年9月26日江苏省徐州市第十一届人民代表大会常务委员会第二十一次会议通过 1995年12月15日江苏省第八届人民代表大会常务委员会第十八次会议批准 1995年12月15日徐州市人民代表大会常务委员会公布施行）

第七章 中介服务机构

第三十四条 从事房地产经纪、咨询、价格评估等中介服务，应当依法设立房地产中介服务机构。设立房地产中介服务机构，应当向工商行政管理部门申请登记，领取营业执照后，方可开业。

第三十五条 设立房地产中介服务机构，应当具备下列条件：

（一）有自己的名称、组织机构和章程；

（二）有三名以上依法取得房地产中介服务资格证书的人员；

（三）具有不低于十万元人民币的注册资金；

（四）有固定的经营场所；

（五）法律、法规规定的其他条件。

第三十六条 房地产中介服务机构应当按规定的标准收取中介服务费。房地产中介服务的收费标准，由市物价管理部门审定。

❻淄博市城市房地产交易管理办法（节录）

（1999年4月3日山东省第九届人民代表大会常务委员会第八次会议批准修改 1999年4月3日淄博市人民代表大会常务委员会公布）

第五章 房地产中介服务与交易监理

第三十二条 房地产中介服务是指房地产咨询、价格评估、经纪等活动。

第三十三条 设立房地产中介服务机构，应当经房产管理部门审查。审查合格的，到有关部门申领资质证书和营业执照后，方可开业。

房地产中介服务人员应当取得相应的资格证书，持证上岗。

第三十四条　房产管理部门应当对房地产中介服务机构资历及其人员资格进行审验。审验不合格的，报经审批部门批准，降低资质等级或者取消资历。

第三十五条　房地产中介服务机构受理房地产中介业务，应当与委托人签订书面合同。

经委托人同意，房地产中介服务机构可以将受委托的房地产中介业务转让或者委托给具有相应资格的中介服务机构办理，但不得增加佣金。

第三十六条　房地产价格评估，应当由具有相应资格条件的房地产价格评估机构，按照国家规定的技术标准和评估程序，以基准地价、标定地价和各类房屋的重置价格为基础，参照当地的市场价格进行。

房地产评估涉及国有资产的，其评估结果应当经国有资产管理部门确认。

当事人对评估价格有异议的，可以在收到房地产评估报告之日起十五日内向原房地产中介服务机构提出复核。

对复核结果仍有异议的，可以依法申请仲裁。

第三十七条　房地产中介服务人员在房地产中介活动中不得有下列行为：

（一）索取、收受委托合同以外的酬金或者财物；，

（二）同时在两个以上中介服务机构执行业务；

（三）与交易当事人就委托事项直接进行交易；

（四）与一方当事人串通损害另一方当事人的利益；

（五）法律、法规禁止的其他行为。

第三十八条　房地产中介服务人员应当向交易双方如实介绍与交易有关的情况。不如实介绍情况给当事人造成经济损失的，由其所在中介服务机构承担赔偿责任。所在中介服务机构可以对有关人员追偿。

❼广东省商品房预售管理条例（节录）

（1998年7月29日广东省第九届人民代表大会常务委员会第四次会议通过　2000年9月22日广东省第九届人民代表大会常务委员会第二十次会议通过　2000年9月22日广东省人民代表大会常务委员会公布）

第十八条　预售人委托房地产中介机构代理销售的，应当委托有资格的中介机构代理并出具委托书，明确委托代理的范围和权限。代理人应当以书面方式向预购人明示第十七条规定的事项和下列事项：

（一）代理人的资格证书；

（二）预售人出具给代理人的委托书；

（三）代理人的地址和联系电话。

（五）相关地方政府规章及规范性文件

❶淮南市商品房预售管理办法（节录）

（1995年3月22日第十一届淮南市人民政府第四十二次常务会议审议通过　1995年3月25日淮南市人民政府令〔第48号〕公布施行）

第十二条　商品房预售可以委托代理，接受委托代理预售商品房的单位，必须具备下列条件：

（一）有自己的名称和组织机构；

（二）有固定的服务场所；

（三）有必要的财产和经费；

（四）有足够数量的专业人员；

（五）法律、行政法规规定的其他条件。

设立房地产中介服务机构，应当向工商行政管理部门申请设立登记，领取营业执照后，方可开业。

❷长春市人民政府关于加强房地产市场估价管理的通告（节录）

（1994年5月17日长春市人民政府　长府〔1994〕27号公布）

三、凡要求成立房地产市场估价机构的，应当向房地产市场主管部门提出申请，经批准并到有关部门办理相关手续后，方可开业经营。

未经批准，任何单位和个人不得擅自从事房地产估价业务。

❸福州市商品房预售管理暂行规定（节录）

（1993年4月18日福州市人民政府公布）

第八条　开发公司按土地使用权有偿出让或转让合同规定的期限和条件，经投资开发并完成了一定的建筑工程量后需转让的，应持双方签订的房地产转让合同（包括土地使用权出让合同）向交易所办理转让监证登记。

在境外购买预售和转让的商品房者，如不能亲自办理上述手续，可以书面委托代理人办理，其委托书须按《中华人民共和国公证暂行条例》的规定办理公证。

（六）相关其他规范性文件

❶北京市物价局、北京市房屋土地管理局关于房地产中介服务收费的通知（节录）

（1997年11月28日北京市物价局、北京市房屋土地管理局　京价（房）字〔1997〕第398号公布）

一、凡依法设立并经资质审核合格的房地产价格评估、经纪、咨询等中介服务机构，为企事业单位、社会团体和其它社会组织、公民及外国当事人提供有关房地产开发投资、经营管理、消费等方面的中介服务，可向委托人收取合理的费用。

三、办案实战资料库

(一)房地产中介委托合同(一般形式)

房地产中介委托合同

编号:　　字第　　号

委托人(简称甲方):

受托人(中介人,简称乙方):

甲乙双方为实现委托中介服务事项,根据国家法律、法规的有关规定,本着平等、自愿、诚信、有偿的原则,在充分协商的基础上订立如下协议:

1. 委托事项:________________。
2. 中介服务权限和范围:________________。
3. 酬金的数额和支付时间:甲方全部完成乙方的委托事项,可得酬金__________元。
4. 违约责任:甲乙双方中的任何一方未全面履行本合同,都视为违约。违约方应向对方支付酬金________%的违约金。守约方有权解除合同。给对方造成损失的,应由违约方赔偿。
5. 合同的有效期限:本合同自双方签字之日起生效,至合同全部事项清结时终止。
6. 纠纷的解决方式:本合同如发生纠纷,双方应本着互谅互让的原则协商解决。协商不成时,可通过____________(仲裁、诉讼)途径解决。
7. 其他约定:__________。

双方当事人签字盖章

甲方　　　　　　　　乙方

合同订立时间:　　年　　月　　日

(二) 以房产为主的房地产价格评估收费标准计算表

以房产为主的房地产价格评估收费标准计算表

档　次	房地产价格总额(万元)	累进计费率‰
1	100 以下(含 100)	5
2	101 以上至 1000	2. 5
3	1001 以上至 2000	1. 5
4	2001 以上至 5000	0. 8
5	5001 以上至 8000	0. 4
6	8001 以上至 10000	0. 2
7	10000 以上	0. 1

第八章　违反房地产法的法律责任

本节为您提供以下主题词的法律适用依据与实战资料

■违反房地产法的法律责任

【违反房地产法的法律责任】

一、专家指导意见

（一）房地产违法行为的概念和种类

房地产违法行为，是指违反国家有关房地产管理法律、法规的行为。

房地产违法行为的种类包括：违反《土地管理法》的行为；违反《基本农田保护条例》的行为；违反《城市房地产管理法》的行为；违反《城市房屋拆迁管理条例》的行为；违反《城市房地产开发经营管理条例》的行为等等。

房地产违法行为的违法主体有三类：一是与房地产事项相关的公民、法人和其他组织；二是房地产行政主管部门；三是其他违法主体。

（二）房地产法律责任的形式

1．民事责任

在房地产关系中承担民事责任的方式主要有：停止侵害，排除妨碍，消除危险，返还财产，恢复原状和修理、重作、更换或退回，赔偿损失，支付违约金，消除影响和恢复名誉，赔礼道歉。该十种承担民事责任的方式，可以单独适用，也可以合并适用。

2．行政责任

对房地产行政管理相对人而言，行政处罚是基本的行政责任形式。适用的行政处罚的具体种类分为：警告、罚款、没收违法所得和非法财物、责令停产停业和暂扣或者吊销许可证、暂扣或者吊销执照。以上行政处罚措施可以单独适用，也可以合并适用，但对当事人的同一个违法行为，不能处以两次以上的罚款。应注意的是，行政机关在实施行政处罚时，应当把责令当事人改正或者限期改正违法行为作为行政处罚措施的重要辅助手段之一。

3．刑事责任

违反房地产法的主要犯罪形式有：非法转让、倒卖土地使用权罪；非法占用耕地罪；非法批准征用、占有土地罪和非法低价出让国有土地使用权罪；擅自出卖、转让军队房地产罪以及其他刑事犯罪。

（三）几种具体情况下的法律责任

1．非法转让土地的责任：（1）以各种形式非法转让土地的，由县级以上人民政府土地行政主管部门没收非法所得。分两种情况处理：一是对违反土地利用总体规划擅自将农用地改为建设用地的，限期拆除在非法转让的土地上新建的建筑物和其他设施，恢复土地原状；二是对符合土地利用总体规划的，没收在非法转让的土地上新建的建筑物和其他设施；还可并处罚款，罚款额为非法所得的50%以下。（2）以各种形式非法处分集体土地的，由县级以上人民政府土地行政主管部门责令限期改正，没收违法所得，并处罚款，罚款额为非法所得的5%以上、20%以下。

2．非法使用土地的责任：（1）违法使用或开发不当而造成种植条件破坏的，由县级以上人民政府土地行政主管部门责令限期改正或者治理；可以并处罚款，罚款额为土地复垦费的二倍以下。构成犯罪的，依法追究刑事责任。（2）拒不履行土地复垦义务的，由县级以上人民政府土地行政主管部门责令限期改正。逾期不改正的，责令缴纳复垦费，专项用于土地复垦；还可处以罚款，罚款额为土地复垦费的二倍以下。（3）逾期不恢复种植条件的，由县级以上人民政府土地行政主管部门责令限期改正，还可处耕地复垦费二倍以下的罚款。（4）违反用途规定使用国有土地的，由县级以上人民政府土地行政主管部门责令交还土地，处以罚款，罚款额以非法占用土地每平方米10元以上、30元以下计算。

3．非法占用土地的责任：

（1）未经批准或骗取批准而占用的：①未经批准或者采取欺骗手段骗取批准，非法占用土地的，由县级以上人民政府土地行政主管部门责令退还非法占用的土地。分两种情况处理：一是对违反土地利用总体规划擅自将农用地改为建设用地的，限期拆除在非法占用土地上新建的建筑物和其他设施，恢复土地原状；二是对符合土地利用总体规划的，没收在非法占用土地上新建的建筑物和其他设施。两者均可以并处罚款，罚款额以非法占用土地每平方米30元以下计算。②超过批准的数量占用土地，多占的土地以非法占用土地论处。

（2）在禁止开垦区内进行开垦的，由县级以上人民政府土地行政主管部门责令限期改正；逾期不改正的，依照关于对上述非法占用土地的规定予以处罚。

（3）农村土地未经批准或骗取批准而占用的：①由县级以上人民政府土地行政主管部门责令退还非法占用的土地，限期拆除在非法占用的土地上新建的房屋；②超过省、自治区、直辖市规定的标准，多占的土地以非法占有土地论处。

（4）不应当修建建筑物的：①在临时使用的土地上修建永久性建筑物、构筑物的，由县级以上人民政府土地行政主管部门责令限期拆除；逾期不拆除的，由作出处罚决定的机关依法申请人民法院强制执行；②对在土地利用总体规划制定前已建的、不符合土地利用总体规划确定的用途的建筑物、构筑物重建、扩建的，由县级以上人民政府土地行政主管部门责令限期拆除；逾期不拆除的，由作出处罚决定的机关依法申请人民法院强制执行。

4. 非法批准征用、使用土地的责任：对非法批准征用、使用土地的直接负责的主管人员和其他直接责任人员，依法给予行政处分；构成犯罪的，依法追究刑事责任；非法批准、使用的土地应当收回，有关当事人拒不归还的，以非法占用土地论处。

非法批准征用、使用土地，对当事人造成损失的，应当由非法使用土地者承担损失赔偿责任，非法批准者负连带责任。

5. 侵占、挪用征地补偿费的责任：构成犯罪的，依法追究刑事责任；尚不构成犯罪的，依法给予行政处分。

6. 依法应归还土地而不归还的责任：由县级以上人民政府土地行政主管部门责令交还土地，处以罚款，罚款额为非法占用土地每平方米10元以上、20元以下。

7. 不按规定办理土地变更登记的责任：由县级以上人民政府土地行政主管部门责令限期办理。

8. 拒不拆除非法建筑的责任：依照土地管理法规定，责令限期拆除在非法占用土地上新建的建筑物和其他设施的，建设单位或者个人必须立即停止施工，自行拆除；对继续施工的，作出处罚决定的机关有权制止。

建设单位或者个人对责令限期拆除的行政处罚决定不服的，可以在自接到责令限期拆除决定之日起的15日内，向人民法院起诉；期满不起诉又不自行拆除的，由作出处罚决定的机关依法申请人民法院强制执行，执行费用由违法者承担。

9. 阻挠国家建设征用土地的责任：由县级以上人民政府土地行政主管部门责令交出土地；拒不交出土地的，申请人民法院强制执行。

10. 阻碍执行土地管理职务的责任：依法给予治安管理处罚或者追究刑事责任。

11. 非法占用、非法批准占用、非法转让基本农田的责任：有下列行为之一的，依法从重给予处罚：（1）未经批准或者采取骗取批准，非法占用基本农田的。（2）超过批准数量，非法占用基本农田。（3）非法批准占用基本农田的。（4）买卖或者以其他形式非法转让基本农田的。

12. 应划入基本农田保护区而不划入的责任：由上一级人民政府责令限期改正；拒不改正的，对直接负责的主管人员和其他直接责任人员依法给予行政处分或者纪律处分。

13. 破坏基本农田保护区标志的责任：由县级以上地方人民政府土地行政主管部门或者农业行政主管部门责令恢复原状，可以处1000元以下罚款。

14. 非法占用基本农田的责任：由县级以上人民政府土地行政主管部门责令改正或者治理，恢复原种植条件，处占用基本农田的耕地开垦费一倍以上、二倍以下的罚款；构成犯罪的，依法追究刑事责任。

15. 侵占、挪用耕地开垦费的责任：构成犯罪的，依法追究刑事责任；尚不构成犯罪的，依法给予行政处分或者纪律处分。

16. 违法出让土地使用权的责任：除责令改正外，还要由上级机关或者所在单位给予有关责任人员行政处分。

17. 擅自从事房地产开发经营、中介服务的责任：（1）未取得营业执照的：①由县级以上人民政府工商行政管理部门责令停止房地产开发业务活动，没收违法所得，可以并处罚款，罚款额为违法所得五倍以下；②由县级以上工商行政管理部门责令停止房地产中介服务业务活动，没收违法所得，可以并处罚款，其罚款额，可考虑参照上述擅自从事房地产开发业务的处罚标准执行。（2）未取得资质等级证书的：由县级以上人民政府房地产开发主管部门责令限期改正，处5万元以上、10万元以下罚款；逾期不改正的，由工商行政管理部门吊销营业执照。

18. 违法转让房地产的责任：（1）违法转让土地使用权的由县级以上人民政府土地行政主管部门没收违法所得，可以并处罚款。（2）违法转让划拨土地使用权的由县级以上人民政府土地行政主管部门责令缴纳土地使用权出让金，没收违法所得，可以并处罚款。

19. 违法预售商品房的责任：由县级以上人民政府房地产开发主管部门责令停止违法行为，没收违法所得，可以并处已收取的预付款1%以下的罚款。

20. 违反规定交付房屋的责任：（1）将未经验收的房屋交付使用的由县级以上人民政府房地产开发主管部门责令限期补办验收手续；逾期不补办验收手续的，由县级以上人民政府房地产开发主管部门组织有关部门和单位验收，并处以10万元以上、30万元以下的罚款。经验收不合格的，依照关于将验收不合格的房屋交付使用的规定进行处理。（2）将验收不合格的房屋交付使用的由县级以上人民政府房地产主管部门责令限期返修，并处交付使用的房屋总造价2%以下的罚款；情节严重的，由工商行政管理部门吊销营业执照；给购买人造成损失的，应当依法承担赔偿责任；造成重大伤亡事故或者其他严重后果，构成犯罪的，依法追究刑事责任。

21. 违法收费的责任：没有法律、法规的依据，向房地产开发企业收费的，上级机关应当责令退回所收取的钱款；情节严重的，由上级机关或者所在单位给予直接责任人员行政处分。

22. 违法拆迁的责任：对有下列行为之一，由房屋拆迁主管部门予以警告、责令停止拆迁，并可处以罚款：（1）未取得房屋拆迁许可证或者未按房屋拆迁许可证的规定擅自拆迁的。（2）委托未取得房屋拆迁资格证书的单位拆迁的。（3）擅自提高或者降低补偿、安置标准，扩大或者缩小补偿、安置范围的。

23. 拆迁人超期拆迁的责任：由房屋拆迁主管部门对拆迁人予以警告，并可处以罚款。

24. 被拆迁人拒绝腾退周转房的责任：由房屋拆迁主管部门对被拆迁人予以警告、责令限期退还周转房，并可处以罚款。

二、法律适用依据

（一）相关法律

❶中华人民共和国城市房地产管理法（节录）

（1994年7月5日第八届全国人民代表大会常务委员会第八次会议通过　1994年7月5日中华人民共和国主席令〔第29号〕公布自1995年1月1日起施行）

第六章　法律责任

第六十三条　违反本法第十条、第十一条的规定，擅自批准出让或者擅自出让土地使用权用于房地产开发的，由上级机关或者所在单位给予有关责任人员行政处分。

第六十四条　违反本法第二十九条的规定，未取得营业执照擅自从事房地产开发业务的，由县级以上人民政府工商行政管理部门责令停止房地产开发业务活动，没收违法所得，可以并处罚款。

第六十五条　违反本法第三十八条第一款的规定转让土地使用权的，由县级以上人民政府土地管理部门没收违法所得，可以并处罚款。

第六十六条　违反本法第三十九条第一款的规定转让房地产的，由县级以上人民政府土地管理部门责令缴纳土地使用权出让金，没收违法所得，可以并处罚款。

第六十七条　违反本法第四十四条第一款的规定预售商品房的，由县级以上人民政府房产管理部门责令停止预售活动，没收违法所得，可以并处罚款。

第六十八条　违反本法第五十七条的规定，未取得营业执照擅自从事房地产中介服务业务的，由县级以上人民政府工商行政管理部门责令停止房地产中介服务业务活动，没收违法所得，可以并处罚款。

第六十九条　没有法律、法规的依据，向房地产开发企业收费的，上级机关应当责令退回所收取的钱款；情节严重的，由上级机关或者所在单位给予直接责任人员行政处分。

第七十条　房产管理部门、土地管理部门工作人员玩忽职守、滥用职权，构成犯罪的，依法追究刑事责任；不构成犯罪的，给予行政处分。

房产管理部门、土地管理部门工作人员利用职务上的便利，索取他人财物，或者非法收受他人财物为他人谋取利益，构成犯罪的，依照惩治贪污罪贿赂罪的补充规定追究刑事责任；不构成犯罪的，给予行政处分。

（二）相关行政法规及规范性文件

❶城市房地产开发经营管理条例（节录）

（1998年7月20日国务院令〔第248号〕公布施行）

第五章　法律责任

第三十四条　违反本条例规定，未取得营业执照，擅自从事房地产开发经营的，由县级以上人民政府工商行政管理部门责令停止房地产开发经营活动，没收违法所得，可以并处违法所得5倍以下的罚款。

第三十五条　违反本条例规定，未取得资质等级证书或者超越资质等级从事房地产开发经营的，由县级以上人民政府房地产开发主管部门责令限期改正，处5万元以上10万元以下的罚款；逾期不改正的，由工商行政管理部门吊销营业执照。

第三十六条　违反本条例规定，将未经验收的房屋交付使用的，由县级以上人民政府房地产开发主管部门责令限期补办验收手续；逾期不补办验收手续的，由县级以上人民政府房地产开发主管部门组织有关部门和单位进行验收，并处10万元以上30万元以下的罚款。经验收不合格的，依照本条例第三十七条的规定处理。

第三十七条　违反本条例规定，将验收不合格的房屋交付使用的，由县级以上人民政府房地产开发主管部门责令限期返修，并处交付使用的房屋总造价2%以下的罚款；情节严重的，由工商行政管理部门吊销营业执照；给购买人造成损失的，应当依法承担赔偿责任；造成重大伤亡事故或者其他严重后果，构成犯罪的，依法追究刑事责任。

第三十八条　违反本条例规定，擅自转让房地产开发项目的，由县级以上人民政府负责土地管理工作的部门责令停止违法行为，没收违法所得，可以并处违法所得5倍以下的罚款。

第三十九条　违反本条例规定，擅自预售商品房的，由县级以上人民政府房地产开发主管部门责令停止违法行为，没收违法所得，可以并处已收取的预付款1%以下的罚款。

第四十条　国家机关工作人员在房地产开发经营监督管理工作中玩忽职守、徇私舞弊、滥用职权，构成犯罪的，依法追究刑事责任；尚不构成犯罪的，依法给予行政处分。

❷住房公积金管理条例（节录）

（1999年4月3日国务院令〔第262号〕公布　根据2002年3月24日《国务院关于修改〈住房公积金管理条例的决定〉修订》）

第六章　罚则

第三十七条　违反本条例的规定，单位不办理住房公积金缴存登记或者不为本单位职工办理住房公积金账户设立手续的，由住房公积金管理中心责令限期办理；逾期不办理的，处1万元以上5万元以下的罚款。

第三十八条　违反本条例的规定，单位逾期不缴或者少缴住房公积金的，由住房公积金管理中心责令限期缴存；逾期仍不缴存的，可以申请人民法院强制执行。

第四十条　住房公积金管理中心违反本条例规定，有下列行为之一的，由国务院建设行政主管部门或者省、自治区人民政府建设行政主管部门依据管理职权，责令限期改正；对负有责任的主管人员和其他直接责任人员，依法给予行政处分：

（一）未按照规定设立住房公积金专户的；

（二）未按照规定审批职工提取、使用住房公积金的；

（三）未按照规定使用住房公积金增值收益的；

（四）委托住房公积金管理委员会指定的银行以外的机构办理住房公积金金融业务的；

（五）未建立职工住房公积金明细账的；

（六）未为缴存住房公积金的职工发放缴存住房公积金的有效凭证的；

（七）未按照规定用住房公积金购买国债的。

第四十一条　违反本条例规定，挪用住房公积金的，由国务院建设行政主管部门或者省、自治区人民政府建设行政主管部门依据管理职权，追回挪用的住房公积金，没收违法所得；对挪用或者批准挪用住房公积金的人民政府负责人和政府有关部门负责人以及住房公积金管理中心负有责任的主管人员和其他直接责任人员，依照刑法关于挪用公款罪或者其他罪的规定，依法追究刑事责任；尚不够刑事处罚的，给予降级或者撤职的行政处分。

（三）相关部门规章及规范性文件

❶商品房销售管理办法（节录）

（2001年3月14日建设部第三十八次部常委会议审议通过　2001年4月4日建设部令〔第88号〕公布　自2001年6月1日起施行）

第三十八条　违反法律、法规规定，擅自预售商品房的，责令停止违法行为，没收违法所得；收取预付款的，可以并处已收取的预付款1%以下的罚款。

第四十二条　房地产开发企业在销售商品房中有下列行为之一的，处以警告，责令限期改正，并可处以1万元以上3万元以下罚款。

（一）未按照规定的现售条件现售商品房的；

（二）未按照规定在商品房现售前将房地产开发项目手册及符合商品房现售条件的有关证明文件报送房地产开发主管部门备案的；

（三）返本销售或者变相返本销售商品房的；

（四）采取售后包租或者变相售后包租方式销售未竣工商品房的；

（五）分割拆零销售商品住宅的；

（六）不符合商品房销售条件，向买受人收取预订款性质费用的；

（七）未按照规定向买受人明示《商品房销售管理办法》、《商品房买卖合同示范文本》、《城市商品房预售管理办法》的；

（八）委托没有资格的机构代理销售商品房的。

第四十三条　房地产中介服务机构代理销售不符合销售条件的商品房的，处以警告，责令停止销售，并可处以2万元以上3万元以下罚款。

❷已购公有住房和经济适用住房上市出售管理暂行办法（节录）

（1999年4月19日建设部第十一次部常务会议通过并经国土资源部会签　1999年4月22日建设部第69号令公布　自1999年5月1日起施行）

第十五条　违反本办法第十三条的规定，将已购公有住房和经济适用住房上市出售后，该户家庭又以非法手段按照成本价（或者标准价）购买公有住房或者政府提供优惠政策建设的住房的，由房地产行政主管部门责令退回所购房屋，不予办理产权登记手续，并处以10000元以上30000元以下罚款；或者按照商品房市场价格补齐房价款，并处以10000元以上30000元以下罚款。

❸城市房地产开发管理暂行办法（节录）

（1995年1月13日建设部第一次部常务会议通过　1995年1月23日建设部公布　自1995年3月1日起施行）

第五章　法律责任

第三十三条　违反本办法第九条的规定擅自开工的，按《城市规划法》的有关规定，由城市规划主管部门予以处罚。

第三十四条　对下列行为，主管部门应当责令其停止活动，并可处以项目投资总额百分之一以下的罚款：

（一）违反本办法第十条的规定，委托无相应资格的单位承担设计任务的；

（二）违反本办法第十四条的规定，委托无相应资格的施工单位承担施工任务的。

第三十五条　违反本办法第十八条第二款的规定，逾期不办理房地产开发项目开发人变更等有关手续的，主管部门应当责令其限期补办，并可处以五万元以下的罚款。

第三十六条　违反本办法第二十二条的规定，不如实申报成交价格的，主管部门可处以二十万元以下的罚款。

第三十七条　对下列行为，主管部门应当予以警告，责令限期改正，并可处以二万元以下的罚款：

（一）违反本办法第二十九条的规定，逾期未备案的；

（二）伪造、涂改《房地产开发企业资质等级证书》的；

（三）不如实填写或不按规定时间交验《房地产开发项目手册》的。

第三十八条　主管部门的工作人员，玩忽职守、滥用职权、行贿受贿的，由其所在单位或上级主管部门给予行政处分；构成犯罪的，依法追究刑事责任。

❹关于建立房地产企业及执（从）业人员信用档案系统的通知（节录）

（2002年8月20日建设部公布）

一、房地产信用档案的建立范围和主要内容。房地产信用档案的建立范围是房地产开发企业、房地产中介服务机构、物业管理企业（统称“房地产企业”）和房地产估价师、房地产经纪人、房地产经纪人协理等专业人员［统称“执（从）业人员”］。房地产信用档案的内容包括基本情况、业绩及良好行为、不良行为等，以便为各级政府部门和社会公众监督房地产企业市场行为提供依据，为社会公众查询企业和个人信用信息提供服务，为社会公众投诉房地产领域违法违纪行为提供途径的信用信息管理系统。

❺城市房地产转让管理规定（节录）

（1995年8月7日建设部令〔第45号〕公布　根据2001年8月15日《建设部关于修改〈城市房地产转让管理规定〉的决定》修正）

第十七条　违反本规定第十条第一款和第十一条，未办理土地使用权出让手续，交纳土地使用权出让金的，按照《中华人民共和国城市房地产管理法》的规定进行处罚。

❻关于整顿和规范房地产市场秩序的通知（节录）

（2002年5月23日建设部、国家发展计划委员会、国家经济贸易委员会、财政部、国土资源部、国家工商行政管理总局、监察部　建住房〔2002〕123号公布）

（一）加强房地产开发项目管理，依法查处违法、违规开发建设行为

各地要严格执行房地产开发项目审批程序，并加强项目的跟踪管理。房地产开发企业取得出让土地使用权后，必须按照出让合同约定支付出让金，并按照出让合同约定的条件和期限开发、利用土地。未按约定支付出让金的，土地管理部门有权解除合同，并可以请求违约赔偿；未按约定的条件

和期限开发、利用土地的，市、县人民政府土地管理部门应当予以纠正，并可处以警告、罚款直至无偿收回土地使用权。确需改变出让合同约定条件的，必须取得土地出让方和市、县人民政府城市规划行政主管部门同意，并签订土地使用权出让合同变更协议或者重新签订土地使用权出让合同。

房地产开发企业应当严格按照有关规定办理用地、立项、规划、建设和销售等手续。对经营性房地产开发项目，要适应政府按年度计划采取招标、拍卖和挂牌方式统一供应土地的要求，通过竞争取得土地使用权。房地产开发项目规划方案一经批准，任何单位和个人不得擅自变更。确需变更的，必须按原审批程序报批；城市规划行政主管部门在批准其变更前，应当进行听证。对于擅自变更规划的房地产开发企业，城市规划主管部门应当依据《中华人民共和国城市规划法》，责令停止建设、限期改正，并处以罚款；严重影响城市规划的，责令拆除违法建筑物。

未取得施工许可证或者开工报告未经批准擅自施工的，建设行政主管部门应当依据《建筑工程质量管理条例》第五十七条规定，责令停止施工，限期改正，并处工程合同价款1%以上2%以下的罚款。

未取得预售许可证明擅自预售商品房的，房地产管理部门应当依据《城市房地产开发经营管理条例》第三十九条规定，责令停止违法行为，没收违法所得，可以并处收取的预付款1%以下的罚款；对于擅自挪用预售款项的，房地产管理部门应当依据《城市商品房预售管理办法》第十四条规定，责令限期纠正，并处以违法所得3倍以下但不超过3万元的罚款；构成犯罪的，依法追究刑事责任。

各地房地产管理部门、工商行政管理部门要严格按照有关规定，把好市场准入关，依法严厉打击抽逃注册资本（金）、项目资本金、无证或者超范围从事房地产开发经营等行为。对于自有资金不足、行为不规范的房地产开发企业，房地产管理部门应当报当地人民政府及时通知各有关部门不得审批或同意其新开建设项目。

（七）完善相关制度，规范中介行为

加快实施房地产经纪人执业资格制度，积极推行房地产中介服务人员持证上岗制度。对于伪造、涂改、转让房地产中介服务人员职业资格证书的，房地产管理部门应当依据有关规定收回其资格证书或者公告资格证书作废，并处1万元以下的罚款；对于在房地产中介活动中收受委托合同以外财物、允许他人以自己的名义执业、发布虚假或不实信息、在两个以上机构执业、与一方当事人串通损害另一方当事人利益以及违法收取佣金等违规、违法行为，房地产管理部门应当收回资格证书或者公告资格证书作废，并处1万元以上3万元以下的罚款；构成犯罪的，依法追究刑事责任。

在本通知下发前，未按有关规定完成脱钩改制的房地产估价机构，一律取消其从事评估业务的资质，并追究有关行政主管部门的行政责任。对出具不实报告的房地产估价机构，房地产管理部门应当依据有关规定予以降级或注销资质证书；对负有责任的估价师，依法追究其责任，情节严重的，撤销注册。

房地产中介服务应当按照《中介服务收费管理办法》的有关规定收取费用。对违反规定收取费用的中介服务机构，价格管理部门应当依据《中华人民共和国价格法》和《价格违法行为行政处罚规定》进行处罚。

各地要全面清理、整顿房地产中介服务机构，依法查处未取得资质证书、未履行备案手续、超范围从事中介业务以及中介行为不规范的房地产中介服务机构。

❼城市商品房预售管理办法（节录）

（1994年11月15日建设部令〔第40号〕公布　根据2001年8月15日《建设部关于修改〈城市商品房预售管理办法〉的决定》2004年7月20日《建设部关于修改〈城市商品房预售管理办法〉的决定》修正）

第十三条　开发企业未取得《商品房预售许可证》预售商品房的，依照《城市房地产开发经营管理条例》第三十九条的规定处罚。

第十四条　开发企业不按规定使用商品房预售款项的，由房地产管理部门责令限期纠正，并可处以违法所得3倍以下但不超过3万元的罚款。

第十五条　开发企业隐瞒有关情况、提供虚假材料，或者采用欺骗、贿赂等不正当手段取得商品房预售许可的，由房地产管理部门责令停止预售，撤销商品房预售许可，并处3万元罚款。

（四）相关地方性法规及规范性文件

❶太原市城市房地产交易管理条例（节录）

（1998年12月18日太原市第十届人民代表大会常务委员会第十三次会议通过　1999年1月30日山西省第九届人民代表大会常务委员会第七次会议批准）

第八章　法律责任

第四十二条　违反本条例有下列行为之一的，其行为无效，并承担由此产生的法律责任：

（一）房地产转让当事人未办理房地产转让手续的；

（二）房地产抵押当事人未办理房地产抵押手续的；

（三）未办理房屋租赁证，擅自进行房屋租赁活动的；

（四）未经房屋所有权人同意擅自转租房屋的；

（五）房屋出典人未办理出典登记的。

第四十三条　预售商品房未办理商品房预售许可证的，责令其停止违法行为，没收违法所得，可以并处已收取的预售款1%以下的罚款。

第四十四条　未经房地产行政管理部门审查批准，发布房地产广告的，由广告监督管理机关责令负有责任的广告主、广告经营者、广告发布者停止发布，公开更正，没收广告费用，并处广告费用1倍以上5倍以下的罚款。

第四十五条　房地产行政管理部门的工作人员滥用职权、玩忽职守、徇私舞弊的，由所在单位或者上级机关予以行政处分。构成犯罪的，依法追究刑事责任。

❷内蒙古自治区城市房地产开发经营管理条例（节录）

（2001年2月12日内蒙古自治区第九届人民代表大会常务委员会第二十一次会议通过　2001年2月12日内蒙古自治区人民代表大会常务委员会公布）

第五章　法律责任

第三十六条　违反本条例规定，未取得房地产开发经营营业执照，擅自从事房地产开发经营的，由旗县级以上人民政府工商行政管理部门责令停止房地产开发经营活动，没收违法所得，可以并处违法所得5倍以下的罚款。

第三十七条 违反本条例规定，未取得资质证书或者超越资质等级从事房地产开发经营的，由旗县级以上人民政府房地产开发行政管理部门责令限期改正，处5万元以上10万元以下的罚款；逾期不改正的，依据国务院《城市房地产开发经营管理条例》的规定，由工商行政管理部门吊销营业执照。

第三十八条 违反本条例规定，擅自转让房地产开发项目的，由旗县级以上人民政府土地行政管理部门责令其停止违法行为，没收违法所得，可以并处违法所得5倍以下的罚款。

第三十九条 房地产开发企业有下列行为之一的，由原资质审批部门公告资质证书作废，收回证书，可以并处1万元以上3万元以下的罚款：

（一）隐瞒真实情况、弄虚作假骗取资质证书的；

（二）涂改、出租、出借、转让、出卖资质证书的。

第四十条 房地产开发企业在商品住宅销售中不按规定发放《住宅质量保证书》或者《住宅使用说明书》的，由旗县级以上人民政府房地产开发行政管理部门予以警告、责令限期改正，可以并处1万元以上2万元以下的罚款；情节严重的，由原资质审批部门给予降低资质等级的处罚。

第四十一条 违反本条例规定，自治区外房地产开发企业在自治区内进行房地产开发经营，未办理资质登记手续的，由旗县级以上人民政府房地产开发行政管理部门责令限期改正，可以并处5000元以下的罚款。

第四十二条 违反本条例规定，未领取商品房预售许可证预售商品房的，由旗县级以上人民政府房地产开发行政管理部门责令停止违法行为，没收违法所得，可以并处已收取的预付款1%以下的罚款。

第四十三条 违反本条例规定，房地产开发企业对其开发建设的项目未组织竣工验收交付使用的，由旗县级以上人民政府房地产开发行政管理部门责令限期验收；逾期不验收的，处10万元以上30万元以下的罚款。

第四十四条 房地产开发企业开发建设的项目工程质量低劣的，由原资质审批部门降低资质等级，情节严重的吊销资质证书。对验收不合格的房屋交付使用的，由旗县级以上人民政府房地产开发行政管理部门责令限期返修，并处交付使用房屋总造价2%以下的罚款；情节严重或者发生重大工程质量事故的，依据国务院《城市房地产开发经营管理条例》的规定，由工商行政管理部门吊销营业执照。给购买人造成损失的，应当依法承担赔偿责任；造成重大伤亡事故或者其他严重后果，构成犯罪的，依法追究刑事责任。

第四十五条 国家有关管理部门及其工作人员在房地产开发经营监督管理中，有下列行为之一的，根据情节轻重，给予批评教育、责令停止职务或者给予行政处分；构成犯罪的，依法追究刑事责任：

（一）违反本条例规定，未达到资质条件而批准资质等级的；

（二）超过法定审批时限，符合条件而不审批的；

（三）违反规划、土地、园林、消防等法律、法规规定擅自批准建设的；

（四）没有法律、法规的依据，向房地产开发企业收费的；

（五）不具备商品房预售条件而批准预售的；

（六）滥用职权，随意处罚当事人的；

（七）其他违法违纪行为。

❸呼和浩特市城市房地产交易市场管理条例（节录）

（1997年6月26日呼和浩特市第十届人民代表大会常务委员会第二十三次会议通过 1998年7月31日内蒙古自治区第九届人民代表大会常务委员会第四次会议批准）

第七章 法律责任

第五十七条 对违反本条例规定的行为，由旗县级以上房产行政管理部门或者其他有关部门按照下列规定予以处罚：

（一）违反本条例第五条规定，当事人未按照规定到房地产市场管理部门办理手续交易房地产的，旗县级以上房产行政管理部门责令其限期补办交易手续，并对擅自转让房地产的，处交易额百分之五至百分之十的罚款；对擅自交换房地产的，处交易额百分之二至百分之三的罚款；对擅自租赁房屋的，处实际租期评估租金总额一至二倍的罚款；对擅自抵押房地产、典当房屋的，处房地产抵押额、房屋典价百分之三至百分之五的罚款。

（二）违反本条例第十三条第一款规定，预售商品房的，由旗县级以上房产行政管理部门责令其停止预售活动，没收违法所得，并处以预售金额百分之五至百分之十的罚款。

（三）违反本条例第十七条、第五十四条规定，发布商品房预售广告或者房地产市场信息广告的，由广告监督管理机关责令停止发布广告，没收其违法所得，可以并处广告费一至二倍的罚款。

（四）违反本条例第四十八条、第四十九条规定，未取得相应资格证书和营业执照从事房地产中介服务的，分别由房产、工商行政管理部门责令停止中介活动，没收违法所得，可以并处一千元至二千元的罚款。

（五）违反本条例第五十六条规定，房地产中介服务人员在房地产中介活动中，牟取不正当利益、转借资格证书、在跨两个以上机构执业、损害当事人利益的，由旗县级以上房产行政管理部门对中介服务机构处以二千元至三千元的罚款；对直接责任人处以五百元至一千元的罚款，情节严重的，吊销有关执业证件。

第五十八条 涂改、伪造《商品房预售许可证》、“房屋建设工程转让的批准文件”、《房屋租赁证》、房地产中介服务机构和从业人员资格证书的，由房产行政管理部门依法没收上述证件，并移送司法机关依法处理。

第六十条 拒绝、妨碍房地产市场管理人员依法执行公务的，由公安机关依照《中华人民共和国治安管理处罚条例》的有关规定处理；构成犯罪的，依法追究其刑事责任。

第六十一条 房地产市场管理部门的工作人员玩忽职守、滥用职权、徇私舞弊的，由其所在单位或者上级主管部门给予行政处分；构成犯罪的，依法追究其刑事责任。

❹包头市房地产交易市场管理条例（节录）

（1996年1月19日包头市第十届人民代表大会常务委员会第二十八次会议通过　1997年9月24日内蒙古自治区第八届人民代表大会常务委员会第二十八次会议批准）

第七章　法律责任

第三十二条　违反本条例规定的，由有关部门各司其职，按下列规定处理：

（一）违反第十条规定，未取得房产行政主管部门核发的《商品房预售许可证》预售商品房的，其交易行为无效，由房产行政主管部门责令停止预售活动，没收违法所得，可以并处预售额百分之五以下的罚款；

（二）违反第十六条、第十七条规定，租赁、转租房屋的，由房产行政主管部门责令改正，补办手续，交纳有关税费；

（三）违反第二十条规定，典当房地产的，由房产、土地等部门责令补办手续，对出典人可以并处典价百分之一至百分之二的罚款；

（四）违反第二十六条规定，擅自交换房屋的，由房产、土地行政主管部门责令限期补办手续，可以并处交易评估额百分之一至百分之二的罚款；

（五）违反第二十九条第二款规定，未取得营业执照，擅自从事房地产中介服务的，由旗县级以上工商行政部门责令停止房地产中介活动，没收非法所得，可以并处违法所得一倍以下的罚款。

第三十三条　当事人对行政处罚决定不服的，可以在接到处罚通知之日起十五日内向作出处罚决定部门的上一级行政主管部门或者同级人民政府申请复议，对复议决定不服的，可以在接到复议决定之日起十五日内向人民法院提起诉讼。当事人也可以在接到处罚决定之日起十五日内，直接向人民法院提起诉讼。逾期不申请复议，也不提起诉讼，又不履行处罚决定的，由作出处罚决定的部门申请人民法院强制执行。

第三十四条　房地产交易市场管理部门的工作人员玩忽职守、滥用职权、索贿受贿，由其所在单位给予行政处分；构成犯罪的，追究刑事责任。

❺黑龙江省城市房地产开发管理条例（节录）

（1997年8月20日黑龙江省第八届人民代表大会常务委员会第二十九次会议通过　1997年8月20日黑龙江省人民代表大会常务委员会公布　自1997年10月1日起施行）

第六章　法律责任

第三十六条　违反本条例第十条、第十一条规定，未取得资质等级证书从事房地产开发活动或者超过其资质等级承担开发项目的，由开发主管部门责令停止房地产开发活动，没收违法所得，并处以开发项目投资额1%至3%的罚款。

第三十七条　违反本条例第十二条、第十三条规定，开发企业未办理进省审批、跨区备案手续或未按规定进行资质年检的，由开发主管部门责令限期改正，并处以二千元至一万元的罚款。

第三十八条　违反本条例第二十一条规定，开发企业未取得开发项目许可证，从事房地产开发活动的，由开发主管部门责令停止开发活动，没收违法所得，并处以开发项目投资额1%至3%的罚款。

第三十九条　违反本条例第二十三条规定，开发企业未如实填写或者未按时送验房地产开发项目手册的，由开发主管部门责令限期改正，并处以一千元至五千元的罚款。

第四十条　违反本条例第二十四条规定转让开发项目的，转让合同无效，由开发主管部门责令限期收回开发项目，并处以开发项目投资额1%至3%的罚款。

第四十一条　违反本条例第二十五条规定，开发项目转让未到开发主管部门办理开发项目许可证变更手续的，由开发主管部门责令限期补办手续，并对转让人处以一万元至五万元的罚款；逾期未补办手续的，没收违法所得。

第四十二条　违反本条例第二十六条规定，将受让的开发项目再行转让的，再转让行为无效，由开发主管部门责令限期收回开发项目，并处以开发项目投资额1%至3%的罚款。

第四十三条　违反本条例第二十七条规定，开发项目未经综合验收或者经验收不合格即交付使用的，由开发主管部门责令限期改正，并处以开发项目投资额1%至3%的罚款。

违反动迁安置补偿协议的，按《黑龙江省城市建设动迁管理条例》处罚。

第四十四条　违反本条例第二十九条规定，开发项目不实行建设工程监理制度的，由开发主管部门责令停止开发建设活动，并处以三万元至五万元的罚款；工程监理单位监理的工程质量不合格的，按国家和省的有关规定处罚，并承担赔偿责任。

第四十五条　违反本条例第三十条规定，开发企业未取得商品房预售许可证，擅自预售商品房的，由房地产管理部门责令停止预售活动，并处一万元至五万元的罚款。

第四十六条　违反本条例第三十一条规定，开发企业未经工商行政管理部门审查合格发布商品房预售广告的，由工商行政管理部门按有关法律法规处罚。

第四十七条　违反本条例第三十五条规定，出租商品房的，由有关部门按有关法律法规处罚。

第四十八条　违反本条例有下列行为之一的，由监察机关或上级主管部门或所在单位对有关责任人员，视情节轻重，给予行政处分；造成损失的，应予赔偿；构成犯罪的，由司法机关依法追究刑事责任：

（一）开发项目招投标弄虚作假的；

（二）开发主管部门及有关部门的工作人员对不符合资质标准的开发企业予以批准或者对不合格开发项目出具验收合格结论的；

（三）开发主管部门及有关部门受理审批事项或到现场检查时，故意刁难，给企业造成损失的；

（四）开发主管部门及有关部门的工作人员在执法过程中勒卡的；

（五）法定验资机构出具虚假验资证明的；

（六）出具验收结论与工程质量不符的。

第四十九条　有关主管部门在实施行政处罚时，应当按照《中华人民共和国行政处罚法》规定的程序执行。

❻广东省商品房预售管理条例（节录）

（1998年7月29日广东省第九届人民代表大会常务委员会第四次

会议通过 2000年9月22日广东省第九届人民代表大会常务委员会第二十次会议通过 2000年9月22日广东省人民代表大会常务委员会公布）

第五章 法律责任

第三十五条 预售人违反本条例第六条、第九条、第十条、第十一条、第十二条、第十三条、第十五条、第十七条、第十八条、第二十二条、第二十三条、第二十四条、第二十五条、第二十七条、第二十八条、第三十条、第三十一条规定或者预购人违反本条例第二十四条、第三十一条第一款规定，给对方造成损失的，应当依法承担赔偿责任。涉嫌犯罪的，由司法机关依法处理。

第三十六条 违反本条例第六条规定预售商品房的，由主管部门责令停止预售，没收违法所得，可以处以其已预售的商品房价款百分之三十以上百分之五十以下的罚款。

第三十七条 违反本条例第九条规定，用已预售的商品房项目及其土地使用权设定他项权的，其设定无效。由此造成的损失，由预售人承担。

第三十八条 违反本条例第十三条第三款规定预售商品房的，主管部门应当责令其停止预售，补办手续，没收违法所得，可处以其已预售的商品房价款百分之三十以上百分之五十以下罚款。

第三十九条 违反本条例第十七条、第十八条规定，预售人和代理人未向预购人明示法定事项，预购人提出请求仍不明示的，主管部门应当责令改正，予以警告，可以处以五百元以上二千元以下的罚款。

第四十条 预售人发布虚假广告和印发虚假宣传资料，欺骗和误导预购人，使预购人的合法权益受到损害的，预售人应当承担民事责任。广告经营者、发布者明知或者应知广告虚假仍设计、制作、发布的，应当依法承担连带责任。

第四十一条 预售人违反本条例第三十条第一款规定使用商品房预售款和违反本条例第三十一条第一款规定直接收存商品房预售款的，主管部门应当责令其改正，降低或者注销其房地产开发资质，可以处以违法使用款项百分之十以上百分之二十以下的罚款。

第四十二条 银行违反本条例第三十三条第二款支付商品房预售款和房地产交易登记机构违反本条例第三十条第一款规定同意使用商品房预售款的，上一级主管部门应当责令其改正和追回流失款项；给预购人造成损失的，依法承担连带责任。

预售人合法使用商品房预售款，房地产交易登记机构不予同意，给预售人造成损失的，应当承担赔偿责任。

第四十四条 主管部门和其他有关行政管理部门工作人员玩忽职守、滥用职权、徇私舞弊、索贿受贿的，依法追究行政责任；涉嫌犯罪的，由司法机关依法处理。

❼重庆市城市房地产开发经营管理条例（节录）

（2000年5月25日重庆市第一届人民代表大会常务委员会第二十五次会议通过 2000年5月25日重庆市人民代表大会常务委员会公布）

第四十一条 房地产开发企业有下列行为之一的，由建设行政主管部门责令限期改正，给予警告、降低资质等级、吊销资质证书的处罚，可并处三万元以上十万元以下的罚款；

（一）申请资质证书或资质年检中弄虚作假的；

（二）不按规定办理资质变更或注销手续的；

（三）伪造、涂改、出租、出借、转让资质证书的；

（四）不参加资质年检或不按规定填报统计报表的；

❽济南市城市公有房屋管理办法（节录）

（1994年12月6日山东省第八届人民代表大会常务委员会第十一次会议批准 1997年4月4日山东省第八届人民代表大会常务委员会第二十七次会议批准修改 2002年6月21日济南市第十二届人民代表大会常务委员会第二十六次会议通过 2002年7月27日山东省第九届人民代表大会常务委员会第三十次会议批准修改）

第八章 法律责任

第四十二条 对违反本办法规定，有下列行为之一的，由市房产管理部门按下列规定给予处罚：

（一）以虚报、瞒报房屋权属情况等非法手段取得房屋权属证书的，收回其房屋权属证书或者公告其房屋权属证书作废。

（二）涂改、伪造房屋权属证书的，其证书无效，可对当事人处以一千元以下罚款。

（三）出租或转租公有房屋未登记备案的，责令限期补办，逾期不补办的，可按出租或转租房屋使用面积每平方米处以五元罚款。

第四十三条 挪用直管公房修缮资金尚未构成犯罪的，由政府有关部门依照有关法律、法规规定予以处理；构成犯罪的，依法追究刑事责任。

第四十四条 实施行政处罚应当按照《中华人民共和国行政处罚法》的规定执行。

第四十七条 房产管理部门违反本办法规定，当事人有权向人民法院提起行政诉讼。

房产管理部门工作人员违反本办法规定，滥用职权、徇私舞弊、玩忽职守的，由其所在单位或上级主管机关给予行政处分；给当事人造成损失的，由房产管理部门承担赔偿责任；构成犯罪的，依法追究刑事责任。

（五）相关地方政府规章及规范性文件

❶沈阳市房地产开发经营管理办法（节录）

（2000年6月16日沈阳市人民政府第八次常务会议审议通过 2000年6月16日沈阳市人民政府令〔第49号〕公布施行）

第二十七条 房地产开发企业有下列行为之一的，由市房地产开发主管部门和其他有关部门给予警告、限期整改、停止或取消项目开发建设权、拍卖资产、降低直至取消资质等级，并处以5000元以上3万元以下的罚款；

（一）申请资质等级初审时隐瞒事实情况、弄虚作假的；

（二）未按规定办理变更或注销手续的；

（三）伪造、涂改、出租、出借、转让《房地产开发企业资质等级证书》的；

（四）未如实填写或者未按规定时间交验《房地产开发项目手册》的；

（五）瞒报或未按规定报送统计报表的；

（六）未按规定进行资质年检的；

（七）未按规定向购买人提供住宅质量保证书和住宅使用

说明书的；

（八）未按规定办理有关开发建设手续而擅自开发建设的；

（九）无故拖期回迁超过半年以上的；

（十）住宅小区、组团按规定的竣工期限超期二年以上不能竣工的，交付使用后二年以上仍未达到综合验收标准的，交付使用后一年未完成配套建设也不采取任何措施的。

❷齐齐哈尔市危险房屋管理办法（节录）

（1994年1月7日齐齐哈尔市人民政府令〔第1号〕公布）

第四章　法律责任

第二十五条　有下列行为之一，发生事故，造成损失的，由房屋所有人、使用人或其行为人承担相应责任。

（一）未按规定进行查勘和一级鉴定或房屋破损不修的。

（二）经鉴定为危险房屋而未采取有效的解危措施的或将危险房屋出租、出借给他人的。

（三）有阻碍异产毗连危险房屋修缮治理行为的。

（四）阻碍对危险房屋采取解危措施的。

（五）擅自改变房屋结构，构件或使用性质的。

（六）由于施工、堆放物品等行为危及房屋安全的。

（七）强行使用已鉴定为危险房屋的。

第二十六条　故意把非危险房屋鉴定为危险房屋而造成损失的；因过失把危险房屋鉴定为非危险房屋，并在有效时限内发生事故的；因拖延鉴定时间导致发生事故的，由鉴定机构承担责任。

第二十七条　未经鉴定灭籍而私自拆除房屋的，由产权部门和城市房屋安全管理部门根据有关规定进行处罚，并责令补办鉴定和灭籍手续。

第二十八条　违反本办法规定，给他人造成生命财产损失，构成犯罪的，依法追究刑事责任。

❸齐齐哈尔市城区房产交易管理暂行办法（节录）

（1987年8月27日齐齐哈尔市人民政府　齐政〔1987〕56号公布）

第六章　罚则

第二十七条　对违反本办法第四条之规定的个人，在发生交易后三个月以内（含三个月）补办手续的，给予批评教育或加收五元至十元的管理费。超过三个月补办手续的加收滞纳金，滞纳金以日计算，每日按应纳税额的0.5%缴纳。但滞纳金的总额最高不得超过应纳税额的50%。

第二十八条　对违反本办法第四条、第五条、第十四条之规定的单位，除追究主要领导人责任外，还要对直接责任者处以本人月标准工资40%的经济制裁，对单位加收交易额的10—20%的管理费，直至没收房产。

第三十条　对违反本办法第十九条之规定的单位及个人，除追缴契税和管理费外，加收滞纳金额一至三倍的管理费。

第三十一条　对违反本办法第二十条之规定的，除按实际价格缴纳契税外，管理费按以下办法处理：

1. 实际交易价格超过评定价格在50%以内者（含50%），加收一倍的管理费。

2. 实际交易价格超过评定价格在50%以上至100%者，加收二倍的管理费。

3. 实际交易价格超过评定价格在100%以上至150%者，加收三至五倍的管理费。

4. 实际交易价格超过评定价格在150%以上者，没收所购房产。

第三十二条　房产交易产权过户手续一经办理，任何一方都不得毁约。否则，所造成的一切经济损失均由毁约者承担。

第三十三条　房产交易管理人员同房产交易当事人共同作弊，违反本办法之各项规定者，视其情节给予批评教育、行政处分，直至追究刑事责任。

❹淮南市商品房预售管理办法（节录）

（1995年3月22日第十一届淮南市人民政府第四十二次常务会议审议通过　1995年3月25日淮南市人民政府令〔第48号〕公布施行）

第十四条　开发企业在商品房预售活动中，有下列行为之一的，由市房地产行政主管部门责令停止预售活动，没收违法所得，并处以违法所得额10%以下的罚款：

（一）未办理商品房预售许可证的；

（二）商品房预售款未按规定用于有关工程建设的；

（三）未经批准，擅自将向中国境内预售的商品房转向中国境外预售的。

❺银川市商品房预售管理办法（节录）

（1997年11月20日银川市人民政府第六十五次常务会议审议通过　1997年12月23日银川市人民政府令〔第94号〕公布）

第十四条　开发经营企业未取得《商品房预售许可证》而预售商品房的，房产行政主管部门责令停止预售，限期补办手续，并按照规定处以5000元—10000元以下罚款，逾期不补办的，对其预售的商品房不予办理房屋产权登记和房屋所有权证。

广告经营单位为没取得《商品房预售许可证》的企业或单位发布商品房预售广告的，由广告监督管理机关责令停止发布，没收广告费用，并处广告费用一倍的罚款。

第十五条　开发经营企业未按规定办理备案和登记手续的，责令限期补办；逾期不补办的，处以1000元以下罚款。

第十六条　开发经营企业违反本办法第十一条规定的，由房产行政主管部门按照规定处以10000元以下罚款。

第十七条　对不具备商品房预售资格而预售商品房的单位，房产行政主管部门不予办理房屋产权登记和房屋产权证并会同有关部门依法予以处理。

第十八条　房产行政主管部门工作人员，在商品房预售管理、登记发证工作中玩忽职守、徇私舞弊、以权谋私的，由所在单位或上级主管部门给予行政处分；构成犯罪的，由司法机关依法追究其刑事责任。

❻山西省关于加强商品房预售管理的若干规定（节录）

（1994年4月12日山西省人民政府　晋政〔1994〕42号文公布）

第十二条　未领取商品房预售许可证的单位，不得委托广告制作单位发布商品房预售广告；广告制作单位也不得接受无商品房预售许可证单位的委托广告。违反本条规定的，由工商行政管理机关依照《广告管理条例》第十八条的规定予以处罚。

第十三条 房地产开发经营机构违反本规定预售商品房的，由房地产行政主管部门公告商品房预售无效，没收非法所得；情节严重的，吊销商品房预售许可证。

第十四条 商品房预售的卖方因故延期交付使用商品房的，按银行固定资产投资贷款利率支付给买方延期利息；未履行合同的除向买方说明原因并取得同意外，应退还全部预收款，并按银行固定资产投资贷款利率向买方支付利息。卖方向买方支付上述利息，在企业留利中列支，不得计入商品房成本。

第十五条 预购商品房的单位和个人，必须按期交纳预付款。购房者未履行合同的，应向卖方提出书面退房申请，卖方可视情况扣除定金后退款或待该房另行出售后退还全部预收款。因买方毁约退还的预付款均不支付利息。

❼福州市商品房预售管理暂行规定（节录）

（1993年4月18日福州市人民政府公布）

第十二条 开发公司不按上述要求办理预售批准手续的，其所经营、销售的房屋，房地产管理部门不予办理买卖监证手续，不予核发《房屋所有权证》；涉及抵押贷款的，不予办理抵押监证手续。

第十三条 开发公司不按上述要求经营销售（预售）房屋造成购房户、银行等有关当事人经济损失的，房地产管理部门依法责成开发公司给予赔偿，情节严重的由司法部门依法追究法律责任。

❽河北省城市房屋拆迁管理实施办法（节录）

（2002年10月1日河北省人民政府公布）

第四章 法律责任

第三十条 违反本办法规定，未取得房屋拆迁许可证，擅自实施房屋拆迁的，由房屋拆迁管理部门责令停止拆迁，给予警告，并处已经拆迁房屋建筑面积每平方米二十元以上五十元以下的罚款。

第三十一条 拒绝、阻碍房屋拆迁管理部门的工作人员依法执行职务的，由公安机关依照《中华人民共和国治安管理处罚条例》的规定予以处罚；构成犯罪的，由司法机关依法追究刑事责任。

第三十二条 房屋拆迁管理部门的工作人员违法核发房屋拆迁许可证以及其他批准文件的，核发房屋拆迁许可证以及其他批准文件后不履行监督管理职责的，或者对违法行为不予查处的，对直接负责的主管人员和其他直接责任人员依法给予行政处分；情节严重，致使公共财产、国家和人民利益遭受重大损失，构成犯罪的，由司法机关依法追究刑事责任。

❾石家庄市城市房屋拆迁管理实施细则（节录）

（1999年6月9日石家庄市第十届人民政府第二十三次常务会议审议通过 2000年6月1日石家庄市人民政府令〔第114号〕公布施行）

第五章 罚则

第四十七条 对有下列行为之一的，由市建委责令改正，予以警告，并可处以罚款：

（一）未取得房屋拆迁许可证或者未按房屋拆迁许可证的规定擅自拆迁的，对拆迁人处以三万元罚款；

（二）未取得房屋拆除许可证擅自拆除房屋的，对拆迁委托人、施工单位或个人分别处以一万元以上、二万元以下罚款；

（三）委托未取得房屋拆迁资格证书的拆迁实施单位拆迁的，对委托单位处以二万元罚款，对受委托单位处以一万元罚款；

（四）无正当理由超过规定拆迁期限的，对拆迁委托人处以二万元以上、三万元以下罚款；

（五）擅自提高或降低补偿安置标准，扩大或缩小拆迁范围的，处以一万元以上、二万元以下罚款；

（六）未取得清场验收合格证擅自开工的，处以二万元罚款。

第四十九条 拒绝、阻碍拆迁管理工作人员依法执行公务的，由公安部门依照《中华人民共和国治安管理处罚条例》的规定予以处罚；涉嫌触犯刑律的，移送司法机关处理。

第五十二条 拆迁工作人员玩忽职守、滥用职权、徇私舞弊的，由其所在单位或上级主管机关给予行政处分；涉嫌触犯刑律的，移送司法机关处理。

❿北京市集体土地房屋拆迁管理办法（节录）

（2003年5月27日市人民政府第九次常务会议通过 2003年6月6日北京市人民政府令〔第124号〕公布 自2003年8月1日起施行）

第四章 法律责任

第二十五条 违反本办法第七条规定，未取得房屋拆迁许可证擅自实施拆迁的，由市或者区、县国土房管局责令停止拆迁行为，处1万元以上3万元以下罚款。

第二十六条 市和区、县国土房管局违反本办法规定核发房屋拆迁许可证以及其他批准文件的，核发房屋拆迁许可证以及其他批准文件后不履行监督管理职责的，或者对违法行为不予查处的，对直接负责的主管人员和其他直接责任人员依法给予行政处分；情节严重，致使公共财产、国家和人民利益遭受重大损失，构成犯罪的，依法追究刑事责任。

第五章 附则

第二十七条 因进行水利水电工程建设、绿化隔离地区建设、贫困山区农民搬迁以及因地质灾害移民涉及集体土地房屋拆迁的，不适用本办法。

（六）相关其他规范性文件

❶中国人民解放军房地产管理条例（节录）

（1990年4月20日中央军事委员会公布 自1990年4月20日起施行）

第三十四条 对于违反本条例的分别给予以下处罚：

（一）对于不服从房地产调整的单位，按照被调整房地产的面积数，扣减其年度基建指标和用地计划，并给予主管负责人适当的行政处分。

（二）对于越权擅自处理军队房地产的单位，没收其全部收入，擅自处理的房地产应全部收回，并给予主管负责人或直接责任者行政处分。

（三）对于因管理不善、失职造成军队房地产严重损失的，根据情节轻重给予有关人员行政处分、经济处罚；构成犯罪的，依法追究其刑事责任。

（四）对于擅自在军事禁区内开发经营项目或危害军事设施安全保密、影响军事设施使用效能、妨碍军事活动正常进行的责任者，依照国家有关法律追究其法律责任。

三、以案明法

案例（一）

谢某南诉惠州市房地产管理局行政不作为案

上诉人（原审原告）：谢某南

被上诉人（原审被告）：惠州市房地产管理局

上诉人谢某南因诉被上诉人行政不作为一案，不服惠城区人民法院（2001）惠城法行初字第22号行政判决，向本院提起上诉。本院依法组成合议庭审理了本案，现已审理终结。

原审判决认为，在原告谢某南向惠州市房产管理局申请要求同时登记的三处房屋中，南坛路三巷22号房屋领取的是惠州市城市建设革命委员会（78）惠城建字第032号建筑许可执照（复印件），执照上面载明兴建单位是李韶光，非谢某南。原告藉此申报产权登记不符合建设部《城市房屋权属登记管理办法》第十六条和《广东省城镇房地产登记条例》第九条之规定。原告请求被告给予办理惠州市南坛路三巷22号房屋所有权证，证据不足，不予支持。关于原告在庭审时提出请求审查惠州市城市建设革命委员会（78）惠城建字第032号《建筑许可执照》的合法性问题，因该请求是另一个法律关系，本案不予审查。依照《最高人民法院关于执行〈中华人民共和国行政诉讼法〉若干问题的解释》第五十六条第（一）项之规定，判决驳回原告谢某南的诉讼请求。

上诉人谢某南不服一审判决，上诉称：（一）一审判决认定事实不清，证据不足，表现在：1.《建筑许可执照》上所载明的建设单位本来就是谢某南，并非李韶光；2. 改动处加盖公章，不能作为认定兴建单位就是李韶光的根据；3. 复印件不具有证据效力，尤其该复印件是与原件存根相反的“复印件”，更不具有证据作用。（二）一审判决支持被上诉人不作为错误行政行为及判决驳回原告诉讼请求适用法规错误。据此，请求二审法院撤销一审判决；判决被上诉人依法履行行政职责，给上诉人办理惠州市南坛路三巷22号房屋所有权证；判令被上诉人承担本案一、二两审全部诉讼费。

被上诉人答辩称：一审判决事实清楚，证据确凿，程序合法，适用法律正确，依法应当予以维持，上诉人上诉无理，依法应当驳回。

经审理查明，上诉人于2000年5月16日向被上诉人申请位于惠州市南坛路三巷22号（原南坛路47号）的房地产权属登记办证，并提交了相关材料。因被上诉人认为上诉人提交的由原惠州市城市建设革命委员会核发的（78）惠城建字第032号建筑许可执照的兴建单位已由谢某南变更为李韶光，且李韶光于2000年5月23日向被上诉人提出书面异议，所以未给予办理房产证。因上诉人就被上诉人不予办理房产证的问题多次向有关部门反映，被上诉人于2001年2月19日以惠州市房函（2001）15号、38号、46号答复惠州市信访办公室及惠州市人民代表大会常务委员会办公室，并将此函抄送惠州市桥西房管所及谢某南。函复说明：（一）谢某南申请确认南坛路三巷22号房屋产权登记，虽经我所经办人员多次催促，但其一直不能提供有效的、清晰的确权资料。所提供的原惠州市城市建设革命委员会（78）惠城建字第032号是复印件，兴建单位也不是谢某南，而是李韶光。（二）经办人员对南坛路三巷22号的房屋现场查勘、丈量时发现，该房屋右边一间由李韶光使用，李韶光对谢某南确认房屋产权提出了明确的异议。依据法律法规的有关规定，产权纠纷尚未解决的，房产管理部门应暂缓登记。上诉人不服，遂提起行政诉讼。

另查，上诉人在二审审理期间，向本院提交了一份新的证据，即惠州市规划建设局《关于报建存档材料的说明》，证明原惠州市城市建设革命委员会核发的（78）惠城建字第032号建筑许可执照存根及报建材料上兴建单位均为谢某南。被上诉人对上诉人提供的新证据的真实性没有异议，但认为（78）惠城建字第032号建筑许可执照存根与正本的兴建单位不相符，新证据没有否认该建筑许可执照正本的真实性，该建筑许可执照正本仍然有效。对于该建筑许可执照存根及报建材料上兴建单位均为谢某南的事实，上诉人和被上诉人均无异议，本院予以确认。

本院认为，上诉人在向被上诉人申请房地产权属登记办证提交的相关材料中，由原惠州市城市建设革命委员会核发的（78）惠城建字第032号建筑许可执照的兴建单位已由谢某南变更为李韶光，惠州市城市建设局已加盖公章确认，且李韶光于2000年5月23日向被上诉人提出书面异议。被上诉人认为上诉人的申请不符合房地产权属登记办证的条件，依照《城市房屋权属登记管理办法》第十六条及《广东省城镇房地产登记条例》第九条、第十二条的规定，不予办理是合法的，本院予以支持。另被上诉人已将《关于南坛路三巷22号房屋权属登记的函》抄送上诉人，不存在不予答复的事实。上诉人在二审期间提交的新证据不足以证明其符合房地产权属登记办证的法定条件，本院不予采纳。至于双方争议的原惠州市城市建设革命委员会核发的（78）惠城建字第032号建筑许可执照的合法性问题，是另一法律关系，本院不予确认。综上所述，上诉人上诉理由不充分，本院不予采纳。被上诉人答辩理由成立，本院予以采纳。原审判决认定事实清楚，证据充分，适用法律、法规正确，本院予以维持。依照《中华人民共和国行政诉讼法》第六十一条第（一）项的规定，判决如下：

驳回上诉，维持原判。

本案二审诉讼费100元由上诉人负担。

本判决为终审判决。

案例（二）

衢州市农业生产资料公司诉衢州市金桥房地产有限公司房屋拆迁协议纠纷上诉案

上诉人（原审被告）：衢州市金桥房地产有限公司

被上诉人（原审原告）：衢州市农业生产资料公司（又称衢州市浙西农业生产资料采购供应站）

上诉人衢州市金桥房地产有限公司（以下简称金桥公司）因与被上诉人衢州市农业生产资料公司（以下简称农资公司）

房屋拆迁协议纠纷一案，不服衢州市中级人民法院（1999）衢中民初字第20号民事判决，向本院提起上诉。本院依法组成合议庭，公开开庭审理了本案。上诉人金桥公司法定代表人柴富清及其委托代理人毛建荣，被上诉人农资公司法定代表人陈维鹏及其委托代理人钱士涎、刘勇等到庭参加诉讼。本案现已审理终结。

经审理查明：1998年4月27日，金桥公司与农资公司签订一份房屋拆迁协议书，约定：由金桥公司将属农资公司所有的位于衢州市区礼贤街127号房屋（营业房、仓库、保管室、简易仓库）计2448.76平方米拆除，被拆除的房屋按照重置价格结合成新结算，由金桥公司支付农资公司房屋补偿款987049.19元。金桥公司在原地段安置给农资公司坐东朝西、从南到北，36.5米沿礼贤街正街框架营业房二层。一、二层进深约13米，紧靠煤机厂宿舍第一幢坐北朝南安置底层框架营业房，农资公司由东向西让出两间，其余全部归农资公司。除营业房面积外，剩余部分安置住宅，住宅安置在紧靠煤机厂宿舍的第一幢坐北朝南安置房的由东向西第一单元，共有建筑面积每套约120平方米（架空层每套一间）的住房12套。营业房、住宅的价格按衢州市人民政府衢政（95）9号文件办理。由金桥公司支付农资公司周转费、搬迁费及其他补偿费计171855.25元。农资公司保证在1998年5月12日前搬迁完毕，金桥公司同意从取得建筑工程许可证之日起两年内安置农资公司房屋。费用结算为金桥公司开工时，农资公司付足60%房款（包括旧房补偿款及周转费等补偿款抵冲），结顶再付20%房款，余款在竣工验收交付时付清。协议签订后，农资公司于同年5月13日将上述房屋内的全部物品搬清，交与农资公司拆除。农资公司于同年10月17日进场施工，同月28日领取建筑工程规划许可证。农资公司按约应在工程开工时付给金桥公司60%房款，房屋结顶时付20%房款，但由于双方对安置营业房的价格理解不一，故除金桥公司应付农资公司补偿款1158904.44元抵作支付60%房款外，其余房款农资公司至今未付。1999年2月10日，金桥公司致函农资公司，要求其支付总房款7112960元的60%房款，并附有安置房预结算书一份。该结算书载明：拆迁面积为营业房257.25平方米、仓库等2191.51平方米；安置面积为营业房1311.775平方米、住宅1657.75平方米；房款计算：营业房中原拆迁面积257.25平方米按1560元/平方米计算，超拆迁面积1054.525平方米按5500元/平方米计算，住宅1657.75平方米按550元/平方米计算，合计房款为7112960元。2月15日，农资公司复函金桥公司，对非住宅房屋安置价高达5500元/平方米表示异议，要求按衢政（95）9号文件第八条规定执行。3月8日，金桥公司再次函告农资公司，称其是根据衢政（95）9号文件第八条规定，对偿还建筑面积超过原建筑面积部分，按商品房价格结算执行的，要求农资公司接函后七日内支付应付款项，并再次附上安置房预结算书。7月7日，农资公司复函，称其应安置的非住宅面积1311.775平方米，依据衢政（95）9号文件第八条规定，应按1560元/平方米计价；拆迁面积剩下的1136.985平方米，依据上述文件第九条规定，以基准产权调换住宅，应按550元/平方米计价，应付总房款为2671710.7元（不包括住宅超过面积及款项）；开工时应支付的60%房款应依2671710.7元来计算。期间，农资公司还分别于同年6月11日、17日致函衢州市房产交易所、衢州市拆迁办公室，要求协调。1999年7月1日，金桥公司开发建造的坐落于衢州市区礼贤小区一期综合楼房屋结顶。嗣后，金桥公司又于同年7月14日、8月30日回函告知农资公司，将原来的商品房价格由5500元/平方米降为5200元/平方米，要求农资公司按6653821.5元的总房款额支付，否则将视作放弃安置等。农资公司对此仍有异议，并于9月10日致函金桥公司，认为双方对协议条款的理解产生歧义，导致其预付款无法支付。因双方对安置营业房的价格存在争议，农资公司遂于1999年9月15日诉至原审法院，要求金桥公司按房屋拆迁协议书履行安置房屋义务，营业房单价按衢政（95）9号文件第八条办理。

金桥公司在原审法院庭审结束后，于1999年11月3日向该院递交三份材料：金桥公司给衢州市拆迁办公室的（99）12号“关于非住宅适用范围解释的请示”；衢州市拆迁办公室就此向浙江省建设厅发出的“关于要求对《浙江省城市房屋拆迁管理实施细则》有关条款解释的请示”；浙江省建设厅作出的（1999）函房字249号“关于《浙江省城市房屋拆迁管理实施细则》执行中有关问题的复函”。

本院庭审中，双方当事人均确认金桥公司安置给农资公司的房屋坐落于衢州市区礼贤街礼贤小区一期综合楼，安置房屋为综合楼B区27—36、Ao—E轴一、二层营业房18间、32—36、E—J轴底层营业房4间；综合楼B区32—35、E—L轴住宅12套（含每套一间架空层）。

原审法院认为：双方当事人于1998年4月27日签订的房屋拆迁协议合法有效，本案的拆迁系以产权调换、原地安置房屋进行补偿的。被拆迁的房屋建筑面积2448.76平方米，系农资公司非住宅房屋，金桥公司应按非住宅房屋予以偿还，在偿还建筑面积与原建筑面积相等部分，安置房屋应按成本价结算。现金桥公司安置给农资公司的非住宅房屋建筑面积不足被拆迁房屋的建筑面积，故安置的非住宅房屋应按成本价结算；对被拆迁房屋剩余建筑面积部分，农资公司同意以基准产权调换住宅，该院予以确认；安置的住宅房屋建筑面积超过原建筑面积部分，应按同地段商品房价格结算。农资公司要求金桥公司按约安置房屋，营业房单价按衢州市人民政府衢政（95）9号文件第八条办理之诉讼请求成立，予以支持。该院于1999年11月3日判决：金桥公司在其所建坐落在衢州市区礼贤街礼贤小区一期综合楼竣工验收后十日内将该综合楼B区27—26、Ao—E轴一、二层营业房18间、32—36、E—J轴底层营业房4间交付农资公司，房款按1560元/平方米结算；将该综合楼B区32—35、E—L轴住宅12套（含每套一间架空层）交付农资公司，房款按550元/平方米结算；安置农资公司住宅房屋建筑面积超过原建筑面积5平方米以内的，仍按550元/平方米结算，超过5平方米以上部分，按同地段商品房价格结算。案件受理费3万元，财产保全费2万元，合计5万元，由金桥公司负担。

金桥公司不服原审法院判决，向本院提起上诉，称：一审法院对上诉人依法在举证期限内提供的三份证据材料未进行开庭质证，程序严重违法。原判实体处理适用法律错误：

1. 故意错误理解衢政（95）9号文件第八条精神。根据浙江省建设厅（1999）函房字249号对衢州市拆迁办的复函精神，拆迁人对被拆迁人的安置以被拆除房屋的原使用功能为基本界限，若被拆迁人拟结合拆迁改变房屋使用功能的，应按等价交换的原则进行结算。上诉人偿还被上诉人原营业房面积257.25平方米应按新房成本价结算，偿还营业用房面积超过原营业用房面积的按商品房价格结算，被上诉人的仓库、简易仓库、保管室面积为2191.5平方米，属偿还面积不足部分，由上诉人按照同类结构房屋的成本价格结算给被上诉人。2. 一审判决错误适用衢政（95）9号文件第九条。被上诉人根本没有以产权调换形式偿还住宅房屋这一前提。3. 一审判决与其认定合法有效的《房屋拆迁协议书》严重矛盾，使协议双方当事人权利义务严重不平等。请求撤销原判，依法改判。

被上诉人农资公司辩称：原判程序合法，认定事实清楚，适用法律正确，上诉人采用缩小答辩人非住宅用房的安置面积等手法，坚持只安置答辩人非住宅房屋257.25平方米，其余非住宅房屋均按商品房价5500元/平方米由答辩人购买，违反了我国有关法律、法规及衢政（95）9号文件，也违背了双方房屋拆迁协议的约定，显属无理。要求驳回上诉，维持原判。

本院认为：本案双方当事人签订的房屋拆迁协议书合法有效。依照国务院《城市房屋拆迁管理条例》第二十二条的规定，结合当事人约定的权利义务条款，并参考协议约定执行的衢政（95）9号文件即《衢州市城市房屋拆迁管理办法》第八条之精神，本案的拆迁补偿形式为产权调换、原地安置房屋。建筑面积2448.76平方米的被拆迁房屋属被上诉人农资公司的非住宅房屋，依照《城市房屋拆迁管理条例》第二十九条之规定，金桥公司应按原建筑面积2448.76平方米安置非住宅房屋。衢政（95）9号文件第八条规定，以产权调换形式偿还的非住宅房屋，偿还建筑面积与原建筑面积相等部分，旧房按照重置价格结合成新结算，新房按成本价结算。现金桥公司安置给农资公司的非住宅房屋建筑面积不足原建筑面积，按双方协议执行上述文件的约定，安置该部分非住宅房屋应按新房成本价1560元/平方米进行结算。《城市房屋拆迁管理条例》对被拆迁房屋仅划分为住宅和非住宅两类，国家有关行政管理部门亦未就此制定出“改变拆迁房屋使用功能”的具体情形及补偿结算办法。因此，上诉人金桥公司称其偿还农资公司营业房面积257.25平方米按新房成本价结算，偿还营业用房面积超过原营业用房面积系改变房屋使用功能，应按商品房价格结算，无法律及政策依据。同时，上诉人金桥公司作为房地产开发商，其对房地产开发的有关法律、法规、政策的掌握与理解要优于被拆迁人农资公司，在签订本案拆迁协议时，其应该知道偿还的营业用房面积已超过被拆迁的营业用房面积，但其未在协议中约定超出面积部分的安置价格结算办法，由此可能产生的商业风险责任，理应由其承担。双方当事人订立本案拆迁协议的意思表示真实，约定的各自权利义务通过履行从而实现双方所期望的合同目的，金桥公司提出除257.25平方米外的营业用房按商品房价格结算的主张，与双方当事人订立合同所追求的合同结果不符，且使当事人间的利益重大失衡，违背了民事活动当事人应遵循的诚实信用原则，本院依法不予支持。对除安置营业用房外的剩余部分建筑面积，农资公司同意以基准产权调换住宅，金桥公司在双方签订的房屋拆迁协议书及双方为价格结算而互相往来的函件中均表示同意。故金桥公司应按约定执行的衢政（95）9号文件第九条规定进行补偿，即偿还住宅建筑面积与原建筑面积相等部分，按重置价550元/平方米结算，超过5平方米以内部分，按成本价720元/平方米结算，超过5平方米以上部分，按商品房价格结算。上诉人金桥公司对农资公司以产权调换形式偿还住宅房屋这一前提所提出的理由与事实不相符，本院不予采信。金桥公司在原审法院开庭审理结束后，提交三份材料，已超过一审诉讼举证期限，其上诉认为原审判决违反法定程序，缺乏法律依据。原判认定事实清楚，程序合法，但判令金桥公司交付房屋与农资公司提出的价格确认诉请不符，且确定安置住宅建筑面积超过原建筑面积5平方米以内部分的价格不当，应予纠正。依照国务院《城市房屋拆迁管理办法》第二十二条、第二十九条、《中华人民共和国民事诉讼法》第一百五十三条第一款第（三）项之规定，判决如下：

变更衢州市中级人民法院（1999）衢中民初字第20号民事判决为：上诉人衢州市金桥房地产有限公司偿还被上诉人衢州市农业生产资料公司非住宅房屋（坐落在衢州市区礼贤小区一期综合楼B区27—36、A—E轴一、二层十八间、32—36、E—J轴底层四间）的房款按每平方米一千五百六十元结算；偿还住宅房屋〔综合楼B区32—35、E—J轴住宅十二套（含每套一间架空层）〕的房款，其中与原剩余建筑面积相等部分，按每平方米五百五十元结算，超过原建筑面积五平方米以内部分，按每平方米七百二十元结算，超过五平方米以上部分，按同地段商品房价格结算。

二审案件受理费三万元，由上诉人衢州市金桥房地产有限公司负担。

本判决为终审判决。

图书在版编目（CIP）数据

房地产法法律适用依据与实战资料/张燕妮主编．—太原：山西教育出版社，2006．7
（中国法务人员办案高级助理书系/马保顺总主编）
ISBN 7-5440-3135-7

Ⅰ．房… Ⅱ．张… Ⅲ．房地产业-法规-法律适用-中国 Ⅳ．D922．181．5

中国版本图书馆 CIP 数据核字（2006）第 034175 号

山西教育出版社出版发行
（太原市水西门街庙前小区 8 号楼）
山西新华印业有限公司人民印刷分公司印刷
新华书店经销
2006 年 7 月第 1 版 2006 年 7 月山西第 1 次印刷
开本：890×1240 毫米 1/16 印张：28
字数：1199 千字 印数：1—3000 册
定价：56.00 元